生活即教育

社会即学校

教学做合一

e a MEXICO
peón de
plica el
México
DO

陶 行 知 全 集

第10卷 上

衙备忘

第一册至第二十三册

四川教育出版社
·成都·

图书在版编目（CIP）数据

陶行知全集. 第10卷.上 / 方明主编. —2版. —成都：
四川教育出版社，2009.4
ISBN 978-7-5408-5050-0

Ⅰ.陶…　Ⅱ.方…　Ⅲ.陶行知（1891~1946）-全集
Ⅳ.G4-52

中国版本图书馆CIP数据核字（2009）第033519号

装帧设计　宁成春
责任编辑　林青树　钟丽曦
技术编辑　顾求实
责任校对　伍登富
责任印制　田东洋
出版发行　四川教育出版社
地　　址　四川省成都市锦江区三色路238号新华之星A座
邮政编码　610023
网　　址　www.chuanjiaoshe.com
印　　刷　成都市金雅迪彩色印刷有限公司
版　　次　2020年1月第3版
印　　次　2024年2月第2次印刷
成品规格　152 mm×228 mm
印　　张　92.5　　插页 4
字　　数　1200千
全套定价　2200.00元

再版前言

1991年，张劲夫同志祝川版《陶行知全集》出版，在《人民日报》撰文，称这部巨著是一笔宝贵的精神财富。他在文章的结尾深情地写道："新版《陶行知全集》的出版，必将永育后人，光照千秋！"

陶行知是一位伟大的社会改革家，是中国20世纪推动现代化的先驱。他坚持以与时俱进的生活教育来推动川流不息的现代化。他热爱人民，躬亲实践，手脑并用，勇于创新，对祖国和人类所作出的贡献及取得的成果是多方面的。从《全集》中可以看出，他涉猎的领域很广，诸如对政治制度、经济发展、社会道德、国际交往、科学普及、民族团结、宗教信仰、新文字推广、环境保护、计划生育等等均有精辟的论述。陶行知又是伟大的人民诗人，其诗的大众化"独开风气之先"，《全集》中收入他的诗800余首，仍未搜齐。当然最突出的仍是他创立的生活教育理论。大家熟悉的"生活即教育"、"社会即学校"、"教学做合一"和他倡导的全民教育、终身教育、创造教育、民主教育以及他身体力行的崇高师德，是多么贴近我国的现实与未来的走向啊！

随着我国改革开放的不断深化，现代化进程的长足发展，人们对陶行知留下的这笔精神财富的借鉴意义也愈益有了更清晰的认识。近两年不少读者要求购书，有的省市成立了陶行知研究会，要求供应几十套上百套。而当年印制的新版《全集》8000套，早已罄尽。面对这日增的需求，中国陶行知研究会也希望能尽快再版。在此情势下，四川出版集团、四川教育出版社决定高质量地再版《陶行知全集》（十二卷本），并组成再版的编辑出版班子，对初版进行认真修订。《全集》约800万字，修订任务繁重，原来各卷的责任编辑年事已高，有的已经辞世（本套书第一版出版后辞世的编纂、出版人员未在《全集》编辑委员会和出版工作者委员会成员名单中注明）；最初使用的原稿，已交有关的博物馆和纪念馆保存，这更增添了校订的难度。出版社抽出十几位年富力强的编辑分担各卷的编务及协调工作，并请有关专家指导，两位老主编和张行可、吴琴南也全力投入，中国陶行知研究会又寄来陶行知自选集的影印本供校勘用。在共同努力下，终于按计划完成了再版的修订任务。

这次修订的主要情况如下：

一、原体例不变

开初有同志提出不论著作体例，统按时间顺序排列；有的主张前十卷不变，将最后两本补遗卷打散，分类按时序插入前面各卷。多数认为这样做不仅工作量过大，原有特色会消失，且不易查阅，故决定再版仍保持原状。

二、改错字及改正注释中的一些讹误

《全集》出版后，原来的编辑发现一些错处，特别是不少读者陆续来信指出发现的问题，这次都做了认真考证校订并逐一改正。此类改正达几百处，但仍有个别人名无从查考。这里特向来信的热心读者表示敬意和谢意。

三、几项调整

将各卷的人名索引合为一处，避免了重复，删去了该人名出现在书中的页码。人名索引刊在第九卷卷末，将原第九卷中1940年1至7月的书信移入第八卷。

抽去了两首重复的诗歌。另抽去第九卷附录中的《陶行知年表》，部分内容并入第十二卷《陶行知及其生活教育活动纪略》。抽去第十二卷附录中致陶行知的信57封，对《陶行知西旅长编》作了删节。另有少量附录因篇幅关系按时间顺序做了移动。

卷首的图片有小调整，第五卷和第九卷各换了一张照片，第四卷增加了一幅手迹。

最可喜的是增加了15篇最近得到的陶行知的佚作。一是1939年写给沈钧儒的信；二是1946年在中国人民救国会第五次大会上的报告记录；还有13篇是香港中文大学哲学博士何荣汉先生提供的英文稿：《一个金陵大学学生的自述》（1912年）、《陶文濬的伊利诺斯州立大学政治学博士入学申请表》（1914年）、《中国的道德和宗教教育》（1916年）、陶文濬致德芬道夫的4封信（1915~1917年）、《祈先生的新贡献》、《中国在转变中》、《中国的乡村教育运动》（1927年）、《生活即教育》（1932年）、《创造的教育》（1933年）、《小先生和识字运动》（1934年），这些均已翻译为中文编入第十二卷。这里，特向何荣汉先生致谢。

这次不仅认真校订内文，对书籍的开本、版式、封面等都提出了高要求，为此还请了北京的装帧设计家宁成春先生做装帧设计，力争出精品。

本书编辑中的不妥处，恳希读者指出，因为陶行知留下的这笔珍贵精神财富是属于我国人民和全世界人民的。

编 者

2004 年 12 月 1 日

《陶行知全集》
编辑委员会

主　　编　戴自俺

副 主 编　孙传华　苏辛涛　郭　笙　陶晓光

分卷主编　理论卷（第 1~4 卷）　孙传华　苏辛涛　洪　桥　祝德顺　周正章

教材卷（第 5 卷）　戴自俺　陶　城　陈贻鑫

英文著译卷（第 6 卷）　温致义

诗歌卷（第 7 卷）　聂大朋

书信卷（第 8、9 卷）　张邦民

衙备忘卷（第 10 卷）　庞曾漱

编　　辑　（按姓氏笔画为序）

王超英　刘有声　江长风　李　冬　陈　思　杨立义

张　颖　张德生　姚启安　鲁　风　裴未如　韩忠祥

程翊德　储朝晖

审　　定　陆静山（主任）吴树琴　楼化篷　徐明清

丁　丁　龚思雪　李能寿

特邀主编　胡晓风

新版

《陶行知全集》

出版工作委员会

编辑说明

一、陶行知（1891—1946）是我国伟大的人民教育家、伟大的共产主义战士。他为中国教育改造、普及人民教育、争取民族解放和建立人民民主的新中国奋斗了一生，留下了大量的著作。他的著作，散见于1913年到1946年的国内外报刊。生前曾以各种形式出版各种专集，流传甚广，影响深远。延安也曾出版《行知教育论文选集》。1946年，延安各界追悼陶行知筹备委员会倡议出版《陶行知全集》，但因限于当时条件，未能实现。1957年7月，张宗麟曾在《人民教育》发表文章，公开建议人民教育出版社编辑出版《陶行知全集》。1959年原中央教育部所拟定的《教育科学规划》曾有出版《陶行知全集》的项目，但因当时各种阻力尚未排除，终未实现。中国共产党第十一届三中全会以后，研究陶行知的活动又活跃起来。1981年，由邓颖超同志主持的陶行知诞辰90周年纪念大会在北京市全国政协礼堂召开。安徽、上海、江苏、四川、北京等地相继成立了陶行知研究会。1982年，华中师范学院（现华中师范大学）教育科学研究所和湖南教育出版社，在征得安徽、上海、江苏、四川、北京等省、市陶行知研究会赞同和陶行知先生亲属的大力支持下，组成《陶行知全集》编辑委员会，由华中师范学院教育科学研究所主编，湖南教育出版社于1985年出版了六卷本《陶行知全集》，在抢救我国民族文化遗产、促进我国教育改革、建设具有中国特色的社会主义教育体系等方面作出了有益的贡献。

二、1985年9月，中国陶行知研究会、中国陶行知基金会成立，对陶行知的研究开始了新的篇章。随之，中国陶行知研究会陆续收到了陶研工作者，陶行知生前友好、学生以及部分读者的许多宝贵建议，要求中国陶行知研究会争取时间，趁陶先生的一些老朋友和学生以及部分陶行知研究的老专家尚健在的时候，组织力量，在原有的基础上，重新编辑出版一部较完备的新版《陶行知全集》（以下简称《全集》），在1991年陶行知诞辰100周年时出版，以应时代及广大读者的需要。

三、本版《全集》的编辑工作，本着求“全”、求“真”的原则，增补了迄今为止收集到的佚文、佚诗、佚信等，并作了认真的校勘；在考订的基础上加了注释；对作者用外文所写著作均作了新的校译；各卷插图有了新的补充和调整。特别要指出的是，本版增补了作者自1936年4月至1946年7月所用的小笔记本55册，以作者所题《衔备忘》为名全部整理编入第十卷，约40万字，系首次发表，是研究陶行知最后十年战斗生涯的极为珍贵的史料。

四、本版《全集》按文章体裁分类，共成十卷。各卷保留了作者原有自编专集的原貌；专集外的文章，再按时间顺序排列。第一至四卷为论著卷（包括论文、演讲记录、谈话、提案等）；第五卷为教材卷（包括各类教材及编辑手稿、儿童科学读物、寓言、歌曲等）；第六卷为英文著译卷（包括英文著述、英文书信；著述中译、书信中译；中译英、英译中等）；第七卷为诗歌卷；第八、九卷为书信卷；第十卷为《衔备忘》。

五、本版《全集》的编辑原则为：（一）尽可能做到“全”；（二）保持陶行知著作的原貌；（三）所收文稿，均经慎重的考证、核查。

六、本版《全集》的注释要求是：（一）以具有中师毕业以上文化程度的广大教师及其他读者为对象；（二）注释条目的选择，以有助于理解原文为准；（三）文字力求简明扼要；（四）对人物、事件，介绍历史背景，力求客观真实，不带政治帽子；（五）人名索引根据其与原著及作者的关系而确定其详略。

七、本版《全集》的编辑和校勘，除充分利用中国陶行知研究会所珍藏的资料以外，并专门组织了力量，到江苏、上海、安徽陶行知纪念馆，中国第二历史档案馆以及华中师范大学近代历史研究所，浙江湘湖师范学校等单位查核大量原件，还尽量查阅手稿及各种版本的专集，多方比较、考证，以求臻于完善。凡有增删或改动者，均采用注释加以说明或以其他方式处理，以便对照。

八、本版《全集》的编辑工作是由中国陶行知研究会领导下组成的编辑委员会主持进行的；出版工作是由四川省党政领导及有关人士组成的出版工作委员会主持进行的，特别是中共四川省委宣传部在多方面给予了大力支持。

九、在编辑过程中，得到南京中国第二历史档案馆，北京中央档案馆，广东省档案馆，北京图书馆，华南师范大学图书馆，南京大学图书馆，南京图书馆，北京师范大学图书馆，上海图书馆，上海辞书出版社图书馆，中央教育科学研究所图书馆，安徽省图书馆，四川省图书馆，四川大学图书馆，广东省图书馆，广州中山大学图书馆，华中师范大学近代史研究所，江苏晓庄陶行知纪念馆，上海陶行知纪念馆，安徽陶行知纪念馆，四川教育学院，各省、市、自治区陶行知研究会以及陶行知先生生前友好、学生和亲属的赞助及支持，在此谨一一深表感谢！

十、由于水平及各种条件所限，本版《全集》疏漏、错误在所难免，敬请读者教正。

《陶行知全集》编辑委员会

1990年12月

凡例

一、本全集编入迄今收集到的陶行知的全部文稿，有文章、诗歌、教材、书信、演讲、小说、谈话、章程、提案、文电、广告、备忘录等2530篇（其中教材13本、小说1部、备忘录55册）。凡有作者手稿，有作者个人署名，或虽未署名但有根据可确认为作者所著者，均收为正文；合署而非作者起草，或虽有个人署名但不能确认为作者所著的文稿，均与其他参考材料一起作为附录。附录共314篇（包括附在第九卷末的年表），一种为文末附，一种为卷末附录。

二、作者的自编集共17本（其中小说1部），大体上按出版的年代排在有关卷的前面，作为第一部分。自编集以外的集外文汇、集外诗汇、集外书信等均按写作或发表的时间逐年编入有关各卷，作为第二部分。有的诗文收入几种自编集内，此次只在一本集子中排印，其余均存目。第六卷英文著译卷，分类按年编排。第十卷《衙备忘》用手稿影印，一册为一篇，在篇末加少量的译文与注释。

三、除少数姓名和文言文中的个别字外，统用简化字，以国家语言文字工作委员会1986年重新发表的《简化字总表》为准。

四、陶行知原著中的纪年、数字、译名及章节标题的分层序码等均保持原貌。纪年多系民国纪年，如三年、廿一年、卅二年（即公元1914年、1932年、1943年）等。数字则汉字与阿拉伯字并存。翻译的人名、地名与通译不同的，在注释中注明通译的名称。编者所写的注释文字统用公元纪年，数字用法按国家语委等七部门公布的试行规定。

五、论著、诗歌、教材及儿童读物的标题用原题，个别有变动的在题注中说明。书信的标题，除作者自编集外，多系编者从信中摘取原话为题。

六、原著无标点的，由编者加添标点；原著用旧式标点或标点不规范的，重新标点。

七、改正了原稿中的错字，删除了衍文，漏字在〔 〕内添补，无法辨认的字用□号代替。通假字、古今字、异体字等，除文言文中的少数字外，均按有关规定处理。

八、编者的题注为脚注。书信及一些档案资料现存放何处，均不作注。

九、作者本人的署名，1934年7月16日前为“陶知行”，现一仍其旧。编者所写注释中则一律称“陶行知”。

十、第十卷和课本、小说不作人名索引，其余各卷正文中出现的人名，均按姓氏笔画作索引，附在卷末。附录不作人名索引和注释。

本卷收入作者1936年至1946年（中缺1942年3月~1943年5月）的备忘录55册，是研究陶行知教育理论与实践的珍贵材料，也是研究这一时期某些历史事件的极难得的资料。编者原来花了很大功夫整理，拟出整理后的排印本。但这《衙备忘》系随手所记，又用了许多本人才懂得的节略语或符号，所记顺序亦时有颠倒，或几页签名插入其间，一些字迹因年久而模糊，很容易整错。为了不致穿凿，有损原意，最后决定全部影印出版。在编排上以一册为一篇，抽去了空白页，少量的注释与译文（这是整理时的成果）放在篇末。通讯地址一般不译，少数签名及法文、意大利文等均未翻译。正文和注译的编码：前面的数字为册数，后面数字为该册的页码。注译文的行数：有文字的算一行，空行不计。本卷的译文由四川师范大学外语系副主任童吉美副教授校订。

1

2

3

1、2　备忘笔记本

3　1937 年 9 月 26 日，陶行知出席巴黎全欧抗日救国联合会时与钱俊瑞（后右二）、任光（后左二）、陆璀（前中）合影

4

5

4　陶行知在墨西哥调查华工生活时与华工子女留影

5　尼罗河畔留影（正中背立者是陶行知）

6　1938 年 2 月 24 日荷兰华侨欢送陶行知赴法留影

7　1938 年 7 月底，陶行知与纳忠诸先生在埃及金字塔入口处

6

7

8

9

10

8 1938年7月，陶行知在巴黎参加华侨宣传抗日游行
9 布鲁塞尔世界和平大会会场之一部（前排着深色衣者为陶行知）
10 在育才学校讲话

11

11　与育才学校儿童在一起

12　育才学校校徽

13　育才小先生

12

13

14

15

14、15　毛泽东、宋庆龄的题词

目 录

上

下

衙備忘

第 一 册

1936.4.16~1936.5.4

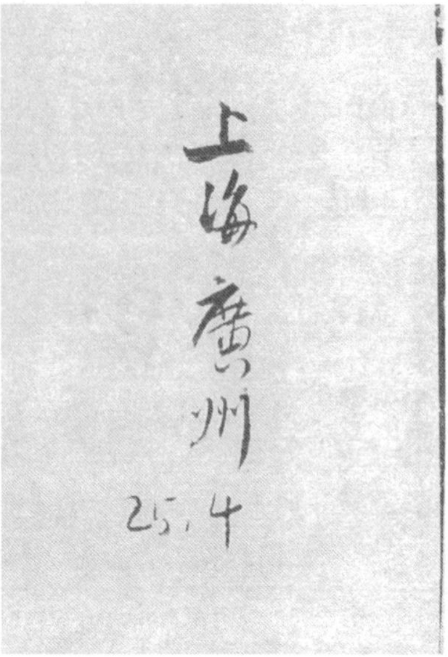
上海
廣州
25.4

01-001

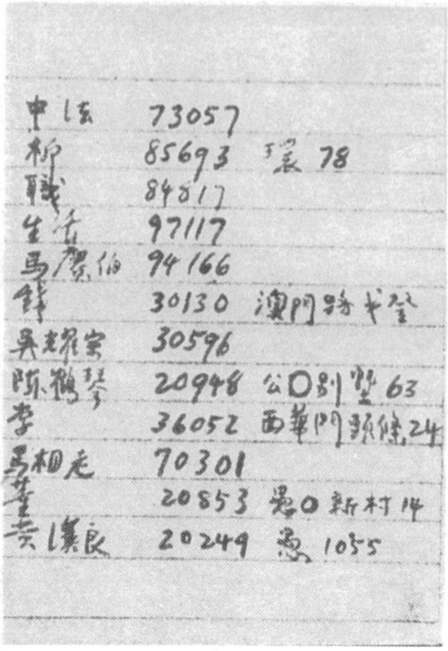
中法 73057
柳 85693 環 78
職 84817
生活 97117
30130
30596
20948
36052
70301
20853
20249

01-002

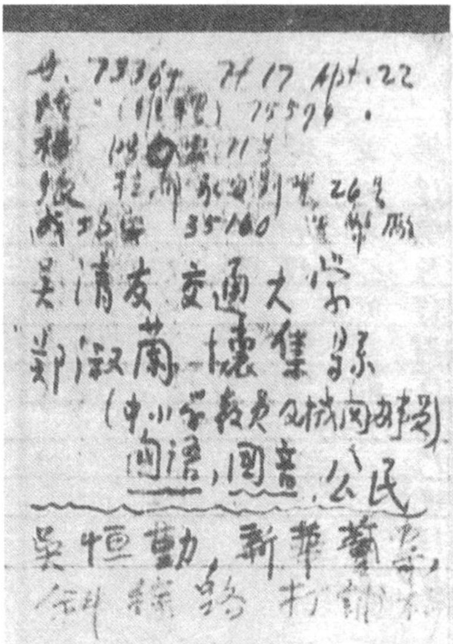

01-003

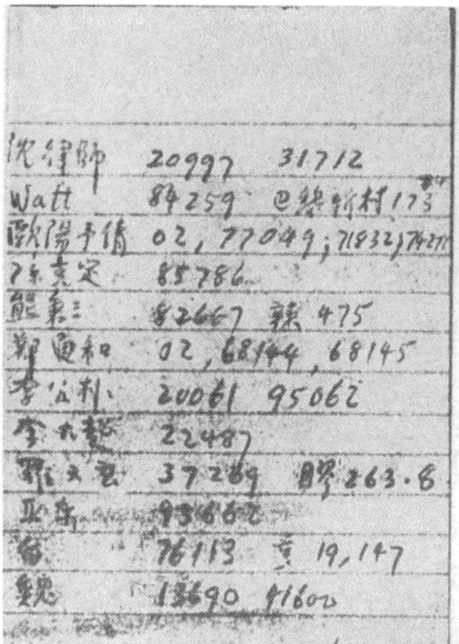

01-004

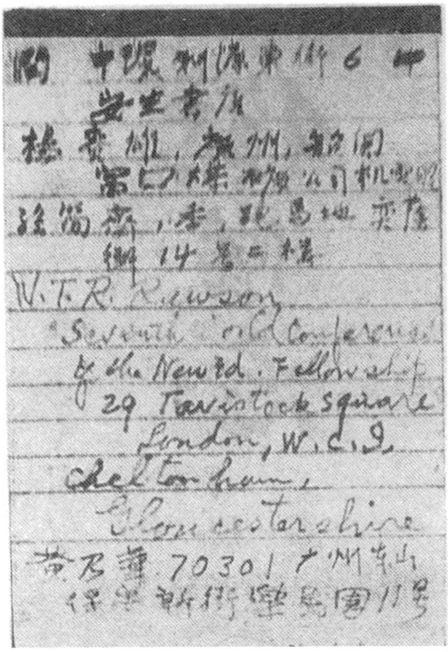

01-005

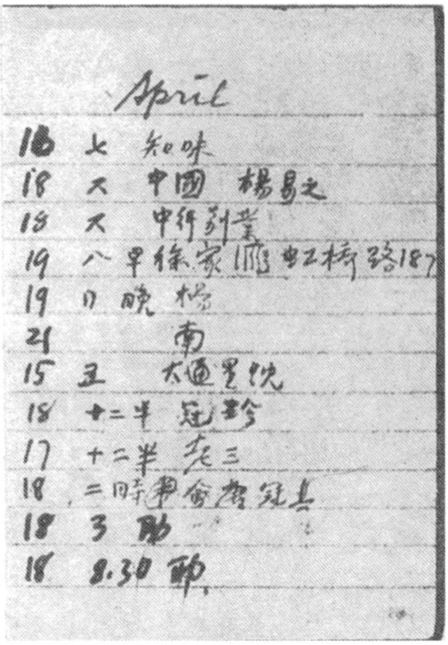

01-006

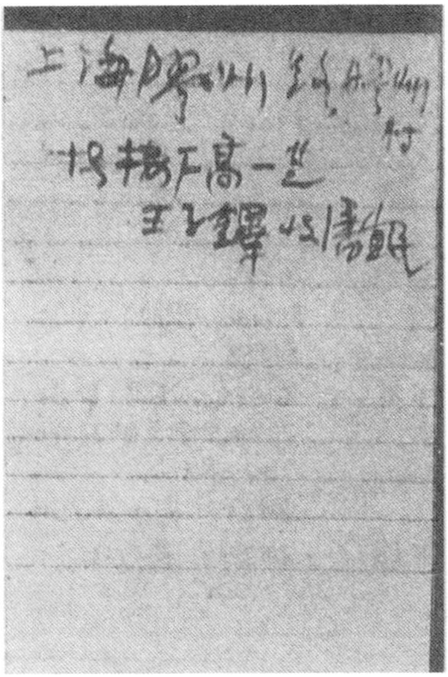

01-007

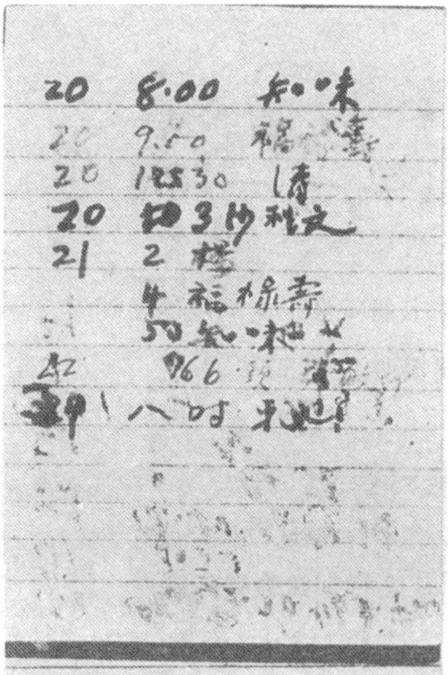

01-008

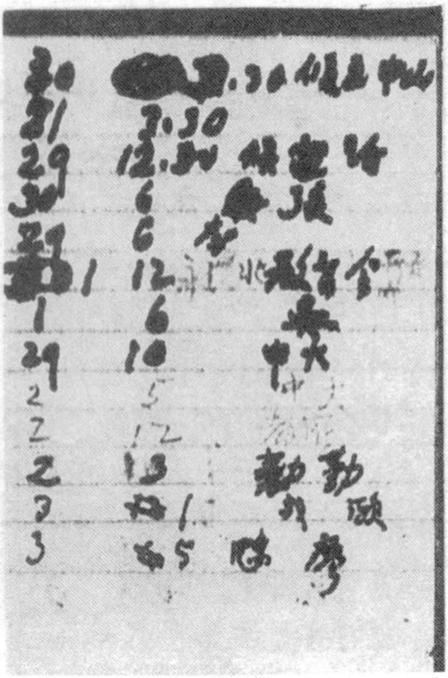

01-009

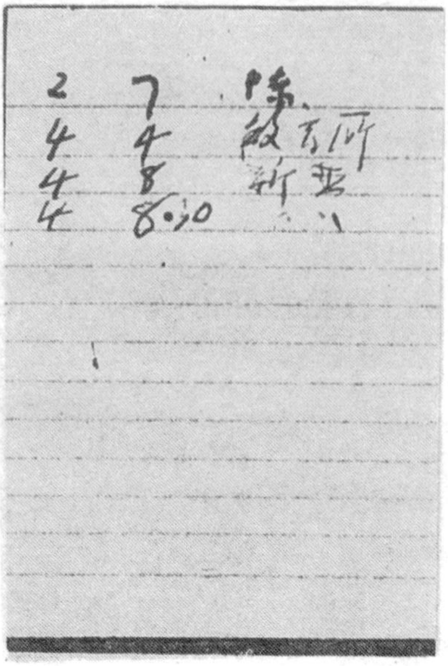

01-010

第一册〔注译〕

1936.4.16~1936.5.4

上海·广州

01—002

第 8 行“〇”为“园”，后同

第 10 行“马相老”即“马相伯”

01—004

第 1 行“沈律师”为沈钧儒。

第 2 行外文：瓦特

第 5 行“辣”为“辣非德路”，街名

第 9 行“膠”为“胶州路”，街名

第 10 行“亚东”为亚东图书馆。

01—005

第 4 行“□”为国，后同

第 7 行至 13 行：W.F.R.

罗森　世界新教育同志会第七届年会　伦敦地址　切尔滕纳姆　格兰洛斯特郡

01—006

第 1 行：4 月

第 2 行“知味”为知味观点心店

第 2 行“16 七”表示 16 日 7 时，下同

01—008

第 4 行“沙利文”为西餐厅名

第 6 行“福禄寿”为餐厅名

01—009

第 1 行“中山”为中山大学

衔备忘

第 二 册

1936.8~1936.10

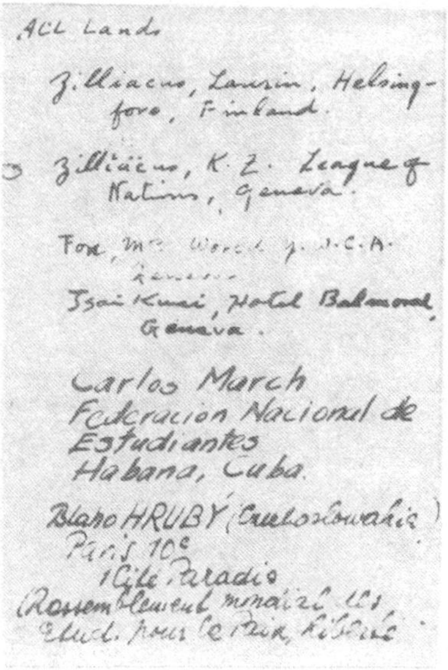
All lands

Zilliacus, Laurin, Helsingfors, Finland.

Zilliacus, K. Z. League of Nations, Geneva.

Fox, Mr. World Y.M.C.A. Geneva

Tsai Kwei, Hotel Belmond, Geneva.

Carlos March
Federacion Nacional de Estudiantes
Habana, Cuba.

Blaho HRUBÝ (Czechoslovakia)
Paris 10e
1 Cité Paradis
(Rassemblement mondial des Etud. pour la Paix, Liberté

02-001

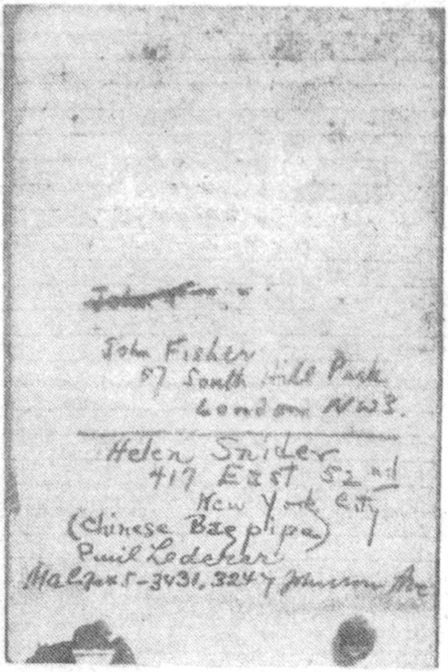
John Fisher
57 South Hill Park
London NW3.

Helen Snider
417 East 52nd
New York City
(Chinese Bagpipe)
Paul Ledeker
Malqus 5-3431, 3247 Johnson Ave

02-002

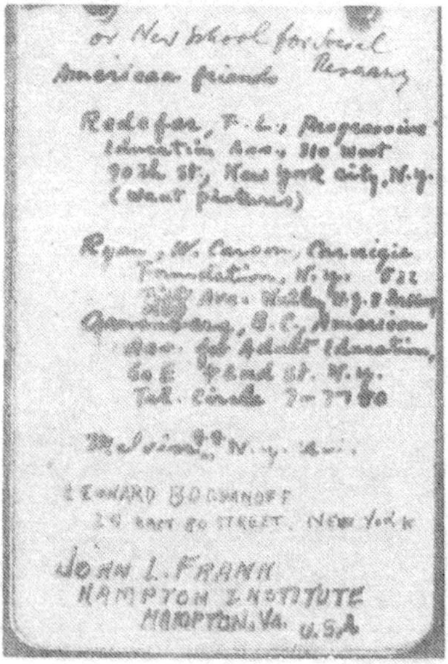
or New School for Social Research
American friends

Redefer, F. L., Progressive Education Ass., 310 West 90th St, New York city, N.Y. (want pictures)

Ryan, W. Carson, Carnegie Foundation, N.Y. 522 Fifth Ave.
Cartwright, M. A., American Ass. for Adult Education, 60 E 42nd St. N.Y. Tel. Circle 7-7780

LEONARD BOGDANOFF
29 EAST 8? STREET, NEW YORK

JOHN L. FRANK
HAMPTON INSTITUTE
HAMPTON, VA. U.S.A

02-003

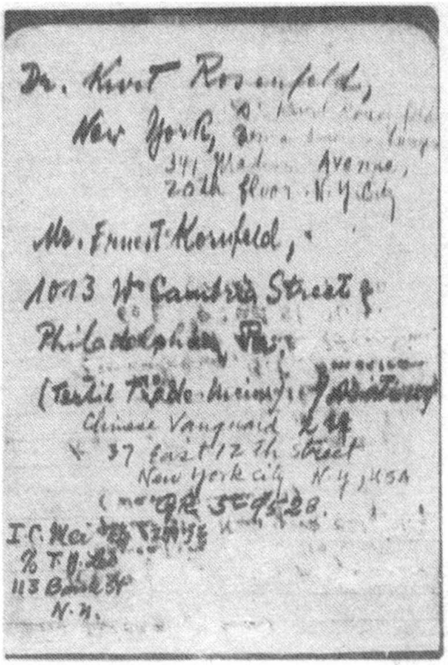
Dr. Kurt Rosenfeld,
New York,
341 Madison Avenue,
20th floor N.Y. City

Mr. Ernest Kornfeld,
1013 W. Cambria Street
Philadelphia, Pa.
(Textile Trade Union)

Chinese Vanguard
37 East 12th Street
New York City N.Y., USA
GR 5-9528

I.C. Mei
% T.H.S.
113 Bank St
N.Y.

02-004

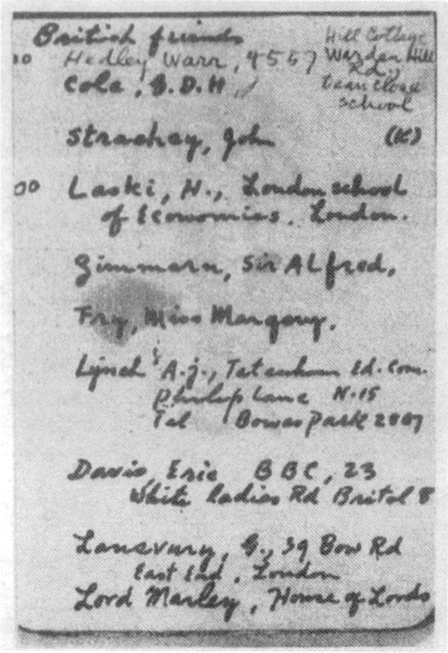
British friends
Hedley Warr, 4567 Hill College Warden Hill Rd. Lane Close school
Cole, G.D.H.
Strachey, John (K)
Laski, H., London school of Economics, London.
Zimmern, Sir Alfred,
Fry, Miss Margery.
Lynch, A.J., Tatenham Ed. Com. Philip Lane N.15 Tel Bowes Park 2007
Davis, Eric BBC, 23 White Ladies Rd Bristol 8
Lansbury, G., 39 Bow Rd East End, London
Lord Marley, House of Lords

02-005

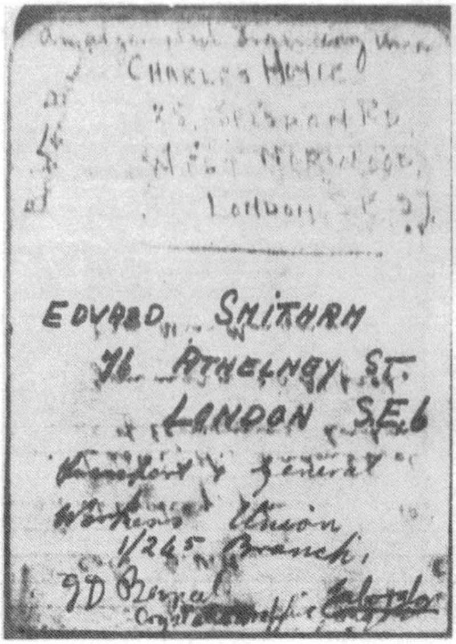
CHARLES HAIR
25 ... Rd
...
London

EDVARD SMITKURN
76 ATHELNEY ST.
LONDON S.E.6
... General Workers Union
1/245 Branch,
9D Bernal

02-006

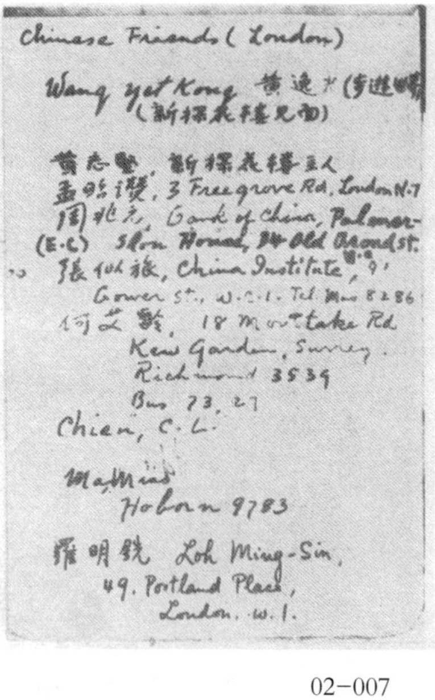
Chinese Friends (London)
Wang yet Kong 黄逸光（香港……）（新探花楼见面）
黄志坚，新探花楼主人
孟昭谟，3 Freegrove Rd. London N.7
周北元，Bank of China, Palmerston House, 34 Old Broad St. (E.C.)
張似旅，China Institute, 91 Gower St., W.C.1. Tel Mus 8286
何艾龄，18 Mortlake Rd Kew Garden, Surrey. Richmond 3539 Bus 73, 27
Chien, C.L.
Ma, Miss Holborn 9783
羅明銑 Loh Ming-Sin, 49. Portland Place, London. W.1.

02-007

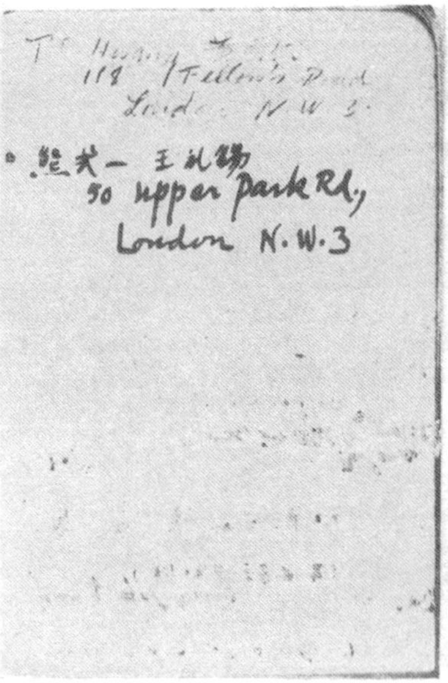
118 Fellows Road London N.W.3
熊式一 王礼锡 50 Upper Park Rd., London N.W.3

02-008

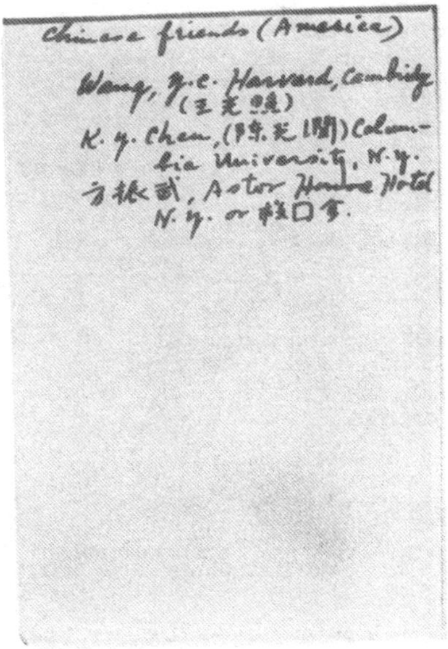

Chinese friends (America)

Wang, Y.C. Harvard, Cambridge
(王先照)
K.Y. Chen, (陈光甫) Columbia University, N.Y.
方振武, Astor House Hotel
N.Y. or 转口事.

02-009

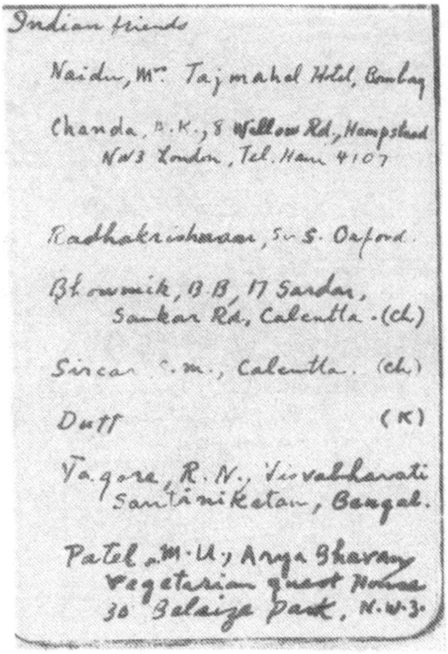

Indian friends

Naidu, Mrs. Tajmahal Hotel, Bombay

Chanda, A.K., 8 Willow Rd., Hampstead
NW3 London, Tel. Ham 4107

Radhakrishnan, S. S. Oxford.

Bhowmik, B.B, 17 Sardar,
Sankar Rd., Calcutta. (ch.)

Sircar C.M., Calcutta. (ch.)

Dutt (K)

Tagore, R.N., Visvabharati
Santiniketan, Bengal.

Patel, M.U., Arya Bhavan
Vegetarian guest House
30 Belsize Park, N.W.3.

02-010

R. Naidu D.Sc.
Cancer Institute
Louvain (Belgium)

02-011

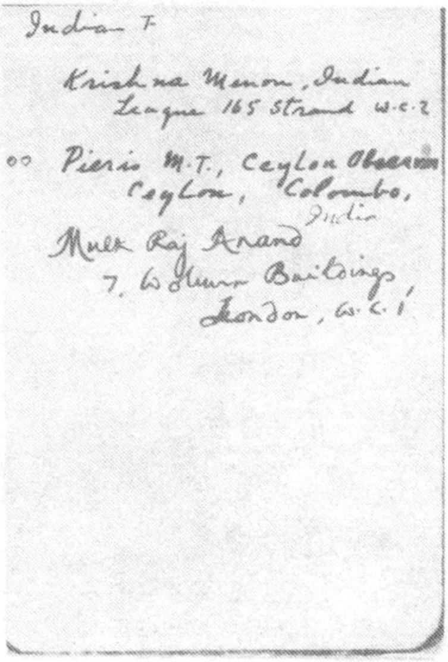

Indian F.

Krishna Menon, Indian
League 165 Strand W.C.2

oo Pieris M.T., Ceylon Observer
Ceylon, Colombo,

Mulk Raj Anand (India)
7, Woburn Buildings,
London, W.C.1

02-012

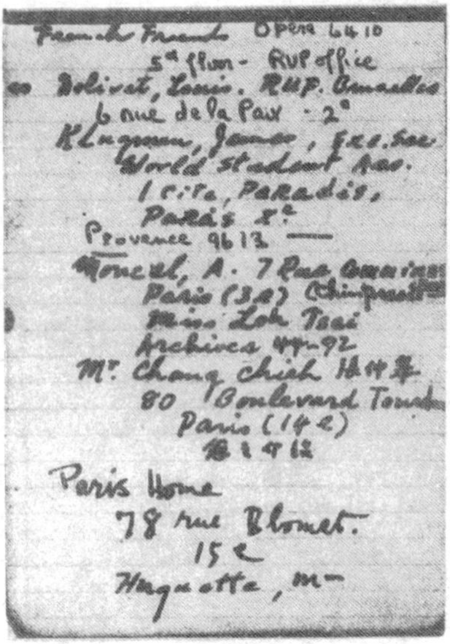

French Friends Opera 6410
5th floor - RUP office
Bolivet, Louis. RUP.
6 rue de la Paix - 2e
Klugman, James, Gen. Sec. World Student Ass.
1 cité Paradis, Paris 10e
Provence 96 13
Paris (3e)
Miss Loh Tsai
Archives 44-92
Mr. Chang Chieh
80 Boulevard
Paris (14e)
Paris Home
78 rue Blomet.
15e

02-013

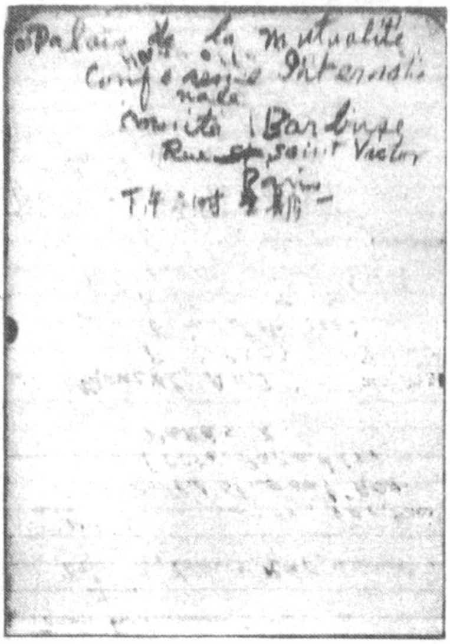

Palais de la Mutualité
Comité Barbusse
Rue Saint Victor
Paris
下午4时

02-014

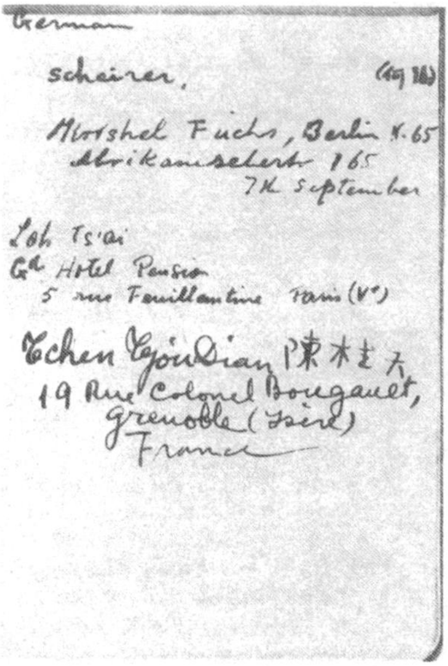

German
schairer.
Morshel Fuchs, Berlin N.65
Afrikanischestr. 165
7th September
Loh Ts'ai
Gd Hotel Pension
5 rue Feuillantine Paris (Ve)
Tchen 陳桂天
19 Rue Colonel Bougault,
Grenoble (Isère)
France

02-015

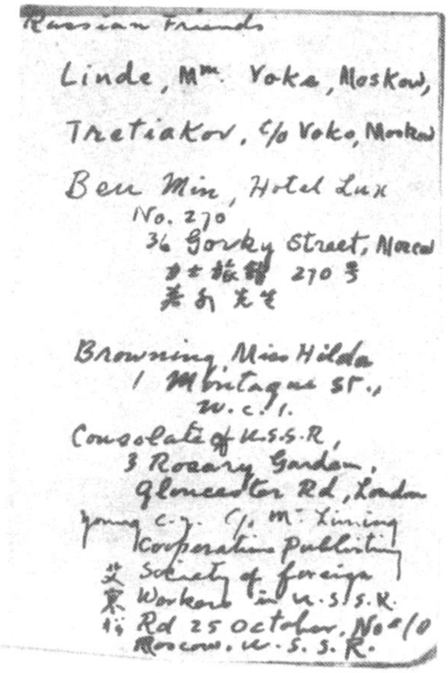

Russian Friends
Linde, Mm. Voks, Moskow,
Tretiakov, c/o Voks, Moskow
Ben Min, Hotel Lux
No. 270
36 Gorky Street, Moscow
270号
Browning Miss Hilda
1 Montague St.,
W.C.1.
Consolate of U.S.S.R.,
3 Rosary Gardens,
Gloucester Rd, London
Young C.Y. c/o Mr. Liming
Cooperative Publishing
Society of foreign
Workers in U.S.S.R.
Rd 25 October, No. 10
Moscow, U.S.S.R.

02-016

Chinese f

四 黄本然 广州东山,培道中学,黄万然转

02-017

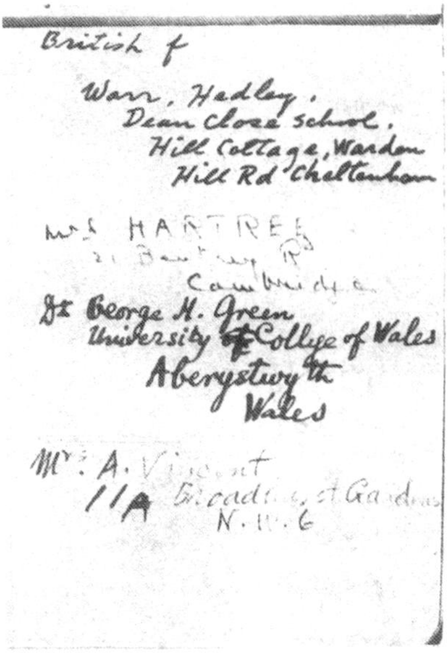

British f

Warr. Hadley.
Dean Close school.
Hill Cottage, Warden
Hill Rd Cheltenham

Mrs HARTREE
21 Bentley Rd
Cambridge

Dr George H. Green
University College of Wales
Aberystwyth
Wales

Mr A. Vincent
11A Broadhurst Gardens
N.W.6

02-018

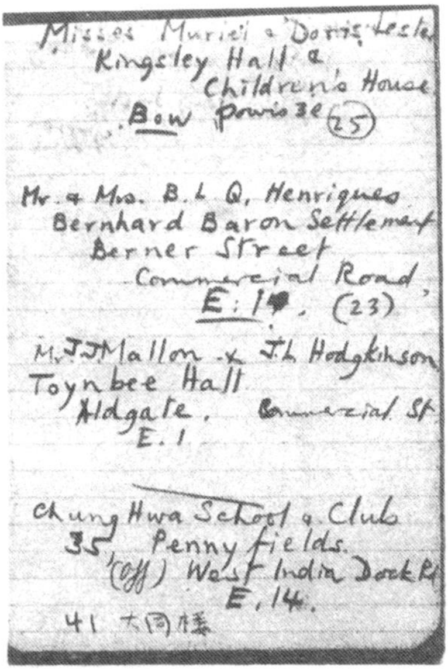

Misses Muriel & Doris Lester
Kingsley Hall &
Children's House
Bow Powis St (25)

Mr & Mrs. B. L. Q. Henriques
Bernhard Baron Settlement
Berner Street
Commercial Road
E. 1. (23)

Mr J. J. Mallon & J. L. Hodgkinson
Toynbee Hall
Aldgate. Commercial St
E. 1

Chung Hwa School & Club
35, Pennyfields
(off) West India Dock Rd
E. 14.
41 大同楼

02-019

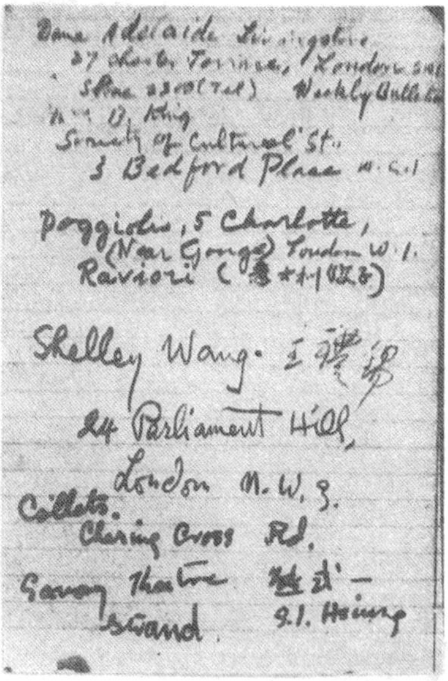

Dame Adelaide Livingstone
37 [illegible] Terrace, London SW
Sloane 2310 (Tel) Weekly Bulletin
Mr. O. King
Society of Cultural St.
3 Bedford Place W.C.1

Poggiolis, 5 Charlotte,
(Near George) London W.1.
Ravioli ([illegible])

Shelley Wang. 王礼锡
24 Parliament Hill,
London N.W. 3.
Cillets.
Charing Cross Rd.
Savoy theatre 熊式一
Strand S.I. Hsiung

02-020

02-021

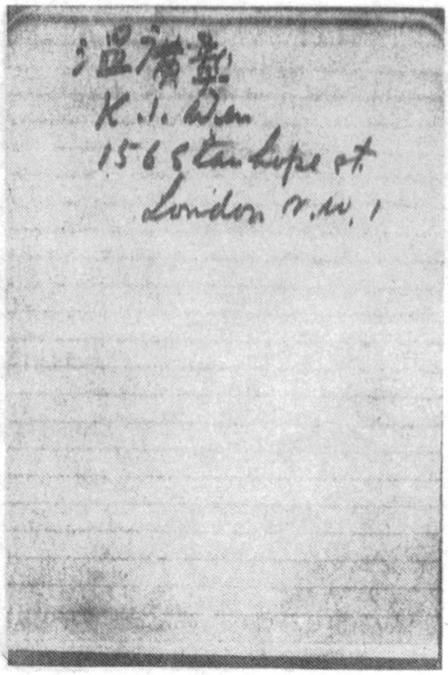

02-022

02-023

02-024

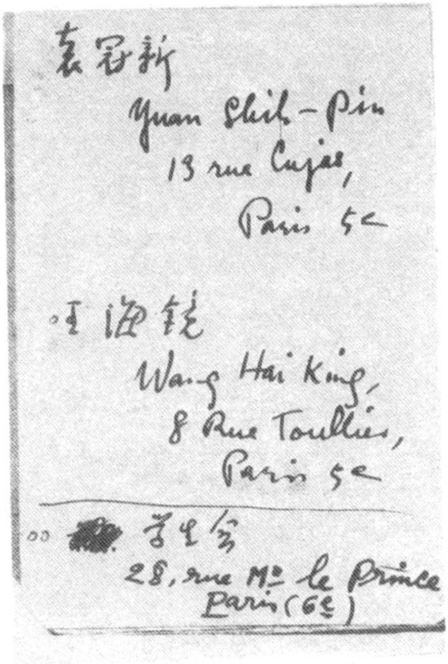
袁冠新
Yuan Shih-pin
13 rue Cujas,
Paris 5e

汪海镜
Wang Hai King,
8 Rue Toullier,
Paris 5e

[redacted] 学生会
28, rue M. le Prince
Paris (6e)

02-025

Piccadilly 5745
5Y 45

02-026

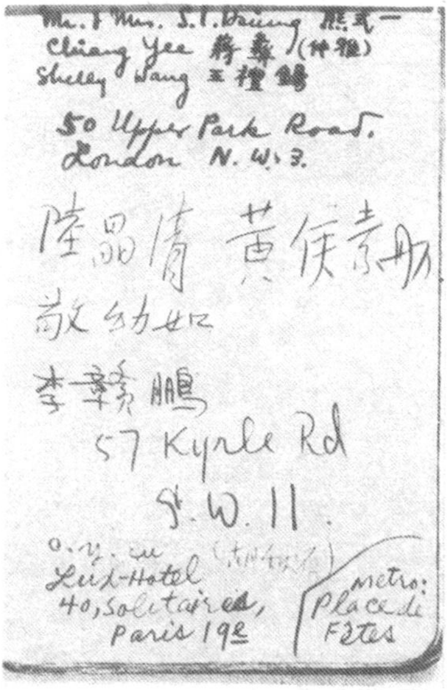
Mr. & Mrs. S. I. Hsiung 熊式一
Chiang Yee 蒋彝(仲雅)
Shelley Wang 王礼锡
50 Upper Park Road.
London N.W.3.

陆晶清 黄侯[illegible]
敬幼如
李[illegible]鹏
57 Kyrle Rd
S.W. 11.

O.Y. Wu ([illegible])
Lux-Hotel
40, Solitaires,
Paris 19e

metro:
Place de
Fêtes

02-027

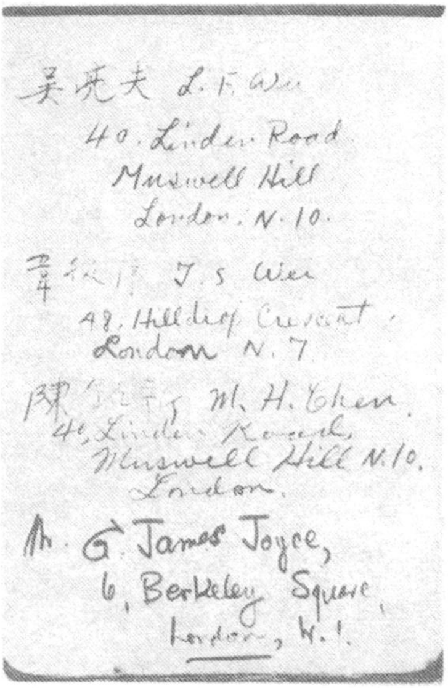
吴亮夫 L.F. Wu
40. Linden Road
Muswell Hill
London. N.10.

韦[illegible] J.S. Wei
48, Hillside Crescent,
London N.7

陈[illegible] M.H. Chen
40, Linden Road,
Muswell Hill N.10.
London.

Mr. G. James Joyce,
6, Berkeley Square
London, W.1.

02-028

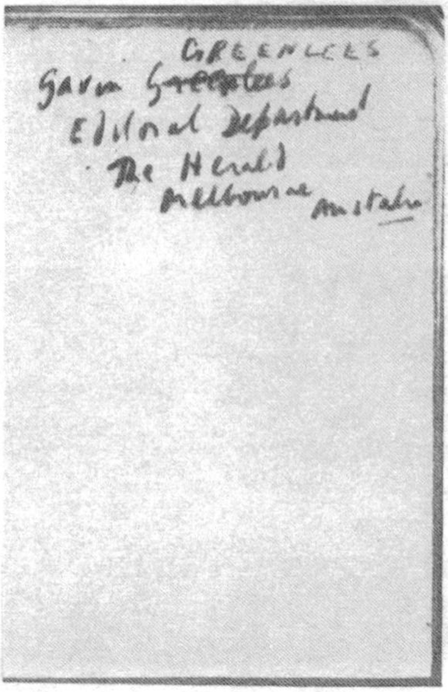

02-029

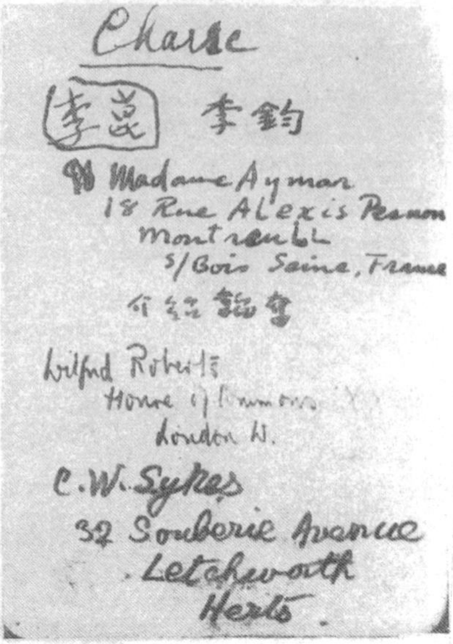

02-030

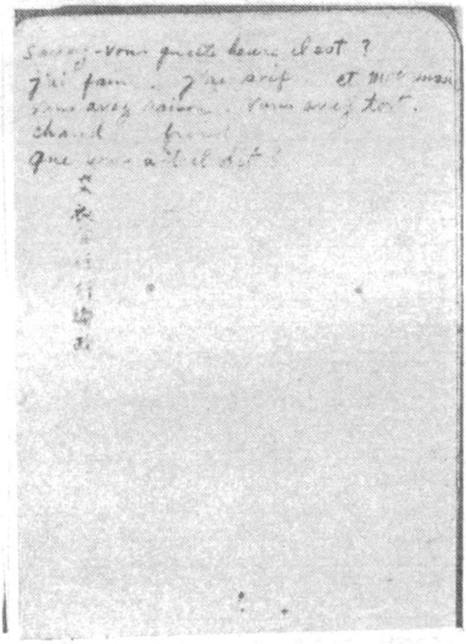

02-031

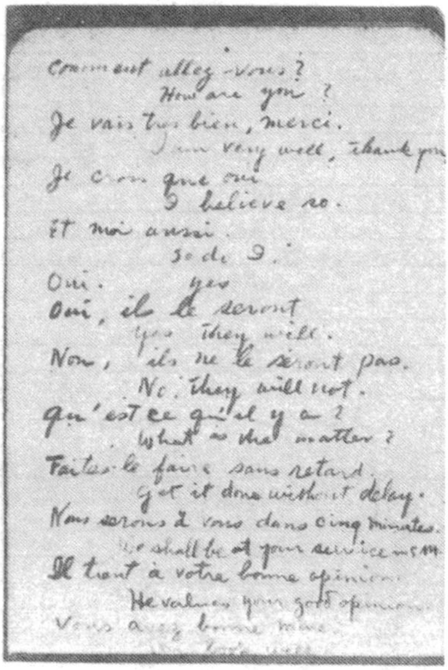

02-032

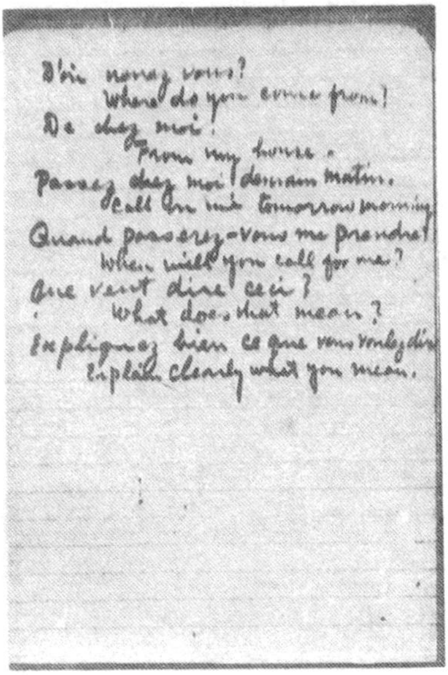
D'où venez-vous?
Where do you come from?
De chez moi!
From my house.
Passez chez moi demain matin.
Call on me tomorrow morning.
Quand passerez-vous me prendre?
When will you call for me?
Que veut dire ceci?
What does that mean?
Expliquez bien ce que vous voulez dire.
Explain clearly what you mean.

02-033

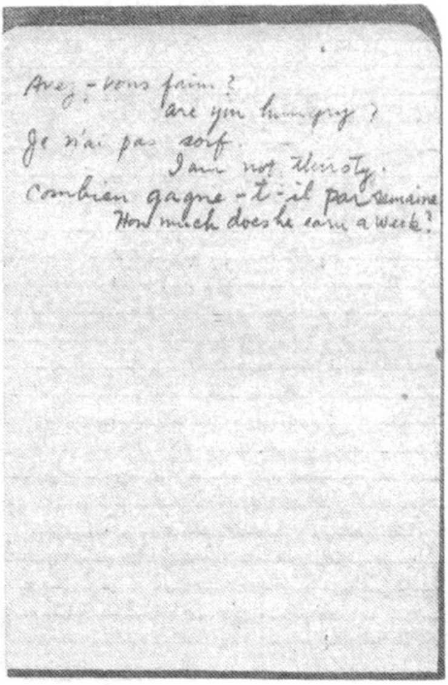
Avez-vous faim?
Are you hungry?
Je n'ai pas soif.
I am not thirsty.
Combien gagne-t-il par semaine?
How much does he earn a week?

02-034

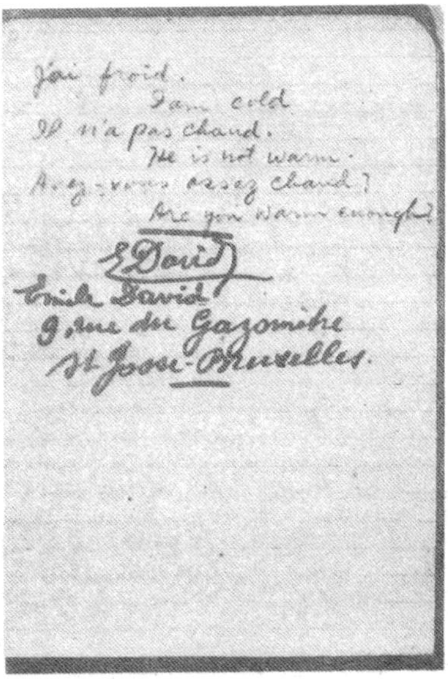
J'ai froid.
I am cold
Il n'a pas chaud.
He is not warm.
Avez-vous assez chaud?
Are you warm enough?
E David
Emile David
9, rue des Gazomètre
St Josse-Bruxelles.

02-035

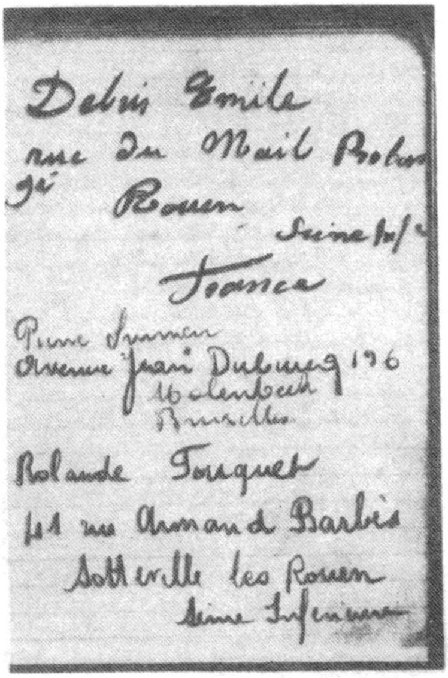
Debris Emile
rue du Mail Prolongé
Rouen
Seine Inf.
France
Pierre Surmen
Avenue Jean Dubrucq 176
Molenbeek
Bruxelles
Rolande Touquet
41 rue Armand Barbès
Sotteville lès Rouen
Seine Inférieure

02-036

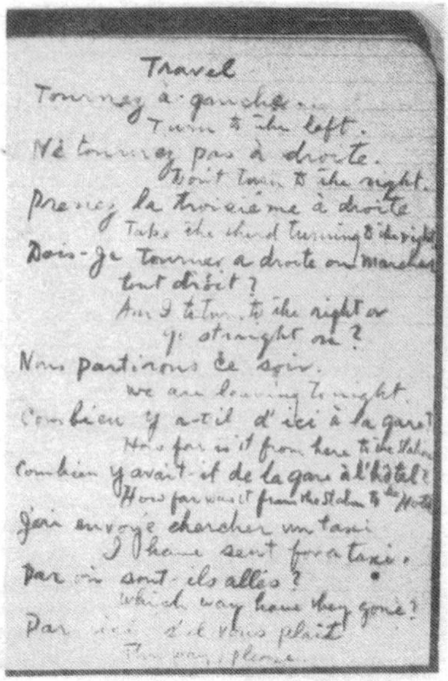

Travel

Tournez à gauche.
Turn to the left.
Ne tournez pas à droite.
Don't turn to the right.
Prenez la troisième à droite
Take the third turning to the right
Dois-je tourner à droite ou marcher tout droit?
Am I to turn to the right or go straight on?
Nous partirons ce soir.
We are leaving tonight.
Combien y a-t-il d'ici à la gare?
How far is it from here to the station
Combien y avait-il de la gare à l'hôtel?
How far was it from the station to the Hotel
J'ai envoyé chercher un taxi
I have sent for a taxi.
Par où sont-ils allés?
Which way have they gone?
Par ici, s'il vous plaît
This way, please.

02-037

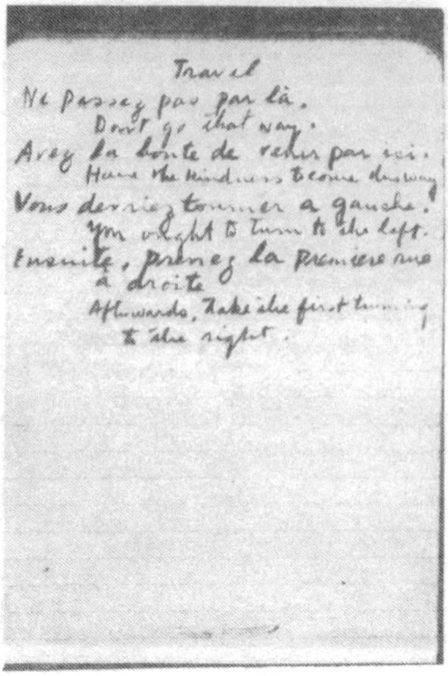

Travel

Ne passez pas par là.
Don't go that way.
Ayez la bonté de venir par ici.
Have the kindness to come this way
Vous devriez tourner à gauche.
You ought to turn to the left.
Ensuite, prenez la première rue à droite
Afterwards, take the first turning to the right.

02-038

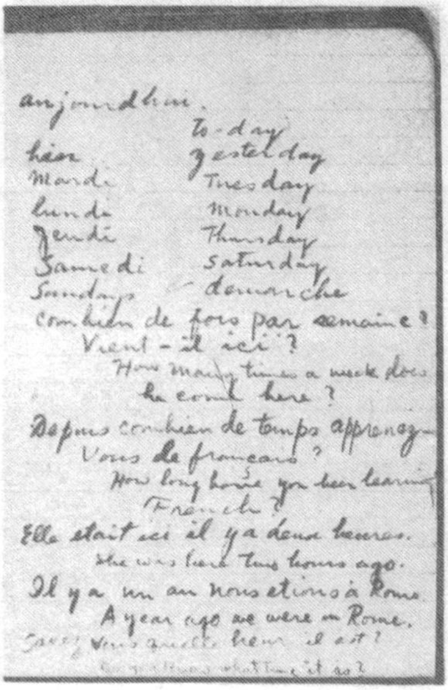

aujourd'hui　to-day
hier　yesterday
Mardi　Tuesday
lundi　monday
Jeudi　Thursday
Samedi　saturday
Sundays　dimanche
Combien de fois par semaine vient-il ici?
How many times a week does he come here?
Depuis combien de temps apprenez-vous le français?
How long have you been learning French?
Elle était ici il y a deux heures.
She was here two hours ago.
Il y a un an nous étions à Rome.
A year ago we were in Rome.
Savez-vous quelle heure il est?
Do you know what time it is?

02-039

Time

Il ne nous reste que dix minutes.
We have only ten minutes left.

02-040

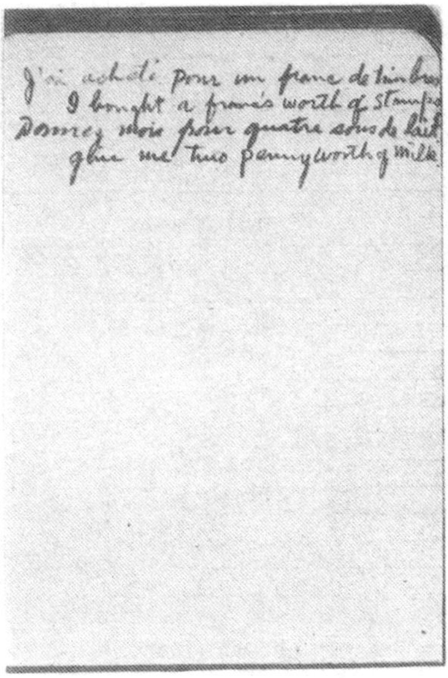
J'ai acheté pour un franc de timbres
I bought a franc's worth of stamps
Donnez moi pour quatre sous de lait
give me two pennyworth of milk

02-041

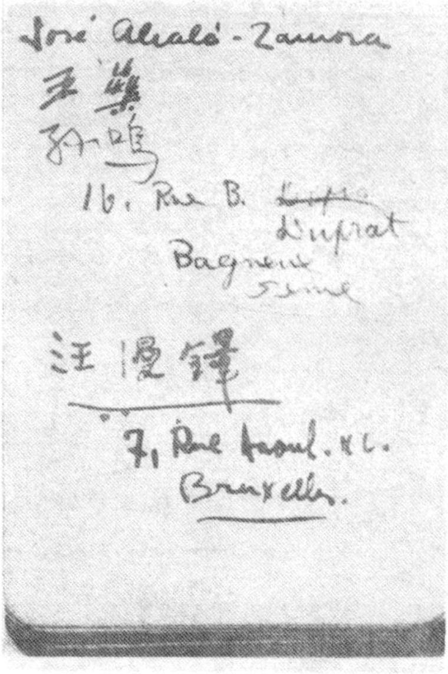
José Alcalá-Zamora
16, Rue B. ~~Lipo~~ Duprat
Bagneux
Seine
汪
7, Rue
Bruxelles.

02-042

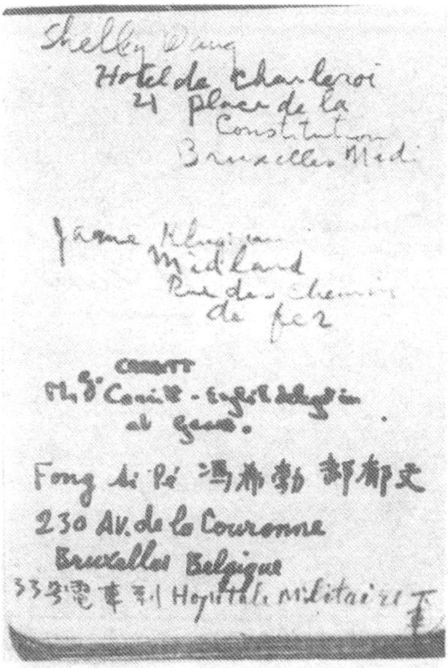
Shelley Wang
Hotel de Charleroi
21 place de la
Constitution
Bruxelles Midi
Midland
Rue des Chemins
de fer
Fong Li Pé 馮
230 Av. de la Couronne
Bruxelles Belgique
33号電車到 Hopitale Militaire 下車

02-043

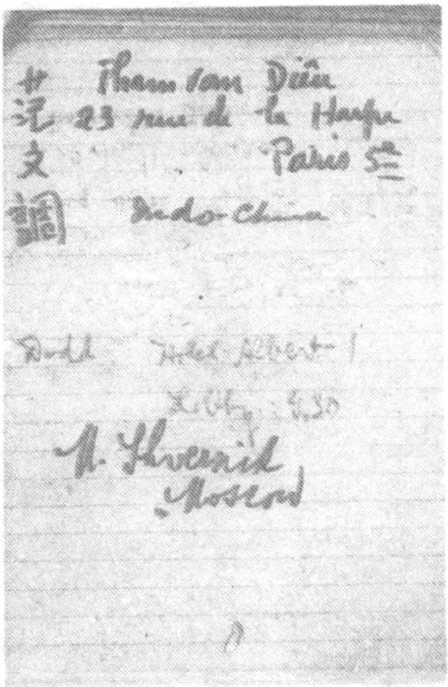
文
23 rue de la Harpe
Paris 5e
Indo-China
Moscow

02-044

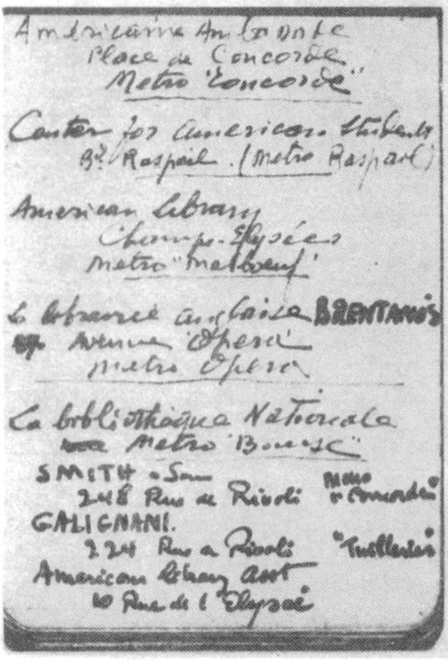

02-045

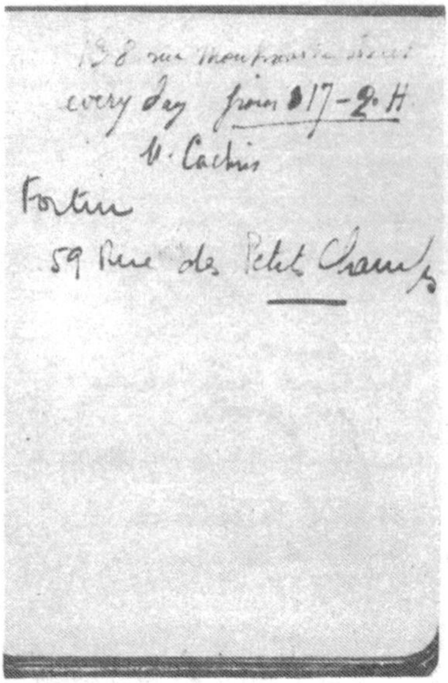

02-046

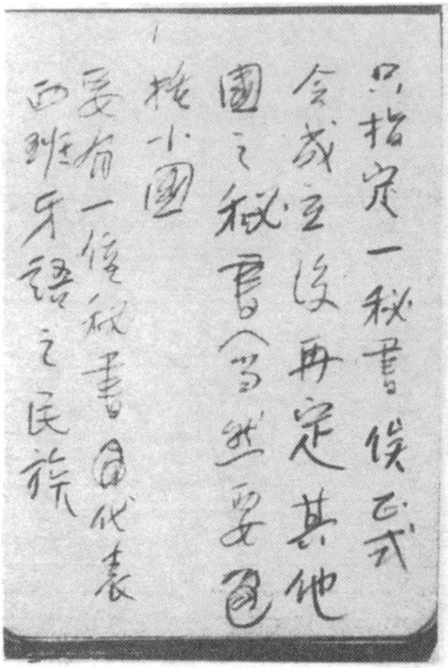

02-047

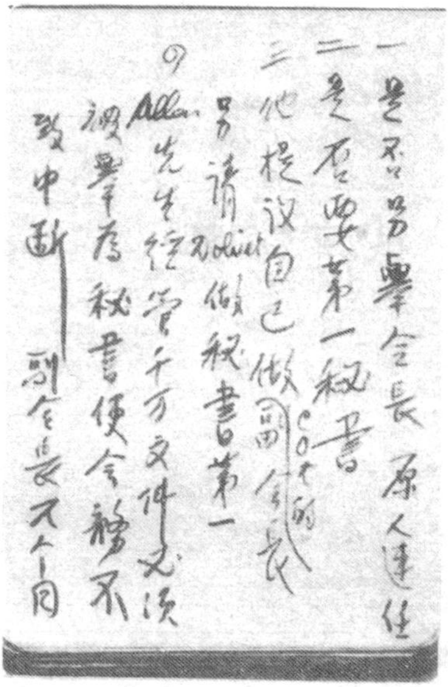

02-048

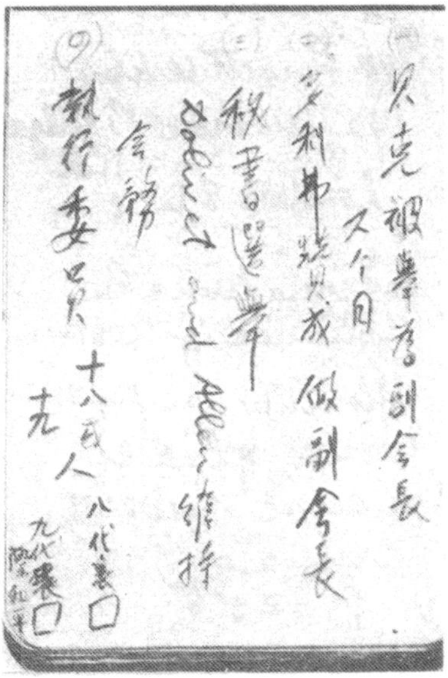

（四）贝克被举为副会长 久今日
（五）[illegible]做副会长
（三）秘书选举 Dolivet and Allen 维持会务
⑨ 执行委员 十八或人 九人 八代表□ 九代表□

02-049

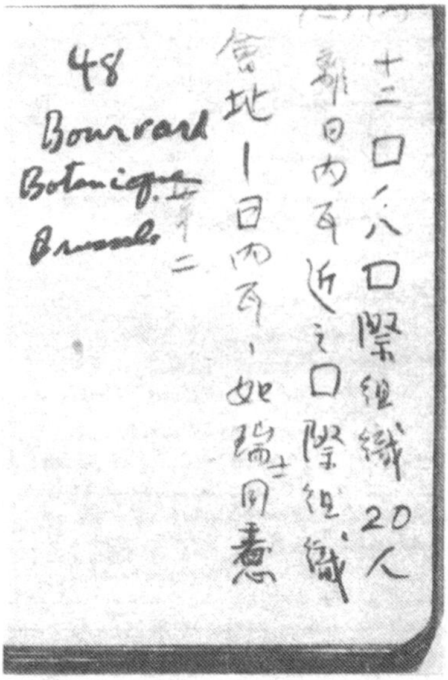

十二口/八口际组织 20人
新日内瓦近之口际组织
会址 1 日内瓦，如瑞士同意
48 Boulevard Botanique Brussels 五十二

02-050

Mr. Chairman:

02-051

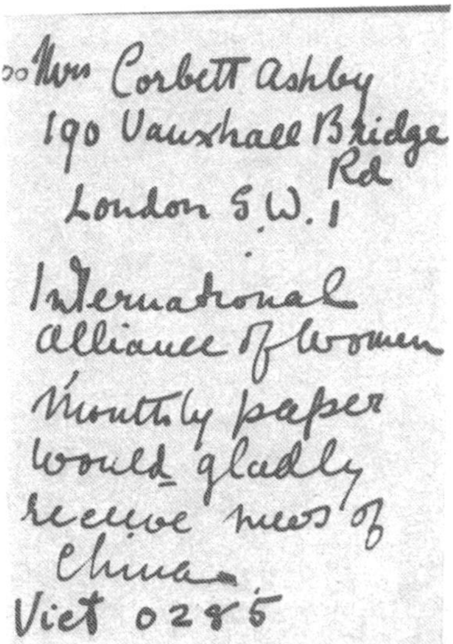

Mrs Corbett Ashby
190 Vauxhall Bridge Rd
London S.W. 1
International Alliance of Women
Monthly paper would gladly receive news of China
Vict 0285

02-052

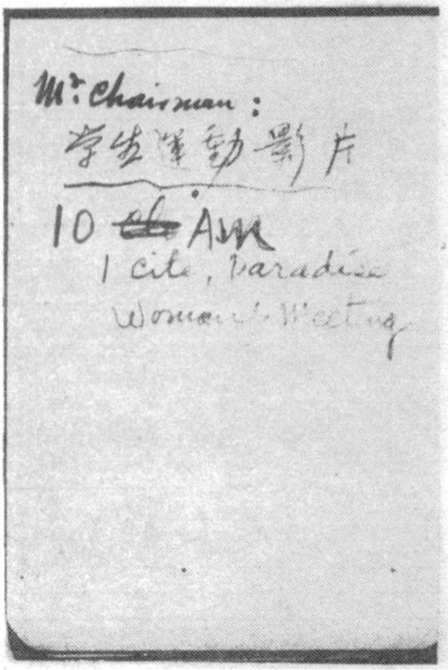
Mr Chairman:
学生运动影片
10 ~~oh~~ AM
1 City, Paradise
Women's Meeting

02-053

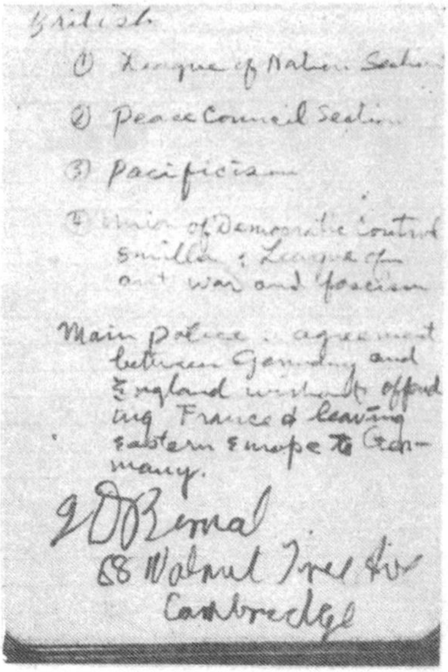
British
① League of Nations Section
② Peace Council Section
③ pacificism
④ Union of Democratic Control
Small League against War and Fascism
Main policy: agreement between Germany and England without offending France & leaving Eastern Europe to Germany.
J D Bernal
88 Walnut Tree Ave
Cambridge

02-054

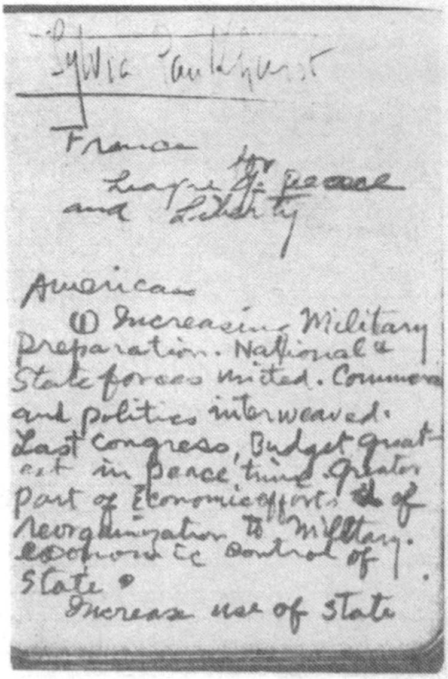
Sylvia Pankhurst
France
League for peace and liberty
American
① Increasing Military Preparation. National & State forces united. Commerce and politics interweaved. Last Congress, Budget greatest in peace time. Greater part of Economic efforts of reorganization to Military. Economic control of State.
Increase use of State

02-055

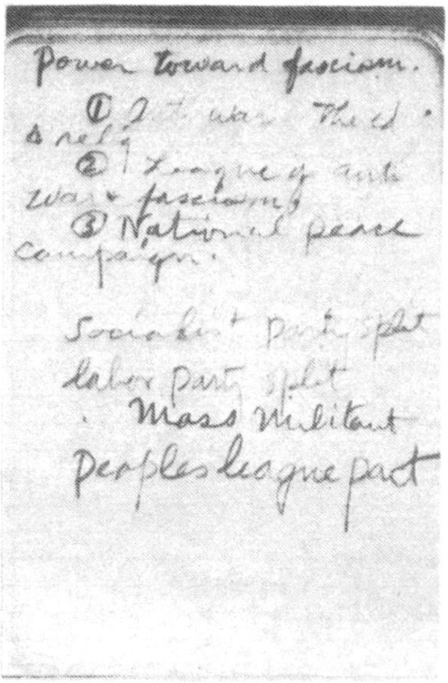
Power toward fascism.
① [illegible]
② League against War & fascism
③ National peace campaign.
Socialist party split
labor party split
Mass Militant
Peoples league part

02-056

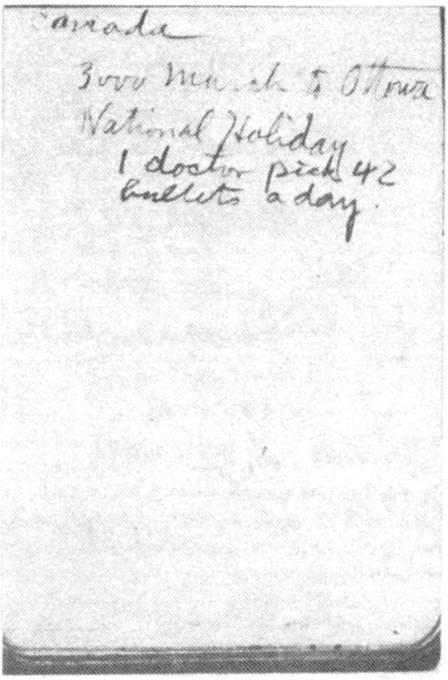

02-057

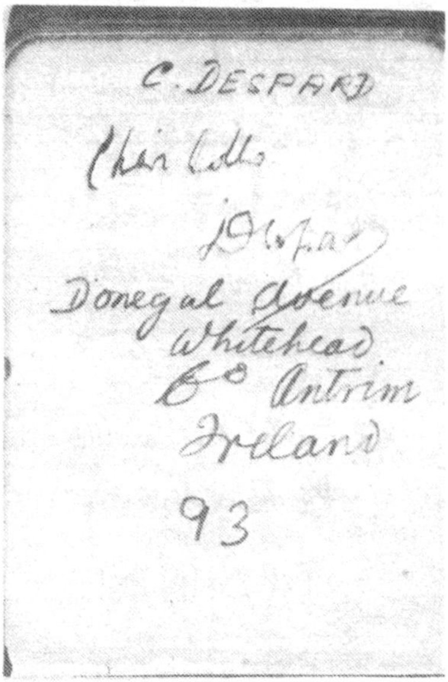

02-058

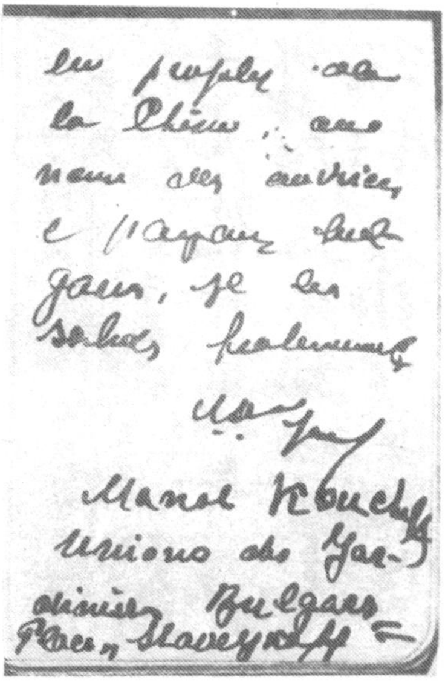

02-059

02-060

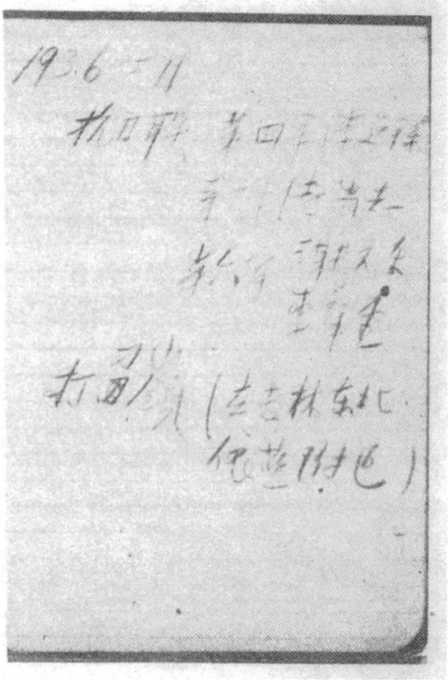

02-061

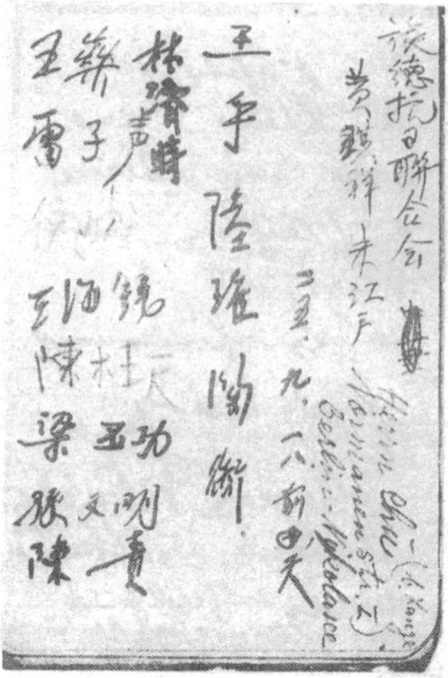

02-062

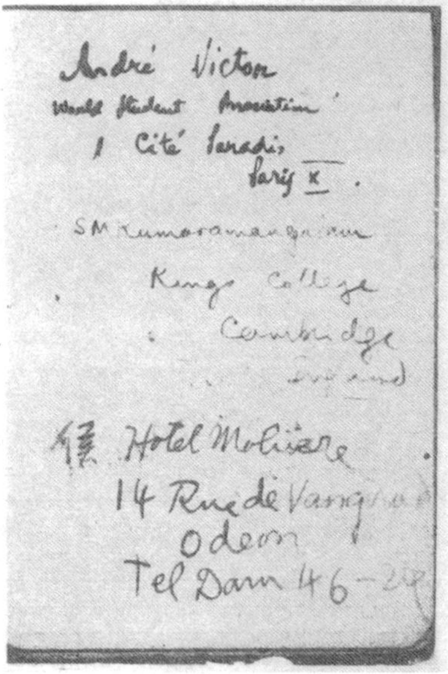

02-063

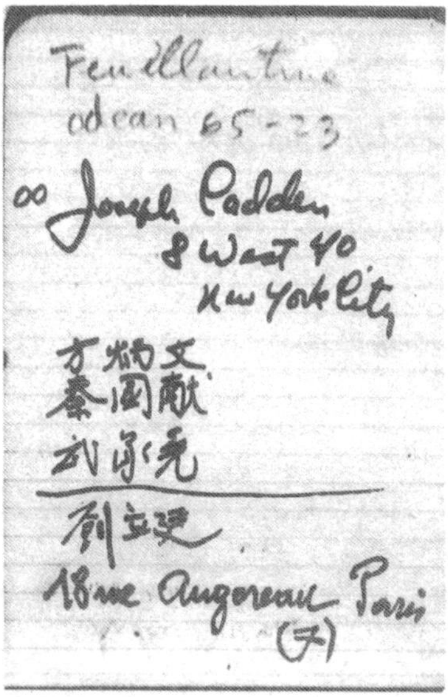

02-064

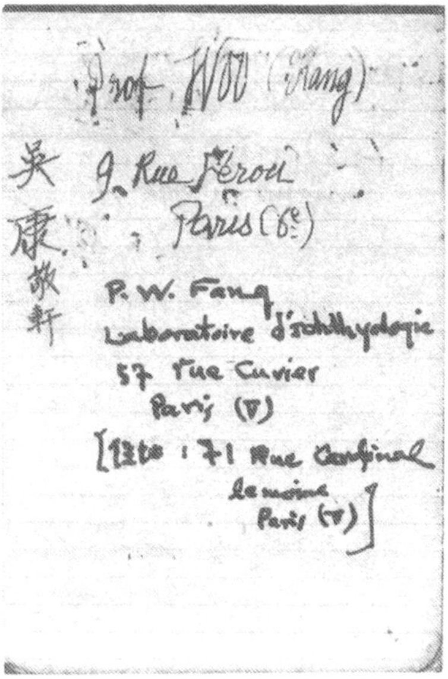

02-065

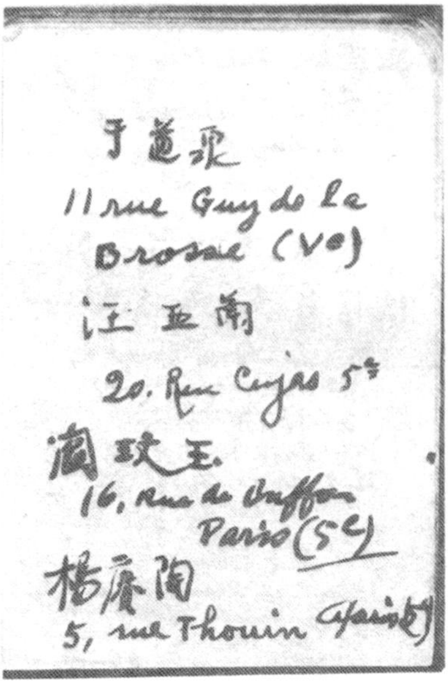

02-066

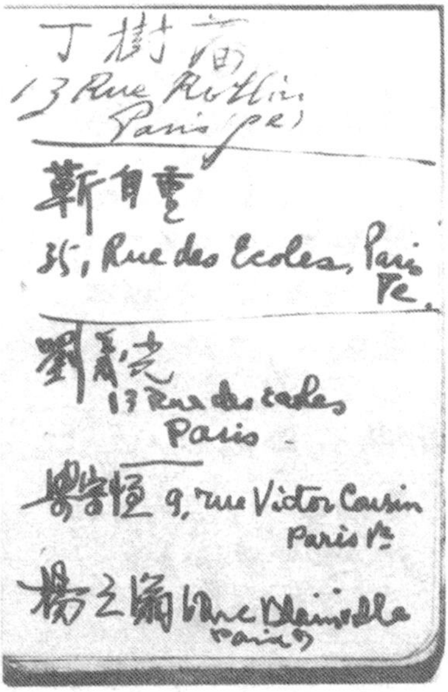

02-067

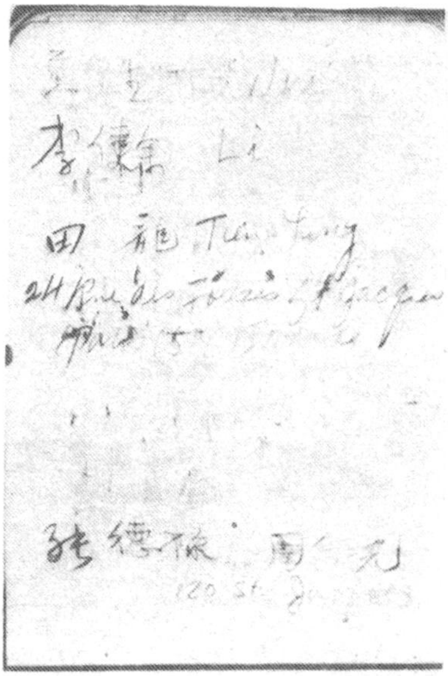

02-068

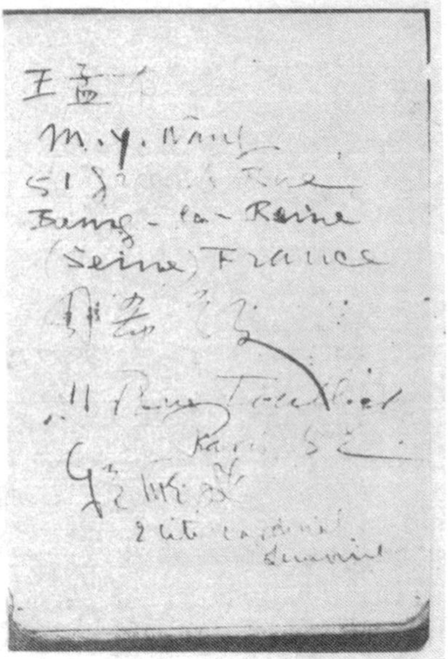
王孟甫
M. Y. Wang
Bourg-la-Reine
(Seine) France

02-069

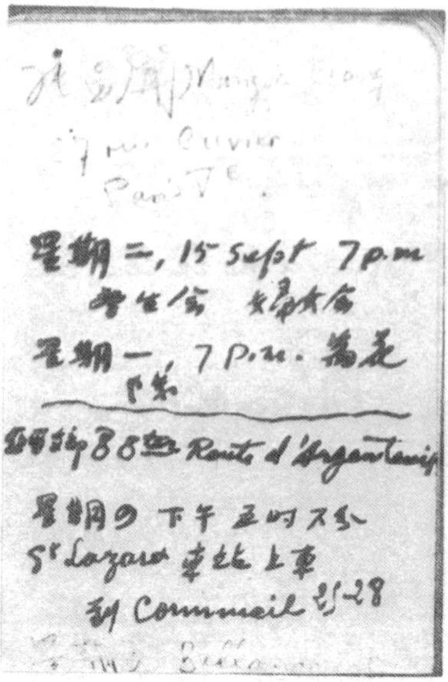
星期二，15 Sept 7 p.m
学生会 妇女会
星期一，7 p.m.
38 Route d'Argenteuil
星期四 下午
St Lazare 车站上车
到 Cormeil

02-070

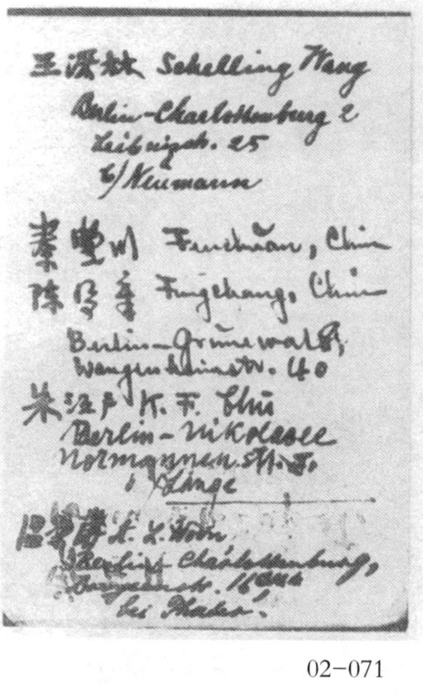
Schelling Wang
Berlin-Charlottenburg 2
Leibnizstr. 25
b/Neumann
Berlin-Grunewald
Berlin-Nikolassee

02-071

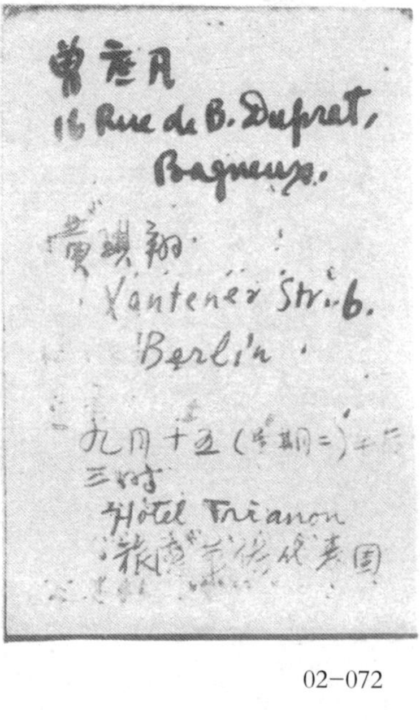
16 Rue de B. Dufret,
Bagneux.
Xantener Str. 6.
Berlin
九月十五（星期二）
三时
Hôtel Trianon

02-072

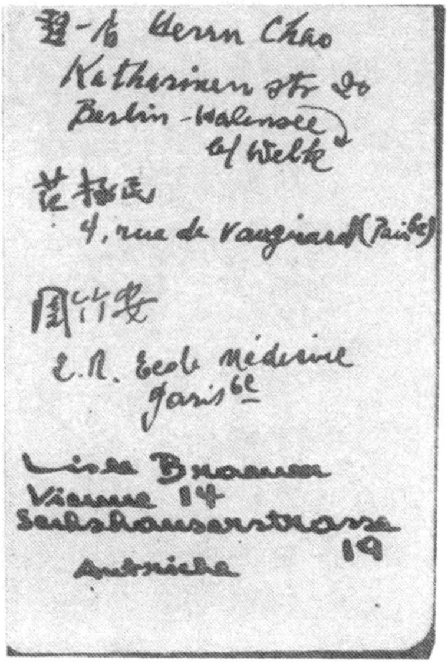
Herrn Chao
Katharinen str 20
Berlin-Halensee
b/ Welke

4, rue de Vaugirard (Paris)

周竹安
E.N. Ecole Médecine
Paris 6e

Lisa Brauner
Vienne 14
Seidlhausserstrasse
19
Autriche

02-073

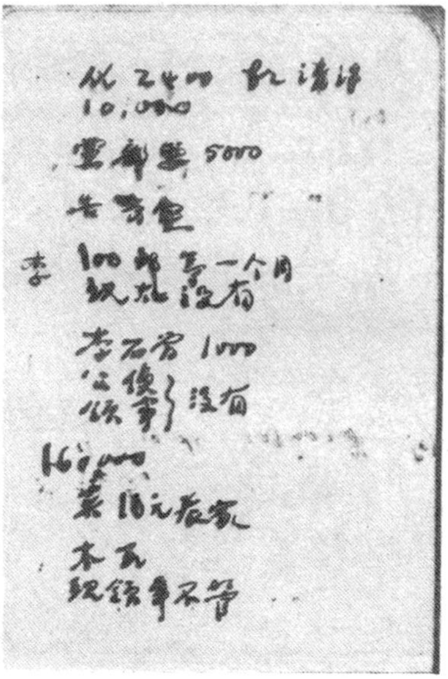
从2400 到 请得
10,000

李 100部 第一个月
现在没有

李石曾 1000
公使
领事 没有

16,000

现领事不管

02-074

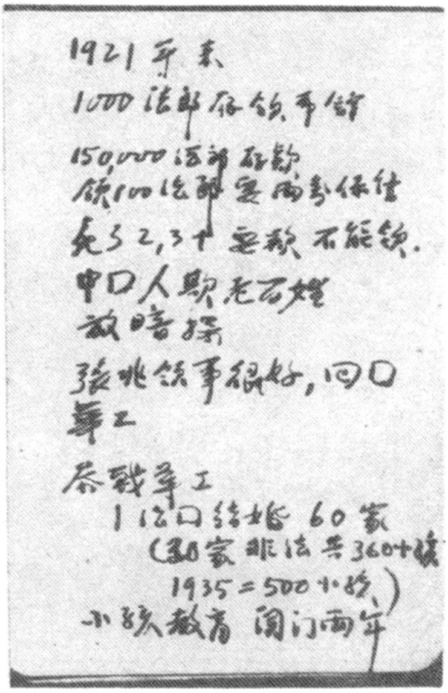
1921年来

1000法郎存领事馆

150,000法郎存款
领100法郎要两个保证
交了2,3个要款不能领.
中国人娶老西婆
故暗探

张兆领事很好，回国

参战华工
1 法国结婚 60家
(30家挪法共360+孩
1935=500个孩)
小孩教育 开门两年

02-075

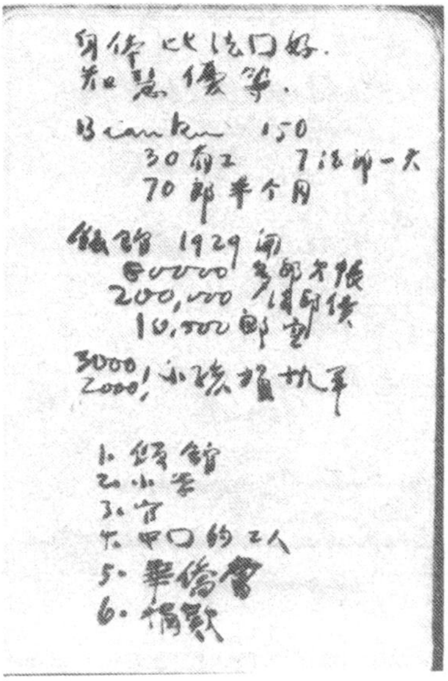
身体比法国好.

Bianka 150
30有2 7法郎一天
70 部 半个月

领馆 1929 间
60000
200,000
10,500

3000
2000 小孩

1. 领馆
2. 小学
3. 官
4. 中国的工人
5. 华侨会
6. 捐款

02-076

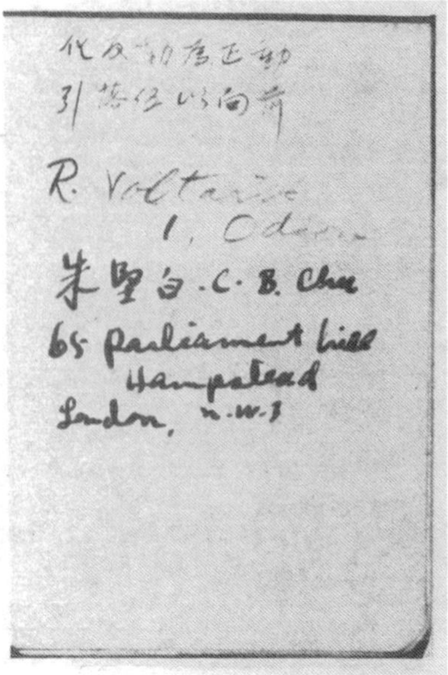
朱望白 C. B. Chu
65 Parliament Hill
Hampstead
London, N.W.3

02-077

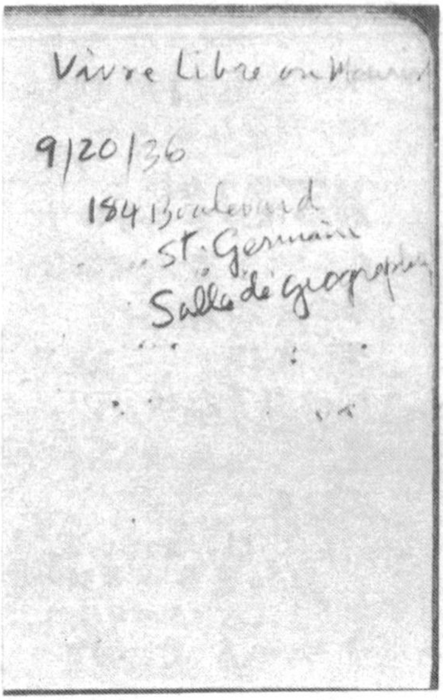
Vivre Libre ou Mourir
9/20/36
184 Boulevard
St. Germain
Salle de géographie

02-078

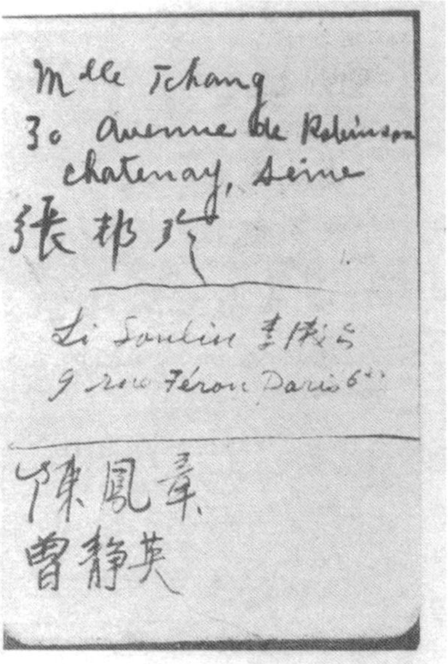
Mlle Tchang
30 Avenue de Robinson
Chatenay, Seine
張邦珍
9 rue Féron Paris 6e
曾静英

02-079

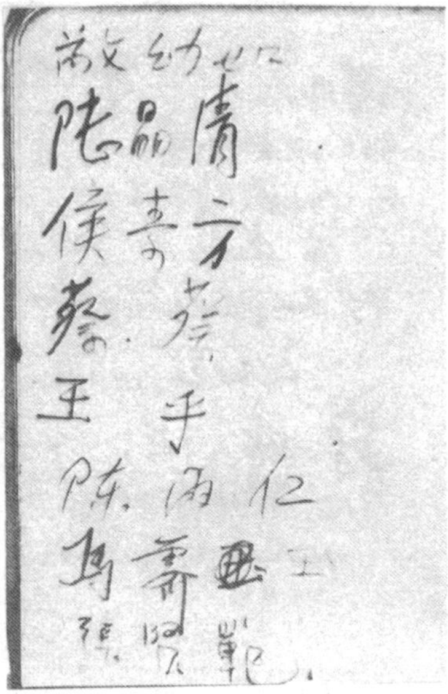

02-080

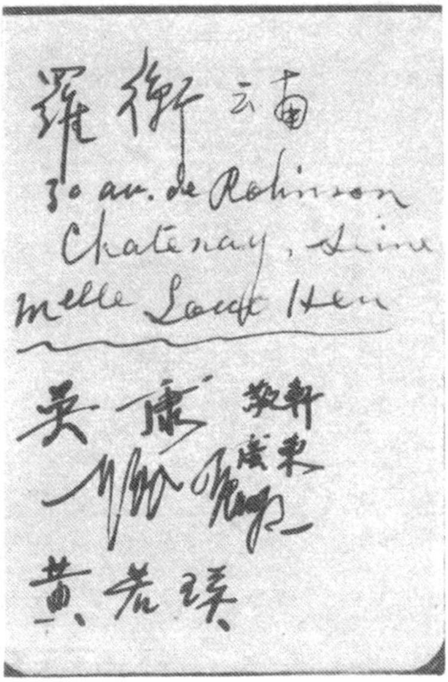

02-081

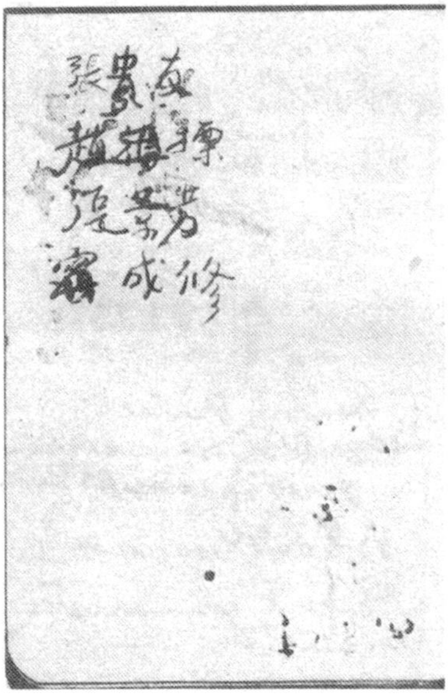

02-082

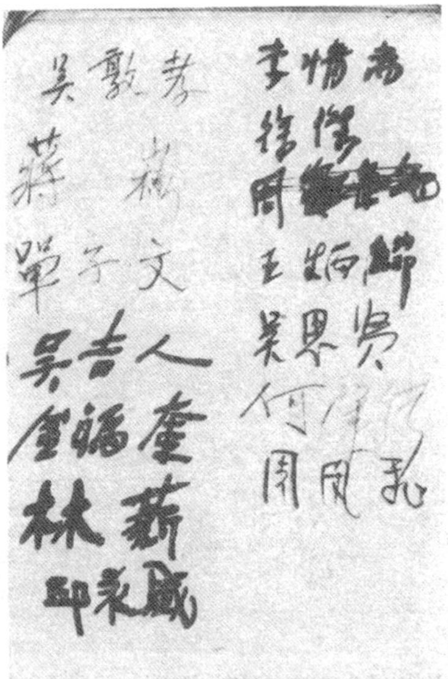

02-083

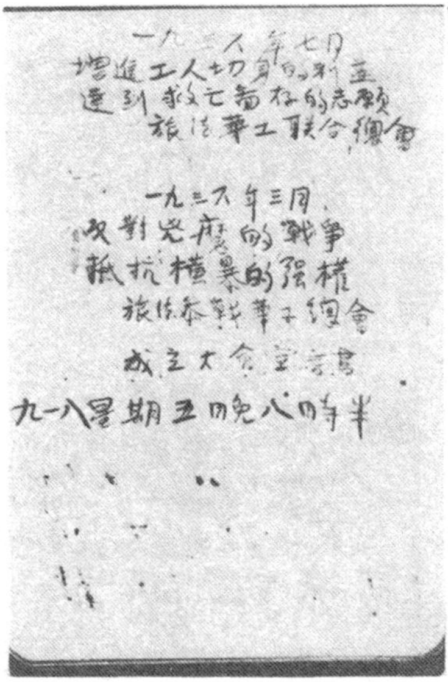

02-084

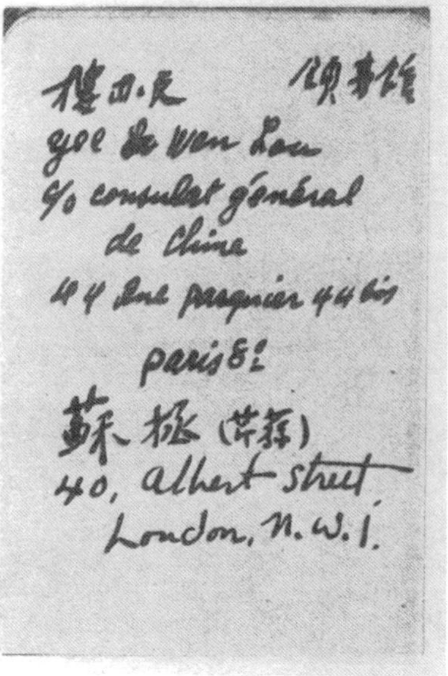

02-085

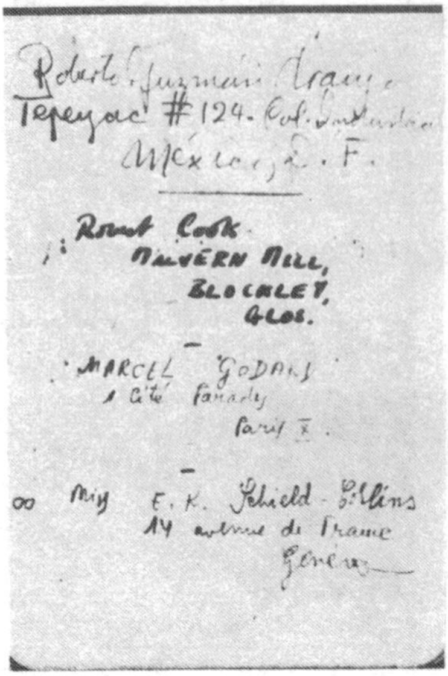

02-086

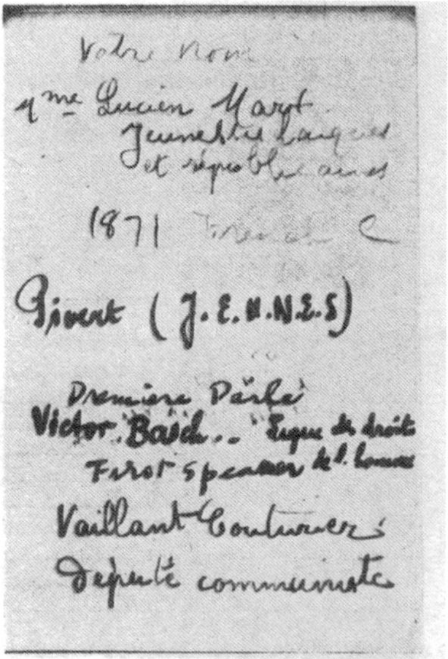

02-087

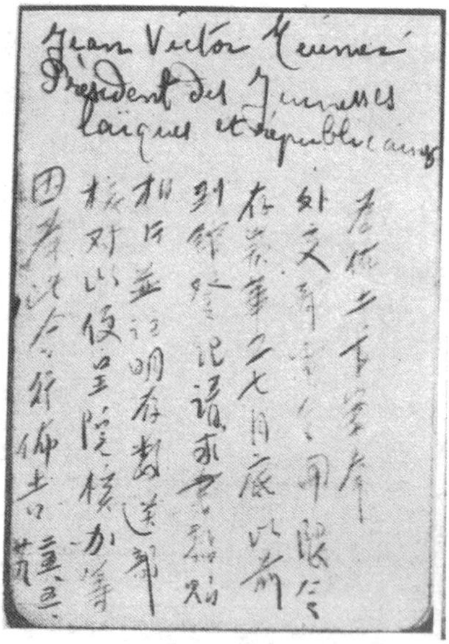

02-088

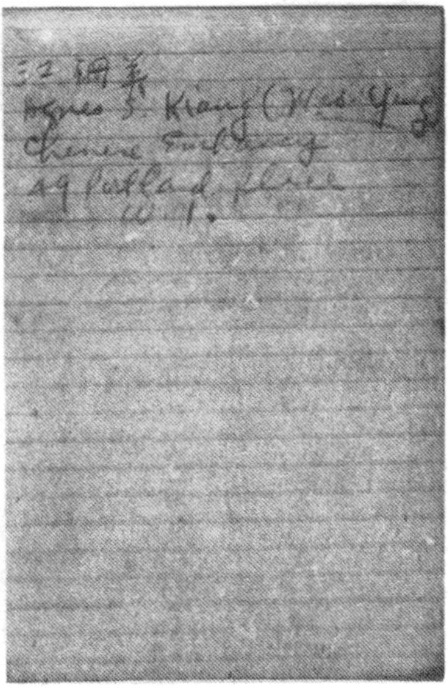

02-089

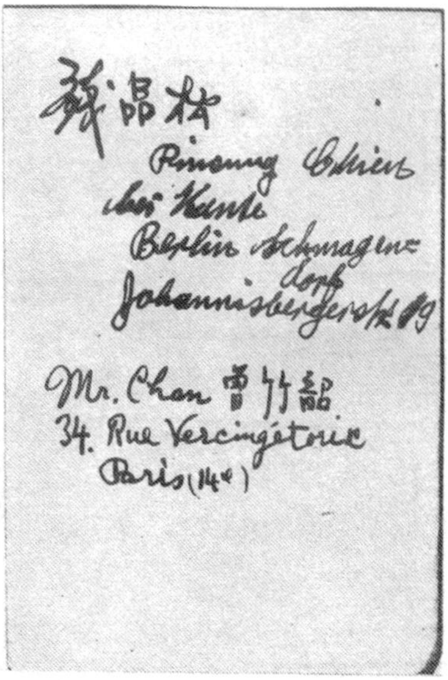

02-090

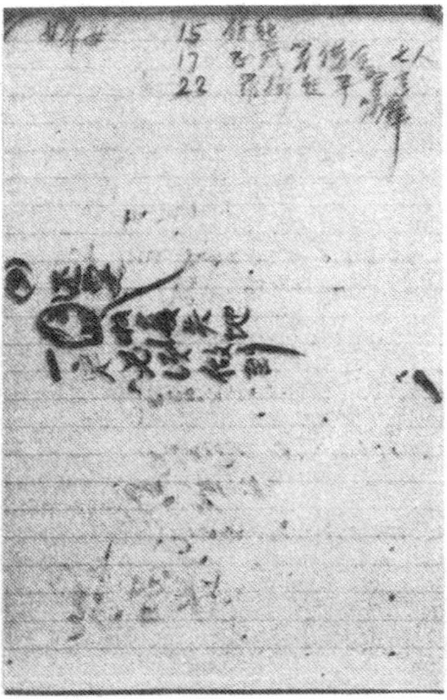

02-091

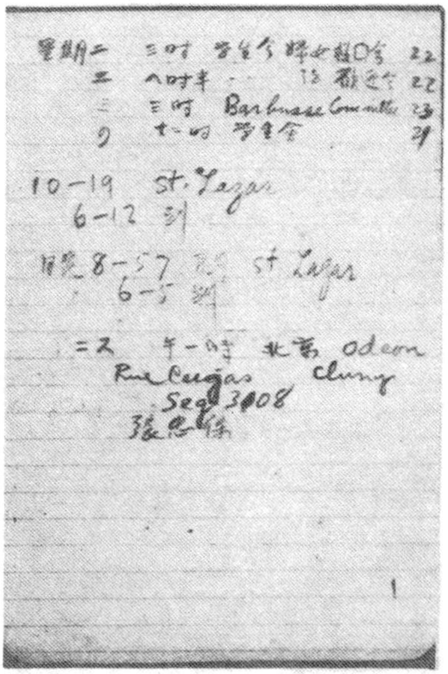

02-092

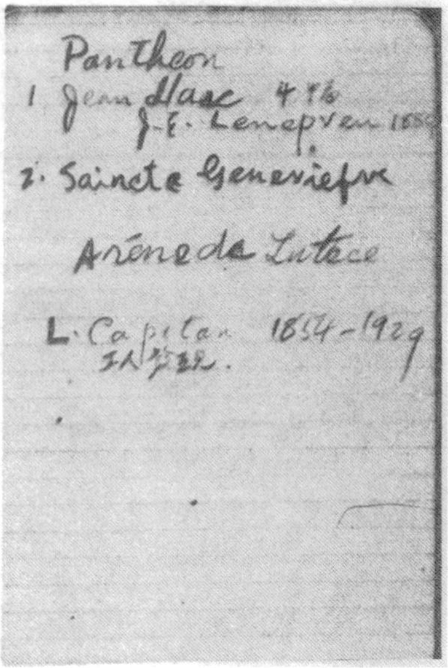
Pantheon
1 Jean Haac 476
J.-E. Lenepveu
2. Sainte Geneviève
Arène de Lutèce
L. Capitan 1854–1929
工人发现.

02-093

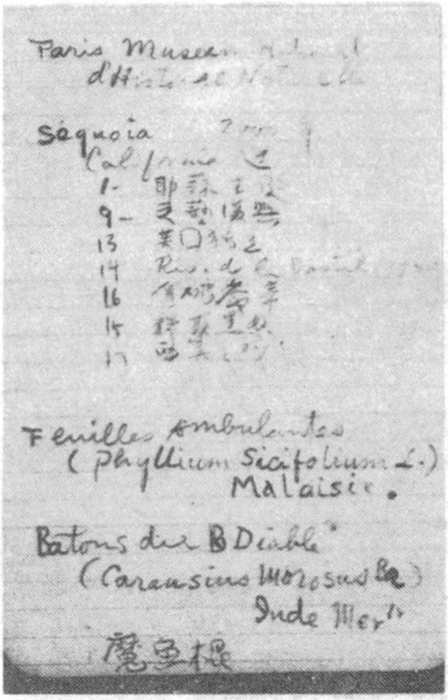
Paris Museum
Séquoia
Feuilles Ambulantes
(Phyllium Siccifolium L.)
Malaisie.
Batons du Diable
(Carausius Morosus Br.)
Inde Mer.
魔鬼棍

02-094

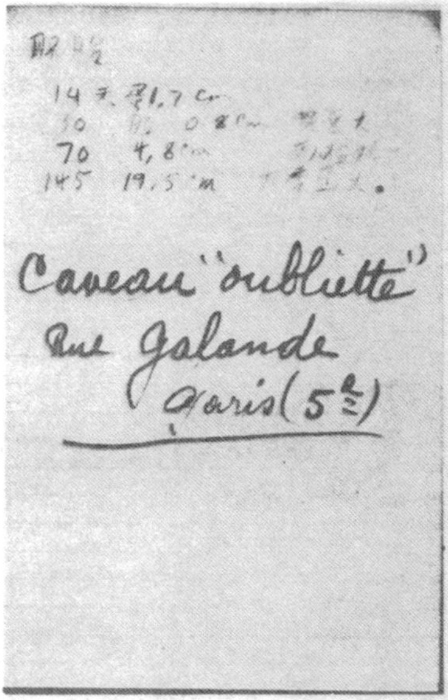
Caveau "oubliette"
Rue Galande
Paris (5e)

02-095

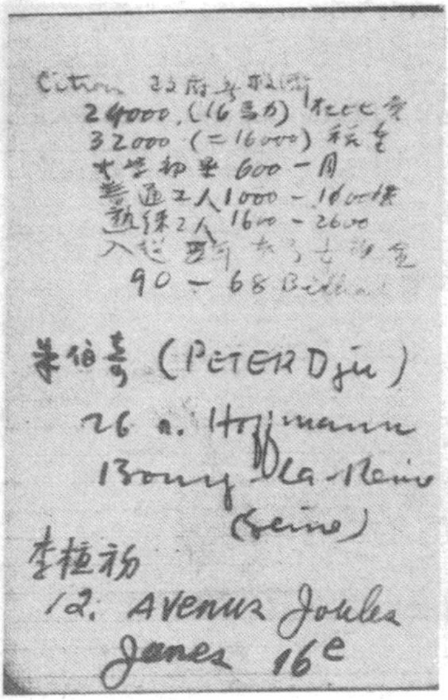
Citron
米伯青 (PETER Dju)
26 r. Hoffmann
Bourg-la-Reine
(Seine)
李植初
12, Avenue Joules
Janes 16e

02-096

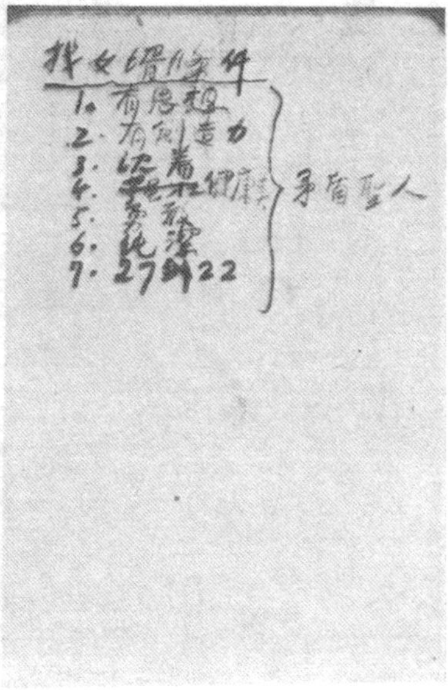

02-097

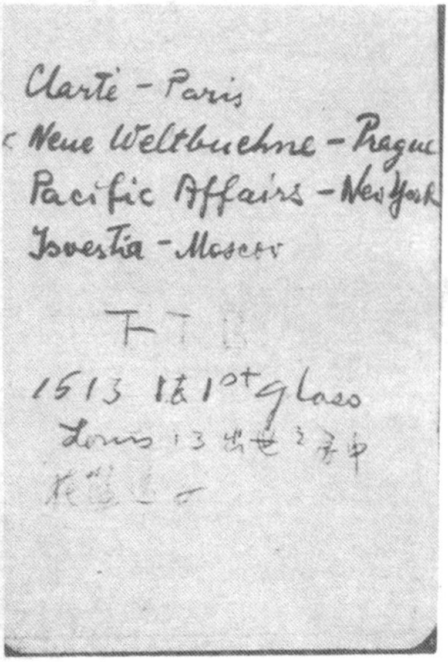
Clarté - Paris
Neue Weltbuehne - Prague
Pacific Affairs - New York
Isvestia - Moscow

02-098

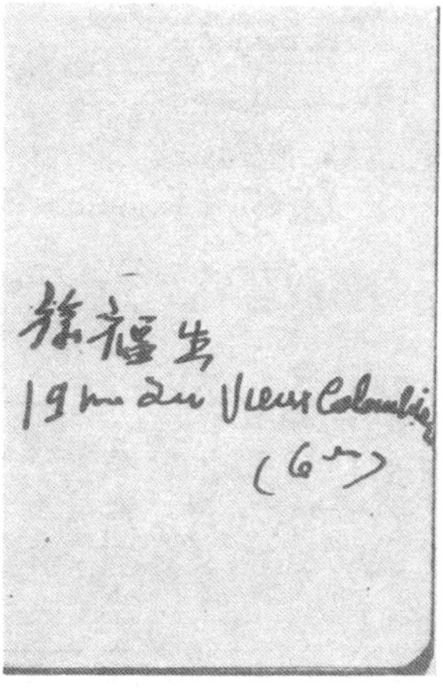

02-099

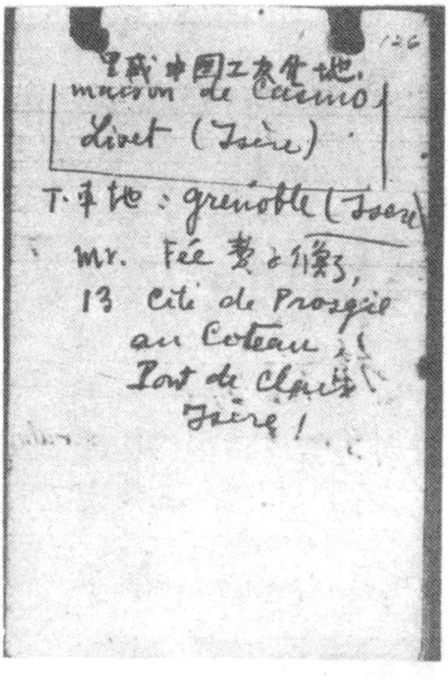

02-100

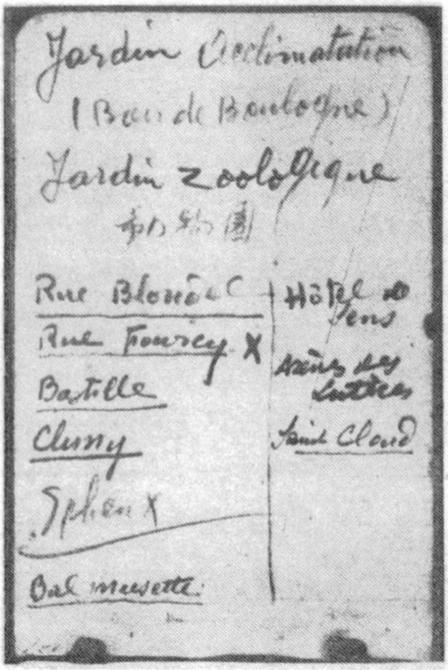

02-101

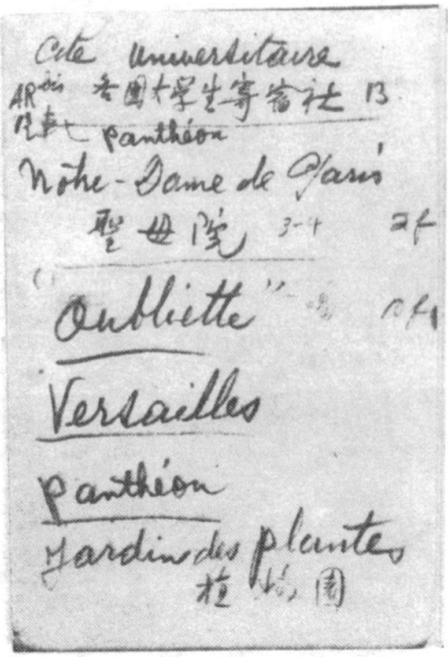

02-102

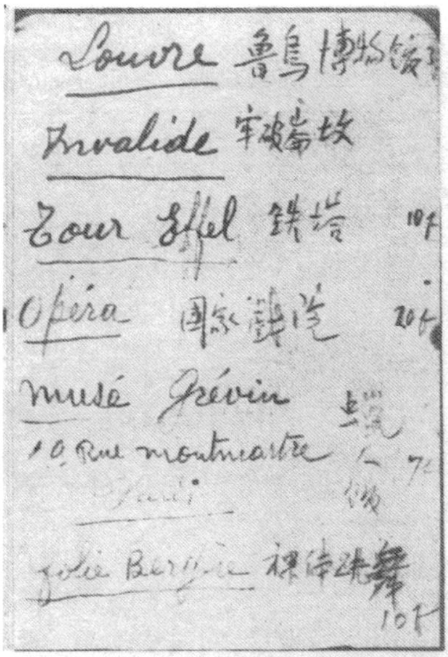

02-103

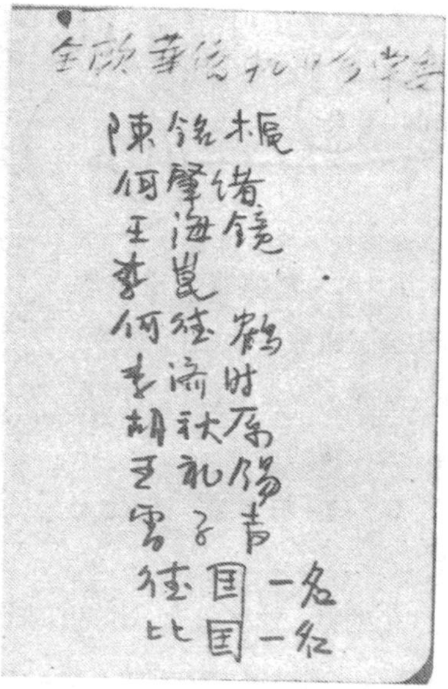

02-104

02-105

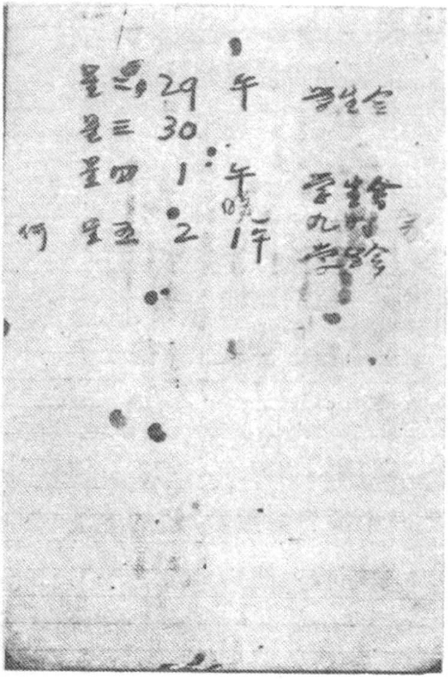

02-106

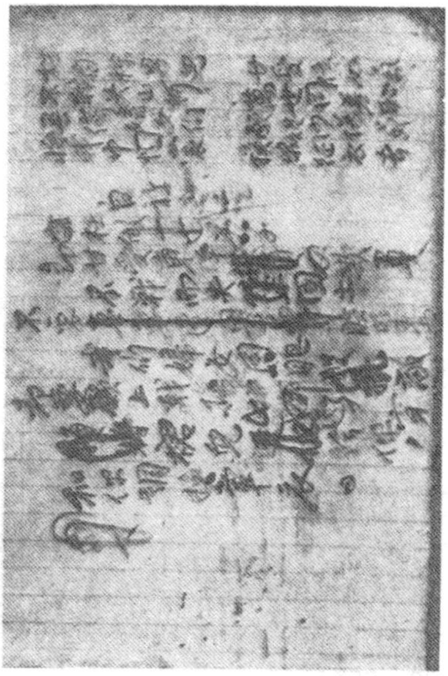

02-107

第二册〔注译〕

1936.8~1936.10

布鲁塞尔·巴黎

02—001

该页为各地友人地址：

洛森·齐利亚库斯　芬兰地址

K.E.齐利亚库斯　国际联盟　日内瓦地址

福克斯夫人　世界基督教女青年会　日内瓦地址

艾塞·库里　日内瓦地址

卡洛斯·马奇　全国学生联合会古巴地址

巴拉荷·赫鲁比（捷克人）巴黎地址

02—002

约翰·费什尔　伦敦南山公园

海伦·斯尼德　纽约地址

（中国大烟斗）

奎尔·莱德及地址

02—003

美国的友人

F.L.雷德菲　进步教育协会　纽约地址（想要照片）

瑞安·W.卡森　卡内基基金会纽约地址

G.G.梅尔威　纽约大学

伦纳德　波格丹佛　纽约地址

约翰·L.弗兰克　汉普顿学院

美国弗吉尼亚州汉普顿市

02—004

罗森菲尔德博士　美籍德国律师　纽约地址

恩斯特·科恩菲尔德先生及地址（纺织工会）

《中国先锋报》纽约地址

梅翊强　纽约地址

02—005

英国的友人

赫德利·瓦里及地址

约翰·斯特雷奇

H.拉斯基　伦敦经济学校

齐默恩·阿尔弗烈德先生

弗赖伊·玛杰里小姐

A.J.林奇　泰特哈姆教育委员会通讯地址

埃里克·戴维斯　英国广播公司

G.劳森威尔

马利勋爵，英国上议院

02—006

爱德华·史密森　伦敦地址

02—007

第 1 行外文为伦敦的中国友人

第 6 至 7 行外文为中国银行及地址。

第 8 至 9 行外文为中华学会及地址。

第 14 行外文：C.L.钱

第 15 至 16 行外文为马女士及地址

倒数第 2 行为伦敦地址

02—008

三友人伦敦地址

02—009

第 1 行外文为美国的中国友人

第 2 行外文为王光照　剑桥市哈佛大学

第 4 行外文为陈光润　哥伦比亚大学

02—010

印度的友人

奈都先生　孟买地址

A.K.昌德及地址

拉达克里希南　牛津

B.B.波米克　加尔各答地址

S.M.锡尔卡　加尔各答地址

杜特

R.N.瓦格斯　孟加拉地址

M.U.帕特尔及地址

02—011

R.奈都　比利时　癌症学会

02—012

印度的友人

克利什那·梅农　印度联盟

M.T.皮里斯　斯里兰卡科伦坡

默尔克·拉·阿朗德　伦敦地址

02—013

法国友人

路易·多里维特　布鲁塞尔地址

詹姆斯·克鲁格曼　世界学生联盟执行书记

A.蒙塞　巴黎地址

陆璀小姐

张仲皋先生　巴黎地址（胡）愈之介绍

马格特先生

02—014

巴黎圣维克多路巴比塞委员会星期一下午 3 时

02—015

德国的友人

沙伊尔

米歇尔·富克斯　9 月 7 日　柏林地址

陆璀　巴黎地址

陈桂天　法国地址

02—016

俄国的友人

林德先生　莫斯科地址

特列季艾科夫

博伊·敏　力士旅馆 270 号　莫斯科地址

布朗宁·希尔达小姐

苏联领事馆　伦敦地址

C.Y.杨　由林先生转交

在苏联的外国工人的公众合作社　艾寒松　莫斯科地址

02—017

第 1 行：中国友人

02—018

英国的友人

赫德利·瓦里及地址

哈特里先生

乔治·H.格林博士　威尔士大学

A.文森特先生及地址

02—019

穆丽尔小姐和多丽丝·莱斯特小姐

金斯利大厅和儿童之家

亨利凯斯夫妇及地址

J.J.马隆先生和J.L.霍奇金森先生

全华中学和俱乐部及地址

02—020

列文斯东女士《伦敦周报》及地址

金夫人　文化研究会及地址

S.夏绿德·波奇里斯地址

王礼锡　地址

柯雷斯　地址

萨瓦里剧院

02—022 至 024

签名

02—025

外文为签名及巴黎地址

02—027

外文为签名及伦敦、巴黎地址

左下角不清处为：Nor　17+30

02—028

第 12 至 14 行，G.詹姆斯·乔伊斯先生伦敦地址

余外文为签名及伦敦地址

02—029

加文·格林李　地址

02—030

第 1 行为外文名

第 3 至 6 行为艾麦夫人法国地址

第7行“介绍韬奋”，意为“韬奋介绍”

第8至9行：威尔福特·罗伯特 英下议院

第11至14行为C.W.赛西斯及地址

02—031

此页起到02—035为学法语的笔记

02—036

台勒斯·艾米利、彭克·塞曼、罗兰·多盖及各人地址

02—037

此页起到02—041页为学法语的笔记

02—043

第1至5行：王礼锡　米德兰地址

第6至9行：詹姆斯·克鲁格曼 米德兰地址

第10行：G.卡瑞特先生　英国代表

02—044

范文调　巴黎地址

印度支那

多德　旅馆名　8：30门厅

伊·施符尼克　莫斯科

02—045

美国大使馆

美国学生中心

美国图书馆

英国图书馆

法国图书目录馆

史密斯·山

加利那尼

美国图书协会

及各处地址

02—046

地址

每天17：00—20：00　U.卡克里斯

福廷及地址

02—052

科比特·阿什贝夫人　伦敦地址

国际妇女联盟月刊将十分乐意得到有关中国的消息

02—053

第1行：主席先生

末3行：上午10点　妇女会

02—054

英国

①国际联盟　②和平会议　③反战主义　④民主管理同盟　类似于反战反法西斯联盟

主要政策：在英国和德国之间达成不得罪法国而让德国控制东欧的协议

V.D.贝莫尔　剑桥市地址

02—055

第 1 行为一友人签名

法国　争取和平与自由联盟

美国　①加紧军备　国家与各州的军队联合　商业与政治融为一体　国会上次会议通过和平时间最高的军事预算　花大力气重新组织经济为军事服务　国家加强对经济的控制　加强行使国家的权力

02—056

反法西斯力量

①反战　教育与宗教

②反战反法西斯联盟

③全国和平运动

社会主义政党分裂　劳动党分裂　群众斗志昂扬　人民联盟公约

02—057

加拿大

3,000 人向首都渥太华进军　国庆节　一名医生一天内取出 42 颗子弹

02—058

人名、地址

02—059

谨以保加利亚工人和农民的名义，向中国人民致以热情的问候

02—063

安德鲁·维克多　世界学联　巴黎地址

S.M.库麦拉曼格伦　英国剑桥金斯学院

余为地址

02—064

第 3 至 5 行：约瑟·帕顿纽约地址

第 10 行：巴黎地址

02—065

吴康教授巴黎地址

P.W.方　巴黎工作地址及住址

02—068

末行：120st.　Jacqnes

02—070

第 8 行外文为阿根廷路 88 号

第 10 至 11 行为圣拉扎尔车站上车至柯迈尔

第 12 行：星期五　比兰考特

02—072

第 9 行外文为特利阿农旅馆

02—076

第 3 行外文为宾库（地名）

02—077

第 3 行：R.罗特尔

第 6 至 7 行：伦敦地址

02—078

第 1 行：为自由的生而死

02—086

罗伯特·古斯曼·阿洛尼　墨西哥地址

罗尔·库克　地址

马塞尔·戈达尔　巴黎地址

E.K.伊克尔德小姐　日内瓦地址

02—087

您的名字

吕西安·弥特夫　非宗教与共和主义青年会

维克多·马赫　人权同盟　首席发言人

02—088

第 1 至 3 行：让·维克罗·莫内　非宗教与共和主义青年会主席

02—092

第 3 行外文为巴比塞委员会

第 5 行外文为圣拉扎尔站

02—093

先贤祠（万神庙）

第 1.让·达拉克　4 幅

J.E.列勒曾文　1889

2.圣吉·纳维夫

02—094

第 1 至 2 行：巴黎国家自然科学历史博物馆

第 3 行外文为红杉属

第 4 行外文为加利福尼亚

02—095

末 3 行：“被遗忘”的小酒馆

伽隆德街　巴黎（第五区）

02—096

第 1 行外文为雪隆

02—098

第 1 至 4 行：巴黎、布拉格、纽约、莫斯科的四家报馆名

第 6 至 7 行：1513 年法国第一面镜子，路易 13 出世之房中

02—100

第 2 至 3 行：卡西诺大厦里威（伊泽尔）

第 4 行：格勒诺布尔　（伊泽尔省省会）

末 4 行为费子衡先生的法国地址

衔備忘

第 三 册

1936.10.2~1936.10.30

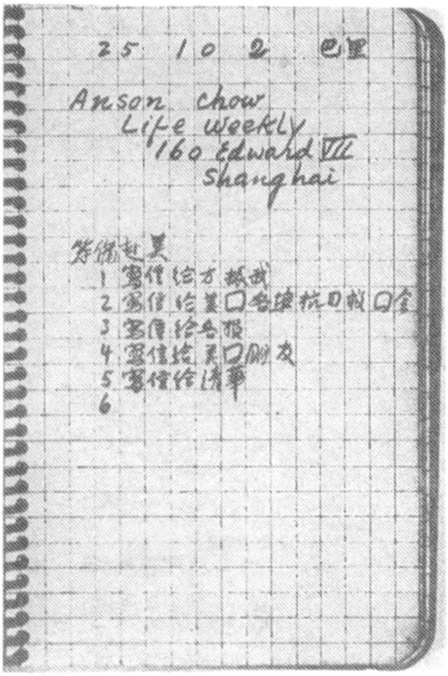

03-001

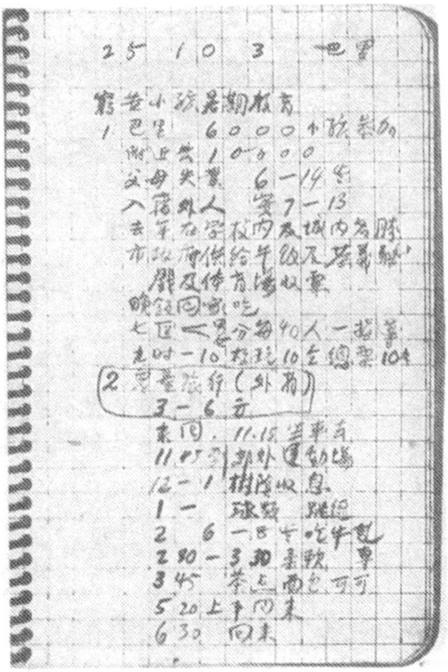

03-002

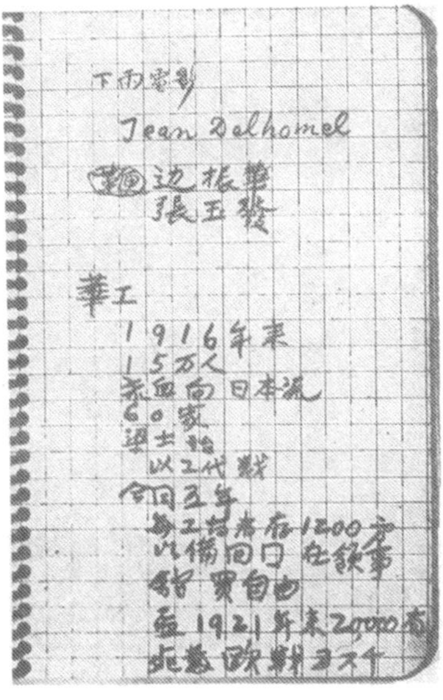

03-003

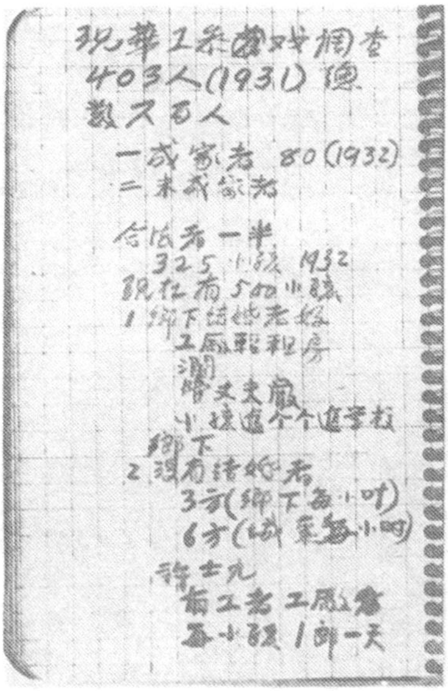

03-004

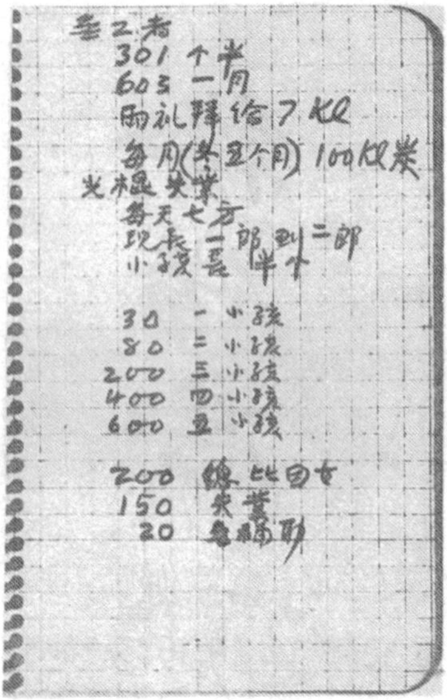

03-005

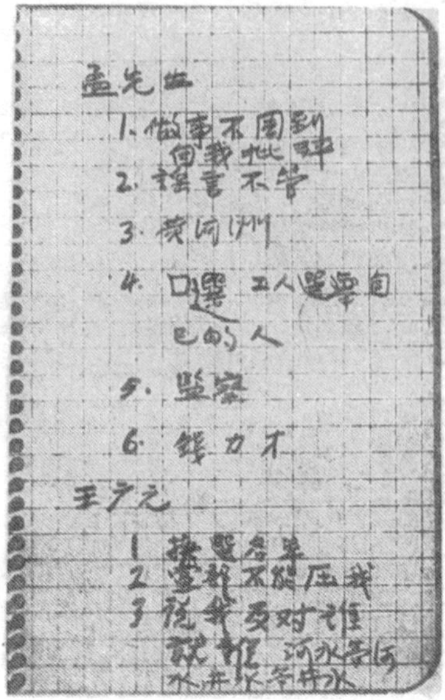

03-006

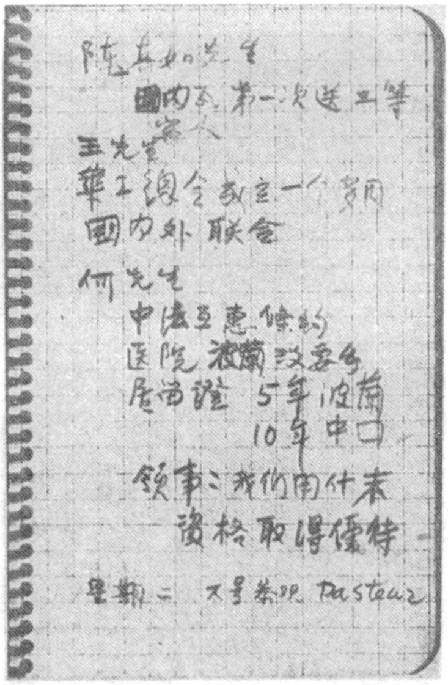

03-007

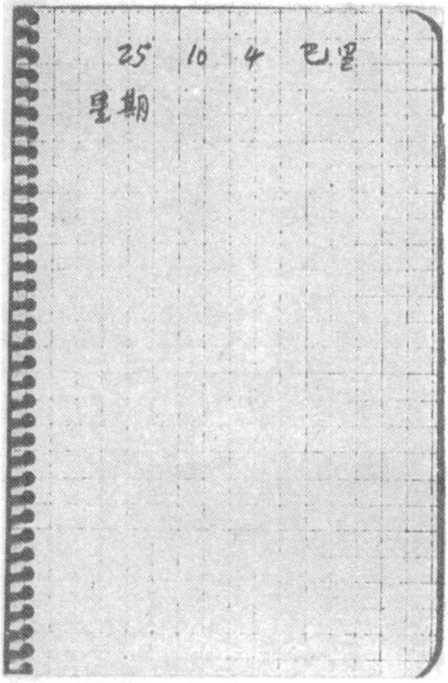

03-008

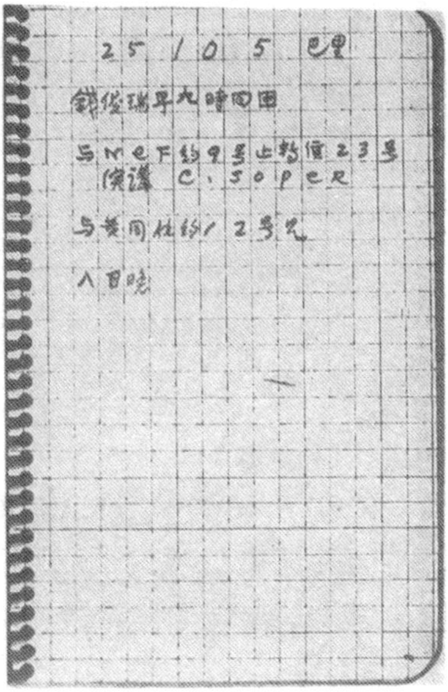

25 10 5 巴黎

03-009

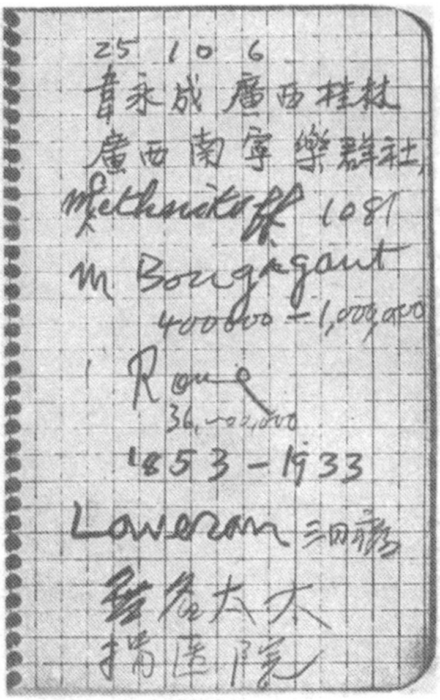

25 10 6

广西南宁乐群社

1853-1933

Laveran

03-010

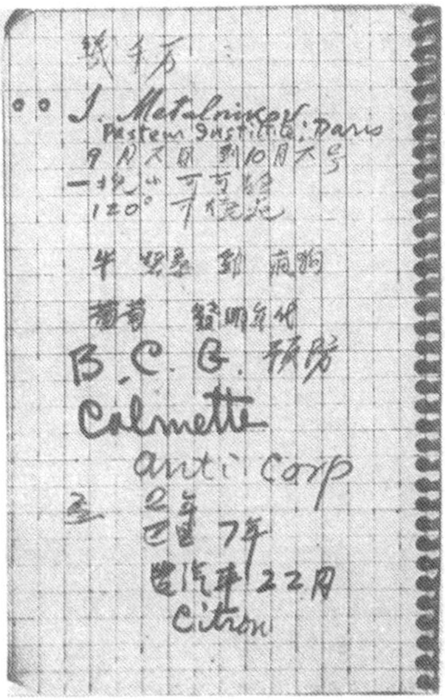

Pasteur Institute, Paris

B. C. G.

Calmette

anti corp

Citron

03-011

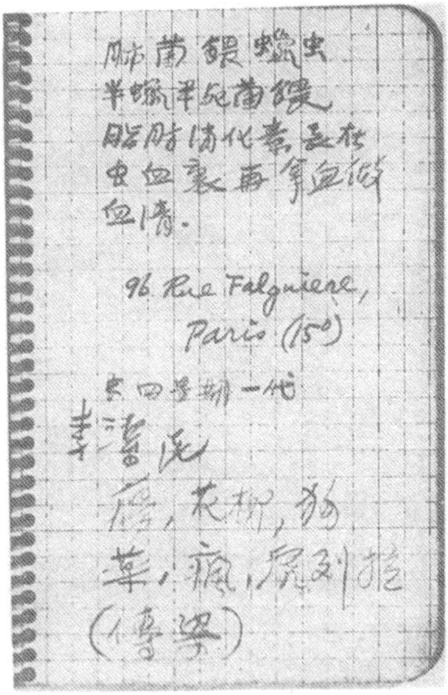

96 Rue Falguiere,
Paris (15e)

03-012

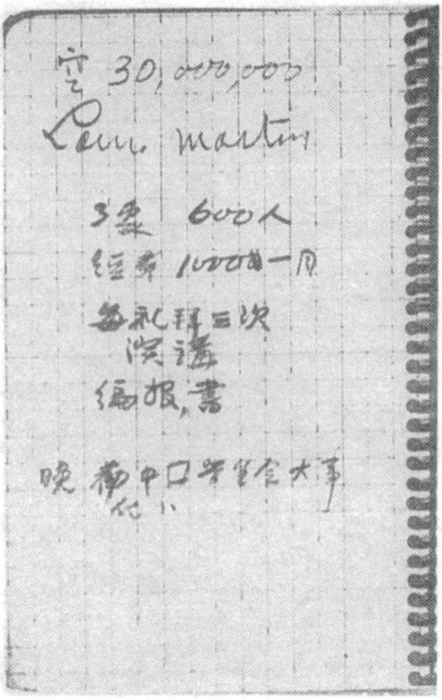

03-013

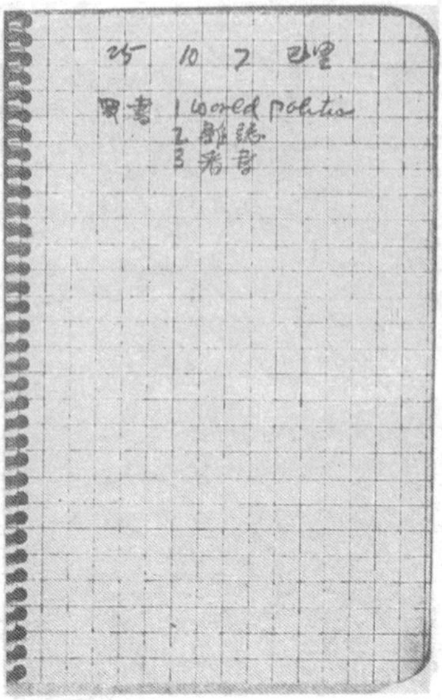

03-014

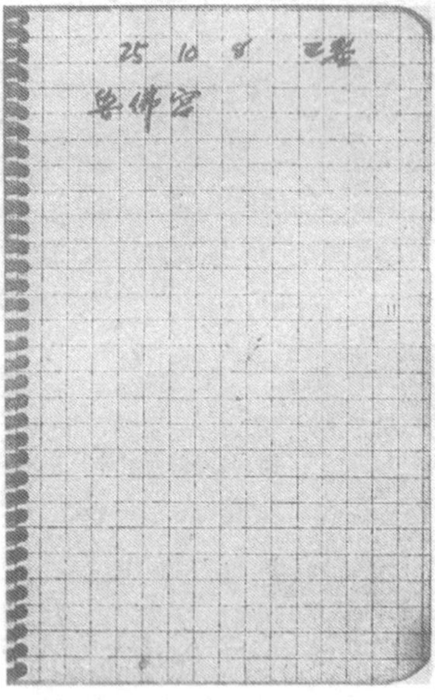

03-015

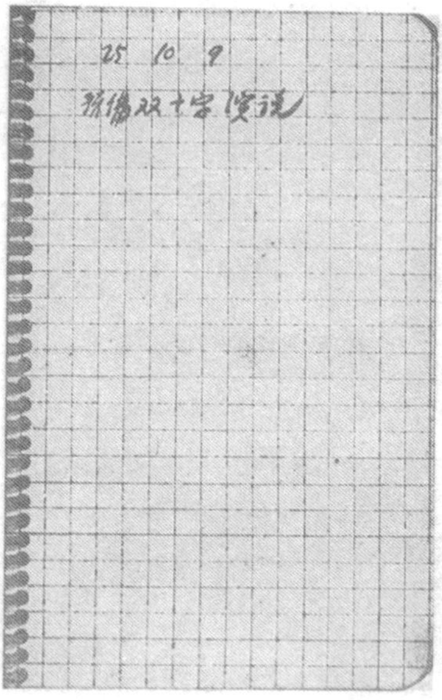

03-016

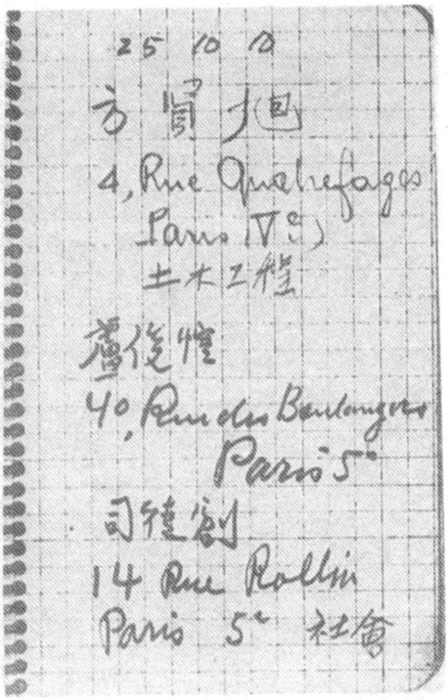

4, Rue Quatrefages
Paris (Ve)
土木工程
40, Rue des Boulangers
Paris 5e
14 Rue Rollin
Paris 5e 社會

03-017

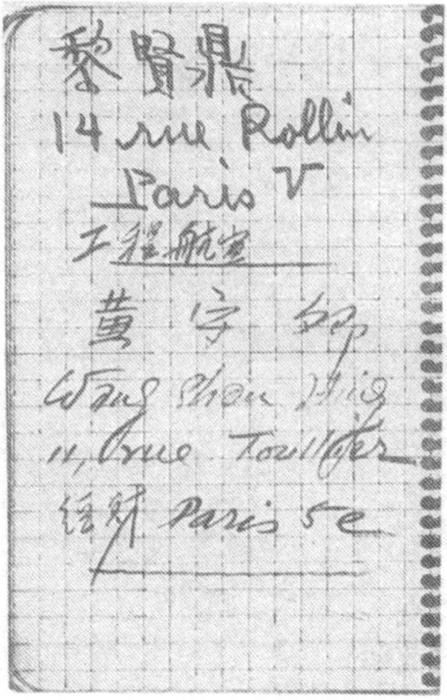

14 rue Rollin
Paris V
工程航空
Paris 5e

03-018

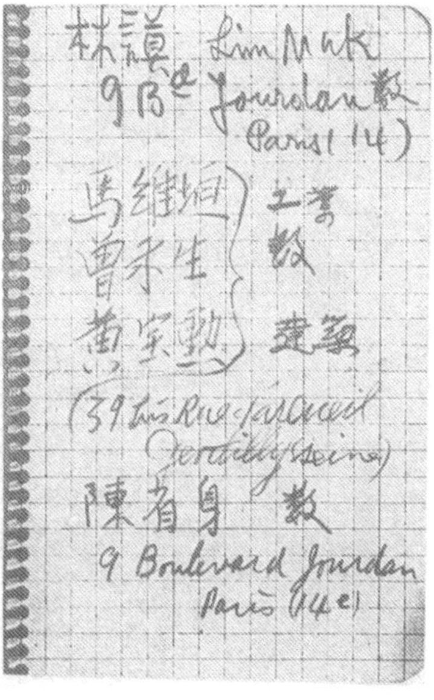

Lim Mak
Jourdan 數
Paris (14)
工業
數
建築
陳省身 數
9 Boulevard Jourdan
Paris (14e)

03-019

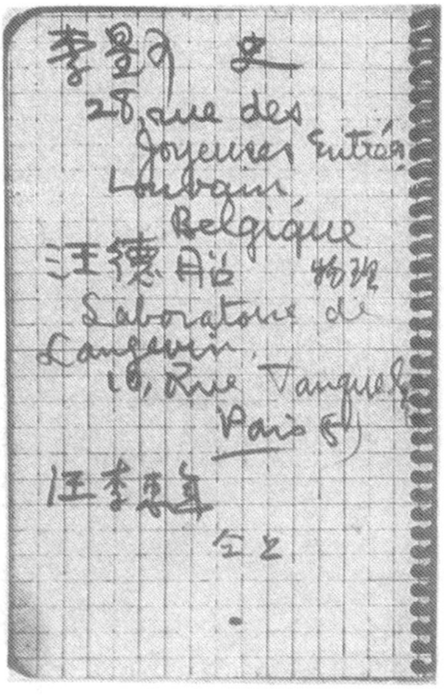

28 rue des
Joyeuses Entrées
Louvain,
Belgique
汪德昭 物理
Laboratoire de
Langevin
10, Rue Vauquelin
Paris 5e
仝上

03-020

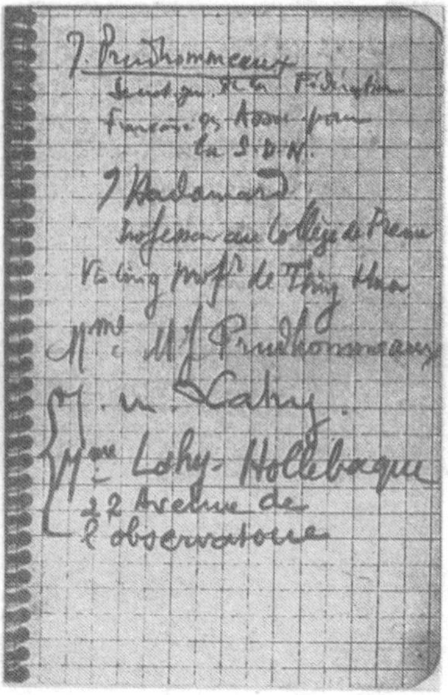

03-021

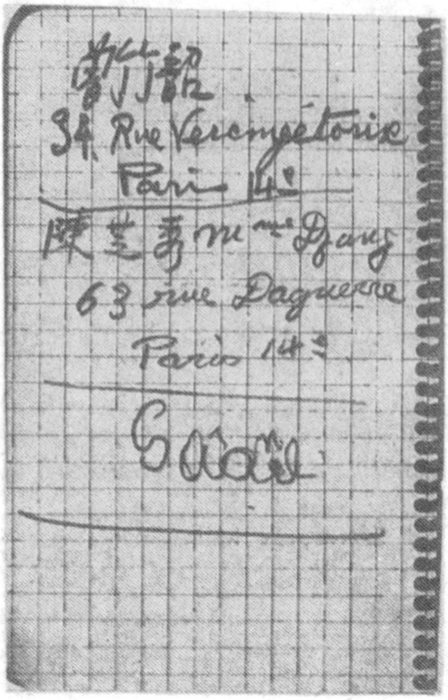

03-022

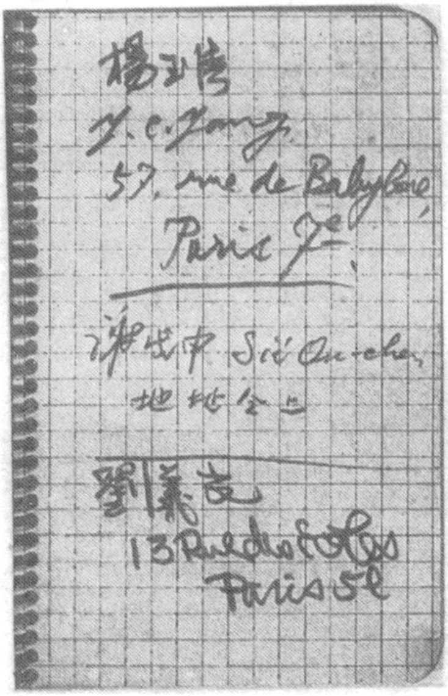

03-023

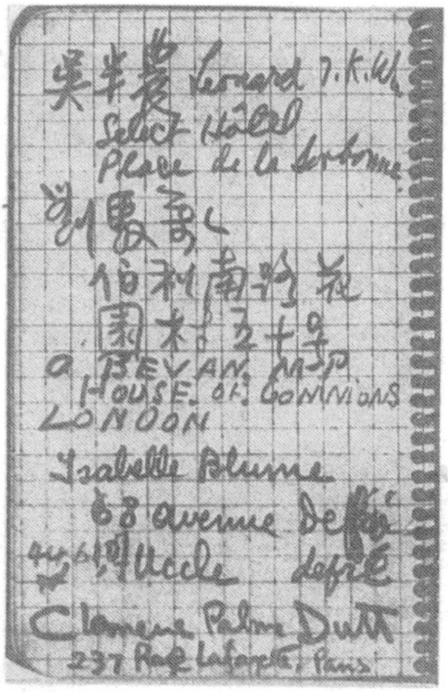

03-024

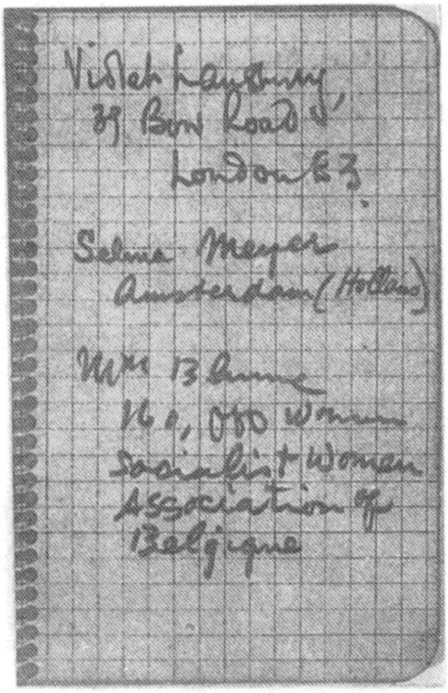

03-025

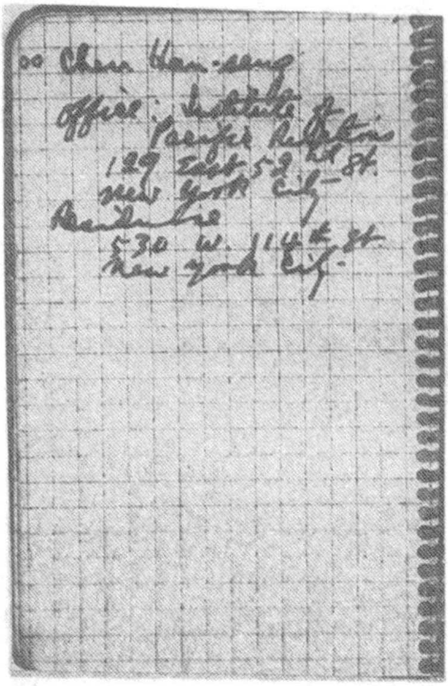

03-026

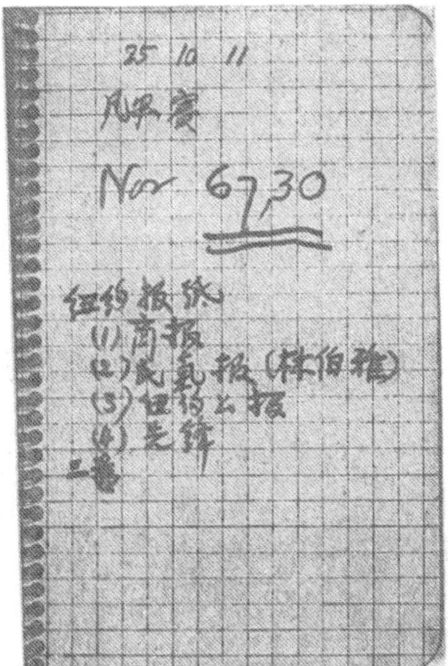

03-027

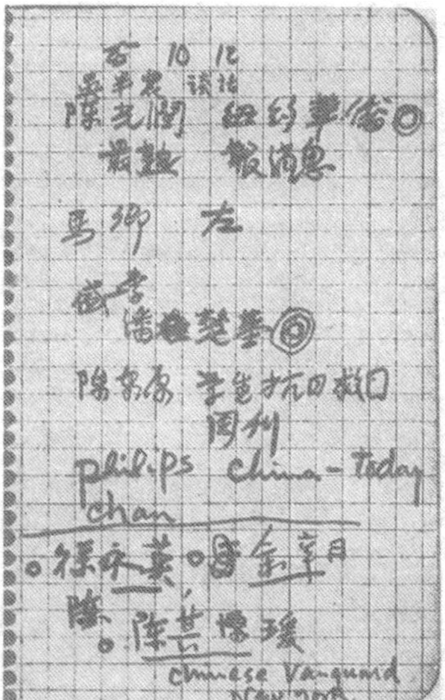

03-028

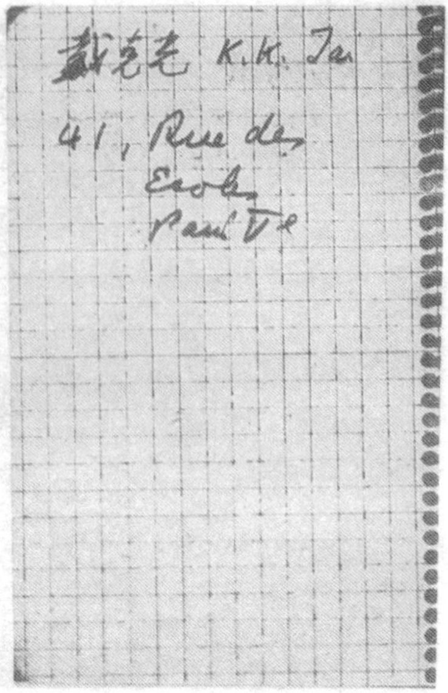

03-029

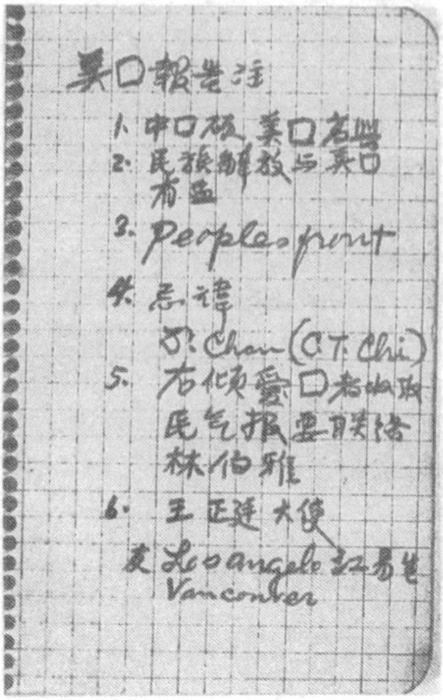

03-030

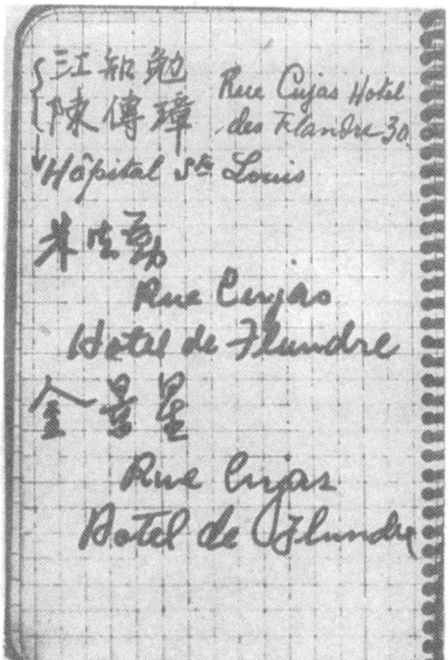

03-031

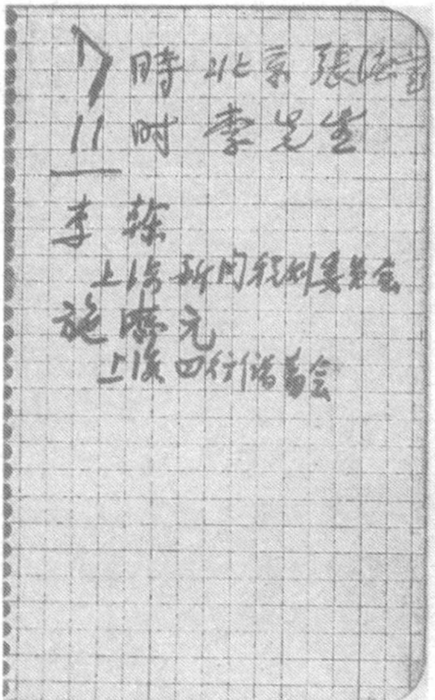

03-032

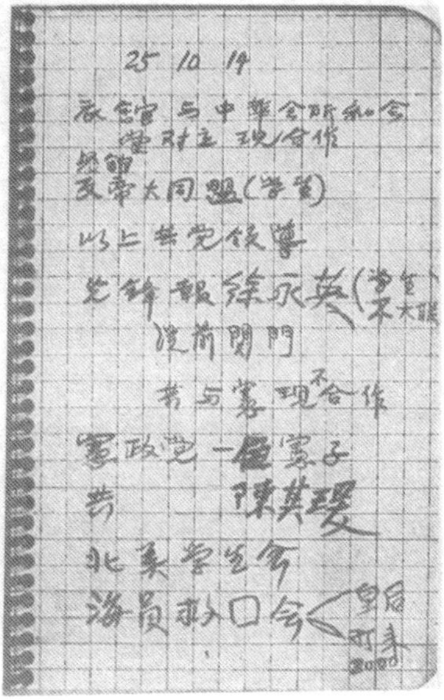

03-033

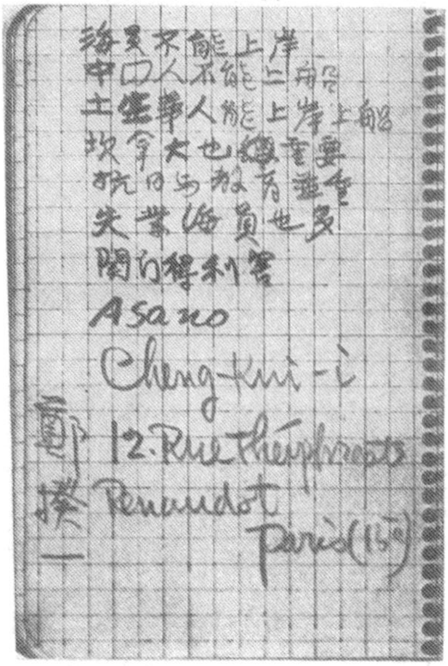

03-034

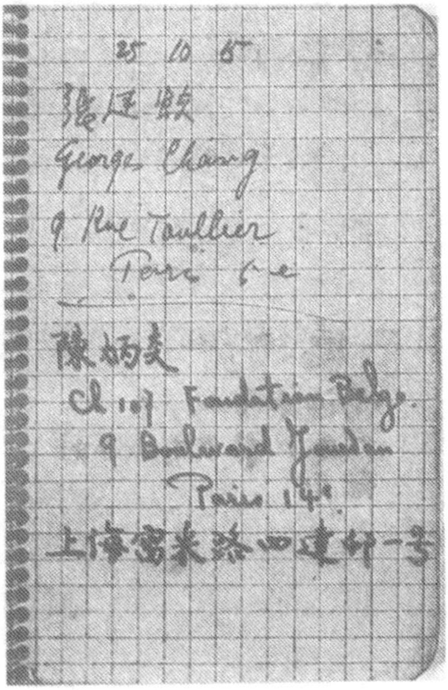

03-035

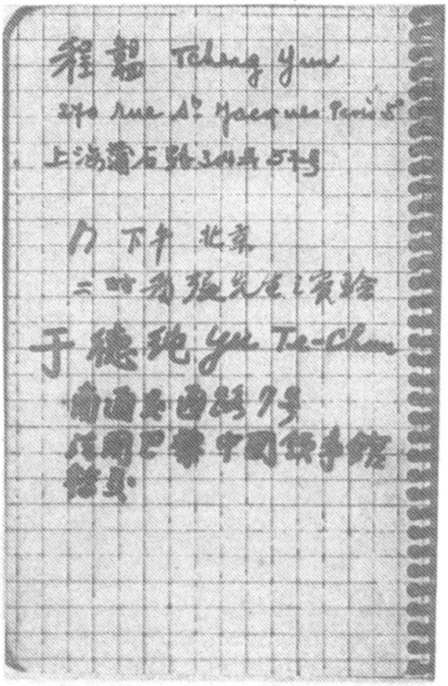

03-036

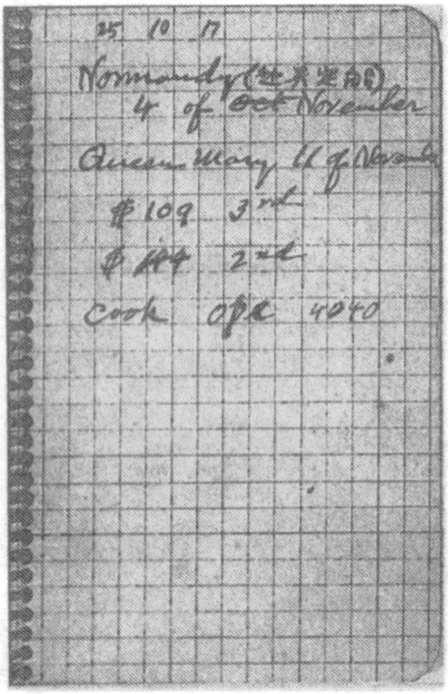
25 10 17
Normandy
4 of ~~Oct~~ November
Queen Mary 11 of November
$109 3rd
$ 2nd
Cook OPK 4040

03-037

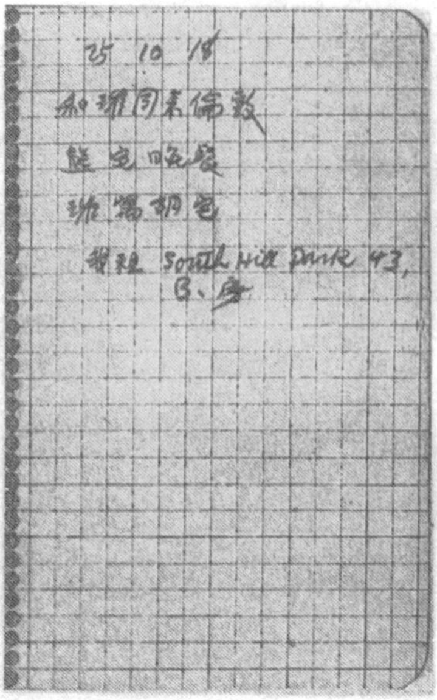
25 10 18
South Hill Park 43,

03-038

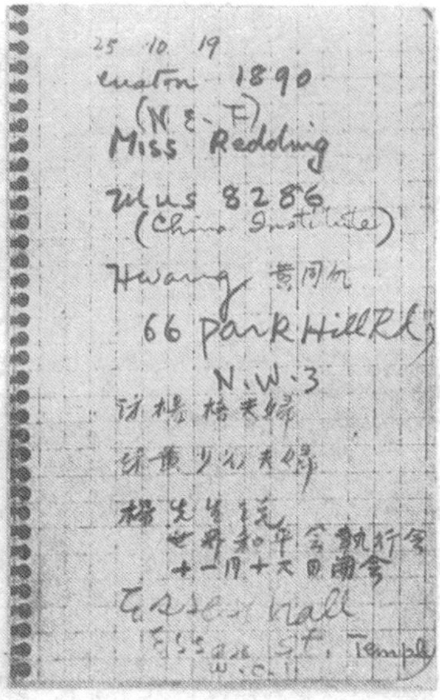
25 10 19
Euston 1890
(N.E.F)
Miss Redding
Mus 8286
(China Institute)
Hwang 黄同仇
66 Park Hill Rd,
N.W.3
世界和平会执行会
十一月十六日开会
Essex Hall
Essex St. Temple
W.C.1

03-039

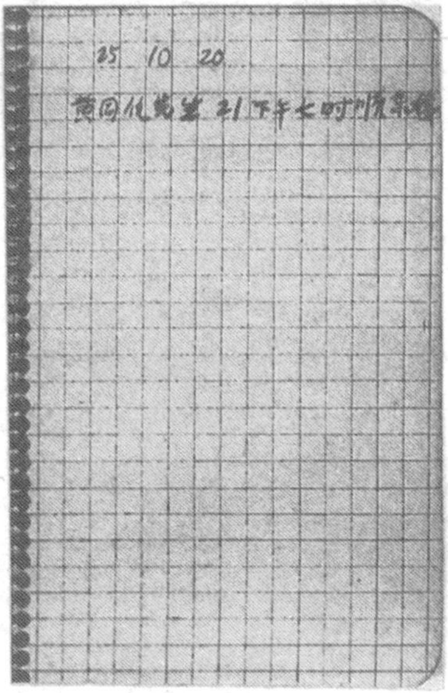
25 10 20
黄同仇 21 下午七时

03-040

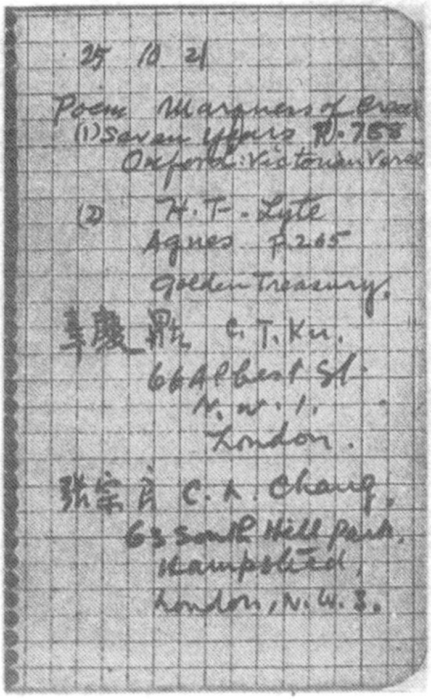
25 10 21

Poem Marquess of Crewe

(1) Seven Years p.758

Oxford: Victorian Verse

(2) H. T. Lyte

Agnes p.265

Golden Treasury.

辜[illegible]鼎 C. T. Ku.

64 Albert St.

N. W. 1.

London.

张宗[illegible] C. A. Chang,

63 South Hill Park,

Hampstead,

London, N. W. 3.

03-041

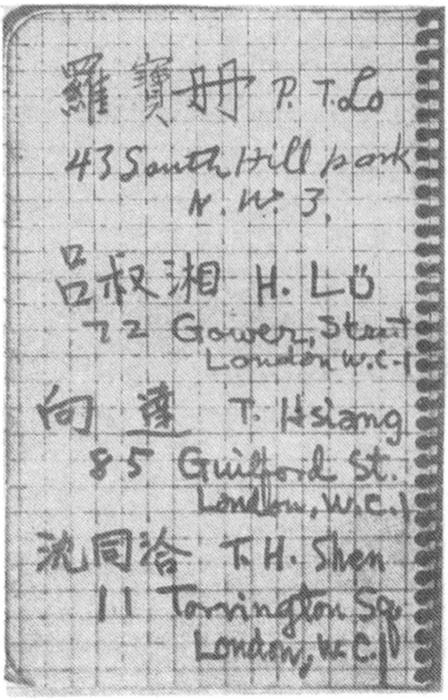
羅寶册 P. T. Lo

43 South Hill park

N. W. 3.

吕叔湘 H. L. Lü

72 Gower Street

London W.C.1

向達 T. Hsiang

85 Guilford St.

London, W.C.1

沈同洽 T. H. Shen

11 Torrington Sq.

London, W.C.1

03-042

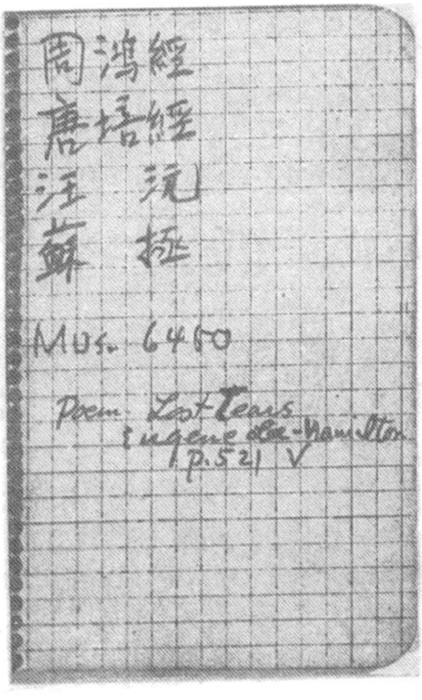
周鸿經

唐培經

汪 浣

蘇 極

Mus. 6450

Poem Last Tears

Eugene Lee-Hamilton

p.521 V

03-043

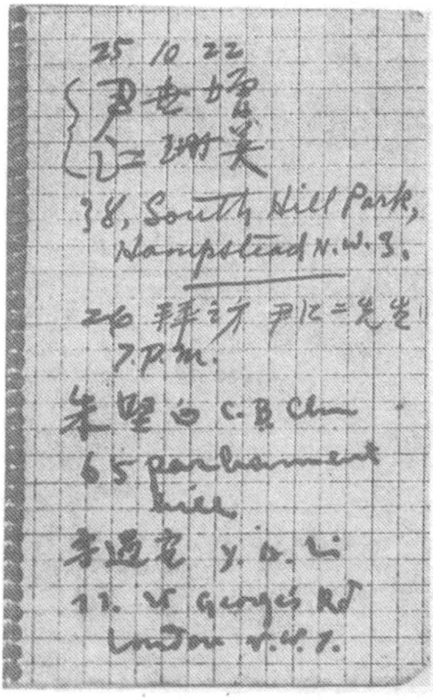
25 10 22

尹[illegible]

仁[illegible]

38, South Hill Park,

Hampstead N.W.3.

26 拜访 尹仁二先生

7 p.m.

朱[illegible] C. B. Chu

65 Parliament Hill

李[illegible] Y. T. Li

73 St George's Rd

London S.W.1.

03-044

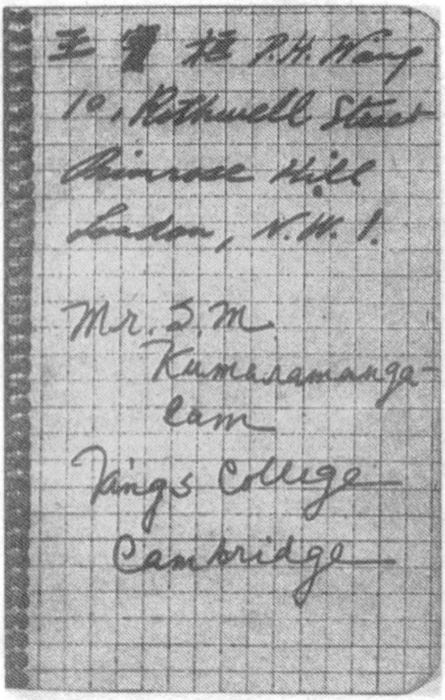

03-045

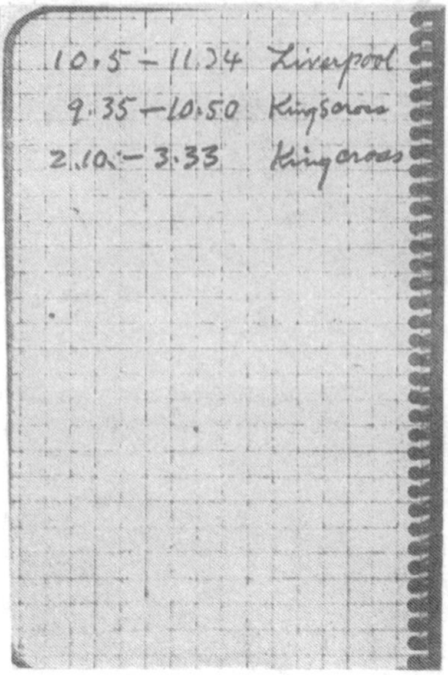

03-046

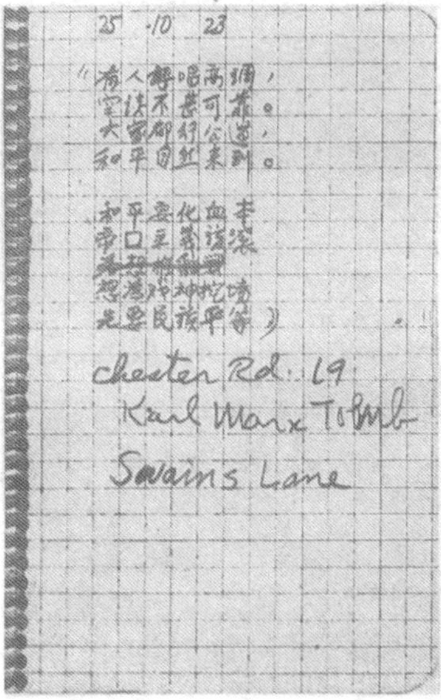

03-047

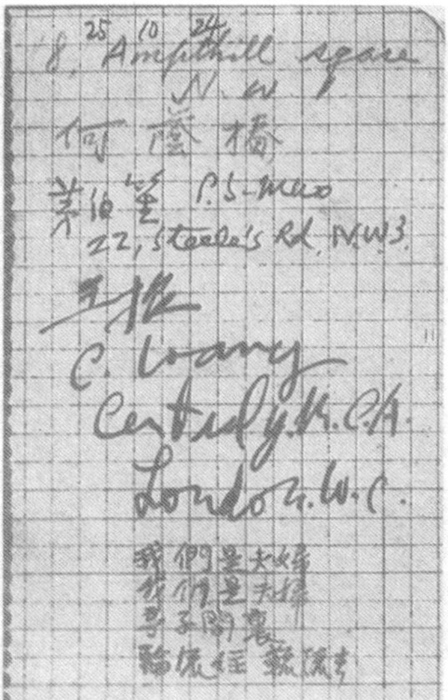

03-048

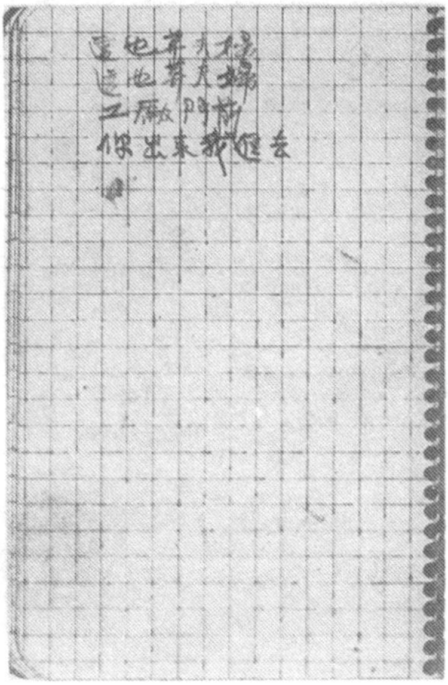

03-049

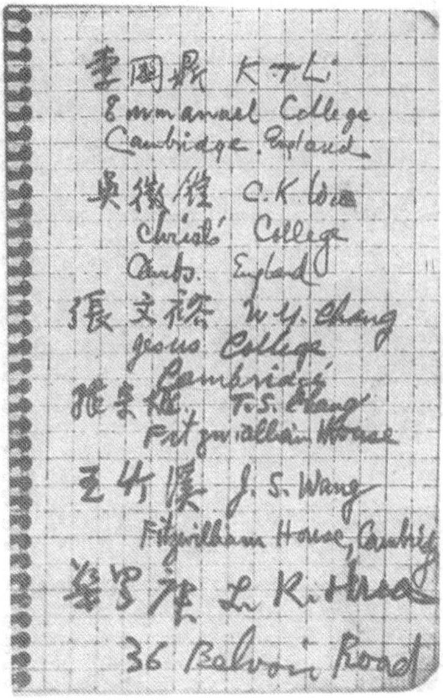

03-050

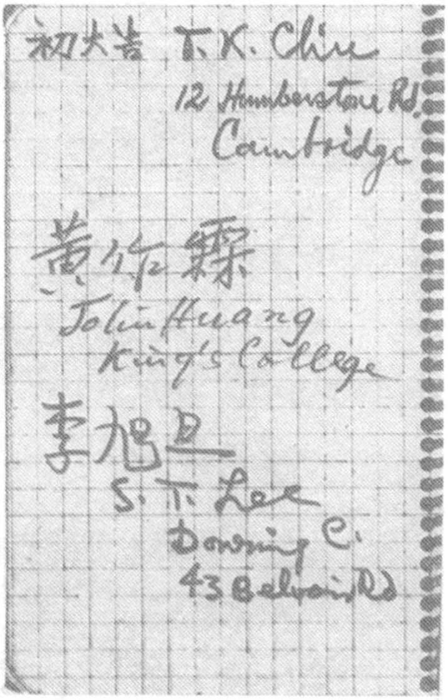

03-051

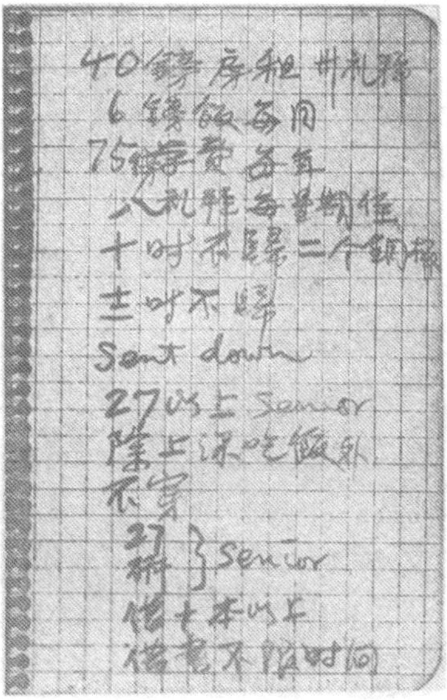

03-052

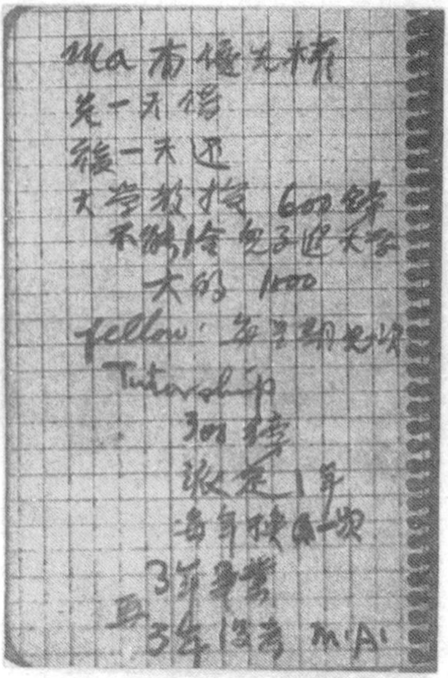

03-053

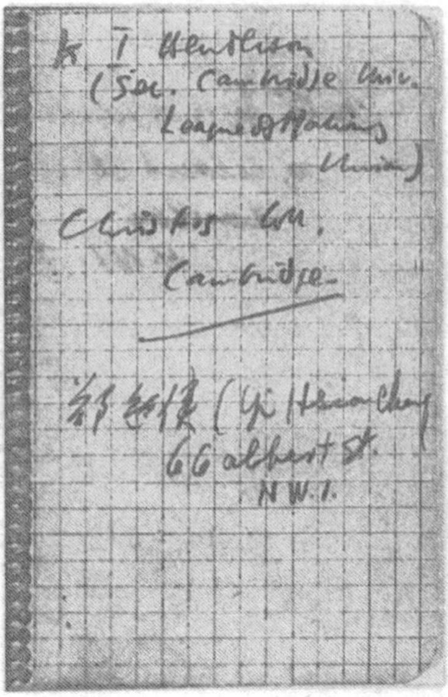

03-054

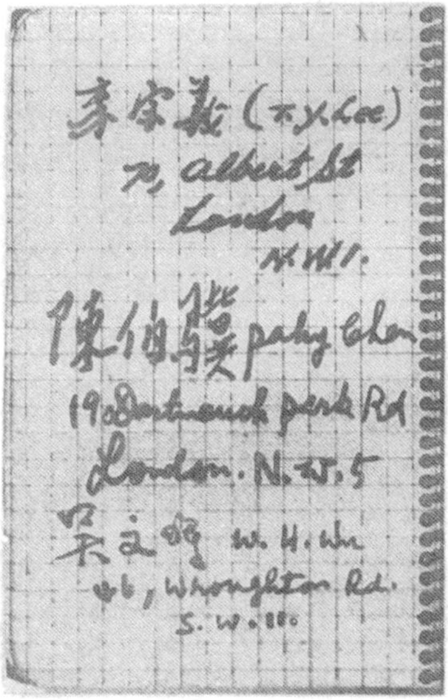

03-055

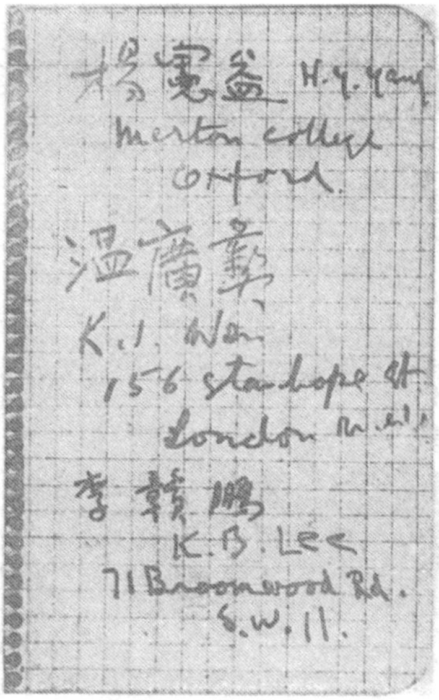

03-056

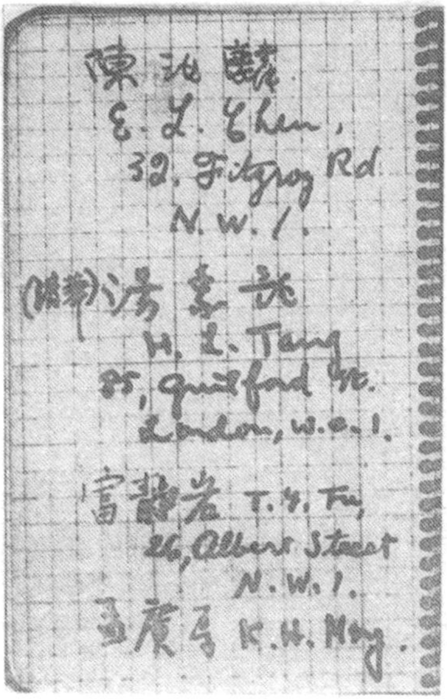

03-057

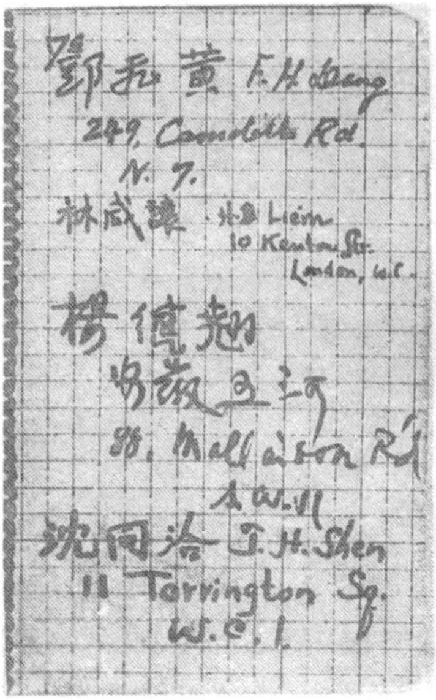

03-058

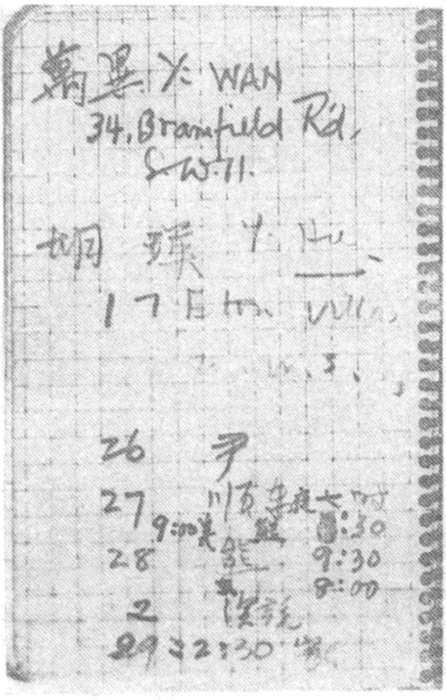

03-059

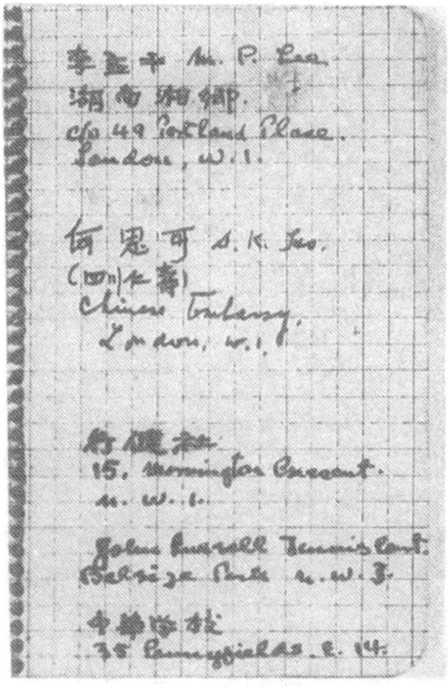

03-060

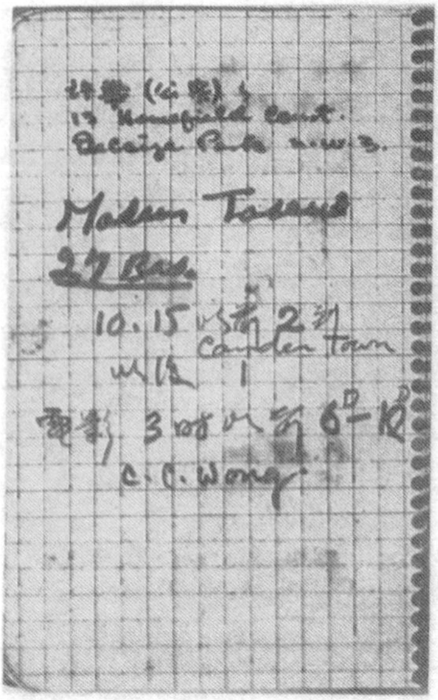
Madam Tussaud

10.15 以前 2 Camden Town

以后 1

C. C. Wong

03-061

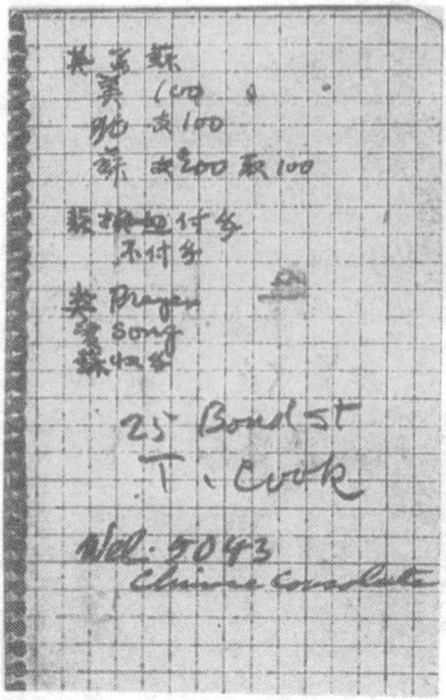
25 Bond St

T. Cook

Tel. 5043

Chinese Consulate

03-062

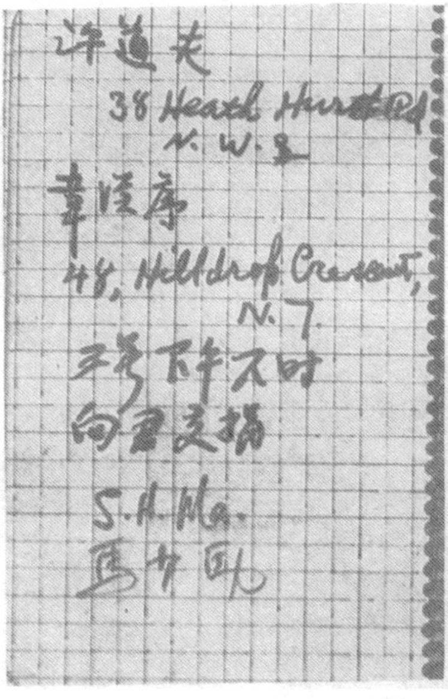
38 Heath Hurst Rd

N.W.3

48, Hilldrop Crescent,

N.7

S. H. Ma.

03-063

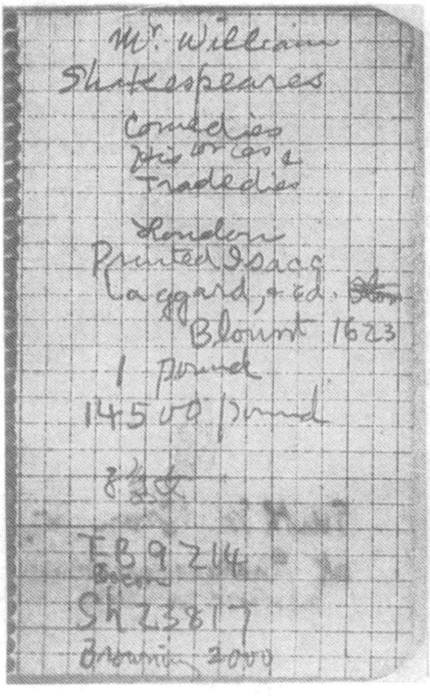
Mr. William

Shakespeares

Comedies

Histories &

Tragedies

London

Printed Isaac

Jaggard, and Ed.

Blount 1623

1 pound

14500 pound

03-064

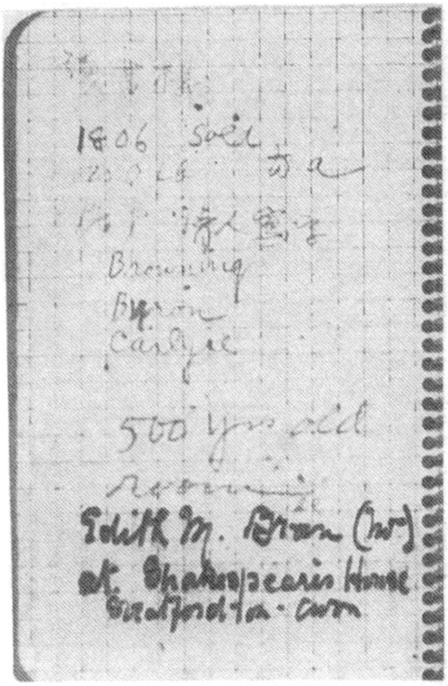

03-065

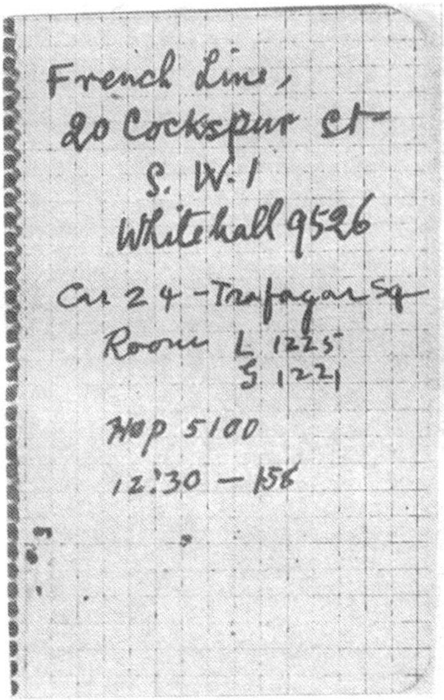

03-066

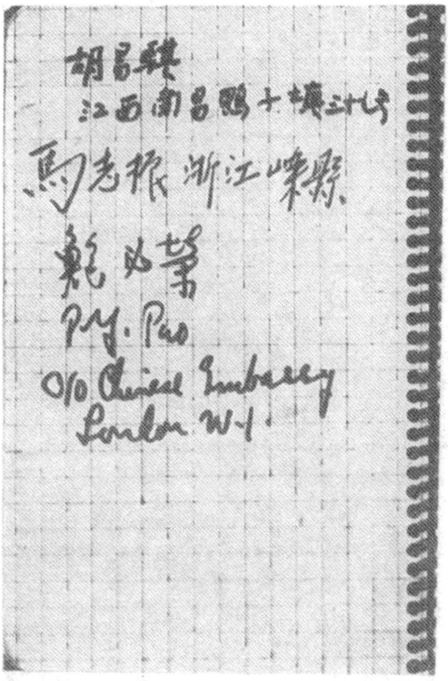

03-067

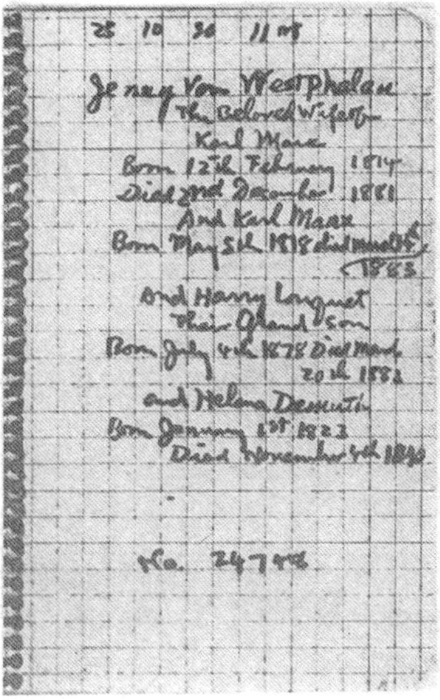

03-068

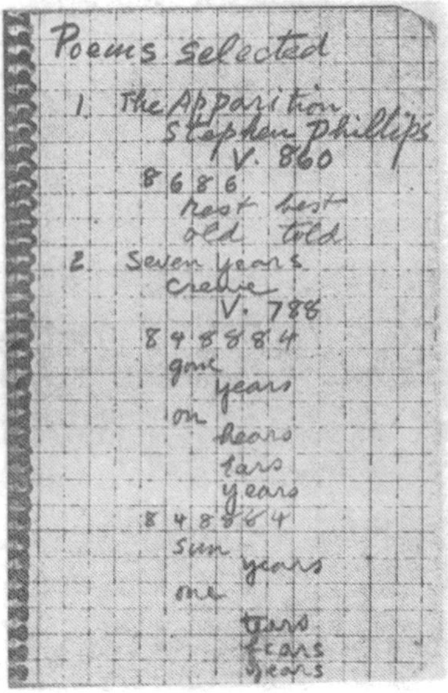
Poems Selected
1. The Apparition
Stephen Phillips
V. 860
8 6 8 6
rest best
old told
2. Seven years
Cr...
V. 788
8 4 8 8 8 4
gone
years
on
hears
tears
years
8 4 8 8 8 4
sun
years
one
tears
tears
years

03-069

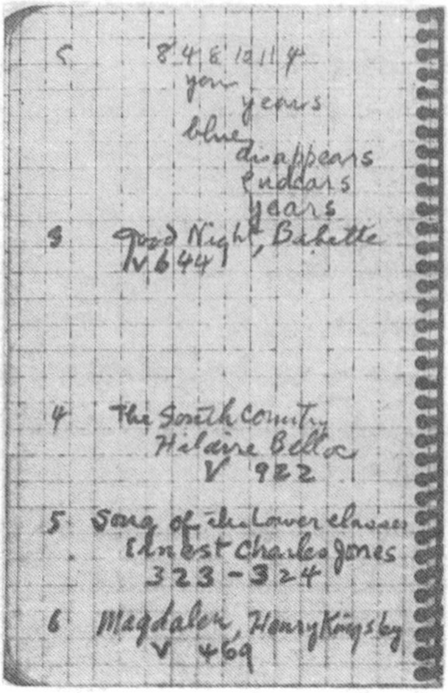
5 8 4 8 12 11 4
you
years
blue
disappears
endears
years
3 Good Night, Babette
V 644
4 The South Country
Hilaire Belloc
V 922
5 Song of the Lower classes
Ernest Charles Jones
323-324
6 Magdalen, Henry Kingsley
V 469

03-070

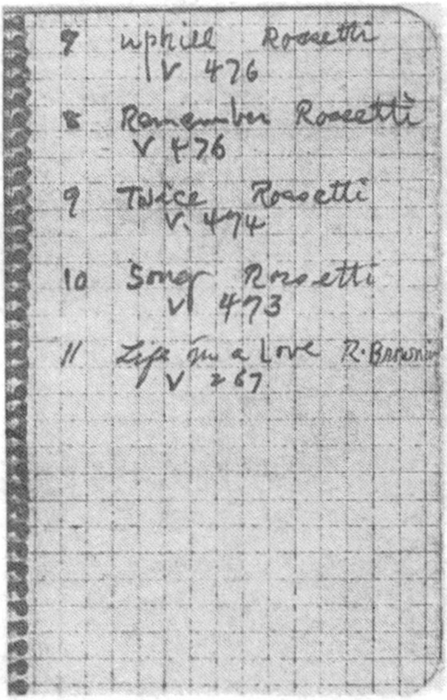
7 Uphill Rossetti
V 476
8 Remember Rossetti
V 476
9 Twice Rossetti
V. 474
10 Song Rossetti
V 473
11 Life in a Love R. Browning
V 267

03-071

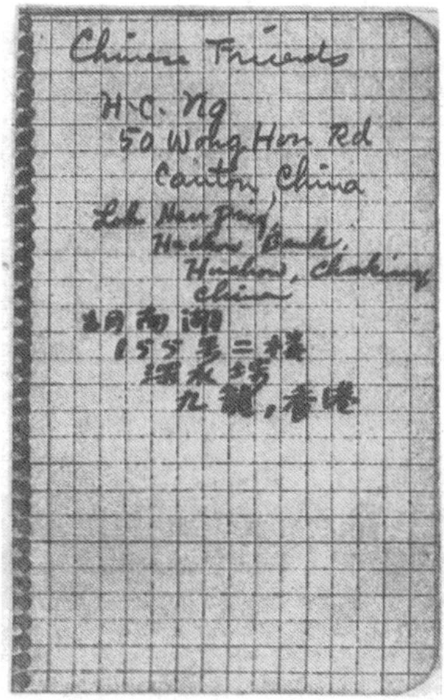
Chinese Friends
H. C. Ng
50 Wong Hon Rd
Canton, China
Loh Nan-ping
Hochow Bank,
Hochow, Chekiang
China
...南...
...号二楼
...
九龍，香港

03-072

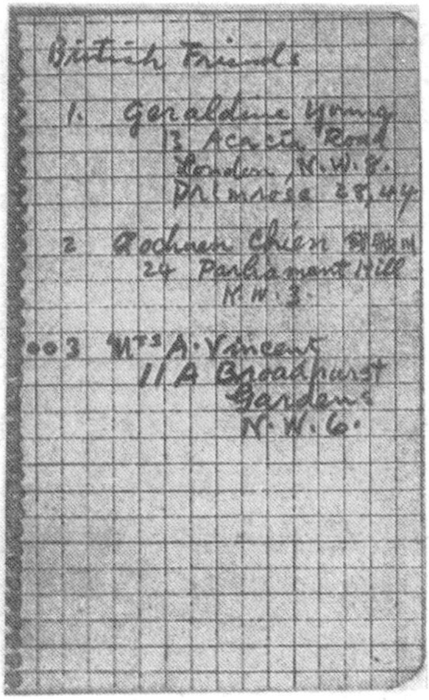
British Friends

1. Geraldine Young
13 Acacia Road
London, N.W. 8.
Primrose 28, 44

2 Hochnen Chien 钱
24 Parliament Hill
N.W. 3.

3 Mrs A. Vincent
11 A Broadhurst
Gardens
N.W. 6.

03-073

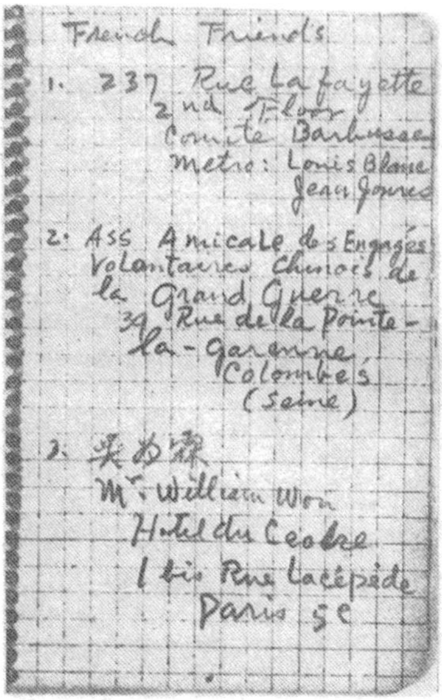
French Friends

1. 237 Rue La fayette
2 nd Floor
Comité Barbusse
Metro: Louis Blanc
Jean Jaurès

2. Ass Amicale des Engagés
Volontaires Chinois de
la Grand Guerre
39 Rue de la Pointe-
la-Garenne
Colombes
(Seine)

3. 吴为霖
Mr. William Wou
Hotel du Centre
1 bis Rue Lacépède
Paris 5e

03-074

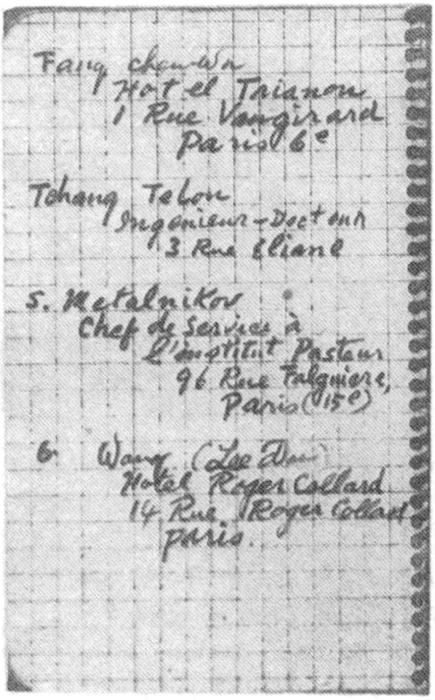
Fang Chouwen
Hotel Trianon
1 Rue Vaugirard
Paris 6e

Tchang Tchou
Ingenieur-Docteur
3 Rue Eliane

5. Metalnikov
Chef de Service à
L'institut Pasteur
96 Rue Falguière,
Paris (15e)

6. Wang (Lee Dau)
Hotel Royer Collard
14 Rue Royer Collard
Paris.

03-075

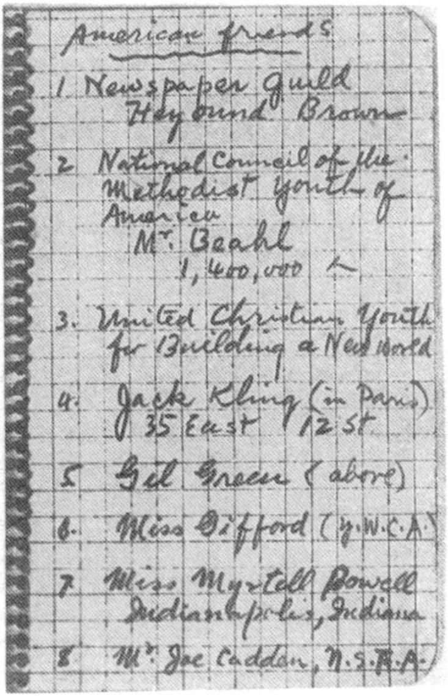
American friends

1 Newspaper Guild
Heywood Broun

2 National Council of the
Methodist Youth of
America
Mr. Beahl
1,400,000 人

3. United Christian Youth
for Building a New World

4. Jack Kling (in Paris)
35 East 12 st

5 Gil Green (above)

6. Miss Gifford (Y.W.C.A.)

7. Miss Myrtell Powell
Indianapolis, Indiana

8 Mr. Joe Cadden, N.S.F.A.

03-076

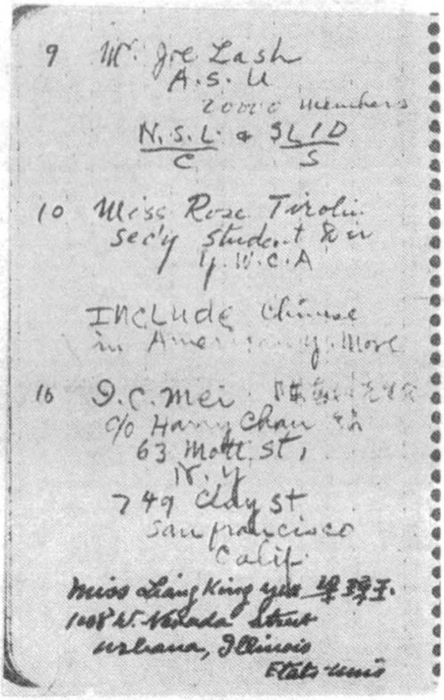

03-077

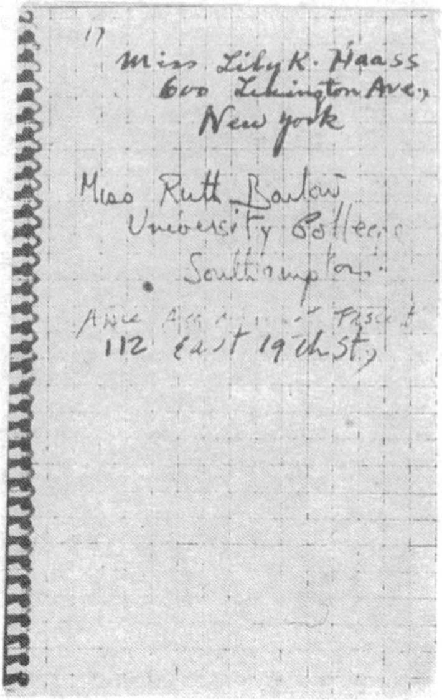

03-078

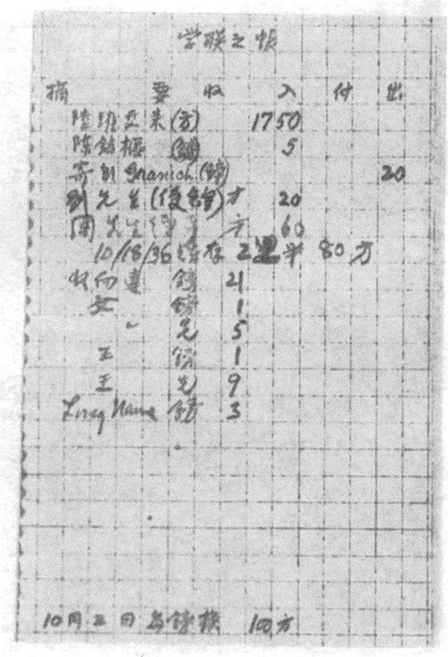

03-079

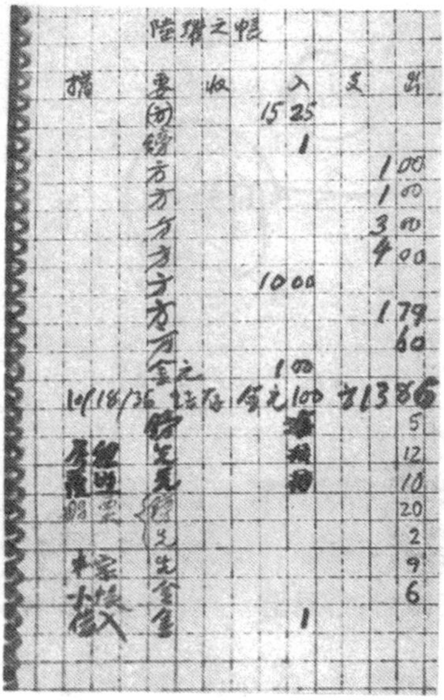

03-080

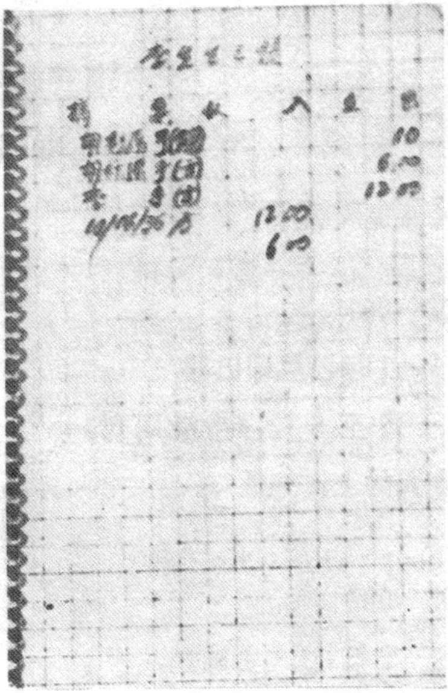

03-081

第三册〔注译〕

1936.10.2~1936.10.30

巴黎·伦敦

03—001

第1行“巴里”即巴黎

第2至5行：《生活周刊》一友人的上海地址

03—003

第2行：让·苔隆墨

03—004

第1行戏为战，后同

末行“郎”为法郎

03—005

第4行“KL”为千公升

第15行“比因古”即“宾库”（地名）

03—007

末行外文为巴斯德（研究所）

03—009

第3行“NEF”为新教育同志会

第4行外文为C.索柏（女士）

03—010

第5行：布吉戈特

第7行：鲁埃

第10行：洛厄伦

03—011

第2至3行：J.迈达尼可夫巴黎巴斯德研究所

第9行外文意为卡介苗

第10行：卡尔梅特（法国细菌学家，巴斯德的学生，与C.介兰一起发明了卡介苗）

第11行：抗体

第15行外文为雪铁龙

03—012

第6至7行为巴黎地址

03—013

第2行：拉姆·马丁

03—014

第2行外文：世界政治

03—021

签名

03—025

凡沃雷·兰什瑞　伦敦地址

赛尔马·梅厄　荷兰阿姆斯特丹

伊萨贝尔·布鲁姆夫人　比利时社会主义妇女协会　160000 妇女

03—026

陈翰笙　太平洋关系学会办公室地址及住址

03—028

第 10 行：菲利浦　《今日中国》

第 14 至 15 行：《中国先锋报》纽约

03—030

第 5 行：人民阵线

第 12 行：洛杉矶

第 13 行：温哥华

03—037

“诺曼地”号（赴美定船）

11 月 4 日

“玛丽皇后”号　11 月 11 日

三等舱　109 美元

二等舱　144 美元

（码头）cook　ope　4040

03—038

第 5 至 6 行外文:南山公园 43,B 房

03—039

第 3 行“NEF”意为“新教育同志会”

第 4 行：雷汀女士

第 6 行：中华学会

末 3 行：埃塞克斯大厅及地址

03—041

第 2 至 6 行为诗：克鲁侯爵作

（1）《七年》第 788 页

牛津版《维多利亚诗集》

（2）H.F.莱特

《埃格尼斯》第 265 页

《金库诗集》

03—043

第 6 至 8 行为诗：《失去的眼泪》

尤金　李—汉密顿

第 521 页

03—045

王宝柜　伦敦地址

S.M.库麦拉曼伦先生金斯大学剑桥

03—046

利物浦

03—047

第 11 至 13 行：切斯特路 19 号 卡尔·马克思墓　斯威恩斯巷

03—052

此页及 03—053 页为与英国留学生谈话的记录

第 7 行外文为留级

第 8 行外文为高年级

03—053

第 1 行外文为“硕士”

第 7 行外文为“研究员”

第 8 行外文为“导师制”

03—061

第 4 至 5 行：马杜·托塞

27 路车

第 7 行：卡姆登镇

03—062

第 7 行外文为祈祷

末 4 行：T.库克及地址

中国领事馆及电话

03—064

（参观莎士比亚故居）

威廉·莎士比亚先生

喜剧、历史剧与悲剧

伦敦　伊萨克·拉加德印刷　勃朗德 1623 年编辑　1 英镑　现价 14,500 镑

03—065

读书桌

1806 年以 250 英镑售给一屠户 请人写字　布朗宁　拜伦　卡莱尔

500 年之久的房间

索利·M.布朗于莎士比亚故居

03—066

弗仑奇·林及地址、路线、电话

03—067

末 2 行：中国大使馆　伦敦

03—068

1936 年 10 月 30 日 11 时（谒马克思墓）

燕妮·冯·威斯特华伦，马克思亲爱的妻子，1814 年 2 月 12 日生，1881 年 12 月 2 日逝世

卡尔·马克思，1818 年 5 月 5 日生，1883 年 3 月 14 日逝世

哈利·尤格，他们的孙子，1878 年 7 月 4 日生，1883 年 3 月 20 日卒

海伦娜·德穆特，1823 年 1 月 1 日生，1890 年 11 月 4 日卒

墓号：24748

03—069

第 1 至 11 行：诗选 1.《幻象》斯蒂芬·菲利浦　第 860 首 8,648 音步　韵脚为：rest　best　old　told

2.《七年》　克鲁　第 788 首 848,884 音步

余为韵脚

03—070

第 1 至 7 行为音步　韵脚

3.《晚安》　巴赫特　第 644 首

4.《南方的乡村》　希拉尔·贝洛克　第 922 首

5.《下等人之歌》　欧内斯特·查理·琼斯　第 323~324 首

6.《从良的妓女》　亨利·金西　第 469 首

03—071

7.《登山》　罗塞蒂　第 476 首

8.《回忆》　罗塞蒂　第 476 首

9.《两次》　罗塞蒂　第 474 首

10.《歌》　罗塞蒂　第 473 首

11.《爱之生活》　R.布朗宁　第 267 首

03—072

第 1 行外文为中国友人，

余为签名及留址。

03—073

英国的友人

1. 杰拉尔丁·杨　伦敦地址

2. 钱歌川　地址

3. A.文森特夫人　地址

03—074

这页与 03—075 页为法国的友人及巴黎地址

03—076

美国的友人

1. 新闻出版协会　海奥德·布朗

2. 美国全国卫理公会青年会　贝赫尔先生　1,400,000 人

3. 为建立新世界基督教青年联合会

4. 杰克·克林（在巴黎）　地址

5. 吉尔·格林

6. 吉福德女士（基督教女青年会）

7. 默特尔·鲍威尔女士　印第安纳州的印第安纳波利斯城

8. 琼·卡登女士

03—077

9. 乔·拉斯先生　美国学联 20000 会员

10. 罗丝·泰罗林女士女青年会

包括在美国的所有中国人

11. 梅翊强　纽约及旧金山地址

梁琼玉女士　地址

03—078

李贝克·哈斯女士　纽约地址

露丝·布罗女士　大学学院　南安普顿

美国反法西斯联合会地址

衔备忘

第四册

1936.10.30~1936.12.6

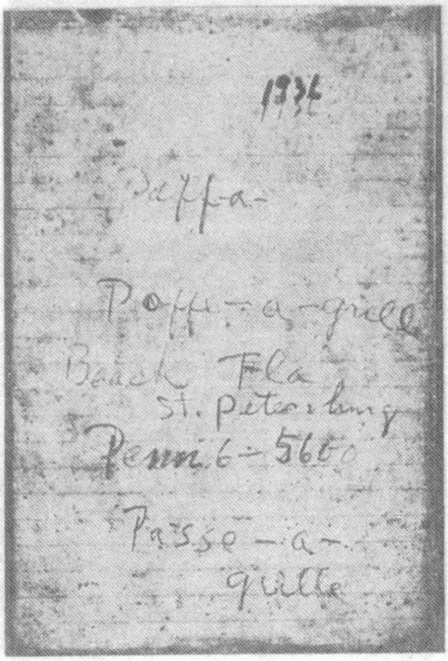
1936
Jaffa
Pass-a-grille
Beach Fla
St. Petersburg
Penn 6-5600
Passe-a-
grille

04-001

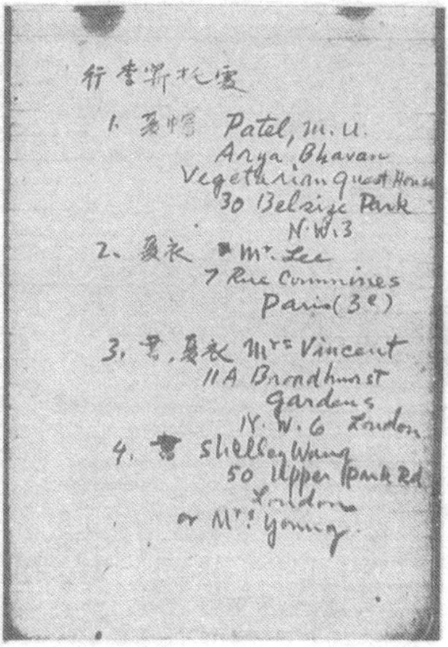
行李寄托处
1. 夏帽 Patel, M.U.
Arya Bhavan
Vegetarian Guest House
30 Belsize Park
N.W.3
2. 夏衣 Mr. Lee
7 Rue Commines
Paris (3e)
3. 书、夏衣 Mrs Vincent
11A Broadhurst
Gardens
N.W.6 London
4. 书 Shelley Wang
50 Upper Park Rd
London
or Mrs Young

04-002

04-003

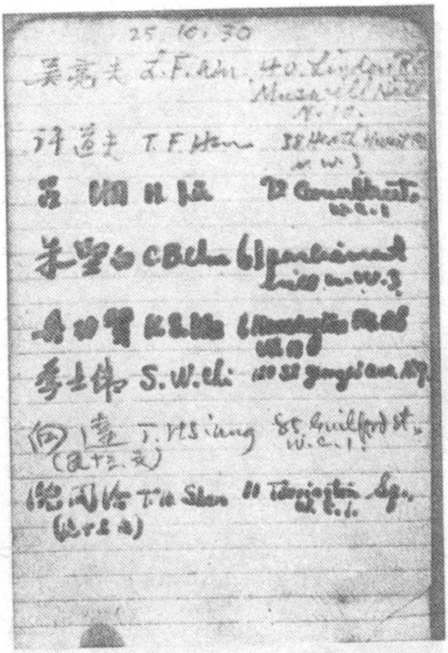
25.10.30

04-004

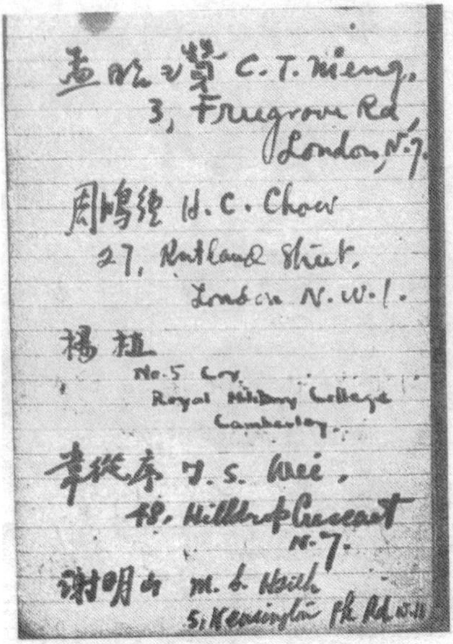
孟昭常 C. T. Meng.
3, Freegrove Rd,
London, N.7.
周鸿经 H. C. Chow
27, Rutland Street,
London N.W.1.
杨植
No. 5 Coy.
Royal Military College
Camberley.
韦从序 T. S. Wei.
49, Hilldrop Crescent
N.7.
谢明山 M. S. Hsieh
5, Kensington Pk Rd W.11

04-005

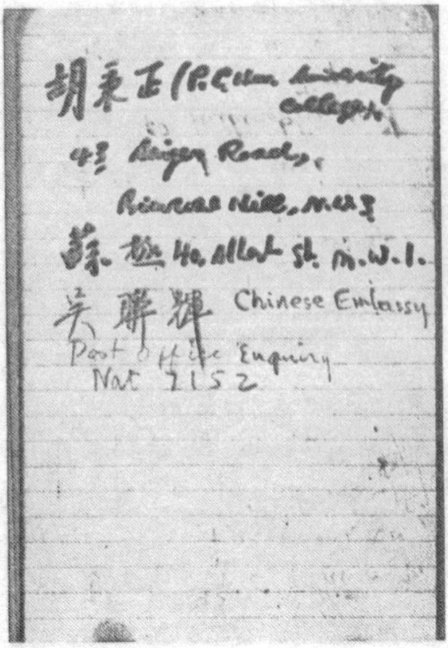
胡秉正 (P. C. Hu University College)
43 [illegible] Road,
[illegible] Hill, N.W.3
蘇[illegible] 40, [illegible] St. N.W.1.
吴[illegible] Chinese Embassy
Post Office Enquiry
Nat 2152

04-006

H. Silcock Secretary, U.C.C.

04-007

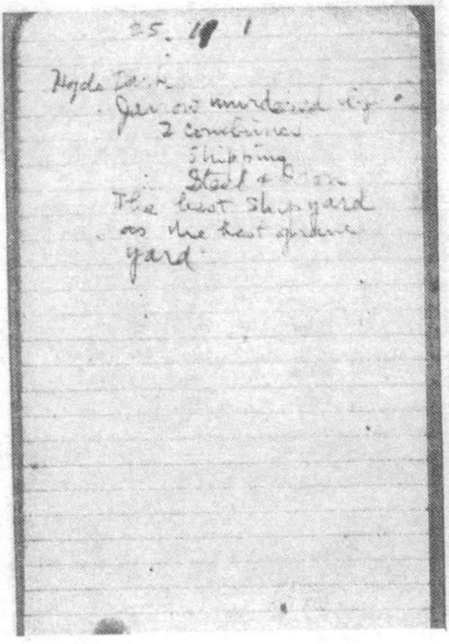
25. 11. 1
Hyde Park
[illegible]
2 combines
Shipping
Steel & Iron
The best shipyard
as the best grave yard

04-008

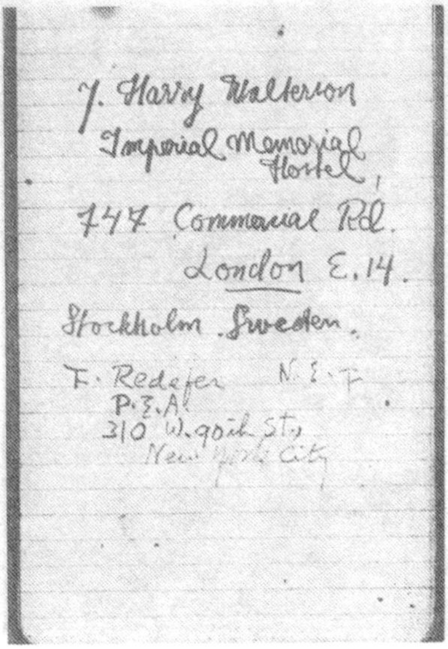
J. Harry Watterson
Imperial Memorial Hostel,
747 Commercial Rd.
London E.14.
Stockholm Sweden.
F. Redefer N.E.F
P.E.A.
310 W. 90th St.
New York City

04-009

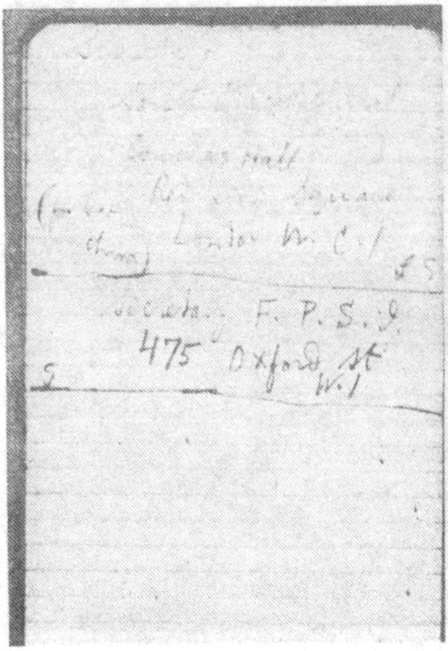
F. P. S. I.
475 Oxford St
W.1

04-010

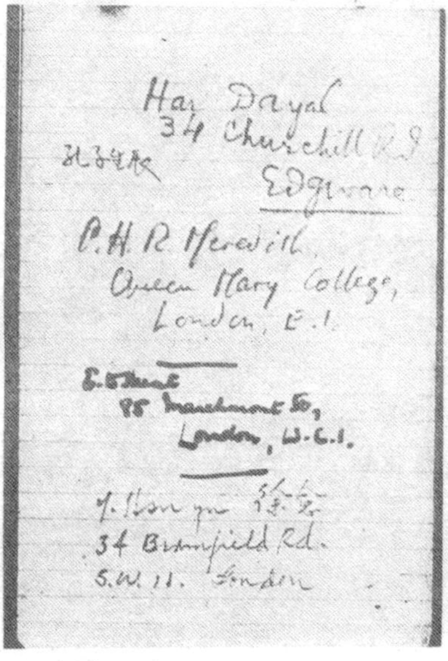
Har Dayal
34 Churchill Rd
Edgware
P.H.R. Meredith
Queen Mary College,
London, E.1
London, W.C.1.
34
S.W.11. London

04-011

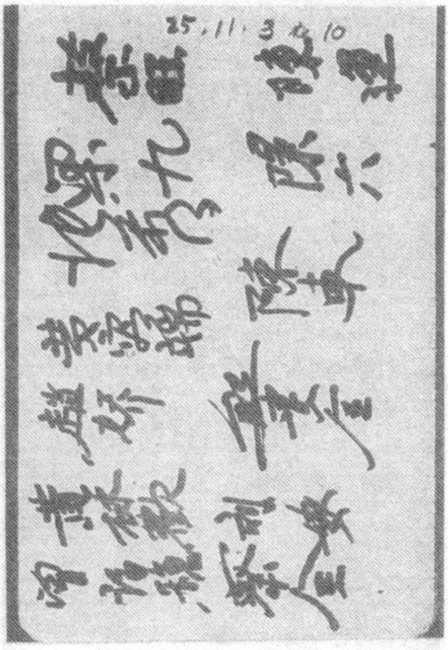

04-012

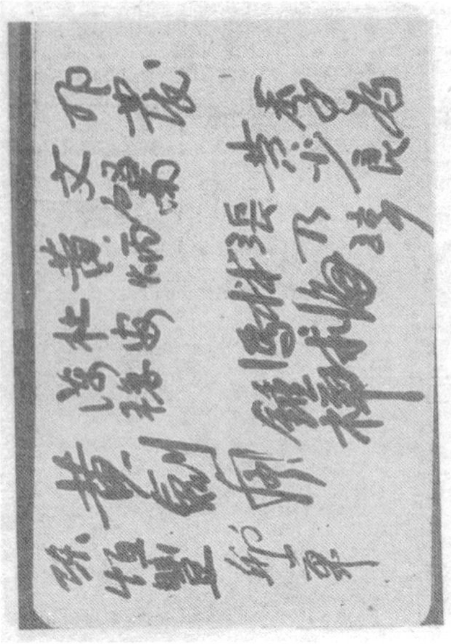

04-013

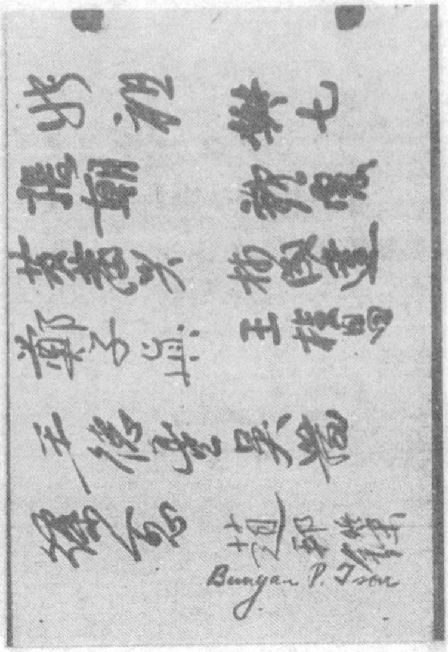

04-014

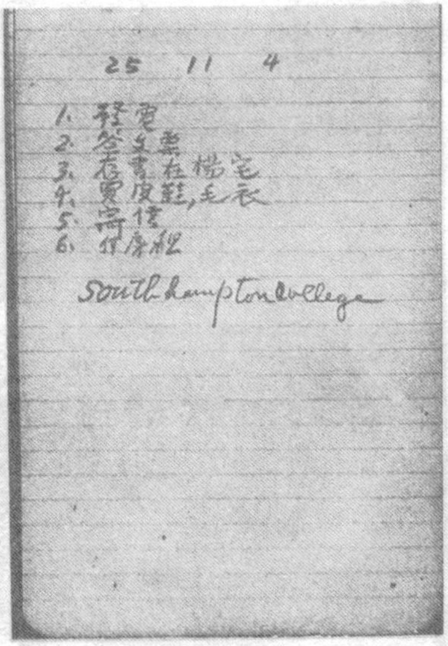

25 11 4

1. 發電
2. 答文票
3. 存書在楊宅
4. 買皮鞋，毛衣
5. 寫信
6. 行李

Southhampton College

04-015

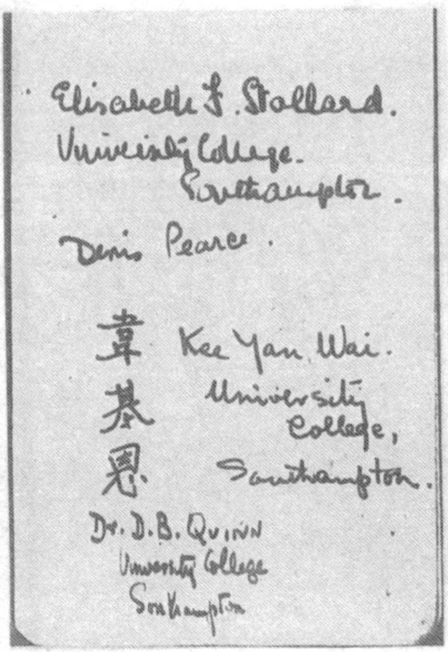

Elisabeth J. Stallard.
University College.
Southampton.

Denis Pearce.

韋基恩 Kee Yan Wai.
University College,
Southampton.

Dr. D. B. Quinn
University College
Southampton

04-016

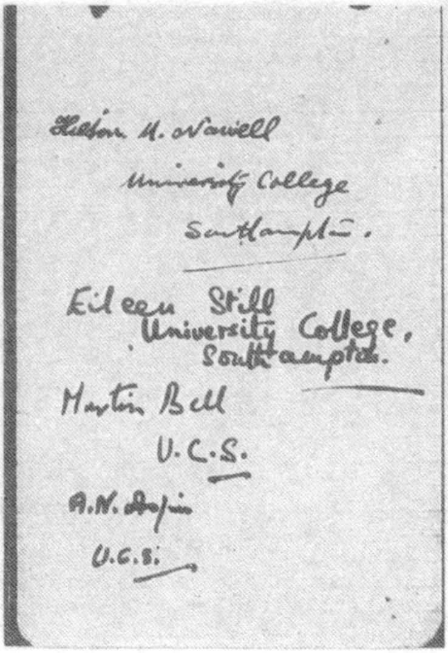
Eileen Still
University College,
Southampton.
Martin Bell
U.C.S.

04-017

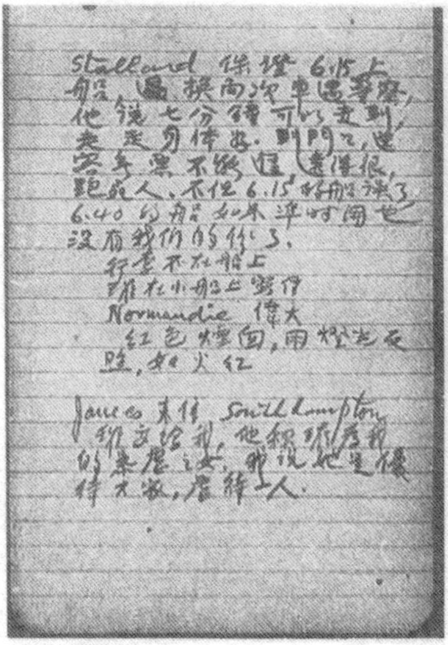
Stallard 保證 6.15 上
船，[illegible]
他说七分钟可以走到，
[illegible]
[illegible]
[illegible]人，不但 6.15 的船误了
6.40 的船如果准时开也
没有我们的份了。
行李不在船上
留在小船上等候
Normandie 伟大
红色烟囱，用灯光夜
照，如火红
James 来信 Southampton
[illegible]

04-018

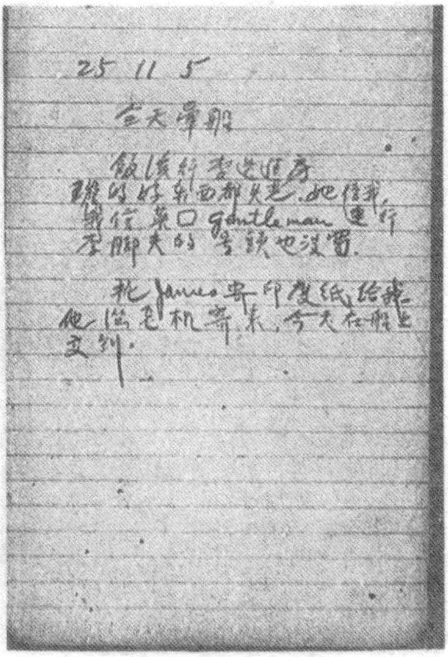
25 11 5
今天上船
饭后行李送进房
[illegible]
[illegible] gentleman [illegible]
李脚夫的小费也没留。
托 James 寄印度纸给我，
他[illegible]飞机寄来，今天在船上
交到。

04-019

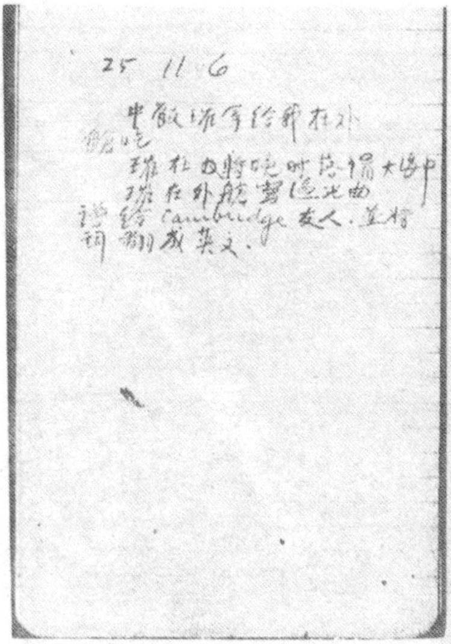
25 11 6
中餐[illegible]给我在外
船吃
[illegible]
[illegible]
[illegible]给 Cambridge 友人，并将
译词翻成英文。

04-020

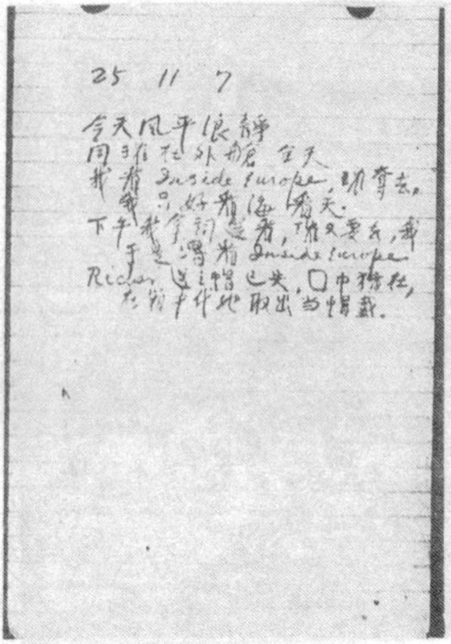
25 11 7
今天风平浪静
同孙在外舱 全天
我看 Inside Europe，明夺去，
我只好看海看天。
下午我拿词送看，孙又要去，我
于是借看 Inside Europe
Ricker 这人帽已失，口中横在，
右手作地取出当帽戴。

04-021

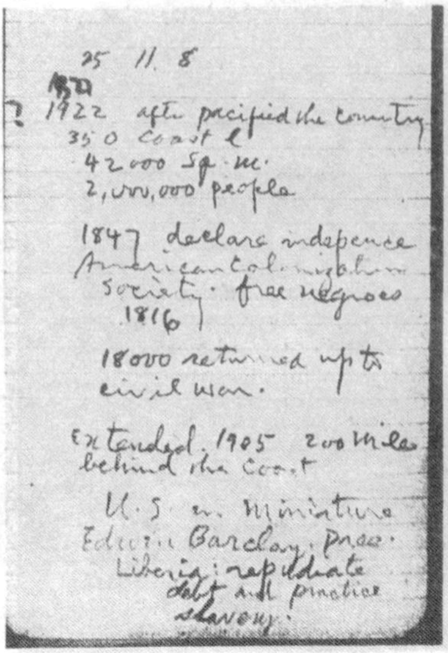
25 11. 8
1922 after pacified the country
350 coast l
42000 sq. m.
2,000,000 people

1847 declare indepence
American Colonization
Society · free negroes
1816

18000 returned up to
civil war.

Extended, 1905 200 miles
behind the coast

U. S. in. Ministure
Edwin Barclay, Pres.
Liberia: repudiate
debt and practice
slavery.

04-022

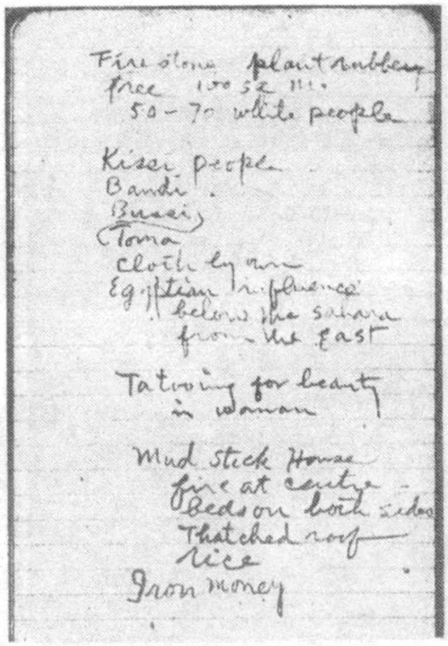
Fire stone plant rubber
free 100 sq m.
50 - 70 white people

Kissi people
Bandi
Bussi
Toma
cloth by ...
Egyptian influence
below the sahara
from the East

Tatooing for beauty
in woman

Mud stick House
fire at centre
Beds on both sides
Thatched roof
rice
Iron money

04-023

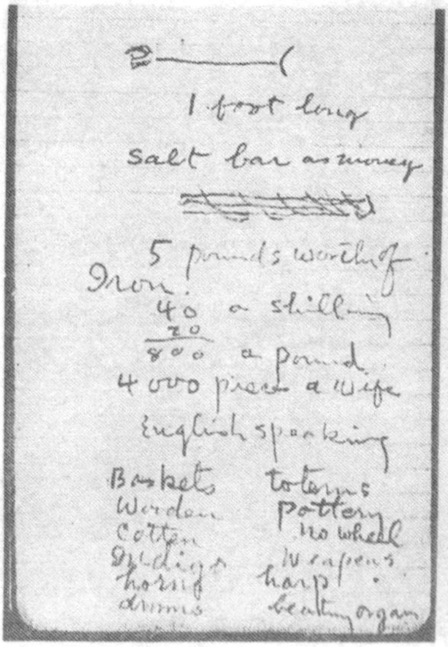
1 foot long
salt bar as money

5 pounds worth of
Iron
40 a shilling
20
800 a pound
4000 piece a wife
English speaking

Baskets totems
Wooden pottery
Cotten no wheel
... Weapons
horns harp
drums beating organ

04-024

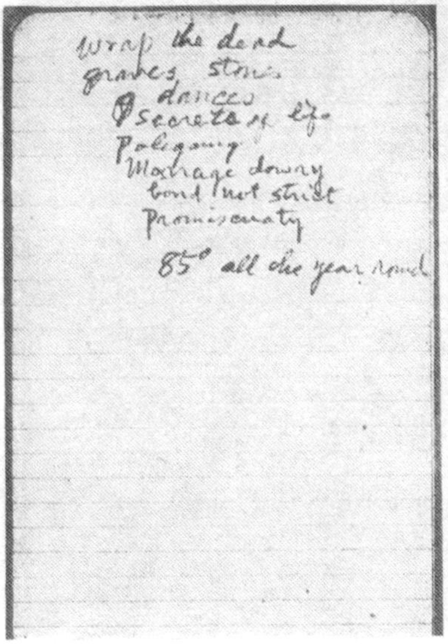

Wrap the dead
graves stones
dances
Secrets of life
Poligamy
Marriage dowry
bond not strict
promiscuity
85° all the year round

04-025

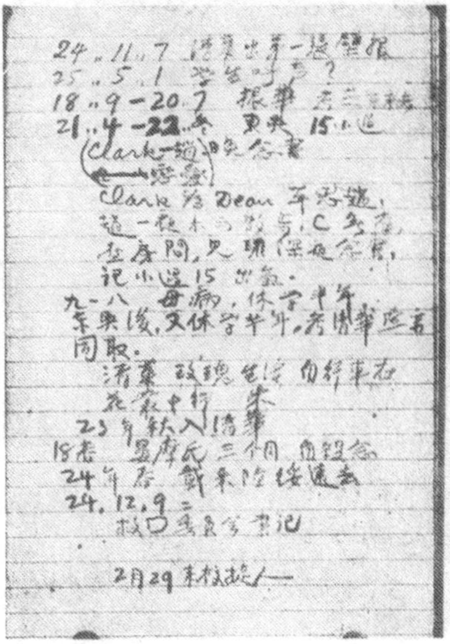

04-026

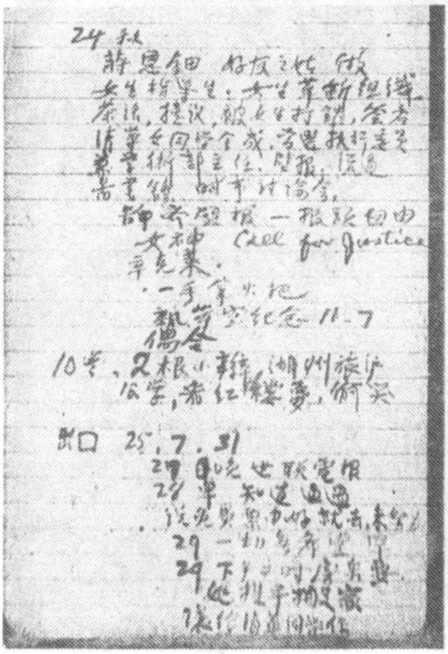

04-027

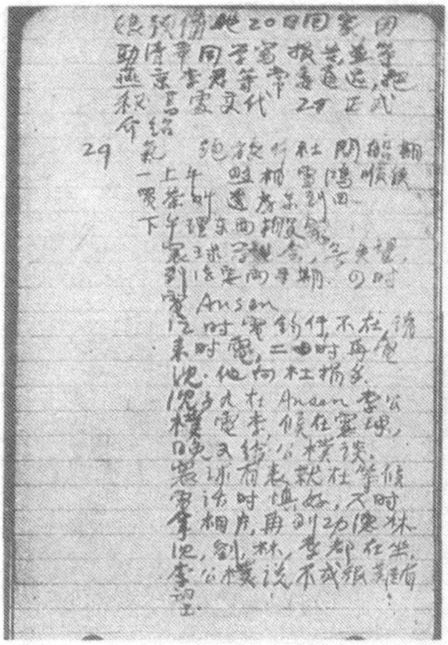

04-028

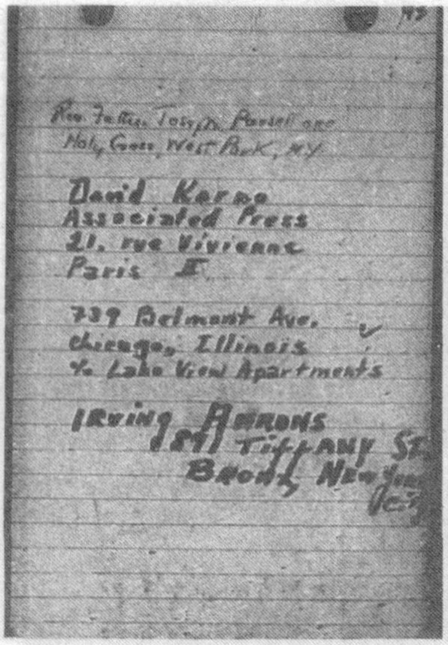

04-029

04-030

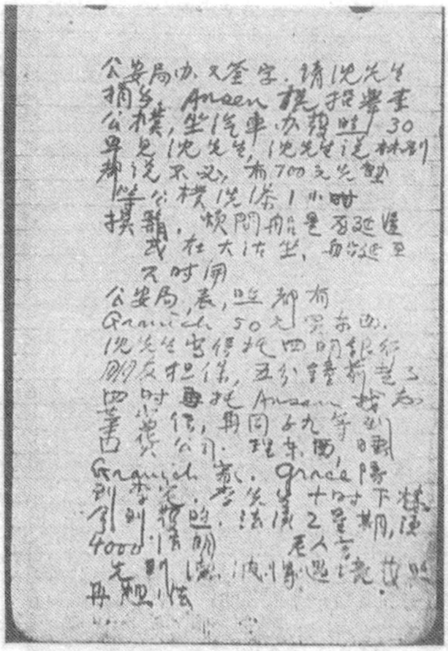

04-031

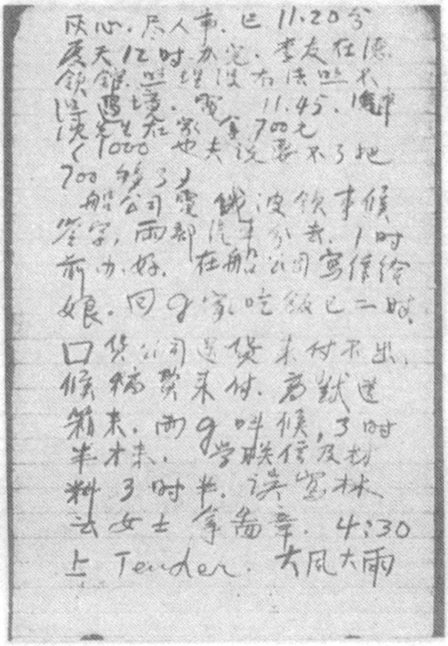

04-032

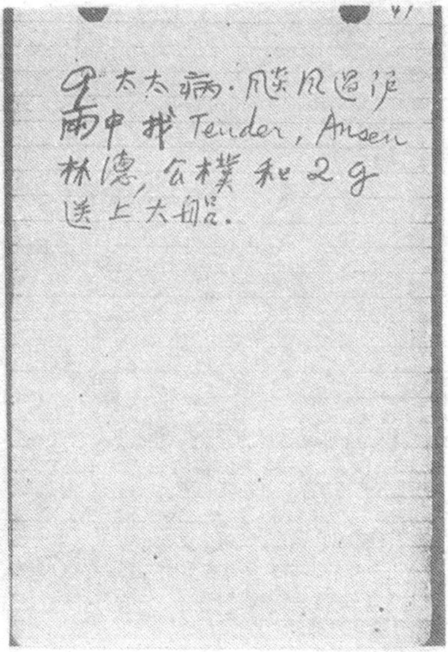
罗太太病。殷风送沪
两中找 Tender, Ansen
林德，公樸和2 g
送上大船。

04-033

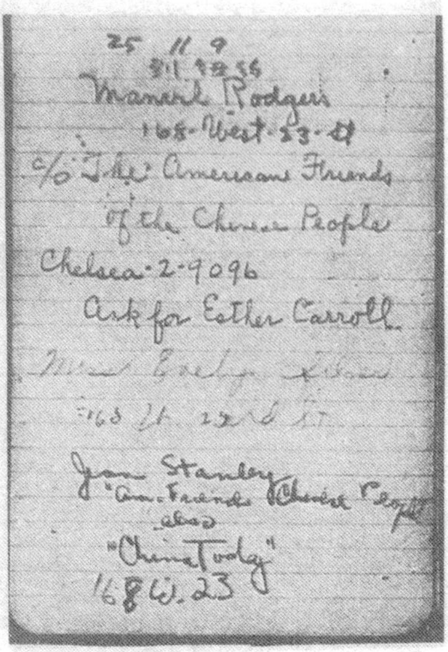
25 11 9
Manuel Rodgers
168 West 23 St
c/o The American Friends
of the Chinese People
Chelsea 2-9096
Ask for Esther Carroll
Miss Evelyn
168 W 23rd St
Jan Stanley
"Am. Friends Chinese People"
also
"China Today"
168 W. 23

04-034

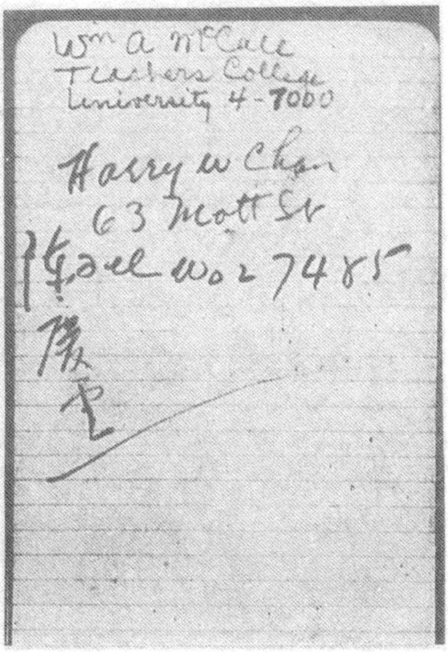
Wm A McCall
Teachers College
University 4-7000
Harry W Chan
63 Mott St
陈 Wo 2 7485
陵

04-035

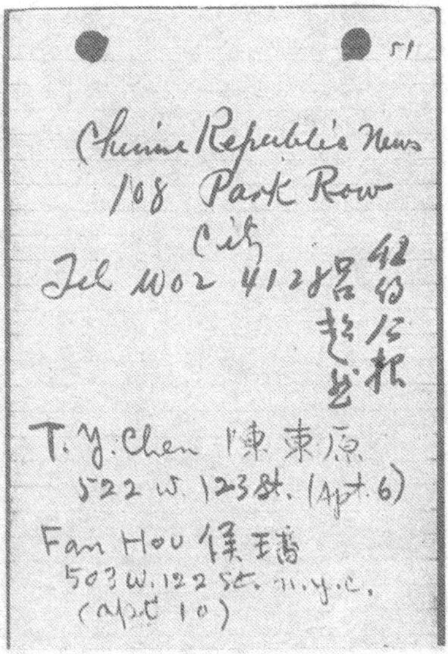
51
Chinese Republic's News
108 Park Row
City
Tel Wo 2 4128 吕超然 纽约公报
T. Y. Chen 陈东原
522 W. 123 St. (Apt. 6)
Fan Hou 侯璠
503 W. 122 St. N.Y.C.
(Apt 10)

04-036

Loh Tsai
App 4 W.600 N.114
Ca 8.9633 Tai

04-037

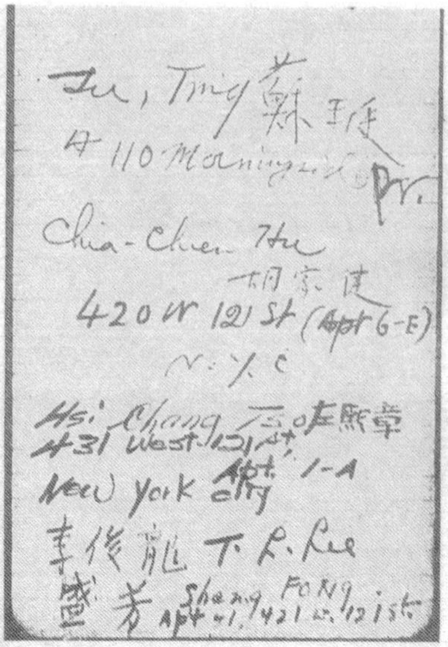

Su, Ting 蘇珽
4 110 Morningside Dr.

Chia-Chen Hu
胡家健
420 W 121 St (Apt 6-E)
N.Y.C

Hsi Chang 𠄘熙章
431 West 121 St.
New York City Apt. 1-A

李俊龍 T. K. Lee

盛芳 Sheng Fong Apt 41, 421 W. 121 St.

04-038

Ci-7-0530
-0531

04-039

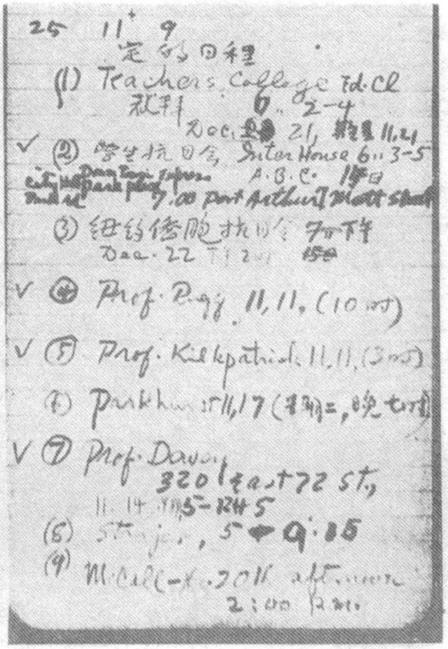

25 11 9
定的日程

(1) Teachers College Ed. Cl.
礼拜 6. 2-4
Dec. 21, 11.21

V (2) 学生抗日会, Inter House 6. 3-5
A.B.C. 18日
7.00 Port Arthur Mott Street

(3) 纽约侨胞抗日会 3 下午
Dec. 22

V (4) Prof. Bagg 11, 11, (10 时)

V (5) Prof. Kilpatrick 11, 11, (3 时)

(6) Parkhurst 11, 17 (礼拜二，晚七时)

V (7) Prof. Dawson
3201 East 72 St.
11.14 11.45-12.45

(8) Stranger, 5 9.15

(9) McCall [illegible] afternoon
2:00 p.m.

04-040

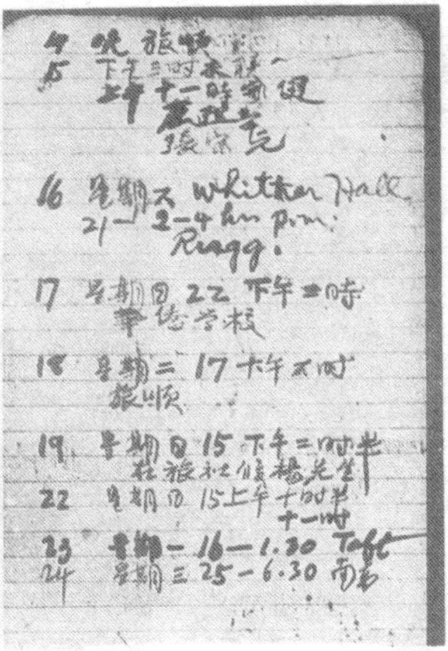

04-041

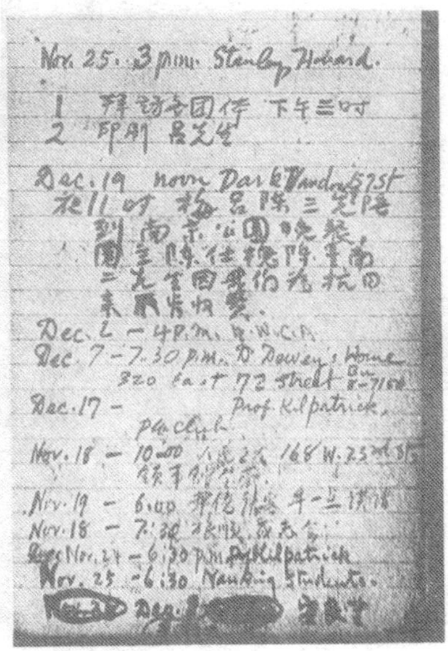

04-042

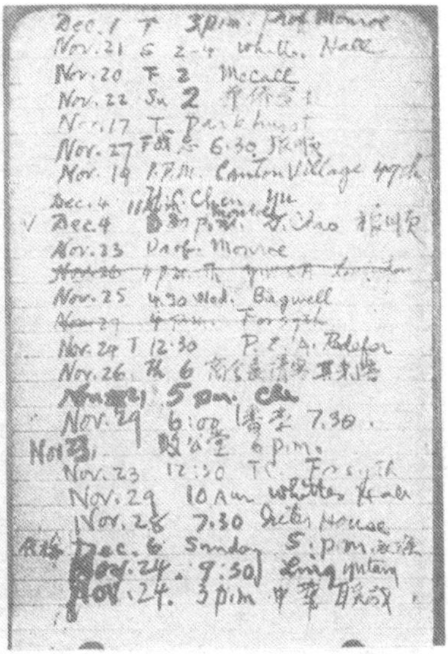

04-043

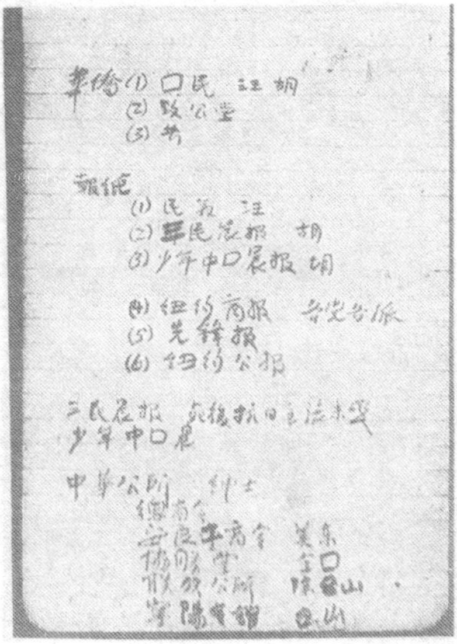

04-044

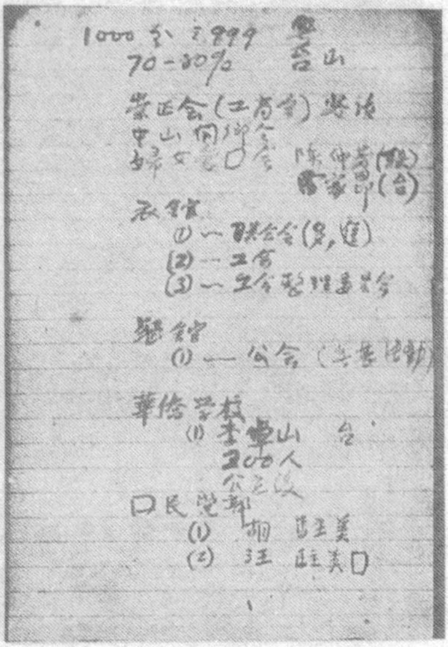

04-045

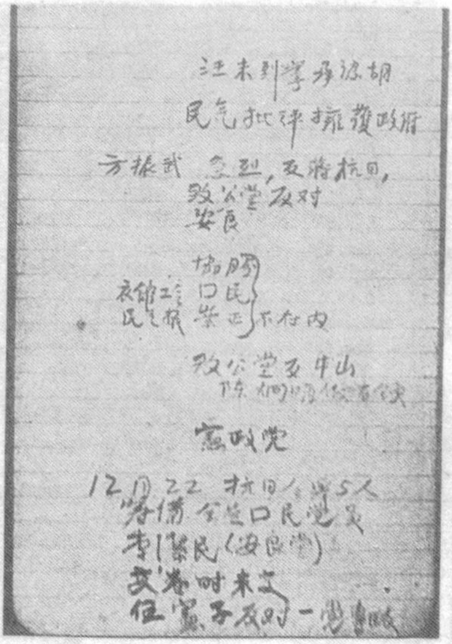

04-046

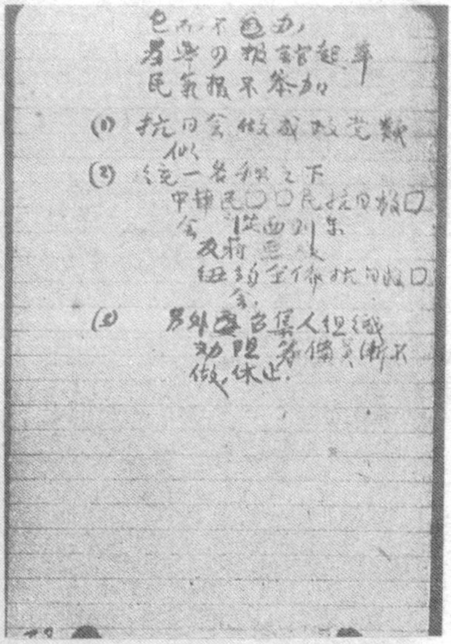

04-047

00 China Institute
119 W. 57 street
circle 7-3772
New York

04-048

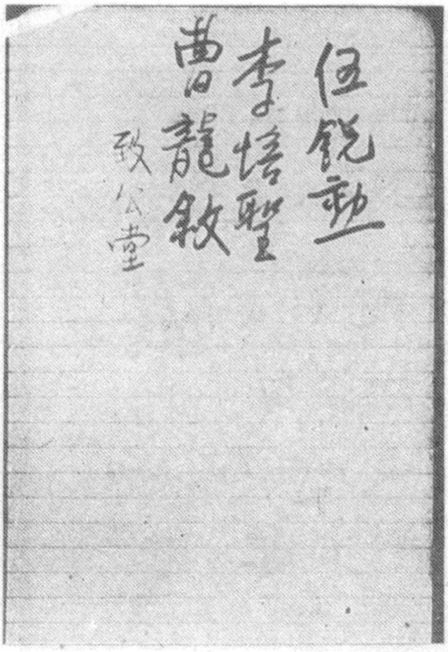

04-049

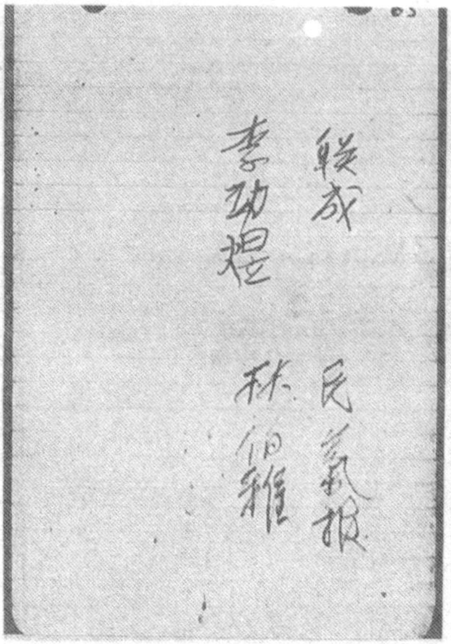

04-050

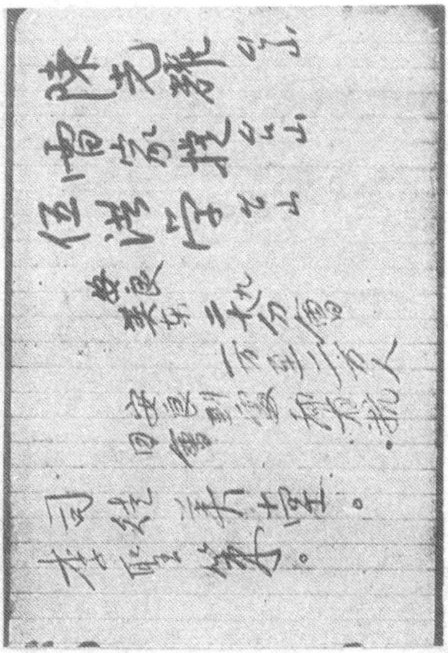

04-051

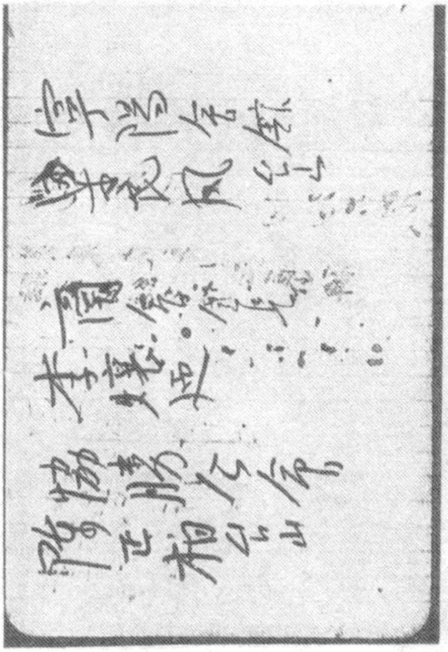

04-052

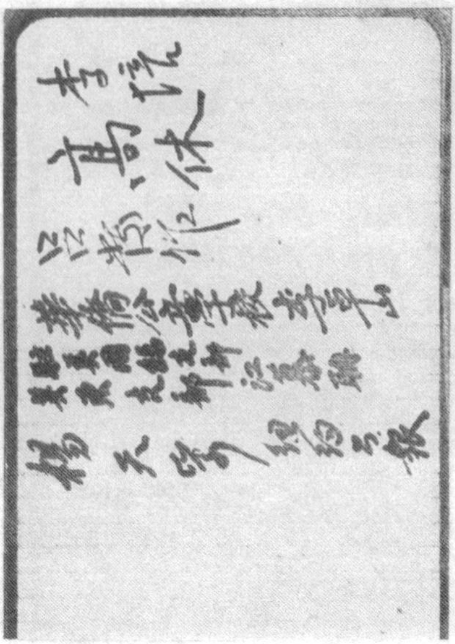

04-053

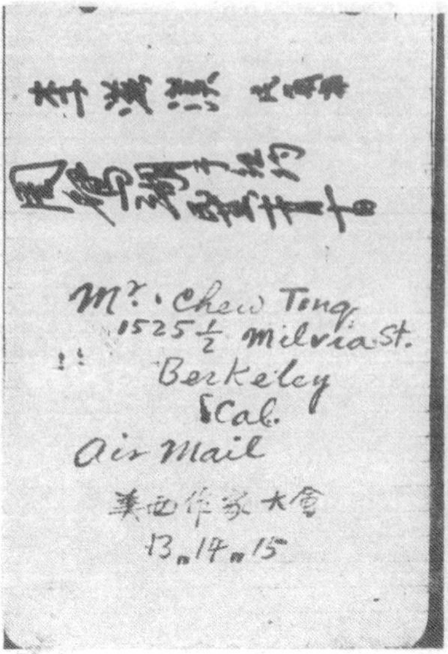
Mr. Chew Tong
1525½ Milvia St.
Berkeley
Cal.
Air Mail
美西作家大会
13, 14, 15

04-054

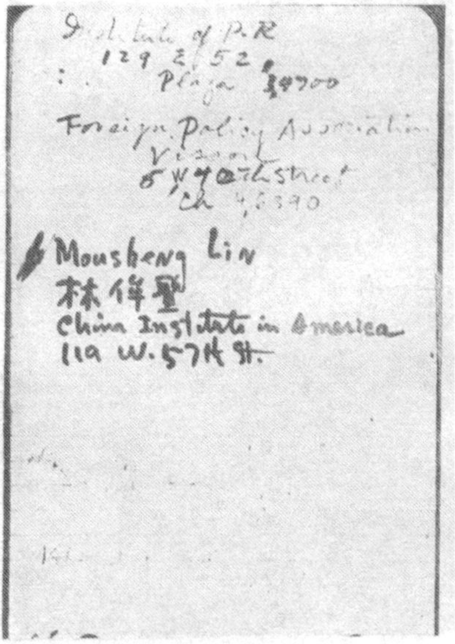
Institute of P. R.
129 E. 52,
Plaza 3-4700
Foreign Policy Association
8 W. 40th Street
Ch 4-5390
Mousheng Lin
林侔圣
China Institute in America
119 W. 57th St.

04-055

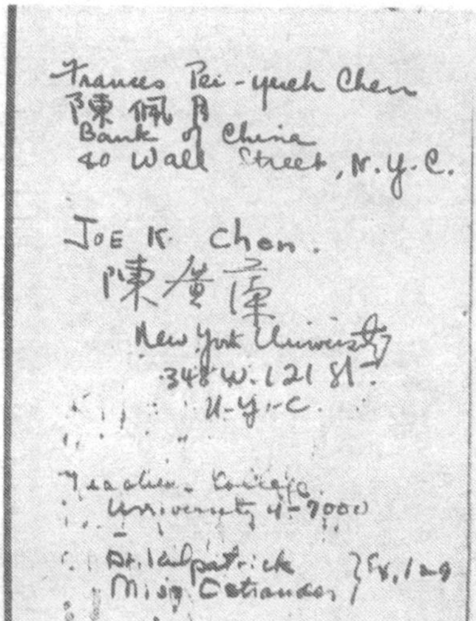
Frances Pei-yueh Chen
陳佩月
Bank of China
40 Wall Street, N. Y. C.
Joe K. Chen.
陳食庸
New York University
348 W. 121 St.
N. Y. C.
Teachers College
University 4-7000
Dr. Kilpatrick
Miss Ostrander

04-056

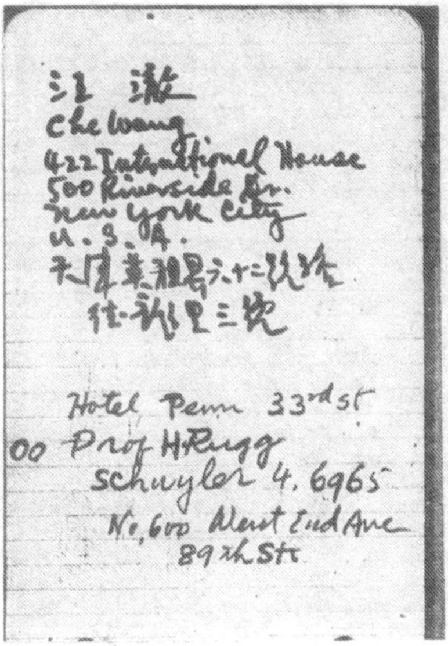
Che Wang
422 International House
500 Riverside Dr.
New York City
U.S.A.

Hotel Penn 33rd St
00 Prof H Rugg
Schuyler 4.6965
No. 600 West End Ave
89th St.

04-057

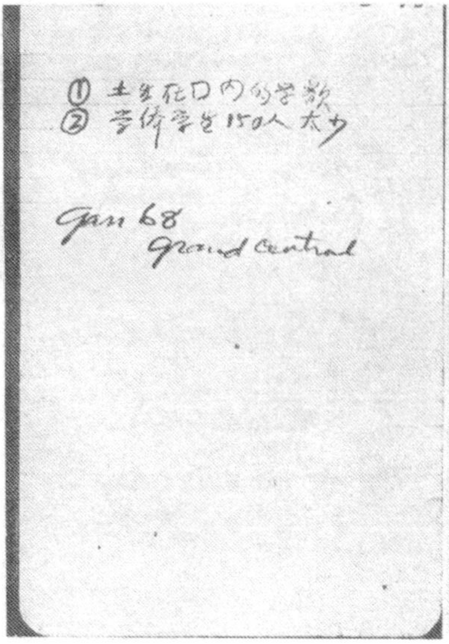
Gan 68
Grand Central

04-058

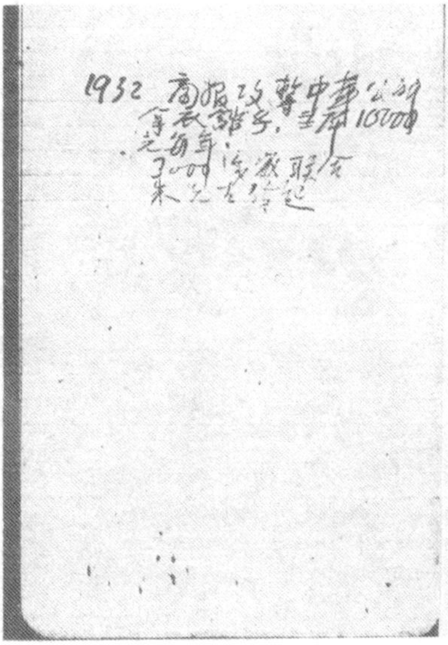
1932

04-059

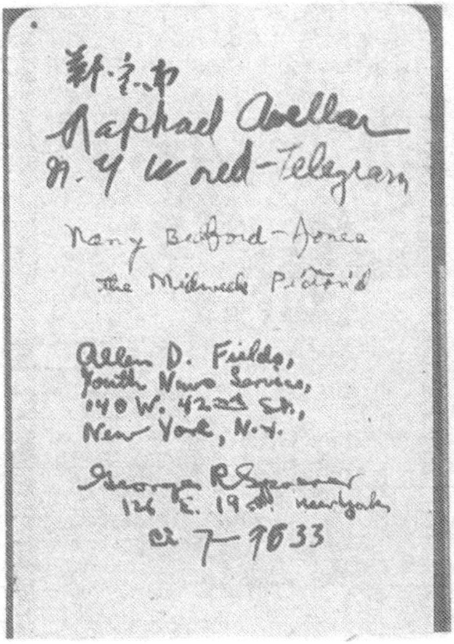
Raphael Avellar
N.Y. World-Telegram

Nancy Bedford-Jones

Allen D. Fields,
Youth News Service,
140 W. 42nd St.,
New York, N.Y.

George R Spencer
126 E. 19th New York

04-060

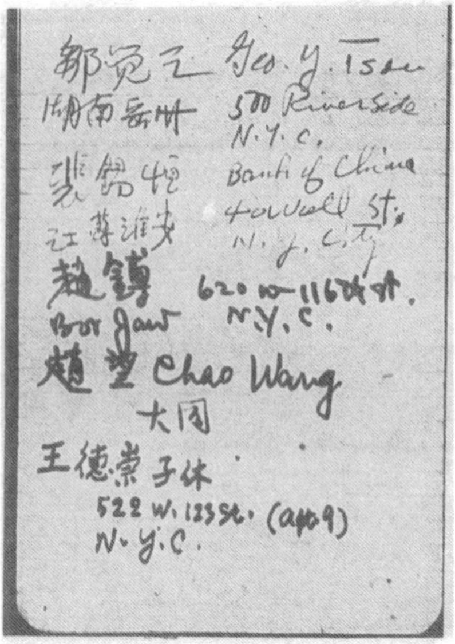
邹觉之 Geo. Y. Tsou
湖南岳州 500 Riverside
N.Y.C.
裴锡恒 Bank of China
江苏淮安 40 Wall St.
N.Y. City
赵镇 620 W. 116th St.
Bor Jaw N.Y.C.
赵望 Chao Wang
大同
王德崇 子休
522 W. 123 St. (apt. 9)
N.Y.C.

04-061

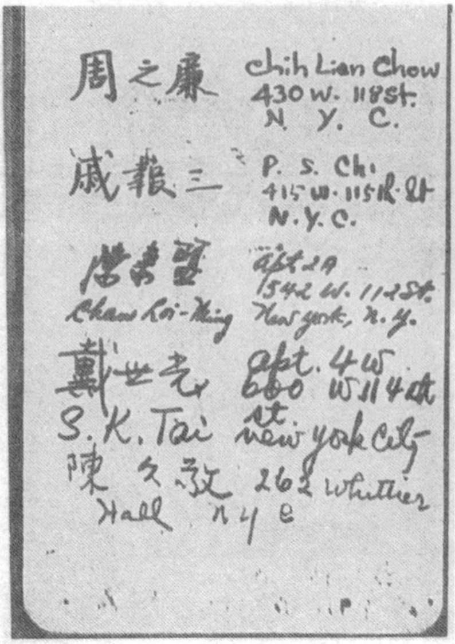
周之廉 Chih Lien Chow
430 W. 118 St.
N.Y.C.
戚葆三 P. S. Chi
415 W. 115th St.
N.Y.C.
Apt 2A
542 W. 112 St.
New York, N.Y.
戴世光 Apt. 4W
600 W. 114 St.
S. K. Tai New York City
262 Whittier
Hall N.Y.C.

04-062

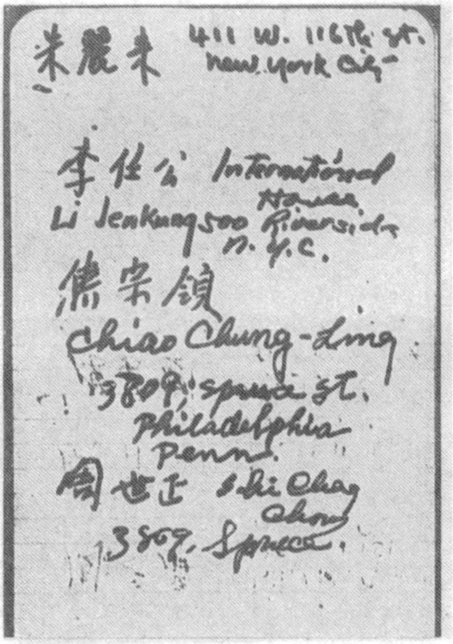
411 W. 116th St.
New York City
李仕公 International
House
Li Jenkung 500 Riverside
N.Y.C.
Chiao Chung-Ling
3809 Spruce St.
Philadelphia
Penn.
Chow
3809 Spruce

04-063

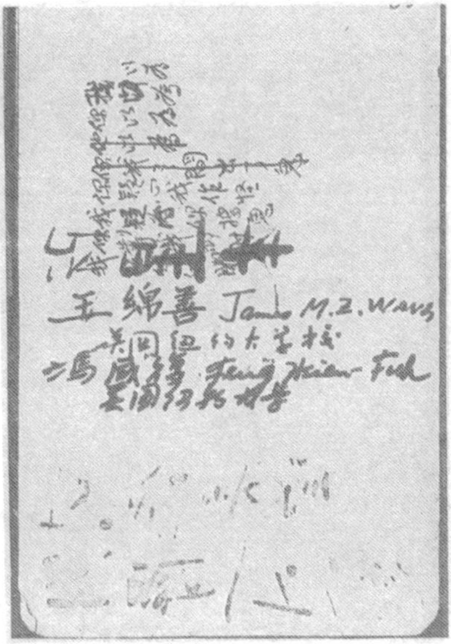
王绵善 James M. Z. Wang
美国纽约大学校

04-064

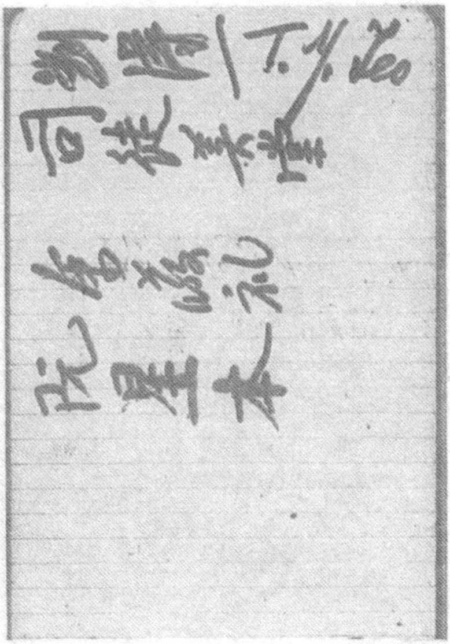

04-065

04-066

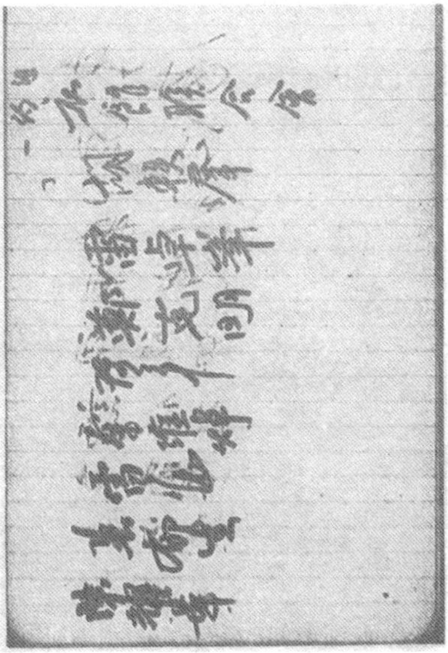

04-067

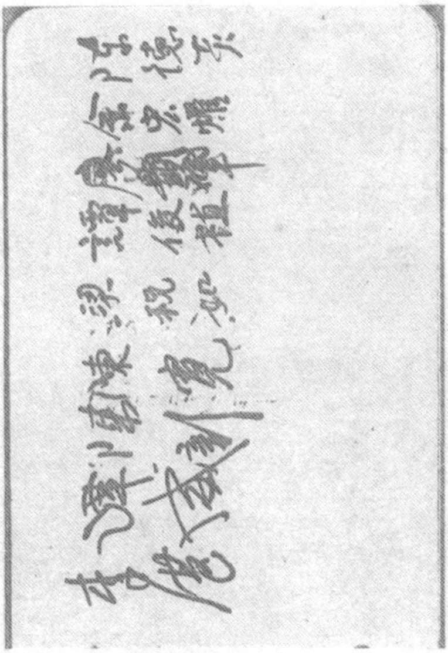

04-068

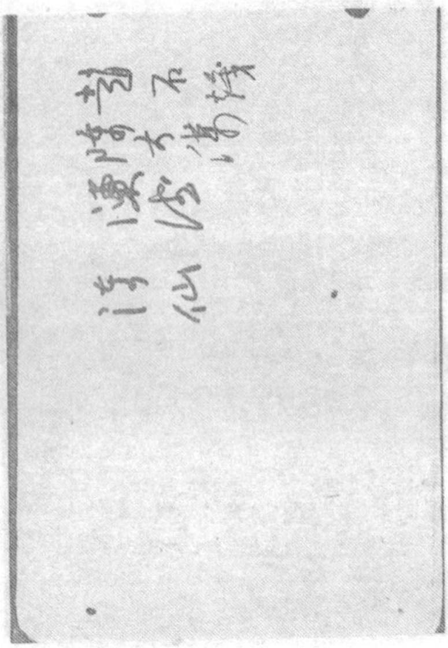

04-069

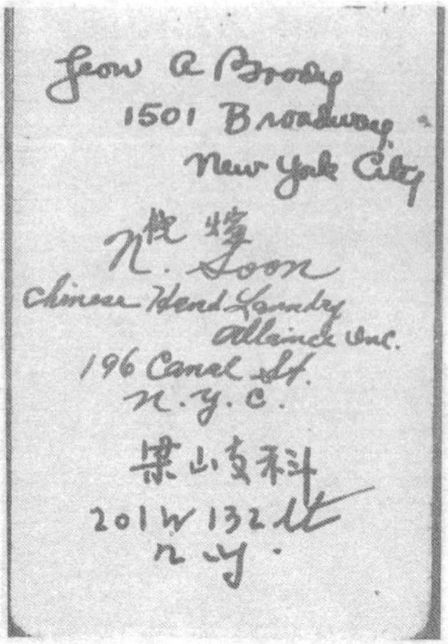
1501 Broadway
New York City
N. Soon
Chinese Hand Laundry Alliance Inc.
196 Canal St.
N.Y.C.
201 W 132 St
N.Y.

04-070

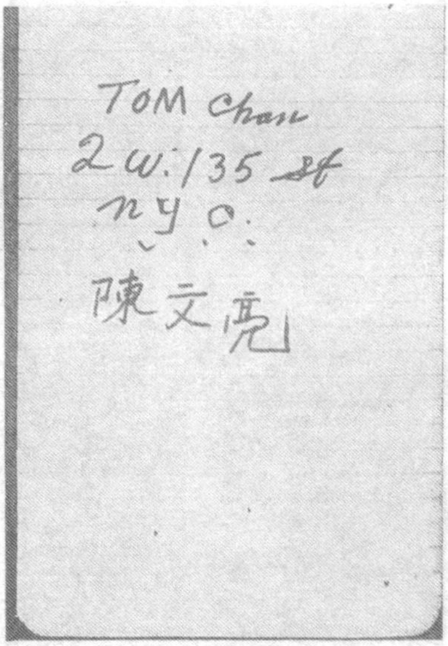
TOM Chan
2 W. 135 St
N.Y.C.
陳文亮

04-071

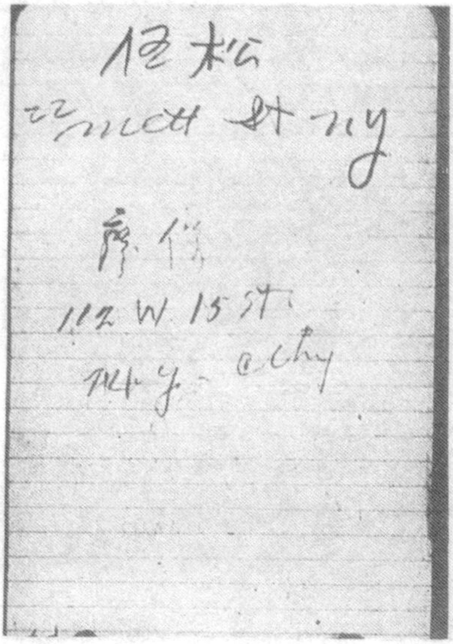
112 W. 15 St
N.Y. City

04-072

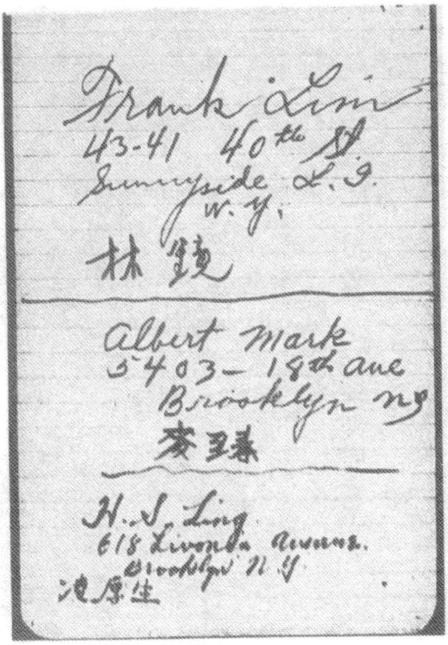

04-073

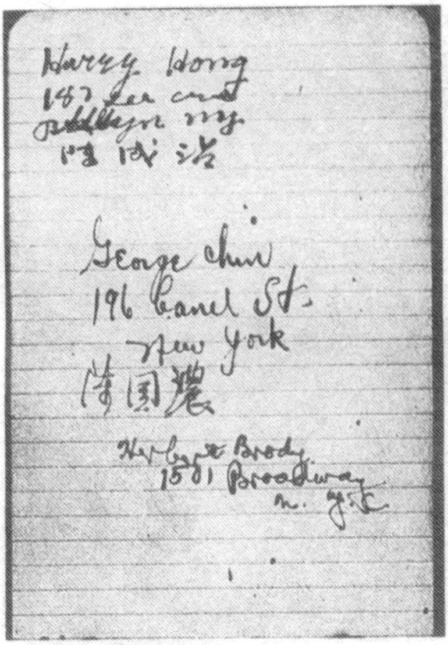

04-074

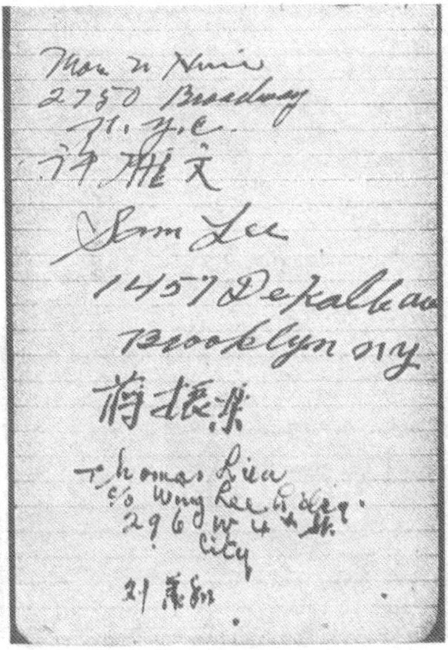

04-075

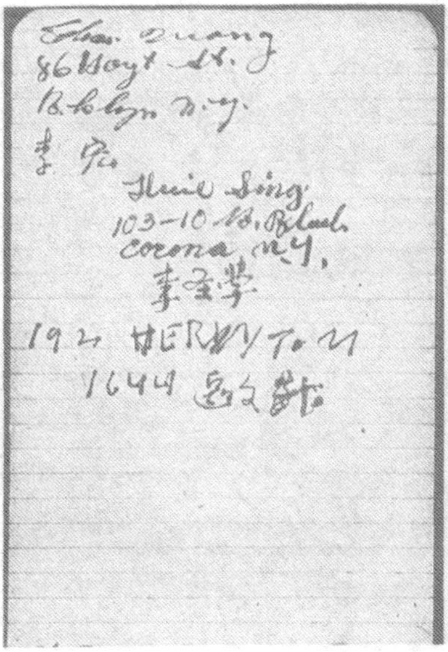

04-076

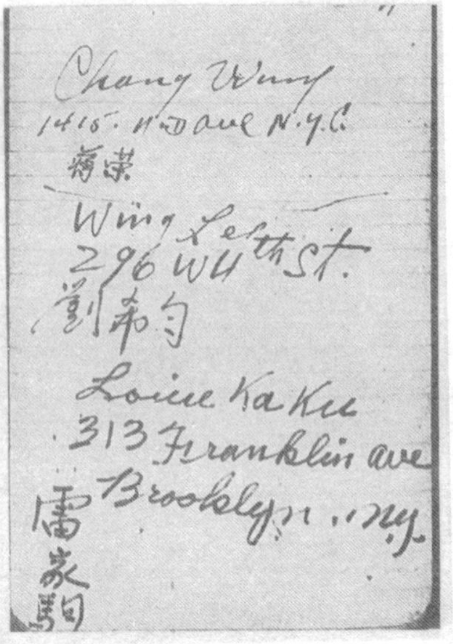

04-077

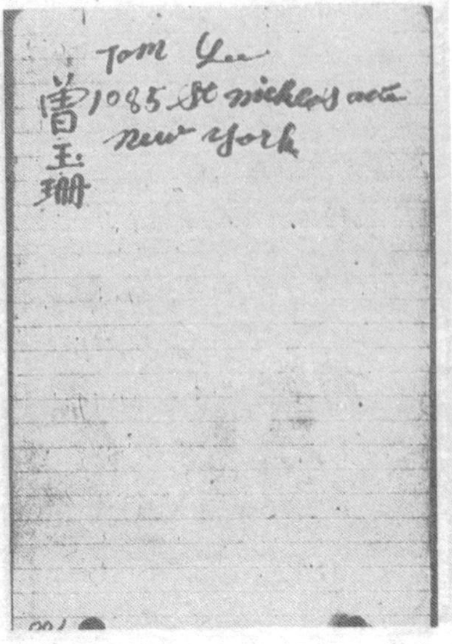

04-078

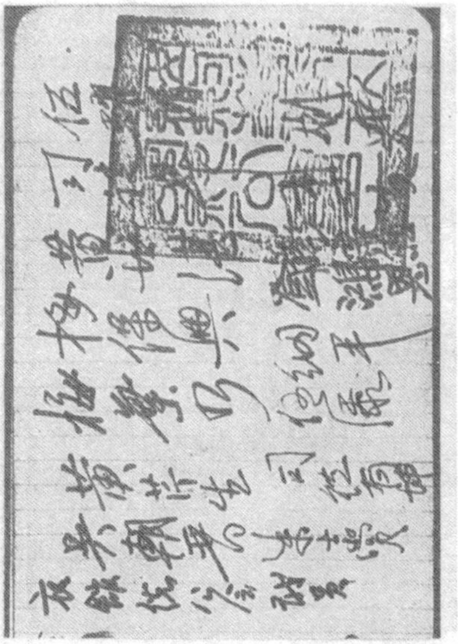

04-079

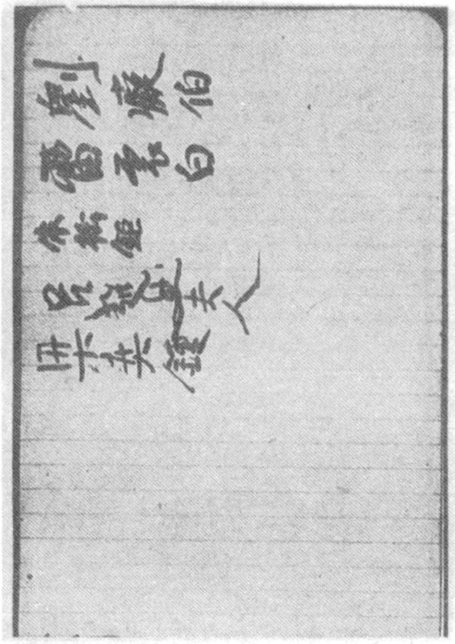

04-080

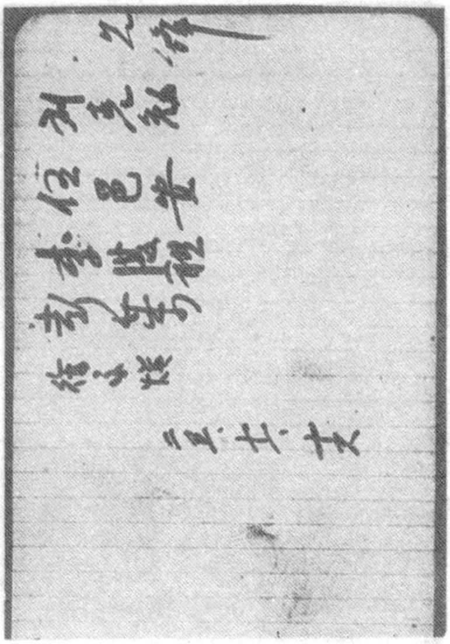

04-081

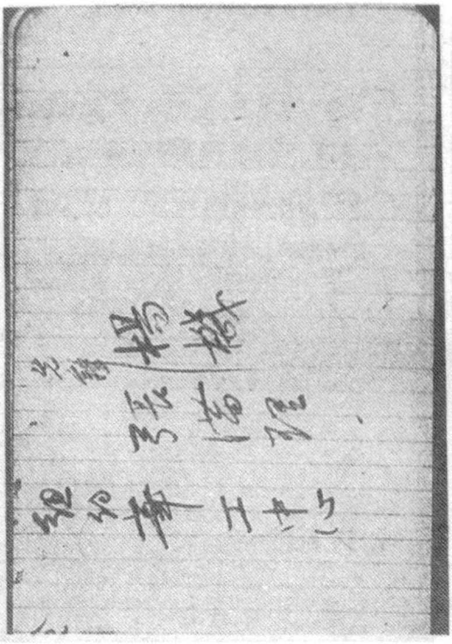

04-082

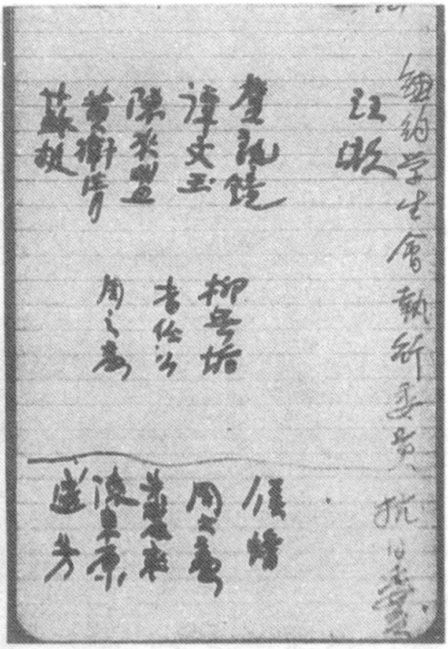

04-083

04-084

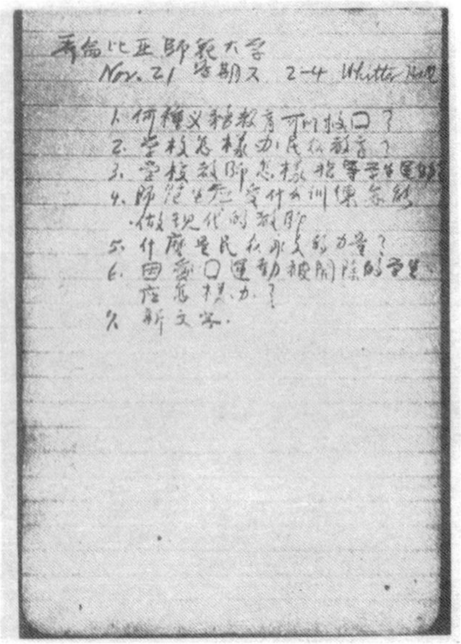

04-085

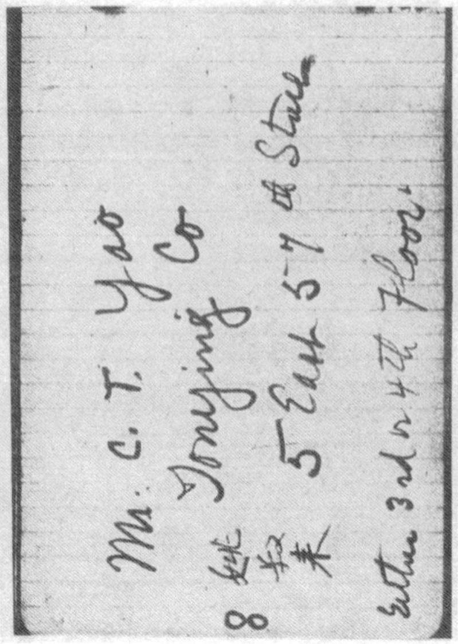

04-086

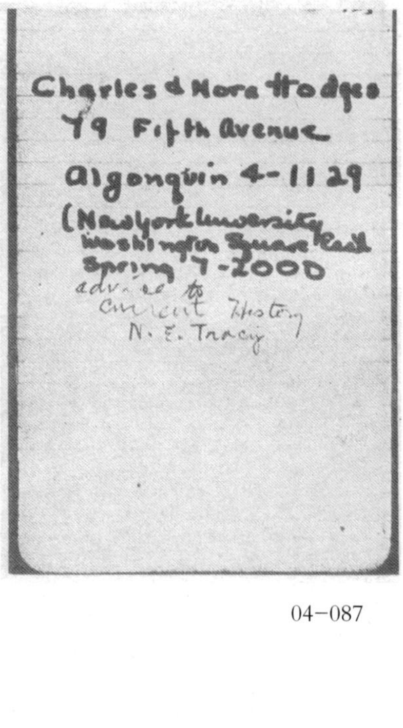

04-087

04-088

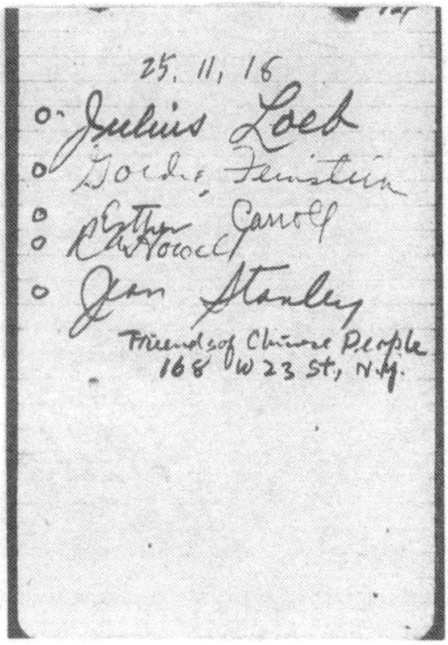
25. 11. 16
Julius Loeb
Friends of Chinese People
168 W 23 St, N.Y.

04-089

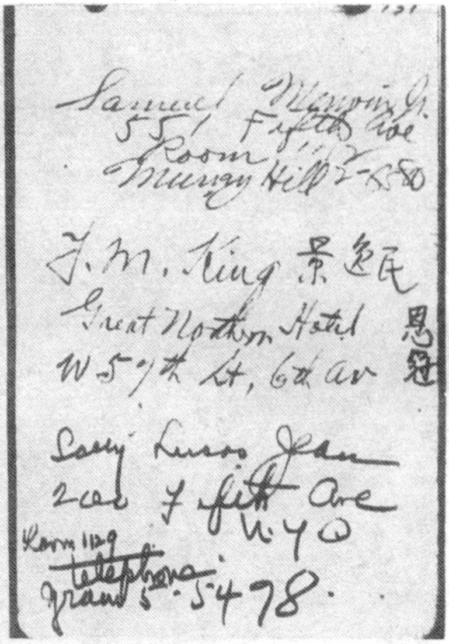
55 Fifth Ave
Murray Hill 2-8580
King 景逸民
Great Northern Hotel
Fifth Ave
telephone
5-5478.

04-090

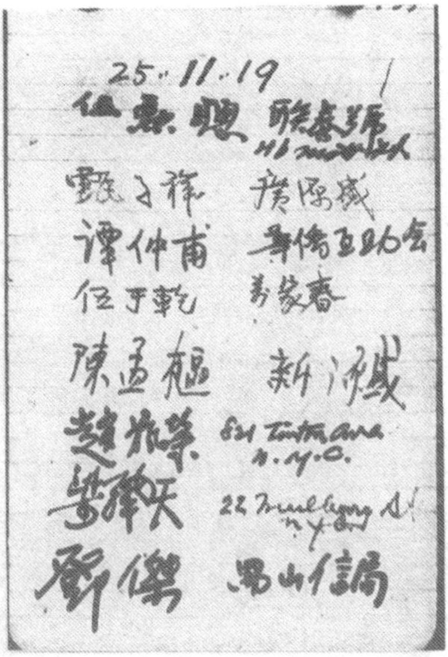
25. 11. 19
谭仲甫

04-091

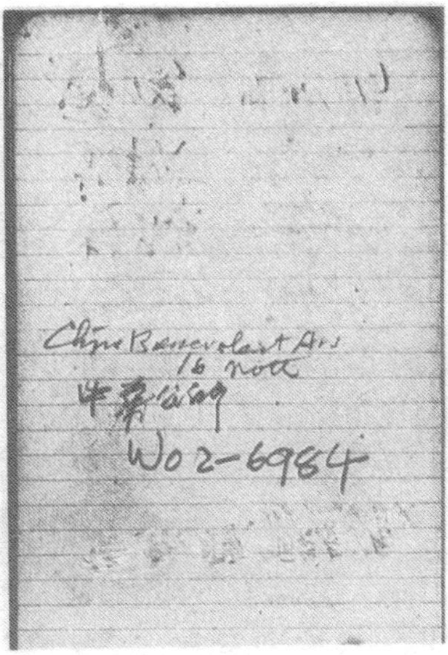
16 Mott
WO2-6984

04-092

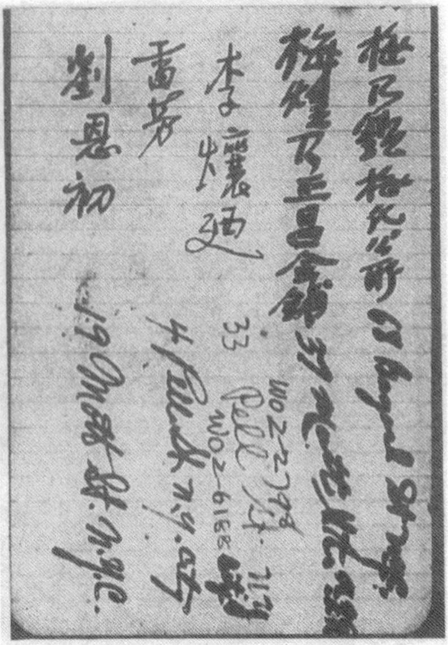

04-093

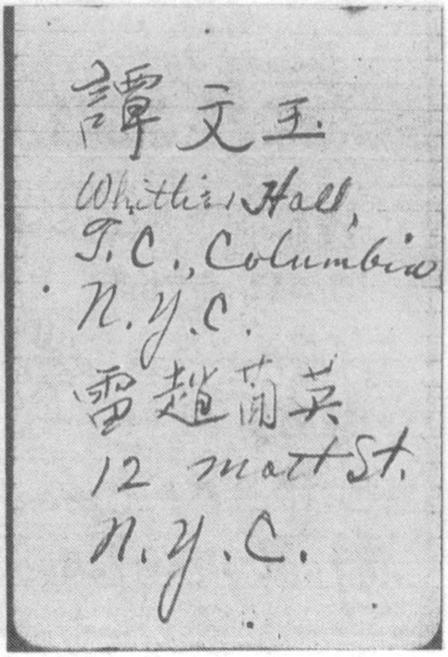
譚文玉
Whittier Hall,
T.C., Columbia
N.Y.C.
雷趙蘭英
12 Mott St.
N.Y.C.

04-094

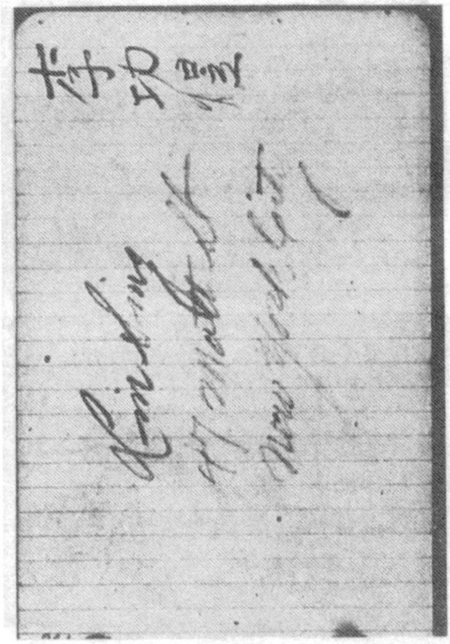

04-095

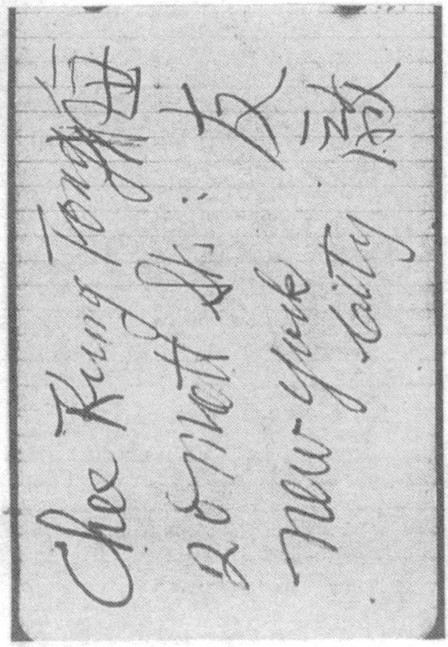

04-096

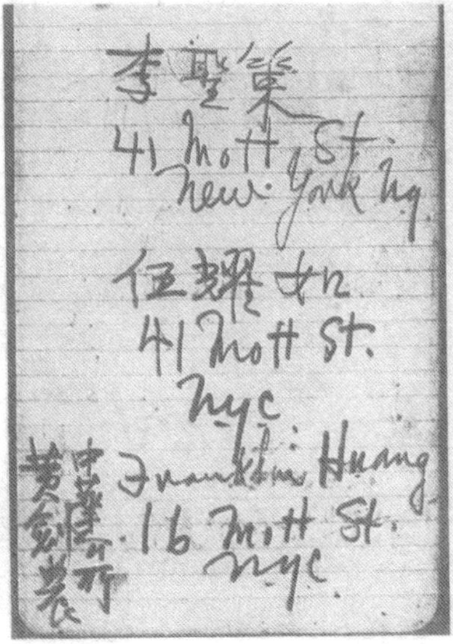

04-097

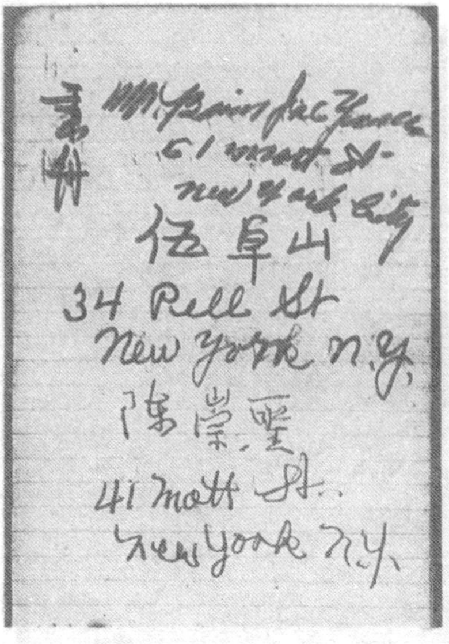

04-098

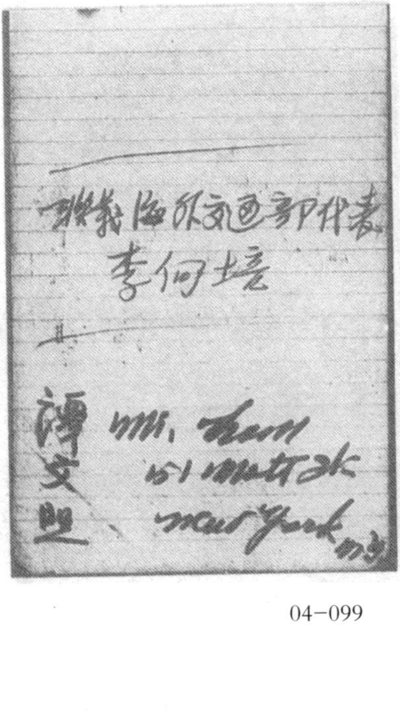

04-099

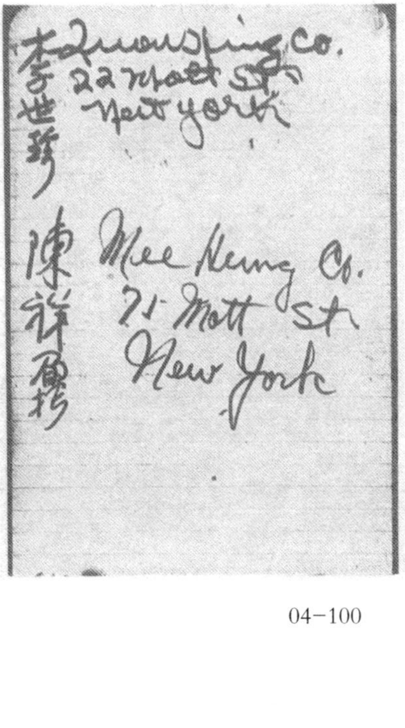

04-100

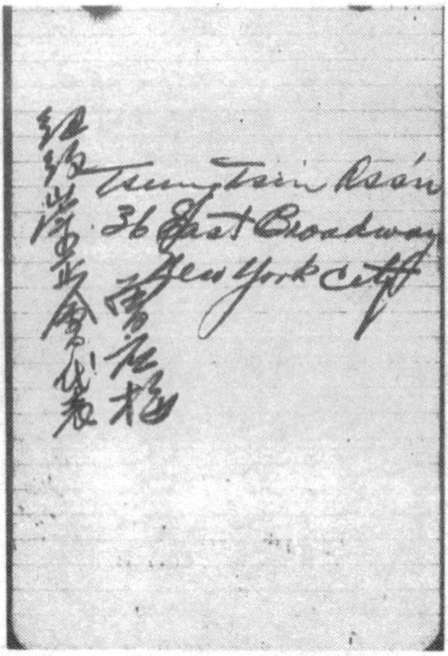

04-101

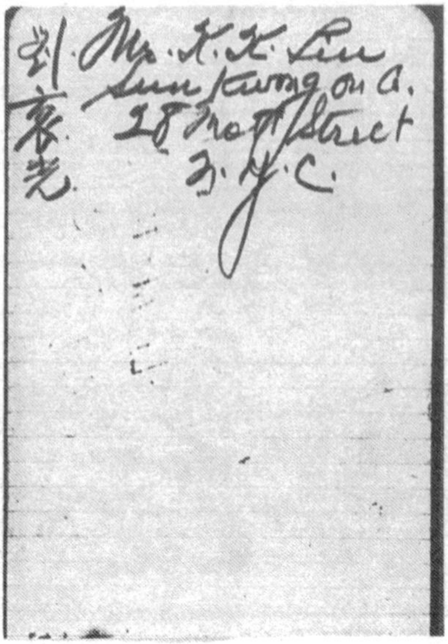

04-102

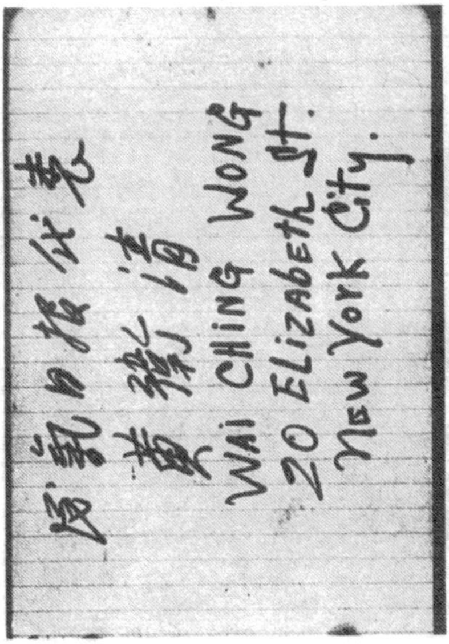

04-103

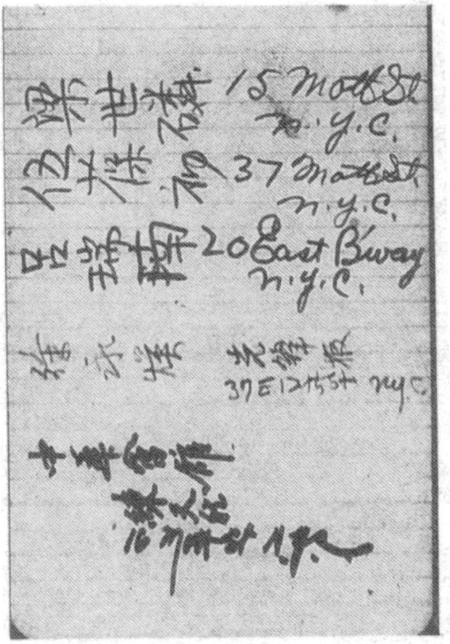

04-104

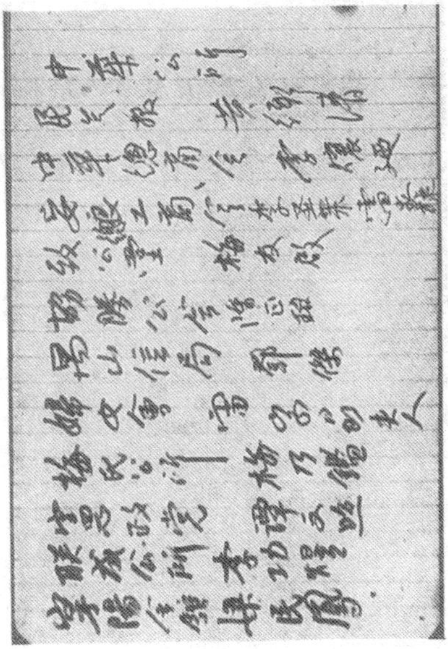

04-105

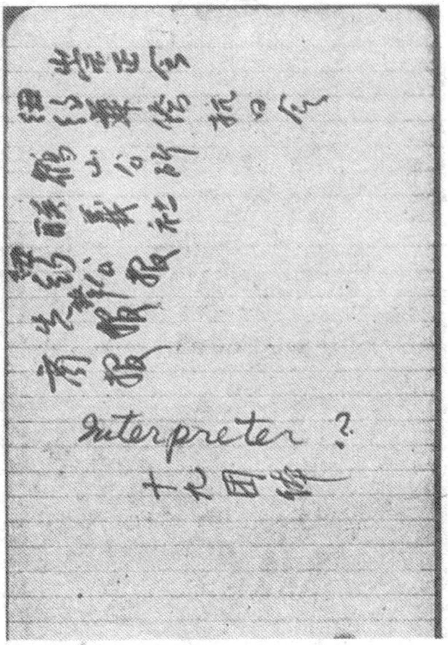

Interpreter ?

04-106

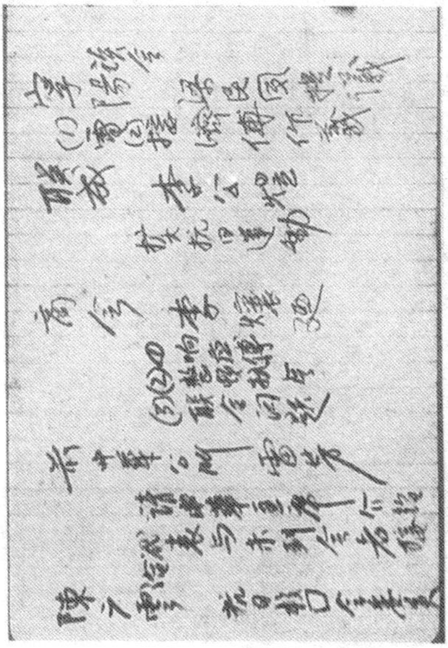

04-107

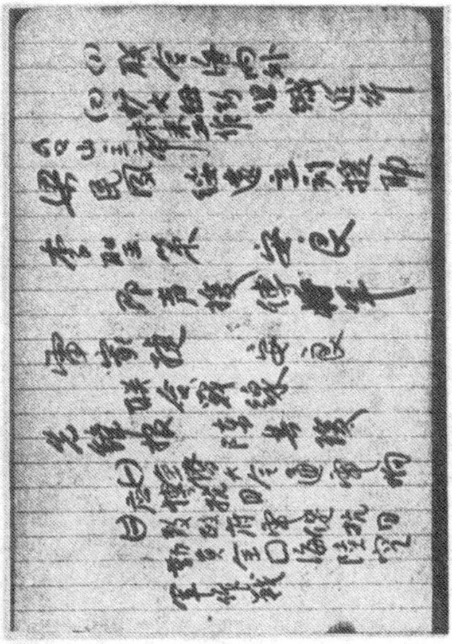

04-108

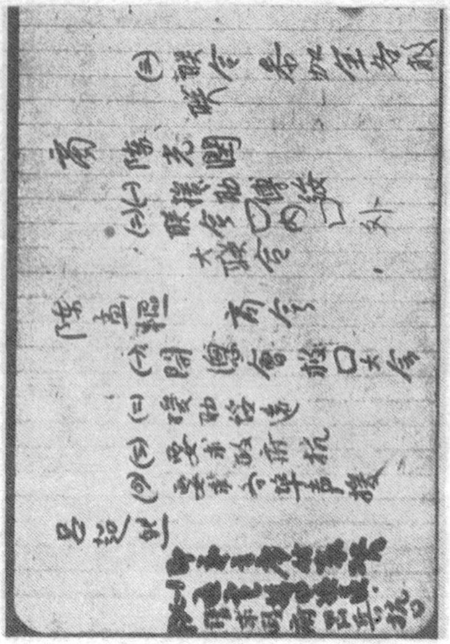

04-109

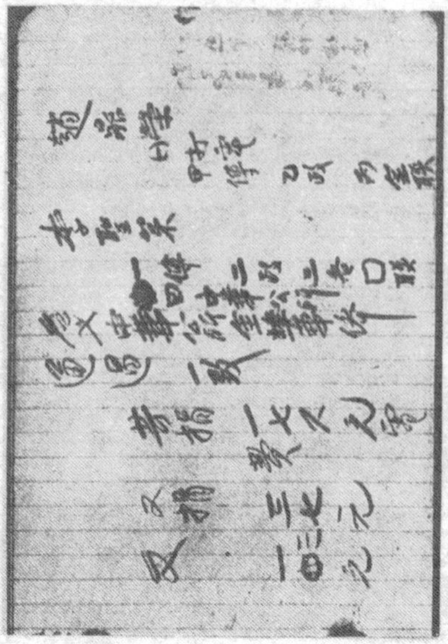

04-110

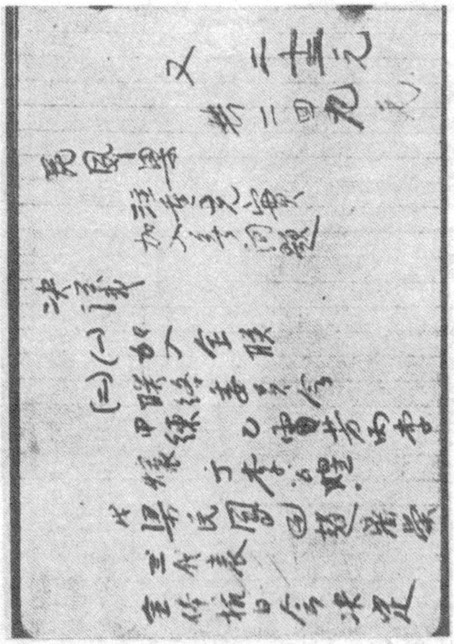

04-111

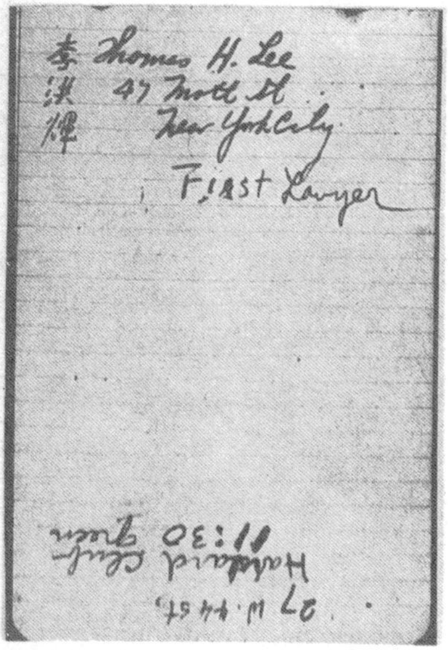

04-112

04-113

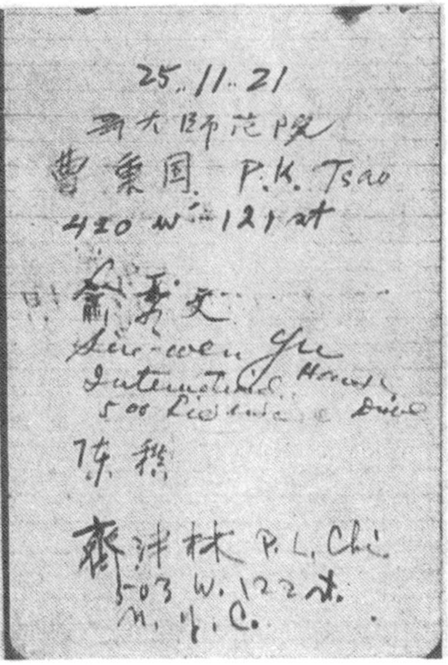

04-114

04-115

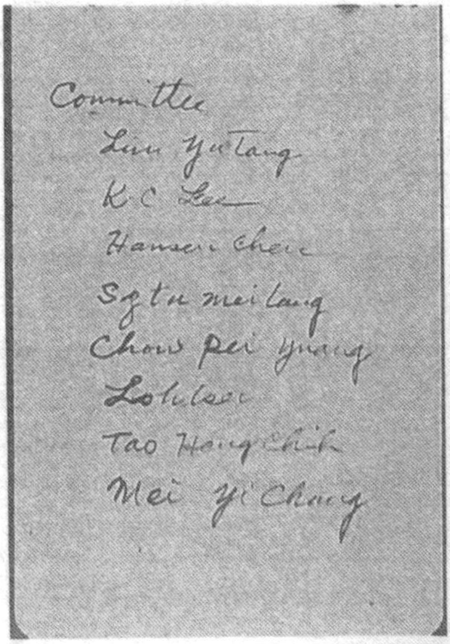

04-116

04-117

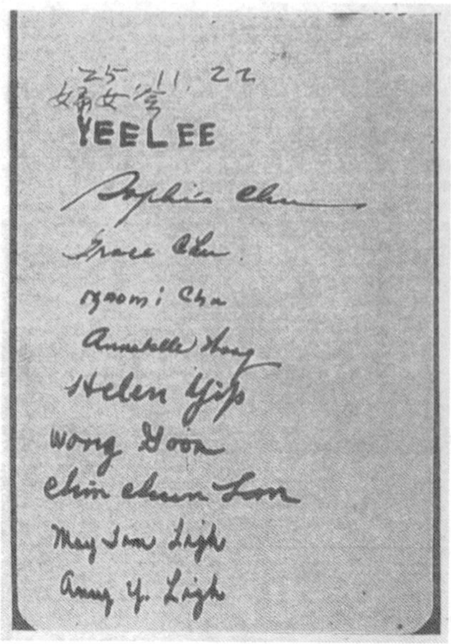

04-118

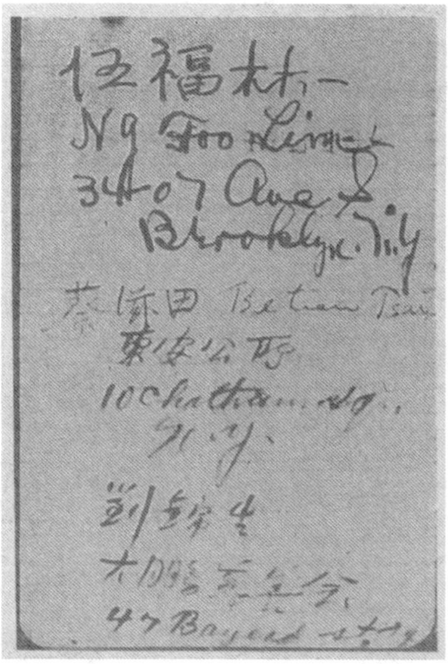

04-119

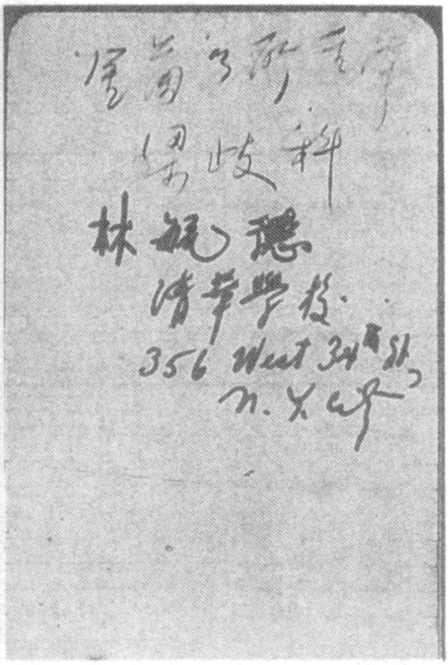

04-120

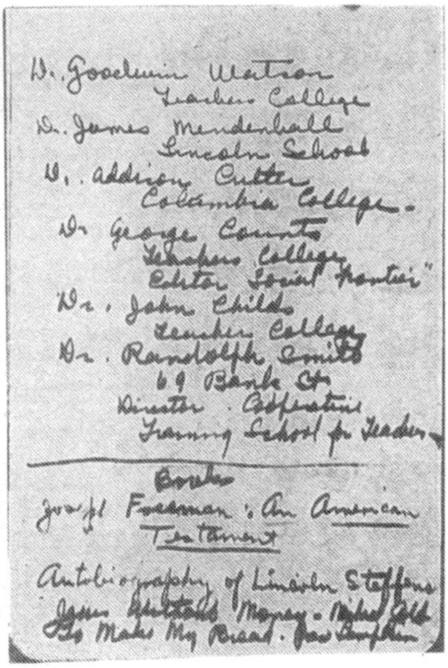
Dr. Goodwin Watson
Teachers College
Dr. James Mendenhall
Lincoln School
Dr. Addison Cutler
Columbia College
Dr George Counts
Teachers College
Editor "Social Frontier"
Dr. John Childs
Teachers College
Dr. Randolph Smith
69 Bank St.
Director Cooperative
Training School for Teachers
Books
Joseph Freeman: An American Testament
Autobiography of Lincoln Steffens
Jews Without Money - Michael Gold
To Make My Bread. Grace Lumpkin

04-121

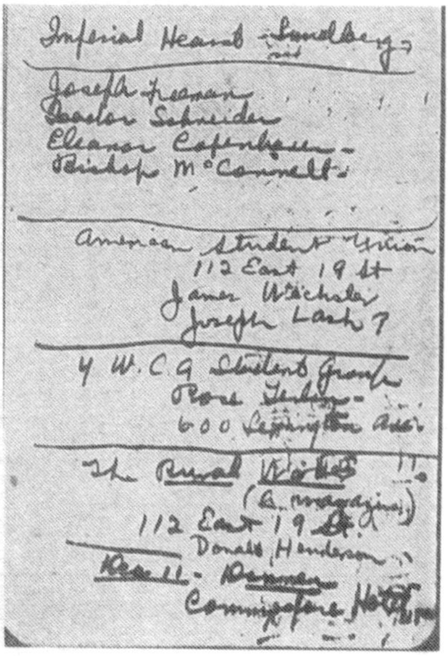
Imperial Hearst - Lundberg
Joseph Freeman
Doctor Schneider
Eleanor Copenhaver
Bishop McConnell
American Student Union
112 East 19 St
James Wechsler
Joseph Lash
Y.W.C.A Student Group
Rose Terlin
600 Lexington Ave
The Rural Worker
(a magazine)
112 East 19 St.
Donald Henderson
Nov 11 - Dinner
Commodore Hotel

04-122

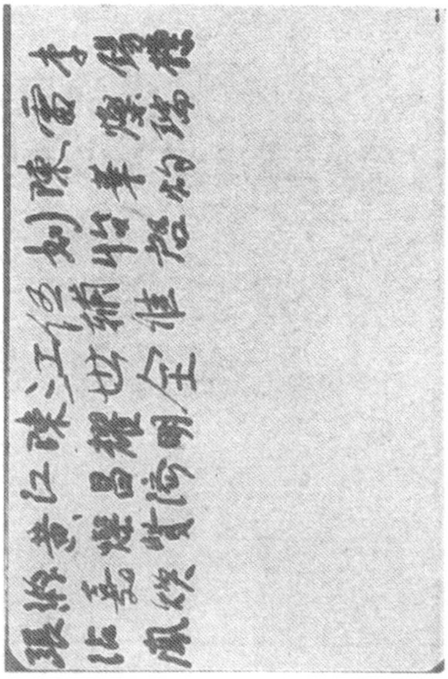

04-123

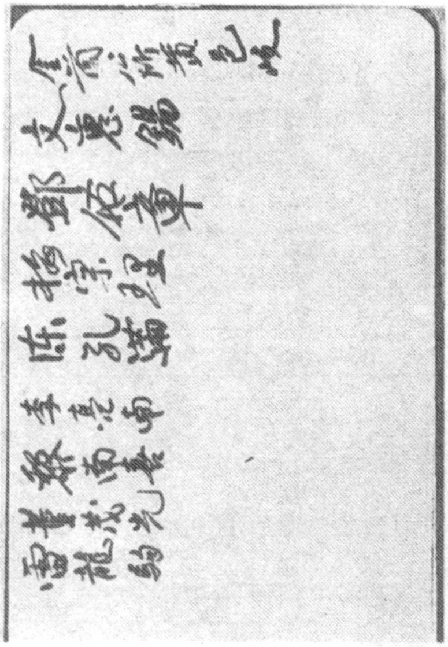

04-124

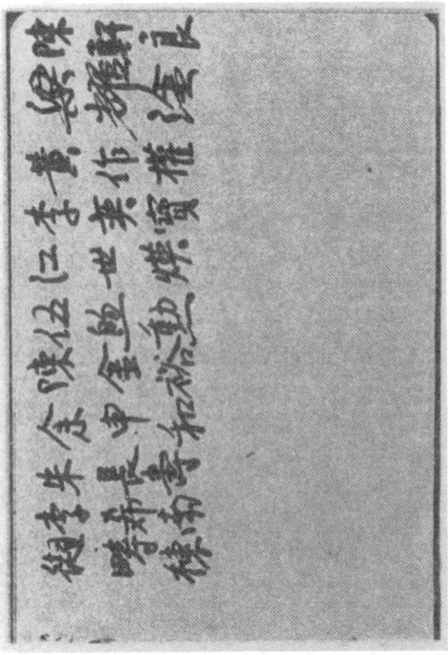

04-125

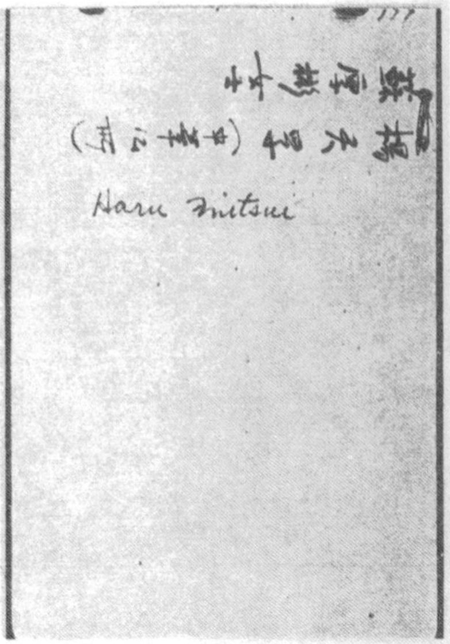

04-126

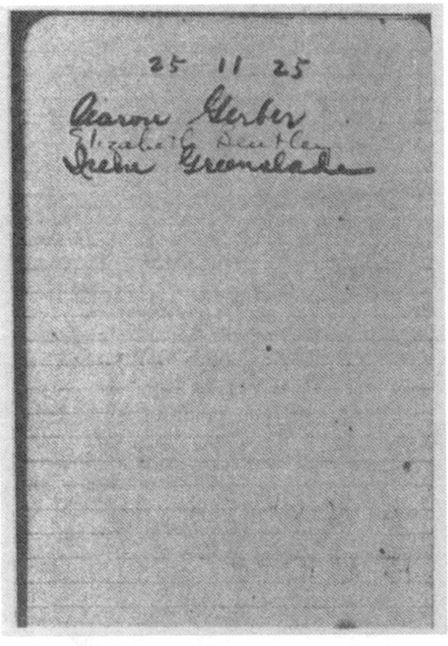

04-127

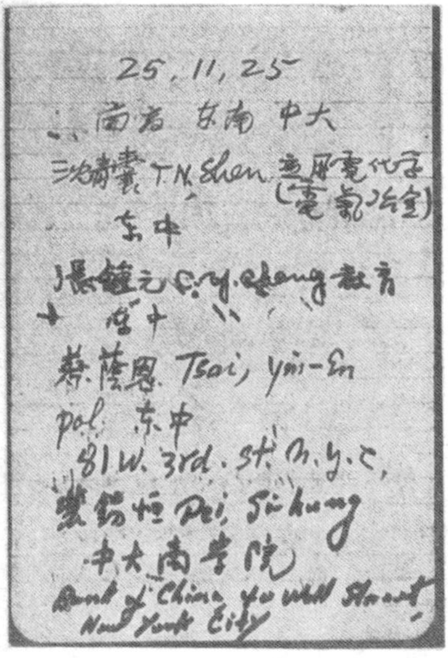

04-128

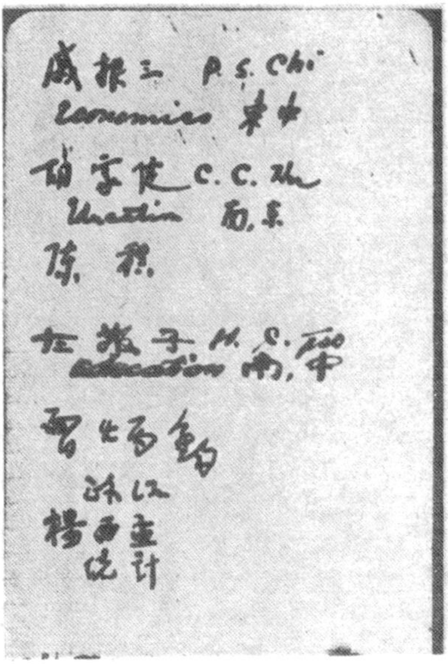
P.S. Chi
C.C. Hu

04-129

04-130

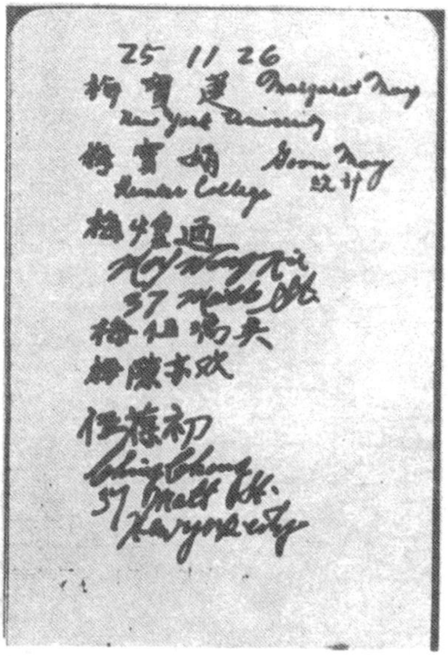
25 11 26
Margaret Moy
New York University
37 Mott St.
New York City

04-131

MOY SUN
37 MOTT ST.
NEW YORK, N.Y.

04-132

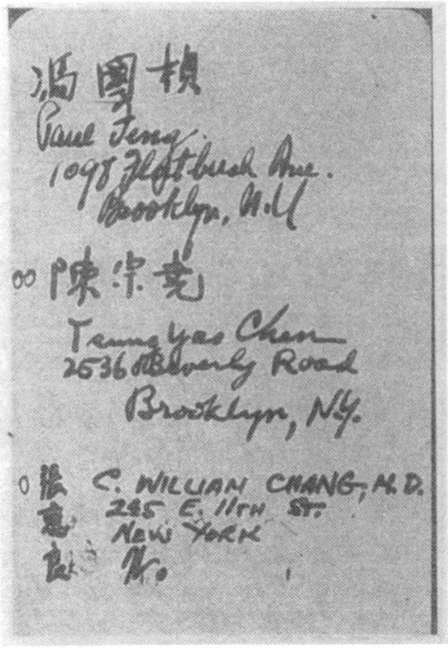

04-133

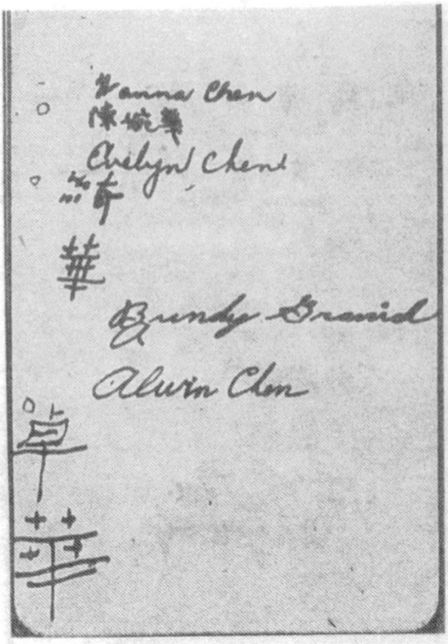

04-134

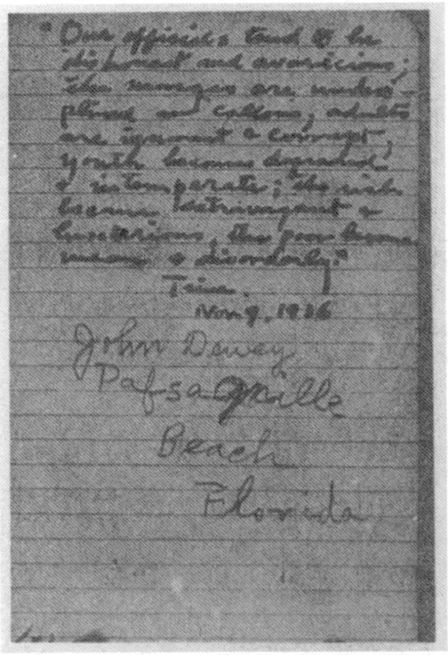

04-135

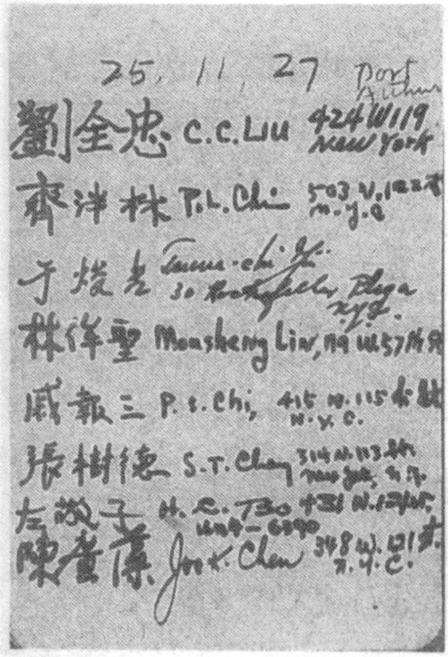

04-136

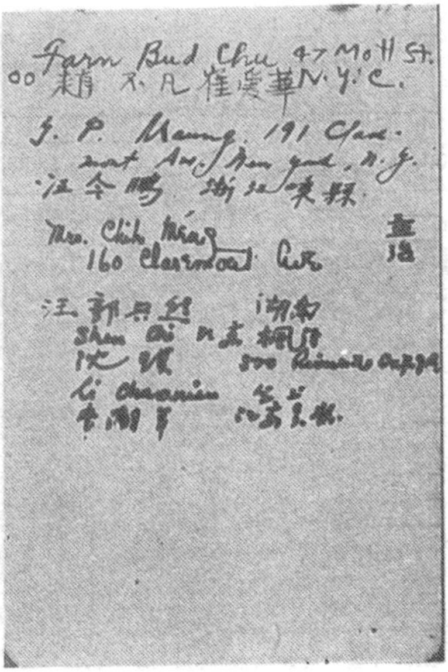

04-137

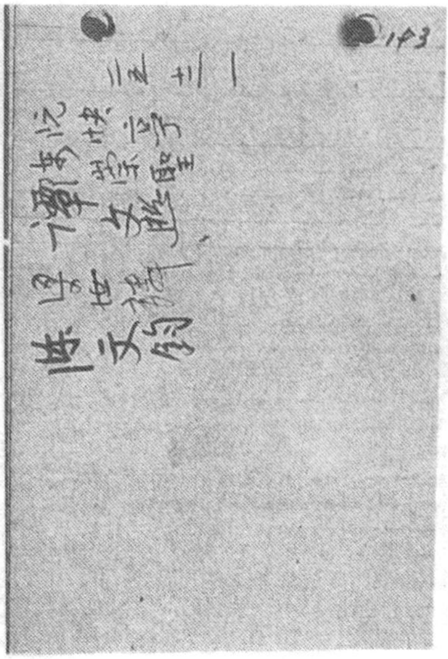

04-138

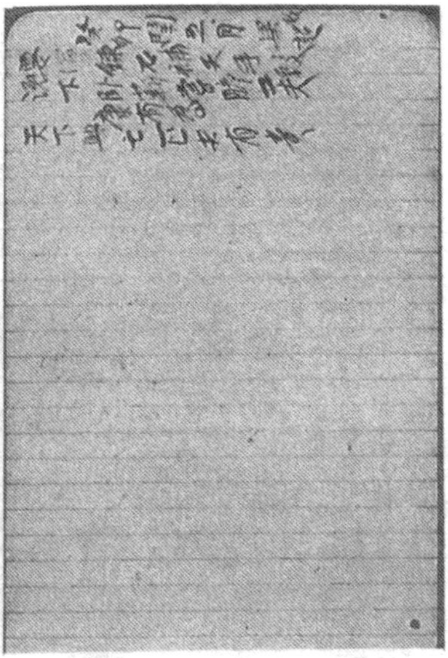

04-139

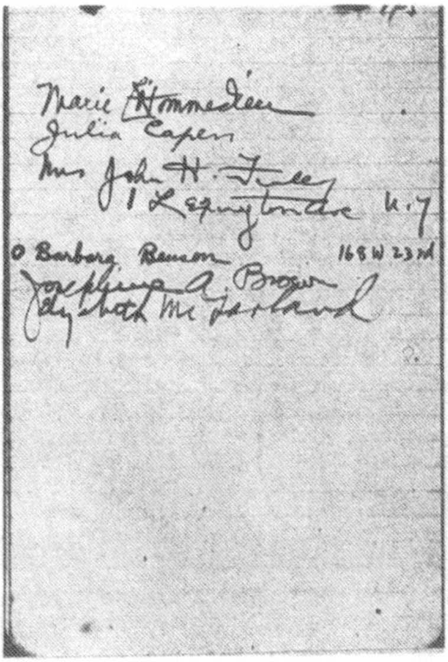

04-140

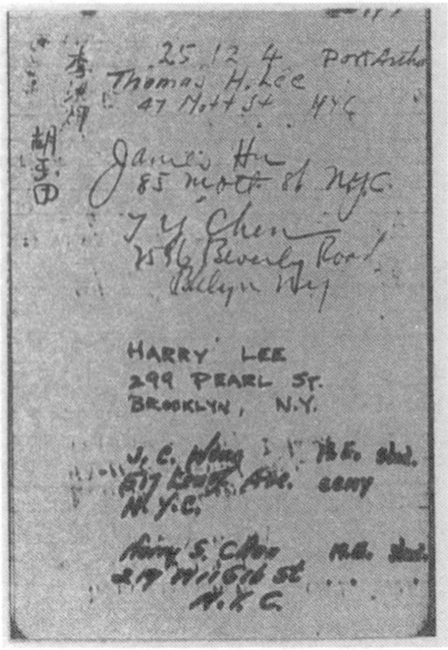

04-141

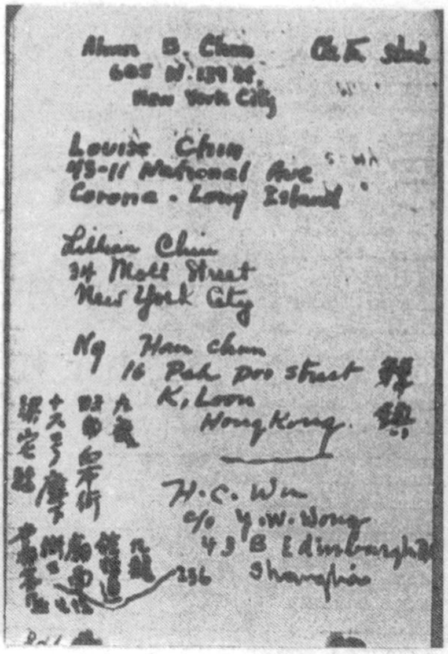

04-142

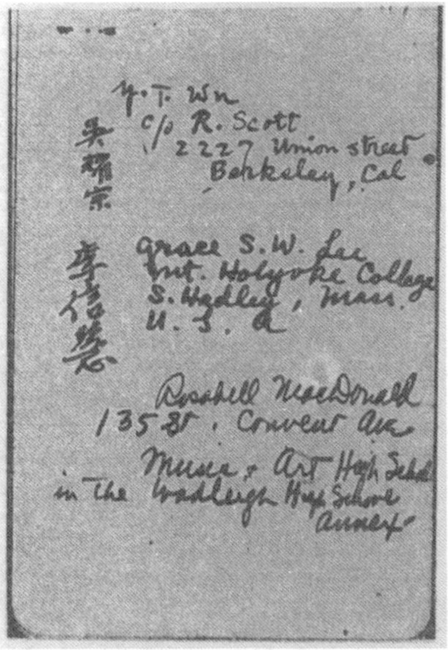

04-143

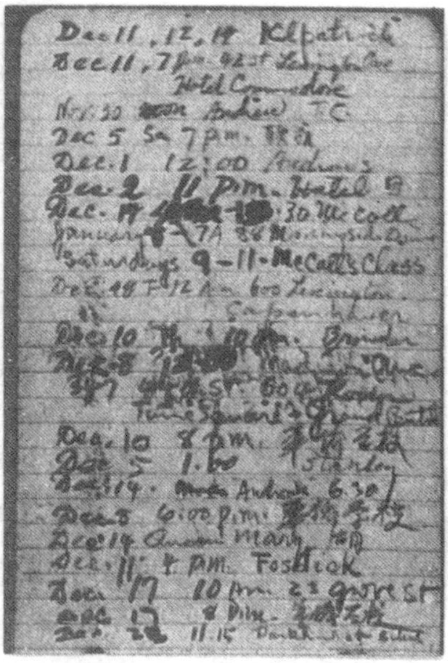

04-144

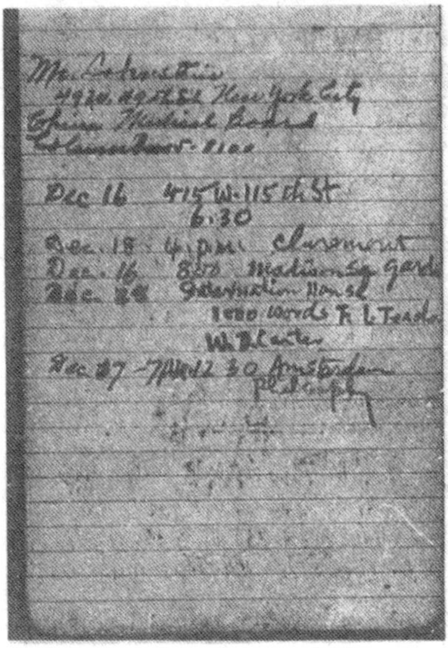
Dec 16 415 W. 115th St
6:30
Dec. 18 4 p.m. Claremont
Dec. 16 8:05 Madison Sq. Garden
Dec. 28 International House

04-145

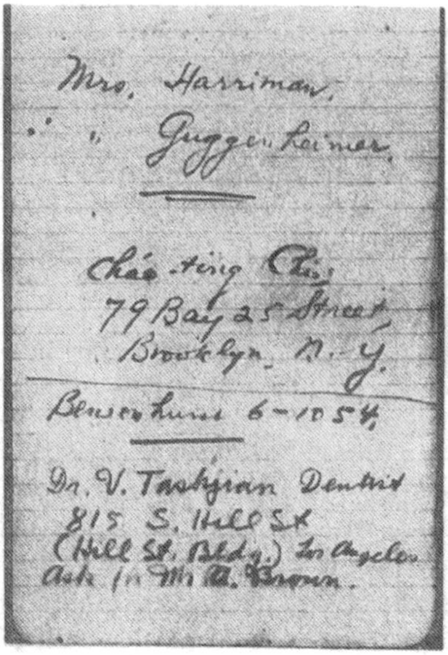
Mrs. Harriman
" Guggenheimer
Chao-ting Chi
79 Bay 25 Street,
Brooklyn, N. Y.
Bensonhurst 6-1054.
Dr. V. Tashjian Dentist
815 S. Hill St
(Hill St. Bldg.) Los Angeles

04-146

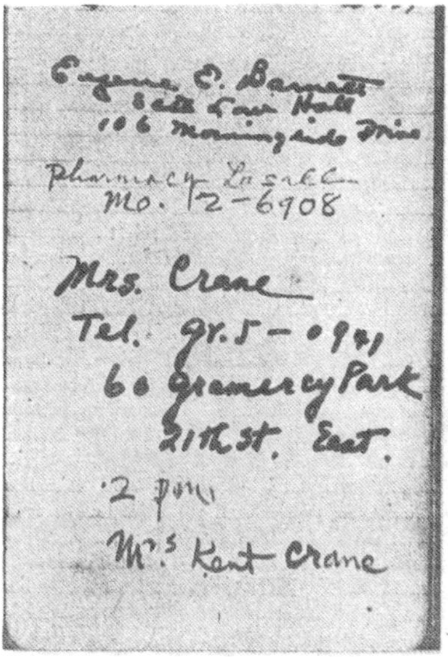
Eugene C. Barnett
106 Morningside Drive
Mo. 2-6908
Mrs. Crane
Tel. Gr. 5-0941
60 Gramercy Park
21th St. East.
2 pm.
Mrs Kent Crane

04-147

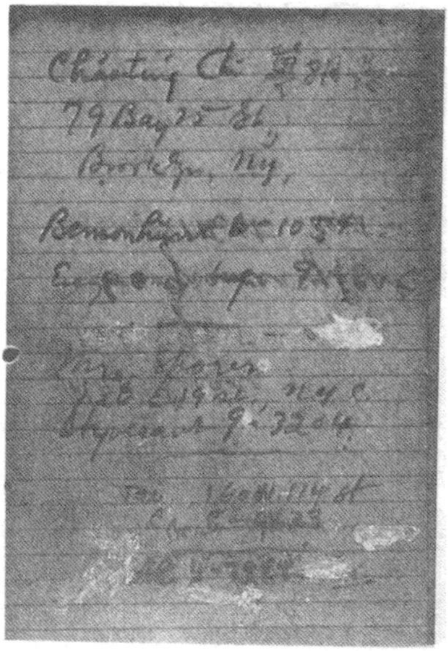
79 Bay 25 St,
Brooklyn, N.Y.

04-148

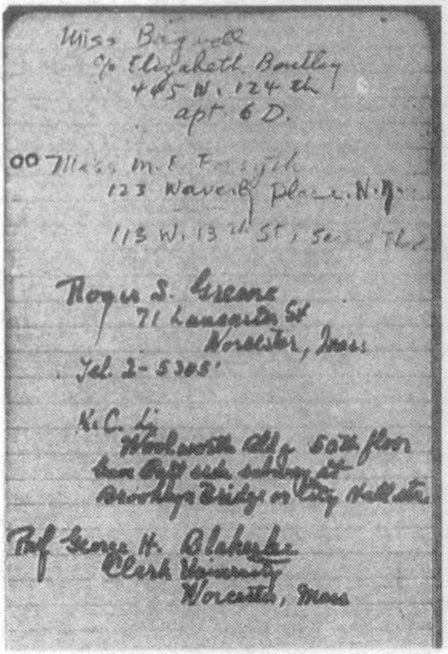
Miss Bagwell
c/o Elizabeth Bentley
445 W. 124th
apt. 6D.

00 Miss M. E. Forsyth
123 Waverly Place. N.Y.
113 W. 13th St,

Roger S. Greene
71 Lancaster St
Worcester, Mass
Tel. 2-5308

K. C. Li
Woolworth Bldg 50th floor

Prof George H. Blakeslee
Clark University
Worcester, Mass

04-149

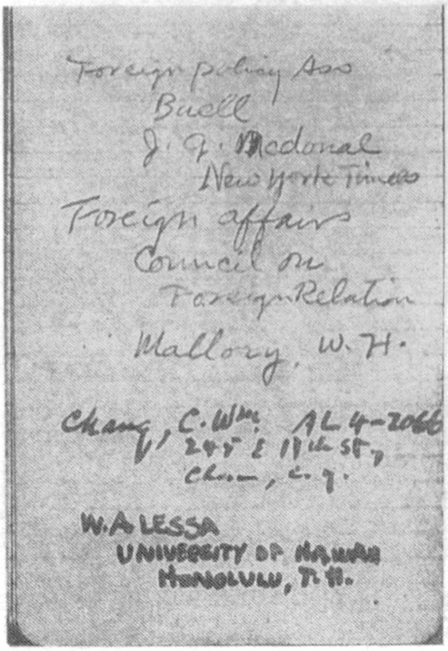
Foreign policy Ass
Buell
J. G. Mcdonal
New York Times
Foreign affairs
Council on
Foreign Relation
Mallory, W. H.

Chang, C. Wm. AL 4-2066
245 E 17th St,

W. A. LESSA
UNIVERSITY OF HAWAII
HONOLULU, T. H.

04-150

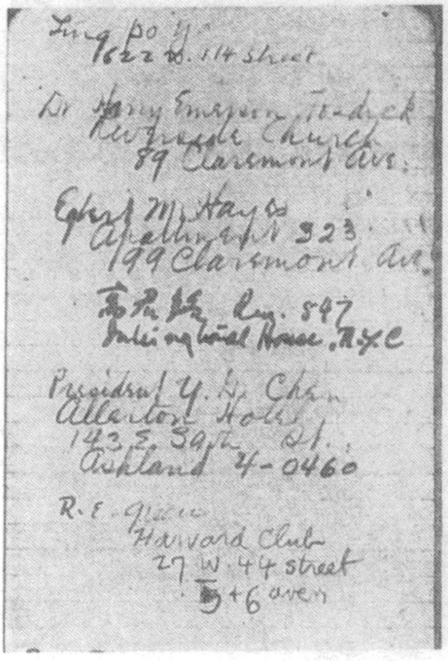
Ling po
622 W. 114 street

Dr Harry Emerson Fosdick
Riverside Church
89 Claremont Ave.

Apartment 323
99 Claremont Ave

Rm. 547
International House. N.Y.C

President Y. G. Chen
Allerton Hotel
143 E. 39th St.
Ashland 4-0460

R. E.
Harvard Club
27 W. 44 street
+6 aven

04-151

Sarat C. Mukerji
140 Claremont ave
New York. N.Y.

04-152

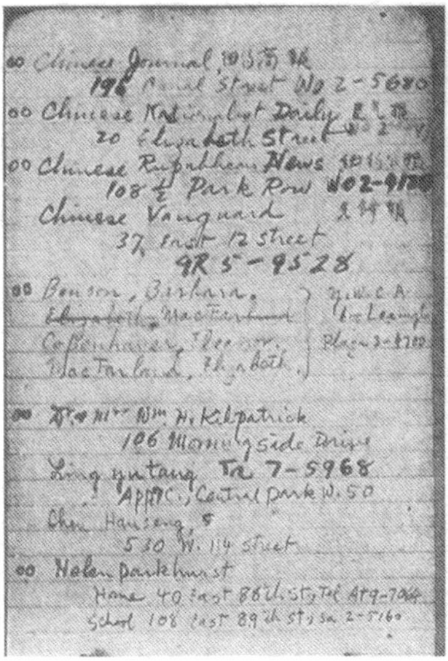

04-153

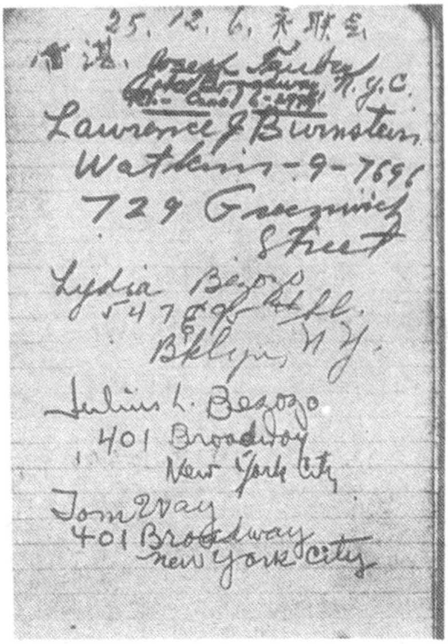

04-154

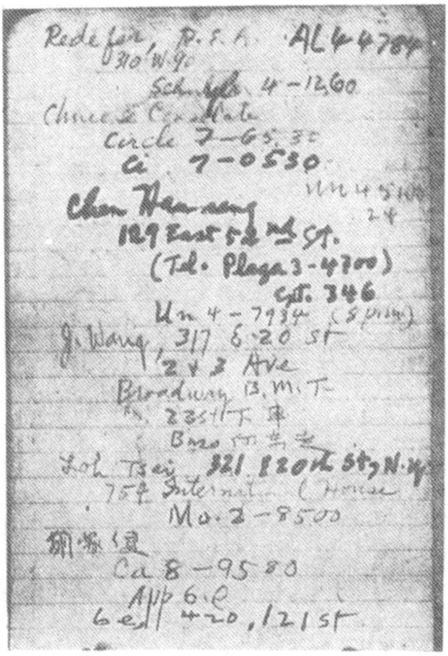

04-155

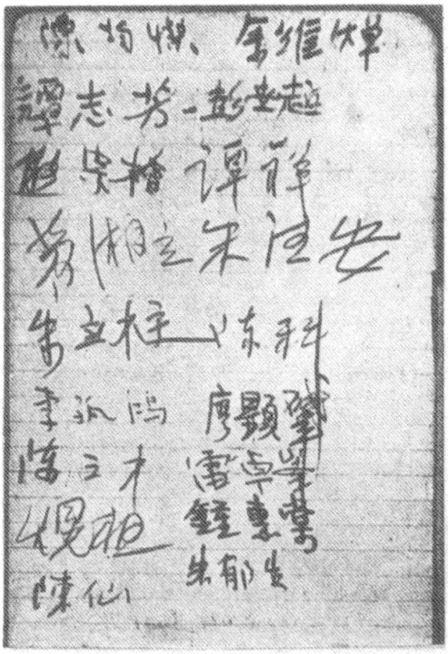

04-156

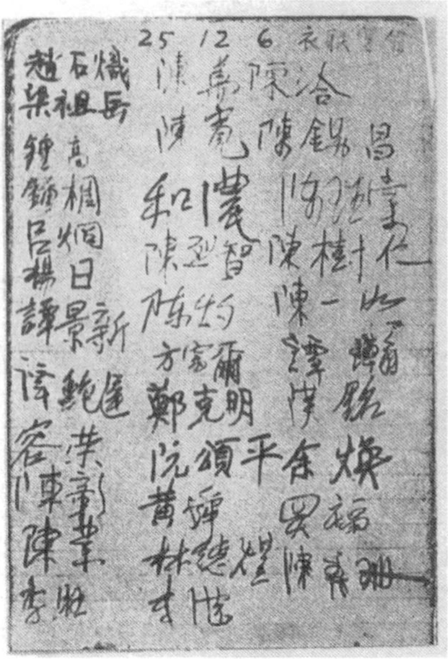

04－157

第四册〔注译〕

1936.10.30~1936.12.6

伦敦·纽约

04—001

此页为杜威博士在佛罗里达的地址和电话

04—002

第 2 行起外文：M.U.帕特尔及地址；李先生　巴黎地址；文森特夫人　伦敦地址；王礼锡或杨太太　伦敦地址

04—004

第 7 行不清处为 72Gower　Street

第 11 行为吴功贤　K.S.Wu　1, kensington　PK.　NO　W.110

04—006

倒数第三行吴联辉　中国大使

04—007

H.西尔柯克　U.C.C 秘书

04—008

民国廿五年十一月一日

海德公园

贾罗港被运输业与钢铁两个联合企业所扼杀，最好的船坞变成了最好的墓地

（贾罗是英格兰港口，18 世纪末在造船业中发展起来，经 20 世纪 30 年代的大萧条，经济衰退）

04—009

Y.哈里·华尔特森　伦敦地址

斯德哥尔摩　瑞典

F.雷迪弗　新教育同志会进步教育协会　纽约地址

04—010

伦敦红狮广场　南区道德会　康威会堂　要求讲中国问题　伦敦地址

F.P.S.I 秘书　地址

04—011

此页为签名及伦敦地址

04—015

最后一行外文为南安普顿学院

04—016

此页及下页为南安普顿大学学

院友人签名

04—018

第 1 行外文为斯特拉特

第 11 行外文为“诺曼地”号轮船

倒数第 4 行：詹姆斯（克鲁格曼）来信，在南安普顿

04—019

第 5 行外文为绅士

第 7 行外文为詹姆斯

04—020

倒数第 2 行外文为剑桥

04—021

第 4 行外文为《欧洲内幕》

倒数第 2 行外文为查理，□为围

04—022

1936 年 11 月 8 日（此页及以下 3 页为摘记利比里亚的概况）

1922 年后国家安定

海岸线长 350 英里

面积 42,000 平方英里

人口 2,000,000

1847 年在美国的扶持下宣告独立

解放黑人

1816

到内战开始时有 18,000 人回国

1905 年延伸到离海岸 200 英里处

美国的缩影

埃德温·巴克利

利比里亚：拒付债务并实行奴隶制

04—023

费尔斯通橡胶公司种橡胶树 100 平方英里　50~70 白人

吉西人

班地人

布西人

托马人

自己制衣服

埃及的影响

在撒哈拉以南

从东方来

妇女以文身为美

泥土筑房　房中间生火　床位于两侧

草屋顶　食米饭　用铁制钱币

04—024

一英尺长

盐巴作钱使用　值五镑铁

40 个盐巴块为一个先令

40×20=800　800 个盐巴块为一英镑（此处乘 20 因为英国旧制货币一英镑为 20 先令）

4,000 个盐巴块一个老婆

讲英语

丛林　图腾

木制品　陶制品

棉花　没见到轮子

蓝靛　武器

喇叭　竖琴

鼓　打击乐器

04—025

裹死人

坟墓　石头做成

舞蹈

生活中的秘密

一夫多妻制

契约不严格　婚外男女之事不足为奇

整年气温华氏 85 度

04—026

此页起至 033 页为陆璀谈经历。其中所夹 2 页外文为友人签名

04—034

此页起至 036 页为陶行知到达纽约时前来迎接的友人签名留址，其中有美国共产党领导的美中人民之友社及《今日中国》负责人、哥伦比亚大学师范学院教授等

04—037

陆璀　地址

04—040

第 3 行：师范学院教育俱乐部

第 2 条为：学生抗日会国际楼星期六下午 3~5 时

派克路市政厅　美国广播公司 14 日

7 时　莫特街 7 号旅顺楼

第 4 条为：罗格教授（哥伦比亚大学师范学院教授）

第 5 条为：克伯屈教授（哥伦比亚大学教授，陶行知的老师）

第 6 条为：帕克赫斯特教授（道尔顿制创始人）

第 7 条为：杜威教授　东 72 街 320 号

第 8 条为：斯特拉耶尔

第 9 条为：麦卡尔教授

04—041

第 3 行“家健”为胡家健

第 6 行外文为怀特堂

第 8 行外文为罗格教授

倒数第 2 行外文为塔夫脱

04—042

第 1 行：11 月 25 日　下午 3 时哈佛　斯坦利女士　（美中人民之友社兼《今日中国》成员）

第 4 行：12 月 19 日中午　57 街凡登公园

第 10 至 14 行：12 月 2 日下午 4 时　基督教女青年会

12 月 7 日　下午 7：30 杜威家　纽约东 72 街 320 号

12 月 17 日　哲学俱乐部　克伯屈教授

末 3 行：11 月 24 日　下午 6：30　克伯屈教授

11 月 25 日　下午 6：30 南京学生

12 月 1 日　星期二　5 时安良堂

04—043

依次序此页日程（略去具体时间）为：12 月 1 日　孟禄教授；11 月 21 日　怀特堂；11 月 20 日　麦卡尔；11 月 22 日　华侨学校；11 月 17 日　帕克赫斯特；11 月 27 日　成志会；11 月 19 日　广东村 49 号；12 月 4 日　陈翰笙　余（音）孟禄　赵博士；11 月 23 日　孟禄教授；11 月 25 日贝威尔小姐；11 月 24 日　进步教育协会　雷迪弗；11 月 26 日　商会长请客；11 月 21 日　chi（疑为冀朝鼎）；11 月 29 日　潘、李；11 月 23 日　致公堂；11 月 23 日　T.C.福赛斯；11 月 29 日　怀特堂；11 月 28 日　国际楼；12 月 6 日　衣联；11 月 24 日　林语堂；11 月 24 日　中华（公所）、联成（公所）

04—044

第 1 行“汪”为汪精卫，“胡”为胡汉民

04—046

第 10 行陈炯明曾为致公堂总理

04—048

中华学会　纽约地址、电话

04—054

外文为：仇东先生（谐音）加利福尼亚柏克利的航空地址

04—055

第1 至 7 行外文为太平洋关系研究所及地址，外国政策研究协会及地址。

末 2 行，美国中华学会及地址

04—056

第 3 行：中国银行

第 7 行：纽约大学

末 4 行：哥伦比亚大学师范学院克伯屈教授及地址

04—057

末 5 行：罗格教授及地址

04—060

第 2 行：世界电讯

第 4 行起：诺尼·贝尔福德　琼斯　密德威克画刊

奥伦·D.菲尔兹　纽约青年新闻

社　纽约地址

乔奇·R.斯鲍勒　纽约地址

04—070

第1至3行：琼·A.勃劳迪纽约地址

第6至9行：中国洗衣联合公司　纽约地址

04—086

姚叔来先生　东英（谐音）公司及地址

04—087

霍奇夫妇　纽约大学及地址

特雷赛　现代史指导

04—088

利奥帕特·斯多科夫斯基夫人及纽约地址

04—089

此页及下页为访美中人民之友社会见者签名

04—092

第1行：中国福利会

04—093

外文为纽约地址

04—094

此页起及以后的10页为签名和纽约地址

04—106

倒数第2行：翻译者

04—109

左第2至3行为：即交主席付表决

（一）函电援助绥远

04—112

第4行：第一位律师

末3行：西44街　哈佛大学

俱乐部　11时半　格林

04—116

委员会

林语堂　李国钦　陈翰笙

司徒美堂　周培源　陆璀

陶行知　梅翊强

04—118

妇女会名单

04—121

此页及下页为哥伦比亚大学师范学院教授及美国青年联盟等名单

04—127

奥龙·吉帕

伊利萨伯·贝特利

艾里恩·格林斯雷特

04—135

"我们的官员越来越走向虚伪和贪婪；群众是难以描述的顺从和麻木；成年人愚昧且腐败；青年人变得堕落和放纵；富人更加挥霍与奢侈；穷人则自私和骚乱不安。"

《时代周刊》

1936年11月9日

杜威教授佛罗里达地址

04—140

访纽约西23街168号美中人民之友社会见者签名

04—141

此页及后两页均为访旅顺楼会见者签名、留址

04—144

依次序此页日程（略具体时间）为：12月11、12、14日克伯屈教授；12月11日　42街列克星敦大街康莫都旅馆；11月30日　安德鲁斯；12月5日　联成公所；12月1日　安德鲁斯；12月2日　回旅馆；12月14日　麦卡尔；1月4日　莫宁小道88号；星期六　麦卡尔的课堂；12月18日　列克星敦大街卡潘哈佛尔；12月10日　伯劳特；12月8日　麦迪逊大街44街347号604室，从时代广场到中央火车站；12月10日　华侨学校；12月5日　斯坦利；12月14日　安德鲁斯；12月8日　华侨学校；12月14日　玛丽皇后号轮　胡；12月11日　福斯迪克；12月17日　树丝街23号；12月17日　华侨学校；12月22日　帕克赫斯特教授

04—145

罗本斯坦因先生　纽约地址

中国卫生署　通讯地址

12月16日　晚6时半西115街第415号

12月18日　下午4时　克拉尔蒙（陶行知寓所）

12月16日早　8时　麦迪逊广场公园

12月28日　国际楼　千字（课）　F.L.教师　W.D.卡特

12月17日　12时30分　下午7时　阿姆斯特丹哲学俱乐部

04—146

哈斯曼女士、冀朝鼎、V.塔什吉安·登蒂斯特博士等人地址

04—147

帕内特、拉什尔、克兰女士等人地址

04—149

班格威尔女士、福赛斯女士、格林、K.C.李的地址

乔治·H.布莱克斯李教授　克拉克大学

04—150

外国警察联盟　比尔

J.G.麦克唐纳　《纽约时报》

国外形势　国外关系委员会

W.H.马罗里

C.W.常　地址

W.A.莱萨

04—151、152

友人通讯录

04—153

纽约商报、民气报、纽约公报、先锋报地址

女青年会的本森等6人、克伯屈教授夫妇、林语堂、陈翰笙、海伦地址

04—154

衣联会友人签名留址

04—155

雷德菲、陈翰笙、陆璀等人地址

備忘

第 五 册

1936.12.8~1937.1

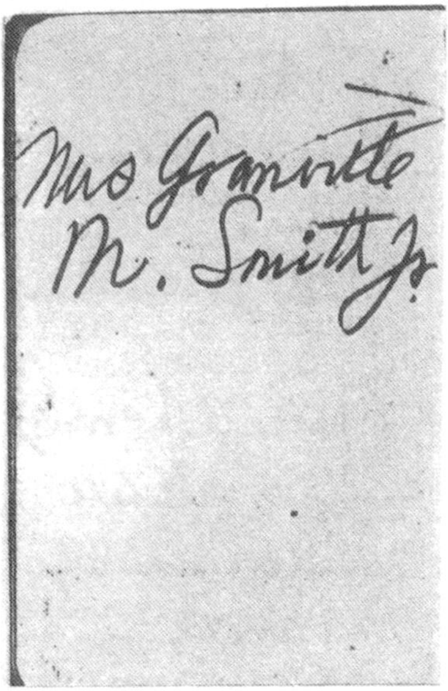
Mrs Granville
M. Smith Jr.

05-001

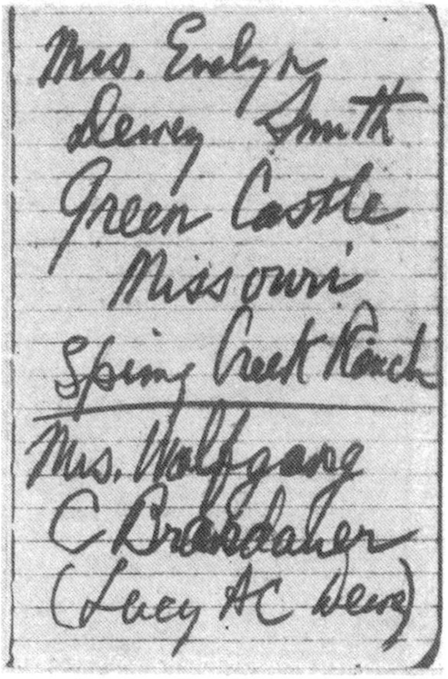
Mrs. Evelyn
Dewey Smith
Green Castle
Missouri
Spring Creek Ranch
Mrs. Wolfgang
C Brandauer
(Lucy AC Dewey)

05-002

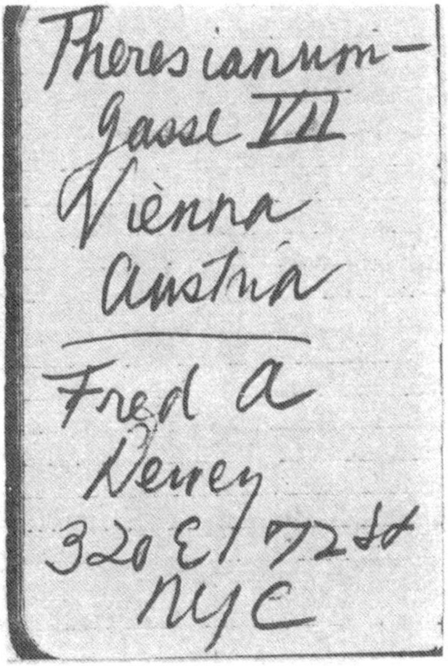
Theresianum-
gasse VII
Vienna
Austria
Fred A
Dewey
320 E/ 72 St
NYC

05-003

J. A. Rice
Black Mountain
College
Black Mountain
N.C
(Near Asheville)
Wesley C. Mitchell
Columbia University
New York City

05-004

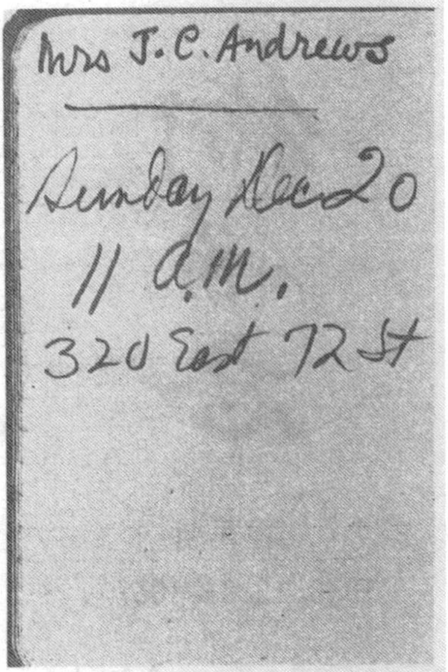
Mrs J. C. Andrews

Sunday Dec 20
11 a.m.
320 East 72 St

05-005

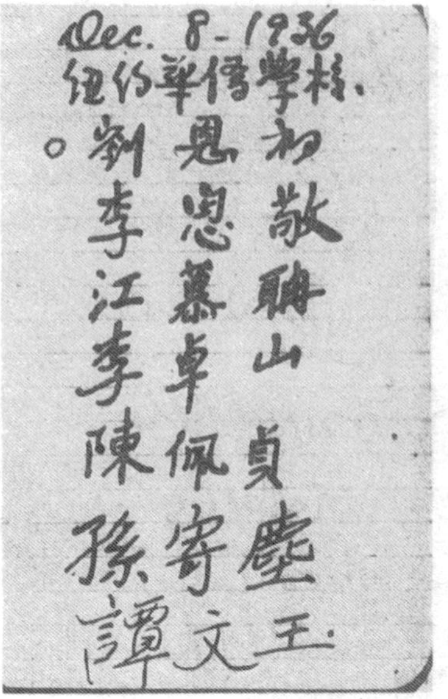
Dec. 8-1936
纽约華僑學校.
○劉恩桐
李恩敬
江慕聃
李卓山
陳佩貞
孫寄慶
譚文玉.

05-006

○黄剑农

05-007

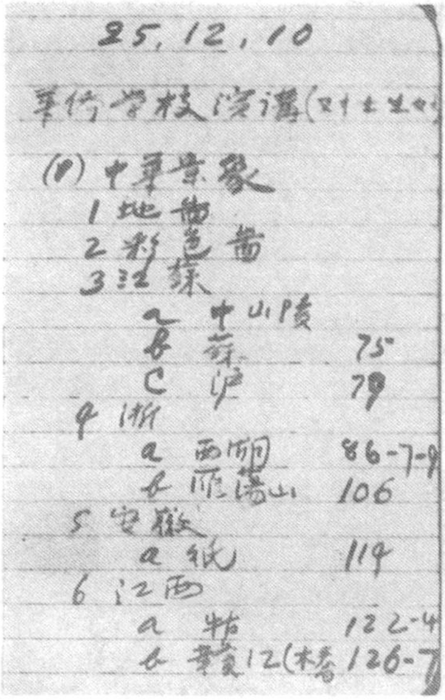
25, 12, 10
華侨学校演讲(
(1) 中華景象
1 地图
2 彩色图
3 江苏
a 中山陵
b 苏 75
c 沪 79
4 浙
a 西湖 86-7-9
b 雁荡山 106
5 安徽
a 纸 119
6 江西
a 牯 122-4
b 赣12(木香 126-7

05-008

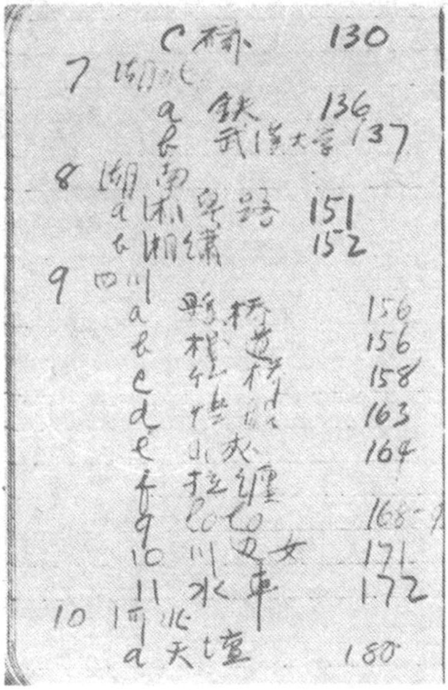

c 桥 130
7 湖北
a 铁 136
b 武汉大学 137
8 湖南
a 湘粤路 151
b 湘绣 152
9 四川
a [illegible] 156
b [illegible] 156
c [illegible] 158
d [illegible] 163
e 山水 164
f 拉纤
g [illegible] 168-
10 川女 171
11 水车 172
10 河北
a 天坛 180

05-009

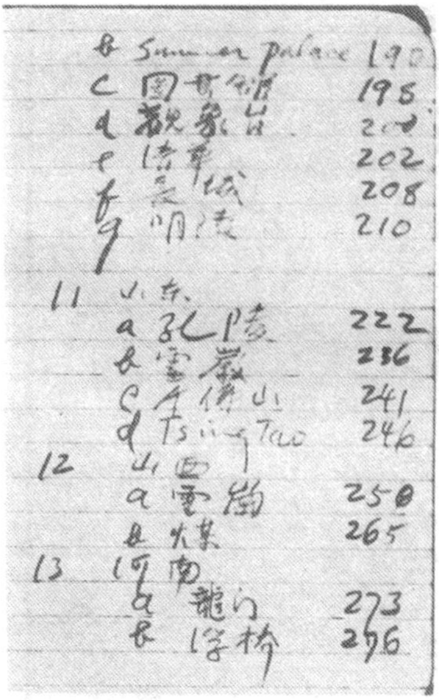

b Summer palace 190
c 国子监 195
d 观象台 200
e 清华 202
f 长城 208
g 明陵 210
11 山东
a 孔陵 222
b 灵岩 236
c 千佛山 241
d Tsingtao 246
12 山西
a 云岗 258
b 煤 265
13 河南
a 龙门 273
b 浮桥 276

05-010

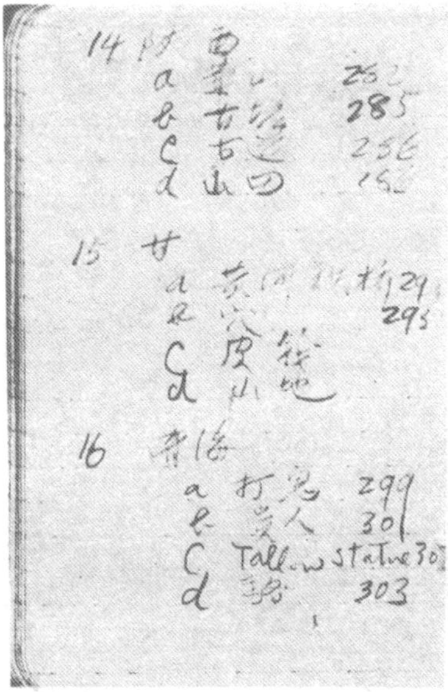

14 陕西
a [illegible] 282
b 古道 285
c 古道 286
d 山西 [illegible]
15 甘
a 黄河 [illegible] 桥 29[illegible]
b [illegible] 295
c [illegible]
d [illegible]
16 青海
a 打鬼 299
b 蒙人 301
c Tallow statue 30[illegible]
d [illegible] 303

05-011

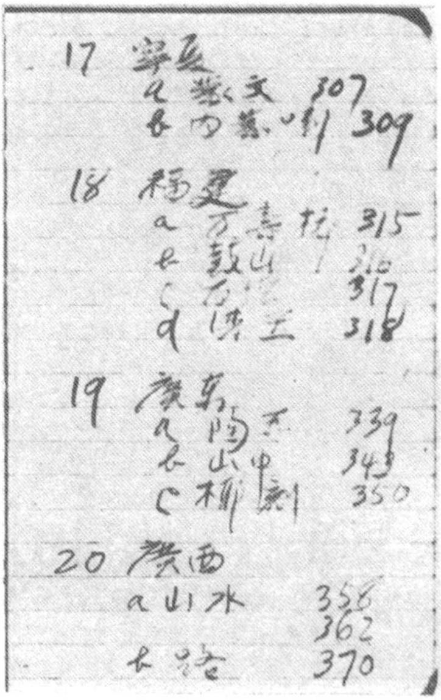

17 宁夏
a 蒙文 307
b 内蒙人 309
18 福建
a 万寿桥 315
b 鼓山 316
c [illegible] 317
d [illegible] 318
19 广东
a [illegible] 339
b 山中 343
c 柳剧 350
20 广西
a 山水 356
362
b 路 370

05-012

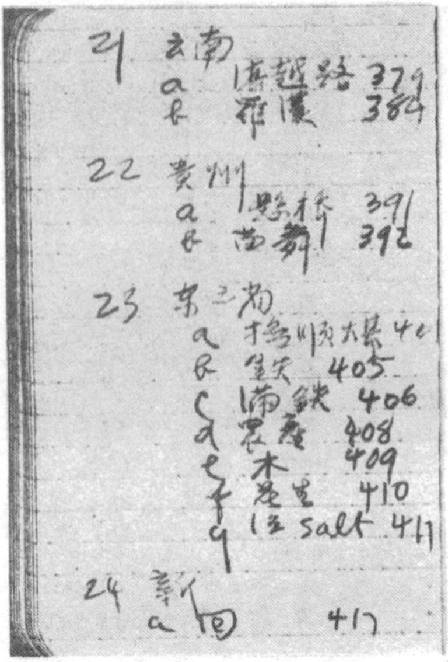

21 云南
a 滇越路 379
b [illegible] 384

22 贵州
a 黔桥 391
b 苗舞 392

23 东三省
a 抚顺[illegible] 40[illegible]
b [illegible] 405
c 满铁 406
d 农产 408
e 木 409
f 花生 410
g 盐 salt 411

24 新
a 回 417

05-013

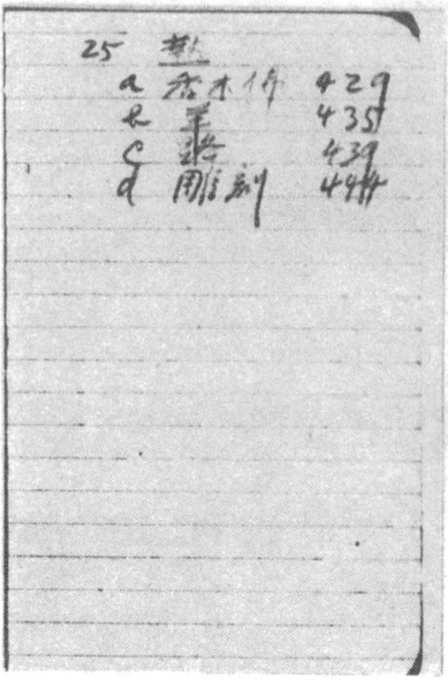

25 艺
a [illegible] 429
b [illegible] 435
c [illegible] 439
d 雕刻 444

05-014

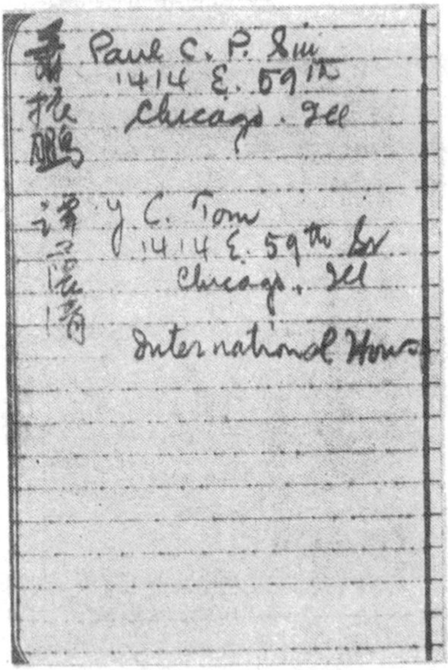

Paul C. P. Siu
1414 E. 59th St
Chicago, Ill

Y. C. Tom
1414 E. 59th St
Chicago, Ill
International House

05-015

Rene [illegible]
323 Crown St
B'klyn N.Y.

JOHN GUNTHER
Box #111,
Route #1,
NORWALK,
CONN

A. A. MacLeod
Room 400
73 Adelaide St W
Toronto
Canada

05-016

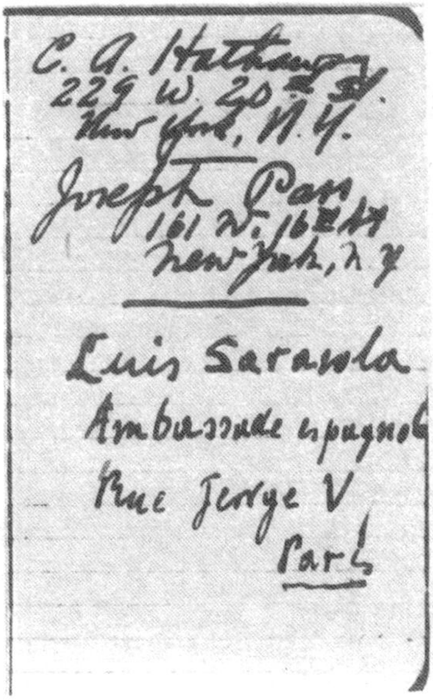

05－017

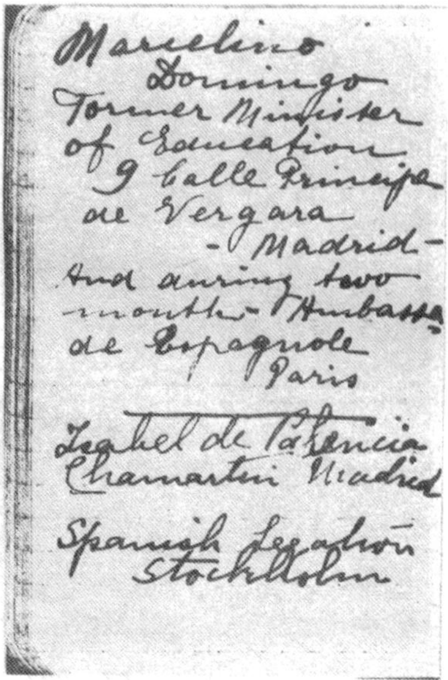

05－018

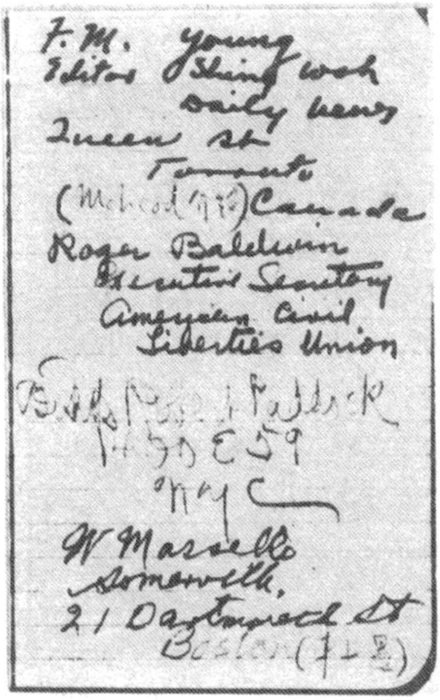

05－019

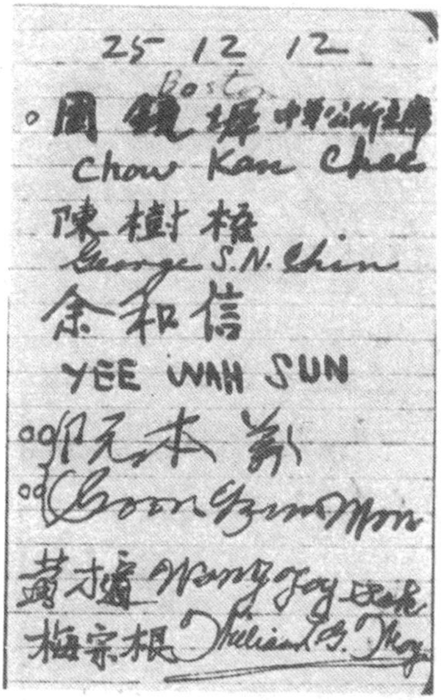

05－020

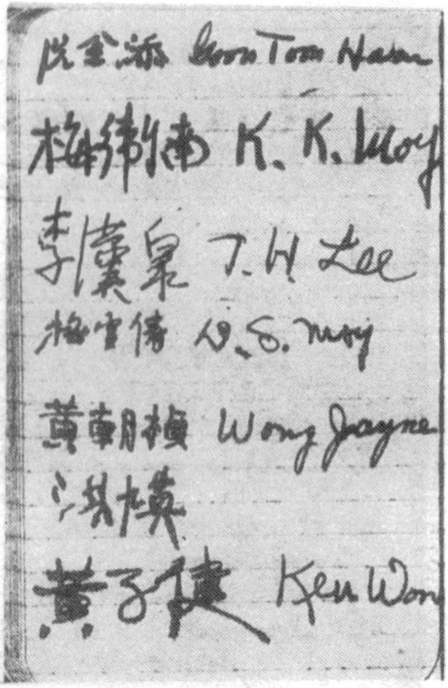

05-021

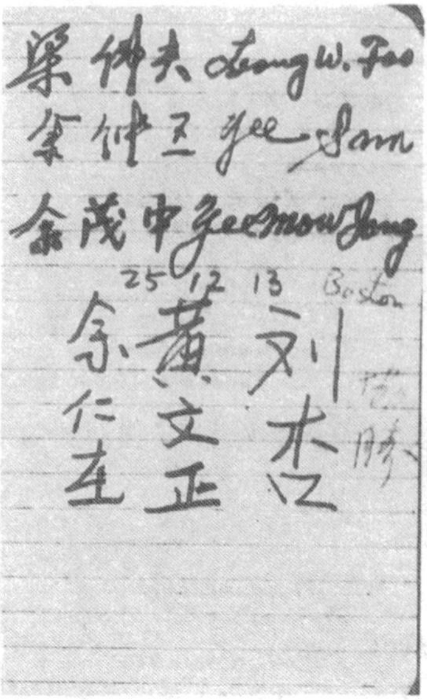

05-022

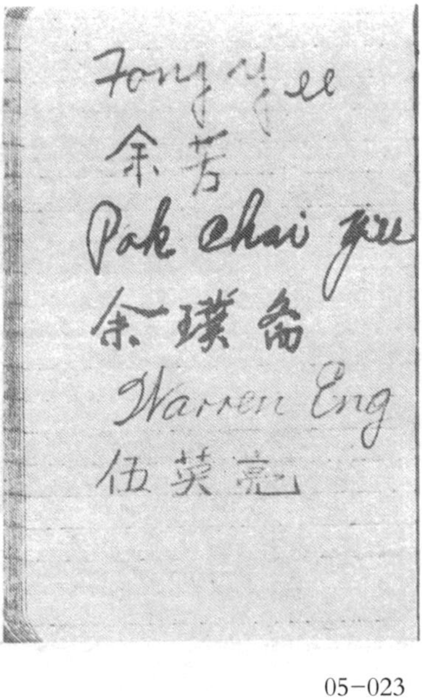

05-023

05-024

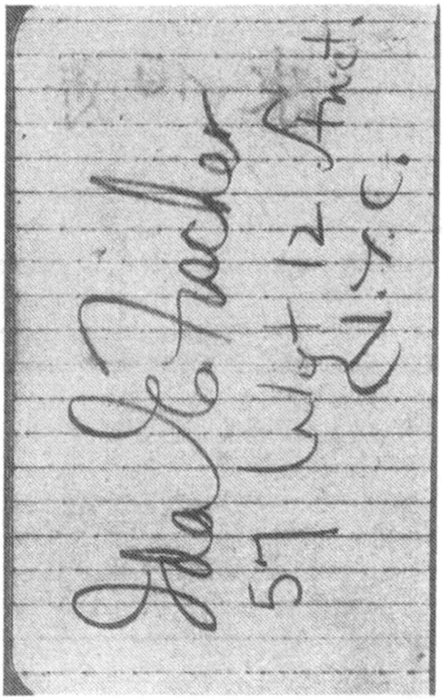

05-025

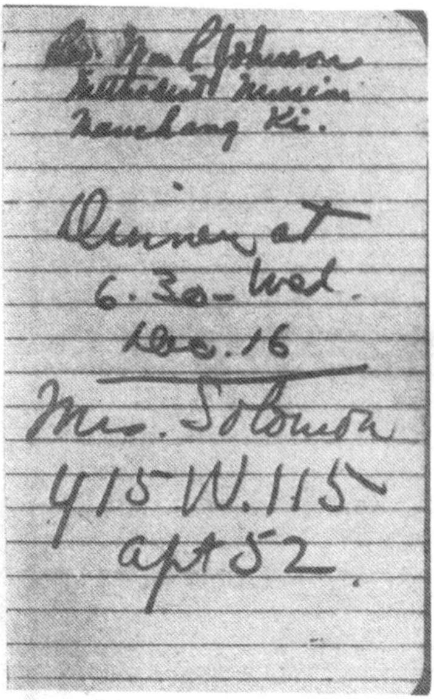
Dinner at
6.30 Wed.
Dec. 16

Mrs. Solomon
415 W. 115
apt 52

05-026

25,12,14

05-027

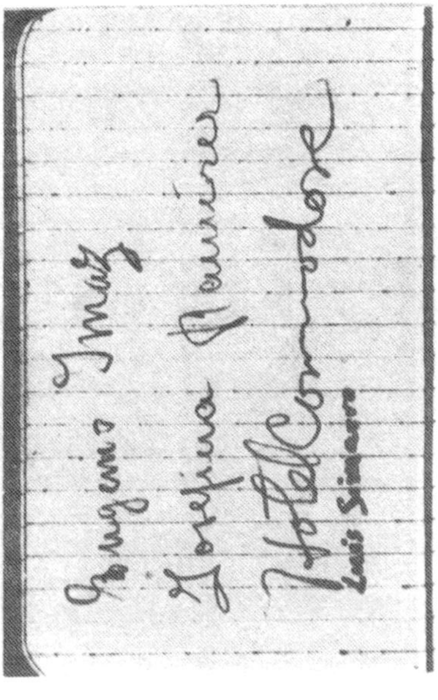

05-028

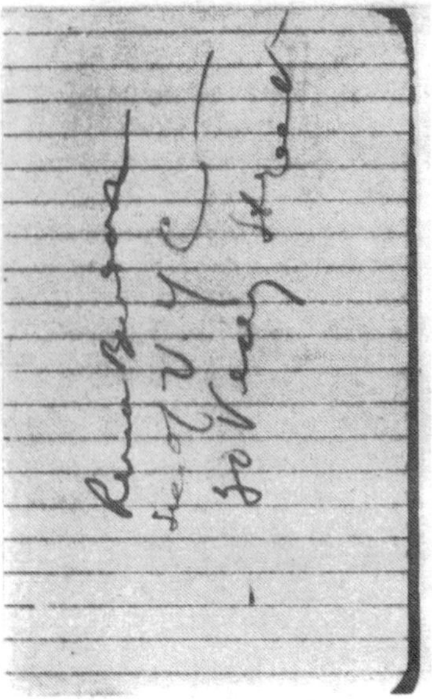

05-029

05-030

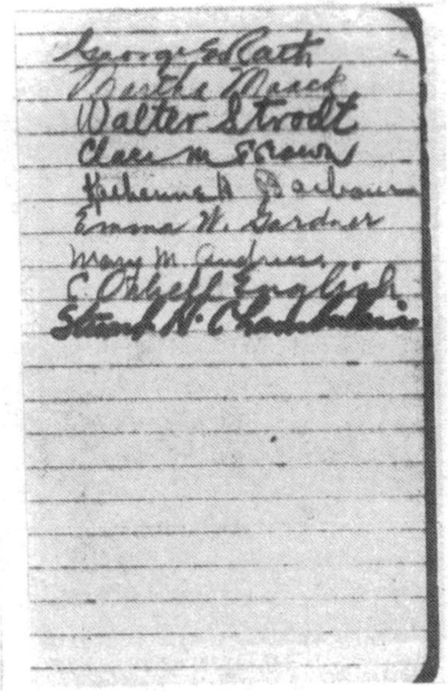

05-031

05-032

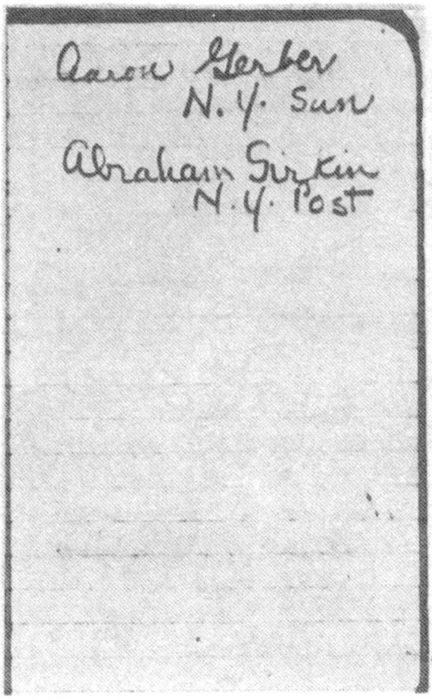

Aaron Gerber
N.Y. Sun

Abraham Sirkin
N.Y. Post

05-033

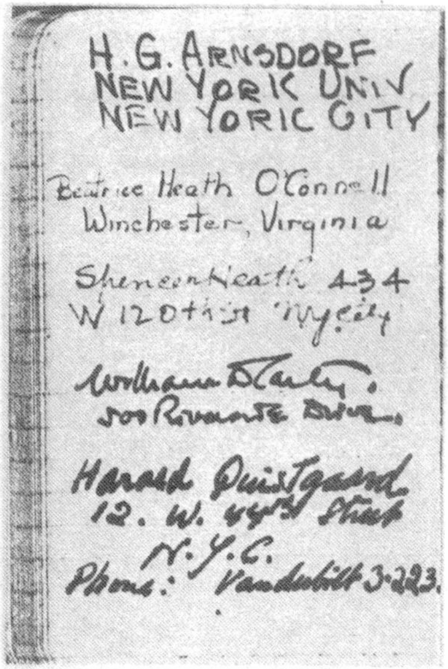

H.G. ARNSDORF
NEW YORK UNIV
NEW YORK CITY

Beatrice Heath O'Connell
Winchester, Virginia

Shenconheath 434
W 120th St NY City

William [illegible]
500 Riverside Drive

Harold Quistgaard
12. W. 44th Street
N.Y.C.
Phone: Vanderbilt 3-223

05-034

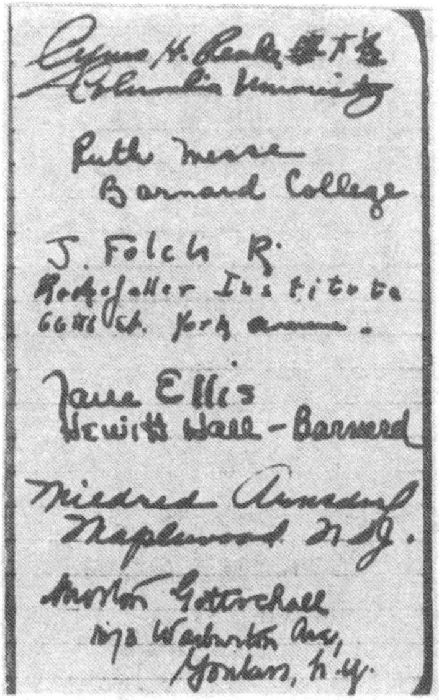

Cyrus H. Peake 毕乃德
Columbia University

Ruth Messe
Barnard College

J. Folch R.
Rockefeller Institute
66th St. York [illegible]

Jane Ellis
Hewitt Hall - Barnard

Mildred Arnold
Maplewood N.J.

Morton Gottschall
1172 Washington Ave,
Yonkers, N.Y.

05-035

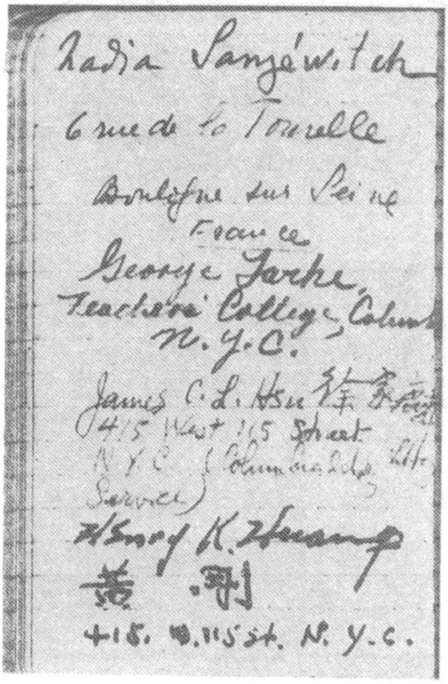

Nadia Sanjewitch
6 rue de la Tourelle
Boulogne sur Seine
France

George Jarke
Teachers' College, Colum
N.Y.C.

James C.L. Hsu 徐家[illegible]
415 West 115 Street
N.Y.C. (Columbia [illegible]
Service)

Henry K. Huang
黄 [illegible]
415. W. 115 St. N.Y.C.

05-036

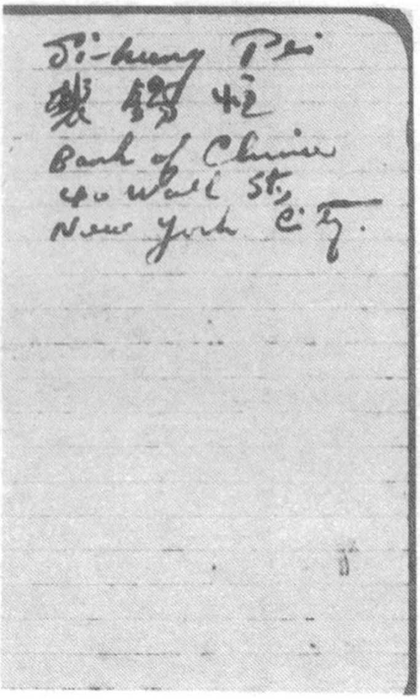

Ti-kung Pei
[illegible]
Bank of China
40 Wall St,
New York City.

05-037

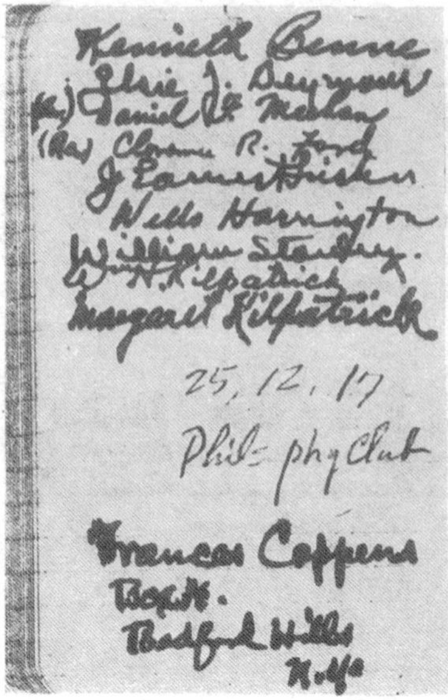

Kenneth Benne
Elsie J. Dey[illegible]
(Mr) Daniel [illegible] Mahan
(Rev) Clarence R. Ford
J. Earnest [illegible]
Wells Harrington
William Stanley.
Wm. H. Kilpatrick
Margaret Kilpatrick

25, 12, 17
Phil-phy Club

Frances Coppens
Box 44.
Bedford Hills
N.Y.

05-038

Isaac B. Berkson
17.4 Rich Ave
Mt. Vernon, N.Y.

05-039

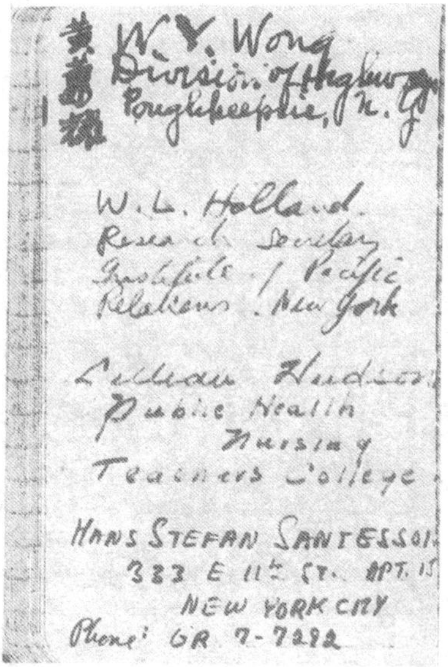

[illegible]
W. Y. Wong
Division of Highways
Poughkeepsie, N.Y.

W. L. Holland
Research Secretary
Institute of Pacific
Relations, New York

Lillian Hudson
Public Health
Nursing
Teachers College

HANS STEFAN SANTESSON
333 E 11th ST. APT. 15
NEW YORK CITY
Phone: GR 7-7292

05-040

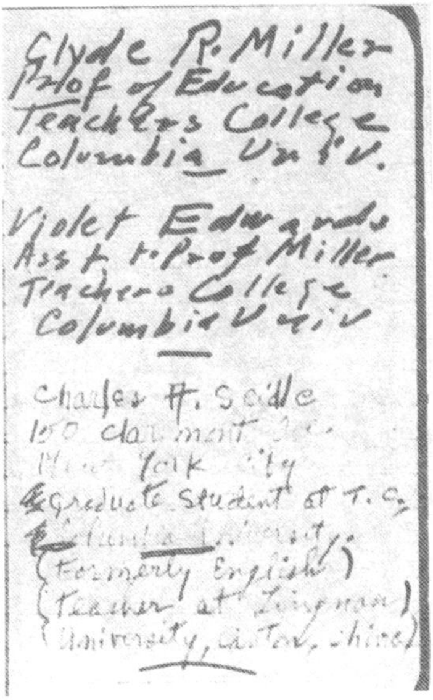
Clyde R. Miller
Prof of Education
Teachers College
Columbia Univ.

Violet Edwards
Asst to Prof Miller
Teachers College
Columbia Univ

Charles H. Seidle
150 Claremont Ave.
New York City
graduate student at T. C.
Columbia University
(Formerly English
Teacher at Lingnan
University, Canton, China)

05-041

Tom Cira SEC

CROVETIAN
CULTUYALL FEDERAT
Mrs. Richard
Branstein
(Lorine)

05-042

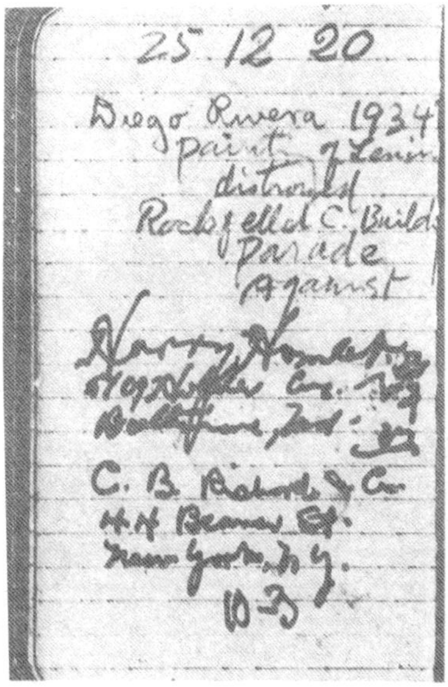
25 12 20

Diego Rivera 1934
paint of Lenin
distroyed
Rockefeller C. Build.
Parade
Against

[illegible]

C. B. Richards & Co
44 Beaver St.
New York, N.Y.
10-3

05-043

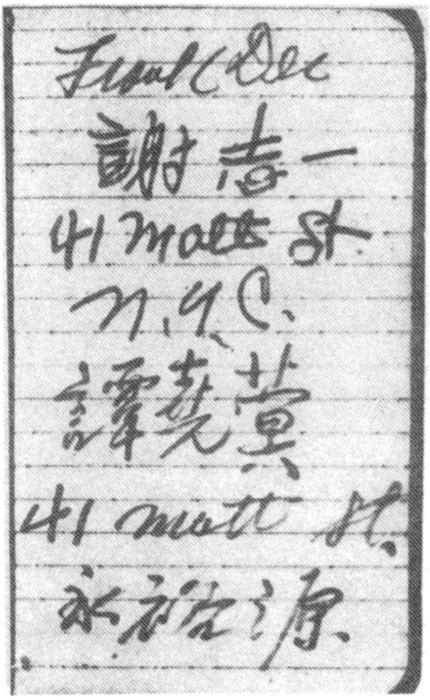
Frank C Dec
謝壽一
41 Mott St
N.Y.C.
[illegible]
41 Mott St.
永裕源

05-044

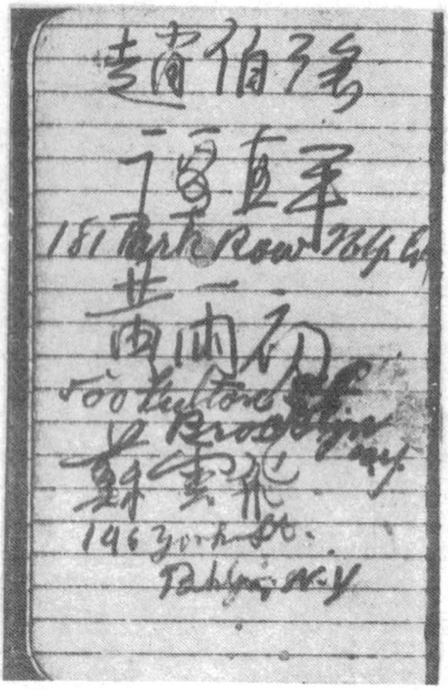

05-045

05-046

05-047

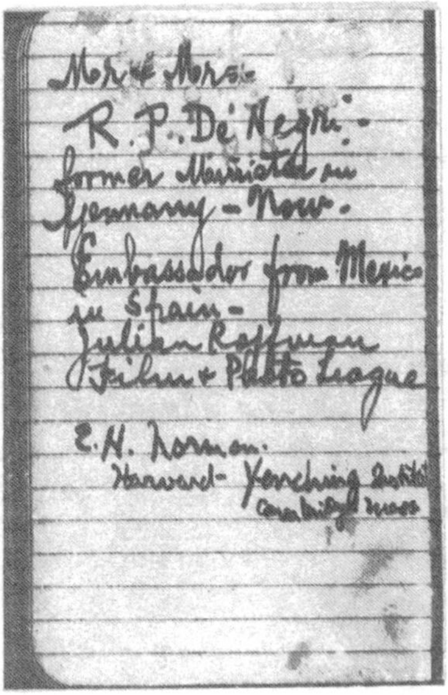

05-048

Wa-Kin Liu
Apt. 23
612 W. 112 St.
N.Y.C.

05-049

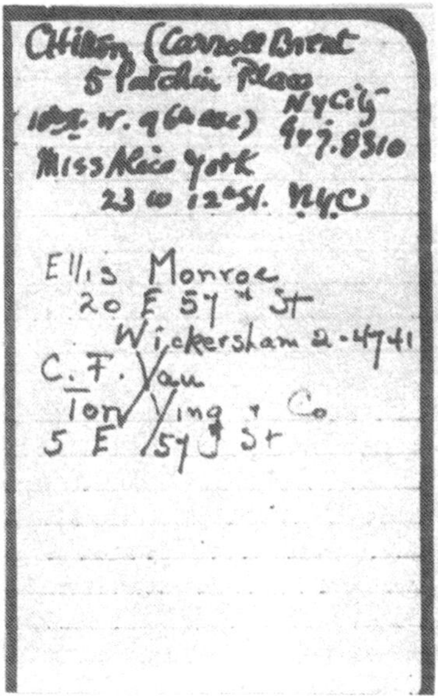

Clifton (Carroll Brent
5 Patchin Place
N.Y.City
105 W. 96 (a.ave)
9.7.8310
Miss Alice York
23 W 12th St. N.Y.C

Ellis Monroe
20 E 57th St
Wickersham 2-4741
C. F. Yau
Ton Ying & Co
5 E 57th St

05-050

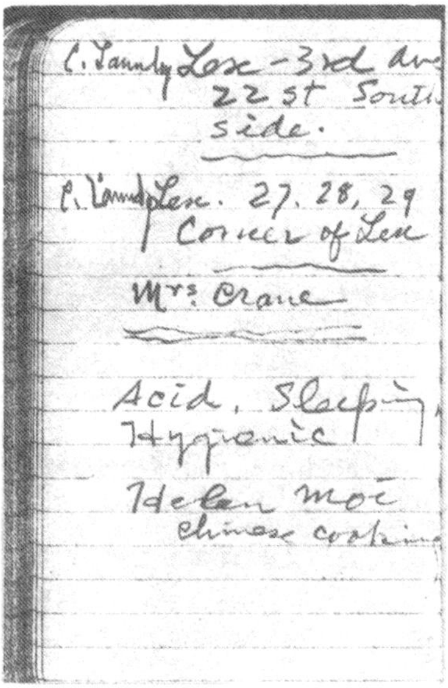

C. Laundry Lex-3rd Ave
22 St South
side.

C. Laundry Lex. 27. 28, 29
Corner of Lex

Mrs. Crane

Acid, Sleeping,
Hygienic

Helen Moe
chinese cooking

05-051

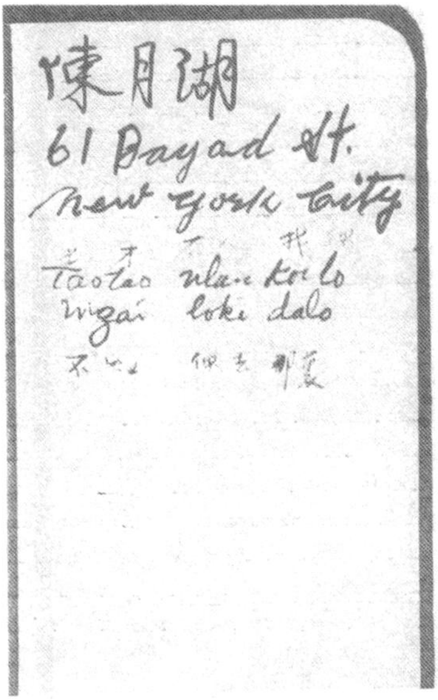

陳月湖
61 Bayard St.
New York City
Taotao ulan koilo
Wigai loki dalo

05-052

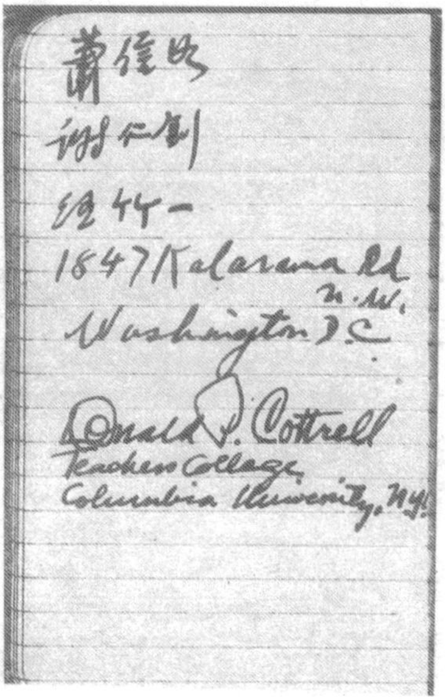
1847 Kalorama Rd N.W.
Washington D.C.
Donald P. Cottrell
Teachers College,
Columbia University, N.Y.

05-053

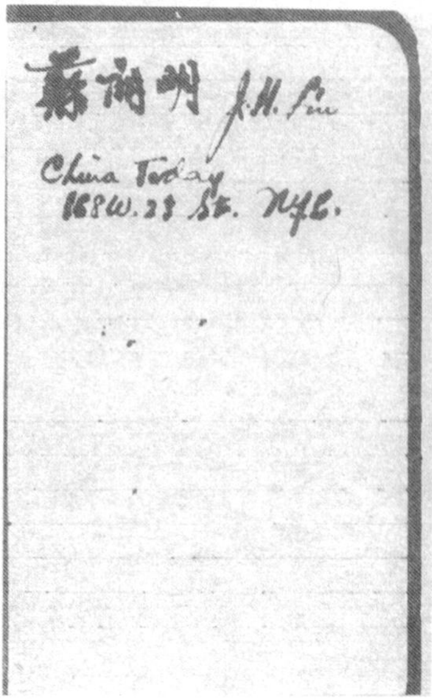
J.M. Su
China Today
168 W. 23 St. N.Y.C.

05-054

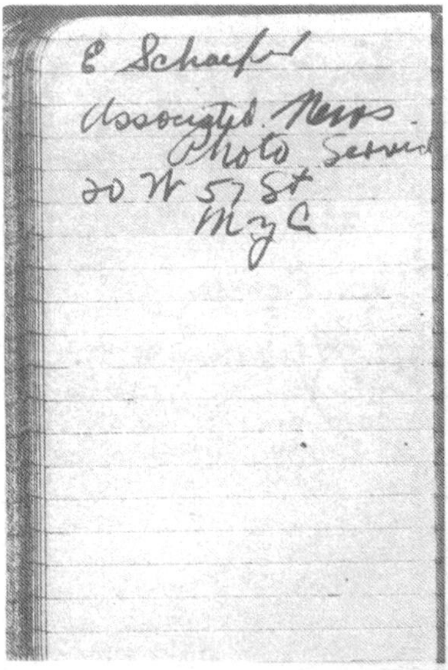
E Schaefer
Associated Press
Photo Service
20 W 57 St
N.Y.C.

05-055

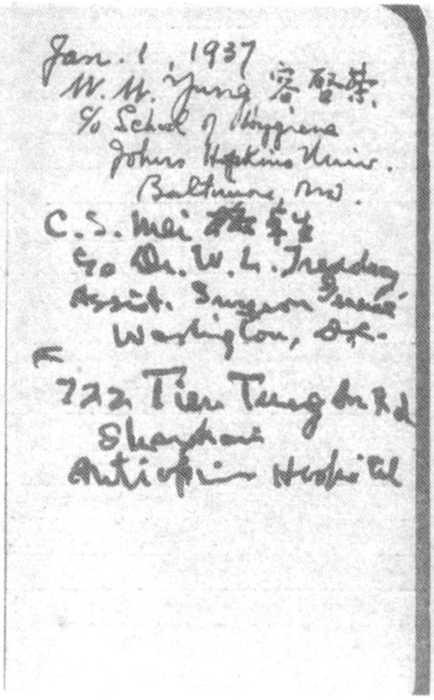
Jan. 1, 1937
W. W. Yung 容啓榮
c/o School of Hygiene
Johns Hopkins Univ.
Baltimore, Md.
C.S. Mei
c/o Dr. W. L. Treadway
Assist. Surgeon General
Washington, D.C.
722 Tien Tung An Rd
Shanghai
Anti-opium Hospital

05-056

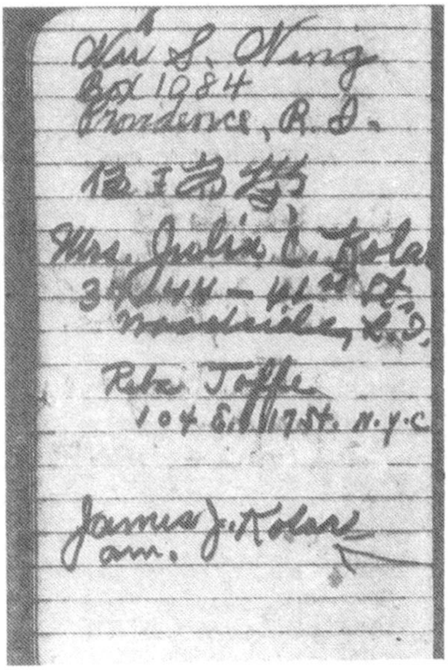
Wu S. Wang
Box 1984
Providence, R.I.
Reba Joffe
104 E. 117 St. N.Y.C.
James J. Kolar
am.

05-057

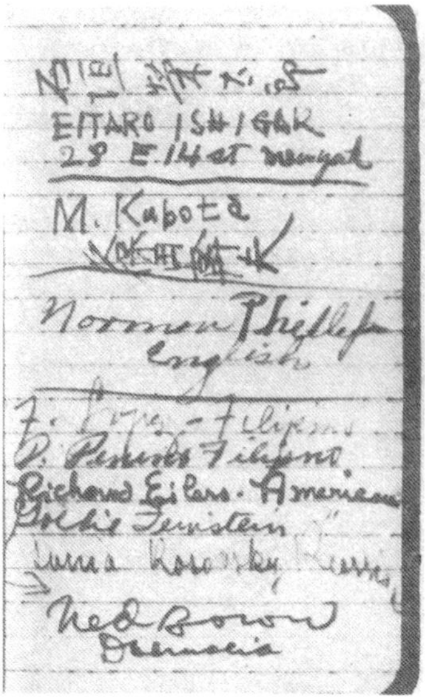
EITARO ISHIGAKI
28 E. 14 st newyork
M. Kabota
Norman Phillips
English
Richard Eilers. American
Ned Borow

05-058

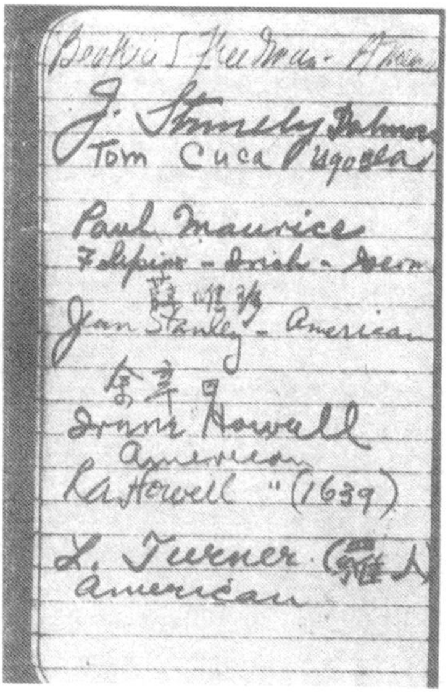
Tom Cuca
Paul Maurice
Jean Stanley - American
Irene Howell
american
L. Turner
american

05-059

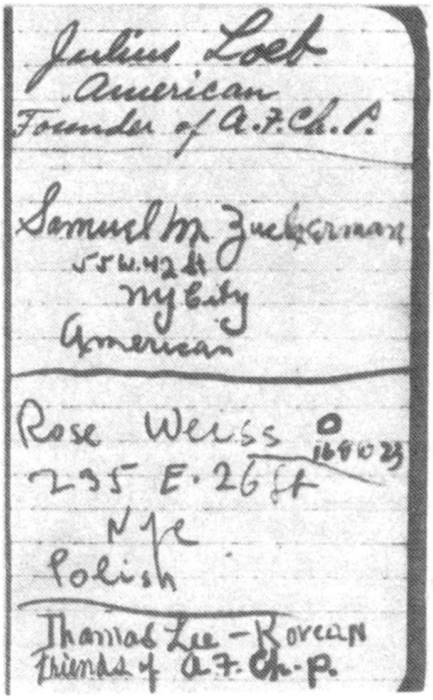
Julius Loeb
American
Founder of A.F.Ch.P.
Samuel M. Zuckerman
55 W. 42 St
NY City
American
Rose Weiss
235 E. 26 St
NYC
Polish
Thomas Lee - Korean
Friends of A.F.Ch.P.

05-060

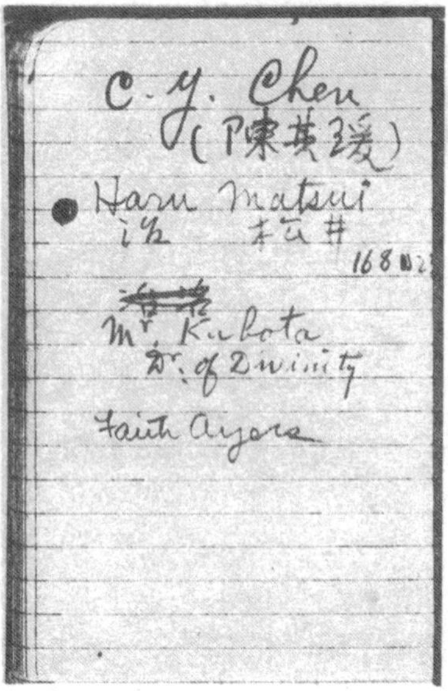

05-061

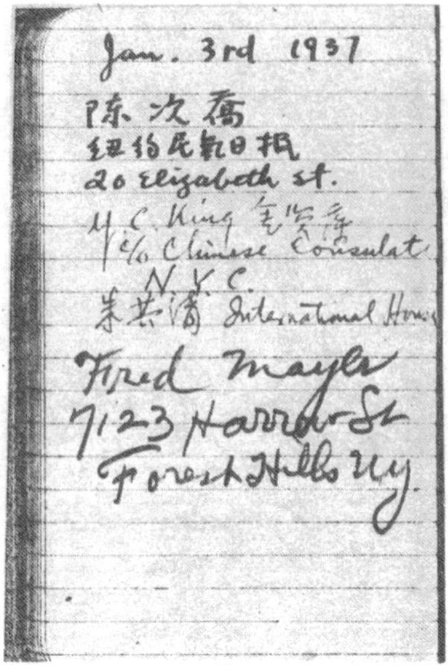

05-062

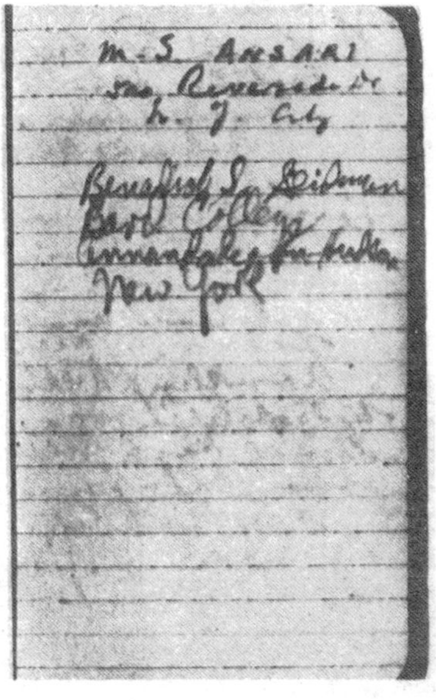

05-063

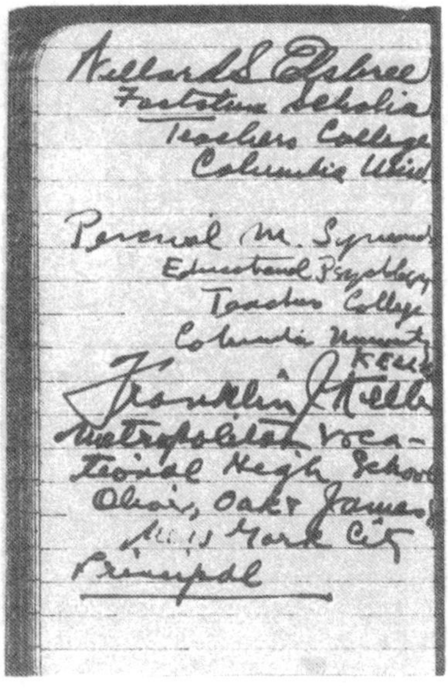

05-064

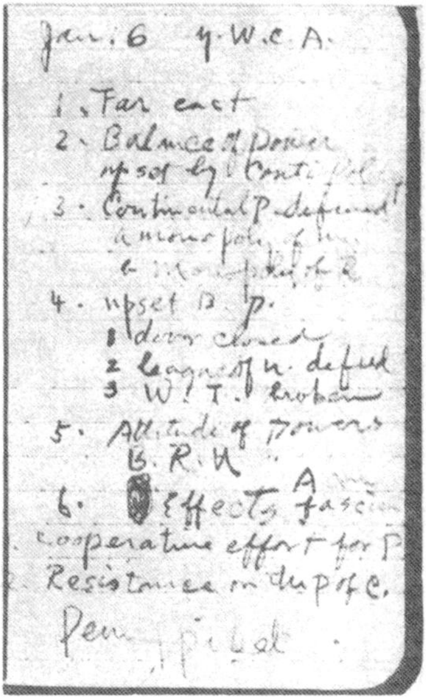

05-065

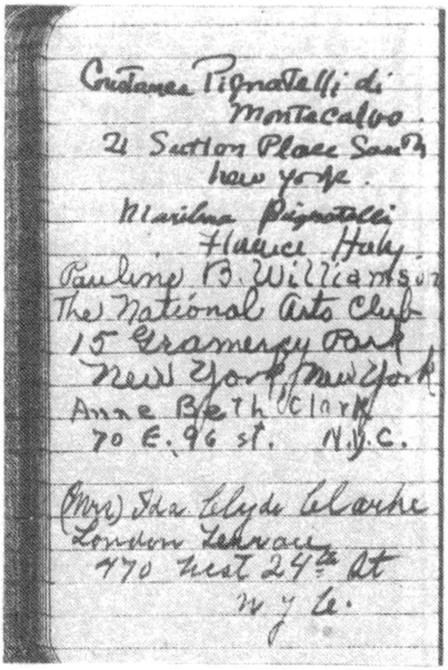

05-066

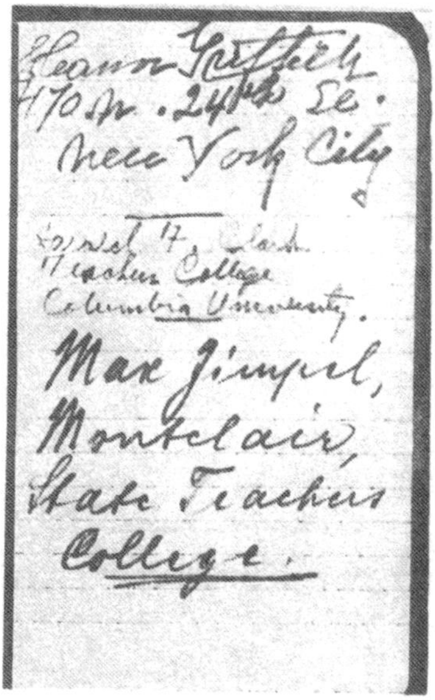

05-067

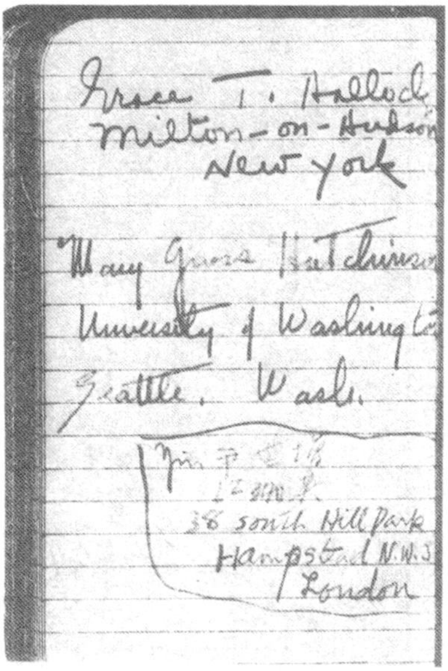

05-068

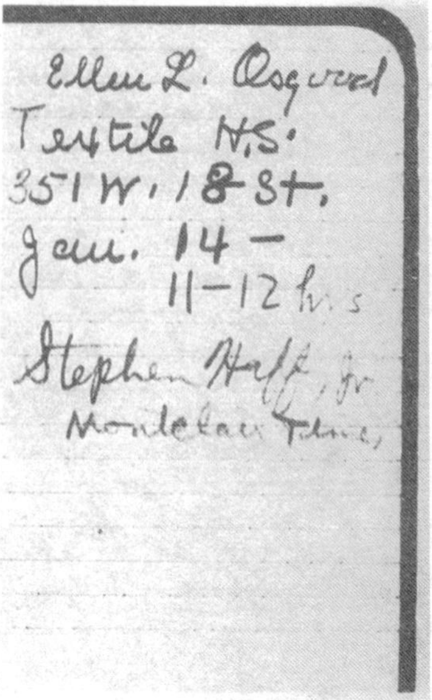
Ellen L. Osgood
Textile H.S.
351 W. 18 St.
Jan. 14 —
11–12 hrs
Stephen Hall, Jr.
Montclair [illegible]

05-069

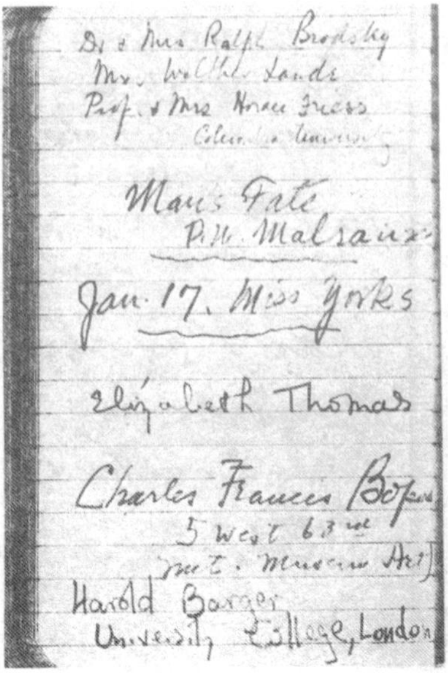
Dr. & Mrs. Ralph Brodsky
Mrs. Walther [illegible]
Prof. & Mrs. Horace Friess
Columbia University
Man's Fate
A. Malraux
Jan. 17. Miss Yorks
Elizabeth Thomas
Charles Frances Bo[illegible]
5 West 63rd
Met. Museum Art
Harold Barger
University College, London

05-070

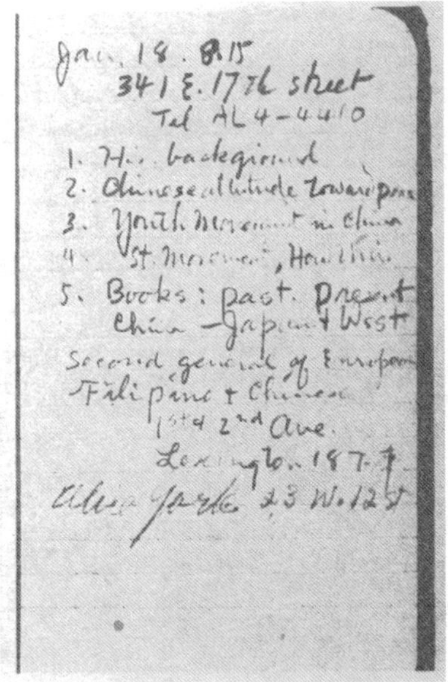
Jan. 18. 8.15
341 E. 17th street
Tel AL 4-4410
1. His background
2. Chinese attitude toward peace
3. Youth movement in China
4. St. movement, How think
5. Books: past. present
China — Japan & West
Second general of European
Filipino & Chinese
1st & 2nd Ave.
Lexington 187[illegible]
Ellen Yorks 23 W. 12 St

05-071

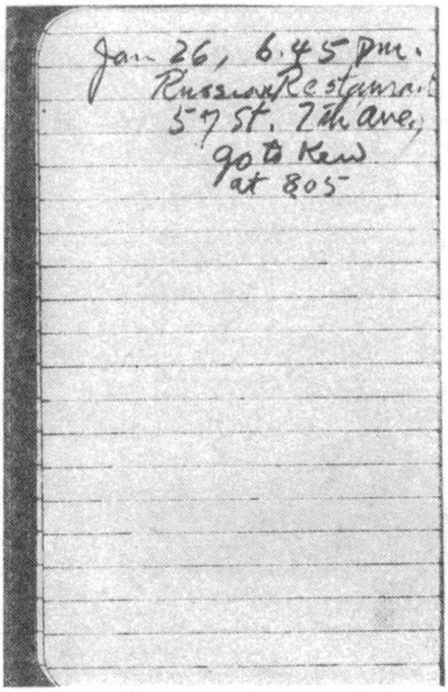
Jan 26, 6.45 pm.
Russian Restaurant
57 St. 7th ave,
go to Kew
at 8.05

05-072

Wilfred Jesslund
World Telegram
Tyze
Ba 7, 3211

05-073

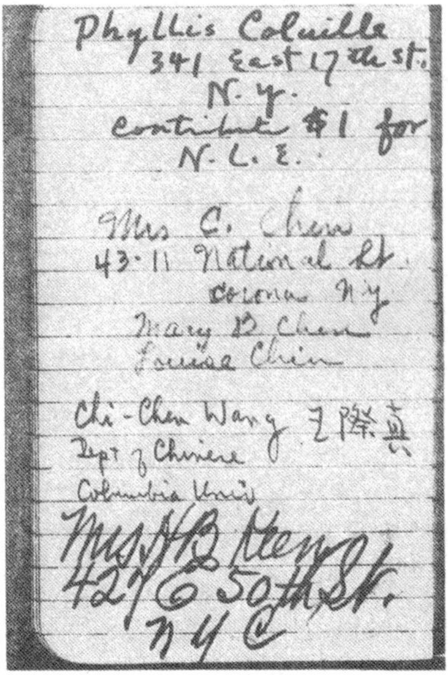
Phyllis Colville
341 East 17th St.
N.Y.
contribute $1 for
N.L.E.

Mrs C. Chen
43-11 National St.
Corona N.Y.
Mary B. Chen
Louise Chin

Chi-Chen Wang 王際真
Dept of Chinese
Columbia Univ

Mrs H.B. Chen
427 E 50th St.
N.Y.C.

05-074

Drake de Kay
414 East 52 St.
N.Y.C.
Poem

05-075

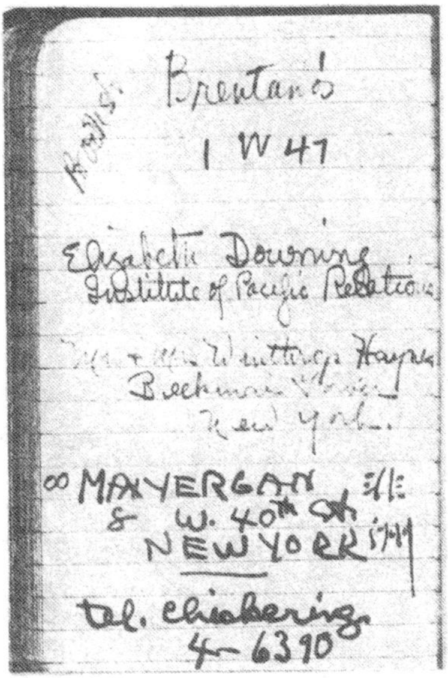
Books Brentano's
1 W 47

Elisabeth Downing
Institute of Pacific Relations

Mr + Mrs Winthrop Haynes
Beekman Place
New York

MAX YERGAN 非洲
8 W. 40th St.
NEW YORK

Tel. Chickering
4-6390

05-076

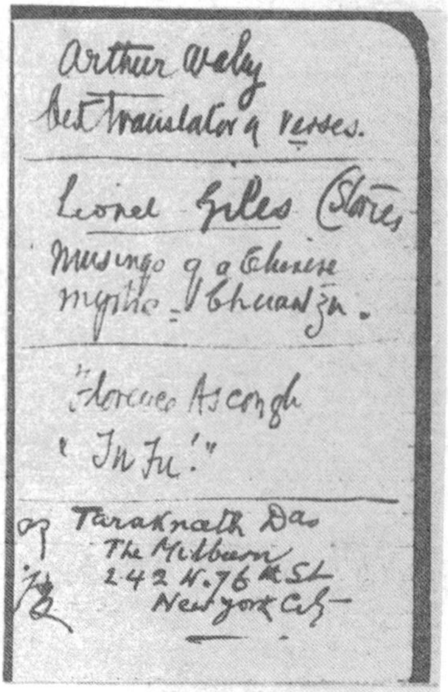
Arthur Waley
best translator of verses.
Lionel Giles Stories
musings of a Chinese
mystic - Chuang Tzu.
"Florence Ayscough
'Tu Fu'"
印度 Taraknath Das
The Milburn
242 W. 76th St
New York City

05-077

135 E 42nd St

05-078

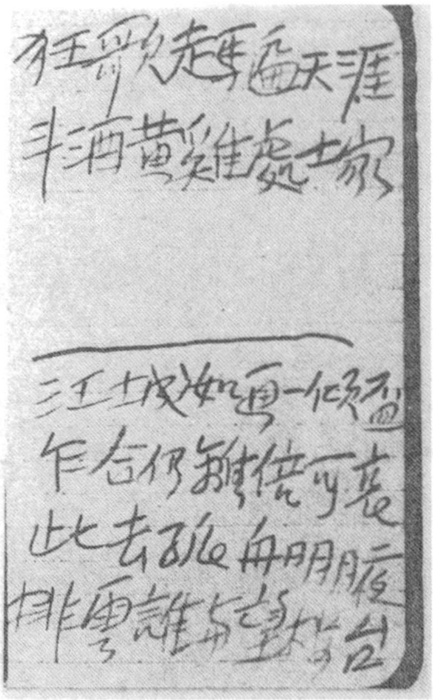
狂歌走马遍天涯
斗酒黄鸡处士家
江城如画一倾杯
乍合仍离倍可哀
此去孤舟明月夜
排云谁与望楼台

05-079

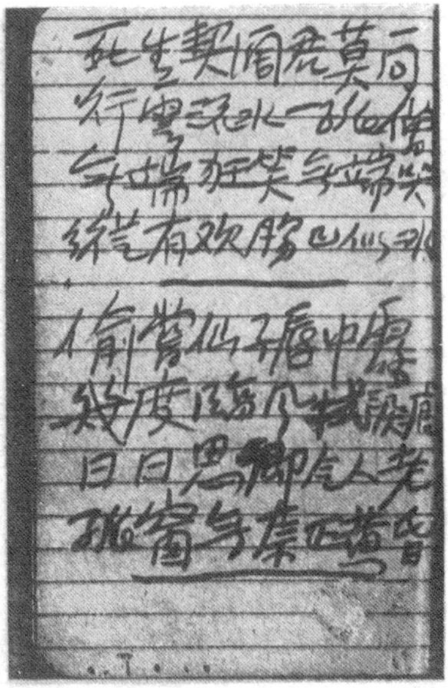
死生契阔君莫问
行云流水一孤僧
无端狂笑无端哭
纵有欢肠已似冰
偷尝仙子唇中露
几度临风拭泪痕
日日思卿令人老
孤窗无奈正黄昏

05-080

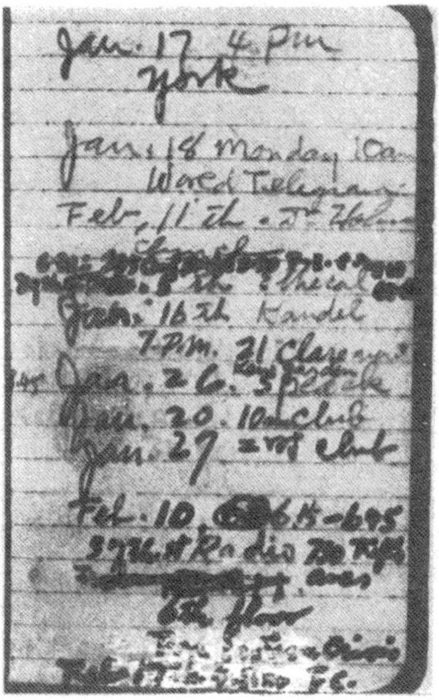
Jan. 17 4 pm
York
Jan. 18 Monday 10 am
World Telegram
Feb. 11th
Jan. 16th Kandel
7 P.M.
Jan. 20. 10 club
Jan. 27
Feb. 10
6th floor

05-081

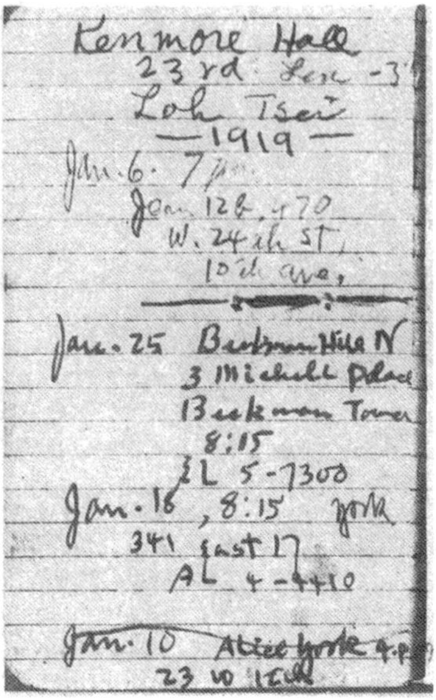
Kenmore Hall
23rd
Loh Tsai
—1919—
Jan. 6. 7 pm
Jan. 12
W. 24th ST,
10th ave,
Jan. 25 Beekman Hill
3 Mitchell place
Beekman Tower
8:15
EL 5-7300
Jan. 16, 8:15 York
341 East 17
AL 4-4410
Jan. 10 Alice York 4 pm
23 W 16th

05-082

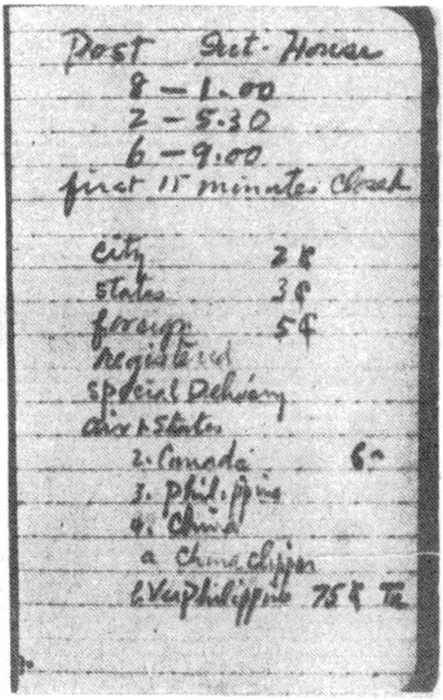
Post Off. Hours
8 — 1.00
2 — 5.30
6 — 9.00
first 15 minutes closed
city 2¢
states 3¢
foreign 5¢
registered
special Delivery
air 1. States
2. Canada 6¢
3. Philippine
4. China
a China clipper
b. Via Philippine 75¢

05-083

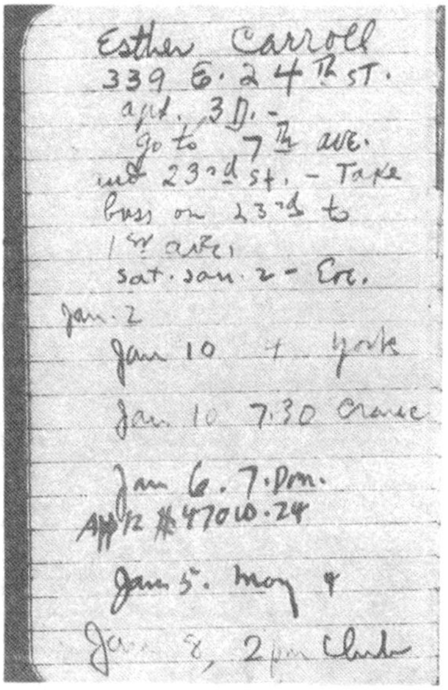
Esther Carroll
339 E. 24th ST.
apt. 3D.
go to 7th ave.
and 23rd st. - Take
bus on 23rd to
1st ave.
sat. Jan. 2 - Eve.
Jan. 2
Jan 10 4 York
Jan. 10 7.30
Jan 6. 7. pm.
Jan 5. May 4
Jan. 8, 2 pm Club

05-084

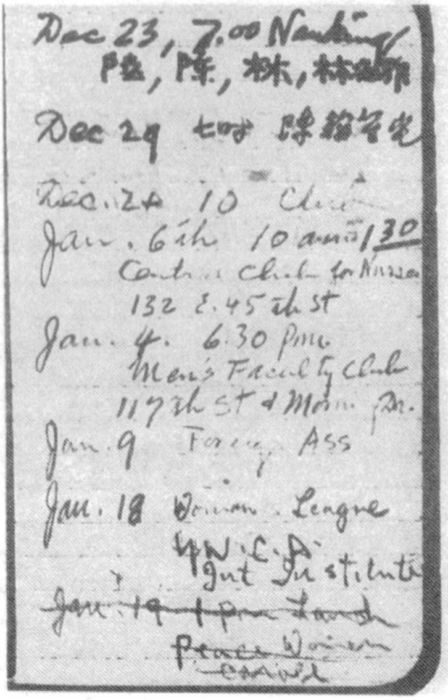

Dec 23, 7.00 Nanking
陸, 陳, 林, 林[illegible]
Dec 29 七时 陳[illegible]
Dec. 24 10 Club
Jan. 6th 10 am 1/30
[illegible] Club for Nurses
132 E. 45th St
Jan. 4. 6.30 pm
Men's Faculty Club
117th St & Morn. [illegible]
Jan. 9 Foreign Ass
Jan. 18 Women League
Y.W.C.A.
Int Institute
~~Jan. 19 1 pm Lunch~~
~~Peace Women~~

05-085

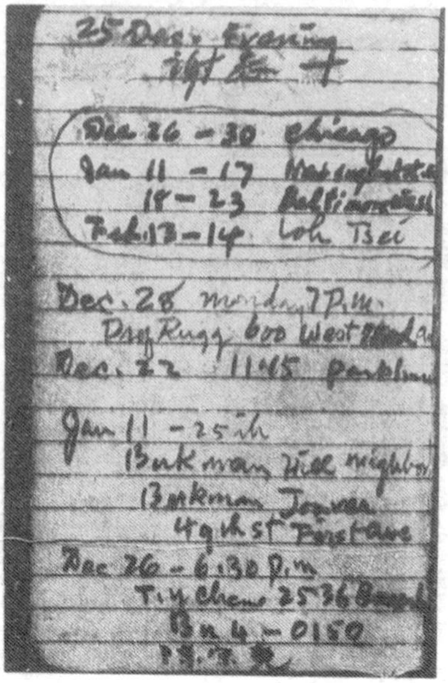

25 Dec. Evening
謝[illegible]
Dec 26 - 30 Chicago
Jan 11 - 17 Washington
18 - 23 Baltimore
Feb 13 - 14 Loh Bei
Dec. 28 Monday 7 P.M.
Prof Rugg 600 West [illegible]
Dec. 22 11.45 [illegible]
Jan 11 - 25th
Beekman Hill neighbor
Beekman Towers
49th St First Ave
Dec 26 - 6.30 p.m
T.Y. Chen 2536 [illegible]
Bu 4-0150
[illegible]

05-086

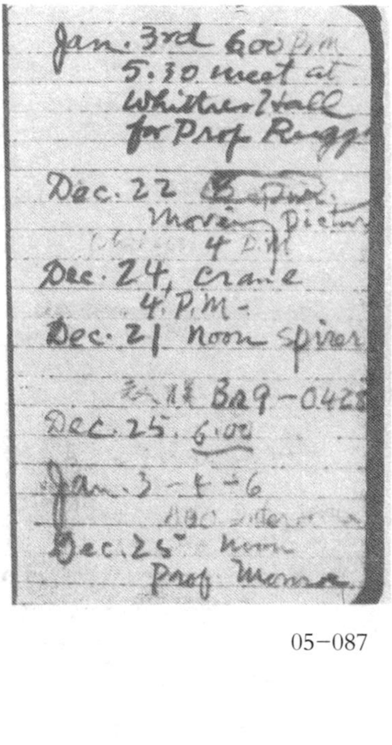

Jan. 3rd 6.00 p.m.
5.30 meet at
Whittier Hall
for Prof Rugg
Dec. 22 [illegible]
Moving Picture
4 P.M
Dec. 24, Crane
4 P.M.
Dec. 21 Noon Spiver
[illegible] BA9-0428
Dec. 25. 6.00
Jan. 3 - 4 - 6
[illegible]
Dec. 25 noon
Prof Monroe

05-087

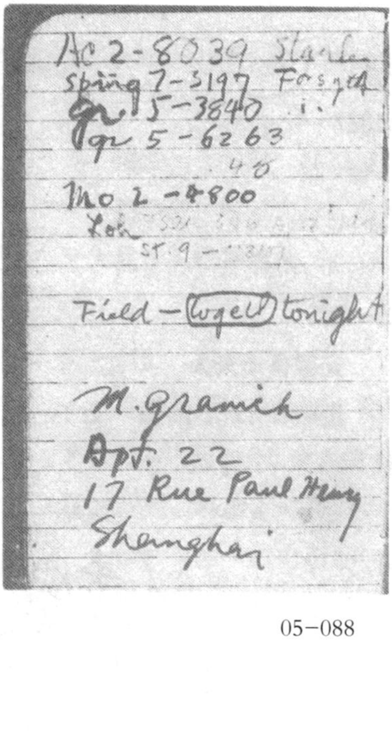

AC 2-8039 [illegible]
Spring 7-3197 Forsyth
Gr 5-3840
Gr 5-6263
Mo 2-4800
Loh [illegible]
ST. 9-[illegible]
Field - [illegible] tonight
M. Gramick
Apt. 22
17 Rue Paul Henry
Shanghai

05-088

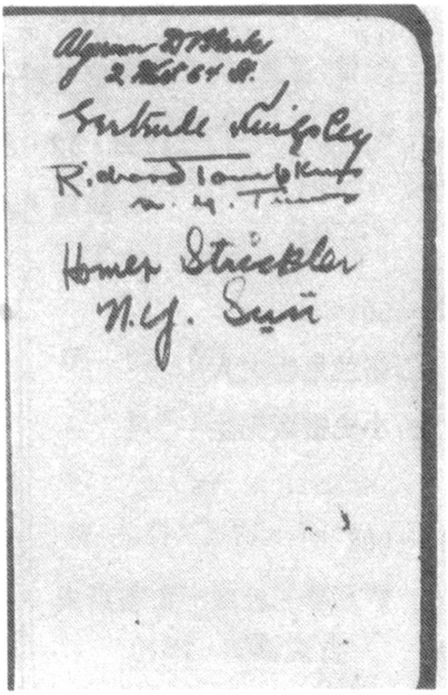

05-089

05-090

第五册〔注译〕

1936.12.8~1937.1

纽约·波士顿

05—001

格兰尼特夫人

小史密斯先生

05—002

伊凡林·杜威·史密斯夫人

格林·卡斯尔

欧文小姐

斯普林·赫克·罗齐

沃尔夫根·勃兰登纳夫人

05—003

特莱西恩努　奥地利维也纳

弗莱特·阿·杜威　纽约东72街320号（杜威家地址）

05—004

T.A.赖斯　黑山学院地址

卫斯理·米切尔　哥伦比亚大学纽约

05—005

安德鲁斯夫人

星期日12月20日　上午11时东72街320号

05—010

第1行：颐和园

第11行：青岛

05—015

前6行外文为签名和芝加哥地址

最后1行外文：国际楼

05—016

第1至3行：路威·狄凡因纽约地址

第4至8行：约翰·根泰尔地址

末5行：A.A.麦克劳　加拿大多伦多地址

05—017

C.A.赫什威　纽约地址

约瑟夫·帕斯　纽约地址

路易斯·沙拉夫拉　西班牙大使馆　巴黎地址

05—018

马赛林诺·多明戈　前教育部长，现西班牙驻法大使，到任方两

月。马德里地址

伊沙贝尔·帕伦西亚　驻斯德哥尔摩西班牙使节　马德里地址

05—019

F.M.杨先生　《新闻报》编辑　加拿大多伦多地址　麦克劳介绍

罗杰·鲍德温　美国公民自由联盟执行秘书

罗伯特·帕多克　纽约地址

W.马赛洛　波斯顿地址

05—025

伊达·弗什尔　纽约地址

05—026

第1至3行：签名、留址

第4行起外文：12月16日　星期三下午6时30分　所罗门夫人约晚餐　纽约地址

05—028、029

这两页为签名

05—031

乔治·E.拉斯

巴萨·麦斯克

沃尔特·斯特鲁特

克雷尔·布朗

艾麦·加德纳

玛丽·安德鲁斯

奥贝尔·英吉利

斯图沃特·张伯伦

05—033

奥龙·吉伯、阿伯拉汉·塞金2人纽约地址

05—034

H.G.阿尔恩斯多尔纽约大学

比阿特丽斯·海兹·奥康尼尔　弗吉尼亚州温切斯特市

斯宾塞·海兹　纽约地址

威廉·D.卡蒂　地址

赫拉尔·吉斯高德纽约地址

05—035

华格　哥伦比亚大学

鲁丝·梅兹　贝尔纳学院

J.福什·R　洛克菲勒研究所地址

珍妮·艾丽斯　休伊特厅——贝尔纳

米德雷·翁斯多夫

马丁·哥德沙尔　纽约地址

05—036

纳迪亚·朗杰威彻　法国地址

乔治·法恩　哥伦比亚大学师范学院

余外文为纽约地址

05—037

第3行起：中国银行　纽约地址

05—038

肯尼兹·贝纳

艾尔赛·J.贝莫尔

丹尼尔·F.莫汉

克劳伦斯·R.福特

J.拉马特·费斯科

威尔斯·哈林顿

威廉·斯坦利

威廉·克伯屈

玛格里特·克伯屈

1936 年 12 月 17 日　哲学俱乐部

弗朗赛斯·柯本斯纽约地址

05—039

弗朗赛斯·柯本斯　纽约地址

05—040

黄万耀　纽约地址

W.L.荷兰德　太平洋关系学会研究秘书　纽约

利连·赫德森　师范学院公共卫生护理

汉斯·史蒂芬·山德森　纽约地址

05—041

克勒德·R.米勒　哥伦比亚大学师范学院教育学教授

凡沃雷·爱德华兹　米勒教授助手　哥伦比亚大学师范学院

查理·A.赛德尔　纽约地址　哥伦比亚大学研究生　原中国广州岭南大学英语教师

05—042

克罗凡丁·克尔邱巴尔·弗德特

理查德·布劳斯顿夫人

05—043

蒂里哥·里佛拉　1934 列宁画像被毁　洛克菲勒大厦

献艺　反对

谭烈　巴尔的摩地址

C.B.理查德及其公司纽约地址

05—047

菲利浦·J.杰夫　纽约地址

05—048

纳格利先生和夫人　前德国部长　现墨西哥驻西班牙大使

朱利亚·罗夫曼　电影摄影协会

E.H.诺曼　哈佛　燕京社

05—049

林惠康　纽约地址

05—050

邱尔登　（卡鲁尔·勃兰特）纽约地址

爱丽丝·约克小姐　纽约地址

埃丽斯·孟禄　地址

姚叔来　东英公司　地址

05—051

前5行为洗衣店地址

第6行起：克兰恩夫人

酸　睡觉　卫生的

海伦·莫　做中国菜的

05—053

第4至6行为华盛顿地址

第7行起：唐纳德·科特雷耳

哥伦比亚大学师范学院　纽约

05—054

第2行起：《今日中国》　纽约地址

05—055

E.谢弗　新闻联合　提供图片

纽约地址

05—056

1937年1月1日

容启荣　巴尔的摩　约翰·霍普金斯大学卫生学校转

梅卓生　华盛顿外科服务社助理　脱莱特惠医师转

上海天通奄路222号　鸦片患者医院

05—057

伍瑞荣　普罗维登斯（美罗得岛州首府）地址

朱玲·C.柯勒夫人　地址

雷巴·杰夫　纽约地址

詹姆士·柯勒　美国人

05—058

第6行起：诺尔曼·菲力浦

英国人

F.Sops　D.Penens　菲律宾人

理查德·艾勒　美国人

波利

卢尼亚·罗沙夫斯基　俄国人

05—059

第1行：贝弗·弗里·萨卡

美国人

第2至3行：J.S.迈尔莫克斯地址

第4至5行：保罗·莫里斯

菲律宾人——爱尔兰人——德国人

第7行：吉恩·斯坦利　美国人

第9行起：伊伦纳·霍威尔

美国人

卡·霍威尔　美国人

L.特纳　美国人

05—060

朱利叶·勒布　美国人美中人民之友社发起人

撒母耳·M.左克曼　美国人　纽约地址

魏璐诗　波兰人　纽约地址

（现我国外文局专家，魏璐诗为现用名）

托马斯·李（即李洪辉）朝鲜人 美中人民之友社的朋友。

05—061

第5至6行：顾博达先生 神学博士

05—062

第5行起：金贤藻 纽约中国领事馆转

朱洪清 国际楼

弗雷德·迈耶 纽约地址

05—063、064

这两页为哥伦比亚大学师范学院等地的人名及地址

05—065

1月6日 女青年会

1. 远东

2. 大陆政策破坏了列强的均势

3. 何谓大陆政策

a. 劳动力的垄断

b. 资源的垄断

4. 列强均势的破坏

（1）门户关闭

（2）无视国际联盟

（3）华盛顿公约的破坏

5. 英苏美三国的态度

6. 对法西斯主义的影响

（1）和平的合作力量

（2）中国和平的阻力

05—066至069

注：这4页为外国友人签名并留纽约地址

05—070

拉尔普·布罗兹克博士夫妇

韦尔哈·兰德先生

赫拉克·菲耶斯教授夫妇

哥伦比亚大学

《人类的处境》P.M.马尔罗著（法国人）

1月17日 约克小姐

埃利贝斯·托巴斯

查理·弗雷士·波普斯地址

哈瑞德·巴格尔 伦敦大学

05—071

1月18日 8时15分纽约地址、电话

1. 历史背景

2. 中国人对和平的态度

3. 中国的青年运动

4. 学生运动 大学怎样？

5. 书籍：过去，现在，中国，日本和西方

第二代 欧洲籍的菲律宾人和中国人

第一大街与第二大街之间 列克星敦18下车 艾丽丝·约克 地址

05—072

1月26日　下午6时45分　俄罗斯饭店　地址　8时5分　到克友公园

05—073

米尔特雷·杰斯伦德　世界电讯

05—074

菲列斯·卡卢伊尔　纽约地址向N.L.E.捐款1美元

C.乔小姐　纽约地址

玛丽·B.秦　路易斯·秦

王际真　哥伦比亚大学中文系

B.基恩小姐　纽约地址

05—075

德雷克·德凯　纽约地址

诗

05—076、077

这两页为友人签名、留址

其中有太平洋关系学会的伊丽莎白·唐宁

05—081

（略具体钟点）1月17日

约克；1月18日　《世界电讯》；2月11日　霍姆斯博士；2月5日　道德会；1月16日

克莱尔蒙特　坎德尔21号；1月26日　克友花园演讲；1月20日　俱乐部；1月27日

俱乐部；2月10日　第57大街无线电（台）　6楼演讲远东危机；2月17日　教职员　俱乐部

05—082

（略具体钟点）肯摩厅　第3大街与列克星敦大街间23路

——1919——

1月6日　吉恩12b（座），470西24街　第十六街

1月25日　比克曼大楼

1月18日　约克

05—083

此页为邮电营业时间和邮价

05—084

埃丝特·卡洛尔　地址、乘车路线

1月10日　约克小姐及克兰恩夫人

1月6日　西24街470号12号公寓

1月5日　梅

1月8日　俱乐部

05—085

（略具体钟点）：12月23日　南京；12月24日　俱乐部；1月6日　护士中心俱乐部；1月4日　男教职员俱乐部；1月9日　外交协会；1

月 18 日　妇女联盟女青年会　国际研究所

05—086

（略具体钟点）12 月 25 日　晚谢志十　12 月 26 至 30 日　芝加哥；1 月 11 至 17 日　新美格兰州；18 至 23 日　巴尔的摩　华盛顿；2 月 13 至 14 日　陆璀；12 月 28 日　鲁格教授；12 月 22 日　帕克赫斯；1 月 11~25 日　比克曼山区居民　比克曼·茹弗；12 月 26 日　陈宗尧

05—087

（略具体钟点）1 月 3 日

在怀特会堂会鲁格教授；12 月 22 日　电影　菲利浦斯；12 月 24 日　克兰恩夫人；12 月 21 日　斯派勒；1 月 3、4、6 日

美国广播公司　国际楼 12 月 25 日　孟禄教授

05—088

第 1 至 6 行：斯特莱、福赛斯等人电话号

第 7 行起：陆璀　地址

菲尔德——今晚

M.格兰奇　上海地址

05—089

签名及纽约地址

衡備忘

第 六 册

1937.1.28~1937.5.5

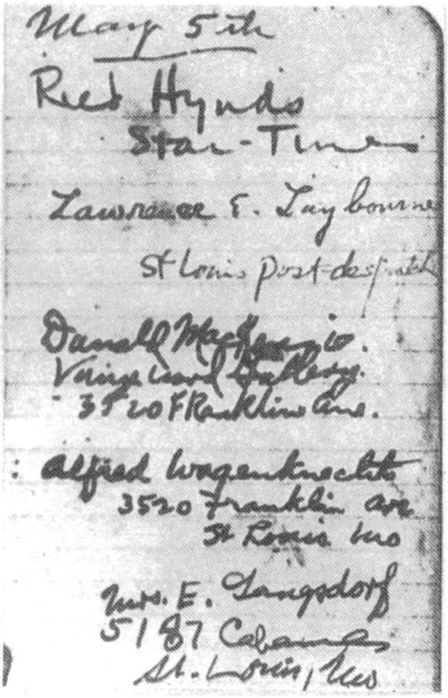
May 5th
Reid Hynds
Star-Times
Lawrence E. Laybourne
St Louis post-dispatch
Donald Mackenzie
Vanguard Gallery
3520 Franklin Ave.
Alfred Wagenknecht
3520 Franklin ave
St Louis Mo
Mrs. E. Langsdorf
5187 Cabanne
St. Louis, Mo

06-001

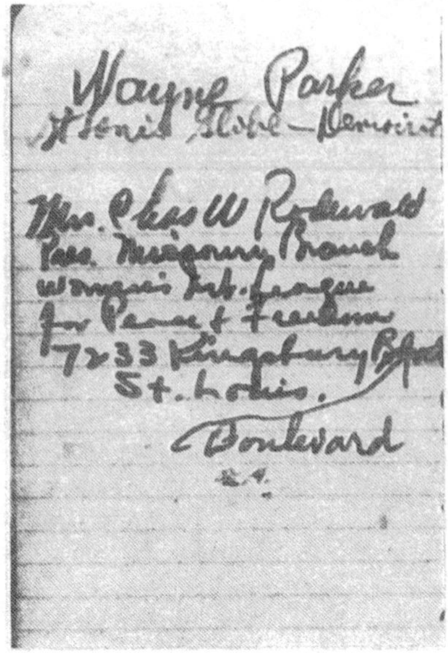
Wayne Parker
St Louis Globe-Democrat
Mrs. Chas W Rodewald
Pres. Missouri Branch
Women's Int. League
for Peace & Freedom
7233 Kingsbury Blvd
St. Louis.
Boulevard

06-002

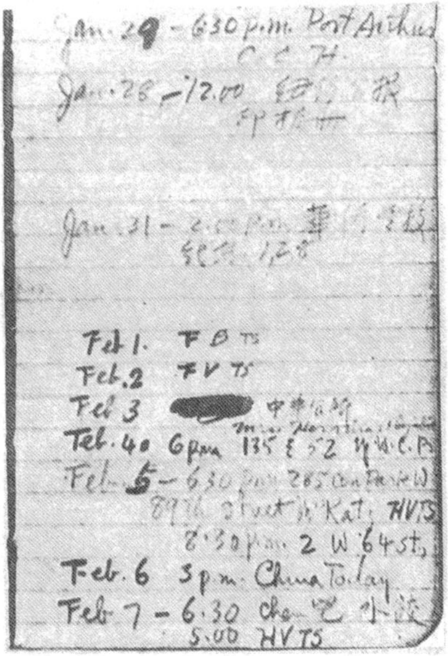
Jan. 29 - 6.30 p.m. Port Arthur
Jan. 28 - 12.00
Jan. 31 - 2.00 p.m.
Feb 1. F B
Feb. 2 F V
Feb 3 [redacted] 中华公所
Feb. 4 6 pm 135 E 52 Y.W.C.A.
Feb. 5 - 6.30 pm 285 Central Park W.
89th Street McKay HVTS
8.30 pm 2 W 64 st.
Feb. 6 3 p.m. China Today
Feb 7 - 6.30
5.00 HVTS

06-003

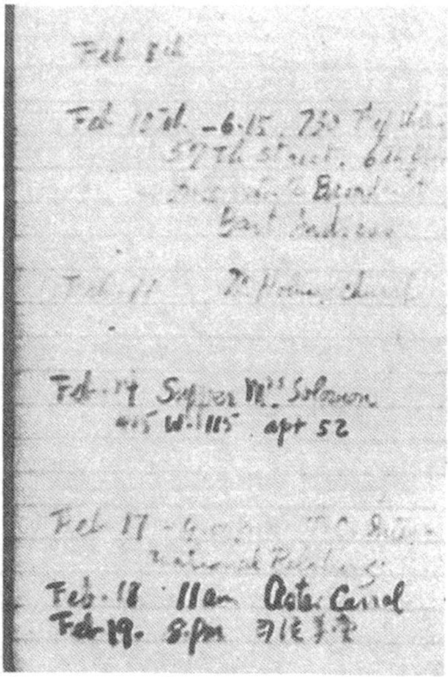
Feb 8th
Feb 10th - 6.15
57th street
Feb. 14 Supper Mrs Solomon
415 W. 115 apt 52
Feb 17
Feb. 18 11 am
Feb 19. 8 pm

06-004

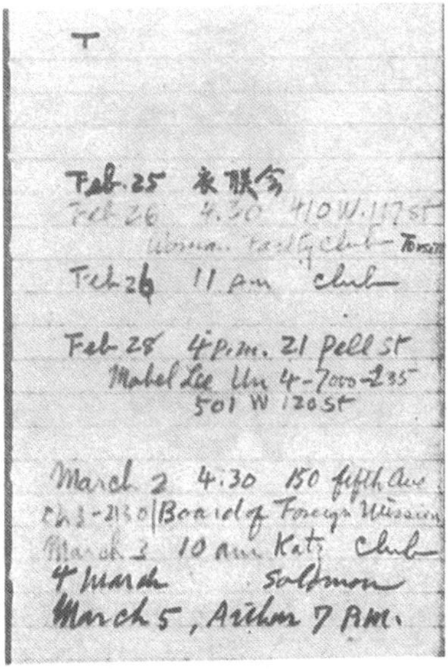

06-005

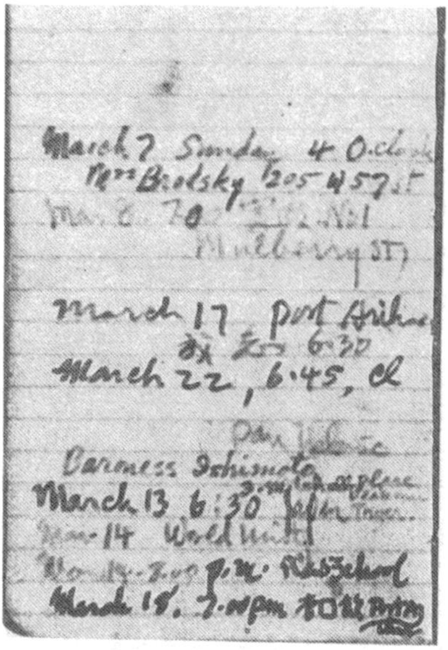

06-006

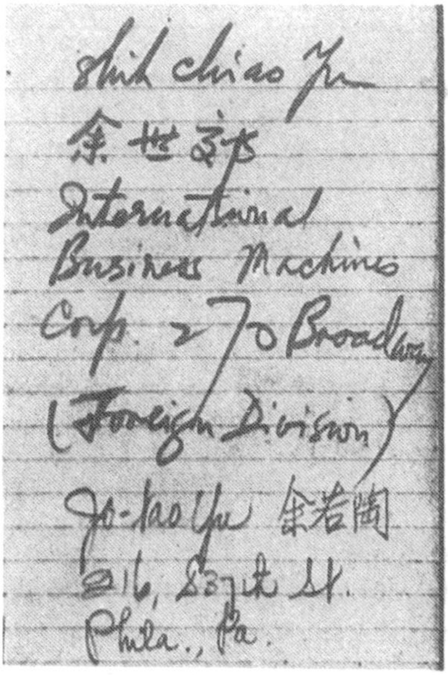

06-007

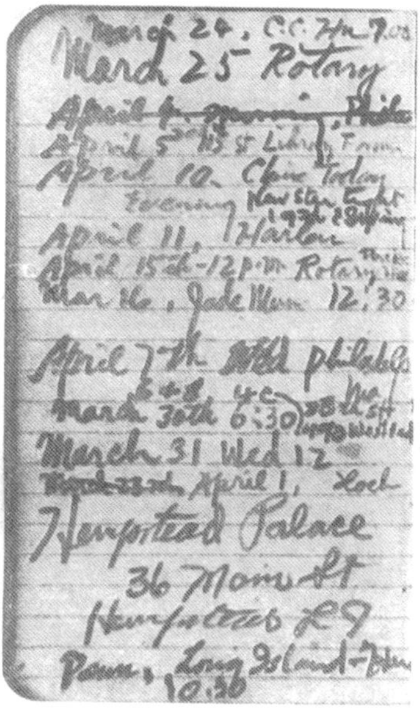

06-008

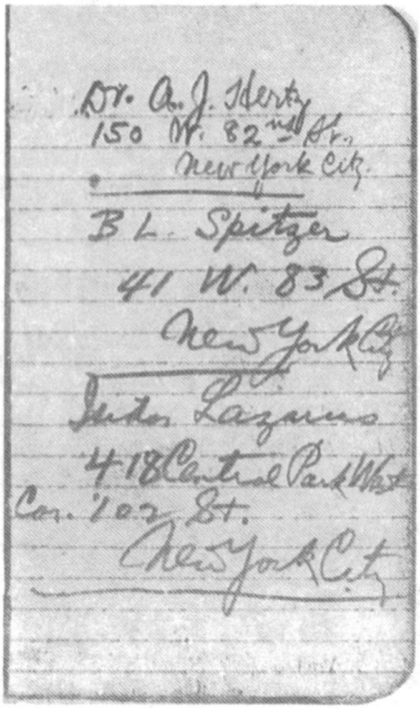

06-009

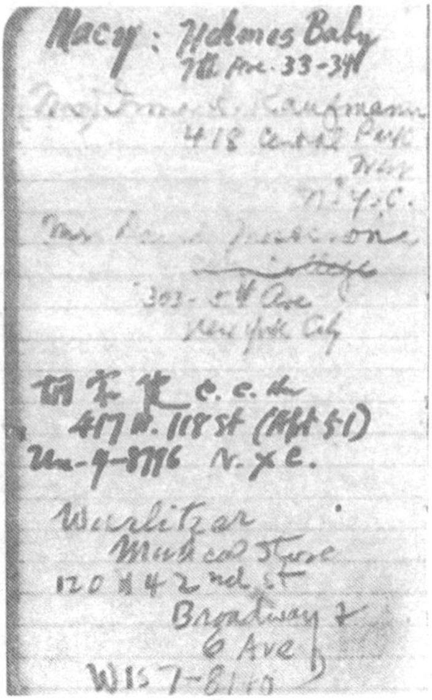

06-010

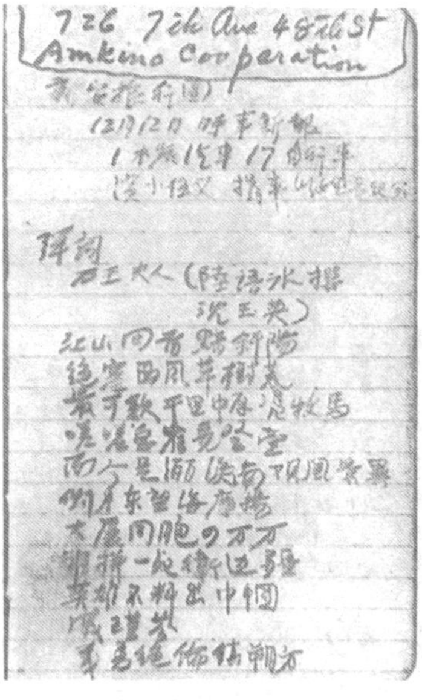

06-011

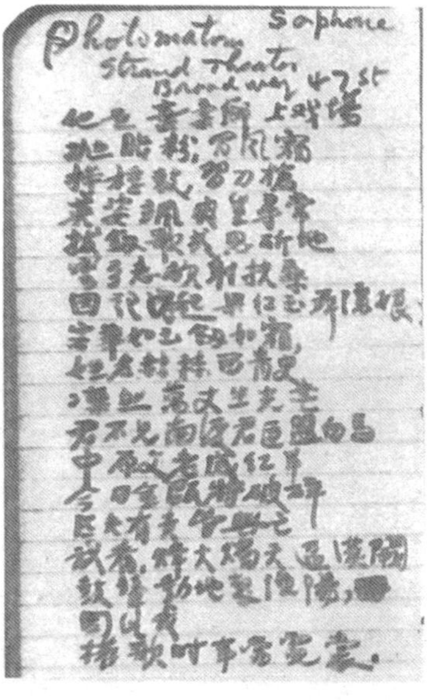

06-012

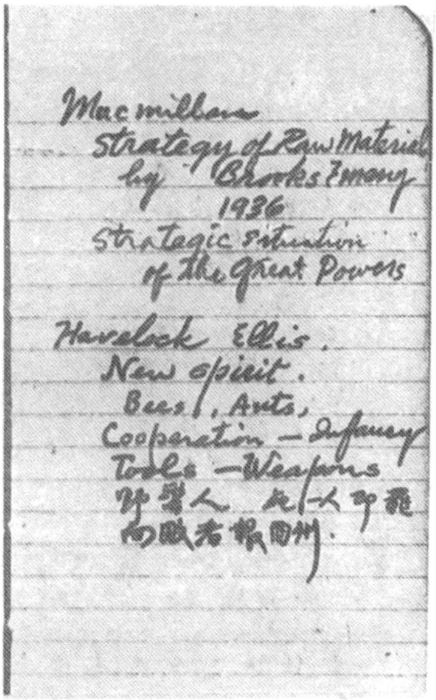

Macmillan
Strategy of Raw Materials
by Brooks Emeny
1936
Strategic Situation
of the Great Powers

Havelock Ellis.
New Spirit.
Bees, Ants,
Cooperation — Infancy
Tools — Weapons
野蛮人 之一人即飛
向戰者報國的.

06-013

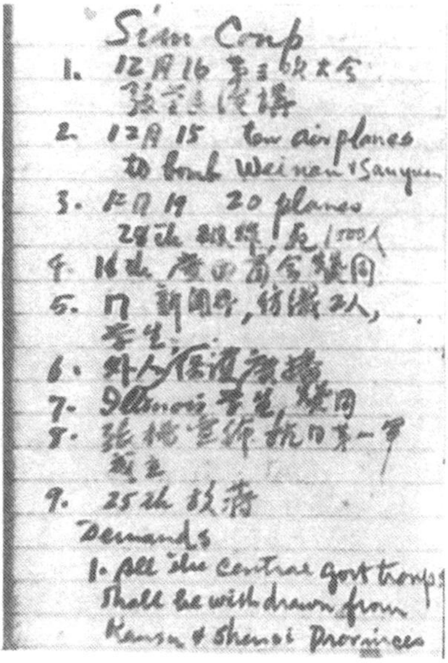

Sian Coup
1. 12月16 第三次大会
張學良演講
2. 12月15 ten airplanes
to bomb Weinan & Sanyuan
3. 12月19 20 planes
28th 飛機, 兵1500人
4. 16th 廣西省會贊同
5. 17 新聞界, 紡織工人,
學生
6. 外人保護徹據
7. Illinois 學生贊同
8. 張楊宣佈抗日第一步
成立
9. 25th 放蔣
Demands
1. All the central govt troops
shall be withdrawn from
Kansu & Shensi Provinces

06-014

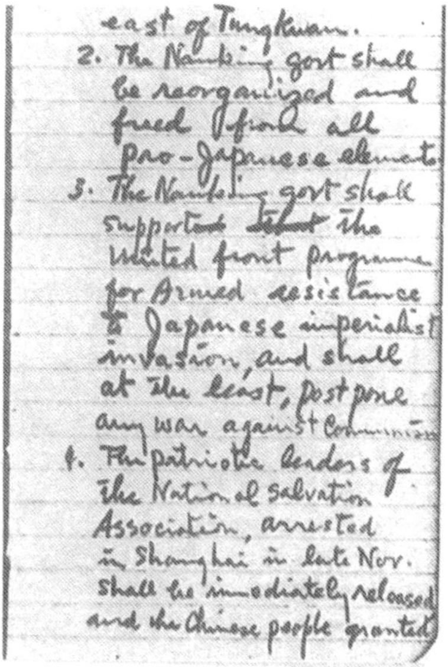

east of Tungkwan.
2. The Nanking govt shall
be reorganized and
freed from all
pro-Japanese elements.
3. The Nanking govt shall
support ~~adopt~~ the
United front programme
for Armed resistance
to Japanese imperialist
invasion, and shall
at the least, postpone
any war against Communism
4. The patriotic leaders of
the National Salvation
Association, arrested
in Shanghai in late Nov.
shall be immediately released
and the Chinese people granted

06-015

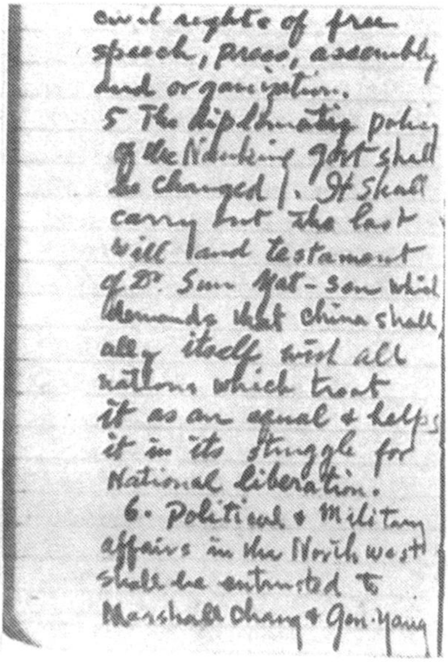

civil rights of free
speech, press, assembly
and organization.
5 The diplomatic policy
of the Nanking govt shall
be changed. It shall
carry out the last
will and testament
of Dr. Sun Yat-sen which
demands that China shall
ally itself with all
nations which treat
it as an equal & helps
it in its struggle for
National liberation.
6. Political & Military
affairs in the Northwest
shall be entrusted to
Marshall Chang & Gen. Yang

06-016

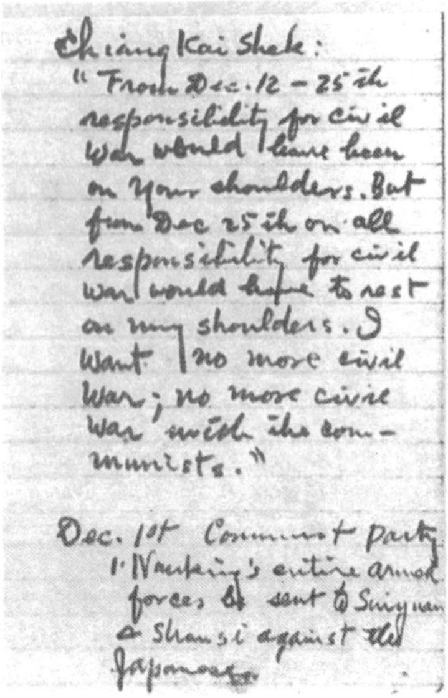

Chiang Kai Shek:
"From Dec. 12 – 25th responsibility for civil war would have been on your shoulders. But from Dec 25th on all responsibility for civil war would have to rest on my shoulders. I want no more civil war; no more civil war with the communists."

Dec. 1st Communist party
1. Nanking's entire armed forces be sent to Suiyuan & Shansi against the Japanese.

06-017

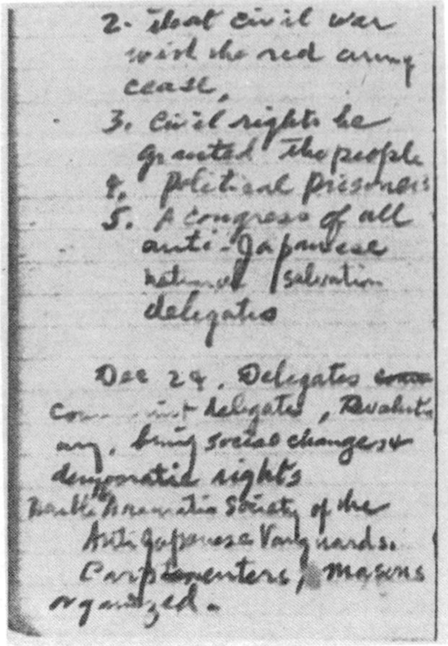

2. that civil war with the red army cease,
3. Civil rights be granted the people
4. political prisoners
5. A congress of all anti-Japanese national salvation delegates

Dec 29. Delegates ... Communist delegates, Revolutionary, bring social changes & democratic rights
Battle Preparation Society of the Anti-Japanese Vanguards.
Carpenters, masons organized.

06-018

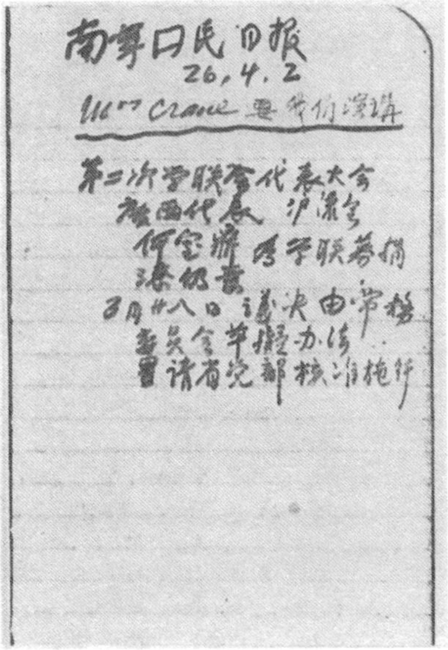

南京口民日报
26, 4. 2
Mrs Crane 要我们演讲

第二次学联会代表大会
推出代表 沪滨会
何宝琳 为学联会备
孙铭书
3月廿八日 议决由常务
委员会草拟办法
呈请省党部核准施行

06-019

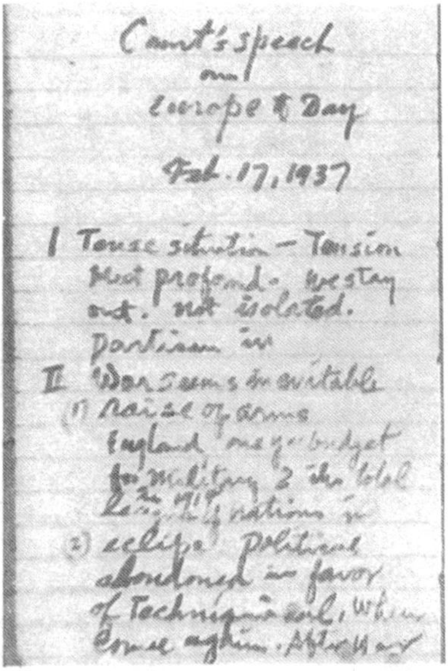

Cant's speech
on
Europe ? Day
Feb. 17, 1937

I Tense situation – Tension most profound. We stay out. Not isolated. Partisan in
II War seems inevitable
(1) raise of arms
England major budget for military 2 the total ... 1917 ... of nations in
(2) eclipse politics abandoned in favor of Technique... When come again. After ...

06-020

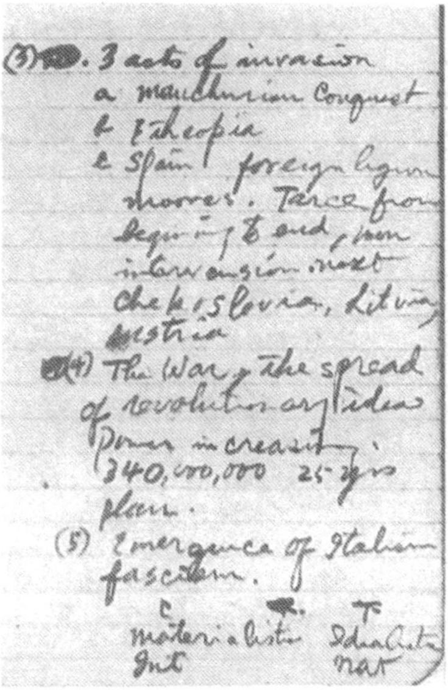
(3) 3 acts of invasion
a Manchurian Conquest
b Ethiopia
c Spain foreign legion
moores. Force from
beginning to end, non
intervension next
Chekoslovia, Lituania
Austria
(4) The War, the spread
of revolutionary ideas
Power increasing:
340,000,000 25 yrs
plan.
(5) Emergence of Italian
fascism.
C [illegible] T
materialistic Idealistic
Int nat

06-021

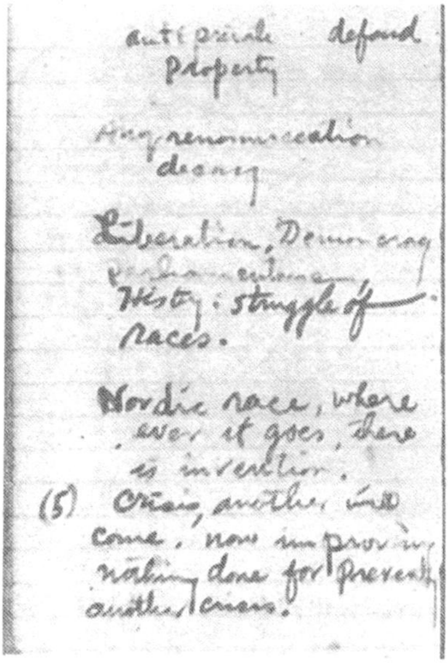
anti principle defend
property
[illegible]
[illegible]
Liberation, Democracy
[illegible]
History: struggle of
races.
Nordic race, where
ever it goes, there
is [illegible].
(5) Crisis, another one
come. Now improving
nothing done for preventing
another crisis.

06-022

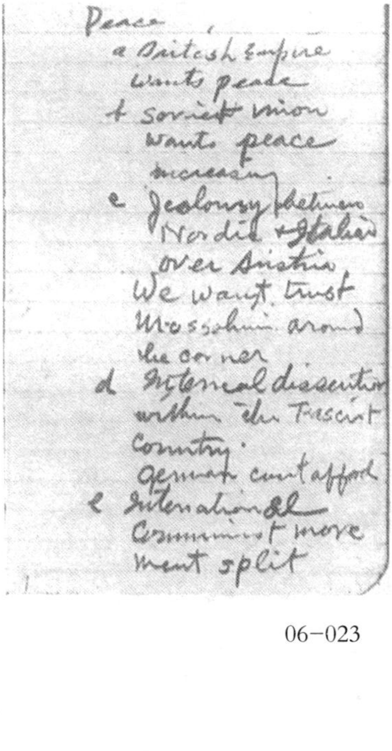
Peace
a British Empire
wants peace
b Soviet Union
wants peace
increasing
c Jealousy between
Nordic + Italian
over Austria,
We wan't trust
Mussolini around
the corner
d Internal dissention
within the Fascist
country.
German can't afford
e International
Communist move
ment split

06-023

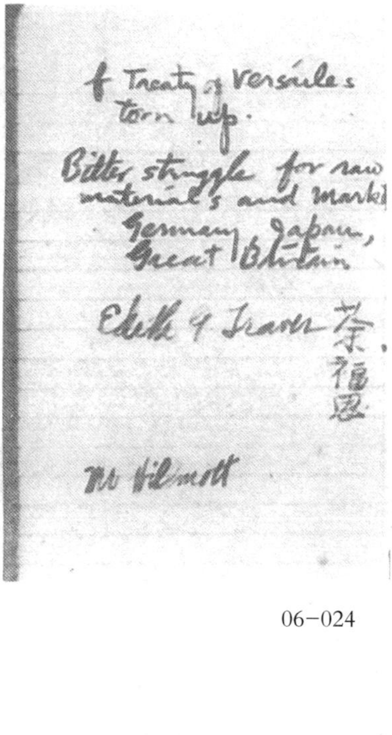
f Treaty of Versailes
torn up.
Bitter struggle for raw
materials and market
Germany, Japan,
Great Britain
Edith 9 [illegible] 奈福恩
Mr [illegible]

06-024

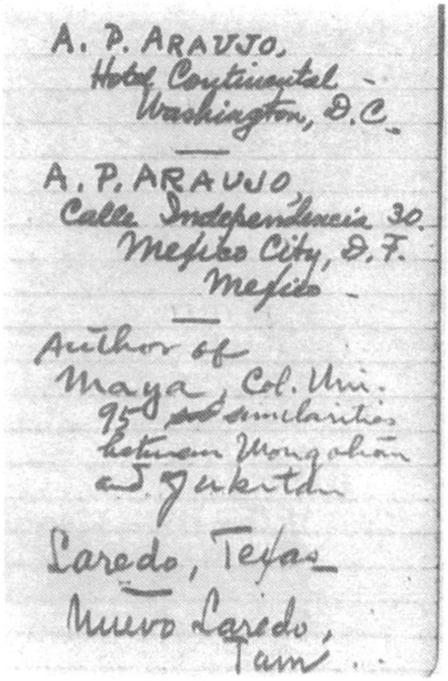
A. P. ARAUJO,
Hotel Continental
Washington, D.C.
A. P. ARAUJO,
Calle Independencia 30.
Mexico City, D.F.
Mexico
Author of
Maya, Col. Uni.
95 similarities
between Mongolian
and
Laredo, Texas
Nuevo Laredo,
Tam.

06-025

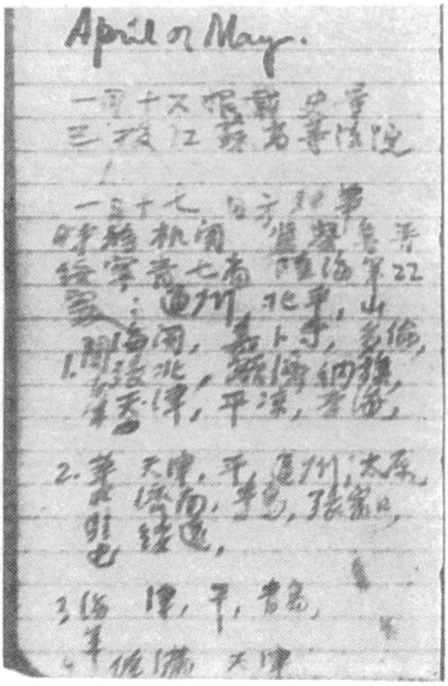
April or May.
1.
2. 天津，平，太原，
张家口，
3. 津，平，青岛，
天津

06-026

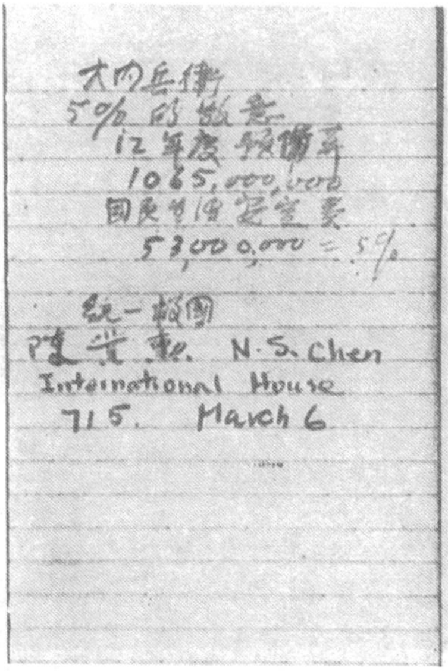
5%
12 年度
1065,000,000
53,000,000 = 5%
N. S. Chen
International House
715. March 6

06-027

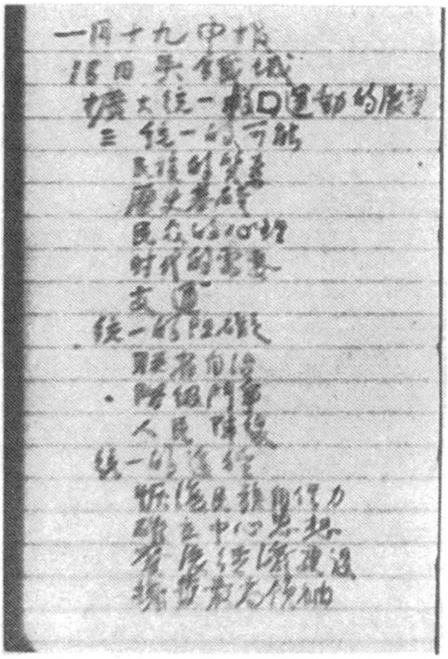
一月十九申报
统一的可能
民族的觉悟
历史基础
民众的心理
时代的需要
交通
统一的障碍
联省自治
阶级斗争
人民阵线
统一的途径
确立中心思想
发展经济建设

06-028

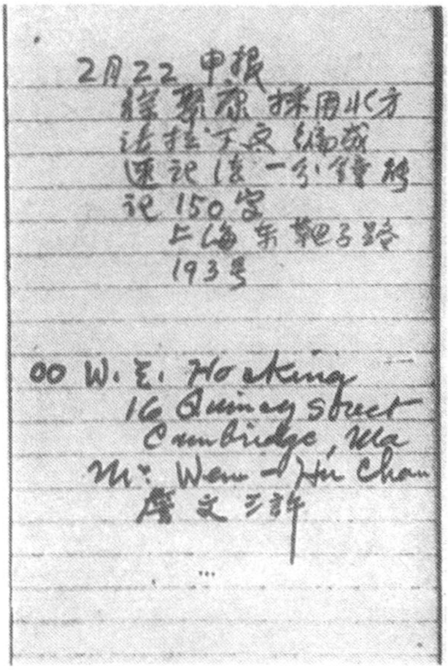

2月22 申报
记150字
193号
W. E. Hocking
16 Quincy street
Cambridge, Ma
Mr. Wen-Hsi Chan

06-029

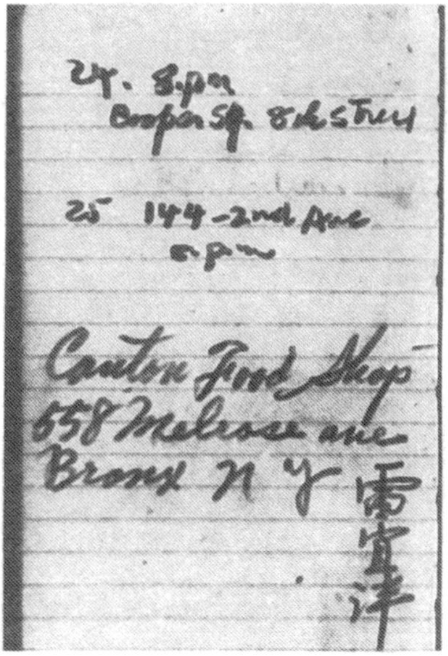

24. 8 p.m
Cooper Sq. 8th Street
25 144-2nd Ave
8 p.m
Canton Food Shop
558 Melrose ave
Bronx N Y

06-030

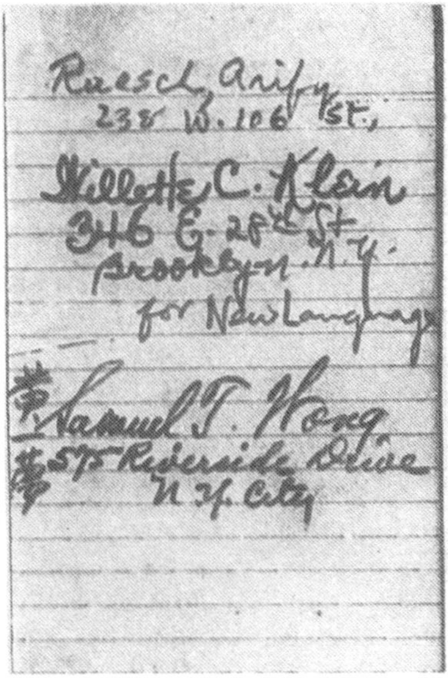

238 W. 106 St.,
Willotte C. Klein
316 E. 28th St
Brooklyn N.Y.
for New Language
Samuel T. Wong
575 Riverside Drive
N.Y. City

06-031

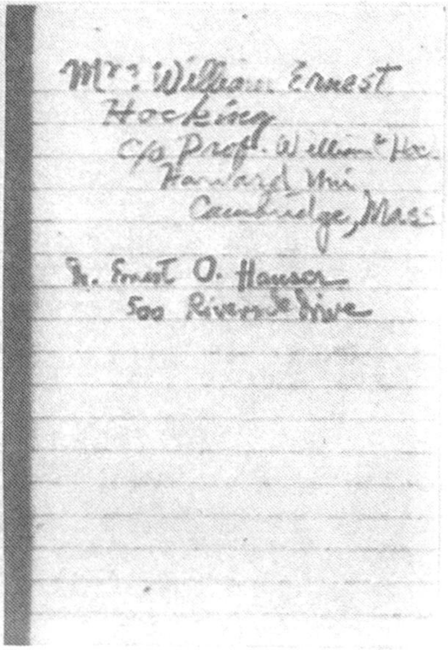

Mrs. William Ernest
Hocking
c/o Prof. William Ho
Harvard Uni
Cambridge, Mass
Mr. Ernest O. Hauser
500 Riverside Drive

06-032

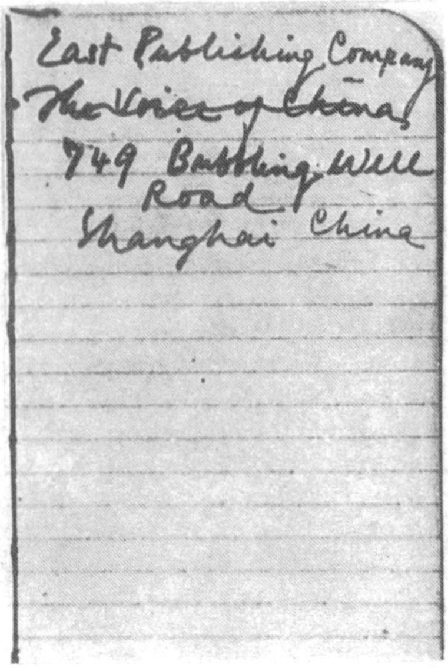
East Publishing Company
~~The Voice of China~~
749 Bubbling Well
Road
Shanghai China

06-033

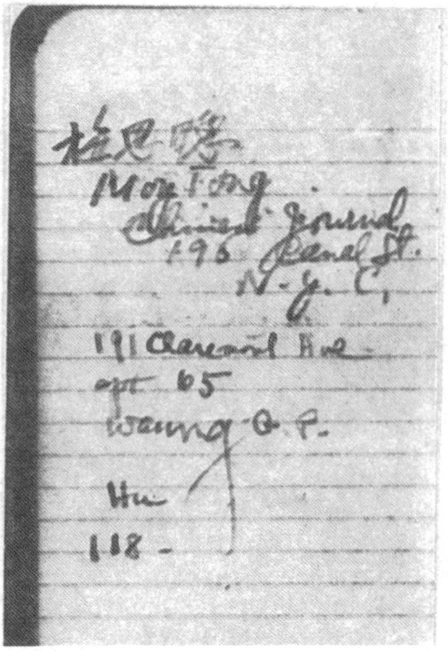
Moy Fong
Chinese Journal
195 Canal St.
N.Y.C.
191 Claremont Ave
apt 65
Wang O.P.
Hu
118-

06-034

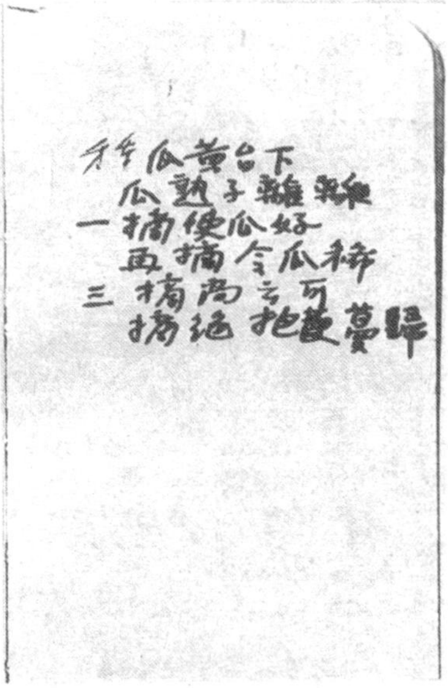
种瓜黄台下
瓜熟子離離
一摘使瓜好
再摘令瓜稀
三摘尚自可
摘絶抱蔓歸

06-035

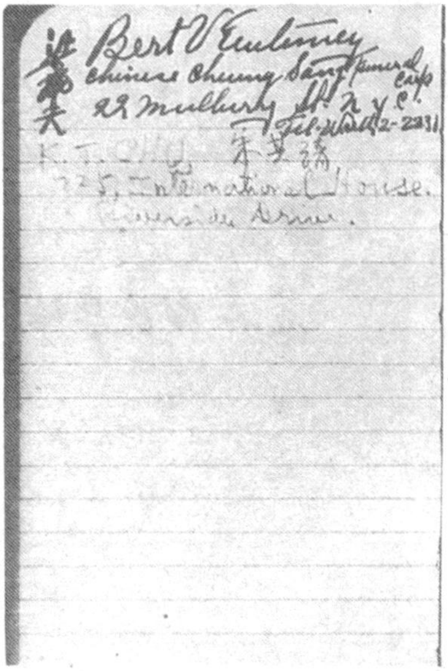
22 Mulberry St. N.Y.C.
K.T. Chu
725, International House.
Riverside Drive.

06-036

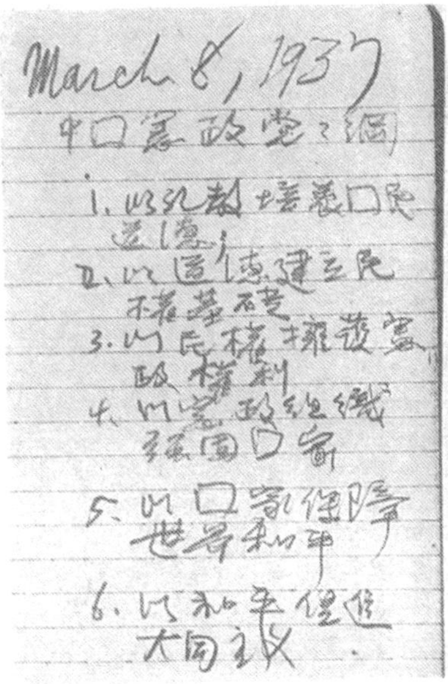

March 8, 1937

中国宪政党之纲

1. 以孔教培养国民道德；
2. 以道德建立民权基础
3. 以民权推发宪政权利
4. 以宪政组织强固国家
5. 以国家保障世界和平
6. 以和平促进大同主义。

06-037

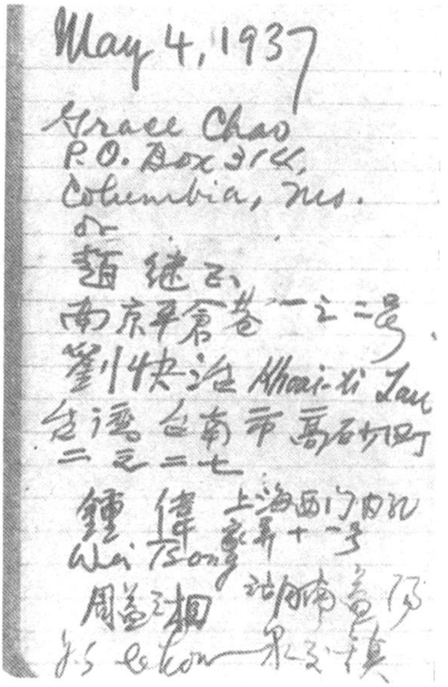

May 4, 1937

Grace Chao
P.O. Box 314,
Columbia, Mo.
or
赵继云、
南京平仓巷一之二号、
刘快治 Khai-ti Lau
台湾台南市高砂町
二之二七
钟伟 上海西门[illegible]
家弄十一号
Wai Tsong
周[illegible]桐 [illegible]
J.S. [illegible]

06-038

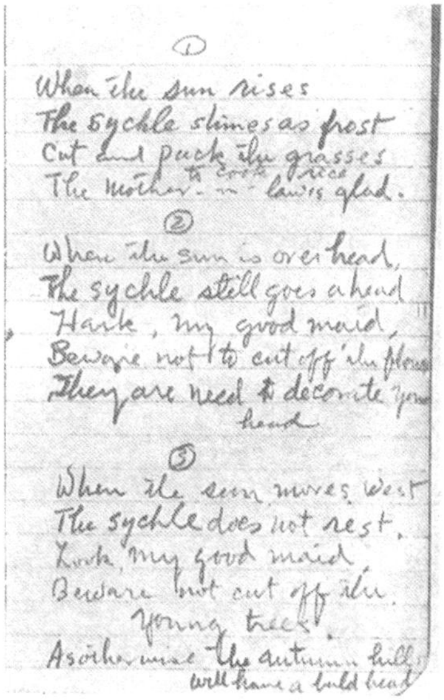

①
When the sun rises
The sychle shines as frost
Cut and pick the grasses
to cook rice
The mother-in-law is glad.

②
When the sun is over head,
The sychle still goes ahead
Hark, my good maid,
Beware not to cut off the flowers
They are need to decorate your head

③
When the sun moves west
The sychle does not rest.
Look, my good maid
Beware not cut off the young trees.
As otherwise the autumn hill will have a bald head

06-039

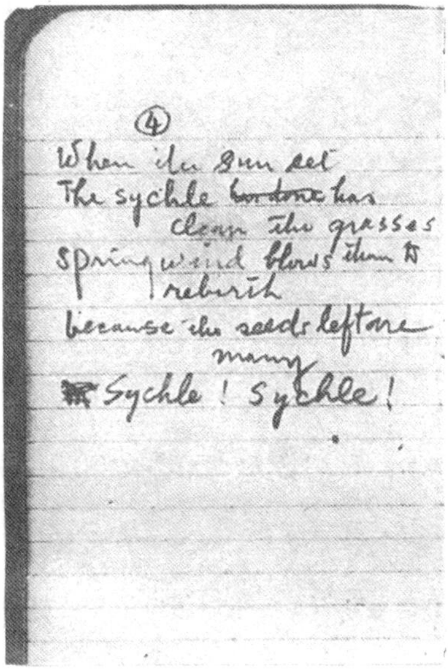

④
When the sun set
The sychle ~~burdens~~ has clean the grasses
Springwind blows them to rebirth
because the seeds left are many
~~[illegible]~~ Sychle! Sychle!

06-040

1. 问候
2. 报告
3. 希望

06-041

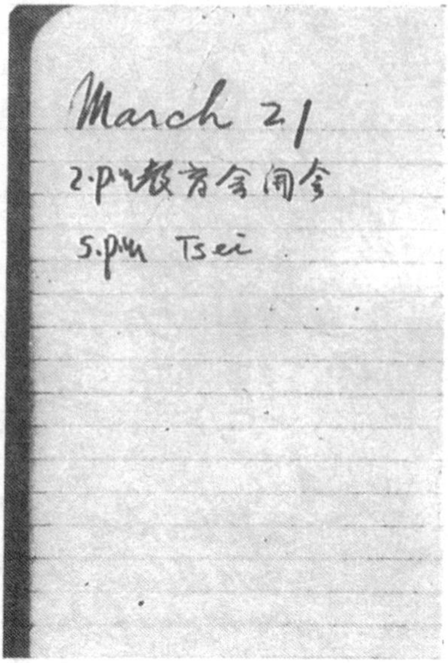

March 21
2.p.m 教育会开会
5.pm Tsai

06-042

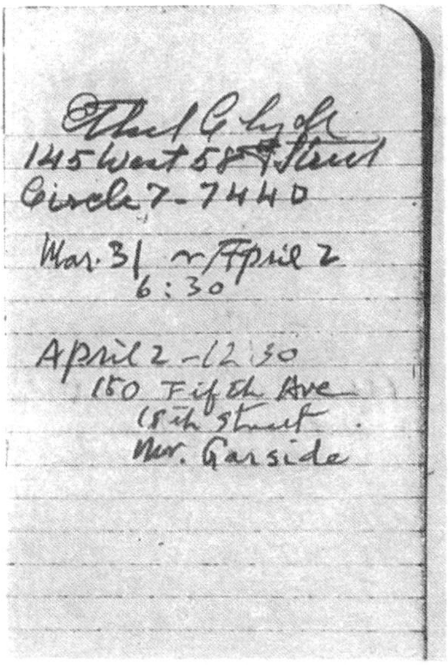

[illegible]
145 West 58th Street
Circle 7-7440

Mar. 31 or April 2
6:30

April 2 - 12:30
150 Fifth Ave
18th Street
Mr. Garside

06-043

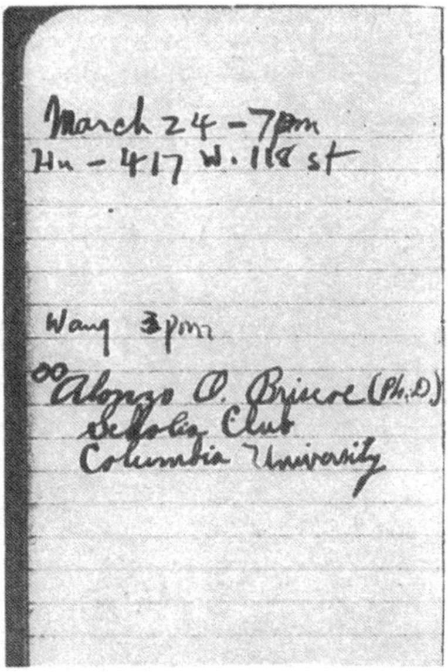

March 24 - 7pm
Hu - 417 W. 118 st

Wang 3pm
Alonzo O. Brince (Ph.D)
Sefolia Club
Columbia University

06-044

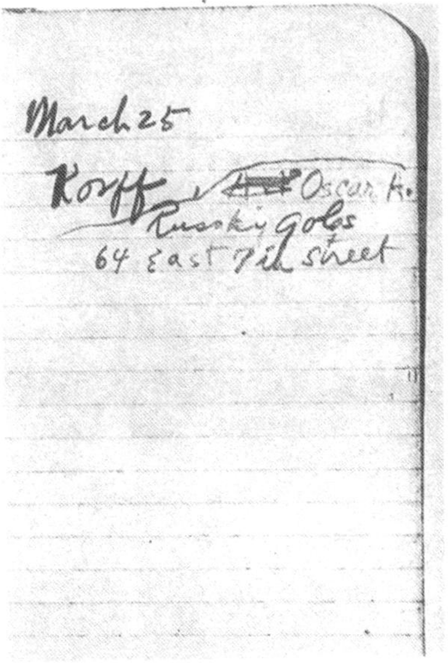
March 25

Korff — Oscar K.
Russky Golos
64 East 7th street

06-045

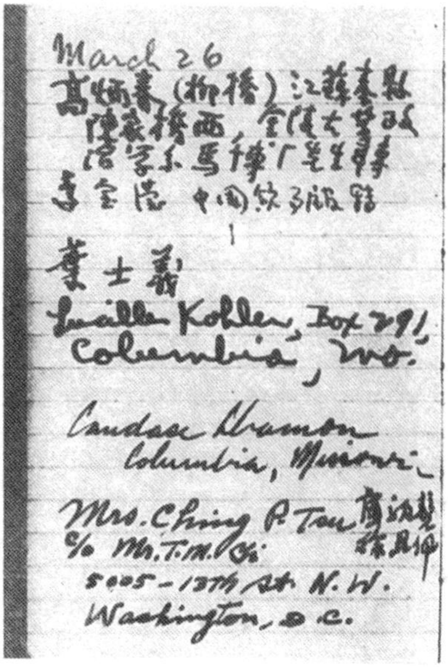
March 26

Lucille Kohler, Box 291,
Columbia, Mo.

Candace Kramon
Columbia, Missouri

Mrs. Ching P. Tau
c/o Mr. T. M. Ch.
5005 - 13th St. N. W.
Washington, D. C.

06-046

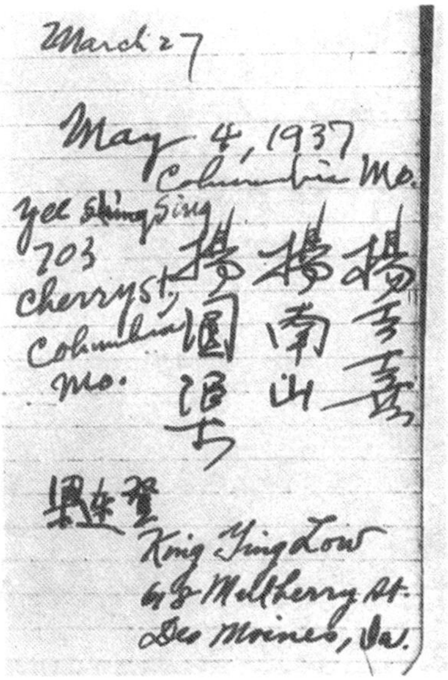
March 27

May 4, 1937
Columbia Mo.

Yee Shing Sing
703
Cherry St.,
Columbia
Mo.

King Ying Low
Mulberry St.
Des Moines, Ia.

06-047

March 28

06-048

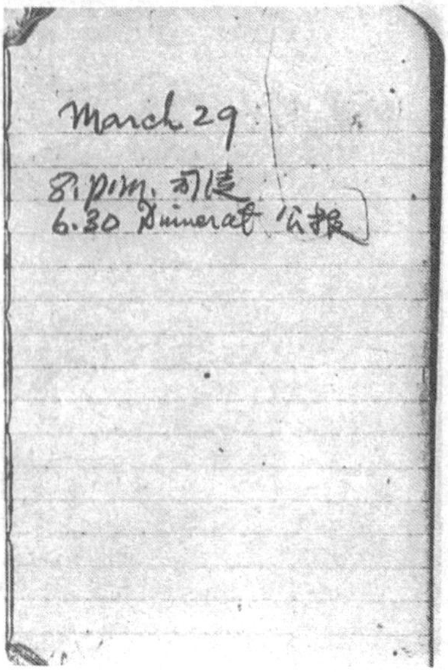

March 29

8 p.m. 司徒

6.30 Dinner at 公报

06-049

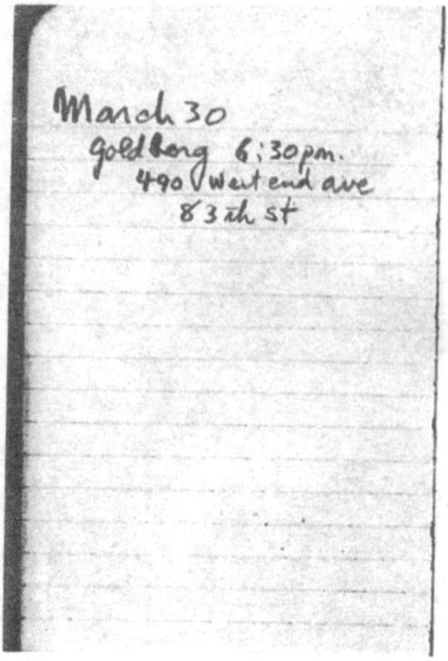

March 30

Goldberg 6:30 pm.

490 West end ave

83th st

06-050

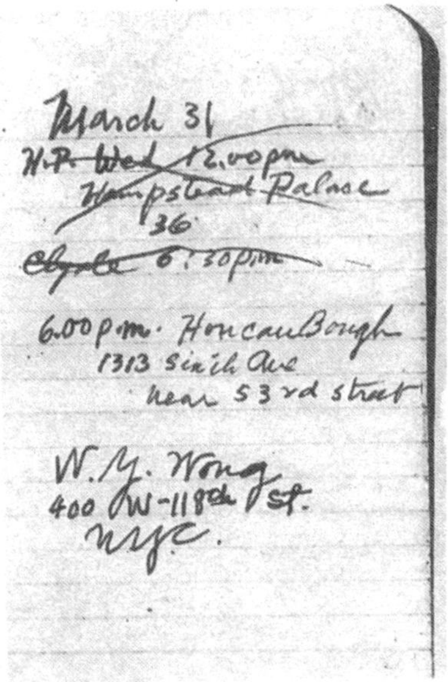

March 31

~~H.P. Wed 12.00 pm~~

~~Hampstead Palace~~

~~36~~

~~Clyde 6:30 pm~~

6.00 p.m. Honcaubough

1313 Sixth Ave

near 53rd street

W.Y. Wong

400 W-118th st.

NYC.

06-051

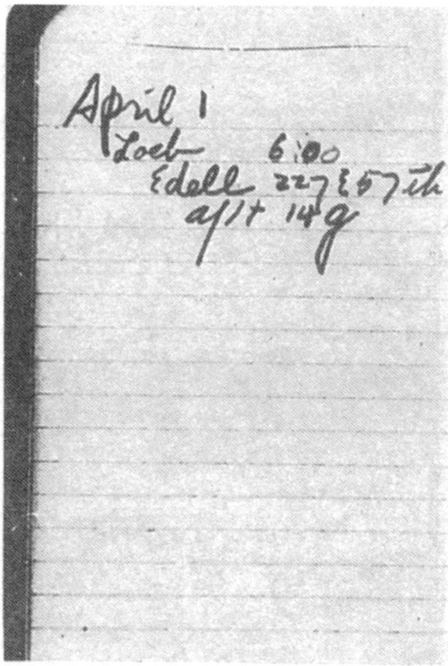

April 1

Loeb 6:00

Edell 227 E 57th

apt 14 g

06-052

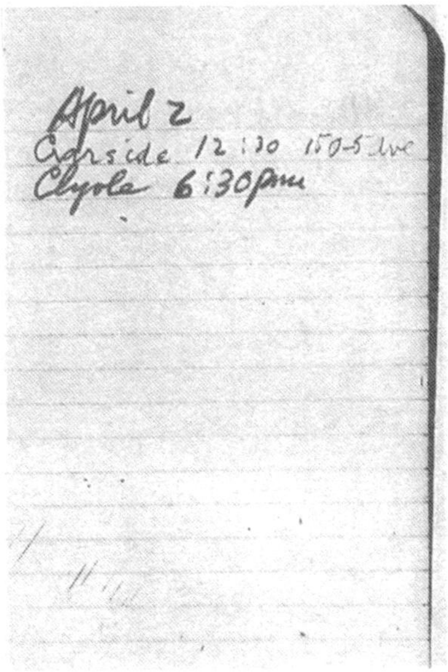
April 2
Garside 12:30 150-5 Ave
Clyola 6:30pm

06-053

April 3

06-054

April 4

06-055

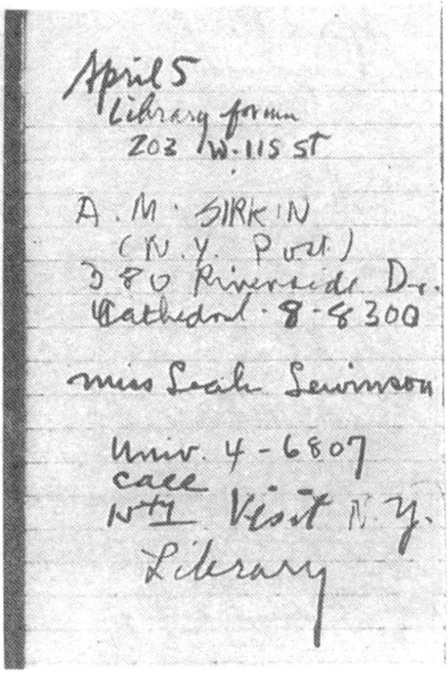
April 5
Library forum
203 W. 115 St

A. M. SIRKIN
(N.Y. Post)
380 Riverside Dr.
Cathedral 8-8300

Miss Leah Lewinson

Univ. 4-6807
call
1st Visit N.Y.
Library

06-056

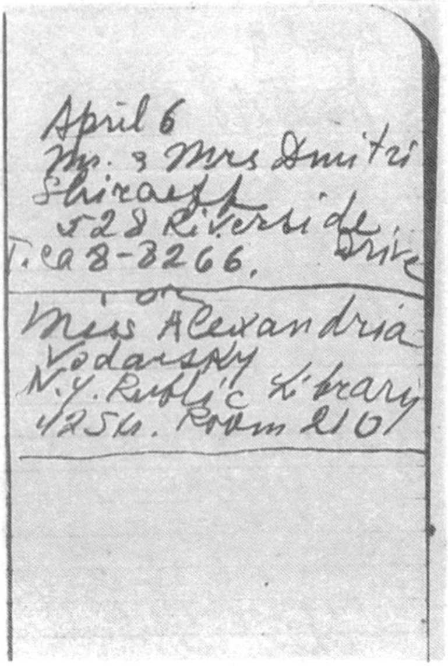

April 6
Mr. & Mrs Dmitri Shiraeff
528 Riverside Drive
T. Ca8-3266.

Miss Alexandria Vodarsky
N.Y. Public Library
42St. Room 210

06-057

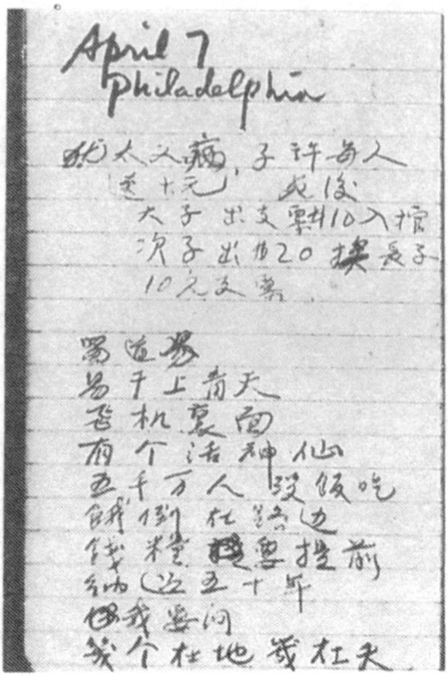

April 7
Philadelphia

某太太病，子许每人
送十元，死后
大子出支票10入棺
次子出20 换长子
10元支票

蜀道易
易于上青天
飞机[illegible]西
有个活神仙
五千万人没饭吃
饿倒在路边
钱粮要提前
纳过五十年
我要问
几个在地几在天

06-058

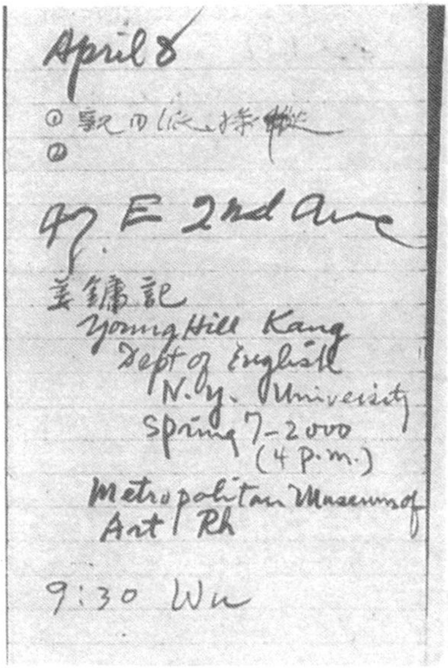

April 8
① [illegible]
②

47 E 2nd Ave

姜镛讫
Young Hill Kang
Dept of English
N.Y. University
Spring 7-2000
(4 P.M.)

Metropolitan Museum of Art Rh

9:30 Wu

06-059

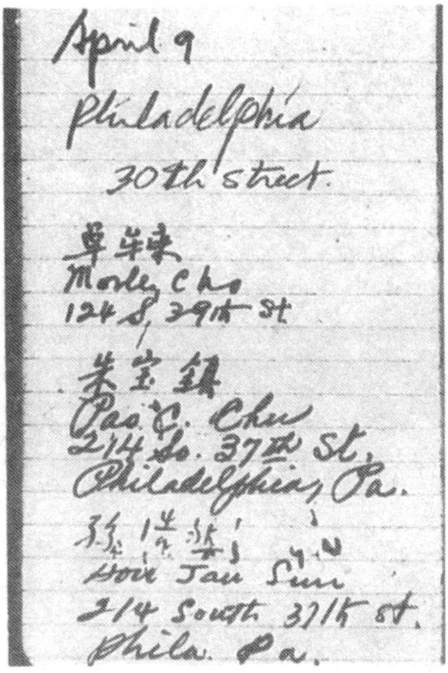

April 9
Philadelphia
30th street

卓[illegible]
Morley Cho
124 S. 39th St

朱宝钧
Pao C. Chu
214 So. 37th St,
Philadelphia, Pa.

孙[illegible]
Hou Jau Sun
214 South 37th st.
Phila. Pa.

06-060

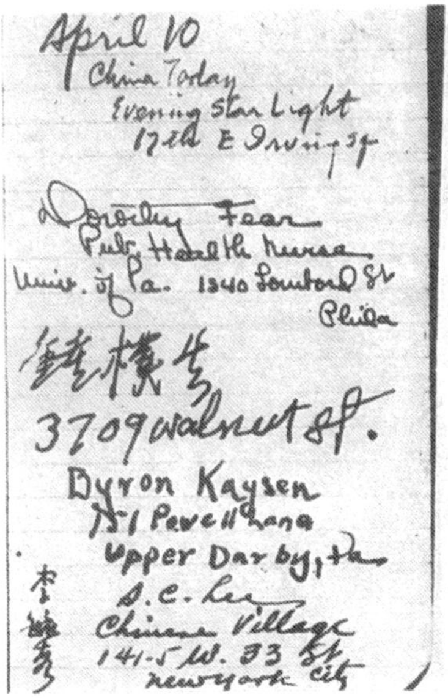
April 10
China Today
Evening Star Light
17th E Irving St
Dorothy Fear
Pub. Health nurse
Univ. of Pa. 1340 Lombard St
Phila
鍾橫生
3709 Walnut St.
Byron Kaysen
751 Parcell Lane
Upper Darby, Pa
李毓秀 S. C. Lee
Chinese Village
141-5 W. 33 St
New York City

06-061

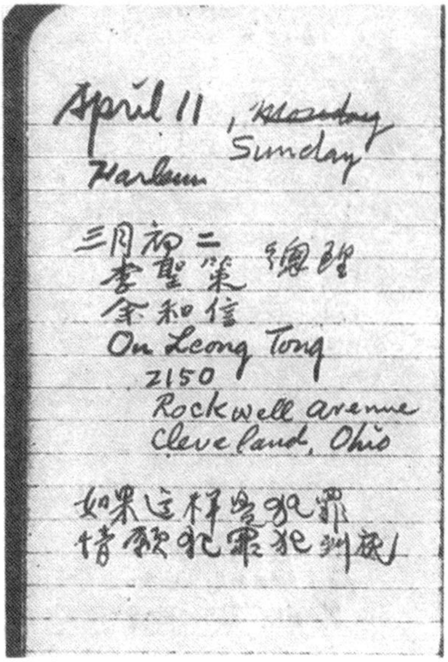
April 11, ~~Monday~~ Sunday
Harlem
三月初二
李聖策 總理
余和信
On Leong Tong
2150
Rockwell avenue
Cleveland, Ohio
如果这样是犯罪
情愿犯罪犯到底!

06-062

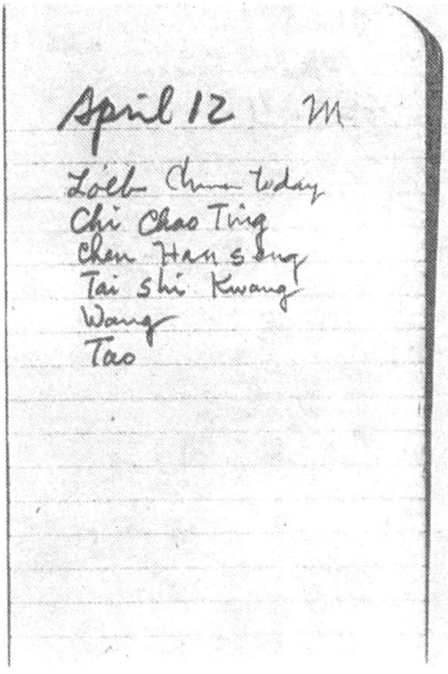
April 12 M
Loeb China Today
Chi Chao Ting
Chen Han seng
Tai shi Kwang
Wang
Tao

06-063

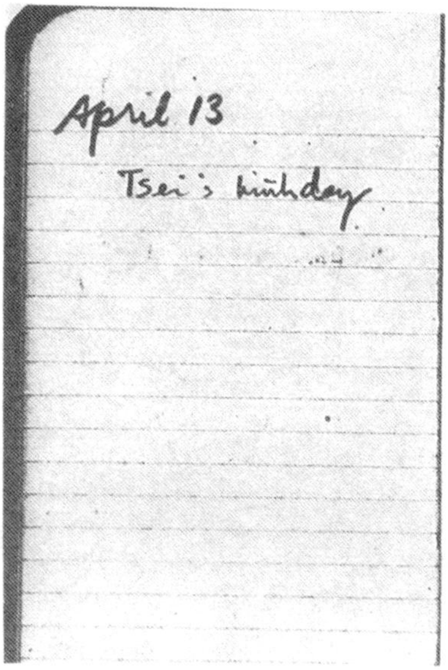
April 13
Tsei's birthday

06-064

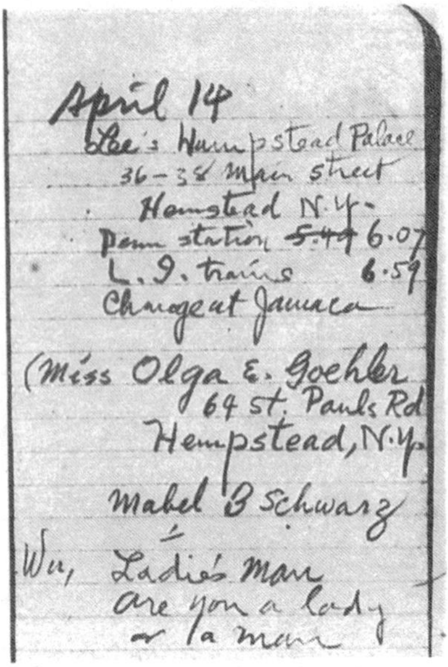
April 14
Lee's Hampstead Palace
36-38 Main street
Hemstead N.Y.
Penn station ~~5.44~~ 6.07
L. I. trains 6.59
Change at Jamaica
(Miss Olga E. Goehler
64 St. Pauls Rd
Hempstead, N.Y.
Mabel B Schwarz
Wu, Ladie's man
are you a lady
or a man

06-065

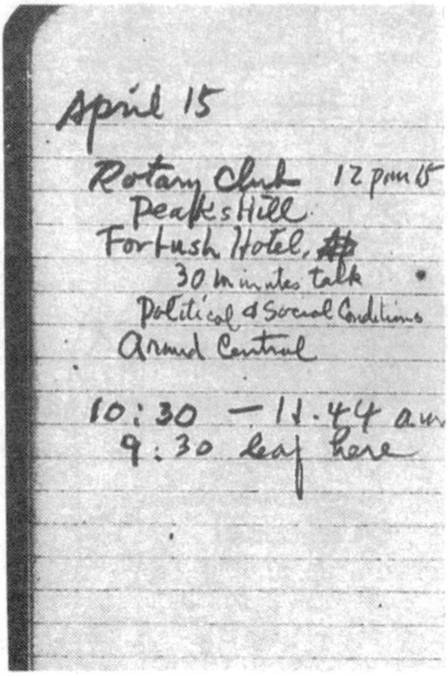
April 15
Rotary Club 12 pm 15
Peaks Hill
Fortush Hotel,
30 minutes talk
Political & Social Conditions
Grand Central
10:30 — 11.44 am
9:30 leaf here

06-066

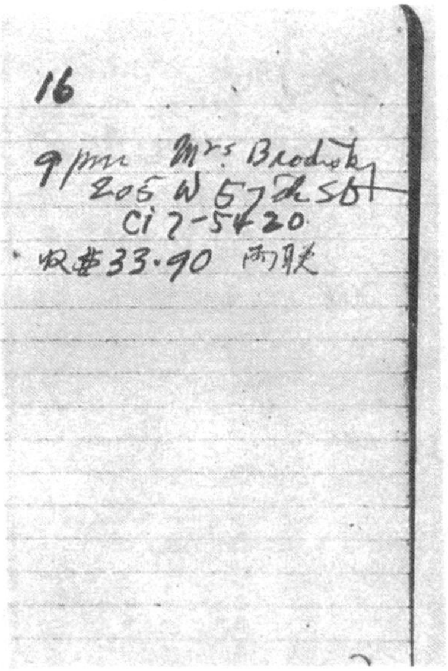
16
9 pm Mrs Brodsky
205 W 57th St
Ci 7-5420
收$33·90 两联

06-067

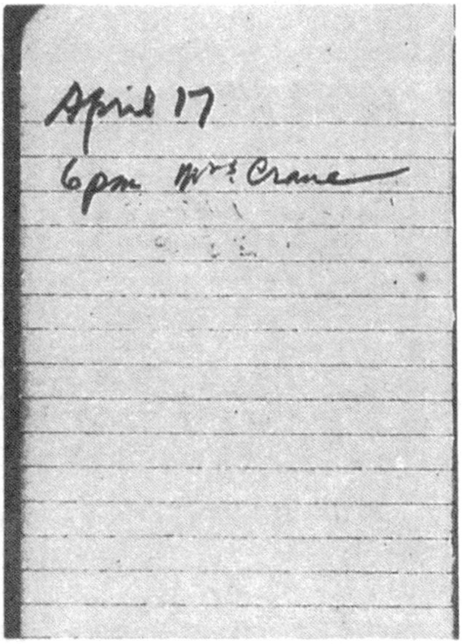
April 17
6pm Mrs Crane

06-068

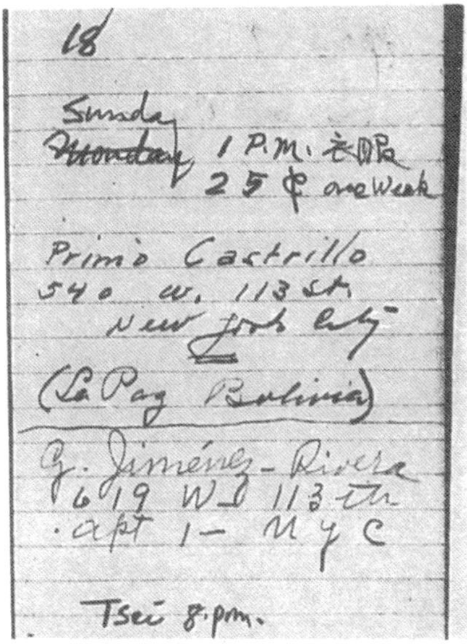
18
Sunday
Monday 1 P.M. 衣服
25 ¢ one Week
Primo Castrillo
540 W. 113 St.
New York City
(La Paz Bolivia)
G. Jiménez-Rivera
619 W. 113 th
Apt 1 — NYC
Tsai 8 p.m.

06-069

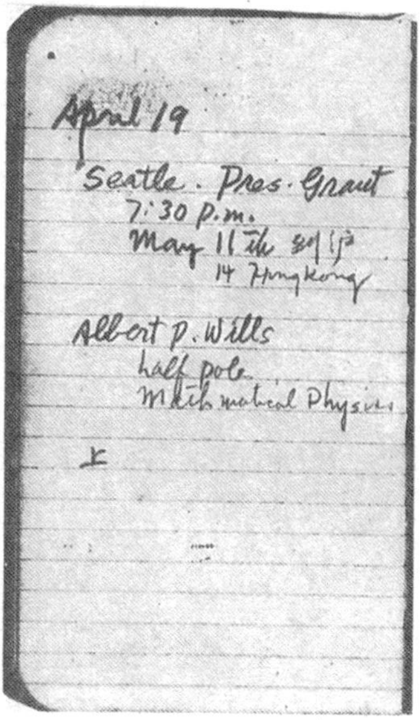
April 19
Seattle. Pres. Grant
7:30 p.m.
May 11 抵 到沪
14 Hongkong
Albert P. Wills
half pole
Mathematical Physics
上

06-070

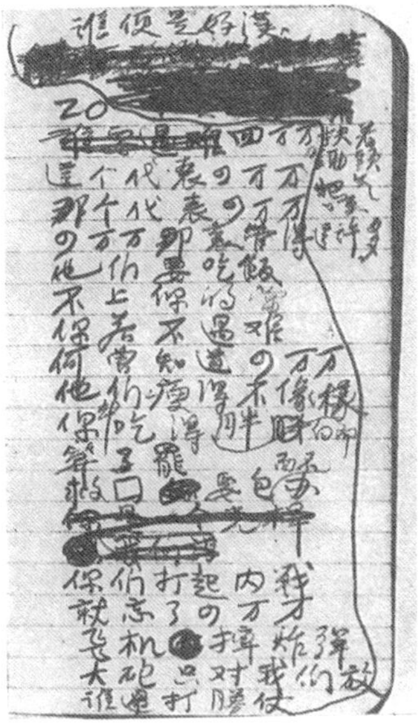
20

06-071

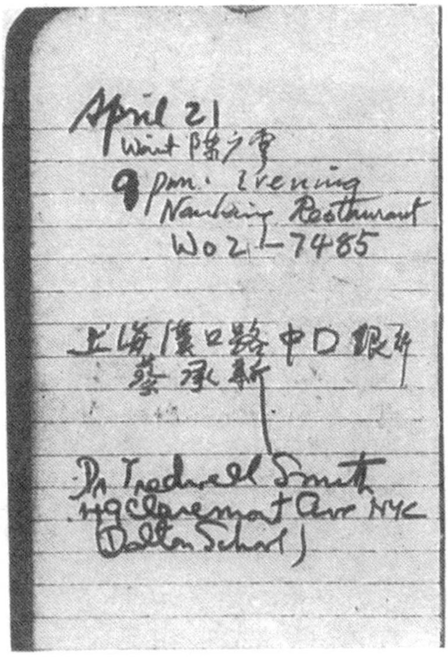
April 21
Wait
9 pm. Evening
Nanking Restaurant
WO 2-7485
上海汉口路中国银行
蔡承新
Dr. Tradwell Smith
149 Claremont Ave NYC
(Dalton School)

06-072

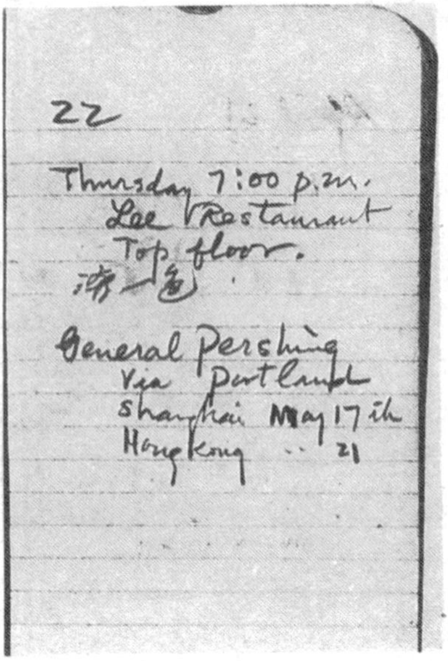

06-073

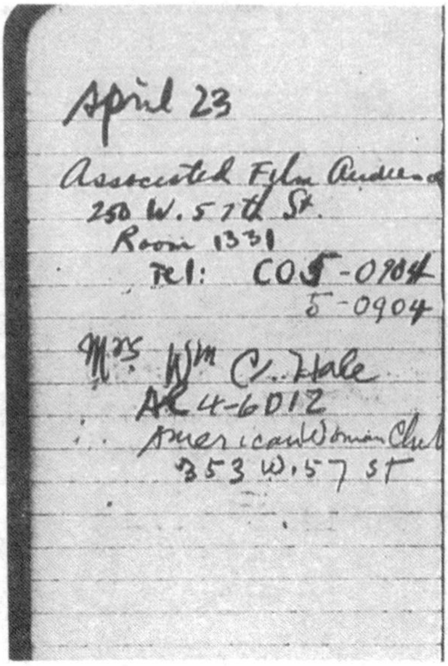

06-074

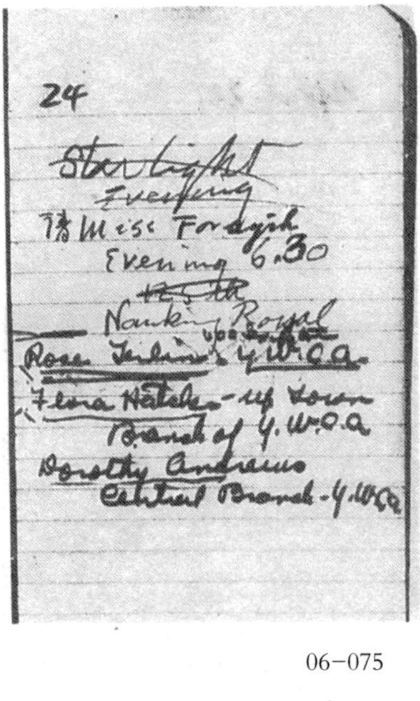

06-075

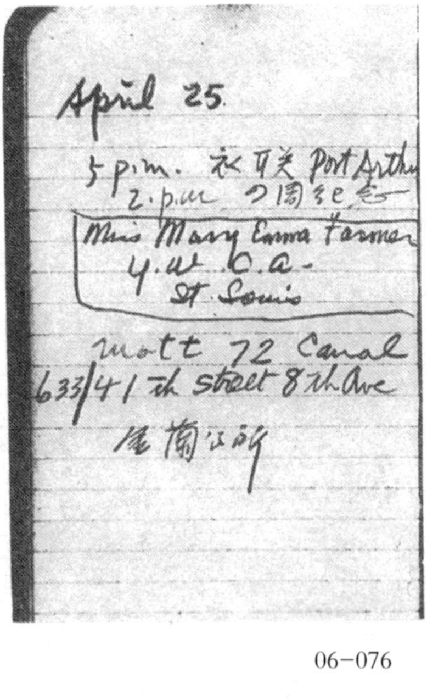

06-076

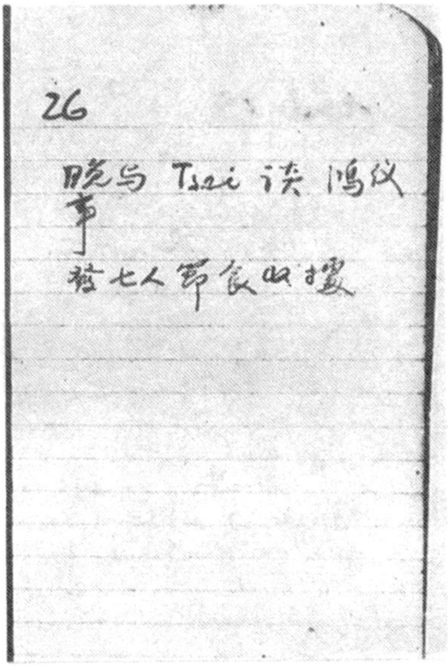

26

晚与 Tsai 谈鸿仪事

救七人节食以援

06-077

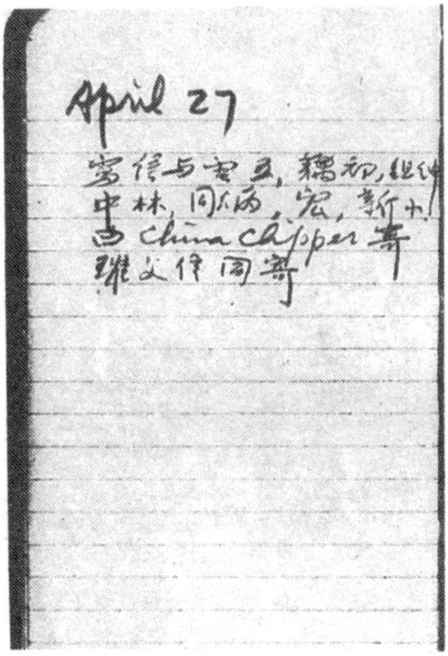

April 27

寄信与实丞，稚和，组绅、中林，同庆，宏，新知由 China Clipper 寄

谢文伸同寄

06-078

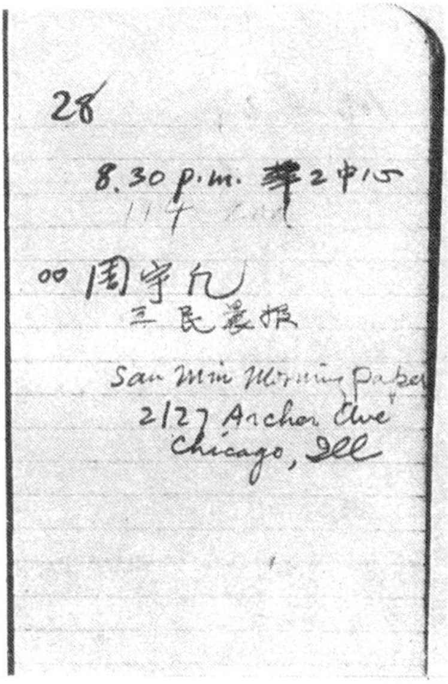

28

8.30 p.m. 华工中心

114 [illegible]

00 周宇凡

三民晨报

San Min Morning Paper

2127 Archer Ave

Chicago, Ill

06-079

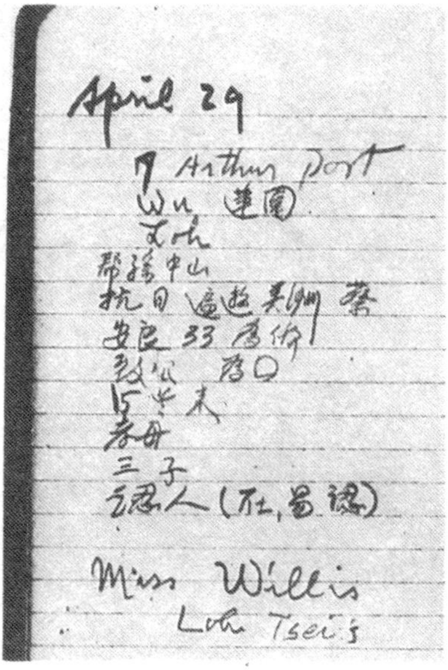

April 29

7 Arthur Port

Wu 运园

Loh

帮孙中山

抗日 遍游美洲 蔡

安良 33 广仿

致公 广田

15 半木

孝母

三子

认人（不仁，当认）

Miss Willis

Loh Tsei's

06-080

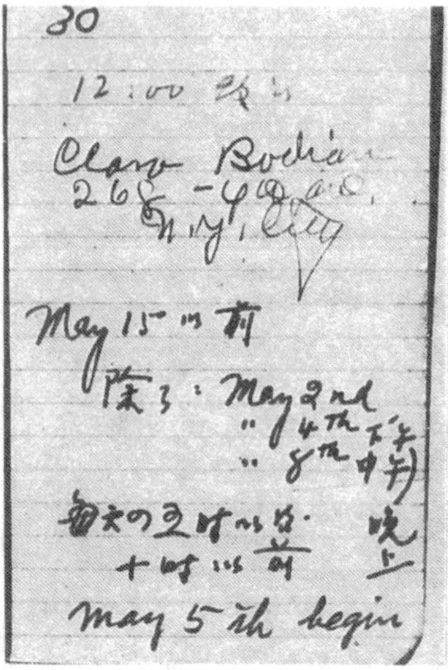

30

12:00 [illegible]

Clara Bodian
268 -49 [illegible]
N.Y. City

May 15th以前
除了：May 2nd
" 4th 下午
" 8th 中午
每天の上午[illegible]时以后 晚上
十时以前
May 5th begin

06-081

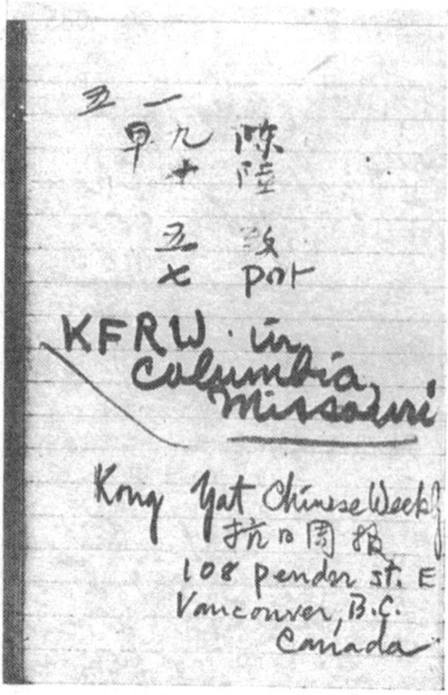

五一
早九十 陳陸
五七 致 port
KFRW in Columbia Missouri

Kong Yat Chinese Weekly
抗日周報
108 Pender St. E
Vancouver, B.C.
Canada

06-082

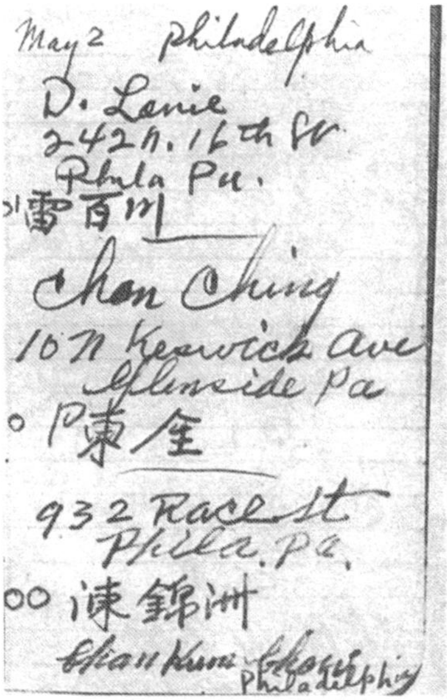

May 2 Philadelphia
D. Lanie
2424 N. 16th St
Phila Pa.
雷百川
Chan Ching
10 N Keswick Ave
Glenside Pa
陳全
932 Race St
Phila. Pa.
陳錦洲
Chan Kam Chau
Philadelphia

06-083

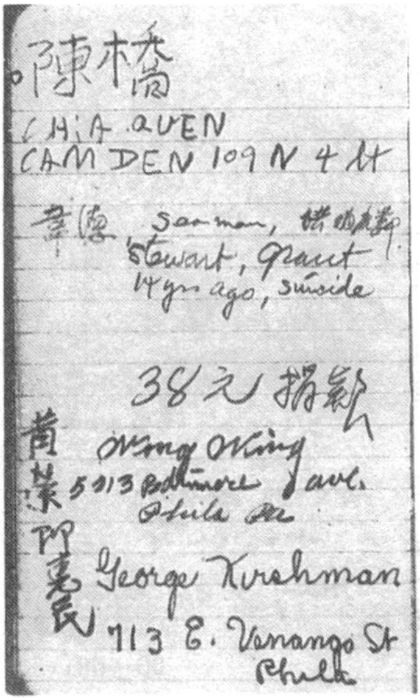

陳橋
CHIA QUEN
CAMDEN 109 N 4 St
[illegible] Sarman, [illegible]
Stewart, Grant
14 yrs ago, suicide

38元 捐款
黄業 Wong King
5313 Baltimore Ave.
Phila Pa
[illegible] George Kirshman
713 E. Venango St
Phila

06-084

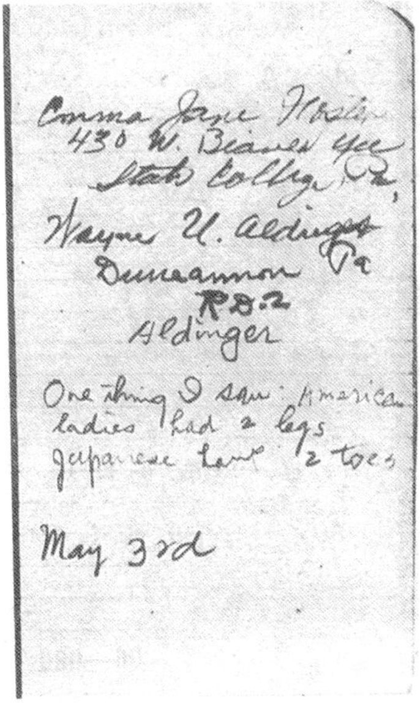
Emma Jane Martin
430 W. Beaver Ave
State College Pa,
Wayne U. Aldinger
Duncannon Pa
R.D.2
Aldinger
One thing I saw: American ladies had 2 legs
japanese have 2 toes
May 3rd

06-085

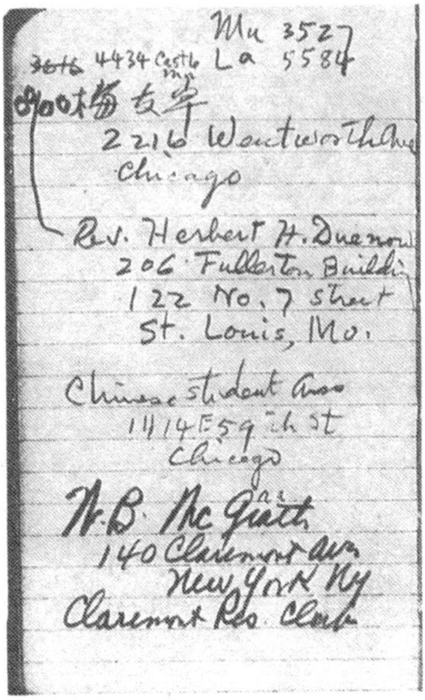
Mu 3527
3616 4434 Castle La 5584
900 梅友卓
2216 Wentworth Ave
Chicago
Rev. Herbert H. Duenow
206 Fullerton Building
122 No. 7 street
St. Louis, Mo.
Chinese student Ass
1414 E 59th St
Chicago
W.B. McGrath
140 Claremont Ave
New York Ny
Claremont Res. Club

06-086

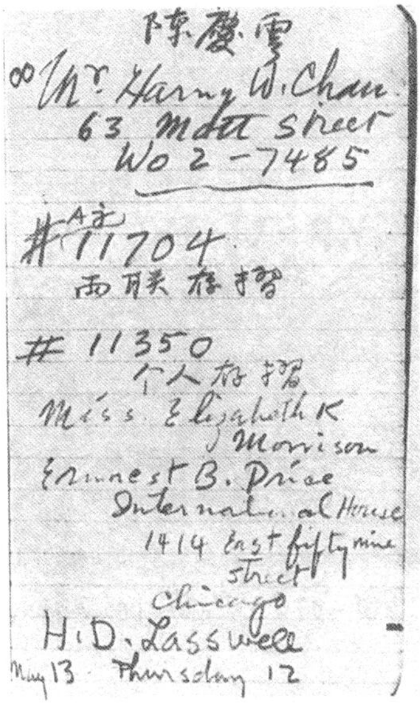
陈庆云
00 Mr. Harry W. Chan
63 Mott street
Wo 2-7485
#11704
两联存摺
#11350
个人存摺
Miss Elizabeth K Morrison
Ernest B. Price
International House
1414 East fifty nine street
Chicago
H.D. Lasswell
May 13 Thursday 12

06-087

Chee Kung Tong
apdo. Post No. 2716
Mexico, D.F.
CHEE KUNG TONG
THE FREE
CHINESE MASON
致公堂
纽约埠
20 MOTT ST.,
NEW YORK CITY
8:53 Dayton, Ohio
8:53 Richmond, Indiana.
52 miles travel
1936 Pullman ... lost
1935. 15,475,000 passengers
7 100,000,000 pass. miles

06-088

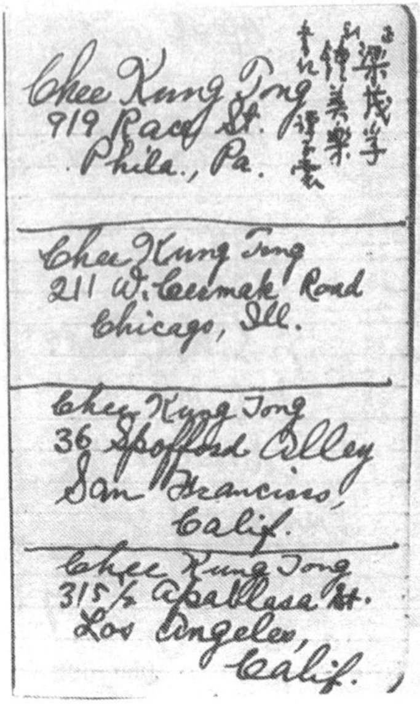
Chee Kung Tong
919 Race St.
Phila., Pa.

Chee Kung Tong
211 W. Cermak Road
Chicago, Ill.

Chee Kung Tong
36 Spofford Alley
San Francisco,
Calif.

Chee Kung Tong
315½ Apablasa St.
Los Angeles,
Calif.

06-089

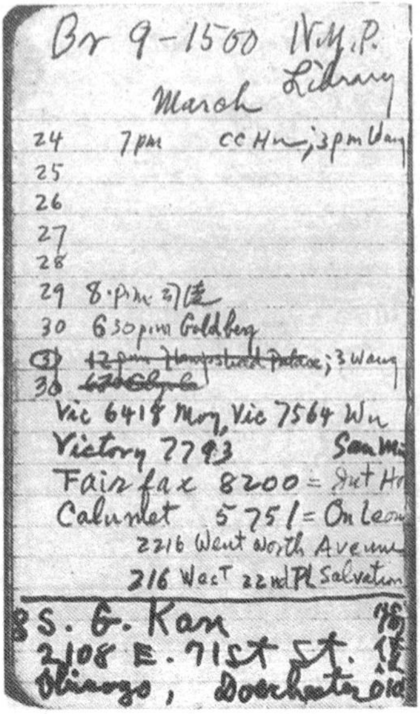
Br 9-1500 N.Y.P. Library
March
24 7pm CC Hu; 3pm Wang
25
26
27
28
29 8.pm 司徒
30 6.30pm Goldberg
31 ~~12pm Hampstead Palace~~; 3 Wang
Vic 6418 Moy, Vic 7564 Wu
Victory 7793 San Mi
Fairfax 8200 = Int H
Calumet 5751 = On Leon
2216 Wentworth Avenue
216 West 22nd Pl Salvation
S. G. Kan
2108 E. 71st St.
Chicago, Dorchester

06-090

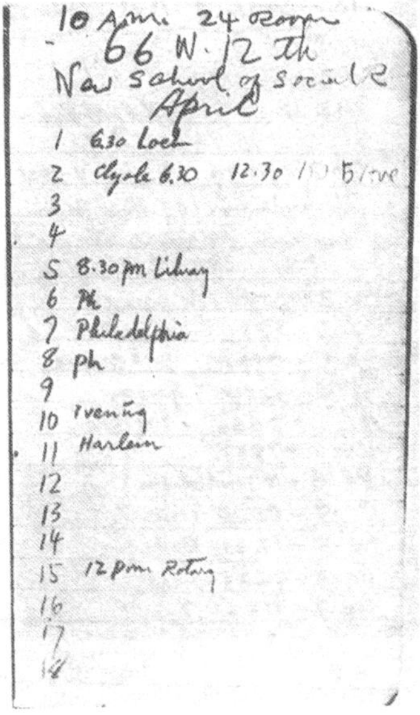
10 Am 24 Room
66 W. 12 th
New School of Social R
April
1 6.30 Loeb
2 Clyde 6.30 12.30
3
4
5 8.30pm Library
6 Ph
7 Philadelphia
8 ph
9
10 Evening
11 Harlem
12
13
14
15 12pm Rotary
16
17
18

06-091

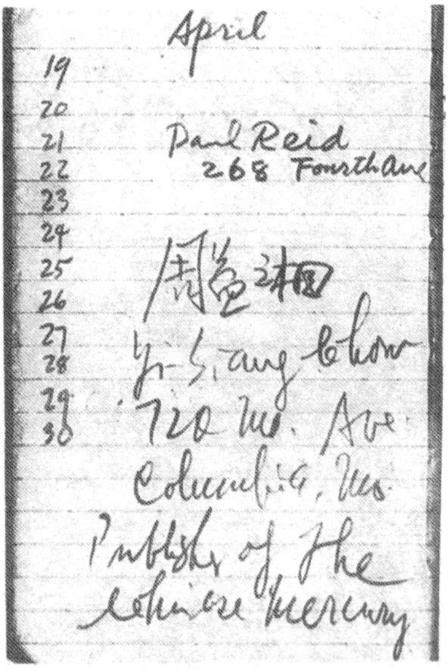
April
19
20
21 Paul Reid
22 268 Fourth Ave
23
24
25
26
27
28
29
30
720 Mo. Ave
Columbia, Mo.
Publisher of The
Chinese Mercury

06-092

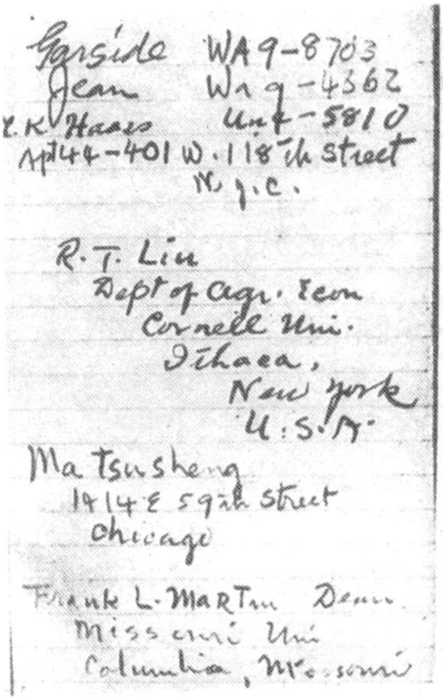
Garside WA 9-8703
Jean Wa 9-4362
Y.K. Haass Uni 4-5810
Apt 44-401 W. 118th Street
N.Y.C.

R.T. Liu
Dept of Agr. Econ
Cornell Uni.
Ithaca,
New York
U.S.A.

Ma Tsu sheng
1414 E 59th Street
Chicago

Frank L. Martin Dean
Missouri Uni
Columbia, Missouri

06-093

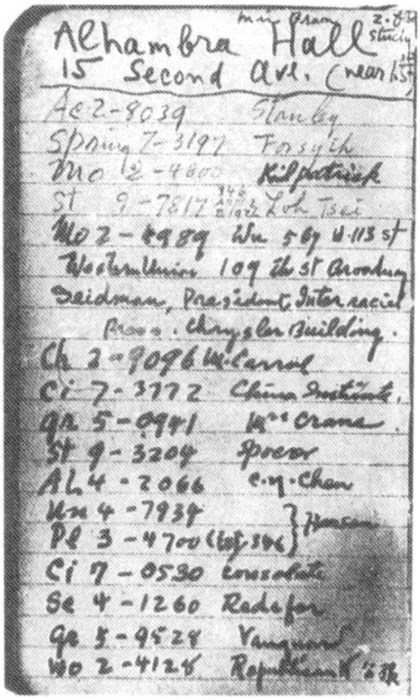
Alhambra Hall
15 Second Ave. (near 15th)
Ac 2-9039 Stanley
Spring 7-3197 Forsyth
Mo 2-4800 Kilpatrick
St 9-7817 Loh Tsai
Wo 2-4989 Wu
Western Union 109 4th St Broadway
Seidman, President Inter racial Press. Chrysler Building.
Ch 2-9096 McCarrol
Ci 7-3772 China Institute
Ga 5-0941 Mrs Crane
St 9-3204 Spencer
AL 4-2066 C.Y. Chen
Un 4-7934
Pl 3-4700 } Hansen
Ci 7-0530 Consulate
Se 4-1260 Radefer
Ga 5-9528 Vanguard
Wo 2-4128 Republican

06-094

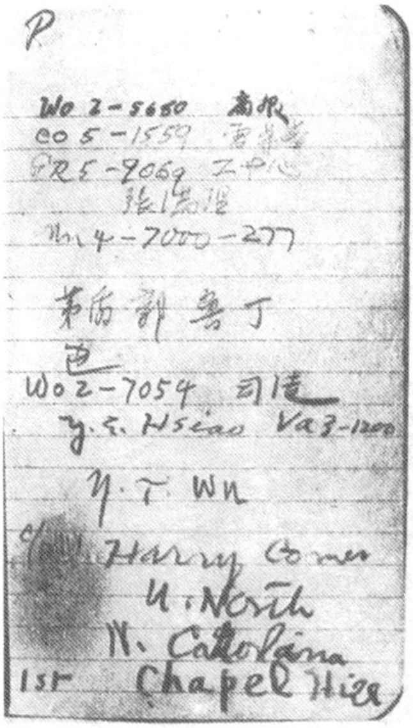
P
Wo 2-5650
Co 5-1559
Pr 5-7069
Un 4-7000-277
Wo 2-7054
Y.S. Hsiao Va 3-1200
Y.T. Wu
Harry Comer
U. North
N. Carolina
1st Chapel Hill

06-095

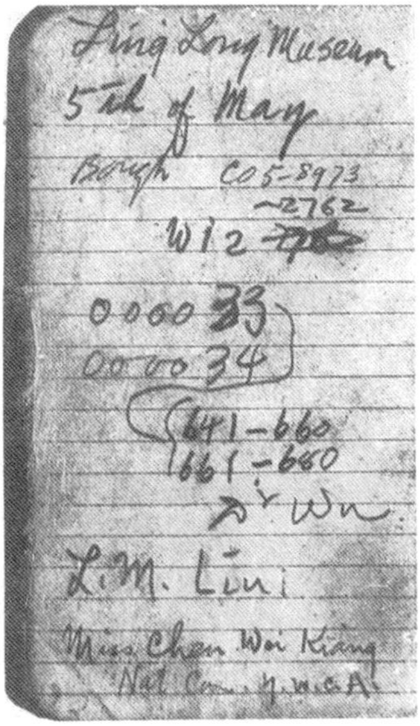
Ling Long Museum
5th of May
Bough Co 5-8973
~2762
Wi 2
00003
00034
641-660
661-680
Dr Wu
L.M. Liu
Miss Chen Wei Kiang
Nat Com. Y.W.C.A.

06-096

第六册〔注译〕

1937.1.28~1937.5.5

圣路易斯·纽约·费城

06—001

5月5日（此页系最后记）圣路易斯友人签名留址。

06—002

拉伊尼·帕克尔地址。

国际妇女争取和平与自由联盟密苏里州分会主席赵夫人及其在圣路易斯的地址

06—003

第1至2行：1月29日　下午6时半　旅顺楼　成志会

第10行起：2月4日　下午6时　纽约东52街135号女青年会伊丽莎白·哈伊小姐；2月5日　下午6时半　西89街285号中央公园卡兹夫人　HVTS；8时半　西64街2号；2月6日　下午3时　《今日中国》；2月7日　6时半　陈宅水饺，5点　HVTS

06—004

（略具体钟点、地址）　第2行起：2月10日　洲际广播电台巴特·安特列斯；2月11日　霍尔姆斯·邱奇博士；2月14日　所罗门夫人晚餐；2月17日　哥伦比亚大学师范学院国际关系；2月18日　埃斯特·卡罗尔；2月19日　司徒美堂

06—005

（略具体钟点、地址）第2行起：2月26日　女教职员俱乐部福赛斯；2月26日　俱乐部；2月28日　李梅波；3月2日　外国教士会；3月3日　卡兹俱乐部；3月4日　所罗门；3月5日　旅顺楼

06—006

3月7日　布罗迪斯基夫人；3月8日　宪政党；3月17日　旅顺楼　成志会；3月22日　伊希莫托男爵夫人；3月13日　米切尔广场3号　比克曼大楼　日本；3月14日　世界联合体；3月14日　新学校；3月18日　旅顺楼　李国钦

06—007

第3至6行：国际商用机器

公司对外部　费城地址

06—008

3 月 24 日　胡家健；3 月 25 日　扶轮社；4 月 5 日　图书馆论坛；4 月 10 日　《今日中国》《星光晚报》；4 月 11 日　哈莱姆（纽约黑人聚居区）；4 月 15 日　扶轮社；3 月 16 日　玉器商人；4 月 7 日　费城；3 月 30 日　马某；3 月 31 日　4 月 1 日　勒布

余为友人签名、留址

06—009

A.J.赫兹博士　纽约地址

B.L.施皮泽　纽约地址

伊西多尔·拉撒路　纽约地址

06—010

友人签名、纽约地址

06—013

麦克米伦

《原料的战略》　布鲁克斯·艾默尼著　1936

《列强的战略地位》

哈夫洛克·艾利斯（英国随笔作家、编辑、医师）

《新精神》

蜜蜂，蚂蚁

合作——幼年期

工具——武器

06—014 至 016

第 1 行外文：西安事变

第 4 至 5 行外文：10 架飞机轰炸渭南、三原

第 6 行外文：20 架飞机

第 12 行外文：伊利诺州

倒数第 4 行起：

要求：

1. 所有中央政府军队立即从甘肃及陕西潼关以东撤退

2. 南京政府必须重新改组，清除所有亲日分子

3. 南京政府必须支持武装抵抗日本帝国主义侵略的统一战线纲领，至少必须推迟旨在反对共产主义者的任何战争

4. 必须立即释放 11 月在上海被捕的全国救国会的爱国领袖，保证中国人民应有言论、新闻、集会、结社的自由

5. 南京政府必须改变外交政策，必须遵循孙逸仙博士的遗嘱，必须联合国内各民族及全世界以平等待我之民族共同奋斗，以求民族解放

6. 西北的政治及军事事务，应委托张学良元帅杨虎城将军处理

06—017、018

蒋介石：

“从 12 月 12~25 日，内战的责任应由你们承担。从 12 月 25 日以

后，内战的责任由我承担。我不需要任何内战，不需要任何与共产主义者发生的内战。”

12月1日　共产党

1. 南京政府的所有武装力量，必须开往绥远及山西抵抗日本军队的侵略

2. 停止对红军的内战

3. 保障人民的公民权利

4. 释放一切政治犯

5. 召开全国所有反对日本帝国主义的救国代表大会

12月24日　代表们、共产党代表们、革命派带来了社会的改革和民主的权利

“双十二”是抗日先锋们戏剧性的一场社会表演

木匠们、瓦匠们也都组织起来了

06—019

第3行外文：克兰恩夫人

06—020至022

伯爵的演讲《今日欧洲》

1937年2月17日

1. 局势紧张——非常紧张，我们在局外，并非孤立　党派制

2. 战争似乎不可避免

（1）扩军，英国一年的军事预算，两倍于1914年的全部预算。国际联盟在

（2）阴暗面：放弃政治的赞同技术的　当战争再来时战后

（3）第一次世界大战后的三次侵略行动　a. 征服满洲　b. 埃塞俄比亚　c. 西班牙　外国部队调动，始终怂恿，不干涉。下一步是捷克、拉脱维亚、奥地利

（4）战争，革命思想的传播，列强增加　340,000,000　25年计划

（5）意大利法西斯主义的出现　唯物主义与唯心主义　国际主义与民族主义　反私有制与保护私有制　任何一方不会放弃　解放民主、议会制历史：种族斗争　日耳曼民族到哪里，哪里就有侵略

（6）另一危机正要来临，现已证明，未为另一危机的来临作好防备

06—023、024

和平

a. 大英帝国需要和平

b. 苏联需要增强和平

c. 日耳曼人与意大利人在奥地利问题上的互相猜忌，我们要信任，墨索里尼举棋未定

d. 法西斯国家之间的内部纷争　德意志承受不了

e. 国际共产主义运动的分裂

f. 凡尔赛和约的撕毁

德、日、意争夺原料和市场的激烈斗争

荼福恩

威尔麦特先生

06—025

A.P.阿劳若　华盛顿、墨西哥地址

《玛雅人》的作者　哥伦比亚大学

95%类似蒙古人与尤坦卡人之间

拉雷多　得克萨斯

新拉雷多　塔毛利帕斯（新拉雷多在墨西哥境内，与拉雷多隔河相望）

06—026

第1行：4月或5月

06—027

倒数第2行：国际楼

06—029

末4行英文：W.E.霍金

地址

詹文浒先生

06—030

24日下午8时　第8街

25日下午8时　第2街144号

广东食品店　地址　雷宜泮

06—031

鲁歇·阿里夫　地址

克莱因　纽约地址　为了新文字

黄一梦　纽约地址

06—032

霍金夫人　哈佛大学霍金教授转交

爱默斯特·O.豪斯博士地址

06—033

上海东方出版社地址

06—034

第3至5行：《中国日报》纽约地址

06—038

第1至5行：5月4日　1937年

玛瑞·赵　地址

06—039、040

《镰刀歌》英译文

06—042

第1行：3月21日

第3行：下午5时　璀

06—043

第1至3行：签名、留址

第4行起：3月31日至4月2日　6时30分

第4月2日　12时30分　第五大街150号　加锡德先生

06—044

3月24日　下午7时　胡家健

下午3时　王

阿朗左·勃瑞斯科　哲学博士

哥伦比亚大学俱乐部

06—045

3月25日　奥斯卡·A.罗斯基哥洛斯　地址

06—046、047

这两页为签名、地址

06—049

第3行：6：30　在《纽约公报》晚餐

06—050

3月30日　下午6时半　戈尔贝登　地址

06—051

3月31日　下午6时　洪考布地址

W.Y.翁　纽约地址

06—052

4月1日　6时　勒布地址

06—053

4月2日　12时半　加锡德下午6时半　克利奥尔

06—056

4月5日

图书馆论坛　地址

A.M.锡尔金　纽约邮局　地址

利亚·莱文森小姐　纽约地址

06—057

4月6日　迪米特里·雪利叶夫先生及夫人

亚历山大里亚·佛达斯基女士纽约公众图书馆　地址

06—058

4月7日费城

06—059

第1行：4月8日

第6至7行：纽约大学英文系

第10至11行：大都会艺术博物馆

06—060

第1至3行：4月9日费城30街

余为3人地址

06—061

第1至8行：4月10日　《今日中国》《星光晚报》　地址

多罗赛·费尔　宾夕法尼亚大学公共卫生护士　地址

余为钟朴生、拜伦·凯森、李毓秀　地址

06—062

第1至3行：4月11日　星期日　哈莱姆

第7至10行：安良堂　俄亥俄州克利夫兰洛克韦尔大街2150号

06—063

4月12日　《今日中国》

勒布　冀朝鼎　陈翰笙　邝部锡　王　陶

06—064

4月13日　璀的生日

06—065

4月14日　李的汉普斯德宫纽约地址　行车时刻

奥尔加·戈勒女士　纽约地址

梅波·施瓦茨

吴，女性化的男士，你是女士还是男士?

06—066

4月15日　12时15分　扶轮社　30分钟的谈话　围绕中央的政治与社会状况

10：30至11：44到达　9：30离开这里

06—067

4月16日　下午9时布罗迪斯基夫人　地址　收

33.90美金　两联（指全联、学联）

06—068

4月17日　下午6时　克兰恩夫人

06—069

星期日　下午1时衣服　每月25美分

普里莫·卡斯特里洛　纽约地址

G.吉梅内斯·里韦拉　纽约地址

下午8时　璀

06—070

4月19日　格兰特号海轮　下午7时30分到西雅图，5月11日到沪，14日到香港

阿伯特·威尔斯　数学物理

06—072

第1至5行：4月21日　晚9时　南京饭店等陈广云

末3行：史密斯博士　纽约地址　道尔顿学校

06—073

星期四　下午7时　李氏饭店顶层　清一色

潘兴将军号轮　经波特兰市5月17日到上海，21日到香港

06—074

4月23日

电影观众协会　地址

威廉·里尔夫人　美国妇女俱乐部　纽约地址

06—075

晚6时半南京皇家饭店请福赛斯小姐

露丝·詹森　女青年会

弗罗拉·哈克　女青年会分会

多罗赛·安德鲁斯　女青年总会

06—076

第4至6行：玛丽·爱麦小姐圣路易斯女青年会　地址

第7至8行：金兰公所地址

06—078

第3行“中林”即张宗麟，新小即新安小学

第4行外文：飞剪号水上飞机

06—079

末3行：《三民晨报》　芝加哥地址

06—080

末2行：威利斯女士　陆璀的

06—081

第3至5行：克莱尔·博迪安　地址

余为5月15日前的安排

06—082

第6至8行：KFRW在哥伦比亚，密苏里州

末5行：《抗日周报》加拿大温哥华地址

06—083

第1行：5月2日　费城

余为友人签名、留址

06—084

第5至6行：格兰特·斯图尔特14年前自杀

余为签名、留址

06—085

埃默·J.哈斯特　伊塔学院　地址

瓦格纳·U.奥尔丁格地址

我发现：美国妇女有两条腿，日本妇女有两个脚趾

5月3日

06—086

第7至10行：赫伯特·H.杜克罗牧师　密苏里州圣·路易斯地址

第 11 至 13 行：中国留学生协会　芝加哥地址

末 4 行：N.B.努古斯　纽约地址

06—087

第 10 行起：伊丽莎白·K.莫里森小姐

恩斯特·B.普赖斯　国际楼　芝加哥地址

H.D.拉斯韦尔　（美国政治学家）

5 月 13 日　星期四　12

06—088、089

墨西哥、纽约、费城、芝加哥、旧金山、洛杉矶等地致公堂地址

06—090

本页为 3 月部分日程、纽约大众图书馆等的通讯录

06—091

本页为 4 月日程、新学校地址

06—092

第 4 至 5 行：保罗·里德地址

余外文为：周益湘　地址《中国信使》发行者

06—093

本页为密苏里大学教务长弗兰克·L.马丁和芝加哥、纽约等友人通讯地址

06—094

本页为斯坦利、福赛斯、基尔帕特里克、陆璀、西方联盟、M.卡罗尔、中华学会、克兰恩夫人、C.Y.陈、陈翰笙、雷德菲尔等电话号码

06—095、096

此页为友人通讯录

衔备忘

第 七 册

1937.5.12~1937.6.2

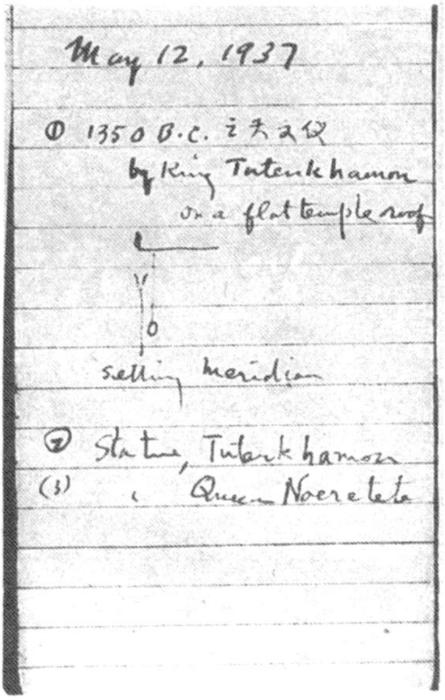

May 12, 1937

① 1350 B.C. 之天文仪
by King Tutenkhamon
on a flat temple roof

setting meridian

② Statue, Tutenkhamon
(3) " Queen Noeretete

07-001

1 Write to Haster
2 22号 to Mexico
3 超然 准備

07-002

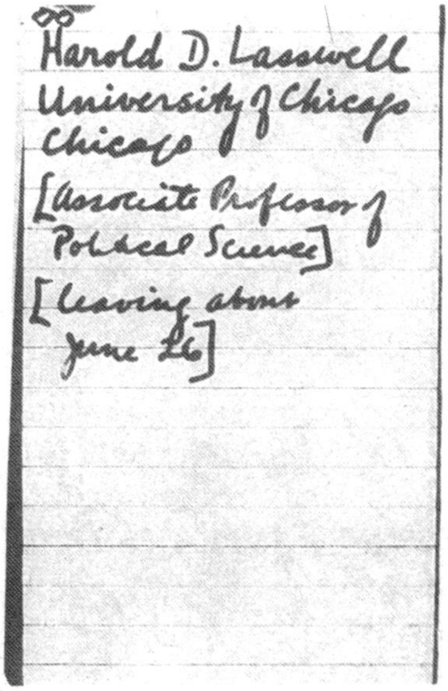

Harold D. Lasswell
University of Chicago
Chicago
[Associate Professor of
Political Science]
[leaving about
June 26]

07-003

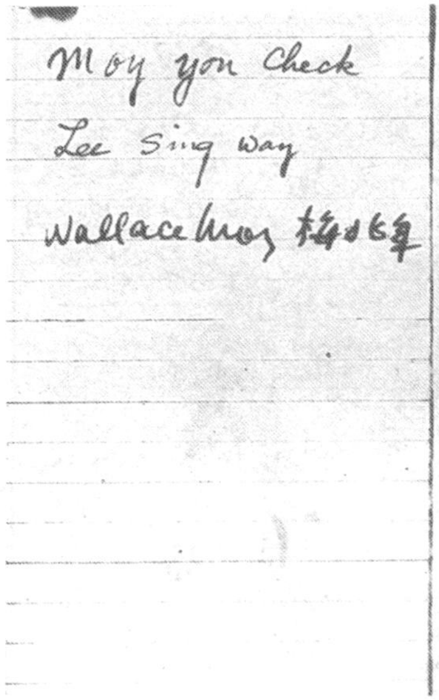

Moy you Check
Lee Sing way
Wallace Moy 梅[illegible]长[illegible]

07-004

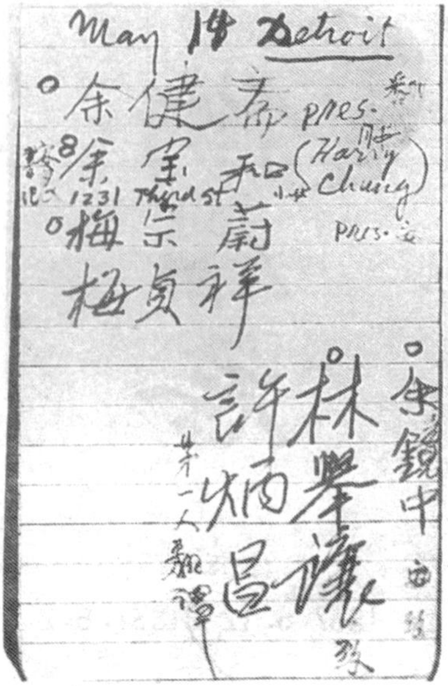
May 14 Detroit
余健泰 pres.
余宗和 (Harry Chung) 1231 Third St
梅宗蔚 pres.
梅贞祥
余镜中
林举让
许炳昌

07-005

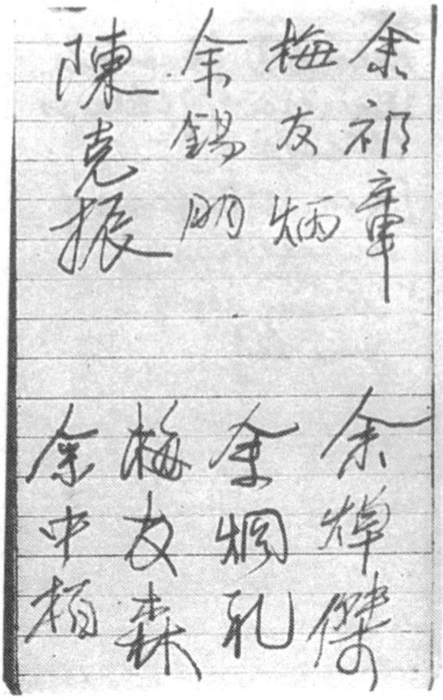
余祁章
梅友炳
余锡鹏
陈克振
余焯杰
余炯孔
梅友森

07-006

Paul James Ye
Just like my boy

07-007

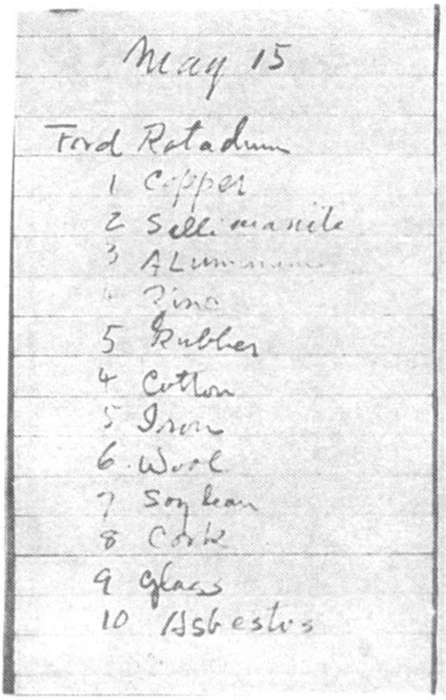
May 15
Ford Rotadum
1 Copper
2 Sellimanite
3 Aluminum
5 Rubber
4 Cotton
5 Iron
6 Wool
7 Soybean
8 Cork
9 Glass
10 Asbestos

07-008

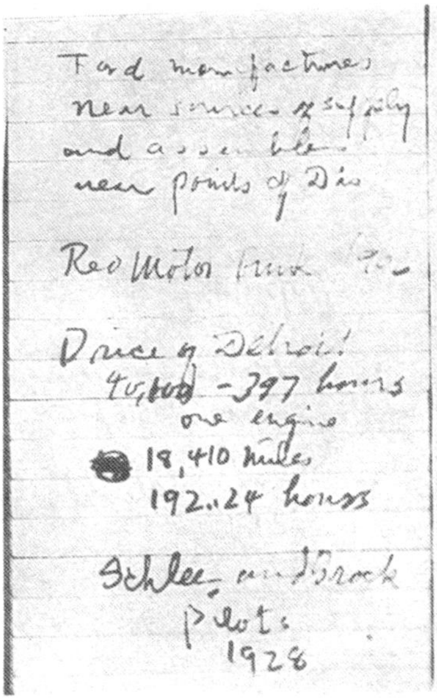
Ford manufactures
near sources of supply
and assemble
near points of Dis
Reo Motor truck Co.
Drive of Detroit
40,000 - 797 hours
one engine
18,410 miles
192.24 hours
Schlee and Brock
pilots
1928

07-009

Byrd Antarctic
Exp
3 engine

07-010

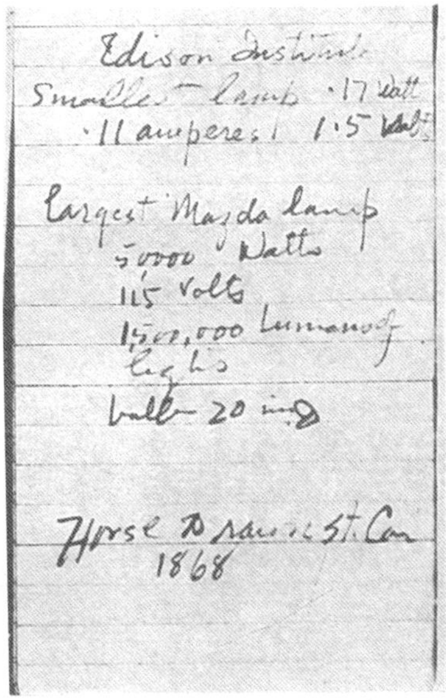
Edison Institute
Smallest lamp .17 watt
.11 amperes 1.5 volts
Largest Mazda lamp
50000 watts
115 volts
1,500,000 lumens of
lights
bulb 20 in
Horse Drawn St. Car
1868

07-011

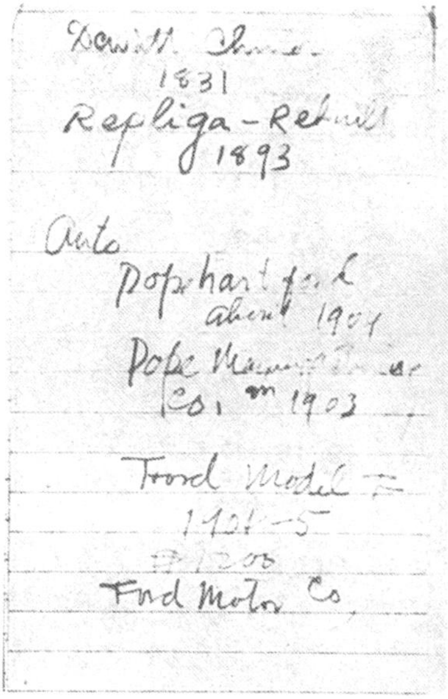
Dewitt Clinton
1831
Repliga - Rebuilt
1893
Auto
Popehart ford
about 1904
Pope Manufacturing
Co. 1903
Ford Model T
1908
Ford Motor Co.

07-012

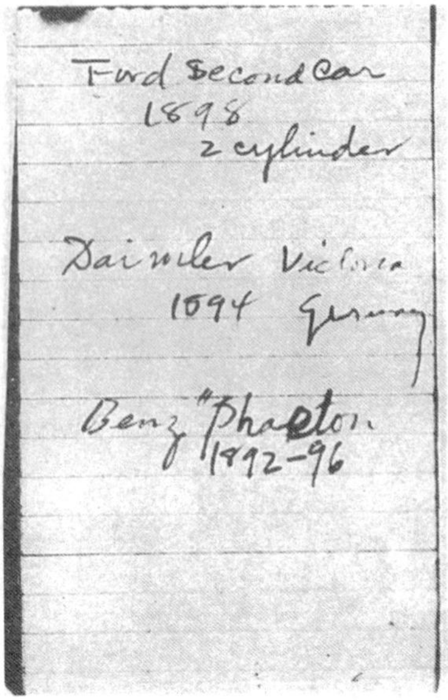
Ford Second Car
1898
2 cylinder
Daimler Victoria
1894 Germany
Benz "Phaeton
1892-96

07-013

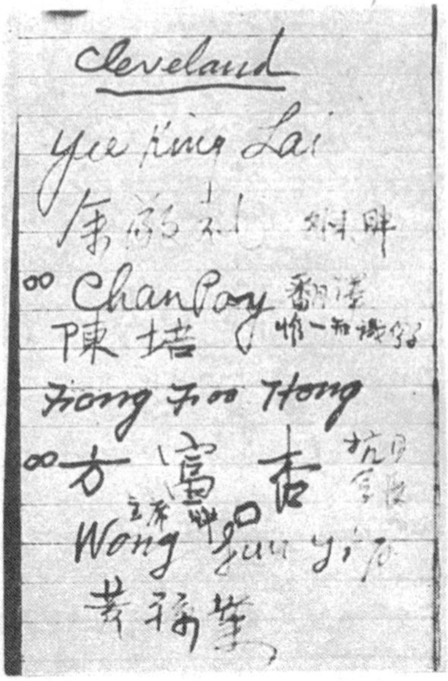
Cleveland
Yee King Lai
余敬礼
oo Chan Poy 翻译
陳培
Fong Foo Hong
oo 方富杏 抗日
Wong
黄福華

07-014

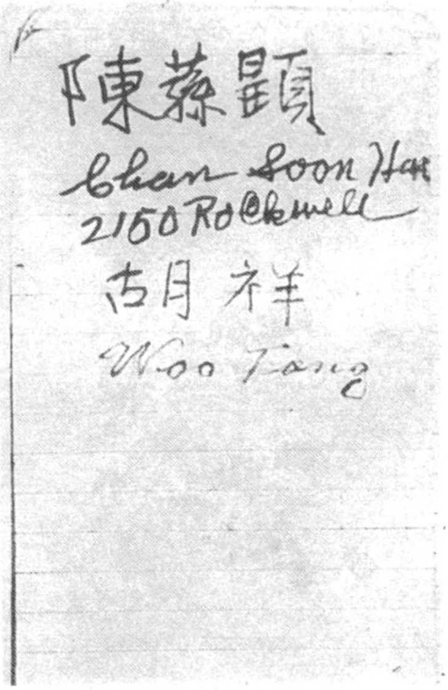
陳蒜顯
Chan Soon Har
2150 Rockwell
胡祥
Woo Tang

07-015

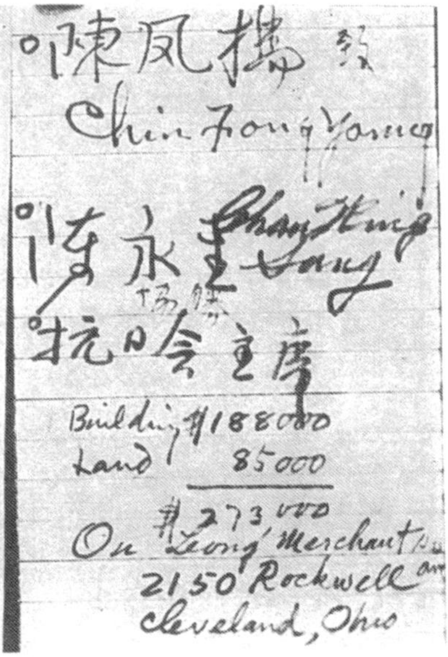
陳凤樨
Chin Fong Yaang
陳永生 Chan Wing Sang
协胜
抗日会主席
Building $188000
Land 85000
$273,000
On Leong Merchant Ass
2150 Rockwell Ave
Cleveland, Ohio

07-016

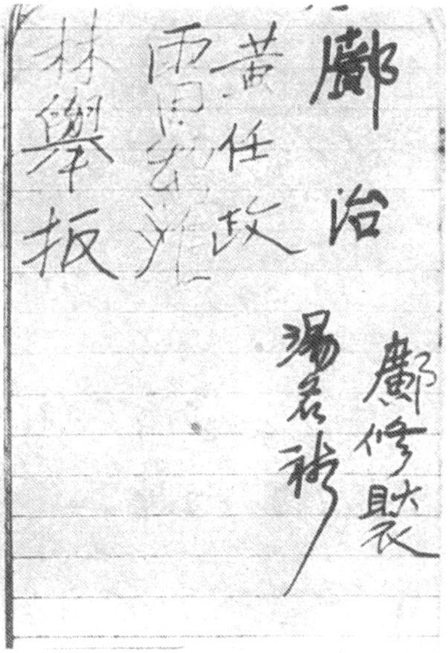

07-017

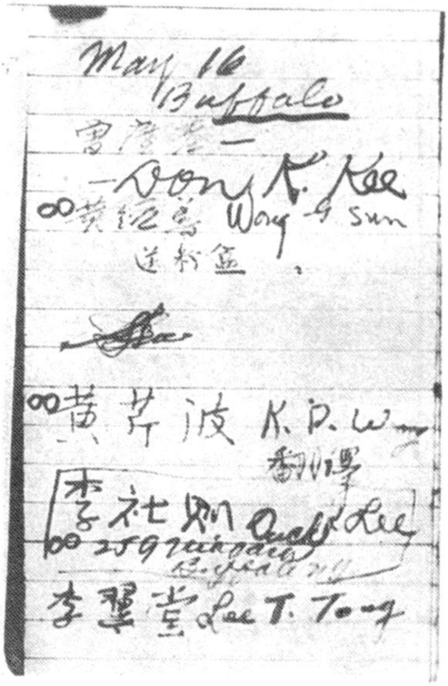

07-018

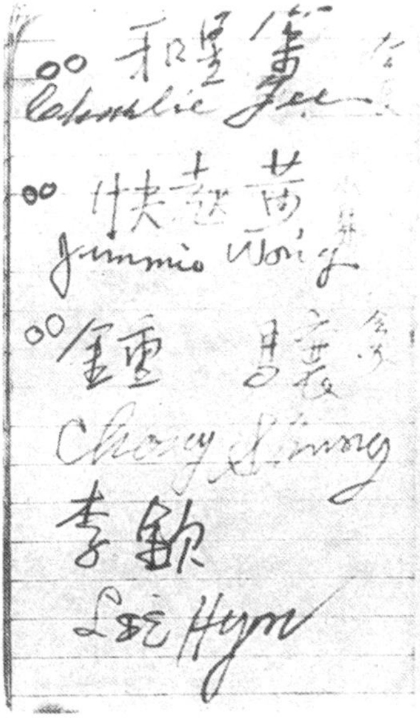

07-019

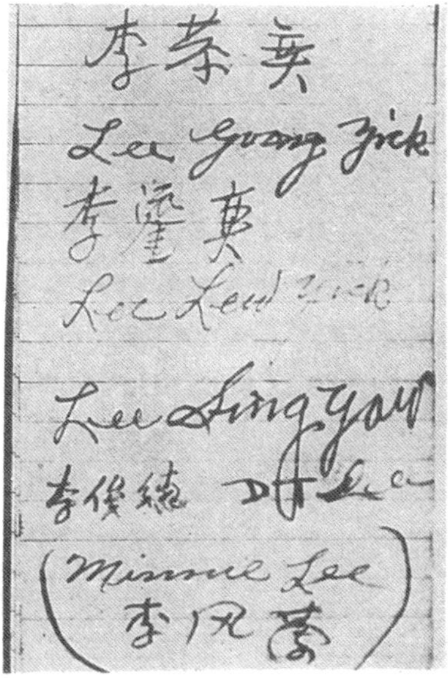

07-020

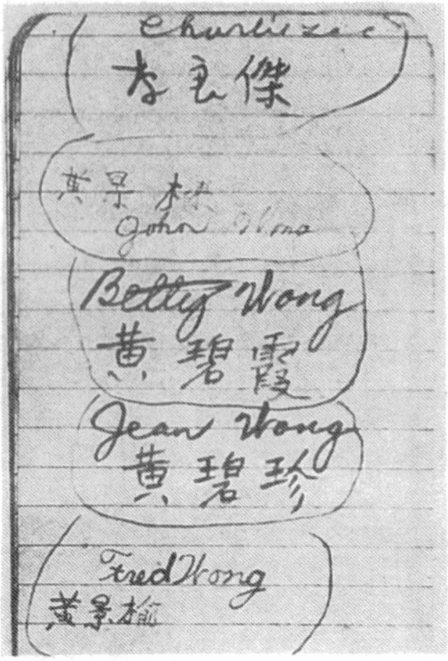
Charlie Lee
李[illegible]傑
黄景林
John Wong
Betty Wong
黄碧霞
Jean Wong
黄碧珍
Fred Wong
黄景[illegible]

07-021

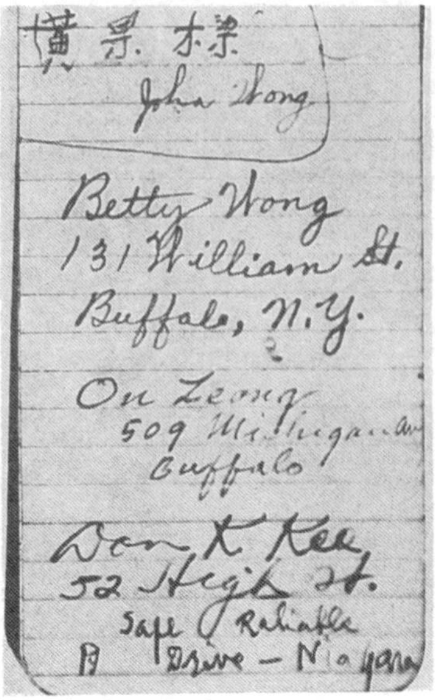
黄景[illegible]
John Wong
Betty Wong
131 William St.
Buffalo, N.Y.
On Leong
509 Michigan Av
Buffalo
Don K. Kee
52 High St.
Safe Reliable
Drive — Niagara

07-022

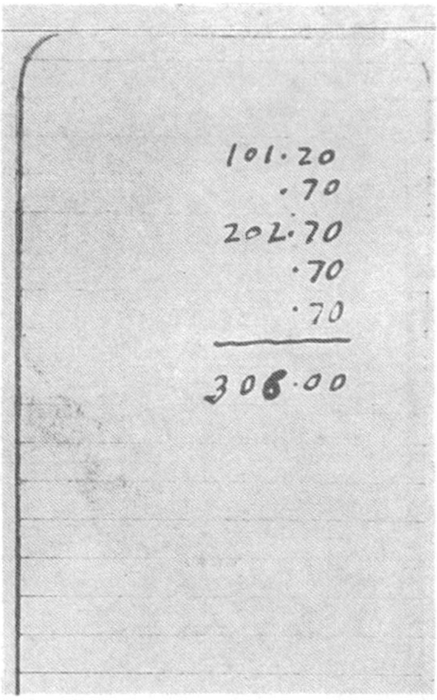
101.20
.70
202.70
.70
.70
306.00

07-023

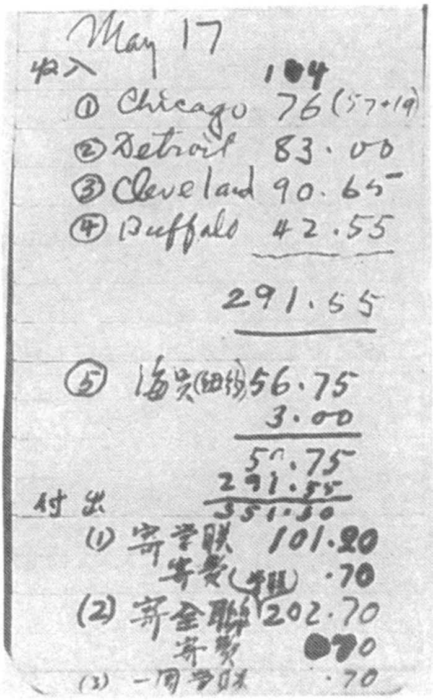
May 17
收入 104
① Chicago 76 (57+19)
② Detroit 83.00
③ Cleveland 90.65
④ Buffalo 42.55
291.55
⑤ 海员(纽约) 56.75
3.00
5[illegible].75
291.55
[illegible]
付出
(1) 寄学联 101.20
寄费([illegible]) .70
(2) 寄全联 202.70
寄费 .70
(3) 一同学联 .70

07-024

陶行知全集

衔备忘第七册（1937.5.12~1937.6.2）

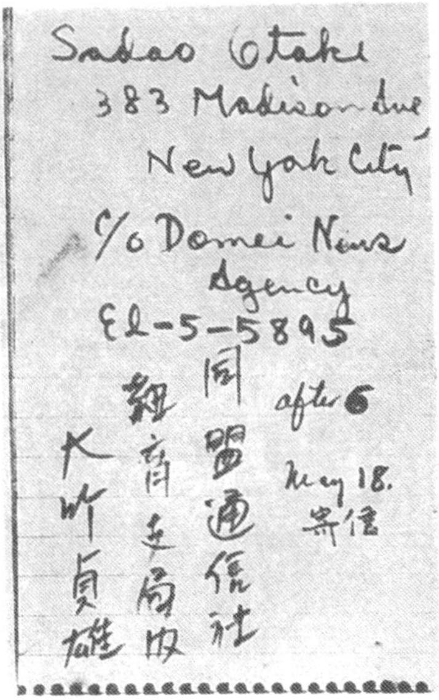
Sabao Otake
383 Madison Ave
New York City
c/o Domei News Agency
El-5-5895
after 6
同盟通信社
纽育支局收
大竹貞雄
May 18. 寄信

07-025

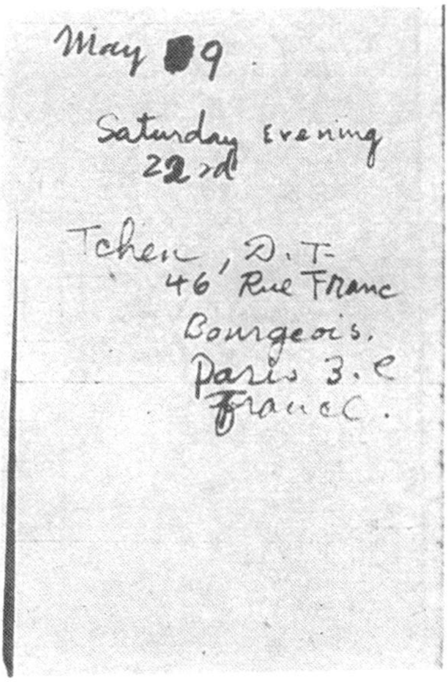
May [illegible]9
Saturday evening
22nd
Tchen, D.T.
46 Rue Franc
Bourgeois.
Paris 3.e
France.

07-026

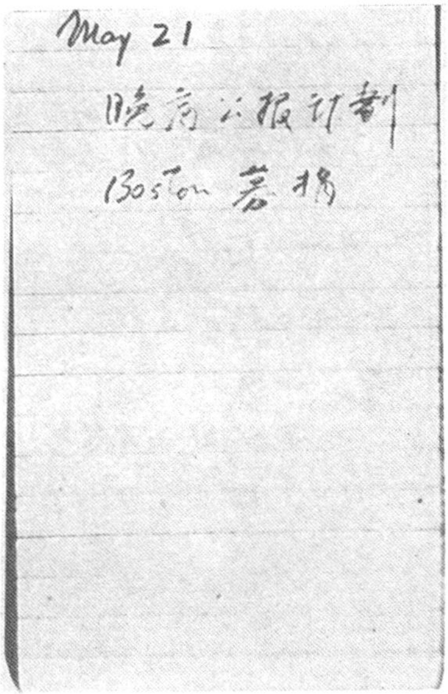
May 21
晚看公报计划
Boston 募捐

07-027

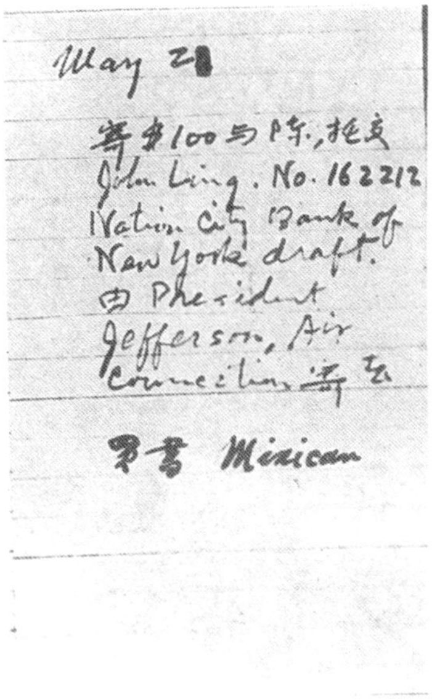
May 2[illegible]
寄$100与陈，抵支
John Ling. No. 162212
Nation City Bank of
New York draft.
由 Phesident
Jefferson, Air
connection 寄去
罗书 Mixican

07-028

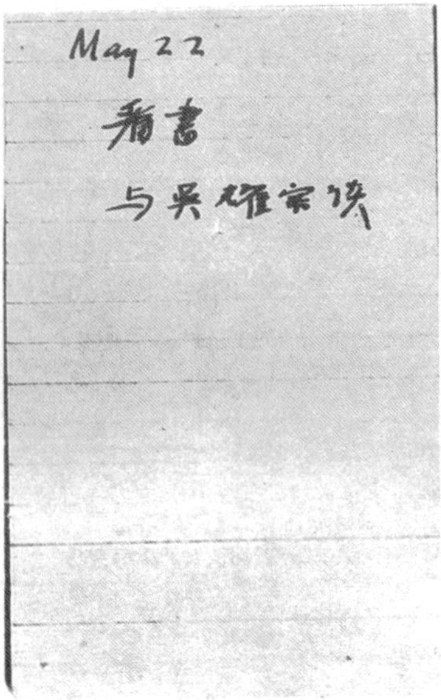
May 22
看书
与吴耀宗谈

07-029

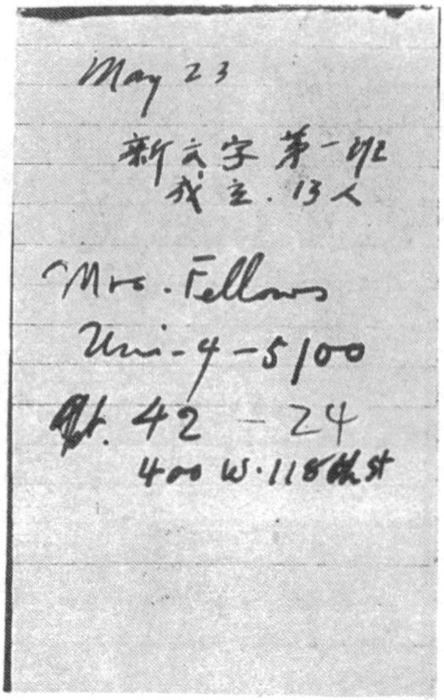
May 23
新文字第一次
成立. 13人
Mrs. Fellows
Uni-4-5100
Apt. 42-24
400 W. 118th St

07-030

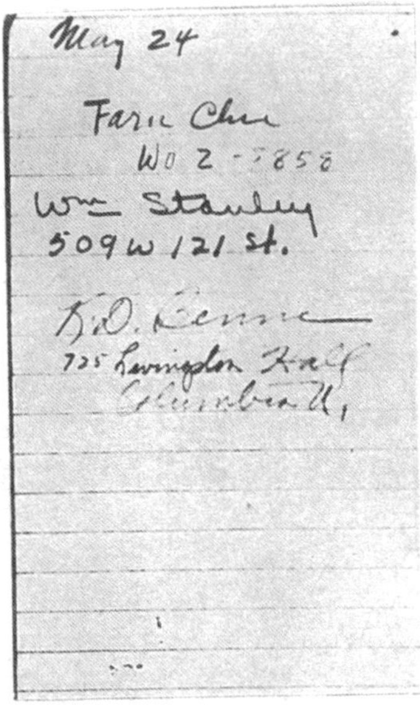
May 24
Farn Chu
WO 2-5858
Wm Stanley
509 W 121 St.
K.D. Bennie
725 Livingston Hall
Columbia U.

07-031

May 25
Ca 8 5640

07-032

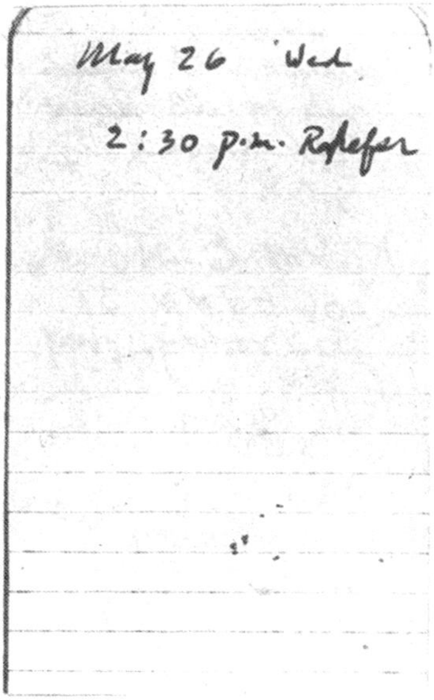
May 26 Wed

2:30 p.m. Rofefer

07-033

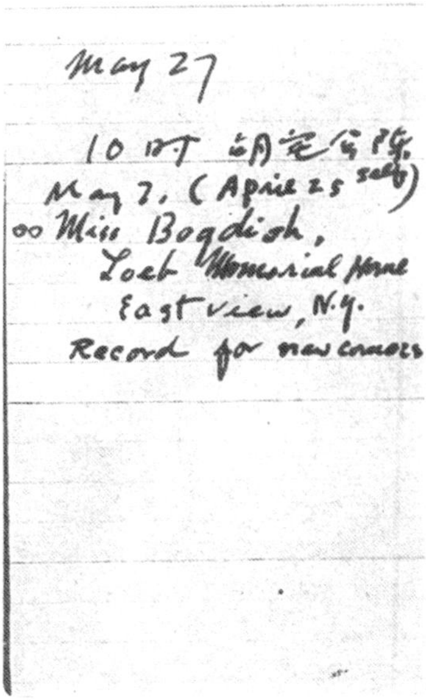
May 27

10 时

May 7, (April 25

Miss Bogdich,

Loeb Memorial Home

East View, N.Y.

Record for new comers

07-034

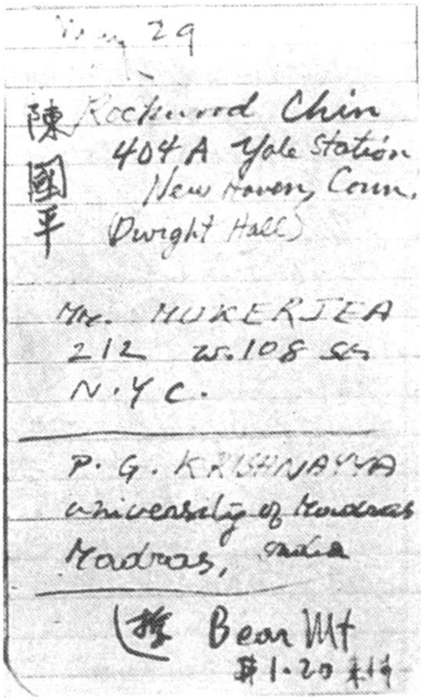
May 29

陳國平 Rockwood Chin

404 A Yale Station

New Haven, Conn.

(Dwight Hall)

Mr. MUKERJEA

212 W. 108 St

N.Y.C.

P. G. KRISHNAYYA

University of Madras

Madras, India

游 Bear Mt

07-035

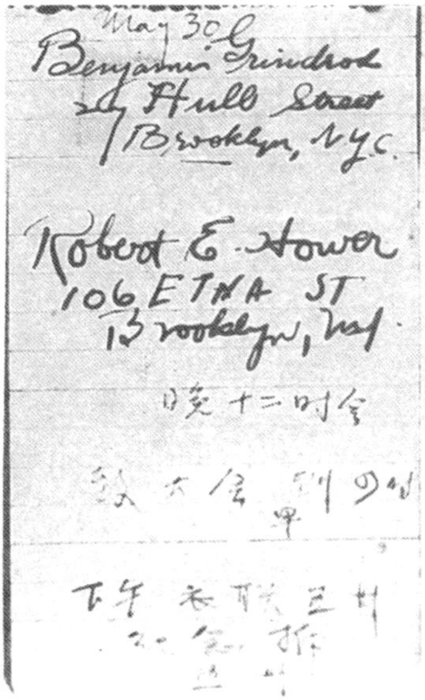
May 30

Benjamin Grindrod

24 Hull Street

Brooklyn, N.Y.C.

Robert E. Hower

106 ETNA ST

Brooklyn, NY

晚十二时会

07-036

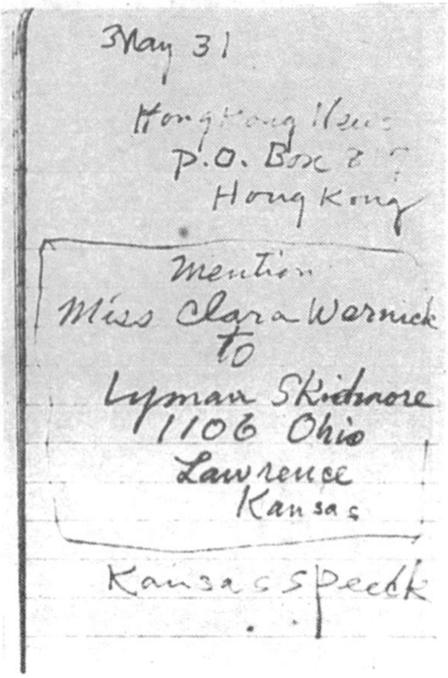
May 31

Hong Kong News
P.O. Box 2 ?
Hong Kong

Mention
Miss Clara Warnick
to
Lyman Skidmore
1106 Ohio
Lawrence
Kansas

Kansas Speech

07-037

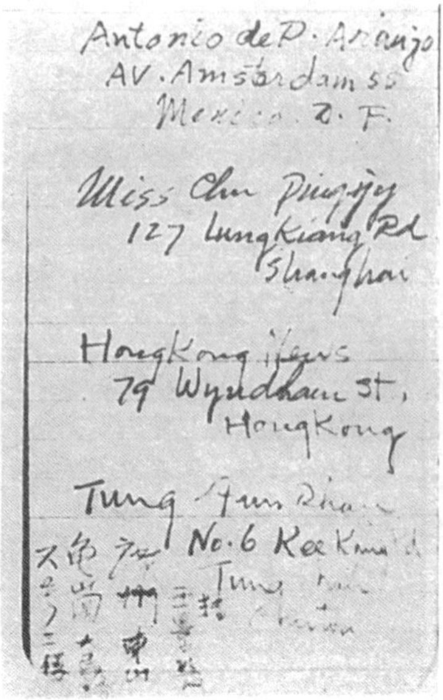
Antonio de P. Araujo
AV. Amsterdam 55
Mexico D. F.

Miss Chu Pingjoy
127 Lungkiang Rd
Shanghai

Hongkong News
79 Wyndham St,
Hongkong

Tung Yun Zhan
No. 6 Kee Kwan Rd

07-038

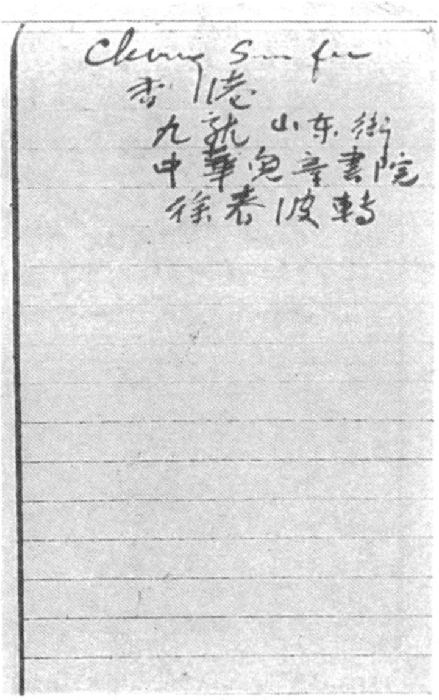
Cheung Sun fu
香港
九龍 山东街
中華魚會書院
徐春波轉

07-039

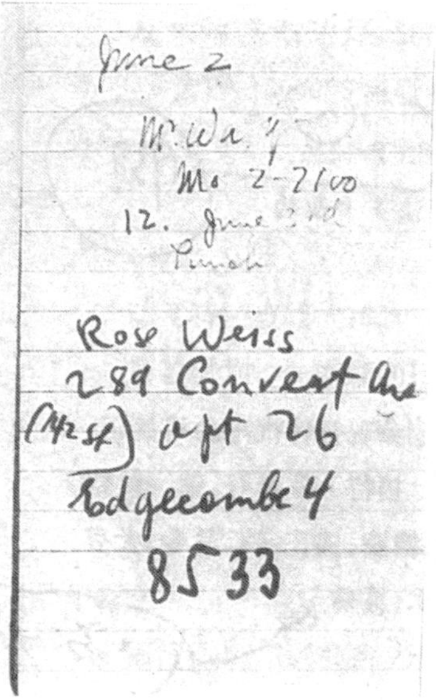
June 2

Mr. Wu
Mo 2-2100
12. June 2nd
Punch

Rose Weiss
289 Convent Ave
(142 St) apt 26
Edgecombe 4
8533

07-040

第七册〔注译〕

1937.5.12~1937.6.2

底特律·克利夫兰·布法罗·纽约

07—001

第3至4行：图特安哈门王制挂在教堂平顶上

第7行：确定子午线

第8行：图特安哈门王塑像

第9行：那雷台德王后像

07—002

第1行：写信给哈斯特

第2行：22号去墨西哥

07—003

哈罗德·D.拉斯威尔芝加哥大学政治学副教授约6月26日离开

07—004

第1至2行：梅友卓　李信慧

07—007

余保尔·詹姆士　极像我的儿子

07—008

参观福特汽车公司摘记：

福特·罗泰登：铜、硅、铝、锌、橡胶、棉花、铁、羊毛、大豆、软木、玻璃、石棉

07—009

福特汽车制造厂与物质材料供应地较近

里奥型汽车　1906

底特律的价值：

40,100—397小时

一个引擎

18,410英里

19,224小时

雪莱—布鲁克联合汽车制造公司　1928年

07—011

爱迪生研究所

最小的电灯：0.17瓦，0.11安培，1.5伏特

最大的马兹达灯：50,000瓦，115伏特，1,500,000流明光，直径20英寸

07—012

达瓦特·查登1831

雷普里加——重造　1893

汽车：波普哈特·福特

约1904年

波普汽车制造工厂1903年创立

福特型F　1904年~1905年　1,200美元

福特汽车制造公司

07—013

福特第二代汽车　1898　2个汽缸

戴姆勒　旧式车　1894　德国

奔驰敞篷车　1892~1896

07—014

第1行：克利夫兰

07—016

第7行起：

建筑　188,000美元
土地　85,000美元　〉273,000美元

安良商会　俄亥俄州克利夫兰地址

07—018

第1至2行：5月16日　布法罗

07—024

第3至6行外文：芝加哥、底特律、克利夫兰、布法罗

07—025

第1至6行外文为纽约友人、地址

07—026

5月19日

星期六晚　22日

陈天柱　巴黎地址

07—027

末行外文：波士顿

07—028

第3至8行：张宗麟 N0.162212　纽约市银行汇票　由杰弗森总统号航空寄去

末行外文：墨西哥

07—030

第4至7行：弗洛斯夫人地址

07—031

5月24日

Farn　朱电话；威廉·斯坦利地址

K.D.贝尼　哥伦比亚大学地址

07—033

5月26日　星期三　下午2时30分　雷迪弗

07—034

第4至7行：包迪什小姐

勒布的旧居　纽约地址

为新来的提供记录

07—035

外文为：陈国平地址；莫克吉纽约地址；P.G.克里希纳雅　印度马德拉斯　马德拉斯大学

游熊山　1.20美元来往

07—036

外文为罗伯特·E.豪厄尔等2人纽约地址

07—037

5月31日

《香港新闻》　香港地址

介绍克拉拉·韦尼克小姐给林曼·斯基德罗　堪萨斯地址

堪萨斯演讲

07——038

本页为墨西哥、上海等地友人及《香港新闻》地址

07—040

6月2日

吴耀宗　电话6月3日12时午餐

魏璐诗　地址

衛備忘

第 八 册

1937.6.5~1937.7.14

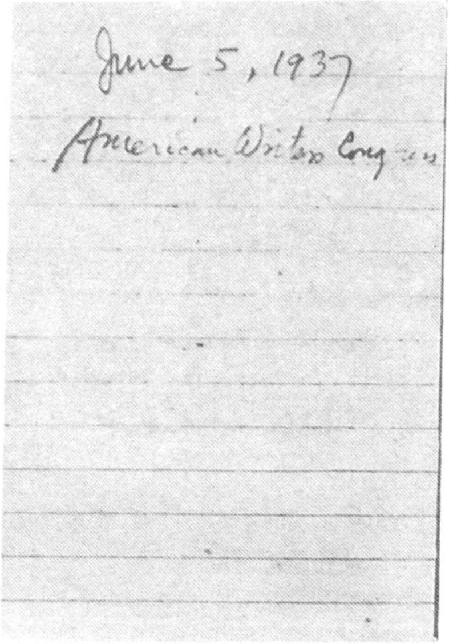
June 5, 1937
American Writers Congress

08-001

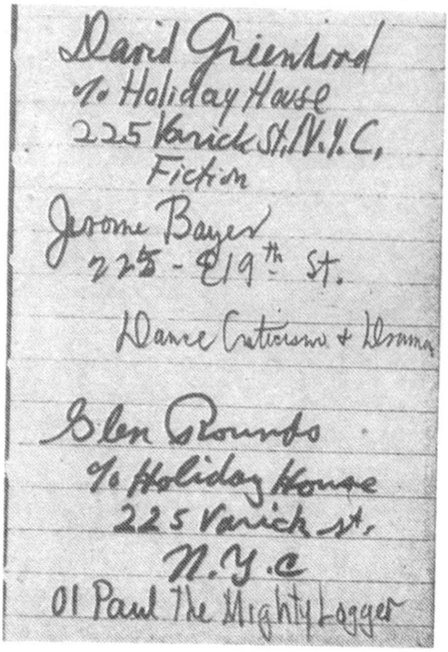
David Greenwood
c/o Holiday House
225 Varick St. N.Y.C.
Fiction
Jerome Bayer
225 - E 19th St.
Dance Criticism & Drama
Glen Rounds
c/o Holiday House
225 Varick st,
N.Y.C
Ol Paul The Mighty Logger

08-002

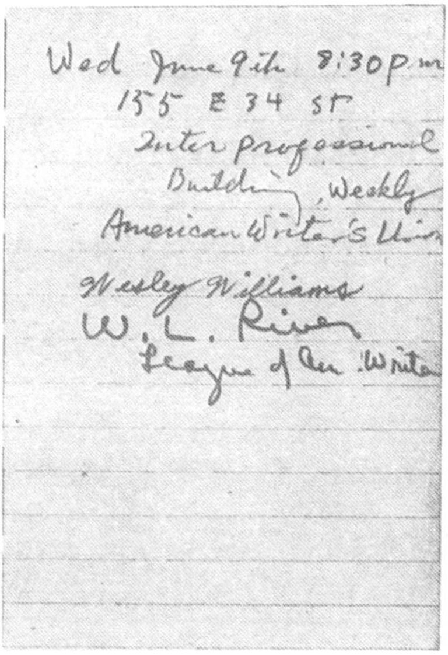
Wed June 9th 8:30 p.m
155 E 34 St
Inter professional
Building, Weekly
American Writer's Union
Wesley Williams
W. L. River
League of Am. Writers

08-003

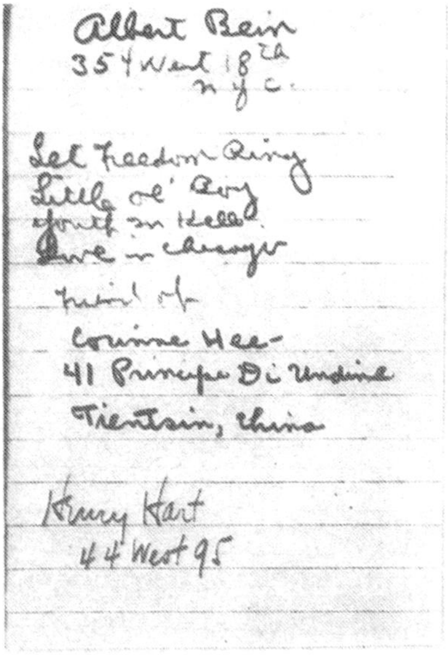
Albert Bein
354 West 18th
N.Y.C.
Let Freedom Ring
Little ol' Boy
Youth in Hell
Love in Chicago
Friend of
Corinne Hee-
41 Principe Di Undine
Tientsin, China
Henry Hart
44 West 95

08-004

陶行知全集

衙备忘第八册（1937.6.5~1937.7.14）

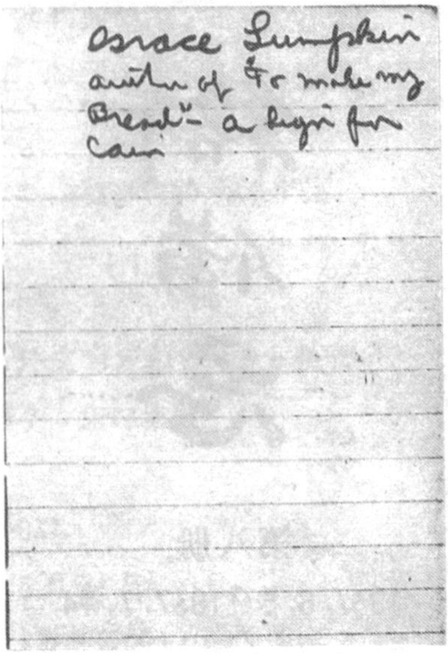
Grace Lumpkin
author of "To make my
Bread" – a sign for
Cain

08-005

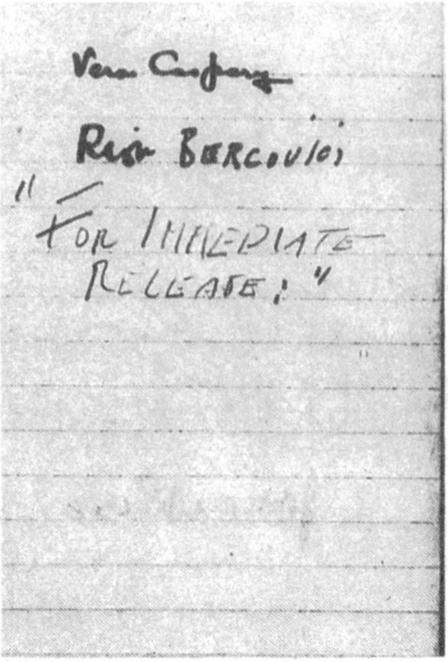
Vera Caspary

Rion Bercovici
"FOR IMMEDIATE
RELEASE!"

07-006

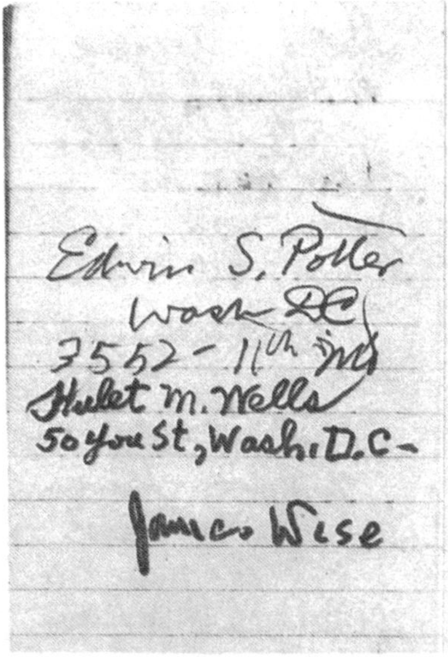
Edwin S. Potter
Wash DC
3552 - 11th St NW
Hulet M. Wells
50 You St, Wash. D.C.
James Wise

08-007

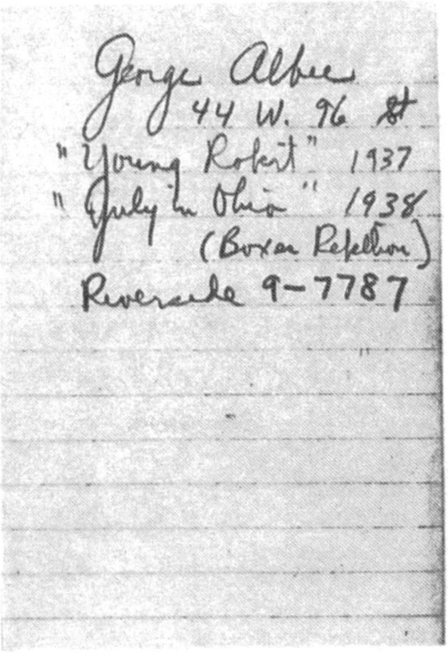
George Albee
44 W. 96 St
"Young Robert" 1937
"July in Ohio" 1938
(Boxer Rebellion)
Riverside 9-7787

08-008

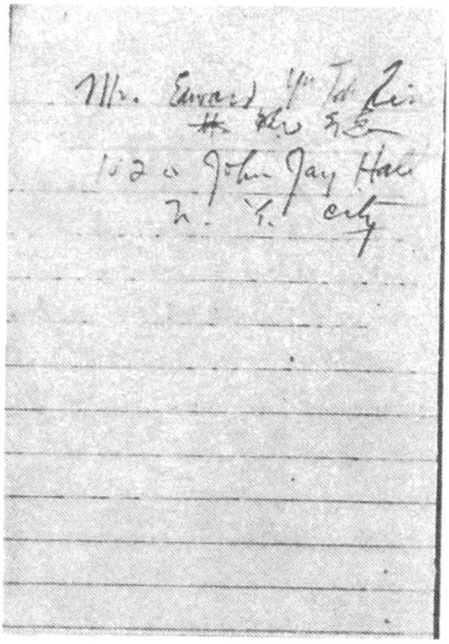
Mr. Edward Yu Tak Lin
林毓德
1120 John Jay Hall
N. Y. city

08-009

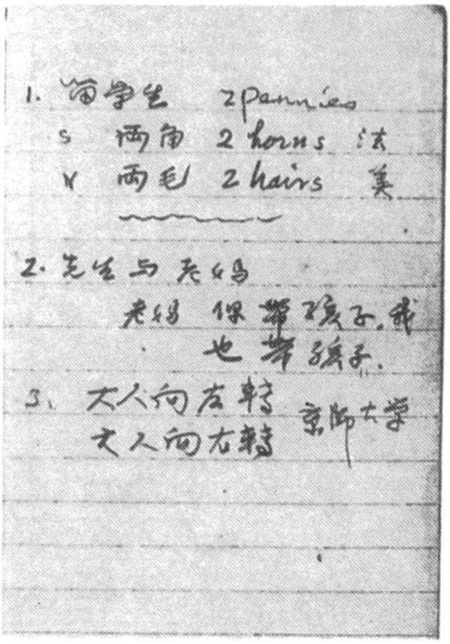
1. 留学生 2 pennies
5 两角 2 horns 法
4 两毛 2 hairs 美
2. 先生与老妈
老妈保管孩子，我也管孩子。
3. 大人向左转
大人向右转 京师大学

08-010

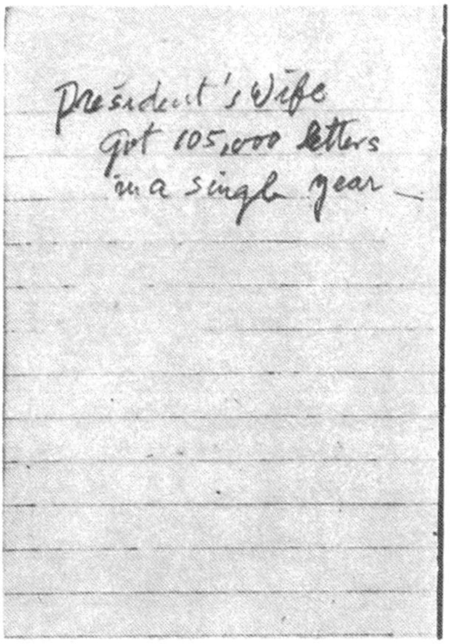
President's wife
got 105,000 letters
in a single year —

08-011

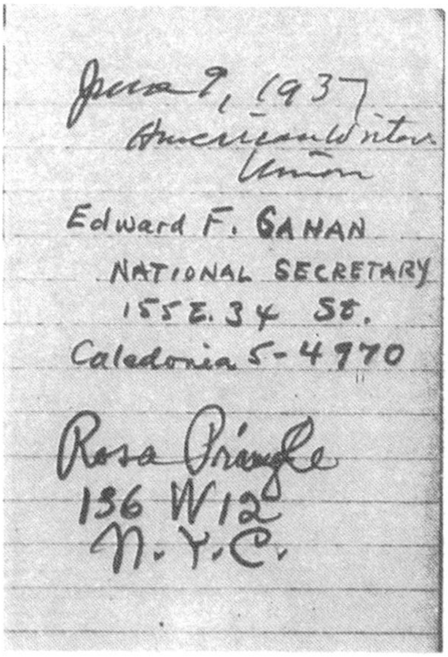
June 9, 1937
American Writers Union
Edward F. GAHAN
NATIONAL SECRETARY
155 E. 34 St.
Caledonia 5-4970
Rosa Pringle
136 W 12
N. Y. C.

08-012

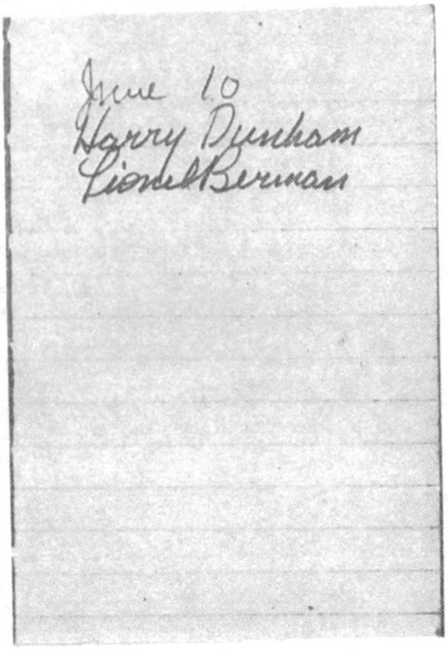
June 10
Harry Dunham
Lionel Berman

08-013

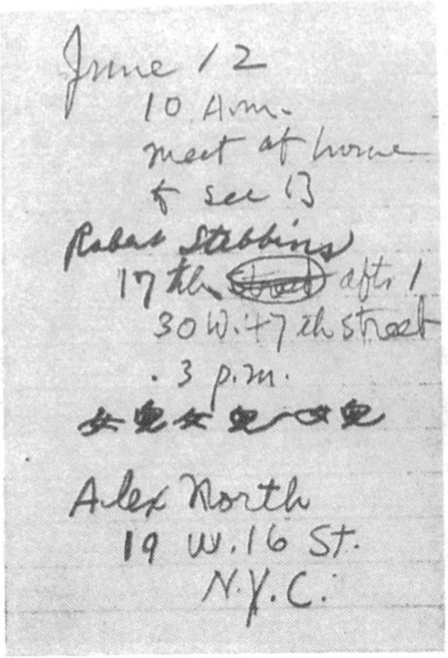
June 12
10 A.m.
meet at home
& see 13
Robert Stebbins
17th after 1
30 W. 47th street
. 3 p.m.
Alex North
19 W. 16 St.
N.Y.C.

07-014

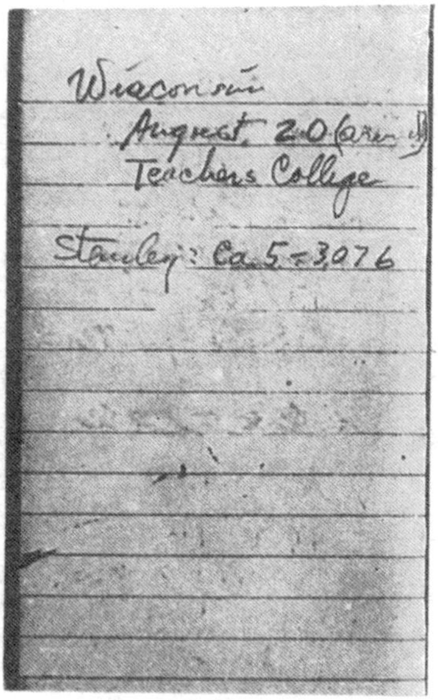
Wisconsin
August 20
Teachers College
Stanley: Ca. 5-3076

08-015

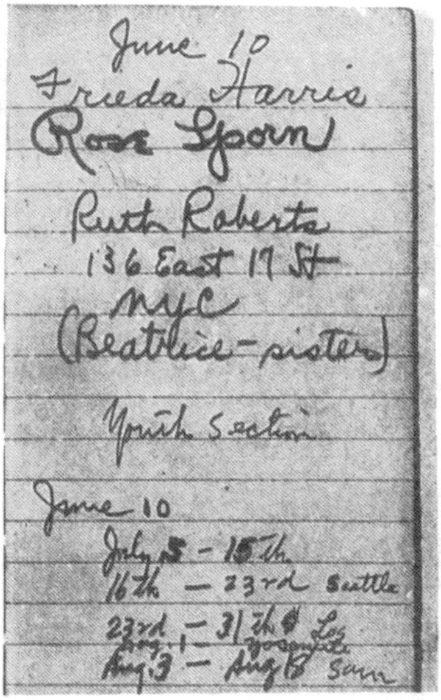
June 10
Frieda Harris
Rose Sporn
Ruth Roberts
136 East 17 St
NYC
(Beatrice - sister)
Youth Section
June 10
July 5 - 15th
16th - 23rd Seattle
23rd - 31th Los
Aug. 1 Yosemite
Aug. 3 - Aug 13

08-016

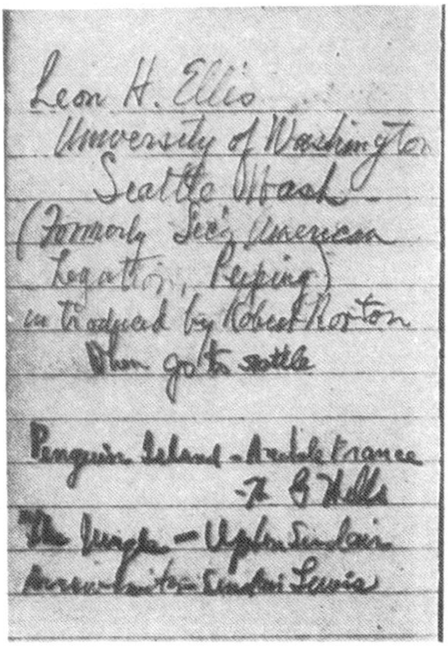

Leon H. Ellis
University of Washington
Seattle Wash.
(Formerly Sec'y American
Legation, Peiping)
introduced by Robert Norton
Then go to seattle

Penguin Island - Anatole France
- H G Wells
The Jungle - Upton Sinclair
Arrowsmith - Sinclair Lewis

08-017

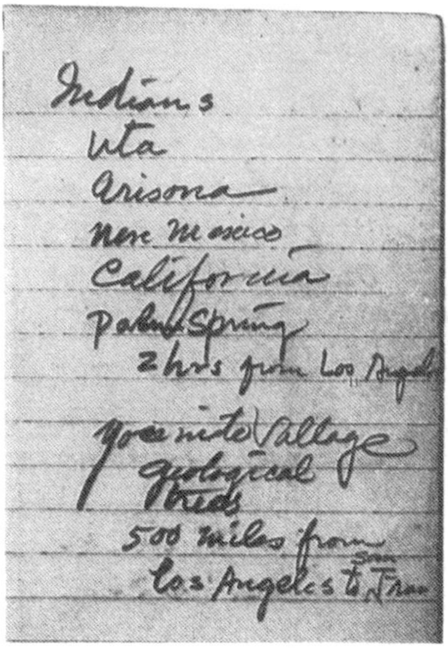

Indians
uta
arisona
new mexico
California
palm spring
2 hr's from Los Angeles
Yosemite Valley
geological
Forests
500 miles from
Los Angeles to San Fran

08-018

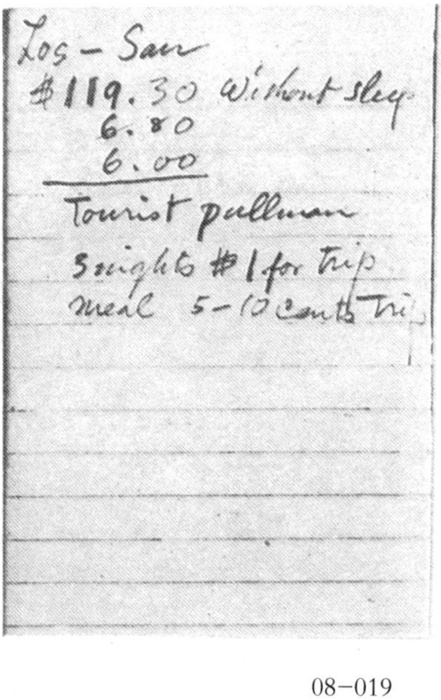

Los - San
$119.30 without sleep
6.80
6.00
Tourist pullman
5 nights $1 for trip
meal 5-10 cents trip

08-019

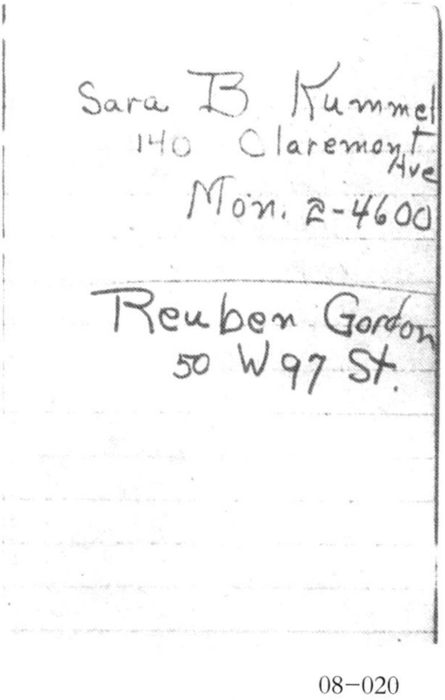

Sara B Kummel
140 Claremont Ave
Mon. 2-4600

Reuben Gordon
50 W 97 St.

08-020

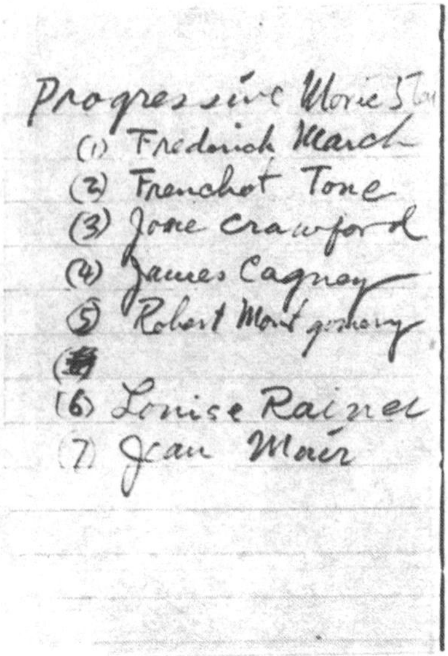
Progressive Movie Star
(1) Fredrich March
(2) Franchot Tone
(3) Jone crawford
(4) James Cagney
(5) Robert Montgomery
(6) Louise Rainer
(7) Jean Mair

08-021

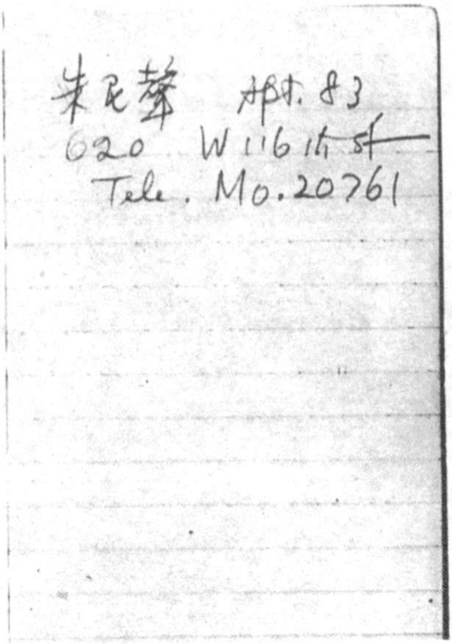
朱民華 Apt. 83
620 W 116th st
Tele. Mo. 20761

07-022

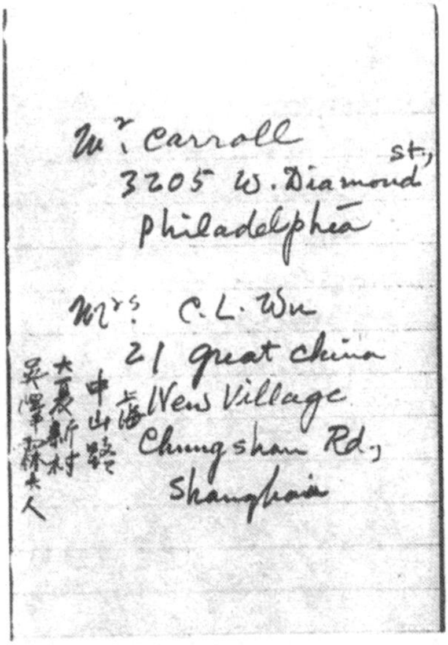
Mr. Carroll
3205 W. Diamond st.,
Philadelphia

Mrs. C. L. Wu
21 Great China
New Village
Chungshan Rd.,
Shanghai

上海中山路大夏新村吴泽霖太太

08-023

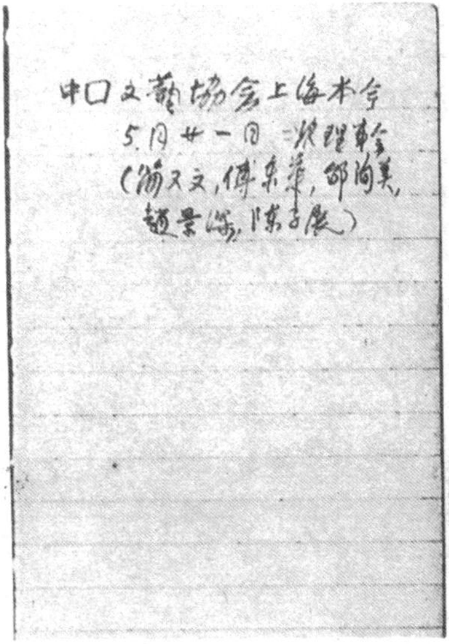
中国文艺协会上海分会
5月廿一日 二次理事会
（潘又文，傅东华，邵洵美，赵景深，陈子展）

08-024

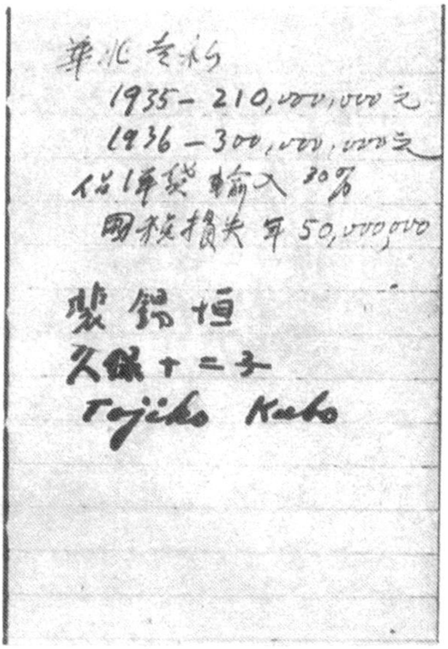
华北走私
1935—210,000,000元
1936—300,000,000元
占华货输入30%
国税损失年50,000,000
裴锡恒
久保十二子
Tojiko Kubo

08-025

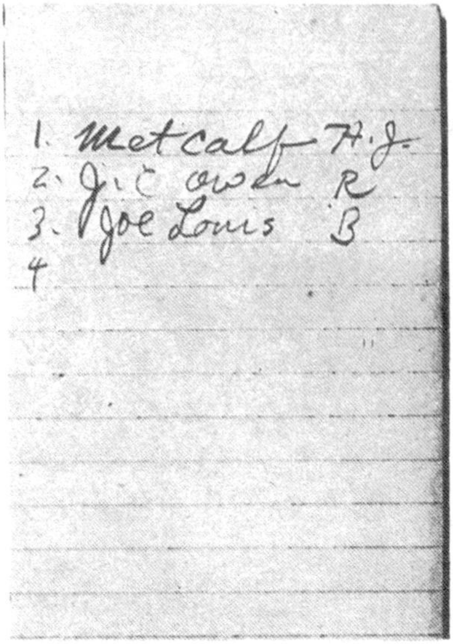
1. Metcalf H.J.
2. J.C. Owen R
3. Joe Louis B
4

08-026

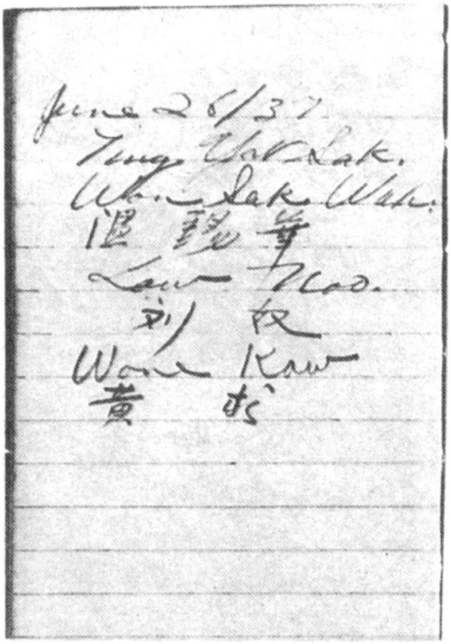
June 26/37
Tung Wah Lak.
Wu Lak Wah.
区耀华
Law Kao.
刘 [illegible]
Wan Kaw
黄 [illegible]

08-027

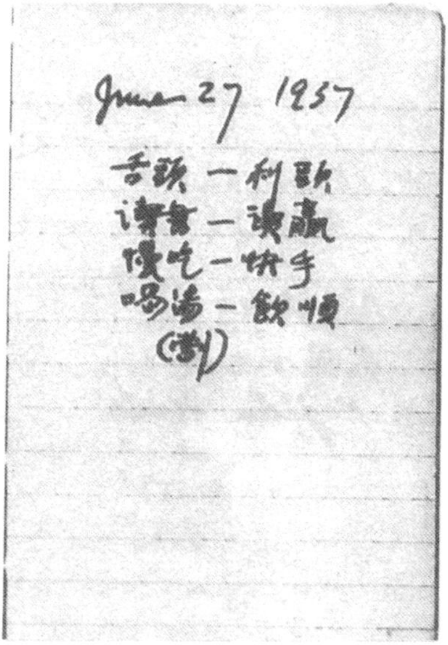
June 27 1937
舌头—利脷
读书—读赢
慢吃—快手
喝汤—饮顺
(粤)

08-028

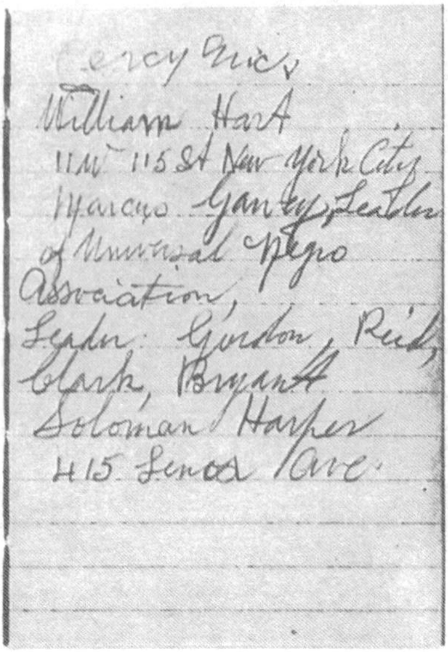
William Hart
1 W. 115 St New York City
Marcus Garvey, Leader
of Universal Negro
Association,
Leader: Gordon, Reid,
Clark, Bryant
Soloman Harper
415 Lenox Ave.

08-029

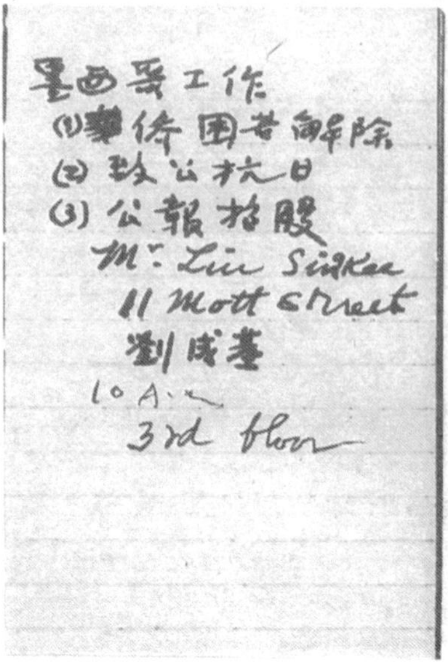
墨西哥工作
(1)侨团苦闷解除
(2)致公抗日
(3)公報招股
Mr. Liu Sinkee
11 Mott Street
劉成基
10 A.M.
3rd floor

07-030

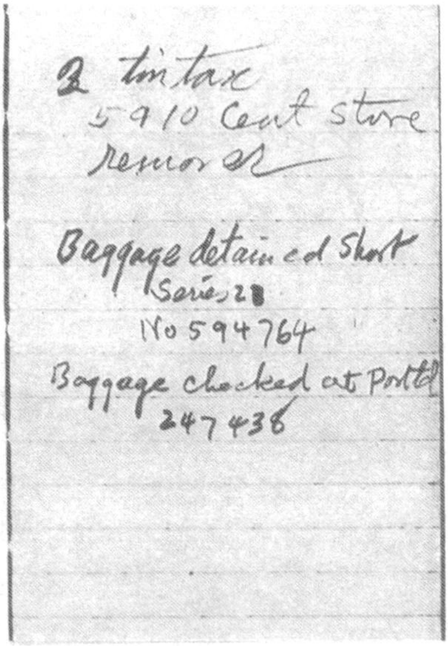
2 tin tax
5 & 10 Cent store
Baggage detained Short
Series 28
No 594764
Baggage checked at Portld
247438

08-031

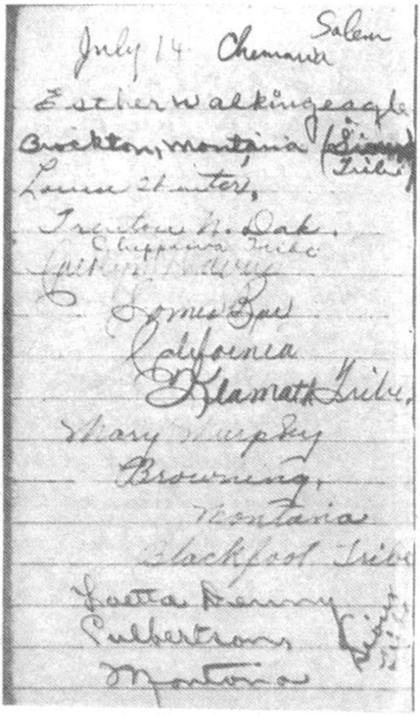
July 14 Chemawa Salem
Esther walkingeagle
Brockton, Montana (Sioux Tribe)
Laura Hunter,
Trenton N. Dak.
Chippewa Tribe
Somes Bar
California
Klamath Tribe,
Mary Murphy
Browning,
Montana
Blackfoot Tribe
Culbertson,
Montana

08-032

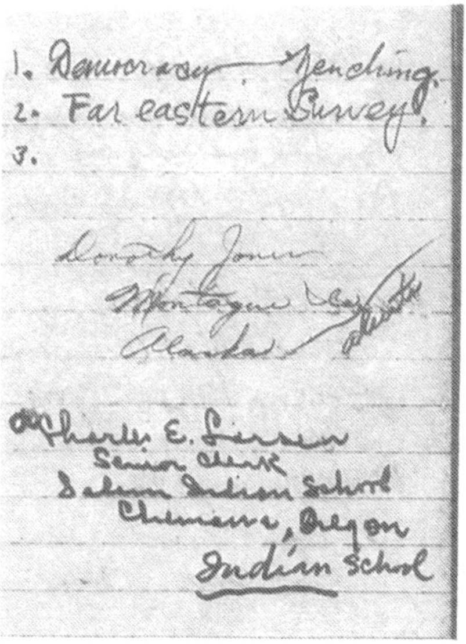
1. Democracy — Yenching.
2. Far eastern Survey.
3.
Dorothy Jones
Montague
Alaska
Charles E. Larsen
Senior Clerk
Salem Indian School
Chemawa, Oregon
Indian School

08-033

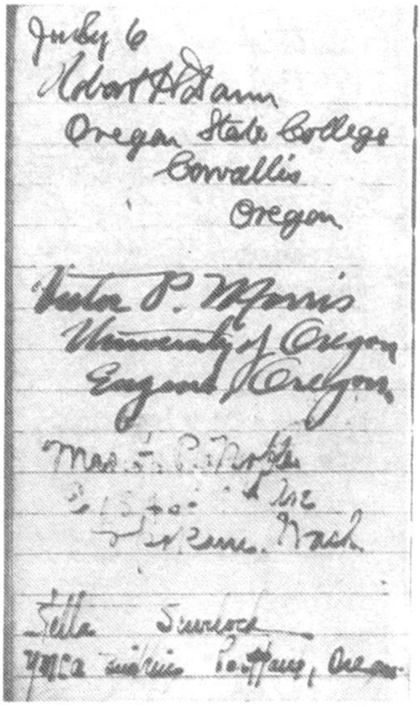
July 6
Robert H. Dann
Oregon State College
Corvallis
Oregon
Victor P. Morris
University of Oregon
Eugene, Oregon
Spokane, Wash.
Stella
YWCA Portland, Oregon

08-034

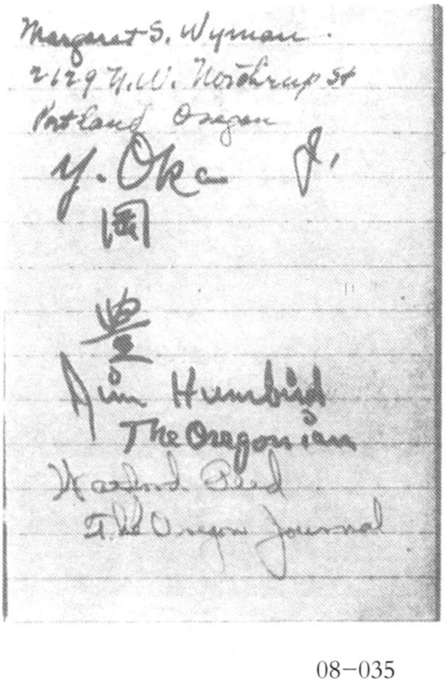
Margaret S. Wyman
2129 N.W. Northrup St
Portland Oregon
Y. Oka
岡
豊
Jim Humbird
The Oregonian
The Oregon Journal

08-035

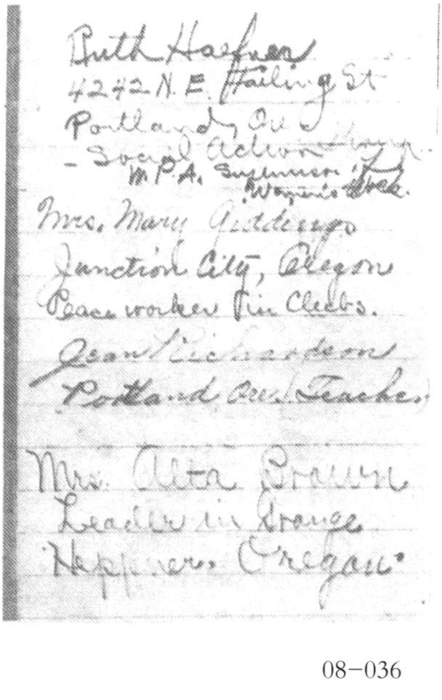
Ruth Haefner
4242 N.E. Failing St
Portland, Ore.
Social Action
W.P.A. Supervisor Women's Work
Mrs. Mary Giddings
Junction City, Oregon
Peace worker in Clubs.
Jean Richardson
Portland Ore. Teacher
Mrs. Alta Brown
Leader in Grange
Heppner, Oregon.

08-036

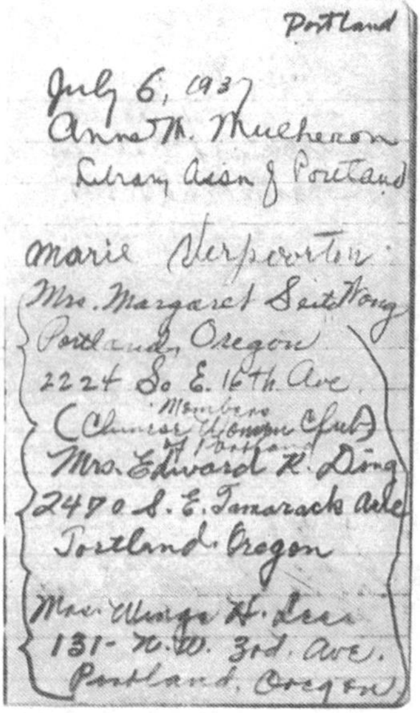
Portland
July 6, 1937
Anna M. Mulheron
Library Assn of Portland
Marie Verpoorten
Mrs. Margaret Seid Wong
Portland, Oregon
2224 So. E. 16th Ave.
(Members Chinese Women Club of Portland)
Mrs. Edward K. Ding
2470 S. E. Tamarack Ave
Portland Oregon
Mrs. Wing H. Lee
131-N.W. 3rd Ave.
Portland, Oregon

08-037

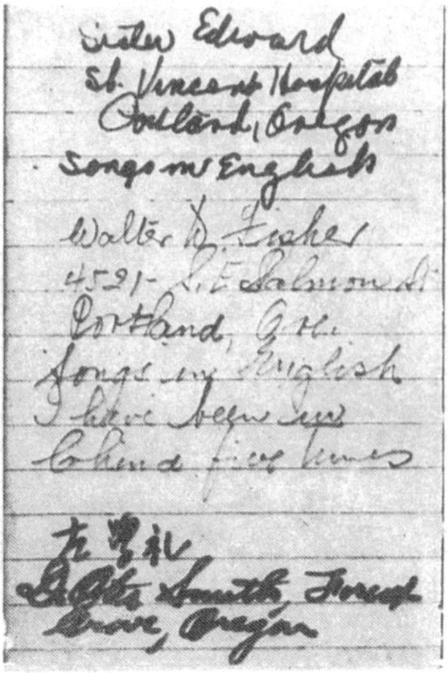
Sister Edward
St. Vincent Hospital
Portland, Oregon
Songs in English
Walter J. Fisher
4521-S.E. Salmon St
Portland, Ore.
Songs in English
I have been in China five times
左学礼
Gladys Smith, Forest Grove, Oregon

07-038

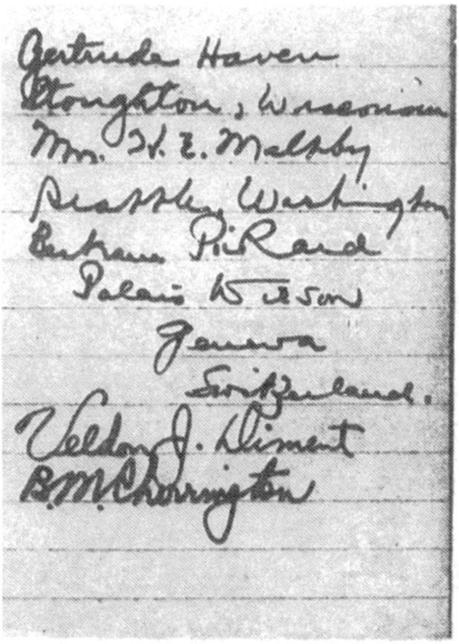
Gertrude Haven
Stoughton, Wisconsin
Mrs. H. E. Maltby
Seattle, Washington
Bertrand Pickard
Palais Wilson
Geneva
Switzerland.
Veldon J. Diment
B. M. Cherrington

08-039

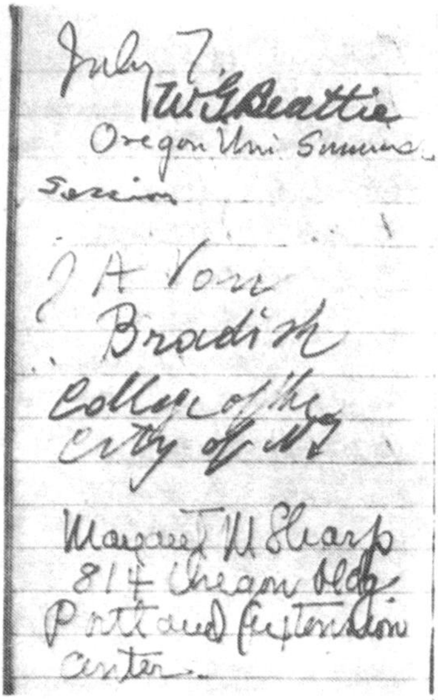
July 7,
W. G. Beattie
Oregon Uni Summer Session
J A Von Bradish
College of the City of N.Y.
Margaret M Sharp
814 Oregon Bldg
Portland Extension Center

08-040

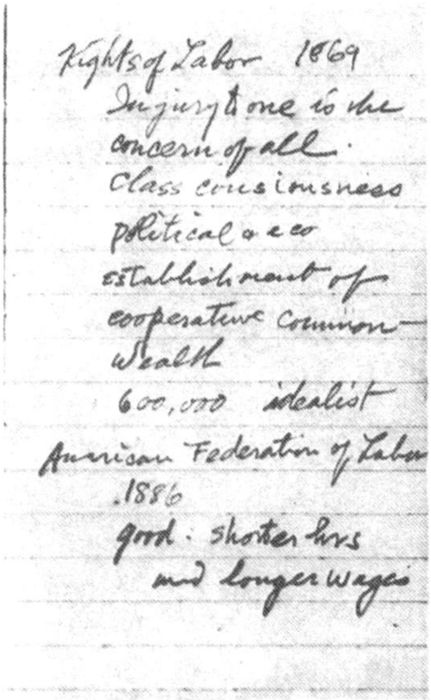
Knights of Labor 1869
Injury to one is the
concern of all.
Class consciousness
political & eco
establishment of
cooperative common-
wealth
600,000 idealist
American Federation of Labor
1886
good: shorter hrs
and longer wages

08-041

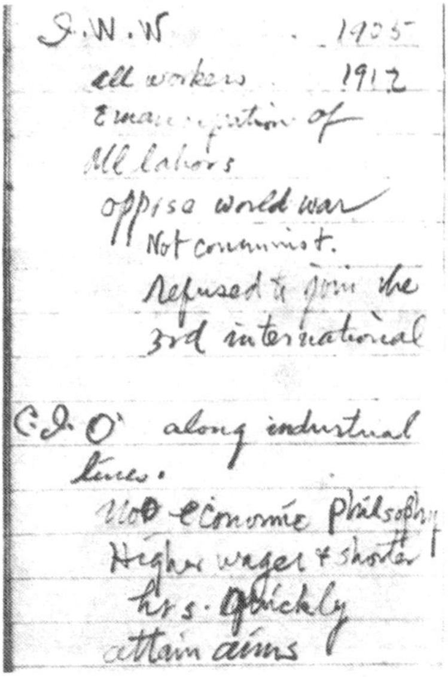
I.W.W. 1905
all workers 1912
Emancipation of
all labors
oppose world war
Not communist.
Refused to join the
3rd international

C.I.O. along industrial
lines.
Not economic philosophy
Higher wages & shorter
hrs. Quickly
attain aims

08-042

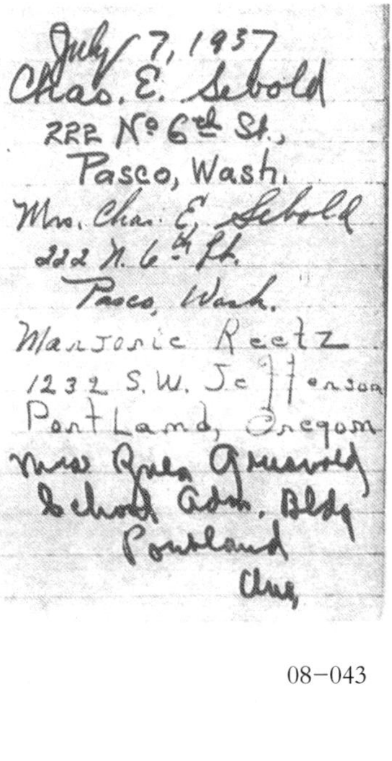
July 7, 1937
Chas. E. Sebold
222 N. 6th St.,
Pasco, Wash.
Mrs. Chas. E. Sebold
222 N. 6th St.
Pasco, Wash.
Marjorie Reetz
1232 S.W. Jefferson
Portland, Oregon
Mrs. Grace Greenwold
School Adm. Bldg
Portland
Ore.

08-043

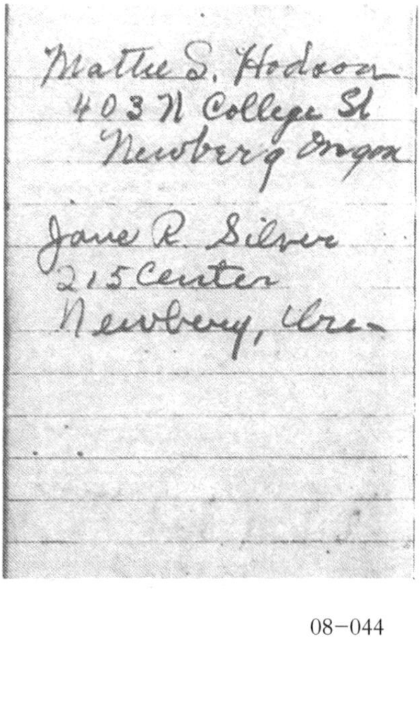
Mattie S. Hodson
403 N College St
Newberg Oregon

Jane R. Silver
215 Center
Newberg, Ore.

08-044

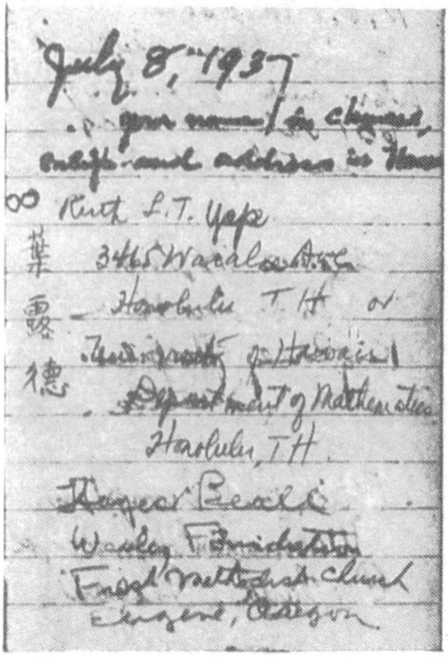
July 8, 1937
your name in Chinese, English and address in Hawaii
Ruth L.T. Yap
葉露德
3465 Waialae Ave
Honolulu T.H. or
University of Hawaii
Department of Mathematics
Honolulu, T.H.
Wesley Foundation
First Methodist Church
Eugene, Oregon

08-045

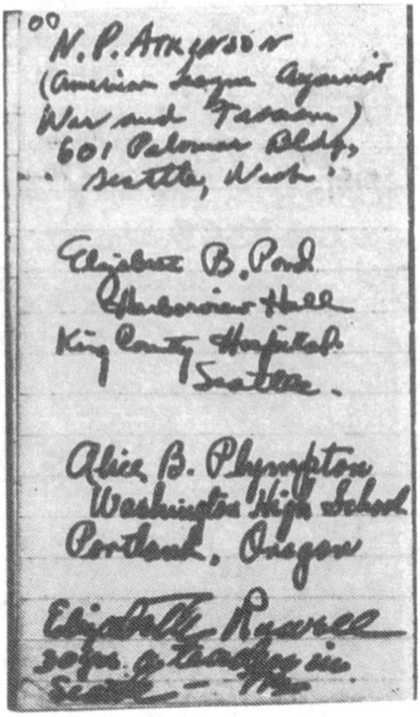
N.P. Atkinson
(American League Against War and Fascism)
601 Palomar Bldg.
Seattle, Wash.
Elizabeth B. Pond
Hall
King County Hospital
Seattle.
Alice B. Plympton
Washington High School
Portland, Oregon
Elizabeth Russell
30 yrs. of teaching in Seattle

07-046

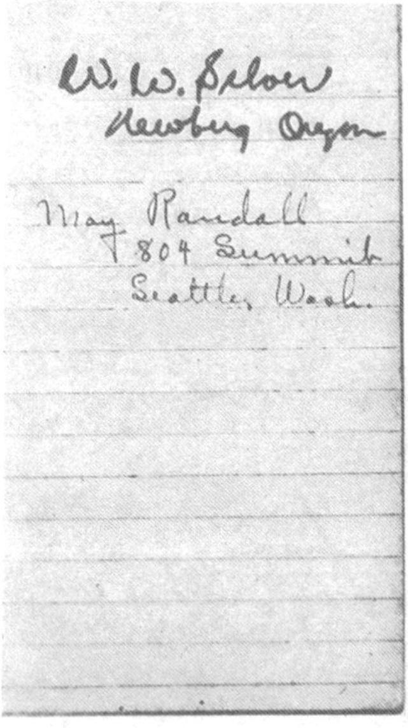
W.W. Selow
Newberg Oregon
May Randall
1804 Summit
Seattle, Wash.

08-047

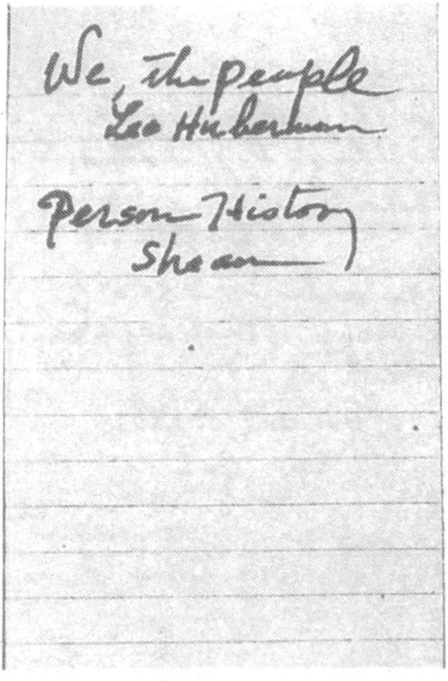
We, the people
Leo Huberman
Person History
Sheean

08-048

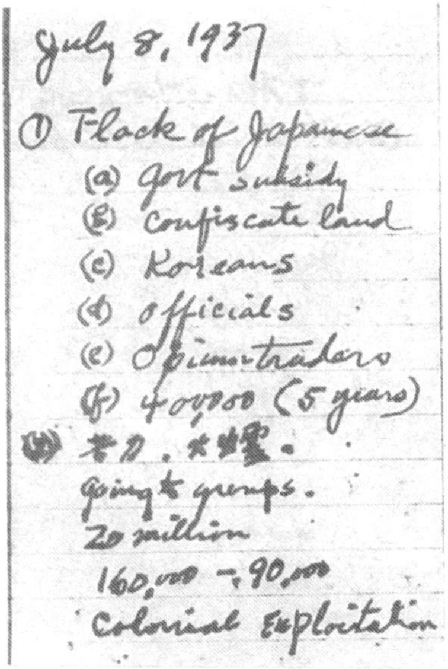

July 8, 1937

① Flack of Japanese
(a) govt subsidy
(b) confiscate land
(c) Koreans
(d) officials
(e) Opium traders
(f) 400000 (5 years)
(2) 苦力．米蝗。
Going to groups.
20 million
160,000 — 90,000
Colonial Exploitation

08－049

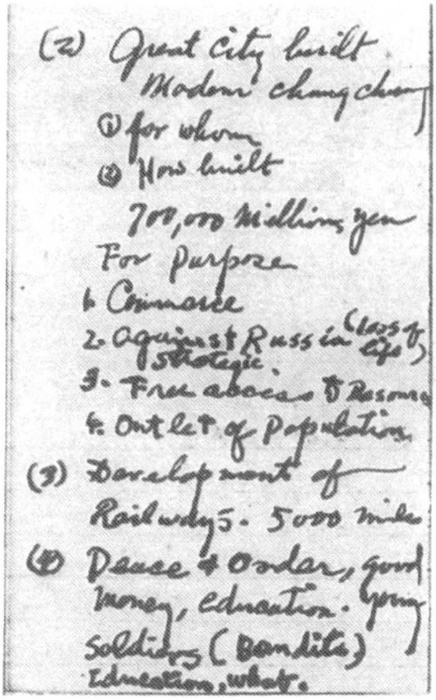

(2) Great City built
Modern Changchun
① for whom
② How built
700,000 Million yen
For purpose
1. Commerce
2. Against Russia (loss of life) Strategic
3. Free access to Resources
4. Outlet of Population
(3) Development of Railways. 5000 miles
(4) Peace & Order, good money, education. Young soldiers (Bandits)
Education, what.

08－050

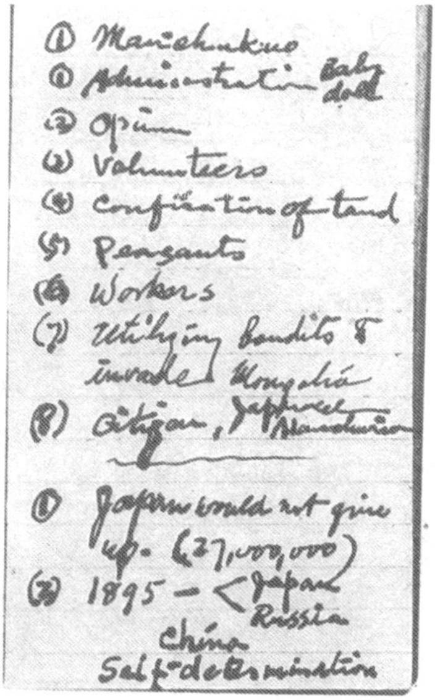

① Manchukuo
① Administration Baby doll
② Opium
③ Volunteers
④ Confiscation of land
⑤ Peasants
⑥ Workers
(7) Utilizing bandits to invade Mongolia
(8) Citizen, Japanese Manchurian

① Japan would not give up. (27,000,000)
② 1895 — < Japan Russia
China
Self-determination

08－051

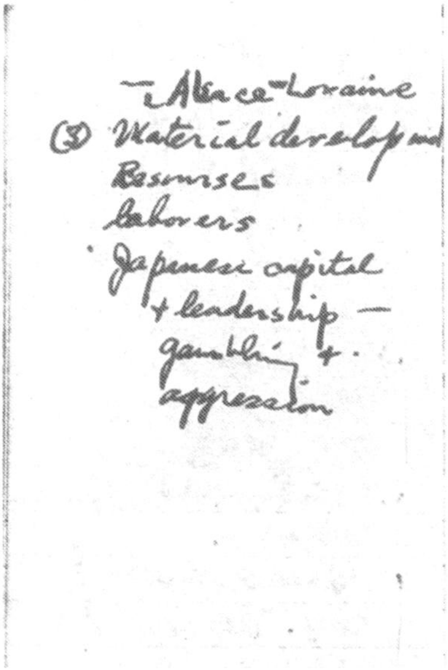

— Alsace-Lorraine
(5) Material development
Resources
Laborers
Japanese capital + leadership — gambling + aggression

08－052

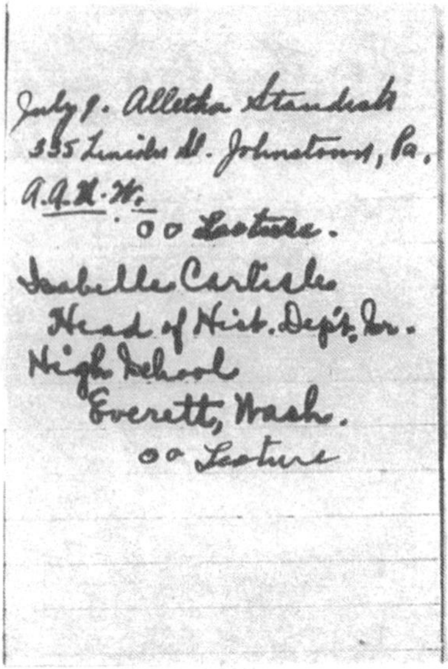
July 9. Alletha Standish
335 Lincoln St. Johnstown, Pa.
A.A.U.W.
00 Lecture.
Isabelle Carlisle
Head of Hist. Dep't. Jr.
High School
Everett, Wash.
00 Lecture

08-053

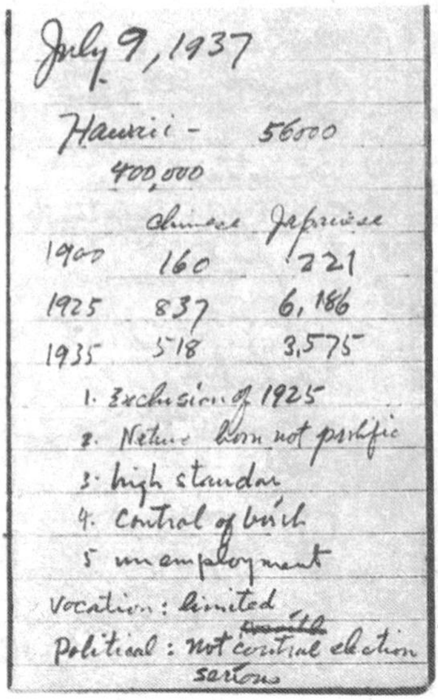
July 9, 1937

Hawaii - 56000
400,000

	Chinese	Japanese
1900	160	221
1925	837	6,186
1935	518	3,575

1. Exclusion of 1925
2. Native born not prolific
3. high standard
4. Control of birth
5 unemployment

Vocation: limited
Political: not control election
serious

07-054

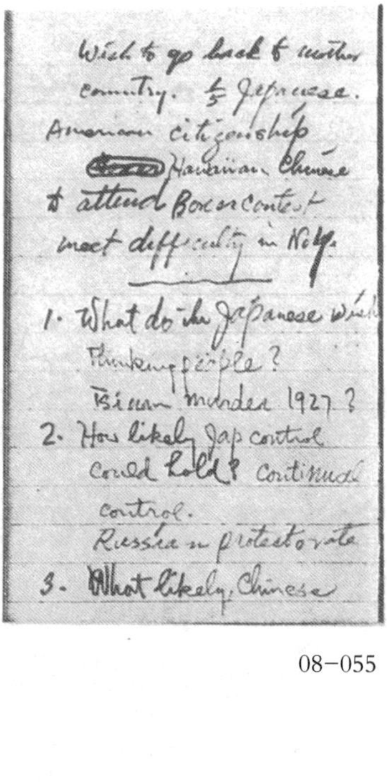
Wish to go back to mother
country. 1/5 Japanese.
American citizenship
~~[illegible]~~ Hawaiian Chinese
to attend Boxer Contest
most difficulty in N.Y.

1. What do the Japanese wish
Thinking people?
Bishop murder 1927?
2. How likely Jap control
could hold? Continual
control.
Russia a protectorate
3. What likely Chinese

08-055

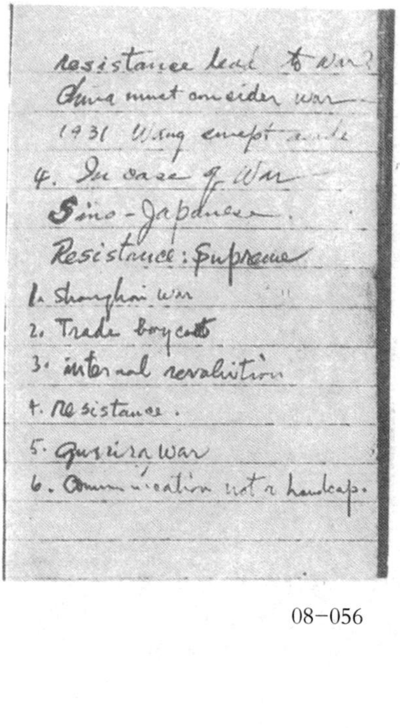
resistance lead to war?
China must consider war
1931 Wrong except [illegible]
4. In case of War
Sino-Japanese.
Resistance: Supreme
1. Shanghai war
2. Trade boycotts
3. internal revolution
4. resistance.
5. Guerilla war
6. Communication not a handicap.

08-056

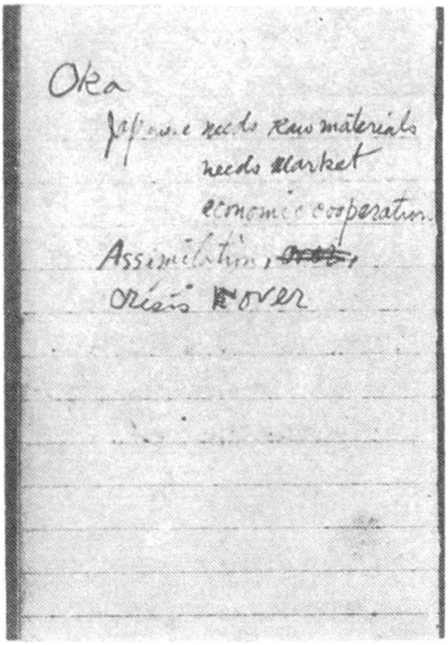

Oka
Japanese needs raw materials
needs market
economic cooperation
Assimilation, ~~…~~,
crisis over

08-057

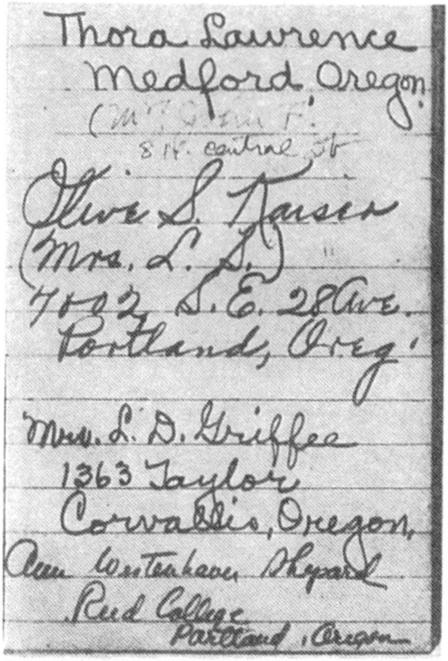

Thora Lawrence
Medford, Oregon
814 central St
Olive S. Kaiser
(Mrs. L. S.)
7022 S.E. 28 Ave.
Portland, Oreg.
Mrs. L. D. Griffee
1363 Taylor
Corvallis, Oregon
Ann Winterhaven Shepard
Reed College
Portland, Oregon

08-058

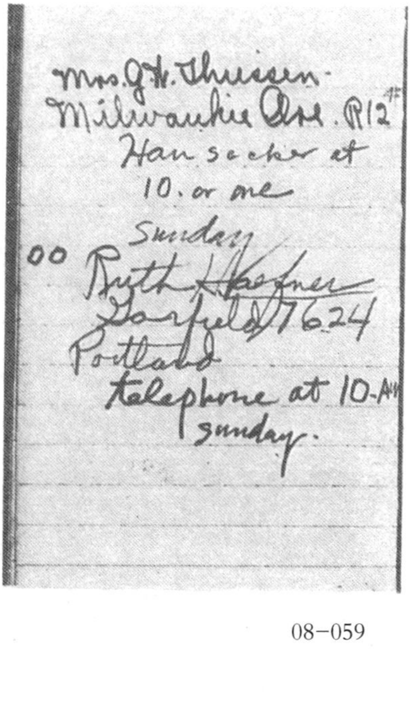

Mrs. G. W. Theissen
Milwaukie Ave. R12
Han secker at
10. or one
Sunday
00 ~~Ruth Haefner~~
Garfield 7624
Portland
telephone at 10 AM
sunday.

08-059

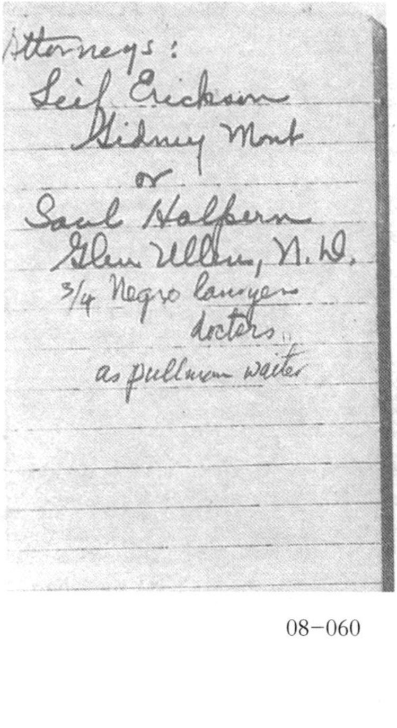

Attorneys:
Leif Erickson
Sidney Mont
or
Saul Halpern
Glen Ullin, N.D.
3/4 Negro lawyers
doctors "
as pullman waiter

08-060

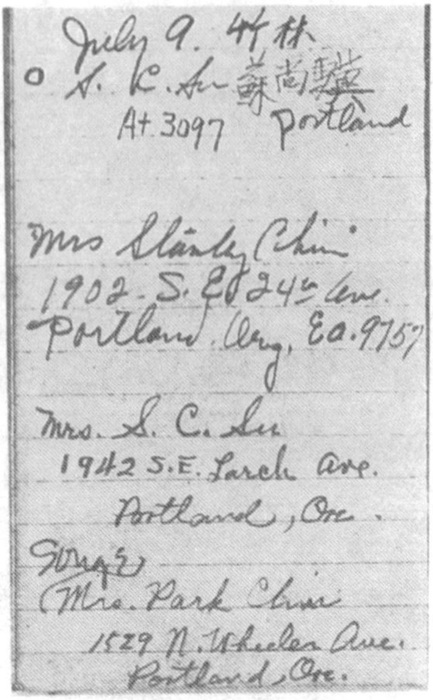
July 9. 竹林
o S. K. Su 蘇尚驥
At. 3097 Portland
Mrs Stanley Chin
1902 - S. E. 24th Ave.
Portland Ore, EO. 9757
Mrs. S. C. Lee
1942 S.E. Larch Ave.
Portland, Ore.
Wong
Mrs. Park Chin
1529 N. Wheeler Ave.
Portland, Ore.

08-061

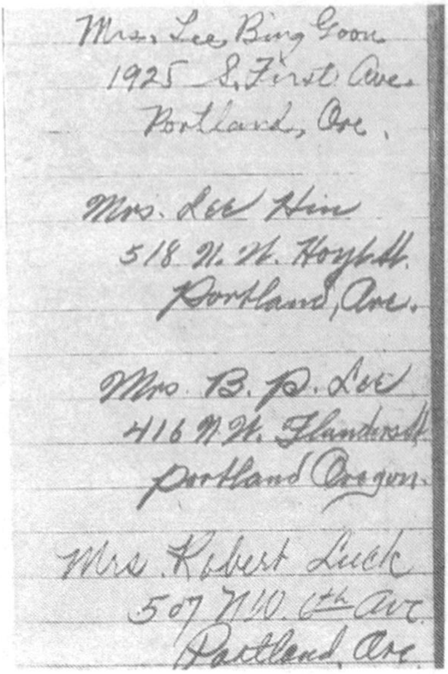
Mrs. Lee Bing Goon
1925 S. First Ave.
Portland, Ore.
Mrs. Lee Hin
518 N. W. Hoyt St.
Portland, Ore.
Mrs. B. P. Lee
416 N.W. Flanders St.
Portland Oregon.
Mrs Robert Luck
507 N.W. 6th Ave.
Portland, Ore.

07-062

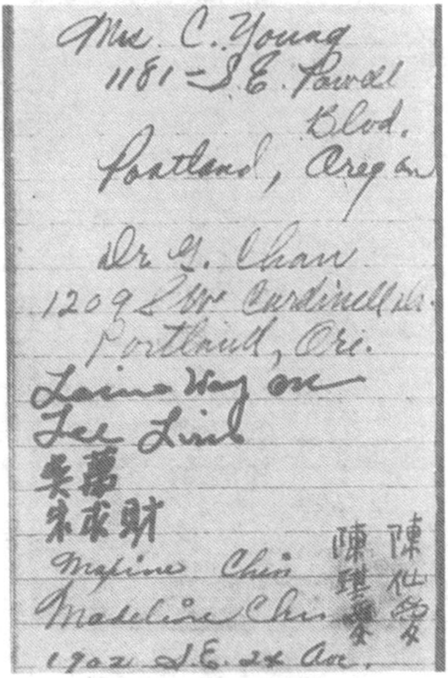
Mrs. C. Young
1181 - S.E. Powell Blvd.
Portland, Oregon
Dr. G. Chan
1209 S.W. Cardinell Dr.
Portland, Ore.
Louise Wong Ore
Lee Lim
吳嘉
宋求財
Mafine Chin
Madeline Chin
陳理
陳仕
1902 S.E. 24 Ave.

08-063

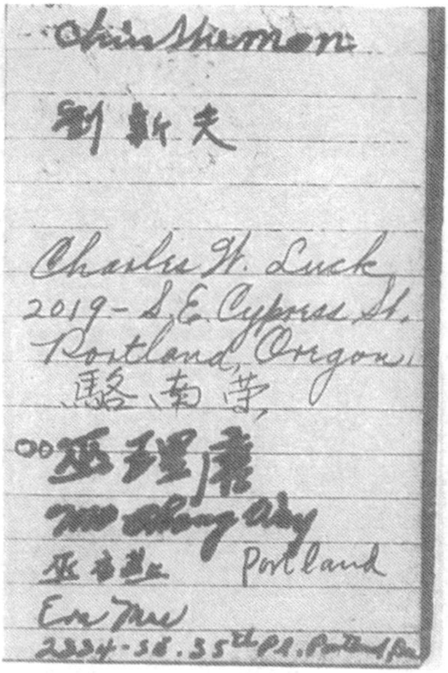
Chin Sherman
劉毅夫
Charles W. Luck
2019 - S.E. Cypress St.
Portland, Oregon
駱南芳
oo 巫理康
Mo Chong Way
Portland
Em Mee
2334 - S.E. 35th Pl. Portland Ore.

08-064

Portland, Oregon
337 - S.W. 2nd Ave
Portland. Ore.
Tong. C.B. Lau
553 N Knott St.
TR 5804

08-065

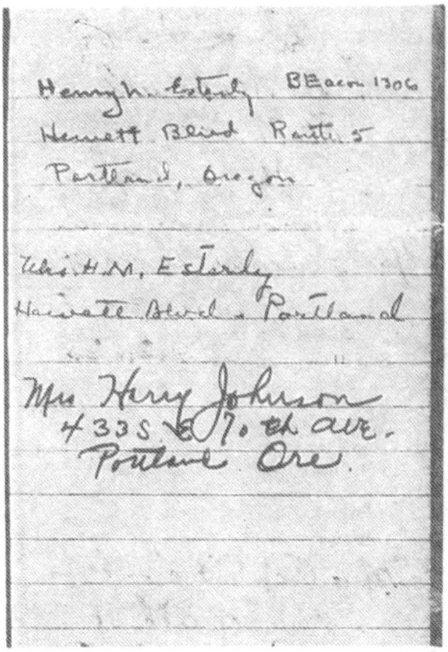
Henry h. Esterly BEacon 1306
Hewett Blvd Route 5
Portland, Oregon
Mrs. H.M. Esterly
Hewett Blvd. Portland
Mrs Henry Johnson
4335 SE 70th ave.
Portland Ore.

08-066

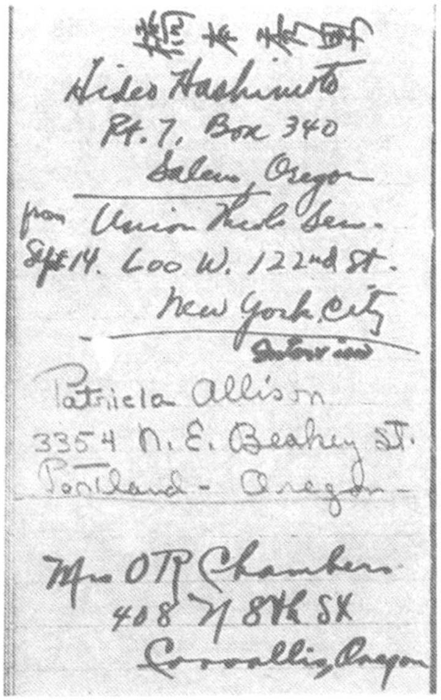
Hideo Hashimoto
Rt. 7, Box 340
Salem, Oregon
from Union Theol. Sem.
Sept 14. 600 W. 122nd St.
New York City
Patricia Allison
3354 N.E. Beakey St.
Portland - Oregon
Mrs OTR Chambers
408 N 8th St
Corvallis, Oregon

08-067

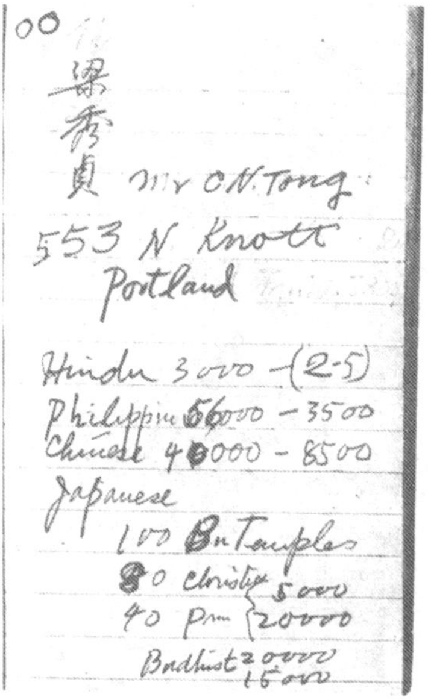
梁秀貞 Mr O.N. Tong
553 N Knott
Portland
Hindu 3000 - (2-5)
Philippine 56000 - 3500
Chinese 40000 - 8500
Japanese
100 Bu Temples
80 christian 5000
40 pm 20000
Buddhist 20000 15000

08-068

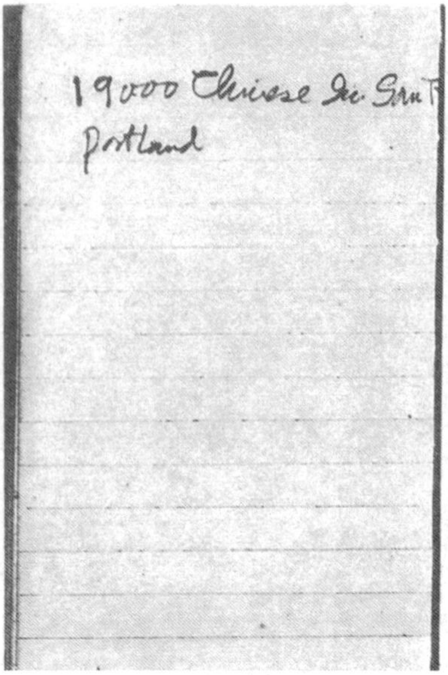

08-069

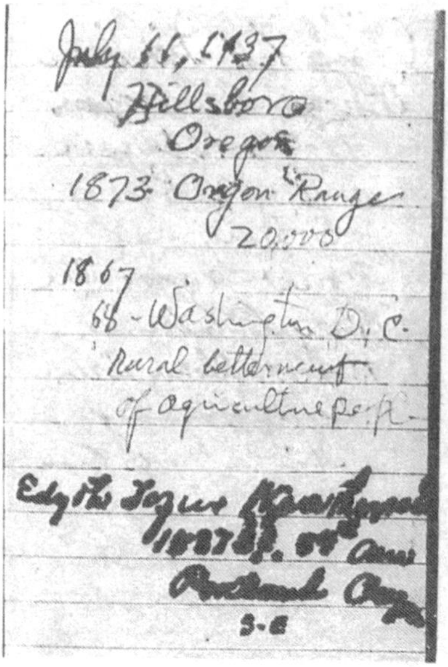

07-070

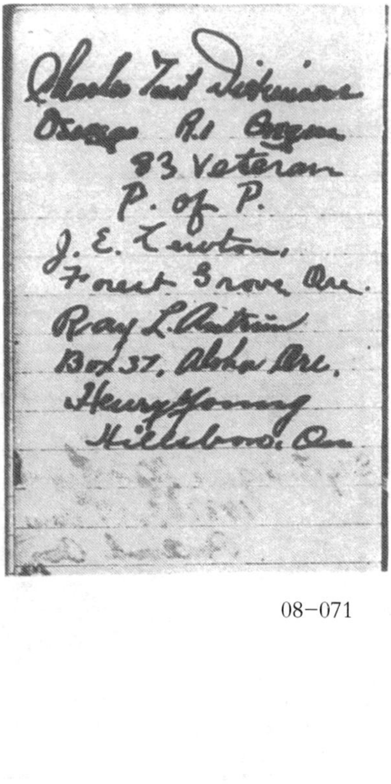

08-071

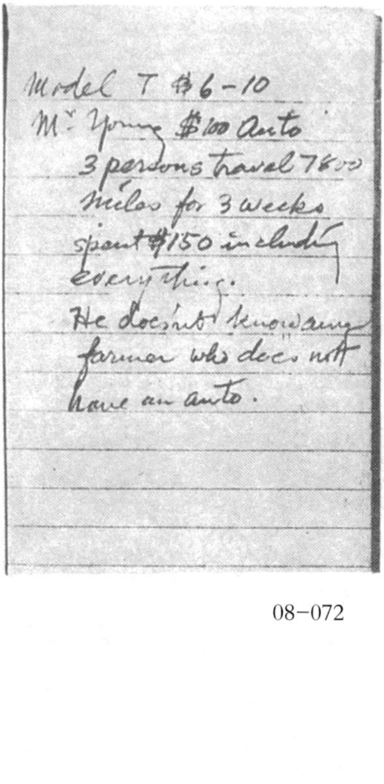

08-072

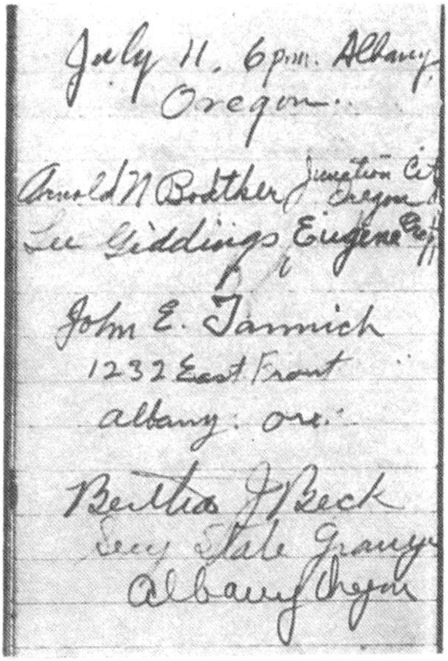
July 11, 6 p.m. Albany
Oregon.
Arnold N Bodther Junction City Oregon
Lee Giddings Eugene
John E. Tannich
1232 East Front
albany. ore.
Bertha J Beck
Secy State Grange
Albany Oregon

08-073

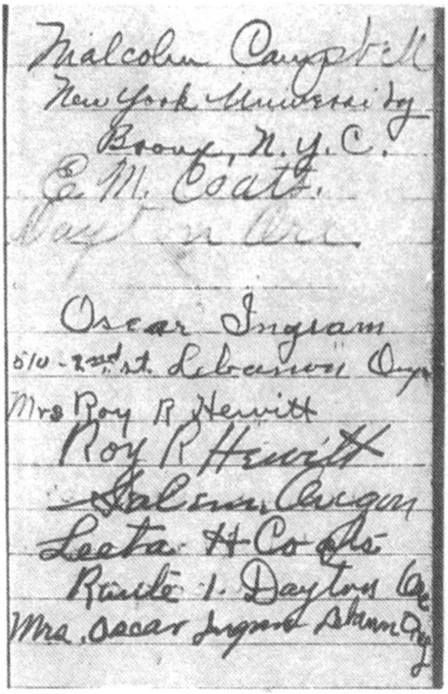
Malcolm Campbell
New York University
Bronx, N.Y.C.
E. M. Coats
Oscar Ingram
510 - 2nd st. Lebanon Oregon
Mrs Roy R Hewitt
Roy R Hewitt
Salem, Oregon
Leata H Coats
Route 1. Dayton Ore
Mrs. Oscar Ingram

08-074

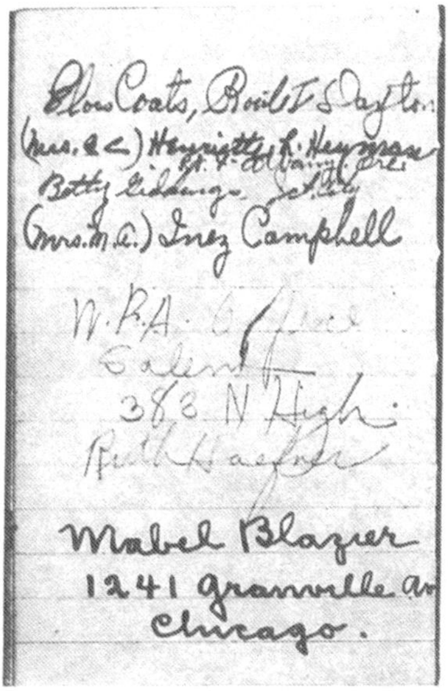
Elso Coats, Route 1 Dayton
(Mrs. E C.) Henrietta L. Heymann
Albany, Ore.
Betty Giddings
(Mrs. M. A.) Inez Campbell
W.P.A. Office
Salem
383 N High
Ruth Haefner
Mabel Blazier
1241 granville av
Chicago.

08-075

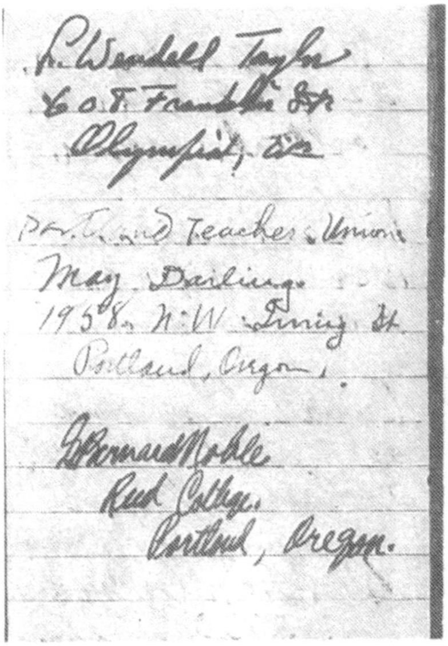
L. Wendell Taylor
6 O T. Franklin St.
Olympia, Wa.
Par. and Teachers Union
May Darling
1958 N.W. Irving St
Portland, Oregon.
F. Bernard Noble
Reed College.
Portland, Oregon.

08-076

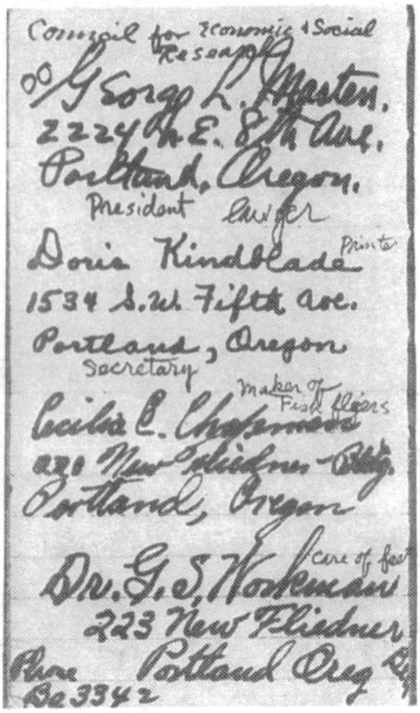
Council for Economic & Social Research
00 George L. Masten,
2224 N.E. 8th Ave.
Portland, Oregon.
President Lawyer
Doris Kindblade Printer
1534 S.W. Fifth Ave.
Portland, Oregon
Secretary Maker of Fish flyers
Cecilia C. Chapman
220 New Fliedner Bldg.
Portland, Oregon
care of feet
Dr. G. S. Workman
223 New Fliedner
Portland Oreg
Phone Be 3342

08-077

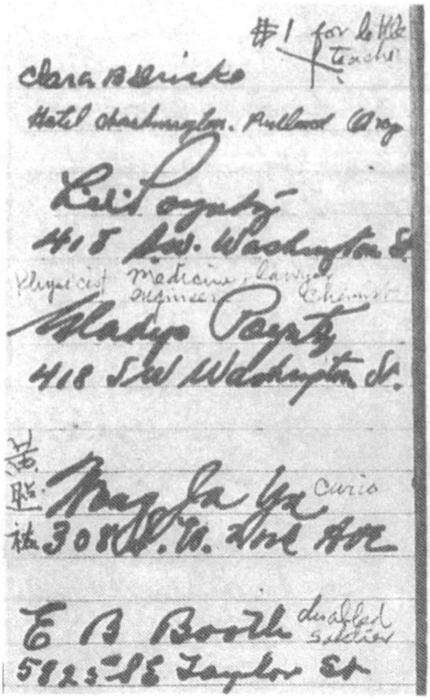
#1 for little teacher
Clara B. Dricks
Hotel Washington. Portland Oreg
Leli Pogutz
418 S.W. Washington St.
Physicist medicine, lawyer engineer, Chemist
Gladys Pogutz
418 S.W. Washington St.
黄照林 May Ja Ya curio
308 N.W. 2nd Ave
E B Booth disabled soldier
5823 SE Taylor St

07-078

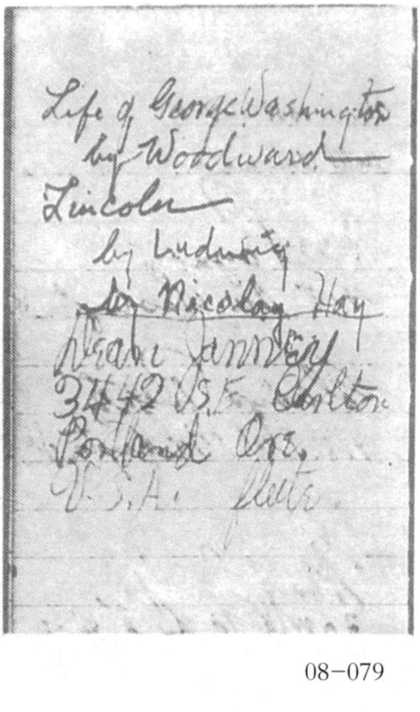
Life of George Washington
by Woodward
Lincoln
by Ludwig
by Nicolay Hay
Frank Janney
3442 S.E. Carlton
Portland Ore.
U.S.A.

08-079

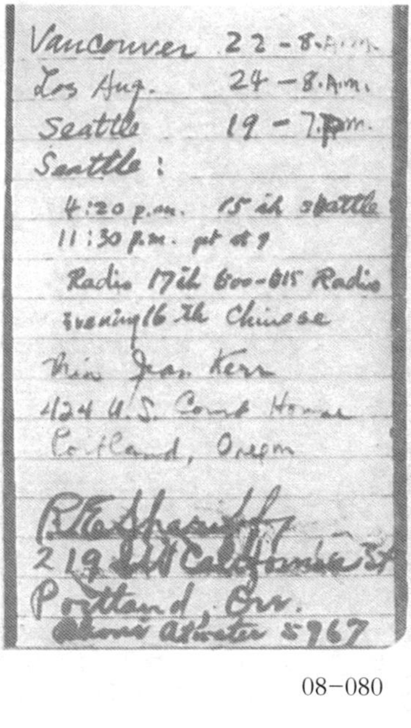
Vancouver 22 - 8 A.M.
Los Ang. 24 - 8 A.M.
Seattle 19 - 7 P.M.
Seattle:
4:20 p.m. 15 th seattle
11:30 p.m. get at 9
Radio 17th 600-615 Radio
evening 16 th Chinese
Miss Jean Kerr
424 U.S. Court House
Portland, Oregon
R. Rashnoff
219 SW California St
Portland, Ore.
Phone Atwater 5967

08-080

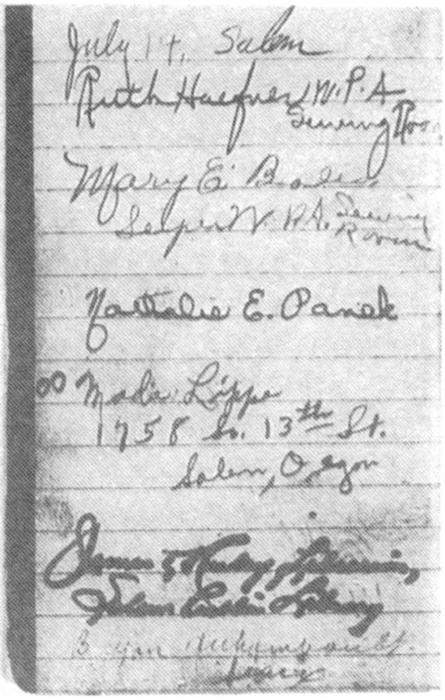

08-081

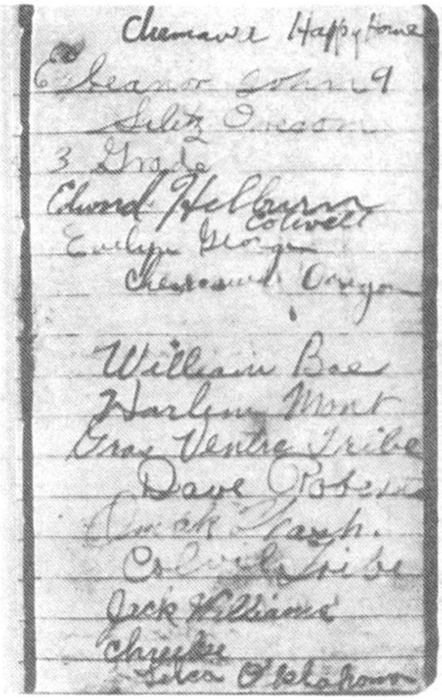

08-082

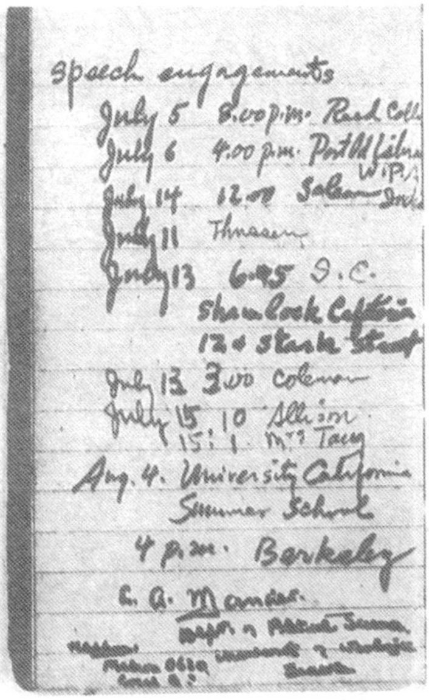

08-083

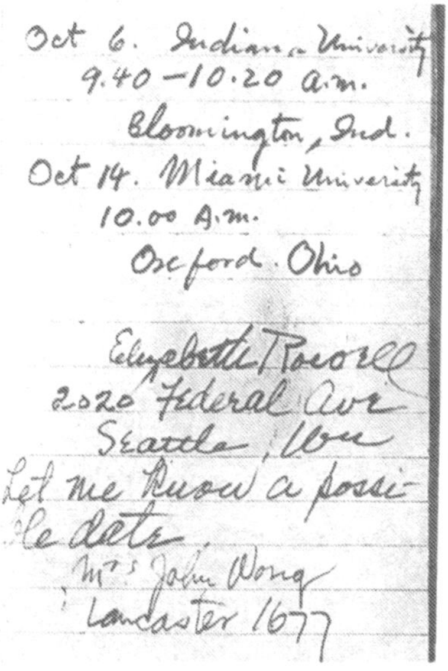

08-084

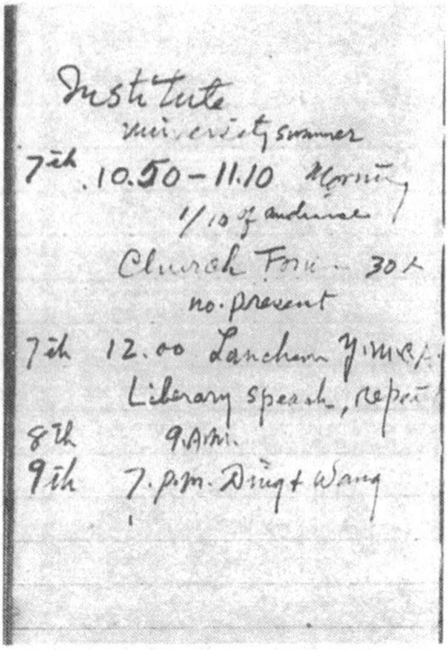
Institute
university summer
7th. 10.50–11.10 Morning
1/10 of audience
Church Forum – 30 (?)
no. present
7th 12.00 Luncheon Y.M.C.A.
Library speech, report
8th 9 A.M.
9th 7. p.m. Dwight Wang

08-085

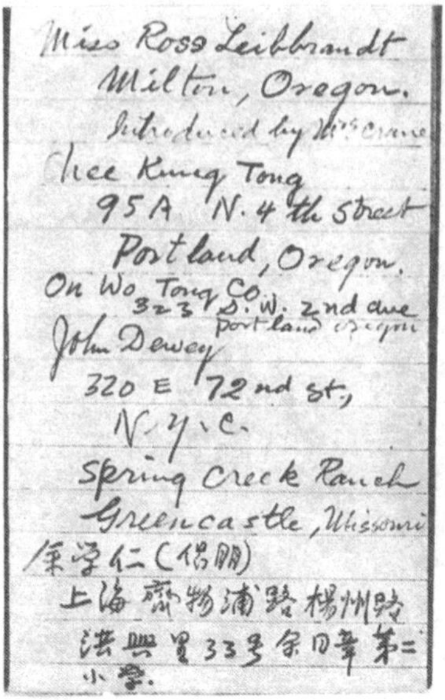
Miss Rose Leibbrandt
Milton, Oregon.
Introduced by Mrs Crane
Chee Kung Tong
95A N. 4th Street
Portland, Oregon.
On Wo Tong Co.
323 S.W. 2nd Ave
Portland Oregon
John Dewey
320 E 72nd St,
N.Y.C.
Spring Creek Ranch
Greencastle, Missouri
余学仁（偕朋）
上海齐物浦路杨州路
法兴里33号余日章第二
小学

07-086

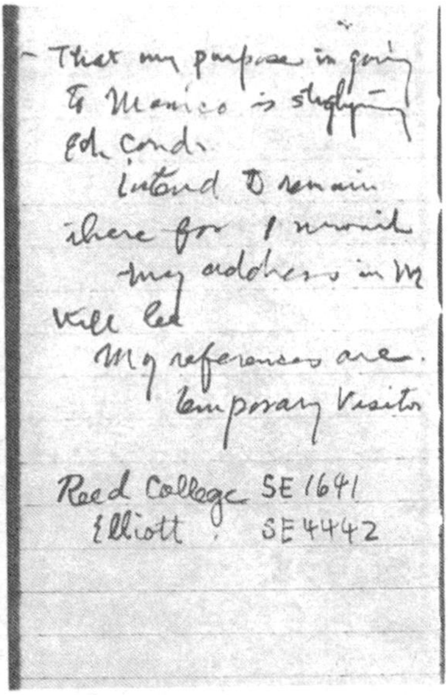
– That my purpose in going
to Mexico is studying
ed. cond.
intend to remain
there for 1 month
my address in M
will be
My references are.
temporary Visitor
Reed College SE 1641
Elliott SE 4442

08-087

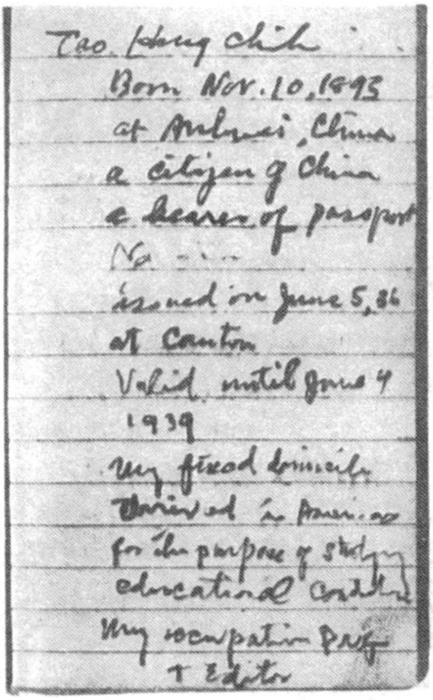
Tao Hsing Chih
Born Nov. 10, 1893
at Anhwei, China
a citizen of China
a bearer of passport
No. ...
issued on June 5, 36
at Canton
Valid until June 4
1939
my fixed domicile
Arrived in America
for the purpose of studying
educational conditions
My occupation Prof.
& Editor

08-088

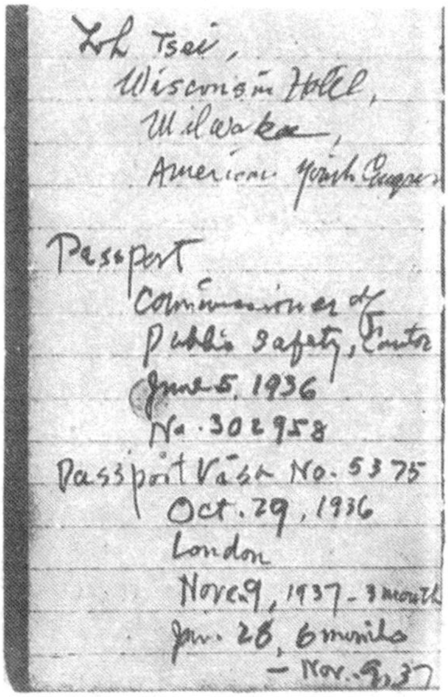
Z. L. Tsai,
Wisconsin Hotel,
Milwaukee,
American Youth Congress

Passport
Commissioner of
Public Safety, Conn
June 5, 1936
No. 302958
Passport Visa No. 5375
Oct. 29, 1936
London
Nov. 9, 1937 - 3 month
Jan. 28, 6 months
- Nov. 9, 37

08-089

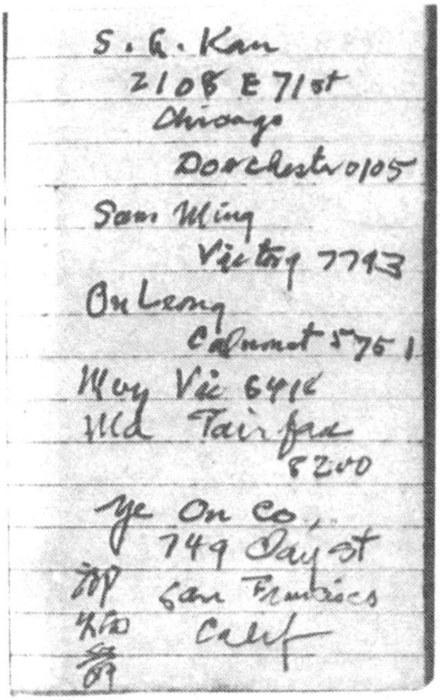
S. G. Kan
2108 E 71st
Chicago
Dorchester 0105
Sam Ming
Victory 7743
On Leong
Calumet 5751
Mey Vic 6416
Ma Fairfax
8200
Ye On Co.,
749 Clay st
San Francisco
Calif

08-090

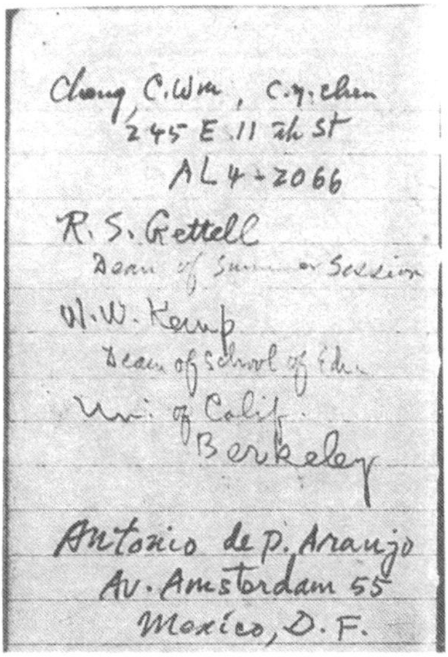
Chang, C. Wm, C. Y. Chen
245 E. 11th St
AL 4-2066
R. S. Gettell
Dean of Summer Session
W. W. Kemp
Dean of School of Edu
Univ. of Calif.
Berkeley

Antonio de P. Araujo
Av. Amsterdam 55
Mexico, D.F.

08-091

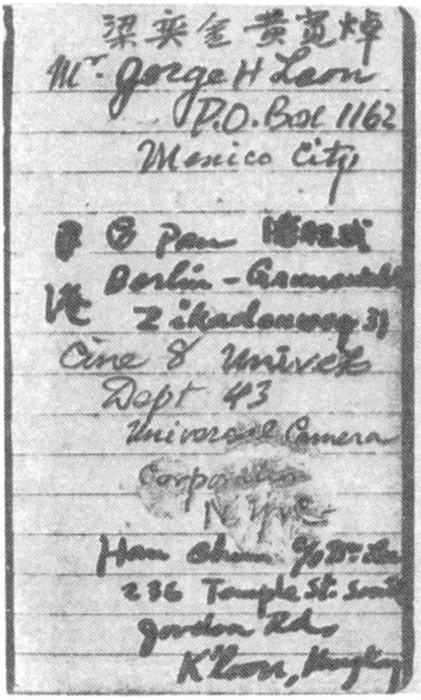
梁奕金 黄宽焯
Mr. George H Lam
P.O. Box 1162
Mexico City
C Pan
Berlin -
Z 31
Cine & Univers
Dept 43
Universal Camera
Corporation
N. York
Ham Chan c/o Dr.
236 Temple St.
Jordan Rd
Kowloon, Hongkong

08-092

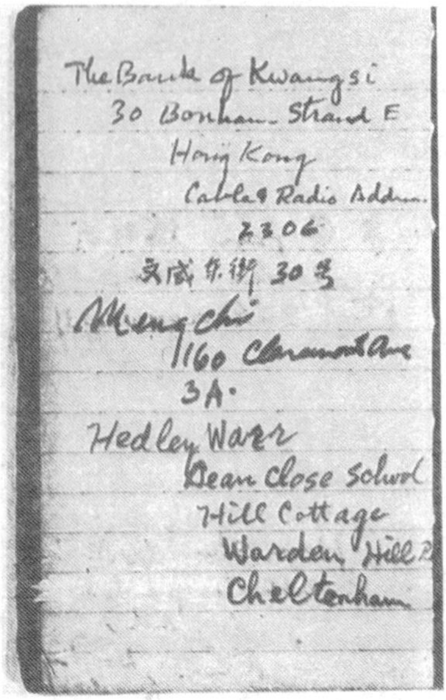
The Bank of Kwangsi
30 Bonham Strand E
Hong Kong
Cable & Radio Address
2306
文咸东街 30号
[illegible]
160 Claremont Ave
3A.
Hedley Warr
Dean Close School
Hill Cottage
Warden Hill Rd
Cheltenham

08-093

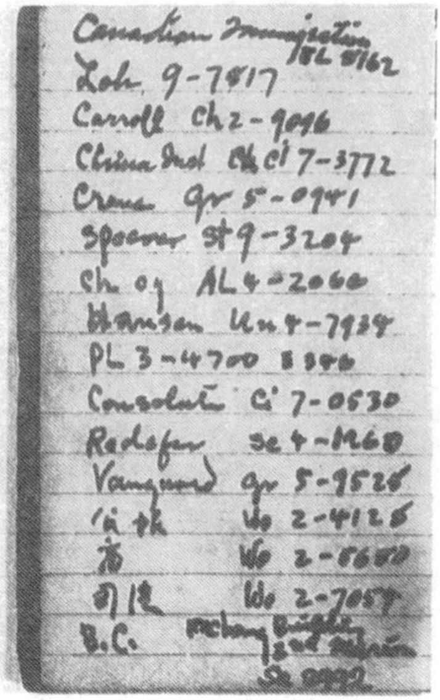
Canadian Immigration
BL 8162
Loh 9-7817
Carroll Ch 2-9096
China Inst Ch Ci 7-3772
Crane Gr 5-0941
Spencer St 9-3204
Ch. of AL 4-2060
Hansen Un 4-7934
PL 3-4700 8346
Consulate Ci 7-0530
Redefer Se 4-1260
Vanguard Gr 5-9528
Wo 2-4128
Wo 2-5680
Wo 2-7057
B.C. [illegible]

07-094

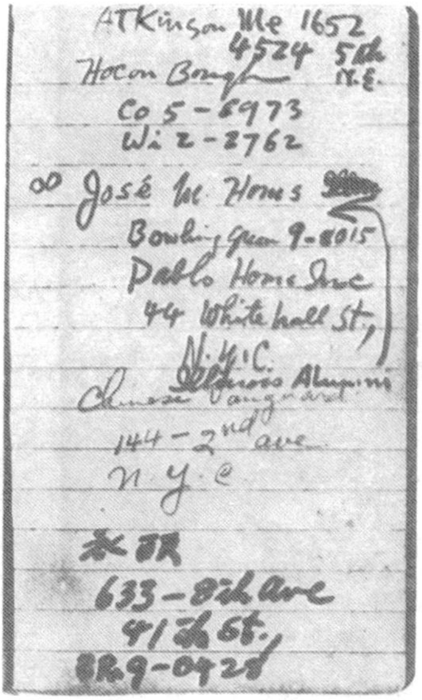
ATKinson Me 1652
4524 5th N.E.
Hocon Bough
Co 5-6973
Wi 2-2762
José M. Homs
Bowling Green 9-8015
Pablo Homs Inc
44 Whitehall St,
N.Y.C.
Chinese Vanguard
144-2nd ave
N.Y.C
633-8th ave
41 St.
BR 9-0428

08-095

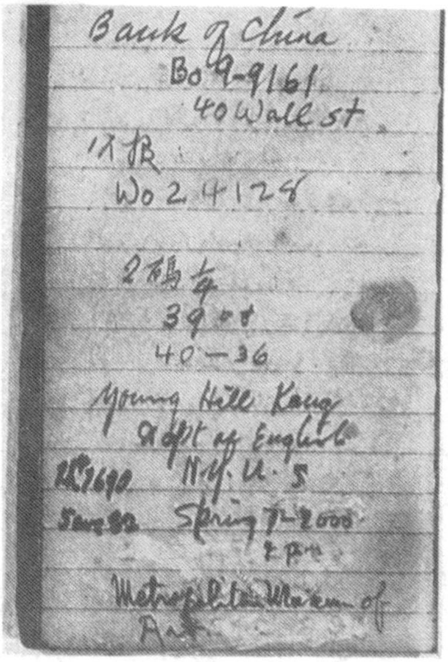
Bank of China
Bo 9-9161
40 Wall st
Wo 2 4128
39 [illegible]
40-36
Young Hill Kang
Dept of English
N.Y.U.
Spring 7-2000
Metropolitan Museum of Art

08-096

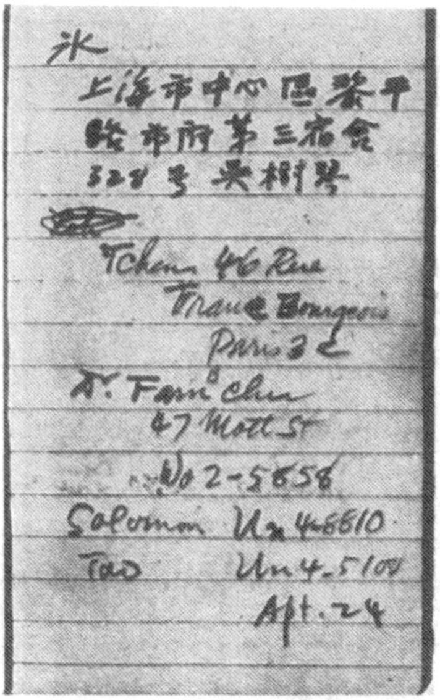

上海市中心區紫平
路市府第三宿舍
328号吴树琴

Tchen 46 Rue
Franc Bourgeois
Paris 3e

Mr. Fam Chen
47 Mott St
No 2-5858

Solomon Un 4-6610
Tao Un 4-5108
Apt. 24

08-097

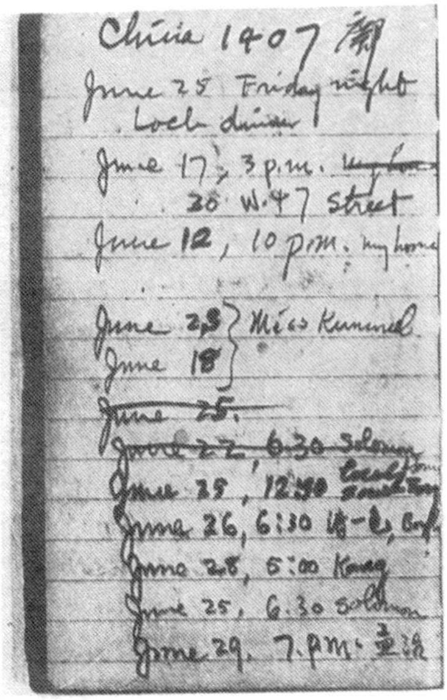

China 1407

June 25 Friday night
Loeb dinner
June 17, 3 p.m.
30 W. 47 Street
June 12, 10 p.m. my home
June 23 } Miss Kummel
June 18 }
June 25.
June 22, 6.30 Solomon
June 25, 12:30
June 26, 6:30
June 28, 5:00 Kong
June 25, 6.30 Solomon
June 29, 7 p.m.

08-098

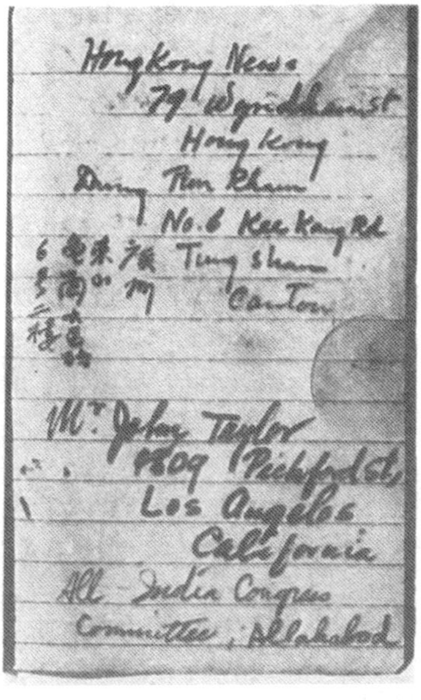

Hongkong News
79 Wyndham St
Hong Kong
Dung Tim Chun
No. 6 Kee Kang Rd
Tung shan
Canton

Mr. John Taylor
4809 Pickford St.
Los Angeles
California
All-India Congress
Committee, Allahabad

08-099

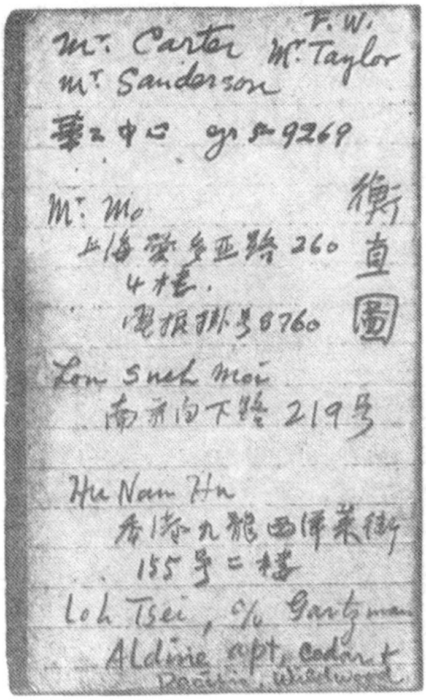

Mr. Carter F.W. Mr. Taylor
Mr. Sanderson

Mr. Mo
4楼.
Lom Sueh Mei
南京白下路 219号
Hu Nam Hu
香港九龙西洋菜街
155号二楼
Loh Tsei, c/o Gartzman
Aldine apt. cedar &

08-100

第八册〔注译〕

1937.6.5~1937.7.14

西雅图·切马瓦·塞勒姆·波特兰
夏威夷·希尔斯伯勒·阿尔巴尼

08—001

6 月 5 日　1937 年　美国作家大会

08—002

大卫·格林胡德　小说家纽约地址

杰罗姆·拜耳　地址　舞蹈评论家与戏剧家

格兰·朗德《非凡的伐木工保尔》作者　纽约地址

08—003

星期三　6 月 9 日　下午 8 时 30 分

地址

国际职业大厦　每周

美国作家同盟

韦斯利·威廉

W.L.里维　美国作家联盟

08—004

奥伯特·贝因　纽约地址

让自由之钟敲响

小黑人

青春的扼杀

生活在芝加哥

康奈·希的朋友

中国天津

赫里·哈特　地址

08—005

格雷斯·伦普金著《谋生》——叛逆的象征

08—006

柏柯利　《立即释放》作者

08—007

爱德温·S.伯特　地址

胡莱特·威尔斯地址

詹姆士·威斯

08—008

第 1 至 4 行：乔治·阿尔比地址

《年轻的罗伯特》　1937 年

《俄亥俄的 7 月》　1938 年

08—009

林毓德签名　纽约　地址

08—010

第1至3行外文：便士　角　毛

08—011

总统夫人1年收到105,000封信

08—012

6月9日

美国作家同盟

爱德华·F.加汉　全国秘书处秘书　地址　喀里多尼亚电话号码

罗莎·普赖德　纽约地址

08—013

6月10日

哈里·杜哈姆

利昂纳尔·伯曼

08—014

第1至8行：6月12日　上午10时在家会面

罗伯特·斯德宾斯　17日1时后地址　下午3时

末3行：亚历山大·诺斯　纽约地址

08—015

威斯康辛　8月20日到师范学院

斯坦利电话号码

08—016

第6月10日

弗利达·哈里斯

罗斯·斯蓬

鲁丝·罗伯兹　纽约地址

（修女比阿特里丝）

青年组

6月10日

7月5~15日

16~23日　西雅图

23~31日　洛杉矶

8月1日　约塞密蒂（加州国家公园）

8月3~18日　旧金山

08—017

第1至7行：莱昂·埃里斯华盛顿大学　西雅图

（前美国驻北京公使馆工作人员）

去西雅图时由罗伯特·罗敦介绍

08—018

印第安人

犹他州　亚利桑那州　新墨西哥　加利福尼亚　棕榈泉

从洛杉矶去2小时

约塞密蒂山谷　地质树

从洛杉矶至旧金山500英里

08—019

洛杉矶至旧金山　19.30美元

不是卧铺

旅行者乘的普尔门式客车3个晚上1美元　饭5~10美分

08—020

沙拉·B.库梅尔　地址

吕班·戈登　地址

08—021

进步电影明星

弗里德雷克·马奇

弗伦奇霍·托恩

琼·克劳福特

詹姆斯·卡纳

罗伯特·蒙哥马利

路易斯·雷纳

吉恩·穆尔

08—023

第1至3行：卡洛尔先生费城地址

08—026

H.J.梅特卡弗

J.C.沃恩

乔·路易斯

08—029

帕西·埃里克

威廉·哈特　纽约地址

马库斯·冈西　世界黑人协会领袖

领导者戈登、鲁德、克拉克、布赖恩特

所罗门·哈珀　地址

08—030

末5行：刘成基先生及地址上午10时　3楼

08—031

第4行起为：

行李被短时间扣留　号码

行李在波特兰提取　号码

08—032

第1至2行：7月14日　切马瓦　塞勒姆

余为印第安学校、印第安部落人士签名

08—033

第1至2行：1.民主　燕京社　2.远东观察

第4至6行：友人签名

末5行：夏尔士·萨尔逊　塞勒姆印第安学校高级管理员

08—034

7月6日

罗伯特·达姆　俄勒冈州立学院地址

维克多·P.莫里斯　俄勒冈大学地址

诺勃尔夫人　地址

斯特拉·舒洛克　地址

08—035

第 1 至 3 行：玛格丽特·怀曼俄勒冈地址

08—036

鲁丝·希弗纳　地址　妇女和平协会　妇女工作者

玛丽·奇廷夫人　俱乐部和平工作者　地址

吉恩·理查德森　教师地址

阿尔他·布朗夫人　俄勒冈格兰奇领袖

08—037

1937 年 7 月 6 日　波特兰

安尼·默什龙　波特兰图书馆协会

玛丽·秀柏登

玛格丽特·赛特·黄夫人　地址

（波特兰华侨妇女俱乐部成员）

爱德华·R.丁夫人　地址

温·H.李夫人　地址

08—038

斯坦勒·爱德华　地址

英文歌

沃尔特·菲什尔　地址

英文歌　我到过中国 5 次

左学礼　地址

08—039

威斯康辛、西雅图、日内瓦

等友人名

08—040

7 月 7 日

W.G.比阿蒂　俄勒冈暑期训练班

J.A.冯　纽约城大学

玛格丽特·W.夏普　波特兰电话分机中心

08—041

劳工权利问题　1869 年

一人受伤害，众人关心

阶级意识　建立政治经济的互助合作团体

600,000　理想主义者

美国劳工联合会　1886 年

优点：缩短工时　增加工资

08—042

世界产业工人工会　1905 年

全世界工人　1912 年

解放所有劳动者　反对世界大战

非共产主义者　拒绝参加第三国际

产业工会联合会（简称产联）沿着工业路线　无经济哲学　高工资与短工时　迅速达到目标

08—043

7 月 7 日

萨博尔德·E.赵先生及夫人地址

约瑟·里兹夫人　波特兰地址

左拉·格鲁丝沃尔德夫人波特兰地址

08—044

马蒂·霍德逊　纽伯利地址

简·锡尔弗　纽伯利地址

08—045

1937年7月8日请用中文、英文签名及夏威夷地址

鲁丝·L.T.耶鲁地址　夏威夷大学数学系

里丝·贝阿里　威斯里基金会东方卫理公会

08—046

N.P.阿特金森

（美国反战反法西斯联盟）地址

伊丽莎白·波尔特小姐西雅图金县医院

艾丽丝·B.普林敦　华盛顿高中波特兰

伊丽莎白·鲁威尔　西雅图地址

08—047

纽伯利、西雅图工人签名、留址

08—048

《我们，人民》　里奥·休伯曼

《人的一生》希恩

08—049、050

7月8日

（1）日本人的宣传

（a）政府津贴

（b）没收土地

（c）朝鲜人

（d）官员

（c）鸦片贸易商人

（f）400,000（5年）苦力、火炉加入团体

20,000,000

160,000—90,000

殖民地剥削

（2）建设大城市　现代的Chung　Chung

（a）为谁建设（b）如何建设

7000亿日元

目的为：

①商业

②反苏战略（失去生命）

③极易得到资源

④人口出路

（3）发展铁路5,000英里

（4）和平与秩序，赚钱，教育，青年士兵（土匪）教育，什么？

08—051、052

①满洲国　管理　傀儡

②鸦片

③志愿兵

④没收土地

⑤农民

⑥工人

⑦利用土匪侵略蒙古

⑧公民，日本人、满洲人

①日本不放弃（27,000,000）

② 1895 日本 俄国 中国民族自决

阿尔萨斯—洛林（比喻）

③物质的发展及资源和劳力

日本的资本与领导地位——赌博与侵略

08—053

7月9日 阿勒塞·斯坦迪 地址 美国大学妇女协会

演讲

伊萨佩尔·卡利塞尔 历史系主任 埃弗里特夜校

演讲

08—054

夏威夷 56,000

400,000

1900年 中国人160 日本人220

1925年中国人837 日本人6186

1935年中国人518 日本人3575

（华人人口减少原因）

1. 1925年的排外

2. 土生子女〔血统〕不纯

3. 标准高

4. 节制生育

5. 失业

职业：被限制

政治：不控制选举 严重

08—055、056

希望回到祖国

五分之一日本人美国国籍

夏威夷人、中国人激烈竞争

在纽约遇到困难

1. 日本人想要什么？

有思想的人民？1927年的济南惨案？

2. 日本将如何维持其控制？

继续控制俄国的保护国

3. 中国的抵抗可能导致战争吗？

中国必须考虑抗战

1931年王被赶走

4. 如果发生中日战争

抗战至上

（1）上海之战（2）抵制贸易（3）内部革命（4）抵抗（5）游击战（6）交通不是障碍

08—057

日本需要原料、市场、经济合作

同化 危机过去

08—058

第1至2行：托拉·劳伦斯

俄勒冈州梅德福市

第5至8行：奥利弗·卡西亚（夫人L.S） 波特兰地址

第9至11行：格里菲夫人地址

末3行：里德学院一人名

波特兰

08—059

G.W.苏森夫人 地址

鲁丝·希弗纳 地址 星期日上午10时通电话

08—060

律师：西夫·艾里克森或索尔·霍尔佩恩 地址

四分之三的黑人律师、医生做门卫侍从

08—061至066

这6页为波特兰华侨签名、留址

08—067

第1至8行：桥本秀男 俄勒冈州 塞勒姆 地址 9月14日以后 纽约地址 见面

末6行：波特兰、钱伯斯两人签名、留址

08—068、069

前3行英文：C.N.唐先生 波特兰地址

余英文为：

印度人3,000—(2~5)

菲律宾人56,000—3,500

中国人40,000—8,500

日本人100佛教寺庙

80基督教 5,000

40 20,000

佛教徒20,000

15,000

19,000中国人在旧金山

波特兰

08—070

第1至9行：1937年7月11日 俄勒冈 希尔斯伯勒镇

1873年 俄勒冈山区人口20,000

1867 68 华盛顿 哥伦比亚特区

农村农民条件的改善

末4行：友人签名、留址

08—071

友人签名、留址

08—072

T型（福特T型）汽车 6~10美元（未记品名）

杨先生（说）：100美元的汽车，3人旅行7,800英里3星期，花去150美元，包括一切。他不知道还有没有汽车的农民

08—073至076

7月11日　下午6时俄勒冈奥尔巴尼（当天农民请陶行知去参加农村讨论会）

会见者签名、留址，其中有塞勒姆妇女和平协会妇女工作者鲁丝·希弗纳、波特兰教师同盟梅·达林、里德学院诺勒尔先生等

08—077、078

经济与社会研究理事会

乔治·麦斯顿　波特兰地址　主席　律师

多利斯·金勃雷特　秘书　印刷工人

余为工程师、物理学家、化学家、印刷工人、医生、律师、残废军人、古董商等人签名、留址

08—079

第1至4行：《华盛顿传》沃特瓦德著

《林肯传》　鲁德威克著

余外文为签名、留址

08—080

温哥华　22—上午8时

洛杉矶　24—上午8时

西雅图　19—下午7时

西雅图：

下午4时20分　15日

17日6~6时15分　无线电

16日晚　中文

吉恩·柯尔小姐　波特兰地址

R.E.希里夫　波特兰地址

08—081

7月14日　塞勒姆（陶行知对塞勒姆缝纫女工演讲）女工签名、留址，其中有：鲁丝·希弗纳　妇女和平协会　缝纫车间

梅迪亚·利柏（缝纫女工，学而不厌，诲人不倦，被陶行知喻为美国的朱冰如）

08—082

第1行：切马瓦　快乐的家

余为友人签名、留址

08—083

演讲日程

7月5日下午8时，里德学院

7月6日下午4时，波特兰图书馆

7月14日12时，塞勒姆（妇女和平协会）印第安（学校）

7月11日　苏森

7月13日6时45分　经济与社会研究理事会　地址

7月13日3时　科尔曼

7月15日10时　艾利森1时唐夫人

8月4日加利福尼亚大学暑期学校

下午4时　伯克利

C.A.马德尔　地址

08—084

10月6日　印第安纳大学　上午9时40分~10时20分　伯罗明顿

10月14日　迈阿密大学上午10时，俄亥俄州　牛津

伊利萨伯·鲁威尔　西雅图地址

请让我知道可能在哪一天

约翰·王夫人　地址

08—085

研究所、大学　暑期

7日10时50分~11时10分早晨　十分之一听众

教堂讲台　30人　没有到

7日午12时　女青年会午餐

图书馆演讲　重复

8日　上午9时　（未记）

9日　下午7时　丁与王

08—086

外文为：罗丝·里勃恩特女士俄勒冈州米尔顿　克兰恩夫人介绍

致公堂　波特兰地址

安伍堂公司　波特兰地址

约翰·杜威　地址

08—087

（草拟赴墨西哥申请表）

我到墨西哥的目的是研究教育状况。打算在那里停留一个月。我在墨国的地址将是……我的介绍情况是暂时访问者

里德学院　电话号码

埃利奥特　电话号码

08—088

陶行知　1893年11月10日生于中国安徽　一中国公民持第……号护照者　1936年6月5日在广州签发　有效期止于1939年6月4日我抵达美国后的固定住处　目的是研究教育状况　我的职业：教授和编辑

08—089

陆璀　美国密尔沃基地址

护照：广东公安局长官1936年6月5日签发　第302958号

护照签证：第5375号　1936年10月29日　伦敦

1937年11月9日　3个月

1月28日　6个月~1937年11月9日

08—090

友人通讯录

08—091

C.Y.陈　地址

R.S.格特尔　夏季学期教务长

W.W.克尔普　加利福尼亚大学

教育学院教务长

安托尼奥·阿劳若　墨西哥地址

08—092

第10至12行：全宇影像有限公司　纽约

余外文为友人签名、留址

08—093

第1至6行：光士银行　香港地址　电报挂号

末5行：赫德利·沃尔克洛斯学校教务长切尔滕纳姆地址

08—094

陆璀　中华学会、陈翰笙、雷德弗等的电话号码

08—095

阿特金森　地址

胡康·邦简　电话

约瑟·M.霍姆斯　纽约地址　伊利诺大学男校友

中国先锋报　纽约地址

08—096

第1至3行：中国银行　地址

第9至11行：Y.H.邝

纽约州立大学英语系

末2行：大都市艺术博物馆

08—097

友人通讯地址

08—098

中国　1407　邝

6月25日　星期五晚　勒布晚餐

6月17日　下午3时　纽约西47街30号

6月12日　下午10时　在我家

6月23日、18日　柯迈尔小姐

6月25日12时30分　本地的家

6月26日6时30分　清一色

6月28日5时　邝

6月25日6时30分　所罗门

6月29日下午7时　孟治

08—099

第1至3行：《香港新闻》香港地址

末6行：约翰·泰勒先生　加利福尼亚地址

全印度代表大会委员会安拉阿巴德

08—100

第1至3行：卡特先生、泰勒先生、桑德森先生

末3行为陆璀的通讯地址

衛備忘

第 九 册

1937.7.16~1937.8.1

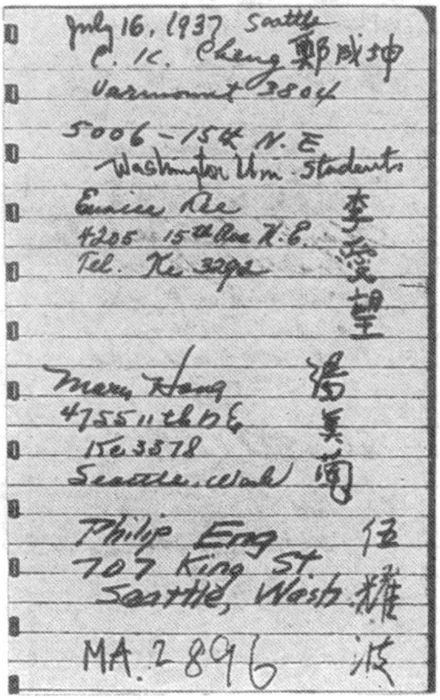
July 16, 1937 Seattle
C. K. Cheng 鄭成坤
Vermont 3804
5006-15th N.E.
Washington Uni. Students
Eunice Lee 李愛望
4205 15th Ave N.E.
Tel. Ke. 3292
Mary Hong 湯美蘭
4755 11th N.E.
Ke. 3378
Seattle, Wash.
Philip Eng 伍耀波
707 King St.
Seattle, Wash.
MA. 2896

09-001

Forrest
William s-
Seattle P.-I.
home East 0620
Clayh Squire
Seattle Star
Knows Captain Short's mother

09-002

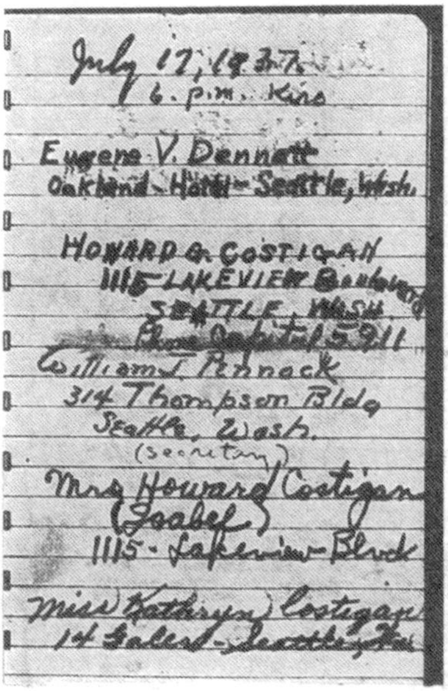
July 17, 1937
6. p.m. King
Eugene V. Dennett
Oakland Hotel - Seattle, Wash.
HOWARD G. COSTIGAN
1115 LAKEVIEW Boulevard
SEATTLE, WASH.
Phone Capitol 5911
William J. Pennock
314 Thompson Bldg
Seattle, Wash.
(secretary)
Mrs Howard Costigan
(Isabel)
1115 - Lakeview - Blvd
Miss Kathryn Costigan
14 Galer St - Seattle, Wash

09-003

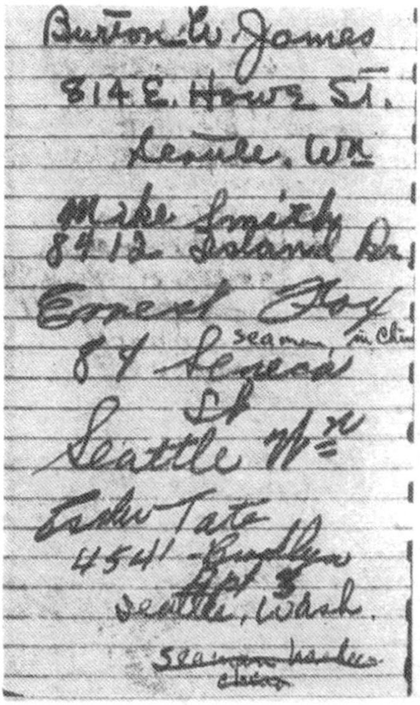
Burton W. James
814 E. Howe St.
Seattle, Wn
Mike Smith
8412 Island Dr.
Ernest Fox
84 Seneca St seaman in China
Seattle Wn
Eddie Tate
4541 Brooklyn Apt 3
Seattle, Wash.
seaman harbor china

09-004

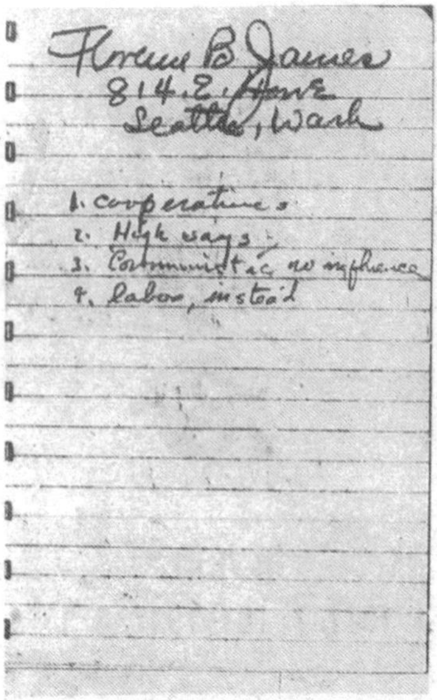

09-005

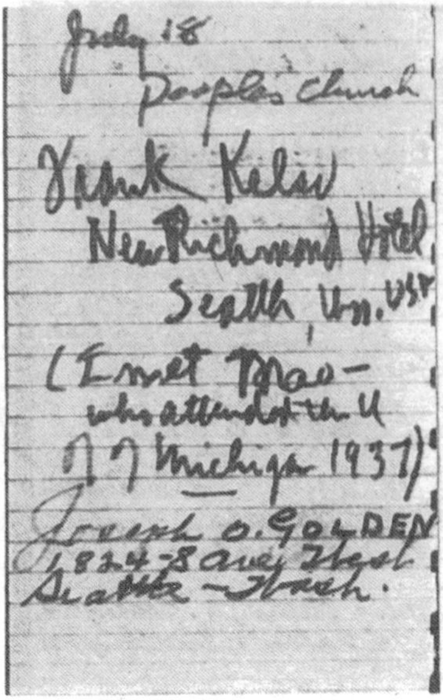

09-006

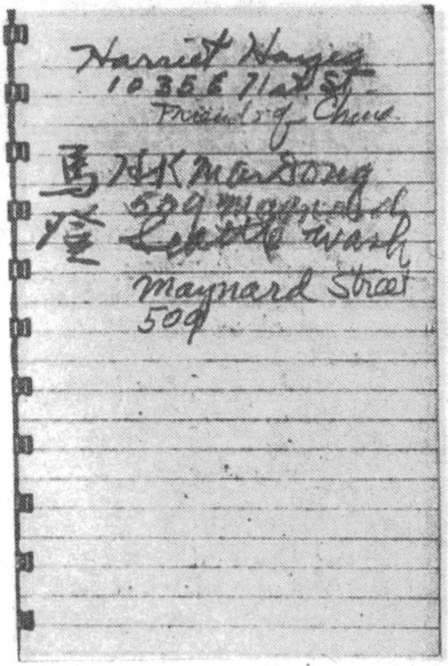

09-007

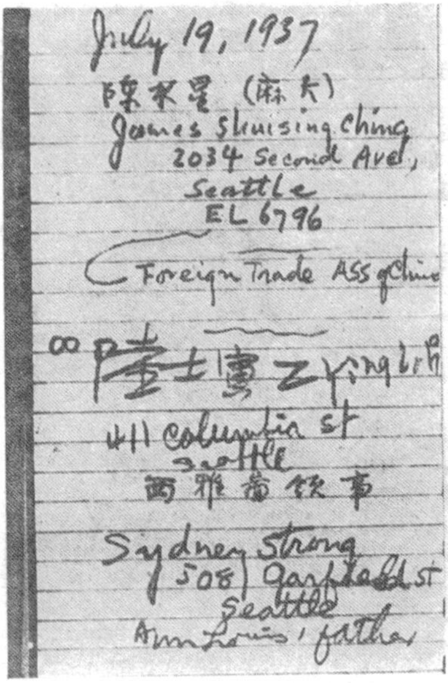

09-008

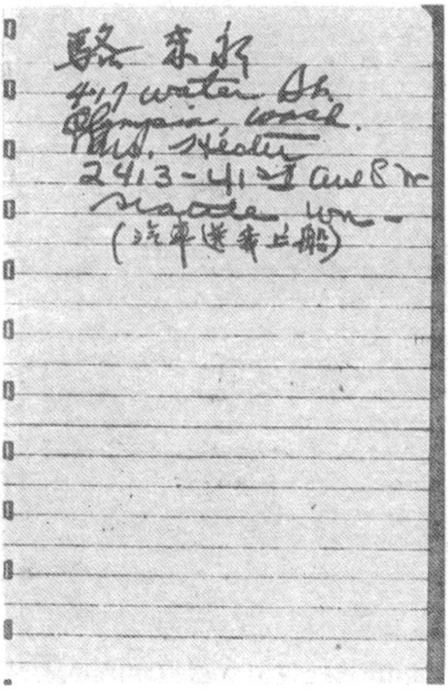

09-009

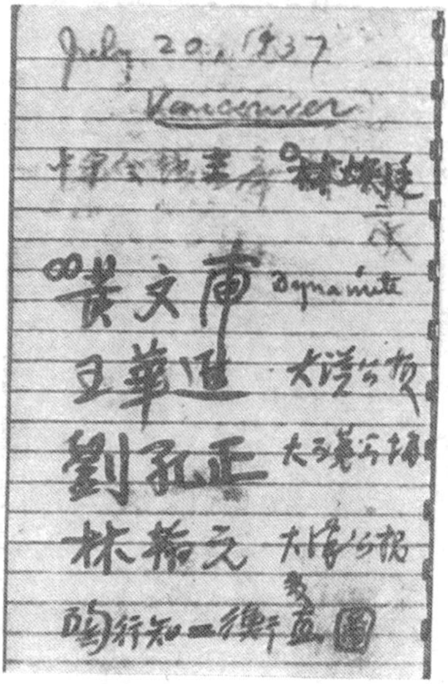

09-010

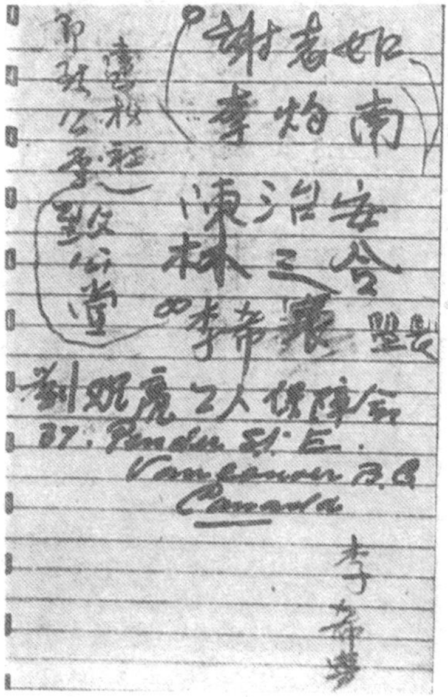

09-011

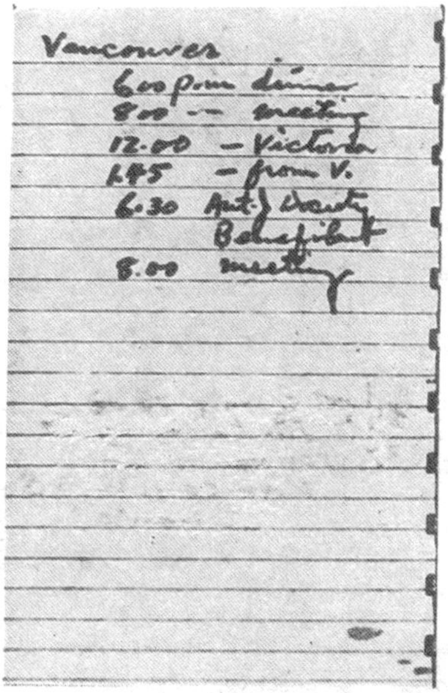

09-012

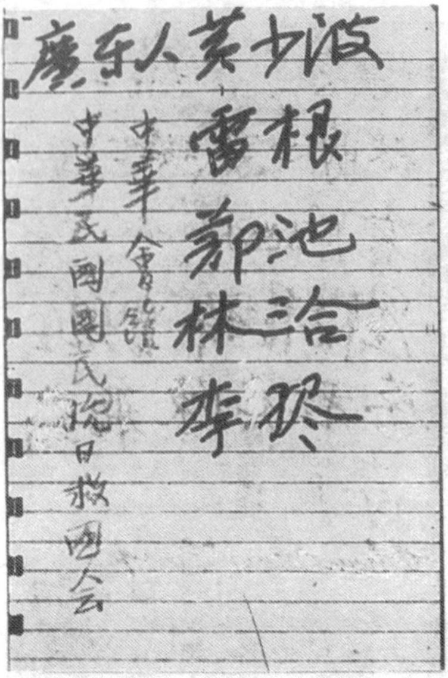
廣东人黄少波
雷根
鄭池
林洽
李琛
中華會館
中華民國國民抗日救國会

09-013

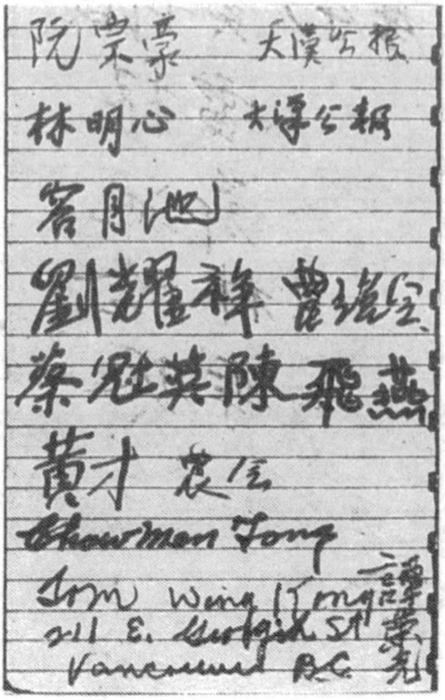
阮崇豪 大漢公報
林明心 大漢公報
容月池
劉耀祥 農總会
蔡冠英 陳飛燕
黄才 農会
Chow Man Fong
Tom Wing Fong 譚榮光
211 E. Georgia St.
Vancouver B.C.

09-014

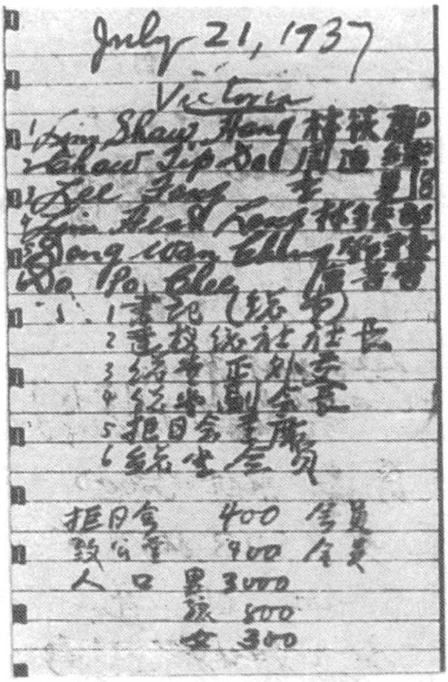
July 21, 1937
Victoria
1 書記（總會）
5 抗日會主席
抗日會 400 會員
致公堂 400 會員
人口 男 3000
孩 800
女 300

09-015

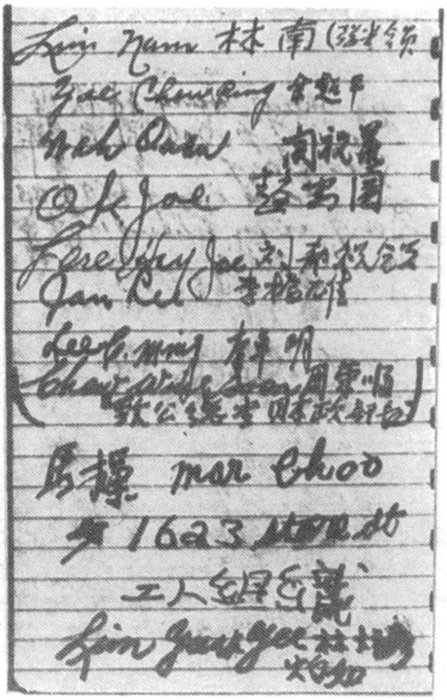
Lim Nam 林南
馬操 mar Chod
1623
工人組織

09-016

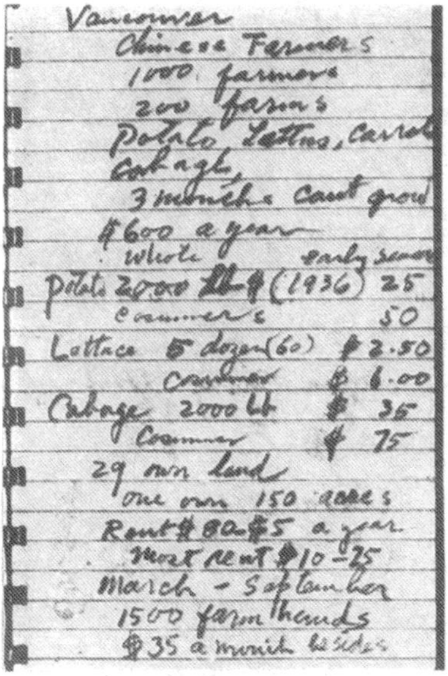
Vancouver
Chinese Farmers
1000 farmers
200 farms
Potato, Lettus, Carrot
Cabagh,
3 months cant grow
$600 a year
whole early season
potato 2000 lb $ (1936) 25
Commer's 50
Lettace 5 dozen (60) $2.50
Commer $6.00
Cabage 2000 lb $35
Commer $75
29 own land
one own 150 acres
Rent $80-$5 a year
Most rent $10-25
March - September
1500 farm hands
$35 a month besides

09-017

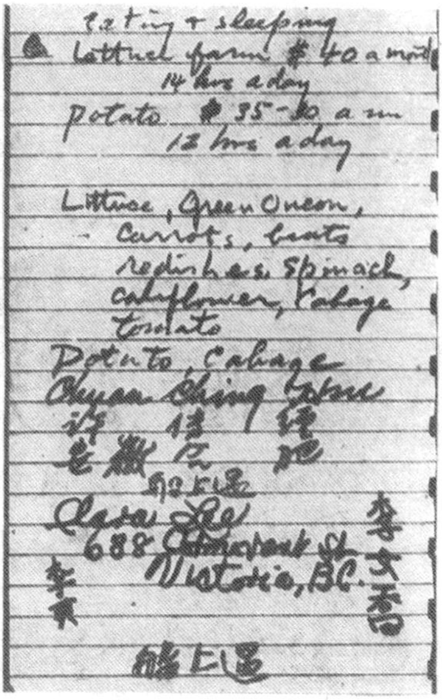
eating + sleeping
Lettuce farm $40 a month
14 hrs a day
potato $35-40 a m
12 hrs a day
Lettuce, Green Onion,
Carrots, beats
redishes, Spinach,
cauliflower, Cabage
tomato
Potato, Cabage
Clara Lee
688 ... St.
Victoria, B.C.
李文香

09-018

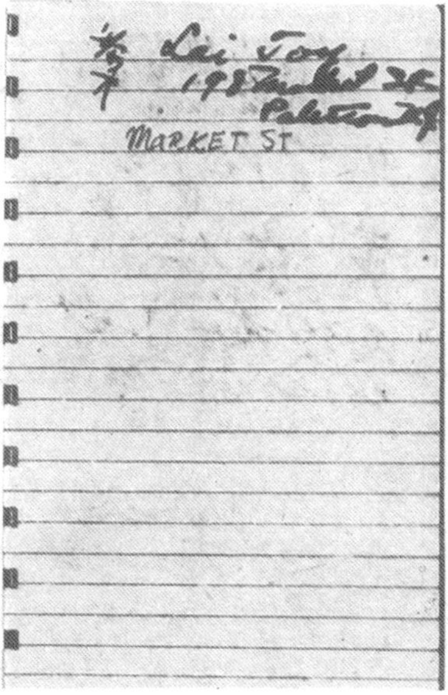
Lai Toy
198 ... St.
MARKET ST

09-019

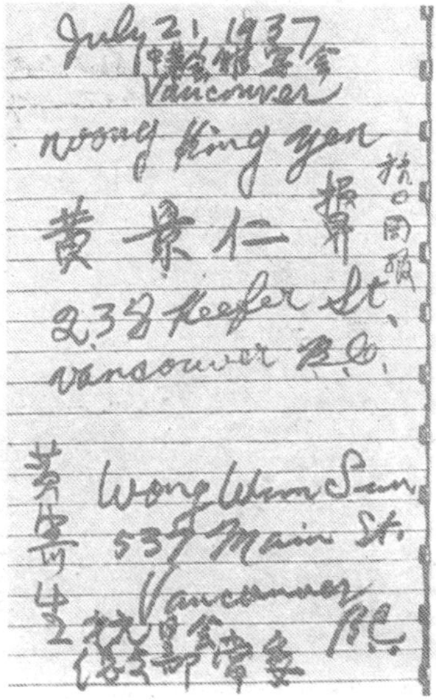
July 21, 1937
Vancouver
Wong King Yen
黄景仁
237 Keefer St.
Vancouver B.C.
Wong Wun Sun
537 Main St.
Vancouver B.C.

09-020

陶行知全集

衔备忘第九册（1937.7.16~1937.8.1）

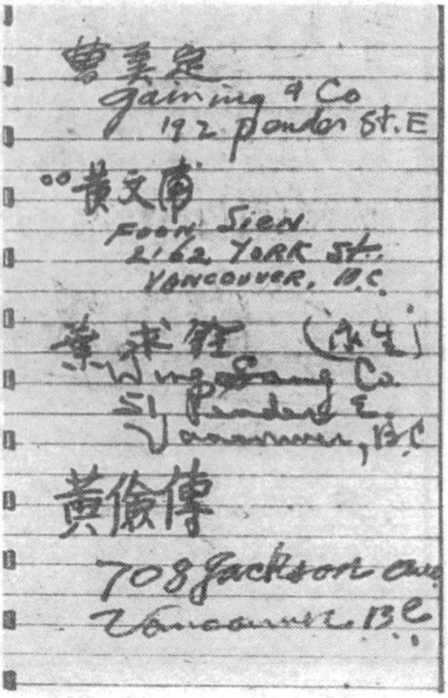
Gaining & Co
192 Pender St. E
Foon Sien
2162 York St.
Vancouver, B.C.
Vancouver, B.C
708 Jackson Ave
Vancouver B.C

09-021

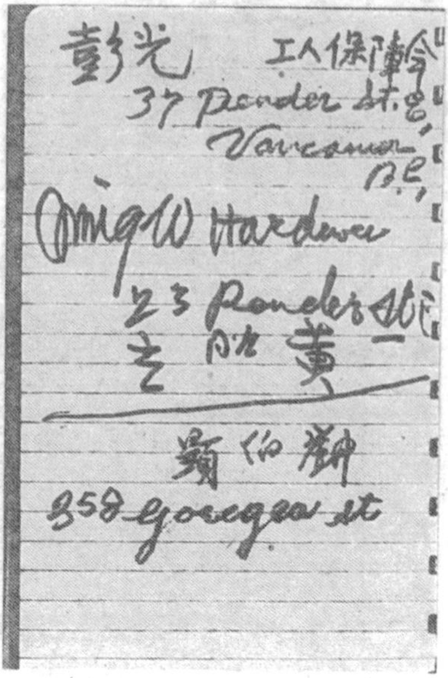
工人保障会
37 Pender St. E,
Vancouver,
B.C.
Hardware
23 Pender St. E
358 Georgia St

09-022

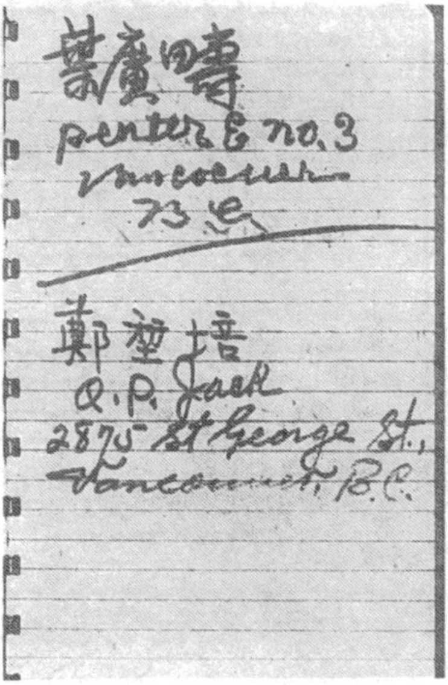
Pender E No. 3
Vancouver
B.C.
2875 St George St.,
Vancouver, B.C.

09-023

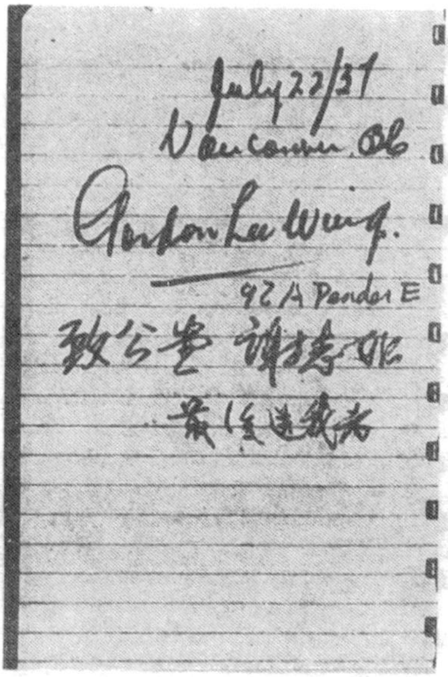
July 22/37
Vancouver BC
92A Pender E
致公堂

09-024

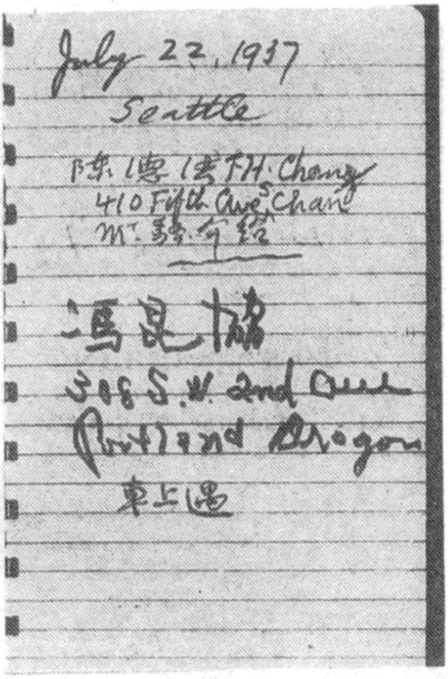
July 22, 1937
Seattle
F.H. Chang
410 Fifth Ave S.
Portland Oregon
車上遇

09-025

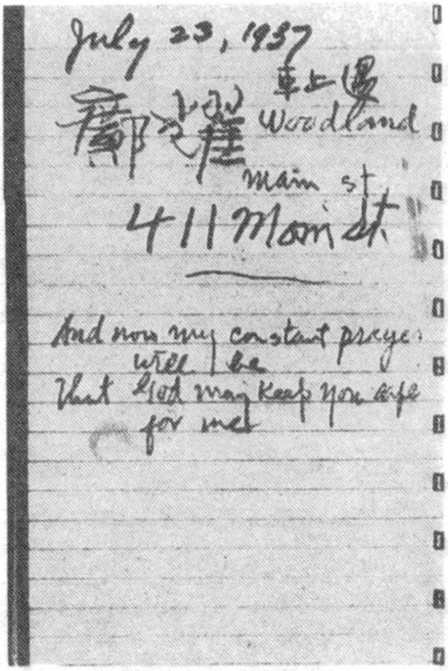
July 23, 1937
車上遇
Woodland
Main st.
411 Main st.
And now my constant prayer will be
That God may keep you safe for me.

09-026

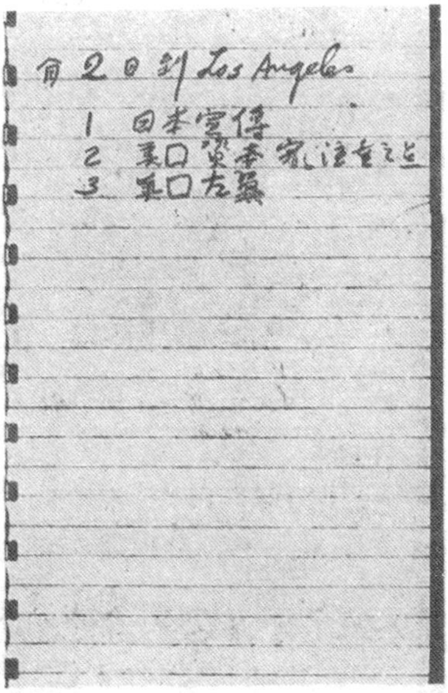
到 Los Angeles
1 日本宣傳
2
3

09-027

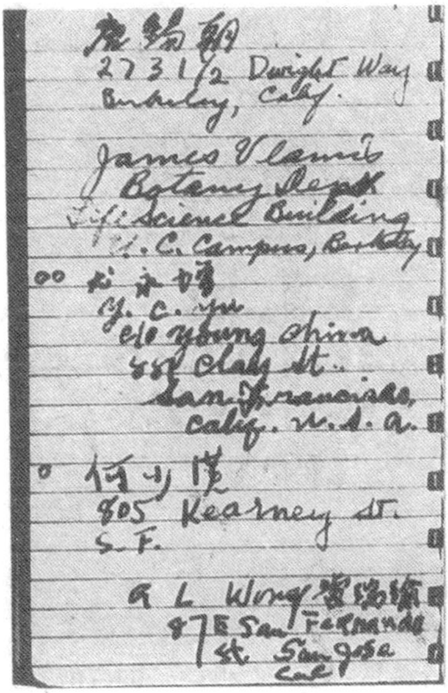
273 1/2 Dwight Way
Berkeley, Calif.
Botany Dept.
Life Science Building
U. C. Campus, Berkeley
Y. C. Yu
c/o Young China
Clay St.
San Francisco,
Calif. U.S.A.
805 Kearney St.
S.F.
G L Wong
87 E San Fernando St. San Jose
Cal

09-028

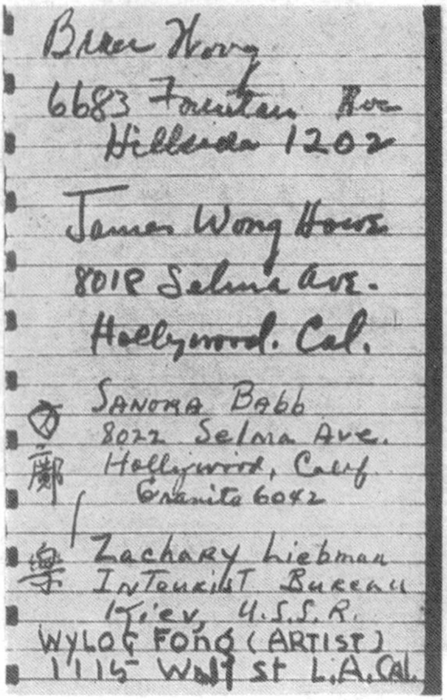
Baker Wong
6683 Fountain Ave
Hillside 1202
James Wong Howe
8018 Selma Ave.
Hollywood. Cal.
Sanora Babb
8022 Selma Ave.
Hollywood, Calif
Granite 6042
Zachary Liebman
Intourist Bureau
Kiev, U.S.S.R.
WYLOG FONG (ARTIST)
1115 Wall St L.A. Cal.

09-029

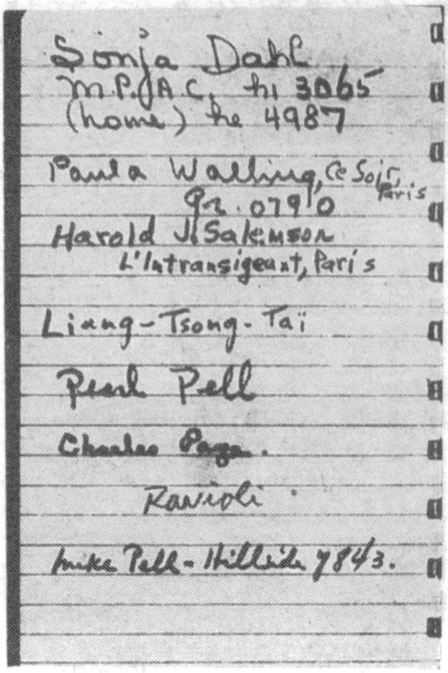
Sonja Dahl
M.P.J.A.C. Hi 3065
(home) He 4987
Paula Walling, Ce Soir, Paris
Gr. 0790
Harold J. Salemson
L'Intransigeant, Paris
Liang-Tsong-Tai
Pearl Pell
Charles Page.
Ravioli.
Mike Pell - Hillside 7843.

09-030

Los Angeles July 24
24th

09-031

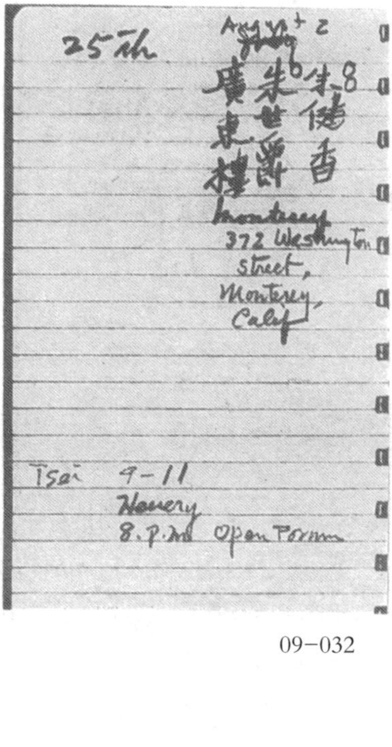
25th
August 2
廣東樓
Monterey
372 Washington
Street,
Monterey,
Calif
Tsai 9-11
Hanery
8. P.M. Open Forum

09-032

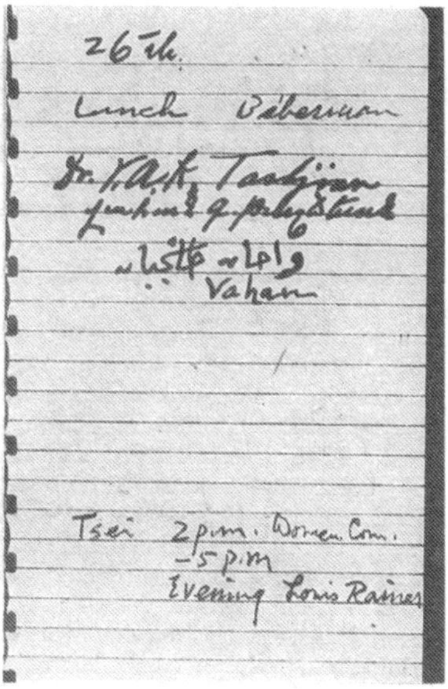
26th
Lunch
Vahan
Tsei 2 p.m. Women Com.
-5 p.m
Evening Louis Rainer

09-033

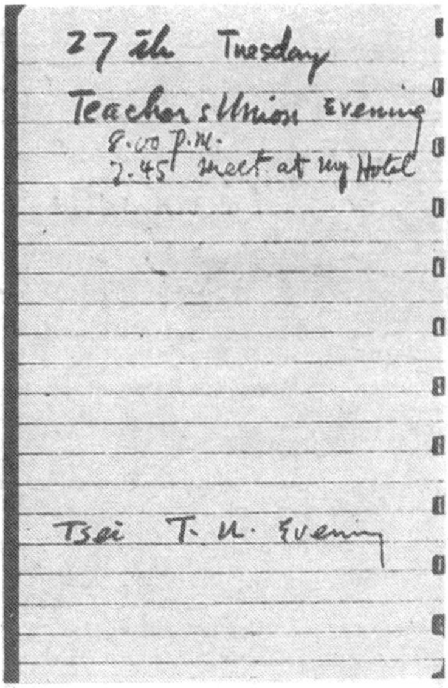
27th Tuesday
Teachers Union Evening
8.00 p.m.
7.45 meet at my Hotel
Tsei T. U. Evening

09-034

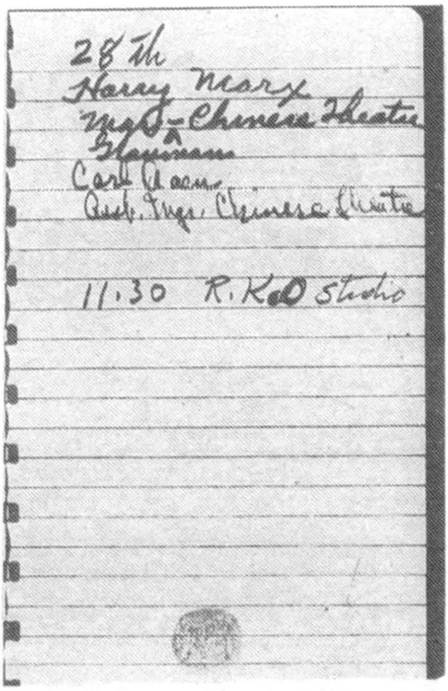
28th
Harry Marx
Chinese Theatre
11.30 R.K.O Studio

09-035

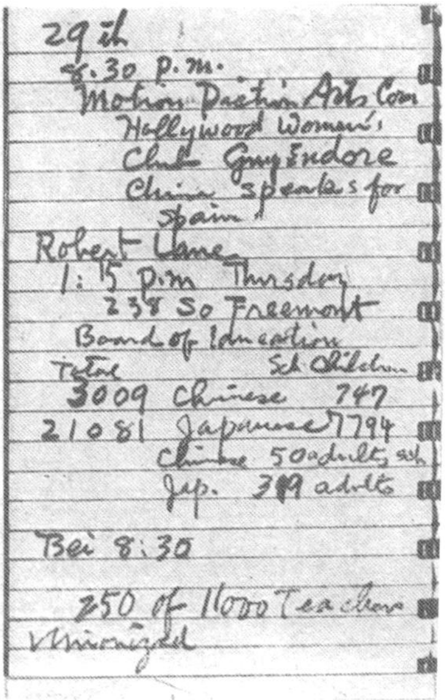
29th
8.30 p.m.
Motion Picture Arts Com
Hollywood Woman's
Club Guy Endore
China speaks for
Spain
Robert Lane
1:15 p.m Thursday
238 So Freemont
Board of Education
Total Sch Children
3009 Chinese 747
21081 Japanese 7794
Chinese 50 adults
Jap. 399 adults
Tsei 8:30
250 of 11000 Teachers
Unionized

09-036

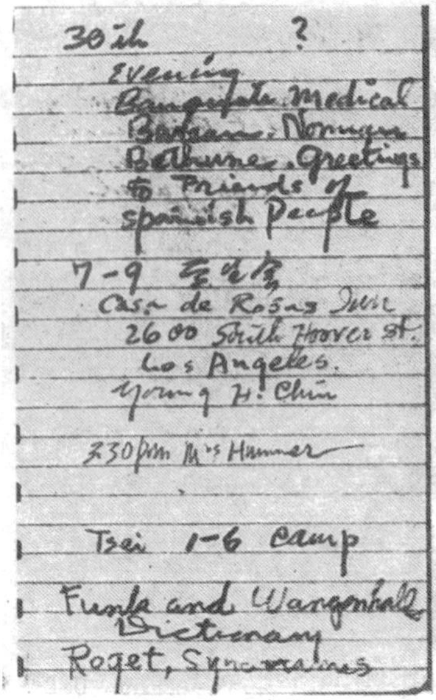
30th ?
Evening
Banquet Medical
Bureau Norman
Bethune. Greetings
to Friends of
Spanish People
7-9 至公堂
Casa de Rosas Inn
2600 South Hoover St.
Los Angeles.
Young H. Chin
330pm Mrs Hammer
Tsei 1-6 camp
Funk and Wagnalls
Dictionary
Roget, Synonyms

09-037

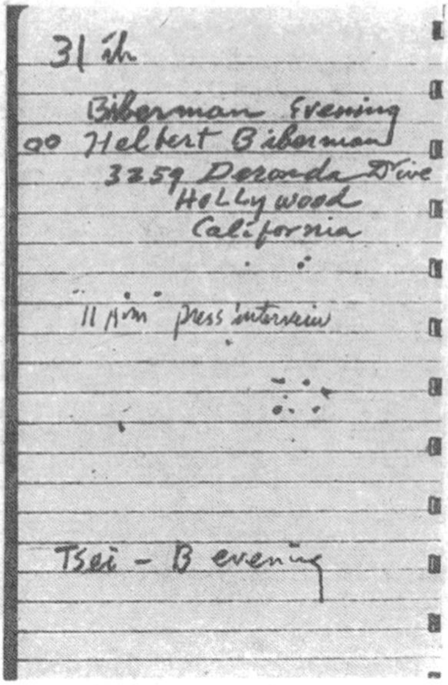
31th
Biberman Evening
Herbert Biberman
3259 Deronda Drive
Hollywood
California
11 Am press interview
Tsei - B evening

09-038

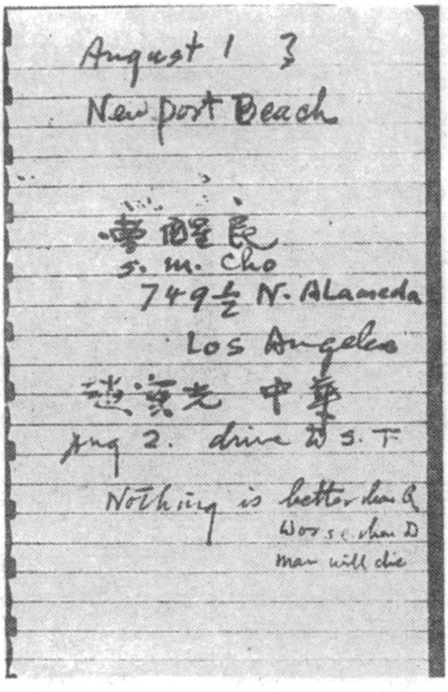
August 1 ?
Newport Beach
曹醒民
S. M. Cho
749½ N. Alameda
Los Angeles
述演光 中華
Aug 2. drive 到 S. F
Nothing is better than Q
Worse than D
man will die

09-039

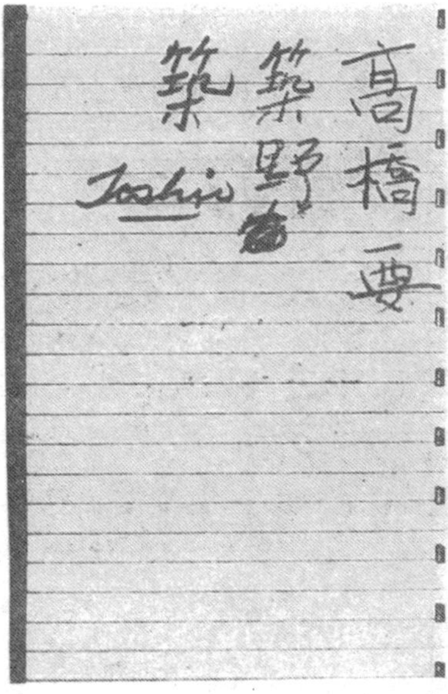
高橋要
築野當
築 Toshio

09-040

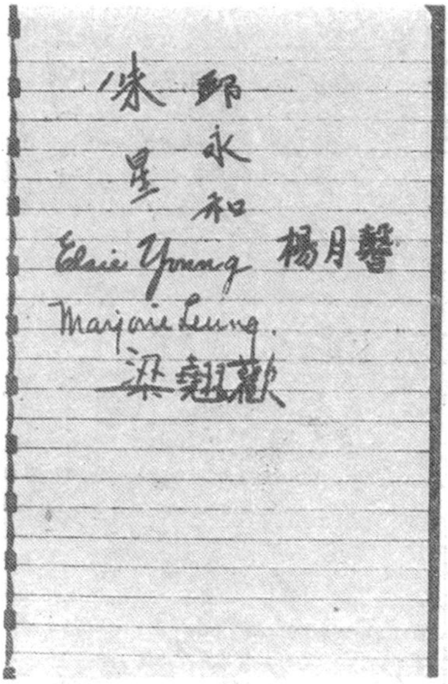
Elsie Young 楊月馨
Marjorie Leung.
梁[illegible]

09-041

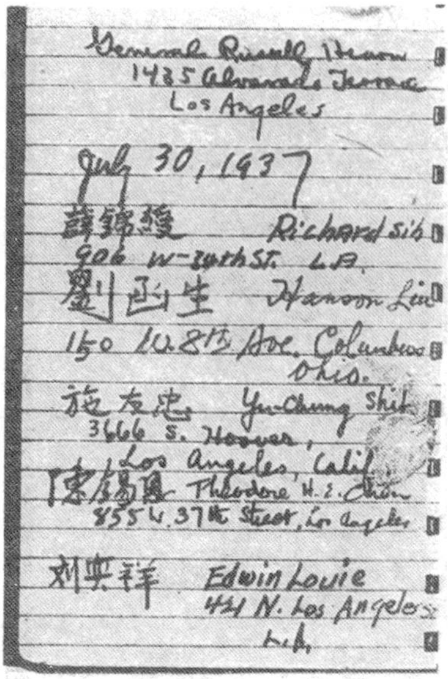
General Russell Beason
1435 Alvarado Terrace
Los Angeles
July 30, 1937
薛錦發 Richard Sit
906 W-30th St. L.A.
劉函生 Hanson Liu
150 W. 8th Ave. Columbus
Ohio.
施友忠 Yu-Chung Shih
3666 S. Hoover,
Los Angeles, Calif.
陳[illegible] Theodore H. E. Chen
855 W. 37th Street, Los Angeles
刘英祥 Edwin Louie
431 N. Los Angeles
L.A.

09-042

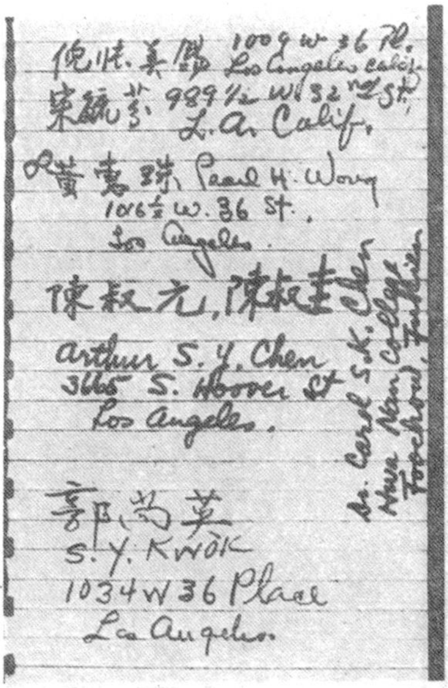
[illegible] 1009 W. 36 Pl. Los Angeles Calif.
[illegible] 989½ W 32nd St,
L.A. Calif.
黃[illegible] Paul H. Wong
1016½ W. 36 St.
Los Angeles.
陳叔元, 陳叔圭
Arthur S. Y. Chen
3665 S. Hoover St
Los Angeles.
Dr. Carol S. K. Chen
Hwa Nan College
Foochow, Fukien
郭尚英
S. Y. KWOK
1034 W 36 Place
Los Angeles

09-043

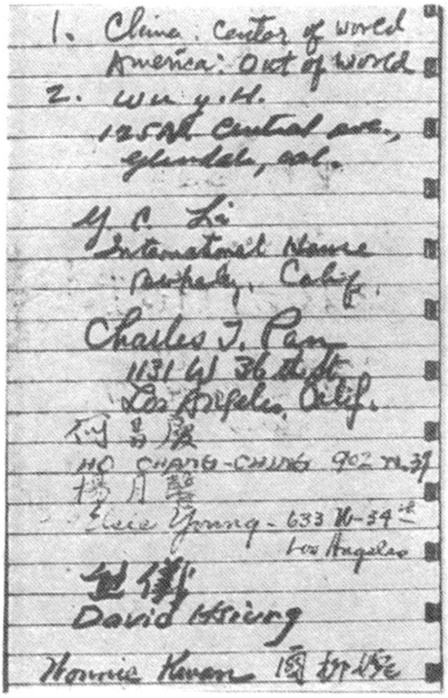
1. China: Center of world
America: Out of world
2. Wu Y. H.
125 [illegible] Central ave.,
Glendale, Cal.
Y. C. Li
International House
Berkeley, Calif.
Charles T. Pan
1131 W 36th St.
Los Angeles, Calif.
何[illegible]
HO CHANG-CHING 902 W. 37
楊月馨
Elsie Young - 633 W-54th
Los Angeles
[illegible]
David Hsiung
[illegible] Kwan 關[illegible]

09-044

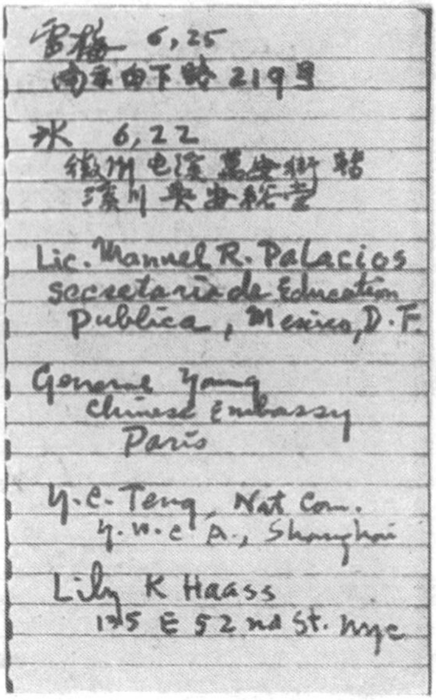
6,25

6,22

Lic. Manuel R. Palacios
secretaria de Education
publica, Mexico, D.F.

General Yang
Chinese Embassy
Paris

Y.C. Teng, Nat Com.
Y.M.C.A., Shanghai

Lily K Haass
135 E 52nd St. Nyc

09-045

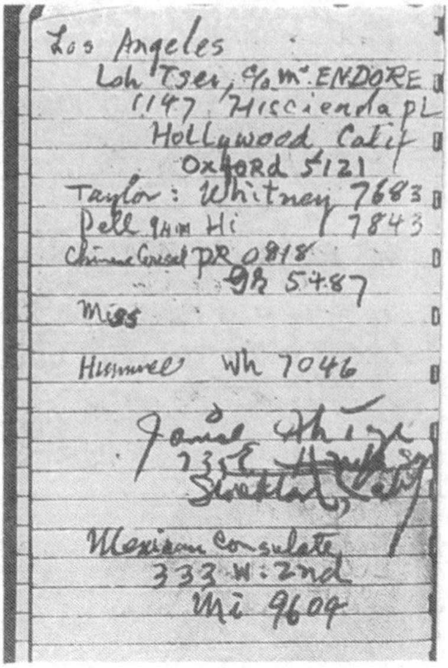
Los Angeles
Loh Tsei, c/o Mr. ENDORE
1147 Hacienda Pl
Hollywood Calif
OXFORD 5121
Taylor: Whitney 7683
Pell 9AM Hi 7843
Chinese Consul PR 0818
PR 5487
Miss

Wh 7046

Mexican Consulate
333 W. 2nd
Mi 9604

09-046

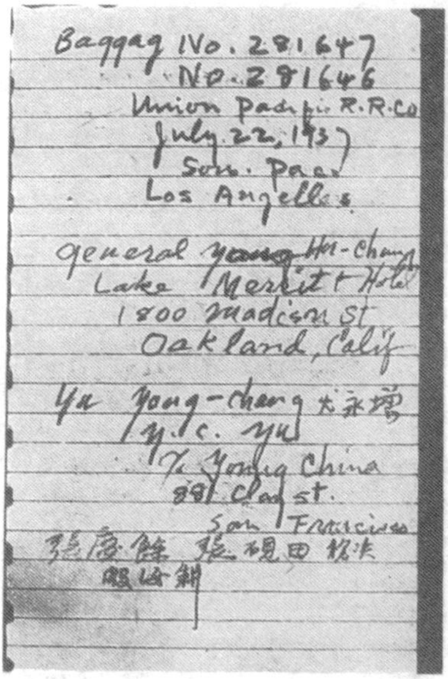
Baggag No. 281647
No. 281646
Union Pacific R.R.Co
July 22, 1937
Los Angelles

general yang Hu-Chang
Lake Merritt Hotel
1800 Madison St
Oakland, Calif

Yu Yong-cheng
Y.C. Yu
% Young China
881 Clay St.
San Francisco

09-047

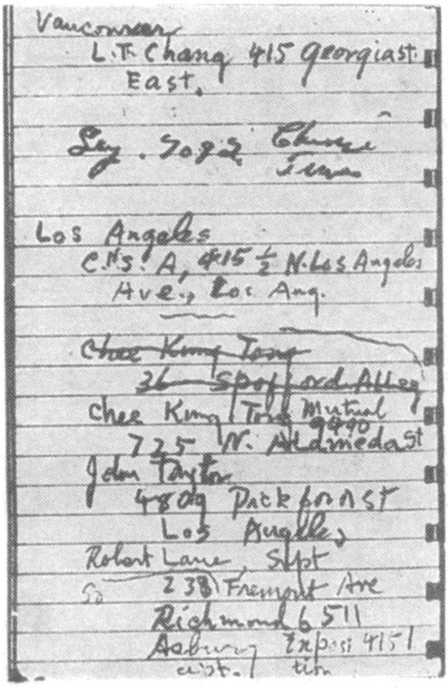
Vancouver
L.T. Chang 415 Georgia St.
East.

Los Angeles
415 ½ N. Los Angeles
Ave., Los Ang.

Chee Kung Tong
36 Spofford Alley
Chee Kung Tong Mutual 9490
725 N. Alameda St
John Taylor
4809 Packard St
Los Angeles
Robert Lane, Supt
238 Fremont Ave
Richmond 6511

09-048

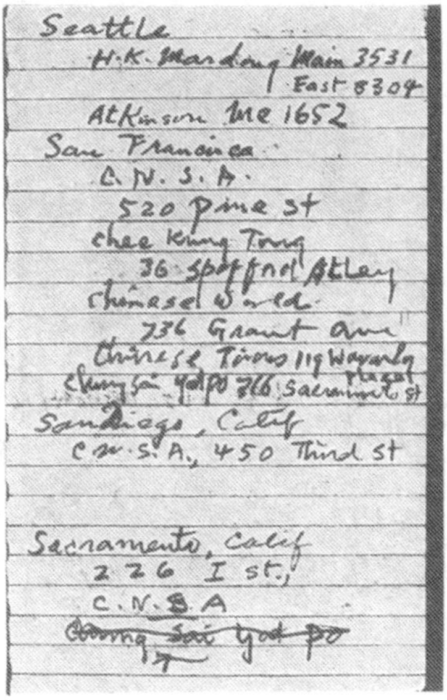

Seattle
H.K. Mardong Main 3531
East 8304
Atkinson Me 1652
San Francisco
C.N.S.A.
520 Pine St
Chee Kung Tong
36 Spofford Alley
Chinese World
736 Grant Ave
Chinese Times 119 Waverly Place
Chung Sai Yat Po 766 Sacramento St
San Diego, Calif
C.N.S.A., 450 Third St
Sacramento, Calif
226 I st.,
C.N.S.A
~~Chung Sai Yat Po~~

09-049

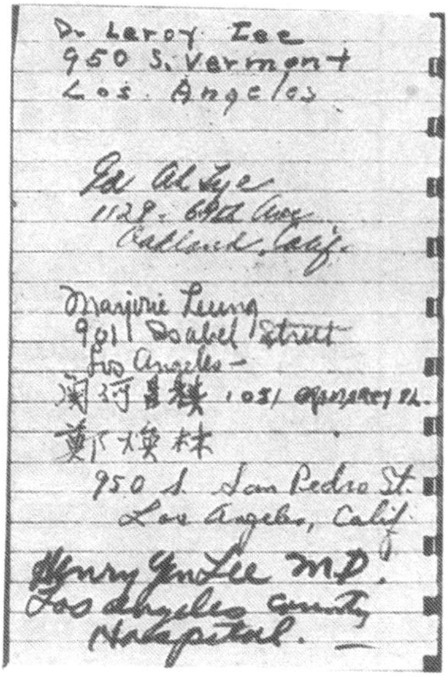

Dr Leroy Lee
950 S. Vermont
Los Angeles
Ea Ah Lye
1128 - 64th Ave
Oakland, Calif.
Marjorie Leung
901 Isabel Street
Los Angeles
阎行昌钱 1051 ...
郑焕林
950 S. San Pedro St.
Los Angeles, Calif
Henry Yen Lee MD.
Los Angeles County
Hospital.

09-050

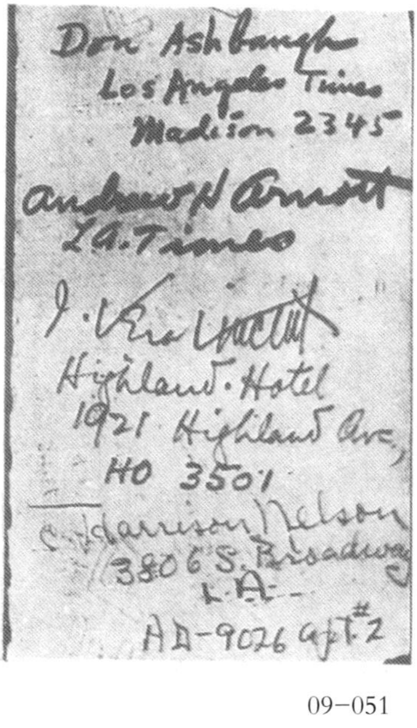

Don Ashbaugh
Los Angeles Times
Madison 2345
Andrew H Arnott
L.A. Times
I. Vera ...
Highland Hotel
1921 Highland Ave,
HO 3501
C. Harrison Nelson
3806 S. Broadway
L.A.
AD-9076 apt #2

09-051

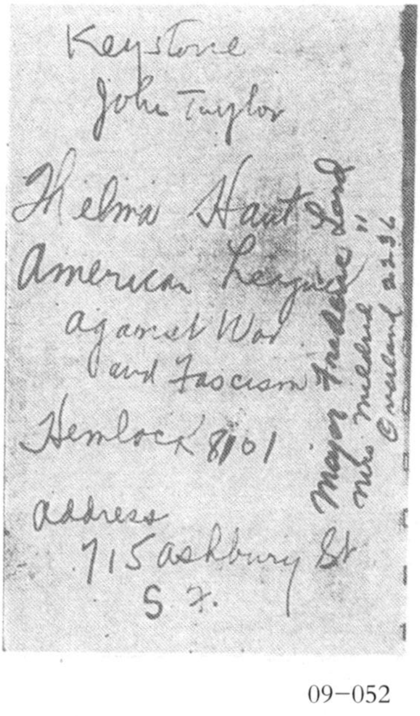

Keystone
John Taylor
Thelma Hart
American League
against War
and Fascism
Hemlock 8101
Address
715 Ashbury St
S.F.
Major ...
...

09-052

第九册〔注译〕

1937.7.16~1937.8.1

西雅图·基罗·温哥华

维多利亚·洛杉矶

09—001

第1行：1937年7月16日西雅图

第5行：华盛顿大学学生

余外文为签名、留址

09—002

福雷斯特.威廉斯　西雅图吾家电话号码

克拉克·斯夸尔　西雅图明星认识肖特上尉的母亲

09—003

第1至2行：7月17日　下午6时　基罗

余为尤金·V.丹尼特、霍华德·G.科斯蒂根、威廉·J.彭诺克；尤金夫人等的西雅图地址

09—004

伯顿·W.詹姆斯　西雅图地址

米克·史密斯　地址

欧纳斯特　水手　在中国西雅图地址

埃斯鲁·泰特　西雅图地址

09—005

佛罗鲁·B.詹姆斯　西雅图地址

1.合作 2.公路 3.共产主义者无影响 4.劳工，替代

09—006、007

7月18日　人民教堂

友人签名、留址

09—008

第3至7行：西雅图地址　中国对外贸易协会

末4行：锡特尼·斯特朗

西雅图地址

安娜·路易斯，父亲

09—009

第2至6行：骆东永地址

赫斯特夫人　西雅图地址

09—010

第1至2行：7月20日　温哥华

第4行外文：精力充沛

09—011

末3行：加拿大温哥华地址

09—012

温哥华

下午6时　晚餐；下午8时开会；下午12时　维多利亚；1时45分　离开维多利亚；6时半　抗日会；8时　开会

09—014

末4行外文为谭荣光签名、留址

09—015

第1至2行：7月21日　维多利亚

第3至8行：为各人名字

09—017、018

温哥华

中国农民　1,000农民200农场

土豆、莴苣、胡萝卜、包心菜

3个月不能生长　一年所有收入600美元

土豆：2,000磅　25美元(1936)　市场价　50美元

莴苣：5打（60）2.5美元市场价　6美元

包心菜：2,000磅　35美元市场价　75美元

29户有自己的土地，一户有150英亩

租金：5~80美元一年大部分为10~25美元

3月~9月　1,500农业雇工　除供食宿外每月35美元

莴苣农场　40美元一月　每天工作14小时

土豆农场　30~35美元一月　每天工作12小时

莴苣、绿葱头、胡萝卜、青豆、紫菜头、菠菜、菜花、包心菜、西红柿、土豆

09—020至024

外文为各友人的外文签名及温哥华地址

09—025

第1至2行：7月22日　西雅图

余外文为地址

09—026

末4行：现在我经常祈祷，愿上帝为我保你平安

09—027

第1行外文：洛杉矶

09—028

唐锡朝　伯克利地址

詹姆斯、弗拉密斯　生命科学大

厦　伯克利　加利福尼亚大学校园

尤永增　旧金山地址

何少汉　旧金山地址

黄瑞瑜　加利福尼亚州　圣乔斯地址

09—029

布鲁尔·黄　地址

詹姆士·黄豪　好莱坞地址

萨洛拉·伯勃　好莱坞地址

扎迦利·里勃曼　旅游局

苏联

威洛各·方　艺术家　加州洛杉矶

09—030

松法·德布、鲍拉·威廉、哈雷德·J.沙勒姆森等人地址

09—031

洛杉矶　7月24日　凡沃赛·沃卡杰明

09—032

1行：8月2日

5至9行：加利福尼亚州蒙特雷地址

末3行：璀　9~11（时）　亨利

下午8时　开讨论会

09—033

26日

午餐　比伯曼

塔什杰恩博士　地址

璀：下午2~5时　妇女大会

晚　路易丝·雷恩纳

09—034

27日　星期四

教师同盟　晚8时　7时45分在我住的旅馆会面

璀　教师同盟　晚

09—035

28日

哈里·马克斯　中国剧院经理

卡尔·盖恩　中国剧院副经理

11时30分　基奥工作室

09—036

29日　晚8时半　电影艺术公司好莱坞妇女俱乐部　盖伊·安多尔中国为西班牙说话

罗伯特·兰恩

下午1时15分　星期四

教育董事会地址

总数：3,009中国人　入学儿童747

21,081日本人　入学儿童7,794

中国人　50成人入学

日本人　319成人入学

璀：8时半

1,100教师中250组织起来

09—037

30 日　晚　卫生局宴会　诺尔曼·白求恩向西班牙人民之友致敬

7~9 时　学生会

杨虎城将军　洛杉矶地址

下午 3 时半　休默夫人

璀　1~6（时）　露营

芬克和旺根哈斯

罗克科同义词字典

09—038

31 日　比伯曼　晚

赫尔伯特·比伯曼　好莱坞地址

上午 11 时　会见新闻记者

璀：晚　比伯曼

09—039

第 1 至 2 行：8 月 1 日　新港海滩

末 4 行：8 月 2 日　坐车到旧金山

没有什么比 G 更坏的事也没有比 D 更好的事

人总是要死的

09—042

第 1 至 3 行：拉塞尔·赫恩将军洛杉矶地址

余外文为各人地址

09—043

竖排第 3 行：卡洛尔·S.K.陈博士　华南学院　福州　福建

余外文为各人外文名、旧金山地址

09—044

第 1 至 2 行：中国：世界的中心

美国：世界之外

余为友人签名、洛杉矶地址

09—045

第 6 行起：利克·曼努埃尔·R.帕拉西奥士　大众教育秘书　墨西哥

杨将军　中国大使馆　巴黎

Y.E.邓　上海女青年会

利利·K.哈斯　纽约地址

09—046

陆璀、泰勒、皮尔、詹姆斯等通讯录

09—047

第 1 至 2 行：行李号

第 3 行起：太平洋 R.R.公司同盟　洛杉矶地址，杨虎城将军奥克兰地址，尤永增旧金山地址

09—048、049

温哥华、洛杉矶、西雅图、旧金山友人通讯录

09—050

第 1 至 9 行：李莱尔博士洛杉矶地址；奥克兰一友人签名、留址；梅奥　洛杉矶地址

末 3 行：奥克兰一友人签名、留址

09—051

第 1 至 5 行：多恩·阿什鲍《洛杉矶时报》　麦迪逊电话

安德鲁·H.阿莫特《洛杉矶时报》

余为友人签名、留址

09—052

横排译：启斯东、约翰·泰勒、西尔马·膏特

美国反战反法西斯联盟　赫姆洛克电话

旧金山地址

竖排译：迈杰尔·弗雷德里克勋爵

米尔杜德夫人

衡備忘

第 十 册

1937.8.4~1937.9.16

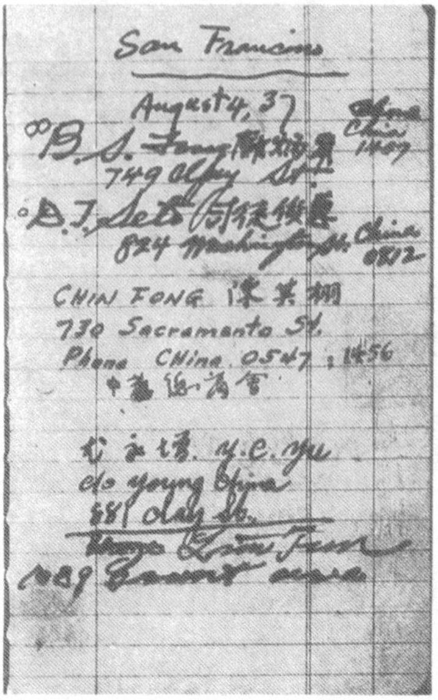
San Francisco
August 4, 37
749 Clay St.
824 Washington St. China 0812
CHIN FONG
730 Sacramento St.
Phone CHina 0547 ; 1456

10-001

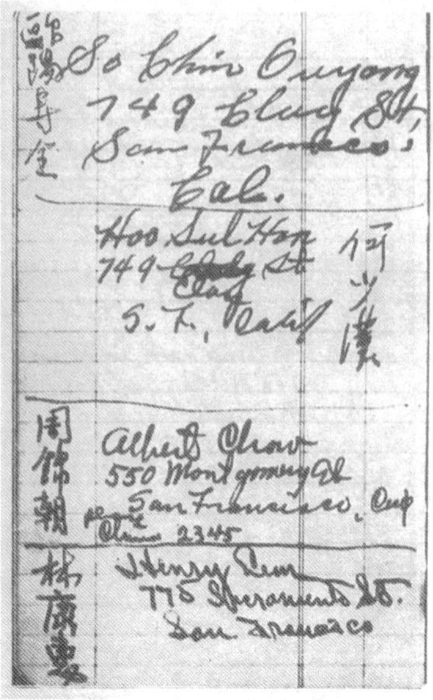
749 Clay St.
San Francisco
Cal.
Hoo Sul Han
S. F., Calif
550 Montgomery St
San Francisco, Cal
Henry Lum
San Francisco

10-002

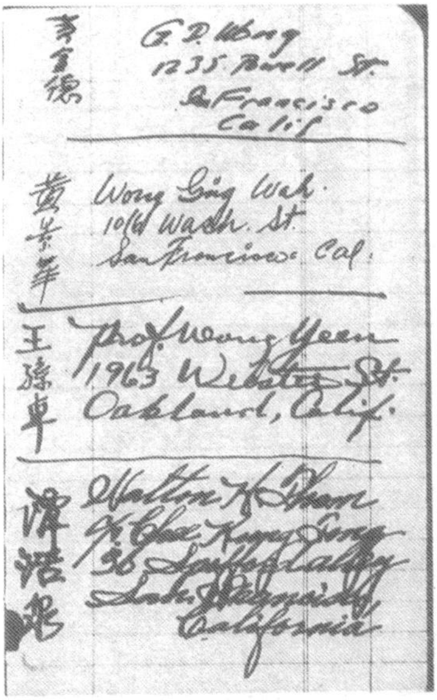
G. D. Wong
1235 Bush St.
San Francisco
Calif
Wong Ging Wah
1016 Wash. St.
San Francisco Cal.
Prof. Wong Yeen
1963 Webster St.
Oakland, Calif.
California

10-003

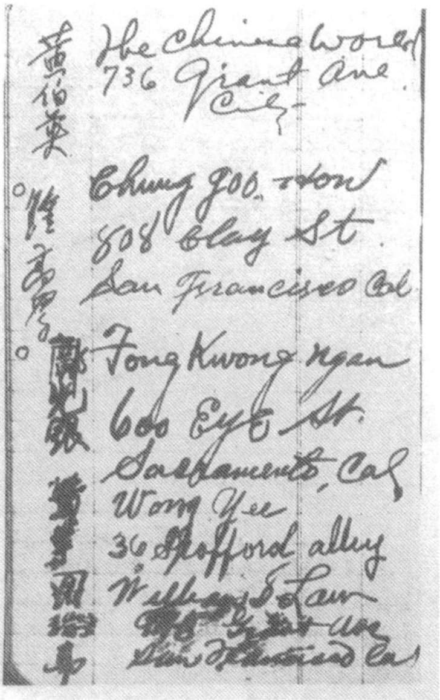
The China World
736 Grant Ave
City
Chung Foo Hon
808 Clay St
San Francisco Cal
Fong Kwong ngan
600 Eye St.
Sacramento, Cal
Wong Yee
36 Spofford alley

10-004

○ 陈文彩
(M.C. Chen)
Y.M.C.A
Sacramento St.
San Francisco

○ 陈文沧 Henry J. Chan
1013 Grant Ave.
San Francisco Cal.

Chinese Y.M.C.A.
855 Sacramento St
China 1717

University of Calif. Ashberry 6000
102 Calif. Hall.

○ Rocko Lee
844 Stockton St.
S.F. Cal.

10-005

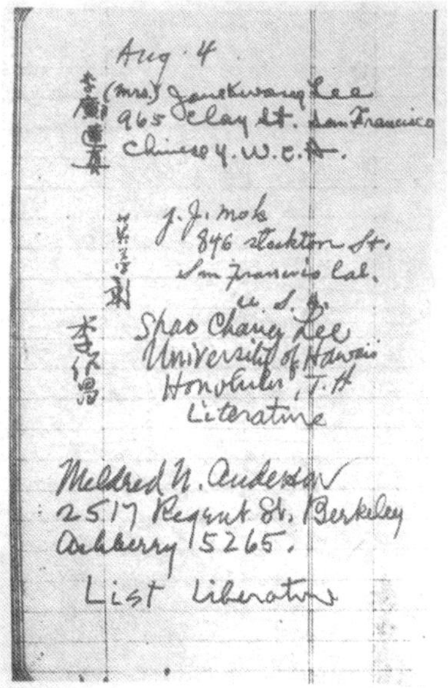

Aug. 4
(Mrs.) Janekwang Lee
965 Clay St. San Francisco
Chinese Y.W.C.A.

J. J. Mok
846 Stockton St.
San Francisco Cal.
U.S.A.

李绍昌 Shao Chang Lee
University of Hawaii
Honolulu, T.H.
Literature

Mildred N. Anderson
2517 Regent St. Berkeley
Ashberry 5265.

List Liberation

10-006

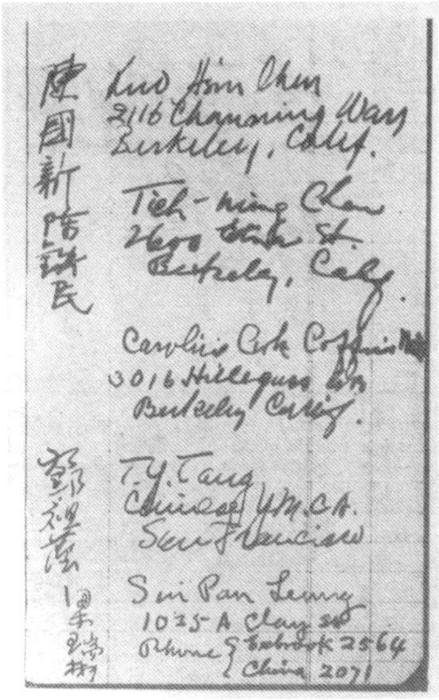

陈国新 Kuo Hsin Chen
2116 Channing Way
Berkeley, Calif.

陈铁民 Tieh-ming Chen
2409 St.
Berkeley, Calif.

Carolina Cole Coffin
3016 Hillegass Ave
Berkeley Calif.

T.Y. Tang
Chinese Y.M.C.A.
San Francisco

Sui Pan Leung
1025-A Clay St.
Phone { Eastbrook 2564
China 2071

10-007

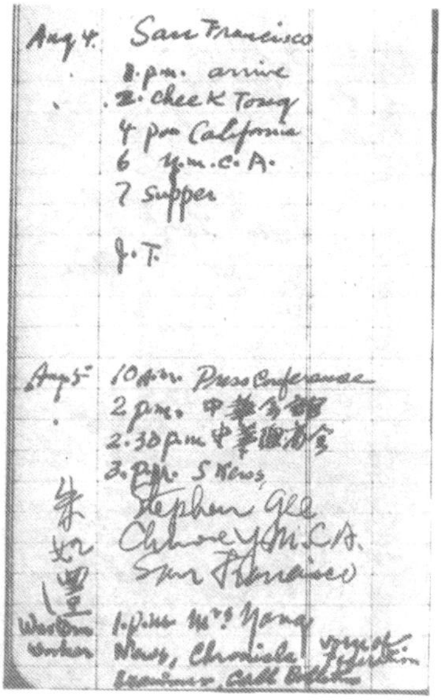

Aug 4. San Francisco
1 p.m. arrive
2 check Tong
4 pm California
6 Y.M.C.A.
7 supper

J.T.

Aug 5. 10 a.m. Press Conference
2 p.m. 中华会馆
2.30 p.m. 中华总商会
3 p.m. S News
Stephen Gee
Chinese Y.M.C.A.
San Francisco
Western Worker 1 p.m. Mrs Young
News, Chronicle, Examiner, Call Bulletin

10-008

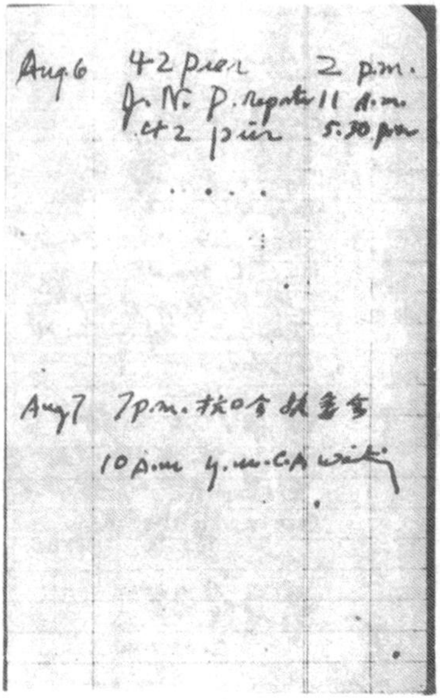
Aug 6 42 pier 2 p.m.
J. N. P. reporter 11 a.m.
at 2 pier 5.30 pm
Aug 7 7 p.m.
10 p.m. Y.M.C.A writing

10-009

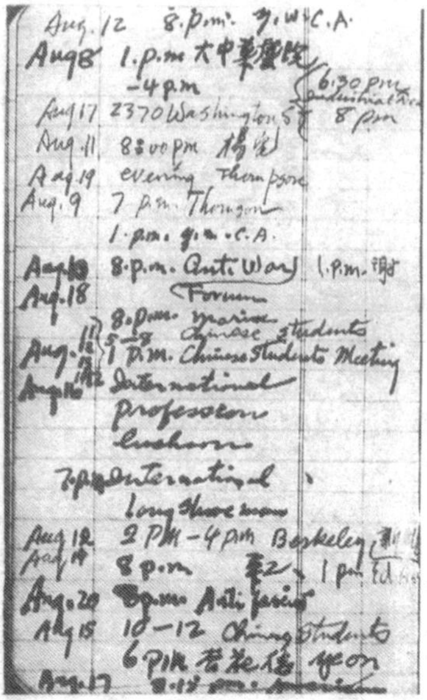
Aug. 12 8 p.m. Y.W.C.A
Aug 8 1. p.m -4 pm
Aug 17 2370 Washington St 6.30 pm 8 pm
Aug 11 8:00 pm
Aug 19 evening Thompson
Aug. 9 7 p.m. Thompson
1. p.m. Y.M.C.A.
8. p.m. Anti War Forum 1. p.m.
Aug. 18 8. p.m. marine
Chinese students
1 p.m. Chinese Students Meeting
International
7 p.m. International Longshoreman
Aug 12 2 PM - 4 pm Berkeley
Aug 14 8 p.m. 1 pm
Aug. 20 8 p.m. Anti fascist
Aug 15 10-12 Chinese Students
6 PM

10-010

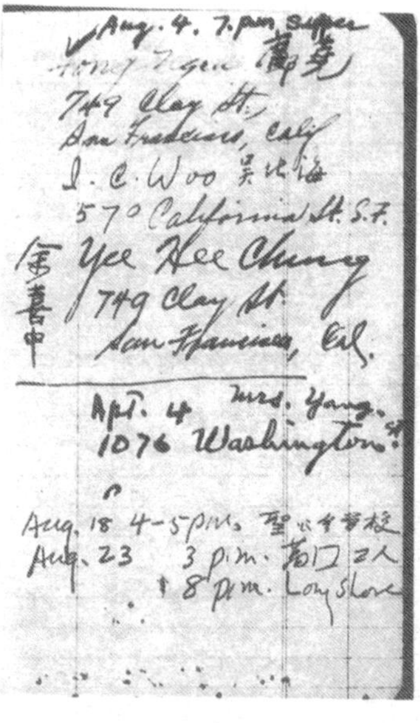
Aug. 4. 7. pm supper
749 Clay St.
San Francisco, Calif
I. C. Woo
570 California St. S.F.
Yee Hee Chung
749 Clay St
San Francisco, Cal.
Apr. 4 Mrs. Yang.
1076 Washington St
Aug. 18 4-5 pm
Aug. 23 3 p.m.
8 p.m. Long Shore

10-011

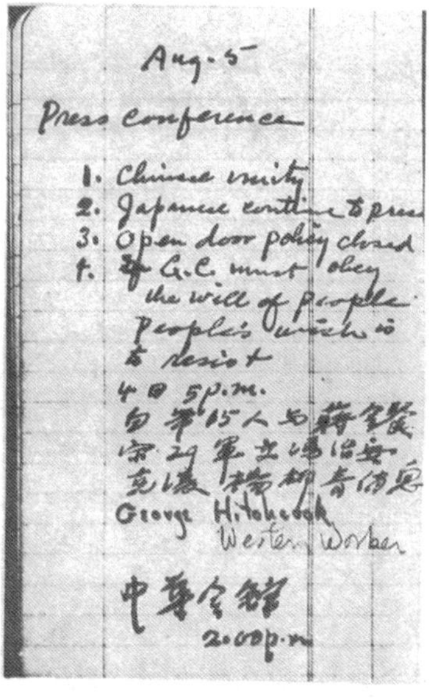
Aug. 5
Press conference
1. Chinese unity
2. Japanese continue to press
3. Open door policy closed
4. G.C. must obey the will of people
People's wish is to resist
4 日 5 p.m.
George Hitchcock
Western Worker
中华会馆
2.00 p.m.

10-012

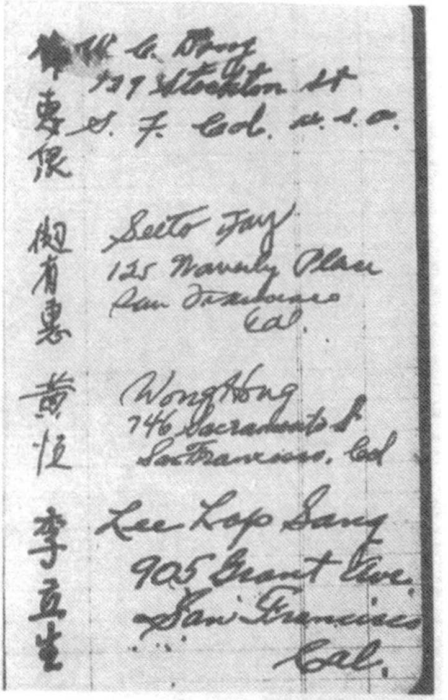
W. G. Wong
737 Stockton St
S. F. Cal.

Seeto Fay
125 Waverly Place
San Francisco
Cal.

黄恒
Wong Hong
746 Sacramento St
San Francisco, Cal

李立生
Lee Lap Sang
925 Grant Ave.
San Francisco
Cal.

10-013

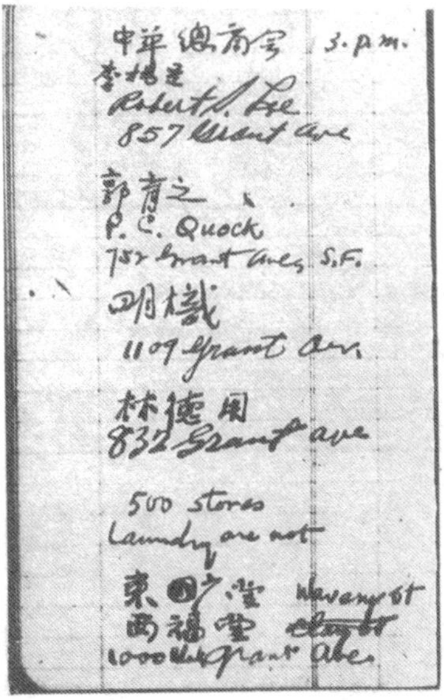
中華總商會 3. p.m.
Robert S. Lee
857 Grant Ave

P. C. Quock
752 Grant Ave, S.F.

1107 Grant Ave.

832 Grant ave

500 stores
Laundry are not

Waverly st
Clay st
1000 Grant Ave.

10-014

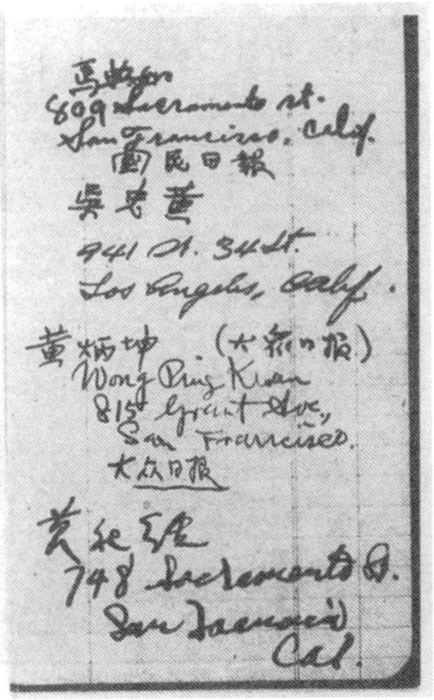
809 Sacramento St.
San Francisco, Calif.
國民日報

941 N. 34th St.
Los Angeles, Calif.

(大众日报)
Wong Ping Kuan
815 Grant Ave,
San Francisco.
大众日报

748 Sacramento St.
San Francisco
Cal.

10-015

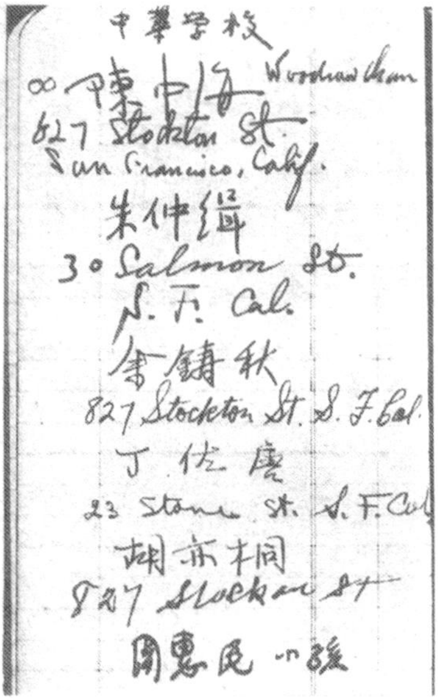
中華學校
Woodrow Chan
827 Stockton St.
San Francisco, Calif.

30 Salmon St.
S. F. Cal.

827 Stockton St. S. F. Cal.

23 Stone St. S. F. Cal

827 Stockton St

10-016

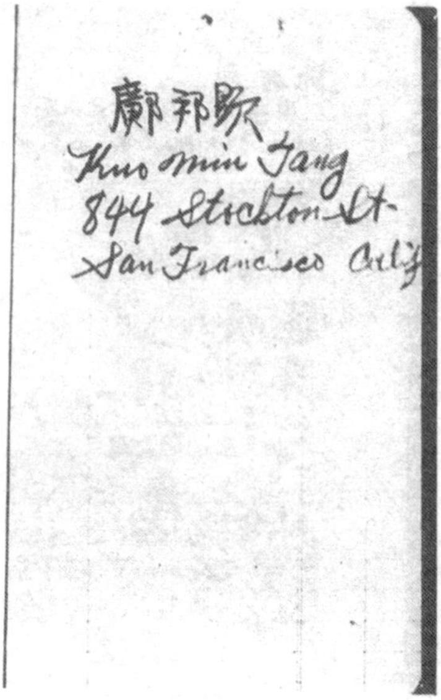
Kuo min Tang
844 Stockton St.
San Francisco Calif

10-017

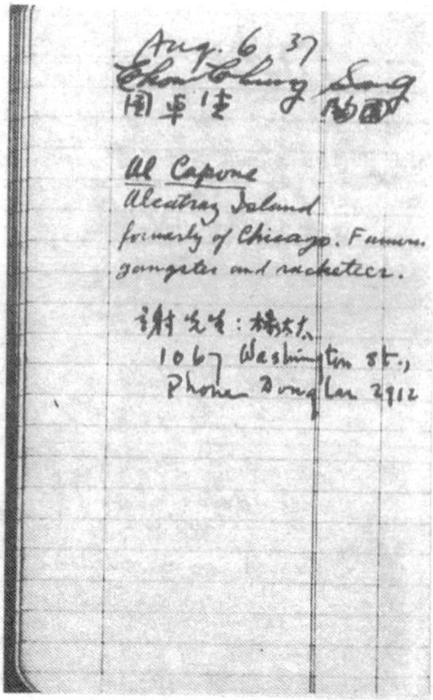
Aug. 6 37
Al Capone
Alcatraz Island
formerly of Chicago. Famous
gangster and racketeer.
1067 Washington St.,
Phone Douglas 2912

10-018

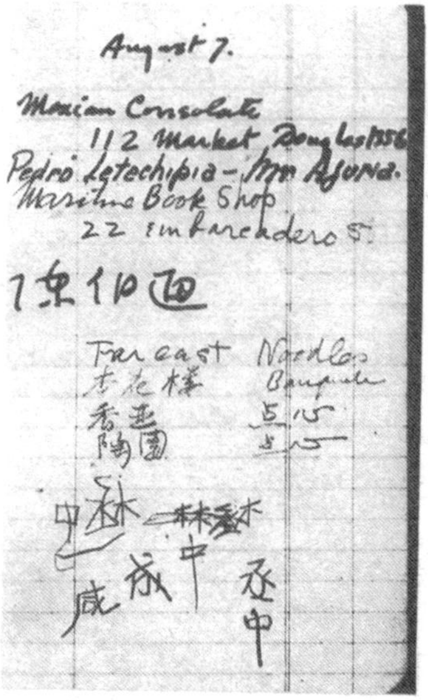
August 7.
Mexican Consulate
112 Market
Maritime Book Shop
22 Embarcadero S.
Far east Noodles
杏花樓 Banquet
香港 5.15
陶園 5.15

10-019

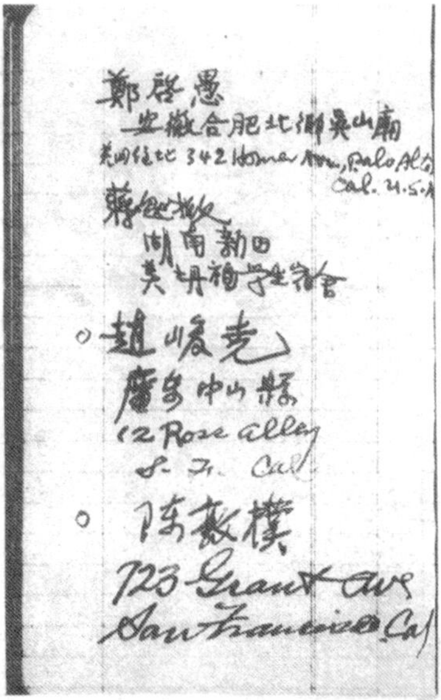
鄭啟愚
湖南新田
12 Rose alley
S. F. Cal
723 Grant Ave
San Francisco Cal

10-020

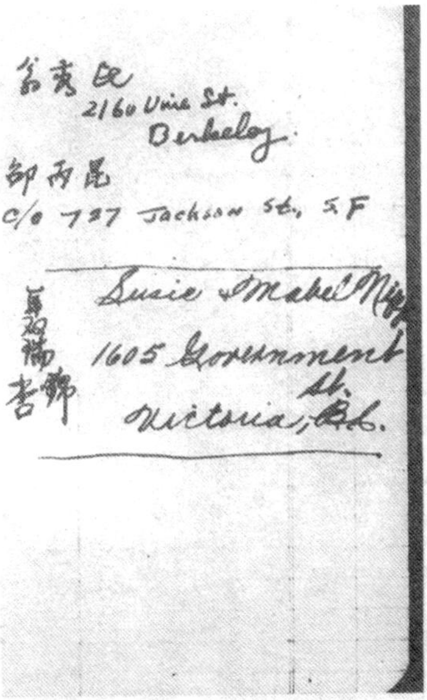
2160 Univ St.
Berkeley.
c/o 737 Jackson St. S.F
Susie & Mabel M
1605 Government St.
Victoria, B.C.

10-021

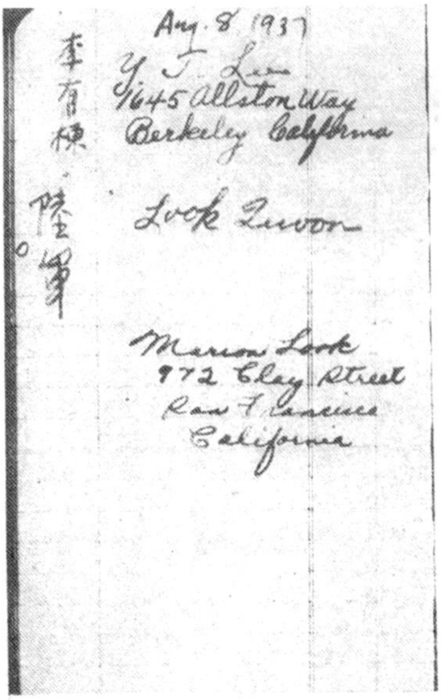
Aug. 8 1937
Y. T. Lee
1645 Allston Way
Berkeley California
Look Quon
Marion Look
972 Clay Street
San Francisco
California

10-022

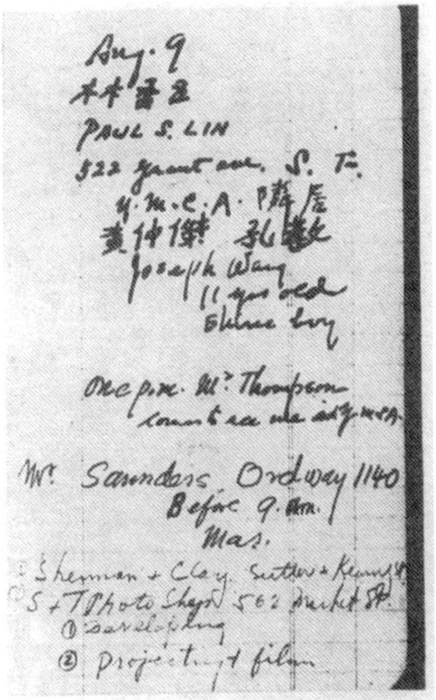
Aug. 9
PAUL S. LIN
522 Grant ave. S.F.
Y.M.C.A.
Joseph Way
11 yrs old
Chinese boy
One p.m. Mr. Thompson
come to see me at Y.M.C.A.
Mr. Saunders Ordway 1140
Before 9 a.m.
Mas.
Sherman & Clay Sutter & Kearny St
S & T Photo Shop 562 Market St
① developing
② projecting of film

10-023

The Young China
881 Clay St.,
San Francisco.
Phone: C795
Loh Tsei
China 0477
965 Clay
Sutter 9843

10-024

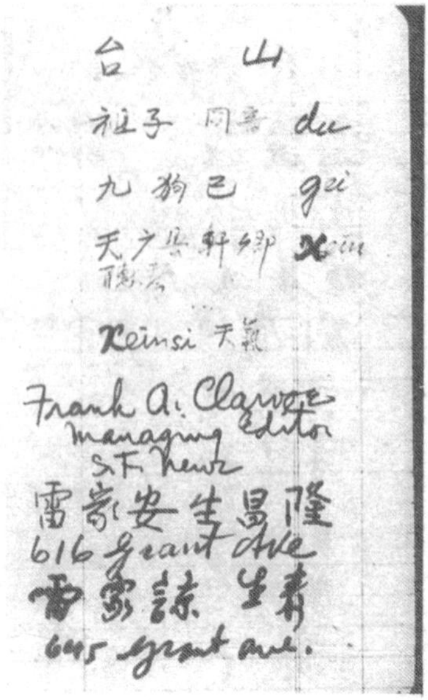

台　山
祖子　同音　du
九狗巴　gei
[illegible]
Reinsi 天氣
Frank A. Clarvoe
Managing Editor
S.F. News
雷崇安先生昌隆
616 Grant Ave
雷家[illegible]先生
645 Grant Ave.

10-025

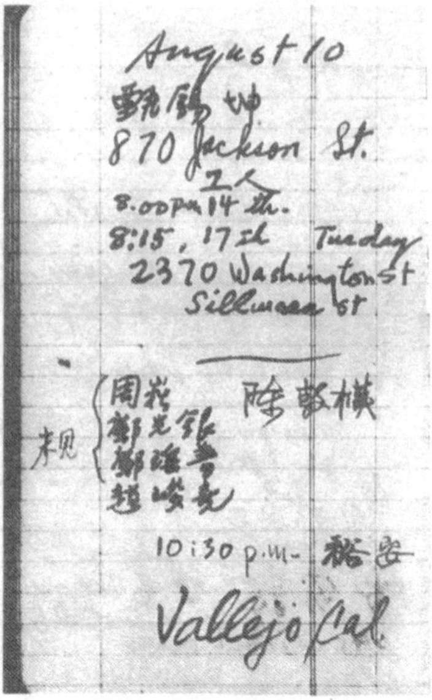

August 10
[illegible]
870 Jackson St.
工人
8.00 pm 14th.
8:15, 17th　Tuesday
2370 Washington St
Silliman St
[illegible]
10:30 p.m.　[illegible]
Vallejo Cal.

10-026

[illegible]
910 Grant Ave
San Francisco
Calif.
20th. Mass Hall
Market St.

10-027

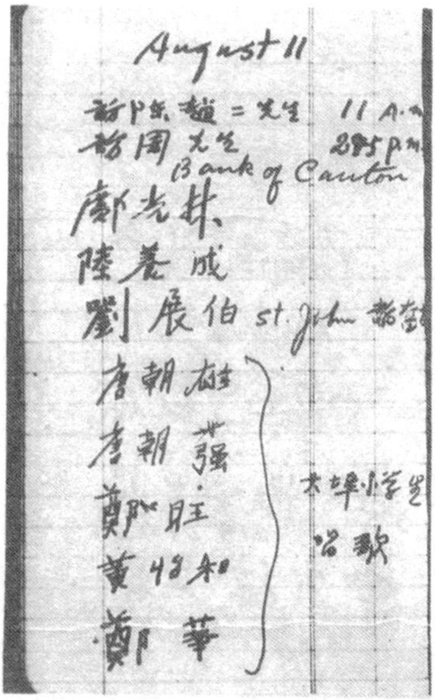

August 11
[illegible]　11 A.M.
訪周先生　2:45 p.m.
Bank of Canton
[illegible]
陸養成
劉展伯 St. John [illegible]
[illegible]
[illegible]
鄭旺
黃[illegible]
鄭華
[illegible]

10-028

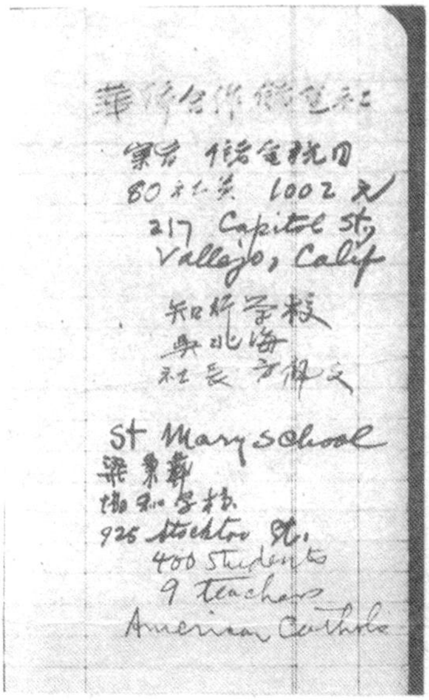

10-029

10-030

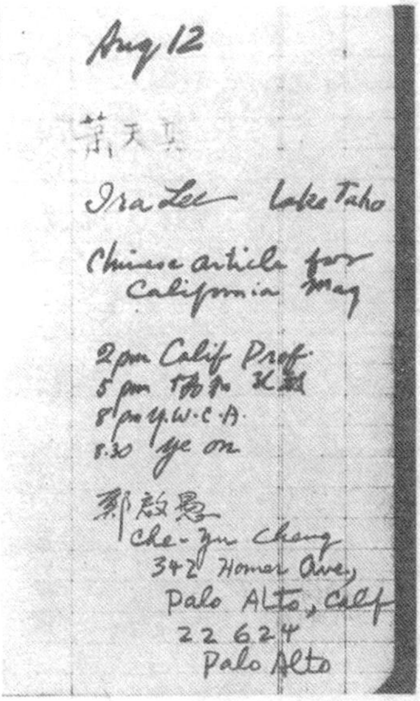

10-031

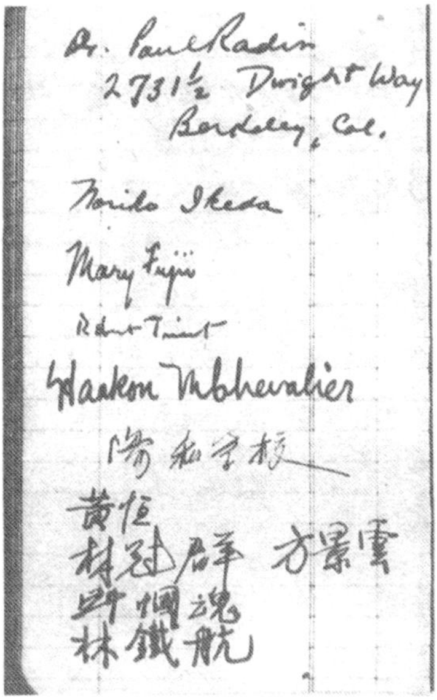

10-032

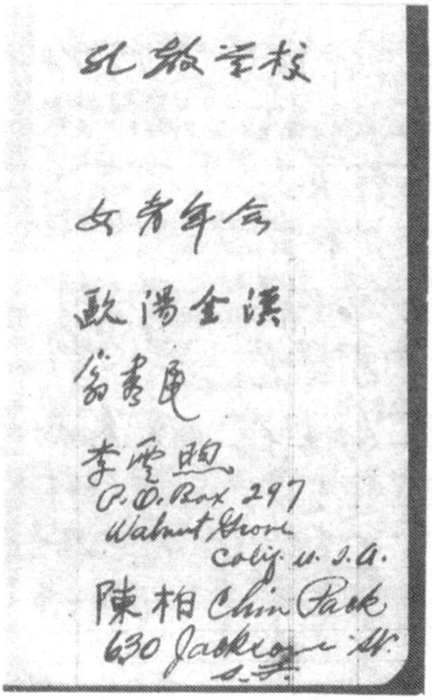
孔教学校

女青年会

歐陽金溪

翁書鳳

李雪煦
P.O. Box 297
Walnut Grove
Calif. U.S.A.

陳柏 Chin Pack
630 Jackson St.
S.F.

10-033

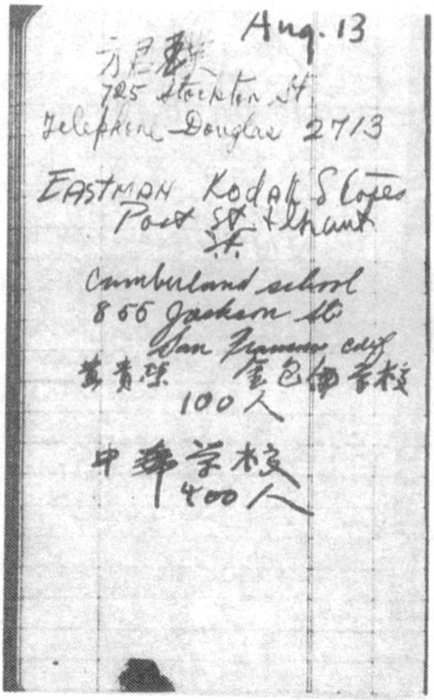
Aug. 13

725 Stockton St
Telephone Douglas 2713

EASTMAN Kodak Stores
Post St.

Cumberland school
856 Jackson St
San Francisco Calif

金巴倫学校
100人

中華学校
400人

10-034

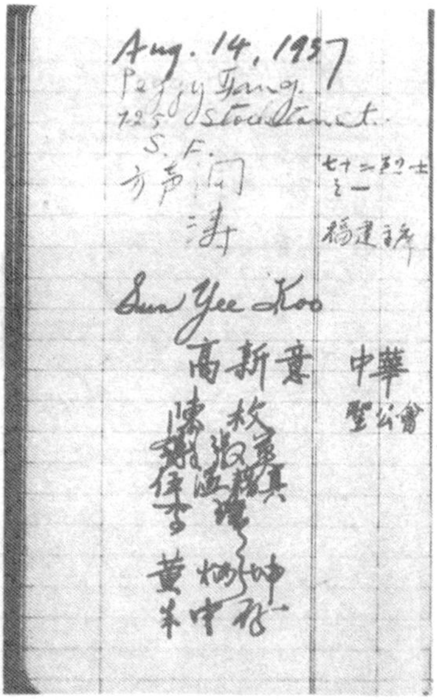
Aug. 14, 1937
Peggy Fang
725 Stockton St.
S.F.

Sun Yee Koo
高新意 中華
聖公會

10-035

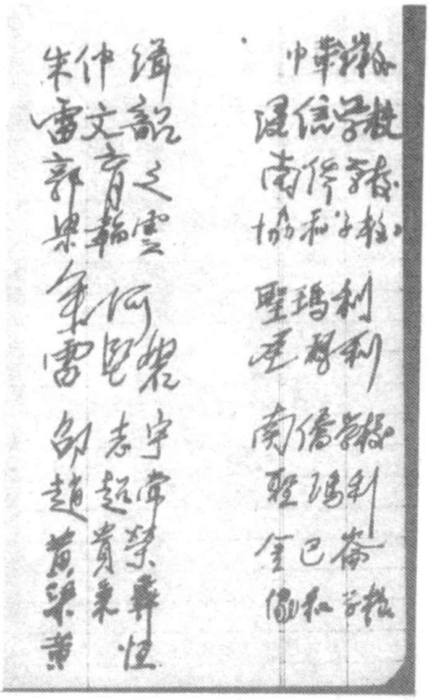
中華学校
南僑学校
協和学校
聖瑪利
南僑学校
聖瑪利
金巴崙

10-036

10-037

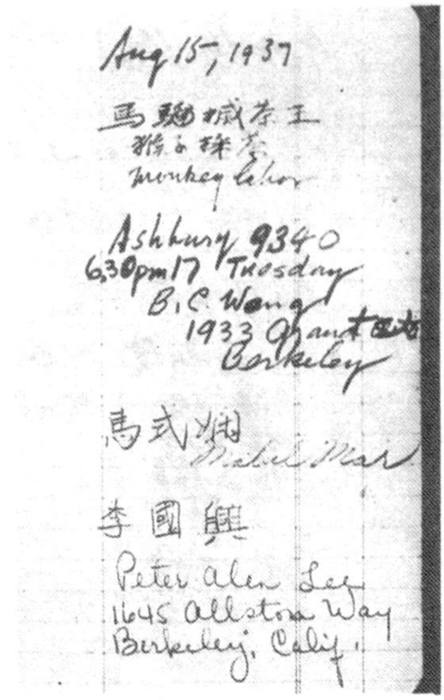

10-038

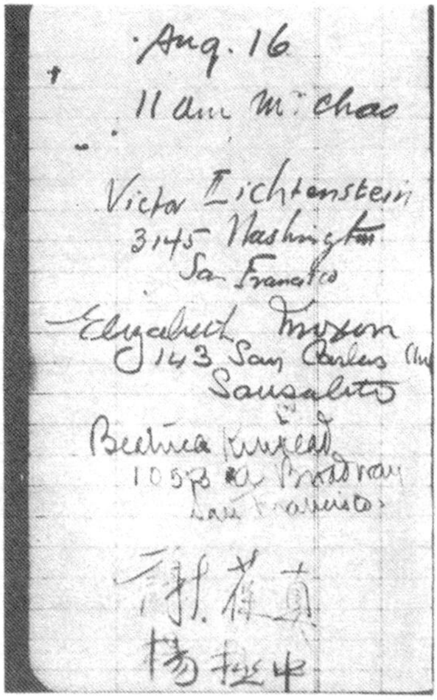

10-039

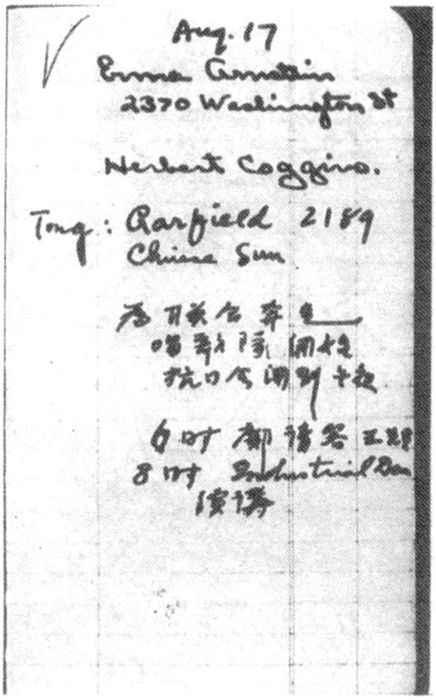

10-040

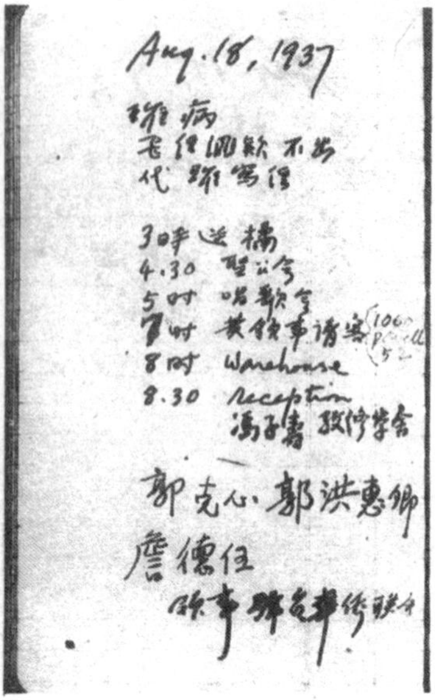
Aug. 18, 1937

[illegible]病
[illegible]信汇款不出
代[illegible]写信

3时送稿
4.30 [illegible]公会
5时 唱歌会
7时 黄领事请客 (1000 Powell 52)
8时 Warehouse
8.30 reception
冯子青 致公学会

郭克心、郭洪惠卿
詹德任
[illegible]事[illegible]华侨联合

10-041

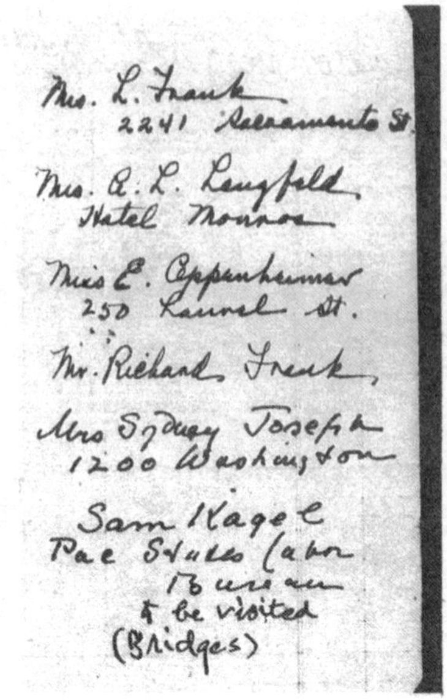
Mrs. L. Frank
2241 Sacramento St.

Mrs. A. L. Langfeld
Hotel Monroe

Miss E. Oppenheimer
250 Laurel St.

Mr. Richard Frank,

Mrs Sydney Joseph
1200 Washington

Sam Kagel
Pac States Labor
Bureau
to be visited
(Bridges)

10-042

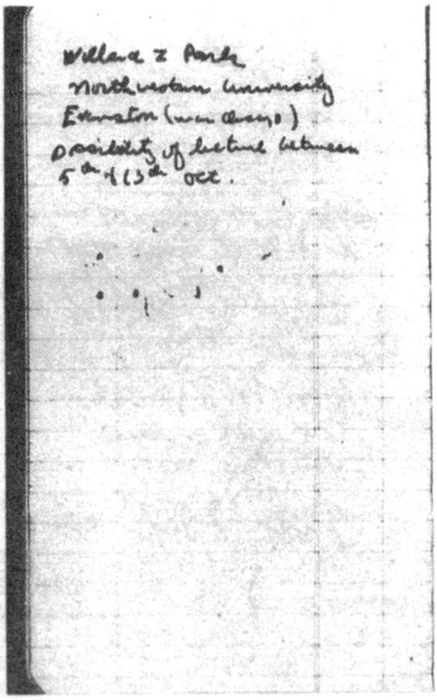
Willard Z Park
Northwestern University
Evanston (near Chicago)
possibility of lecture between
5th & 13th Oct.

10-043

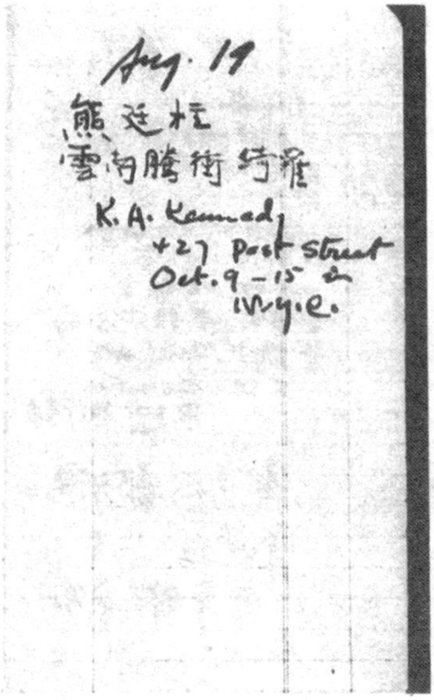
Aug. 19
熊廷柱
云南腾冲[illegible]
K. A. Kennedy
427 Post Street
Oct. 9-15 in
N.Y.C.

10-044

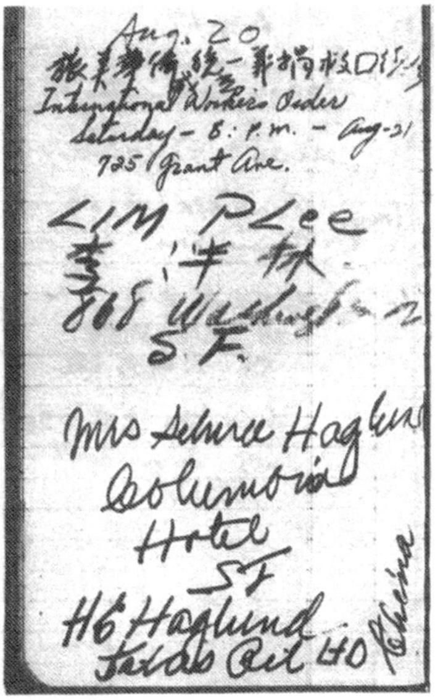
Aug. 20
International Workers Order
Saturday – 8: P.M. – Aug-21
725 Grant Ave.
LIM P Lee
S.F.
Mrs Selma Haglund
Columbia
Hotel
SF
H6 Haglund
China

10-045

Aug 21
10–12 a.m.
Miscellaneous
Union Local #110
491 Jessie St.
Sixth & Jessie Sts.
8.30 Union
Don M. Chase
1257-19 Avenue
San Francisco
Gaisuke Takeda

10-046

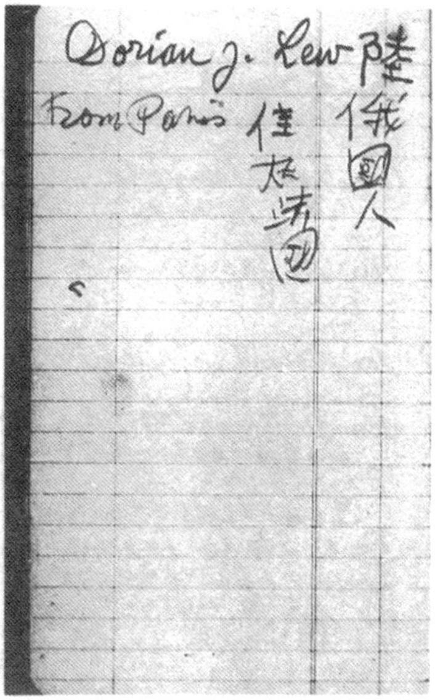
Dorian J. Lew 陸
From Paris
俄國人

10-047

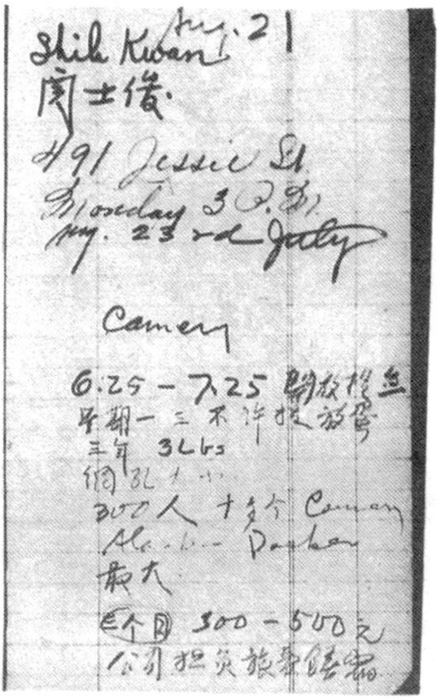
Aug. 21
Shih Kwan
491 Jessie St.
Monday 3 P.M.
Camery
6:25 – 7:25
300人
300 – 500元
公司担负旅费膳宿

10-048

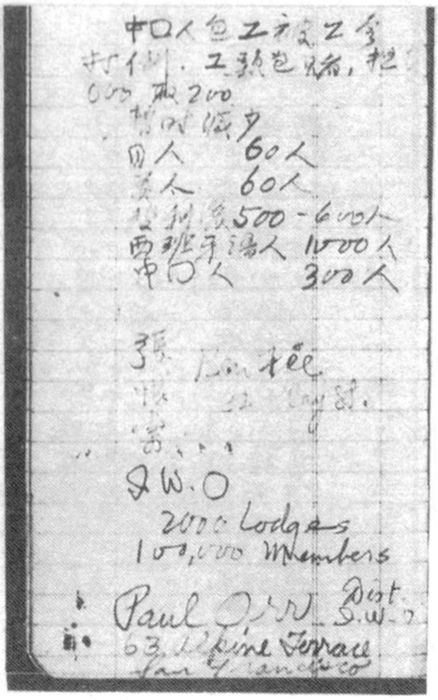
中国人包工致工会
日人 60人
美人 60人
菲利滨 500-600人
西班牙语人 1000人
中国人 300人
I.W.O
2000 Lodges
100,000 Members
Paul Orr Dist. S.W.
63 Alpine Terrace
San Francisco

10-049

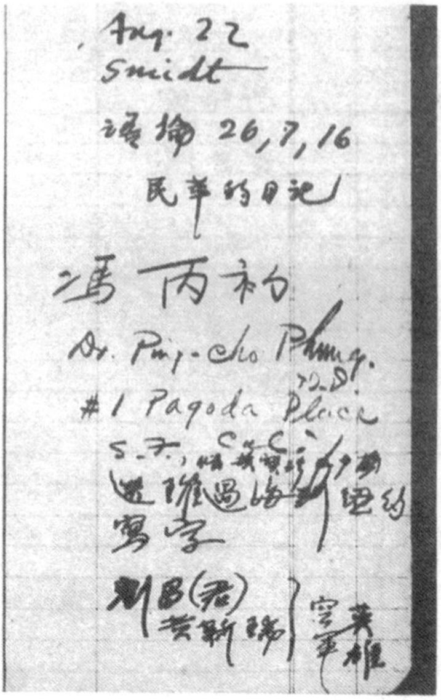
Aug. 22
Smidt
26,7,16
民華的日記
馮丙初
Dr. Ping-cho Phung.
#1 Pagoda Place
S.F.

10-050

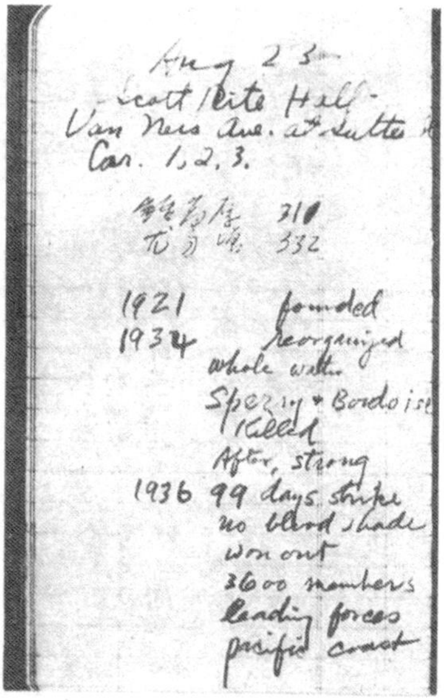
Aug 23
Scott Rite Hall
Van Ness Ave. at Sutter
Car. 1, 2, 3.
310
332
1921 founded
1934 reorganized
whole walk
Sperry & Bordoise
Killed
After, strong
1936 99 days strike
no blood shade
won out
3600 members
leading forces
pacific coast

10-051

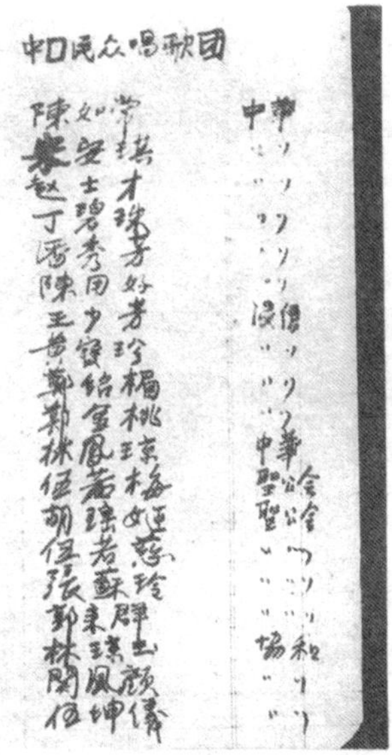
中国民众唱歌团

10-052

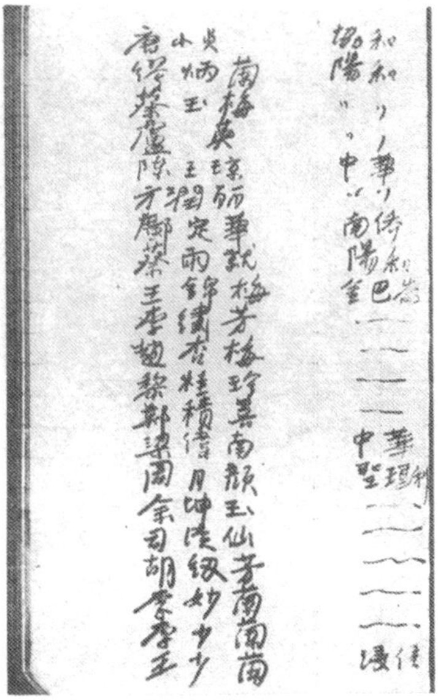

10-053

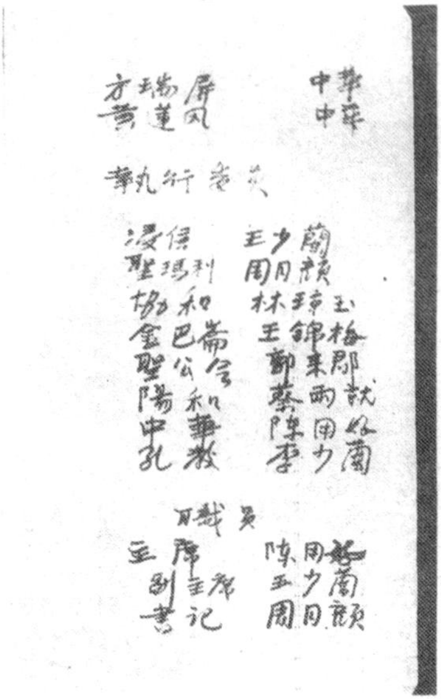

10-054

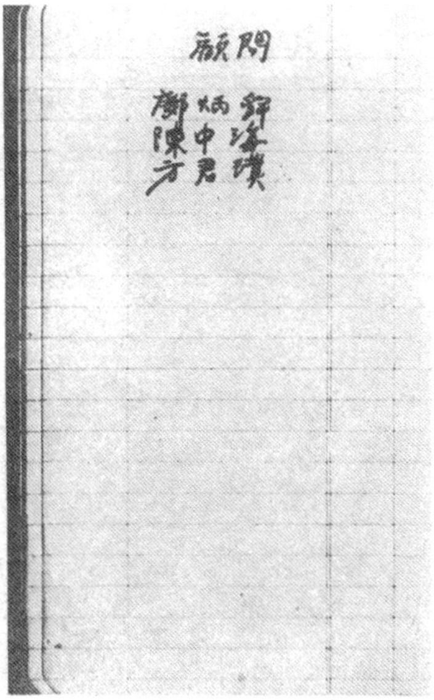

10-055

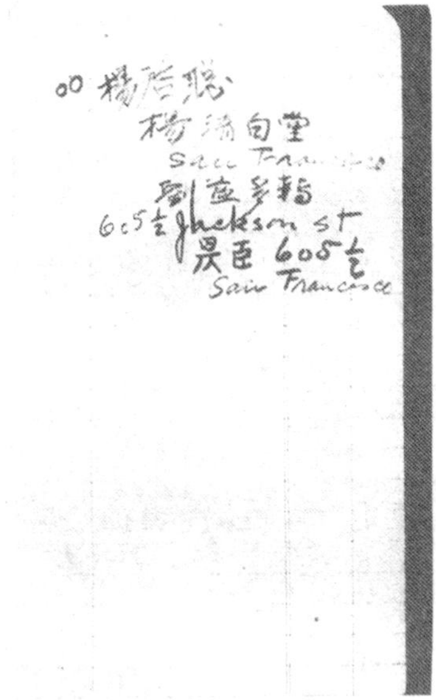

10-056

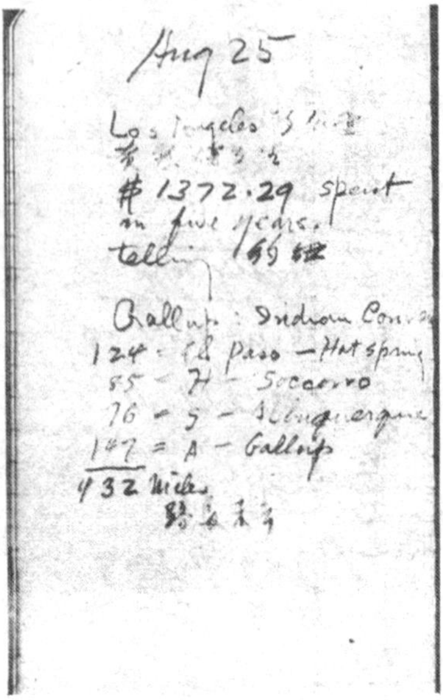
Aug 25

$1372.29 spent in five years.

Gallup: Indian Conv

124 - El paso — Hot spring

85 - H - Socorro

76 = S - Albuquerque

147 = A - Gallup

432 miles

10-057

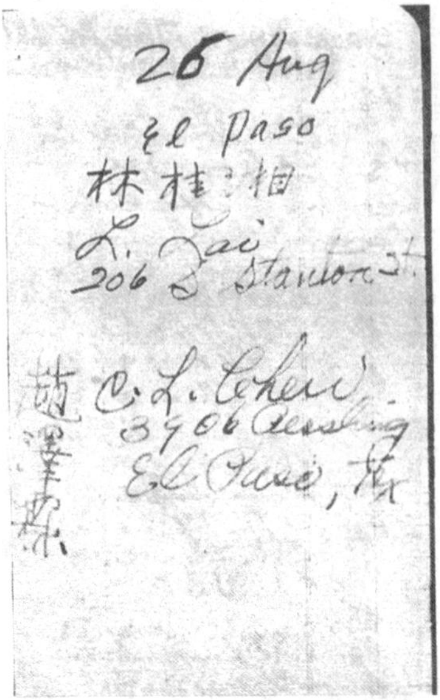
26 Aug

El paso

L. Lai

206 S Stanton St.

C. L. Chew

El Paso, Tex

10-058

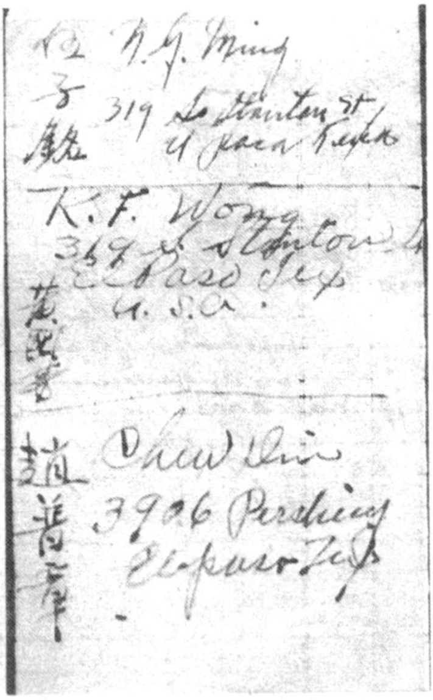
K. F. Wong

Paso Tex

U.S.A.

3906 Pershing

El-paso Tex

10-059

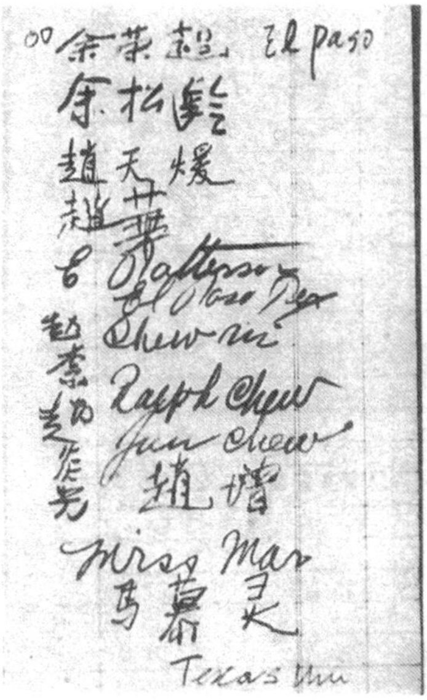
El paso

Ralph Chew

Miss Mar

Texas Uni

10-060

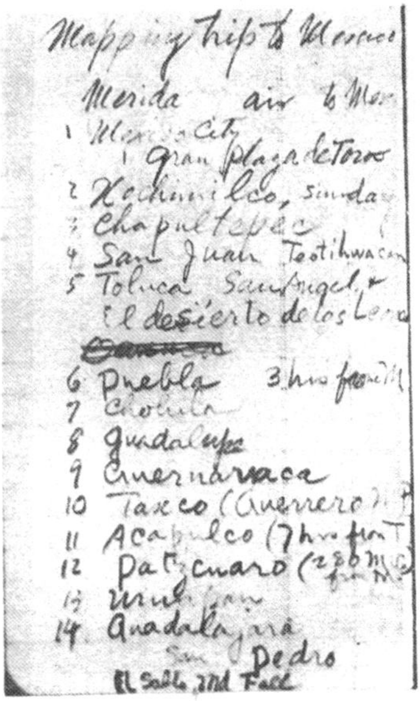
Mapping trips to Mexico

Merida air to Mex

1 Mexico City
 Gran Plaza de Toros
2 Xochimilco, Sunday
3 Chapultepec
4 San Juan Teotihuacan
5 Toluca San Angel, +
 El desierto de los Leones
[illegible]
6 Puebla 3 hrs from M
7 Cholula
8 Guadalupe
9 Cuernavaca
10 Taxco (Guerrero)
11 Acapulco (7 hrs from T
12 Patzcuaro (230 M from Mc)
13 Michoacan
14 Guadalajara
 San Pedro
 El Salto, 2nd Fall

10-061

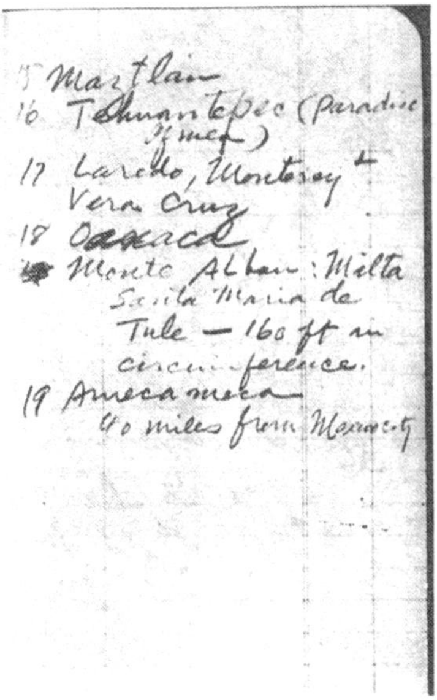
15 Mazatlan
16 Tehuantepec (Paradise of Mexico)
17 Laredo, Monterey + Vera Cruz
18 Oaxaca
[illegible] Monte Alban: Mitla
 Santa Maria de Tule — 160 ft in circumference.
19 Amecameca
 40 miles from Mexico City

10-062

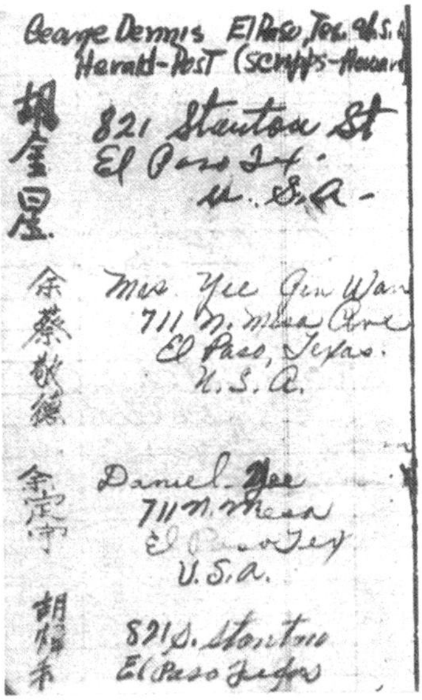
George Dennis El Paso, Tex. U.S.A
Herald-Post (Scripps-Howard)

胡金星 821 Stanton St
El Paso Tex.
U.S.A.

余蔡敬德 Mrs Yee Gin Wan
711 N. Mesa Ave
El Paso, Texas.
U.S.A.

余定守 Daniel Yee
711 N. Mesa
El Paso Tex
U.S.A.

胡[illegible] 821 S. Stanton
El Paso Texas

10-063

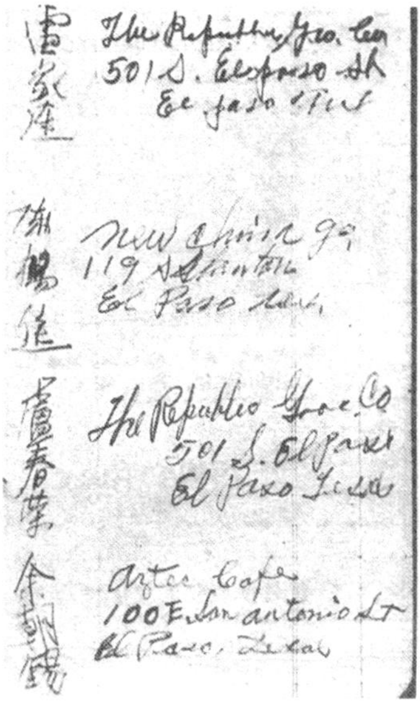
雷家隆 The Republic Groc. Co
501 S. El Paso St
El Paso Tex

陈锡佳 New China Co.
119 S. Stanton
El Paso Tex.

卢春荣 The Republic Groc. Co
501 S. El Paso
El Paso Texas

余朝钱 Aztec Cafe
100 E. San Antonio St
El Paso, Texas

10-064

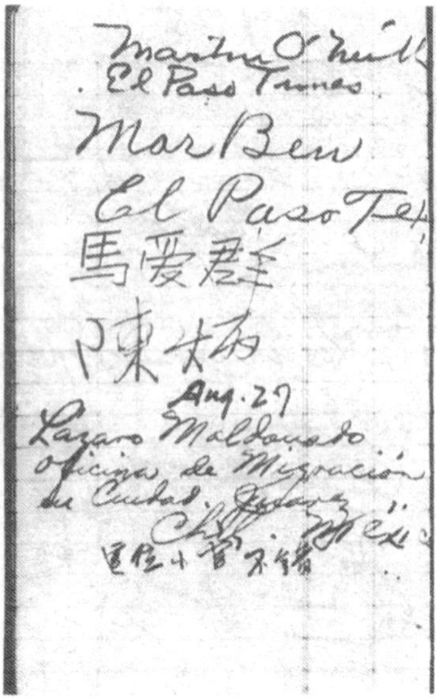
Martin O'Neill
El Paso Times
Mar Ben
El Paso Tex
馬愛君
Aug. 27
Lazaro Maldonado
oficina de Migración
de Ciudad Juárez
Chih. Méx.

10-065

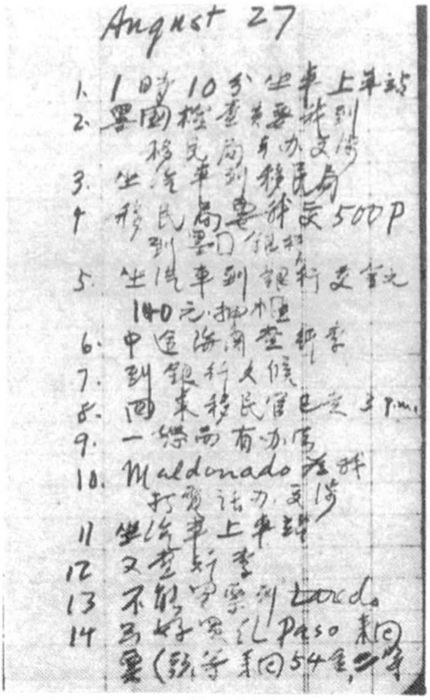
August 27

10-066

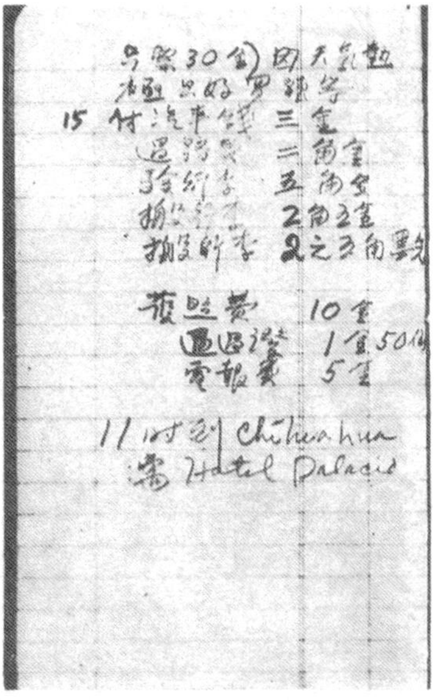
11时到 Chihuahua
Hotel Palacio

10-067

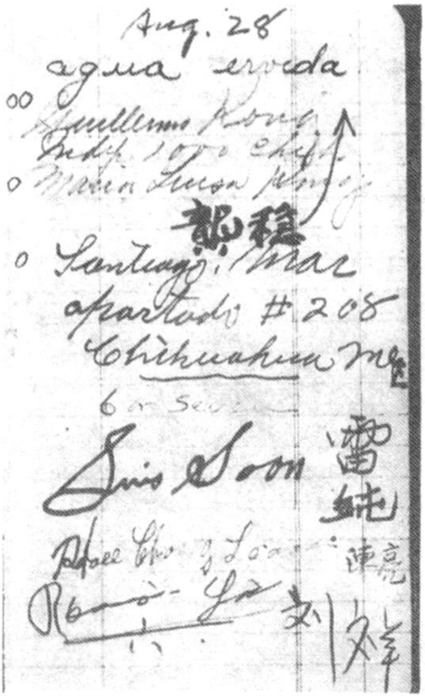
Aug. 28
agua ervada
Santiago Mar
apartado # 208
Chihuahua

10-068

10-069

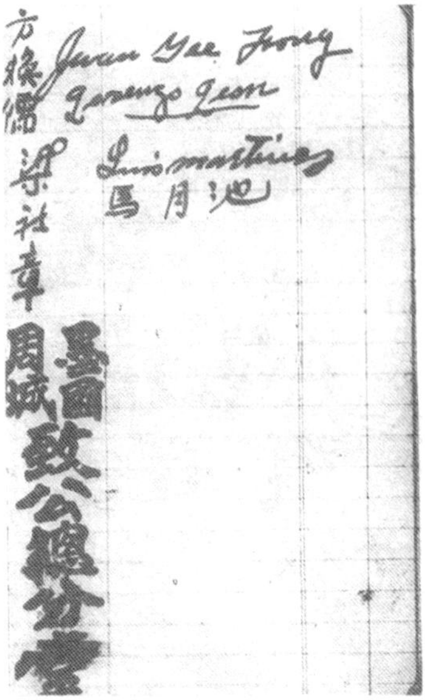

10-070

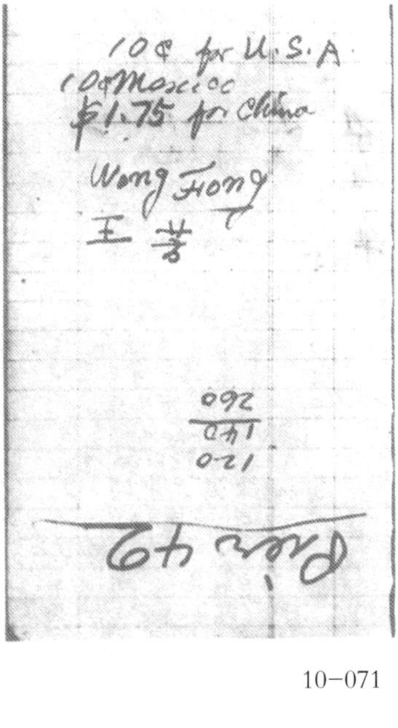

10-071

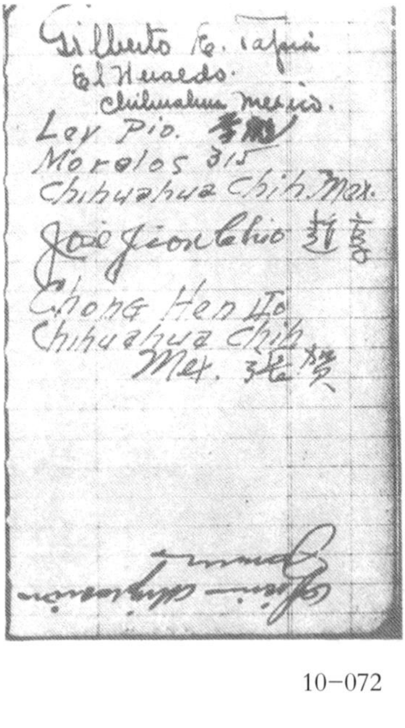

10-072

陶行知全集

衔备忘第十册（1937.8.4~1937.9.16）

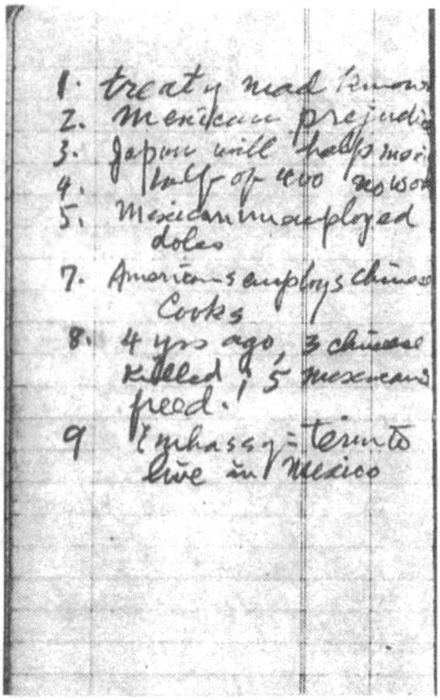
1. treaty
2. Mexican prejudi
3. Japan will help Mexi
4. half of 400
5. Mexican unemployed doles
7. Americans employs Chinese Cooks
8. 4 yrs ago, 3 Chinese killed, 5 Mexicans freed.
9 Embassy: term to live in Mexico

10-073

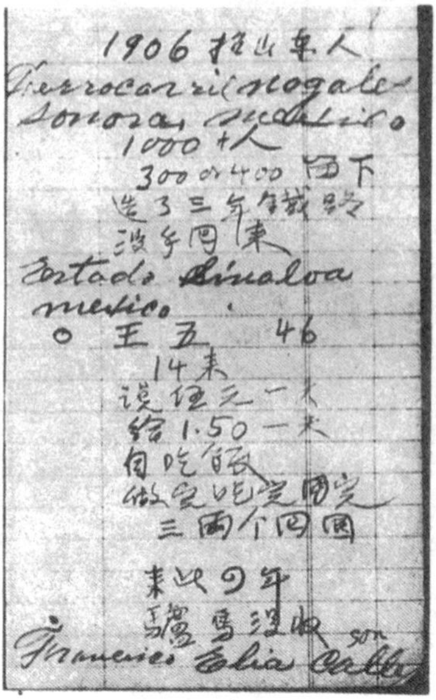
1906
Ferrocarril Nogales Sonora
1000 +人
300 or 400
没有回来
Estado Sinaloa Mexico
○ 王五 46
14来
自吃饭
来此9年
Francisco Elia Calles son

10-074

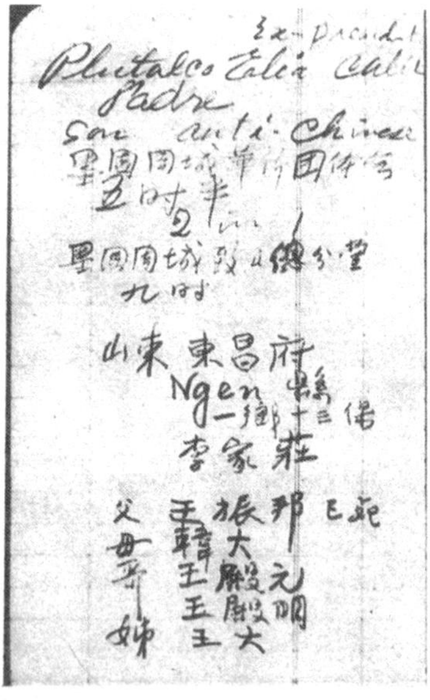
Ex-President
Plutarco Elia Calles
Padre
Son anti-Chinese
五时半
九时
山东 东昌府
Ngen 县
李家庄
父
母
哥
姊

10-075

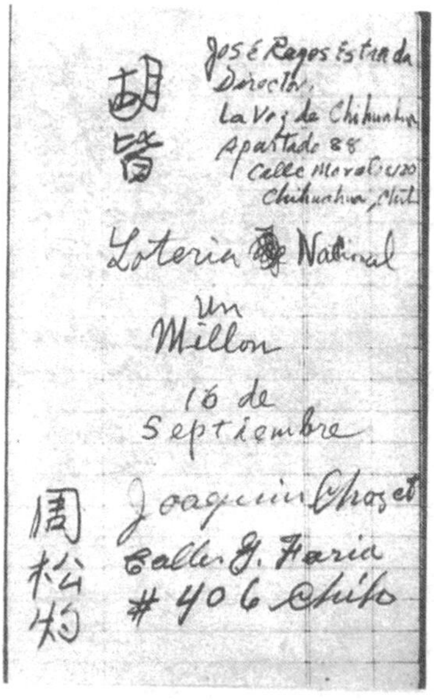
胡
José Reyes Estrada
Director,
La Voz de Chihuahua
Apartado 88
Chihuahua, Chih.
Loteria National
Un Millon
16 de Septiembre
周松
Joaquin Chaset
Calle G. Faria
406 Chih.

10-076

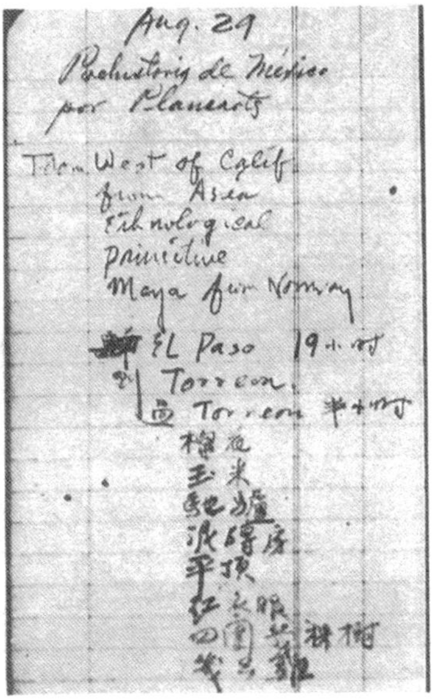

10-077

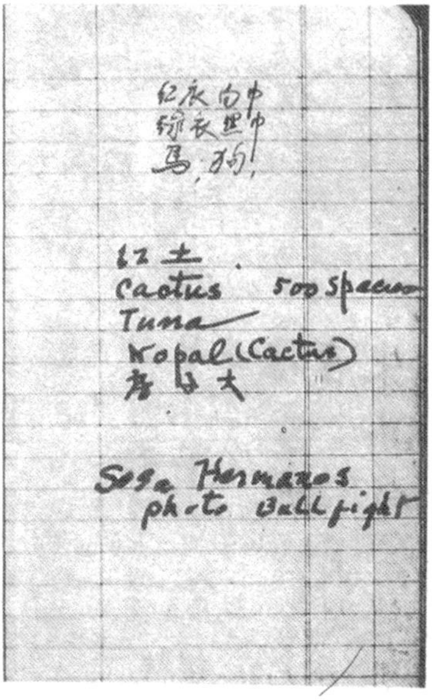

10-078

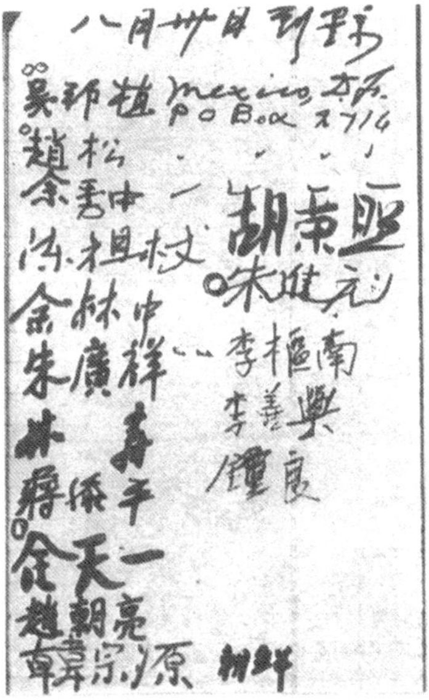

10-079

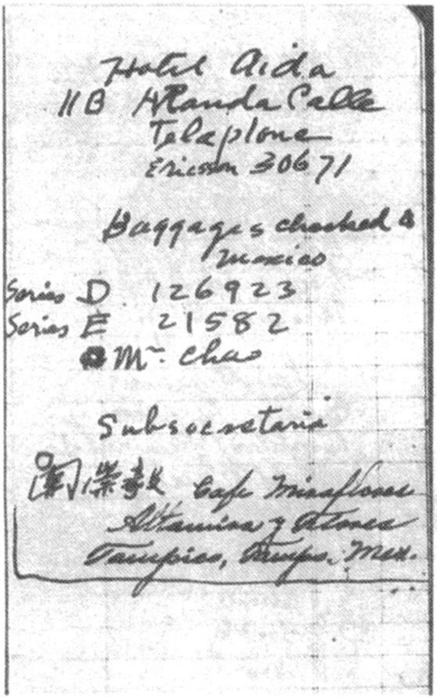

10-80

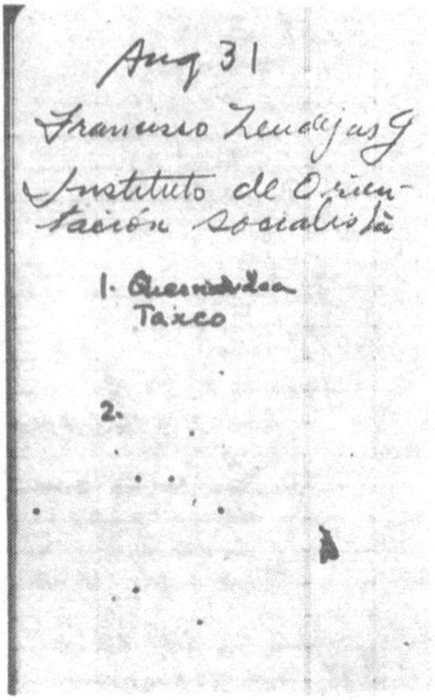
Aug 31
Francisco Zendejas G
Instituto de Orientación socialista
1. Quernavaca
Taxco
2.

10-081

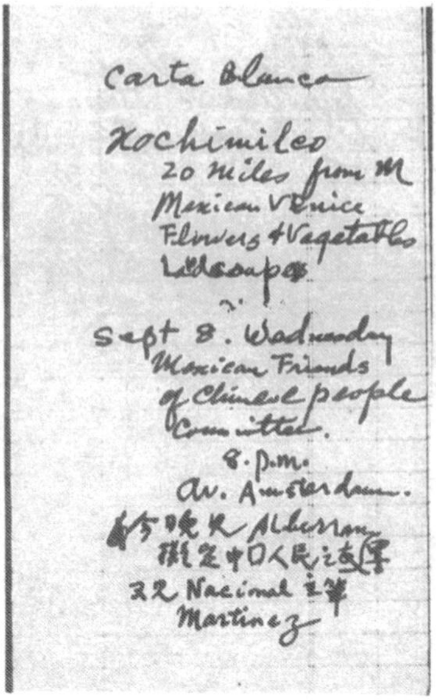
Carta Blanca
Xochimilco
20 miles from M
Mexican Venice
Flowers & Vegetables
Landscapes
Sept 8. Wednesday
Mexican Friends of Chinese people Committee.
8 p.m.
Av. Amsterdam.
[illegible]晚见 Alberran
[illegible]中国人民之友会
又见 Nacional 主笔
Martinez

10-082

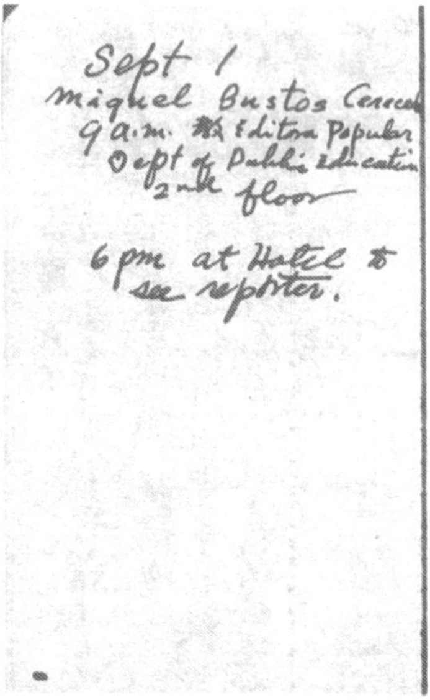
Sept 1
Miguel Bustos Cerecedo
9 a.m. [illegible] Editora Popular
Dept of Public Education
2nd floor
6 pm at Hotel to see reporter.

10-083

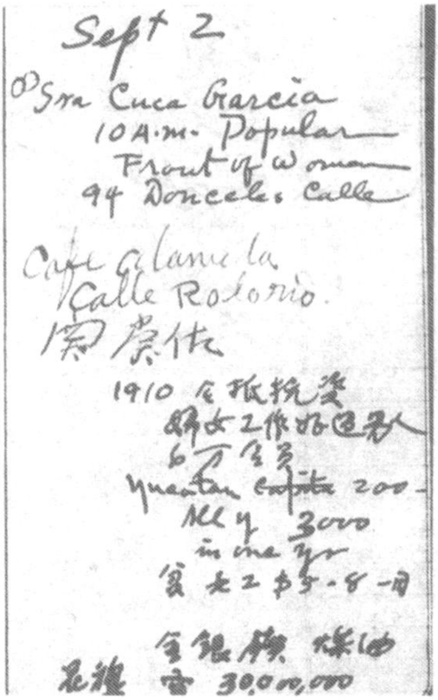
Sept 2
① Sra Cuca Garcia
10 A.m. Popular Front of Woman
94 Donceles Calle
Cafe Alameda
Calle Rosario.
[illegible]
1910 [illegible]
妇女工作[illegible]
6万会员
Yucatan capital 200
All y 3000
in one yr
女工 $5-8 一月
金银[illegible] 煤油
[illegible] 30,000,000

10-084

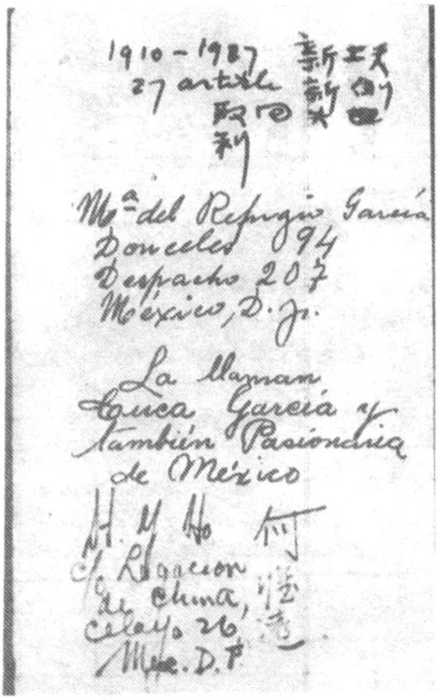

10-085

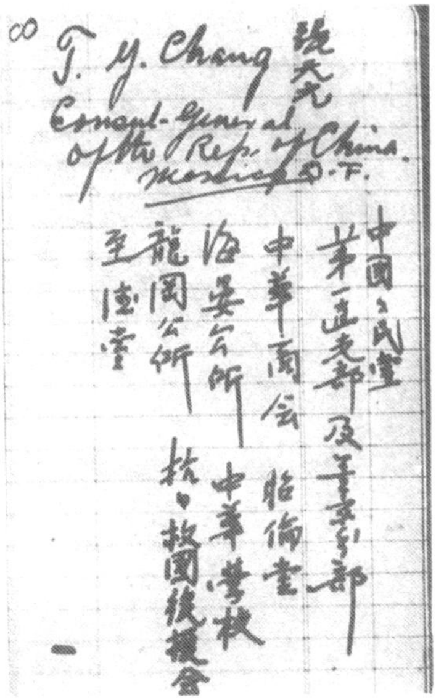

10-086

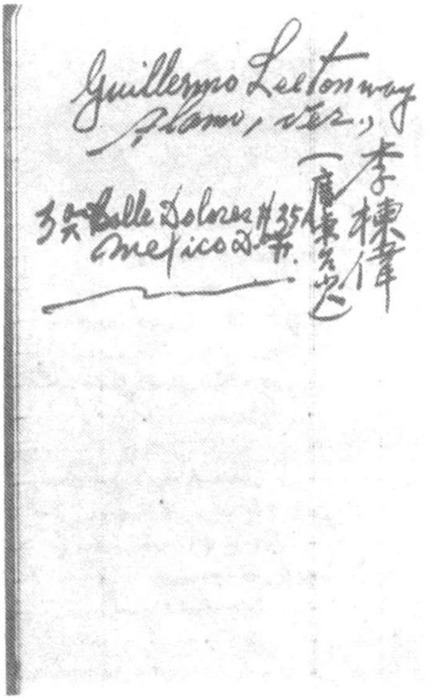

10-087

10-088

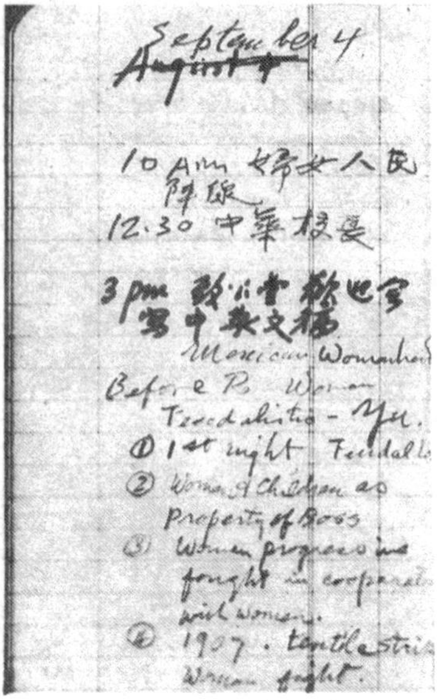
September 4
~~August 4~~
10 Am
12.30
3 pm
Mexican Womanhood
Before R. Woman
① 1st night Feudal
② Woman & Children as Property of Boss
③ Women progressive fought in cooperation with women.
④ 1907. textile strike Woman fought.

10-089

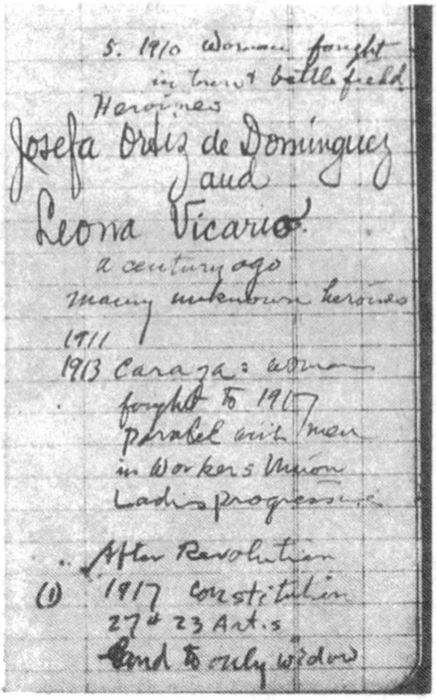
5. 1910 Woman fought in front battle field
Heroines
Josefa Ortiz de Dominguez and Leona Vicario.
a century ago
many unknown heroines
1911
1913 Caranza: woman fought to 1917 parallel with men in Workers Union
Ladies progressive
After Revolution
(1) 1917 Constitution 27 & 23 Art.s
Land to only widow

10-090

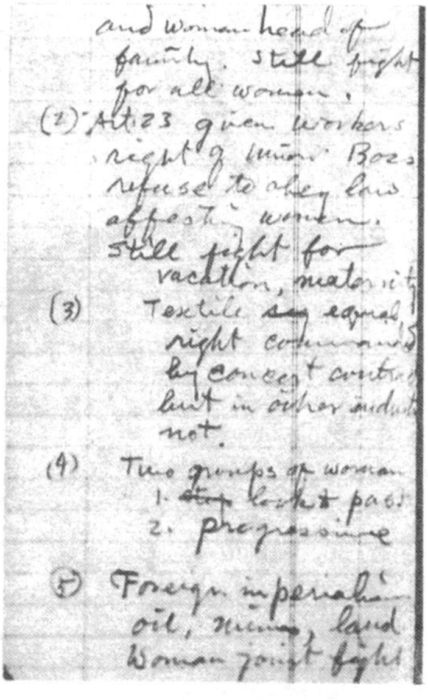
and woman head of family. still fight for all women.
(2) Art. 23 given workers right of union. Boss refuse to obey laws affecting women.
Still fight for vacation, maternity
(3) Textile equal right ... but in other industries not.
(4) Two groups of woman
1. look to past
2. progressive
(5) Foreign imperialism oil, mining, land
Woman joint fight

10-091

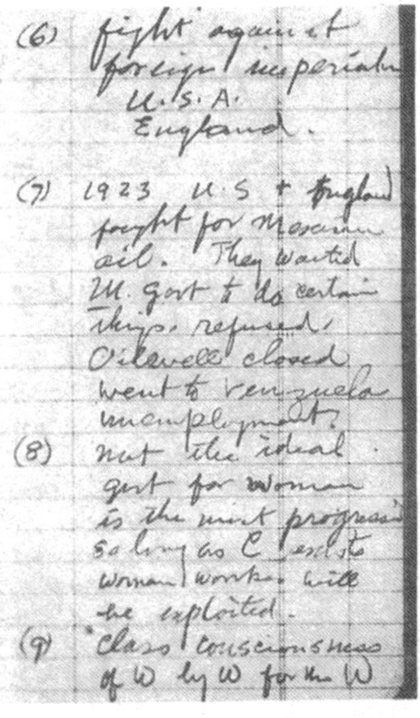
(6) fight against foreign imperialism
U.S.A.
England.
(7) 1923 U.S + England fought for Mexican oil. They wanted M. govt to do certain things. refused.
Oilwells closed went to Venezuela
unemployment.
(8) not the ideal govt for woman is the most progressive so long as C exists woman workers will be exploited.
(9) Class consciousness of W by W for the W

10-092

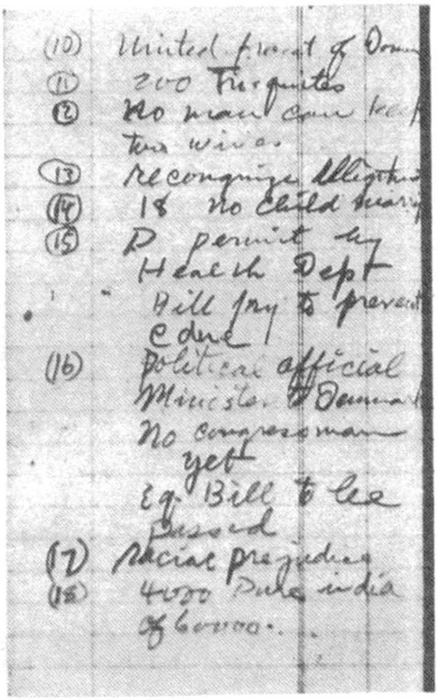
(10) United front of Domi...
(11) 200 Turquetes
(12) No man can keep two wives.
(13) Recognize illegitimate
(14) 18 no child marry
(15) D permit by Health Dept
Bill pay to prevent edne
(16) political official
Minister Denmark
No congressman yet
Eq. Bill to be passed
(17) racial prejudice
(18) 4000 pula india of 60000.

10－093

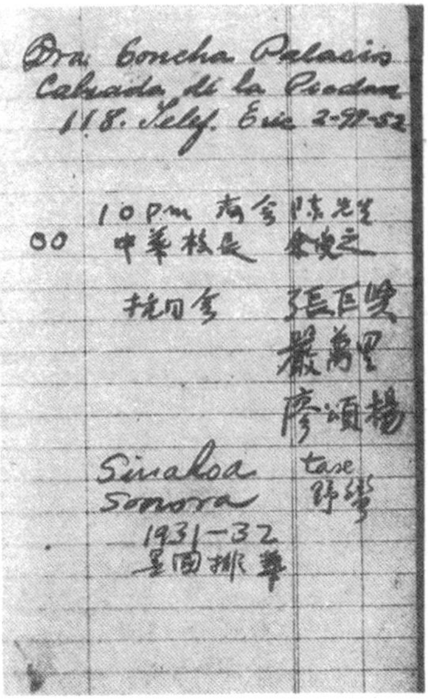
Dra. Concha Palacios
Calzada de la Piedad
118. Telef. Eric 2-99-52
10 pm 商会 陈先生
00 中華校長 余□之
抗日会 張巨□
嚴為□
廖頌揚
Sinaloa
Sonora
1931－32
墨国排華

10－094

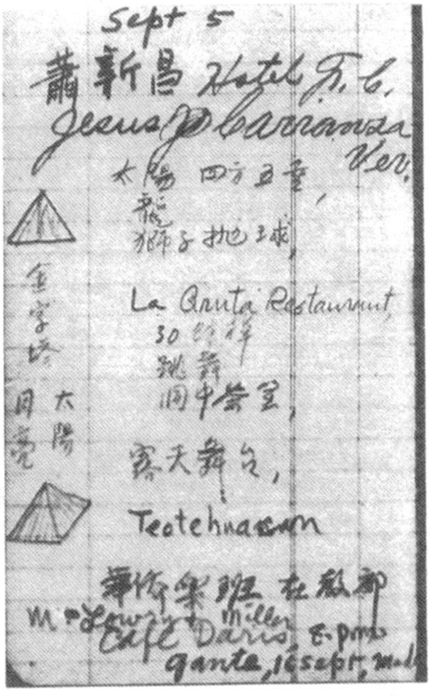
Sept 5
蕭新昌 Hotel F. C.
Jesus P Carranza Ver.
太陽 四方五重，
龍
獅子抛球
金字塔
月亮 太陽
La Gruta Restaurant,
30 □样
跳舞
洞中会堂，
露天舞台，
Teotehuacan
華僑樂班 在□□
M. Lowry Miller
Carl Davis E. pro
ganta, 16 sept

10－095

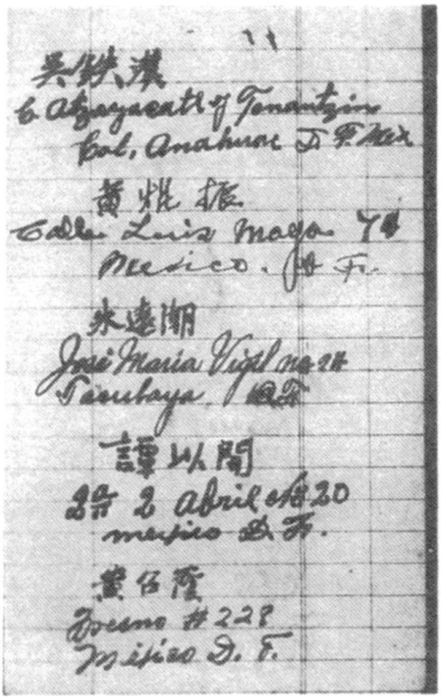
吴鉄漢
6 Atzayacatl y Tonantzin
Col. Anahuac D. F. Mex.
黄熾振
Calle Luis Moya 74
Mexico. D. F.
朱遠湖
José Maria Vigil no 24
Tacubaya
譚以聞
2 Abril 20
mexico D. F.
黄□霞
Fresno #228
Mexico D. F.

10－096

陶行知全集

衔备忘第十册（1937.8.4~1937.9.16）

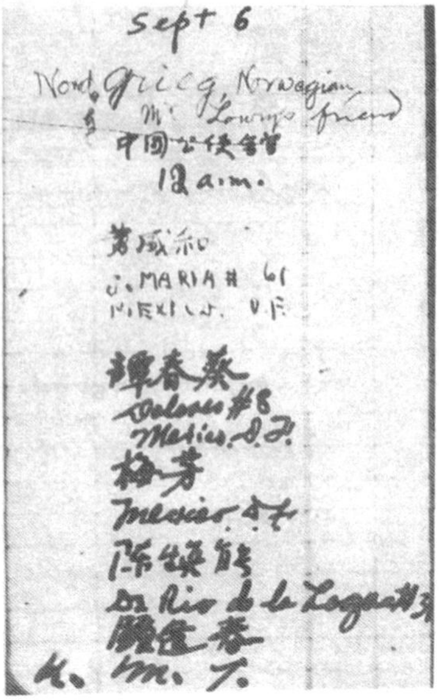
Sept 6
Nord Grieg Norwegian
Mr Lowry's friend
中国公使馆
12 a.m.
黄威和
J. MARIA # 61
MEXICO D.F.
谭春蔡
Dolores #8
Mexico D.F.
梅芳
Mexico D.F.
陈焕能
Dr Rio de la Loza #3
顾金春
K. M. T.

10-097

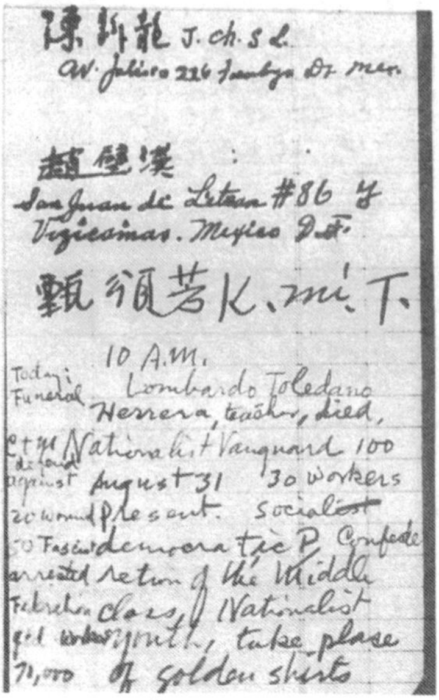
陈锦龙 J. Ch. S. L.
Av. Jalisco 226 Tacubaya D.F. Mex.
赵璧汉：
San Juan de Letran #86 y
Vizcainas. Mexico D.F.
甄颂芳 K. M. T.
10 A.M.
Lombardo Toledano
Today Funeral Herrera, teacher, died.
Nationalist Vanguard 100
August 31 30 workers
present. socialist
democratic P. Confede
return of the Middle
class, Nationalist
youth, take place
71,000 of golden shirts

10-098

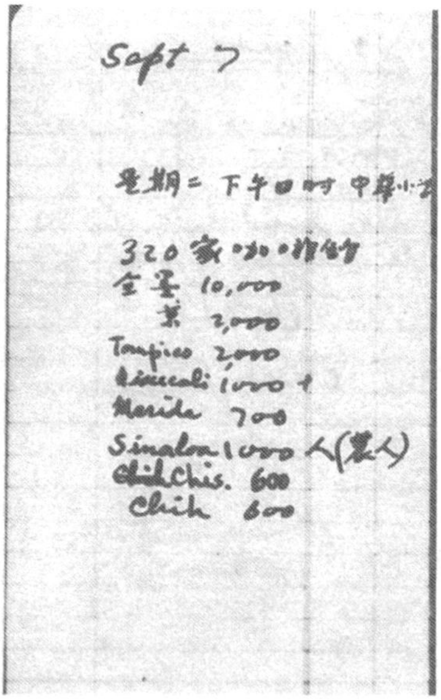
Sept 7
星期二 下午四时 中华小
320 家 ………
全墨 10,000
某 2,000
Tampico 2,000
Mexicali 1000 +
Merida 700
Sinaloa 1000 人（农人）
Chis. 600
Chih 600

10-099

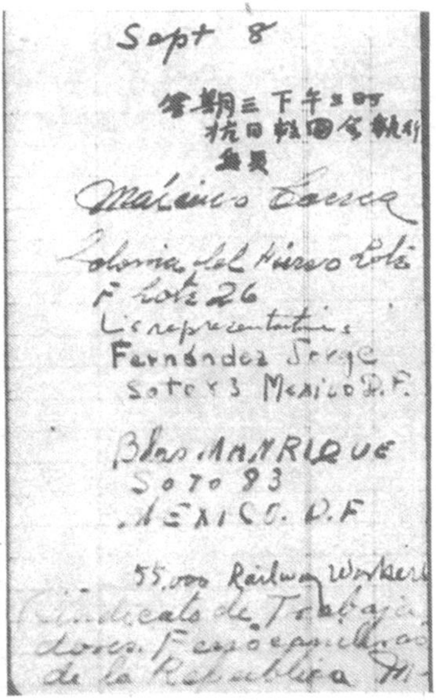
Sept 8
星期三下午五时
抗日救国会执行
委员
Mariano Lucca
Colonia del Hierro Lote
F Lote 26
Lic representantes
Fernandez Serge
Soto 93 Mexico D.F.
Blas MANRIQUE
SOTO 93
MEXICO D.F.
55,000 Railway Workers
Sindicato de Trabajadores Ferrocarrileros
de la Republica M-

10-100

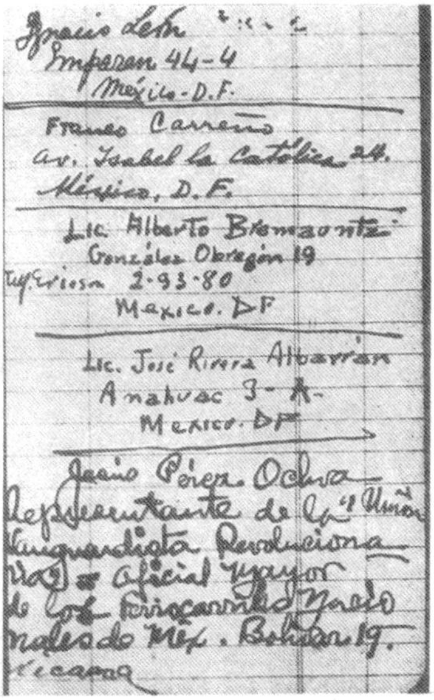
Ignacio León
Emperan 44-4
México-D.F.
Franco Carreño
av. Isabel la Católica 24.
México, D.F.
Lic. Alberto Bremauntz
González Obregón 19
Tel. Ericsson 2-93-80
Mexico. DF
Lic. José Rivera Albarrán
Anahuac 3-A.
Mexico. DF
Jesús Pérez Ochoa
Representante de la Unión
Vanguardista Revoluciona
ria = Oficial Mayor
de los Ferrocarriles Nacio
nales de Méx. Bolívar 19.

10-101

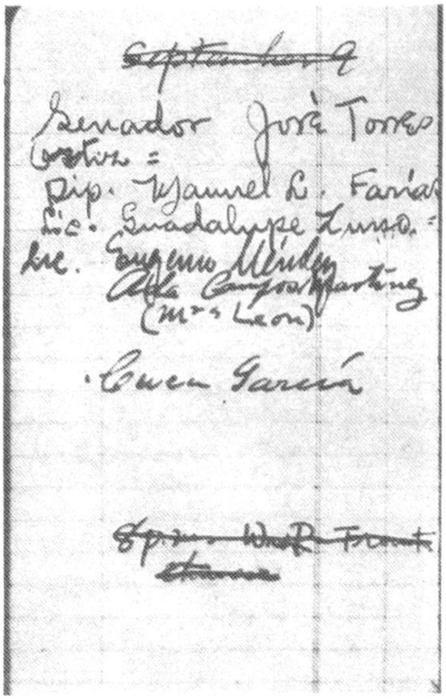
~~September 9~~
Senador José Torres
Ostos =
Dip. Manuel L. Farías
Lic. Guadalupe Lusso =
Lic. Eugenio Méndez
Alfa Campos Martínez
(Mrs León)
·Cuca García
~~8 p.m. W.R. Front~~

10-102

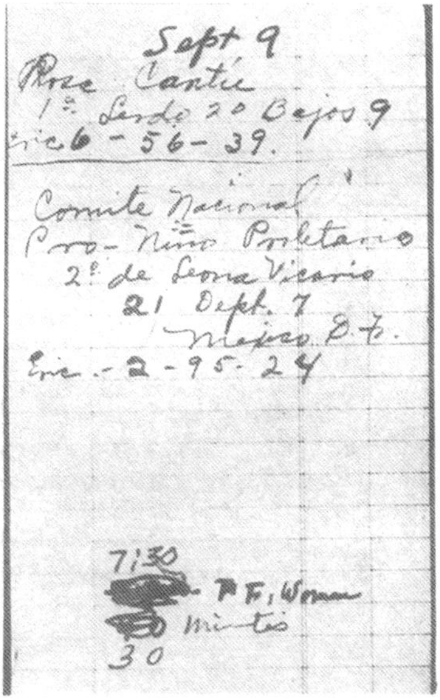
Sept 9
Rose Cantú
1a. Lerdo 20 Bajos 9
Eric. 6-56-39.
Comite Nacional
Pro-Niño Proletario
2a. de Leona Vicario
21 Dept. 7
Mexico D.F.
Eric. -2-95-24
7:30
P.F. Woman
minutes
30

10-103

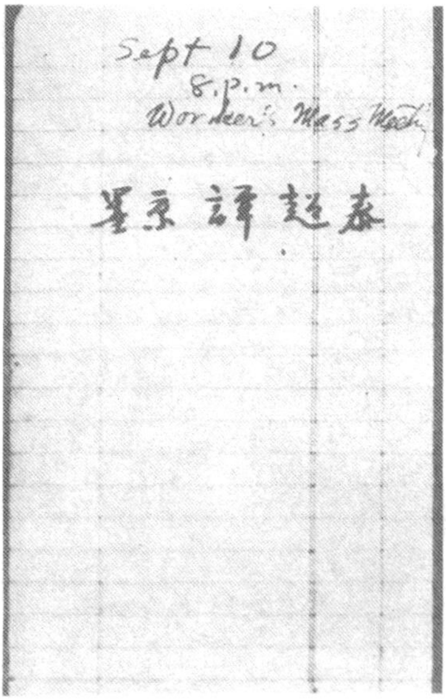
Sept 10
8 p.m.
Worker's Mass Meeting
墨京许赵泰

10-104

Sept 11
墨西哥国民党

10-105

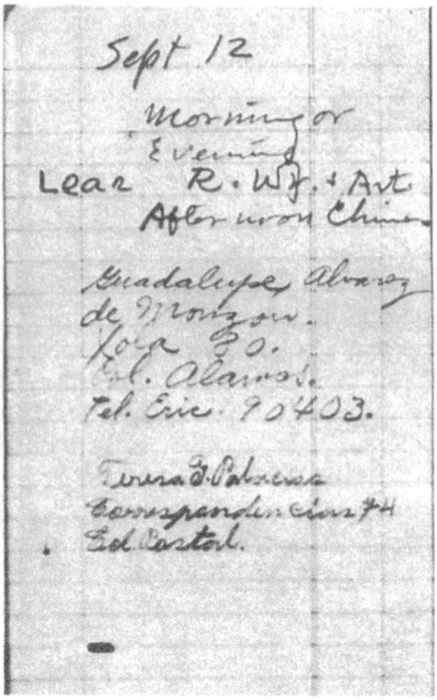
Sept 12
Morning or
Evening
Lear R. Wf. + Art
Afternoon Chinese

Guadalupe Alvarez
de Monzon.
Xola 30.
Col. Alamos.
Tel. Eric. 90403.

Teresa G. Palacios
Correspondencias #4
Col. Postal.

10-106

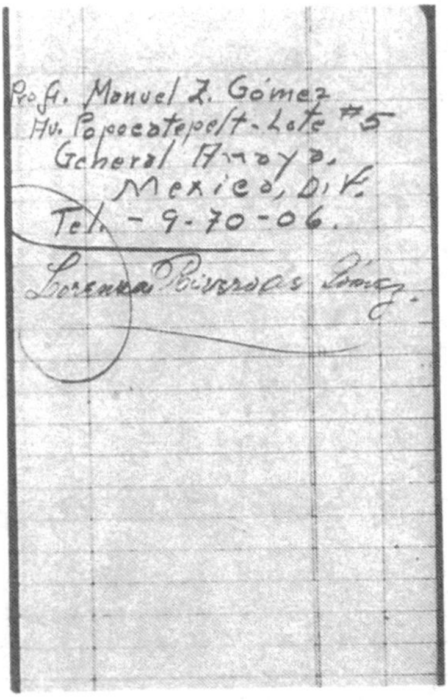
Prof. A. Manuel Z. Gómez
Av. Popocatepelt - Lote #5
General Arroyo.
Mexico, D.F.
Tel. - 9-70-06.
Lorena Rivas [illegible]

10-107

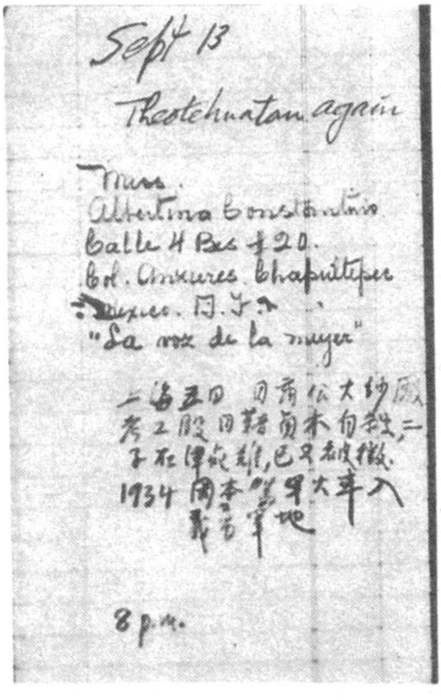
Sept 13
Theotehuatan again

Miss.
Albertina Constantino
Calle 4 Bec #20.
Col. Anzures Chapultepec
Mexico. D.F.
"La voz de la mujer"

上海五日 日商公大纱厂
[illegible]工殴日籍[illegible]自杀,二
千工人[illegible],已又被撤.
1934 [illegible]大军入
[illegible]地

8 p.m.

10-108

陶行知全集

衔备忘第十册（1937.8.4~1937.9.16）

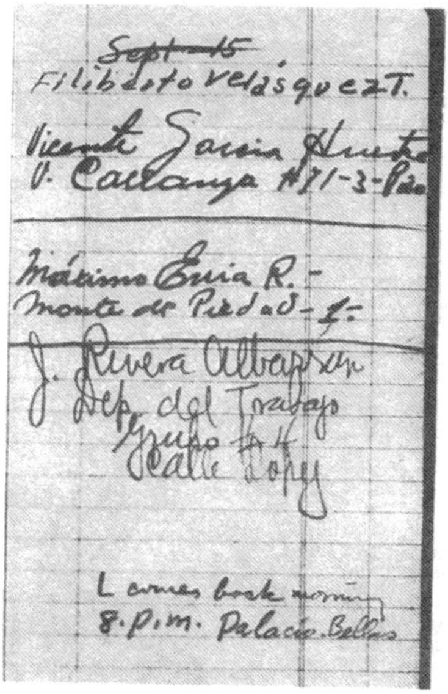
~~Sept. 15~~
Filiberto Velásquez T.
Vicente García Huerta
V. Carranza #71-3-Piso
Máximo Ercia R. -
Monte de Piedad - 4:
J. Rivera Albarrán
Dep. del Trabajo
Grupo #4
Calle López
L. comes back morning
8. p.m. Palacio Bellas

10-109

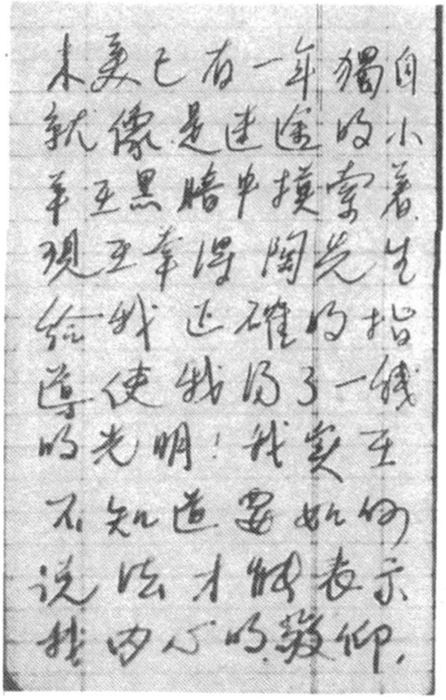
來美已有一年獨自
就像是迷途的小
羊在黑暗中摸索着
現在幸得陶先生
給我正確的指
導使我得了一綫
的光明！我實在
不知道要如何
說法才能表示
我內心的敬仰。

10-110

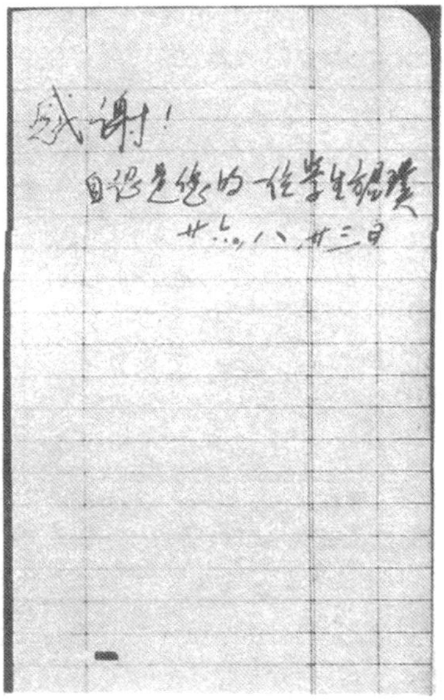
感謝！
自認是您的一位學生紹賢
廿六，八，廿三日

10-111

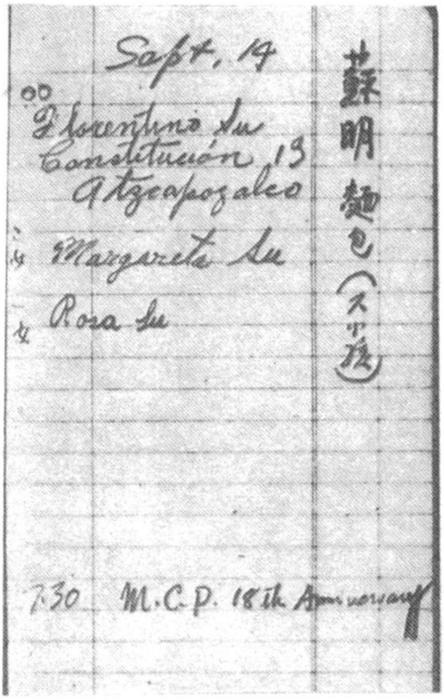
Sept. 14
Florentino Su
Constitución 19
Atzcapozalco
Margareta Su
Rosa Su
蘇明 麵包（不小孩）
7.30 M.C.P. 18th Anniversary

10-112

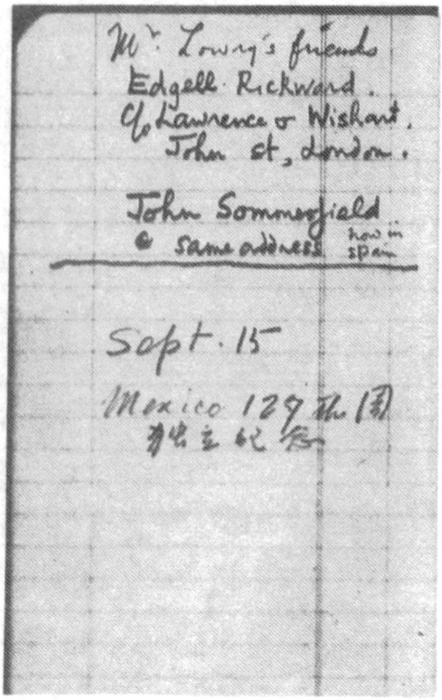
Mr. Lowry's friends
Edgell Rickword.
c/o Lawrence & Wishart.
John st, London.
John Sommerfield
@ same address now in Spain
Sept. 15
Mexico 127周
独立纪念

10-113

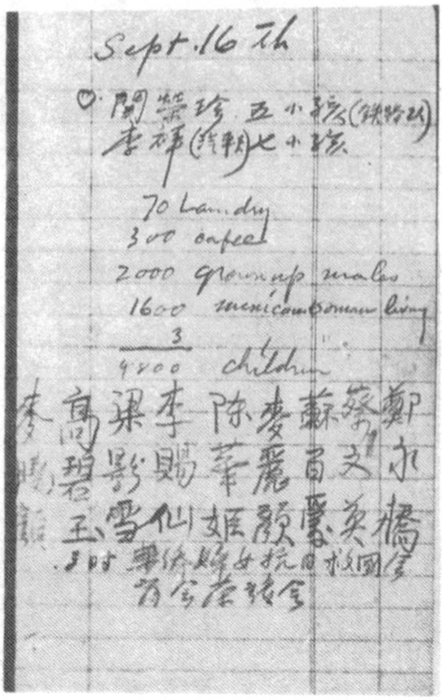
Sept. 16th
關蘂珍 五小孩(铁路工人)
李梓(铁路)七小孩
70 Laundry
300 cafee
2000 grownup males
1600 mexican women living
3
4800 children

10-114

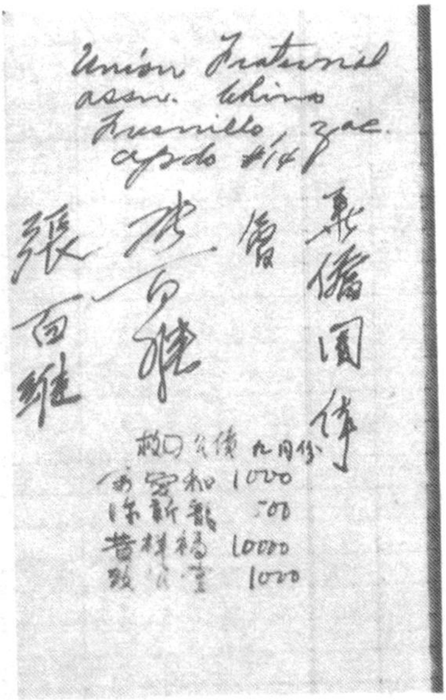
Unión Fraternal
assn. chino
Fresnillo, Zac.
apdo #14
張百維
救国公债 九月份
何容和 1000
徐新龍 500
黄樑福 10000
賴以棠 1000

10-115

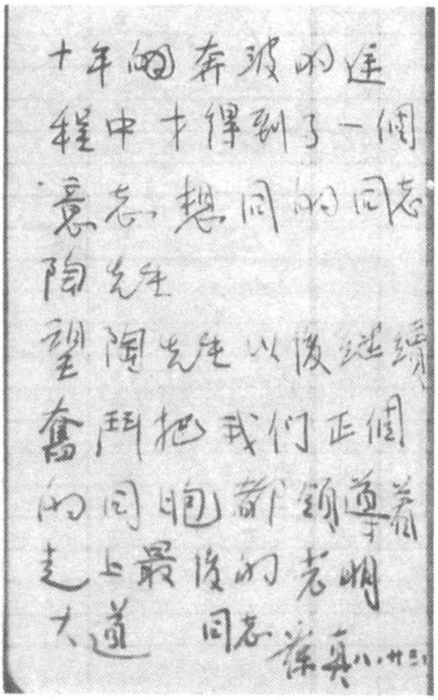
十年的奔波的途程中才得到了一個意志。想同的同志陶先生
望陶先生以後继续奮鬥把我们正個的同胞都領導着走上最後的光明大道
同志 八.廿三

10-116

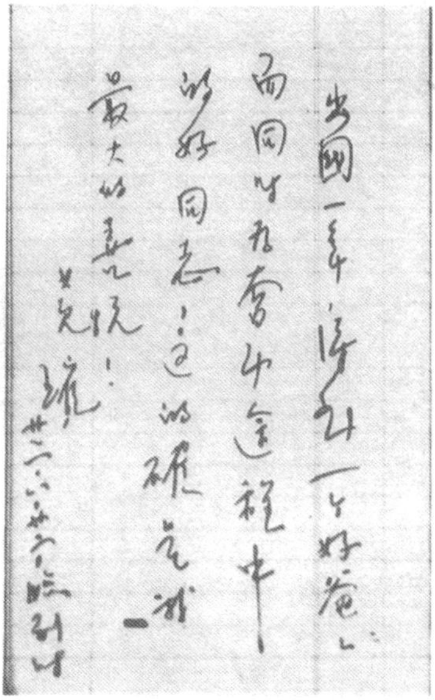

10-117

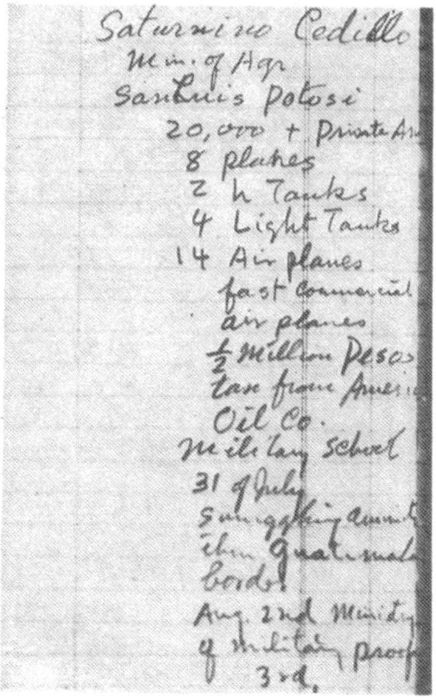

10-118

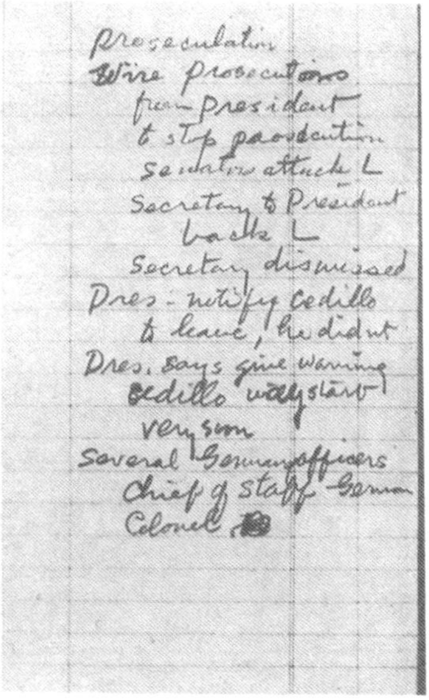

10-119

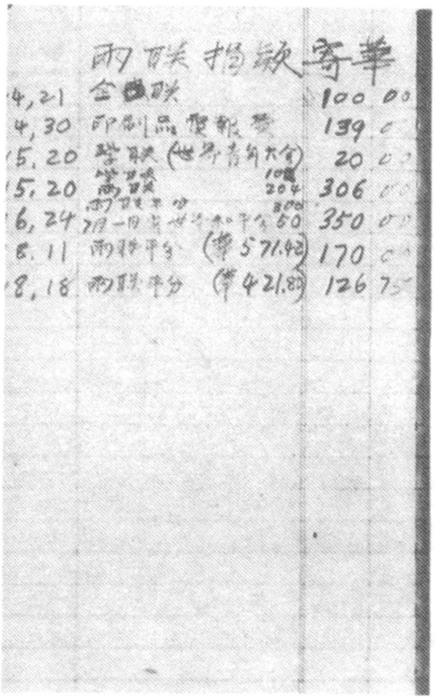

10-120

陶行知全集

衛备忘第十册（1937.8.4~1937.9.16）

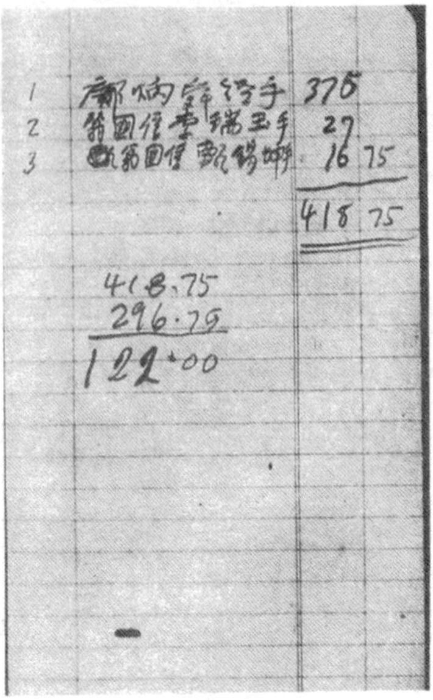
1 鄭炳錚經手 375
2 翁國佳李瑞王手 27
3 翁國佳甄錫坤 16 75
418 75

418.75
296.75
122.00

10－121

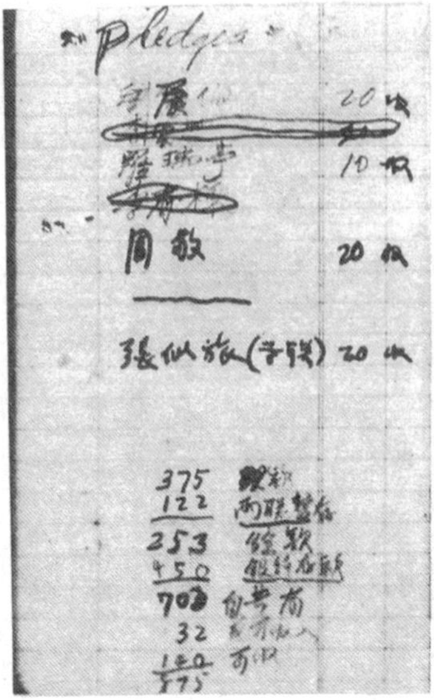
Pledges
周教 20
張似旅 20

375
122
253
450
703
32

10－122

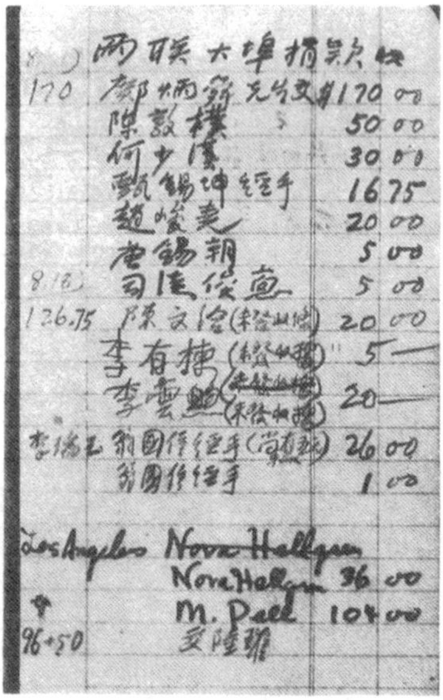
兩聯大埠捐款
170 鄭炳錚先生交 $170 00
陳款模 50 00
何少濤 30 00
甄錫坤經手 16 75
趙竣堯 20 00
李錫朝 5 00
8.16 司徒俊惠 5 00
126.75 陳文信 20 00
李有棣 5
李雲 20
李瑞王 翁國佳經手 26 00
翁國佳經手 1 00

Los Angeles Nova Hallgren
Nova Hallgren 36 00
M. Pell 104 00
96.50

10－123

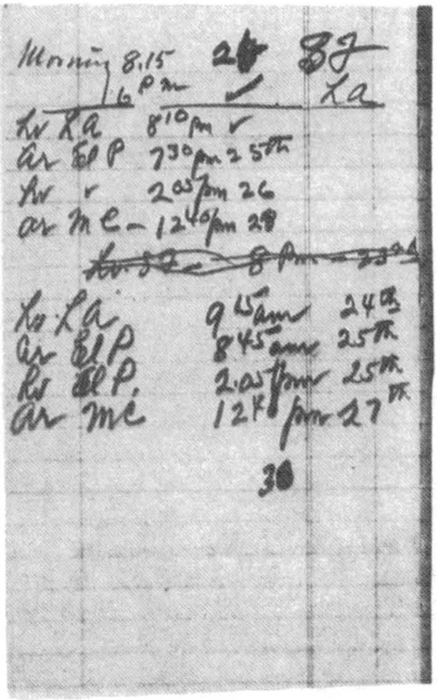
Morning 8.15
1 P.M.
Lv LA 8:10 pm
Ar El P 7:30 pm 25th
Lv 2:05 pm 26
ar Me 12:40 pm 28

Lv LA 9:15 am 24th
Ar El P 8:45 am 25th
Lv El P 2:05 pm 25th
Ar Me 12:40 pm 27th
30

10－124

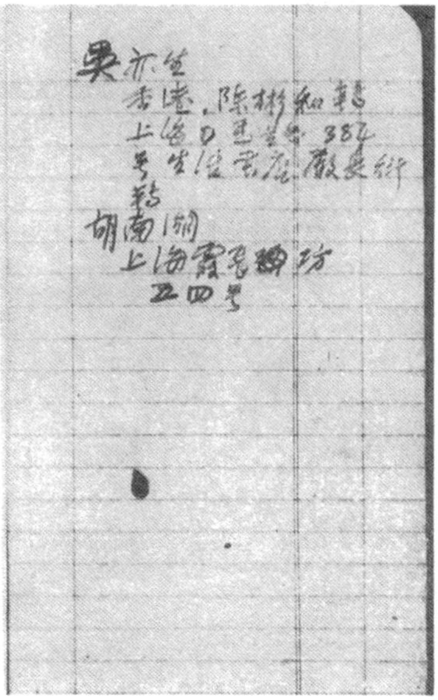

吴亦生
香港，陈彬和转
上海D图书馆 384
胡南(?)

10-125

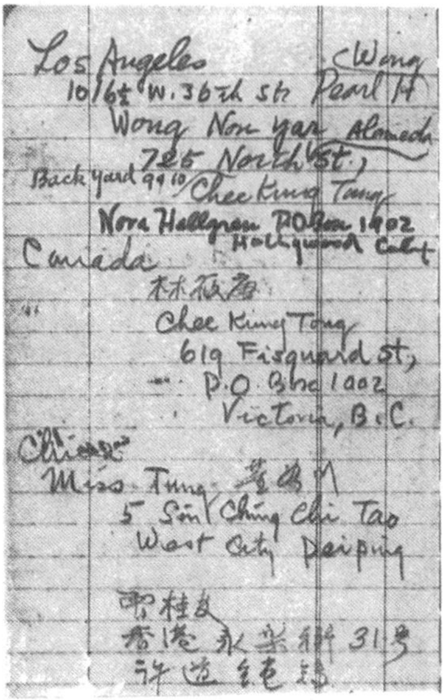

Los Angeles
1016½ W. 36th St.
Wong Non yar
725 North St.
Chee Kung Tong
Nora Hallgren P.O. Box 1402
Hollywood Calif.
Canada
林frei
Chee King Tong
619 Fisguard St,
P.O. Box 1002
Victoria, B.C.
Miss Tung
5 Sun Ching Chi Tao
West City Peiping
香港 永乐街 31号

10-126

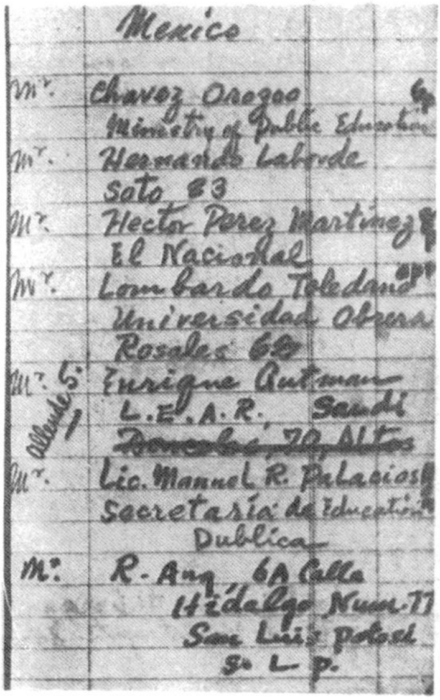

Mexico
Mr. Chavez Orozco
Ministry of Public Education
Mr. Hernando Laborde
Soto 83
Mr. Hecto Perez Martinez
El Nacional
Mr. Lombardo Toledano
Universidad Obrera
Rosales 63
Mr. Enrique Gutman
L.E.A.R.
Mr. Lic. Manuel R. Palacios
Secretaria de Education Publica
Mr. R-Ang, 6A Calle
Hidalgo Num. 77
San Luis Potosi
S. L. P.

10-127

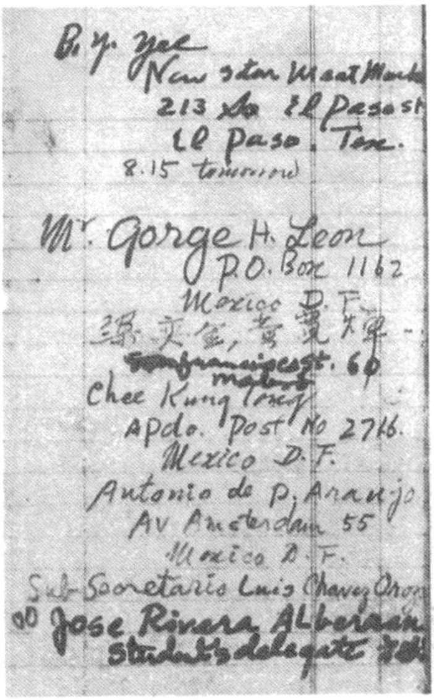

B. Y. Yee
New Star Meat Market
213 So. El Paso St.
El Paso, Tex.
8.15 tomorrow
Mr. Gorge H. Leon
P.O. Box 1162
Mexico D.F.
Chee Kung Tong
Apdo. Post No 2716.
Mexico D.F.
Antonio de P. Araujo
Av Amsterdam 55
Mexico D.F.
Sub-Secretario Luis Chavez Orozco
Jose Rivera Alberaan
Student's delegate

10-128

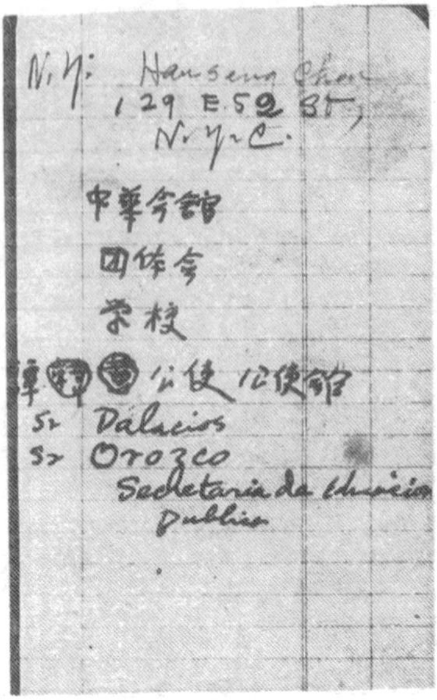
N.Y. Hansena Chen
129 E 52 St,
N.Y.C.
中华会馆
团体会
学校
公使 公使馆
Sr Palacios
Sr Orozco
Secretaria de Educacion Publica

10-129

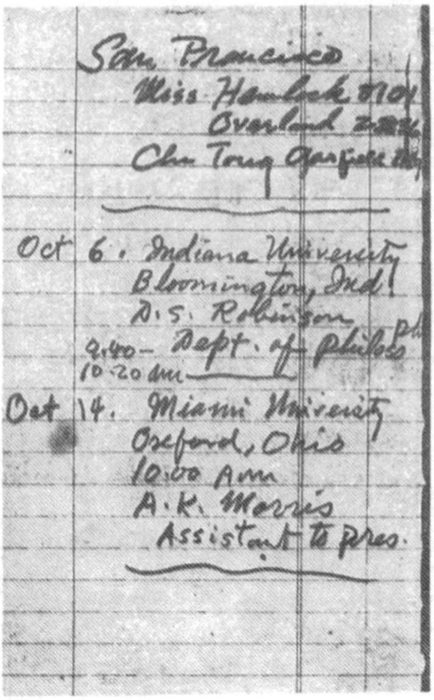
San Francisco
Miss Hamlock
Overland
Chu Tong

Oct 6. Indiana University
Bloomington, Ind.
D. S. Robinson
9:40 - Dept. of philos
10:20 am

Oct 14. Miami University
Oxford, Ohio
10:00 Am
A. K. Morris
Assistant to pres.

10-130

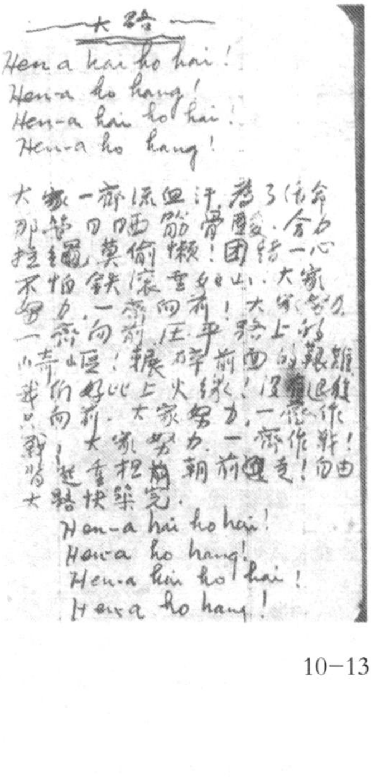
——大路——
Hen-a hai ho hai!
Hen-a ho hang!
Hen-a hai ho hai!
Hen-a ho hang!

大家一齐流血汗，为了活命
那管日晒筋骨酸。合力
拉碾莫偷懒！团结一心
不怕铁滚重如山。大家
努力，一齐向前！大家努力，
一齐向前压平路上的
小崎岖！粮碎前面的艰难
我们好比上火线！没有退后
只向前。大家努力，一齐作
战！大家努力，一齐作战！
将士抬杆朝前进！自由
大路快筑完。
Hen-a hai ho hai!
Hen-a ho hang!
Hen-a hai ho hai!
Hen-a ho hang!

10-131

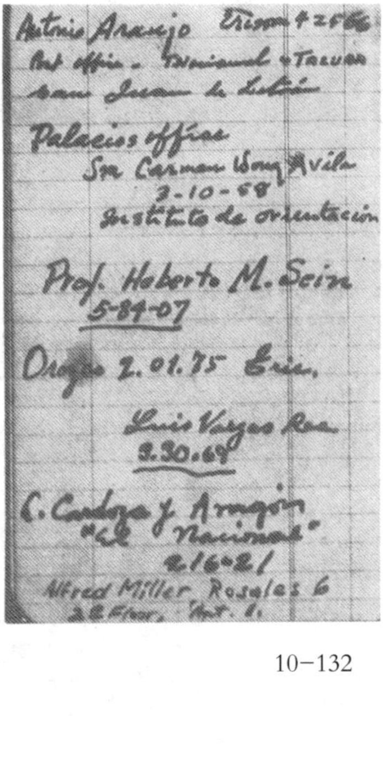
Antonio Araujo Ericsson 42566
Palacios office
Sr Carmen Wong Avila
3-10-58
Instituto de orientación
Prof. Hoberto M. Seiz
5-84-07
Orozco 2.01.75 Eric.
Luis Vargas Rea
3.30.69
C. Cardoza y Aragón
"El Nacional"
2.16.21
Alfred Miller Rosales 6
2E Floor, Apt. 1

10-132

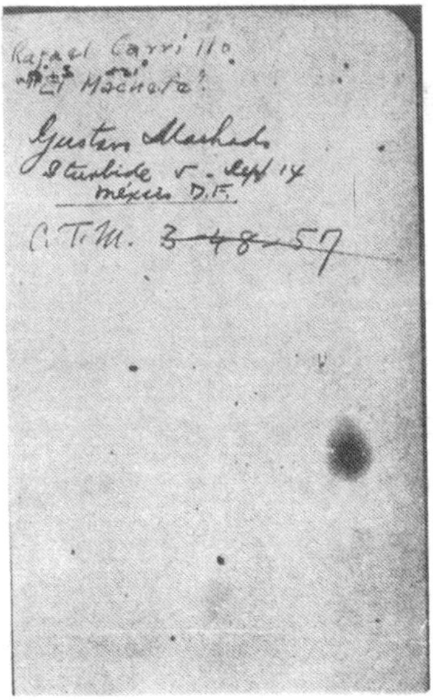

10-133

第十册〔注译〕

1937.8.4~1937.9.16

旧金山·墨西哥

10—001

第 1 至 2 行：旧金山　8 月 4 日

10—005

第 9 至 12 行：中国基督教青年会地址

加利福尼亚大学

10—006

末 4 行：米尔德丽德·N.奥杜邦地址

10—008

第 1 至 6 行：8 月 4 日　旧金山下午 1 时　到达；2 时　致公堂；4 时　加利福尼亚大学；6 时　基督教青年会；7 时

晚餐

第 8 行：8 月 5 日　上午 10 时记者招待会

第 11 行：下午 3 时　5 新闻

末 3 行：下午 1 时　杨夫人新闻，记录，联盟的愿望，检查者，公报发表

10—009

第 1 至 3 行：8 月 6 日　下午 2 时　42 号码头；上午 11 时日本新闻社记者；下午 5 时半　42 号码头

末 1 行：上午 10 时　青年会等待

10—010

（钟点略）

8 月 12 日　女青年会；8 月 8 日　大中华戏院；8 月 17 日　华盛顿街 2370

8 月 19 日晚　汤普森

8 月 9 日　汤姆森　基督教青年会

8 月 10 日　反战讨论

8 月 11 日　海运业

8 月 12 日　中国学生

8 月 13 日　中国学生聚会

8 月 16 日　国际楼　专业午餐长滩工人

8 月 12 日　伯克利

8 月 14 日　教育协会

8 月 20 日　反法西斯

8 月 15 日　中国学生;裕安公司

10—011

第1行：8月4日　下午7时晚餐

倒数第5至6行：杨夫人地址

末1行：下午8时　长滩

10—012

第1至9行：8月5日　记者招待会

1. 中国人的团结

2. 日本继续进逼

3. 门户开放政策的终止

4. 中国政府必须服从人民的意志，人民的意志是抗战

倒数第3至4行：乔治·希契科克

西方工人

10—018

第4至7行：阿尔·卡彭阿尔卡特拉斯岛　原芝加哥著名歹徒和犯罪集团首脑

10—019

第1至6行：8月7日　墨西哥领事馆地址

佩德罗·勒特齐匹尔——阿丰里尔先生

马里泰书店地址

第8行：远东　面条

第9行外文：宴会

10—022

末4行：马林·洛克　旧金山地址

10—023

第7行起：约瑟夫·王　11岁可爱的男孩

下午1时　汤姆森先生来青年会看我

奥德韦·桑德斯先生　上午9时前

末2行：①情节展开　②放映电影

10—024

梁拭尘　《中国青年》　旧金山地址及电话

陆璀地址

10—025

第7至9行：弗兰克·A.克拉伏《旧金山新闻》管理编辑

10—026

末1行：加利福尼亚瓦列霍城

10—027

末2行：20日　马瑟大厅地址

10—029

倒数第7行：圣玛丽学校

末5行：协和学校地址 400学生 9教师 美国天主教会

10—031

第3至6行：伊拉李 塔荷湖

为加利福尼亚杂志作中文文章

下午2时 加利福尼亚教授

第8至9行：下午8时 女青年会

8时半 裕安公司

末5行：郑启愚 加利福尼亚帕洛阿尔托地址

10—032

第1至7行：保罗·雷丁博士伯克利地址

诺里克·池田、玛丽等人签名

10—034

第5至10行：伊斯特曼·柯达克·斯多夫斯 地址

坎伯兰中学 地址

10—038

第4行：猴子工作

第5至9行：阿什黑里 17日下午6时半 星期四 B.C.王 伯克利地址

10—039

8月16日 上午11时赵先生

维克多·利希腾斯坦 旧金山地址

尤金比斯 地址

比维尔 地址

10—040

第1至6行：8月17日 艾麦·格鲁斯坦 地址 赫伯特·柯琴斯唐·加菲尔德

中国的太阳

10—041

第9至10行：8时 货栈仓库；8时半 招待会

10—042

L.弗兰克夫人、G.L.朗菲尔德夫人、E.塞普哈姆夫人、里汉德·弗兰克先生、约瑟夫夫人、萨姆等人签名、留址

10—043

威拉德·Z.帕尔莱

西北大学

埃文斯登 10月5日或13日可能演讲

10—044

末4行：K.A.肯尼迪纽约地址 10月9至15日在纽约

10—045

第 3 至 5 行：万国工人会　星期六　下午 8 时

8 月 21 日　格兰特街 725 号

余外文：德露丝夫人等签名、留址

10—046

8 月 21 日　上午 10~12 时　中华学校

多恩·M.蔡斯等人签名、留址

10—048

第 1 至 6 行：阚（音）士俊签名、留址

第 7 行起：调查渔业公司记，其中外文：十多个罐头厂　阿拉斯加多斯伯罐头厂最大

10—049

末 6 行：万国工人会 2,000 分会 100,000 会员

保罗·奥尔　万国工人会主任　旧金山地址

10—051

第 2 至 4 行：斯卡特礼仪堂地点、乘车线

第 7 行起：调查餐馆侍者工会记：1921 年建立，1934 年整个餐馆侍者重新组织，斯伯里·鲍尔多斯被杀后，更加壮大。1936 年经 99 天不流血的罢工取得胜利。3600 会员，为太平洋沿岸的领导力量

10—057

第 2 至 6 行：洛杉矶致公堂黄家煖先生　在五年内花费 1,372.29 美元　告诉纽约

第 7 行起：盖洛普：印第安人保留地　从埃尔巴索到盖洛普路经地　英里数　共 432 英里

10—061、062

去墨西哥旅行路线

梅里达飞到墨西哥城

霍奇米柯　星期日；查普尔特帕克；圣胡安　泰奥地瓦根；托卢卡、圣安琪尔、厄尔得锡尔到得罗斯、雷翁；普埃布拉，从墨西哥去 3 小时；乔比拉；瓜达卢佩；格尔纳瓦卡；塔斯科（格尔罗山）；阿卡普尔科（从塔斯科去 7 小时）；帕兹库卢（从墨西哥去 280 英里）；乌尔纳彭；瓜达拉哈拉　圣佩德罗　埃尔萨托，两次沦陷；玛兹特雷；台宛太白地狭（人间天堂）；拉雷多、蒙特雷、弗拉克鲁斯；瓦哈卡阿尔班山：米尔泰（文化遗址）的圣玛丽亚　圆周 160 英尺　阿米卡麦卡，距墨西哥城 40 英里

10—067

末 2 行：晚 11 时　到墨西哥奇

瓦瓦，寓皇宫饭店

10—068

奇瓦瓦又名周城　华侨签名、留址

10—071

第1至3行：10　给美国

10　墨西哥

1.75元　给中国

10—073

1. 公布条约　2. 墨西哥人的偏见　3. 日本人愿意帮助墨西哥　4. 400人中半数无工作　5. 墨西哥人失业靠救济　7. 美国人雇用中国厨师　8. 4年前，3个中国人被杀，5个墨西哥人逃跑　9. 同大使馆谈：在墨西哥住的期限

10—075

第1至4行：前总统　普鲁塔科·伊里亚·卡列　儿子反华

10—077

第1至11行：8月29日　《墨西哥史前期》　从加利福尼亚西部　从亚洲　人种学　原始玛雅人　从挪威来

埃尔巴索　19小时　到托雷

10—078

5至7行：仙人掌500品种　金枪鱼　仙人掌类一品名

末2行：索莎·赫尔曼

拍照　斗牛

10—080

阿达旅馆　地址

行李托运到墨西哥

赵先生通讯处

关崇毅　墨西哥地址

10—081

8月31日　弗兰西斯科·佐迪加　东方社会学研究所

10—082

卡他·勃兰卡

霍奇米科　离墨西哥城20英里　墨西哥的威尼斯花卉和蔬菜　美丽的景色

9月8日　星期三　中国人民之墨友委员会　晚8时阿姆斯特丹路

今晚见阿尔贝兰，拟定中国人民之墨友

又见《民族》主笔马丁内斯

10—083

9月1日　米盖尔·勃斯托斯·塞尔塞多

上午9时　教（见之笔误）《民众》主笔　公共教育部2楼

下午6时　在旅馆会见记者

10—084

第1至7行：9月2日　库卡·加西亚先生

上午10时　妇女民众阵线及地址

咖啡馆　林阴散步道

12至14行：尤卡坦

一年内

10—085

第5行起：瑞弗吉奥·加西亚先生　墨西哥地址

库卡·加西亚　地址

中国公使馆何怀远及通讯地址

10—086

第1至4行：中国总领事张天元　墨西哥地址

10—088

9月3日

米盖尔·塞尔塞多　地址

马里奥·格罗尔斯　教育图书馆

10—089至093

第7行起：墨西哥妇女　革命前：封建制的法规　①初夜权　②妇女儿童是首领的财产③进步妇女与妇女大众联合斗争　④1907年妇女参加纺织业的罢工斗争　⑤1910年妇女在城镇与战场斗争

女英雄：多明哥的约瑟法·奥迪兹、里奥娜·维卡里奥

一个世纪前，有许多无名女英雄

1913年　卡拉加：妇女斗争到1917年　与男子一样参加工会活动进步妇女

革命后：①1917年宪法（第）27和（第）23条，土地只为寡妇和家族妇女领袖所有，仍要为一切妇女的权利而斗争。②第23条给工人以组织工会的权利，资本家拒绝给妇女这种权利，仍在为争取产假而斗争。③纺织业男女工人有同等权利，但其他工业部门没有。④两类妇女：向后看的、进步的。⑤外国帝国主义：石油、矿、土地，妇女联合起来斗争。⑥反对英、美帝国主义。⑦1923年英美争夺墨西哥的石油。他们要求墨西哥政府做的事遭到拒绝　油井被封闭，去委内瑞拉，失业。⑧最好的办法不是靠理想的政府，只要资本家存在，女工总是被剥削者。⑨阶级觉悟：妇女所有、妇女所治、妇女所享。⑩妇女联合阵线。⑪200。……⑫一夫一妻。⑬承认私生子。⑭未满18岁不得结婚。⑮卫生部允许妓女存在，应通过议案防止纳妾。⑯政府官员　政府部长　无妇女议员，也应通过议案解决。⑰种族歧视。⑱60,000人中有4,000纯印第安人

10—094

第 1 至 3 行：贡沙·帕拉西奥地址

末 4 行外文：辛那罗亚莠草

索诺拉

10—095

第 7 行：格鲁塔饭店

第 12 行：图特瓦登（墨西哥古城）

末 3 行：劳瑞和米勒先生

多列斯咖啡馆　下午 8 时

干特　9 月 16 日

10—097

第 1 至 3 行：9 月 6 日　诺德·格里格　挪威人　劳瑞先生的朋友

10—098

第 7 行起：上午 10 时

朗巴多·托莱达诺

赫雷拉　教师　逝世

民族先锋队 100，8 月 31 日 30 工人出席

社会民主党　中产阶级的联盟　民族青年取代了“金衫”

旁注：今天葬礼　C 和 M 起来保卫，20 人受伤，50 法西斯分子被捕，教育工作者联合会 70,000

10—099

第 6 至 11 行外文：坦比古；明加里；美里达；辛那罗亚；奇斯；奇瓦瓦

10—100

末 4 行：55,000 铁路工人　余为人名及地址

10—101 至 103

人名及地址

10—104

第 1 至 3 行：9 月 10 日　下午 8 时　工人大会

10—106

第 2 至 4 行：早上或晚间妇女阵线　下午　华侨

余为墨西哥友人签名、留址

10—107

莫路尔·Z.戈麦兹教授地址

10—108

第 1 至 8 行：9 月 13 日　重达图特瓦登

阿尔伯丁诺·康斯坦丁诺女士地址

10—109

末两行：L 上午回来

下午8时　帕拉西·贝拉斯

余为友人签名留址

10—112

末行：7时半　墨西哥共产党建党18周年

10—113

劳瑞的朋友　埃德盖尔·里克沃德先生　伦敦地址

约翰·索默菲尔德　地址同上现在西班牙

9月15日　墨西哥127周年独立纪念

10—114

第4至9行：70　洗衣馆；300咖啡馆；2,000男性成年人；1,600与墨西哥妇女生活；1,600×3=4,800小孩

10—115

第1至4行：团结友好联盟

地址

10—118、119

“农神”塞迪罗

农业部长　圣路易斯波托西

20,000　和私人军队　8架飞机

2辆重型坦克，4辆轻型坦克，14架快速商用飞机　50万比索的税款来自美国石油公司

军事学校

8月2日　国防部证实　3日起诉

总统发电报要求停止起诉

参议员反对左派　总统的秘书支持左派

秘书被罢职　总统下令塞迪罗辞职，他拒绝　总统说给予警告停发工资　不久，一些德国军官、参谋长、德军上校

10—126

洛杉矶友人诺拉·赫勒格里等4人；加拿大友人林筱唐、中国友人董如川等通讯地址

10—127

墨西哥友人

查维斯·奥罗兹科先生　公共教育部

埃尔南多·拉合德先生

赫克托耳·佩雷斯·马丁内斯先生

隆巴尔多·托莱达罗先生

恩赖奎·顾特曼先生

李·曼纳·R.帕拉西奥斯先生公共教育部秘书

R.翁先生　圣路易斯波托西地址

10—128

第1至5行：B.Y.叶　埃尔帕索

地址

8时15分　明日

末2行：乔斯·里韦拉·阿尔贝恩

学生代表　方振武

10—129

第1至3行：陈翰笙先生纽约地址

末4行：达拉西奥斯先生

奥龙兹科先生

公共教育部秘书

10—130

旧金山友人

赫姆洛克小姐、欧弗朗小姐、唐小姐电话号码

10月6日　印第安纳大学　印第安纳州布卢明顿　鲁宾孙　哲学系　9时40至10时20

10月14日　迈阿密大学

上午10时　A.K.莫里斯　校长助理

10—132、133

奥托尼、帕拉西奥的办公室、赫伯托教授、奥罗兹科等人电话号码

衛備忘

第十一册

1937.9.17~1937.10.4

Mexico D.F.

11-001

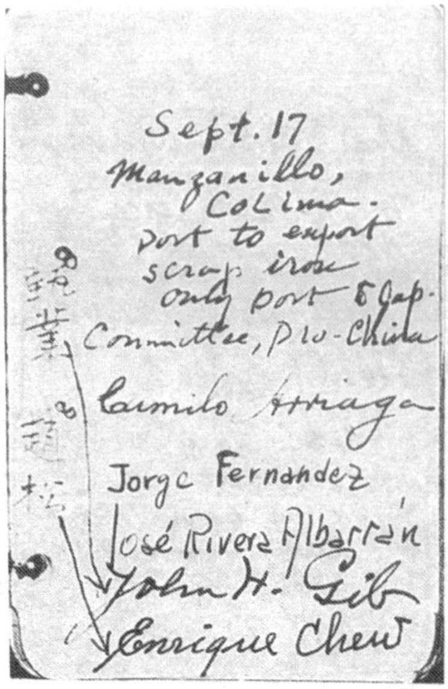
Sept. 17
Manzanillo,
Colima.
port to export
scrap iron
only port to Jap.
Committee, Pro-China
Camilo Arriaga
Jorge Fernandez
José Rivera Albarrán
John H. Gib
Enrique Chew

11-002

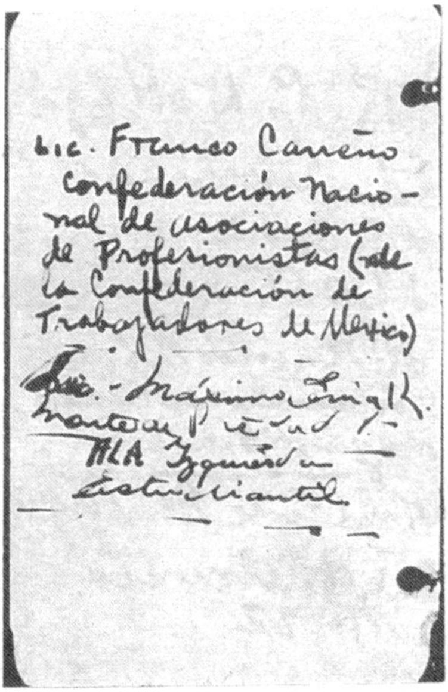
Lic. Franco Carreño
Confederación Nacio-
nal de Asociaciones
de Profesionistas (de
la Confederación de
Trabajadores de Mexico)

11-003

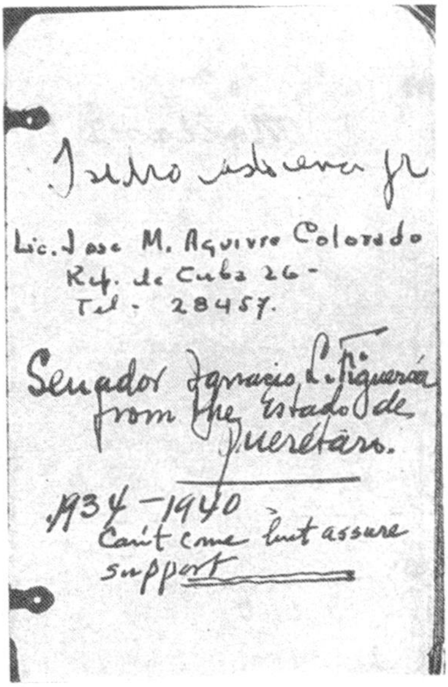
Lic. Jose M. Aguirre Colorado
Rep. de Cuba 26-
Tel. 28457.
Senador Ignacio L. Figueroa
from the Estado de
Querétaro.
1934-1940
Can't come but assure
support

11-004

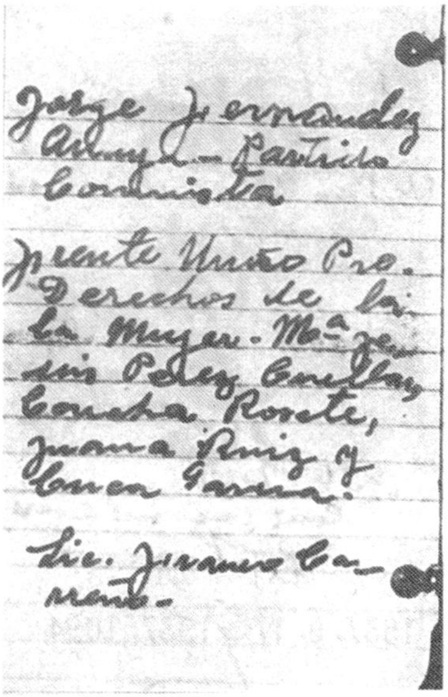
Jorge Fernandez
Anaya — Partido
Comunista

Frente Unico Pro.
Derechos de la
la Mujer. Mª Je-
sus Perez Cuellar,
Concha Rosete,
Juana Ruiz y
Carmen Garcia

Lic. Jimenez Ca-
rranza

11-005

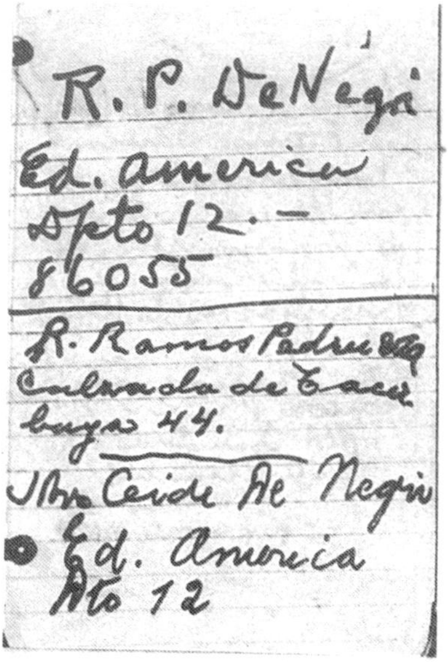
R. P. De Negri
Ed. America
Apto 12. —
86055

R. Ramos Pedrueza
Calzada de Tacu-
baya 44.

Sra Ceide De Negri
Ed. America
Apto 12

11-006

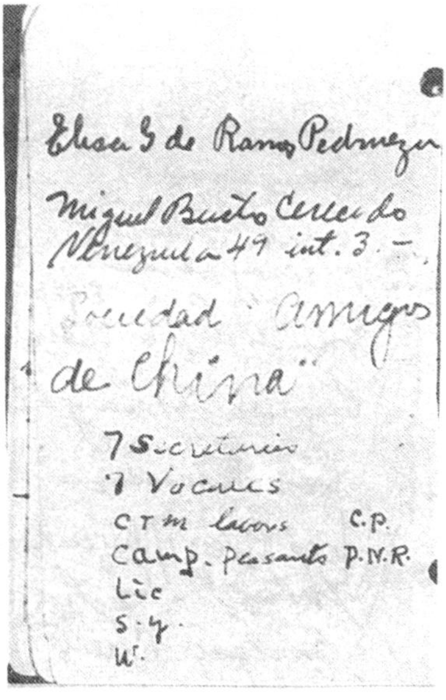
Elsa G de Ramos Pedrueza

Miguel Bustos Cerecedo
Venezuela 49 int. 3. —

Sociedad "Amigos
de China"

7 Secretarios
7 Vocales
CTM labors C.P.
Camp. peasants P.N.R.
Lic
S.Y.
W.

11-007

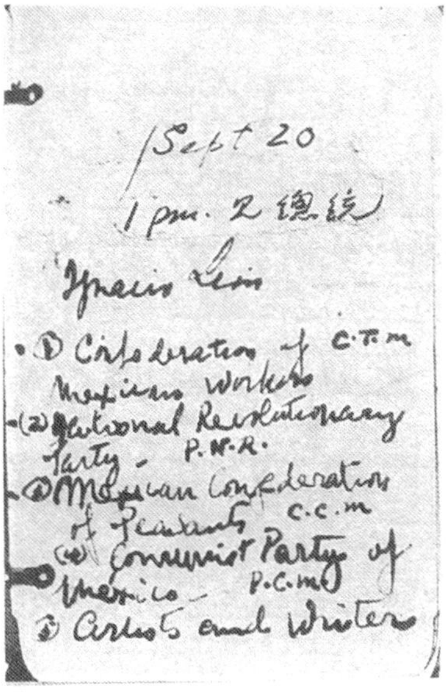
Sept 20

1 pm. 见總統

Ignacio Leon

(1) Confederation of C.T.M
Mexican workers
(2) National Revolutionary
Party — P.N.R.
(3) Mexican Confederation
of Peasants C.C.M
(4) Communist Party of
Mexico — P.C.M.
(5) Artists and Writers

11-008

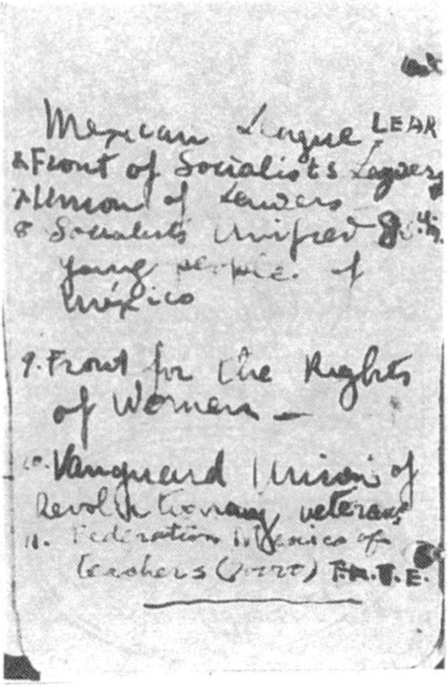

Mexican League LEAR
6 Front of Socialists Lawyers
7 Union of Lawyers
8 Socialists Unified Young people of México
9. Front for the Rights of Women —
10. Vanguard Union of Revolutionary veterans
11. Federation in Mexico of teachers (F.M.T.E.) F.M.T.E.

11-009

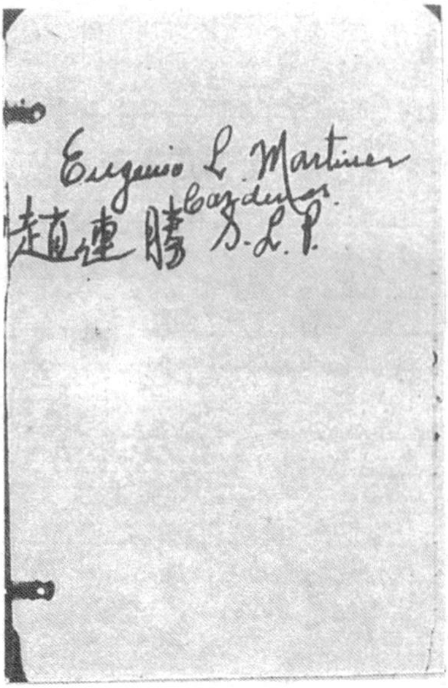

Eugenio L. Martinez Cardenas
趙連勝 S.L.P.

11-010

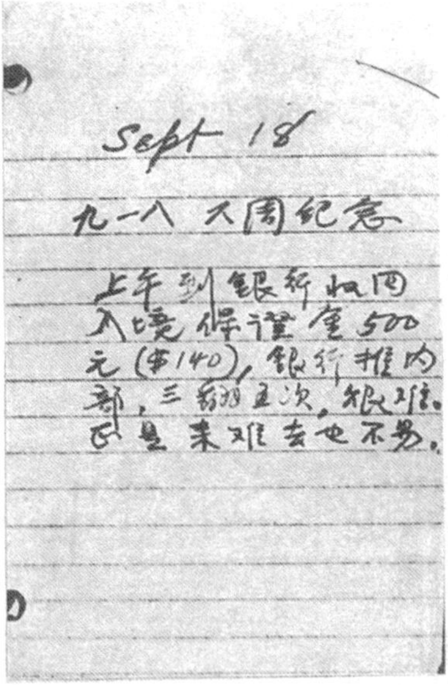

Sept 18

九一八 六周纪念

上午到銀行取回入境保證金500元（$140），銀行推内部，三翻五次，銀行難。已是来难去也不易。

11-011

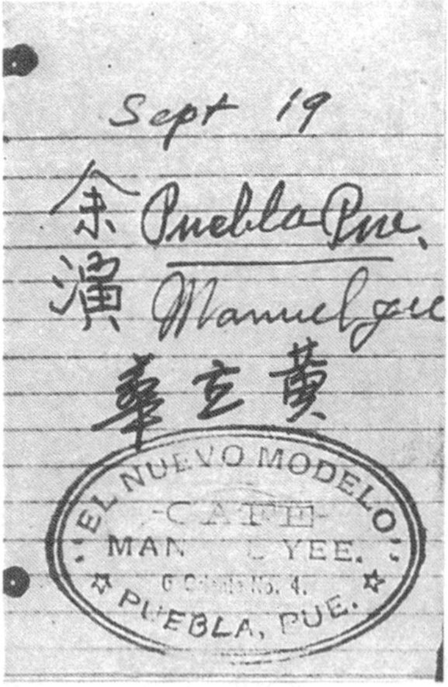

Sept 19

余濵 Puebla Pue.

Manuel Yee

華立黄

11-012

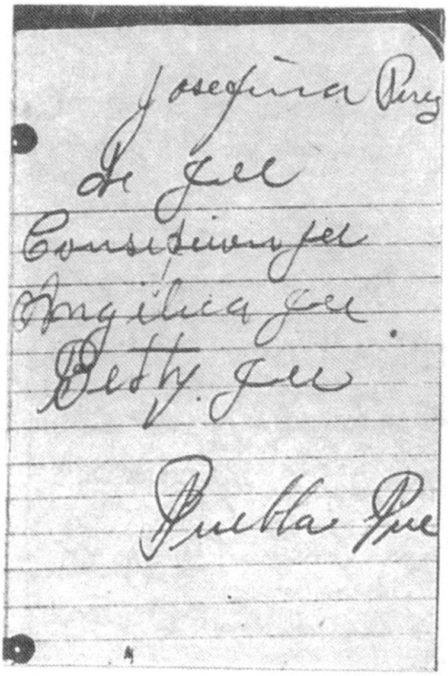

11-013

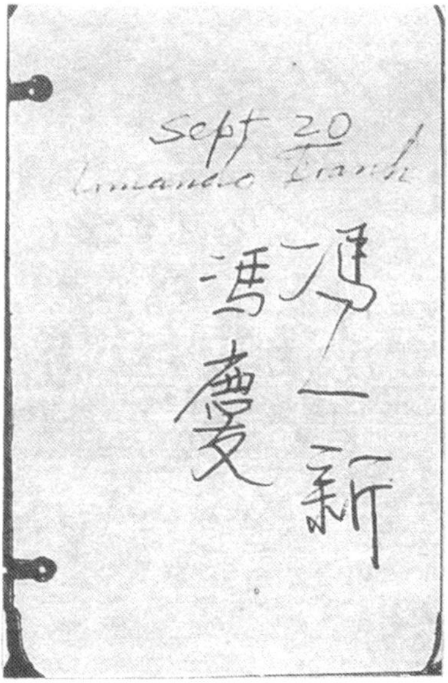

11-014

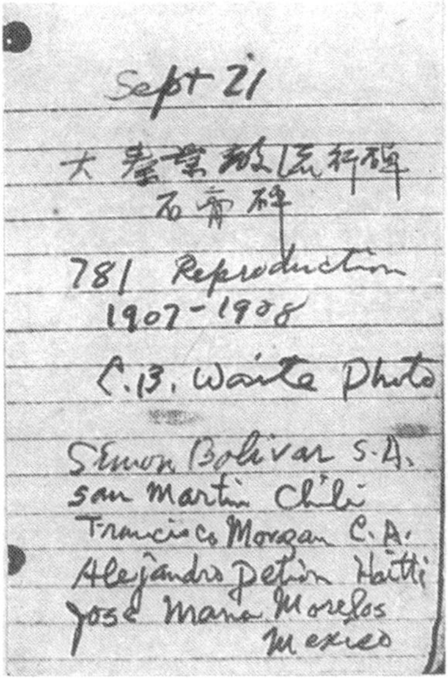

11-015

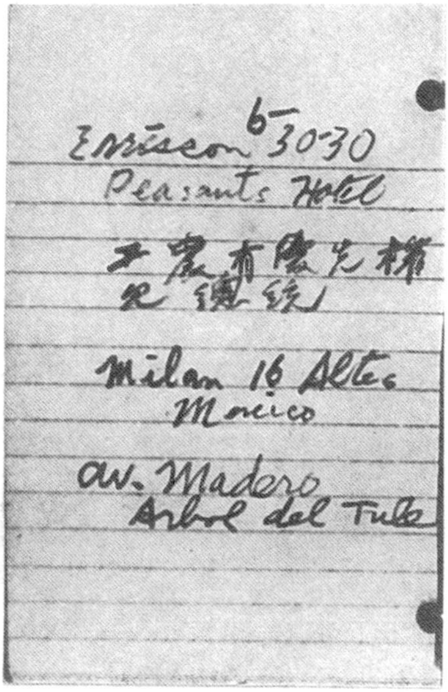

11-016

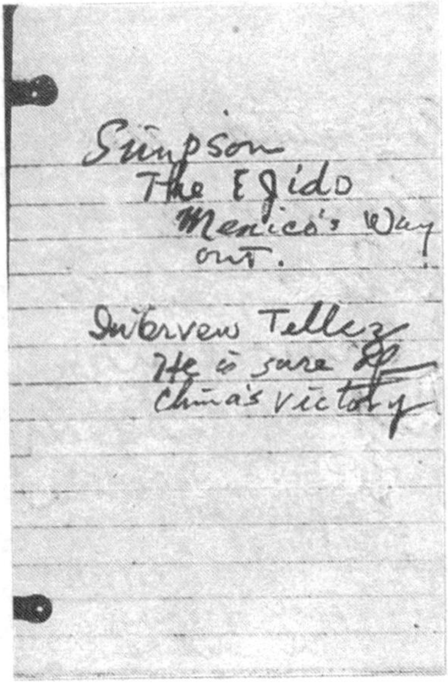
Simpson
The Ejido
Mexico's Way out.

Interview Tellez
He is sure of
China's victory

11-017

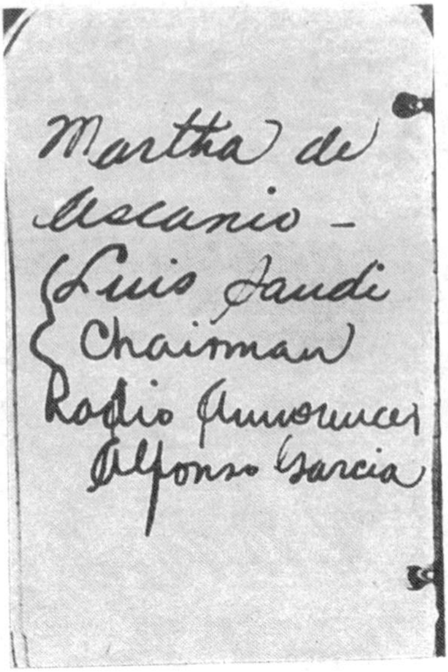
Martha de
Ascanio —
Luis Sandi
Chairman
Radio Announcer
Alfonso Garcia

11-018

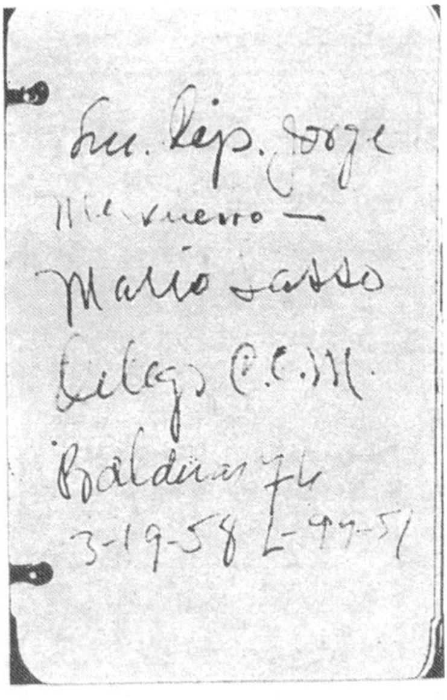
Sn. Rep. Jorge
Meneveo —
Mario Sasso
Oilcago C.C.M.
Baldivas 74
3-19-58 L-44-51

11-019

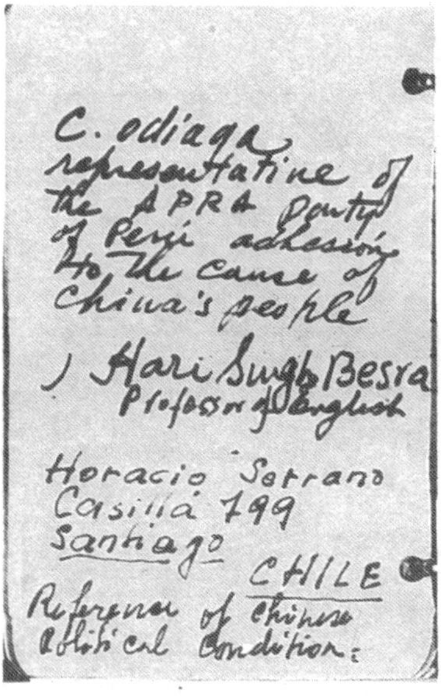
C. odiaga
representative of
the APRA party
of Perú adhesión
to the cause of
China's people

Hari Singh Besra
Professor of English

Horacio Serrano
Casilla 799
Santiago
CHILE
Reference of Chinese
Political Condition:

11-020

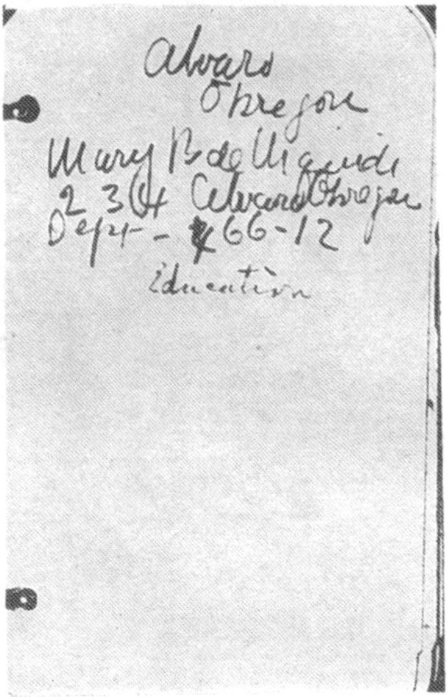
alvaro
Obregon
Dept - 66-12
Education

11-021

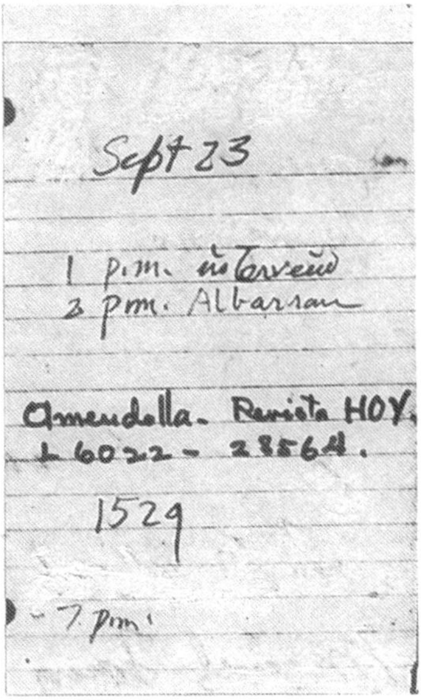
Sept 23
1 p.m. interview
3 pm. Albarran
Amendolla - Revista HOY.
L 6022 - 28564.
1529
7 pm.

11-022

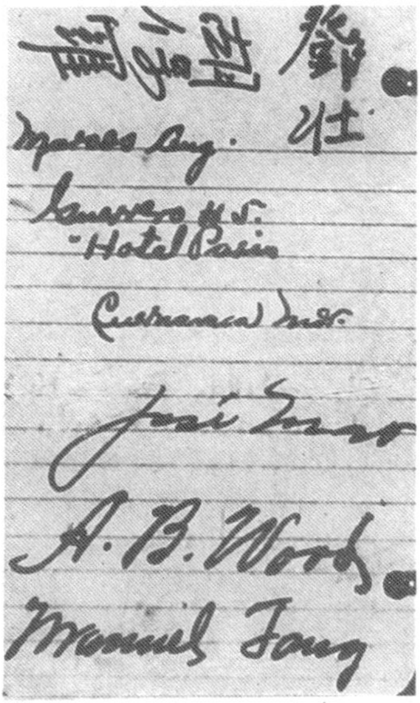
Hotel Paris
Cuernavaca
A. B. Wood

11-023

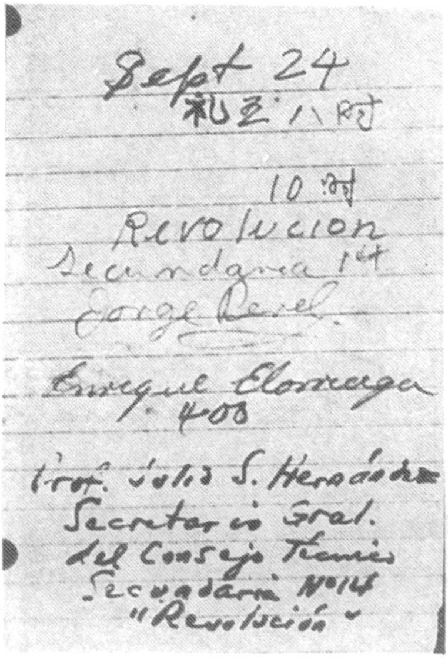
Sept 24
礼五 八时
10 时
Revolucion
Secundaria 14
400
Prof. Julio S. Hernández
Secretario Gral.
del Consejo Técnico
Secundaria No14
"Revolución"

11-024

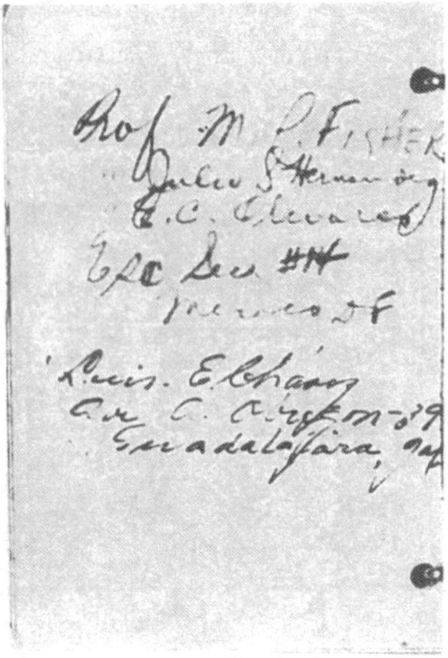

11-025

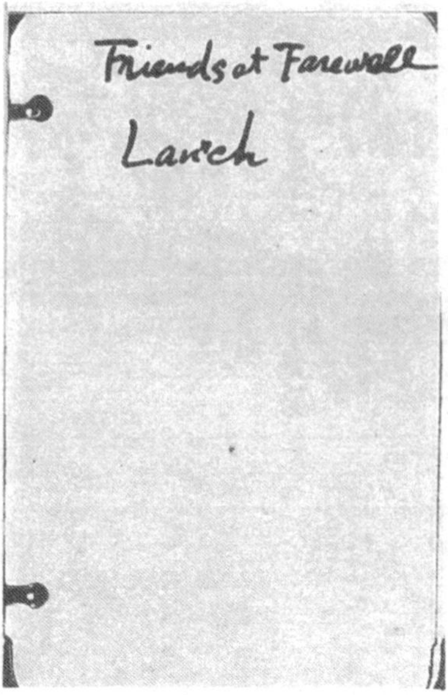

11-026

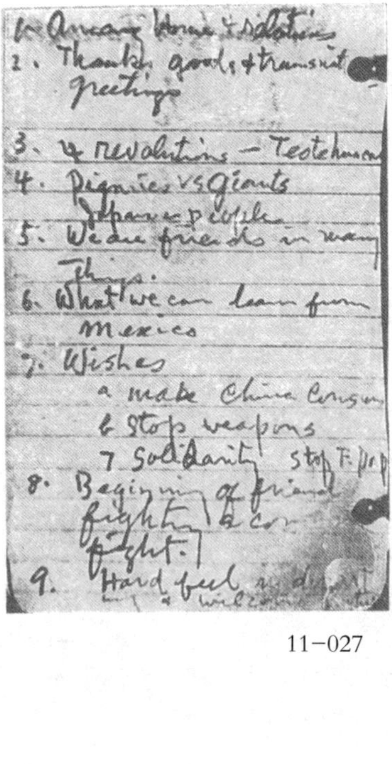

11-027

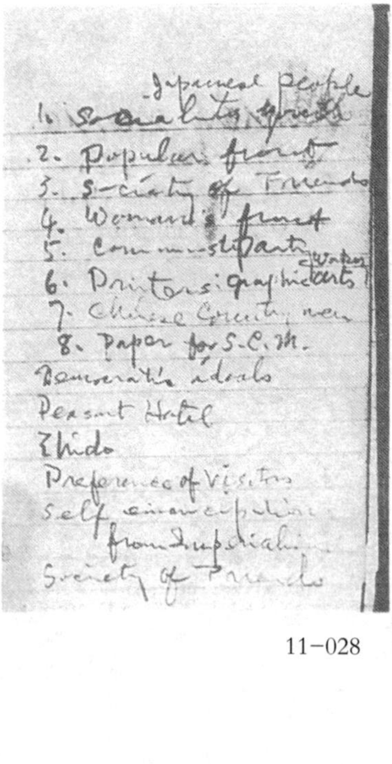

11-028

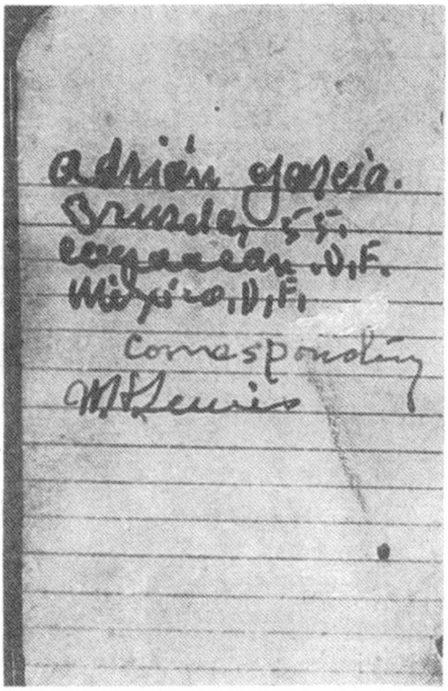

11-029

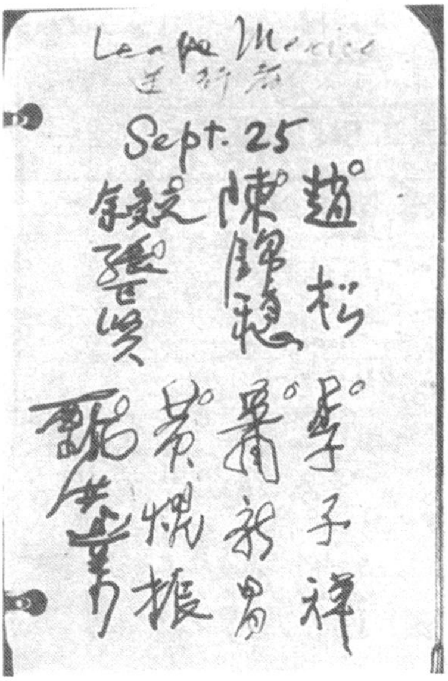

11-030

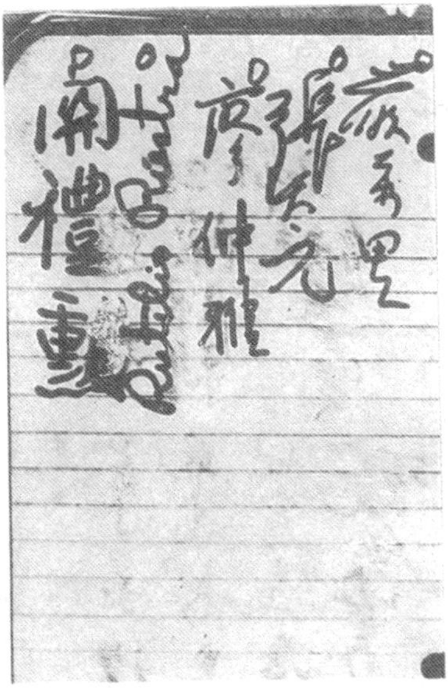

11-031

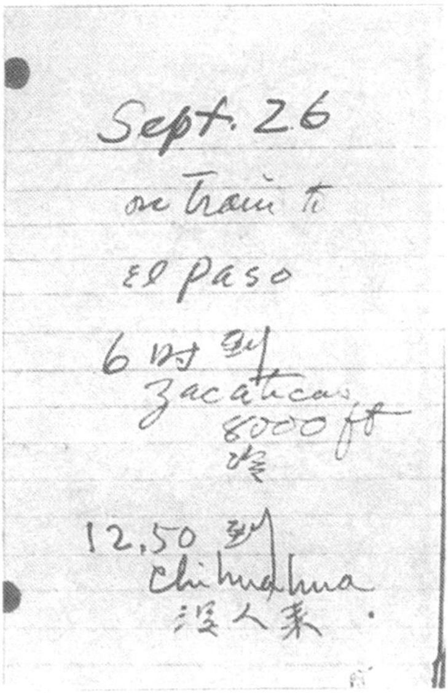

11-032

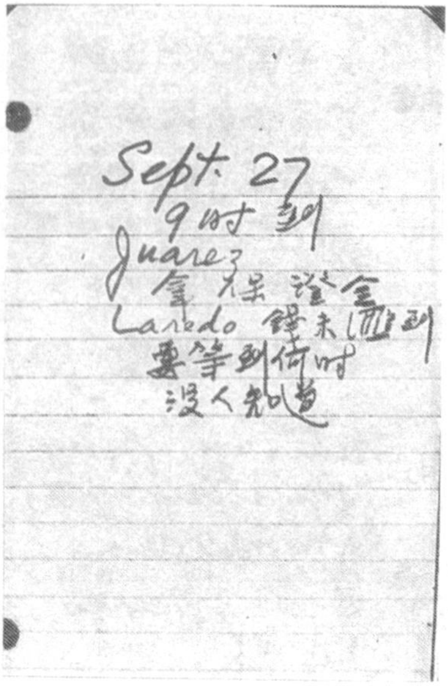

Sept. 27
9时到
Juarez
拿保證金
Larado 銀未匯到
要等到何时
没人知道

11-033

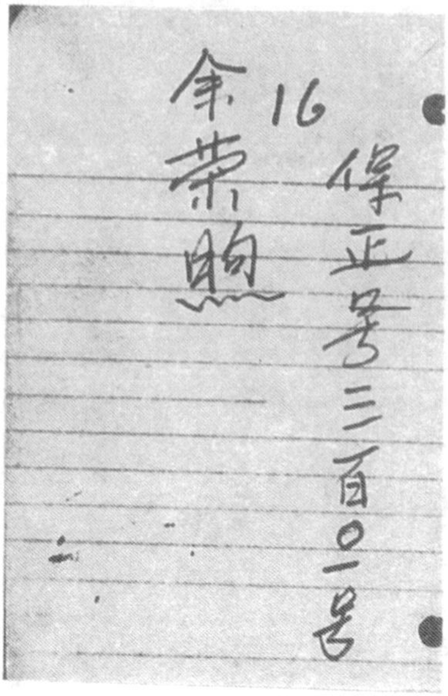

16
余荣煦
保正号三百〇号

11-034

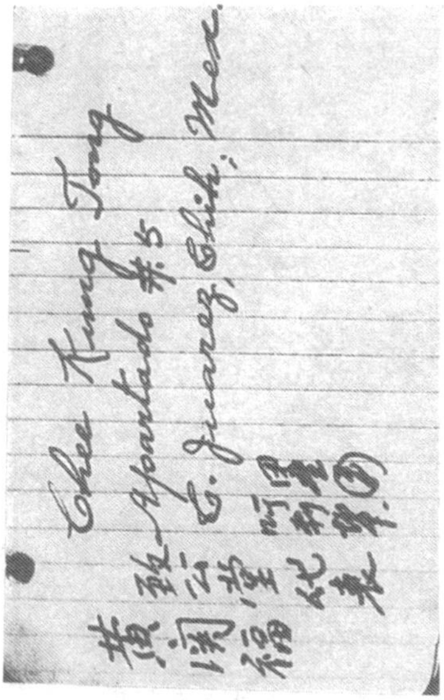

Chee Kung Tong
Apartado #5
C. Juarez, Chih; Mex.
墨國呵利市致公堂
黃開福

11-035

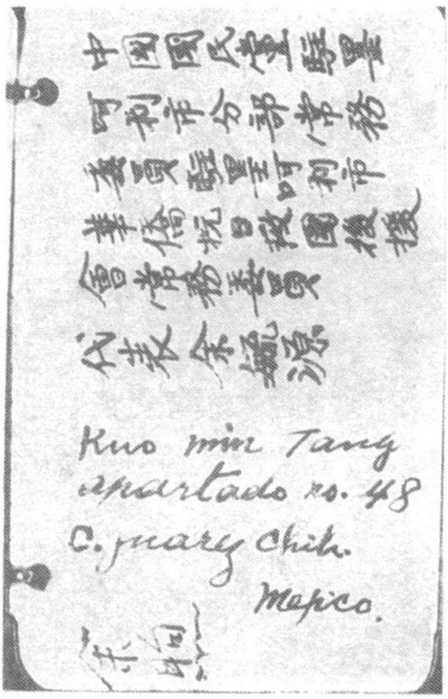

中國國民黨駐墨呵利市分部常務委員兼駐墨呵利市華僑抗日救國總會常務委員代表余鑑源

Kuo min Tang
apartado no. 48
C. Juarez Chih.
Mexico.

11-036

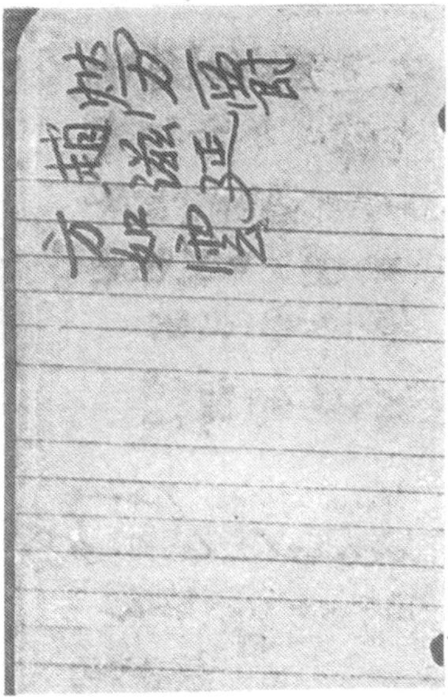

11-037

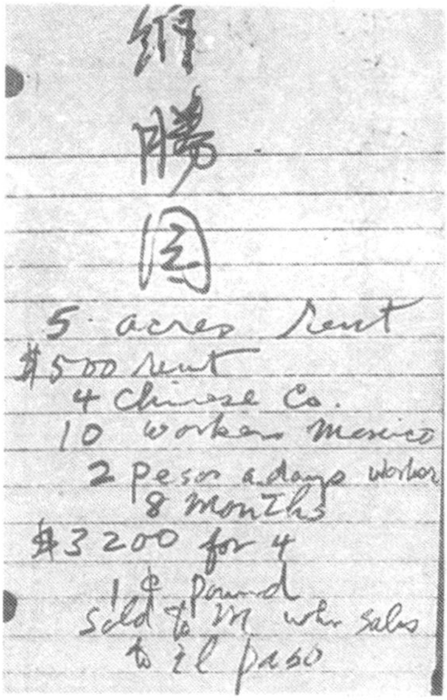

11-038

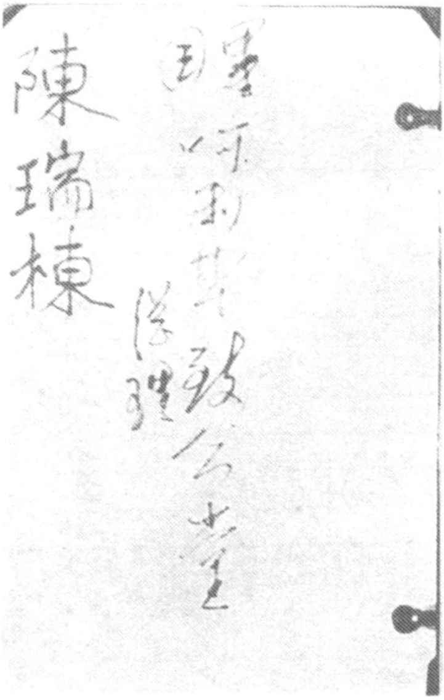

11-039

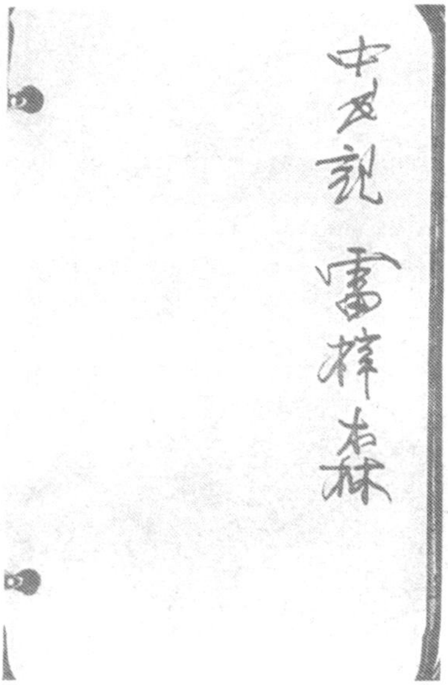

11-040

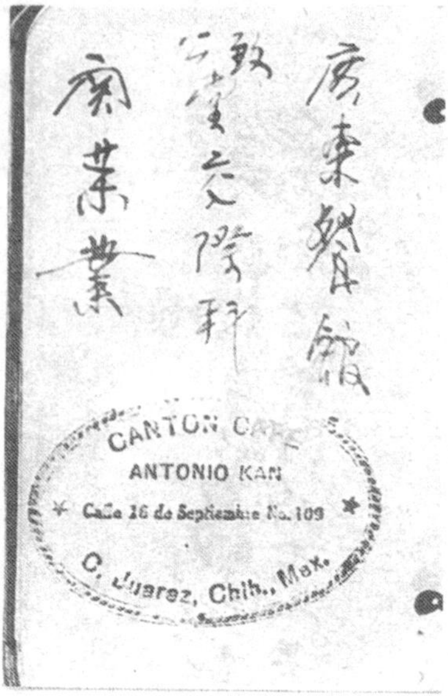

11-041

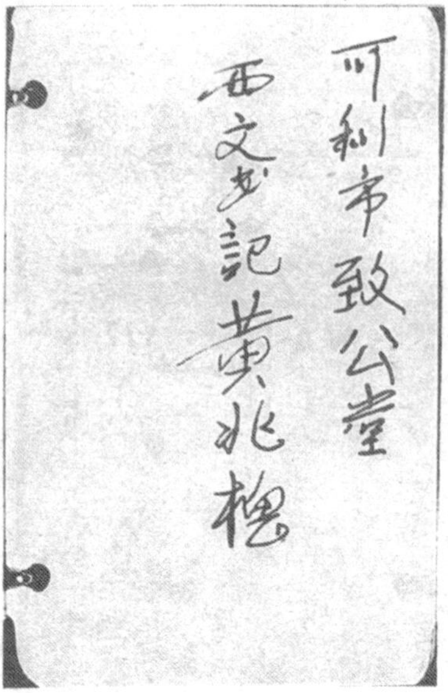

11-042

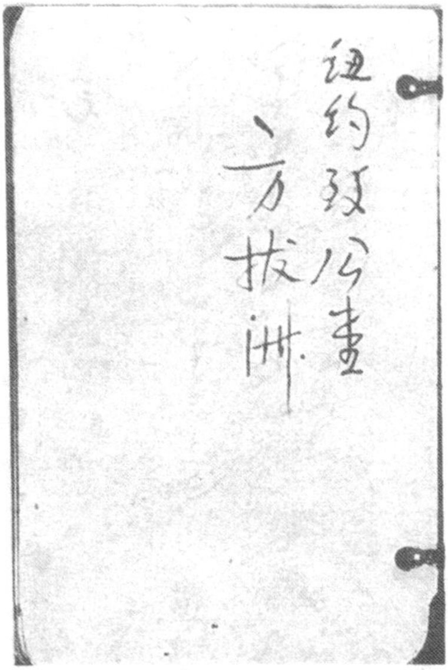

11-043

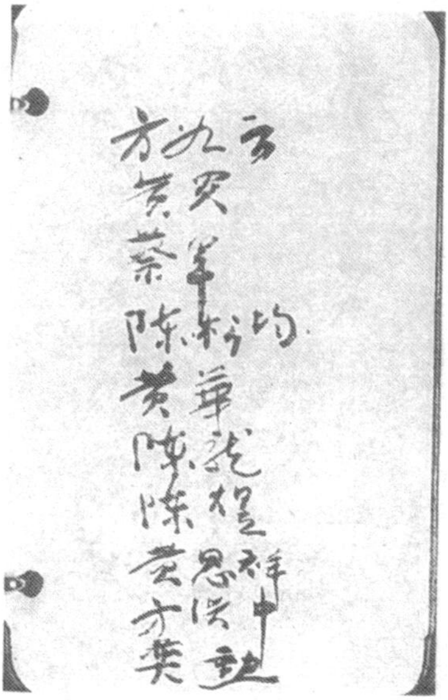

11-044

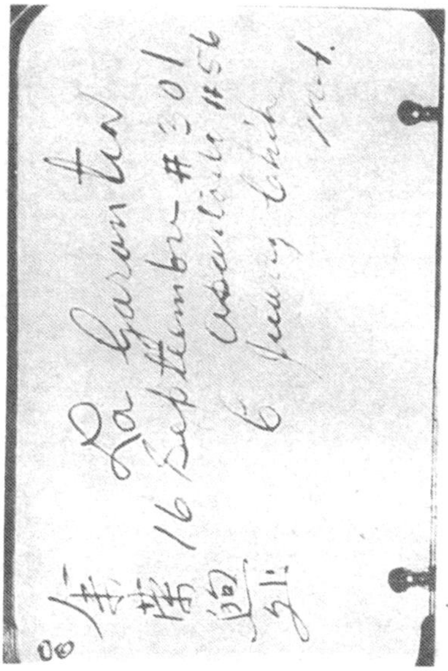

11-045

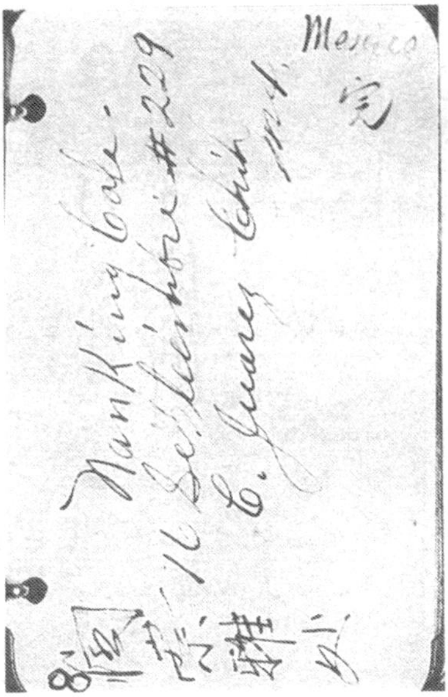

11-046

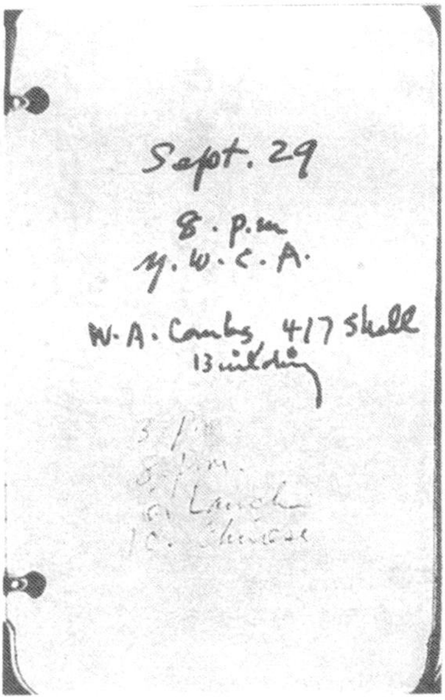
Sept. 29
8. p.m
Y.W.C.A.
W.A. Combs, 417 Shell
Building

11-047

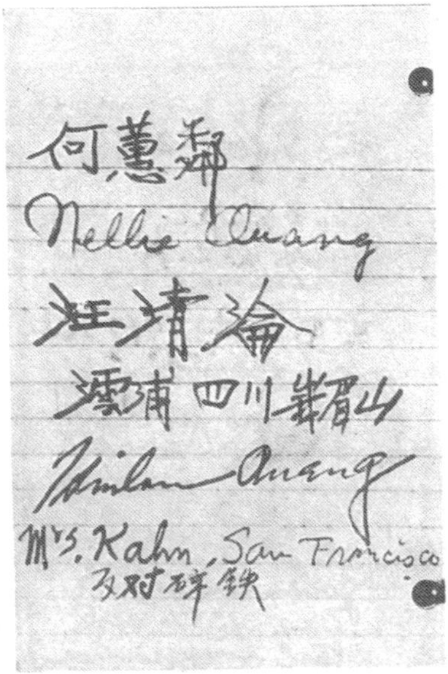
Nellie Quang
四川
Mrs. Kahn, San Francisco
反对碎铁

11-048

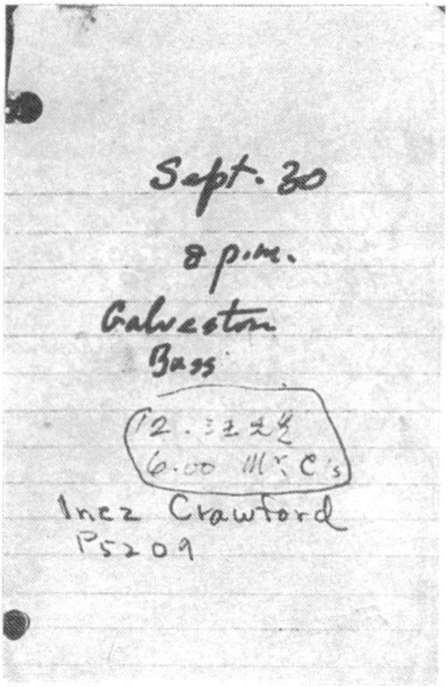

11-049

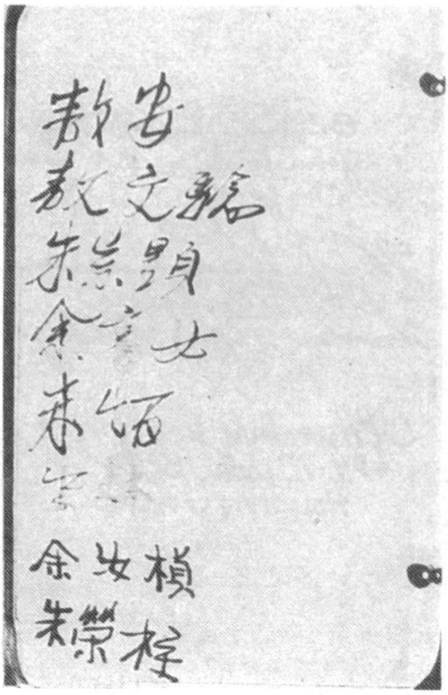

11-050

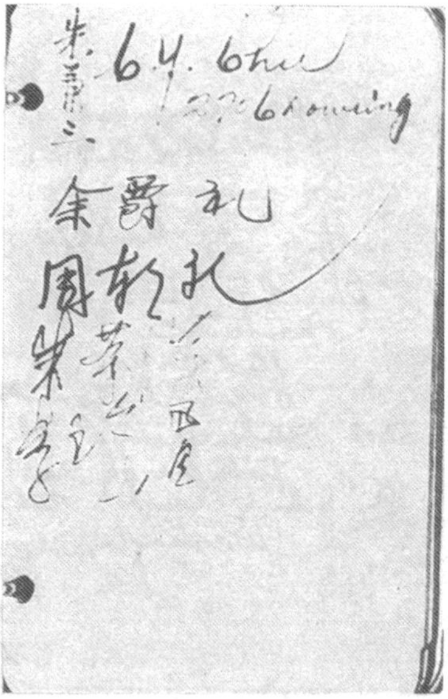

11-051

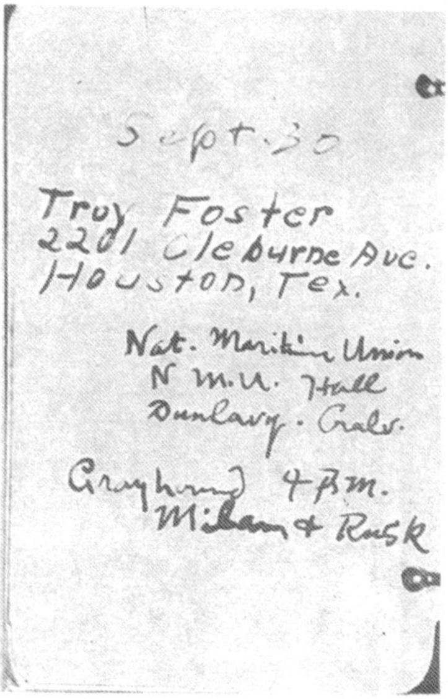

11-052

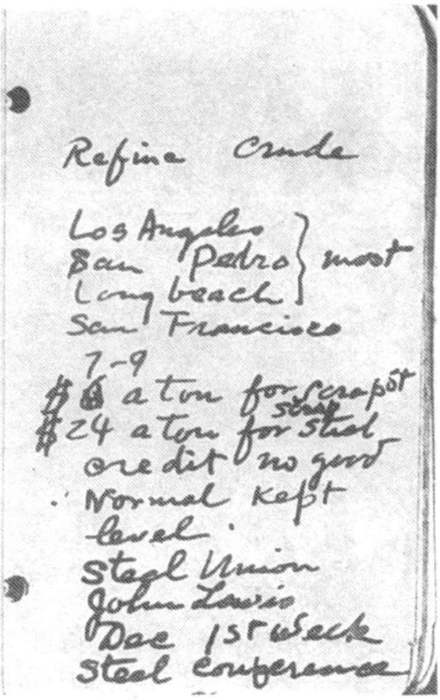
Refine Crude

Los Angeles
San Pedro } most
Long beach
San Francisco
7-9
$8 a ton for scrap
$24 a ton for steel
credit no good
Normal kept
level.
Steel Union
John Lewis
Dec 1st week
steel conference

11-053

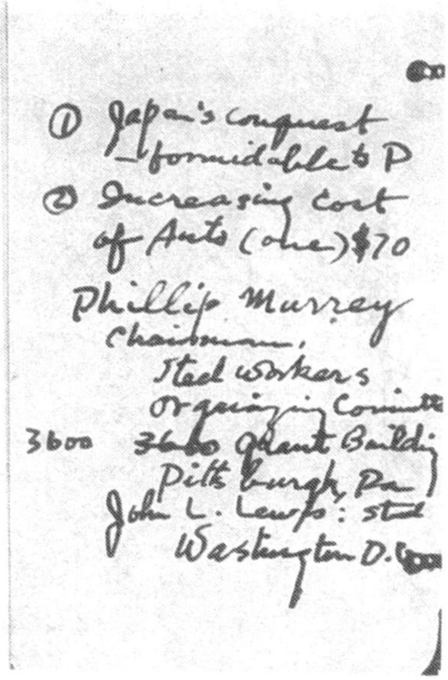
① Japan's conquest
formidable to P
② Increasing cost
of Auto (one) $70
Phillip Murrey
Chairman,
Steel workers
Organizing Committ
3600 3600 Grant Building
Pittsburgh, Pa
John L. Lewis: steel
Washington D.C.

11-054

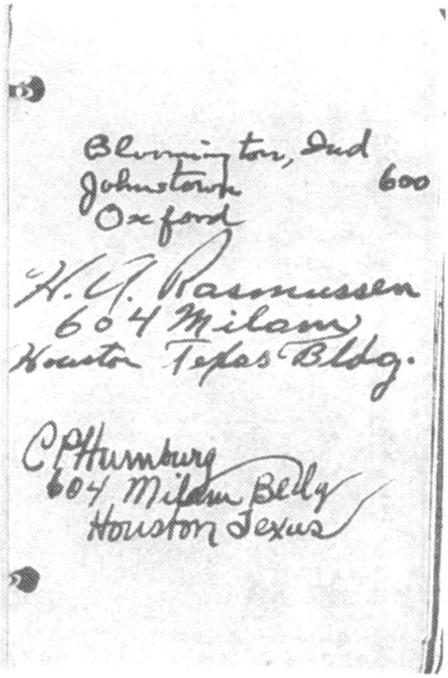
Bloomington, Ind
Johnstown 600
Oxford
H. A. Rasmussen
604 Milam
Houston Texas Bldg.
C. P. Humburg
604 Milam Bldg
Houston Texas

11-055

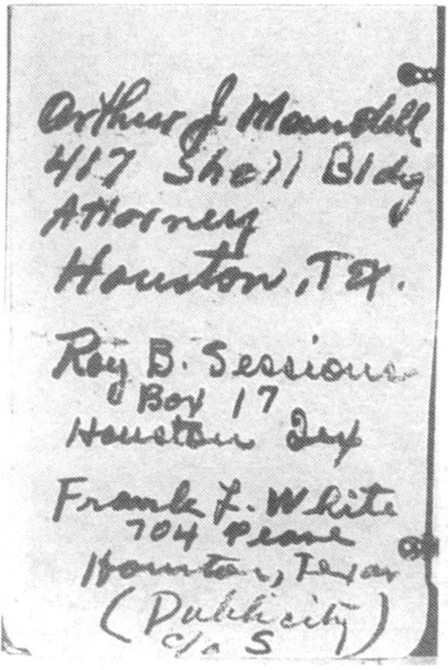
Arthur J. Mandell
417 Shell Bldg
Attorney
Houston, Tex.
Roy B. Sessions
Box 17
Houston Tex
Frank L. White
704 Pearce
Houston, Texas
(Publicity)
c/o S

11-056

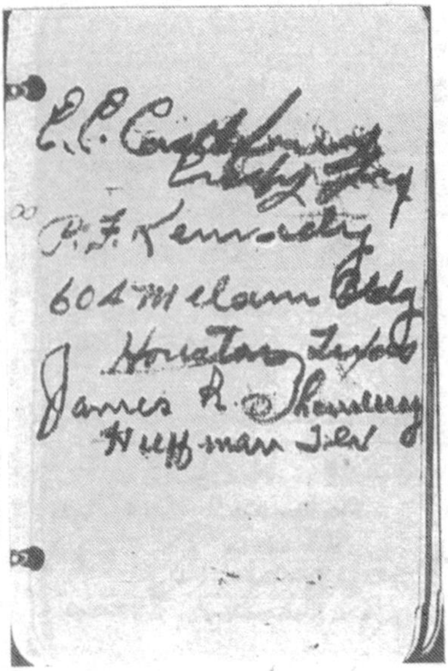
[illegible]
P. F. Kennedy
604 Melam Bldg
Houston Texas
James R. [illegible]
Huffman Tex

11－057

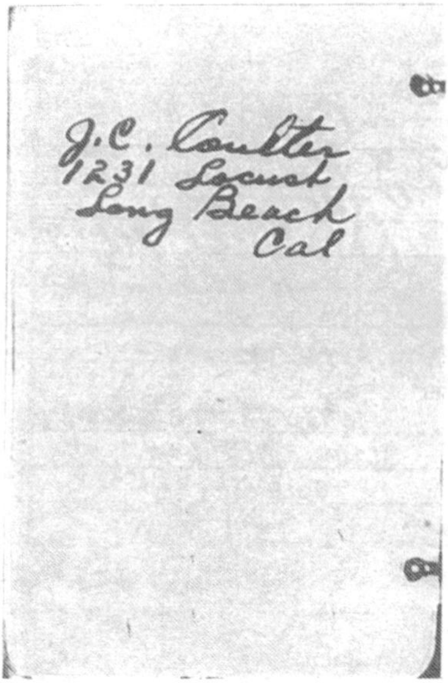
J. C. Coulter
1231 Locust
Long Beach
Cal

11－058

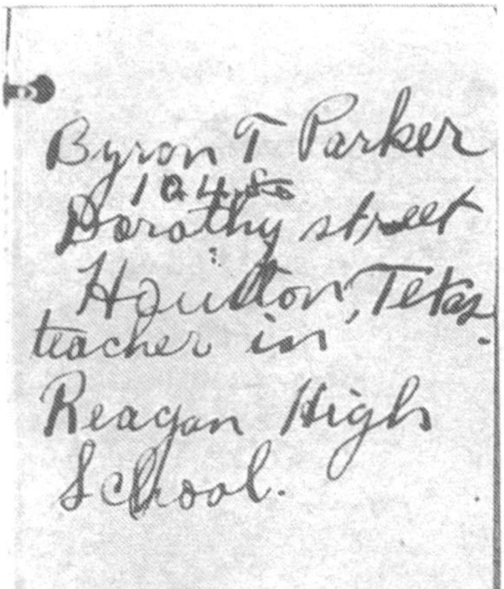
Byron T Parker
104[illegible]
Dorothy street
Houston, Texas
teacher in
Reagan High
School.

11－059

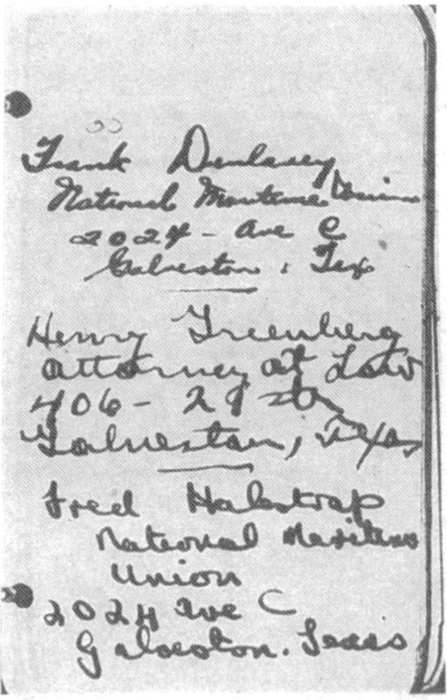
Frank [illegible]
National Maritime Union
2024 - ave C
Galveston, Tex
Henry Greenberg
attorney at Law
406 - 21 st
Galveston, Texas
Fred [illegible]
National Maritime
Union
2024 ave C
Galveston. Texas

11－060

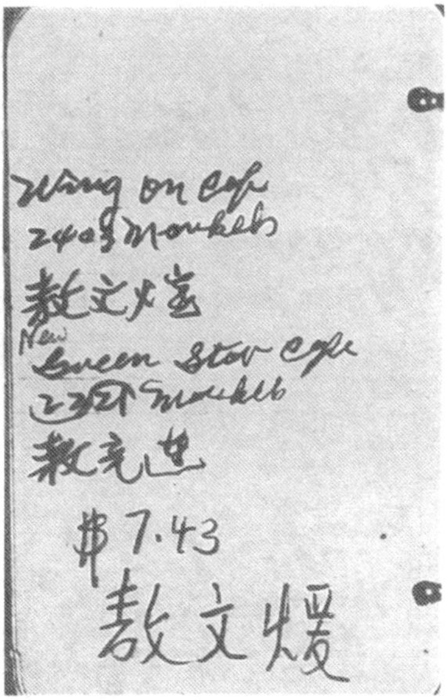
Wing On Cafe
2403 Market St
黎文炫
New Green Star Cafe
2321 Market St
黎元进
$7.43
黎文煖

11-061

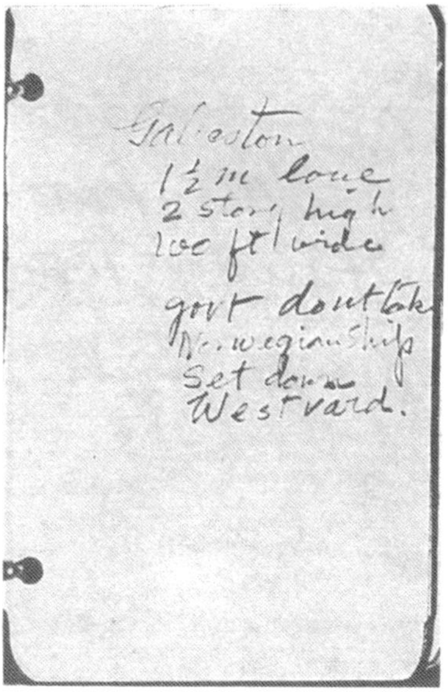
Galveston
1½ m long
2 story high
100 ft wide
govt don't take
Norwegian ships
set down
Westward.

11-062

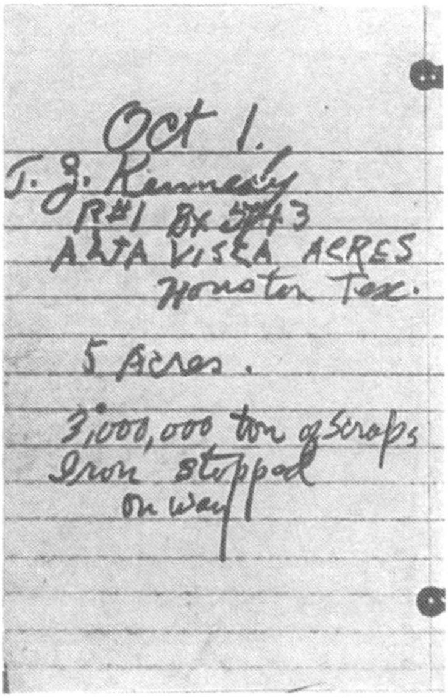
Oct 1.
T. J. Kennedy
R#1 Bx 543
ALTA VISTA ACRES
Houston Tex.
5 Acres.
3,000,000 ton of scraps
Iron stopped
on way

11-063

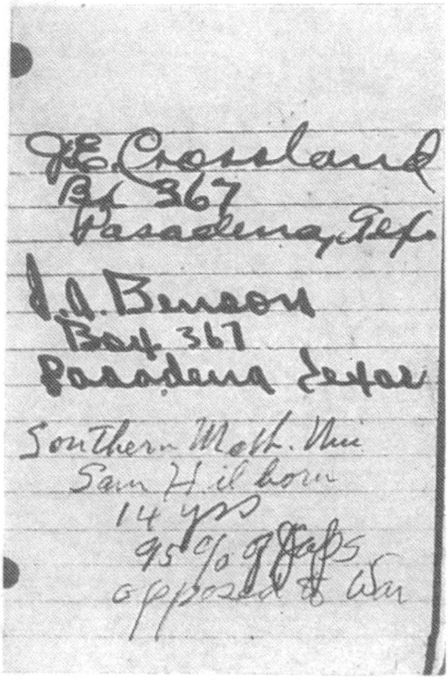
J.E. Crossland
Box 367
Pasadena, Tex.
J. A. Benson
Box 367
Pasadena Texas
Southern Meth. Univ
Sam Hilborn
14 yrs
95% of Japs
opposed to War

11-064

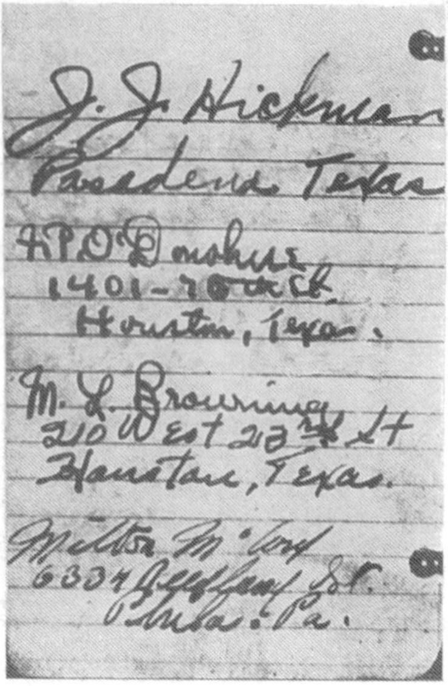

11-065

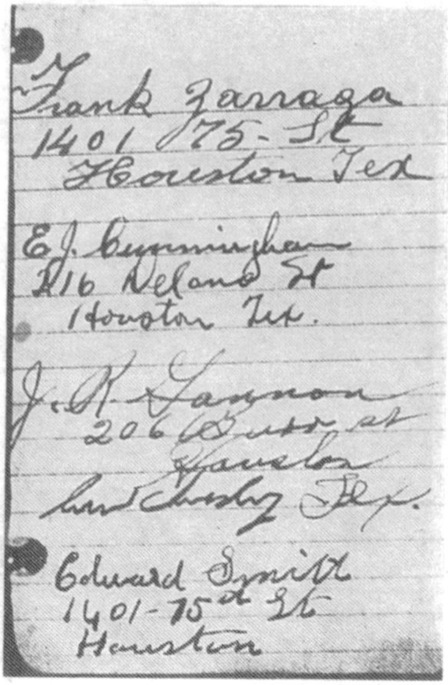

11-066

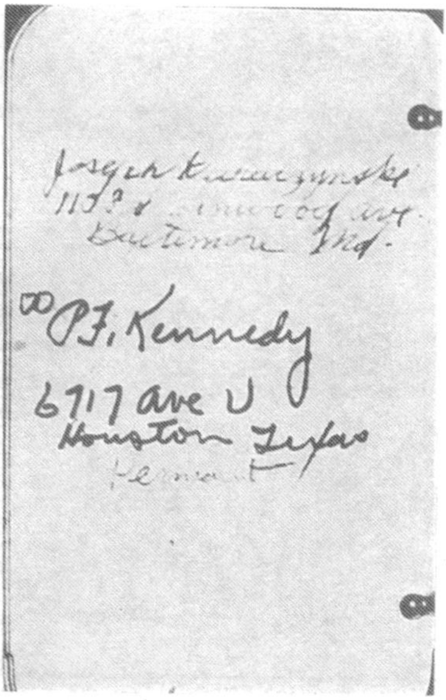

11-067

11-068

Sept 30
Miss Roberta Mittag
535 Arlington St
Miss Earline Pinick
830 East 24th St
Dorothy Hauptman
1323 Omar
Marjorie Nixion
511 W. 17 St.

11-069

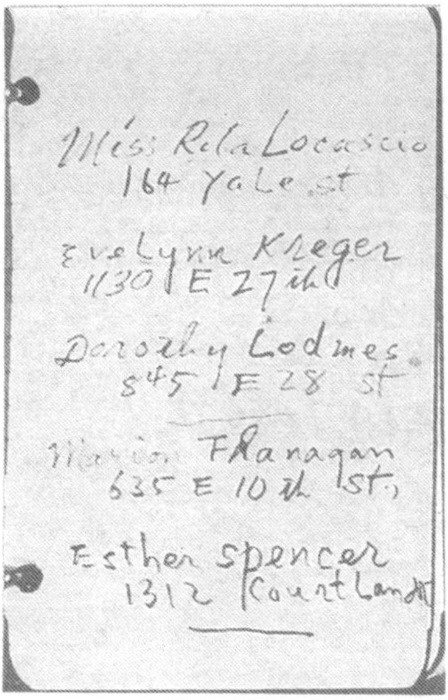
Miss Rita Locascio
164 Yale St
Evelynn Kreger
1130 E 27th
Dorothy Lodmes
845 E 28 St
Marion Flanagan
635 E 10th St.
Esther Spencer
1312 Courtland

11-070

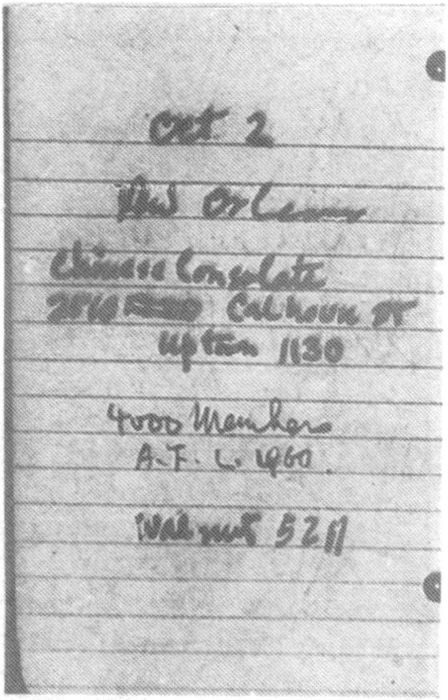
Oct 2
New Orleans
Chinese Consulate
2810 Calhoun St
Upton 1130
4000 Members
A.F.L. 1960
Walnut 5211

11-071

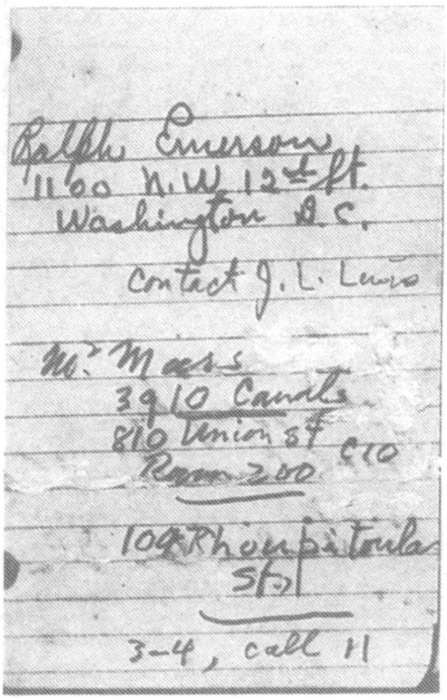
Ralph Emerson
1100 N.W. 12th St.
Washington D.C.
Contact J. L. Lewis
Mr Moss
3910 Canal St
810 Union St CIO
Room 200
109 Tchoupitoulas St.
3-4, call 11

11-072

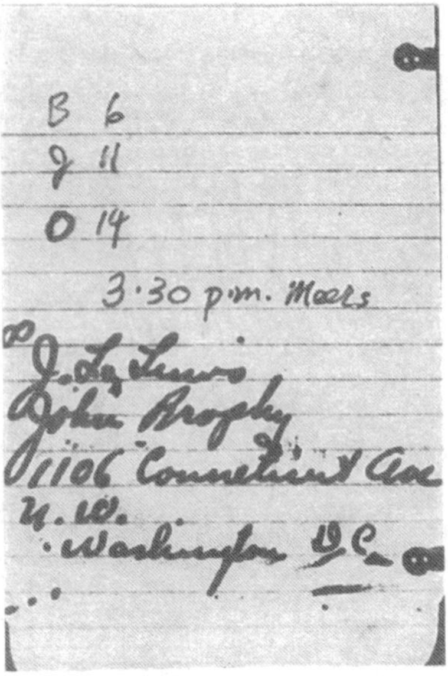

11-073

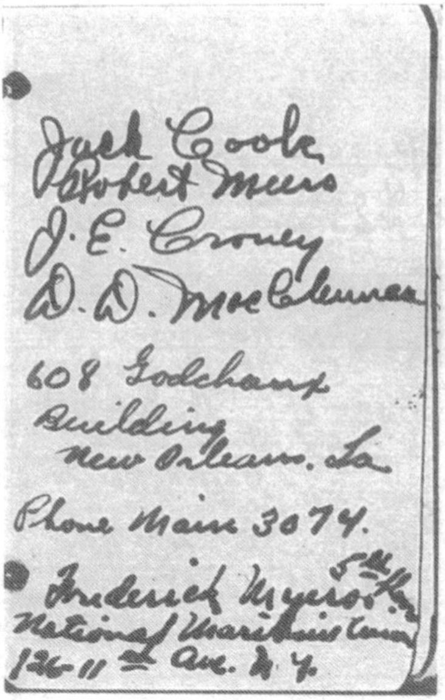

11-074

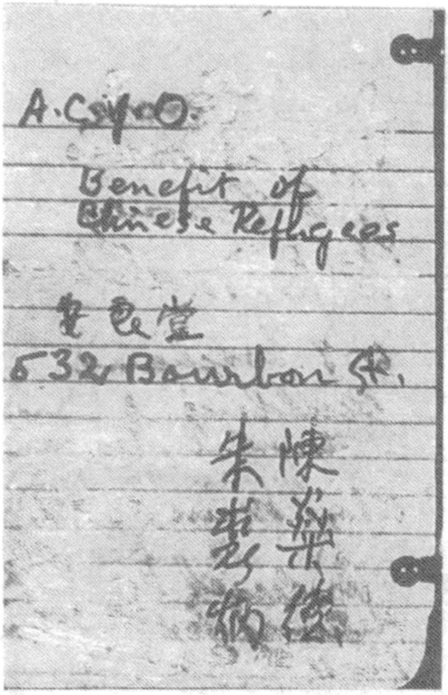

11-075

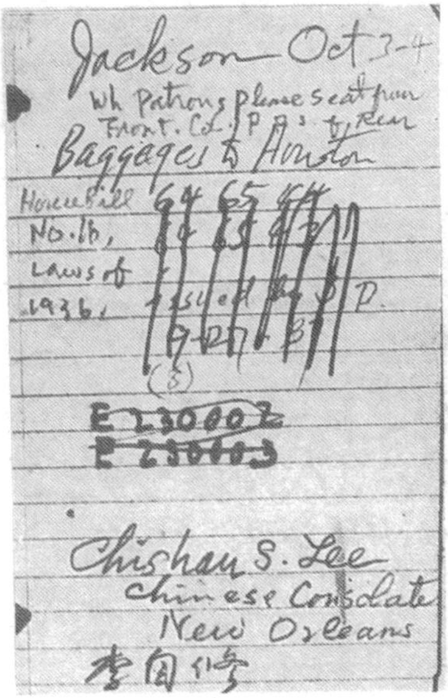

11-076

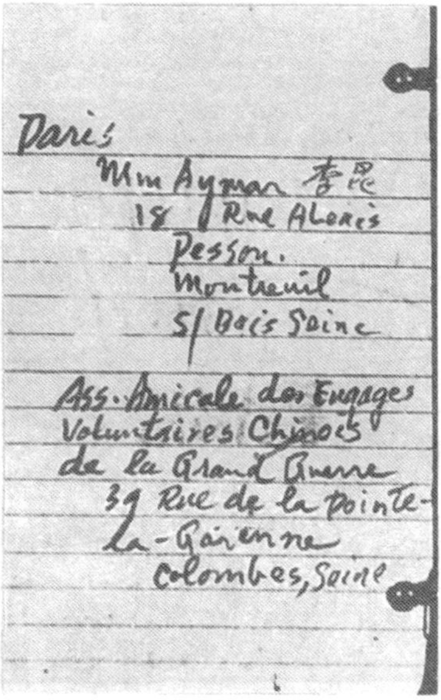

Paris
Mm Ayman 李昆
18 Rue Alexis
Pesson.
Montreuil
S/ Bois Seine

Ass. Amicale des Engages
Volontaires Chinois
de la Grande Guerre
39 Rue de la pointe-
la-Garenne
Colombes, Seine

11-077

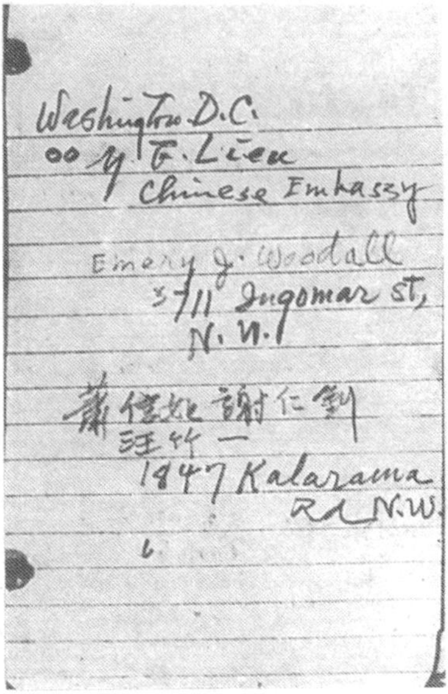

Washington D.C.
00 Y. T. Lieu
Chinese Embassy

Emery J. Woodall
3711 Ingomar St,
N. W.

萧信姐 谢仁钊
汪竹一
1847 Kalarama
Rd N.W.
6

11-078

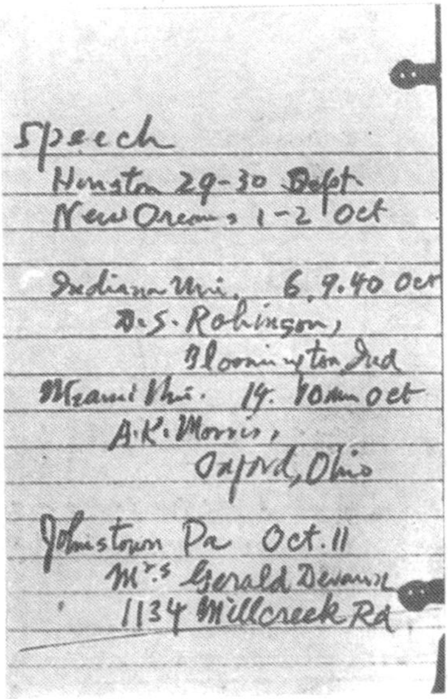

Speech
Houston 29-30 Sept
New Orleans 1-2 Oct

Indiana Uni. 6, 9.40 Oct
D.S. Robinson,
Bloomington Ind
Miami Uni. 14. 10am Oct
A.K. Morris,
Oxford, Ohio

Johnstown Pa Oct. 11
Mrs Gerald Devaux
1134 Millcreek Rd

11-079

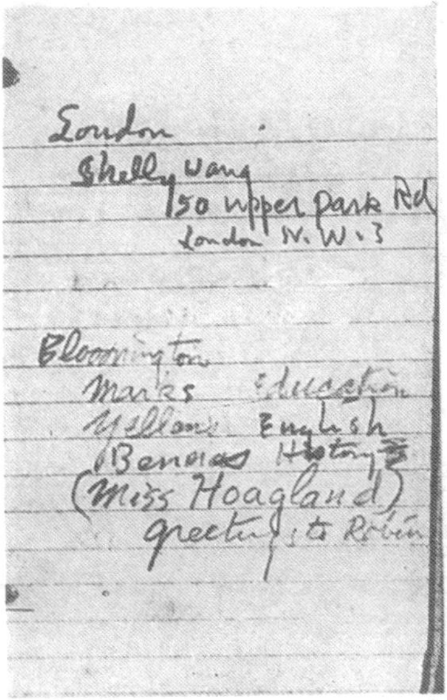

London
Shelly Wang
50 Upper Park Rd
London N.W.3

Bloomington
Marks Education
Williams English
Benns History 系
(Miss Hoagland)
greetings to Robin

11-080

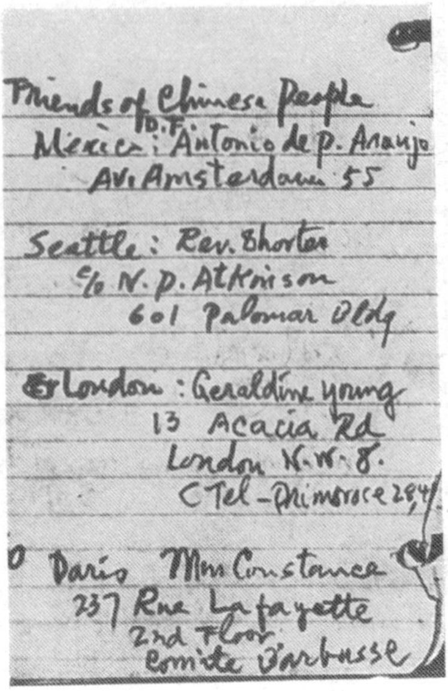
Friends of Chinese People
Mexico D.F.: Antonio de P. Araujo
Av. Amsterdam 55
Seattle: Rev. Shorter
c/o N.P. Atkinson
601 Palomar Bldg
London: Geraldine Young
13 Acacia Rd
London N.W. 8.
(Tel - Primrose 284)
Paris Mrs Constance
237 Rue Lafayette
2nd Floor
Comité Barbusse

11-081

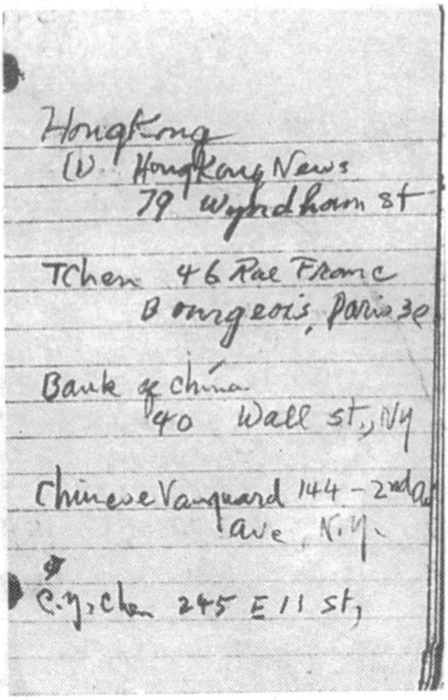
Hongkong
(1). Hongkong News
79 Wyndham st
T Chen 46 Rue Franc
Bourgeois, Paris 3e
Bank of China
40 Wall st, NY
Chinese Vanguard 144 - 2nd
ave, N.Y.
C.Y. Chen 245 E 11 st,

11-082

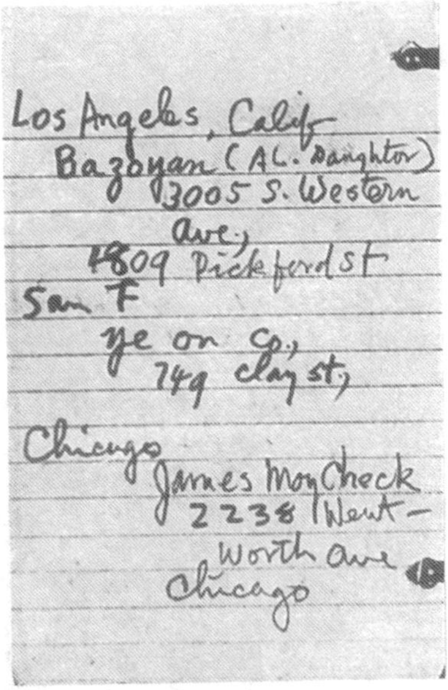
Los Angeles, Calif
Bazoyan (A.L. daughter)
3005 S. Western
ave,
4809 Pickford st
San F
Ye On Co.,
749 Clay st,
Chicago
James Moy Check
2238 Went-
worth ave
Chicago

11-083

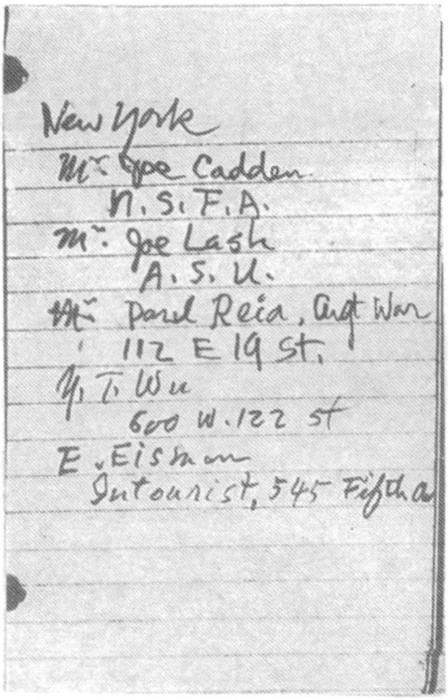
New York
Mr. Joe Cadden
N.S.F.A.
Mr. Joe Lash
A.S.U.
Mr. Paul Reid, Agst War
112 E 19 St.
Y.T. Wu
600 W. 122 st
E. Eisman
Intourist, 545 Fifth a

11-084

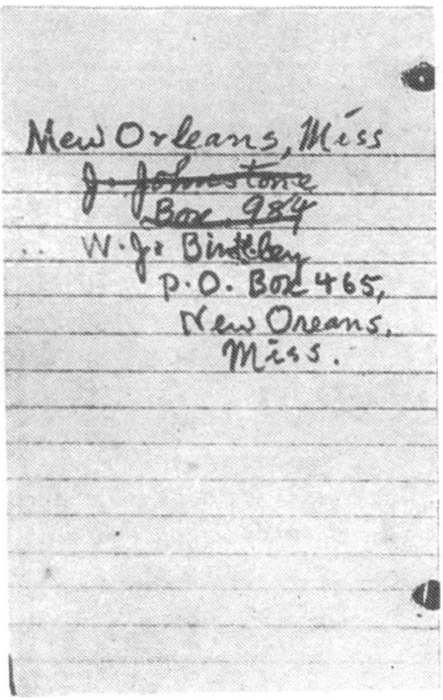
New Orleans, Miss
~~J. Johnstone~~
~~Box 984~~
W. J. Bintley
P.O. Box 465,
New Oreans,
Miss.

11-085

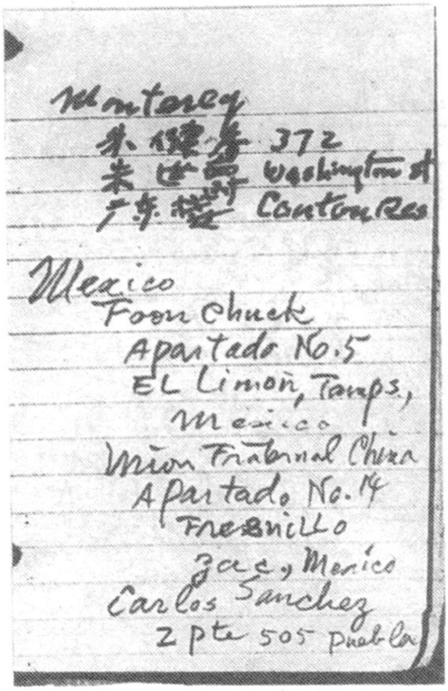
Monterey
朱傑秀 372
朱世荣 Washington st
广东楼 Canton Res

Mexico
Foon Chuck
Apartado No. 5
EL Limon, Tamps,
Mexico
Union Fraternal China
Apartado No. 14
Fresnillo
Zac, Mexico
Carlos Sanchez
2 Pte 505 Puebla

11-086

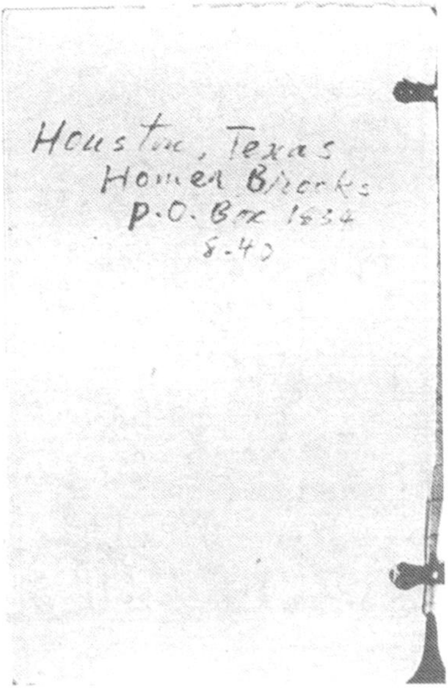
Houston, Texas
Homer Brooks
P.O. Box 1634
8-40

11-087

Associated Film Aud
250 W. 57th St
Room 1331

Dearborn Station
9:20 - 2,45
Monan Rd

11-088

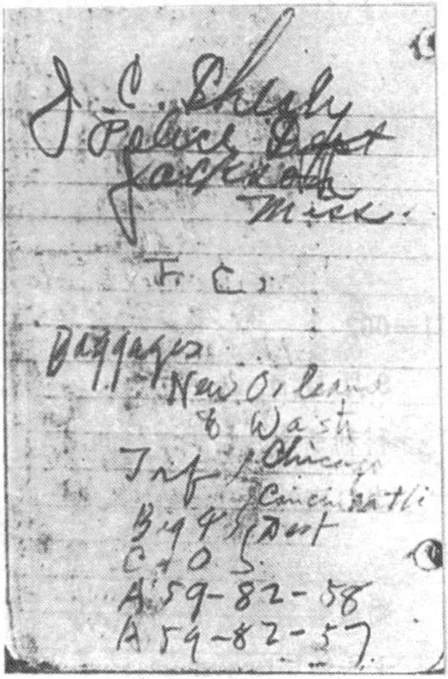
Police Dept
Jackson
Miss.
I. C.
Baggages
New Orleans
& Wash
Chicago
Cincinnati
Big 4 Dept
C & O
A 59-82-58
A 59-82-57

11-089

第十一册〔注译〕

1937.9.17~1937.10.4

墨西哥·休斯敦·新奥尔良

11—002

9 月 17 日

科利马州　曼萨尼约港

出口废铁到日本的唯一港口

委员会亲华

卡米洛·阿里亚加

乔奇·菲尔南德

约瑟·里维拉·阿尔巴林

11—003

佛朗科·卡内诺

墨西哥工人联合会属下的专业协会联合会

11—004

乔多·卡罗拉基

约瑟·M.阿奎弗尔·可罗拉多

古巴共和国

赛那多·伊格那西奥·里梯奎拉

1934—1940

不能来，但肯定支持

11—006

R.P.De 那吉里　受美国教育

R.雷蒙斯·佩德查

那吉里夫人　受美国教育

11—007

埃利萨·拉莫斯·彼得罗萨

米盖尔·勃斯托罗·塞尔塞多

地址

中国人民之友社

7 位秘书

7 个行业

墨西哥工人联合会工人

农民

11—008

9 月 20 日　下午 1 时见总统

团体

1. 墨西哥工人联合会（C.T.M）

2. 墨西哥国民革命党（P.N.R）

3. 墨西哥农民联合会（C.C.M）

4. 墨西哥共产党（P.C.M）

5. 墨西哥艺术家作家联盟（L.E.A.R）

11—009

6. 社会主义者律师阵线

7. 律师联合会

8. 墨西哥青年社会主义者同盟

9. 争取妇女权利阵线

10. 革命退伍军人先锋联盟

11. 墨西哥教师联合会（70000）

11—010

尤金索·L.马丁尼耶

11—012

第1行：9月19日

第2行：普埃布拉（位于墨西哥城东南）

印章内容为：新蒙特雷咖啡馆

11—013

普埃布拉友人签名

11—014

9月20日

阿曼多·佛兰克

11—015

9月21日

第4行外文：复制品

第6行：C.B.韦特照片

第7行起：

西蒙·波利伐

圣·马丁　智利

费朗西斯科·莫拉森

阿里琴德罗·彼蒂安·海蒂

约瑟·曼那·莫利洛斯　墨西哥

11—016

第1至2行：埃里松 6—30—30

农民旅馆

11—017

辛普森

合作农场是墨西哥的出路

访问特勒兹：他坚信中国必胜

11—018

马他·阿斯卡尼奥

路易斯·索地主席

无线电播音员

阿尔弗恩索·加西亚

11—019

第3至4行：马里奥·萨索

墨西哥农民联合会

11—020

C·奥地亚加

秘鲁 A.P.R.A 党代表与中国人民的事业紧密相连

哈里·辛格·贝斯拉　英语教授

霍拉西奥·赛拉诺

智利　圣地亚哥地址

中国政治情况的参考材料

11—022

9月23日

下午1时　会见

下午2时　阿尔巴伦

阿门多拉·里维他·霍伊

11—023

友人签名及所留地址

11—025

M.P.费什尔教授等人签名、留址

11—026

朋友告别午宴

11—027

1. 在此如同在家里和亲戚中

2. 感谢盛情接待

3. 四次革命——图特瓦坝（墨西哥古城）

4. 矮人与巨人之争　日本人民

5. 我们在许多方面是朋友

6. 我们能从墨西哥学到什么

7. 希望：（1）中墨结成兄弟，（2）停止武器（供日），（3）团结

8. 友谊的开端，为同一战斗而战

9. 惜别，欢迎来中国

11—028

日本人民

1. 社会主义的青年

2. 民众战线

3. 对中国友好的社团

4. 妇女阵线

5. 共产党

6. 印刷与制图艺术工人

7. 中国农村的人

8. S.E.M 的报纸

民主的理想

农民旅馆

合作农场

访问的爱好

帝国主义压迫下的自我解放

对中国友好的社团

11—029

阿特利昂·加西亚　墨西哥

和 W.H.路易斯联系

11—030

第 1 行：离开墨西哥　9 月 25 日

11—031

竖外文名：鲁蒂利奥·利斯特拉

11—032

第 1 至 3 行：9 月 26 日　火车至埃尔巴索

第 5 行：查卡梯考

第 9 行：奇瓦瓦

11—033

第 3 行：贾雷斯

第 5 行：拉雷多

11—035

外文为人名及地址

11—036

外文为人名及墨西哥地址

11—038

第 4 行起：5 英亩土地租金$500

4 家中国人的公司

10 名墨西哥工人

每人每天 2 比索

8 个月

4 个月付$3,200

1 分　镑

卖给墨西哥人然后运往埃尔巴索

11—045

外文为加伦茶室及地址

11—046

外文为南京咖啡馆及地址

11—047

9 月 29 日

下午 8 时

女青年会

下午 3 时

下午 8 时

6 时　晚餐

10 时　华侨

11—048

倒数第 2 行：康翰夫人　旧金山

11—049

第 1 至 4 行：9 月 30 日

下午 8 时

加尔维斯顿

公共汽车

11—052

9 月 30 日

特罗伊·福斯特　休斯敦地址

全国海员联合会

海员联合会礼堂

下午 4 时　〔乘〕灰狗（公共汽车公司名）

米兰与鲁斯克

11—053

精　粗

洛杉矶
圣彼得罗
长滩
旧金山　}大部分

碎铁每吨 7~9 美元

碎钢每吨 24 美元

信贷不佳

正常情况保持水平

钢铁工会

约翰·路易斯

12 月第一周

钢铁会议

11—054

1. 日本的征服，使人民畏惧

2. 汽车涨价，每辆 70 美金

菲力浦·默里　钢铁工人组织委员会主席

匹兹堡格兰特大厦

约翰·路易斯　华盛顿

11—055

印第安纳布卢明敦

约翰斯敦

牛津

H.A.拉斯默森　休斯敦地址

C 弗默伯格　休斯敦地址

11—056

阿尔塞尔·迈得尔　律师　休斯敦地址

罗伊·B.赛休斯　休斯敦顿地址

弗兰克·L.怀特　休斯敦地址

11—057

第 3 至 6 行：P.F.肯尼迪休斯敦地址

11—058

柯尔特尔　加利福尼亚长滩

11—059

拜伦·T.派克尔

休斯敦多鲁士街里根高级中学教师

11—060

弗兰克·邓劳威　全国海员联合会

哈里·格林伯格　律师

弗雷特·海雷斯特拉普　全国海员工会联合会

各人的加尔维斯顿地址

11—061

第 1 行：永安咖啡馆

第 4 行：新绿热咖啡屋

11—062

加尔维斯顿

1.5 英里长

2 层楼高

100 英尺宽

政府不接受

挪威船

卸此

向西

11—063

10 月 1 日

T.Z.肯尼迪　休斯敦

5 英亩

3,000,000 吨碎铁停在运输途中

11—064

J.E.克劳斯兰　巴萨多那地址

本森　巴萨多那地址

南麻省大学

圣·希尔伯恩　14 年

95%的日本人　反对战争

11—065

巴萨多那、休斯敦友人签名、留址

11—066

弗兰克、扎拉哥、E.J.布宁汉姆、J.K.汉农等人签名及休斯敦地址

11—067

约瑟夫·多拉尔辛斯基巴尔的摩地址

P.F.肯尼迪　休斯敦地址

11—069、070

9 月 30 日

休斯敦女诗人

罗伯塔·米塔格女士

埃拉莱·潘尼克女士

多洛士·汉普曼女士

玛约热·尼克松

雷法·鲁卡西亚女士

伊夫尔姆·克雷格女士

多洛士·洛麦斯女士

玛林·弗拉纳根女士

埃斯瑟·斯贝恩塞女士

各人地址

11—071

10 月 2 日

新奥尔良

中国领事馆　地址

美国劳联（A.F.L）　会员 4000

11—072

拉尔夫·艾默森　华盛顿地址

与 J.L.路易斯联系

米尔斯先生　产联（CIO）

11—073

第 4 行起：下午 3 时 30 分米尔斯

J.L.路易斯

约翰·布罗菲　华盛顿地址

11—074

杰克·柯克

罗伯特·米尔斯

J.E.克罗内

D.D.麦克克兰姆卡　新奥尔良

菲德里克·米尔斯　全国海员工会联合会　纽约地址

11—075

第 2 至 3 行：中国难民救济会

11—076

第 1 行：杰克森　10 月 3—4 日

第 4 行：行李寄往休斯敦

末 4 行：新奥尔良中国领事馆李自修

11—077

巴黎通讯录

11—078

第1至6行：华盛顿

Y.F.刘　中国大使

埃默里·J.伍德尔及地址

11—079

演讲

休斯敦9月29~30日

新奥尔良10月1~2日

印第安纳大学10月6日　9时40分

D.S.罗滨逊　印第安纳州布卢明顿

迈阿密大学10月14日上午10时

A.K.莫里斯　俄亥俄州　牛津

约翰斯敦10月11日　宾夕法尼亚州约翰斯敦　格拉尔特夫人

11—080

伦敦

王礼锡　伦敦地址

布卢明顿

马克斯　教育

叶龙斯　英文

本斯　历史

（海格兰女士）

向鲁宾致意

11—081

中国人民之友

墨西哥：D.F.安东尼　地址

西雅图：Rev.肖特　地址

伦敦：杨格　地址

巴黎：康斯顿斯夫人　地址

11—082

香港：香港新闻　地址

郑（Tchen）　巴黎地址

中国银行　纽约华尔街40号

《中国先锋报》　纽约第二大街

C.Y.陈　地址

11—083

洛杉矶，加利福尼亚州

严宝珠（AL.之女）及地址

旧金山　裕安公司及地址

芝加哥

詹姆斯·莫哀切克及地址

11—084

纽约

乔·卡登先生

乔·拉希先生

帕德·雷亚先生　反战地址

Y.T.吴　地址

E.埃斯曼　地址

11—085

新奥尔良

W.J.宾克利小姐　地址

11—086

第 1 行：蒙特雷

第 3 至 4 行外文为地址

第 5 行起：墨西哥

冯·屈克　地址

友好中国会　地址

卡洛斯·桑切斯　地址

11—087

休斯敦，得克萨斯州

何默·布鲁克斯　地址

11—088

电影联合会　地址

迪尔伯恩车站　9：20—2：45

地址

11—089

友人签名、行李号

衛備忘

第十二册

1937.10.5~1937.11.14

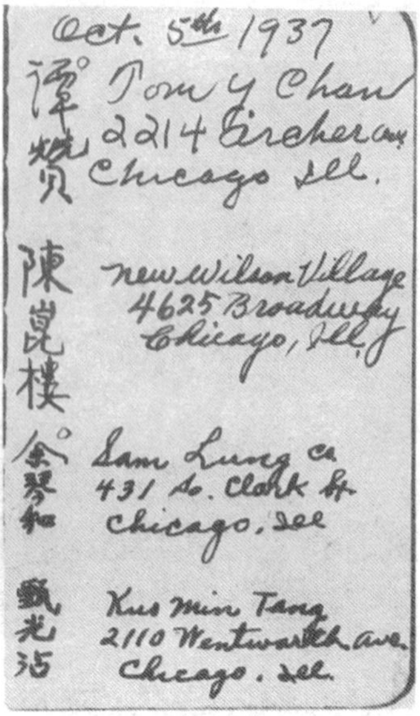
Oct. 5th 1937
Tom Y Chan
2214 Archer ave.
Chicago Ill.
New Wilson Village
4625 Broadway
Chicago, Ill.
Sam Lung Co
431 So. Clark St.
Chicago, Ill
Kuo Min Tang
2110 Wentworth ave.
Chicago. Ill.

12-001

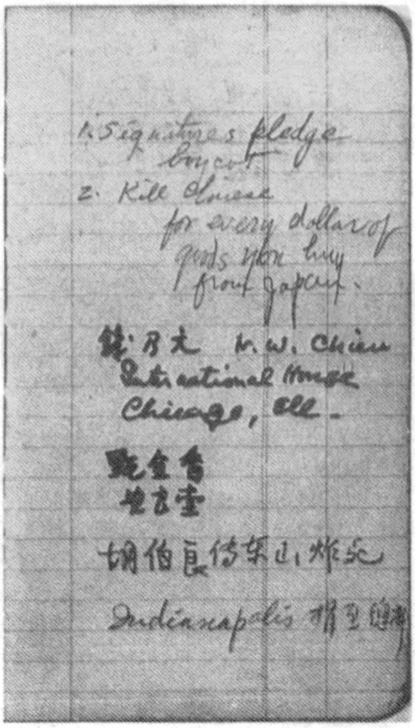
1. 5 signatures pledge boycott
2. Kill Chinese for every dollar of goods you buy from Japan.
N. W. Chien
International House
Chicago, Ill.
Indianapolis

12-002

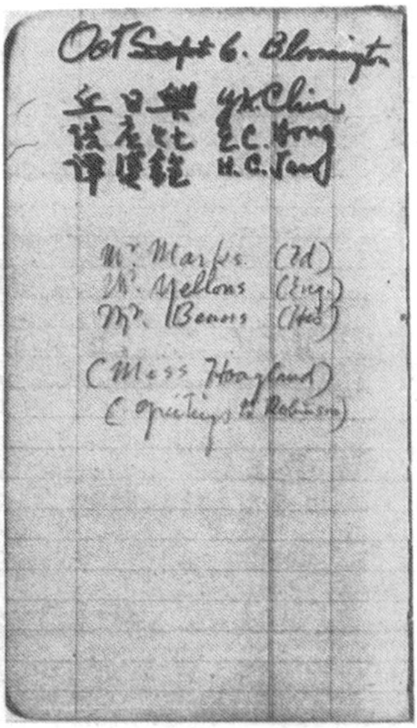
Oct Sept 6. Bloomington
W.K. Chin
E.C. Hong
H.C. Tam
(Miss Hoagland)

12-003

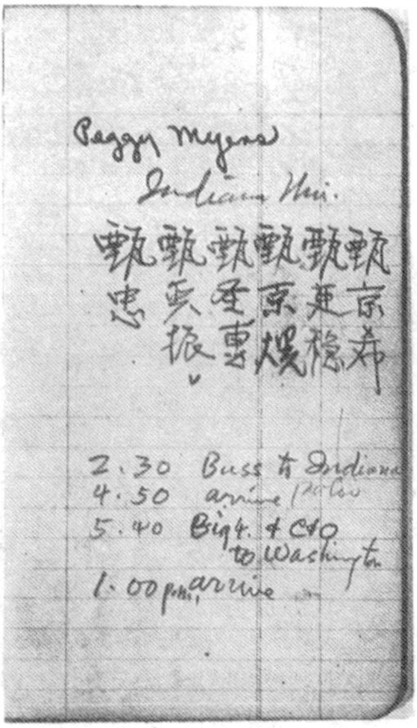
Peggy Myers
Indiana Uni.
2.30 Buss to Indiana
4.50 arrive
5.40 Big 4 + C&O to Washington
1.00 pm arrive

12-004

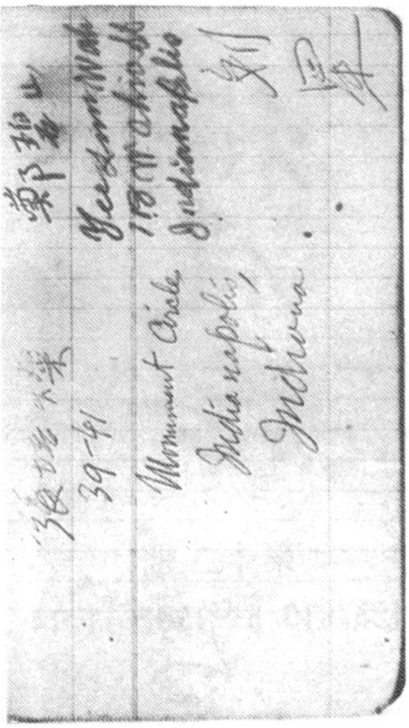

12-005

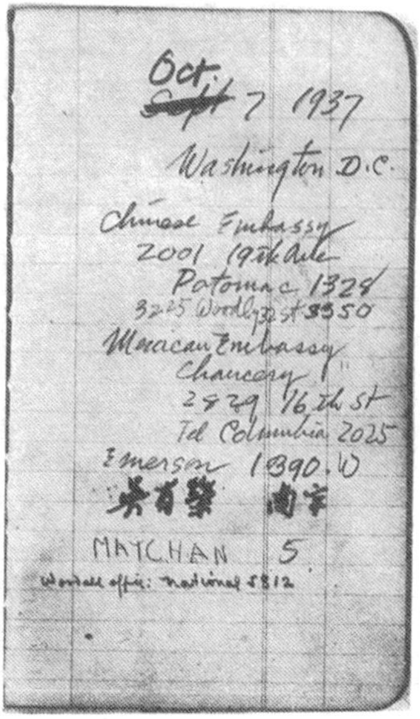

12-006

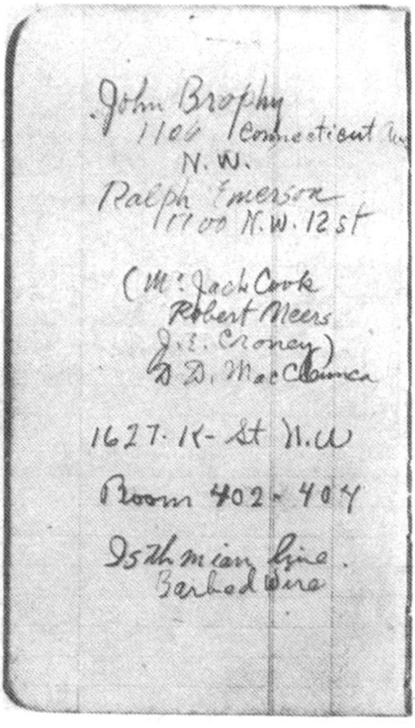

12-007

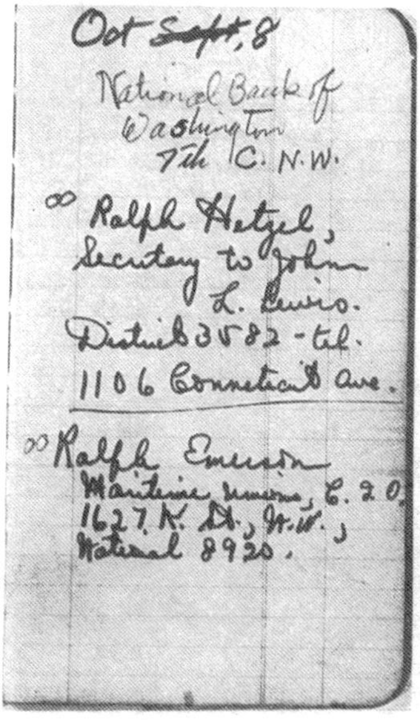

12-008

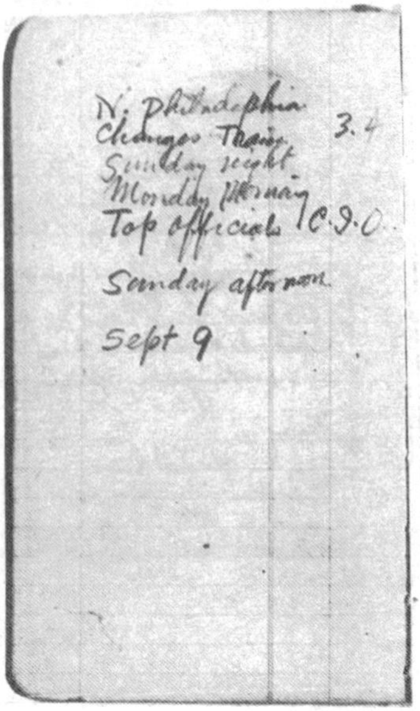
N. Philadelphia
Changes Train 3.4
Sunday night
Monday Morning
Top officials C.I.O.
Sunday afternoon
Sept 9

12-009

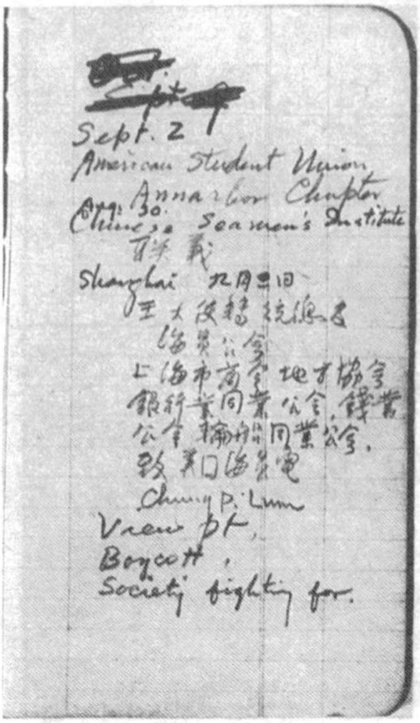
Sept. 21
American Student Union
Ann Arbor Chapter
Aug. 30. Chinese Seamen's Institute
[illegible]
Shanghai 九月二日
王大[illegible]统[illegible]
海员公会
上海市商会 地方协会
银行业同业公会 钱业
公会 轮船同业公会.
致美国海员电
Chung P. Lum
View pt.
Boycott.
Society fighting for.

12-010

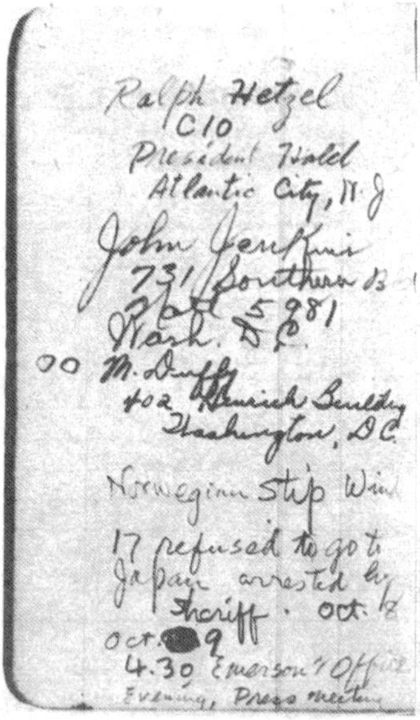
Ralph Hetzel
CIO
President Hotel
Atlantic City, N.J.
John Jenkins
731 Southern B
Natl 5981
Wash. D.C.
00 M. Duffy
402 Munich Building
Washington, D.C.
Norwegian Ship Win
17 refused to go to
Japan arrested by
Sheriff. Oct. 8
Oct. 9
4.30 Emerson's Office
Evening, Press meeting

12-011

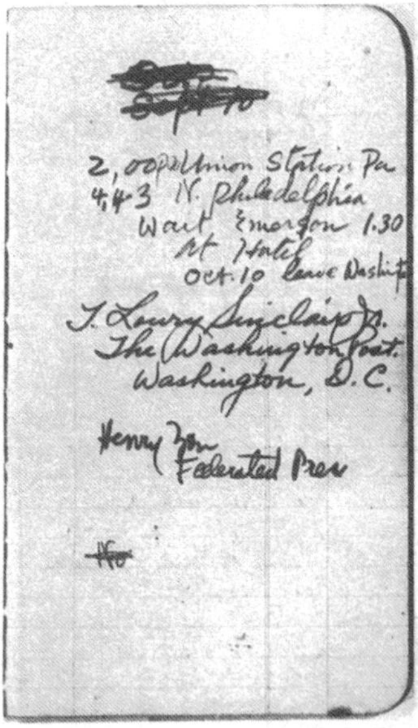
2,00 pm Union Station Pa
4,43 N. Philadelphia
Wait Emerson 1.30
At Hotel
Oct. 10 leave Washington
J. Lowry Sinclair Jr.
The Washington Post.
Washington, D.C.
Henry Zon
Federated Press

12-012

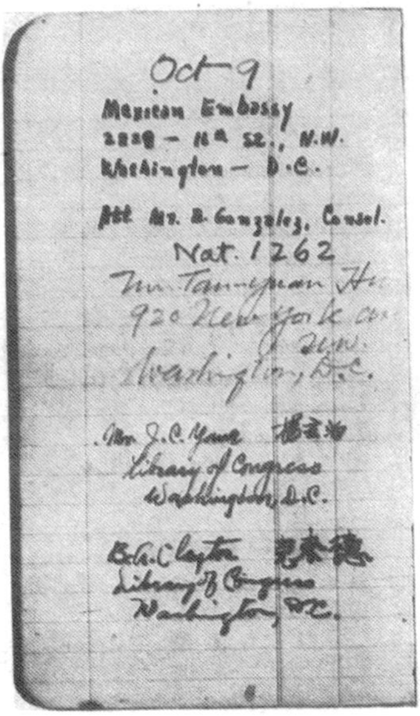
Oct 9
Mexican Embassy
2829 – 16th St., N.W.
Washington – D.C.
Att Mr. B. Gonzalez, Consul.
Nat. 1262
920 New York Ave
N.W.
Washington, D.C.
Mr. J.C. Yang
Library of Congress
Washington, D.C.
E.A. Clayton
Library of Congress
Washington, D.C.

12-013

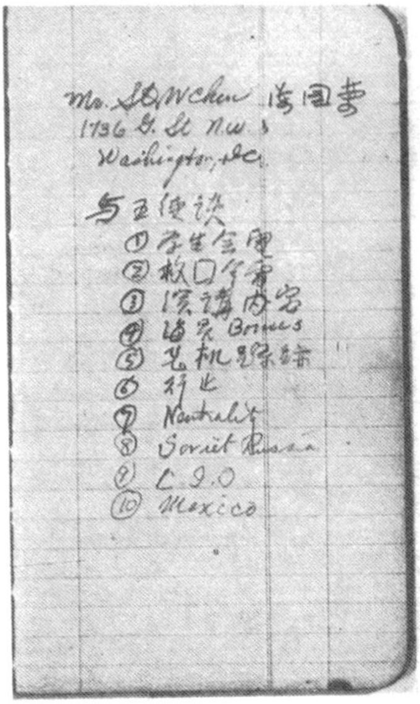
Mr. S.Q.W. Chen
1736 G. St N.W.
Washington, D.C.
与王使谈
① 学生全国
③ 演讲内容
④ Browns
⑥ 行止
⑦ Neutrality
⑧ Soviet Russia
⑨ C.I.O
⑩ Mexico

12-014

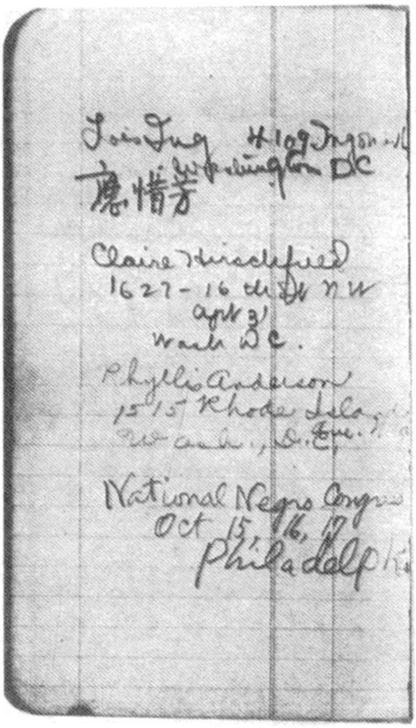
Washington DC
Claire Hirschfield
1627-16th St N.W.
apt 31
Wash D.C.
Phyllis Anderson
1515 Rhode Island
Ave. N.W.
Wash., D.C.
National Negro Congress
Oct 15, 16, 17
Philadelphia

12-015

Betty Uranson
1627-16th St.
apt 31 - D.C.
B's Niece

12-016

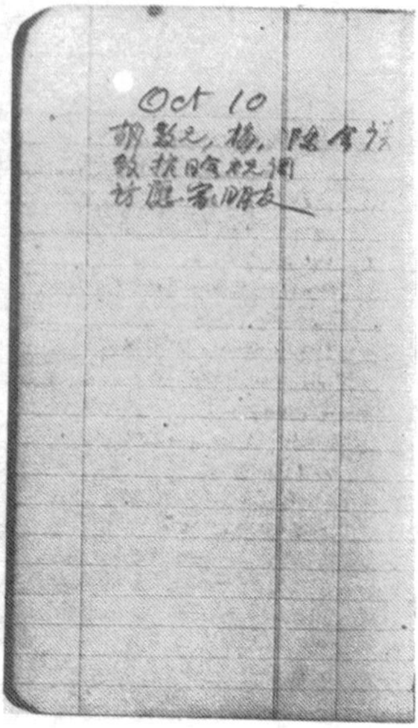

Oct 10
[illegible]
[illegible]
[illegible]

12-017

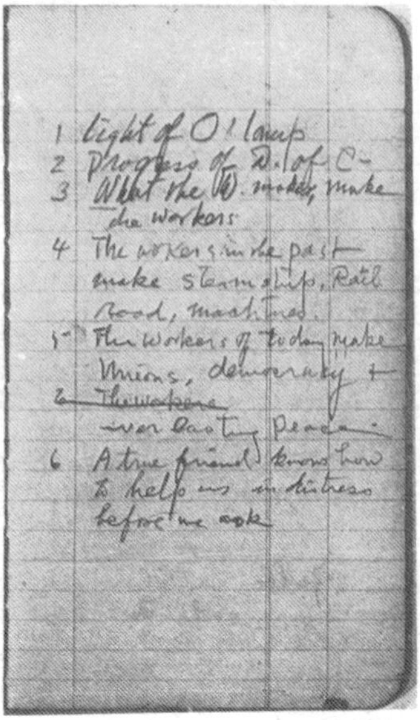

1 light of Oil lamp
2 Progress of D. of C.
3 What the W. make, make the workers
4 The workers in the past make steamship, Rail road, machines.
5 The workers of today make Unions, democracy + ~~2 The workers~~ ever lasting peace.
6 A true friend knows how to help us in distress before we ask

12-018

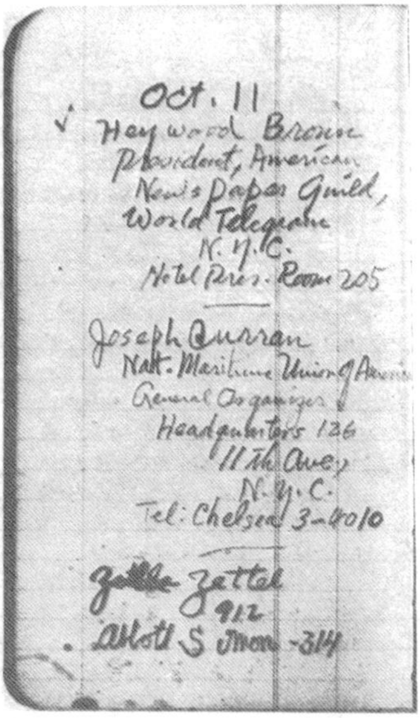

Oct. 11
✓ Heywood Broun
President, American News paper Guild,
World Telegram
N. Y. C.
Hotel Pres. Room 205

Joseph Curran
Natl. Maritime Union of America
General Organizer
Headquarters 126
11th Ave,
N. Y. C.
Tel: Chelsea 3-4010

~~Zettle~~ Zettel
912
Abbott S Imon -314

12-019

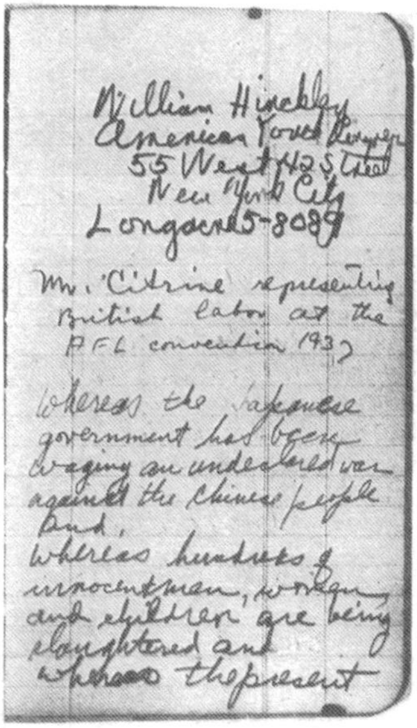

William Hinckley
American Youth Congress
55 West 42 Street
New York City
Longacre 5-8089

Mr. Citrine representing British labor at the AFL convention 1937

Whereas the Japanese government has been waging an undeclared war against the Chinese people and,
whereas hundreds of innocent men, women and children are being slaughtered and
whereas the present

12-020

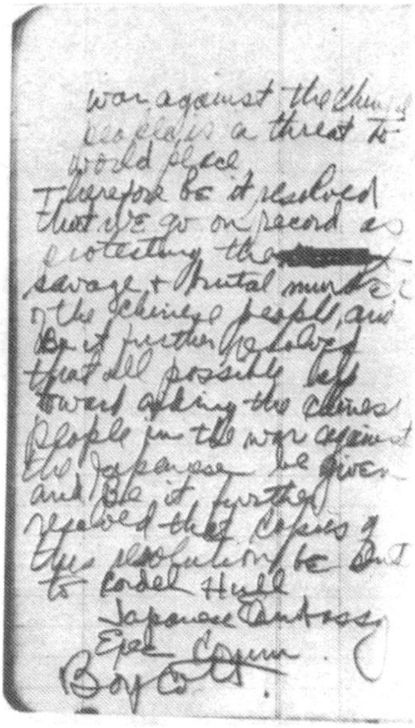
war against the Chinese
people is a threat to
world peace.
Therefore be it resolved
that we go on record as
protesting the
savage & brutal murder
of the Chinese people, and
Be it further resolved
that all possible help
toward aiding the Chinese
people in the war against
the Japanese be given
and Be it further
resolved that copies of
this resolution be sent
to Cordel Hull
Japanese Embassy
Exe. Comm
Boycott.

12-021

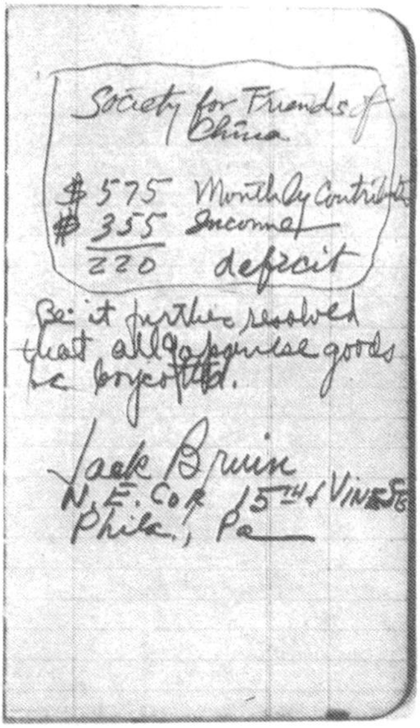
Society for Friends of
China
$575 Monthly Contributions
$355 Income
220 deficit
Be it further resolved
that all Japanese goods
be boycotted.
Jack Bruin
N.E. Cor 15th & Vine Sts
Phila., Pa

12-022

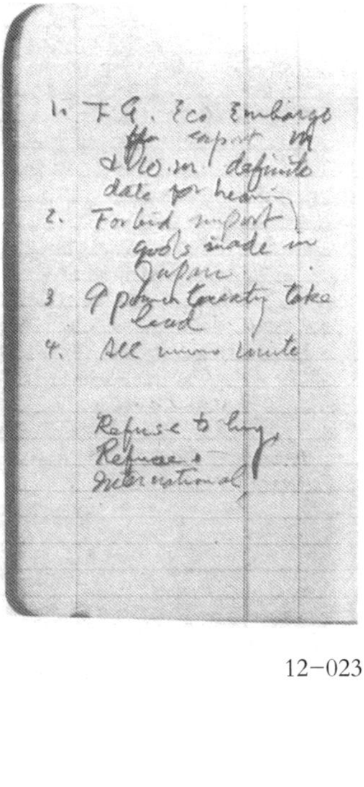
1. F.G. Eco Embargo
for export on
Oct. definite
date for hearing
2. Forbid import
goods made in
Japan
3. 9 power treaty take
lead
4. All unions unite
Refuse to buy
Refuse
International

12-023

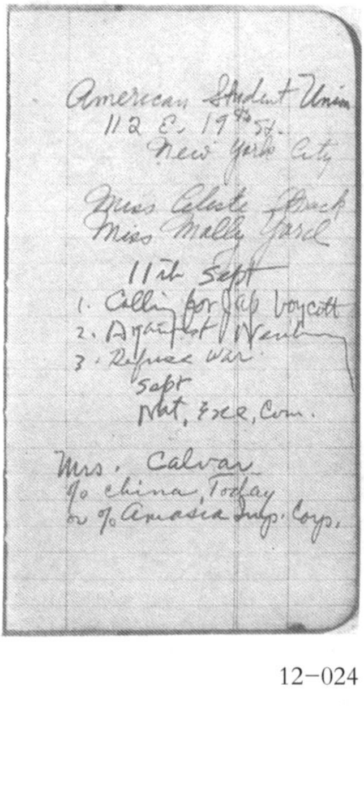
American Student Union
112 E. 19th St.
New York City
Miss Celeste Strack
Miss Molly Yard
11th Sept
1. Calling for Jap boycott
2. Against [illegible]
3. Refuse war
Sept
Nat. Exe. Com.
Mrs. Calvar
% China Today
or % Amasia Imp. Corp.

12-024

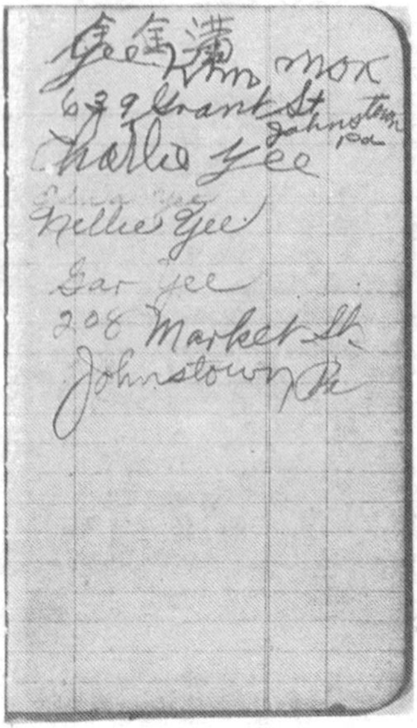
余金满
Wm Mox
629 Grant St
Johnstown Pa
Charlie Yee
Nellie Yee
Gar Yee
208 Market St.
Johnstown Pa

12-025

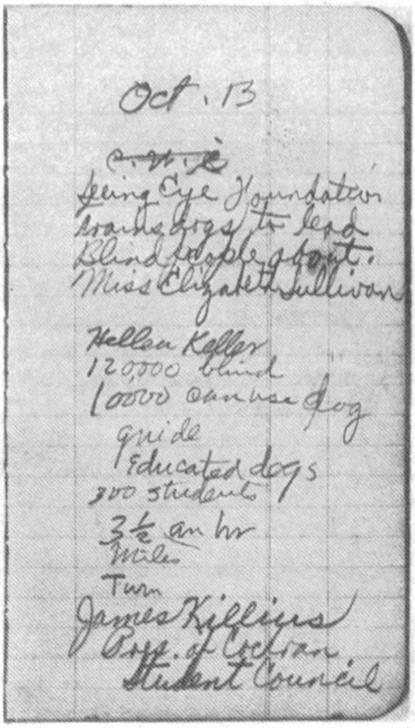
Oct. 13
Seeing Eye Foundation
trains dogs to lead
blind people about.
Miss Elizabeth Sullivan
Hellen Keller
120,000 blind
10000 can use dog
guide
Educated dogs
300 students
3½ an hr
Miles
Turn
James Killins
Pres. of Cochran
Student Council

12-026

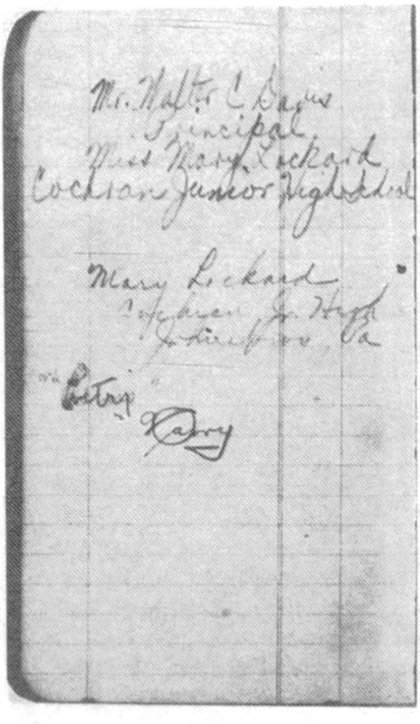
Mr. Walter C. Davis
Principal
Miss Mary Lockard
Cochran Junior High School
Mary Lockard
Cochran Jr. High
Johnstown, Pa
Betty
Harry

12-027

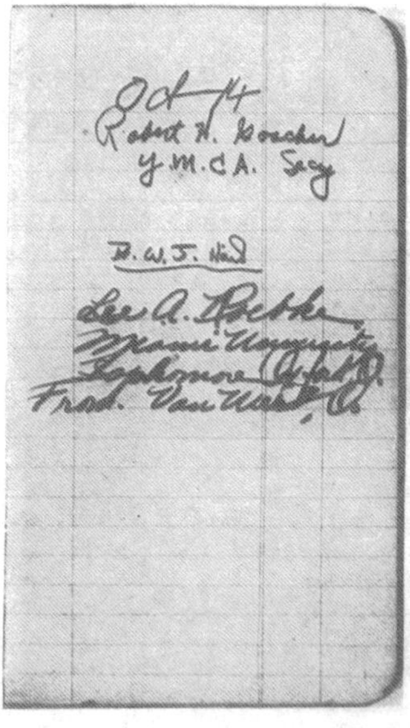
Oct 14
Robert H. Boucher
Y.M.C.A. Secy
D. W. J. Hind
Lee A. Rebbke
Miami University
Sophomore (Oxford)
Frost. Van Wert, O.

12-028

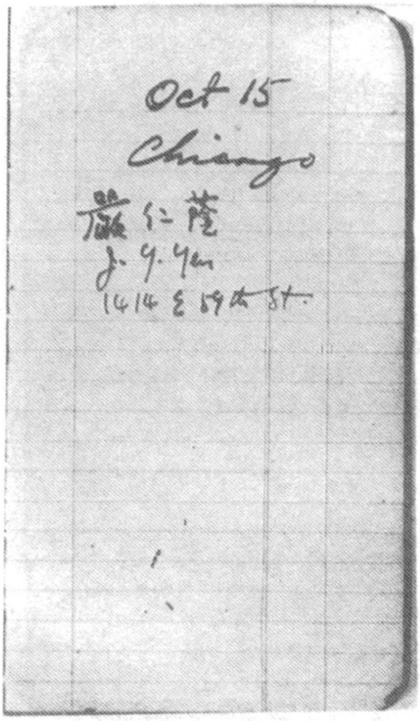

12-029

12-030

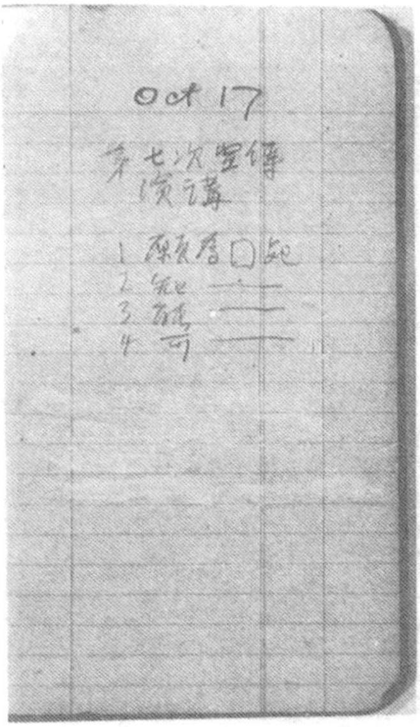

12-031

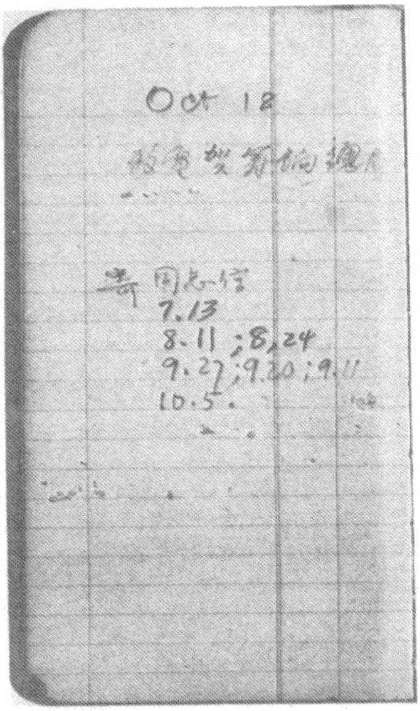

12-032

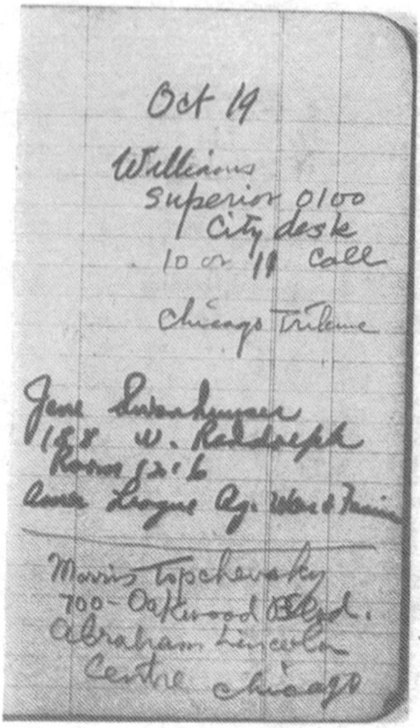
Oct 19
Williams
Superior 0100
City desk
10 or 11 call
Chicago Tribune
Morris Topchevsky
700 Oakwood Blvd.
Abraham Lincoln
Centre Chicago

12-033

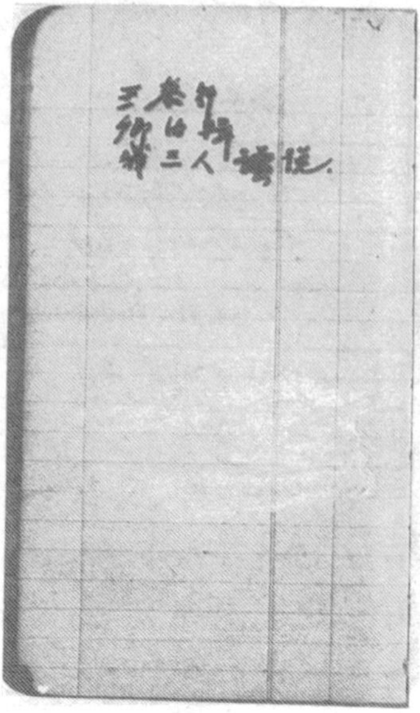

12-034

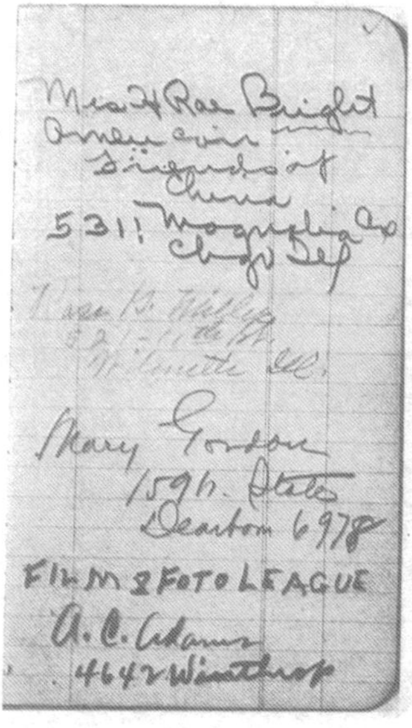
Mary Gordon
1591 State
Dearborn 6978
FILM & FOTO LEAGUE
A. C. Adams
4642 Winthrop

12-035

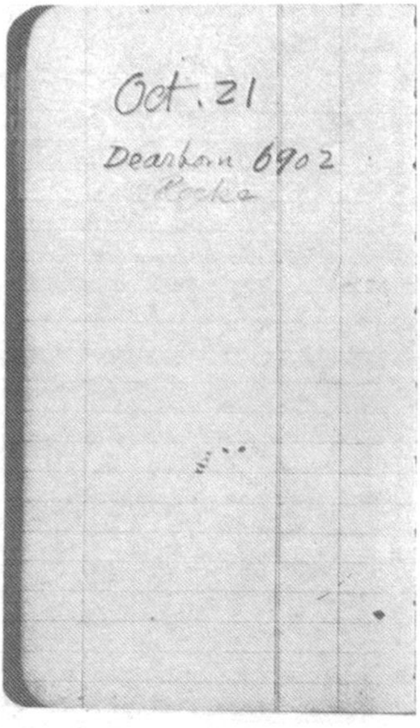
Oct. 21
Dearborn 6902

12-036

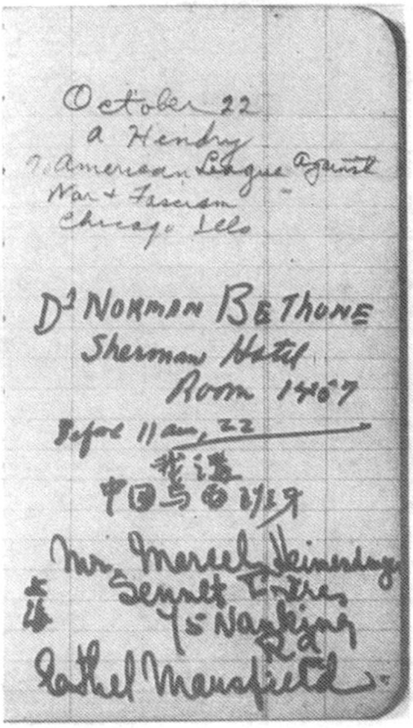

October 22
a Hendry
American League against
War & Fascism
Chicago Ills

Dr Norman Bethune
Sherman Hotel
Room 1457
Before 11 am, 22

15 Nanking Rd
Ethel Mansfield

12-037

Oct. 23
Bernice 2.00

12-038

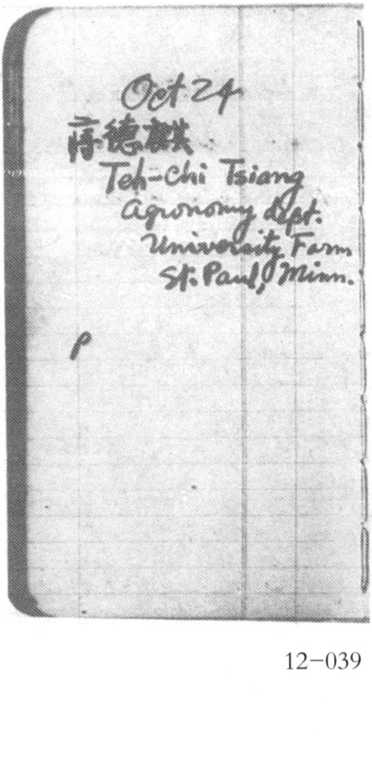

Oct 24
蒋德麒
Teh-Chi Tsiang
Agronomy Dept.
University Farm
St. Paul, Minn.

P

12-039

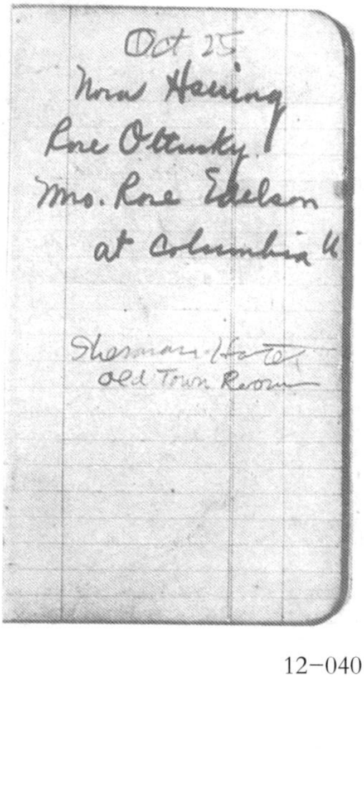

Oct 25
Nora Helming
Rose Oltusky
Mrs. Rose Edelman
at Columbia U

Sherman Hotel
Old Town Room

12-040

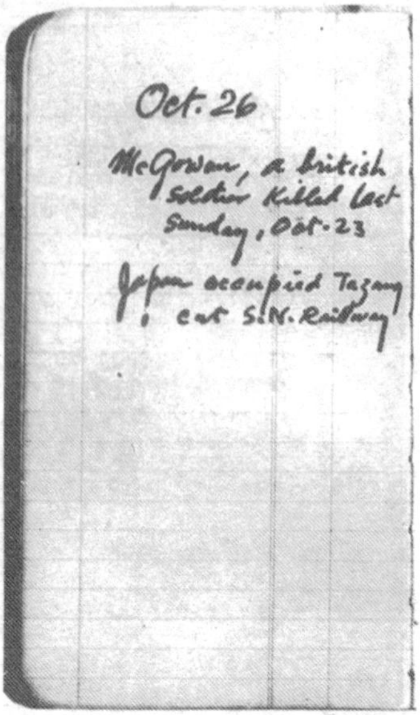

Oct. 26

McGowan, a british soldier killed last Sunday, Oct. 23

Japan occupied Tazang & cut S.N. Railway

12-041

Oct 27

宣文

12-042

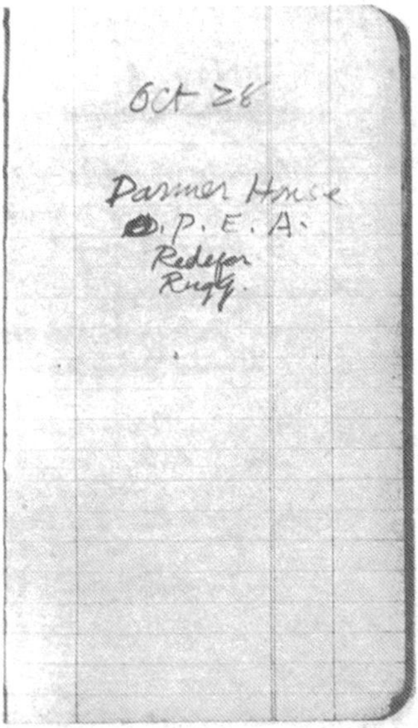

Oct 28

Palmer House

P.E.A.

Redefer

Rugg

12-043

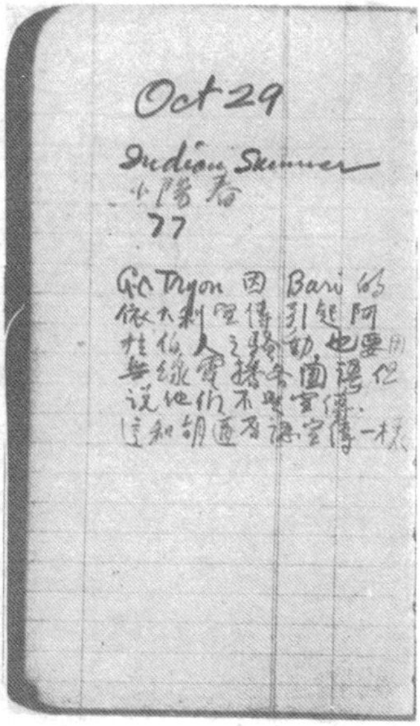

Oct 29

Indian Skinner

小陽春

77

G.C. Tryon 因 Bari 的依大利宣傳引起阿拉伯人之騷動，也要用無線電播音阿語，但說他們不要宣傳。

這和胡適否認宣傳一樣

12-044

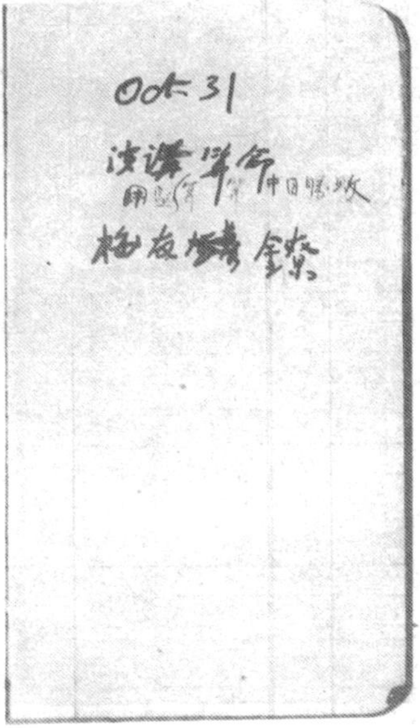
Oct. 31

演讲革命
用[illegible] 中日胜败

梅友卓会葬

12-045

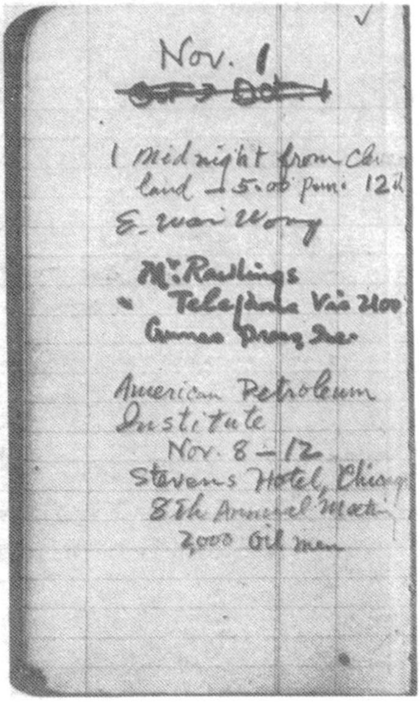
Nov. 1

~~Oct. 2 Oct~~

1 midnight from Cleveland — 5.00 p.m. 12

E. wai Wong

McRawlings
Telephone Vic 2100
[illegible]

American Petroleum
Institute
Nov. 8 – 12
Stevens Hotel, Chicago
8th Annual Meeting
3,000 Oil men

12-046

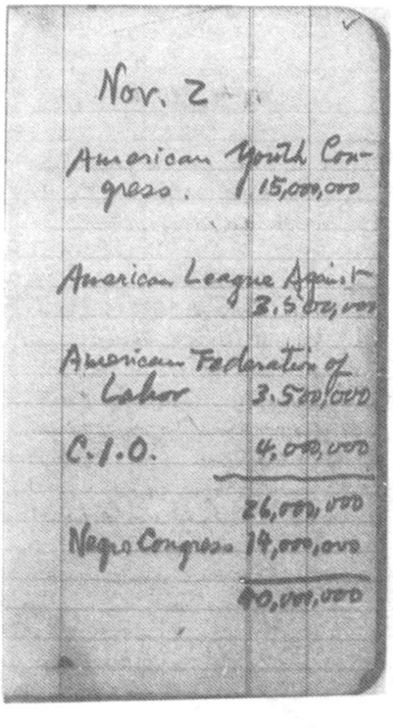
Nov. 2

American Youth Congress. 15,000,000

American League Against 3,500,000

American Federation of Labor 3,500,000

C.I.O. 4,000,000

26,000,000

Negro Congress 14,000,000

40,000,000

12-047

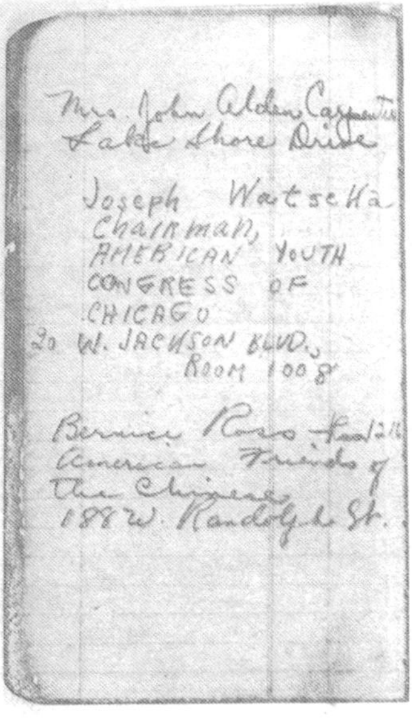
Mrs. John Alden Carpenter
Lake Shore Drive

Joseph Watseka
CHAIRMAN,
AMERICAN YOUTH
CONGRESS OF
CHICAGO
20 W. JACKSON BLVD.,
ROOM 1008

Bernice Ross [illegible]
American Friends of
the Chinese
188 W. Randolph St.

12-048

12-049

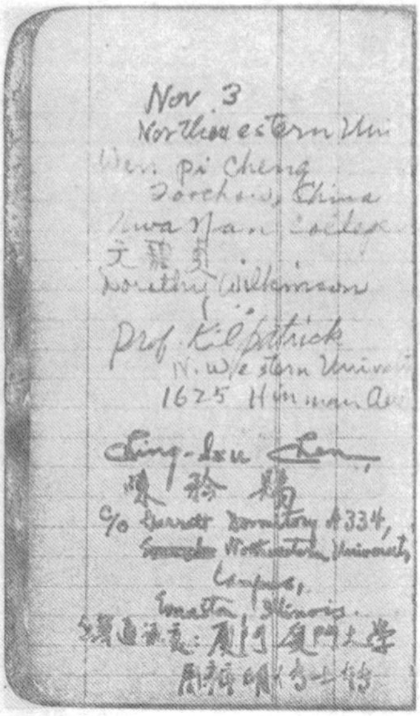

12-050

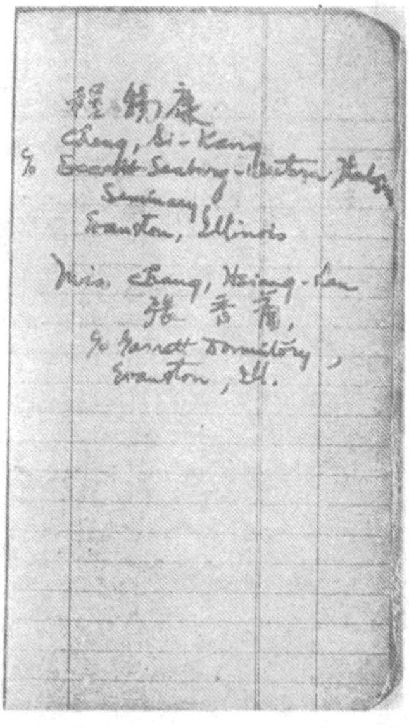

12-051

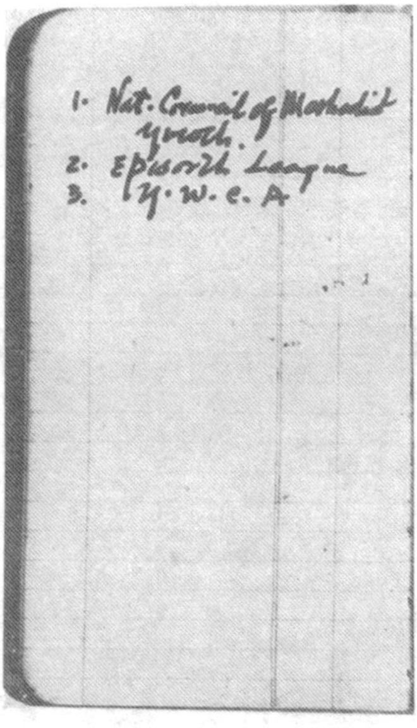

12-052

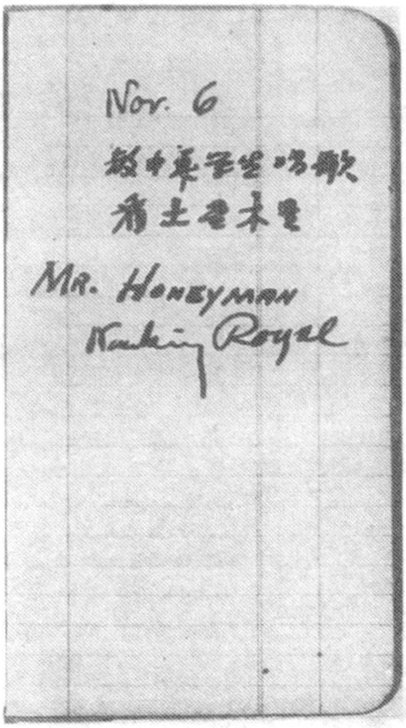

12-053

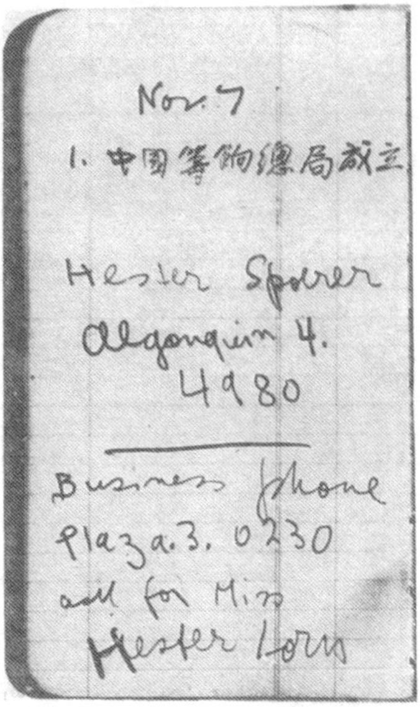

12-054

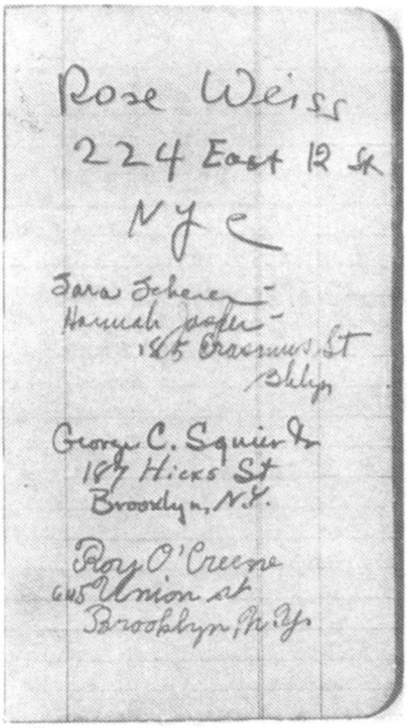

12-055

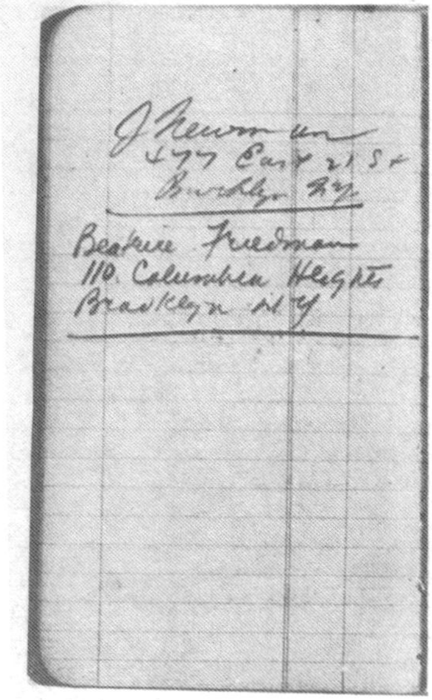

12-056

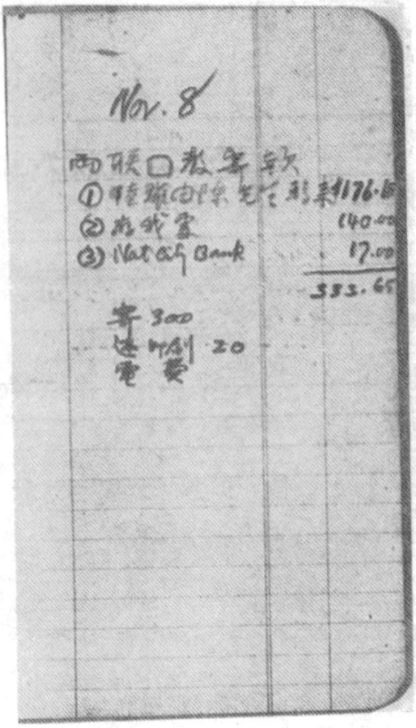

12-057

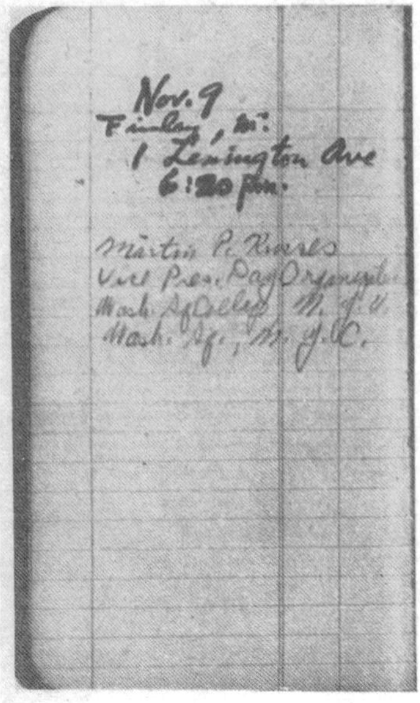

12-058

12-059

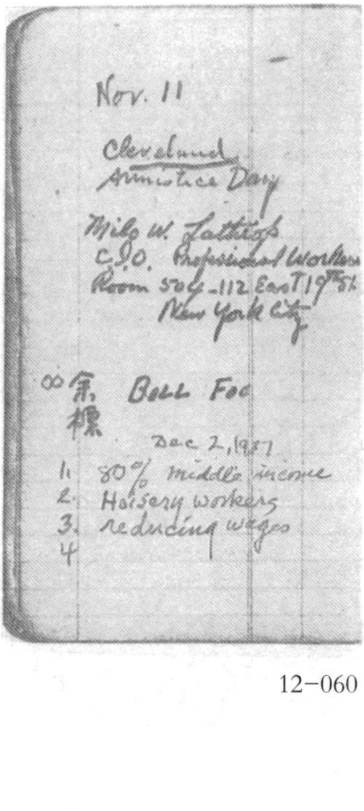

12-060

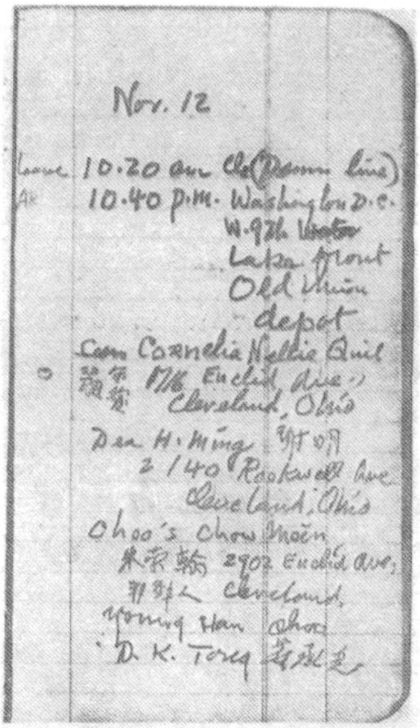
Nov. 12

Leave 10.20 am. Cle (Penn line)
Ar 10.40 p.m. Washington D.C.
W. 9th ...
Lake front
Old Union
depot
Cornelia Nellie Quil
1716 Euclid Ave.
Cleveland, Ohio
Dea H. Ming 邓明
2140 Rockwell Ave
Cleveland, Ohio
Choo's Chow Mein
2902 Euclid Ave.
Cleveland
Young Han Choo
D. K. Tong

12-061

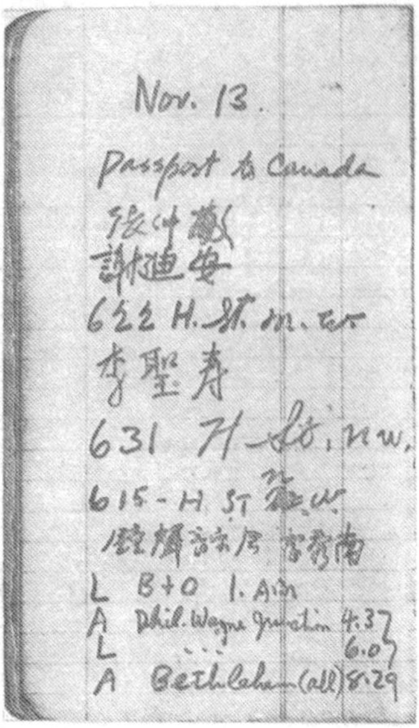
Nov. 13.

Passport to Canada
622 H. St. N.W.
631 H St. N.W.
615 - H ST N.W.
L B+O 1. A.M.
A Phil. Wayne Junction 4.37
L ... 6.07
A Bethlehem (all) 8.29

12-062

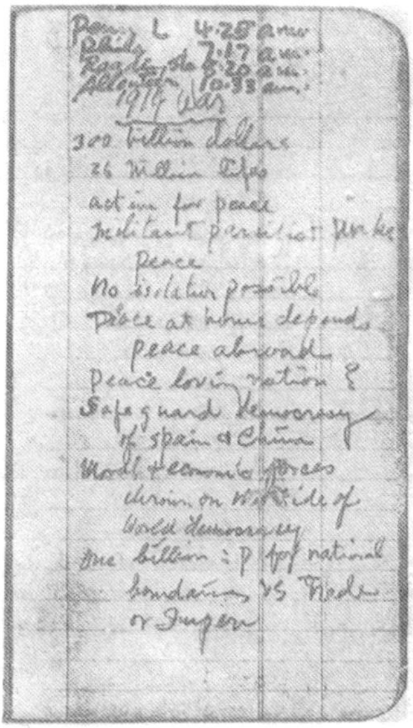
1914 War
300 billion dollars
26 Million lifes
No isolation possible
Peace at home depends
peace abroad
Safeguard democracy
of Spain & China
World economic forces
World democracy

12-063

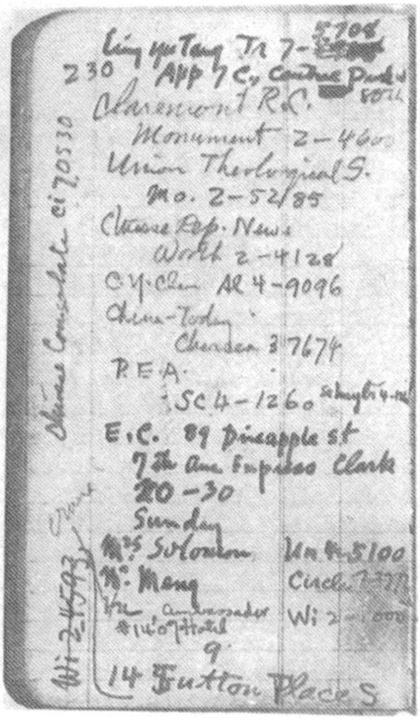
Claremont R.C.
Monument 2-4600
Union Theological S.
Mo. 2-5285
China Rep. News
Worth 2-4128
C.Y. Chen Al 4-9096
China-Today
Chelsea 3 7674
R.E.A.
SC 4-1260
E.C. 89 Pineapple st
Sunday
14 Sutton Place S

12-064

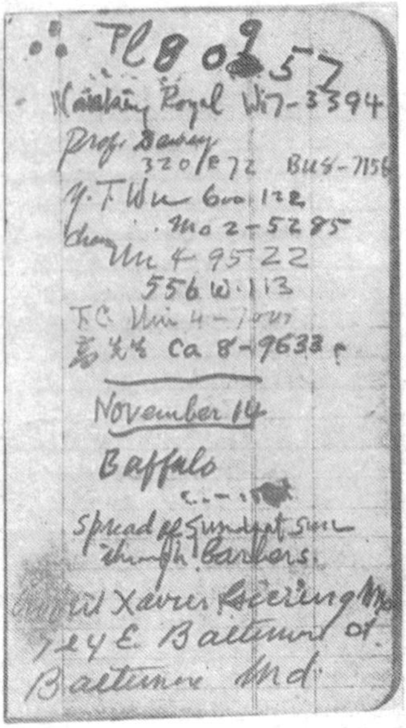
PL 8-0957
Royal WI7-3394
Prof. Davey
320 E 72 BU8-7156
Y. T. Wu 600 W. 122
Chang Mo 2-5285
Un 4-9522
556 W. 113
T.C. Uni 4-7047
高先生 Ca 8-9633

November 14
Buffalo
Spread of ... through Barbers
Xavier ...
724 E. Baltimore St.
Baltimore Md.

12-065

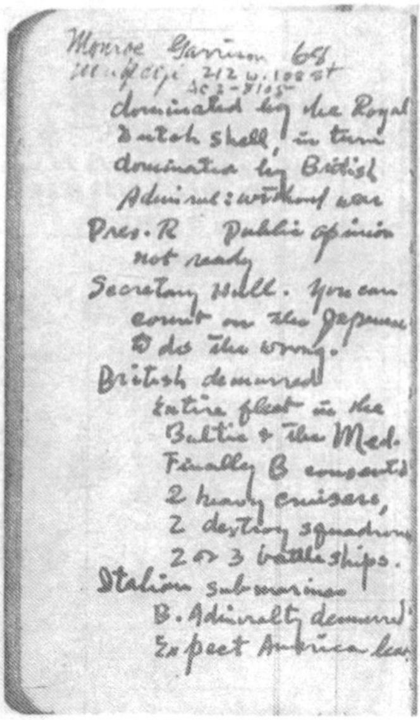
Monroe Garrison 658
212 W. 108 St
AC2-8105
dominated by the Royal Dutch Shell, in turn dominated by British Admiral: without war
Pres. R Public opinion not ready
Secretary Hull. You can count on the Japanese to do the wrong.
British demurred
Entire fleet in the Baltic & the Med.
Finally B consented
2 heavy cruisers,
2 destroyer squadrons
2 or 3 battleships.
Italian submarines
B. Admiralty demurred
Expect America lea...

12-066

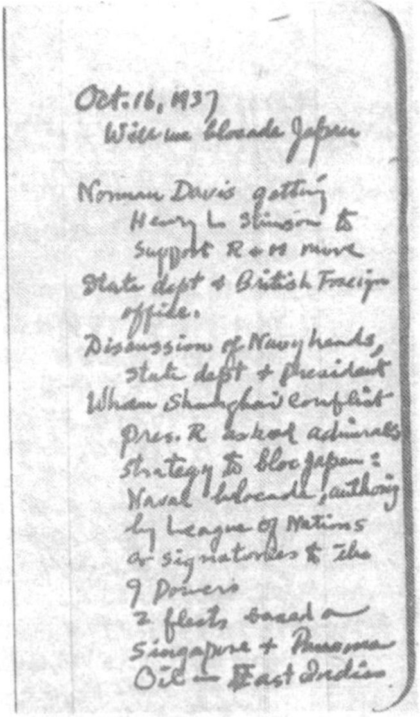
Oct. 16, 1937
Will we blockade Japan
Norman Davis getting Henry L. Stimson to support R's move
State dept & British Foreign office.
Discussion of Navy heads, State dept & President
When Shanghai conflict
Pres. R asked admirals strategy to blockade Japan:
Naval blockade, authorized by League of Nations or signatories to the 9 Powers
2 fleets based on Singapore & Panama
Oil — East Indies

12-067

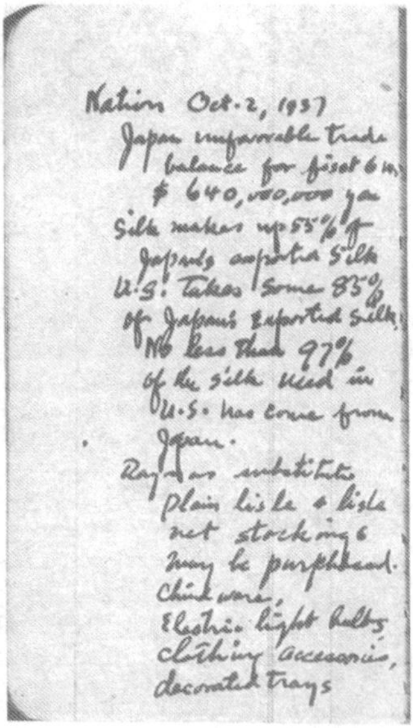
Nation Oct. 2, 1937
Japan unfavorable trade balance for first 6 m. $640,000,000 yen
Silk makes up 55% of Japan's exports. Silk
U.S. takes some 85% of Japan's exported silk.
No less than 97% of the silk used in U.S. has come from Japan.
Rayon as substitute
Plain lisle & lisle net stockings may be purchased.
Chinaware,
Electric light bulbs,
clothing accessories,
decorated trays

12-068

household gadgets,
tuna fish, crab meat,
rag rugs, toys, Christ
mas-tree ornaments

Do not buy silk.

12-069

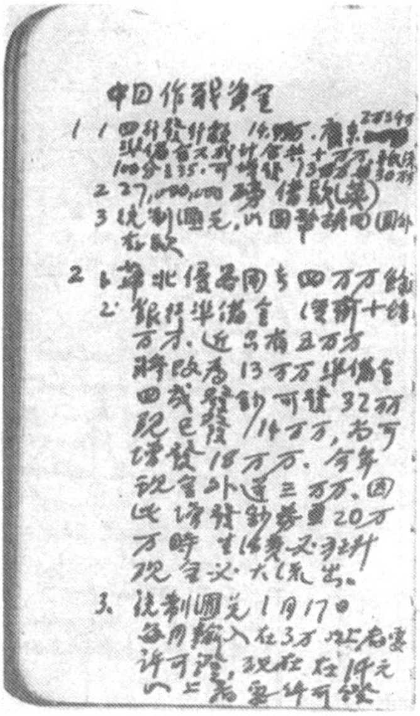
中国作战资金
1 1 四行发行数 [illegible]
[illegible]
[illegible]
2 27,000,000 磅借款(英)
3 统制汇兑，以国币换回国外
存款
2 1 华北伪币约有四万万余
2 银行准备金 [illegible]
万万。近已有五万万
[illegible] 13 万万准备金
[illegible] 可发 32 万万
现已发 14 万万，尚可
[illegible] 18 万万。[illegible]
[illegible] 三万万。因
此 [illegible] 20 万
万时 [illegible]
[illegible]
3. 统制汇兑 1月17日
每月输入在3万以上者要
许可证，现在在[illegible]
以上者要许可证

12-070

日本在外□已无存款
4 日本六厘公债 [illegible]
86，五厘公债为75
中国四厘半公债为99

12-071

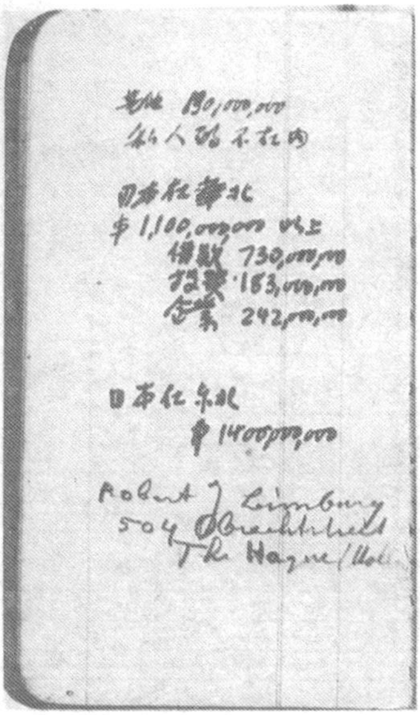
总值 190,000,000
私人的不在内

日本在华北
币 1,100,000,000 以上
借款 730,000,000
投资 183,000,000
企业 242,000,000

日本在东北
币 1400,000,000

Robert J Limburg
504 [illegible]
The Hague (Holl[illegible]

12-072

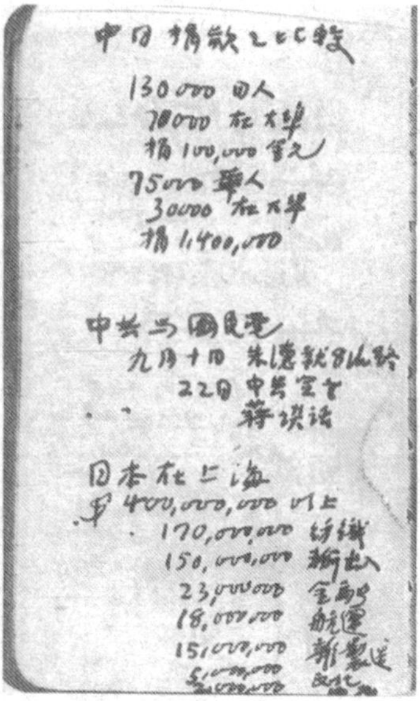
中日捐款之比较
130000 日人
70000 在大学
捐 100,000
75000 华人
30000 在大学
捐 1,400,000
中共与国民党
九月十日
22日 中共宣言
蒋谈话
日本在上海
400,000,000 以上
170,000,000 纺织
150,000,000 输出入
23,000,000 金融
18,000,000 航运
15,000,000

12-073

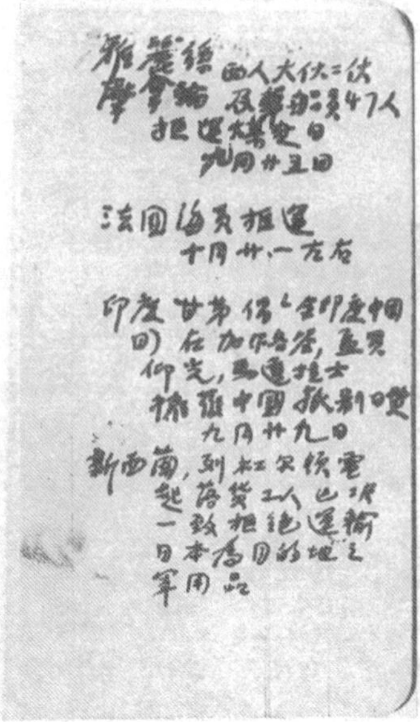
四人大伙二伙
船员47人
九月廿三日
法国海员拒运
十月廿一左右
九月廿九日
新西兰
一致拒绝运输
日本为目的地之
军用品

12-074

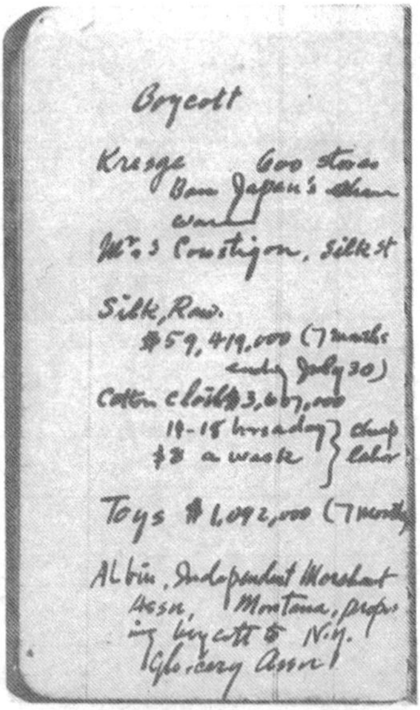
Boycott
Kresge 600 stores
Mrs Silk st
Silk, Raw.
\$59,419,000 (7 months ending July 30)
Cotton cloth \$3,607,000
14-15 hrs a day
\$3 a week } cheap labor
Toys \$1,092,000 (7 months)
Albin, Independent Merchant Assn, Montana, prop. ing boycott & N.Y. Grocery Assn.

12-075

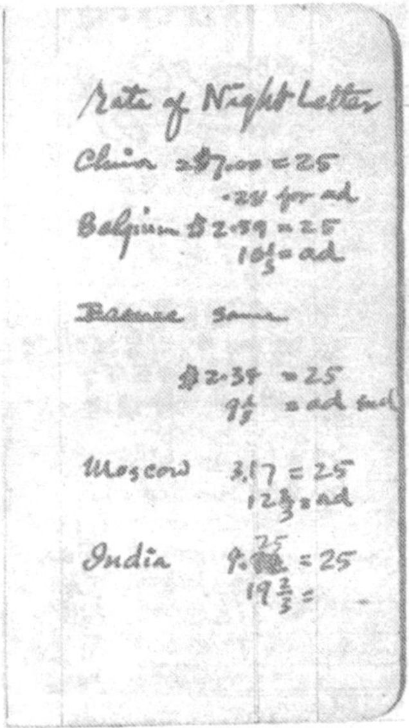
Rate of Night Letter
China \$7.00 = 25
.28 for ad
Belgium \$2.59 = 25
$10\frac{1}{3}$ = ad
France same
\$2.34 = 25
Moscow 3.17 = 25
$12\frac{2}{3}$ = ad
India 9.25 = 25
$19\frac{2}{3}$ =

12-076

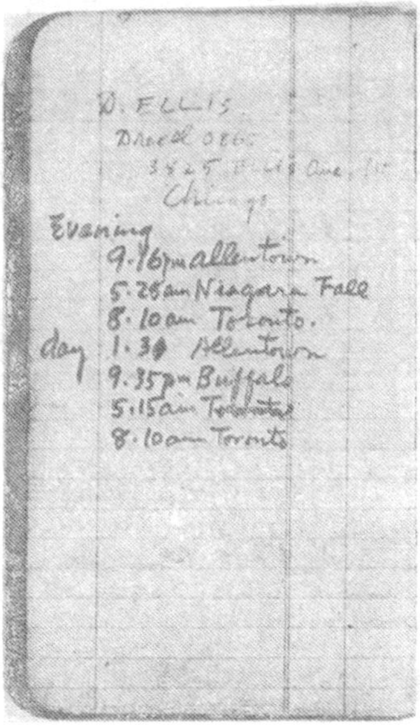

D. Ellis
Drexel 0866
3425 ... Ave, ...
Chicago
Evening
9.16pm Allentown
5.25am Niagara Fall
8.10am Toronto.
day 1.30 Allentown
9.35pm Buffalo
5.15am Toronto
8.10am Toronto

12-077

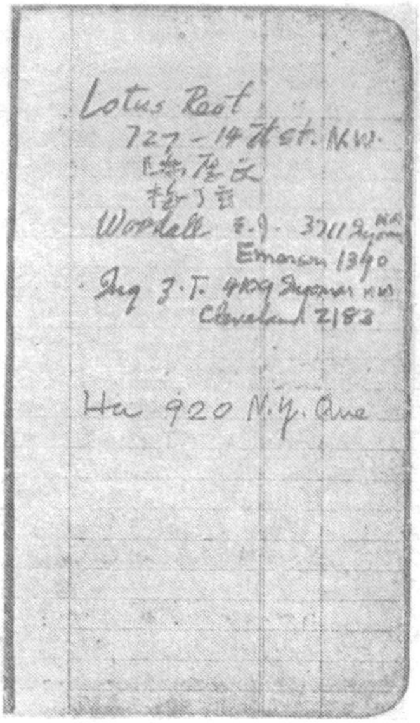

Lotus Root
727-14th st. N.W.
陈彦文
杨丁言
Woodall E.J. 3711 ... N.W.
Emerson 1340
Jig J.T. 4109 ... N.W.
Cleveland 2183

Ha 920 N.Y. Ave

12-078

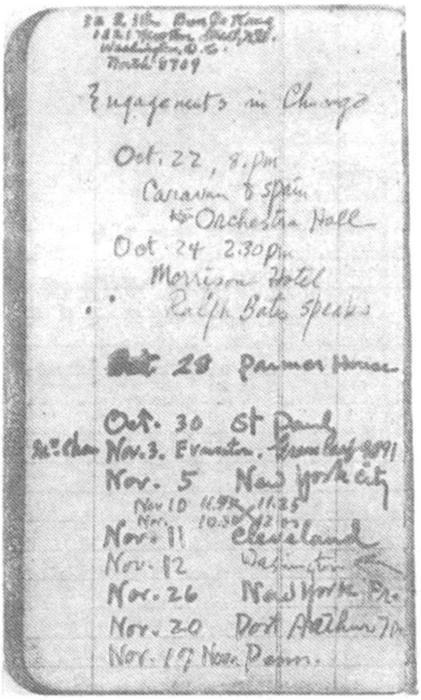

Engagements in Chicago

Oct. 22, 8 pm
Caravan of Spain
to Orchestra Hall
Oct 24 2.30 pm
Morrison Hotel
Ralph Bates speaks

[illegible] 28 Palmer House

Oct. 30 St Paul
Mr. Chen Nov. 3. Evanston. ... 3071
Nov. 5 New York city
Nov 10 11.95 11.25
Nov. 10.50 12.00
Nov. 11 Cleveland
Nov. 12 Washington
Nov. 26 New York Pr.
Nov. 20 Port Arthur
Nov. 17 New Penn.

12-079

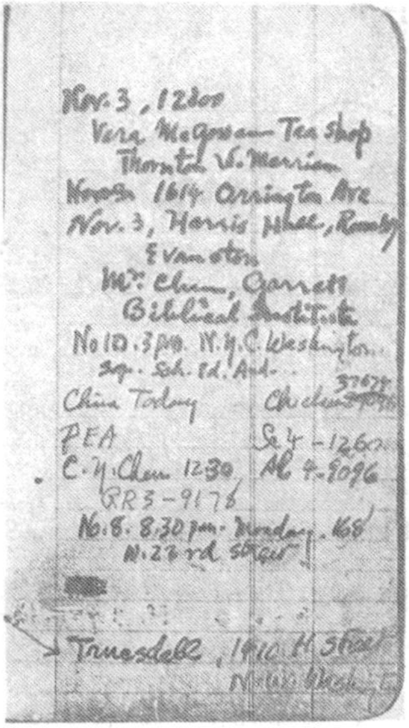

Nov. 3, 12:00
Vera McGowan Tea Shop
Thornton W. Merriam
... 1614 Orrington Ave
Nov. 3, Harris Hall, ...
Evanston
Mr. Chen, Garrett
Biblical Institute
No 10. 3pm. N.Y.C. Washington
... Sch. Ed. Aud.
China Today Chelsea 37079
PEA Ge 4-1260
C.Y. Chen 12:30 Al 4-9096
RR3-9176
No. 8. 8.30 pm. Monday. 168
W. 23rd Street
Truesdell, 1910 K Street

12-080

陶行知全集

衔备忘第十二册（1937.10.5~1937.11.14）

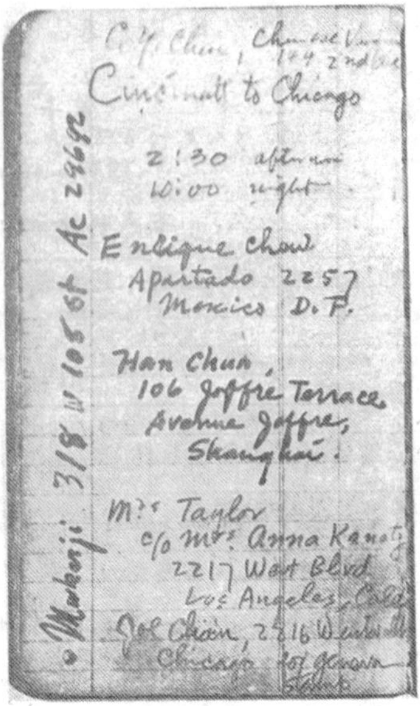
C. Y. Chin, Chinese ...
Cincinnati to Chicago
2:30 afternoon
10:00 night
Enrique Chow
Apartado 2257
Mexico D.F.
Han Chun,
106 Joffre Terrace
Avenue Joffre,
Shanghai.
Mrs Taylor
c/o Mrs. Anna Kano...
2217 West Blvd
Los Angeles, Calif
Joe Chin, 2216 Went...
Chicago
Mukerji 3/8 W 105 St Ac 29692

12-081

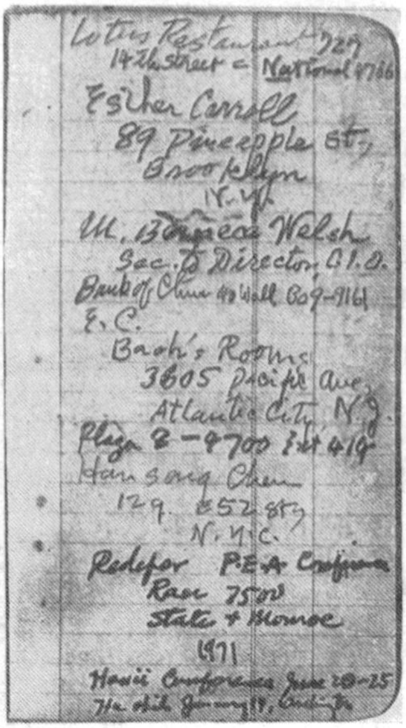
Lotus Restaurant 729
14th Street ... National 4766
Esther Carroll
89 Pineapple St,
Brooklyn
N.Y.
M. ... Welsh
Sec. to Director, C.I.O.
Bank of China 40 Wall Bo9-9161
E.C.
Bach's Rooms
3605 Pacific ave.
Atlantic City, N.J.
Plaza 8-9700 Ext 419
Han sang Chen
129 E 52 St
N.Y.C.
Redefer P.E.A. Conference
Race 7500
State & Monroe
1971
Hawaii Conference June 20-25

12-082

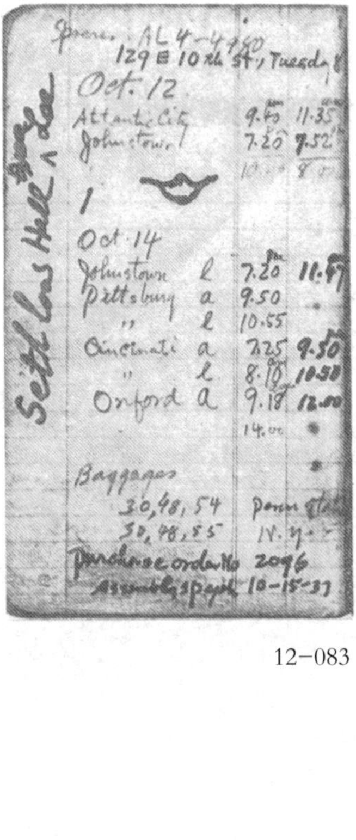
AL 4-4960
129 E 10th St, Tuesday
Oct. 12
Atlantic City 9.45 11.35
Johnstown 7.20 9.52
Oct. 14
Johnstown l 7.20 11.47
Pittsburg a 9.50
" l 10.55
Cincinnati a 7.25 9.50
" l 8.10 10.50
Oxford a 9.18 12.00
14.00
Baggages
30,48,54 Penn Sta
30,48,55 N.Y.
purchase order No 2096
10-15-37
Seth Low Hall

12-083

第十二册〔注译〕

1937.10.5~1937.11.14

布卢明敦·印第安纳波利斯

华盛顿·芝加哥·克利夫兰

布法罗

12—001

1937年10月5日　4人芝加哥

地址

12—002

第1至9行：

1. 签订抵制誓言

2. 你买日货的每一元钱都会用来杀中国人

钱乃文芝加哥地址

末行外文：印第安纳波利斯

12—003

第1行：10月6日　布卢明敦

第4行起：马克斯先生（教育）

耶伦斯先生（英语）

本斯先生（历史）

（海格兰德女士）

（向罗宾逊致意）

12—004

第1至2行：伯吉·迈约斯

印第安纳大学

末5行：2时30分　公共汽车到印第安纳

4时50分　到波利斯

5时40Big4及CIO去华盛顿

下午1时　到

12—006

10月7日　华盛顿

中国大使馆　地址

墨西哥大使馆　地址

艾默逊　电话号码

马琴

伍德尔办公室电话号码

12—007

约翰·布罗菲　地址

拉尔夫·艾默逊　地址

（杰克·柯克先生、罗伯特·米尔斯、J.E.克罗内、D.D.麦克克兰姆卡）　地址　地峡界线　有刺的网

12—008

10月8日

华盛顿国家银行　地址

拉尔夫·赫兹尔　约翰·L.路易斯的秘书　地址

拉尔夫·艾默逊　产联海员工会

联合会　地址

12—009

费城

换火车　3.4

星期日　晚

星期一　晨

产联高级职员

星期日下午　9月9日

12—010

第1至3行：9月2日

美国学生联合会

安纳伯分会

8月30日　中国海员工会

末4行：C.P.陆

观点

社会　为……而战

12—011

拉尔夫·赫兹尔　产联新泽西州大西洋城　地址

约翰·珍魁　华盛顿地址

M.达菲　华盛顿地址

挪威的斯蒂帕·温德

17人　拒绝去日本　被行政司法长官拘捕　10月8日

10月9日　4时30分艾默逊办公室

晚，记者招待会

12—012

下午2时　联合车站

4时43分　费城

1时30分　在旅馆等艾默逊

10月10日　离开华盛顿

J.劳瑞·辛克莱尔　《华盛顿邮报》地址

亨利·左　《联合报》

12—013

10月9日

墨西哥大使馆　华盛顿地址

使馆馆员　E.冈萨雷斯先生电话

胡敦元　华盛顿地址

杨玄泊、克莱德的华盛顿地址

12—014

第8行：海员额外津贴

11~14行：

7. 中立问题

8. 苏联

9. 美国产联

10. 墨西哥

12—015

第4行起：克莱尔·赫尔休菲尔德　华盛顿地址

菲利斯·安德逊　华盛顿地址

全美黑人大会

10月15、16、17日　费城

12—016

贝蒂·乌兰逊　地址

B的侄女

12—018

1. 工会组织的光辉

2. 中国民主的进步

3. 工人的作为，造就了工人本身

4. 过去的工人制造汽船、铁路、机器

5. 今天的工人制造联合、民主及永久和平

6. 真正的朋友，在我们处于患难之时，在我们提出要求之前就知道怎样帮助我们

12—019

10月11日

海伍德·布朗　美国新闻导报，世界电讯社长　纽约地址

约瑟夫·柯兰　全美海员同盟总干事　纽约总部地址

策特尔

12—020至022

威廉·欣克雷　美国青年大会纽约地址

锡特林先生，参加1937年美国劳联年会的英国劳工代表

鉴于日本政府已向中国人民不宣而战，鉴于无数无辜的中国男子、妇女儿童惨遭屠杀，鉴于当前的对华战争是对世界和平的威胁。为此，我们决议，继续报道，以抗议日本对中国人民的野蛮和残酷屠杀。我们进一步决议：给中国人民的抗日战争以一切可能的援助，并进一步决议：将这一决议的副本送交国务卿赫尔、日本驻美大使馆特别专员。再次决议：抵制一切日货

中国友好社团

$575　每月所需捐助

$355　收入

220赤字

杰克·布因　费城地址

12—023

1. ……确定禁运日期

2. 禁止进口日货

3. 九国公约签字国带头

4. 一切联盟联合起来

拒绝买

拒绝

国际

12—024

美国学生联合会　纽约地址

塞勒斯特·布拉克女士

马莱·亚德女士

9月11日

1. 呼吁抵制日货

2. 反对中立

3. 抑制战争

9月

全国执行委员会

卡尔法夫人　《今日中国》转

12—025

签名及地址

12—026

参观柯切兰青年劳动就业(Cye)基金会

驯狗为盲人引路

可利扎伯·苏丽文女士

海伦·凯勒

120,000 盲人

10,000 盲人会用狗引路

受过训练的狗

300 学生

每小时 3.5 英里　来回

詹姆斯·吉林斯　柯切兰学生会主席

12—027

沃尔特·戴维斯　校长

玛丽·洛卡特女士

柯切兰初级中学

12—028

10 月 14 日

罗伯特·戈什　青年会

W.J.海尔博士

L.A.洛布基

迈阿密大学

12—029

第 1 至 2 行：10 月 15 日　芝加哥

12—033

10 月 19 日

威廉斯

市政办公室长官

10 时或 11 时　电话

《芝加哥论坛》

吉恩·斯温霍塞尔　美国反战反法西斯联盟

莫里斯·塔普柴夫斯基

芝加哥林肯中心

12—035

布里格莱特　美中人民之友

鲁丝·米勒

玛丽·戈登

A.C.亚当　电影摄影联盟

12—036

10 月 21 日

迪尔伯恩　电话

12—037

10 月 22 日

艾·亨德利　芝加哥美国反战反法西斯联盟

诺尔曼·白求恩大夫　舒尔曼饭店 1407 室

22 日　上午 11 时前

马里尔·海蒙德雷杰先生

上海南京路

埃塞尔·曼斯菲尔德

12—038

10月23日

柏林2：00

12—039

第4至5行：明尼苏达州圣保罗农业大学农学系

12—040

10月25日

诺拉·熊

鲁丝·奥特斯基

鲁丝·艾德逊夫人

在哥伦比亚大学

老城房榭门旅馆

12—041

10月26日

英国士兵麦克高文上星期日—10月23日被杀　日本占领太原　切断南北铁路交通

12—043

10月28日

帕默会堂

进步教育协会

雷迪弗

罗格

12—046

11月1日

午夜从克利夫兰启程~12日　下午5时

E.怀王

劳林斯先生

美国石油研究所

11月8~12日　芝加哥斯蒂文斯旅馆举行八届年会2000石油业人员

12—047

11月2日

美国青年大会　15,000,000

美国反战反法西斯同盟3,500,000

美国劳联3,500,000

美国产联4,000,000

26,000,000

黑人大会14,000,000

40,000,000

12—048

约翰·艾尔登·卡本托夫人

约塞夫·瓦特塞卡　芝加哥美国青年大会主席　地址

贝尔内斯·鲁斯　美中人民之友社　地址

12—049

威廉·辛克莱　美国青年大会全国主席　纽约地址

12—050

第 1 至 10 行：11 月 3 日

西北大学

文碧贞　福州华南大学

多鲁赛·威尔金森

克伯屈教授　西北大学

12—051

程锡康

由西希伯利神学院转

张香兰女士

由加勒特宿舍转

12—052

1. 卫理公会青年全国理事会

2. 埃普沃史联盟

3. 基督教女青年会

12—053

末行：霍纳曼先生　南京皇家

12—054

第 3 行起：赫斯特·斯波瑞

业务电话号码

找赫斯弗·洛里斯小姐

12—055

魏璐诗　纽约地址

沙拉·休尔瑞

汉那·约瑟夫　地址

乔治·C.斯夸亚尔　纽约布鲁克林地址

罗依·奥格林　纽约布鲁克林地址

12—056

J.纽曼　纽约布鲁克林地址

比阿特里斯·弗里曼　纽约布鲁克林地址

12—058

11 月 9 日

芬莱先生　列克星敦大街 1 号

下午 6 时 20 分

马丁·卢塞斯　纪念日组织副主席

12—059

11 月 10 日

下午 3 时

纽约大学

12—060

11 月 11 日

克利夫兰

第一次世界大战停战纪念日

米洛·W.拉塞洛普　产联专职人员　纽约地址

1937 年 12 月 2 日

1. 80%中等收入

2. 起重工人

3. 降低工资

12—061

11 月 12 日

上午 10 时 20 分　离开克利夫兰

下午 10 时 40 分　到华盛顿哥伦比亚特区

余为各人名地址

12—062

第 2 行：去加拿大的护照

末 4 行：上午 1 时　离开 B 和 O

4 时 37 分　到达费城和韦恩交叉处

6 时 7 分　离开

8 时 29 分　到达伯利恒

12—063

第 5 行起：1914 年世界大战

3,000 亿美元

2,600 万生命

为和平而战

战斗的和平主义者为和平而战

无孤立的可能

国内的和平取决于国外的和平

爱好和平的国家保卫西班牙和中国的民主道义和经济力量联合在世界民主一边

10 亿人民为国家领土完整拒绝贸易或帝国主义

12—064

林语堂、神学会、《中国大众新闻》、《今日中国》、C.Y.陈、索洛维里夫夫人等通讯录

12—065

第 1 至 10 行：南京皇家饭店、杜威教授等人通讯录

第 11 行起：11 月 14 日　布法罗

通过理发师宣传孙中山

罗菲·泽维尔·吉辛　巴尔的摩地址

12—066、067

1937 年 10 月 16 日

我们应否封锁日本

诺曼·戴维思促使亨利·L.史汀生支持罗斯福—赫尔的动议

美国国务院和英国外交部：

总统和国务卿与海军首领在上海冲突发生时进行的讨论，罗斯福总统要求海军对日本采取战略封锁，海上封锁由国际联盟或九国公约签字国授权。两个舰队以新加坡和巴拿马为基地。石油——原属荷兰皇家壳牌石油公司管辖的东印度石油公司，转由英国海军管辖：没有经过战争。

罗斯福总统（认为）：公众舆论尚未形成。国务卿赫尔（认为）：人们可指望日本犯错误。英国犹豫：整个舰队在波罗的海和地中海，最后同意派 2 艘重巡洋舰，2 个驱逐舰中队，2 或 3 艘战舰，意大利潜水艇，英国海军部犹豫，期待美国带头

12—068、069

1937年10月2日

日本对外贸易入超，6个月内640,000,000日元，日本丝绸的55%用于出口，其中85%供给美国，美国用丝的97%以上来自日本

雷马斯代替了素色里尔线，里尔线织的袜子可能买到。瓷器、电灯泡、服装饰物、花托盘、家用机件、鱼、蟹肉、地毯、玩具、圣诞树装饰品。切勿买丝制品

12—074

末3行：罗伯特地址

12—075

联合抵制日货

克雷斯吉600家商店抵制日本瓷器

康斯蒂冈先生　丝绸街

生丝$59,419,000　（截至7月30日的七个月中）

棉布$3,607,000　每天工作14~18小时　每周$8　廉价劳动力

玩具$1,092,000　（7个月）

美国蒙大那州个体零售商协会建议纽约杂货商人协会抵制日货

12—076

中国、比利时、法国、莫斯科、印度的夜邮价目

12—077

D.埃里斯　芝加哥地址

晚上：9时16分　阿伦敦

上午5时28分　尼加拉瀑布

上午8时10分　多伦多

白天：1时30分　阿伦敦

下午9时35分　布法罗

上午5时15分

上午8时10分　多伦多

12—079

第5行起：芝加哥日程

10月22日　下午8时交响乐厅卡拉文去西班牙

10月24日　下午2时30分摩里逊饭店

拉尔夫·贝茨讲演

10月28日　帕默会堂

10月30日　圣保罗

11月3日　埃文斯顿绿叶

11月5日　纽约市

11月10日　10时30分~11时25分，11时55分~12时

11月11日　克利夫兰

11月12日　华盛顿　特雷斯德尔　地址

11月26日　纽约朋友

11月20日　下午7时旅顺楼

11月17日　午　佩恩

12—080

第1至8行：11月3日　12时

凡拉·麦高温茶叶店

桑登·W.马里姆　地址

11 月 3 日　哈里斯楼 107 室 埃文斯顿

加雷特先生

《圣经》研究会

11 月 10 日　下午 3 时　学校教育管理

12 时 30 分　C.Y.陈

11 月 8 日　下午 8 时 30 分　星期一　西 23 路街 168 号

12—081、082

泰勒夫人、中国银行、陈翰笙、雷德菲尔等的通讯地址

12—083

此页为行车时刻、行李号等

衡備忘

第十三册

1937.11.14~1937.12.7

13-001

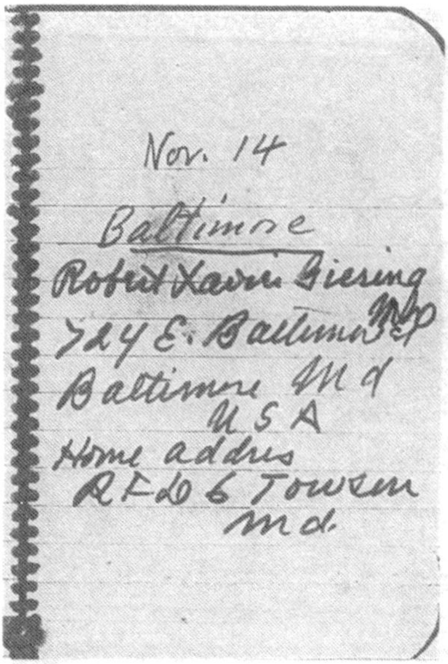
Nov. 14
Baltimore
Robert Xavier Giering M.D.
724 E. Baltimore St
Baltimore Md
U.S.A
Home address
RFD 6 Towson
Md.

13-002

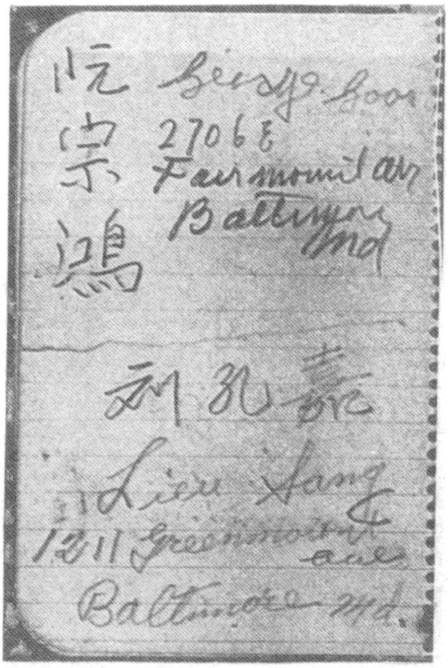
阮宗鴻
2706 E
Fairmount ave
Baltimore
Md
刘孔嘉
Liu Kang
1211 Greenmount
ave
Baltimore Md.

13-003

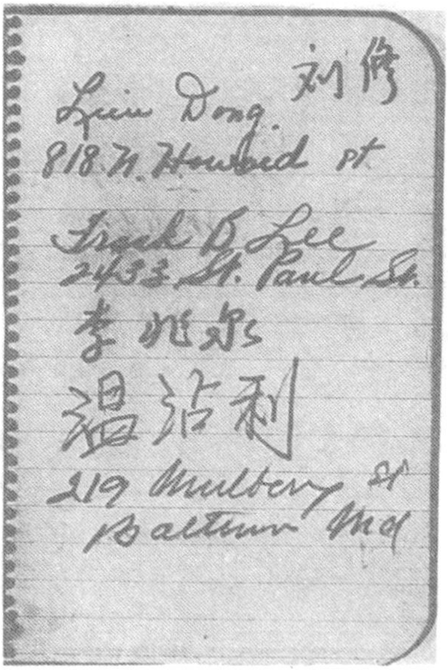
Liu Dong 刘修
818 N. Howard st
Frank B. Lee
2433 St. Paul St.
温站利
219 Mulberry st
Baltimore Md

13-004

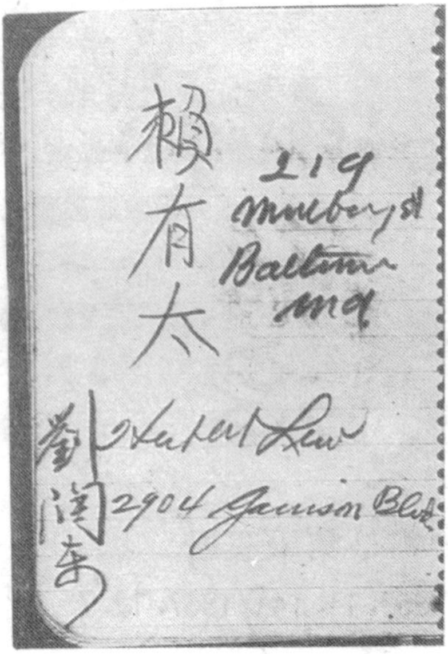

13-005

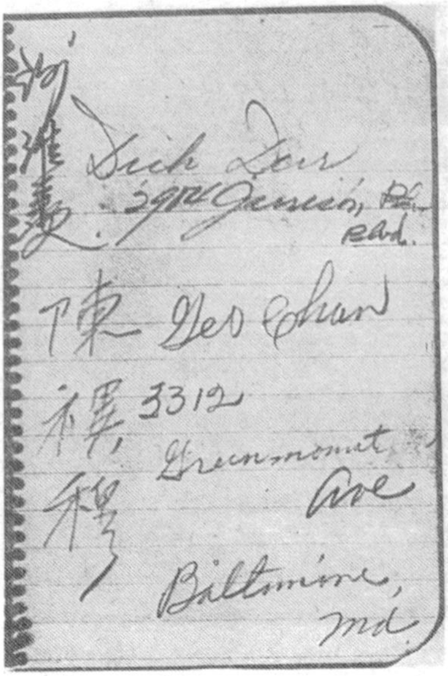

13-006

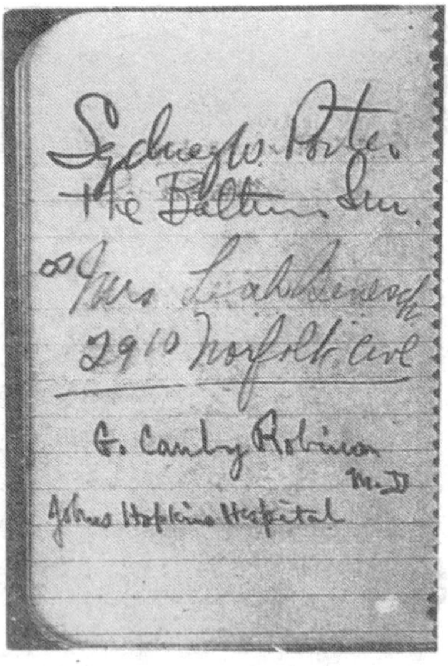

13-007

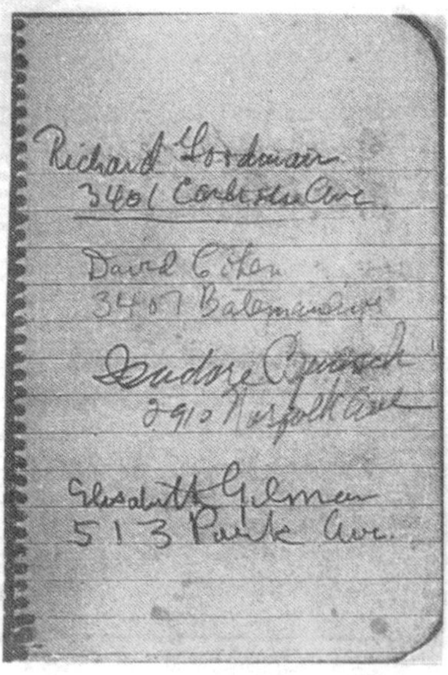

13-008

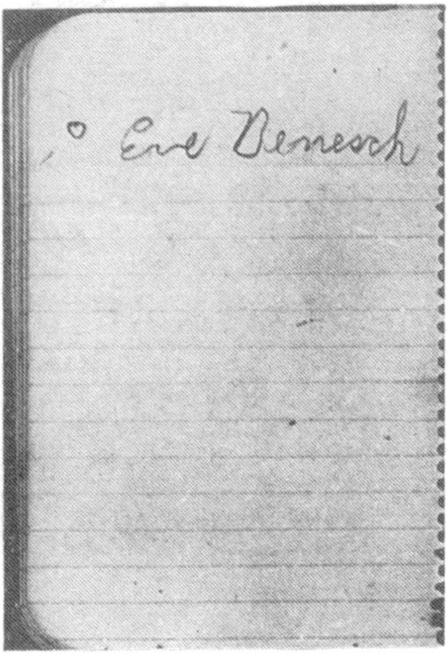

13-009

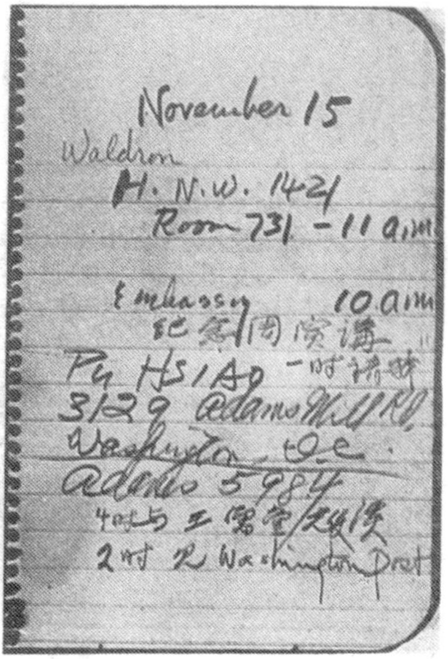

13-010

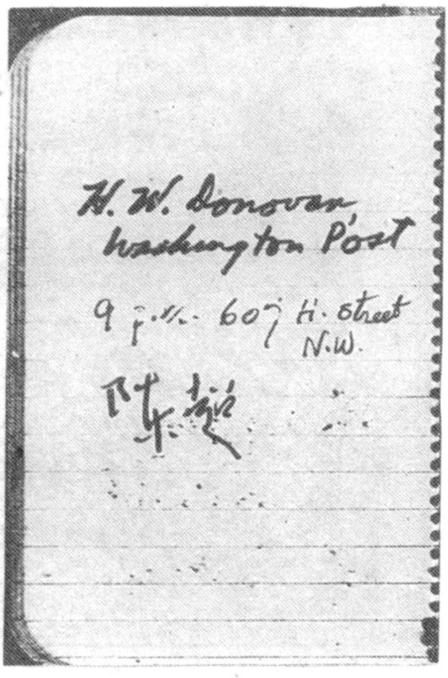

13-011

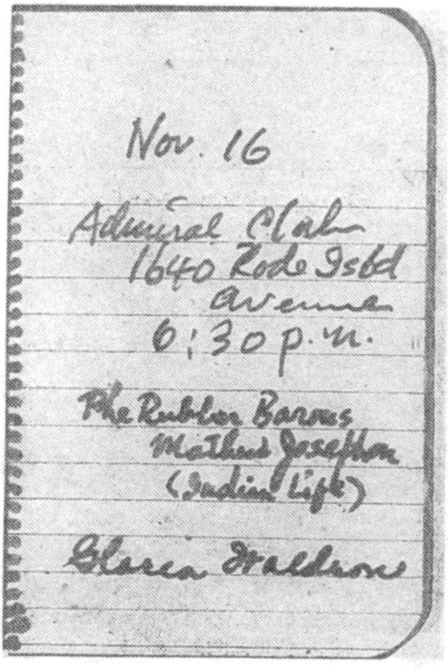

13-012

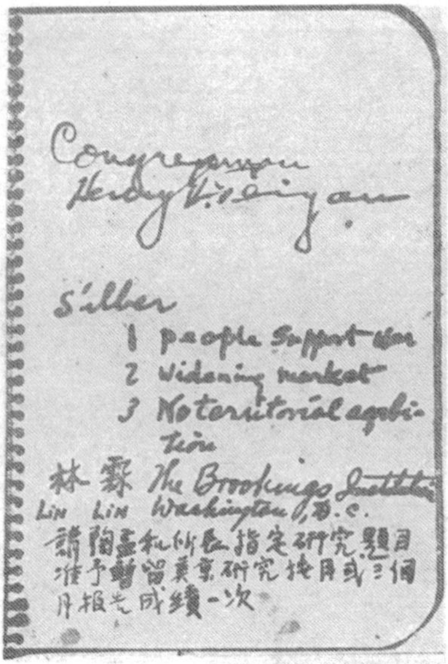

13-013

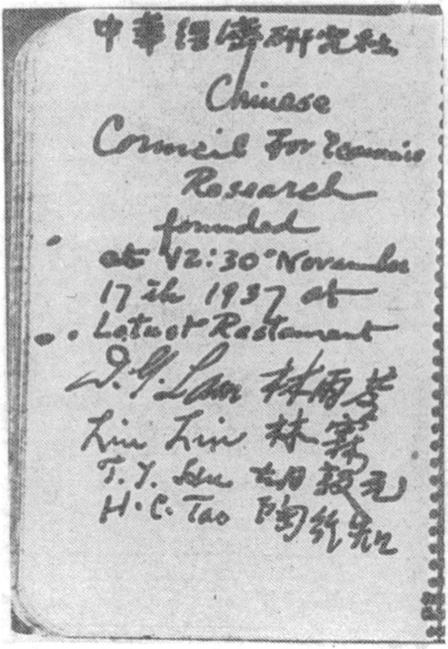

13-014

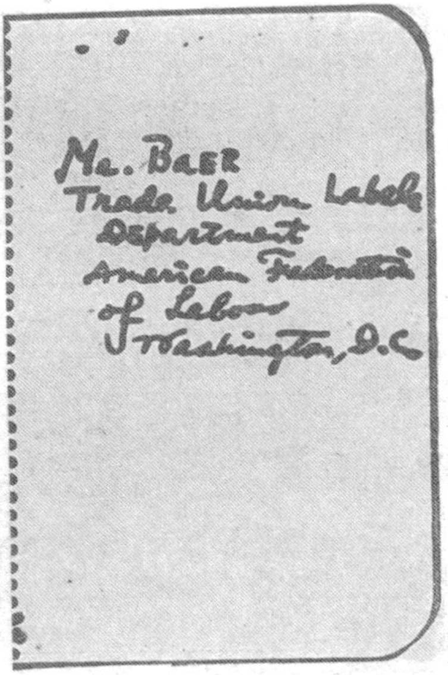

13-015

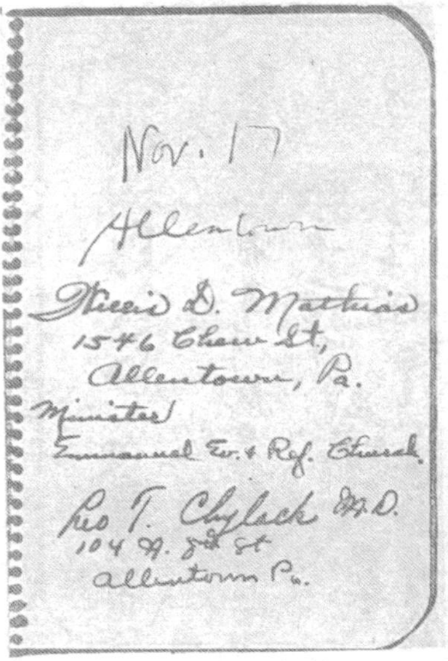

13-016

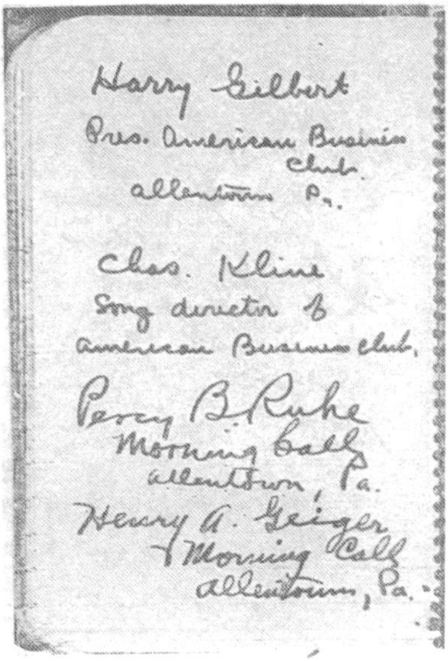
Harry Gilbert
Pres. American Business Club
Allentown Pa.
Chas. Kline
Song director of American Business club.
Percy B. Ruhe
Morning Call
Allentown, Pa.
Henry A. Geiger
Morning Call
Allentown, Pa.

13-017

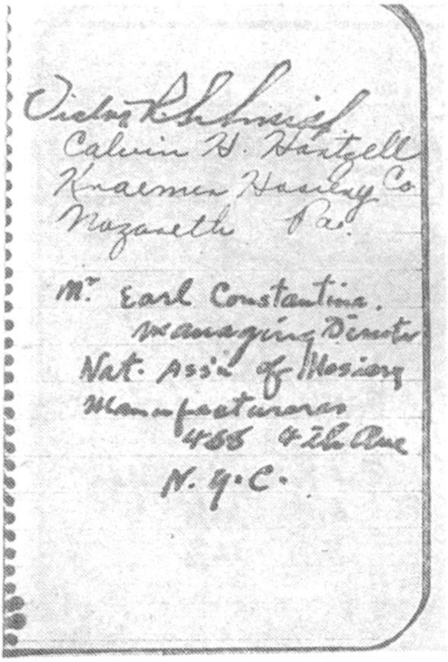
Calvin H. Hartzell
Kraemer Hosiery Co
Nazareth Pa.
Mr. Earl Constantine.
Managing Director
Nat. Ass'n of Hosiery
Manufacturers
468 4th Ave
N.Y.C.

13-018

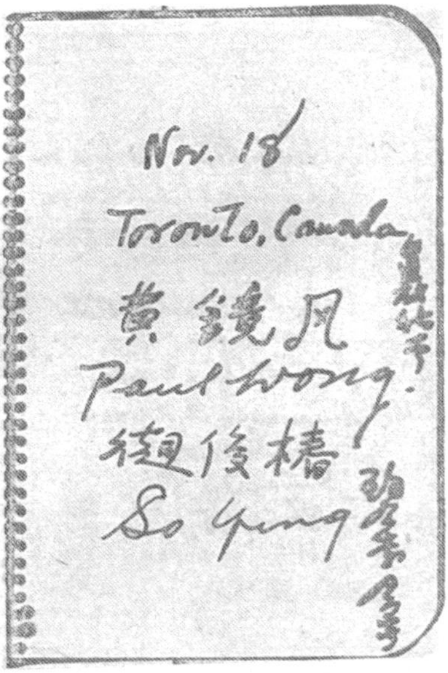
Nov. 18
Toronto, Canada
黄镜风
Paul Wong
蘇俊椿
So Yung

13-019

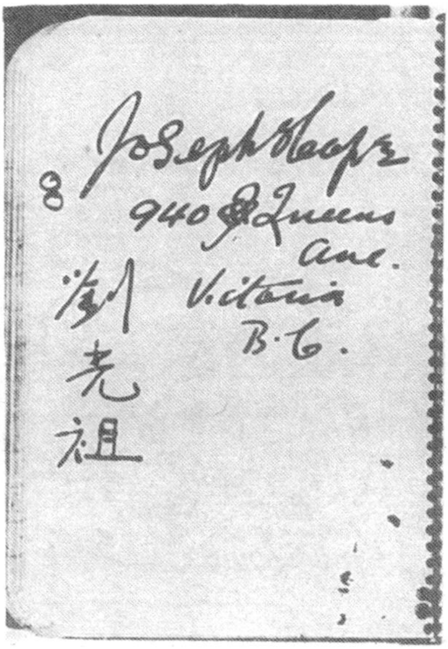
8
Joseph Hope
940 Queens Ave.
Victoria B.C.
劉光祖

13-020

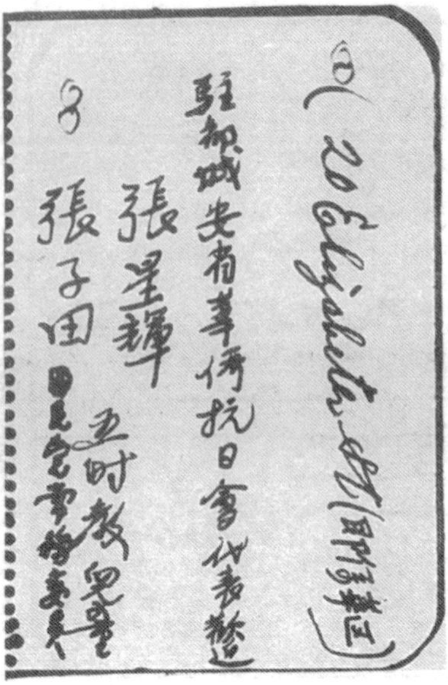

13－021

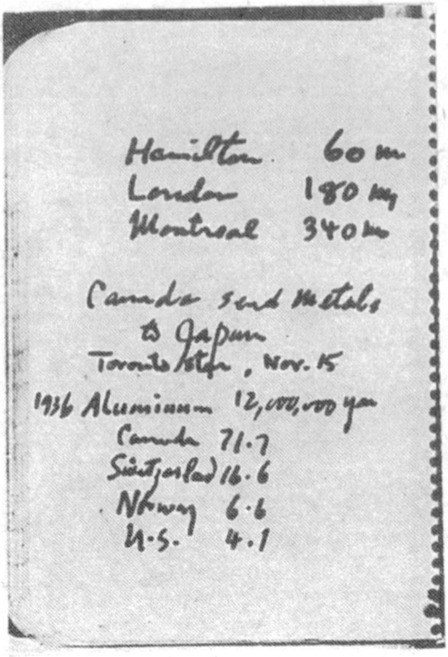

13－022

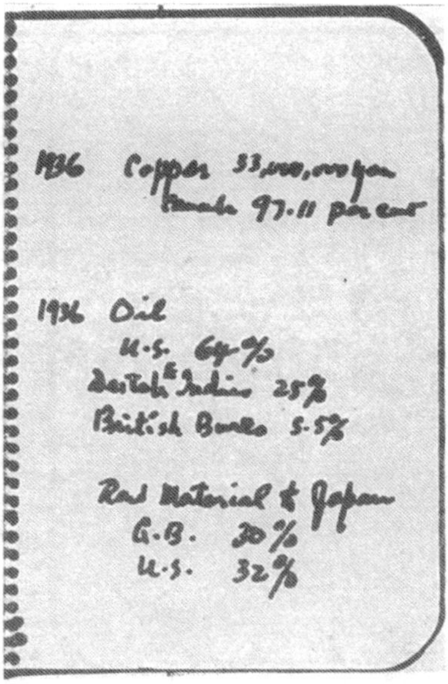

13－023

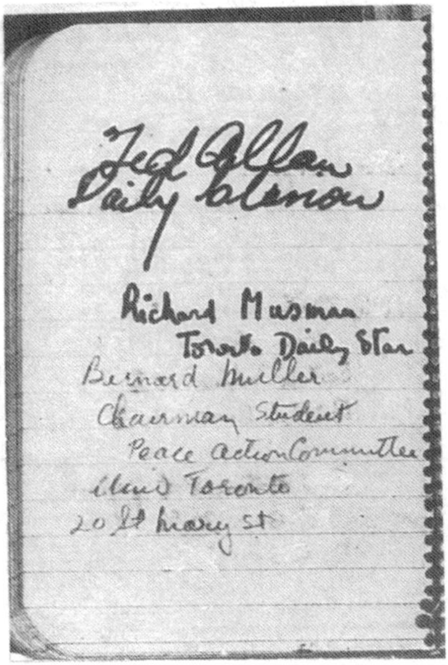

13－024

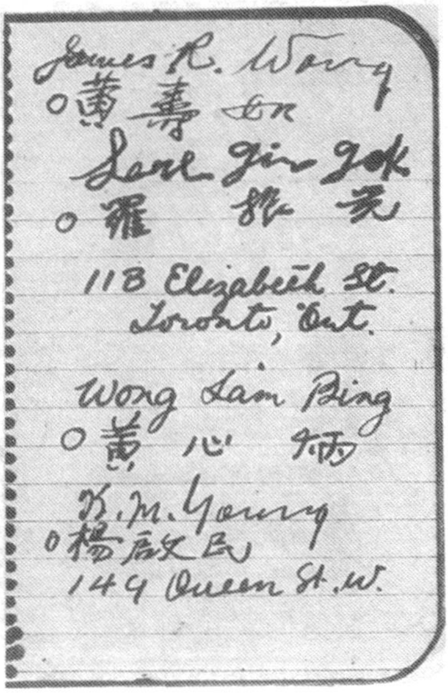

13-025

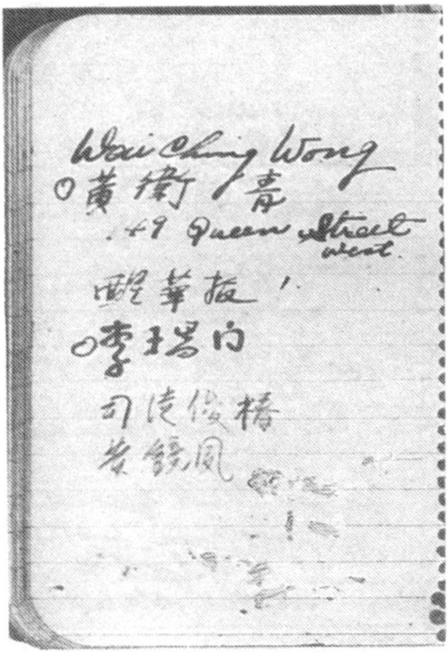

13-026

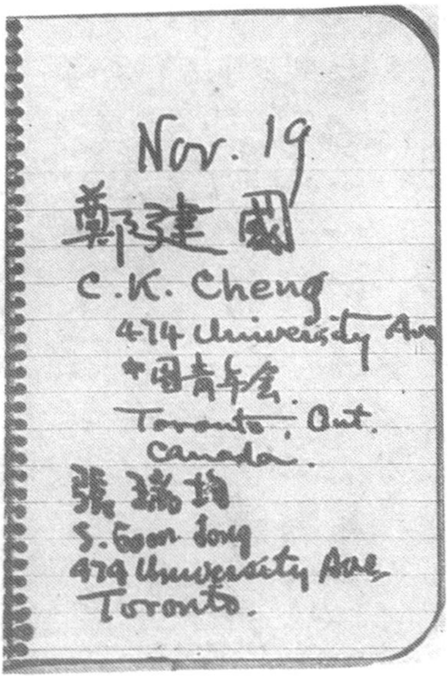

13-027

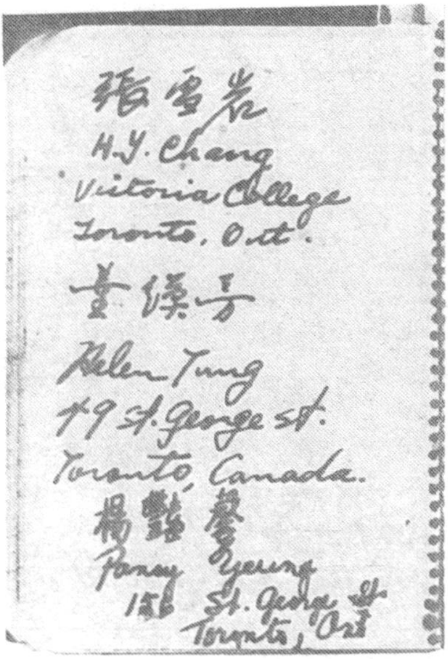

13-028

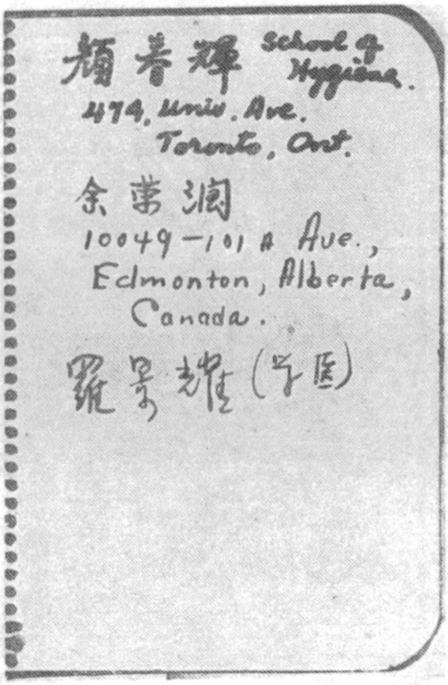
顏春輝 School of Hygiene.
474, Univ. Ave.
Toronto, Ont.
余崇潤
10049-101 A Ave.,
Edmonton, Alberta,
Canada.
羅景耀（学医）

13-029

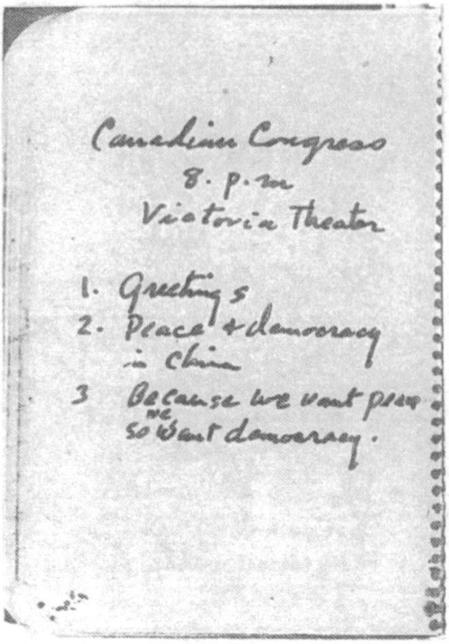
Canadian Congress
8. p.m
Victoria Theater

1. Greetings
2. Peace & democracy in China
3 Because we want peace we want democracy.

13-030

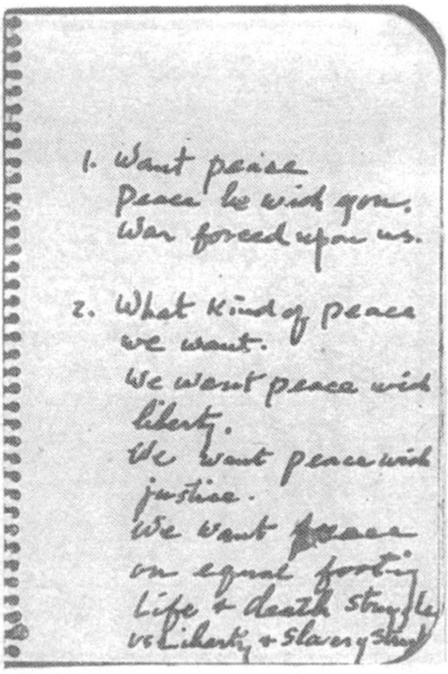
1. Want peace
Peace be with you.
War forced upon us.

2. What kind of peace we want.
We want peace with liberty.
We want peace with justice.
We want ~~peace~~ on equal footing
Life & death struggle vs Liberty & Slavery Struggle

13-031

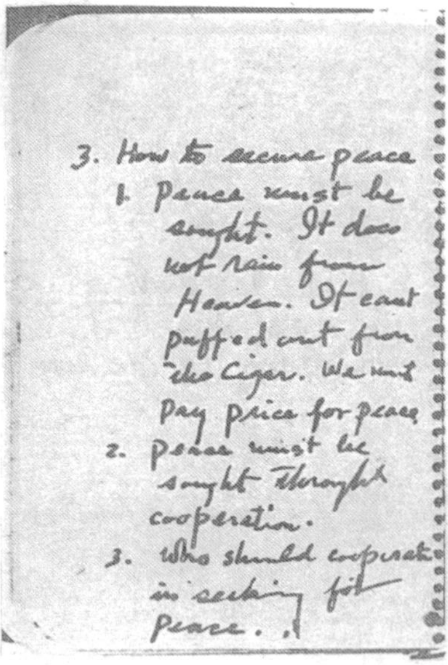
3. How to secure peace
1. Peace must be sought. It does not rain from Heaven. It can't puffed out from the cigar. We must pay price for peace
2. Peace must be sought through cooperation.
3. Who should cooperate in seeking for peace.

13-032

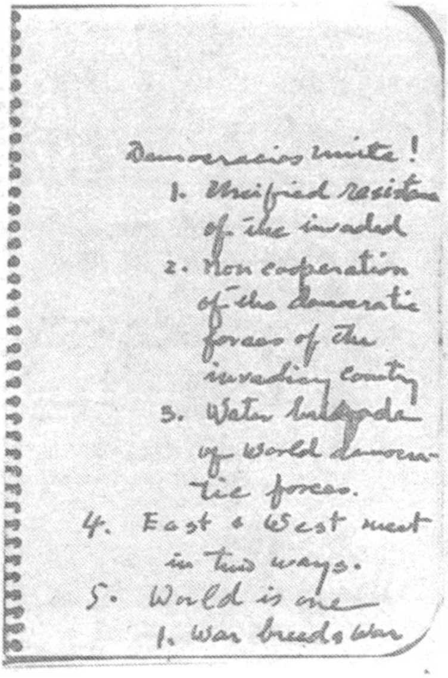
Democracies unite!
1. Unified resistance of the invaded
2. Non cooperation of the democratic forces of the invading country
3. Water blockade of world democratic forces.
4. East & West meet in two ways.
5. World is one
1. War breeds war

13-033

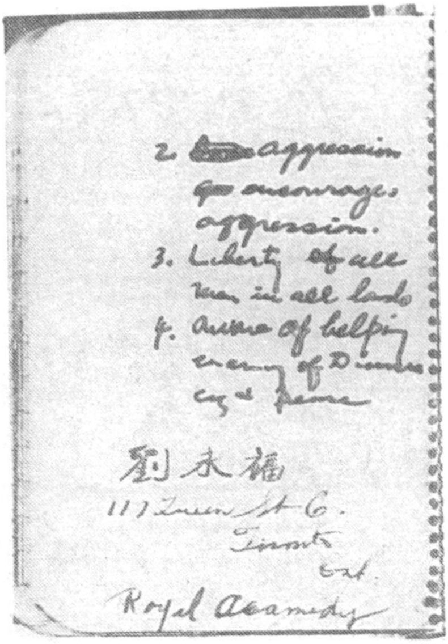
2. aggression to encourage aggression.
3. Liberty of all men in all lands
4. Crime of helping enemy of Democracy & peace

劉永福
117 Queen St E.
Toronto
Ont.
Royal Academy

13-034

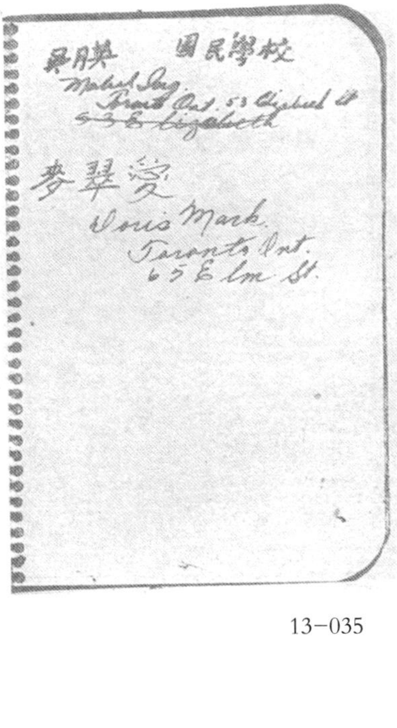
吳月英　國民學校
Mabel Ng
Toronto Ont. 53 Elizabeth St
~~53 Elizabeth~~
麥翠愛
Doris Mark
Toronto Ont.
65 Elm St.

13-035

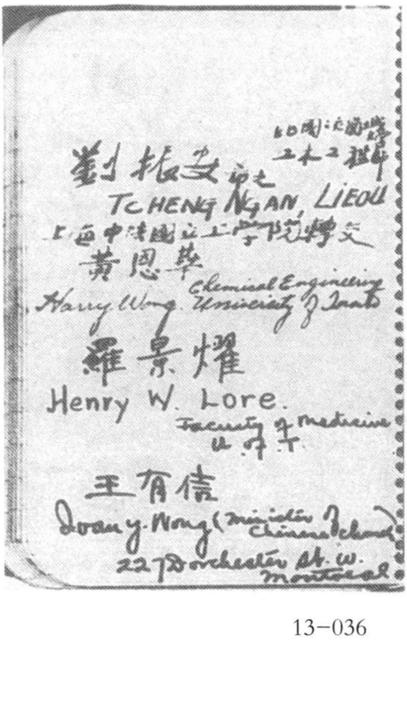
劉振安
TCHENG NGAN, LIEOU
黄恩華
Harry Wong. Chemical Engineering University of Toronto
羅景燿
Henry W. Lore.
Faculty of medicine U. of T.
王有信
Joan y. Wong (minister Chinese Church)
227 Dorchester St. W.
Montreal

13-036

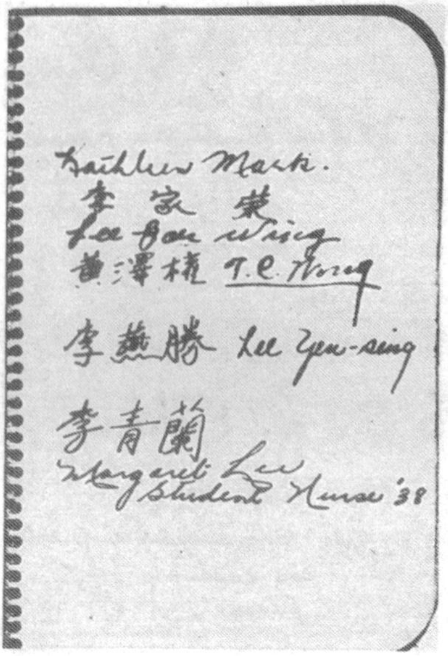
Kathleen Mack.
李家荣
Lee Gar Wing
黄澤楠 T.C. Wong
李燕勝 Lee Yen-sing
李青蘭
Margaret Lee
Student Nurse '38

13-037

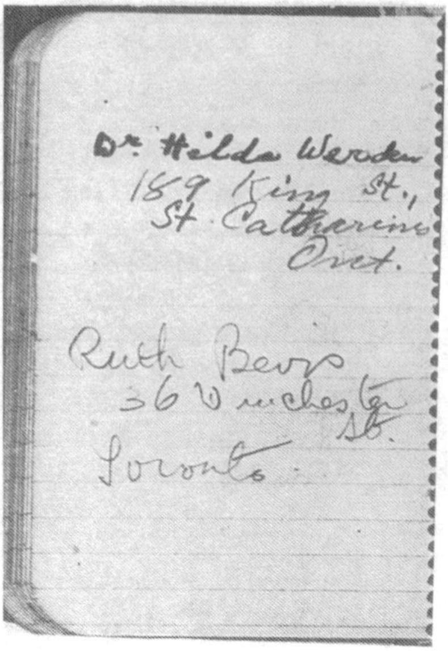
Dr. Hilda Warden
189 King St.,
St. Catharines
Ont.
Ruth Berry
36 Winchester St.
Toronto

13-038

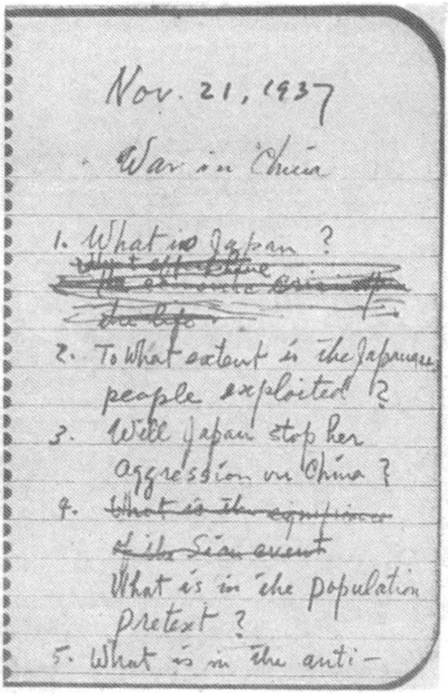
Nov. 21, 1937
War in China
1. What is Japan?
2. To what extent is the Japanese people exploited?
3. Will Japan stop her aggression in China?
4. ~~What is the significance of the Sian event~~
What is in the population pretext?
5. What is in the anti-

13-039

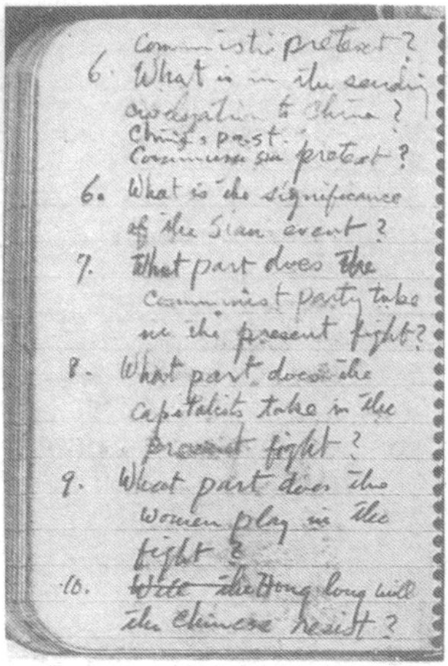
Communistic pretext?
6. What is in the sending civilization to China?
China's past.
Communism pretext?
6. What is the significance of the Sian event?
7. What part does the Communist party take in the present fight?
8. What part does the capitalists take in the present fight?
9. What part does the women play in the fight?
10. ~~Will the~~ How long will the Chinese resist?

13-040

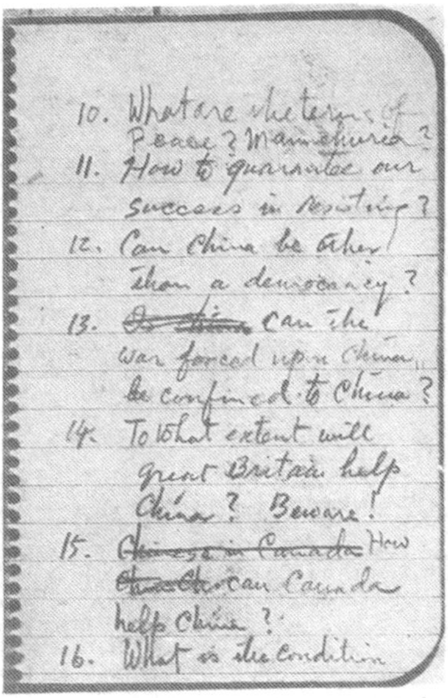
10. What are the terms of Peace? Manchuria?
11. How to guarantee our success in resisting?
12. Can China be other than a democracy?
13. ~~[illegible]~~ Can the war forced upon China be confined to China?
14. To what extent will Great Britain help China? Beware!
15. ~~Chinese in Canada~~ How ~~[illegible]~~ can Canada help China?
16. What is the condition

13-041

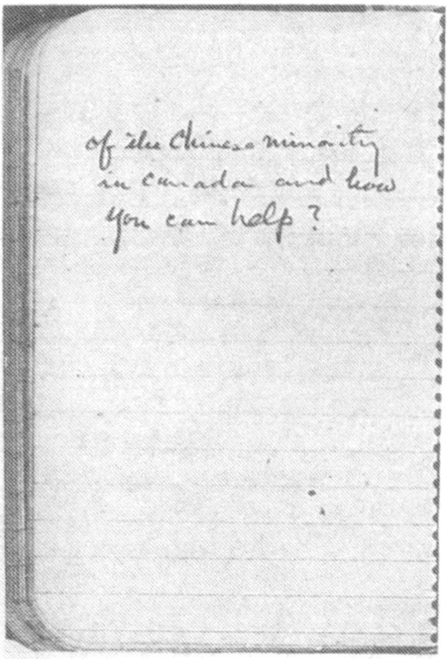
of the Chinese minority in Canada and how you can help?

13-042

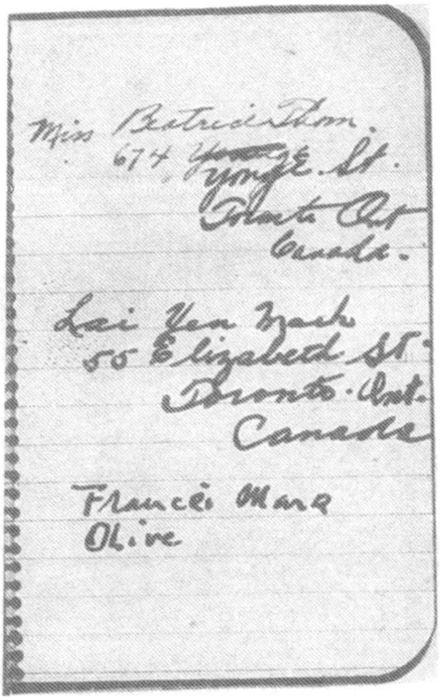
Miss Beatrice Thom.
674 ~~Yonge~~ Yonge St.
Toronto Ont
Canada.

Lai Yen Yach
55 Elizabeth St.
Toronto. Ont.
Canada

Frances Mara
Olive

13-043

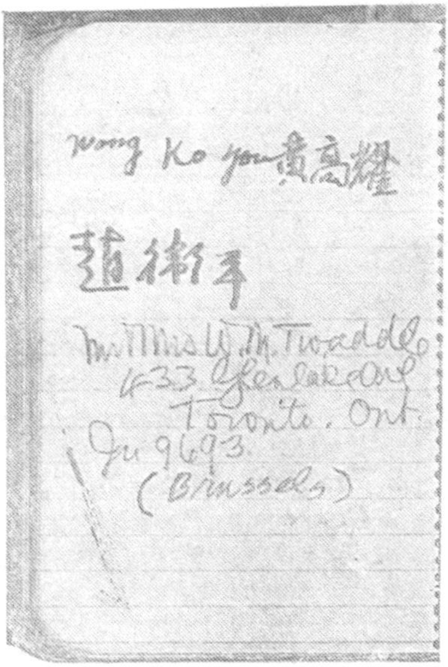
Wong Ko you 黄高耀

趙衛平

Mr. Mrs W. M. Twaddle
433 Glenlake Ave
Toronto, Ont.
Ju 9693
(Brussels)

13-044

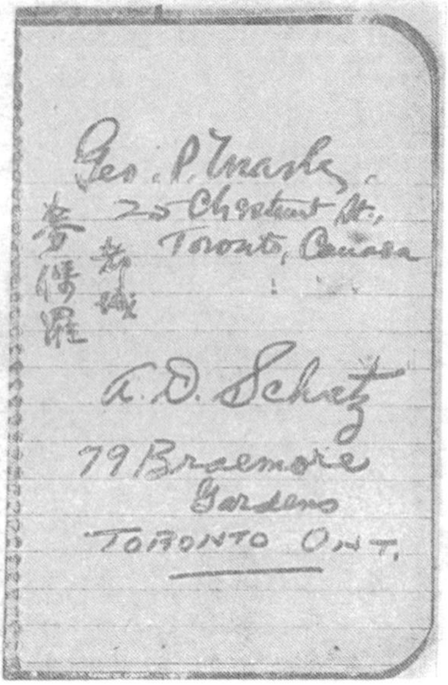
Geo. P. Maske
25 Chestnut St.,
Toronto, Canada
麥偶羅 新城
A. D. Schetz
79 Braemore
Gardens
TORONTO ONT.

13－045

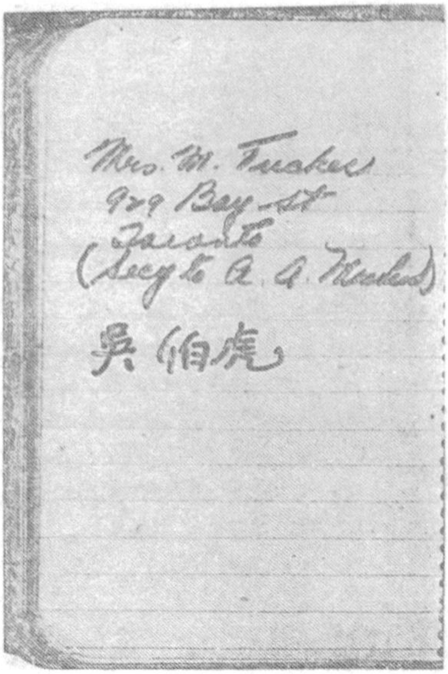
Mrs. M. Frakes
929 Bay St
Toronto
(Secy to A. A. MacLeod)
吳伯虎

13－046

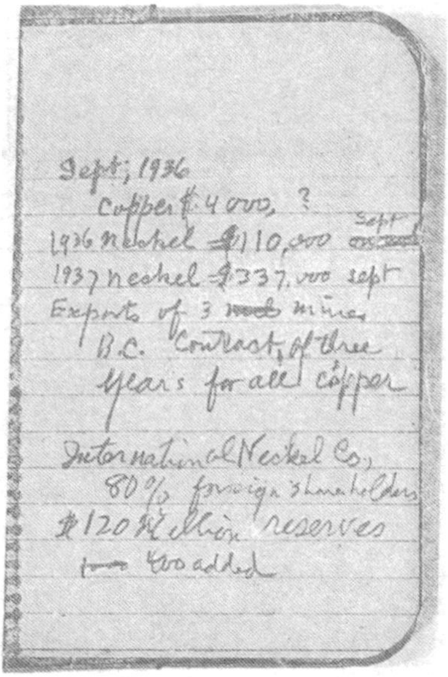
Sept, 1936
copper $4000, ?
1936 nickel $110,000 Sept
1937 nickel $337,000 sept
Exports of 3 mines
B.C. Contract, of three
years for all copper
International Nickel Co,
80% foreign shareholders
$120 Million reserves
400 added

13－047

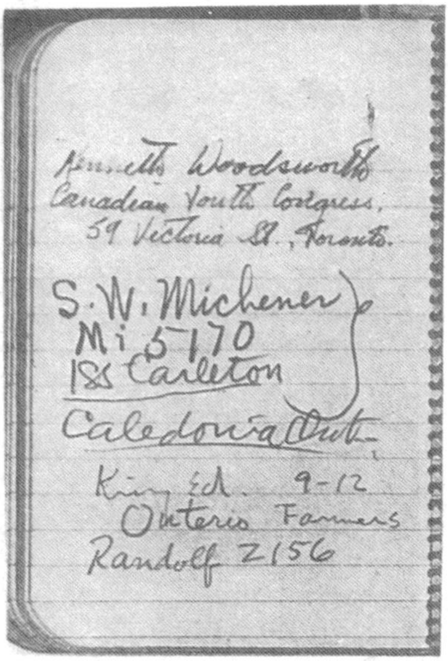
Kenneth Woodsworth
Canadian Youth Congress,
59 Victoria St., Toronto.
S. W. Michener
Mi 5170
188 Carleton
Caledonia Ont.
King Ed. 9-12
Ontario Farmers
Randolf 2156

13－048

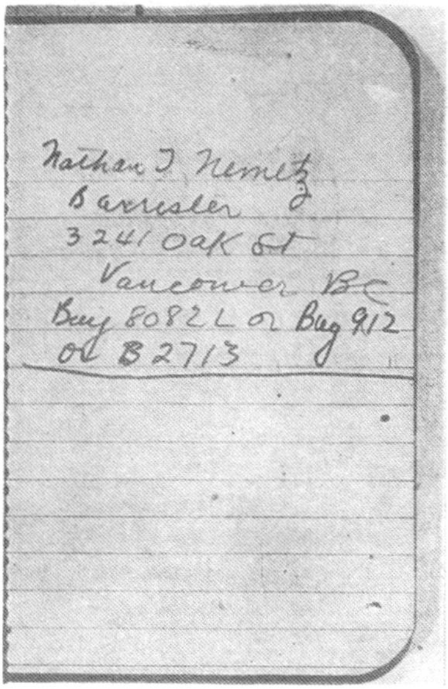

13－049

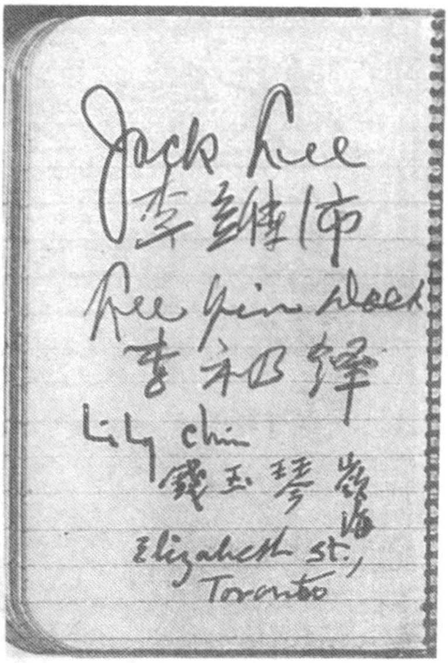

13－050

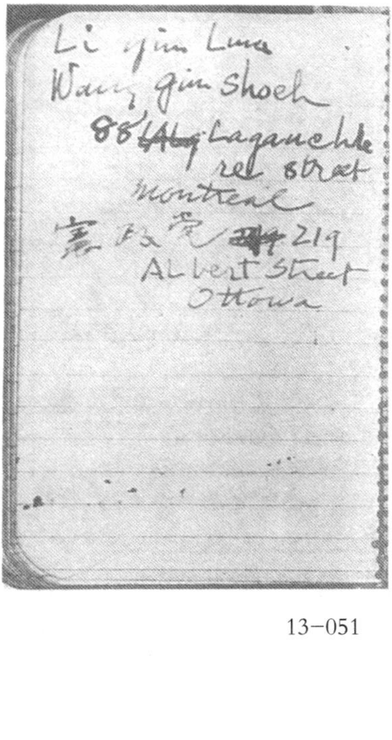

13－051

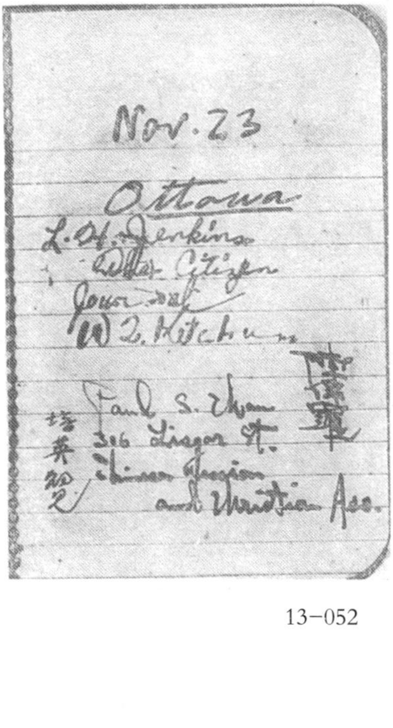

13－052

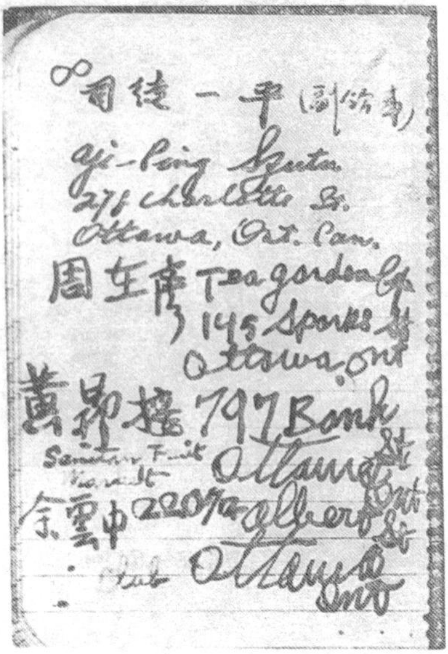

13-053

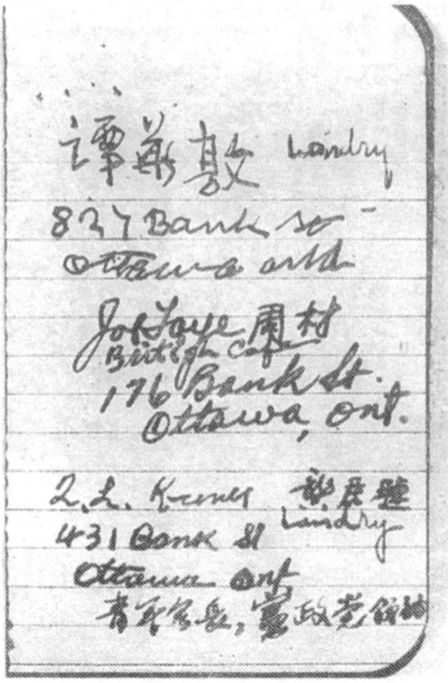

13-054

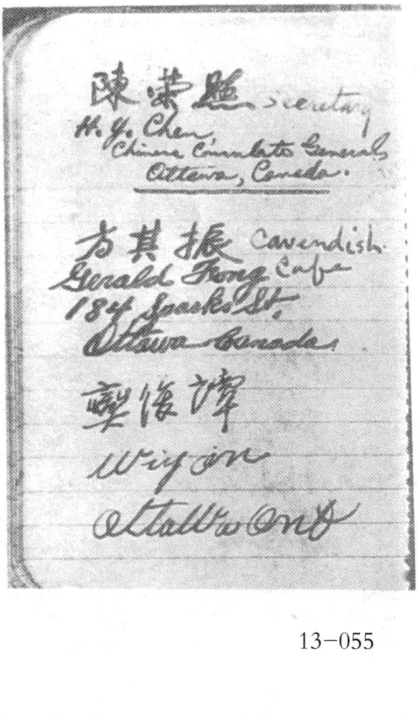

13-055

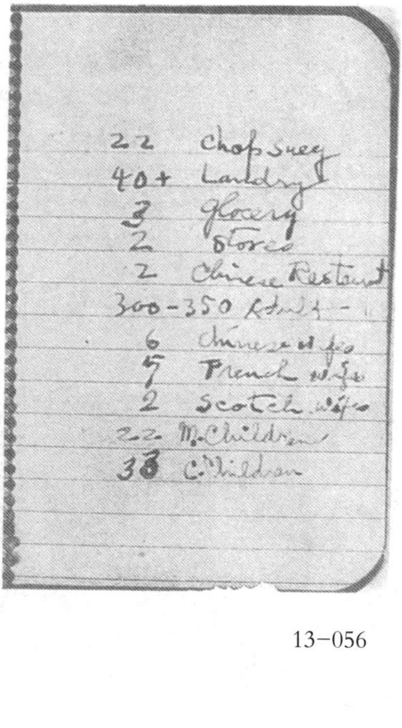

13-056

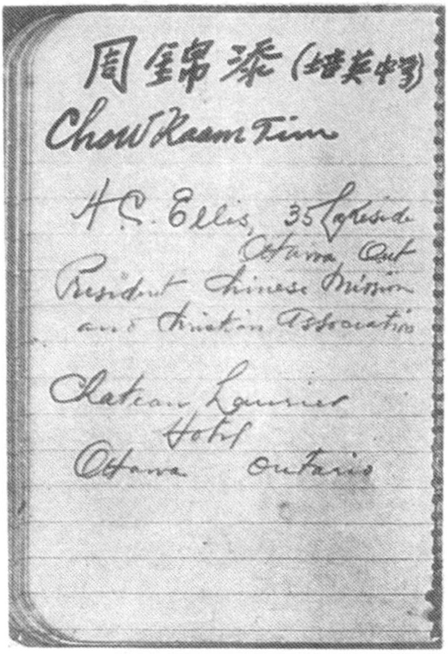

周錦添（培英中学）
Chow Kaam Tim
H.C. Ellis, 35 Lakeside
Ottawa Ont
President Chinese Mission
and Christian Association
Chateau Laurier
Hotel
Ottawa Ontario

13-057

梁少强

13-058

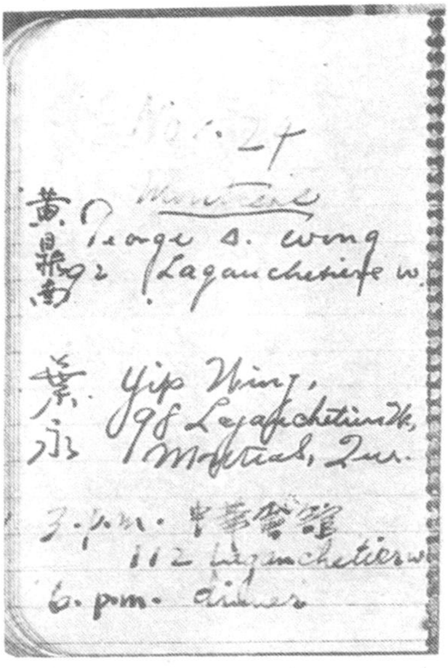

Nov. 24
Montreal
黄鼎南 George S. Wong
92 Lagauchetiere W.
葉永 Yip Wing,
98 Lagauchetiere W.,
Montreal, Que.
3 p.m. 中華會館
112 Lagauchetiere W
6 p.m. dinner

13-059

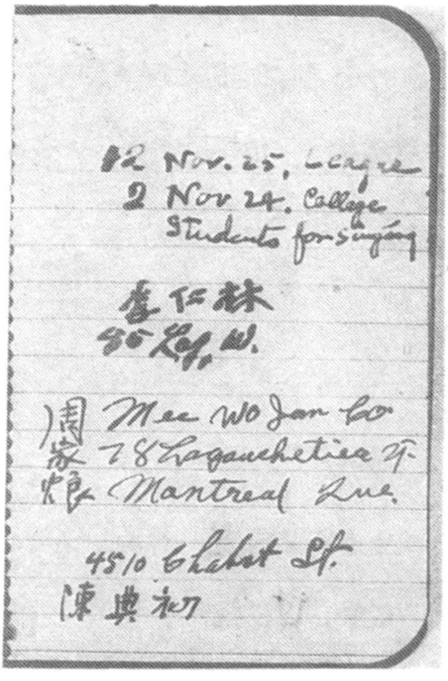

12 Nov. 25, League
2 Nov 24, College
Students for singing
李仁林
80 Lag. W.
周家焕 Mee Wo Jan Co
78 Lagauchetiere W.
Montreal Que.
4510 Chabot St.
陳典初

13-060

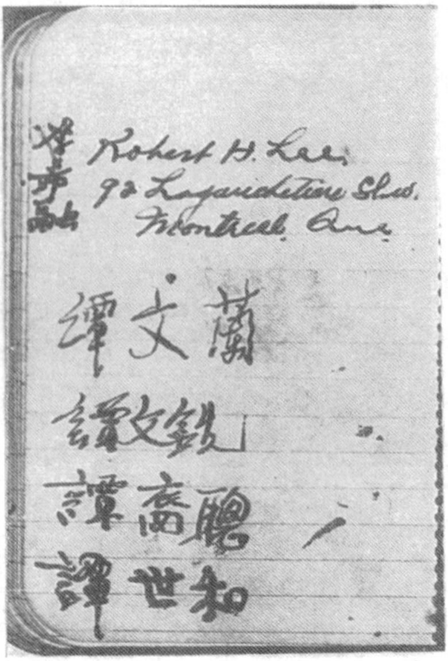

13-061

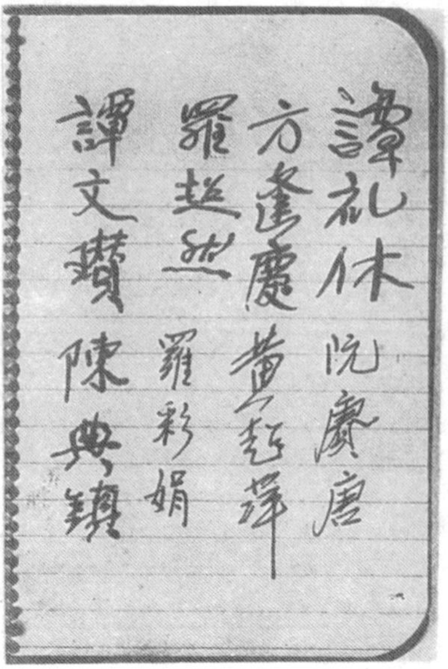

13-062

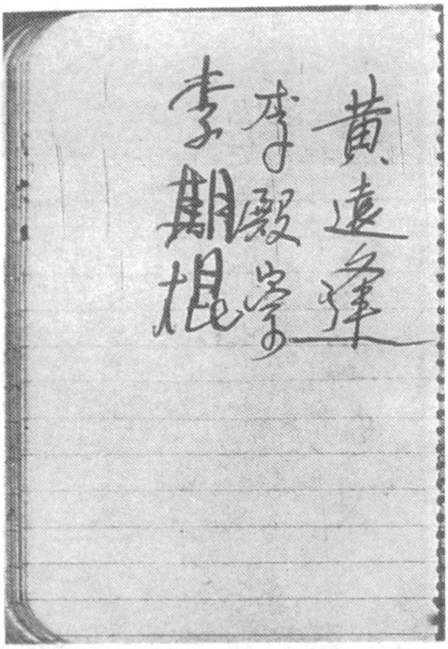

13-063

13-064

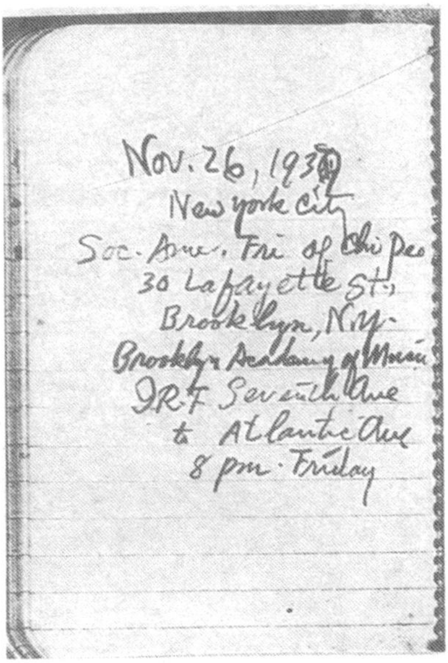
Nov. 26, 1937
New york city
Soc. Ame. Fri of Chi Peo
30 Lafayette St.,
Brooklyn, N.Y.
Brooklyn Academy of Music
IRT Seventh Ave
to Atlantic Ave
8 pm. Friday

13-065

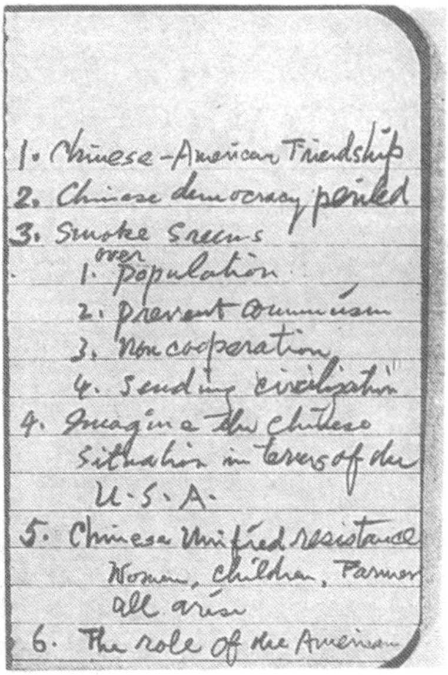
1. Chinese-American Friendship
2. Chinese democracy ~~poiled~~
3. Smoke Screens
over
1. population
2. prevent communism
3. Non cooperation
4. sending "civilization"
4. Imagine the Chinese situation in terms of the U.S.A.
5. Chinese Unified resistance
Women, children, Farmer
all arise
6. The role of the American

13-066

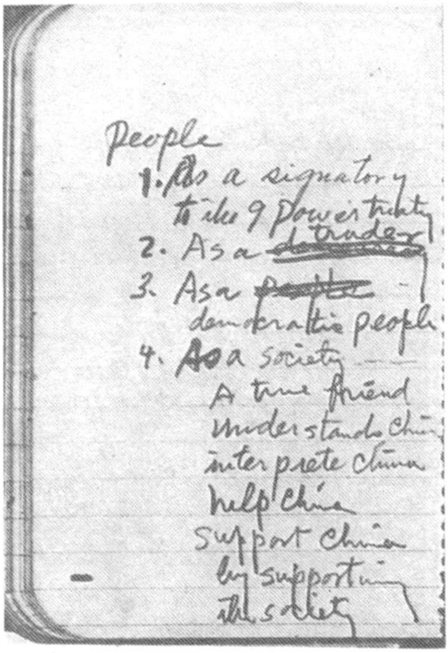
People
1. As a signatory to the 9 Power treaty
2. As a ~~trader~~
3. As a ~~[illegible]~~ democratic people
4. ~~As~~ a society
A true friend
understands China
interprete China
help China
Support China
by supporting
the society

13-067

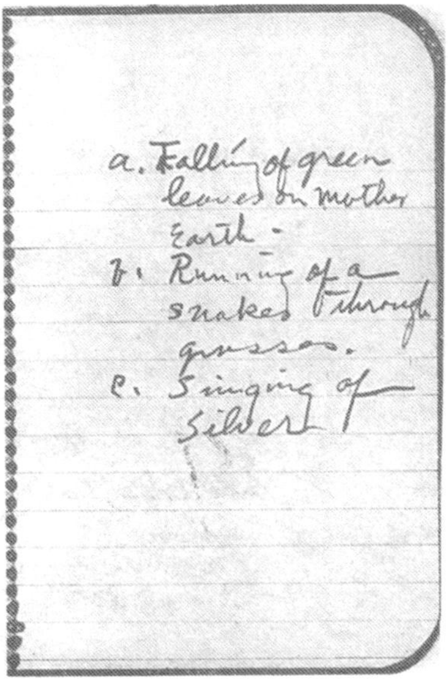
a. Falling of green leaves on mother Earth.
b. Running of a snake through grasses.
c. Singing of silver

13-068

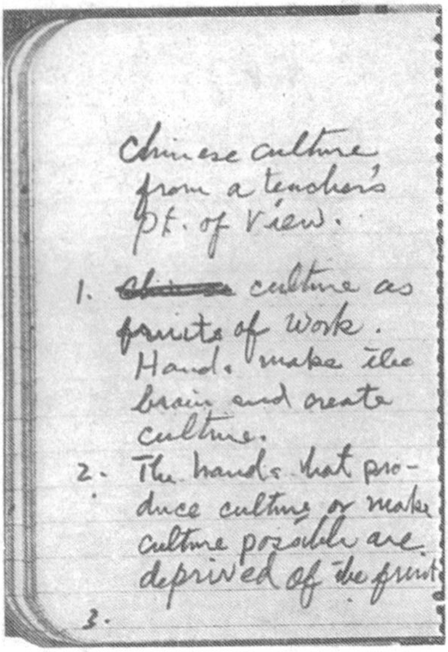

Chinese culture
from a teacher's
pt. of view.

1. ~~Chinese~~ culture as
fruits of work.
Hands make the
brain and create
culture.
2. The hands that pro-
duce culture or make
culture possible are
deprived of the fruit
3.

13-069

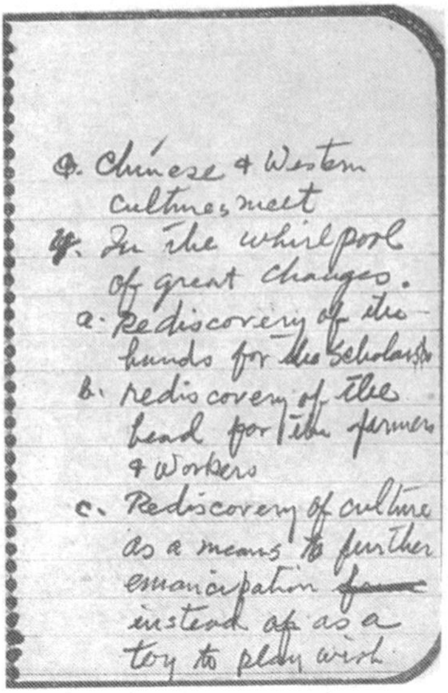

3. Chinese & Western
cultures meet
4. In the whirlpool
of great changes.
a. Rediscovery of the
hands for the scholars
b. rediscovery of the
head for the farmers
& workers
c. Rediscovery of culture
as a means to further
emancipation ~~for~~
instead of as a
toy to play with

13-070

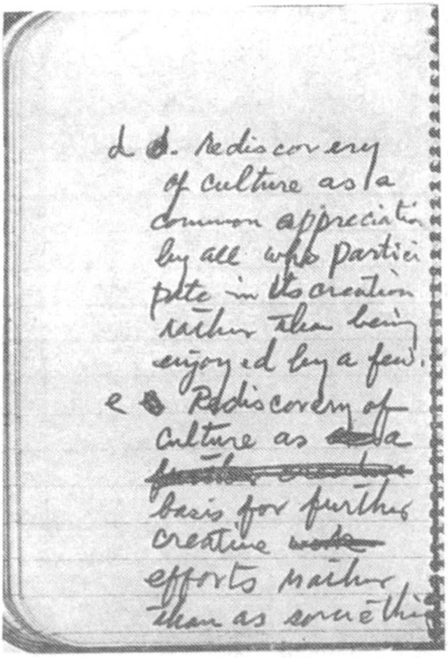

d ~~5~~. Rediscovery
of culture as a
common appreciation
by all who partici
pate in its creation
rather than being
enjoyed by a few.
e ~~6~~ Rediscovery of
culture as ~~a~~ a
~~further creative~~
basis for further
creative ~~work~~
efforts rather
than as somethi

13-071

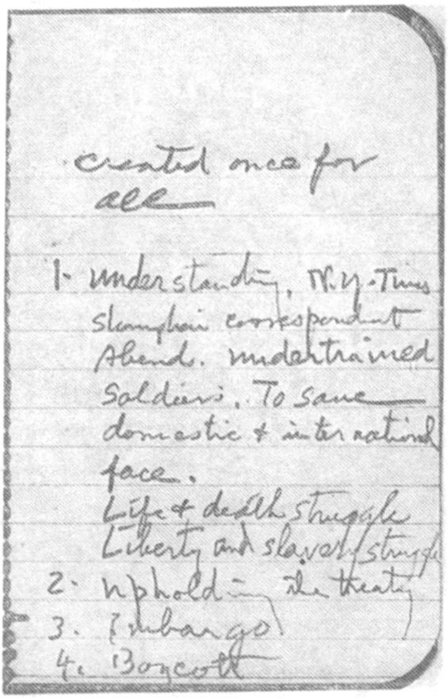

created once for
all

1. understanding, N.Y. Times
Shanghai correspondent
Abend. undertrained
soldiers. To save
domestic & international
face.
Life & death struggle
Liberty and slavery struggle
2. upholding the treaty
3. Embargo
4. Boycott

13-072

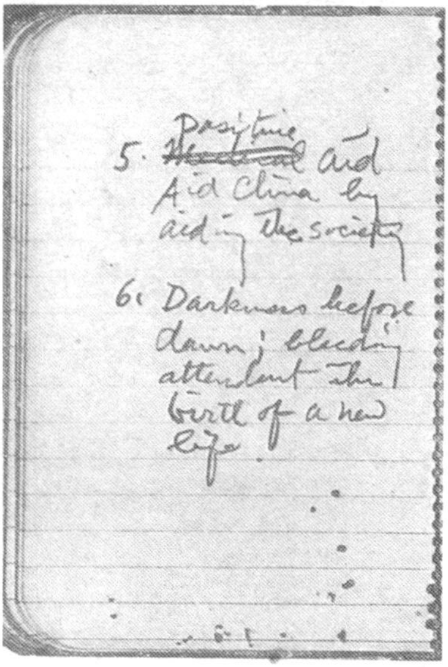

5. Positive aid
Aid China by
aiding the society

6. Darkness before
dawn; bleeding
attendant the
birth of a new
life.

13-073

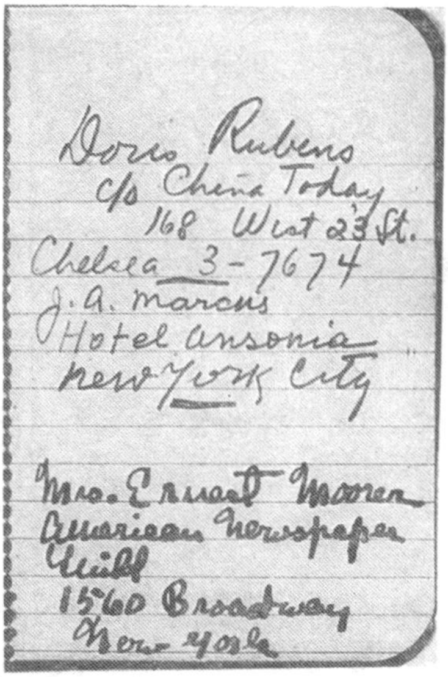

Doris Rubens
c/o China Today
168 West 23 St.
Chelsea 3-7674
J. A. Marcus
Hotel Ansonia
New York City

Mrs. Ernest Moorer
American Newspaper
Guild
1560 Broadway
New York

13-074

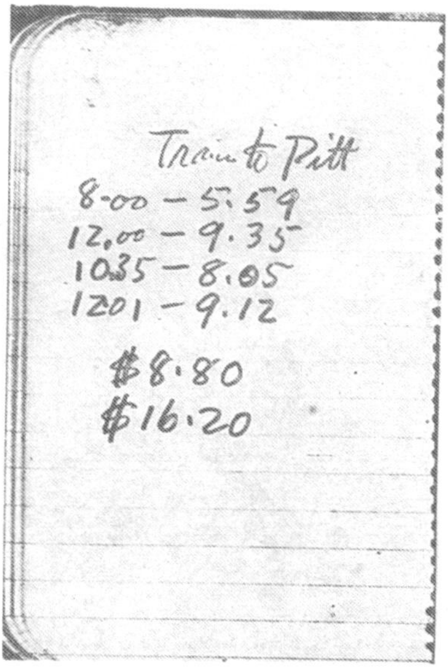

Train to Pitt
8.00 - 5.59
12.00 - 9.35
10.35 - 8.05
12.01 - 9.12

$8.80
$16.20

13-075

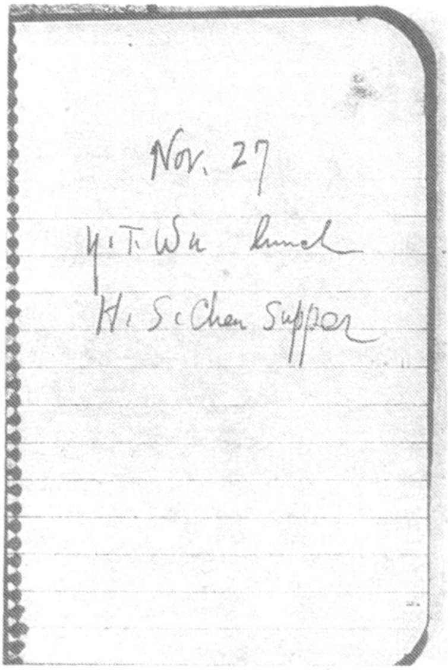

Nov. 27
Y. T. Wu lunch
H. S. Chen supper

13-076

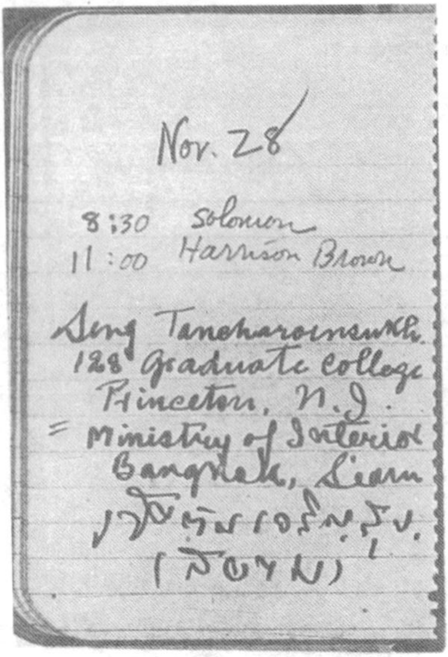
Nov. 28
8:30 Solomon
11:00 Harrison Brown
Seng Tancharoensukh
128 Graduate College
Princeton, N.J.
= Ministry of Interior
Bangkok, Siam

13-077

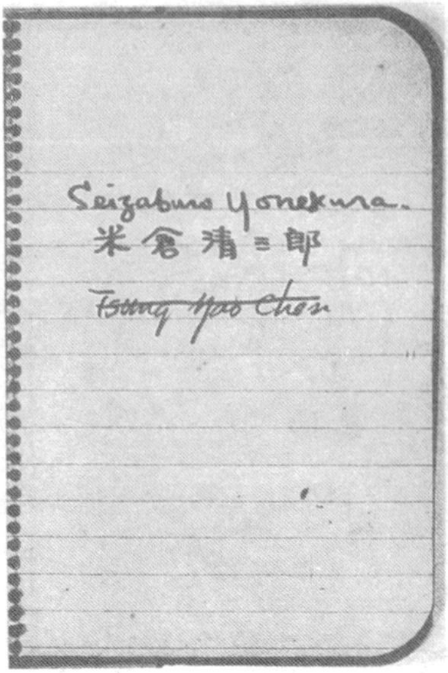
Seizaburo Yonekura.
米倉清三郎
~~Tsung Yao Chen~~

13-078

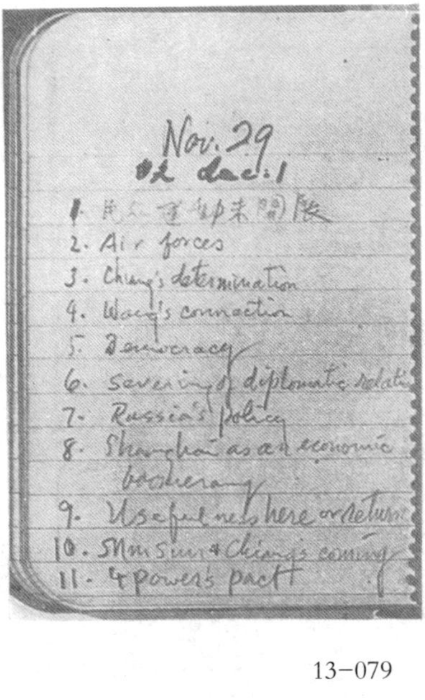
Nov. 29
1. 民众運動未開展
2. Air forces
3. Chiang's determination
4. Wang's connection
5. Democracy
6. Severing of diplomatic relati
7. Russia's policy
8. Shanghai as an economic boomerang
9. Useful here or return
10. Mme Sun & Chiang's coming
11. 4 powers' pact

13-079

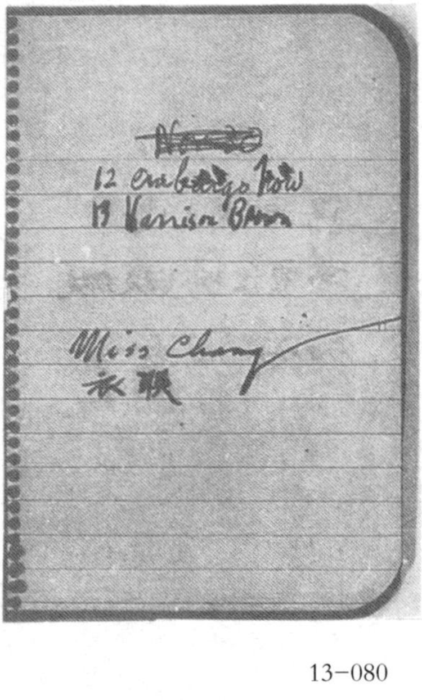
13 Harrison Brown
Miss Chang

13-080

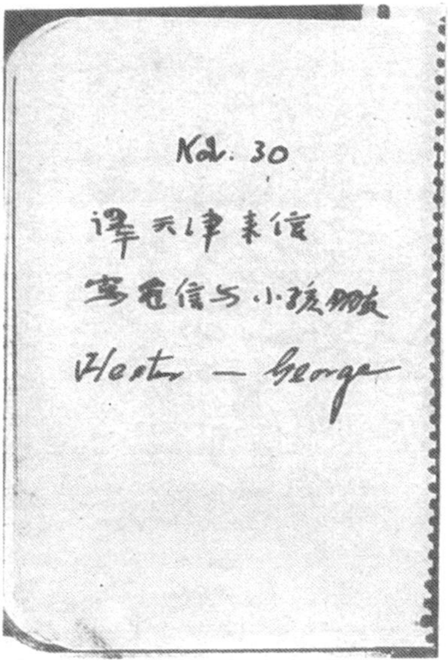

13-081

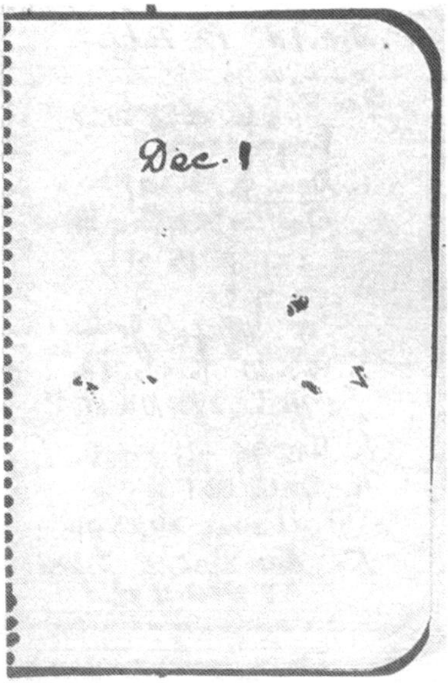

13-082

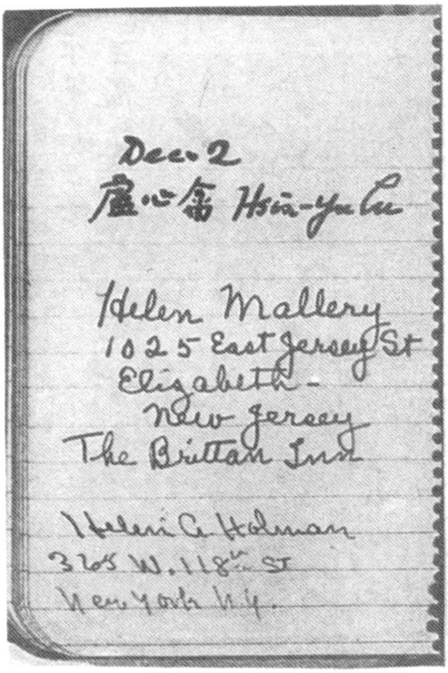

13-083

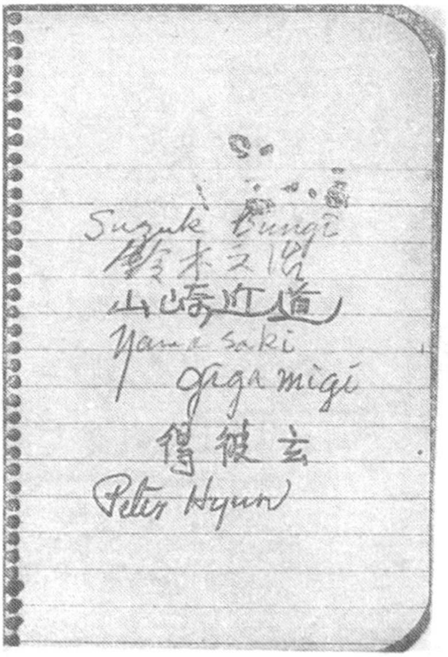

13-084

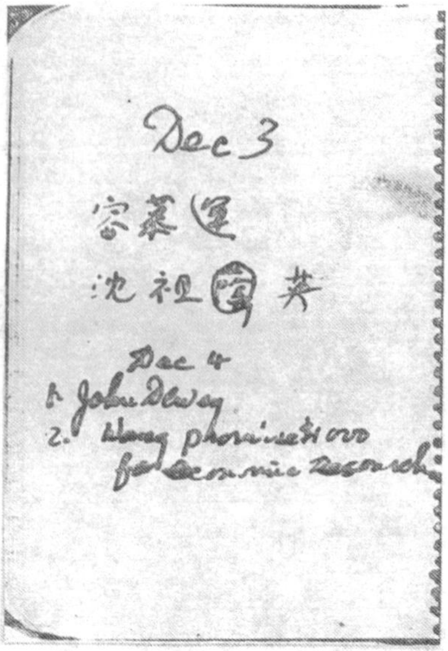
Dec 3
容[illegible]
沈祖[illegible]英
Dec 4
1. John Dewey
2. [illegible] for economic research

13-085

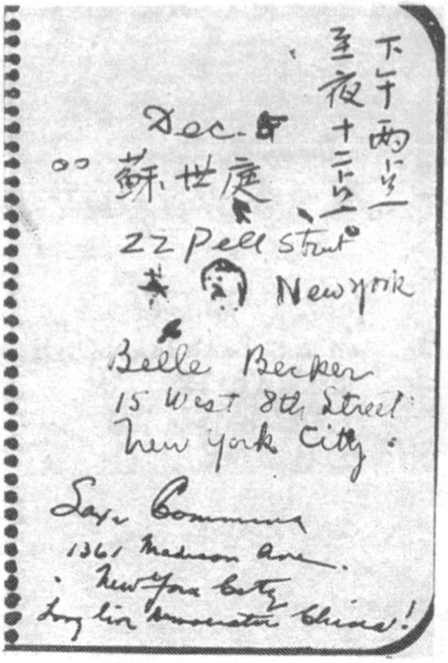
下午两点至夜十二点
Dec.
蘇世庭
22 Pell Street
New York
Belle Becker
15 West 8th Street
New York City.
[illegible]
1361 Madison Ave.
New York City
Long live [illegible] China!

13-086

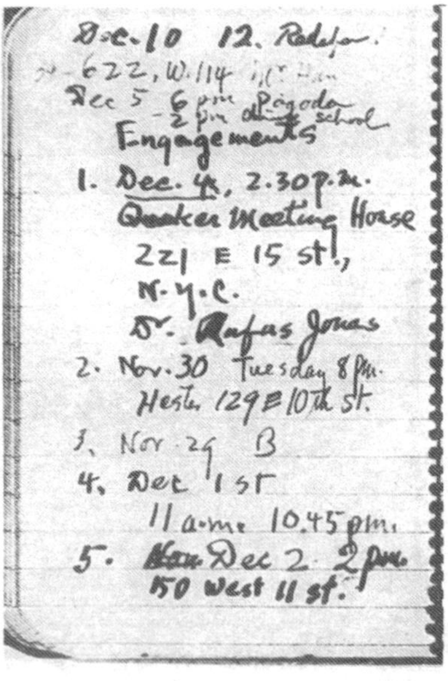
Dec. 10 12. [illegible]
622, W. 114 [illegible]
Dec 5 6 pm Pagoda
2 pm [illegible] school
Engagements
1. Dec. 4, 2.30 p.m.
Quaker Meeting House
221 E 15 st.,
N.Y.C.
Dr. Rufus Jones
2. Nov. 30 Tuesday 8 pm.
Hester 129 E 10th st.
3. Nov 29 B
4. Dec 1st
11 a.m. 10.45 pm.
5. Dec 2 2 pm.
150 West 11 st.

13-087

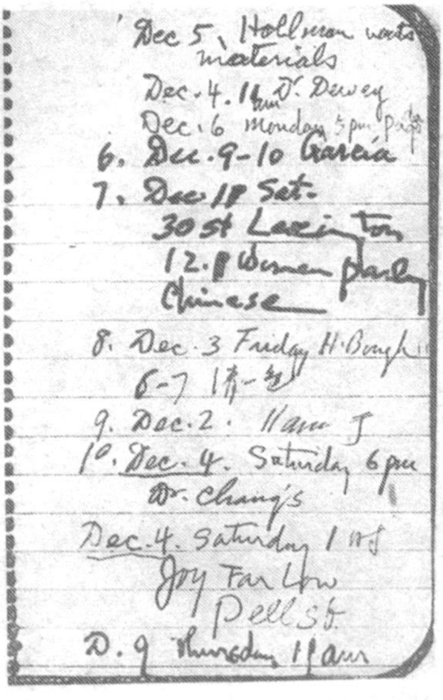
Dec 5, Hollman wants materials
Dec. 4. 11 am Dr. Dewey
Dec. 6 Monday 5 pm [illegible]
6. Dec. 9-10 Garcia
7. Dec 18 Sat.
30 st Lexington
12. p Women [illegible]
Chinese
8. Dec. 3 Friday [illegible]
6-7 [illegible]
9. Dec. 2. 11 am J
10. Dec. 4. Saturday 6 pm
Dr. Chang's
Dec. 4. Saturday 1 [illegible]
Joy Far Low
Pell st.
D. 9 Thursday 11 am

13-088

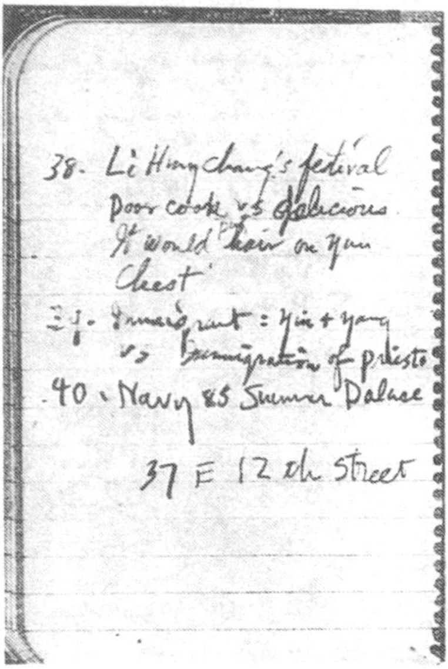
38. Li Hung chang's festival
Poor cook vs delicious
It would put hair on your chest
39. Immigrant: Yin + Yang
vs Immigration of priests
40. Navy vs Summer Palace
37 E 12 th Street

13-089

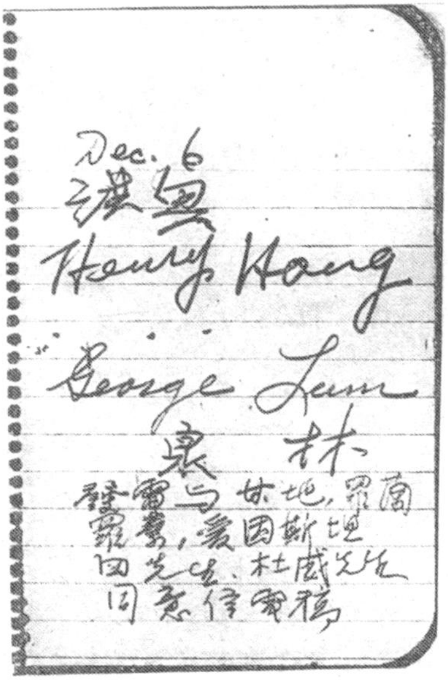
Dec. 6
洪[illegible]
Henry Hong
George Lam
[illegible]林
[illegible]

13-090

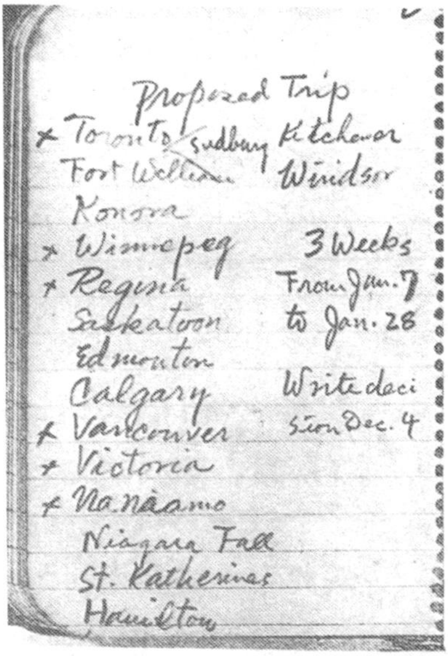
Proposed Trip
× Toronto Sudbury Kitchener
Fort William Windsor
Konora
× Winnepeg 3 Weeks
× Regina From Jan. 7
Saskatoon to Jan. 28
Edmonton
Calgary Write deci
× Vancouver sion Dec. 4
× Victoria
× Nanaamo
Niagara Fall
St. Katherines
Hamilton

13-091

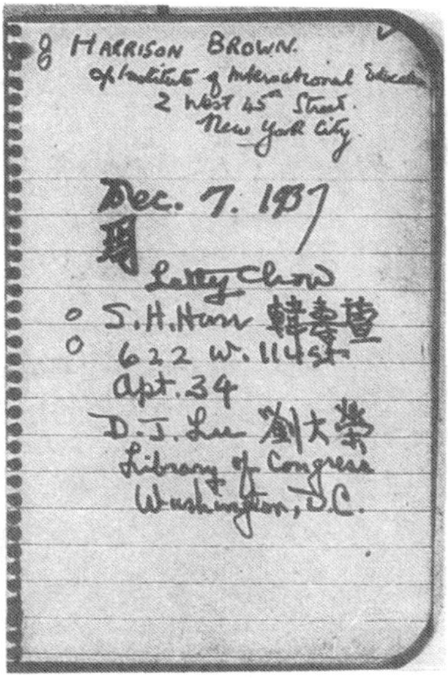
Harrison Brown.
of Institute of International Education
2 West 45th Street.
New York City
Dec. 7. 1937
Sally Chow
○ S. H. Han 韓[illegible]
○ 622 W. 114 st
Apt. 34
D. J. Lu 劉大[illegible]
Library of Congress
Washington, D.C.

13-092

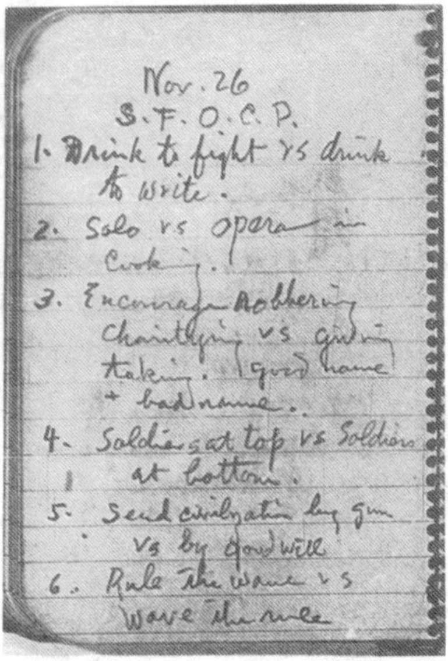
Nov. 26
S.F.O.C.P.
1. Drink to fight vs drink to write.
2. Solo vs opera in Cooking.
3. Encourage robbering Chairtying vs giving taking. good name + bad name.
4. Soldiers at top vs Soldiers at bottom.
5. Send civilization by gun vs by goodwill
6. Rule the wave vs wave the rule

13-093

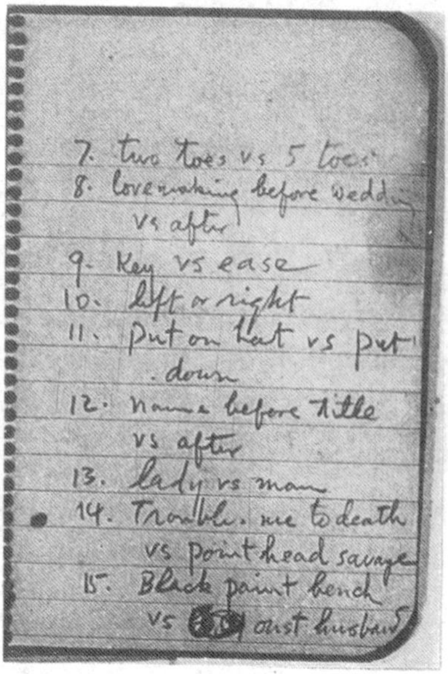
7. two toes vs 5 toes
8. lovemaking before wedding vs after
9. Key vs ease
10. left or right
11. Put on hat vs put down
12. name before title vs after
13. lady vs man
14. Trouble me to death vs point head savage
15. Black paint bench vs [illegible] oust husband

13-094

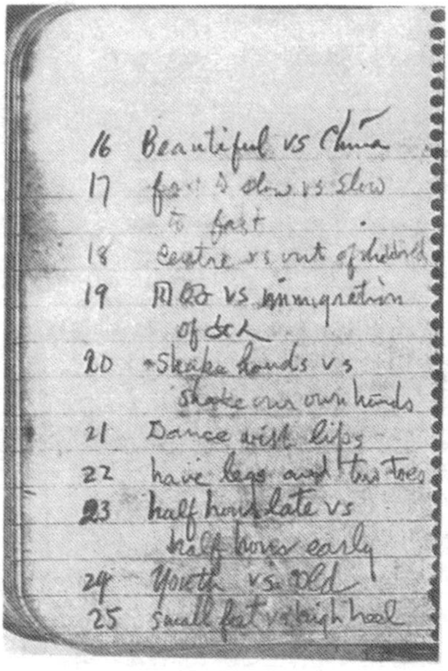
16 Beautiful vs China
17 fast & slow vs slow to fast
18 Centre vs out of [illegible]
19 [illegible] vs immigration of [illegible]
20 Shake hands vs shake our own hands
21 Dance with lips
22 have legs and two toes
23 half hour late vs half hour early
24 Youth vs Old
25 small feet vs high heel

13-095

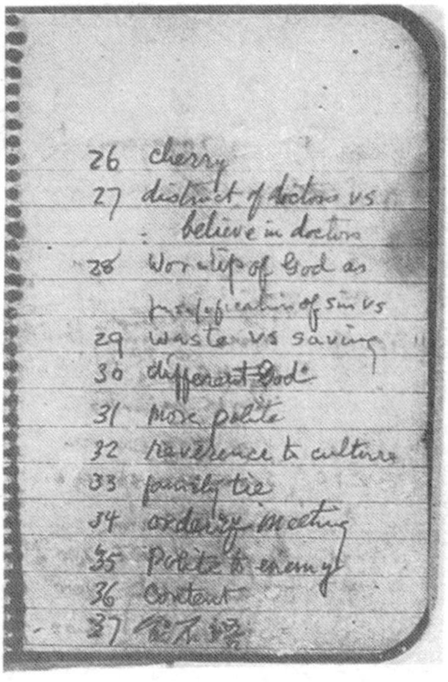
26 cherry
27 distrust of doctors vs believe in doctors
28 Worship of God as justification of sin vs
29 waste vs saving
30 different God
31 more polite
32 reverence to culture
33 party tie
34 ordinary meeting
35 Polite to enemy
36 Content
37 食不[illegible]

13-096

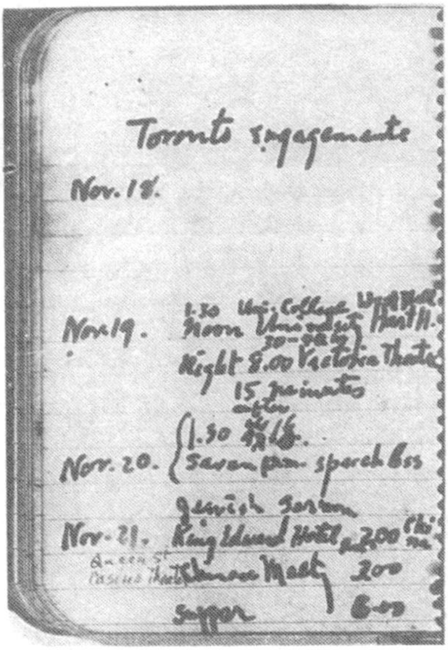
Toronto engagements
Nov. 18.
Nov. 19. Noon University
Night 8.00 Victoria Theatre
15 minutes
Nov. 20. 1.30
Seven pm speech
Nov. 21. King Edward Hotel 200
200
supper 6.00

13-097

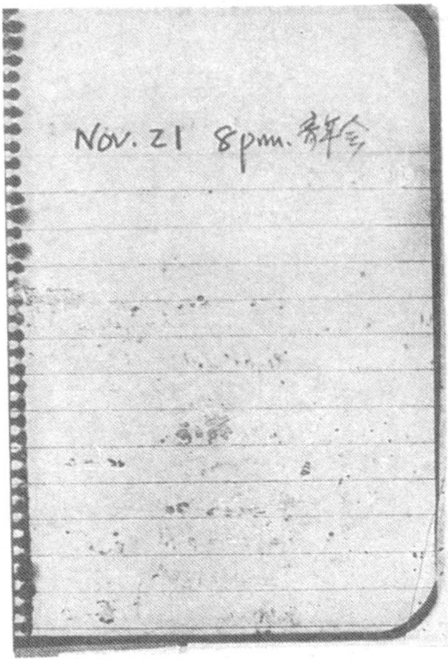
Nov. 21 8 pm.

13-098

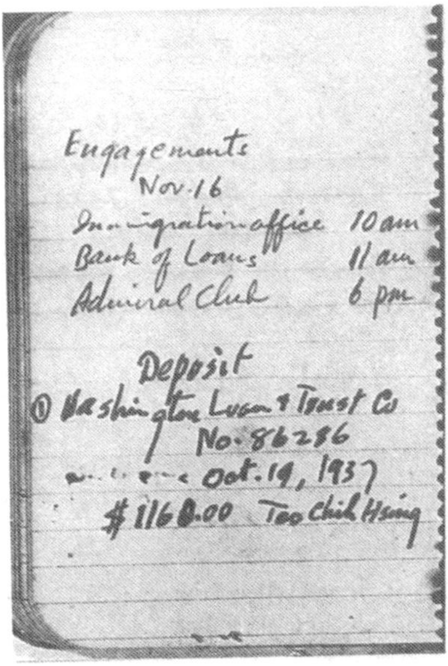
Engagements
Nov. 16
Immigration office 10 am
Bank of Loans 11 am
Admiral Club 6 pm
Deposit
① Washington Loan & Trust Co
No. 86286
Oct. 19, 1937
$1160.00 Tao Chih Hsing

13-099

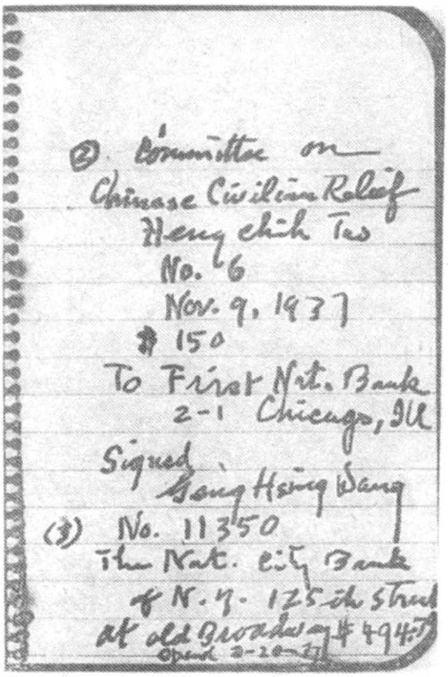
② Committee on
Chinese Civilian Relief
Heng Chih Tao
No. 6
Nov. 9, 1937
$150
To First Nat. Bank
2-1 Chicago, Ill
Signed
(3) No. 11350
The Nat. City Bank
of N.Y. 125th Street
at old Broadway

13-100

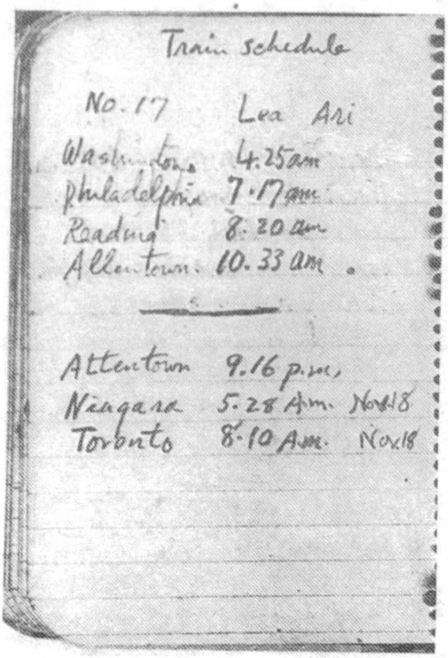

Train schedule

No. 17　Lea　Ari

Washington　4.25 am

Philadelphia　7.17 am

Reading　8.20 am

Allentown.　10.33 am

Allentown　9.16 p.m.

Niagara　5.28 Am.　Nov 18

Toronto　8.10 Am.　Nov 18

13-101

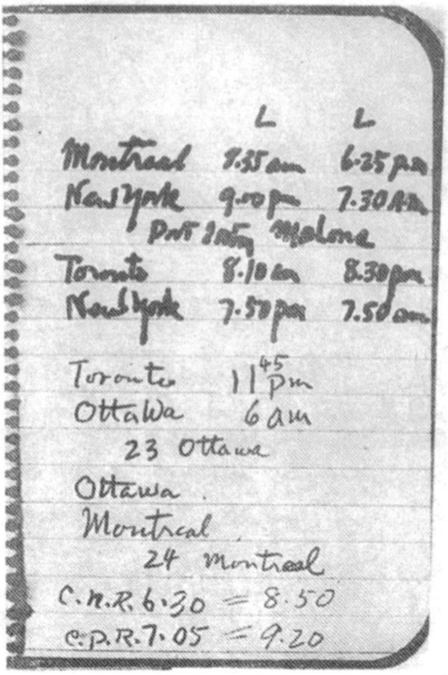

L　L

Montreal　9.35 am　6.35 pm

New York　9.00 pm　7.30 Am

Malone

Toronto　8.10 am　8.30 pm

New York　7.50 pm　7.50 am

Toronto　11^45 pm

Ottawa　6 am

23 Ottawa

Ottawa

Montreal

24 Montreal

C.N.R. 6.30 = 8.50

C.P.R. 7.05 = 9.20

13-102

抗救 607 H St N.W.

13-103

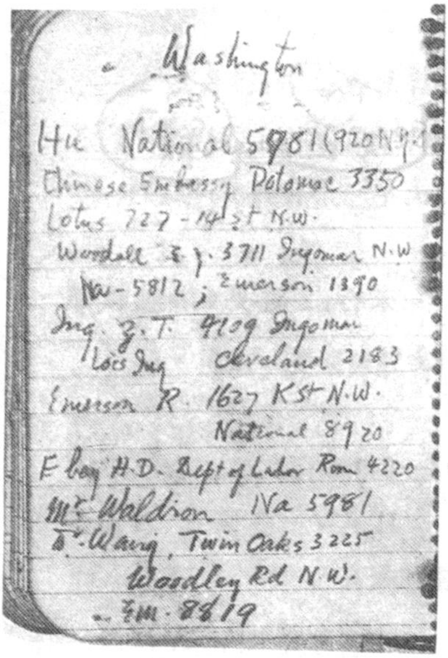

Washington

Hu National 5981 (920 N.Y.)

Chinese Embassy Potomac 3350

Lotus 727-14th st N.W.

Woodall 3711 Ingomar N.W

Na-5812; Emerson 1390

Ing. Y.T. 4109 Ingomar

Lois Ing　Cleveland 2183

Emerson R. 1627 K St N.W.

National 8920

Ebey H.D. Dept of Labor Rm 4220

Mr Waldron　Na 5981

Dr. Wang, Twin Oaks 3225

Woodley Rd N.W.

EM. 8819

13-104

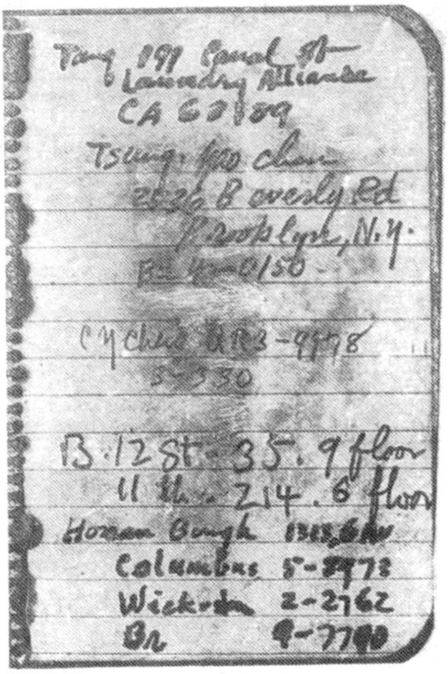
Tang 197 Canal St
Laundry Alliance
CA 6-7189
Tsung-yao Chen
2026 Beverly Rd
Brooklyn, N.Y.
BU 4-0150
C Y Chiu AR3-9978
3-3330
B. 12 St. 35. 9 floor
11 th. 214. 6 floor
Homer Baugh 1383 ...
Columbus 5-8978
Wickersham 2-2762
Br 9-7790

13-105

Miss Chen
Apt 4, 315 S. Broadway
125 St, N.Y.C.
Meng
160 Claremont
Apt 3 G.
S H Han Mo 2-3408
Metro. Museum of
Arts
Ci 7-0530 Chinese Con

13-106

第十三册〔注译〕

1937.11.14~1937.12.7

巴尔的摩·阿伦敦·多伦多·渥太华·蒙特利尔·纽约

13—002

11 月 14 日

巴尔的摩

罗菲·泽维尔·吉辛　巴尔的摩地址

13—007

西多弗洛·帕脱尔

利亚·贝尼什夫人　地址

G.干贝·罗宾逊　霍普金斯医院

13—008

理查德·戈斯特曼　地址

大卫·C.柯恩　地址

多戴尔·埃夫契　地址

埃利森特·吉尔曼　地址

13—010

第 1 至 5 行：11 月 15 日

瓦尔德隆　上午 11 时

大使馆　上午 10 时

末行：2 时见《华盛顿邮报》

13—011

H.W.多诺万　《华盛顿邮报》

下午 9 时　H 街 607 室

13—012

11 月 16 日

海军上将俱乐部　地址下午 6 时 30 分

菲拉伯·巴路斯

马瑟·约瑟芬

(印第安生活)

13—013

第 1 至 6 行：议员　亨利·泰根

西尔伯：1. 人民支持战争

2. 扩大市场

3. 无领土野心

13—014

第 2 至 8 行：中华经济研究社于 1937 年 11 月 17 日 12 时 30 分在洛特斯饭店成立

13—015

马·贝尔　美国劳联商标部

华盛顿

13—016

11 月 17 日

阿伦敦

赫瑞·D.马斯艾　宾夕法尼亚州阿伦敦地址

牧师

——教堂名

P.T.堪勒克　阿伦敦地址

13—017

哈里·吉尔伯特

美国商业俱乐部主任　宾夕法尼亚州阿伦敦

查斯·柯林　美国商业俱乐部音乐指挥

帕利·B.路赫　早晨舞会　阿伦敦

哈里·A.泽戈　早晨约会　阿伦敦

13—018

卡尔文·H.赫克塞尔克拉曼内衣公司

厄尔·康斯坦丁先生　全美内衣制造公司总经理　纽约地址

13—019

第 1 至 2 行：11 月 18 日　加拿大　多伦多

13—022

汉密尔顿

伦敦

蒙特利尔

加拿大往日本运金属

《多伦多星报》11 月 15 日

1936 年铝 12,000,000 元

其中加拿大 71.7%

瑞士 16.6%

挪威 6.6%

美国 4.1%

13—023

1936 年铜 33,000,000 元

加拿大　97.11%

1936 年　石油　美国

64%

荷兰东印度公司　25%

英国　5.5%

运往日本的原料　英国　30%

美国　32%

13—024

泰德·阿伦

理查德·莫斯曼　多伦多

星报

贝尔纳·穆勒　多伦多学生和平行动委员会主席　地址

13—030

加拿大议会

下午 8 时　维多利亚剧院

1. 致敬

2. 中国的和平与民主

3. 因为我们要和平，所以我们要民主

13—031 至 034

1. 要和平　你们有和平，战争却强加于我们

2. 我们要什么样的和平？

我们要自由的和平，我们要正义的和平，我们要立足于平等的和平。

生与死的斗争，自由与奴役的斗争

3. 怎样得到和平

（1）和平必须靠争取，不会从天上掉下来，也不是靠抽烟吐气那样喷出来的，为了和平我们必须付出代价

（2）和平要通过合作去争取

（3）和谁合作争取和平？民主力量联合起来！①被侵略国家的联合抵抗；②侵略国家的民主力量不与侵略者合作；③全世界民主力量的互相沟通

4. 东方与西方殊途同归

5. 世界一体

（1）战争孕育战争

（2）侵略鼓励侵略

（3）全人类的自由

（4）警惕不要帮助民主与和平的敌人

13—038

铁尔达·沃登博士　加拿大圣凯瑟琳斯地址

鲁丝·贝费斯　多伦多地址

13—039 至 042

1937 年 11 月 21 日

中国的战争

1. 日本是怎样的国家？

2. 日本人民被剥削到什么程度？

3. 日本会停止对华侵略吗？

4. 人口问题上的借口用意何在？

5. 反共的借口用意何在？

6. 所谓向中国输送文明实质是什么？中国的过去，共产主义的借口。

6. 西安事变有何意义？

7. 共产党在目前斗争中起什么作用？

8. 资本家在目前斗争中起什么作用？

9. 妇女在目前斗争中起什么作用？

10. 中国人将抵抗多久？

10. 和平的条件是什么？仅是满洲问题吗？

11. 如何保证我们抵抗的胜利？

12. 中国除了成为民主国家，还有别的道路吗？

13. 强加于中国的战争能否仅限于中国？

14. 英国帮助中国的程度如何？注意！

15. 加拿大怎样帮助中国？

16. 中国人在加拿大的处境如何？你们能怎样帮助他们？

13—043

布图斯·吉姆女士　加拿大多伦多地址

雷云玛（音）　加拿大多伦多地址

法兰西商场

油橄榄

13—047

1936年9月　铜$4,000?

1936年9月

镍$　110,000

1937年9月

镍$　337,000

三矿的出口

全部铜矿英—加合同三年

国际镍公司　80%的股份是外资

1.2亿美元储备

外加4亿

13—048

肯尼兹·伍德屋斯　加拿大青年大会

S.W.米切尼耶　加拿大安大略地址

安大略农民

13—049

内森·J.内梅兹　温哥华　地址

13—052

第1至6行：11月23日

渥太华

L.H.杰金　地址

13—056

（华侨开设）22家莱馆

40多家洗衣馆

3家杂货店

2家商店

2家中国餐馆

300~350成人

6人娶中国人

5人娶法国人

2人娶苏格兰人

生22个混血儿

30个中国血统孩子

13—057

第3行起：H.C.艾丽斯　中国布道团及基督教协会主席

查特安·兰斯耶

13—059

第1至2行：11月24日

蒙特利尔

末3行：下午3时　中华会馆

下午6时　晚餐

13—062

第1至3行：11月25日12时

同盟

11 月 24 日 2 时　学院

教学生唱歌

13—060

11 月 25 日

护照　自 1937 年 11 月 16 日延长到 1938 年 5 月 9 日

约翰·D.瑞安　纽约地址

13—065

1937 年 11 月 26 日

纽约市

星期五　下午 8 时

美中人民之友社　纽约地址纽约布鲁克林音乐学院地址

13—066 至 068

1. 中美友谊

2. 中国民主处于险境

3. 烟幕：

(1) 人口过量

(2) 防共

(3) 不合作

(4) 输送文明

4. 用美国的思想去想像中国的处境

5. 中国的团结抵抗　妇女、儿童、农民都起来了

6. 美国人民的作用：

(1) 作为九国公约的签字国

(2) 作为贸易国

(3) 作为民主的人民

(4) 作为一个真诚友好、明了中国、理解中国、帮助中国的社会，通过支持这个社会来支持中国

a 绿叶飘落在故土

b 危机正潜伏着

c 将听到银铃般的歌声

13—069 至 073

一个教师眼里的中国文化

1. 文化是劳动的成果　双手造就了大脑，从而创造文化

2. 产生文化，或使文化存在成为可能的双手被剥夺了它们的成果

3. 中国和西方文化的融合

4. 在时代伟大变革的漩涡中：

(1) 学者们重新发现双手

(2) 工农重新发现自己的大脑

(3) 重新发现文化是进一步解放的工具，而不是供游戏的玩具

(4) 重新发现文化是供一切参与创造文化的人共同欣赏而不是少数人享受的

(5) 重新认识文化是再创造的基础，而不是一次创造便能完成的

1. 理解　《纽约时报》驻上海记者阿本德：未经充分训练的士兵，为拯救国内和国际的和平，面临一场生与死的搏斗、自由与奴役的搏斗

2. 支持公约

3. 禁运

4. 抵制

5. 积极地援助　通过援助社会援助中国

6. 黎明前的黑暗，伴随新生命诞生的流血

13—074

多力斯·鲁本斯　由《今日中国》转

J.A.马库斯　纽约地址

欧内斯特·穆勒夫人《美国新闻导报》　纽约地址

13—076

11 月 27 日

吴耀宗　午餐

陈翰笙　晚餐

13—077

11 月 28 日

8 时 30 分　所罗门

11 时　哈里逊·布朗

宋·坦恰　普林斯顿大学研究生院

内务部长　西亚姆·班能

13—079、080

11 月 29 日

改 12 月 1 日

1. 民众运动未开展

2. 空军

3. 蒋的决定

4. 汪的关系

5. 民主

6. 断绝外交关系

7. 苏联的政策

8. 上海如同经济上的回力棒

9. 此地有用或退回

10. 孙夫人与蒋的未来

11. 四强公约

12. 现在禁运

13. 哈里逊·布朗

13—081

末行：赫丝特—乔治

13—083

第 3 行起：海伦·麦勒利

新泽西州伊丽莎白市

海伦·霍尔曼　纽约地址

13—085

末 4 行：12 月 4 日

1. 约翰·杜威

2. 王允诺提供 1000 美金给中华经济研究社

13—086

末 7 行：贝尔·贝克尔

纽约地址

萨法·卡姆纳　纽约地址

民主中国万岁！

13—087、088

12 月 10 日 12 时　雷迪

菲尔

12月5日下午6时　巴哥大

下午2时中华学校

约会

1. 12月4日下午2时半教友派会堂　琼斯博士

2. 11月30日　星期二下午8时赫斯特

3. 11月29日　B

4. 12月1日　上午10时

下午10时45分

5. 12月2日　下午2时

12月5日　霍尔曼要资料

12月4日上午11时　杜威博士

12月6日星期一下午5时巴哥大

6. 12月9~10日　加西亚

7. 12月11日星期六

12日　女界谈中国

8. 12月3日　星期五　H.包

9. 12月2日　上午11时

10. 12月4日　星期六下午6时张博士

12月4日　星期六1时　乔伊·法洛　披露街

12月9日　星期四上午11时

13—089

此页内容接在13—096页之后

13—091

旅程表

多伦多　基奇纳

萨德伯里

威廉堡　温莎

温尼伯　3星期

里贾纳　从6月7日至28日

萨斯卡通

埃德蒙顿

卡尔加里

温哥华

维多利亚

纳奈莫

尼亚加拉瀑布

13—092

第1至4行：哈里森·布朗　纽约地址

13—093至096、089

1. 为战斗而干杯与为写作而干杯

2. 独唱与歌剧

3. 鼓励抢劫与仁慈好施，给予与索取，好名声与坏名声

4. 士兵至上与士兵垫底

5. 用枪杆输送文明或用友善输送文明

6. 统治波浪或被波浪统治

7. 两个脚趾与五个脚趾

8. 先恋爱后结婚与先结婚后恋爱

9. 必须做的与容易做的

10. 左与右

11. 戴上帽子还是脱下帽子
12. 名字摆在头衔之前还是之后
13. 女士与男士
14. 忧虑而死或瞄准凶残者的头
15. 黑漆凳与赶走丈夫
16. 美丽的与中国
17. 由快到慢与由慢到快
18. 世界中心或世界以外
19. 月好还是女移民好
20. 握手还是袖手
21. 用嘴唇跳舞
22. 有双腿与只有两个脚趾
23. 迟半小时与早半小时
24. 青年与老人
25. 小脚与高跟鞋
26. 樱桃
27. 疏远医生与相信医生
28. 信仰上帝释罪或相反
29. 浪费与节约
30. 不同的上帝
31. 更斯文些
32. 尊重文化
33. 家庭成员的关系
34. 会见程序
35. 慈善对敌
36. 要旨
37. 食不语
38. 李鸿章过节　低水平的厨师与可口的饭菜。它能使人们健壮
39. 外地来的阴阳先生与牧师
40. 海军和颐和园

13—097

多伦多约会

11 月 18 日

11 月 19 日　中午 1 时半　大学 30~40 分钟　晚 8 时　维多利亚剧院 15 分钟后

11 月 20 日　1 时半　领海

下午 7 时　演讲

犹太人讲道

11 月 21 日　爱德华旅馆

2 时：中国

3 时　卡西诺剧院　华侨集会

6 时　晚餐

13—099

第 1 至 5 行：约会　11 月 16 日

移民办公室　上午 10 时

贷款银行　上午 11 时

海军将军俱乐部　下午 6 时

余至 100 页为存款账目

13—101 至 102

有关华盛顿、费城、雷丁、阿伦敦、尼亚加拉、多伦多、蒙特利尔、纽约、渥太华的行车时刻

13—104 至 106

为中国大使馆、伍德尔、埃默逊等的通讯录

銜備忘

第 十 四 册

1937.12.8~1938.1.15

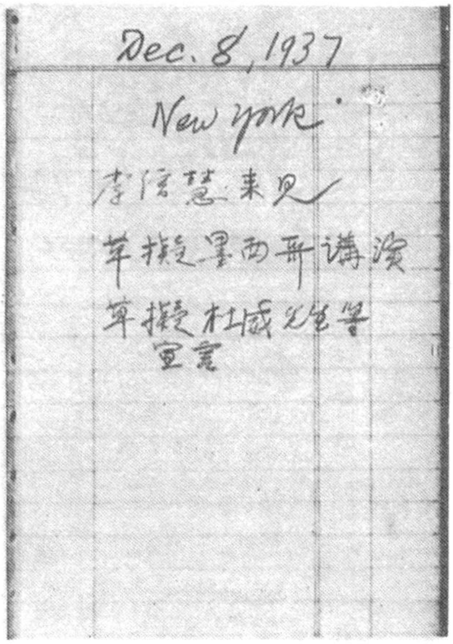
Dec. 8, 1937
New york
李信慧来见
草拟墨西哥讲演
草拟杜威先生学
宣言

14-001

Dec 9

14-002

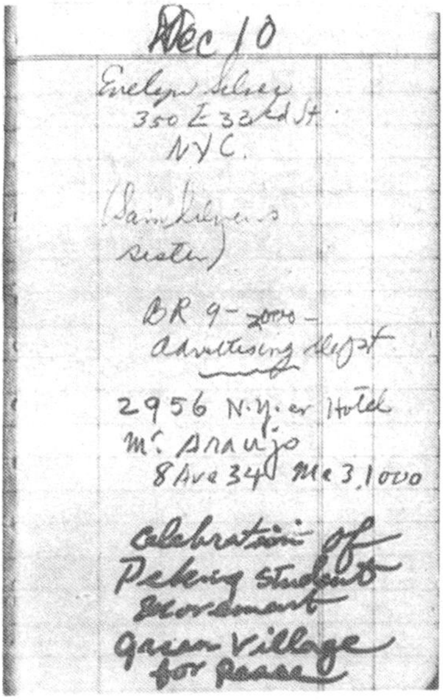
Dec 10
Evelyn Selvey
350 E 32nd St
NYC.
(Sam Selvey's sister)
BR 9-2000-
advertising dept
2956 N.Y.er Hotel
Mr. Araujo
8 Ave 34 Me 3,1000
Celebration of
Peking Student
Movement
Green Village
for Peace

14-003

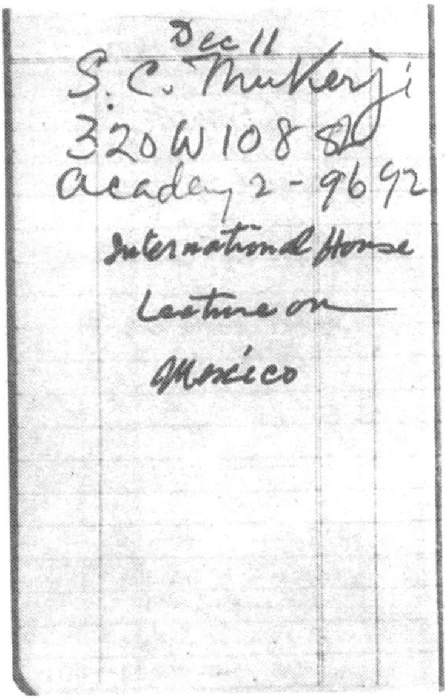
Dec 11
S. C. Mukerji
320 W 108 St
Academy 2-9692
International House
Lecture on
Mexico

14-004

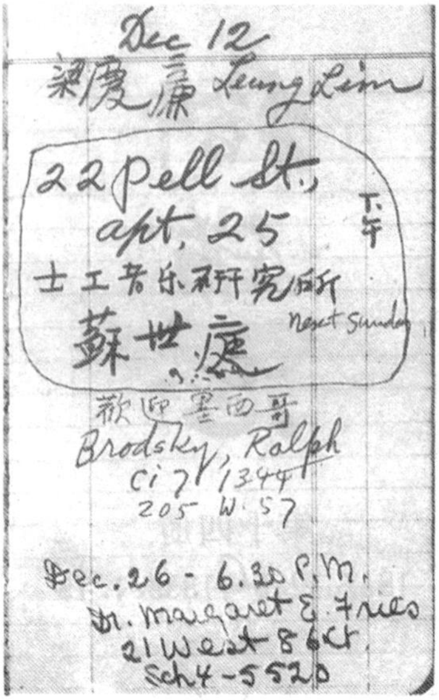
Dec 12
梁慶康 Leung Lim
22 Pell St.,
apt. 25
下午
士工音乐研究所
蘇世康
Next Sunday
歡迎墨西哥
Brodsky, Ralph
Ci 7 1344
205 W. 57
Dec. 26 - 6.30 P.M.
Dr. Margaret E. Fries
21 West 86 St.
Sch 4-5520

14-005

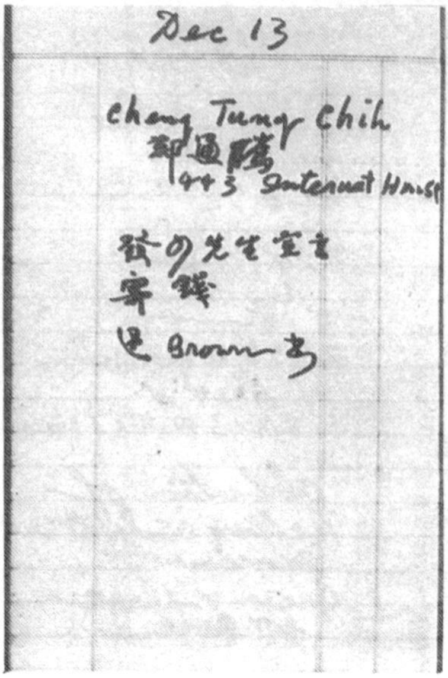
Dec 13
Chang Tung Chih
鄧通勝
443 International House
致的先生室主
寄錢
Brown

14-006

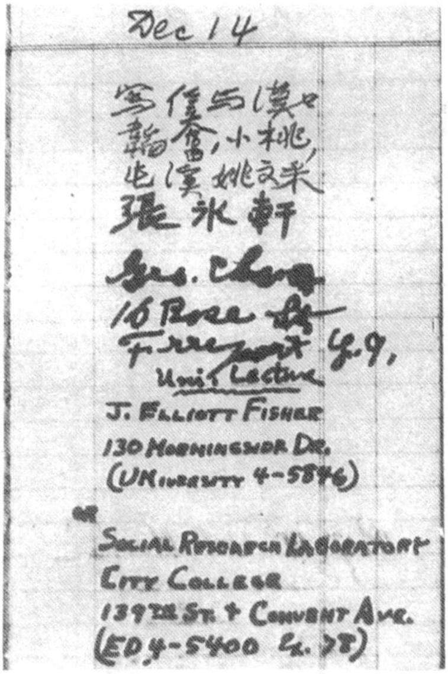
Dec 14
写信与漢口
翰賓、小桃、
屯溪姚文采
張永軒
Geo. Cheng
16 Rose St.
Freeport L.I.
Univ. Lecture
J. Elliott Fisher
130 Morningside Dr.
(University 4-5846)
or
Social Research Laboratory
City College
139th St. & Convent Ave.
(Ed 4-5400 Ex. 78)

14-007

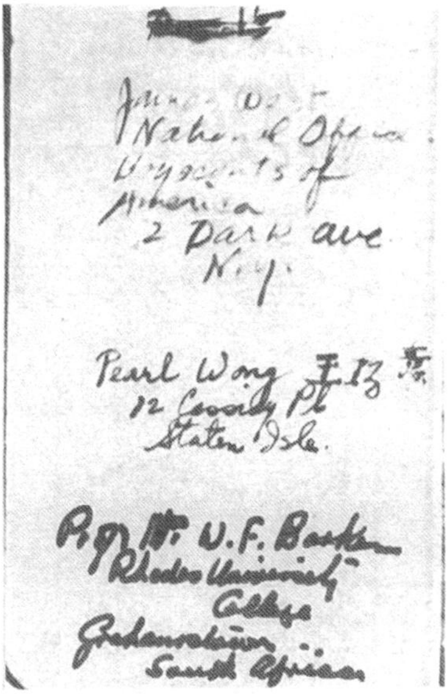
National Office
Wyoming of
America
2 Park ave
N.Y.
Pearl Wong 王珍
12 Cassidy Pl.
Staten Isle.
Prof. W. U.F. Barker
Rhodes University
College
Grahamstown
South Africa

14-008

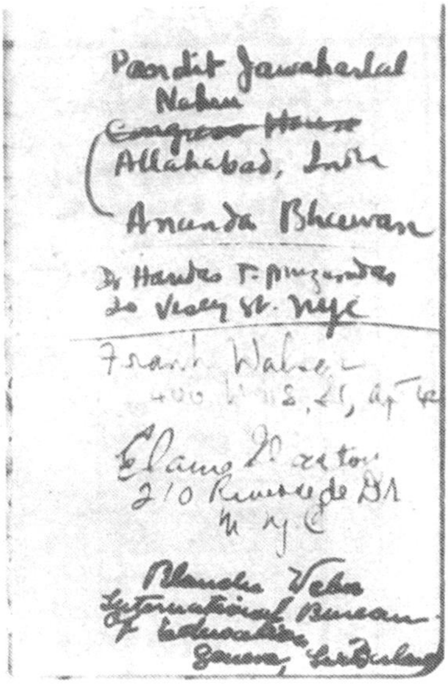
Pandit Jawaharlal
Nehru
~~Congress House~~
Allahabad, India
Anand Bhawan
Dr Harold T. Muzzey
20 Vesey St. NYC
Frank Walser
400 W 118, 21, Ap 4
Elaine Paxton
210 Riverside Dr
N.Y.C
Blanche Weber
International Bureau
of Education
Geneva, Switzerland

14-009

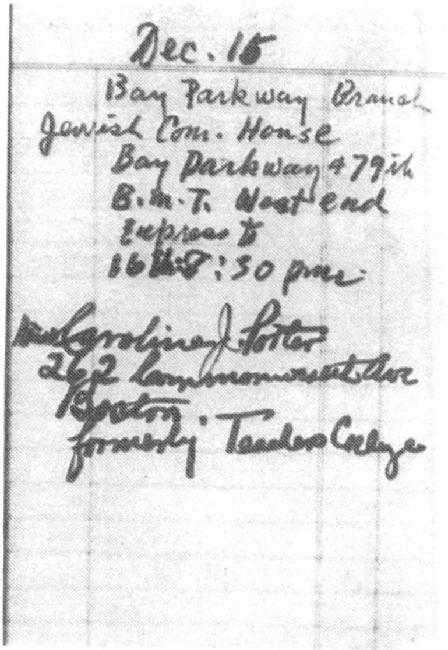
Dec. 15
Bay Parkway Branch
Jewish Com. House
Bay Parkway & 79th
B.M.T. West end
Express to
16th St; 30 pm
Mrs Caroline J. Potter
262 Commonwealth Ave
Boston
formerly Teachers College

14-010

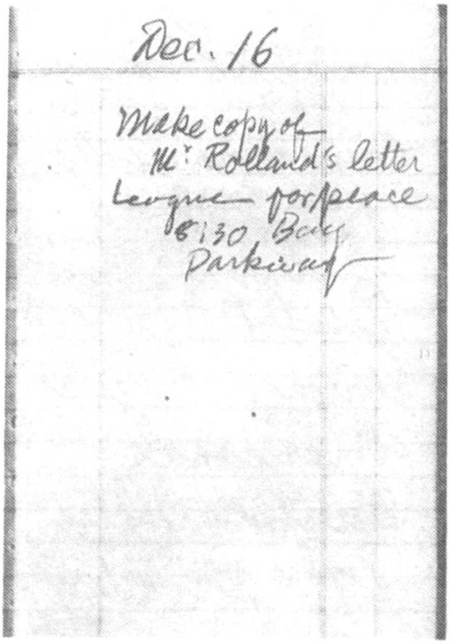
Dec. 16
Make copy of
Mr Rolland's letter
League for peace
8:30 Bay
Parkway

14-011

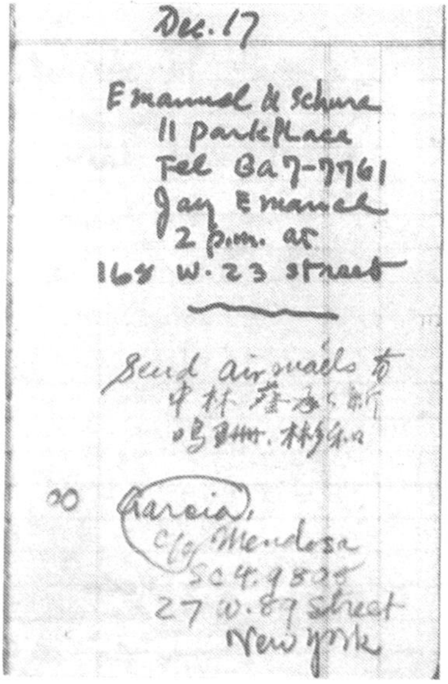
Dec. 17
Emanuel H Schurz
11 Park Place
Tel BA7-7761
Jay Emanuel
2 p.m. at
168 W. 23 street
Send air mails 与
中林、蓬斋、新
鸣、翻、林介如
20 Garcia,
c/o Mendosa
SC4.9835
27 W. 87 Street
New York

14-012

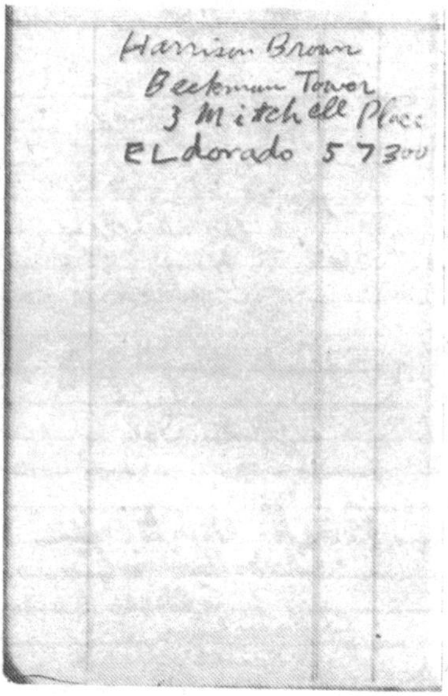
Harrison Brown
Beekman Tower
3 Mitchell Place
ELdorado 5 7300

14-013

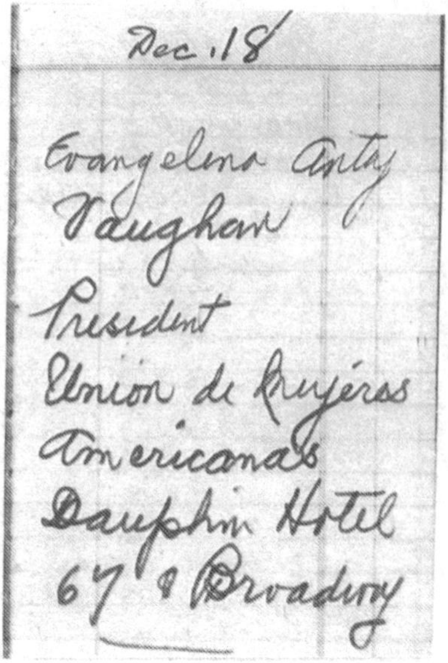
Dec. 18
Evangelina Antay
Vaughan
President
Union de Mujeres
Americanas
Dauphin Hotel
67 & Broadway

14-014

9.8600

14-015

Royal
Windsor

14-016

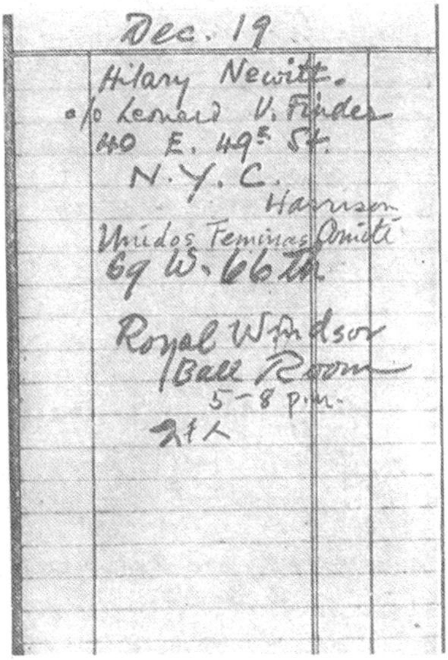

Dec. 19
Hilary Newitt.
c/o Leonard V. Finder
40 E. 49th St.
N.Y.C.
Harrison
Unidos Feminas Omité
69 W. 66th
Royal Windsor
Ball Room
5-8 p.m.
5千人

14-017

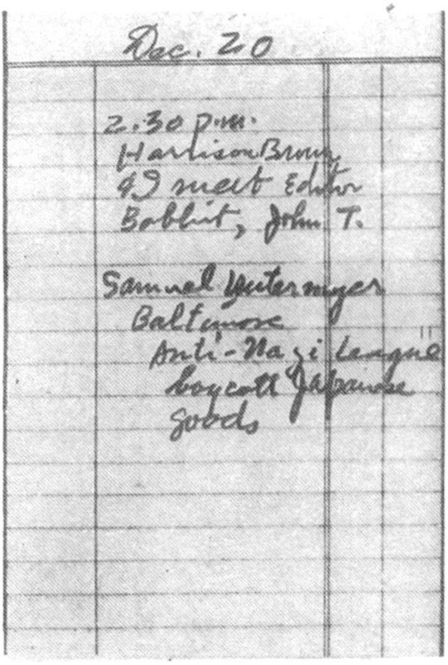

Dec. 20
2.30 p.m.
Harrison Brown
49 meet Editor
Bobbit, John T.
Samuel Untermyer
Baltimore
Anti-Nazi League
boycott Japanese
goods

14-018

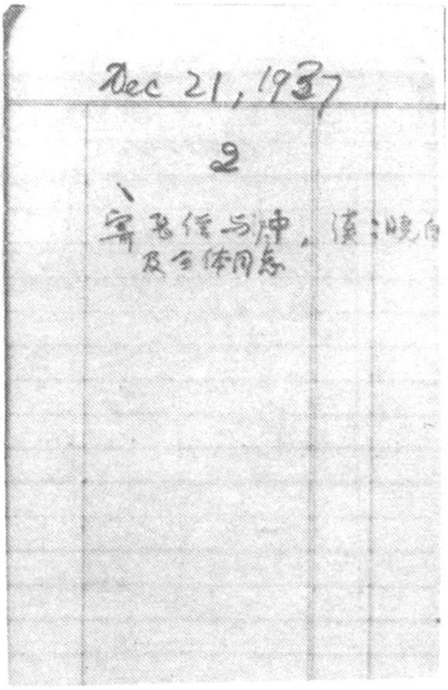

Dec 21, 1937
2
、
寄书信与冲，读：晓白
及全体同志

14-019

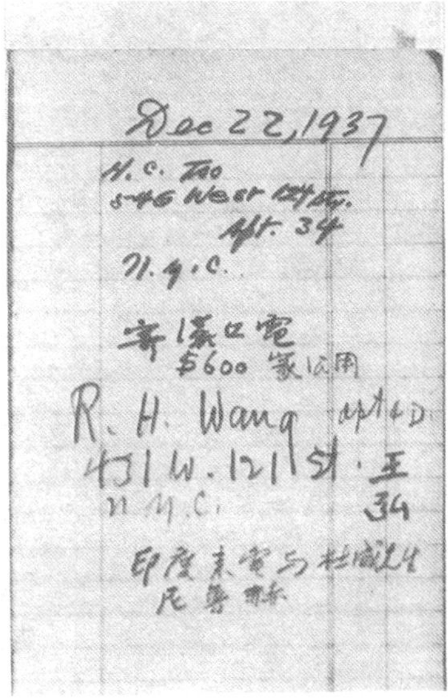

Dec 22, 1937
H. C. Tao
546 West 124 St.
Apt. 34
N.Y.C.
寄汉口电
$600 家以用
R. H. Wang apt 4 D
431 W. 121 St. 王
N.Y.C. 34
印度来电与杜威先生
尼鲁赫

14-020

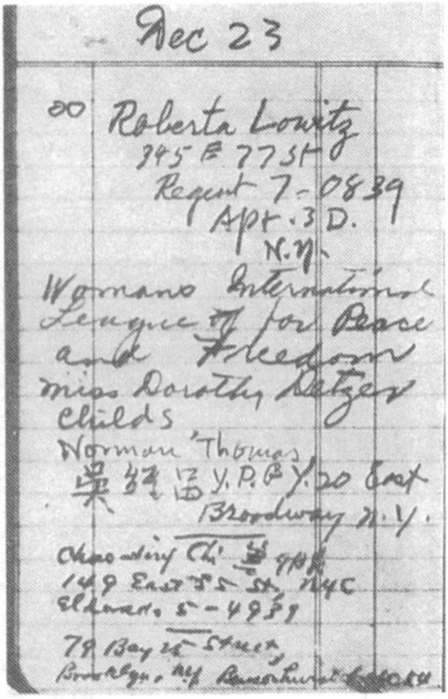
Dec 23

00 Roberta Lowitz
345 E 77 St
Regent 7-0839
Apt. 3 D.
N.Y.
Womans International League for Peace and Freedom
miss Dorothy Detzer
Childs
Norman Thomas
梁[illegible] Y.P.B.Y. 20 East Broadway N.Y.
Chao-ting Chi 冀朝鼎
149 East 85 St, NYC
Eldorado 5-4939
79 Bay 25 Street,
Brooklyn, N.Y. [illegible]

14-021

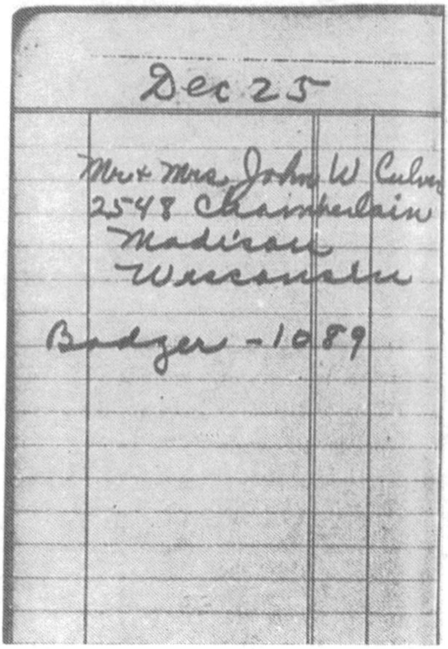
Dec 25

Mr. + Mrs. John W Culver
2548 Chamberlain
Madison
Wisconsin
Badger-1089

14-022

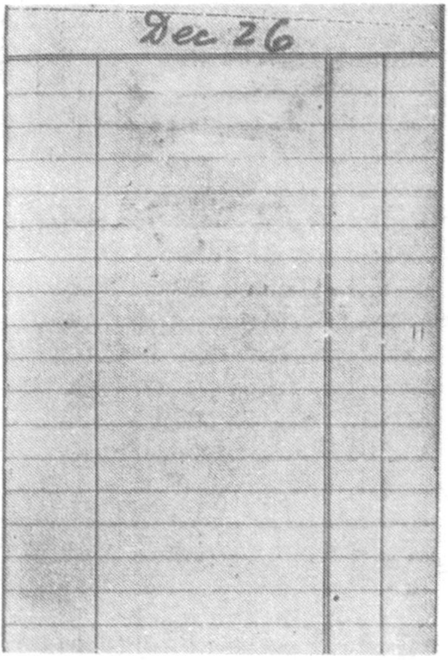
Dec 26

14-023

I-yan Choy
Int. House
no. 416
AC 29695

14-024

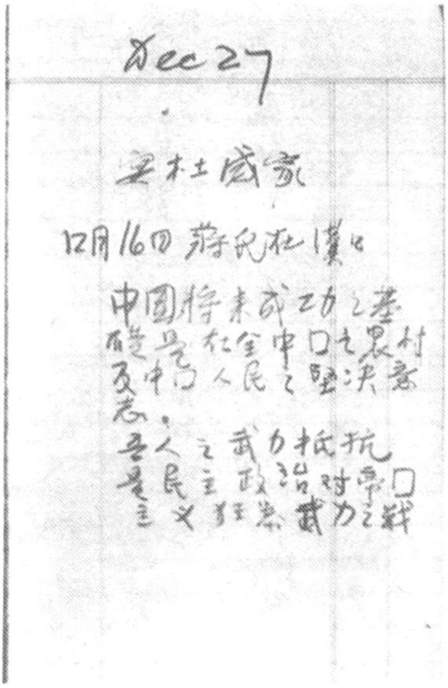
Dec 27

安杜威家

12月16日 蒋氏在汉口

中国将来成功之基础是在全中国之农村及中国人民之坚决意志。

吾人之武力抵抗是民主政治对帝国主义狂暴武力之战

14-025

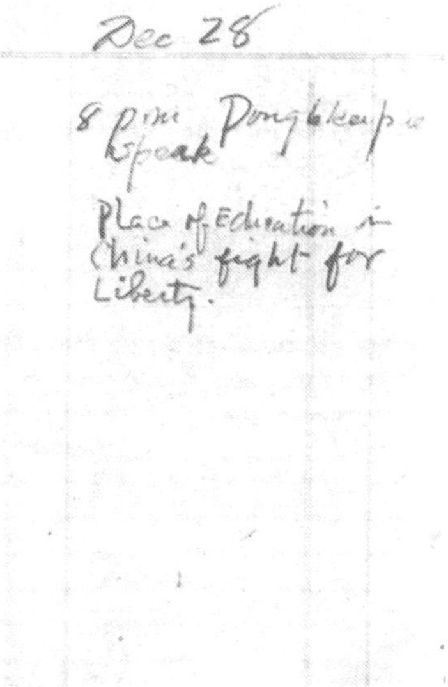
Dec 28

8 p.m. Poughkeepsie
speak

Place of Education in
China's fight for
Liberty.

14-026

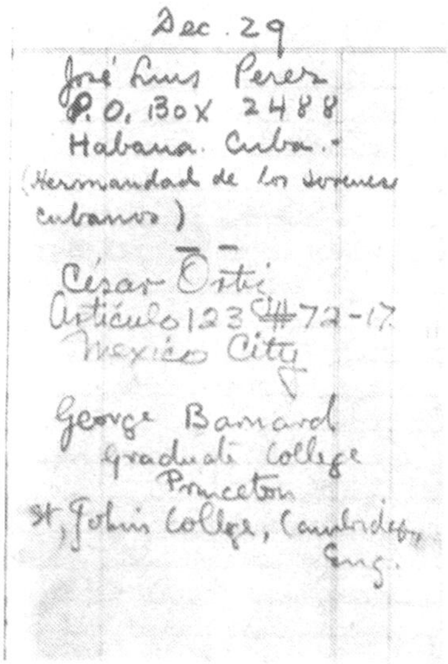
Dec. 29

José Luis Perez
P.O. Box 2488
Habana Cuba.
(Hermandad de los Jovenes
cubanos)

César Ortiz
Artículo 123 #72-17
Mexico City

George Barnard
Graduate College
Princeton
St. John's College, Cambridge,
Eng.

14-027

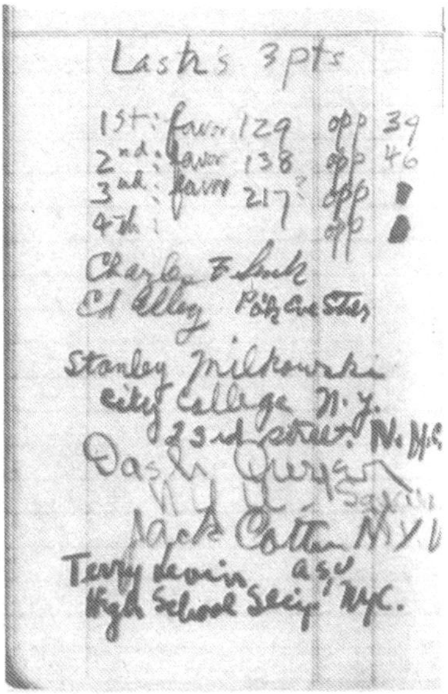
Lash's 3 pts

1st: favor 129 opp 39
2nd: favor 138 opp 46
3rd: favor 217? opp
4th: opp

[illegible]

Stanley Milkowski
City College N.Y.
23rd street N.Y.C.

[illegible]

Jack Cotton N.Y.U.

Terry Levin, A.S.U.
High School Secy N.Y.C.

14-028

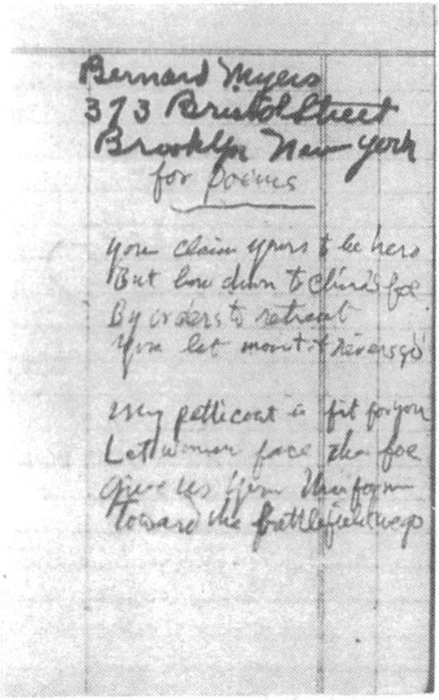
Bernard Myers
373 Bristol Street
Brooklyn New York
for poems

You claim yours to be hero
But bow down to China's foe
By orders to retreat
You let [illegible] go

My petticoat is fit for you
Let women face the foe
Give us your uniform
Toward the battlefield we go

14-029

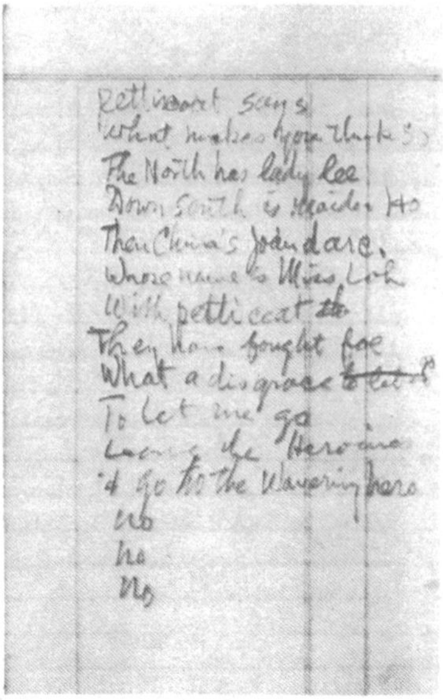
Petticoat says
What makes you think so
The North has lady Lee
Down South is Maiden Ho
Then China's Joan d'arc
Whose name is Miss Loh
With petticoat ~~too~~
They have fought foe
What a disgrace ~~[illegible]~~
To let me go
Leaving the Heroine
I go to the wavering hero
no
no
no

14-030

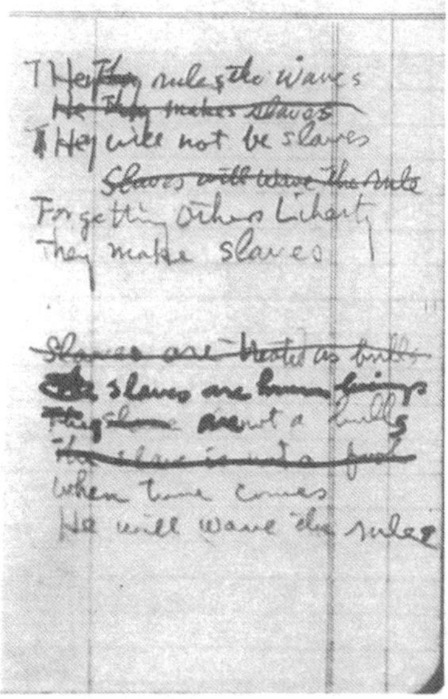
They ~~They~~ rules the waves
~~He They makes slaves~~
They will not be slaves
~~Slaves will wave the rule~~
Forgetting others Liberty
They make slaves

~~Slaves are treated as bulls~~
~~The slaves are human beings~~
~~They slave are not a bulls~~
~~The slave is not a [illegible]~~
When time comes
He will wave the rules

14-031

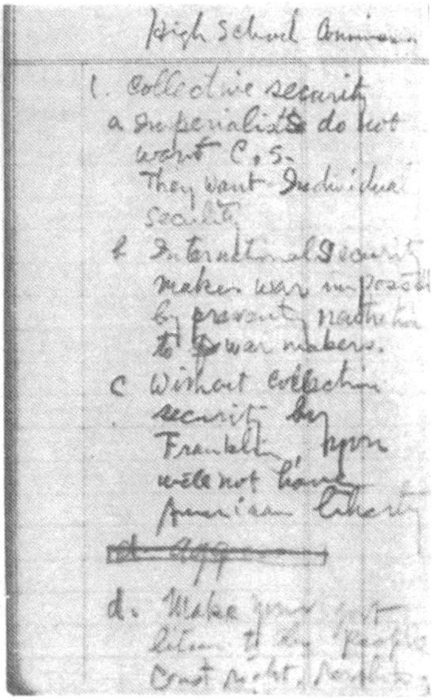
High School Ann[illegible]

1. Collective security
a Imperialists do not want C.S.
They want Individual Security
b International Security makes war impossible by preventing [illegible] to war makers.
c Without collective security by Franklin, you will not have American Liberty
~~[illegible]~~
d. Make your govt listen to the People
[illegible]

14-032

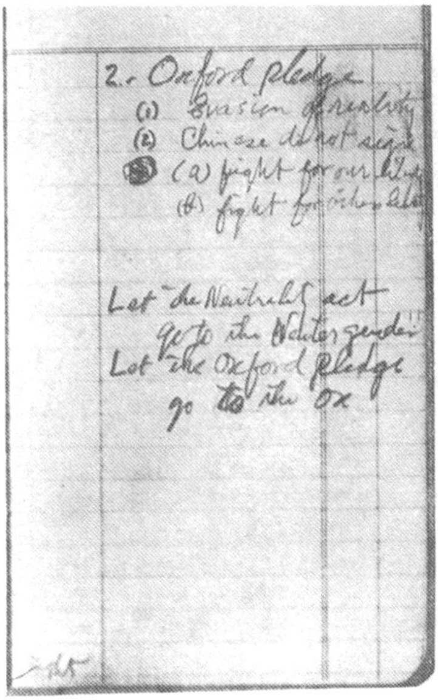

14-033

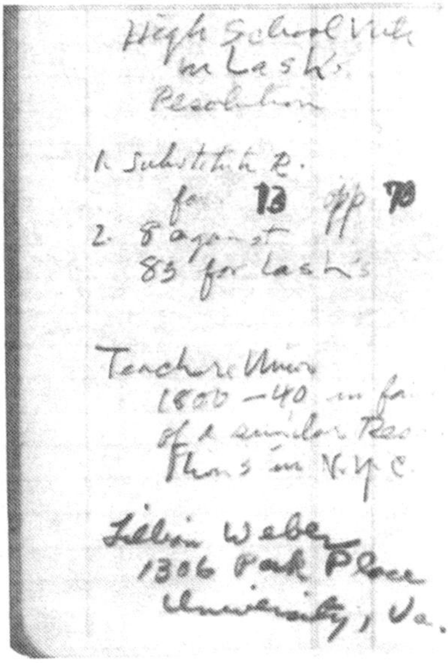

14-034

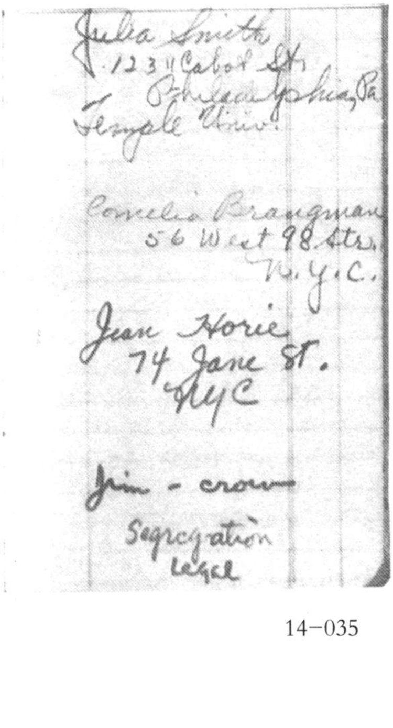

14-035

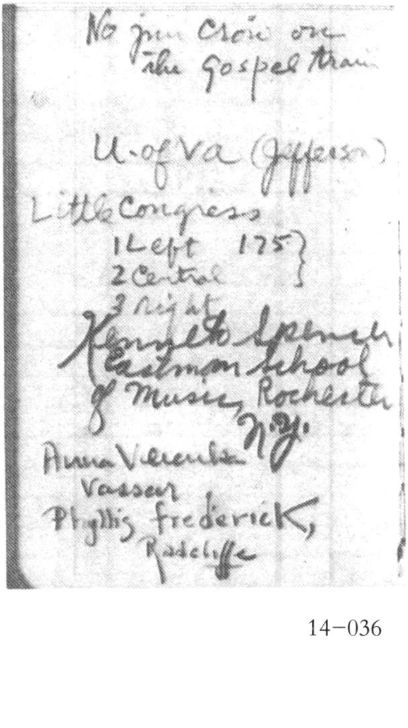

14-036

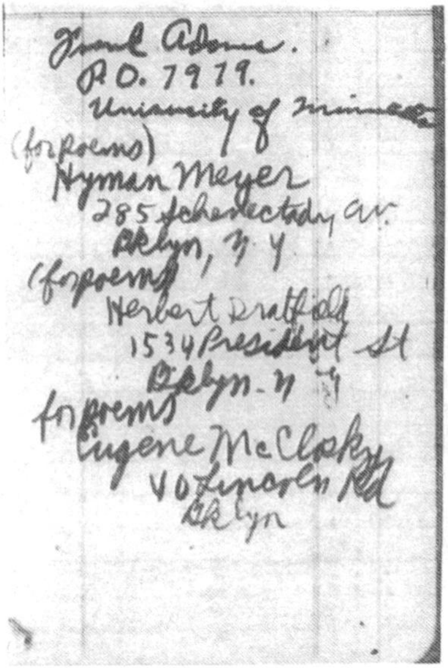
Frank Adams.
P.O. 7979.
University of Minnesota
(for poems)
Hyman Meyer
285 Schenectady av.
Bklyn, N.Y.
(for poems)
Herbert Dratfield
1534 President St
Bklyn N.Y.
for poems
Eugene McCloskey
40 Lincoln Rd
Bklyn

14-037

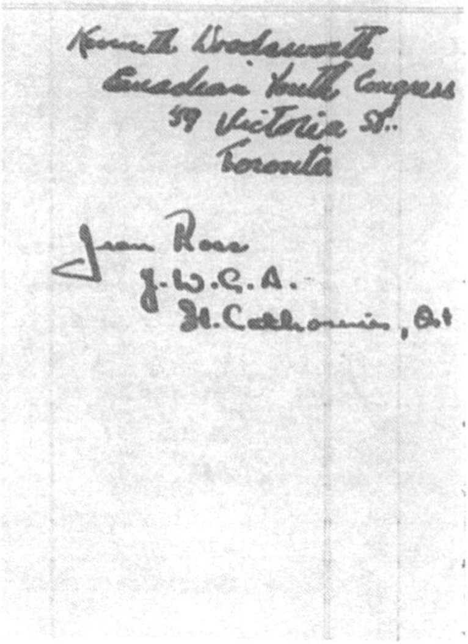
Kenneth Woodsworth
Canadian Youth Congress
59 Victoria St.
Toronto

Jean Ross
Y.W.C.A.
St. Catharines, Ont

14-038

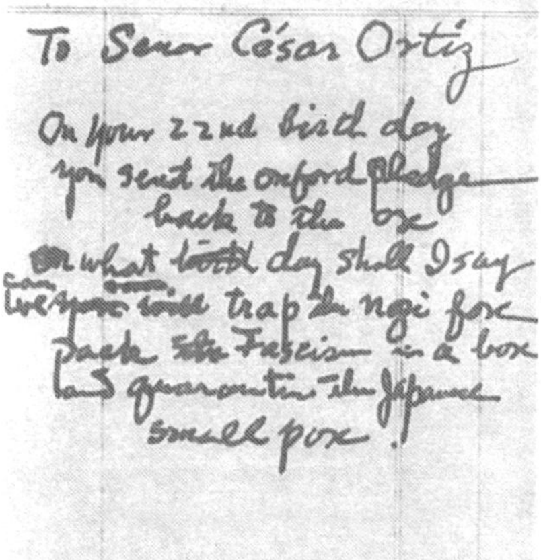
To Senor César Ortiz

On your 22nd birth day
you sent the Oxford pledge
back to the ox
On what birth day shall I say
we can trap the Nazi fox
pack the Fascism in a box
and quarantine the Japanese
small pox.

14-039

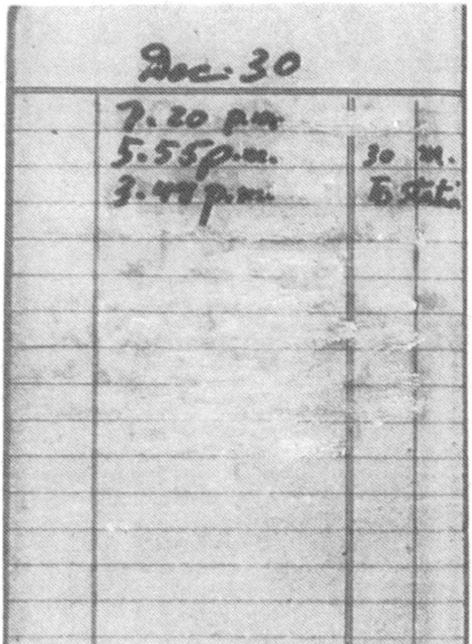
Dec. 30

7.20 p.m.	
5.55 p.m.	30 m.
3.48 p.m.	To Stati

14-040

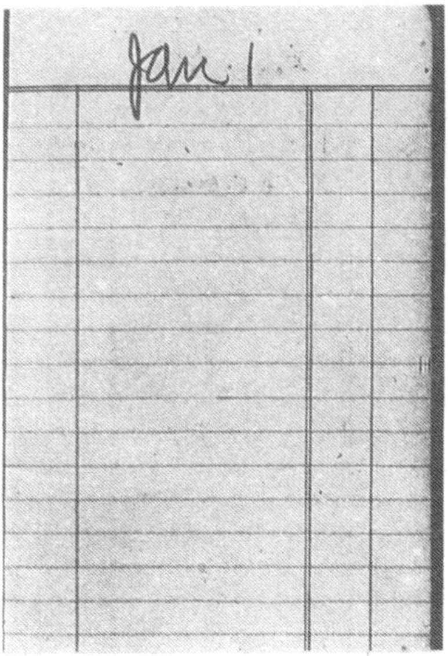
Jan 1

14-041

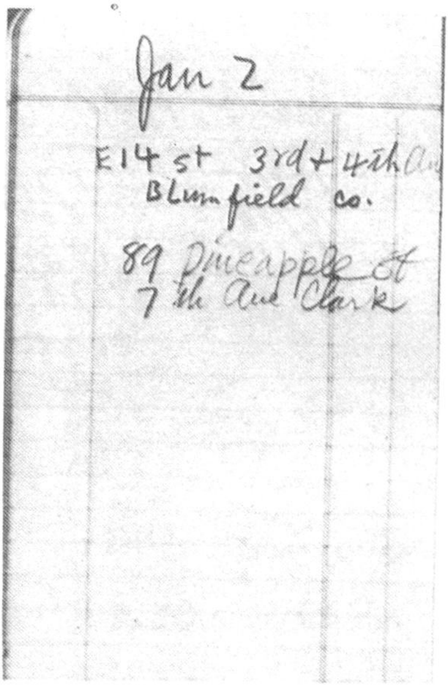
Jan 2

E14 st 3rd + 4th Av
Blumfield co.

89 Pineapple st
7th Ave Clark

14-042

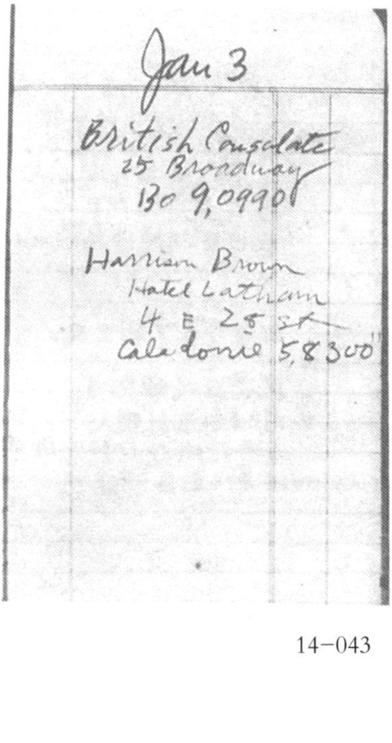
Jan 3

British Consulate
25 Broadway
Bo 9,0990

Harrison Brown
Hotel Latham
4 E 28 st
Caledonia 5,8300

14-043

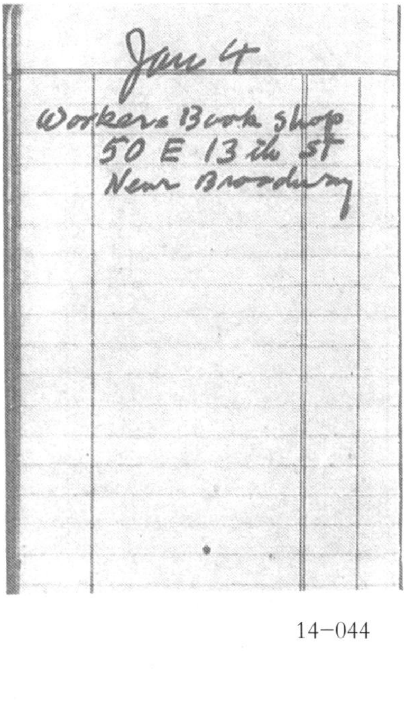
Jan 4

Workers Book Shop
50 E 13th st
Near Broadway

14-044

Jan 5

New Star
723 7th Ave
Room 203

14-045

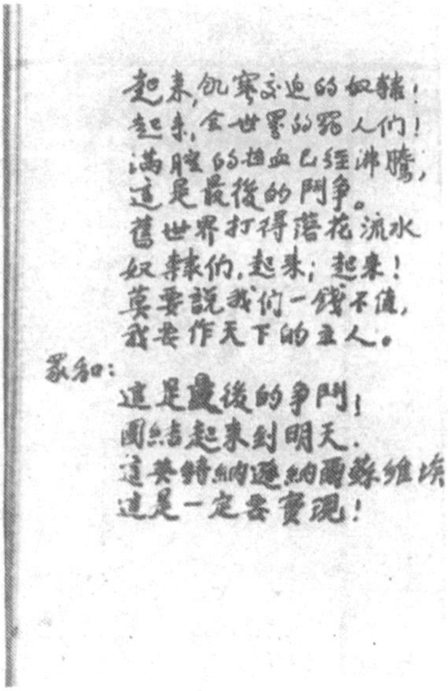

起来，饥寒交迫的奴隸！
起来，全世界的罪人们！
满腔的热血已经沸騰，
這是最後的鬥爭。
舊世界打得落花流水
奴隸們，起来，起来！
莫要說我們一錢不值，
我要作天下的主人。
眾和：
這是最後的鬥爭！
團結起来到明天，
這英特納雄納爾蘇維埃
這是一定要實現！

14-046

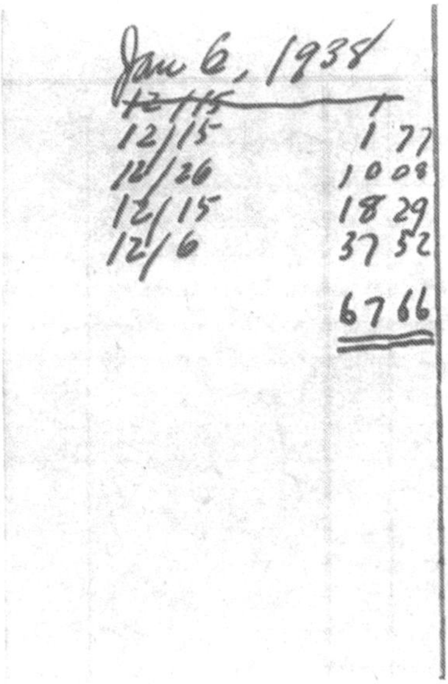

Jan 6, 1938

~~12/15~~	
12/15	1 77
12/26	10 08
12/15	18 29
12/6	37 52
	67 66

14-047

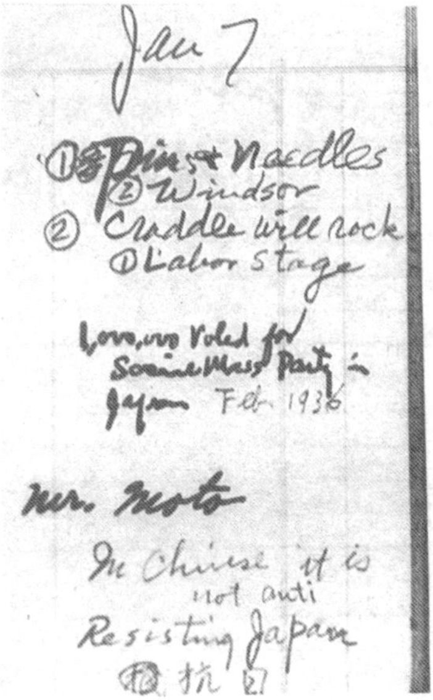

Jan 7

① Pins & Needles
② Windsor
② Cradle will rock
① Labor Stage

Lower vote for Social Mass Party in Japan Feb. 1936

Mr. Moto

In Chinese it is not anti
Resisting Japan
抗日

14-048

Charles Kreumbein

14-049

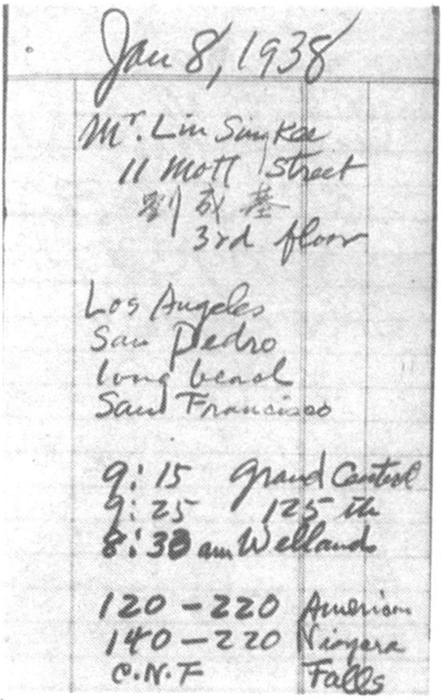

Jan 8, 1938

Mr. Lin Sing Kee
11 Mott Street
刘成基
3rd floor

Los Angeles
San Pedro
long beach
San Francisco

9:15 grand Central
9:25 125th
8:30 am Welland

120-220 American
140-220 Niagara
C.N.F Falls

14-050

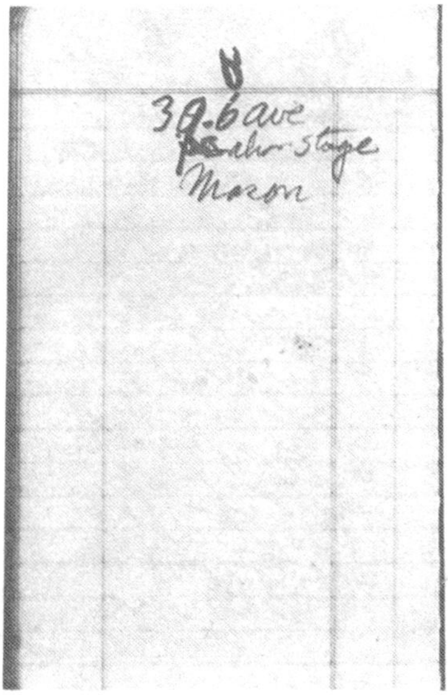

8
30.6 ave
~~B~~ chr stage
Moron

14-051

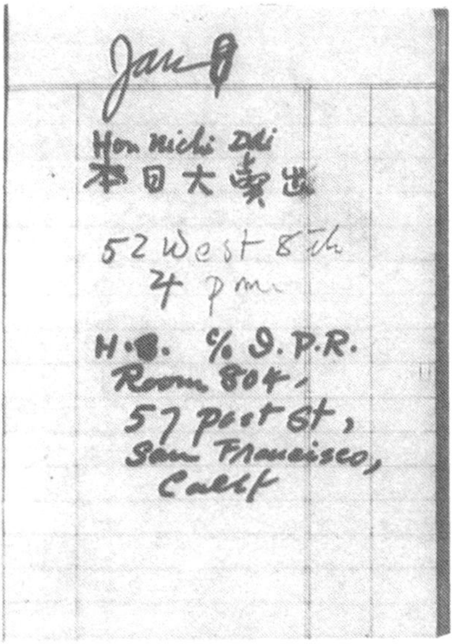

Jan 9

Hon nichi Dai
本日大[illegible][illegible]

52 West 8th
4 pm

H.O. % I.P.R.
Room 804,
57 post St,
San Francisco,
Calif

14-052

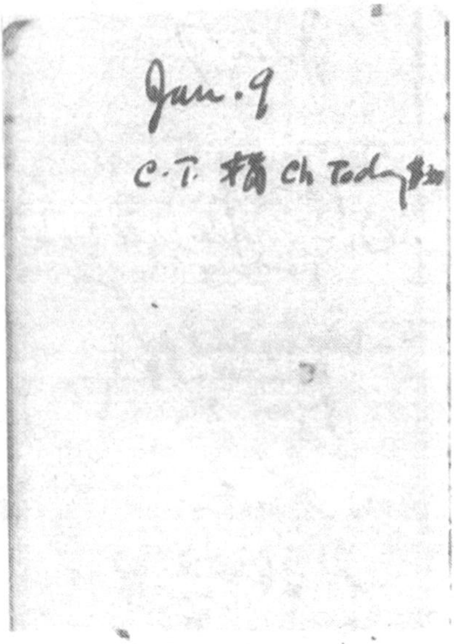

Jan. 9

C.T. 精 Ch Today $30

14-053

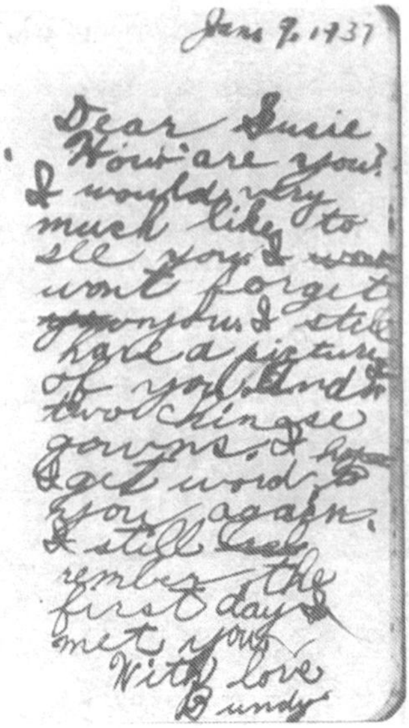

Jan 9. 1937

Dear Susie
How are you?
I would very
much like to
see you & won't forget
you. I still
have a picture
of you and
two Chinese
gowns. I hope
to get word to
you again.
I still remember the
first day I
met you.
With love
Dundy

14-054

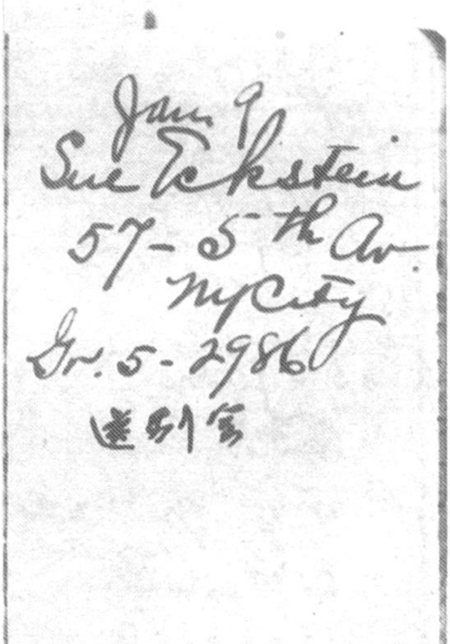

Jan 9
Sue Eckstein
57 - 5th Av.
NY City
Gr. 5-2986
送别会

14-055

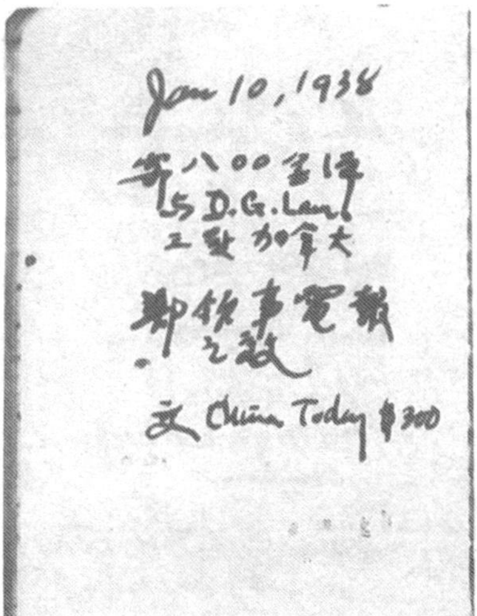

Jan 10, 1938
第八〇〇号信
[与 D.G. Lam]
工会加拿大
郑修事電報之發
文 Chien Today $300

14-056

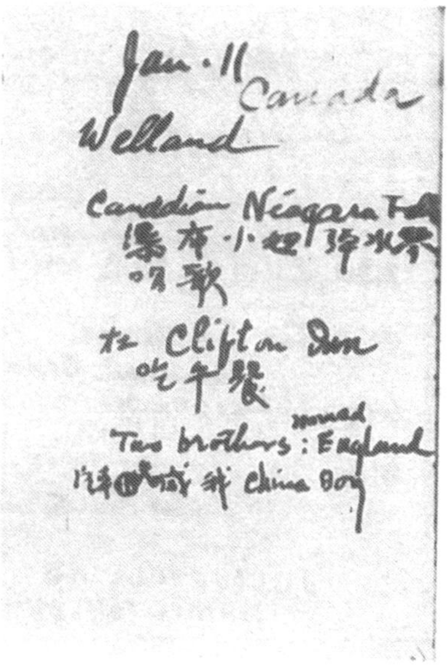
Jan. 11
Canada
Welland
Canadian Niagara Falls
瀑布·小姐
唱歌
在 Clifton Inn
吃午餐
Two brothers: England married
China Boy

14-057

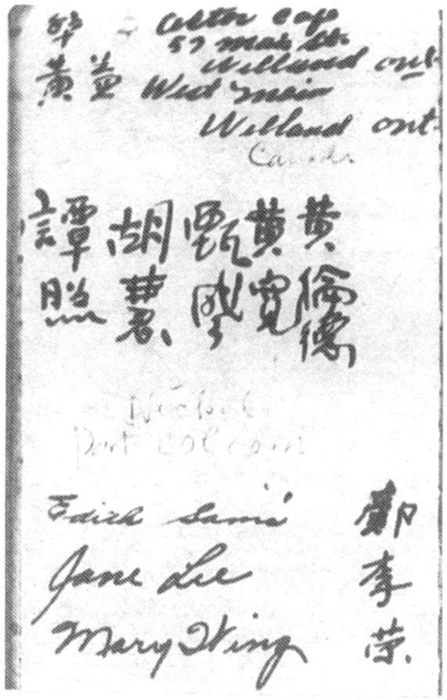
Center Cafe
57 Main St.
Welland ont.
黄 West Main
Welland ont.
Canada
譚胡甄黄黄
照書、學寬倫
Edith Sams
Jane Lee 李
Mary Wing 荣

14-058

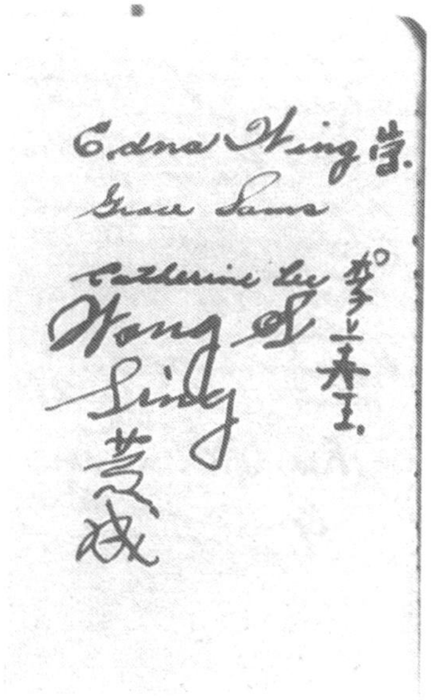
Edna Wing 荣.
Grace Sams
Catherine Lee 李
Wong
Lindy

14-059

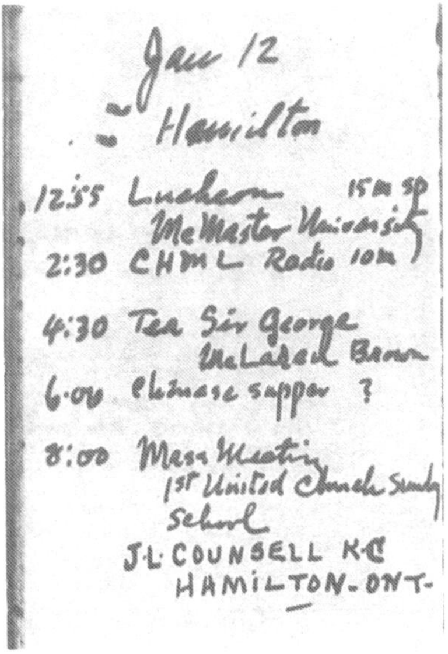
Jan 12
Hamilton
12:35 Luncheon 15 m sp
McMaster University
2:30 CHML Radio 10 m
4:30 Tea Sir George
McLaren Brown
6:00 Chinese supper ?
8:00 Mass Meeting
1st United Church Sunday
School
J.L. COUNSELL K.C.
HAMILTON. ONT.

14-060

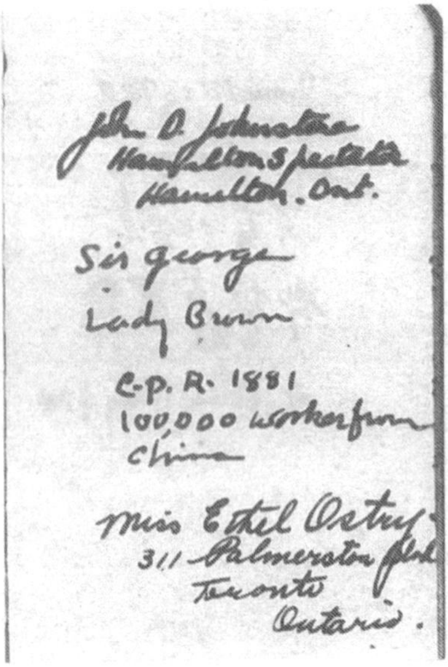
John O. Johnstone
Hamilton Spectator
Hamilton. Ont.

Sir george
Lady Brown

C.P.R. 1881
100,000 worker from
China

Miss Ethel Ostry
311 Palmerston Blvd
Toronto
Ontario.

14-061

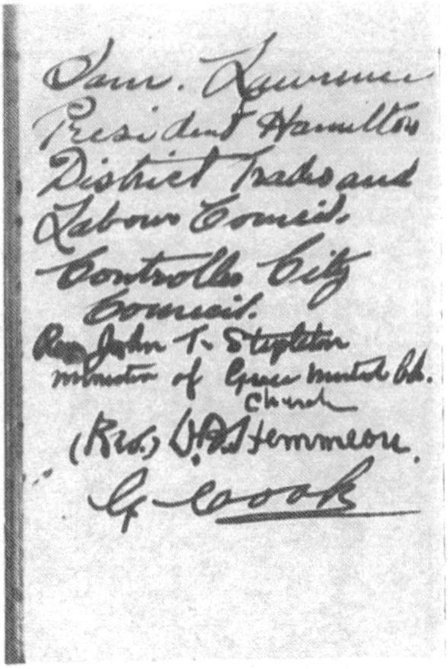
Sam. Lawrence
President Hamilton
District Trades and
Labour Council.
Controller City
Council.
Rev. John T. Stapleton
minister of Grace United Ch.
Church
(Rev.) [illegible] Hemmeon.
G. Cook

14-062

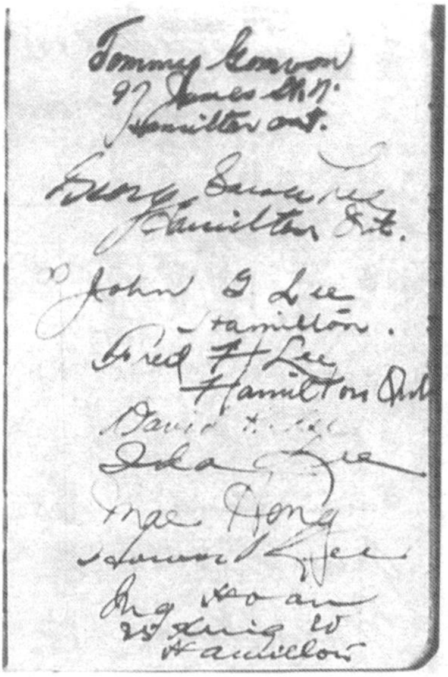
Tommy Conroon
97 James St N.
Hamilton ont.
[illegible]
Hamilton Ont.
John G. Lee
Hamilton.
Fred F. Lee
Hamilton Ont
David [illegible]
Ida [illegible] Lee
Mae Hong
[illegible] Lee
Ng [illegible]
25 King W
Hamilton

14-063

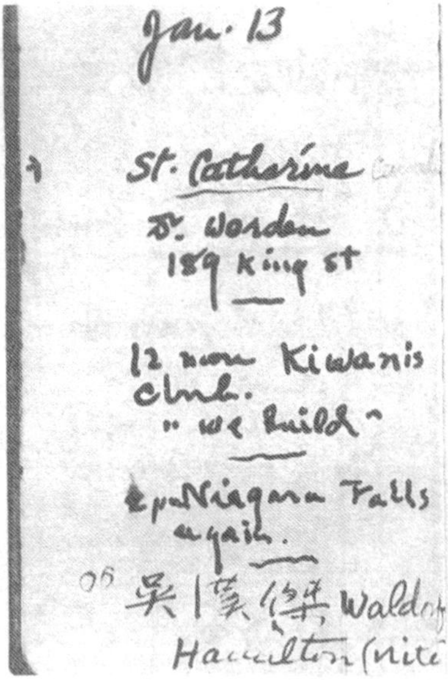
Jan. 13

St. Catharines
Dr. Worden
189 King St

12 noon Kiwanis
club.
" We build "

[illegible] Niagara Falls
again.

06 吴|汉|杰 Waldorf
Hamilton (Nite

14-064

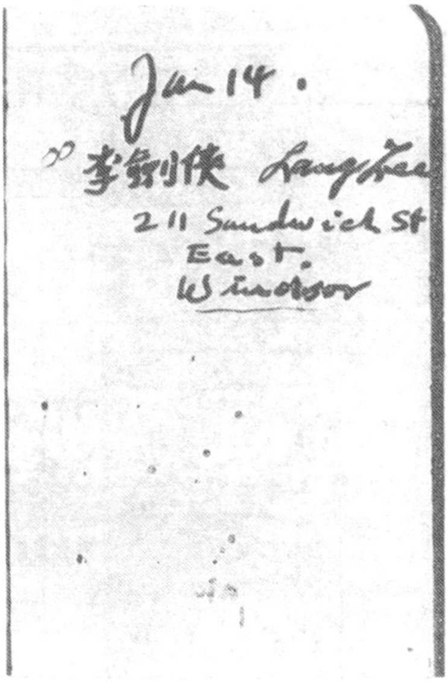
Jan 14.

李剑侠 Lang Kee
211 Sandwich St
East.
Windsor

14－065

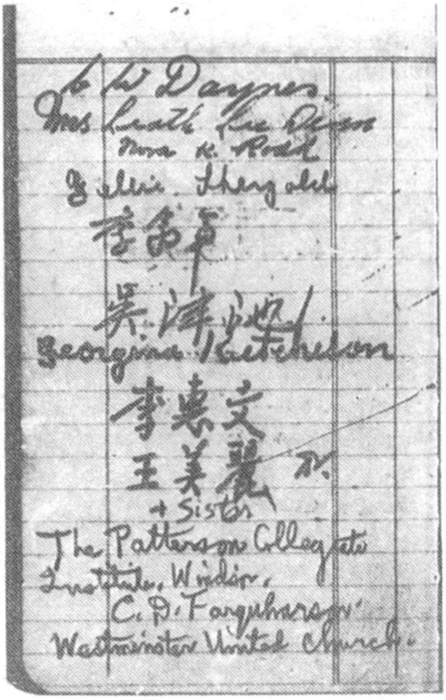
C. W. Daynes
Mrs Leath
Mrs K. Road
李雨亭
吴泽湘
Georgina Ketcheson
李惠文
王美丽
+ Sister
The Patterson Collegiate
Institute, Windsor.
C. D. Farquharson
Westminster United Church.

14－066

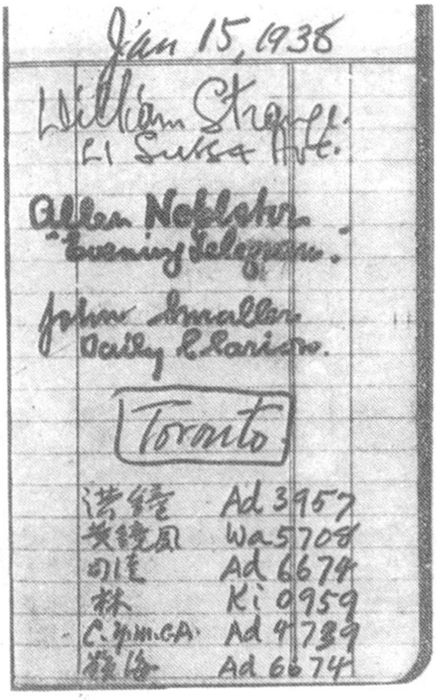
Jan 15, 1938

William Strange
Allen Nobleton
"Evening Telegram."
John Smaller
Daily Clarion.

Toronto

浩經	Ad 3957
黄镜凤	Wa 5708
司徒	Ad 6674
林	Ki 0959
C. Y.M.C.A.	Ad 9739
颖海	Ad 6674

14－067

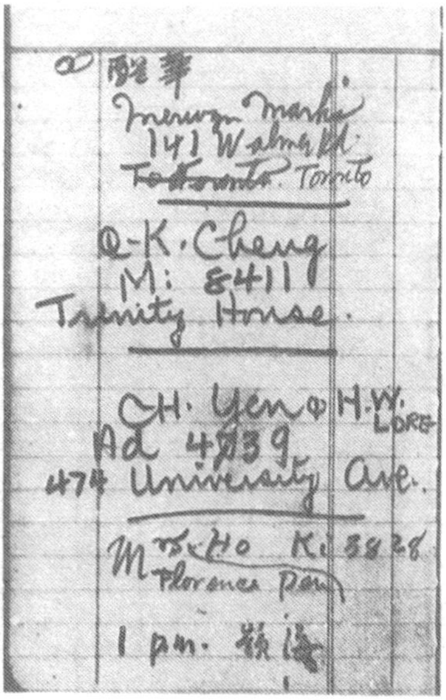
醒华
Mervyn Marks
141 Walmer Rd
Toronto

Q-K. Cheng
M: 8411
Trinity House.

C.H. Yen & H.W.
Ad 4739
474 University Ave.

Mrs. Ho Ki 5828
Florence Pan

1 pm. 颖海

14－068

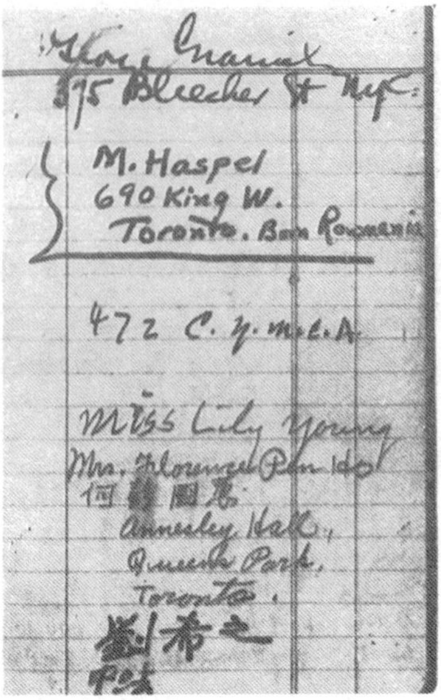

14-069

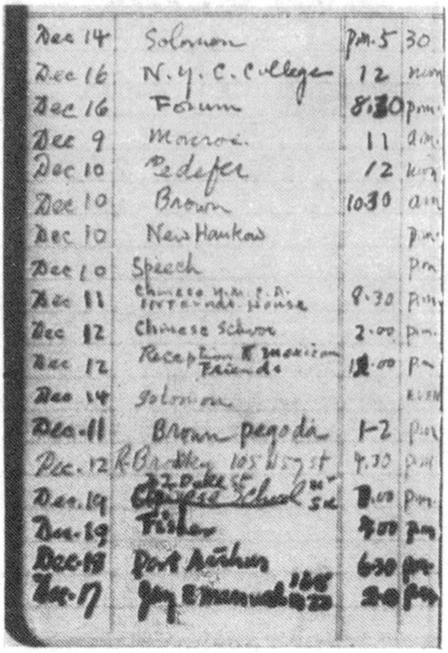

Dec 14	Solomon	pm. 5	30
Dec 16	N. Y. C. College	12	noon
Dec 16	Forum	8:30	pm.
Dec 9	Monroe	11	am.
Dec 10	Pedefer	12	
Dec 10	Brown	10.30	am
Dec 10	New Hankow		pm
Dec 10	Speech		pm
Dec 11	Chinese Y.M.C.A. International House	8.30	pm.
Dec 12	Chinese School	2.00	pm.
Dec 12	Reception Mexican Friends	12.00	pm
Dec 14	Solomon		
Dec 11	Brown pagoda	1-2	pm
Dec. 12	R. Bradley 105 W 57 st	4.30	pm
Dec. 19	Chinese School	3.00	pm.
Dec. 19	Fisher	4.00	pm
Dec 18	Port Arthur	6.30	pm
Dec. 17	[illegible]	2.0	pm

14-070

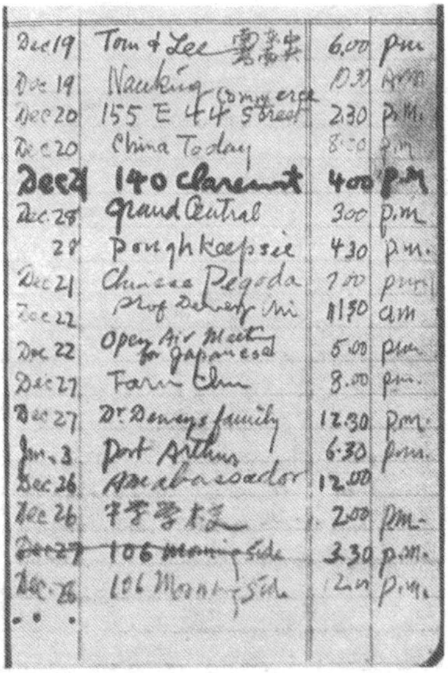

Dec 19	Tom & Lee	6.00	pm
Dec 19	Nanking Commerce	10.30	AM
Dec 20	155 E 44 Street	2.30	pm.
Dec 20	China Today	8.00	pm
Dec 2[illegible]	140 Claremont	4.00	pm
Dec 28	Grand Central	3.00	pm
28	Poughkeepsie	4.30	pm.
Dec 21	Chinese Pagoda	7.00	pm
Dec 22	Prof Dewey Mi	11.30	am
Dec 22	Open Air Meeting for Japanese	5.00	pm
Dec 27	Farm Chu	8.00	pm.
Dec 27	Dr. Dewey's family	12.30	pm.
Jan. 3	Port Arthur	6.30	pm.
Dec 26	Ambassador	12.00	
Dec 26	中学学校	2.00	pm.
~~Dec 27~~	~~106 Morningside~~	3.30	pm.
Dec. 26	106 Morningside	2.00	pm.

14-071

Jan 4	Lowitt	6.00	pm
	Ruben	4.30	pm
Jan 5	Ambassador Hotel	9.30	am

14-072

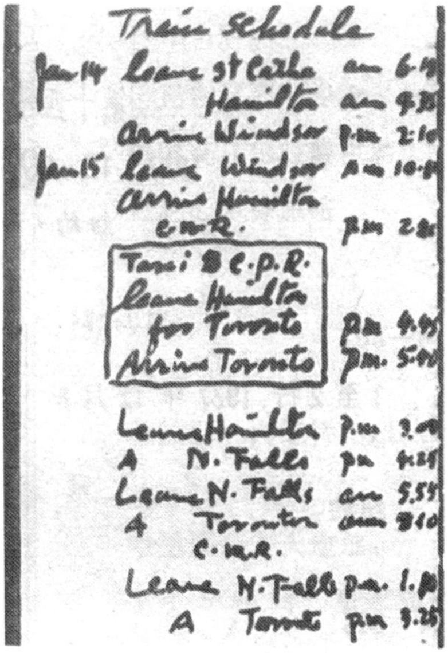

Train Schedule

Jan 14 Leave St Cath[illegible] am 6.[illegible]

Hamilton am 9.[illegible]

Arrive Windsor p.m 2:10

Jan 15 Leave Windsor am 10.[illegible]

Arrive Hamilton

C.N.R. p.m 2.[illegible]

Taxi [illegible] C.P.R.

Leave Hamilton

for Toronto p.m 4.45

Arrive Toronto p.m. 5.[illegible]

Leave Hamilton p.m 3.[illegible]

A N. Falls pm 4.25

Leave N. Falls am 5.55

A Toronto am 8.10

C.N.R.

Leave N. Falls p.m. 1.[illegible]

A Toronto pm 3.25

14-073

第十四册〔注译〕

1937.12.8~1938.1.15

纽约·加拿大

14—001

第1至2行：1937年12月8日

纽约

14—003

12月10日

伊凡林·西尔弗　纽约地址

（山姆利交斯的修女）

广告部　阿拉约先生　地址

庆祝北京学生运动

为和平建绿色乡村

14—004

12月11日

S.C.莫克吉　地址

国际楼

关于墨西哥的演讲

14—005

末7行：罗尔夫·布鲁德斯克地址

12月26日下午6时30分

马里阿特·E.弗里斯地址

14—007

末8行：大学演讲

J.伊利奥特·弗什尔地址

城市学院社会研究实验室地址

14—008

第1至6行：詹姆士·韦斯特美国童子军全国办事处纽约地址

末5行：W.F.巴克姆罗得大学南非

14——009

此页为人名及地址

14—010

12月15日

16日下午8时半　派克威湾犹太会堂

卡洛林·帕尔特女士　波士顿原师范学院

14—011

12月16日

复制罗兰先生函件

8时半　和平同盟　派克威

14—012

第 1 至 8 行：12 月 17 日

杰伊·艾曼纳尔　地址　下午 2 时

第 9 行：寄航空信给……

末 4 行：门都萨　纽约地址

14—013

哈里逊·布朗　地址

14—014

12 月 18 日

伊凡吉林那·安特·伏汉

美国莫日尔联盟主席

百老汇多芬旅馆

14—017

12 月 19 日

希拉利·内维特　纽约地址

哈里森——友人地址

下午 5~8 时　皇家温莎舞厅

14—018

12 月 20 日

下午 2 时半　哈里逊·布朗与我同会约翰·T.博比特编辑

撒母耳·纽特迈耳

巴尔的摩反纳粹同盟　抵制日货

14—021

第 1 至 12 行：12 月 23 日

罗伯特·路维兹　纽约地址

国际妇女争取和平与自由联盟

多罗西·德兹尔女士

诺尔曼·托马斯

14—022

12 月 25 日

约翰·W.柯尔佛夫妇威斯康星州麦迪逊

14—026

12 月 28 日

下午 8 时　彭基皮埃讲演

教育在中国为自由而斗争中的地位

14—027

约瑟·路易斯·皮尔斯古巴地址

西塞·沃尔兹　墨西哥城地址

乔治·贝尔纳德，普林斯顿大学研究院

英国剑桥圣约翰学院

14—028

拉什迪的 3 处表决

第一处：129 赞成　39 反对

第二处：138 赞成　46 反对

第三处：217 赞成　1 反对

查理·F.兰卡

斯坦利·米考斯基　纽约城市学院

泰瑞·列文　高级中学　纽约

14—029 至 031

贝尔纳·迈尔斯　纽约地址

诗二首

你声称自己是英雄
却向中国的敌人卑恭
借口下撤退命令
让大好河山陷沦

我的衣裙正合你身
让女人们去面对敌人
把你的军装给我们
我们要奔向战场杀向敌阵

衣裙说，什么使你这样想
北方有李女士
南方有少女何
还有中国的贞德
她就是小姐罗
穿着衣裙，他们已和敌人拼搏
逃跑多可耻——
让我走
离开这些女英雄
做个动摇者?!
不！不！不！

他们统治波浪
他们不做奴隶
若忘记他人的自由
他们就制造了奴隶

奴隶属于人类
他们不是牛群
一旦时机来到
他们会动摇统治

14—032、033

高级中学

1.集体安全

（1）帝国主义者并不要集体安全，他们要个人安全

（2）防备对战争贩子采取中立态度，国际安全才能使战争成为不可能

（3）没有富兰克林的集体安全，你们也不会有美国的自由

（4）使你们的政府倾听人民的呼声要宪法的权利，革命的权利。

2. 牛津誓言

（1）逃避现实

（2）中国人不签字

（a）为我们的自由而战

（b）为他人的自由而战

让中立法案滚到中性动物一边去

让牛津誓言滚到牛那儿去

14—034

高级中学表决拉什决议

1. 替代的决议　13 票赞成　70 票反对

2. 83 票中 8 票反对拉什决议

纽约教师联盟

以1,800票赞成40票反对通过类似拉什决议的决议

李廉·维伯　地址

14—035

此页为友人名和地址

14—036

传播福音的火车上没有禁止黑人的规定

小范围议会

1 左派　175

2 中间派

3 右派

余至037页为人名及地址

14—038

肯尼兹·沃德斯沃　多伦多加拿大青年大会

吉恩·鲁丝　女青年会

14—039

致西塞·沃蒂兹先生：

在你22岁生日之际

“牛津誓言”该还给牛

什么时候我将说：我们能抓住纳粹狐狸

把法西斯主义关进箱里

将日本的天花瘟疫隔离

14—042

1938年1月2日

布鲁姆费尔特公司及地址

克拉克及地址

14—043

1月3日

英国领事馆　百老汇25号

哈里逊·布朗　地址

14—044

1月4日

工人书店　新百老汇地址

14—045

1月5日

新星　地址

14—048

1. 回形针和针

(2) 温莎

2. 摇篮欲动

(1) 劳工舞台

6行起：1936年2月，日本100万人选举社会民众党

莫托先生

中文的“抗日”不是“反日”

14—049

查理·克鲁姆宾

14—050

第1行：1938年1月8日

第6至9行：洛杉矶

桑·彼德罗

长滩

旧金山

14—051

劳工舞台

14—054

1937年1月9日

亲爱的苏雪（音）：

您好吗？我十分地想见您，我不会忘记您，您和另两位穿长袍的中国人的形象仍在我的脑际，我再一次告诉您，我还记得第一次见到你们的那一天。

爱您的

邦迪

14—055

签名及地址

14—057

第1至4行：1月11日

加拿大　威兰

加拿大尼亚加拉瀑布

第7行外文：克利夫顿酒店

末2行：两兄弟：名叫英格兰

汽车夫喊我“中国伙计”

14—060

1月12日

汉密尔顿

12时55分　午餐用15分　麦克马斯特大学

2时30分　CHML广播电台10分钟

4时30分　与乔治·米克拉欣·布朗爵士一起用茶

6时　华人晚餐

8时　群众大会，第一联合教堂主日学校

J.L.康斯尔

14—061

约翰·D.约翰斯通　汉密尔顿地址

乔治爵士

布朗夫人

100,000从中国来的工人

奥斯特瑞女士　安大略省多伦多地址

14—062

萨姆·劳伦斯　汉密尔顿地区工商理事会康特罗尔市理事主席

约翰·斯特夫顿　牧师

14—063

此页为托米·高姆凡、李乔治·萨瓦、李约翰等人名及汉密尔顿地址

14—064

1月13日

圣·凯瑟林　瓦尔登博士　加拿大

中午 12 时　吉瓦尼斯俱乐部“我们建造”

下午 2 时　重游尼亚加拉瀑布

14—067

第 1 至 8 行：1938 年 1 月 15 日

威廉·斯特朗　地址

艾伦·诺博斯托　《晚间电讯》

约翰·斯摩勒　《克拉里恩日报》

多伦多

14—070 至 072

12 月 14 日下午 5 时半所罗门

12 月 16 日午 12 时　纽约市立学院

12 月 16 日下午 8 时半论坛

12 月 9 日上午 11 时　孟禄

12 月 10 日午 12 时　雷迪弗

12 月 10 日上午 10 时半布朗

12 月 10 日下午　新汉口

12 月 10 日下午　演讲

12 月 11 日下午 8 时半中国青年会国际楼

12 月 12 日下午 2 时　中华学校

12 月 12 日午 12 时　欢迎墨西哥友人

12 月 14 日晚　所罗门

12 月 11 日下午 1~2 时布朗　彼哥达

12 月 12 日下午 4 时半 R.布卢迪斯基

12 月 19 日下午 1 时　中华学校苏先生

12 月 19 日下午 4 时　弗什尔

12 月 18 日下午 6 时半　旅顺楼

12 月 17 日下午 2 时　杰埃门纳尔

12 月 19 日下午 6 时　汤姆和李

12 月 19 日上午 10 时半　南京

12 月 20 日下午 2 时半东 44 商业街 155 号

12 月 20 日下午 8 时《今日中国》

12 月 21 日下午 4 时　克来尔蒙特 140 号

12 月 28 日下午 3 时　大中央车站

12 月 28 日下午 4 时半　彭基比塞

12 月 21 日下午 7 时　中国　彼哥达

12 月 22 日上午 11 时半　在大学访杜威教授

12 月 22 日下午 5 时　为日本人举行露天会

12 月 27 日下午 8 时　朱发云（音）

12 月 27 日下午 12 时半　杜威先生家

1 月 3 日下午 6 时半　旅顺楼

12 月 26 日 12 时　大使

12 月 26 日下午 2 时　中华学校

12月28日12时　蒙宁街106号

1月4日下午6时　罗威特

下午4时半　鲁本

1月5日上午9时半　大使会堂

14—073

乘车计划

1月14日上午6时18分离开圣·凯瑟林

上午9时35分

经汉密尔顿

下午2时10分　到温莎

1月15日上午10时10分离温莎到汉密尔顿

下午2时20分 C.N.R.

乘出租车到 C.P.R.

下午4时45分离汉密尔顿到多伦多

下午5时40分到达多伦多

下午3时离汉密尔顿

下午4时25分到尼亚加拉瀑布

上午5时53分离尼亚加拉瀑布

上午8时10分到多伦多 C.N.R.

下午1时10分离尼亚加拉瀑布

下午3时25分到多伦多

衛備忘

第 十 五 册

1938.1.16~1938.1.25

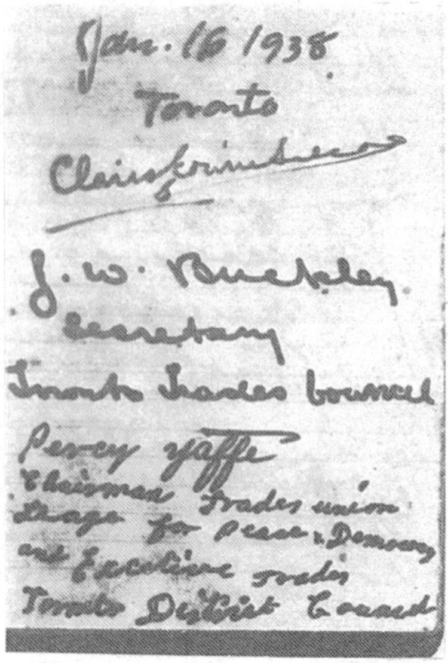

Jan. 16 1938
Toronto
[illegible]
J. W. Buckley
Secretary
Toronto Trades Council
Percy Yaffe
Chairman Trades Union
League for Peace & Democracy
and Executive Trades
Toronto District Council

15-001

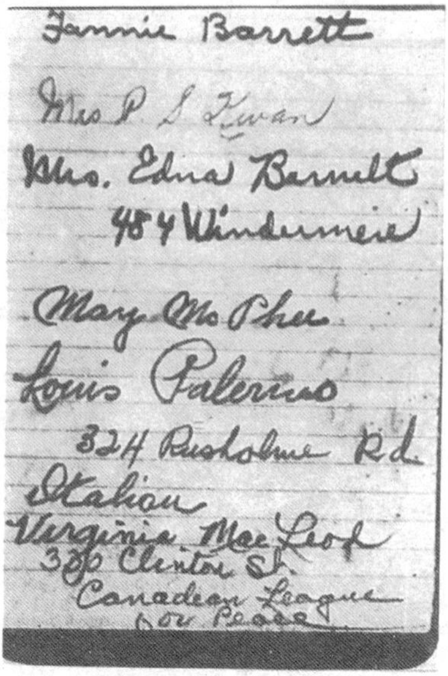

Fannie Barrett
Mrs P. S. Kwan
Mrs. Edna Barnett
484 Windermere
Mary McPhee
Louis Palermo
324 Rusholme Rd.
Italian
Virginia MacLeod
38[illegible] Clinton St.
Canadian League
for Peace

15-002

Miss Laimi Leino
Arthur Cafe
Port Arthur

15-003

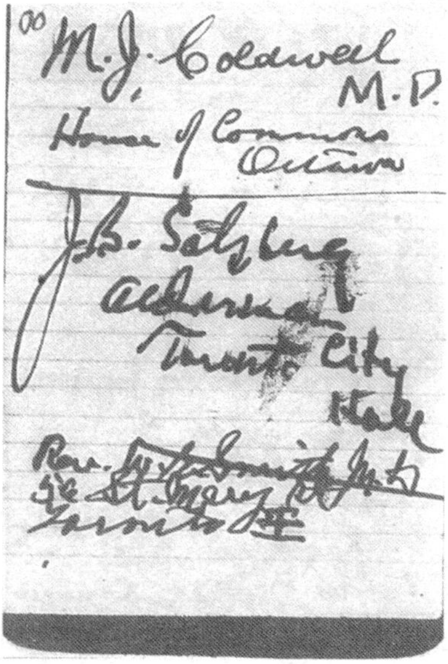

M. J. Coldwell
M.P.
House of Commons
Ottawa
J. B. Salsberg
Alderman
Toronto City Hall
Rev. W. [illegible] Smith M.A.
56 St. Mary St.
Toronto 5

15-004

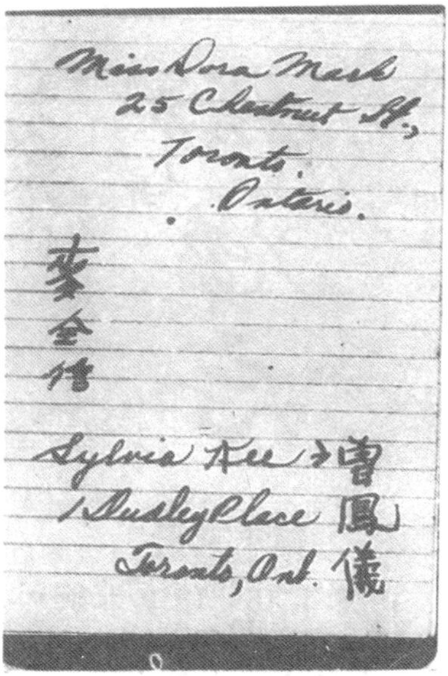

15-005

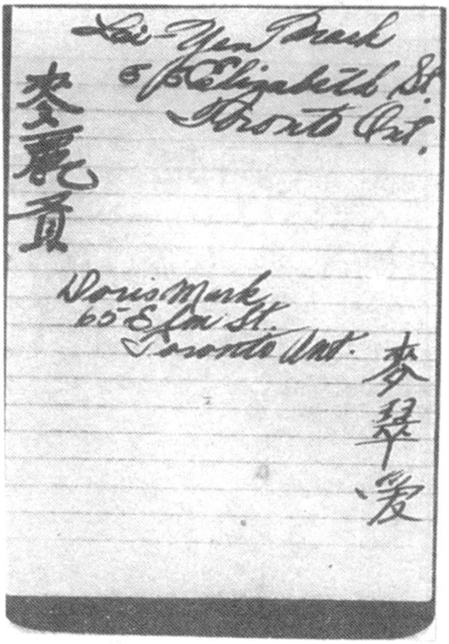

15-006

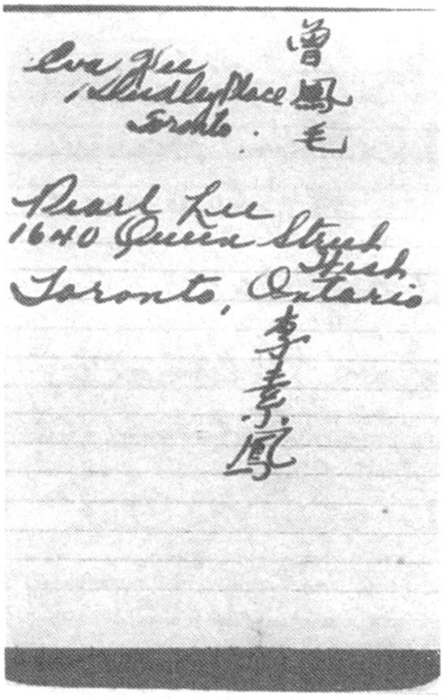

15-007

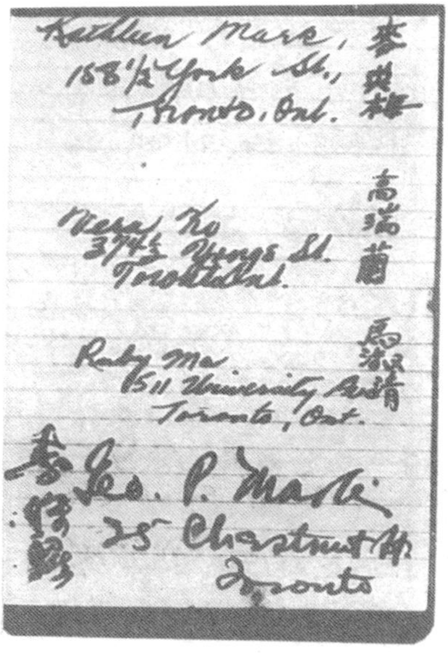

15-008

Massey Hall
4000 present.

15-009

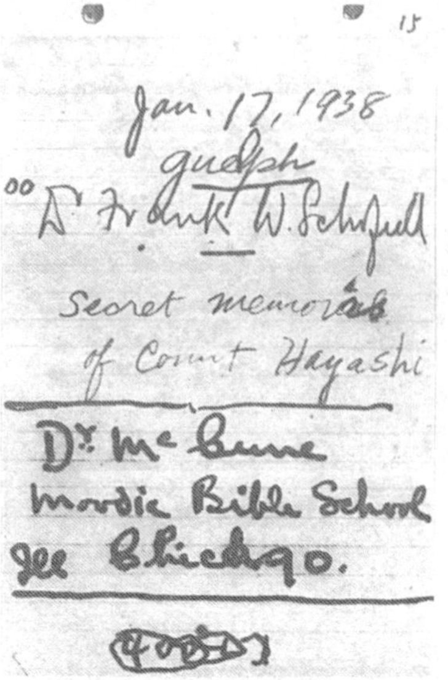
15
Jan. 17, 1938
Guelph
Dr. Frank W. Schofield
Secret memorials
of Count Hayashi
Dr. McCune
Moodie Bible School
Chicago.

15-010

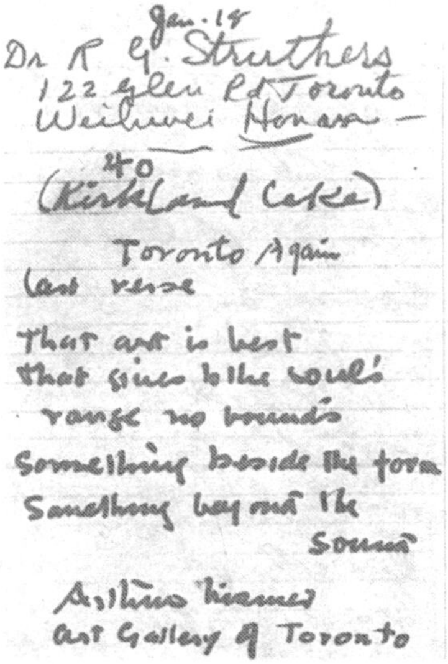
Jan. 18
Dr R. G. Struthers
122 Glen Rd Toronto
Weihwei Honan —
40
(Kirkland Lake)
Toronto Again
last verse
That art is best
that gives to the soul's
range no bounds
Something beside the form
Something beyond the
sound
Arthur Lismer
Art Gallery of Toronto

15-011

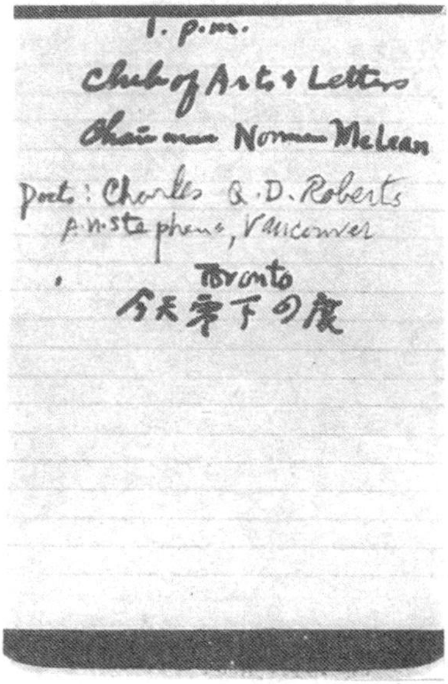
1 p.m.
Club of Arts & Letters
Chairman Norman McLean
Poet: Charles G. D. Roberts
A. N. Stephens, Vancouver
Toronto
今天零下の度

15-012

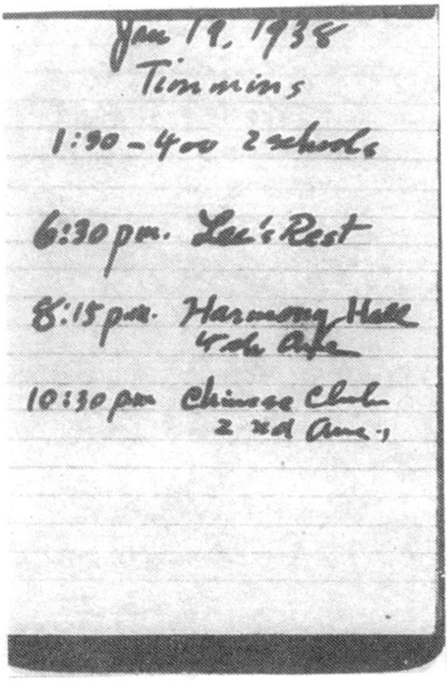
Jan 19, 1938
Timmins
1:30 – 4:00 2 schools
6:30 pm. Lee's Rest
8:15 pm. Harmony Hall
4th Ave
10:30 pm Chinese Club
2nd Ave.

15-013

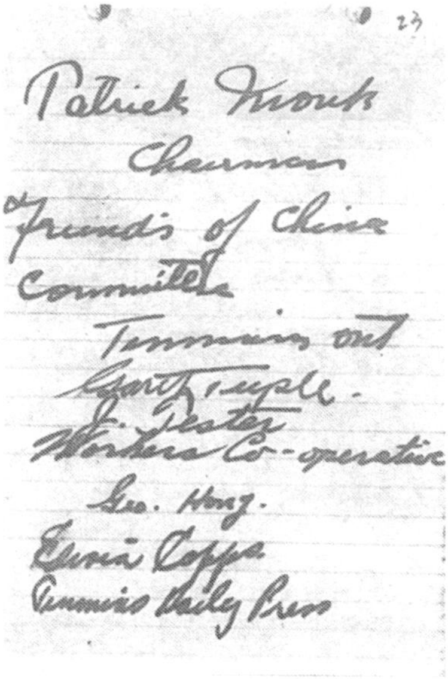
Patrick Monk
Chairman
Friends of China
Committee
Timmins Ont
Gent Temple.
J. Peate
Workers Co-operative
Geo. Hong.
Elvira Coppa
Timmins Daily Press

15-014

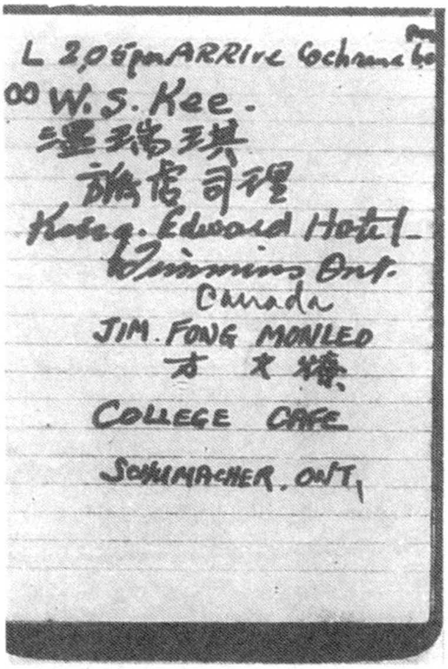
L 2,05 pm ARRive Cochrane
∞ W. S. Kee.
温瑞琪
旅店司理
King. Edward Hotel
Timmins Ont.
Canada
JIM. FONG MONLEO
方文樣
COLLEGE CAFE
SCHUMACHER. ONT.

15-015

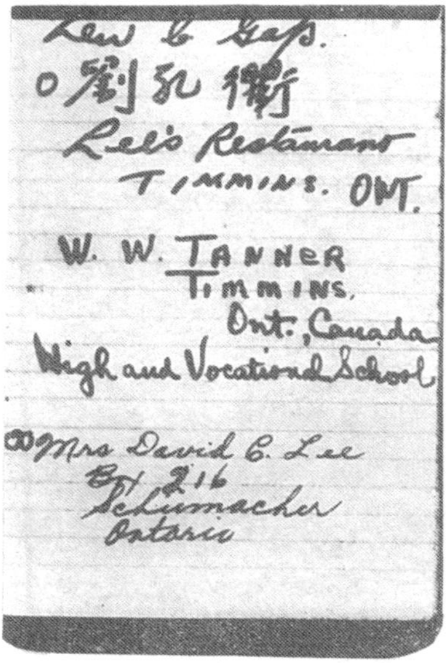
Lew & Gaps.
〇劉孔衛
Lee's Restaurant
TIMMINS. ONT.
W. W. TANNER
TIMMINS,
Ont., Canada
High and Vocational School
∞ Mrs David C. Lee
Box 216
Schumacher
Ontario

15-016

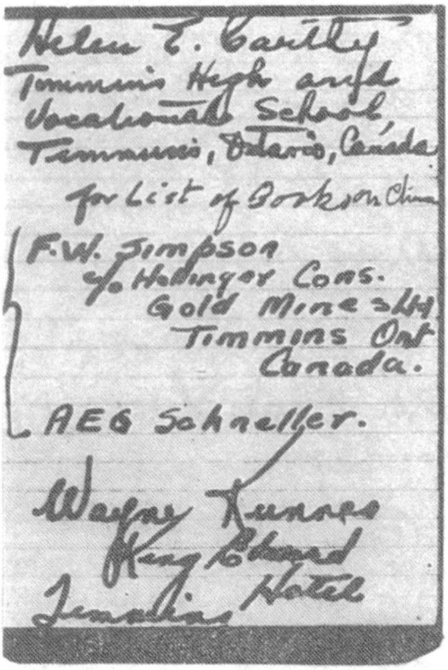
Helen E. Cartly
Timmins High and
Vocational School,
Timmins, Ontario, Canada
for List of Books on China
F. W. Simpson
c/o Hollinger Cons.
Gold Mines Ltd
Timmins Ont
Canada.
AEG Schneller.
Wayne Kunnes
King Edward
Timmins Hotel

15-017

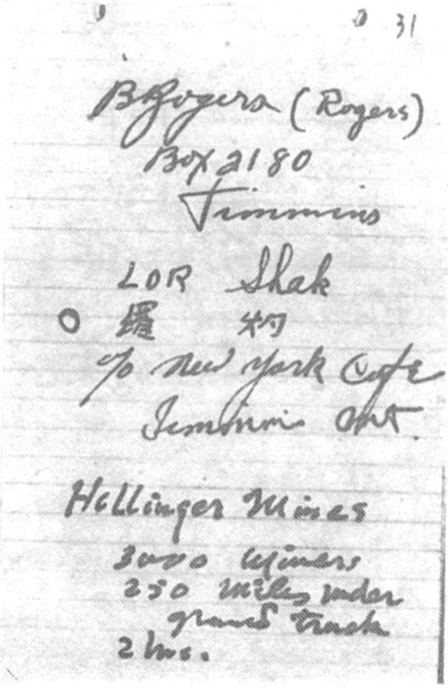
31
B Rogers (Rogers)
Box 2180
Timmins
LOR Shak
羅 灼
c/o New York Cafe
Timmins Ont.
Hollinger Mines
3000 Miners
350 miles under
ground track
2 hrs.

15-018

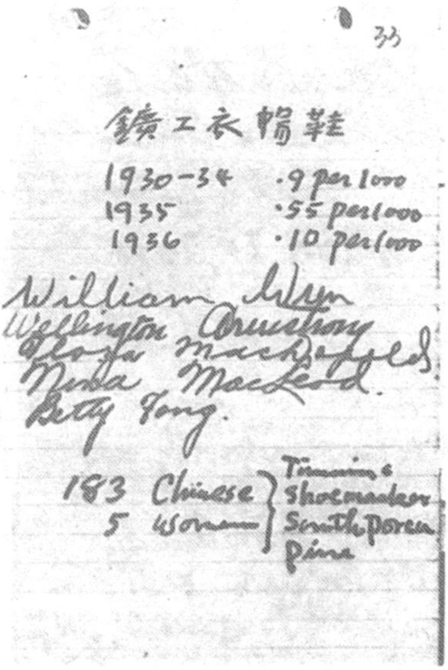
33
鑛工衣帽鞋
1930-34 .9 per 1000
1935 .55 per 1000
1936 .10 per 1000
William Wyn
Wellington Armstrong
Flora MacDonald
Nina MacLeod
Betty Tong
183 Chinese } Timmins Shoemaker South Porcupine
5 women }

15-019

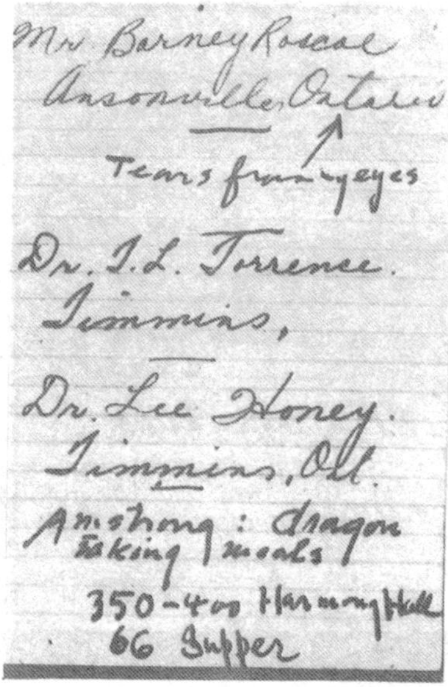
Mr. Barney Roscal
Ansonville, Ontario
Tears from eyes
Dr. J. L. Torrence.
Timmins,
Dr. Lee Honey.
Timmins, Ont.
Armstrong : dragon
taking meals
350-400 Harmony Hall
66 Supper

15-020

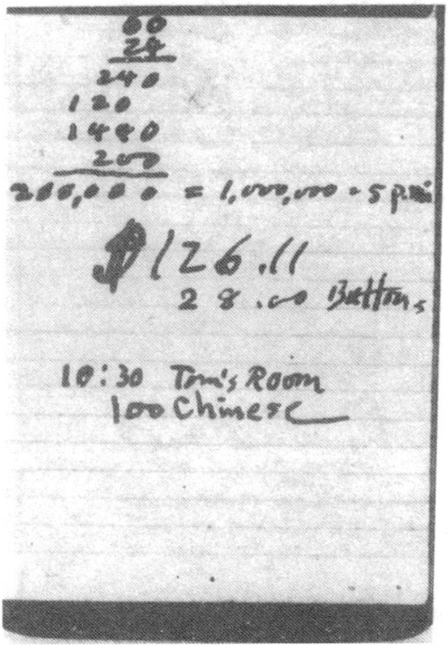

60
24
240
120
1440
200
300,000 = 1,000,000 - 5 p...

$126.11
28.00 Buttons

10:30 Tom's Room
100 Chinese

15-021

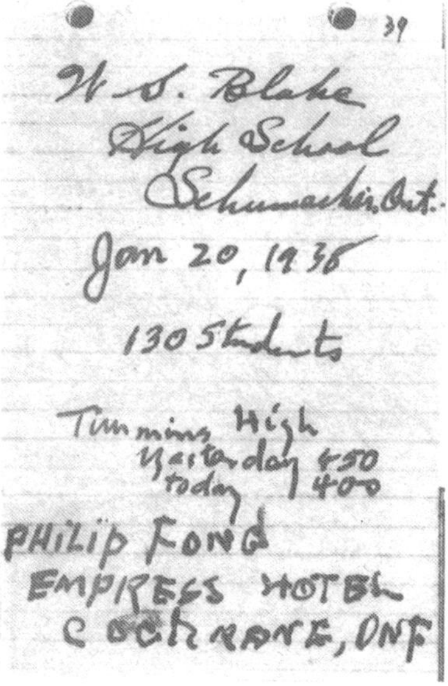

39

W. S. Blake
High School
Schumacher, Ont.

Jan 20, 1938

130 Students

Timmins High
yesterday 450
today 1400

PHILIP FONG
EMPRESS HOTEL
COCHRANE, ONT

15-022

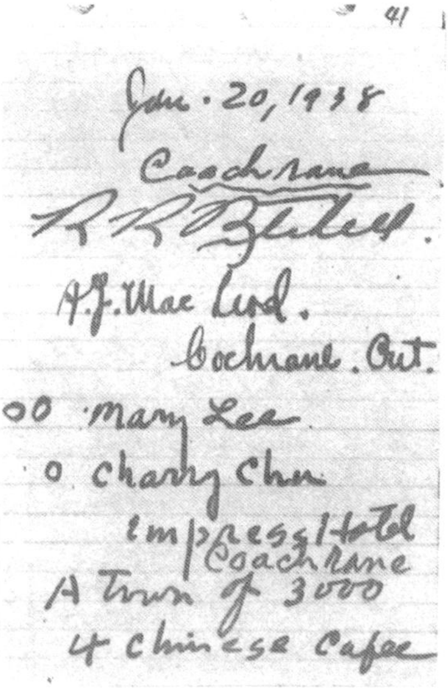

41

Jan. 20, 1938
Coachrane
R. R. Blakey.

A.J. MacLeod.
Cochrane. Ont.

00 Mary Lee
0 Charly Chu
Empress Hotel
Coachrane
A Town of 3000
4 Chinese Cafes

15-023

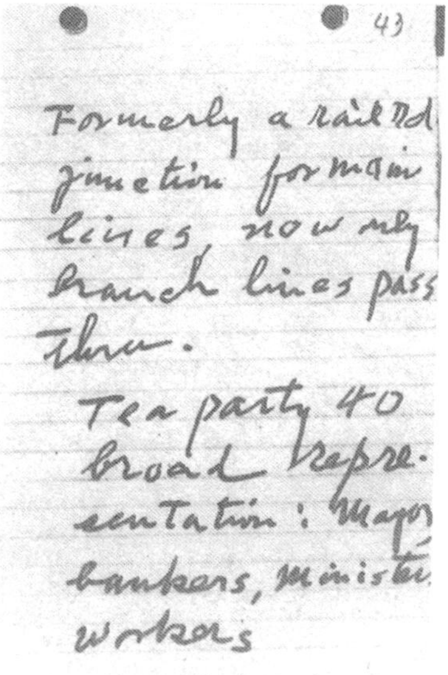

43

Formerly a railroad
junction for main
lines, now only
branch lines pass
thru.

Tea party 40
broad repre-
sentation: Mayor
bankers, ministers
workers

15-024

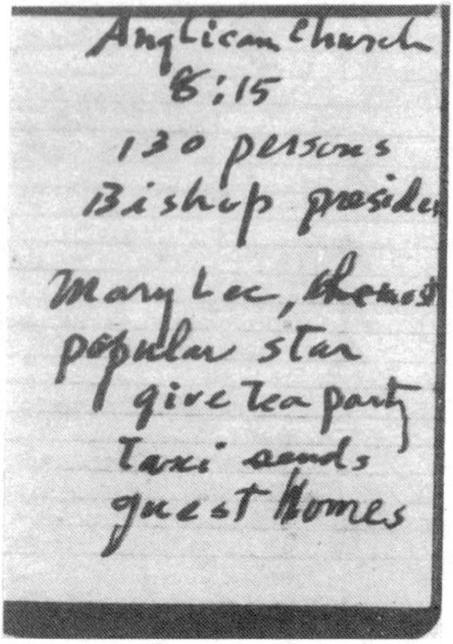

Anglican Church
8:15
130 persons
Bishop presides
Mary Lee, the most
popular star
give tea party
Taxi sends
guest homes

15-025

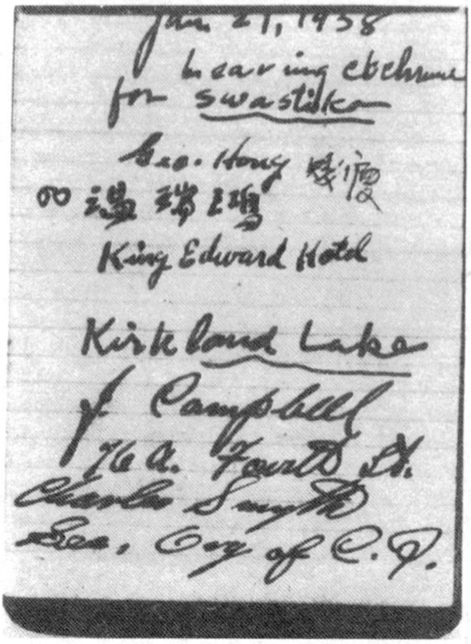

Jan 21, 1938
leaving Cochrane
for Swastika
Geo. Hong
邊瑞璜
King Edward Hotel
Kirkland Lake
J. Campbell
76 A. Fourth St.
Charles Smyth
Sec. Cor. of C.P.

15-026

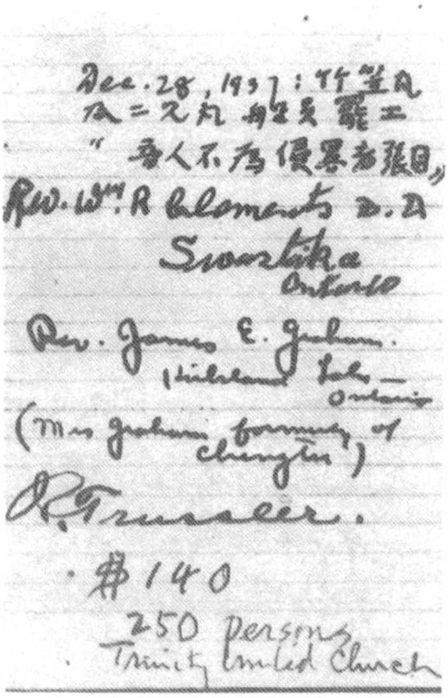

Dec. 28, 1937：竹筌丸
及二見丸船員罷工
"吾人不為侵略者張目"
Rev. Wm. R Clements D.D
Swastika
Ontario
Rev. James E. Graham
Kirkland Lake
Ontario
(Mrs Graham formerly of
Chingtu)
R. Trusseer.
·弗140
250 persons
Trinity United Church

15-027

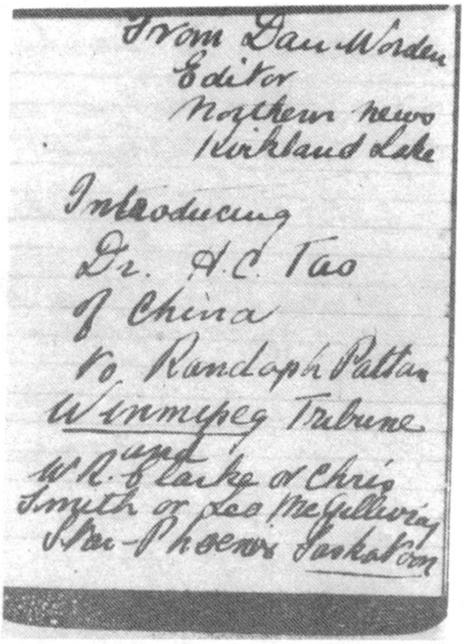

From Dan Worden
Editor
Northern News
Kirkland Lake
Introducing
Dr. H.C. Tao
of China
to Randolph Patton
Winnipeg Tribune
and
W.R. Clarke or Chris
Smith or Lee McGillivray
Star-Phoenix Saskatoon

15-028

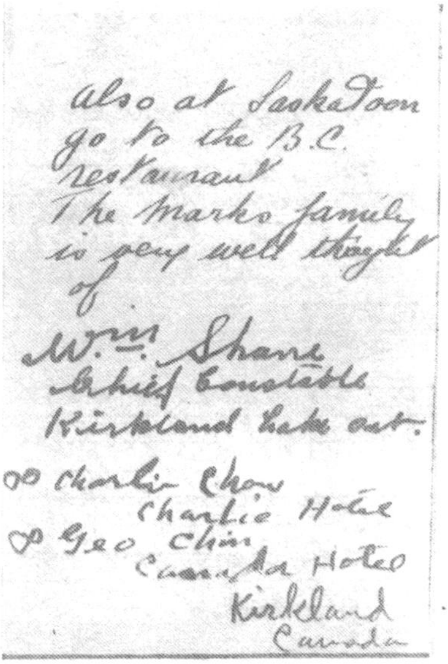

also at Saskatoon
go to the B.C.
restaurant
The Marks family
is very well thought
of

Wm. Shane
Chief Constable
Kirkland Lake ont.

oo Charlie Chow
Charlie Hotel
oo Geo Chin
Canada Hotel
Kirkland
Canada

15−029

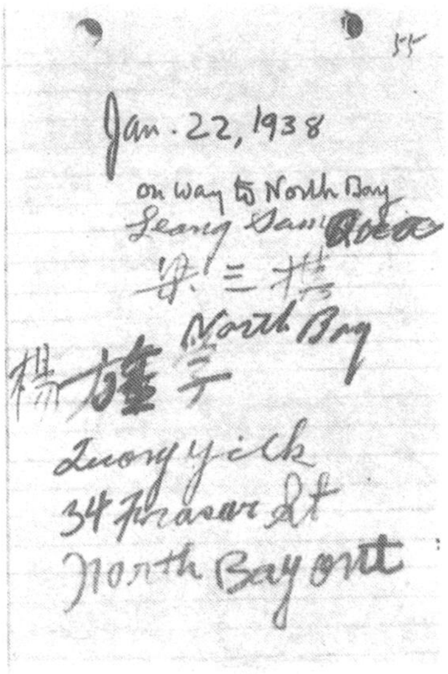

55

Jan. 22, 1938

on way to North Bay
Leong Sam
梁三[illegible]
North Bay
楊[illegible]
Leong yick
34 Fraser St
North Bay ont

15−030

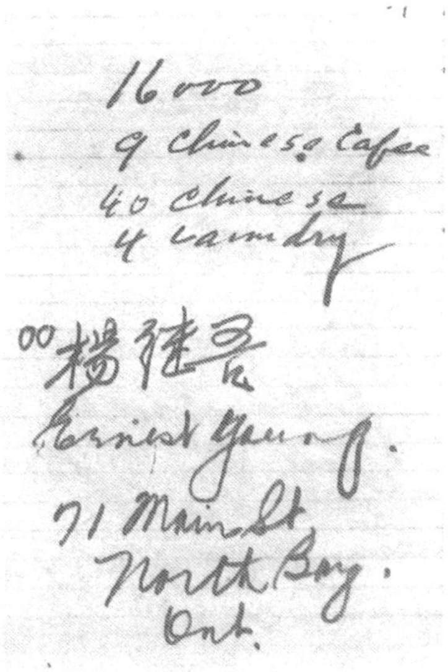

16000
9 Chinese Cafee
40 Chinese
4 Laundry

oo 楊[illegible]
Ernest Young.
71 Main St
North Bay.
Ont.

15−031

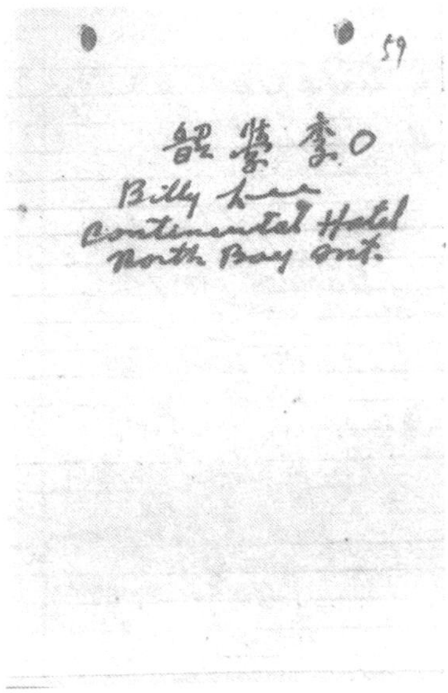

59

[illegible]
Billy Lee
Continental Hotel
North Bay ont.

15−032

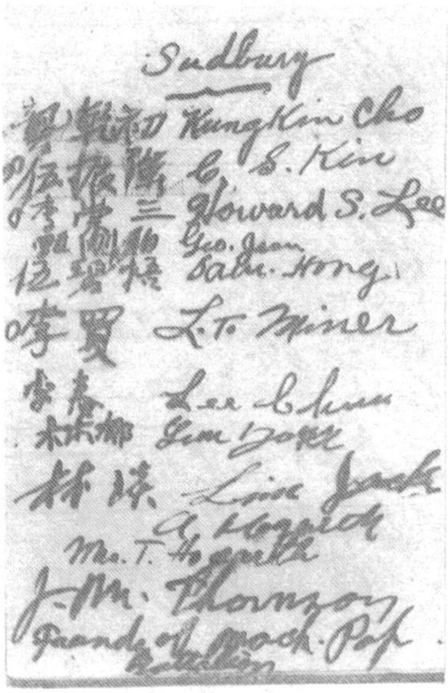
Sudbury
Kung Kin Cho
C. S. Kin
Howard S. Lee
Geo. Jam
Sam. Hong
L. T. Miner
Lee Chun
Jim York
Lim Jack
A. Hozatck
Mrs. T. Hozatck
J. M. Thomson
Grand of Mach. Pop

15-033

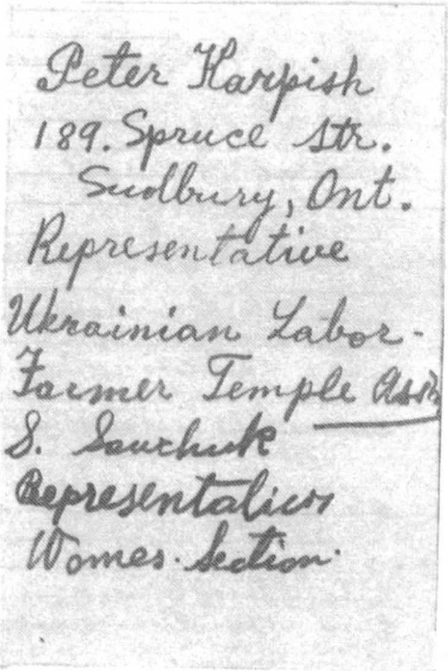
Peter Karpish
189. Spruce Str.
Sudbury, Ont.
Representative
Ukrainian Labor-
Farmer Temple Ass'n
S. Sawchuk
Representative
Womes Section

15-034

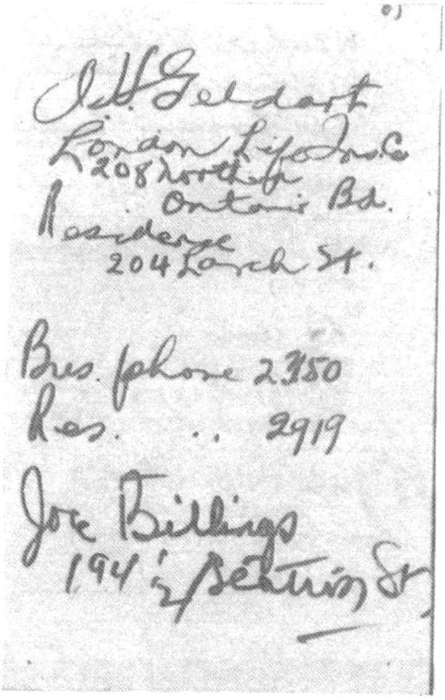
J. H. Geldart
London Life Ins. Co.
208 Northern Ontario Bd.
Residence
204 Larch St.
Bus. phone 2350
Res. " 2919
Joe Billings
194½ Beatrice St

15-035

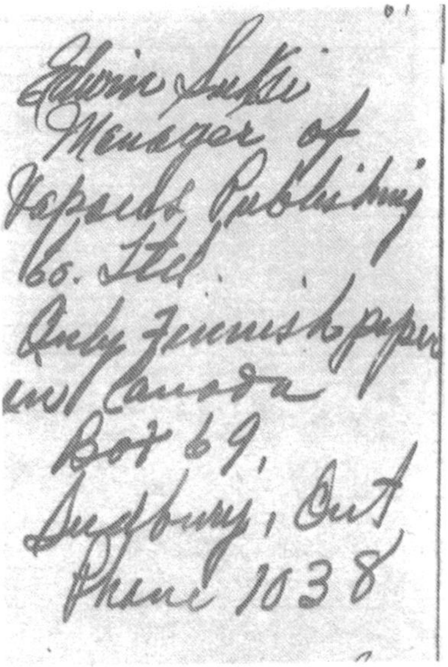
Edwin Sukis
Manager of
Vapaus Publishing
Co. Ltd.
Only Finnish paper
in Canada
Box 69,
Sudbury, Ont
Phone 1038

15-036

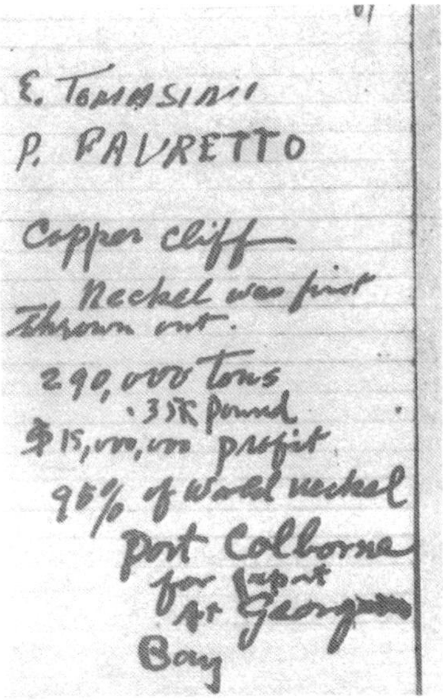
E. TOMASINI
P. PAVRETTO
Copper cliff
Neckel was first thrown out.
290,000 tons
.35¢ pound
$15,000,000 profit
95% of world neckel
Port Collborne
for export
At Georgian Bay

15-037

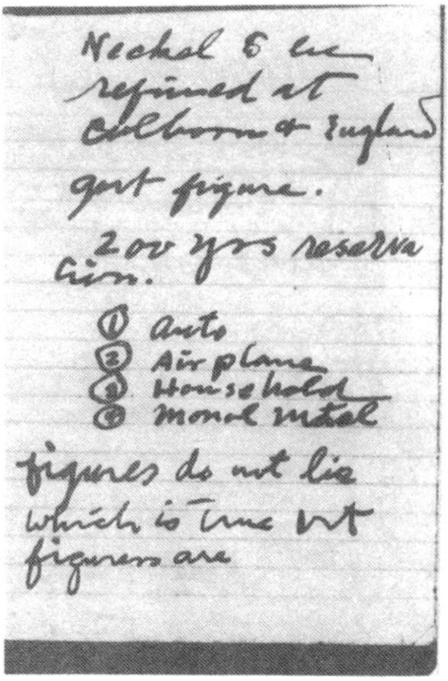
Neckel & cu
refined at
Collborne & England
govt figure.
200 yrs reserva tion.
① Auto
② Airplane
③ Household
④ Monel metal
figures do not lie
which is true but
figurers are

15-038

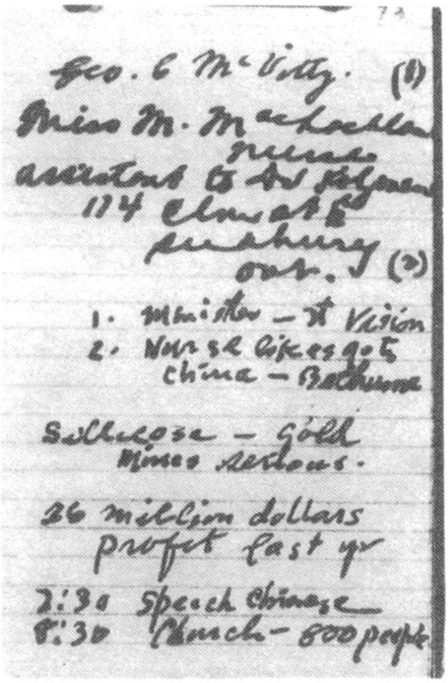
Geo. G McVitty. (1)
Miss M. MacLachlan
nurse
assistant to Dr Bethune
114 Elm st E
Sudbury
ont. (2)
1. Minister — St Vision
2. Nurse likes go to China — Bethune
Sullicose — Gold Mines serious.
26 million dollars profit last yr
7:30 Speech Chinese
8:30 Church — 800 people

15-039

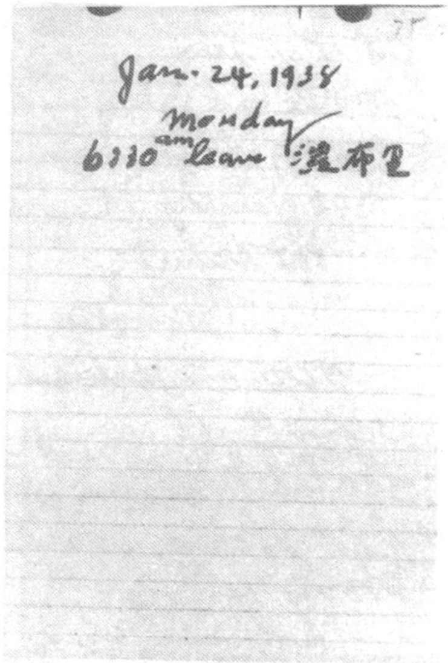
Jan. 24, 1938
monday
6:30 am leave 沙布里

15-040

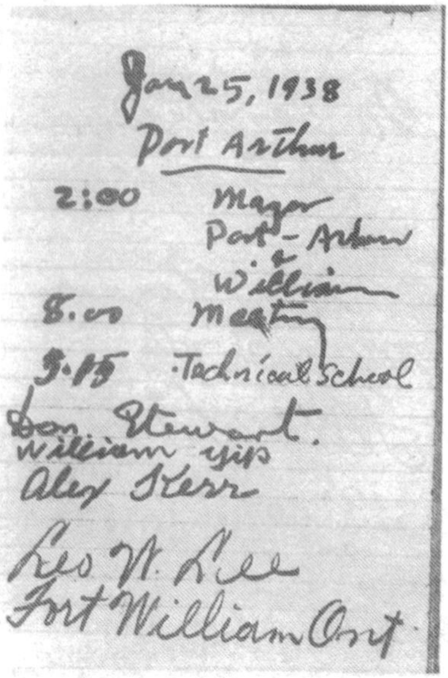
Jan 25, 1938
Port Arthur
2:00 Mayor Port-Arthur & William
8.00 Meeting
9.15 Technical School
Don Stewart.
William ...
Alex Kerr
Leo W. Lee
Fort William Ont.

15-041

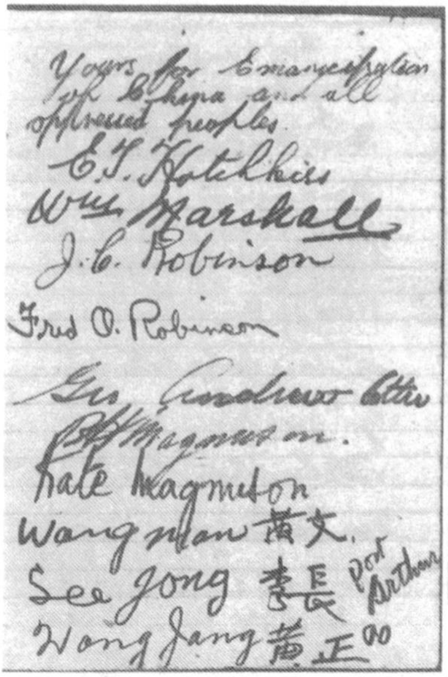
Yours for Emancipation of China and all oppressed peoples.
E. T. Hotchkiss
Wm. Marshall
J. C. Robinson
Fred O. Robinson
Geo. Goodrow ...
... Magnusson.
Kate Magnuson
Wang Nan 黄文.
See Jong 李長 Port Arthur
Wong Jang 黄正

15-042

Jan 25
Sherdne Burton Allen
news-chronicle.
Port Arthur Can.
Ralph P. Young
Times-Journal
Fort William, Canada
Dan Sam
Chicago

15-043

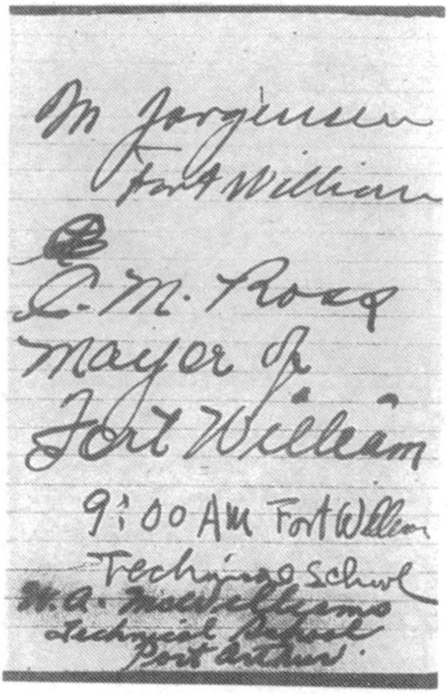
M Jorgensen
Fort William
C. M. Ross
Mayor of Fort William
9:00 AM Fort William
Technical School
W. A. McWilliams
Technical School
Port Arthur.

15-044

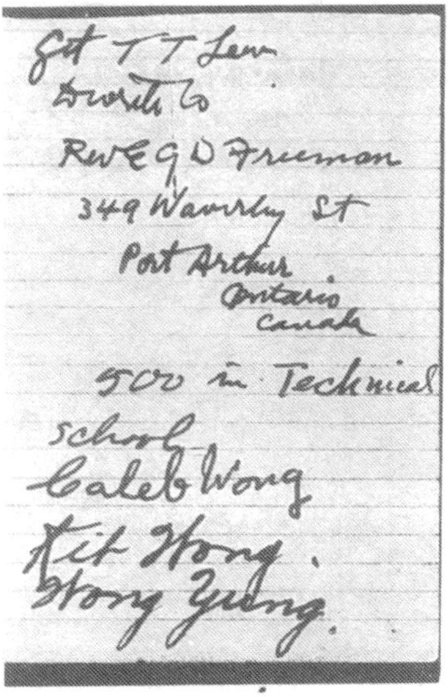

Get T T Lew
Dr write to
Rev E G D Freeman
349 Waverly St
Port Arthur
Ontario
Canada
500 in Technical
school
Caleb Wong
Kit Wong
Hong Yiang.

15-045

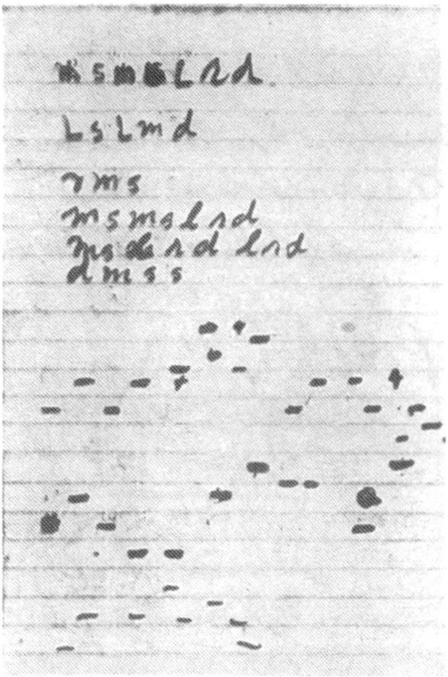

15-046

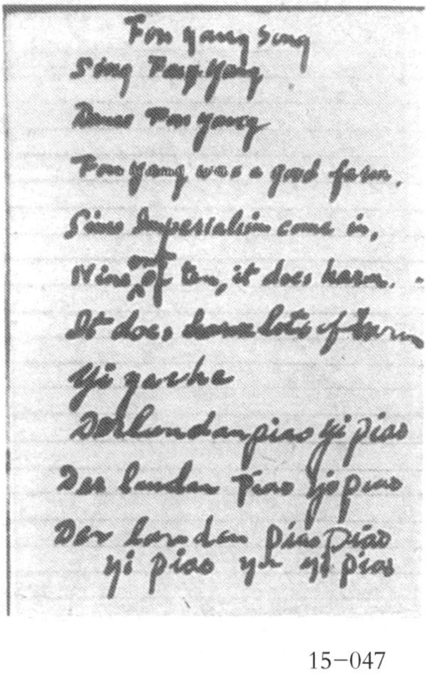

Fon yang Sing
Sing Fong Yang
Dance Fon yang
Fon yang was a good farm.
Since Imperialism come in,
Nine of ten, it does harm.
It does damn lots of harm
Yi gaoha
Da landan piao yi piao
Da landan piao yi piao
Da landan piao piao
yi piao yi yi piao

15-047

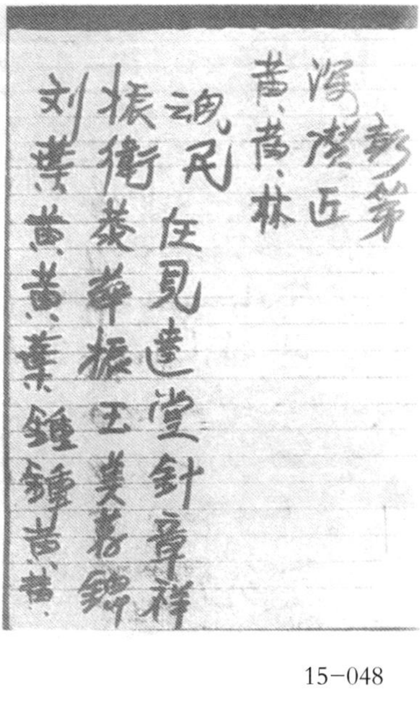

彭第
[illegible][illegible]匠
黄、黄、林
油民
任見達堂針章祥
振衛
義華振王吳嘉錦
刘葉、黄、黄、葉、鍾鍾黄、黄、

15-048

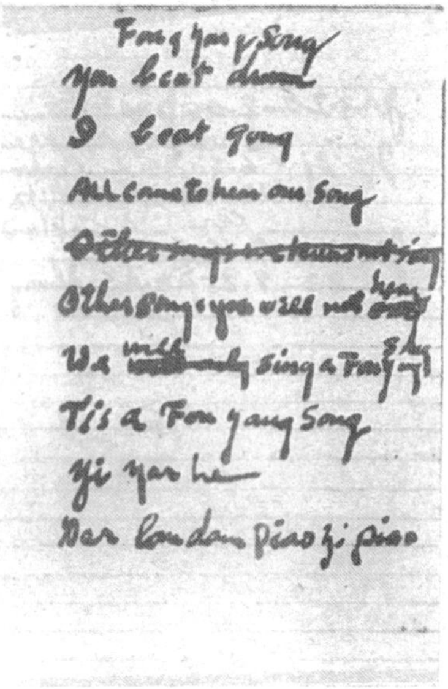

Fong Yang Song
You beat drum
I beat gong
All come to hear our song
~~Other songs we ... not sing~~
Other songs you will not hear
We will sing a Fong yang
'Tis a Fong yang Song
Yi yao hei
Dar lan dan piao zi piao

15－049

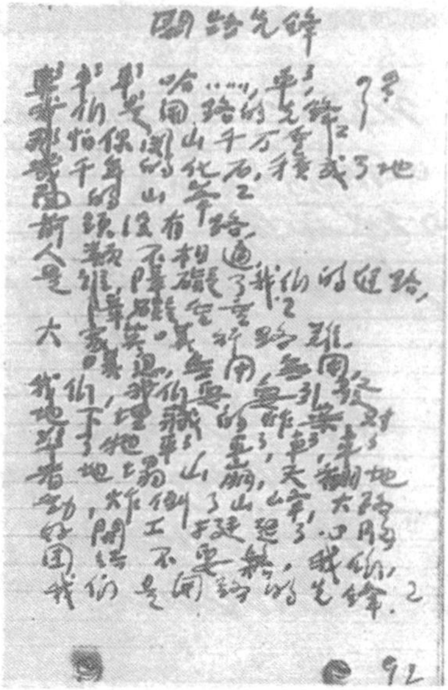

開路先鋒
轟！轟！轟！哈……哈，轟！轟！轟！
我們是開路的先鋒
不怕你關山千萬重
幾千年的化石，積成了地面的山峯
前頭沒有路，
人類不相通，
是誰，障礙了我們的進路，
障礙重重
大家莫叫苦，不怕路難，
嘆息無用，無用，
我們，我們要引爆
地下埋藏的炸藥，對
準了它轟！轟！轟！
看地塌山崩，天翻地
動，炸倒了山峯，大路
好開工，挺起了胸
團結不要鬆，我們，
我們是開路的先鋒。
92

15－050

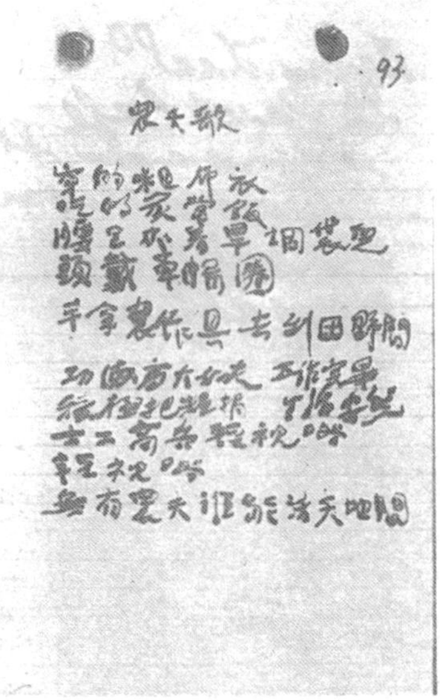

93
農夫歌
穿的粗布衣
吃的家常飯
腰裏挿着旱烟袋
頭戴草帽圈
手拿農作具 去到田野間
功夫……工作完畢
……
……
……
……誰能……天地間

15－051

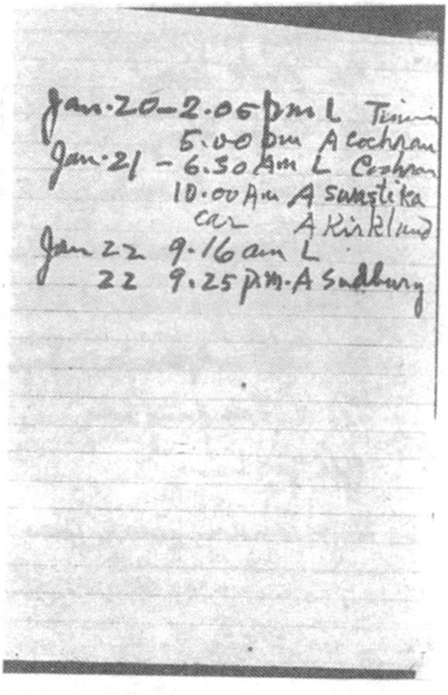

Jan. 20 — 2.05 pm L Timmins
5.00 pm A Cochran
Jan. 21 — 6.30 Am L Cochran
10.00 Am A Sanstika
car A Kirkland
Jan 22 9.16 am L
22 9.25 p.m. A Sudbury

15－052

Jan. 18 St. Toronto to Timmins $1.10
Red caps 20

15-053

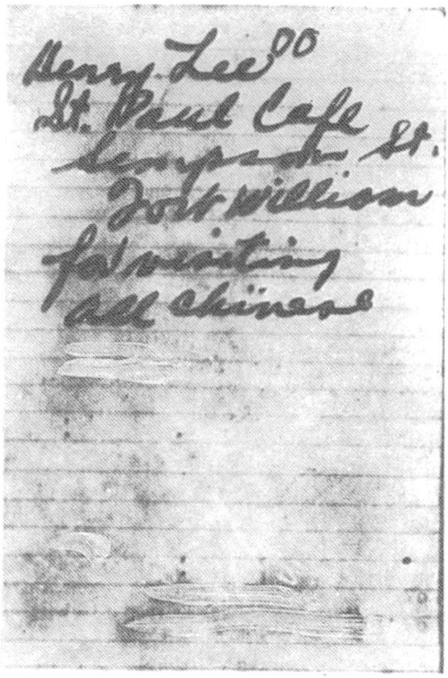
Henry Lee
St. Paul Cafe
Simpson St.
Fort William
for waiting
all Chinese

15-054

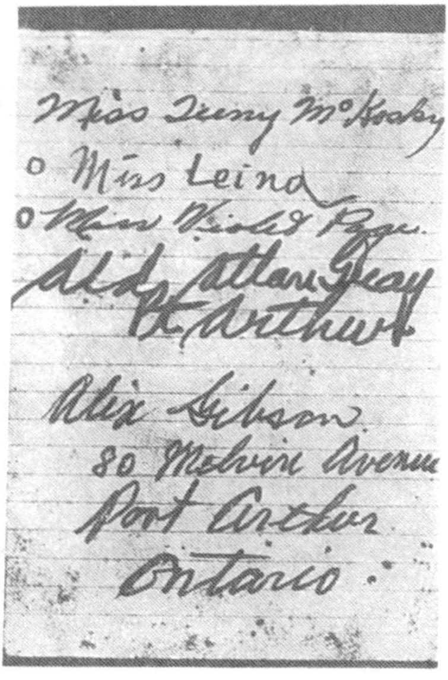
Miss Jenny McKosky
o Miss Leina
o Miss Violet Page
Ald. Allan Gray
Pt. Arthur
Alex Gibson
80 Melvin Avenue
Port Arthur
Ontario

15-055

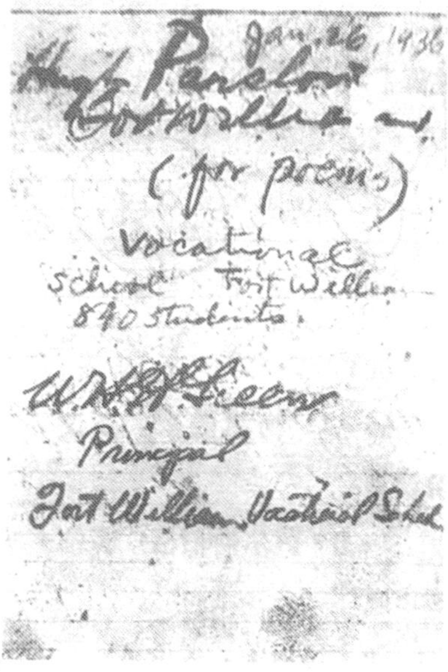
Jan. 26, 1938
Hugh Parslow
Fort William
(for poems)
Vocational
School Fort William
840 students
Principal
Fort William Vocational School

15-056

第十五册〔注译〕

1938.1.16~1938.1.25

加拿大

15—001

1938 年 1 月 16 日　多伦多

J.W.布克雷　多伦多工会理事会书记

伯西·雅菲　工会和平民主联盟及多伦多地区执行工会理事会主席

15—002

芬涅·巴雷特

P.S.克婉女士

埃得娜·巴雷特女士

朱梅姆

路易斯·帕伦诺　意大利人

维京尼亚·麦克劳　加拿大和平联盟

15—003

莱米小姐

15—004

M.J.柯德威尔　众议院议员

J.B.萨尔斯伯格　多伦多市政厅

圣·玛丽王　多伦多

15—009

马塞会堂　4,000 人到会

15—010

1938 年 1 月 17 日　圭尔夫

佛兰克·W.施菲尔德博士

《哈格希法庭秘闻录》

麦克库恩博士　芝加哥摩迪圣经学校

15—011

1 月 18 日

R.G.斯特鲁绎斯博士地址

（柯兰湖）

重返多伦多

最后一段

艺术最美好

激起心灵无限波涛

形式不拘　无边无际

非形非声诉奥秘

亚瑟·希斯默　多伦多艺术陈列馆

15—012

下午 1 时

文学艺术俱乐部

诺尔曼·麦利安主席

诗人：查尔斯·Q.D.罗伯茨

A.N.斯特芬斯　温哥华

多伦多

15—013

1938年1月19日　蒂明斯

1时半至4时　两学校

下午6时半　李氏饭店

下午8时15分　协和会堂　第4大街

下午10时半　华人俱乐部　第二大街

15—014

巴特里克·蒙克　安大略蒂明斯中国之友委员会主席

加兹·汀朴勒

J.佩斯特　工人合作委员会

埃特里亚·库普斯　《蒂明斯日报》

15—016

第5行起：W.W.唐纳蒂明斯市高级职业学校

李大卫夫人　安大略省地址

15—017

海伦·E.卡西　蒂明斯市高级职业学校要有关中国的书篇目

F.W.辛普森　由霍林格·康西转加拿大安大略蒂明斯

卫恩·昆内斯　蒂明斯地址

15—018

第1至3行：罗杰斯　蒂明斯地址

末5行：霍林格矿

3,000矿工

250英里地下运输线　2小时路程

15—019

第5至9行：威廉姆·鲁云、方白蒂等人名

末4行：183名华人　5名妇女蒂明斯制鞋工　南波丘比恩

15—020

巴内·罗斯克先生　安大略

使我落泪

J.L.托恩斯博士　蒂明斯

李洪尼博士　安大略蒂明斯

阿姆斯特朗：龙用膳

协和会堂350~400人

晚餐66人

15—021

末2行：10时半　汤姆寓所100中国人

15—022

W.S.柏雷克　高级中学　安大略

1938年1月20日　130学生

蒂明斯高级学校　昨天450　今天400

菲利普·方　安大略科切兰皇后饭店

15—023、024

1938年1月20日　科切兰

R.R.布来台德

A.G.马克利德　安大略

李玛丽

朱查理　科切兰皇后饭店

3,000人的小镇　4家中国咖啡馆　以前是铁路干线交会处，现在只有支线经过

茶会　40人　参加者广泛，有镇长、银行家、部长、工人等

15—025

圣公堂教堂　8时15分130人参加

主教

最受爱慕的明星李玛丽主持茶会，会后用出租车送客人回家

15—026

第1至3行：1938年1月21日

离科切兰赴斯瓦斯迪卡

末5行：柯克兰湖

J.康贝尔　地址

查尔斯·史密斯　地址

15—027

第4行起：R.卡尔门斯　安大略

詹姆斯·E.格鲁哈姆夫妇　安大略

（格鲁哈姆夫人曾是成都人）

R.特拉斯尔

140美元　250人

三一会联合教堂

15—028

道·瓦尔登

柯克兰湖《北方新闻》编辑

介绍中国陶行知博士给《温尼伯论坛》　萨斯卡通的兰达夫·帕坦先生和

W.R.比兰克或克里斯·史密斯

或李·麦吉利锐

15—029

也在萨斯卡通

去B.C.饭店

对马克一家的印象很好

文仙　克兰湖　安大略

余为2人名及地址

15—030

第1至2行：1938年1月22日

去北湾途中

第5行：安大略　北湾

15—031

第1至4行：16,000人　9家华

人咖啡馆　40华人　4家洗衣店

15—034

彼得·卡皮什　萨德伯里　安大略

乌克兰工农互助协会代表

S.索楚克　妇女部代表

15—035

J.H.吉达特　伦敦人寿保险公司　地址

杰·比灵格斯　地址

15—036

爱德利克·路库　瓦浦斯报发行社经理　此报是加拿大唯一的芬兰报纸　地址

15—037

铜崖

镍最先析出

290,000吨　每磅0.35分

盈利15,000,000美元

世界95%的镍在乔治湾的柯尔伯恩港出口

15—038

镍在柯尔伯恩和英格兰被精炼

存储量　200年

（用途）

1）汽车

2）飞机

3）家用

4）莫涅尔合金（一种镍、铜、铁、锰合金）

以上数字不是谎言，而是事实

15—039

乔·C.麦克威蒂

M.麦克拉克伦女士　护士　柯尔曼大夫的助手　地址

1. 牧师——圣·维欣

2. 护士想到中国去——白求恩

石末沉着病（硅肺）——金矿的危害

去年获纯利2,600万美元

2时半对华侨讲演

8时半　教堂　800人

15—040

1938年1月24日　星期一

早6时半　离开湿布里

15—041

1938年1月25日　亚瑟港

2时　亚瑟港及威廉要塞市长

8时　会议

3时15分　技术学校

隆·司徒　威廉·伊普

亚历山大·克尔　李来奥　威廉要塞

15—042

您的事业是为了中国及所

有被压迫人民的解放

E.T.霍特基斯、威廉·马歇尔、J.C.罗宾逊兄弟等人名

15—043

1月25日

狄奥多尔·艾伦

亚瑟港的《新闻年鉴》

拉尔夫·P.杨

《时代》杂志　加拿大威廉要塞

笪山　芝加哥

15—044

M.约恩森　威廉要塞

C.M.罗斯　威廉要塞市长

上午9时　威廉要塞技术学校

W.A.麦克威廉　亚瑟港技术学校

15—045

叫T.T.朱致信佛里曼

加拿大安大略亚瑟港卫维瑞街349号

500人在技术学校

王·克勒布

洪·利特

阮洪

15—047

凤阳歌

说凤阳，道凤阳

凤阳本是个好地方

自从帝国主义来到此

十年就有九年荒

九年荒，啷呀嗨

得儿郎当飘一飘

得儿郎当飘一飘

得儿郎当飘飘一飘又一飘

15—049

凤阳歌

你打鼓，我敲锣

大家都来听支歌

别的歌儿我也不会唱

单单唱支凤阳歌

唱支凤阳歌　啷呀嗨

得儿郎啷飘一飘

15—052

1月20日下午2时5分离开蒂明斯市

下午5时到柯切兰

1月21日上午6时半离柯切兰

上午10时到斯瓦斯迪卡

汽车到科克兰

1月22日上午9时16分离开

22日下午9时25分到萨德伯里

15—053

1月18日

多伦多到蒂明斯　1.10美元

红帽子　0.20美元

15—054

李亨利　威廉要塞　圣保罗咖

啡店

靠他访问所有中国人

亚历山大·吉博森　安大略亚瑟港

15—055

杰尼·麦克斯基女士

雷娜女士

凡渥莱特·帕基女士

15—056

豪·帕斯隆（要诗）

威廉要塞职业学校840学生

格林　威廉要塞职业学校校长

衙備忘

第 十 六 册

1937.1.26~1938.2.17

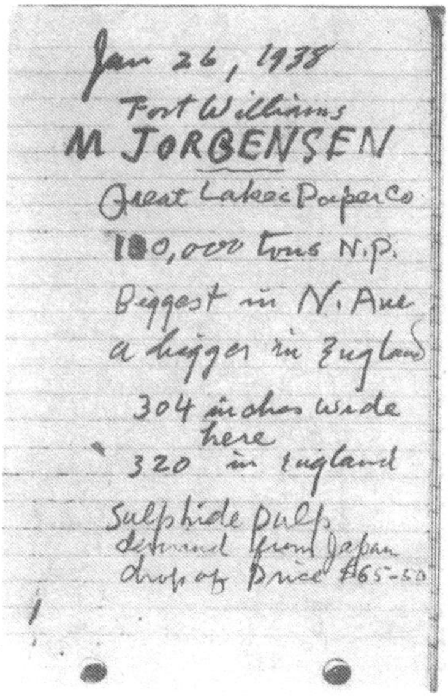
Jan 26, 1938
Fort Williams
M JORGENSEN
Great Lakes Paper Co
100,000 tons N.P.
Biggest in N. Am
a bigger in England
304 inches wide here
320 in England
Sulphide pulp
demand from Japan
drop of price $65-50
1

16-001

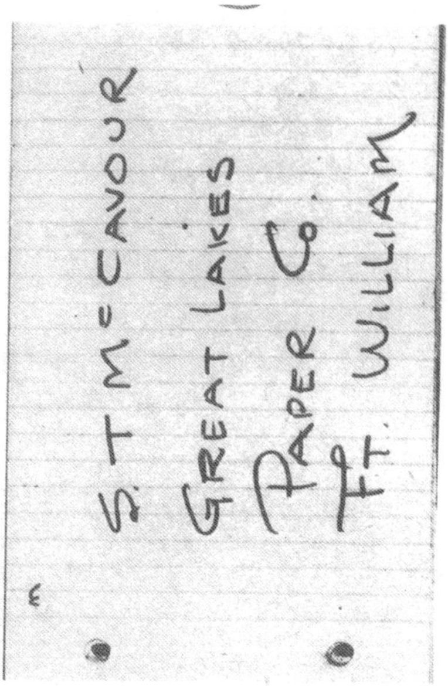
ST McCAVOUR
GREAT LAKES
PAPER Co
Ft. WILLIAM
3

16-002

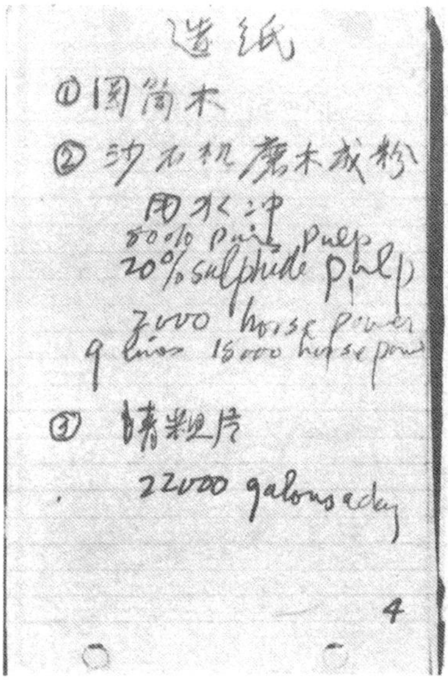
造纸
①圆筒木
②沙石机磨木成粉
用水冲
80% pure pulp
20% sulphide pulp
2000 horse power
9 lines 18000 horse power
③ [illegible]
22000 galons a day
4

16-003

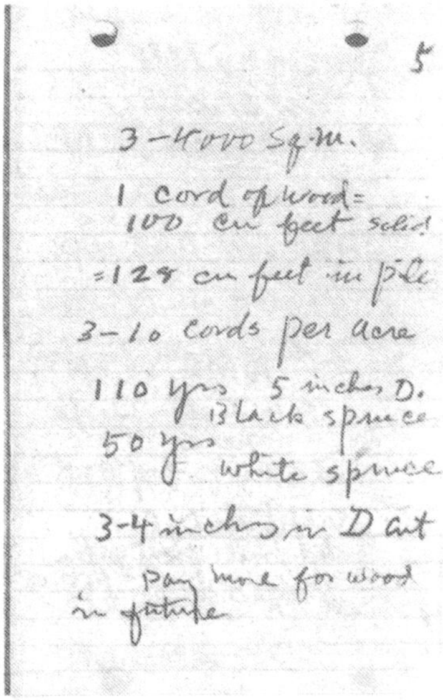
5
3-4000 sq. m.
1 cord of wood = 100 cu feet solid
=128 cu feet in pile
3-10 cords per acre
110 yrs 5 inches D. Black spruce
50 yrs white spruce
3-4 inches in D at
Pay more for wood in future

16-004

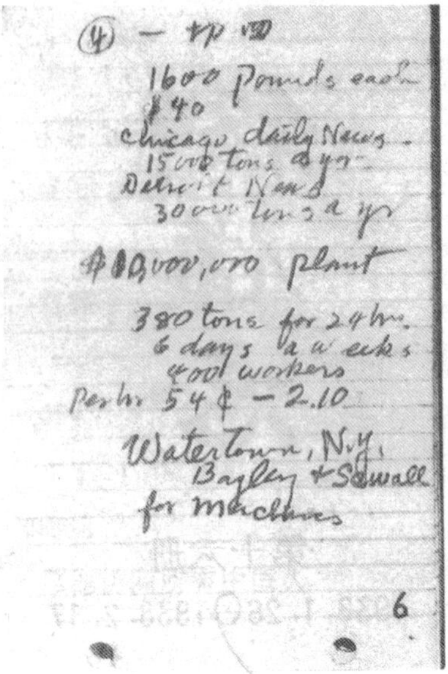
④ —
1600 pounds each
$40
Chicago daily News.
1500 tons a yr.
Detroit News
30000 tons a yr
$10,000,000 plant
380 tons for 24 hrs.
6 days a weeks
400 workers
Per hr 54¢ – 2.10
Watertown, N.Y.
Bagley & Sewall
for machines
6

16-005

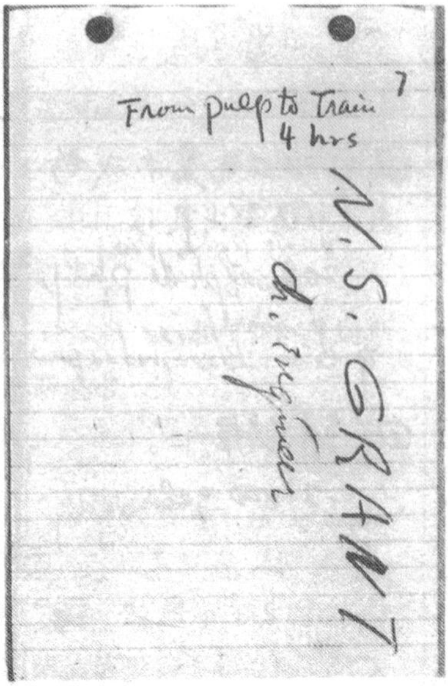
7
From pulp to Train
4 hrs
N.S. GRANT
ch. Engineer

16-006

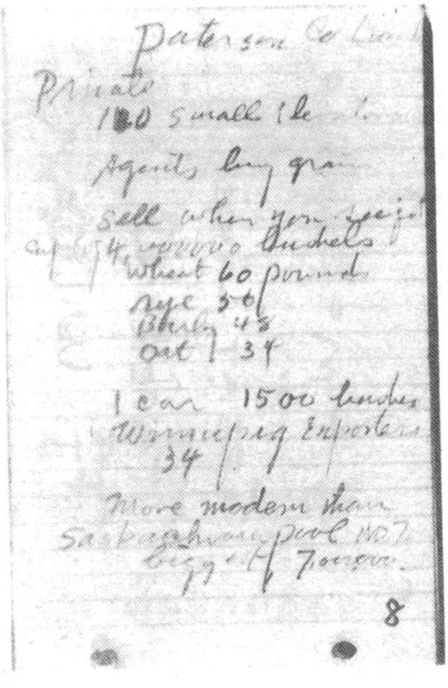
Paterson Co Lim
Private
100 small
Agents buy gra
sell when you
cap 4,000,000 bushels
wheat 60 pound
rye 56
Barley 48
oat 34
1 car 1500 bushels
Winnipeg Exporters
34
More modern than
Saskatchewan pool No 7
biggest 7,000,000
8

16-007

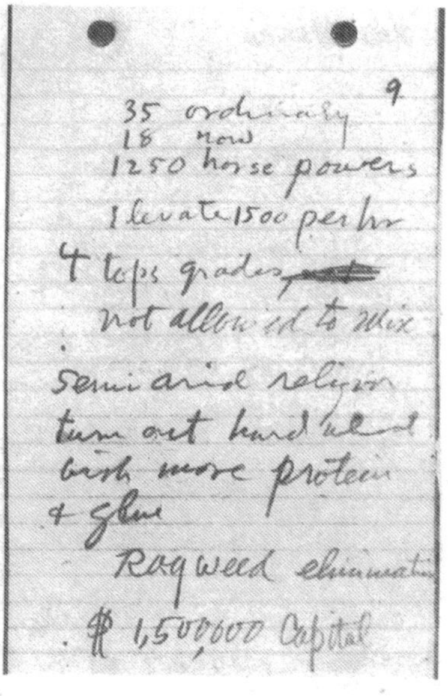
9
35 ordinary
18 now
1250 horse powers
Elevate 1500 per hr
4 tops grades,
not allowed to mix
Semi arid region
turn out hard wheat
with more protein
& glue
Ragweed elimination
$1,500,000 Capital

16-008

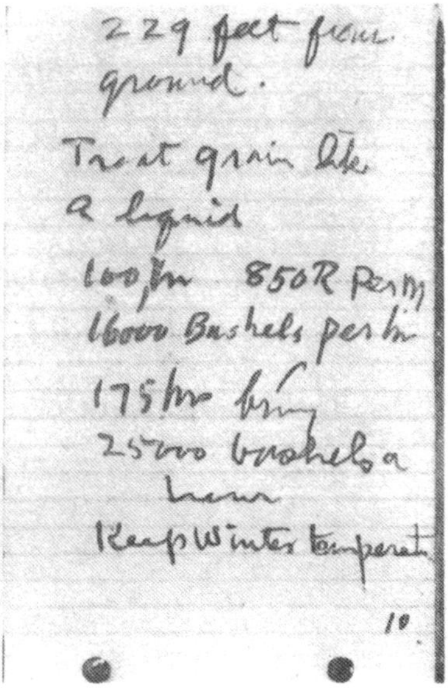
229 feet from
ground.
Treat grain like
a liquid
100 h.p. 850R per M
16000 Bushels per h.
175 h.p. bring
25000 bushels a
hour
Keep Winter temperat
10

16-009

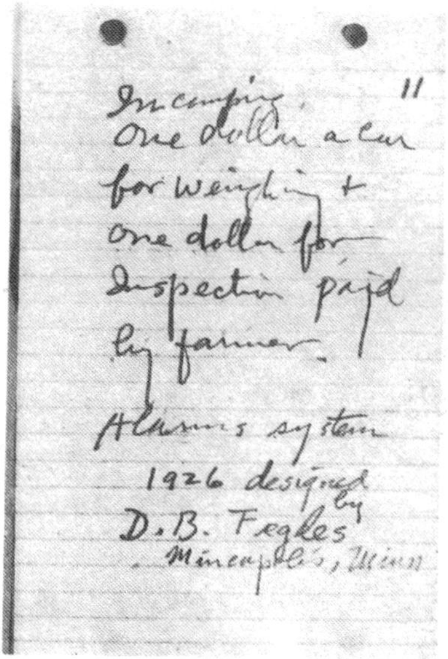
In coming 11
One dollar a car
for weighing +
one dollar for
inspection paid
by farmer.
Alarms system
1926 designed by
D.B. Fegles
Minneapolis, Minn

16-010

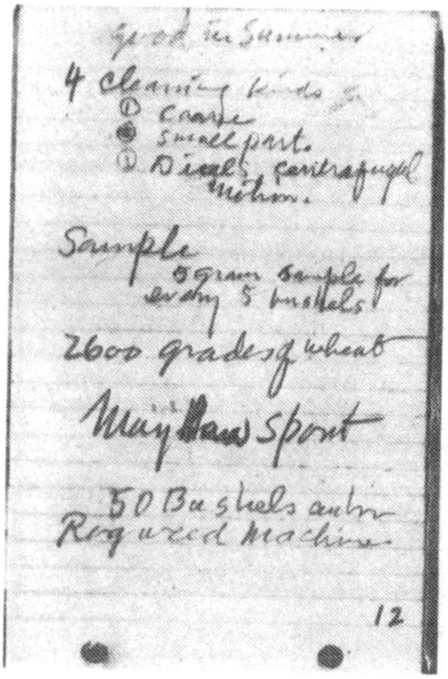
Good in Summer
4 cleaning kinds
① Coarse
② small part.
③ Disc, centrifugal motion.
Sample
gram sample for every 5 bushels
2600 grades of wheat
May have sport
50 Bushels a hour
Required machine
12

16-011

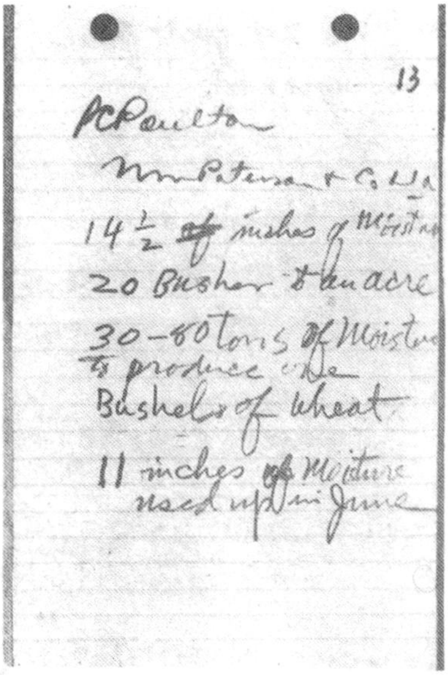
13
PC Poulton
Wm Paterson & Co Ltd
14½ of inches of moisture
20 Bushels an acre
30–80 tons of moisture
to produce one
Bushels of wheat.
11 inches of moisture
used up in June

16-012

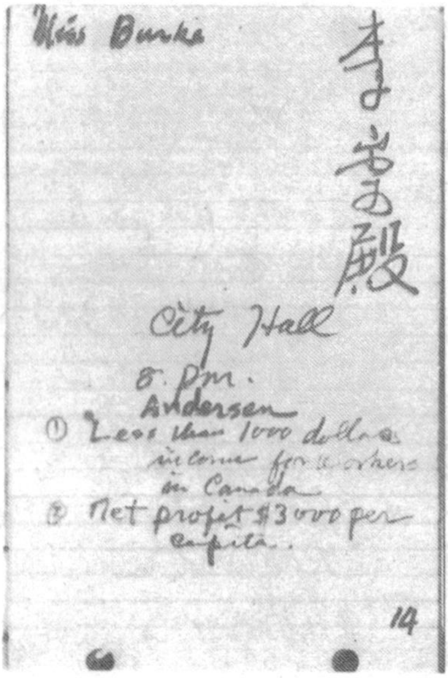
Miss Burke
李学殷
City Hall
8 pm.
Andersen
① Less than 1000 dollars income for workers in Canada
② Net profit $3000 per capita.
14

16-013

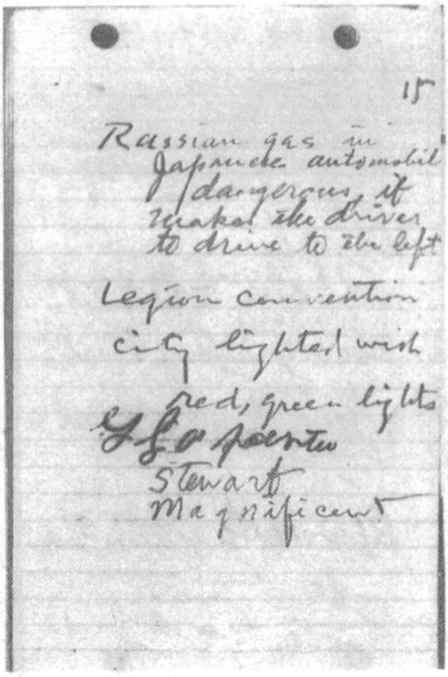
15
Russian gas in Japanese automobil dangerous, it makes the driver to drive to the left
Legion convention city lighted with red, green lights
[illegible]
Stewart
Magnificent

16-014

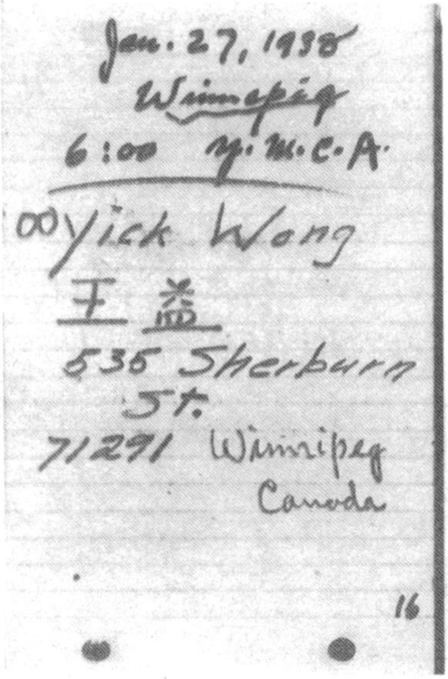
Jan. 27, 1938
Winnipeg
6:00 Y.M.C.A.
∞ Yick Wong
王益
535 Sherburn St.
71291 Winnipeg Canada
16

16-015

17
Jan 28, 1938
[illegible]
15 Vogel Apts. Wpg.
[illegible]
Mrs. E. Johnston
711 Ellice ave
phone 88934
(Belgian)

16-016

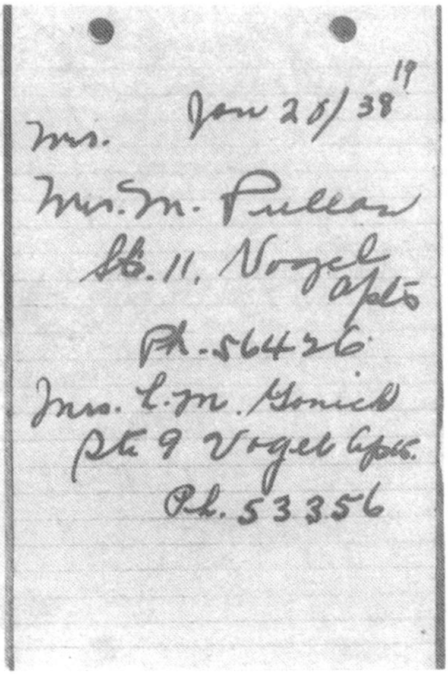
19
Mrs. Jan 28/38
Mrs. M. Pullar
Ste. 11, Vogel Apts
Ph. 56426
Mrs. L. M. Gonick
Ste 9 Vogel Apts.
Ph. 53356

16-017

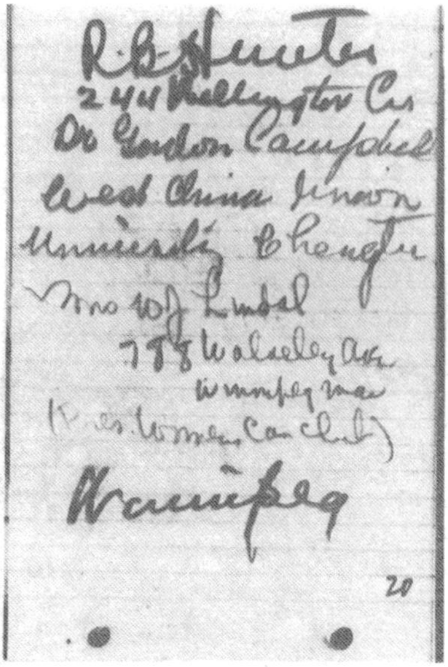
R. B. Hunter
244 Wellington Cr
Dr Gordon Campbell
West China Union
University Chengtu
Mrs W. J. Lindal
788 Wolseley Ave
Winnipeg Man
(Pres. Women's Can Club)
Winnipeg
20

16-018

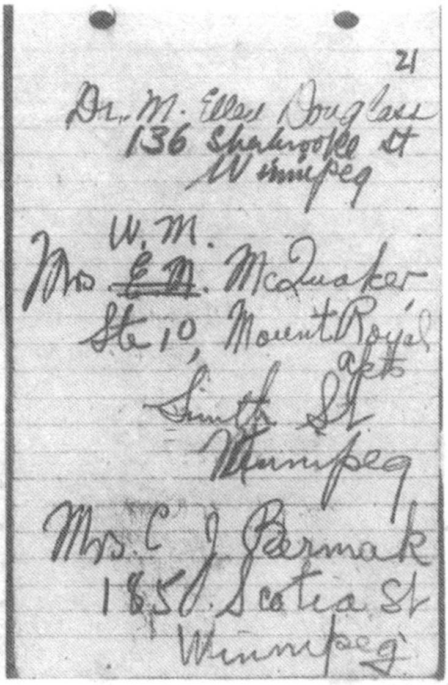
21
Dr. M. Ellen Douglass
136 Shakespeare St
Winnipeg
W. M.
Mrs ~~E. M.~~ McQuaker
Ste 10, Mount Royal
Apts
Smith St
Winnipeg
Mrs. C. J. Carmak
185 Scotia St
Winnipeg

16-019

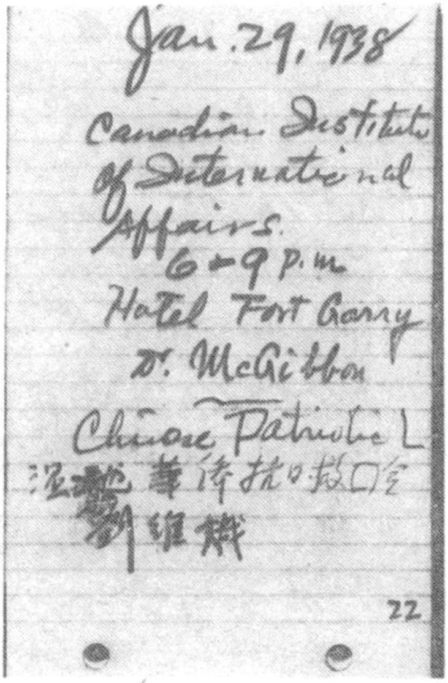
Jan. 29, 1938
Canadian Institute
of International
Affairs.
6–9 p.m.
Hotel Fort Garry
Dr. McGibbon
Chinese Patriotic L
溫埠華僑抗日救國會
劉維熾
22

16-020

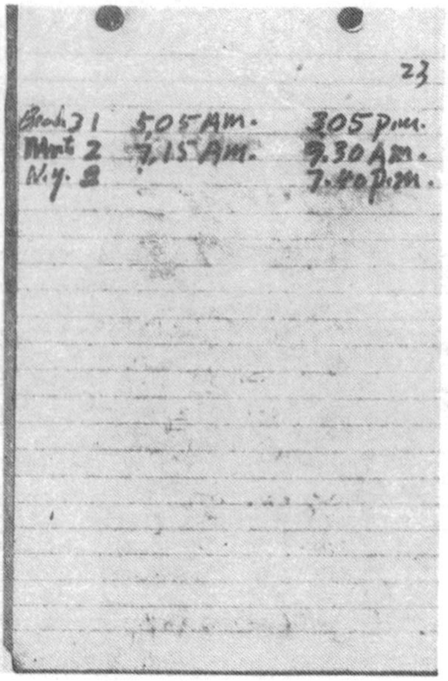
23

31 5.05 AM. 3.05 p.m.
Mont 2 7.15 AM. 9.30 AM.
N.Y. 3 7.40 p.m.

16-021

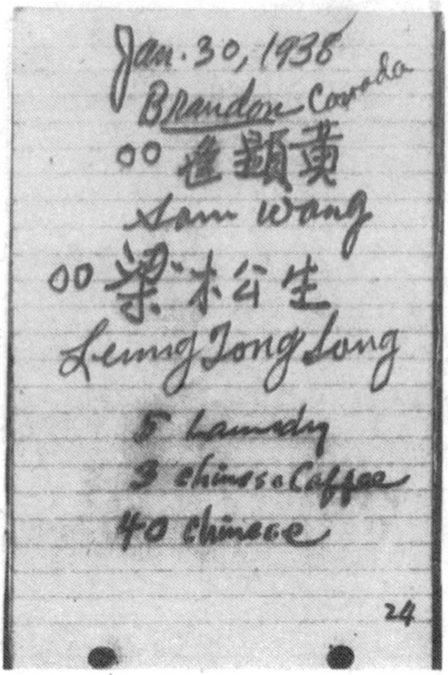
Jan. 30, 1938
Brandon Canada
00 查顯黄
Sam Wong
00 梁松生
Leung Tong Long
5 Laundry
3 Chinese Caffee
40 Chinese
24

16-022

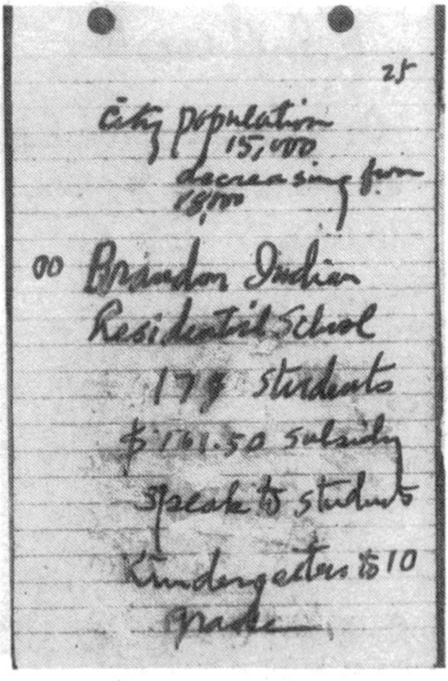
25
City population
15,000
decreasing from
18,000
00 Brandon Indian
Residential School
17? Students
$161.50 subsidy
Speak to students
Kindergarten to 10
grade

16-023

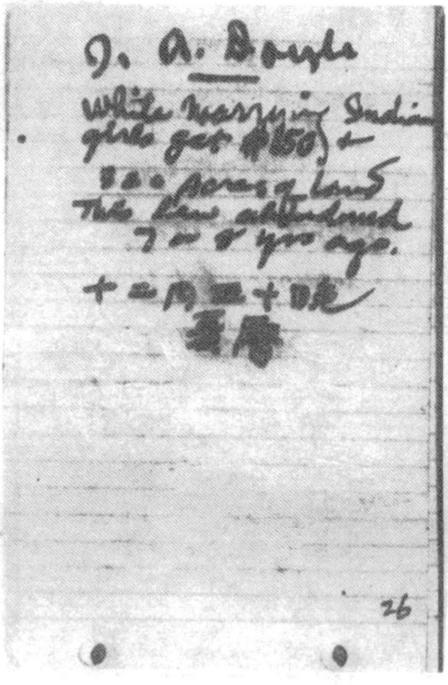
J. A. Doyle
White marrying Indian
girls get $150 +
300 acres of land
This law abolished
7 or 8 yrs ago.
十二月三十日晚
26

16-024

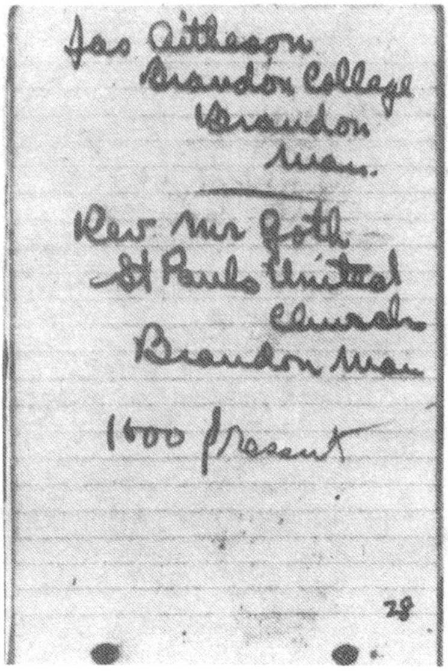
Jas Aitheson
Brandon College
Brandon
Man.

Rev Mr Goth
St Pauls United
Church
Brandon Man

1600 present

28

16-025

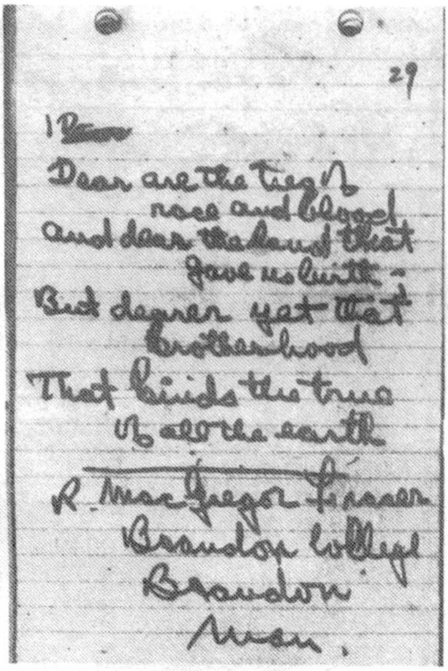
29

1 ~~Prov~~

Dear are the ties of
race and blood
and dear the land that
gave us birth -
But dearer yet that
brotherhood
That binds the true
of all the earth

R MacGregor Fraser
Brandon College
Brandon
Man.

16-026

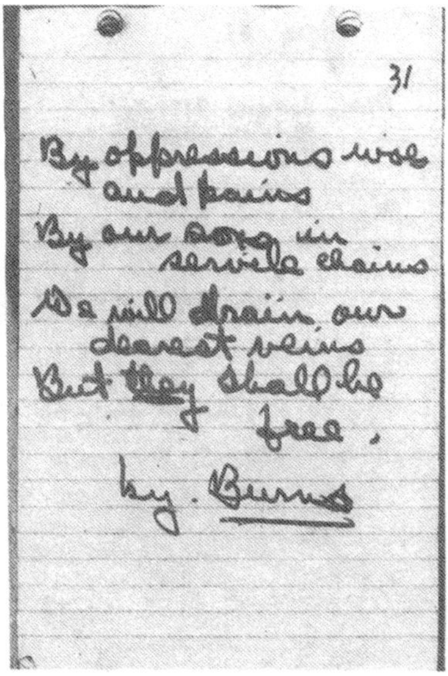
31

By oppressions woe
and pains
By our sons in
servile chains
We will drain our
dearest veins
But they shall be
free.

by. Burns

16-027

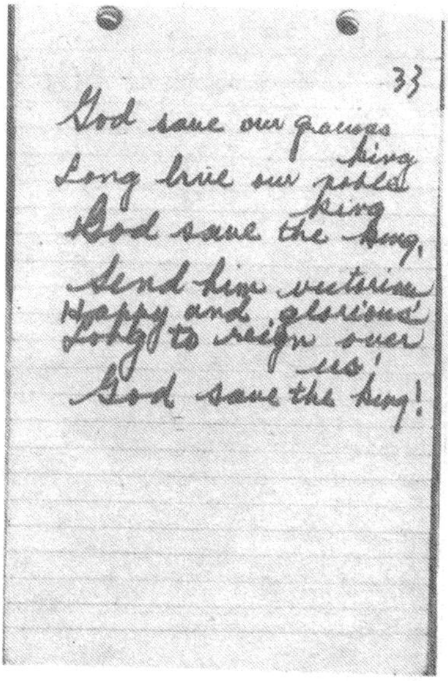
33

God save our gracious
King
Long live our noble
King
God save the King,
Send him victorious
Happy and glorious
Long to reign over
us!
God save the King!

16-028

35

Margaret Creany
10808-111 St. N.
Edmonton, Alberta.

16-029

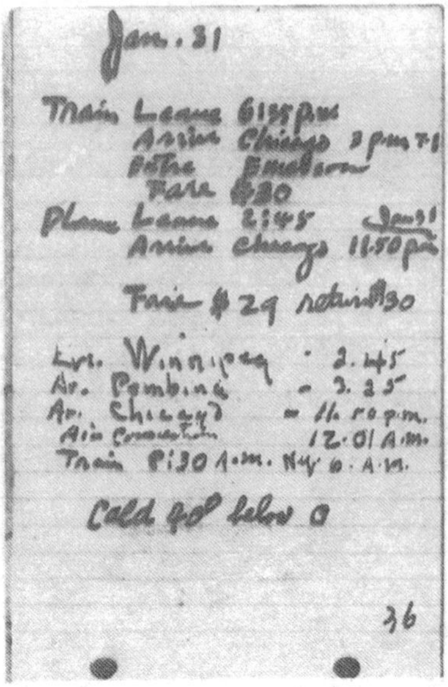

Jan. 31

Train Leave 6:35 pm
Arrive Chicago 3 pm F1
Better Emerson
Fare $30
Plane Leave 2:45 Jan 31
Arrive Chicago 11.50 pm

Fare $29 return $30

Lv. Winnipeg - 2.45
Ar. Pembina - 3.35
Ar. Chicago - 11.50 p.m.
Air Connection 12.01 A.M.
Train 8:30 A.M. NY 6. A.M.

Cold 40° below 0

36

16-030

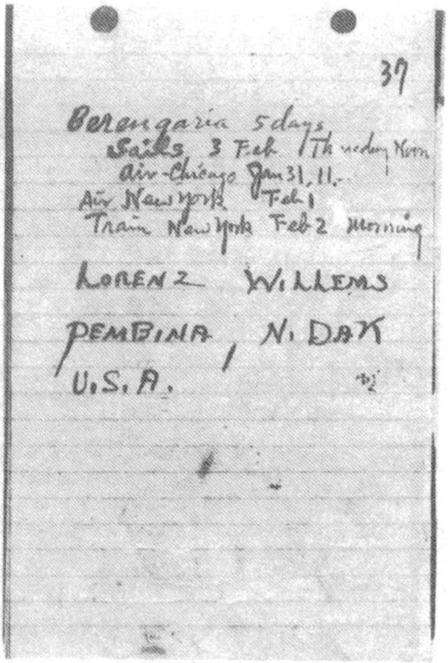

37

Berengaria 5 days
Sails 3 Feb Thursday Morn
Air-Chicago Jan 31, 11.
Air New York Feb 1
Train New York Feb 2 morning

LORENZ WILLEMS
PEMBINA, N. DAK
U.S.A.

16-031

Feb 1, 1938
On Zephyr from
St. Paul to Chicago
"Bug House" Square.

38

16-032

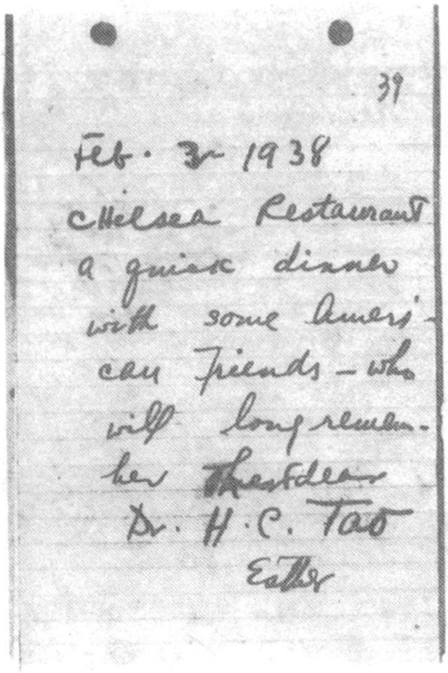

39

Feb. 3 - 1938
Chelsea Restaurant
a quick dinner
with some Ameri-
can friends – who
will long remem-
ber the dear
Dr. H. C. Tao
Esther

16-033

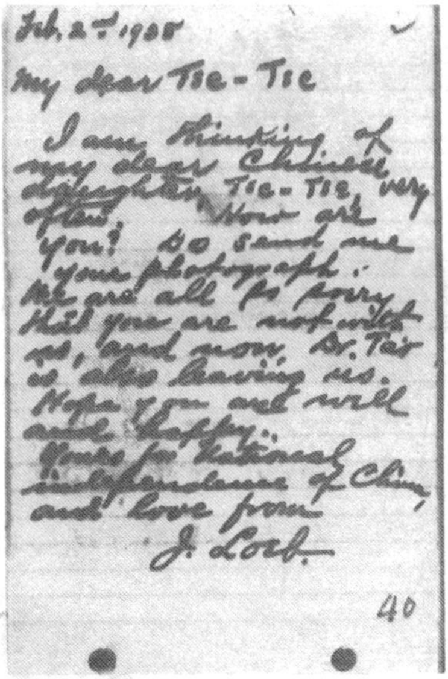

Feb. 2nd 1938
My dear Tse-Tse
I am thinking of
my dear Chinese
daughter Tse-Tse very
often. How are
you? Do send me
your photograph.
We are all so sorry
that you are not with
us, and now Dr. Tao
is also leaving us.
Hope you are well
and happy.
Works for National
independence of China
and love from
J. Loeb.
40

16-034

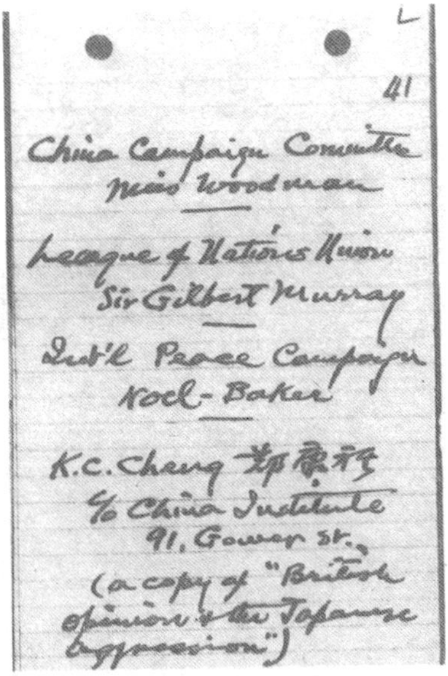

41
China Campaign Committee
Miss Woodman
League of Nations Union
Sir Gilbert Murray
Int'l Peace Campaign
Noel-Baker
K.C. Cheng 鄭康祺
c/o China Institute
91, Gower St.
(a copy of "British
opinion & the Japanese
aggression")

16-035

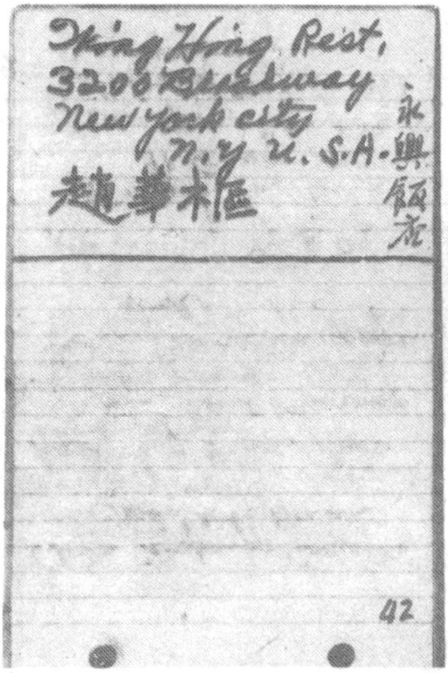

Wing Hing Rest,
3200 Broadway
New York city
N.Y. U.S.A.
趙華桓
永興飯店
42

16-036

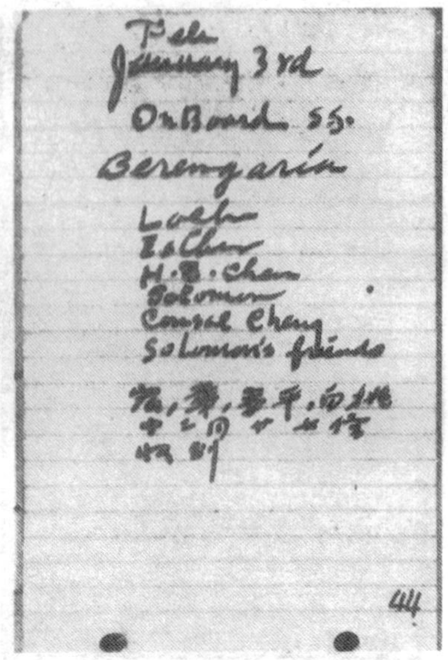

Feb
January 3rd
On Board S.S.
Berengaria
Loeb
H.B. Chen
Solomon
Consul Chang
Solomon's friends
44

16-037

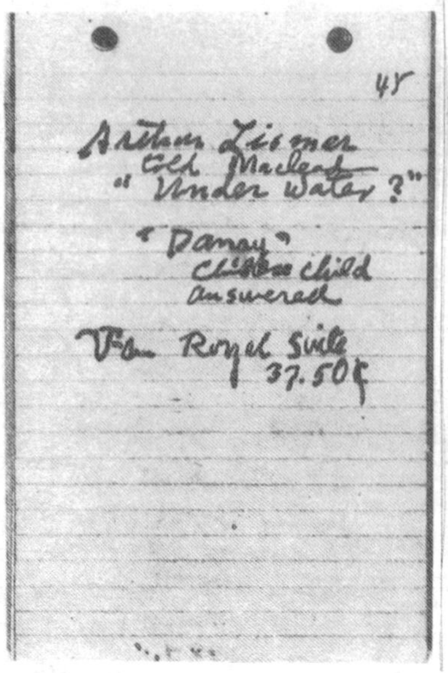

45
Arthur Lismer
"Under Water?"
"Danny"
Chinese child
answered
Feb Royal suite
37.50

16-038

Feb
Jan 4
Carnival Night
46

16-039

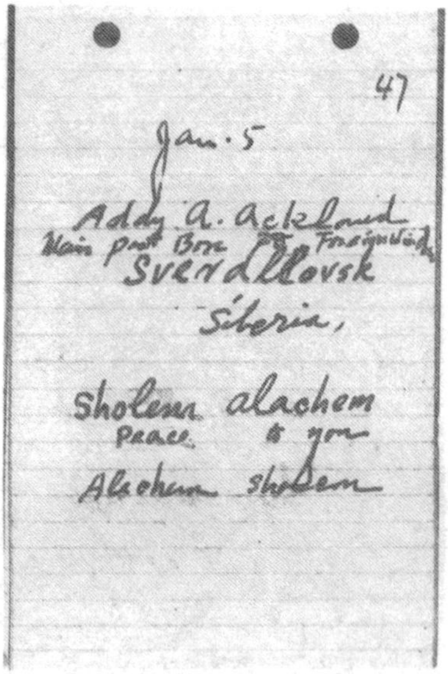

47
Jan. 5
Addy A. Ackland
Sverdlovsk
Siberia,
Sholem alachem
Peace to you
Alachem sholem

16-040

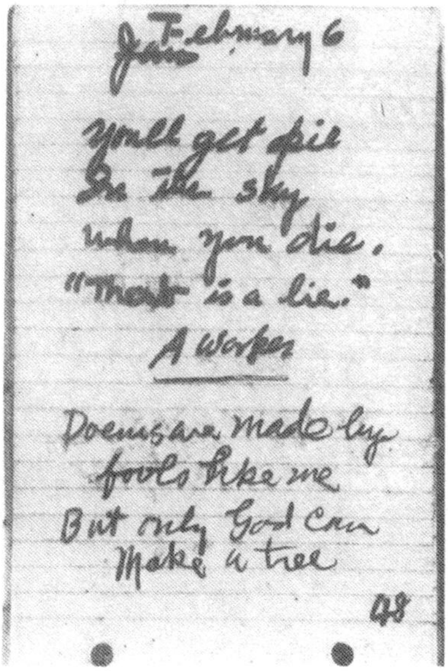
February 6
You'll get pie
In the sky
when you die.
"That's is a lie."
A Worker
Poems are made by
fools like me
But only God can
Make a tree
48

16-041

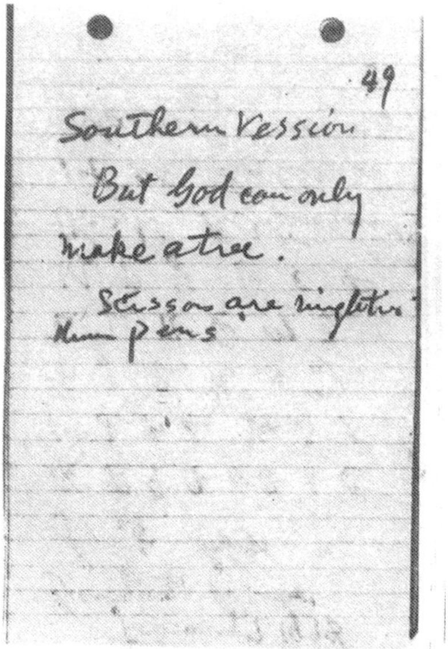
49
Southern Session
But God can only
make a tree.
Scissors are mightier
than pens

16-042

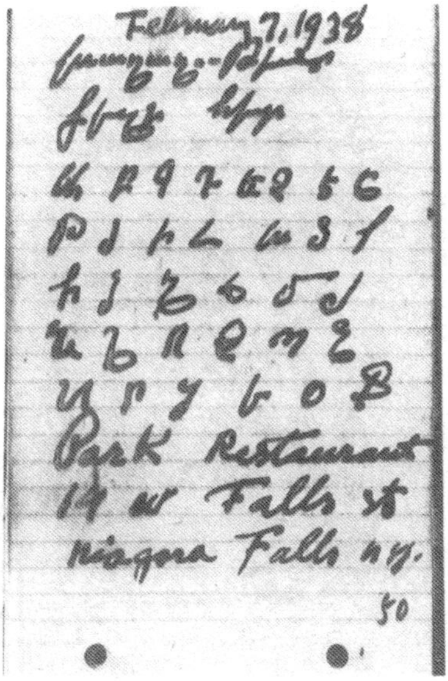
February 7, 1938
Park Restaurant
14 W Falls St
Niagara Falls N.Y.
50

16-043

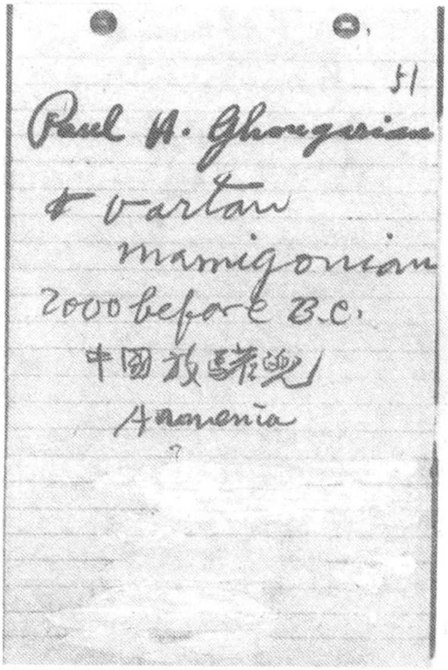
51
Paul H. Ghougasian
& Vartan
Mamigonian
2000 before B.C.
Armenia

16-044

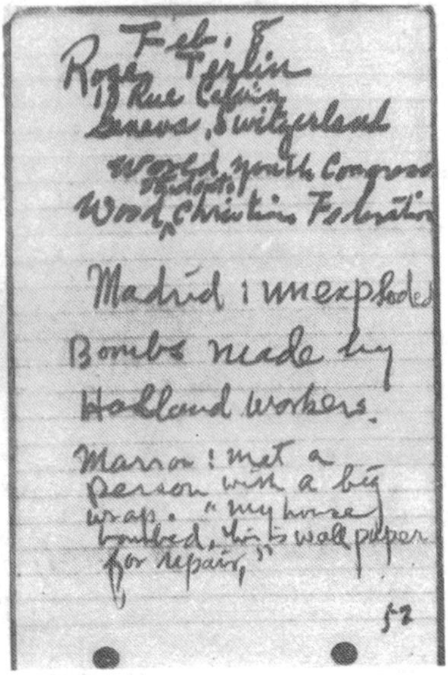
Feb. 8
Rose Terlin
13 Rue Calvin
Geneva, Switzerland
World Youth Congress
World Student Christian Federation
Madrid: unexploded
Bombs made by
Holland workers.
Marron: met a
person with a big
wrap. "my house
bombed, this is wall paper
for repair,"
53

16-045

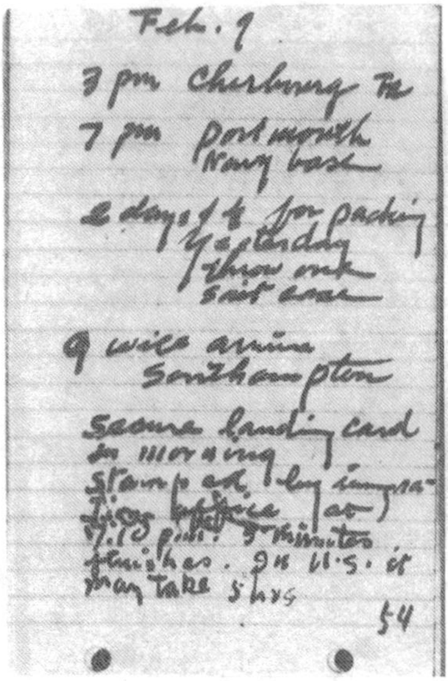
Feb. 9
3 pm Cherbourg
7 pm Portsmouth
Navy base
2 days of for packing
yesterday
throw out
suit case
9 wire arrive
Southampton
Secure landing card
in morning
stamped by immigration office (at)
7.10 pm: 5 minutes
finishes. In U.S. it
may take 5 hrs
54

16-046

55
Lyon Cafe

16-047

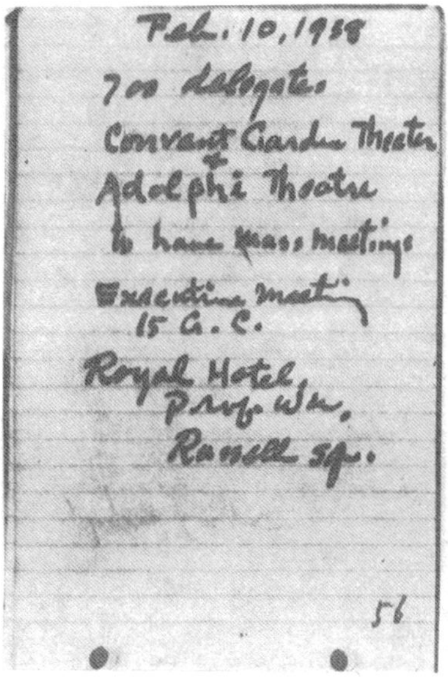
Feb. 10, 1938
700 delegates
Convent Garden Theater
&
Adolphi Theatre
to have mass meetings
Executive meeting
15 G.C.
Royal Hotel
Prof. Wu,
Russell sq.
56

16-048

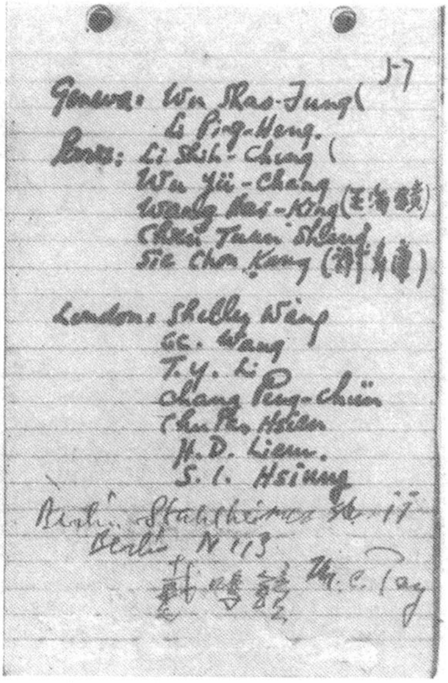

16-049

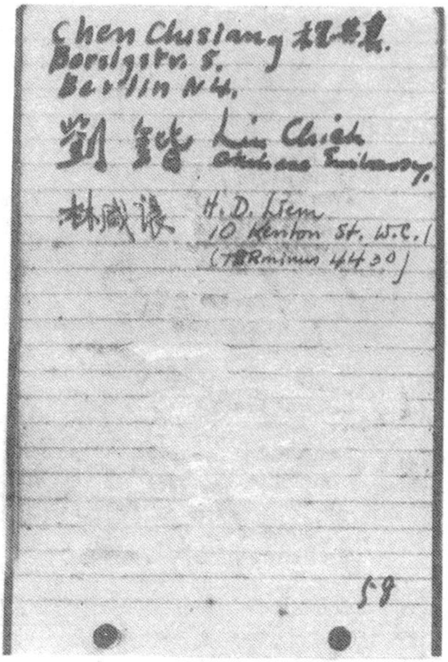

16-050

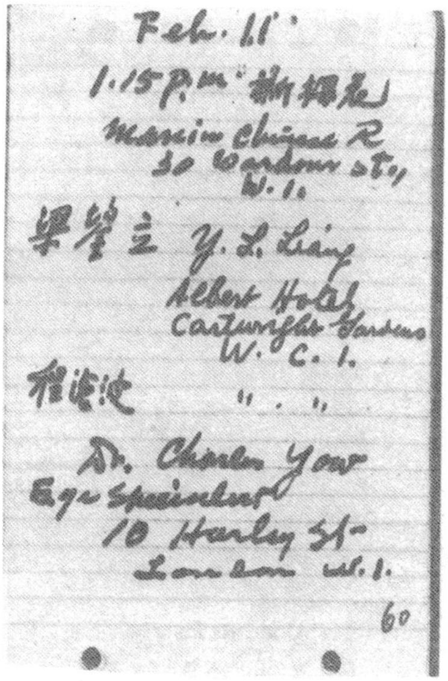

16-051

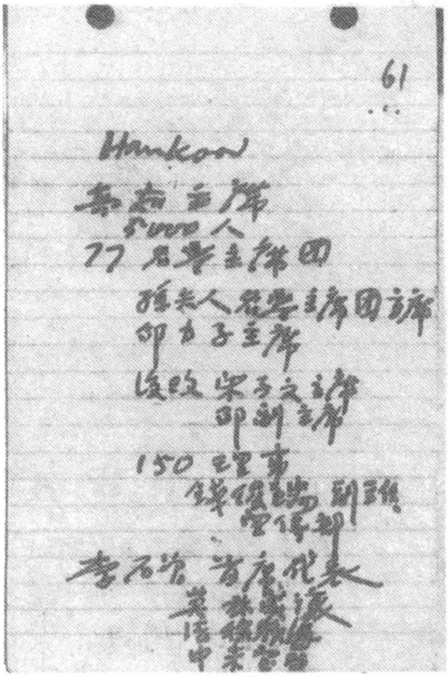

16-052

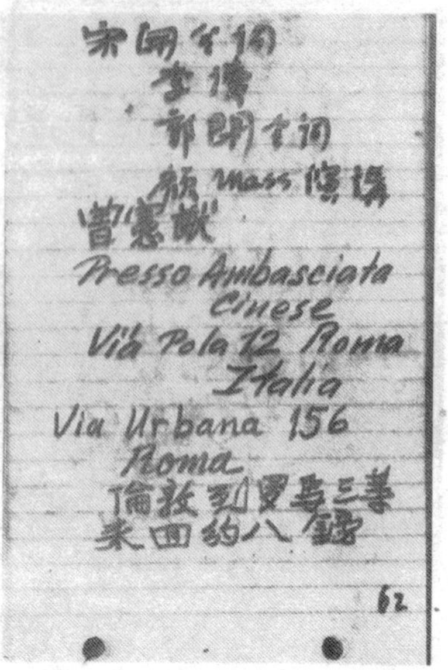
Presso Ambasciata
Cinese
Via Pola 12 Roma
Italia
Via Urbana 156
Roma
倫敦到罗馬三等
来回的八鎊
62

16-053

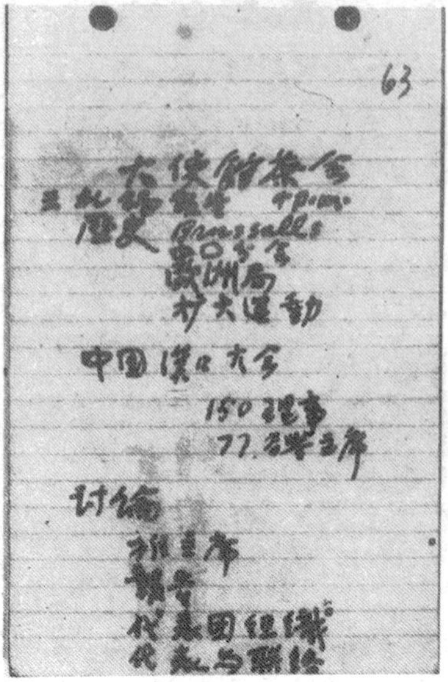
63
大使館茶会
歷史 Brussels
歐洲局
村夫運動
中国漢口大会
150 理事
77 名誉主席
讨论
代表团组織

16-054

64

16-055

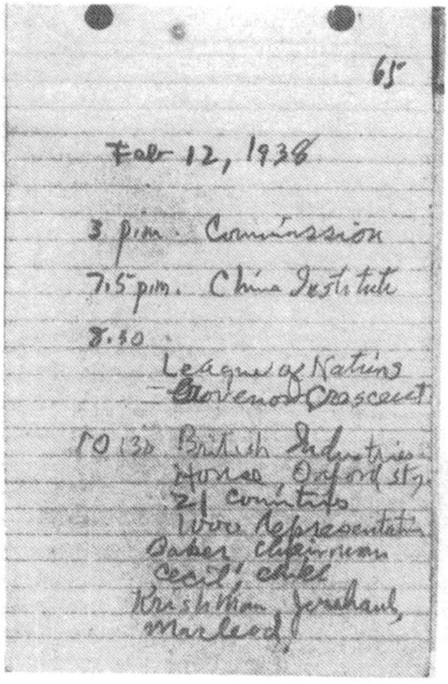
65
Feb 12, 1938
3 pm. Commission
7.15 pm. China Institute
8.30
League of Nations
10:30 British Industries
House, Oxford St.
21 countries
were represented
Baker chairman
Cecil chief
Krishnan, Jawaharlal,
Macleod

16-056

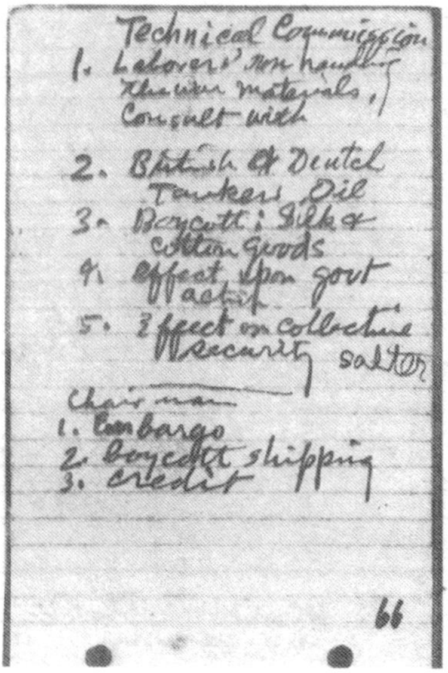

Technical Commission
1. Laborers' non handling the war materials,) Consult with
2. British & Dutch Tankers Oil
3. Boycott; Silk & cotton goods
4. Effect upon govt action
5. Effect on collective security salter
Chairman
1. Embargo
2. Boycott shipping
3. credit
66

16-057

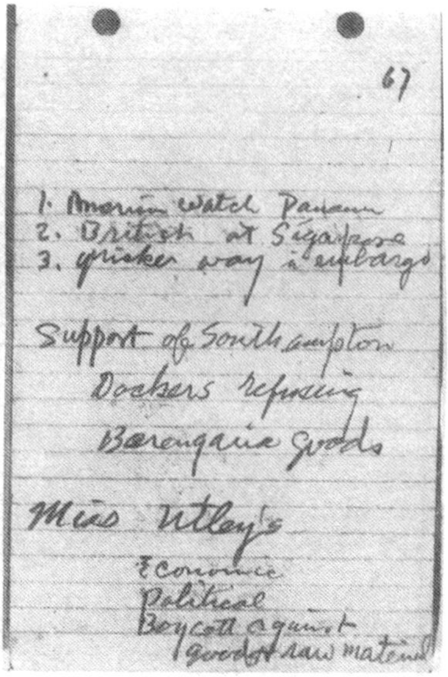

67
1. American watch Panama
2. British at Sigapore
3. quicker way i embargo
Support of Southampton Dockers refusing Berengaria goods
Miss Utley's
Economic
Political
Boycott against goods & raw material

16-058

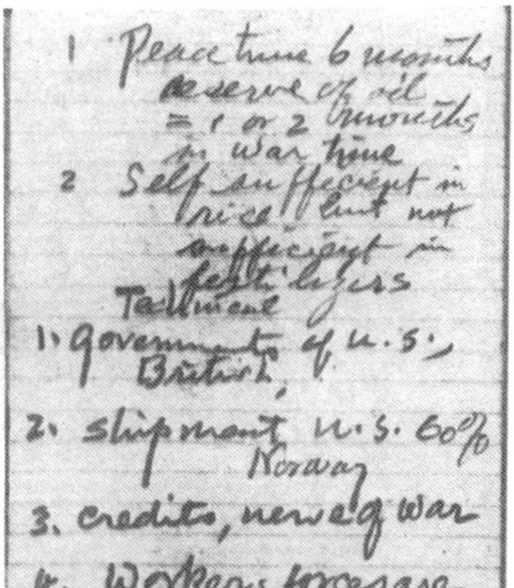

1 Peace time 6 months reserve of oil = 1 or 2 months in war time
2 Self sufficient in rice but not sufficient in fertilizers
Tallment
1. Government of U.S., British,
2. shipment U.S. 60% Norway
3. credits, news of war
4. Workers forces are ready to be released.
68

16-059

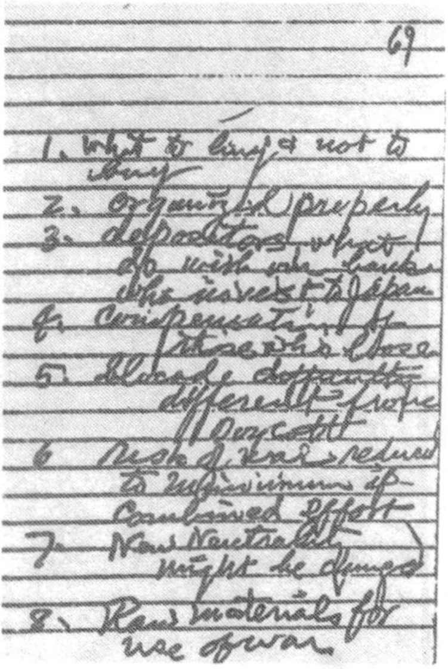

69
1. what to buy & not to buy
2. Organized properly
3. deposits what to do with the banks who invest to Japan
4. Compensation for those who lose
5. Hardship difficulties different from boycott
6. Risk of war reduced to minimum of combined effort
7. New Neutrality might be changed
8. Raw materials for use of war

16-060

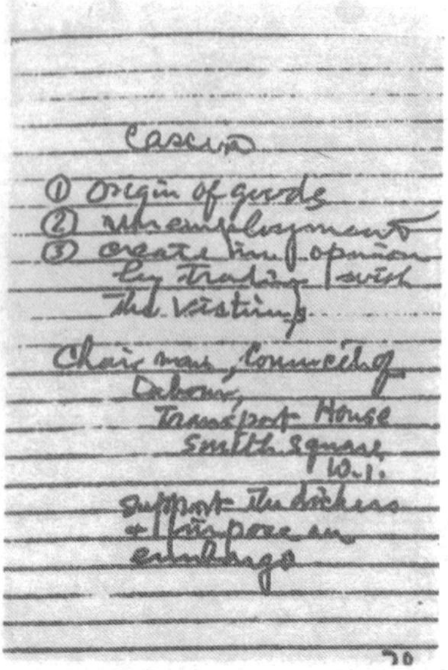

16-061

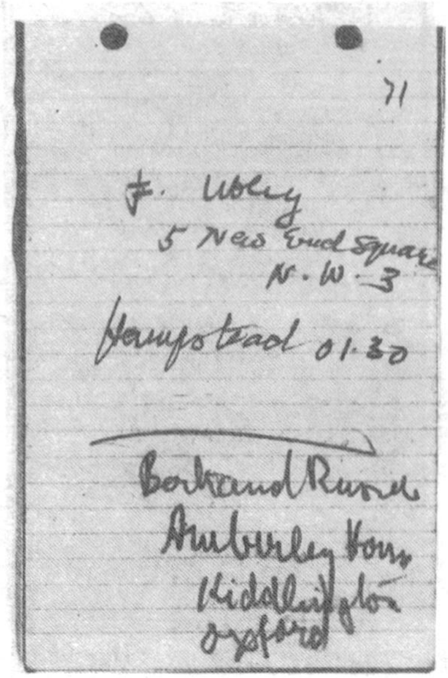

16-062

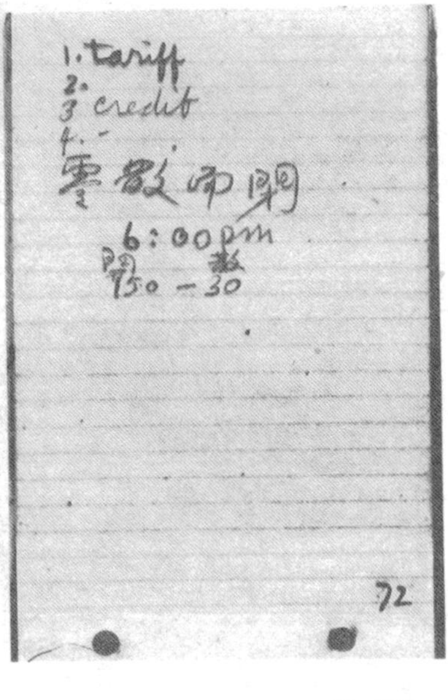

16-063

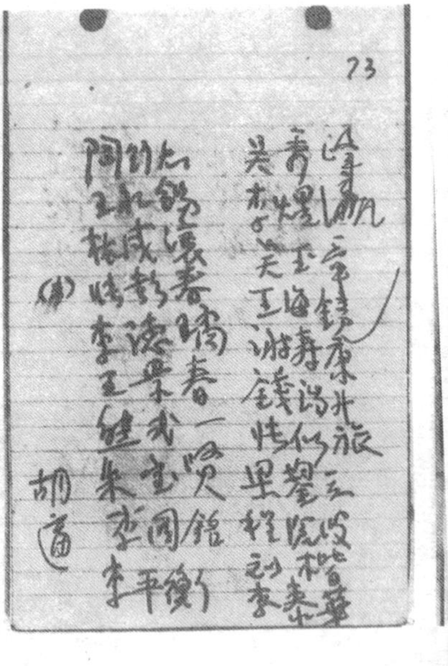

16-064

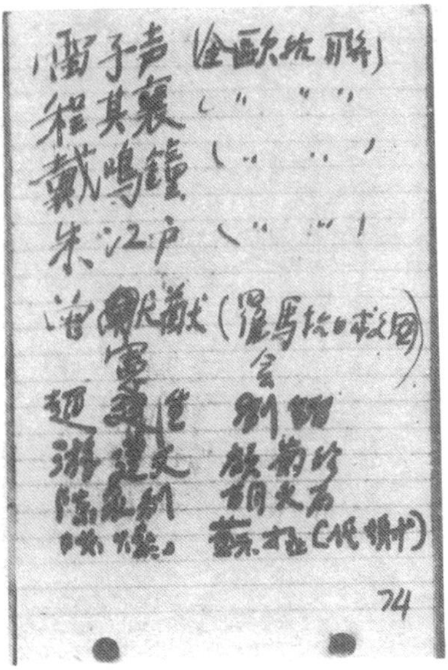

16-065

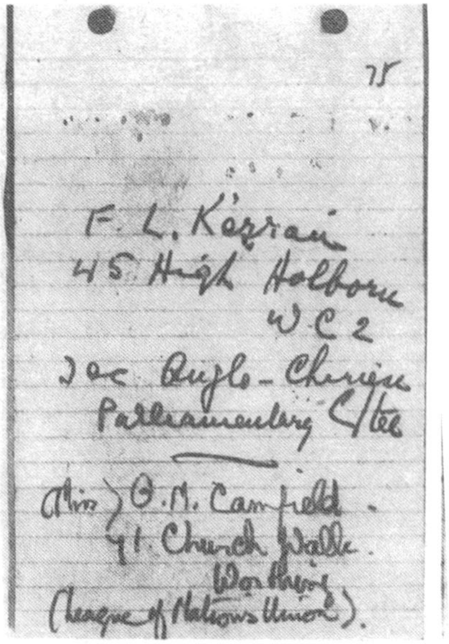

16-066

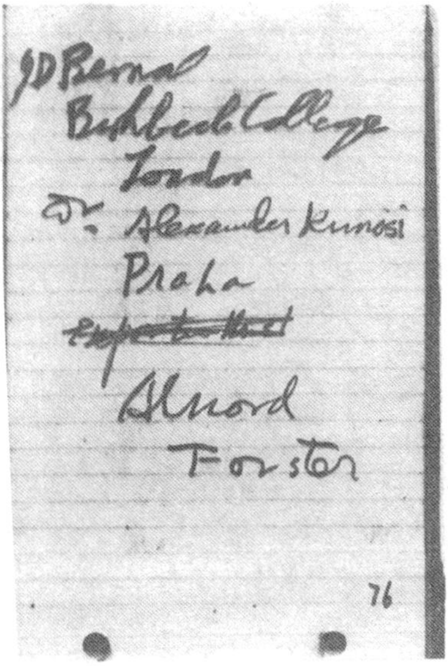

16-067

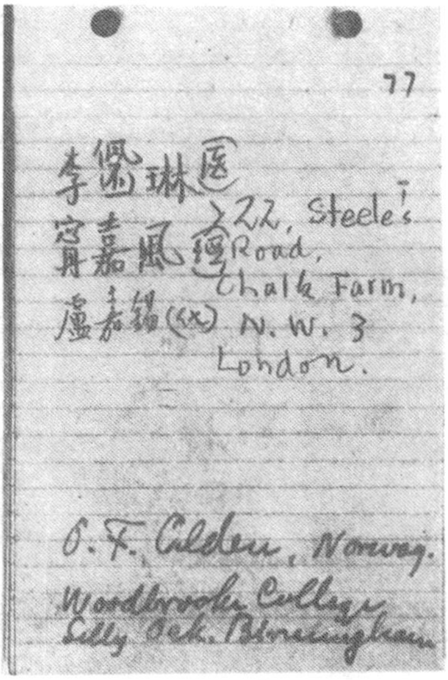

16-068

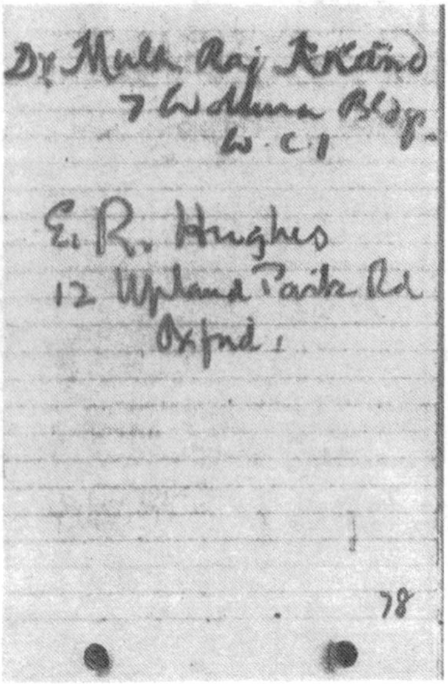
Dr. Mulk Raj Anand
W.C.1

E. R. Hughes
12 Upland Park Rd
Oxford

78

16-069

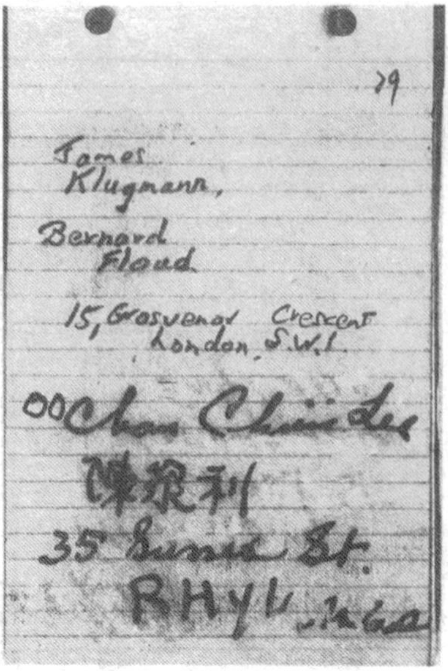
79

James
Klugmann,

Bernard
Floud

15, Grosvenor Crescent
London, S.W.1

Chan Chiu Lee

35 St.
RHYL

16-070

THIN HONG
ST
LIVERPOOL
ENGLAND

80

16-071

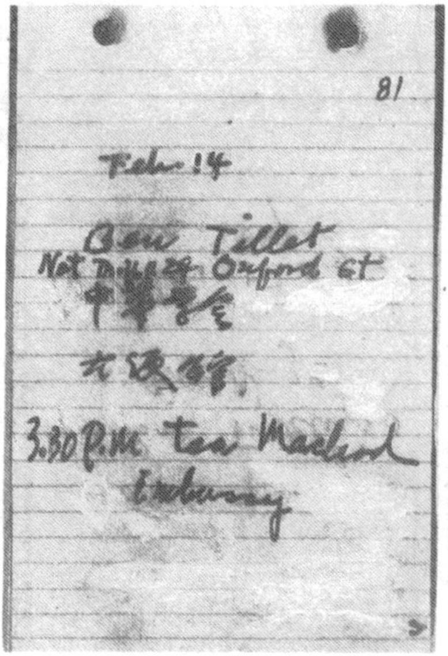
81

Feb. 14

Ben Tillet
Oxford St

大使馆

3.30 P.M. tea
Embassy

16-072

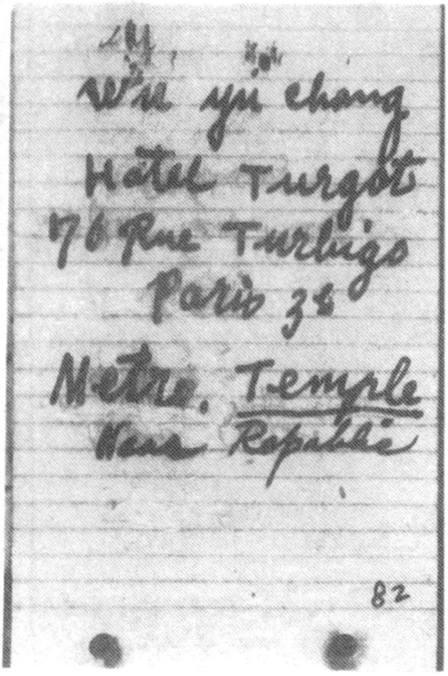
Wu yu chang
Hotel Turgot
76 Rue Turbigo
Paris 3e
Metro. Temple
Near Republic
82

16-073

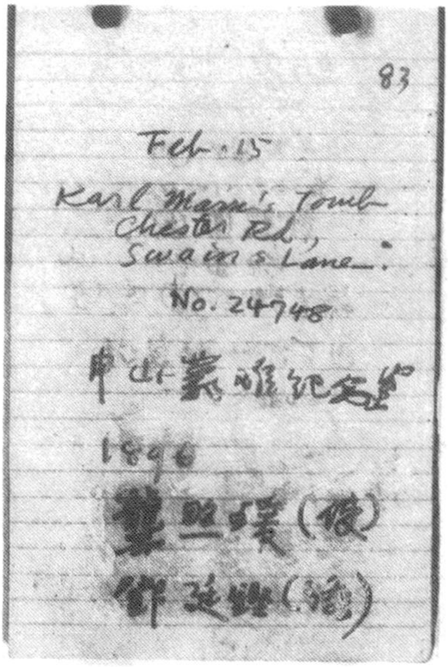
83
Feb. 15
Karl Marx's Tomb
Chester Rd.,
Swain's Lane.
No. 24748
中山蒙难纪念处
1896
龚照瑗(使)
邓廷铿(翻)

16-074

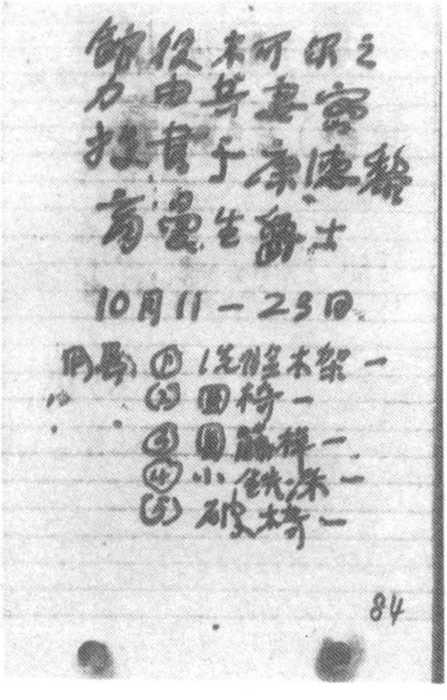
余被禁时所得之
力由其集会
携带于康德黎
有恩先生处
10月11－23日
用品 ① 洗脸木架一
② 圆椅一
③ 圆藤椅一
④ 小铁床一
⑤ 破椅一
84

16-075

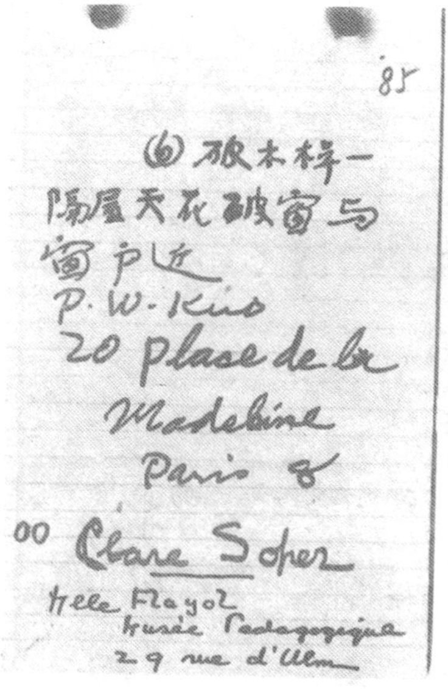
85
⑥ 破木椅一
隔屋天花破窗与
窗户近
P. W. Kuo
20 place de la
Madeleine
Paris 8
00 Clare Soper
Melle Flayol
Musée Pédagogique
29 rue d'Ulm

16-076

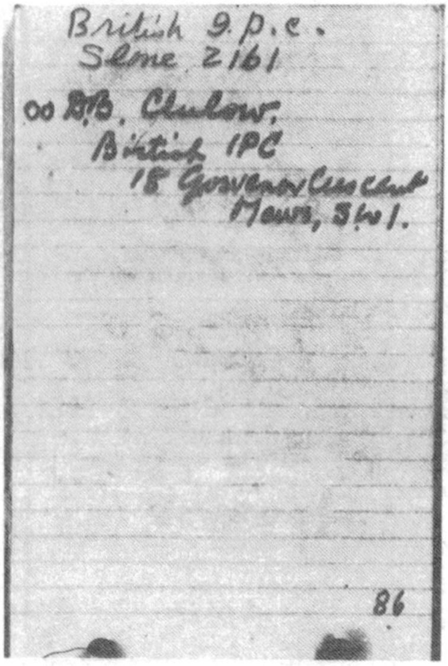
British G.P.C.
Sloane 2161
oo R.B. Clulow,
British IPC
18 Grosvenor Crescent
Mews, S.W.1.
86

16-077

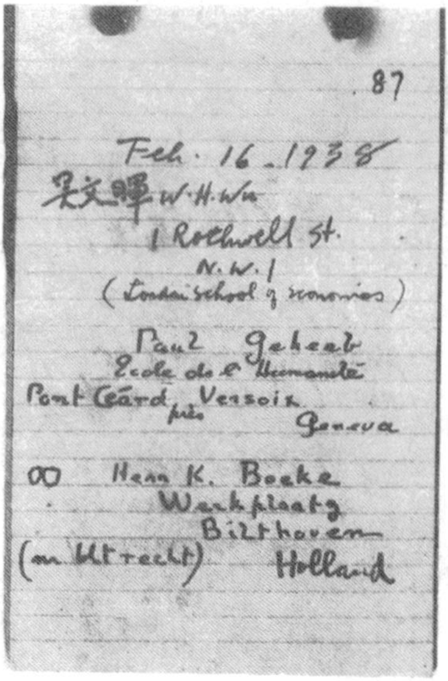
87
Feb. 16. 1938
吴文晖 W.H.Wu
1 Rothwell St.
N.W.1
(London School of Economics)
Paul Geheeb
Ecole de l'Humanité
Post Card près Versoix
Geneva
oo Kees K. Boeke
Werkplaats
Bilthoven
(nr. Utrecht) Holland

16-078

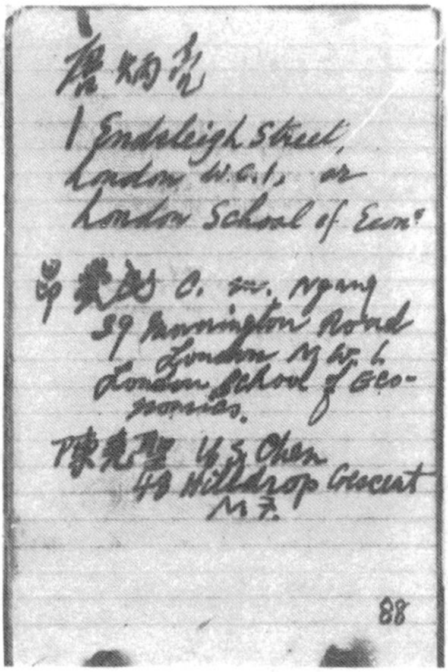
[illegible]
1 Endsleigh Street,
London W.C.1, or
London School of Econ.
[illegible] O. W. Ngang
39 Mornington Road
London N.W.1
London School of Economics.
[illegible] H.S. Chen
48 Hilldrop Crescent
N.7.
88

16-079

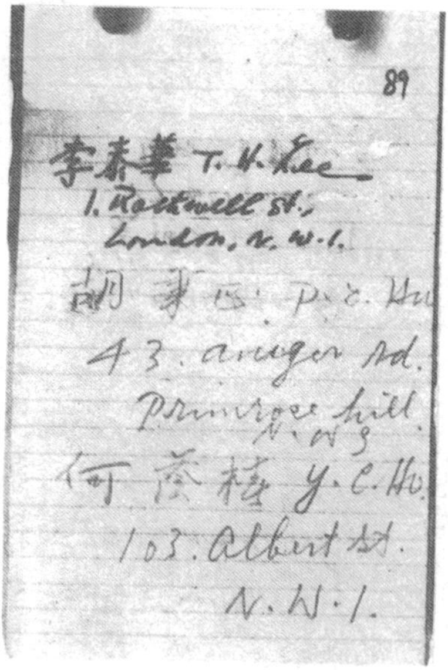
89
李春華 T.H. Lee
1. Rothwell St.,
London, N.W.1.
[illegible] P.C. Hu
43. [illegible] Rd.
Primrose hill
N.W.8
何[illegible] Y.C. Ho
103. Albert St.
N.W.1.

16-080

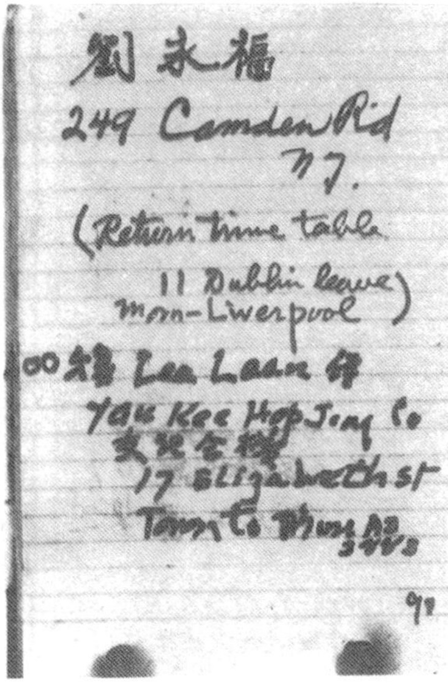
劉永福
249 Camden Rd
N7.
(Return time table
11 Dublin leave)
Mon-Liverpool)
∞ Lee Laan
Yau Kee Hop Jing Co
17 Elizabeth St
90

16-081

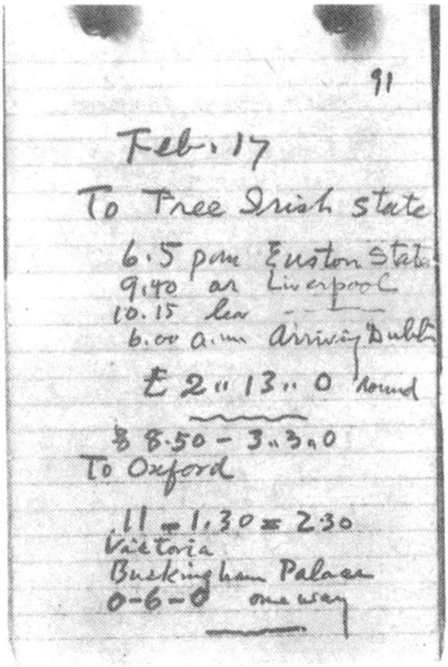
91
Feb. 17
To Free Irish state
6.5 pm Euston Stat
9.40 ar Liverpool
10.15 lv
6.00 a.m arriving Dublin
£ 2„13„0 round
$ 8.50 - 3„3„0
To Oxford
11 = 1.30 = 2.30
Victoria
Buckingham Palace
0-6-0 one way

16-082

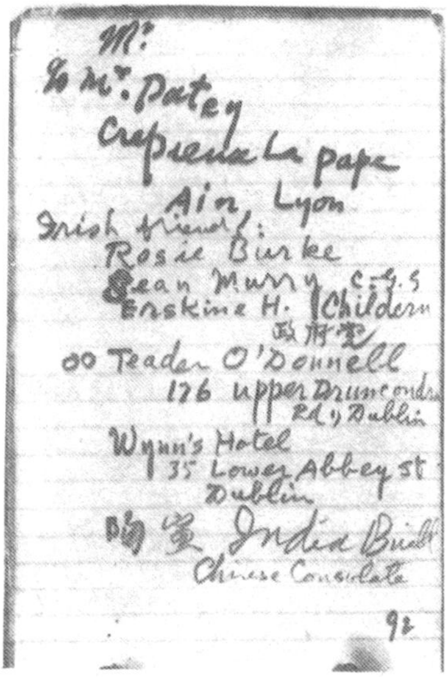
Mr.
to Mr. Patey
Crepieux La pape
Ain, Lyon
Irish friends:
Rosie Burke
Sean Murry C.G.S
Erskine H. Childern
政府室
∞ Peadar O'Donnell
176 Upper Drumcondra
Rd, Dublin
Wynn's Hotel
35 Lower Abbey St
Dublin
陶寓 India Build
Chinese Consulate
92

16-083

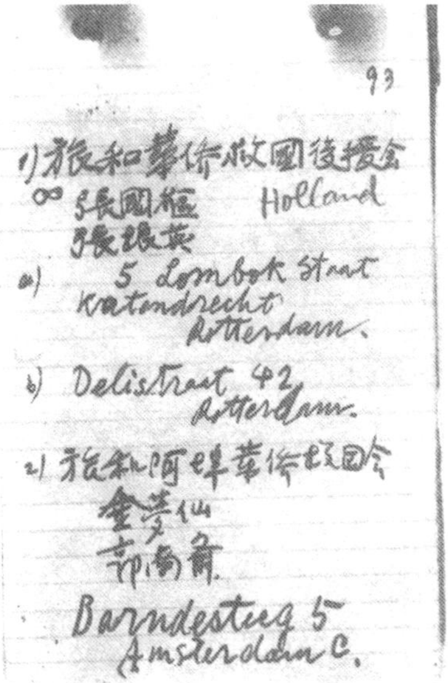
93
1) 旅和華僑救國後援會
∞ 張國樞 Holland
張振英
a) 5 Lombok Straat
Katendrecht
Rotterdam.
b) Delistraat 42
Rotterdam.
2) 旅和阿姆華僑救國會
金善仙
Barndesteeg 5
Amsterdam C.

16-084

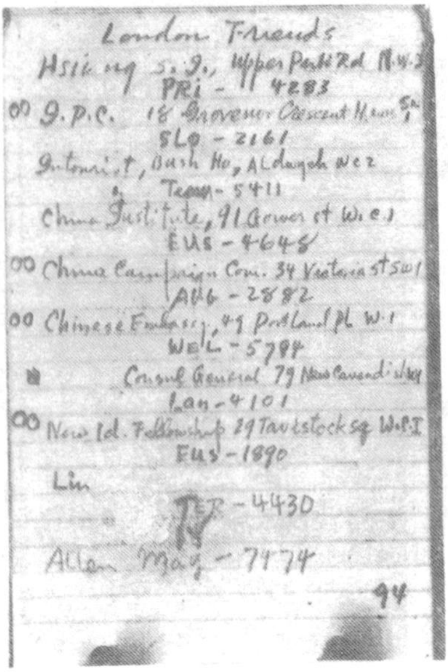
London Friends
Hsiung S. I., Upper Park Rd N.W.3
PRI - 4283
00 G.P.C. 18 Grosvenor Crescent Mews S.W.1
SLO - 2161
Intourist, Bush Ho, Aldwych W.C.2
Temp - 5411
China Institute, 91 Gower st W.C.1
EUS - 4648
00 China Campaign Com. 34 Victoria st S.W.1
ABB - 2882
00 Chinese Embassy, 49 Portland Pl. W.1
WEL - 5784
Consul General 79 New Cavendish St
Lan - 4101
00 New Ed. Fellowship 29 Tavistock sq W.C.1
EUS - 1890
Lin
TER - 4430
Allen May - 7474
94

16-085

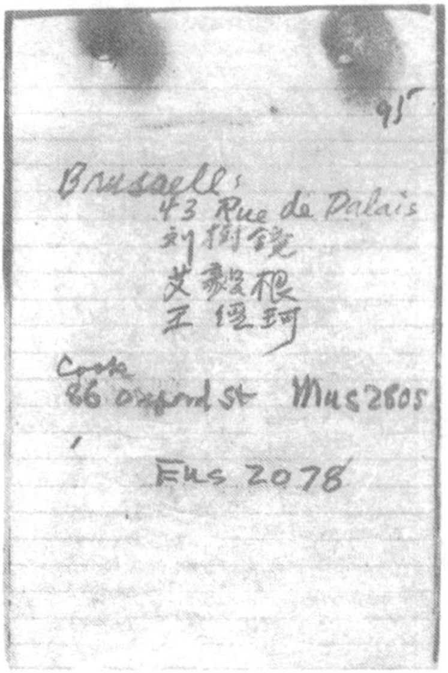
95
Brussells
43 Rue de Palais
刘樹鏡
艾毅根
王經珂
Cook
86 Oxford St Mus 2805
EUS 2078

16-086

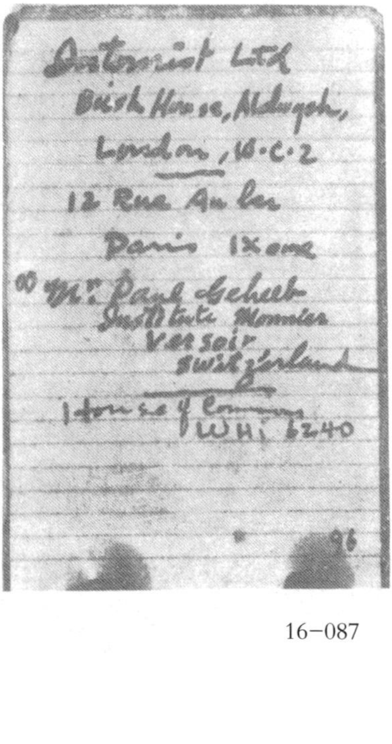
Intourist Ltd
Bush House, Aldwych,
London, W.C.2
12 Rue Auber
Paris IX ème
00 Mr. Paul Geheeb
Institute Monnier
Versoir
Switzerland
House of Commons
WHI 6240
96

16-087

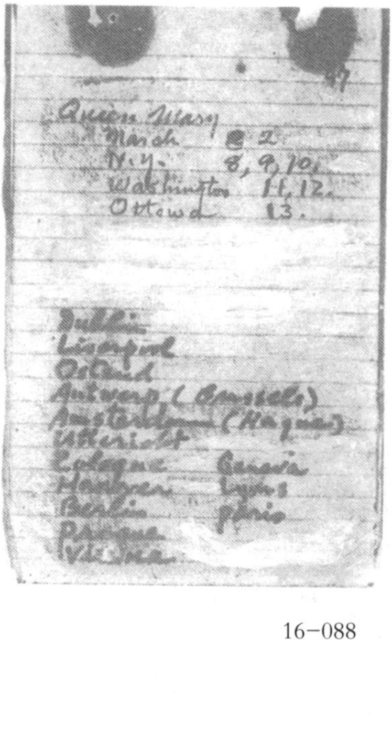
97
Queen Mary
March 2
N.Y. 8, 9, 10,
Washington 11, 12.
Ottawa 13.
Dublin
Liverpool
Ostend
Antwerp (Brussels)
Amsterdam (Hague)
Utrecht
Cologne Geneva
Hamburg Lyons
Berlin Paris
Prague
Vienna

16-088

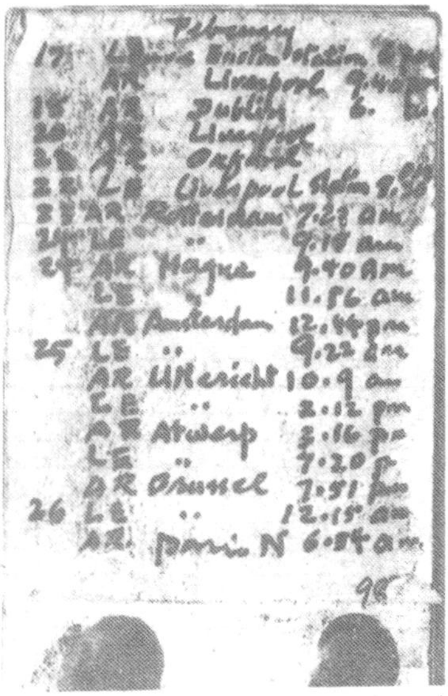
February
17 ... Liverpool ...
AR Liverpool 9.40 ...
18 AR Dublin ...
20 ... Liverpool
... Oxford
23 LE Liverpool ... 9.5...
23 AR Rotterdam 7.23 am
24 LE .. 9.18 am
24 AR Hague 9.40 am
LE " 11.56 am
AR Amsterdam 12.44 pm
25 LE .. 9.22 am
AR Utrecht 10.9 am
LE .. 2.12 pm
AR Atwerp 3.16 pm
LE .. 7.20 pm
AR Brussel 7.51 pm
26 LE .. 12.15 am
AR Paris N 6.54 am
95

16-089

第十六册〔注译〕

1938.1.26~1938.2.17

加拿大·纽约·伦敦

爱尔兰自由邦·都柏林

16—001

1938 年 1 月 26 日　威廉要塞

M.约恩森

大湖纸业公司

年产 11 万吨　北美最大的纸厂　英格兰有一更大的　此处纸宽 304 英寸　英格兰为 320 英寸

硫化纸浆的需求来自日本，价格由 65 美元降至 50 美元

16—002

S.T.麦克·卡佛尔　威廉要塞　大湖纸业公司

16—003

第 5 至 8 行：80%纯纸浆 20%硫化纸浆

2,000 马力　9 条生产线　18,000 马力

末行：22,000 加仑每天

16—004

3~4,000 平方米

1 柯德（Cord）木料=100 立方英尺微密木=128 立方英尺柴堆

每英亩 3~10 柯德

黑云松　110 年　直径 5 英寸

白云松　50 年　直径 3~4 英寸砍伐

将来对木材要付出更多的代价

16—005

每条 1,600 磅　40 美元

《芝加哥每日新闻》年需求量 15,000 吨

《底特律新闻》年需求量 30,000 吨

全厂　10,000,000

24 小时生产 380 吨　每周 6 天

400 工人　每小时 54 美分~2.1 美元

使用的机器是纽约沃特敦的贝雷和赛瓦尔提供的

16—006

从纸浆到成品装上火车 4 小时

N.S.格兰特　中国工程师

16—007、008

佩特森有限公司

私营

由代理商购进谷物

时机合适就出售

购销能力 4,000,000 蒲式耳

小麦 60 磅

黑麦 56

大麦 48

燕麦 34

每车装 1,500 蒲式耳

更为现代化的谷仓

萨斯喀彻温省的 7 号仓库

最大容量为 7,000,000

35 通常

18 现在

1,250 马力

每小时运送装卸谷物 1,500

4 个最高等级 不允许混装

依靠剧烈转动使其半干燥

提高蛋白质及葡萄糖含量

使用罗格威机器

1,500,000 美元 资本

以下至 012 页为类似的介绍

16—013

布克女士

下午 8 时 市政厅 安德逊

1. 加拿大工人年收入低于 1,000 美元者

2. 人均纯利润 3,000 美元

16—014

俄国汽油用于日本汽车

危险，司机将左向行驶

全国退伍军人协会举行大会全城红绿灯华丽壮观

16—015

第 1 至 3 行：1938 年 1 月 27 日温尼伯

6 时，青年会

16—016

1938 年 1 月 28 日

老 M.J.福金 温尼伯地址

E.约翰斯顿夫人（比利时人）地址

16—017

38 年 1 月 28 日

M.普兰夫人 地址

L.M.戈尼克夫人 地址

16—018

R.B.亨特

戈登·卡姆费尔博士 成都华西联合大学

W.J.林达夫人 （加拿大妇女俱乐部主任） 温尼伯地址

16—019

M.艾来德·道格拉斯博士 温尼伯 地址

W.M.麦克劳克尔夫人温尼伯皇家山

C.J.波麦克夫人　温尼伯　地址

16—020

第1至7行：1938年1月29日下午6~9时　加拿大国际事务研究所

麦克基邦博士

16—022

第1至2行：1938年1月30日加拿大布兰登

末3行：5家洗衣店

3家华人咖啡馆

40中国人

16—023

城市人口18,000人下降到15,000人

布兰登印第安人寄宿学校

179名学生　年补助金161.50$

对学生讲话　从幼儿园到10年级

16—024

第1至6行：J.A.冬丽

白人娶印第安姑娘可得150美元及320英亩土地

这一法律七八年前废止

16—025

贾斯·艾奇逊先生　布雷登学院

高斯先生

圣保罗联合教堂　布雷登

1,000人出席

16—026

亲爱是弥合种族和血统的纽带

亲爱是我们出生的大地

但更亲爱的还是兄弟般的情谊

它联起了全球的赤诚

R.麦克格里哥尔·弗雷塞　布兰登学院

16—027

忍着受压迫的悲哀和痛苦

戴着奴役的锁链高歌

虽然宝贵的血流尽

自由终将属于我们

——伯恩斯作

16—028

上帝保佑我们宽厚的君主，

万岁！我们高贵的君主，

上帝保佑君主，

赐给他胜利的幸福与荣耀，

长期统治着我们！

上帝保佑君主！

16—029

埃德蒙顿一友人名及地址

16—030

1月31日

火车下午6时35分离开　2月1日下午3时到芝加哥　恩特埃默森

车费30美元

飞机2时45分离开　当日下午11时50分到达芝加哥费用29美元返回30美元

离开温尼伯　2时45分

到达彭比纳

到达芝加哥

火车上午8时30分　纽约　上午6时

零下40°冷

16—031

贝伦加里奥　5天

2月3日　航行　星期四中午

飞机至芝加哥　1月31日11时50分

飞机至纽约　2月1日　火车2月2日上午

余为人名

16—032

1938年2月1日

在微风中由圣保罗抵芝加哥

16—033

1938年2月3日　同几位美国朋友在切尔西餐馆吃快餐，他们将永远忘不了他们亲爱的陶行知博士

埃斯特

16—034

此页为J.勒布致陆璀信

16—035

中国运动委员会　伍德曼女士

国际联盟　基尔伯特·莫利爵士

国际和平运动　柯尔·贝克先生

郑康旌　由中华学会转

《英国对日本侵略的观点》一文抄件

16—037

第1至10行：2月3日

在贝伦加里号船上

勒布、埃斯特、陈翰笙、所罗门、郑领事

所罗门的朋友

16—038

亚瑟·李斯莫与马利德说

“在水下？”

“丹纳”中国小孩道

16—039

2月4日　狂欢之夜

16—040

1月5日

艾迪·A.阿克洛德　西伯利亚斯维尔特洛夫斯克人

肖洛伦·阿拉赫姆

祝你和平

16—041

2月6日

在你死后，进入天堂，幸福将至，全是撒谎。——一工人作

诗是像我这样的笨人写的，但只有上帝能造树。

16—042

南方的说法是：但上帝只会造树

剪刀胜过笔杆

16—043

第1行：1938年2月7日

学俄文

末3行：帕克饭店　纽约

尼亚加拉瀑布

余为学俄文的字

16—045

2月8日

鲁丝·台尔林　瑞士日内瓦

世界青年大会

世界基督教学生联合会

马德里未爆炸的炸弹是荷兰工人制造的

马龙遇到一个人，拿着一个大包，“我的房子被炸了，这是修理用的墙纸。”

16—046

2月9日

下午3时　切尔伯里

下午7时　普特毛斯海军基地

两天半时间准备行装　昨天扔掉一个皮箱

9时将到南安普敦

早晨得到登陆卡

下午7时10分到移民局盖章，5分钟结束，在美国可能要5小时

16—048

1938年2月10日

700代表

女修道院花园剧院及阿道夫剧院举行群众大会

执行会　15G.C.

皇家饭店　胡教授　卢梭广场

16—049

日内瓦：吴秀峰　李平衡

巴黎：李石曾、吴玉章、王海镜、钱端升、谢寿康

伦敦：王礼锡、王景春、李端璠、张彭春、朱宝贤、林咸让、熊式一

柏林：戴鸣钟、程其骧

16—052

第1行外文为汉口（1938年1月23日在汉口举行国际反侵略大会中国分会成立大会）

16—053

第4行外文：群众

16—054

第3行外文：布鲁塞尔

16—056

1938年2月12日

下午3时　委员会

下午7时5分　中华学会

8时半　国际联盟

10时半　牛津街英国工业大厅

21国　1,000代表

贝克　主席

西塞尔　吉尔　克里什曼　儒欧　麦克劳德

16—057

技术委员会

1. 劳工掌管战争物资

2. 英国与荷兰的油船及油

3. 抵制货品：丝与棉织物

4. 对政府行动施加影响

5. 对集体安全施加影响

主席：1. 禁运　2. 抵制运输　3. 信贷

16—058

1. 美国监视巴拿马

2. 英国监视新加坡

3. 其他更快的禁运办法

支持南安普敦的码头工人拒运贝伦加利亚号轮的货物

乌特利女士　在经济上和政治上抵制货物及原料

16—059

1. 和平时期6个月储存的油量等于战争时期1或2个月的用量

2. 粮食可以自给，但肥料不够

技术问题

1. 美、英政府

2. 美国装运货物量60%挪威

3. 贷款，战争的核心

4. 工人的力量随时会被释放

16—060

1. 买什么与不买什么

2. 良好的组织

3. 存户对于向日本投资的银行怎样处置？

4. 对损失者的补偿

5. 经济封锁有别于抵制

6. 共同努力可将战争的危险降到最低限度

7. 新的中立可以改变

8. 战争所用的原料

16—061

卡西诺

1. 货物的产地（来源）

2. 失业问题

3. 与受损者交易以制造舆论

劳工理事会主席　运输大楼斯米斯·斯奎尔

支持码头工人强制实行禁运

16—062

F.乌特利　地址

布汉德·鲁卢　牛津地址

16—063

第1行：关税

第3行：信用

16—066

F.L.柯兰　地址

B.M.恺姆费尔德　地址（国际联盟）

16—067

S.D.贝纳尔　伦敦

亚历山大·库诺希博士

阿诺德·福斯特

16—068

末3行：C.F.吉尔顿挪威人　伍德布鲁克学院伯明翰

16—069

模特·锐·柯兰德博士　地址

E.R.胡斯　牛津　地址

16—070

第1至6行：詹姆斯·克鲁格曼

伯拿德·弗劳德　伦敦　地址

16—072

第1至3行：2月14日

本·梯勒特　牛津街

末3行：下午3时半　麦克劳饮茶

大使馆

16—073

吴玉章　巴黎　地址

16—074

第1至5行：2月15日

卡尔·马克思墓　切斯特路斯威恩斯巷

墓号：24748

16—076

第4行起：P.W.敦　巴黎地址

末4行：克来尔·索普尔

海尔·弗拉奥

教育博物馆

16—077

英国国际和平协会　电话

D.B.柯鲁洛　英国国际和平协会　地址

16—078

1938年2月16日

吴文晖　地址（伦敦经济学校）

鲍尔·吉也夫　人文学校　日内瓦

亨·K.博克　荷兰

16—082

第1至6行：2月17日

到达爱尔兰自由邦

晚6时5分　奥斯特车站

9时40分　到达利物浦

10时15分　离开利物浦

早晨6时到都柏林

末5行：到牛津

“11—1.30 =2.30” 意为：从11：00至1：30，有2小时半

维多利亚　白金汉宫

0(时)—6(时)—0(时)　在路上

16—083

帕蒂先生　里昂　地址

爱尔兰朋友

鲁谢·布利克

塞安·木尔利

埃利斯恳·H.契尔德恩

梯德尔·奥都耐尔

都柏林地址

魏恩旅店　都柏林地址

陶寅　中国领事馆

16—085

伦敦国际和平协会、中华学会、中国战争协会、中国大使馆等通讯录

16—086

第1至2行：布鲁塞尔　地址

末3行：库克　地址

16—087

友人名及地址

16—088

玛丽皇后（号轮）

3月

纽约

华盛顿

渥太华

余为都柏林、利物浦、奥特兰、阿姆斯特丹、科隆、日内瓦、汉诺威、里昂、柏林、巴黎、布拉格、维也纳等地名

16—089

2月

17日下午6时离恩斯顿车站

9时40分到利物浦

18日上午6时到都柏林

20日到利物浦

21日到牛津

22日下午9时半离利物浦车站

23日上午7时23分到鹿特丹

24日早9时18分离开鹿特丹

24日上午9时40分到海牙

11时56分离开海牙

晚12时44分到阿姆斯特丹

25日上午9时22分离开

上午10时9分到乌特列支

下午2时12分离开

下午3时16分到安特卫普

下午7时20分离开

下午7时51分到布鲁塞尔

26日上午12时15分离开

上午6时54分到巴黎北

衛備忘

第 十 七 册

1938.2.18~1938.3.9

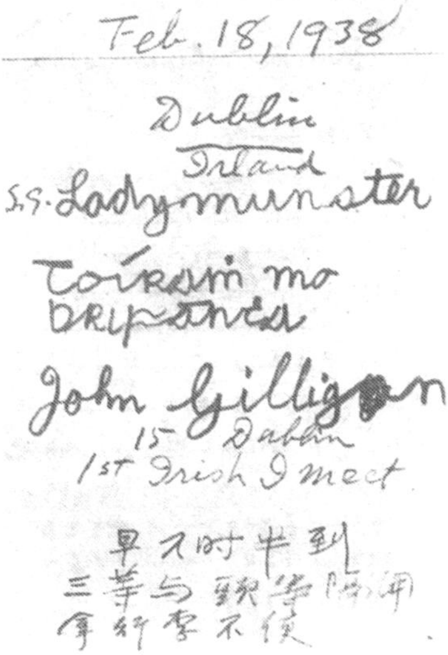
Feb. 18, 1938

Dublin
Irland
S.S. Ladymunster

Toíraim mo
DRIPANTA

John Gilligan
15 Dublin
1st Irish I meet

早7时半到
三等与头等隔开
拿行李不便

17-001

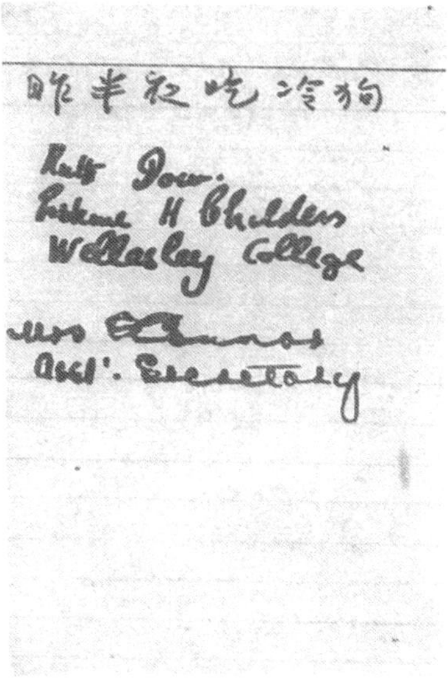
昨半夜吃冷狗

Kate Dow.
Lukanee H Childers
Wellesley College

Mrs E. Gunnas
Asst'. Secretary

17-002

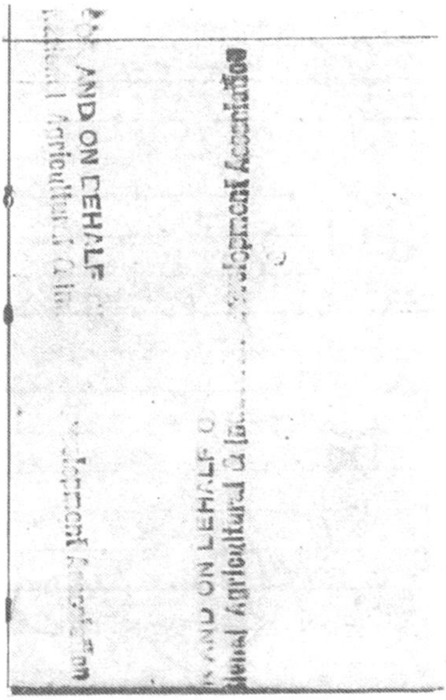
AND ON BEHALF
...Agricultural & Co...
...lopment Association

17-003

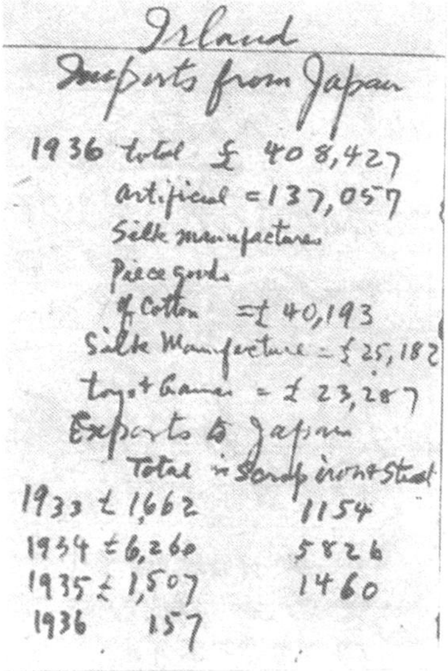
Irland
Imports from Japan

1936 total £408,427
artificial £137,057
Silk manufactures
Piece goods
of Cotton = £40,193
Silk Manufacture = £25,182
toys + Games = £23,287
Exports to Japan
Total in Scrap iron + Steel

1933	£1,662	1154
1934	£6,260	5826
1935	£1,507	1460
1936	157	

17-004

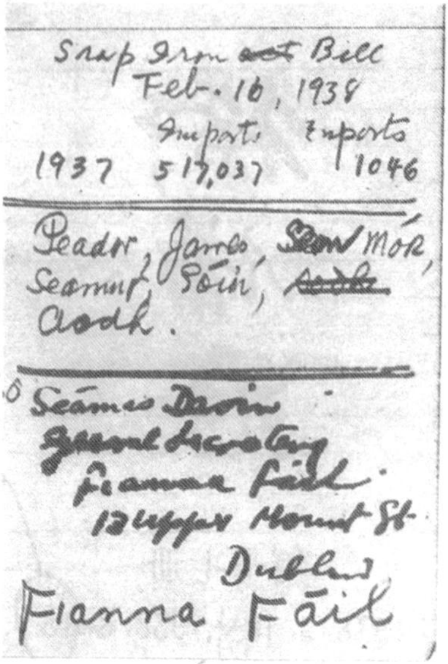
Snap from ~~not~~ Bill
Feb. 16, 1938
Imports Exports
1937 517,037 1046
Peadar, James, ~~Sean~~ Mór,
Seamus, Seán, ~~Aodh~~
Aodh.
Seámus Davin
general secretary
fianna fáil.
13 Upper Mount St.
Dublin
Fianna Fáil

17-005

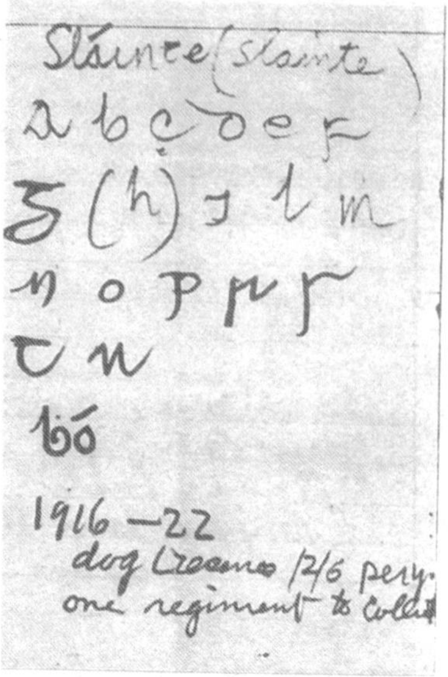
Sláinte (slainte)
a b c d e f
g (h) i l m
n o p r s
t u
bó
1916—22
dog licence 12/6 per y.
one regiment to collect

17-006

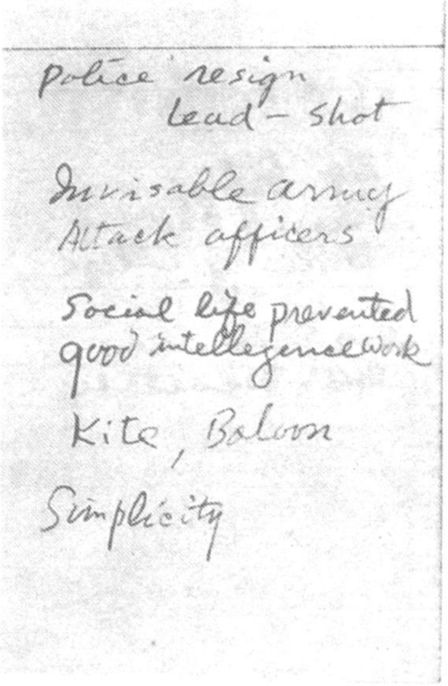
police resign
lead—shot
Invisable army
Attack afficers
Social life prevented
good intellegence work
Kite, Baloon
Simplicity

17-007

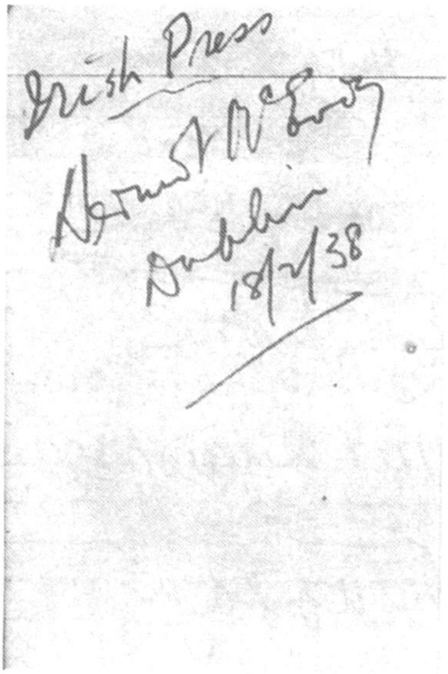
Irish Press
Dublin
18/2/38

17-008

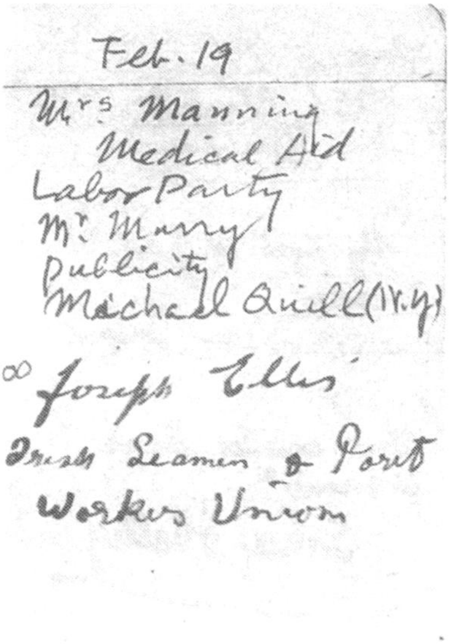

Feb. 19

Mrs Manning
Medical Aid
Labor Party
Mr. Murry
Publicity
Michael Quill (N.Y.)

∞ Joseph Ellis
Irish Seamen & Port
Workers Union

17-009

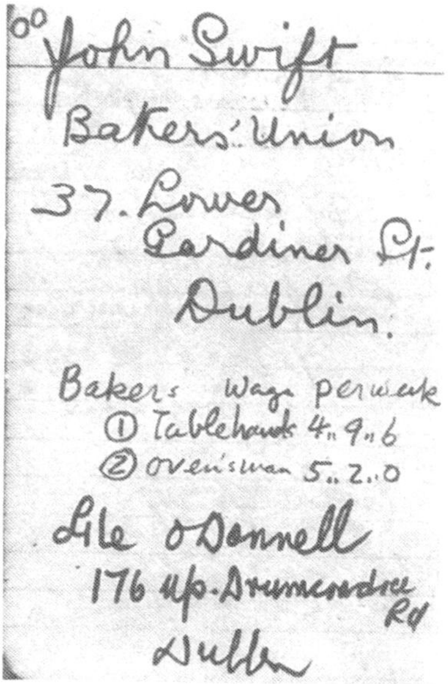

oo John Swift
Bakers' Union
37. Lower
Gardiner St.
Dublin.

Bakers Wage per week
① Tablehands 4..9..6
② Ovensman 5..2..0

Lile o'Donnell
176 Up. Drumcondra Rd
Dublin

17-010

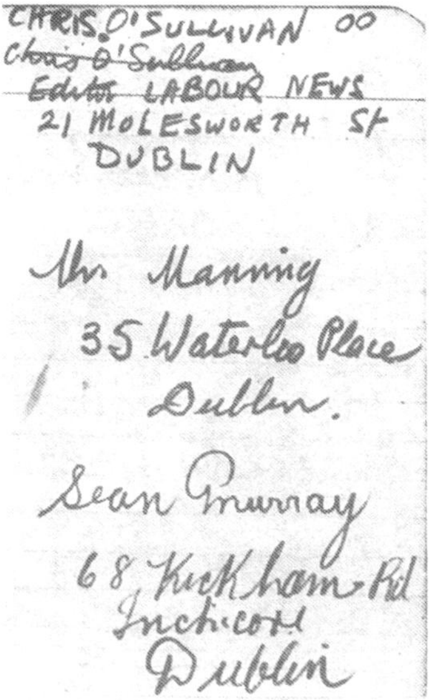

CHRIS. O'SULLIVAN oo
~~Chris O'Sullivan~~
~~Editor~~ LABOUR NEWS
21 MOLESWORTH St
DUBLIN

Mr. Manning
35 Waterloo Place
Dublin.

Sean Murray
68 Kickham Rd
Inchicore
Dublin

17-011

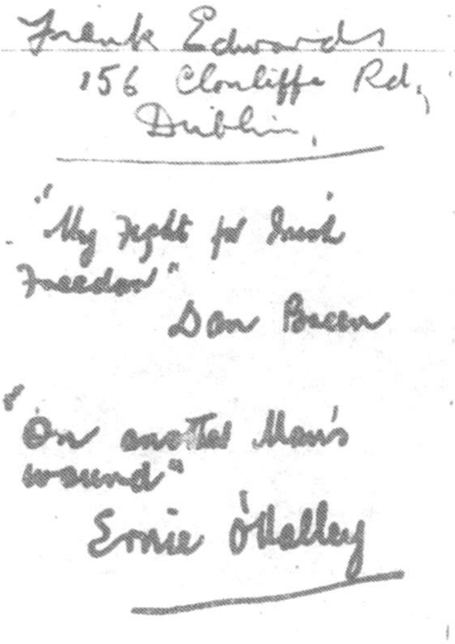

Frank Edwards
156 Clonliffe Rd,
Dublin.

"My Fight for Irish Freedom"
Dan Breen

"On another Man's wound"
Ernie O'Malley

17-012

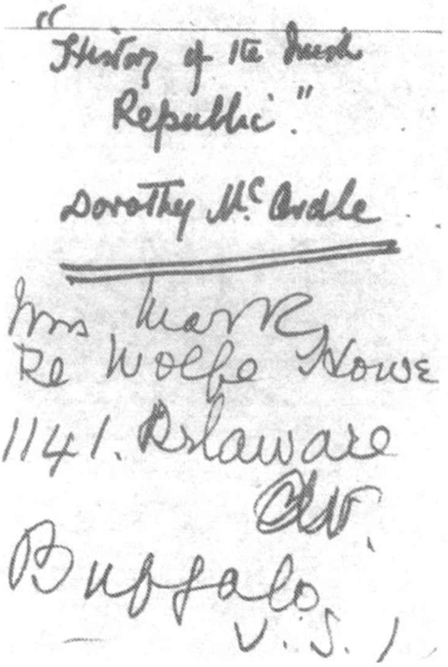

"History of the Irish Republic"

Dorothy McArdle

Mrs Mary Re Wolfe Howe
1141. Delaware Ave.
Buffalo
U.S.A.

17-013

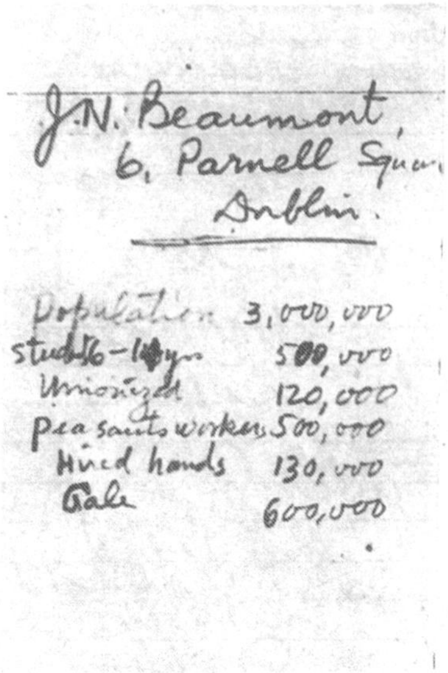

J.N. Beaumont,
6. Parnell Square,
Dublin.

Population	3,000,000
students 6-14 yrs	500,000
Unionized	120,000
Peasants workers	500,000
Hired hands	130,000
Gale	600,000

17-014

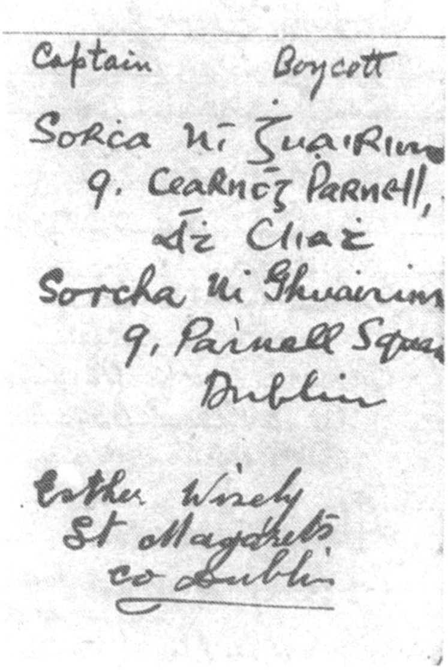

Captain Boycott

Sorca Ni Guairim
9. Cearnog Parnell,
Ath Cliath
Sorcha Ni Ghuairim
9. Parnell Square
Dublin

Esther Wisely
St Margarets
co Dublin

17-015

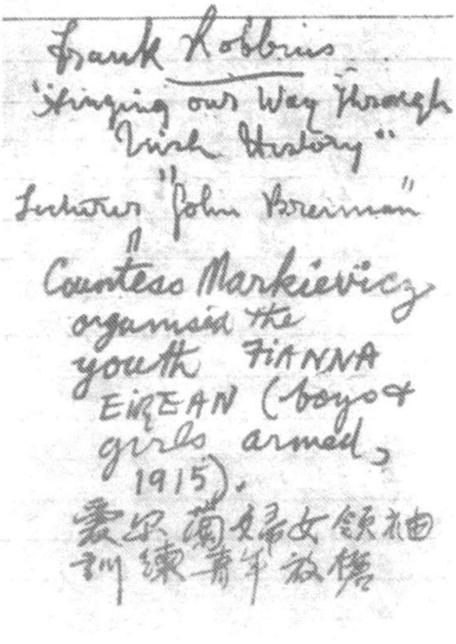

Frank Robbins
"Singing our Way through Irish History"
Lectures "John Brennan"

Countess Markievicz
organised the youth FIANNA EIREAN (boys & girls armed, 1915).
爱尔兰妇女领袖
训练青年[illegible]

17-016

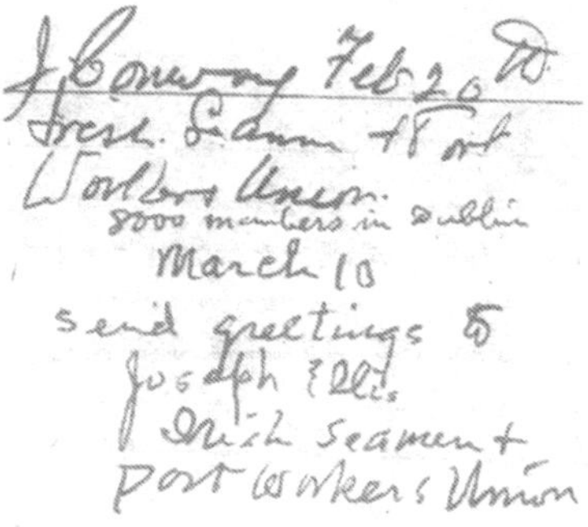
J. Conway Feb 20
Pres. Seamen & Port
Workers Union.
8000 members in Dublin
March 10
send greetings to
Joseph Ellis
Irish Seamen &
Port Workers Union

17-017

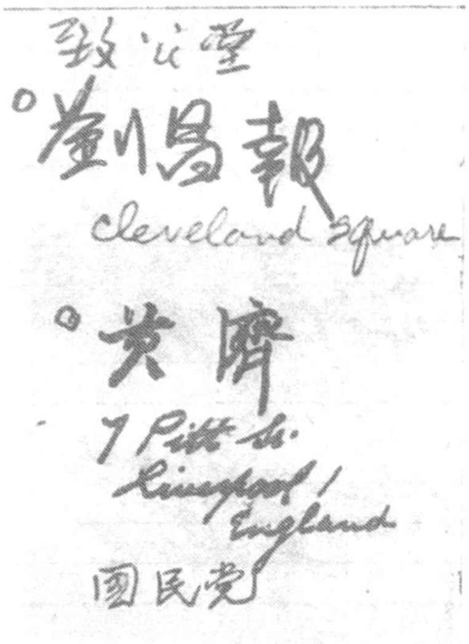
致公堂
劉鳴報
Cleveland Square
黄濟
7 Pitt St.
Liverpool,
England
国民党

17-018

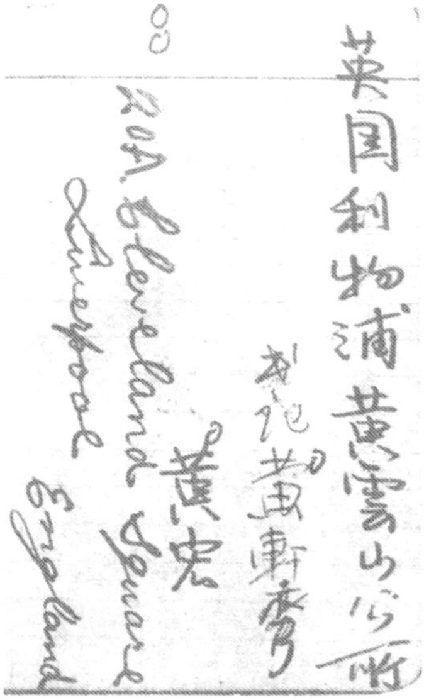
英国利物浦黄雲山公所
黄衍齊
黄宠
20A. Cleveland Square
Liverpool
England

17-019

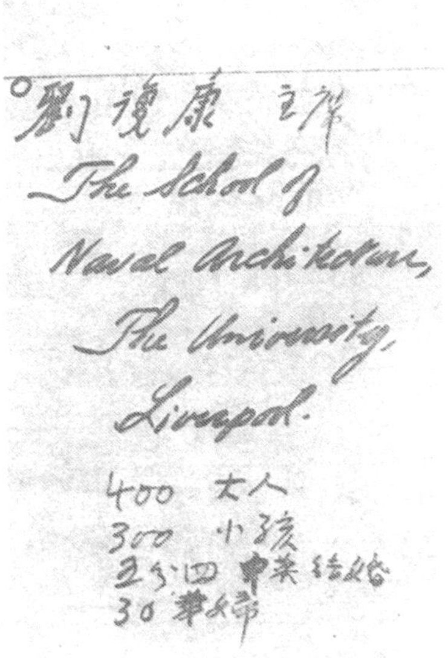
劉禛康 主席
The School of
Naval Architecture,
The University,
Liverpool.
400 大人
300 小孩
五分四 中英结婚
30 華婦

17-020

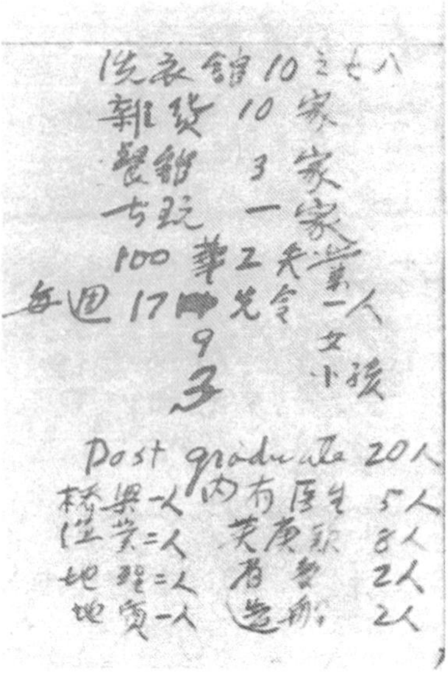
洗衣館 10 之七八
雜貨 10 家
餐館 3 家
古玩 一家
100 華工失業
每週 17 先令 一人
9 女
3 小孩
Post graduate 20人
橋梁一人 內有醫生 5人
冶金二人 英庚款 8人
地理二人 省費 2人
地質一人 2人

17-021

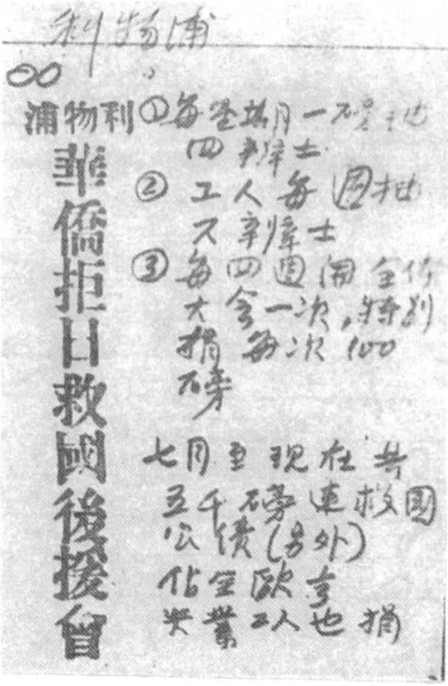
利物浦
浦物利 ①每星期一
② 工人每週捐
③ 每四週開全僑大會一次，特別捐每次 100 磅
華僑拒日救國後援會
七月至現在共 五千磅 連救國公債（另外）
失業工人也捐

17-022

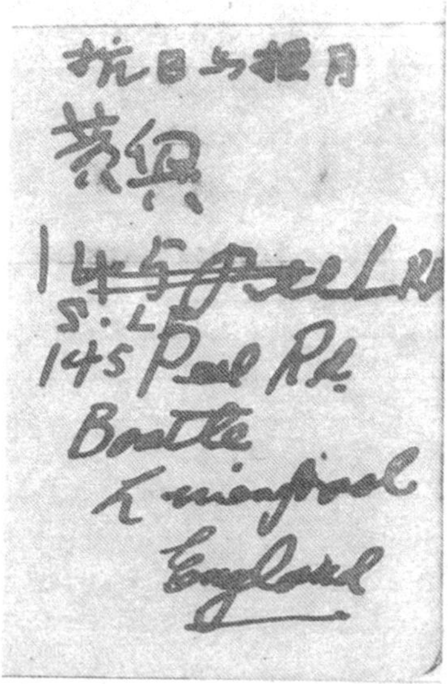
黃興
S. L.
145 Peel Rd.
Bootle
Liverpool
England

17-023

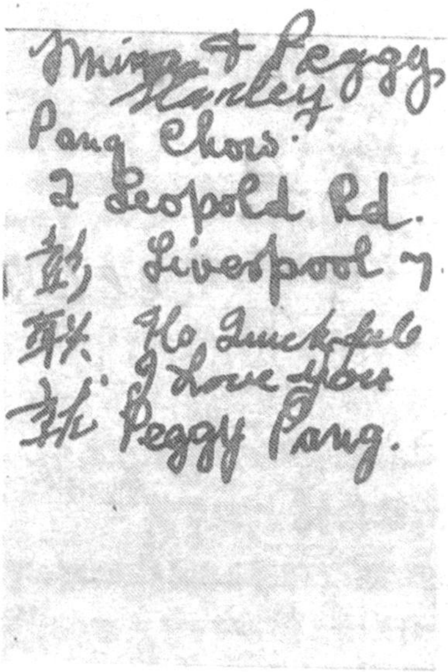
Mina & Peggy
Stanley
Pang Chow
2 Leopold Rd.
彭 Liverpool 7
聯
I love you
新 Peggy Pang.

17-024

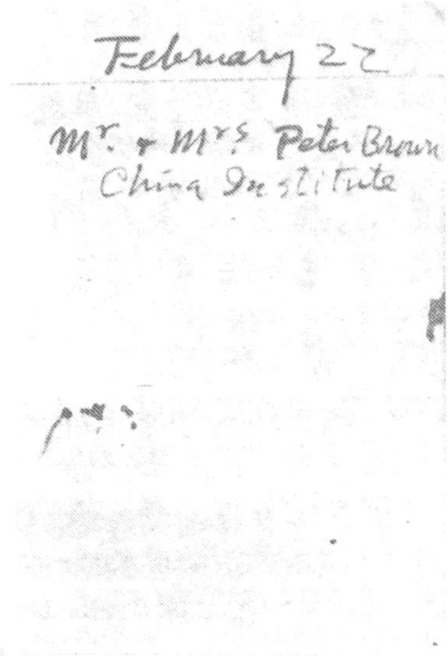

17-025

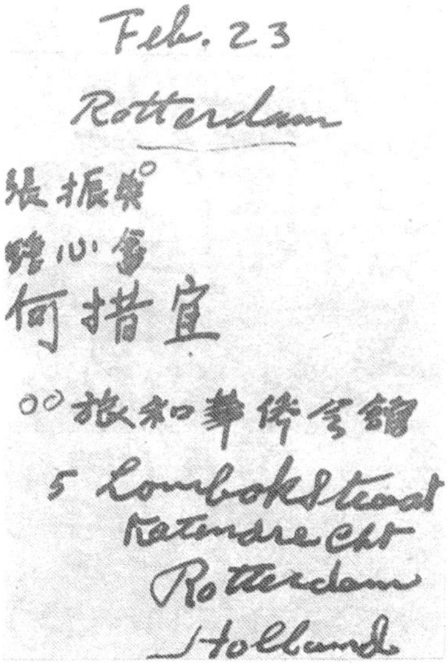

17-026

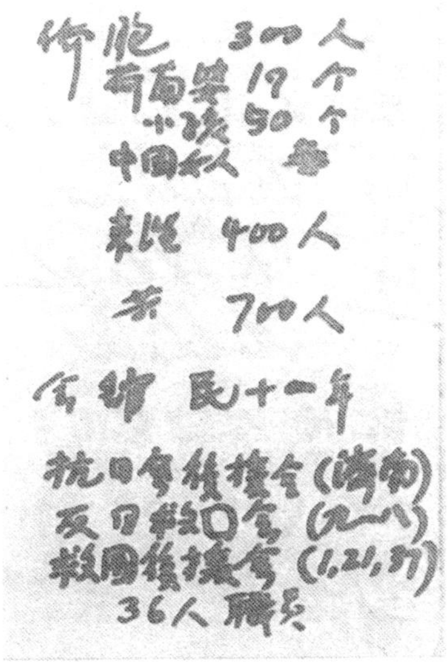

17-027

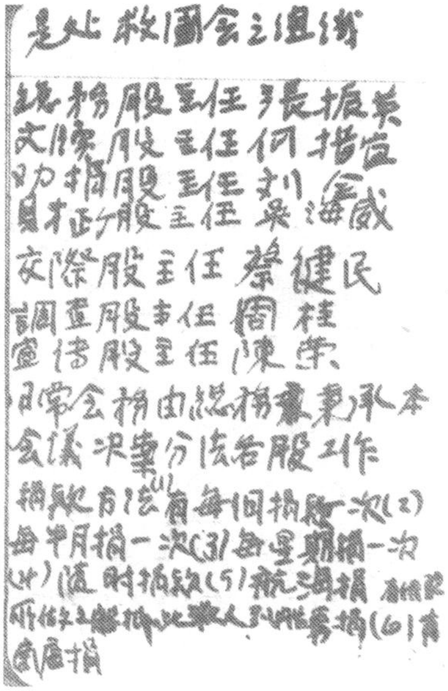

17-028

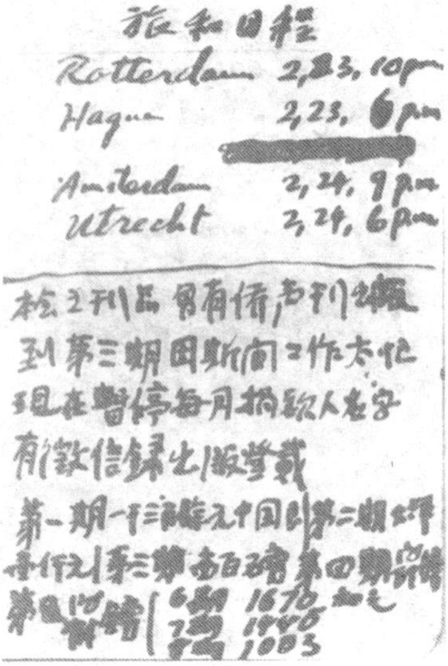

17-029

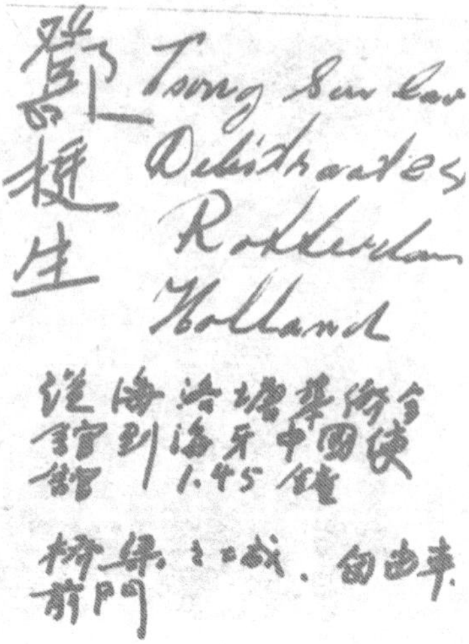

17-030

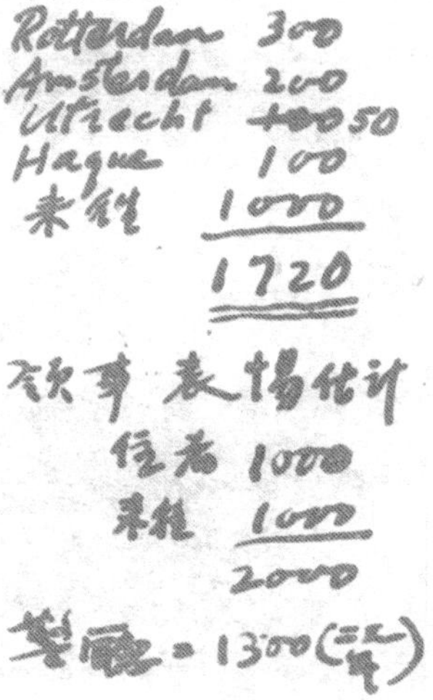

17-031

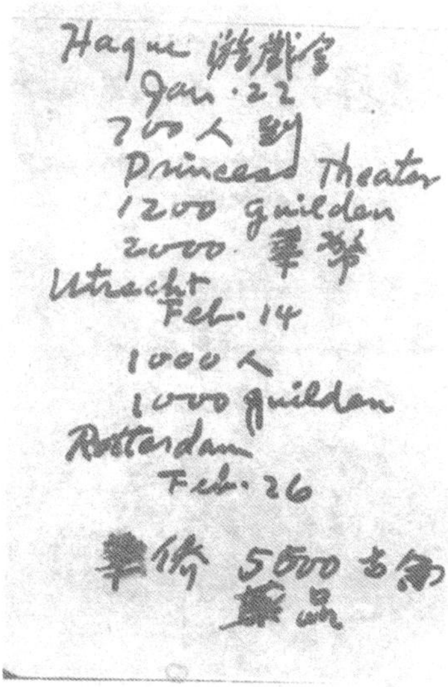

17-032

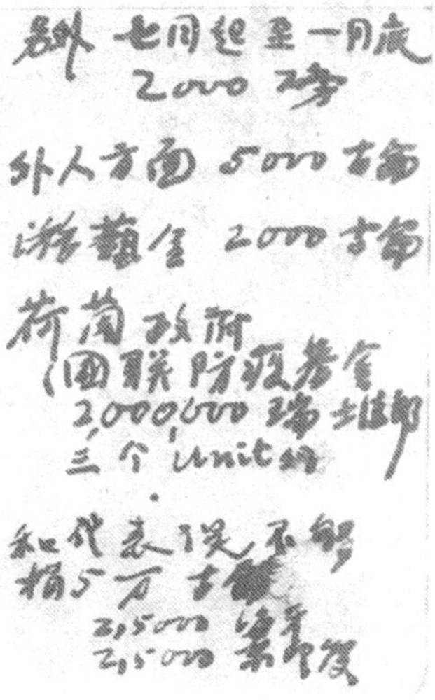

17-033

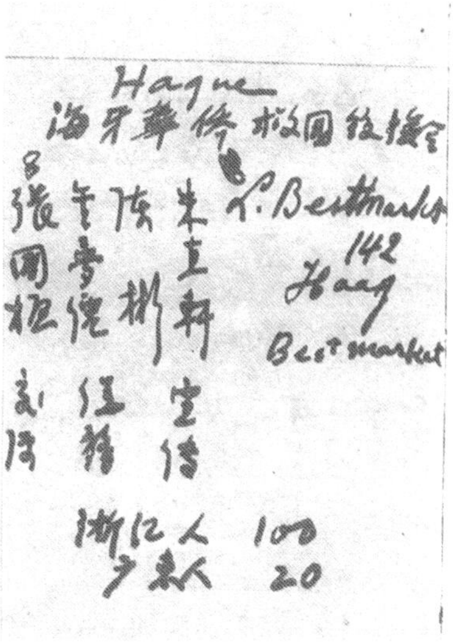

17-034

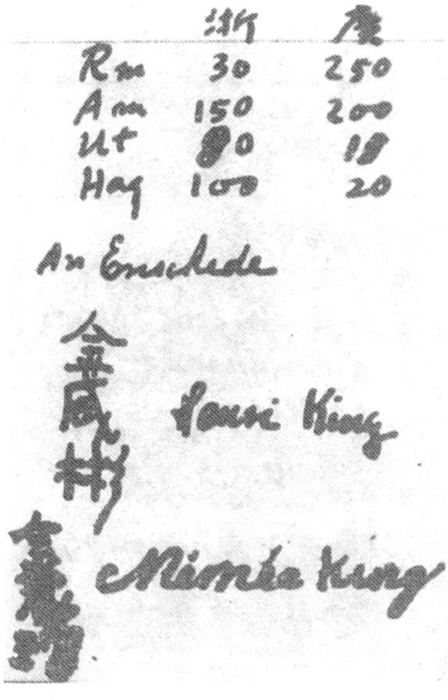

	浙	广
Rm	30	250
Am	150	200
Ut	80	18
Hag	100	20

17-035

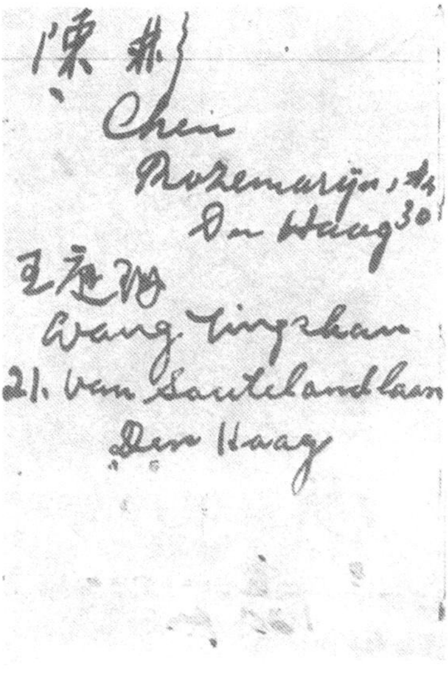

17-036

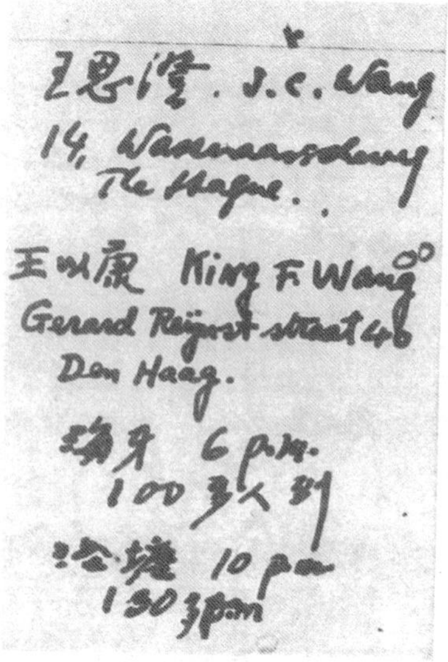
王恩澄. J.C. Wang
14, Wassenaarseweg
The Hague.
王以康 King F. Wang
Gerard Reijnststraat 46
Den Haag.
瑞牙 6 p.m.
100 多人 到
冷墟 10 pm
130 3pm

17-037

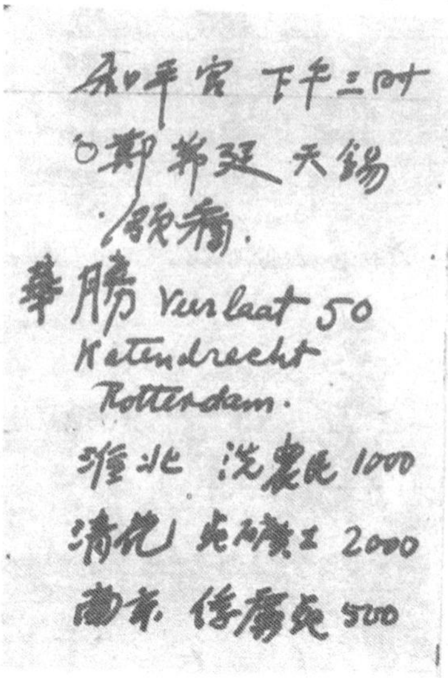
和平宫 下午三时
郑菊廷 天锡
颂禹.
华胜 Veerlaat 50
Katendrecht
Rotterdam.
淮北 洗农民 1000
清化 先矿工 2000
南京 伤病兵 500

17-038

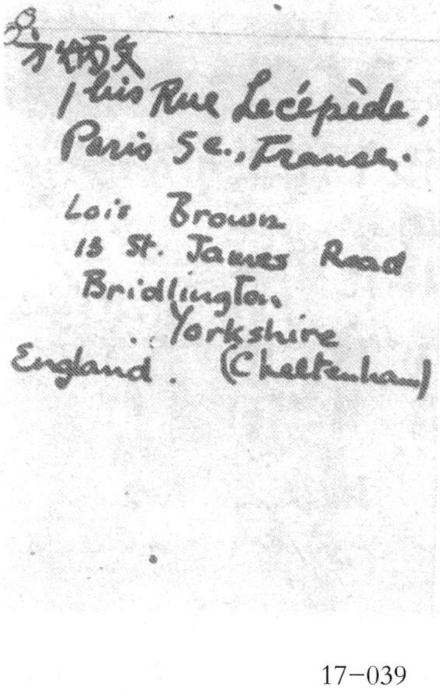
方炳文
1 bis Rue Lacépède,
Paris 5e., France.
Lois Brown
13 St. James Road
Bridlington
Yorkshire
England. (Cheltenham)

17-039

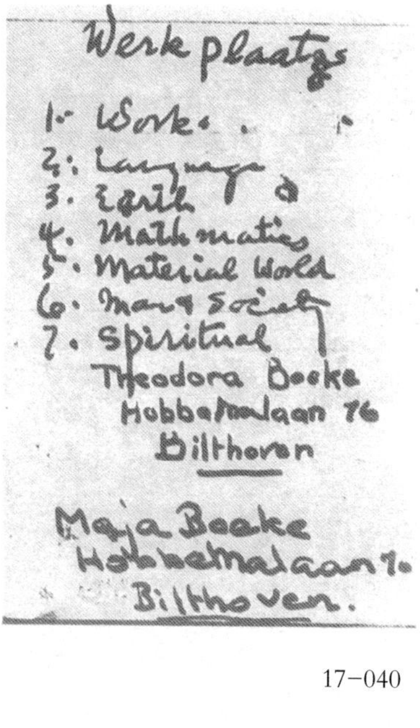
Werkplaats
1. Work.
2. Language
3. Earth
4. Mathematics
5. Material World
6. Man & Society
7. Spiritual
Theodora Boeke
Hobbemalaan 76
Bilthoven
Maja Boeke
Hobbemalaan 76
Bilthoven.

17-040

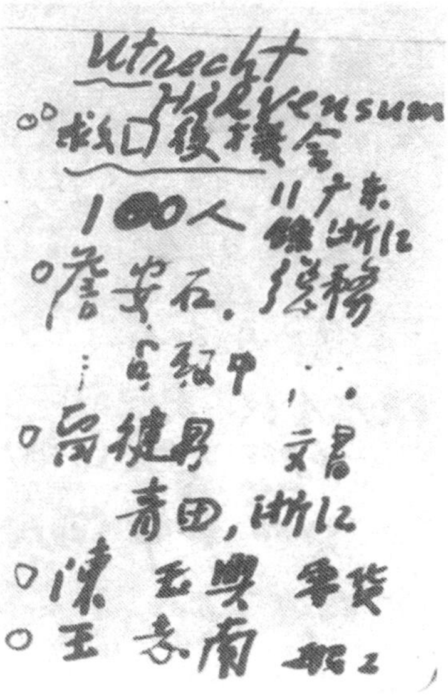
Utrecht
Hilversum
○救亡後援会
100人 广东 浙江
○詹安石，总務
○呂積昌 文昌
青田，浙江
○陳玉興 會長
○王素甫

17-041

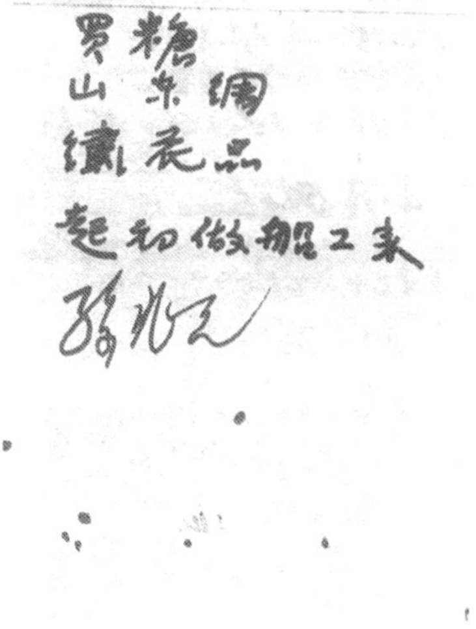
买糖
山东绸
绣花品
赵和做船工来

17-042

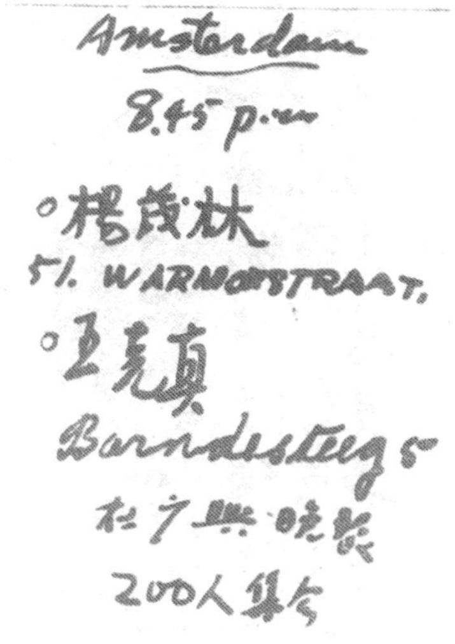
Amsterdam
8.45 p.m.
○杨茂林
51. WARMOESTRAAT.
○王克真
Barndesteeg 5
杜广兴 晚饭
200人集会

17-043

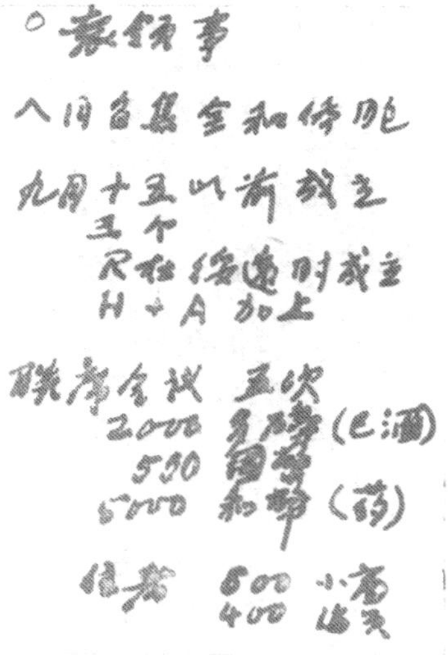
○最後事
八月當集全和侨胞
九月十五以前或至三个
只有侨遇时或至
H + A 加上
联席会议 五次
2000
500
5000
侨商 800 小商
400 小贩

17-044

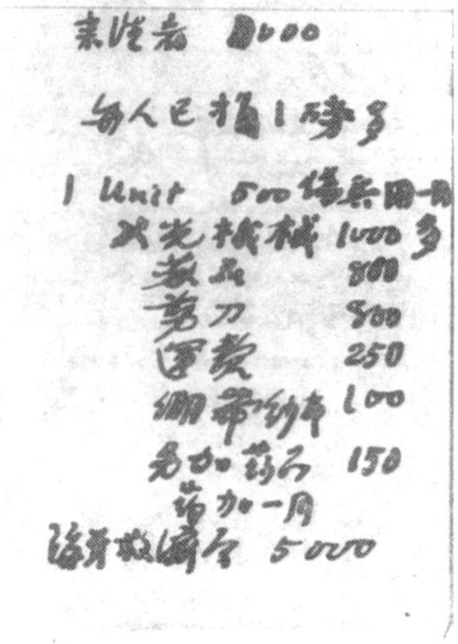

17-045

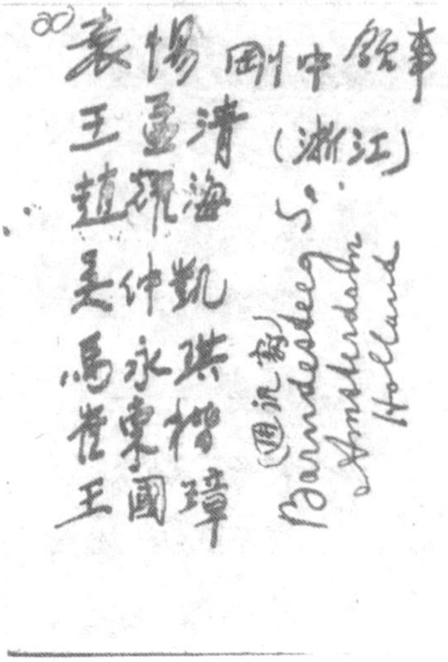

17-046

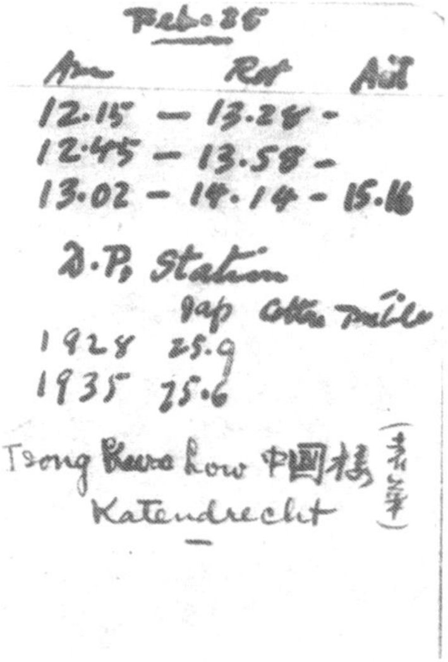

17-047

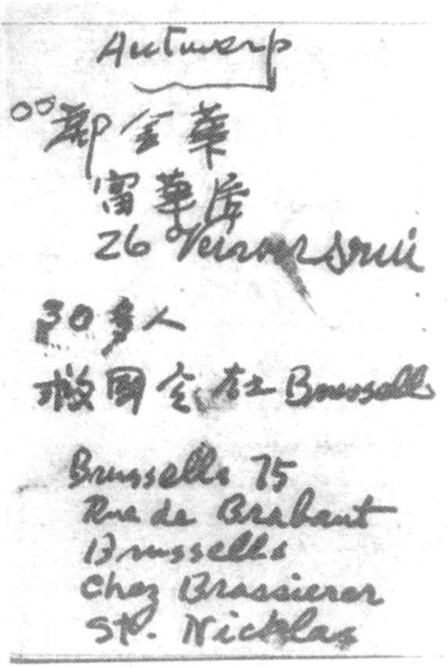

17-048

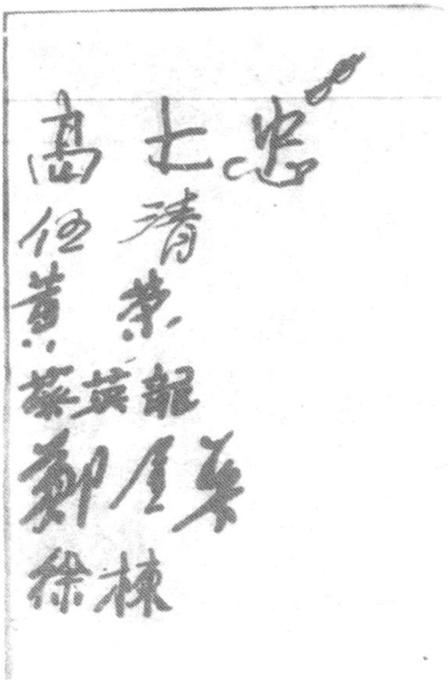
高士忠
伯清
黄荣
蔡英龙
[illegible]
徐栋

17-049

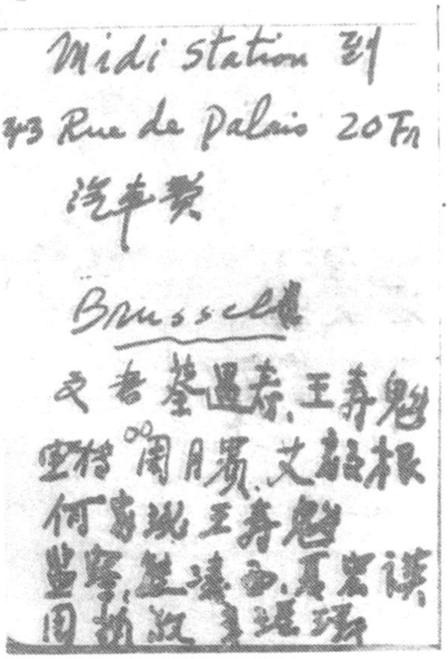
Midi Station 到
43 Rue de Palais 20 Fr
汽车费

Brussells

文书 蔡[illegible]、王寿魁
宣传 [illegible]、文[illegible]根
何[illegible] 王寿魁
监察 [illegible]
[illegible]

17-050

You can not against Japan & speak for China.

17-051

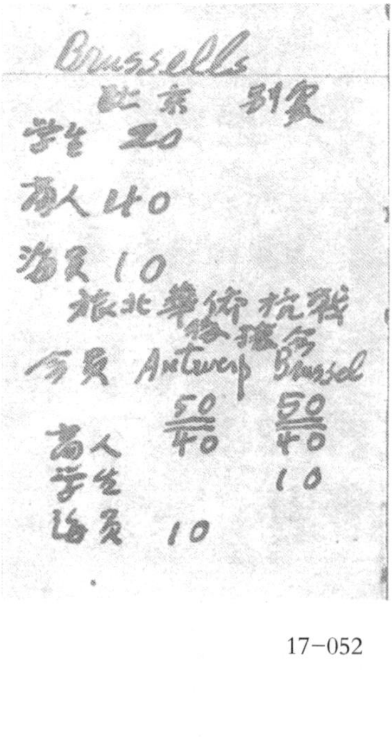
Brussells
比京 别处
学生 20
商人 40
海员 10
旅比华侨抗战后援会
会员 Antwerp Brussel
50 80
商人 80
学生 10
海员 10

17-052

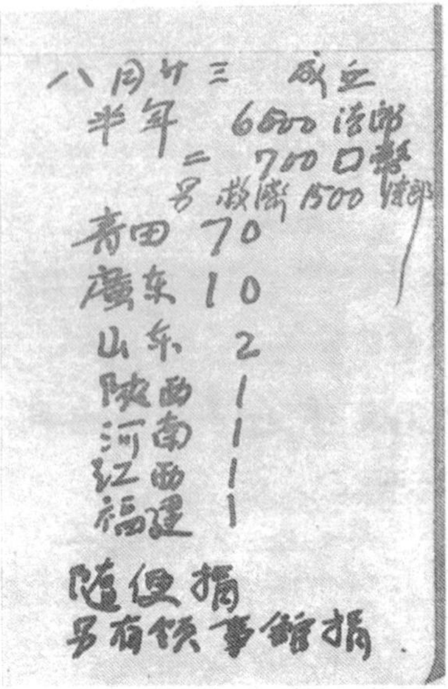

八月廿三 成立
半年 6000法郎
二 7000 [illegible]
另 [illegible] 1500法郎
青田 70
广东 10
山东 2
陕西 1
河南 1
江西 1
福建 1
随便捐
另有领事馆捐

17-053

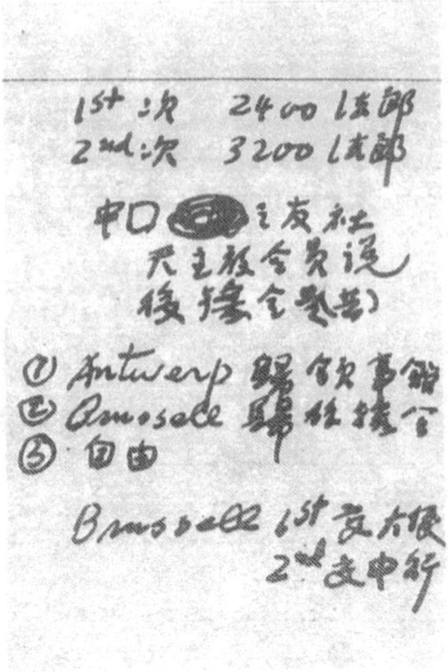

1st 次 2400 法郎
2nd 次 3200 法郎
中国[illegible]之友社
天主教会负责
后援会[illegible]
① Antwerp 归领事馆
② Brussele 归后援会
③ 自由
Brussell 1st 交大使
2nd 交中行

17-054

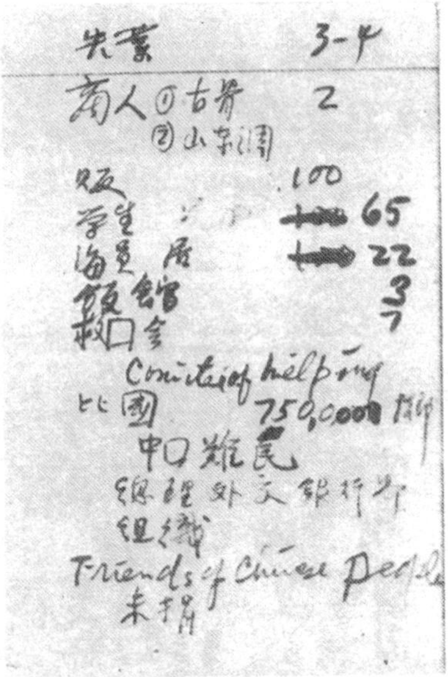

失业 3-4
商人 ①古董 2
②山东绸
贩 100
学生 ~~100~~ 65
海员 ~~100~~ 22
领馆 3
救国会 7
Comitee of helping
比国 750,000 [illegible]
中国难民
组织外交部指导
组织
Friends of Chinese People
来捐

17-055

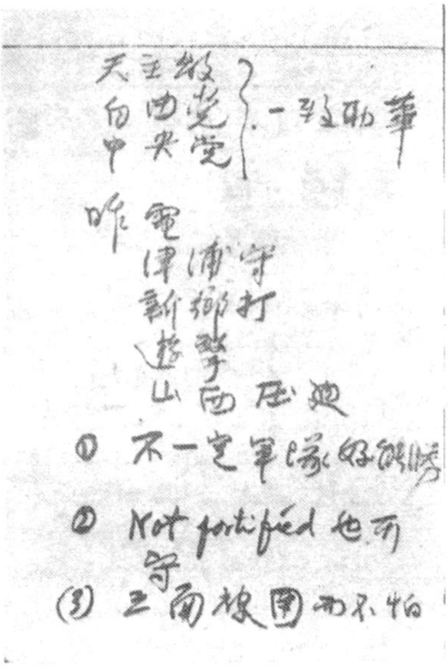

天主教
自由党 } 一致助华
中央党
昨电
津浦守
新乡打
游击
山西压迫
① 不一定军队好能胜
② Not fortified 也可守
③ 三面被围而不怕

17-056

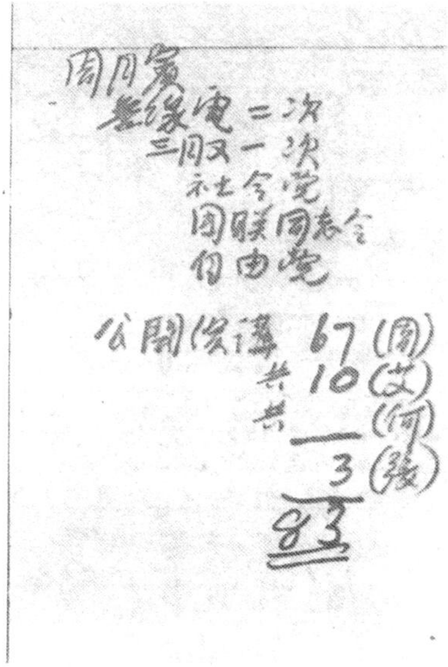
周冈家
无线电二次
三朋一次
社会党
国联同志会
自由党

公開演講 67 (周)
共 10 (文)
共 — (何)
3 (張)
83

17-057

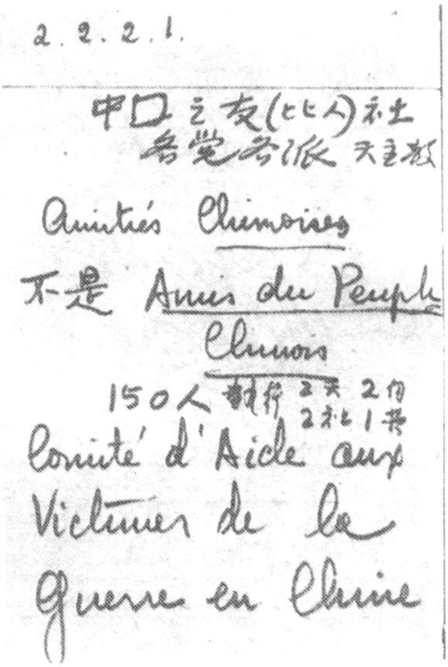
2.2.2.1.

中国之友(比人)社
各党各派 天主教

Amitiés Chinoises

不是 Amis du Peuple Chinois

150人 创作 2天 2份
2社 1共

Comité d'Aide aux Victimes de la Guerre en Chine

17-058

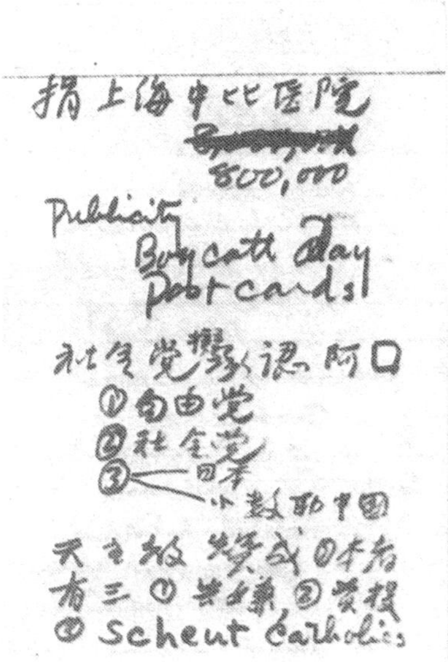
捐上海中比医院
500,000

Publicity
Boycott day
postcards

社会党擬访问中国
① 自由党
② 社会党
③ 日本
小数助中国

天主教 赞成日本者
有三 ① 苦修 ② 资校
③ Scheut Catholics

17-059

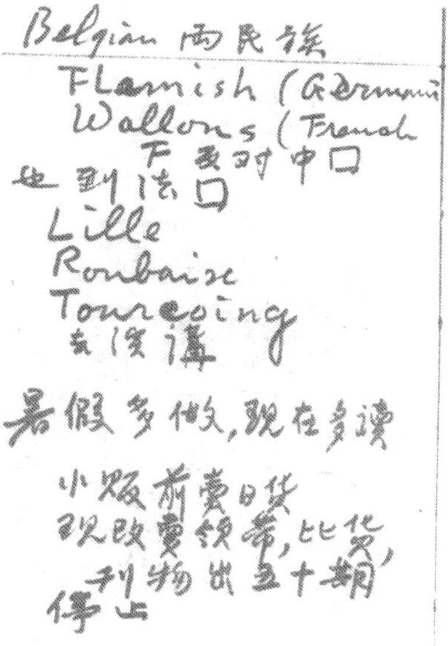
Belgian 两民族
Flamish (German
Wallons (French
F 反对中国
也到法国
Lille
Roubaix
Tourcoing
去演讲

暑假多做，现在多读

小贩前卖日货
现改卖领带，比货，
刊物出五十期
停止

17-060

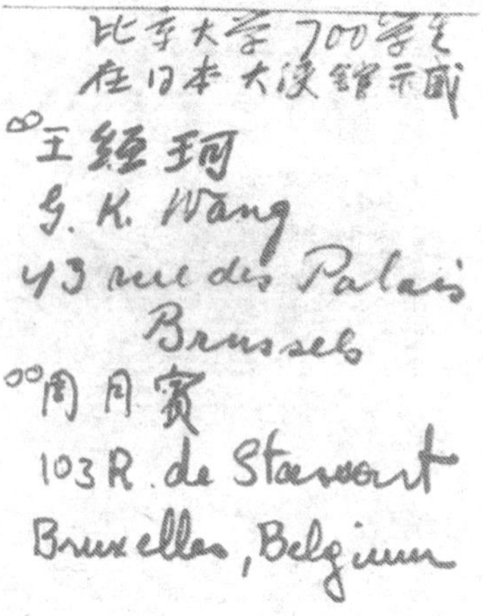
比京大学700学生
在日本大使馆示威
∞王经珂
G. K. Wang
43 rue des Palais
Brussels
∞周月宾
103 R. de Stassart
Bruxelles, Belgium

17-061

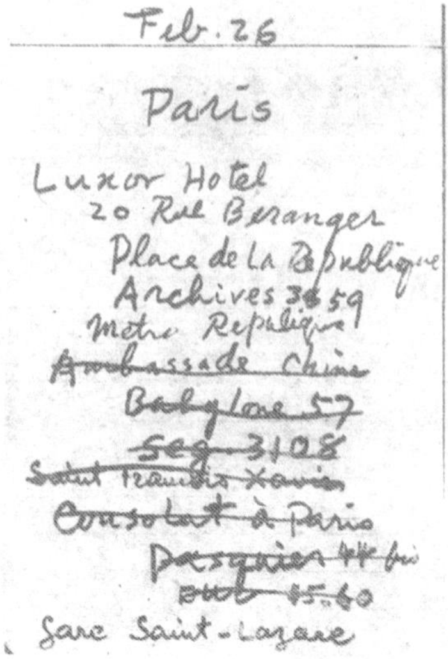
Feb. 26
Paris
Luxor Hotel
20 Rue Beranger
Place de la République
Archives 36 59
Metro République
~~Ambassade Chine~~
~~Babylone 57~~
~~Seg 3108~~
~~Saint François Xavier~~
~~Consulat à Paris~~
~~Pasquier 44 bis~~
~~Anj 15.60~~
Gare Saint-Lazare

17-062

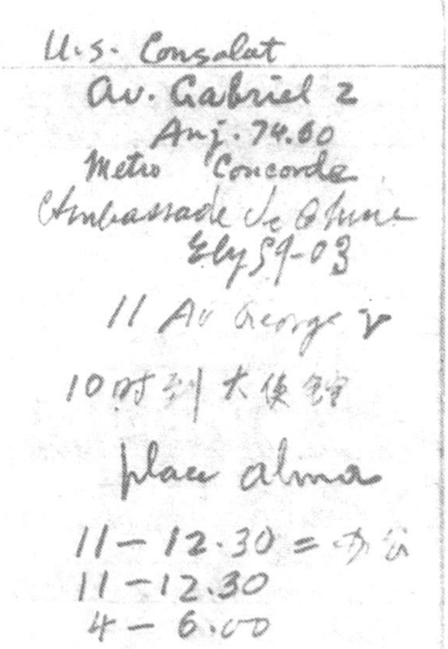
U.S. Consulat
Av. Gabriel 2
Anj. 74.60
Metro Concorde
Ambassade de Chine
Ely 59-03
11 Av George V
10时到大使馆
place alma
11—12.30 = 办公
11—12.30
4—6.00

17-063

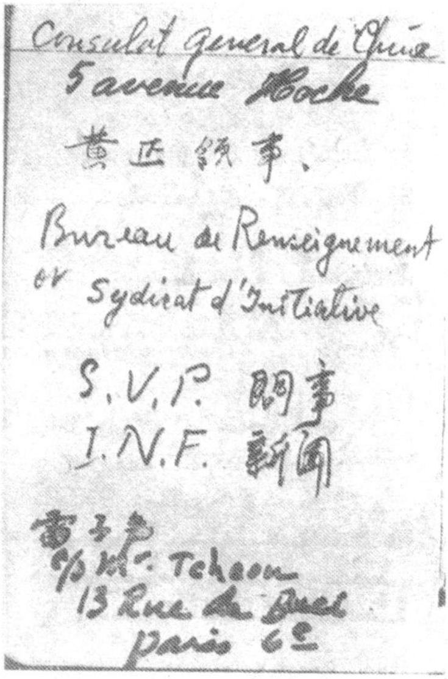
Consulat General de Chine
5 avenue Hoche
黄正领事、
Bureau de Renseignement
or Sydicat d'Initiative
S.V.P. 问事
I.N.F. 新闻
雷子[illegible]
c/o Mr. Tcheou
13 Rue du Bac
Paris 6e

17-064

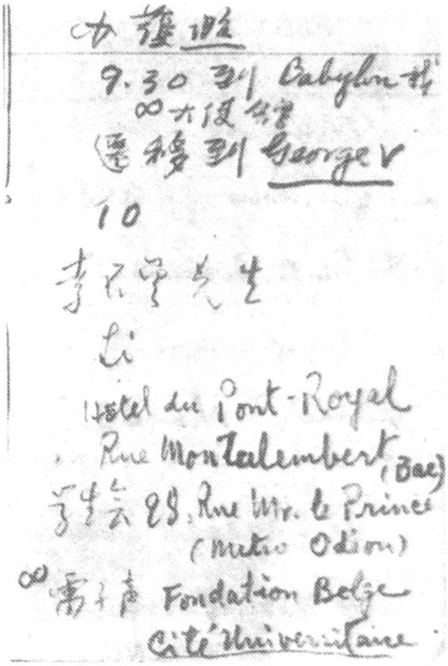
9.30 到 Babylon
George V
10
李石曾先生
Li
Hotel du Pont-Royal
Rue Montalembert (Bac)
学生会 28, Rue Mr. le Prince
(Metro Odéon)
Fondation Belge
Cité Universitaire

17-065

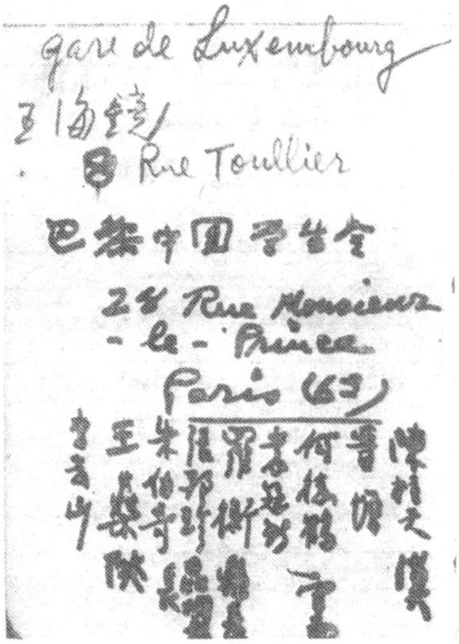
gare de Luxembourg
8 Rue Toullier
巴黎中国学生会
28 Rue Monsieur-le-Prince
Paris (6e)

17-066

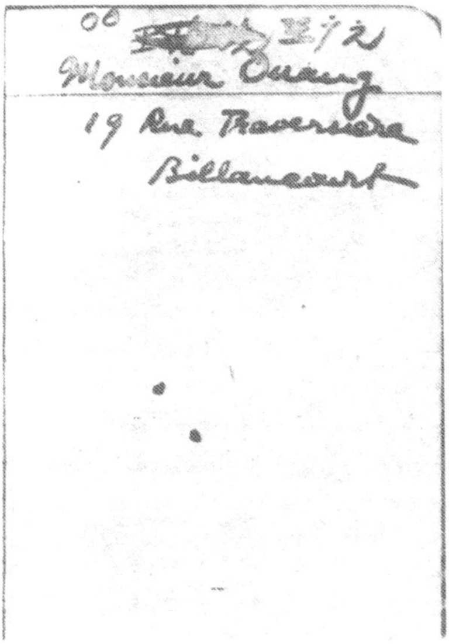
Monsieur Ouang
19 Rue Traversière
Billancourt

17-067

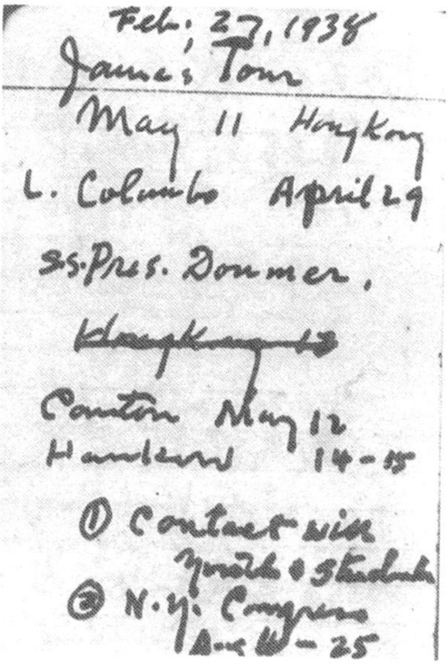
Feb. 27, 1938
May 11 Hongkong
L. Colombo April 29
S.S. Pres. Doumer.
Canton May 12
Hankow 14-15
① Contact with Youths & Students
② N.Y. Congress Aug 16-25

17-068

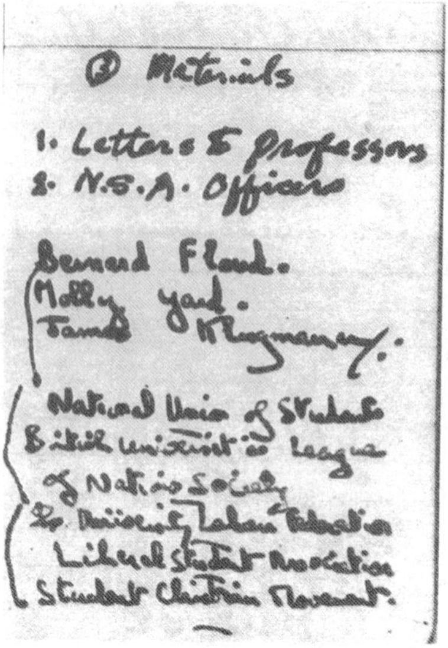

③ Materials

1. Letters to professors
2. N.S.A. Officers

Bernard Floud.
Molly yard.
James Klugmann.

National Union of Students
British Universities League of Nations Society
Univ. Labour Federation
Liberal Student Association
Student Christian Movement.

17－069

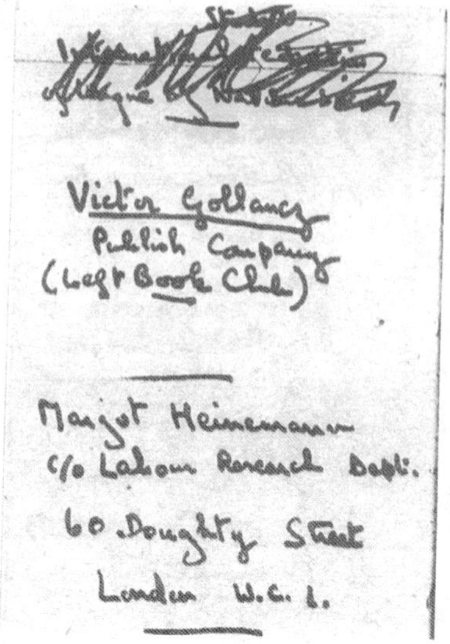

[illegible]

Victor Gollancz
Publish Company
(Left Book Club)

Margot Heinemann
c/o Labour Research Dept.
60 Doughty Street
London W.C. 1.

17－070

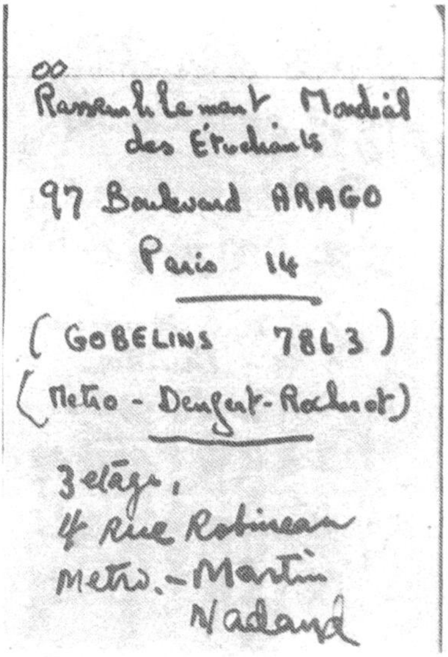

∞
Rassemblement Mondial
des Étudiants
97 Boulevard ARAGO
Paris 14
(GOBELINS 7863)
(Metro - Denfert-Rochereau)

3 étage,
4 Rue Robineau
Metro. - Martin
Nadaud

17－071

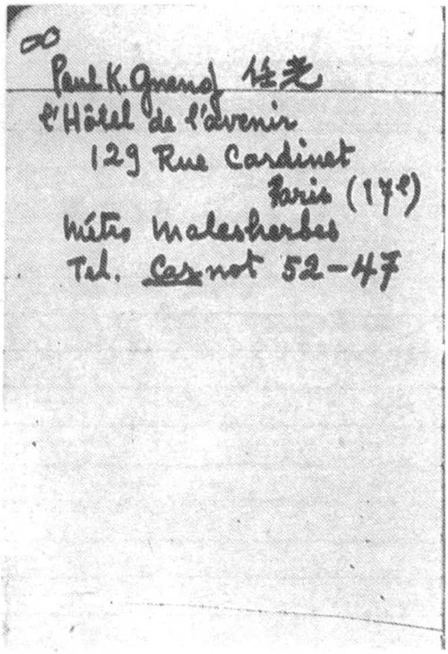

∞
Paul K. Guenel 任光
l'Hôtel de l'avenir
129 Rue Cardinet
Paris (17e)
Métro Malesherbes
Tel. Carnot 52-47

17－072

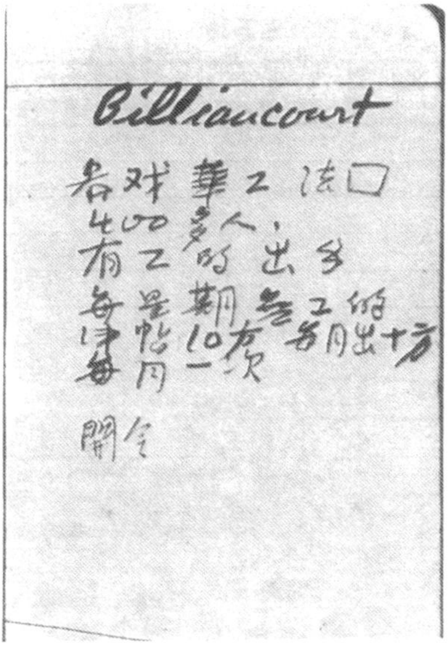

Billiancourt
告对華工 法國
400多人，
有工的 出多
每星期 [illegible]工作
津帖10方 每月出十方
每月一次
開会

17-073

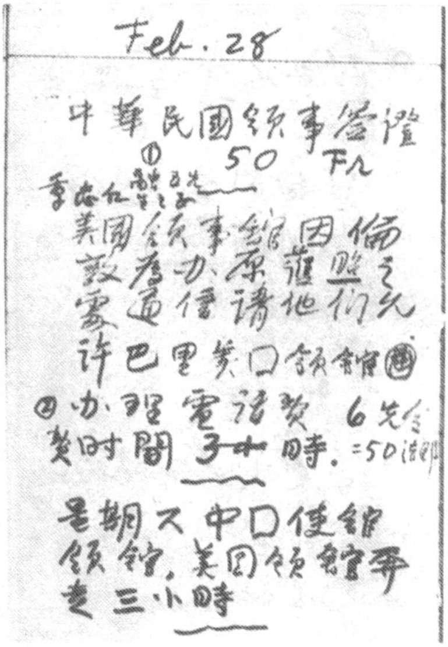

Feb. 28
中華民國领事簽證
① 50 F[illegible]
[illegible]
美國领事館因倫
敦為办原護照之
要通信请他们允
許巴黎美國領事館
② 办理電话费 6先令
費时間 3小時 =50法郎
星期六中國使館
领館，美國領館等
走三小時

17-074

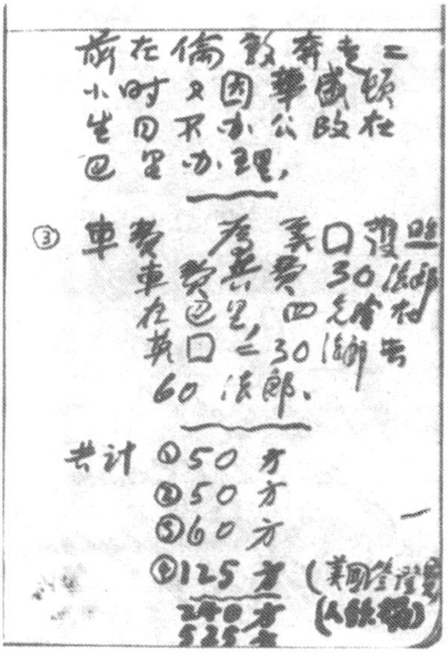

前在倫敦奔走二
小时又因華盛頓
告口不办公致在
巴黎办理。
③ 車费 為美國護照
車费共费30法郎
在巴黎，四處奔走
共日 =30法郎共
60法郎。
共计 ①50方
②50方
③60方
④125方 （美國簽證費）
[illegible]方 （[illegible]）
525方

17-075

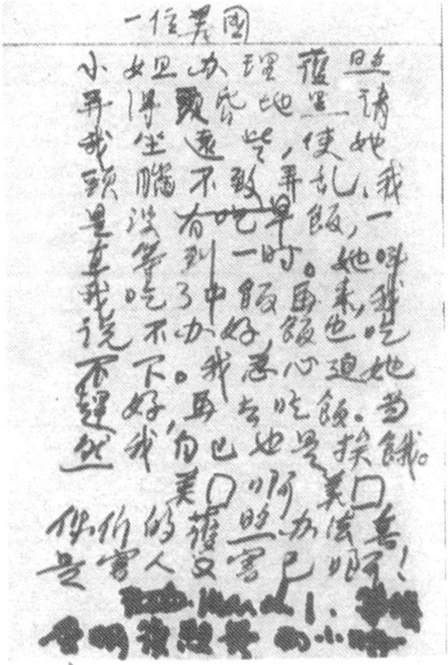

一位美國
小姐办理護照
再得發給她[illegible] 请
我坐遠些，使她
頭腦不致弄乱，我
是没有吃早飯，一
直等到一时。她叫
我吃了中飯再来。我
说不办好饭也吃
不下。我恳心追她
趕好再去吃飯。当
然我自己也是挨餓。
美國啊美國
你们的護照办法真
是害人又害己啊！
[illegible]

17-076

Queen Mary
Sails 2nd 12.29 pm
St. Lazare Station
May 17
Winter rate $205 R
Summer $ 211

17-077

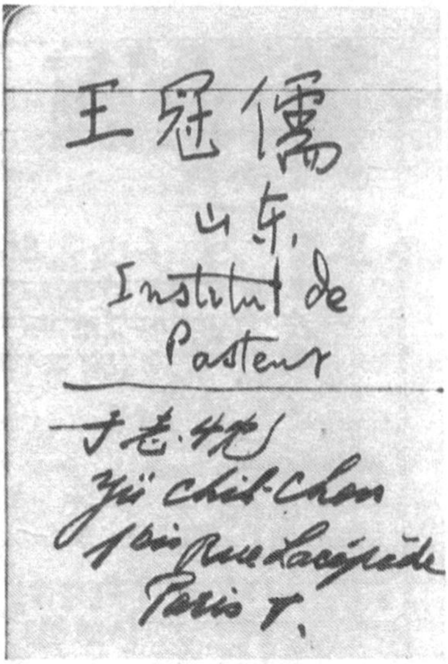
王冠儒
山东
Institut de
Pasteur
于志忱
Yü Chih-Chen
1 bis Rue Lacépède
Paris V.

17-078

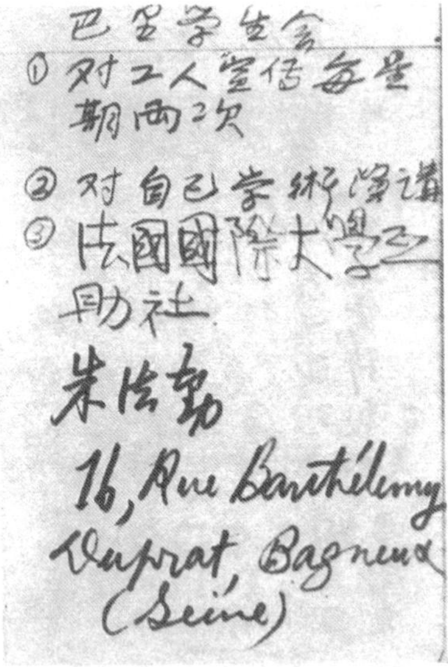
巴黎学生会
① 对工人宣传每星期两次
② 对自己学术讨论
③ 法国国际大学互助社
朱洪勋
16, Rue Barthélemy
Duprat, Bagneux
(Seine)

17-079

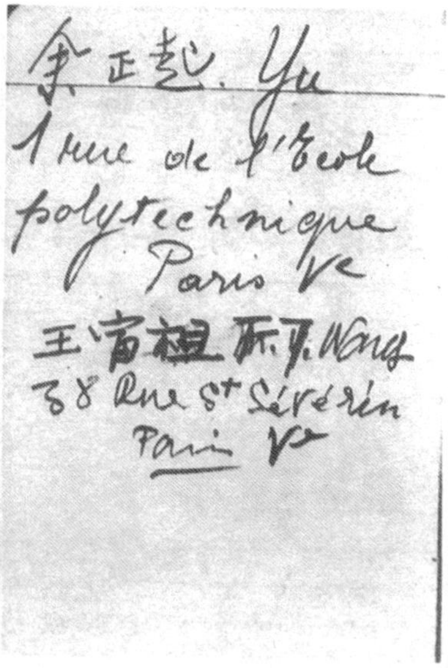
余正起. Yu
1 rue de l'École
polytechnique
Paris Ve
王宙相 [illegible] Wang
38 Rue St Séverin
Paris Ve

17-080

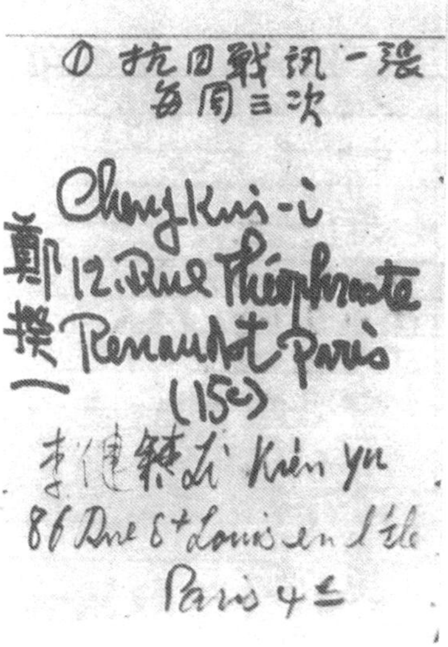
① 抗日戰訊一張
每周三次
Cheng Kui-i
鄭揆一 12 Rue Théophraste
Renaudot Paris
(15e)
李健鍾 Kien yu
86 Rue St Louis en l'île
Paris 4e

17—081

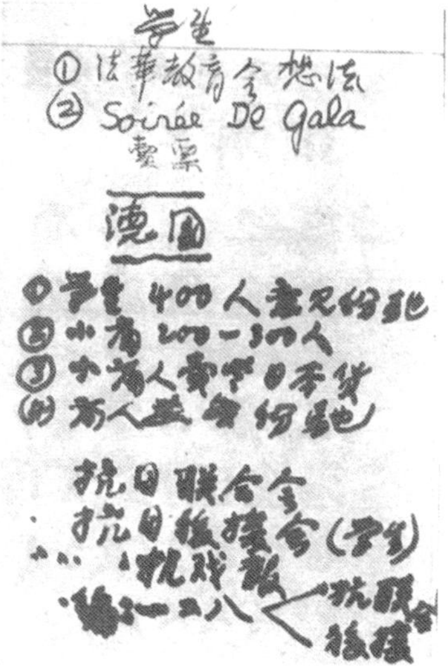
学生
① 法華教育会 想法
② Soirée De gala
售票
德国
① 学生 400人
② 小商 200—300人
③ 大商人
④ 商人
抗日联合会
抗日后援会（学生）
抗戰報

17—082

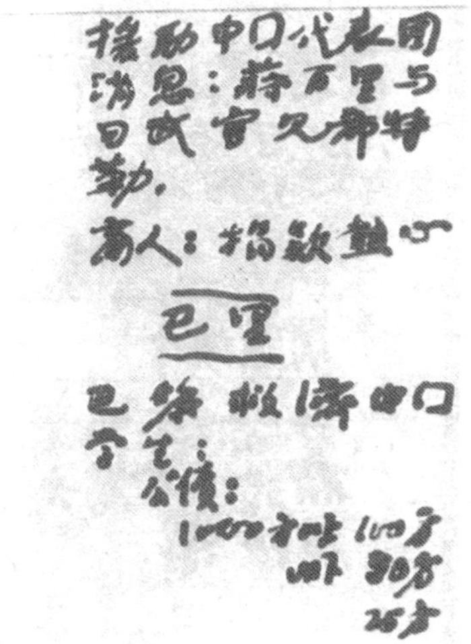
援助中国代表团
消息：蒋百里与日武官见希特勒。
商人：捐款热心
巴黎
巴黎救济中国会
公債：
1000法郎 100万

17—083

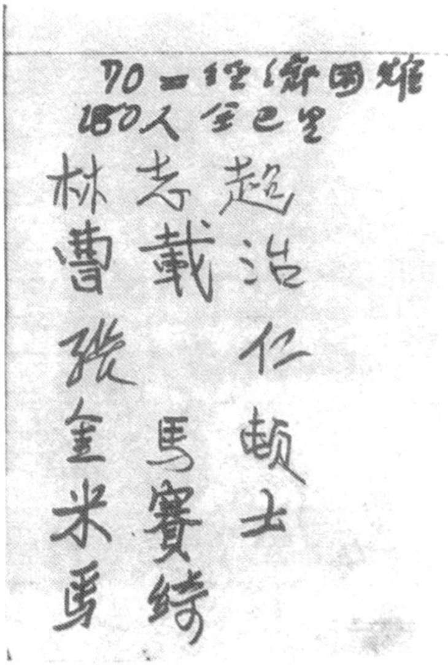
70
150人 全巴黎
林志超
曹戴治
張 仁
金 馬 頓
米 賽 士

17—084

朱芸
陈费多
亨利

17-085

抗联

法意英（密荷比

15团体会员
3500人

个人会员不承认

协除读会

与学生会青年会
联络．工商都
有组织．

17-086

青田报制伪货
组织起．

侨商组织也有
救国抗战委员
会80多人（天主
教，商人，学生）
注意口除宣传

巴黎中国人民之友
社（名人）

17-087

抗联有代表与
他们接洽，

工会，妇女会，文
化团体请演讲

马赛工人

250,000张抵制

工人月捐．日人来
飞机，工人在厂
罢工．

17-088

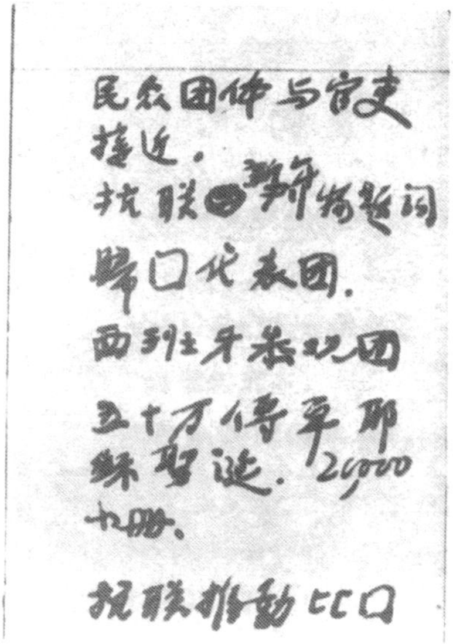
民众团体与官吏
接近。
抗联●青年[?]将着访问
归口代表团。
西班牙参观团
五十万传单 那
苏联赠送。20000
九册。
抗联推动七七口

17-089

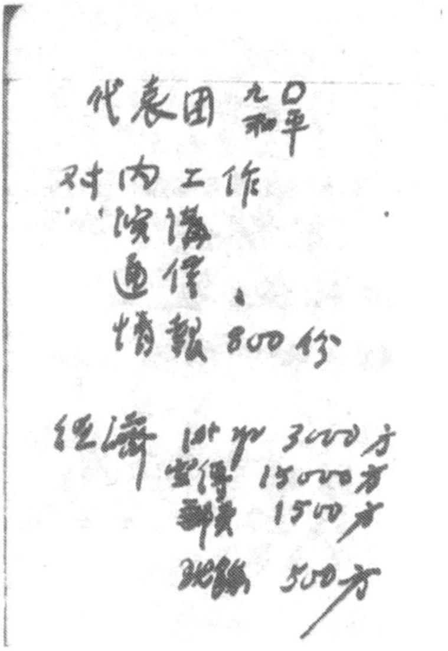
代表团 九国
和平
对内工作
演讲
通信
情报 800份
经济 1st ?? 3000方
宣传 15000方
邮费 1500方
[illegible] 500方

17-090

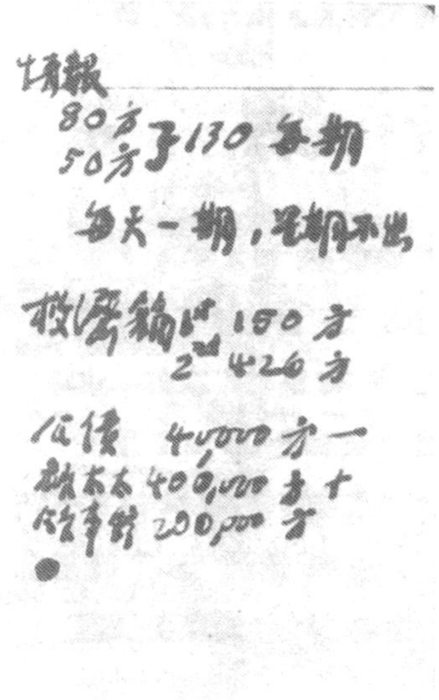
情报
80方
50方 了130 每期
每天一期，星期不出
救济编 1st 150方
2nd 426方
公债 40000方 一
航空 400,000方 十
军事费 200,000方

17-091

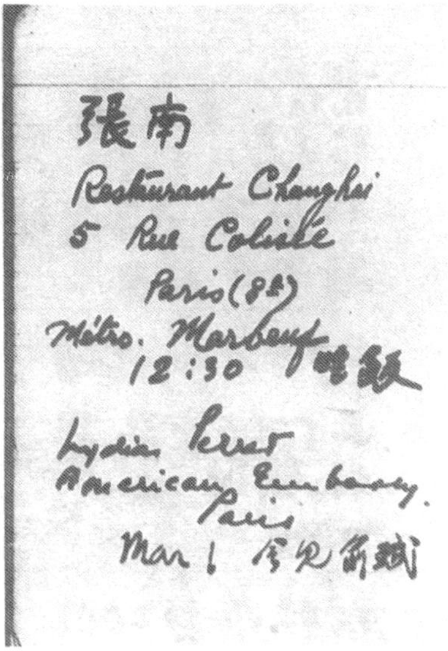
張南
Restaurant Changhai
5 Rue Colisée
Paris (8e)
Métro. Marbeuf
12:30 晚饭
Lydia Perret
American Embassy.
Paris
Mar 1 会见前城

17-092

March 1, 1938
U.S.A. Consulate
王海镜
巴黎书报社
21 Rue Vallete
Paris Ve
Hotel Claridge
Champs Elysées

17-093

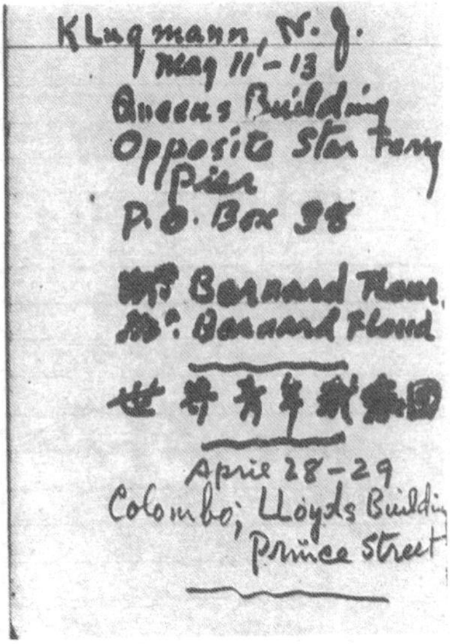
Klugmann, N.J.
May 11-13
Queens Building
Opposite Star Ferry
Pier
P.O. Box 98
Mr. Bernard Floud
Mr. Bernard Floud
世界青年代表团
April 28-29
Colombo; Lloyds Building
Prince Street

17-094

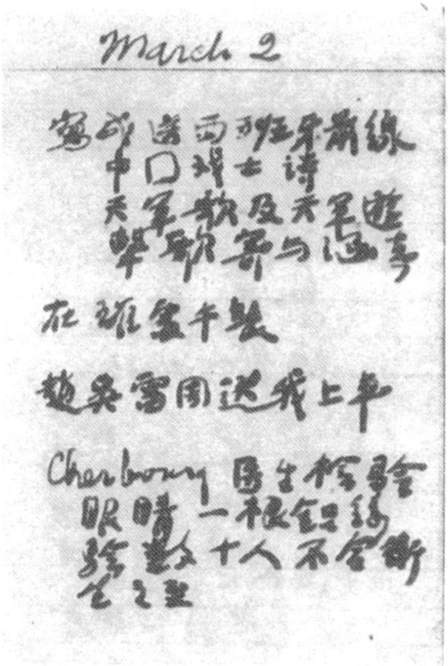
March 2
写成西班牙前线
中国战士诗
天军歌及天军进
军歌寄与温孝
在站写十张
赵吴雪同送我上车
Cherbourg 医生检验
眼睛一根银线
验数十人不会断
在之至

17-095

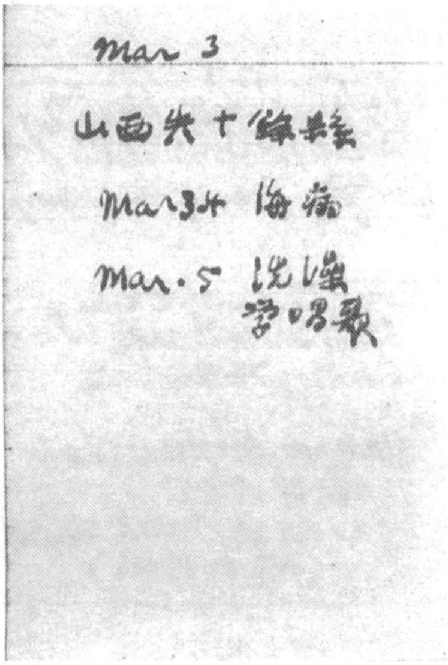
Mar 3
山西失十余县
Mar 3-4 海程
Mar. 5 洗澡
学唱歌

17-096

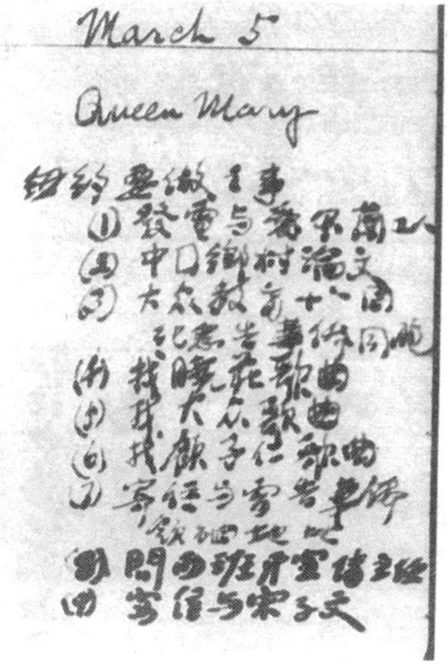

17-097

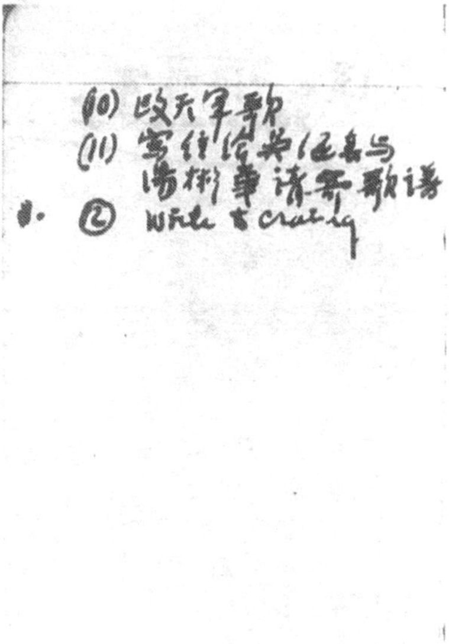

17-098

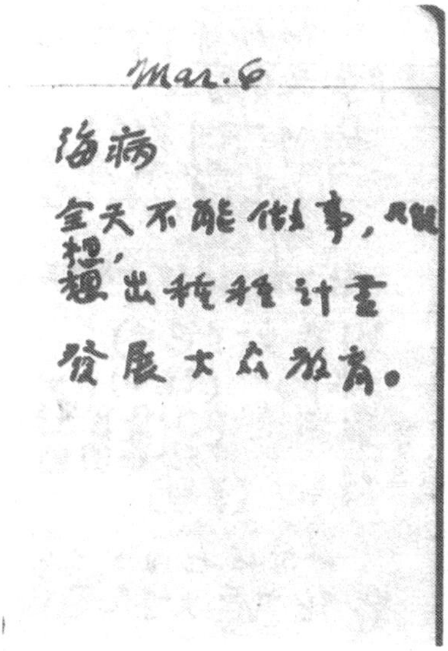

17-099

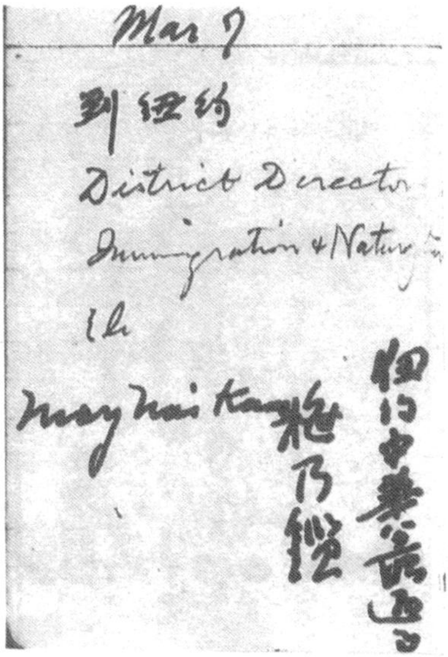

17-100

17-101

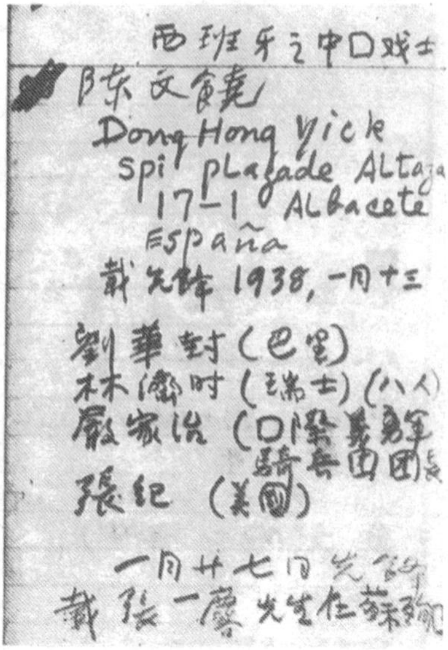

17-102

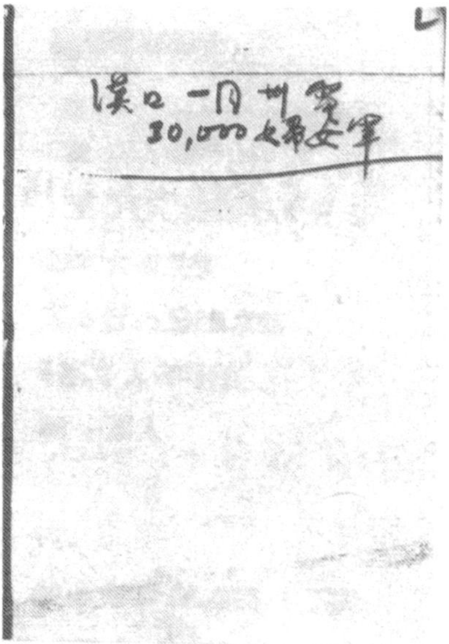

17-103

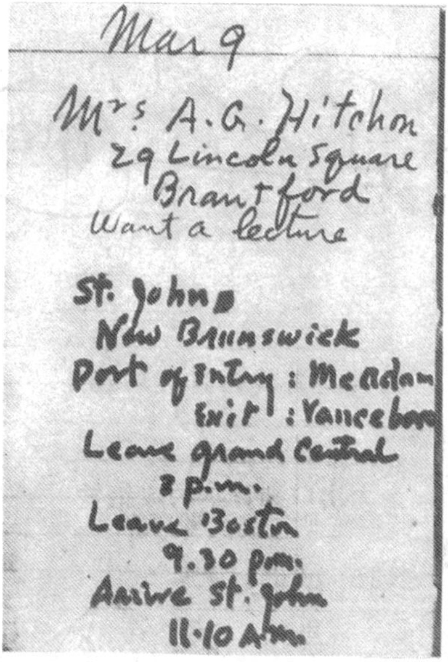

17-104

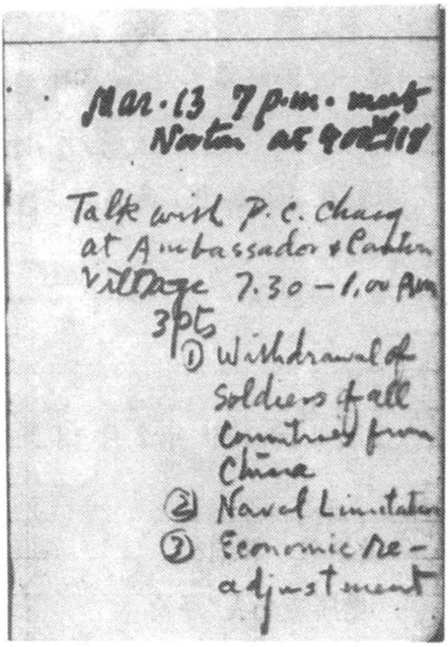

Mar. 13 7 p.m. meet
Norton at 4 [illegible]

Talk with P. C. Chang
at Ambassador & Canton
Village 7.30 – 1.00 AM
3 pts
① Withdrawal of
soldiers of all
countries from
China
② Naval Limitation
③ Economic re-
adjustment

17–105

第十七册〔注译〕

1938.2.18~1938.3.9

都柏林·利物浦·鹿特丹

阿姆斯特丹·布鲁塞尔·巴黎

17—001

第1至9行：1938年2月18日

爱尔兰　都柏林

“曼斯特夫人”号轮

约翰·吉利冈　是我遇到的第一位爱尔兰人

17—002

第2至6行：鲁斯·道　威斯利学院

康诺尔夫人　助理秘书

17—004

爱尔兰从日本进口情况

1936年总额为：408,427英镑

人造纺织品：137,057英镑

丝棉混纺物：40,193英镑

丝织品：25,182英镑

玩具及游戏器具：23,287英镑

余为出口到日本的废钢铁总数

17—005

第1至4行：废铁账目

1938年2月16日

1937年　进口517,037出口1046

末6行：西马斯，戴文　秘书长地址

17—006

爱尔兰字母

17—007

警察辞职　领头——被击

看不见的军队，袭击官员

社会生活限制优秀分子的工作

巴龙·凯特　单纯

17—008

爱尔兰出版社　都柏林1938年2月18号

17—009

2月19号

曼宁夫人　工党医务助理

默瑞先生　搞宣传的

米歇尔·奎尔　纽约

约瑟夫·埃里斯　爱尔兰海员与港口工人联合会

17—010

约翰·斯威夫特　面包工人联合

会　都柏林　地址

面包师每周的工资：

1. 面桌工人：4 英镑 9 先令 6 便士

2. 烤炉工人：5 英镑 2 先令

里尔·奥丹尼尔　都柏林地址

17—011

克里斯·奥苏里文　《劳动新闻》编辑　都柏林　地址

曼宁先生　都柏林地址

塞安·默瑞先生　都柏林地址

17—012

弗兰克·爱德华　都柏林地址

《为爱尔兰自由而战》　丹·布瑞恩

《另一个人的创伤》　艾里克·奥哈雷

17—013

《爱尔兰共和国史》　多罗赛·麦克奥多

莫尔恩夫人　美国布法罗地址

17—014

J.N.博蒙特先生　都柏林地址

人口　3,000,000

学生 6~14 岁　500,000

工会会员　120,000

农业工人　500,000

雇工　130,000

欠租者 600,000

17—015

船长　抵制

索尔卡·尼·奎里姆　都柏林地址

埃斯特·威斯利　都柏林地址

17—016

外文为：弗兰克·罗宾斯

《从爱尔兰历史确定我们的道路》

演讲人：约翰·布鲁曼

康特斯·马基维兹　组织男女青年武装　1915 年

17—017

2 月 20 日

J.康威

爱尔兰海员及码头工人联合会在都柏林有 8,000 会员

3 月 10 日向约瑟夫·埃里斯表示祝贺　爱尔兰海员及码头工人联合会

17—020

第 2 至 5 行：海军建筑学校利物浦大学

17—025

2 月 22 日

彼得布朗先生及夫人　中华学会

17—026

第1至2行：2月23日　鹿特丹

末4行为荷兰地址

17—029

第2至5行：鹿特丹　2月23日下午10时

海牙　2月23日下午6时

阿姆斯特丹　2月24日下午9时

乌得勒支　2月24日下午10时

17—031

第1至4行外文为鹿特丹，阿姆斯特丹，乌得勒支，海牙

17—032

第1行外文：海牙

第4行外文：公主剧院

第5行外文：荷兰盾（荷兰之货币单位）

第7行：乌得勒支

第11行：鹿特丹

17—039

第4行起：路易斯·布朗　英国约克郡　地址

17—040

韦克普利兹

1. 工作　2. 语言　3. 地球　4. 数学　5. 物质世界　6. 人与社会　7. 精神世界

泰德拉·布克　比尔特霍芬　地址

马雅·布克　比尔特霍芬地址

17—043

第1至2行：阿姆斯特丹下午8时45分

17—046

外文为荷兰阿姆斯特丹地址

17—047

第7行：日本棉织品

17—048

第1行：安特卫普

末6行：救国会在布鲁塞尔及地址

17—050

第1至2行：米迪站到王宫街43号　20法郎

第4行：布鲁塞尔

17—051

你不能为中国说话而反对日本

17—055

第9行：援助委员会

倒数第2行：中国人民之友

17—056

倒数第3行：无设防的

17—058

第 3 至 5 行：中国之友社不是中国人民之友

末 3 行：援助中国战争伤亡者委员会

17—059

第 3 至 5 行：宣传　抵制日邮卡（明信片）

末行：③天主教徒

17—060

第 1 至 3 行：比利时两民族：

佛兰芒族（源于德国）

瓦隆族（源于法国）

第 6 至 8 行：里尔　朗比昂多尔宽

17—062

2 月 26 日　巴黎

新月旅店　伯罕吉尔街 20 号

共和广场　档案馆 3859

地铁　圣拉扎

17—063

第 1 至 6 行：美国领事馆地址

77—064

第 1 至 2 行：中国总领事馆奥克大道 5 号

第 4 至 5 行：情报处

17—065

第 2 行：巴比伦街

第 4 行：乔治大道

17—068

1938 年 2 月 27 日

詹姆士·汤姆

5 月 11 日香港　4 月 29 日离开科伦坡

5 月 12 日广州

14~15 日　汉口

①接触青年及学生

②全国青年大会　8 月 16 至 25 日

17—069

第 1 至 3 行：

③物质

1. 写信给教授们

2. 救国会职员

17—070、071

人名、地址

17—073

第 1 行：比兰考特

17—077

“皇后玛丽”号轮

2 号晚 12 时 29 分开船

圣·拉扎尔地铁站

5 月 17 日

冬季　205 美元

夏季　211 美元

17—082

第 3 行：盛大的晚会

17—092

第 1 至 5 行：张南　巴黎地址

第 7 至 9 行：利地阿斯·普鲁特巴黎美国大使馆

17—093

第 1 至 2 行：1938 年 3 月 1 日美国领事馆

末 2 行：克拉里支旅店香榭丽舍大街

17—094

第 1 至 8 行：N.J.克鲁格曼

第 5 月 11~13 日　皇后大厦地址

贝尔纳德·弗劳德先生

末 3 行：4 月 28~29 日科隆坡王子大街罗伊德楼

17—095

末 4 行：查尔博格

17—097

第 1 至 2 行：3 月 5 日

“皇后玛丽”号轮

17—098

末行：（12）致函克拉里

17—100

第 3 至 5 行：地区主任

移民局

17—101

苏雅·布兰享夫人　瑞典斯德哥尔摩

（叶果——李琳·所罗门的朋友）

康斯坦斯　张地址

华工中心　地址

17—104

3 月 9 日

A.G.希特昂夫人请求演讲

圣约翰　纽布鲁恩斯维克

入境地点：米顿　离境地点：凡斯波罗

下午 3 时离开中央火车站

下午 9 时半离开波士顿

上午 11 时 10 分到圣约翰

17—105

3 月 13 日下午 7 时会诺尔顿于 400 号西 118

上午 7 时半至下午 1 时在大使馆及广东村与张彭春谈三要点

1. 所有国家的军队从中国撤出

2. 海军限制

3. 经济重新调整

衡備忘

第十八册

1938.3.10~1938.4.14

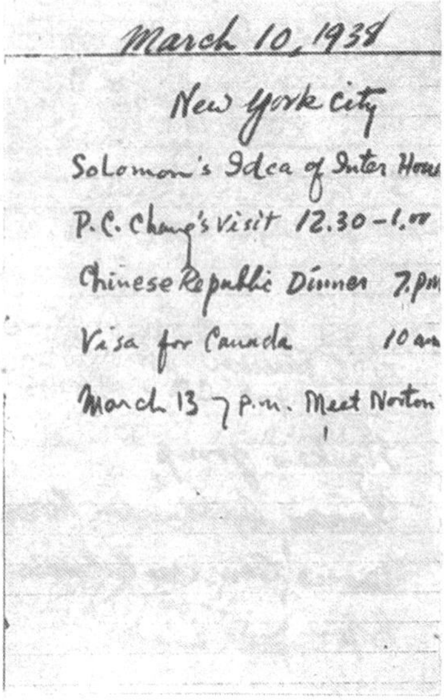
March 10, 1938
New York City
Solomon's Idea of Inter House
P.C. Chang's visit 12.30-1.00
Chinese Republic Dinner 7.pm
Visa for Canada 10 am
March 13 7 p.m. Meet Norton

18-001

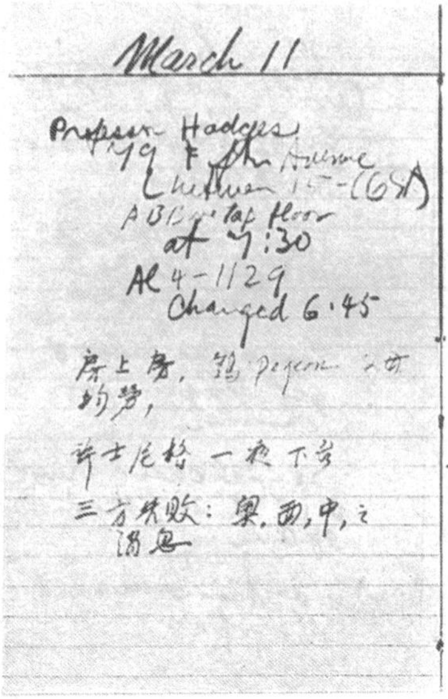
March 11
Professor Hadges
79 F 5th Avenue
between 15-16 St
ABB top floor
at 7:30
Al 4-1129
Changed 6.45
席上务，鸽 pigeon 之可
怜，
许士尼格 一夜下台
三方失败：奥，西，中，之
消息

18-002

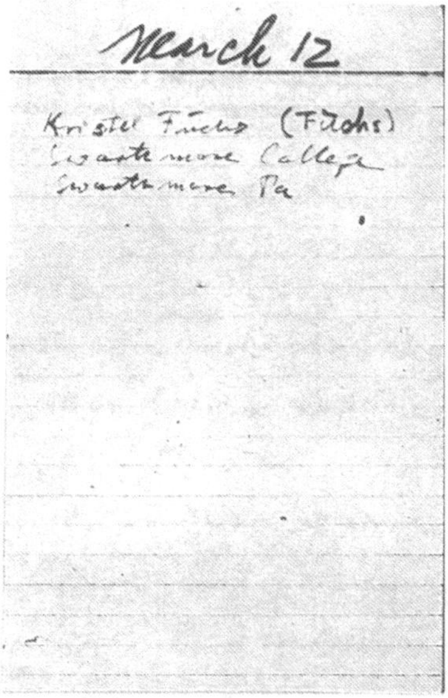
March 12
Kristel Fuchs (Fuchs)
Swarthmore College
Swarthmore Pa

18-003

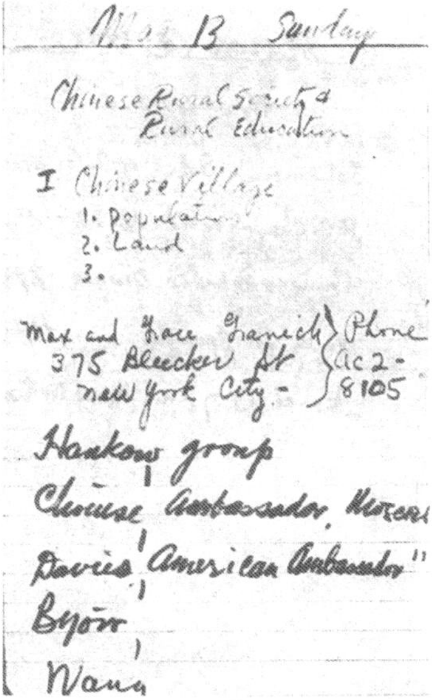
Mar 13 Sunday
Chinese Rural Society &
Rural Education
I Chinese Village
1. Population
2. Land
3.
Max and Grace Granich } Phone
375 Bleecker St } Ac 2-
New York City } 8105
Hankow group
Chinese Ambassador, Morgenthau
Davies, American Ambassador "
Bygön,
Wang

18-004

Time Square
49 - Broadway 7th
$12,000 for 3 months
Dr. Yue - Dr. C. T. Wang
M. D. Dawley $200
Pres. Intercontinent
Corporation
Curtis Airplane
K. C. Lee
Mrs. Lamont
Subway: 1 month $7000
$100 in nation gets
350 back

William Loeb Jr

∞ Mr. Atkinson
Church Peace Union
70 - Fifth Ave.
Tele - AL - 4 - 2720

18-005

Eichelberger
~~[illegible]~~ League of Nations Ass'n

18-006

March 14
Back bay not stop
South station
Walk to Atlantic Ave
North Station

Promise Prof Kandel
article will be in
within this week

Grace Lee helps to
get telegram from
consulate.

Samuel Chang brings
$1.5 to 347 Madison
Ave.

In rain I move to
St. John.

18-007

March 15
St. John Canada

Maurice W Armstrong
Fairville, N.B
Arthur Organ
163 King St E
3-9348 Saint John, N.B.
∞ Hum Quon
35 Waterloo St
St John

Dr. K. A. Baird,
287 King St.,
West St. John, N.B.

Dr. H. L. Stewart
Radio
Prof. Dal-Housie
Halifax, N.S.

18-008

ANDREW W. MURRAY
P.O 1404 SAINT JOHN N.B

Geoffrey Stead
District Engineer
Dept. of Public Works
P.O Box 1447 St. John, N.B. Canada

35,000 – 40000 Population

Baptist Church

Percy G. Hem 8 譚畐賀
P O Box 74
Fairville, N.B. Can

G.G. Pooley
Saint John

18-009

Baird was in Honan
for many yrs – tea
at his house at 11 p.m.
$250 for 1 sq. miles
of Forest,
6 children.

Chinese – 40 – no
meetings

18-010

March 16
Fredericton

Reporters: S.W. Green
Daily Mail
11:30 Dr Kierstead
12.00 Uni N.B
400 Students
Lunch with Mr Park
10.pm Chinese 12 people
6.pm Dr. Toole
8.15pm Provincial Normal
1. pm Inst. of Int. Affairs
4.45 leave for Montreal

18-011

R. T. Wright
1091 - Ring 21
John Linton
Fredericton N.B.
Ralph Albert
Y.M.C.A.
Horace A. Hanson
F'ton N.B.
F. W. Park
Fredericton.
K. H. Golding
828 Brunswick St
Fredericton

18-012

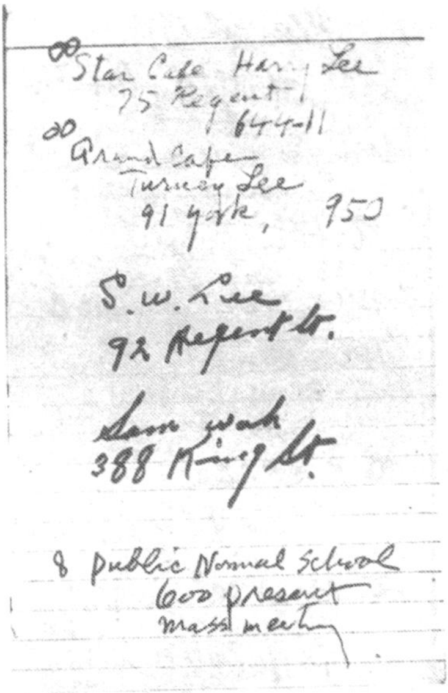
Star Cafe Harry Lee
75 Regent
644-11
Grand Cafe
Tursey Lee
91 York, 950
S. W. Lee
92 Regent St.
Sam wah
388 King St.
8 public Normal School
600 present
mass meeting

18-013

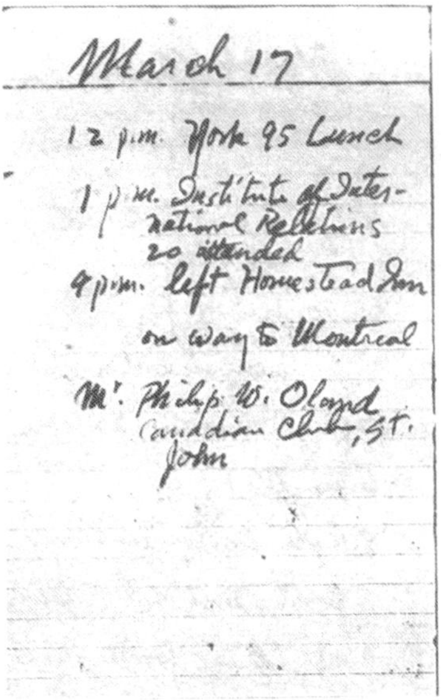
March 17
12 p.m. York 95 Lunch
1 p.m. Institute of International Relations
20 attended
4 p.m. left Homestead Inn
on way to Montreal
Mr. Philip W. Oland
Canadian Club, St. John

18-014

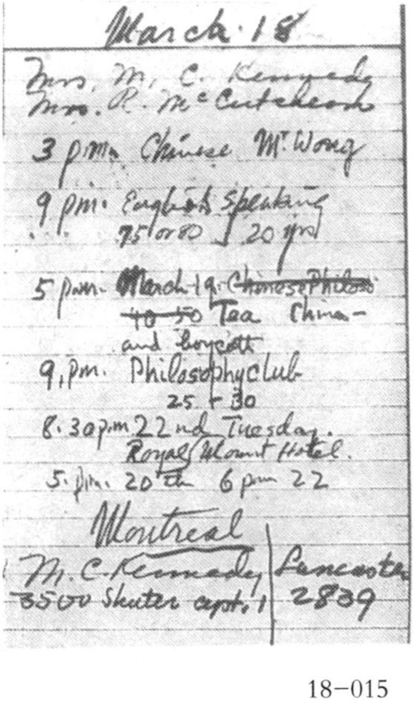
March 18
Mrs. M. C. Kennedy
Mrs. R. McCutcheon
3 p.m. Chinese Mr. Wong
9 p.m. English Speaking
75 or 80 | 20 yrs
5 p.m. ~~March 19. Chinese Philos~~
~~40 50~~ Tea China
and Boycott
9 p.m. Philosophy club
25-30
8.30 p.m. 22nd Tuesday.
Royal Mount Hotel.
5 p.m. 20th 6 pm 22
Montreal
M. C. Kennady | Lancaster
3500 Skuter apt. 1 | 2839

18-015

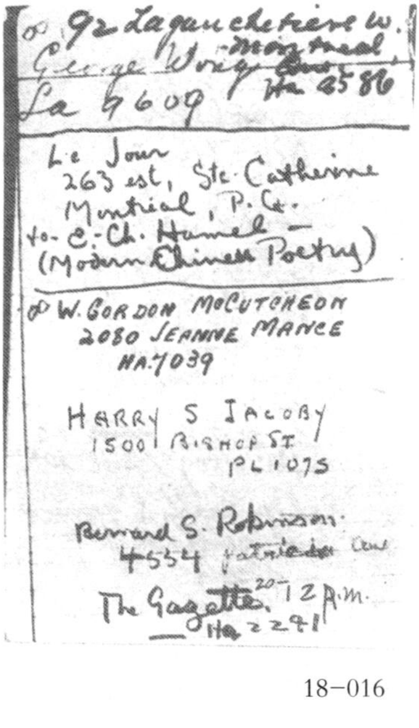
92 Lagauchetiere W.
George Wong ~~Montreal~~
La 9609 Ha 2586
Le Jour
263 est, Ste Catherine
Montreal, P. Q.
to C. Ch. Hamel
(Modern Chinese Poetry)
W. GORDON McCUTCHEON
2080 JEANNE MANCE
HA. 7039
HARRY S JACOBY
1500 BISHOP ST
PL 1075
Bernard S. Robinson
4554 [illegible]
The Gazette 20th 12 A.M.
Ha 2241

18-016

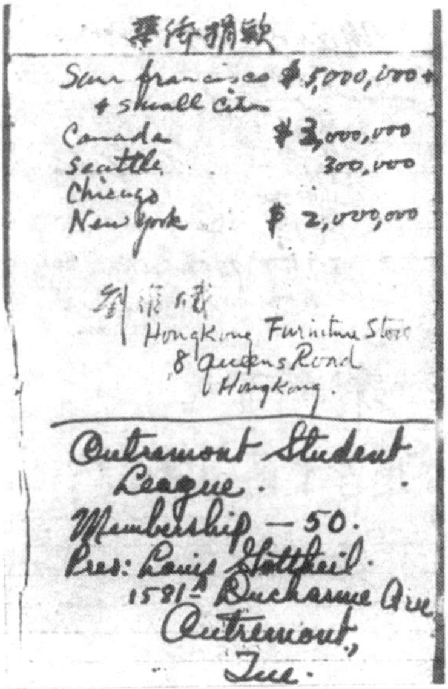
華僑捐款
San francisco $5,000,000 + small city
Canada $3,000,000
Seattle 300,000
Chicago
New York $2,000,000
Hongkong Furniture Store
8 Queens Road
Hongkong.
Outremont Student League.
Membership — 50.
Pres: Louis Stottheil.
1581 Ducharme Ave
Outremont,
Que.

18-017

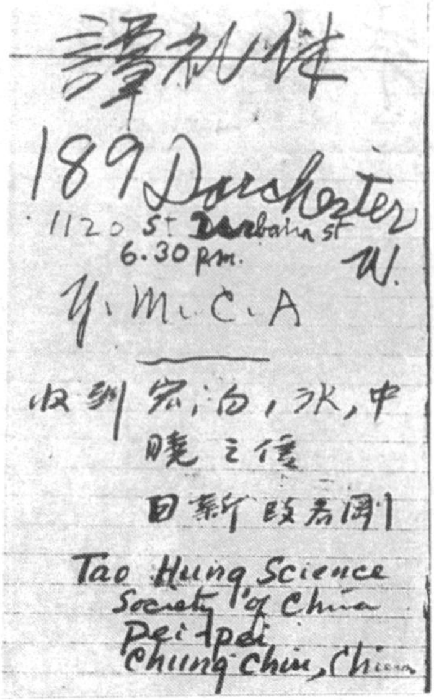
189 Dorchester W.
1120 St Barbara St
6.30 pm.
Y.M.C.A
收到宏治，冰，中
曉之信
Tao Hung Science
Society of China
Pei-pei
Chung-chin, China

18-018

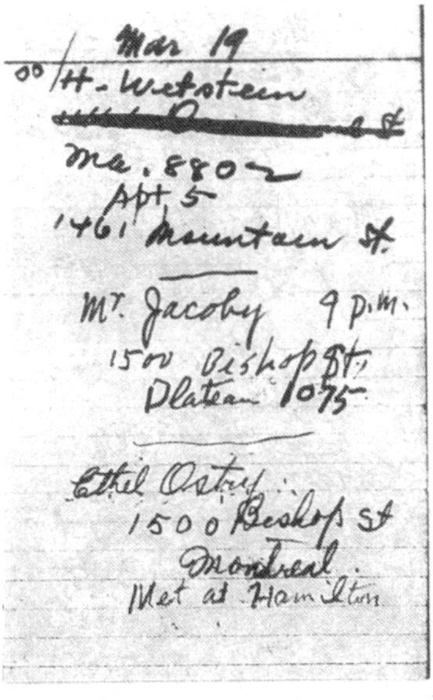
Mar 19
00/4 - Wetstein
Ma. 8802
Apt 5
1461 Mountain St.
Mr. Jacoby 9 p.m.
1500 Bishop St.
Plateau 1075
Ethel Ostry
1500 Bishop St
Montreal.
Met at Hamilton

18-019

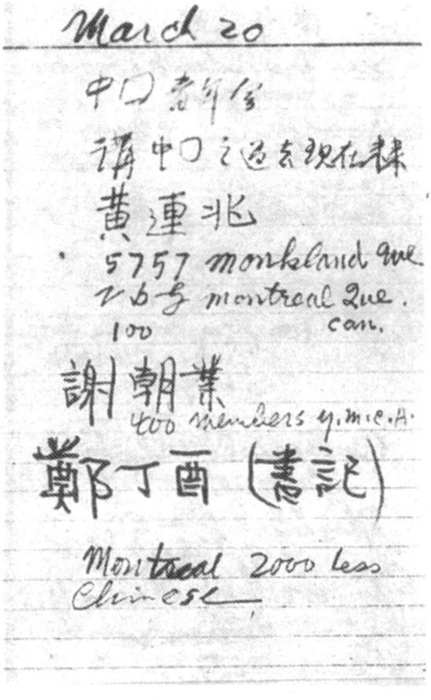
March 20
中國青年會
講中國之過去現在將來
黃運兆
5757 Monkland Ave
26號 Montreal Que.
100 can.
謝朝業
400 members Y.M.C.A.
鄭丁酉（書記）
Montreal 2000 less
Chinese

18-020

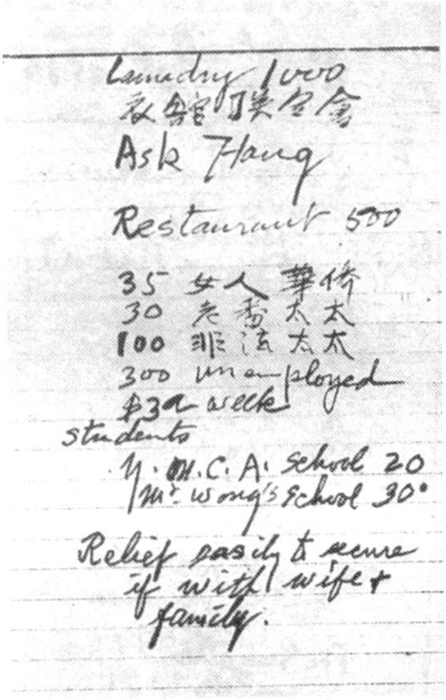

Laundry 1000
衣馆联合会
Ask Hang
Restaurant 500
35 女人 华侨
30 老番太太
100 非法太太
300 unemployed
$3 a week
students
Y.M.C.A. School 20
Mr. Wong's School 30
Relief easily to secure if with wife + family.

18-021

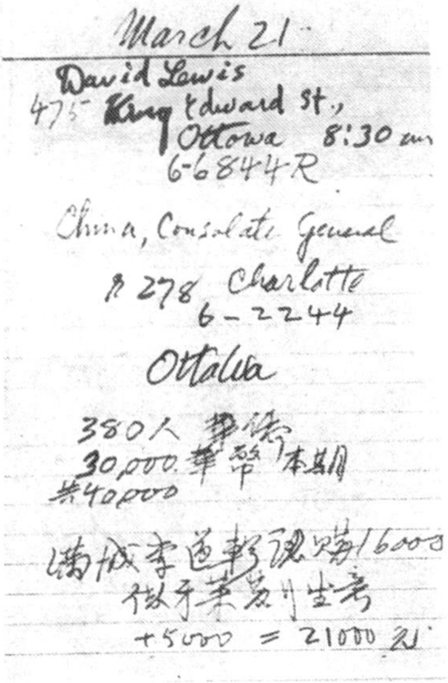

March 21
David Lewis
475 King Edward St.,
Ottowa 8:30 am
6-6844-R
China, Consolate General
278 Charlotte
6-2244
Ottawa
380人 华侨
30,000 华币 本期
共40000
满城李道轩现捐1600
做干菜馆小生意
+5000 = 21000 21

18-022

朱昌到金山

18-023

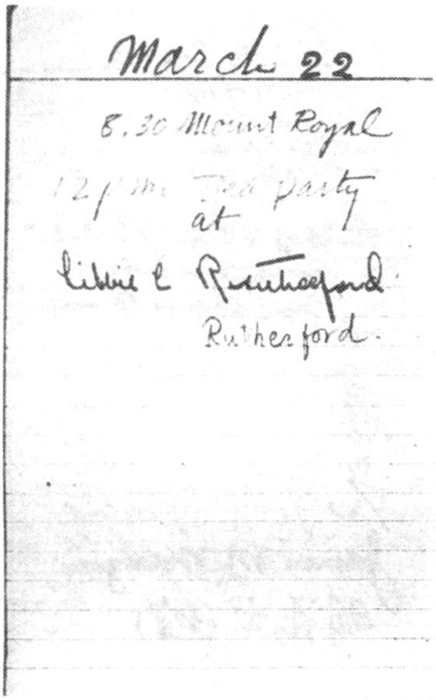

March 22
8.30 Mount Royal
12 pm Tea party at
Lillie E Rutherford
Rutherford.

18-024

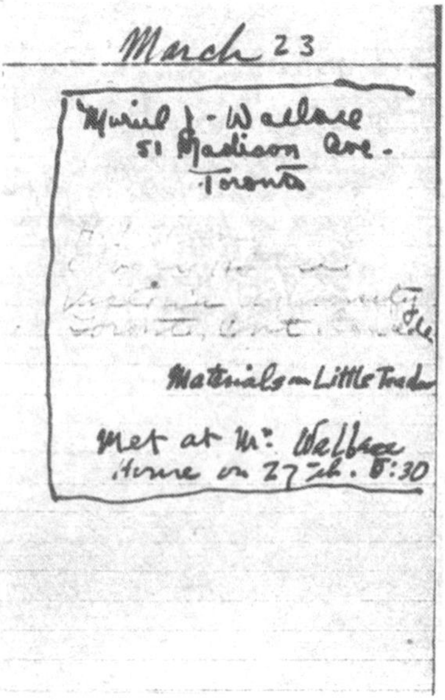
March 23

Muriel J. Wallace
51 Madison Ave.
Toronto

[illegible]
[illegible] University
Toronto, Ont. Canada

Materials on Little Teacher

Met at Mr Wallace
Home on 27th. 8:30

18-025

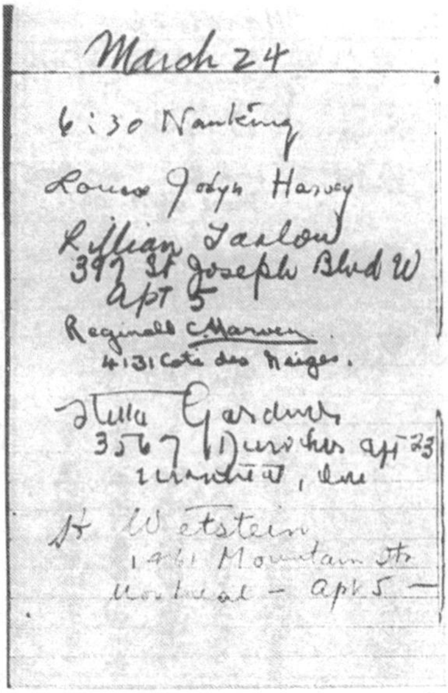
March 24

6:30 Nanking

Louise Jocelyn Harvey

Lillian Taslow
397 St Joseph Blvd W
Apt 5

Reginald C Marwen
4131 Cote des Neiges.

Stella Gardner
3567 Durocher apt 23
Montreal, Que

H Wetstein
1461 Mountain St
Montreal — Apt 5 —

18-026

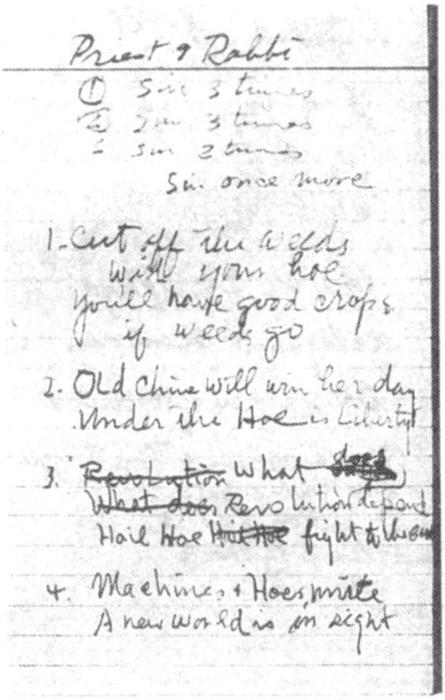
Priest & Rabbi
① Sin 3 times
② Sin 3 times
③ Sin 2 times
Sin once more

1. Cut off the weeds
with your hoe
You'll have good crops
if weeds go

2. Old China will win her day
Under the Hoe is Liberty

3. ~~Revolution~~ What ~~does~~
~~What does~~ Revolution depend
Hail Hoe ~~Hail Hoe~~ fight to the end

4. Machines & Hoes unite
A new world is in sight

18-027

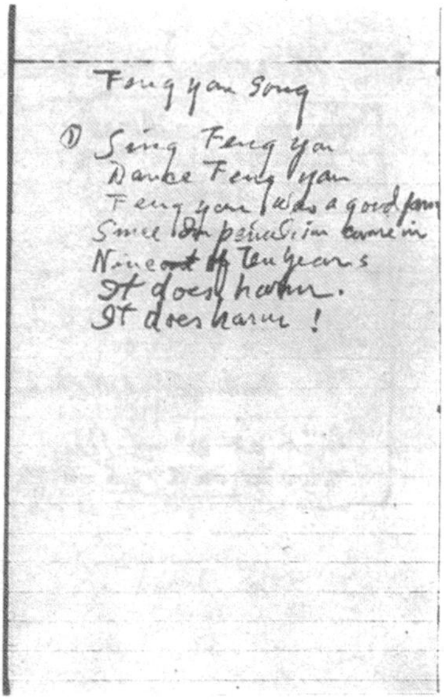
Feng yang Song

① Sing Feng yang
Dance Feng yang
Feng yang was a good farm
Since [?] period in came in
Nine out of Ten years
It does harm.
It does harm!

18-028

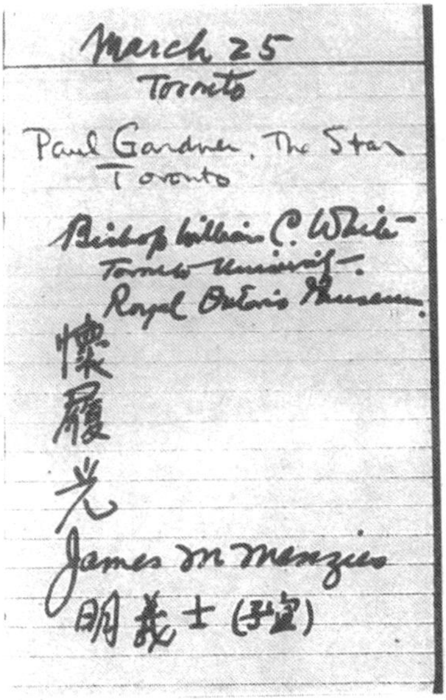

18-029

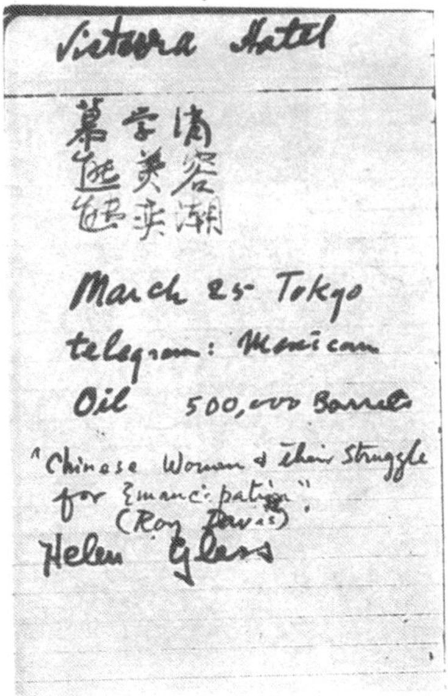

18-030

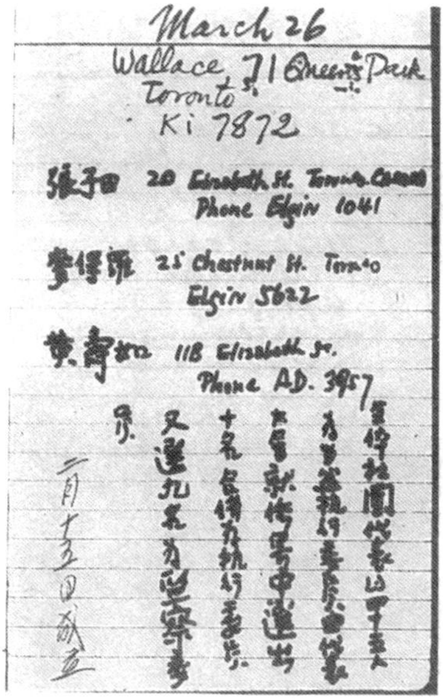

18-031

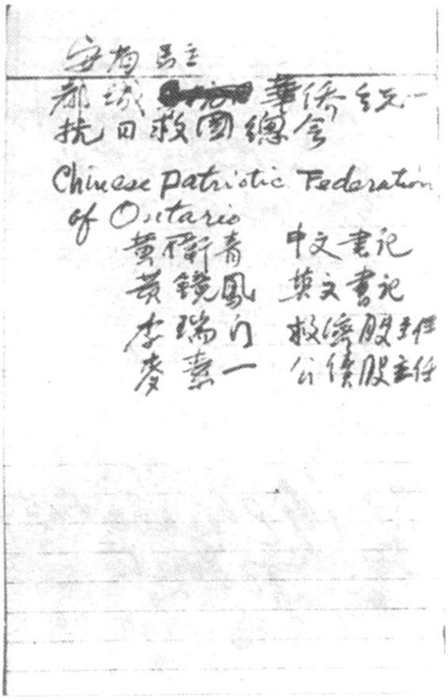

18-032

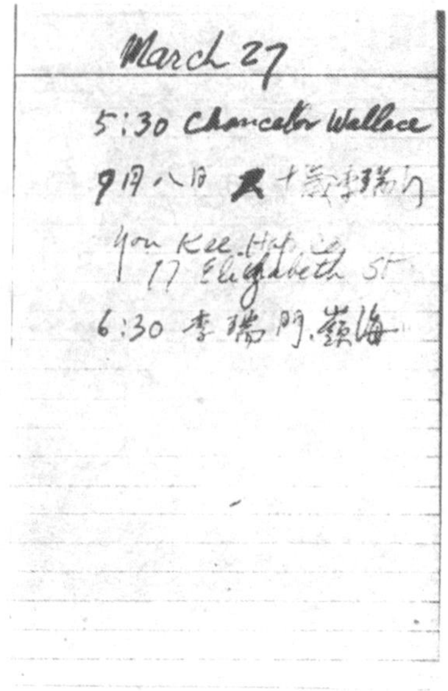
March 27
5:30 Chancellor Wallace
9月八日
You Kee Hat Co.
17 Elizabeth St
6:30 李瑞門、嶺海

18-033

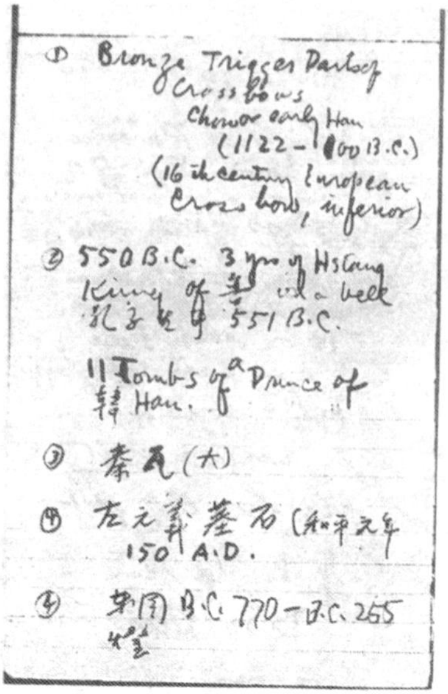
① Bronze Trigger Parts of Cross bows
Chow or early Han
(1122 - 100 B.C.)
(16th century European Cross bow, inferior)
② 550 B.C. 3 yrs of Hsiang King of 楚 ... bell
孔子生年 551 B.C.
11 Tombs of a Prince of 韓 Han.
③ 秦瓦(大)
④ 左元義基石（永和元年
150 A.D.
⑤ 東周 B.C. 770 - B.C. 255

18-034

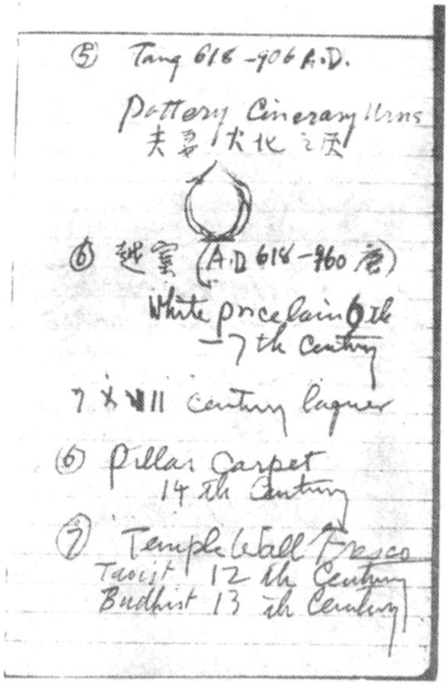
⑤ Tang 618-906 A.D.
Pottery Cinerary Urns
⑥ 越窑 (A.D 618-960 唐)
White porcelain 6th-7th Century
7 & VIII century laquer
⑥ Pillar Carpet
14th Century
⑦ Temple Wall Fresco
Taoist 12th Century
Budhist 13th Century

18-035

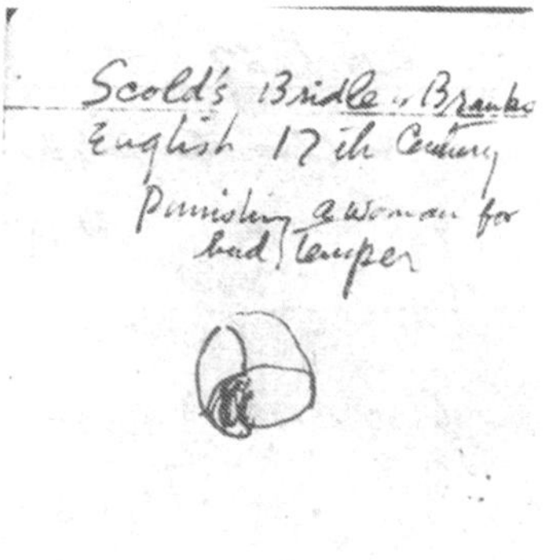
Scold's Bridle or Branks
English 17th Century
Punishing a woman for bad temper

18-036

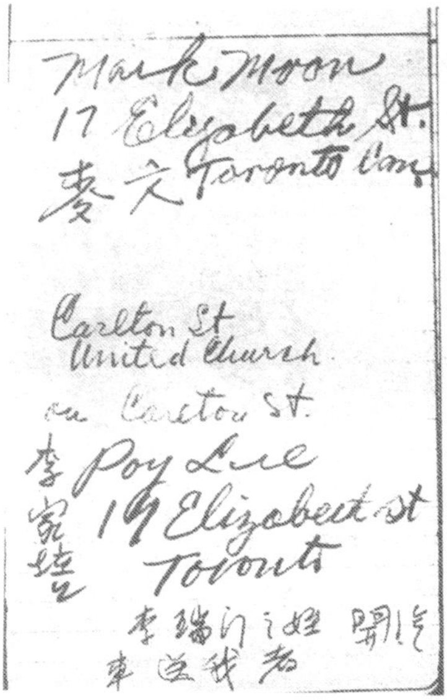
Mark Moon
17 Elizabeth St.
麦文 Toronto Can.

Carlton St
United Church
on Carlton St.
李 Poy Lee
宗 19 Elizabeth St
培 Toronto
李瑞门之姪 開汽
車送我者

18-037

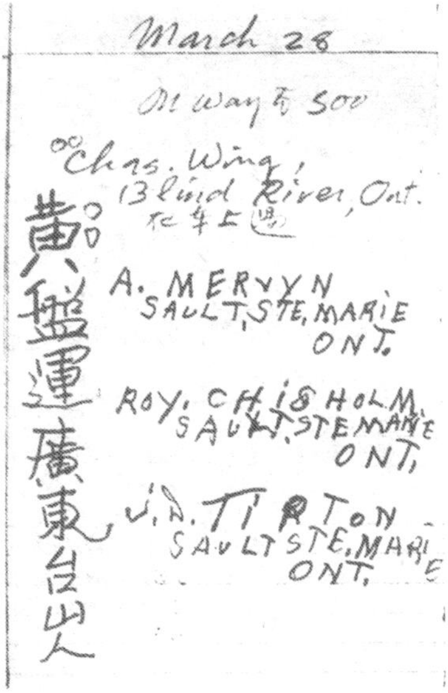
March 28
On way to Soo
Chas. Wing,
Blind River, Ont.
在车上遇
A. MERVYN
SAULT STE MARIE
ONT.
ROY. CHISHOLM
SAULT STE MARIE
ONT.
J.A. TIRTON
SAULT STE MARIE
ONT.
黄鑑運
廣東台山人

18-038

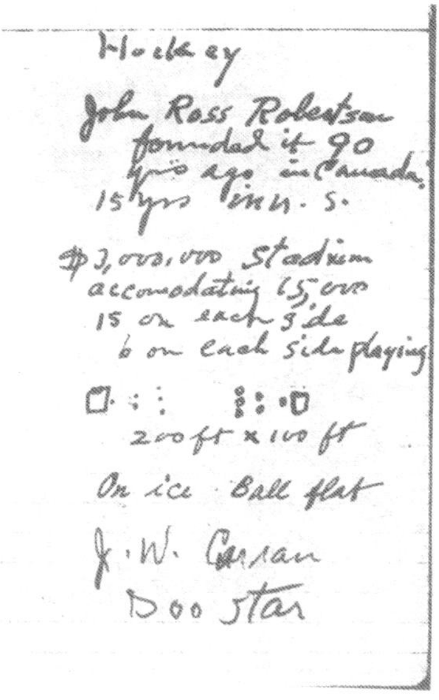
Hockey
John Ross Robertson
founded it 90
yrs ago in Canada;
15 yrs in U.S.
$3,000,000 Stadium
accomodating 15,000
15 on each side
6 on each side playing
200 ft × 100 ft
On ice Ball flat
J.W. Curran
Doo Star

18-039

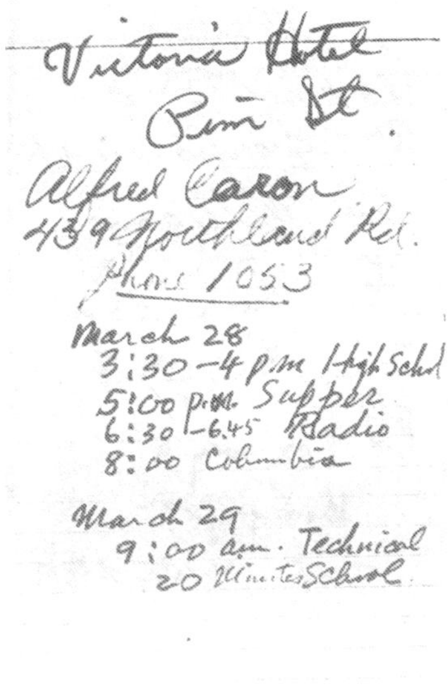
~~Victoria Hotel~~
Rim St.
Alfred Caron
439 Northland Rd.
Phone 1053
March 28
3:30–4 p.m. High School
5:00 p.m. Supper
6:30–6.45 Radio
8:00 Columbia
March 29
9:00 a.m. Technical
20 Minutes School

18-040

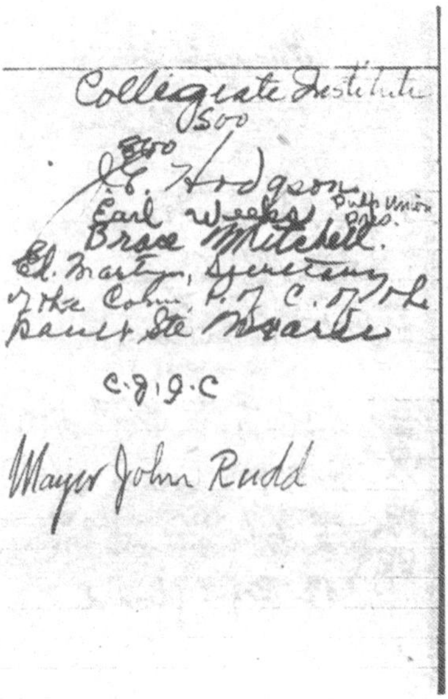

Collegiate Institute
Soo
Earl Weeks
Bruce Mitchell
Sault Ste Marie
Mayor John Rudd

18-041

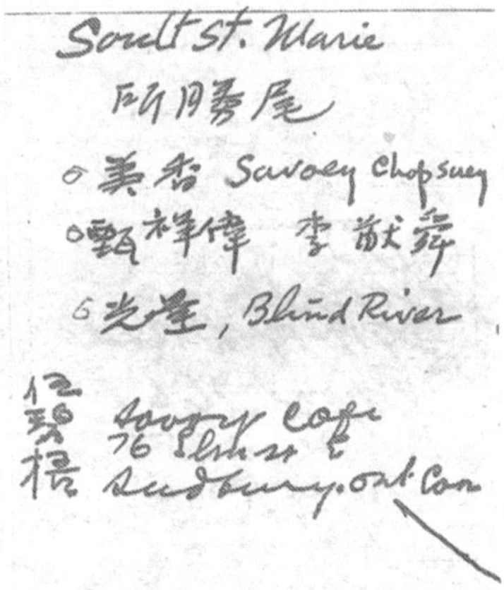

Sault St. Marie
Savoy Chop suey
Blind River
Savoy Cafe
Sudbury, Ont. Can.

18-042

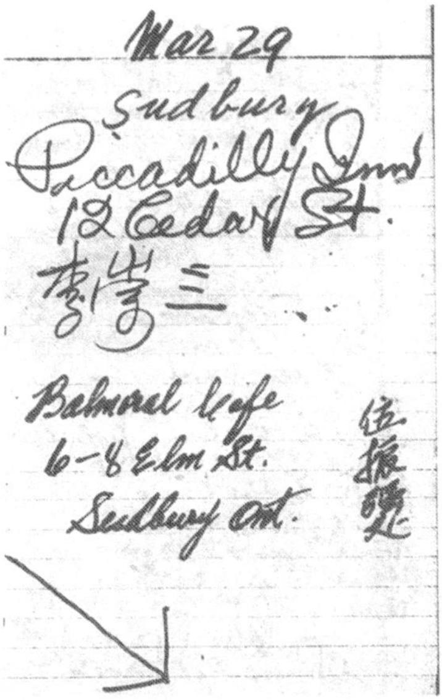

Mar 29
Sudbury
Piccadilly Inn
12 Cedar St.
Balmoral Cafe
6-8 Elm St.
Sudbury Ont.

18-043

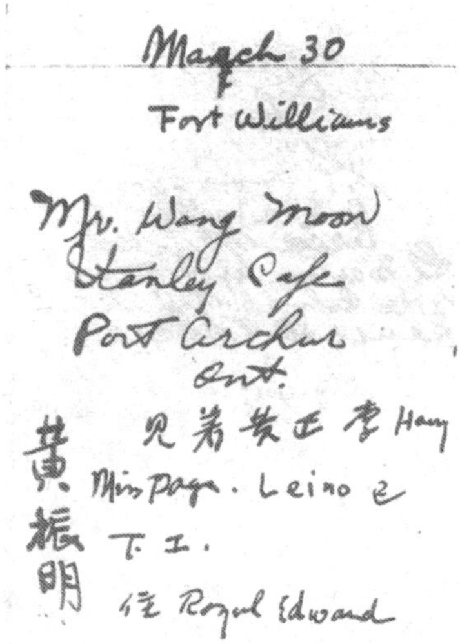

March 30
Fort Williams
Mr. Wang Moon
Stanley Cafe
Port Arthur
Ont.
Royal Edward
黄振明

18-044

March 31

Leo Lee
241 Simpson St.
Fort William
Ont
Can.
李永均 最後送我者
On way to
Winnipeg
下雪 Alberta 大雪风

18-045

April 1
2:30 CKCK Radio
12:00 Canadian Club
3:15 Normal School
8:00 City Hall
April 2
2:30 Chinese Club

Regina
270 Chinese
50,000 City population

A. W. Edgar
2318 Montague St.
Home Phone 23394
Office Phone 93178
Manager Palm Dairies Limited
Chinese Red Cross

18-046

Eric M. Dee
2344 [illegible]
[illegible] Regina
Can [illegible]

E. Howell
2818-19th Ave
Phone 7661
House 5774
Wheat Pool
Cooperatives

∞ G. Shanyee 余[illegible]
Chinese Merchandist
Manager Phone 4268
Chinese Secretary of
C.N.L.

18-047

Craig
1. Niagara fall
2. teachers little
3.
∞ Charlie Yok 曾[illegible]
Clairmont Hotel
Chinese Red Cross
Regina Sask

Mardan

18-048

Lecture

1. Koreans will have the final say
2. Manchuria
3. What Canada can do
4. Excuses
5. Possible outcome
6. Guarantee of interest
   Honesty
7. Form of gov't; Democracy
8. Removing Japanese made label
9. Incident
10. Guerrila affair
11. Position of Hongkong

18-049

W. J. Stovel
-Regina Star

Dick Sanburn
Leader-Post

C. E. Little
Secy. School Trustees Assn.
2 Victoria Park Bldg
Regina Sask
Send copy of address for printing in School Trustee Magazine.

J. A. McLeod
Provincial Normal School
Regina, Sask.

200 Students

18-050

Mark Sam Rang
1817 Osler St
Regina

Mr Jackill
3214 Dewdney Ave,
Regina, Sask

City Government by Labor Council

7 vs 4 aldermen in favor of Labor A.C.

Mayor Ellison

Unity movement

18-051

CCF (Canadian Cooperative Commonwealth Federation)

Social credit movement.

Progressive individual.

Socialist Mayor a lawyer & a sailor

City famous for Agriculture machine distributor.

Royal Canadian Mounted Police dates back to colonial pioneer days

18-052

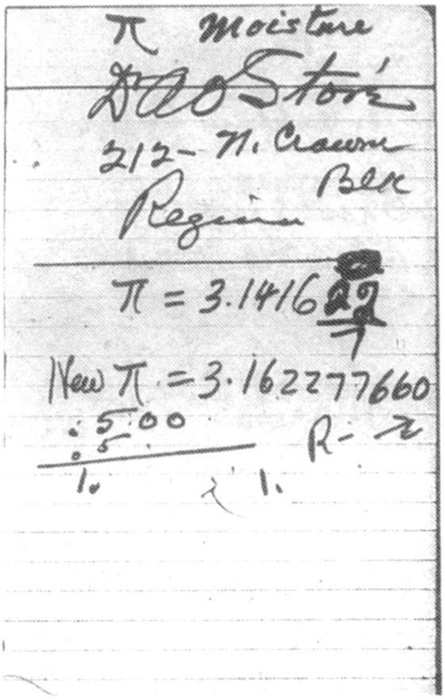

π Moisture
Store
212 N. Cravem
Blk
Regina
π = 3.1416
New π = 3.162277660
5.00
R-

18-053

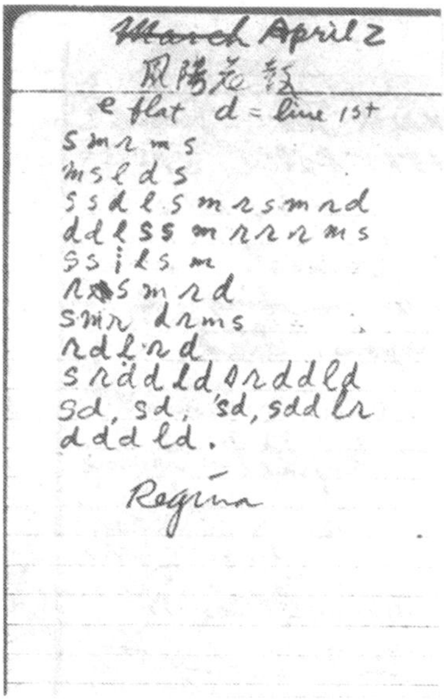

April 2
凤阳花鼓
e flat d = line 1st
smrms
msl ds
ssdlsmrsmrd
ddlss mrrrms
ssils m
rs mrd
smr drms
rdlrd
srddldsrddld
sd, sd, sd, sddlr
ddld ld.
Regina

18-054

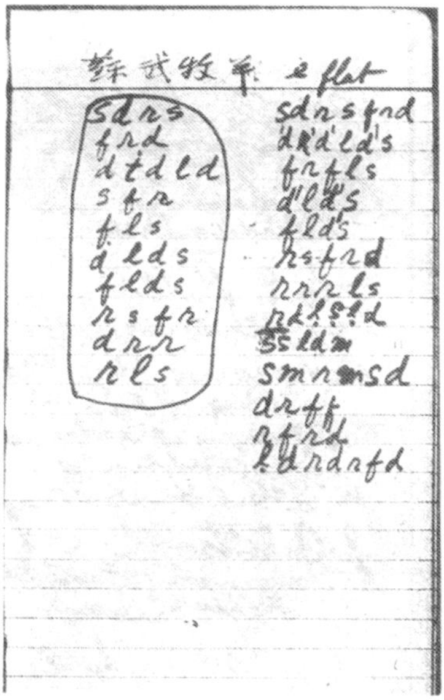

苏武牧羊 e flat
sdrs
frd
dtdld
sfr
fls
dlds
flds
rsfr
drr
rls
sdrsfrd
d'r'd'ld's
frfls
d'ld's
fld's
rsfrd
rrrls
rdlsld
ssldm
smrmsd
drff
zfrd
lrdrfd

18-055

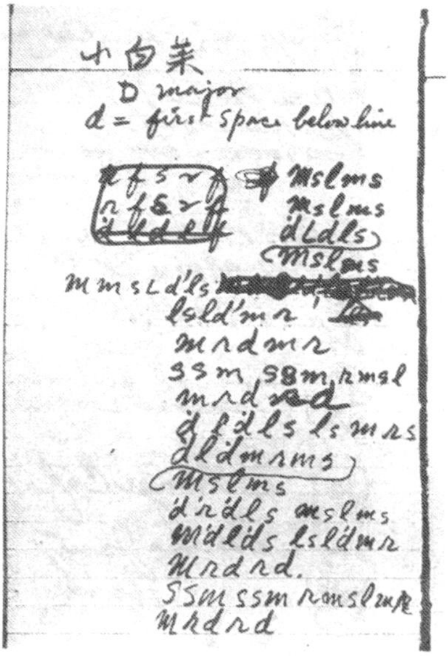

小白菜
D major
d = first space below line
mslms
mslms
dldls
mslms
mmsld'ls
lsld'mr
mrdmr
ssm ssm rmsl
mrd
dfdls lsmrs
dldmrms
mslms
d'rdls mslms
mdlds lsldmr
mrdrd.
ssm ssm rmslmr
mrdrd

18-056

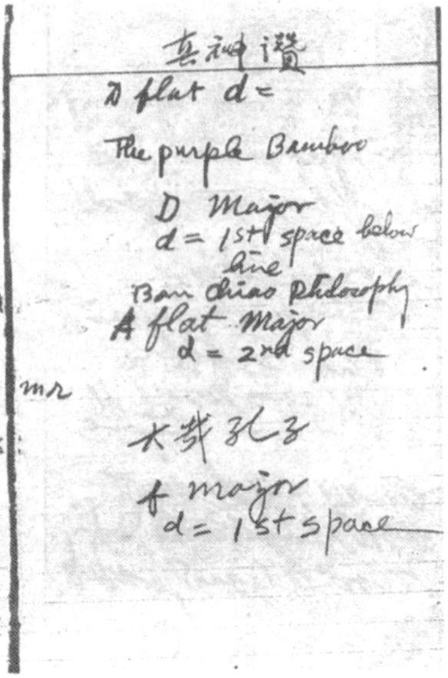
基神讚
D flat d =
The purple Bamboo
D Major
d = 1st space below line
Ban Chiao Philosophy
A flat Major
d = 2nd space
大哉孔子
F major
d = 1st space

18－057

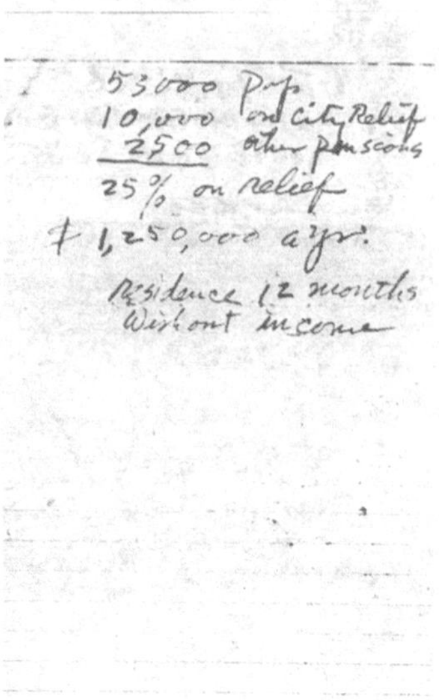
53000 Pop
10,000 on City Relief
2500 other pensions
25% on relief
$1,250,000 a yr.
Residence 12 months
Without income

18－058

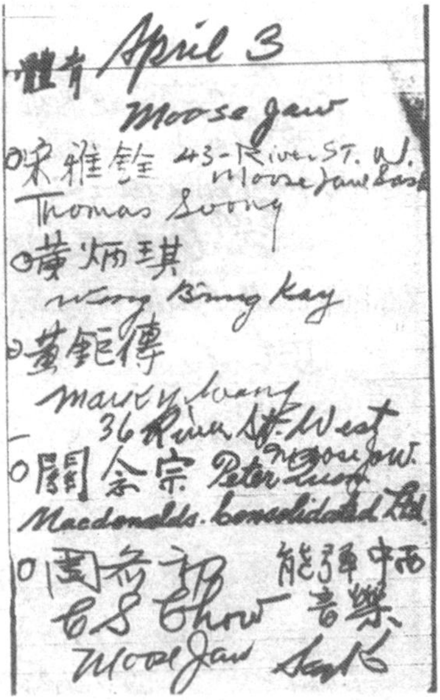
April 3
Moose Jaw
宋维铨 43-River ST. W. Moose Jaw Sask
Thomas Soong
黄炳琪
Wong Bing Kay
黄钜传
Mark Y. Wong
36 River St. West
Moose Jaw.
关全宗 Peter
Macdonalds Consolidated Ltd.
周希初 能弹中西音乐
C S Chow
Moose Jaw Sask

18－059

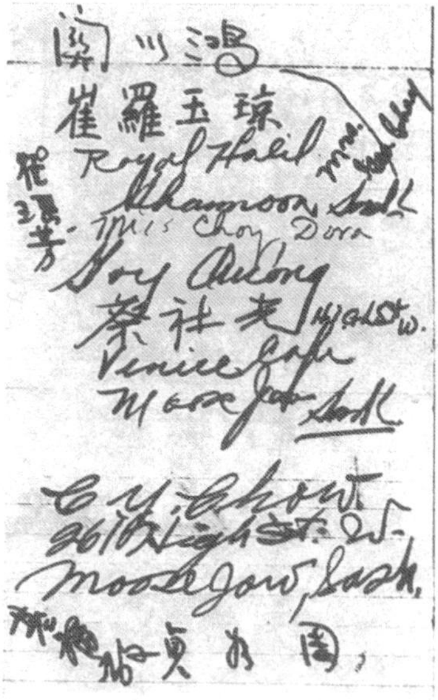
崔罗玉琼
Royal Hotel
Shaunavon, Sask.
Miss Choy Dora
蔡社夫
Venice Cafe
Moose Jaw Sask.
C Y Chow
261 High St. W.
Moose Jaw, Sask.

18－060

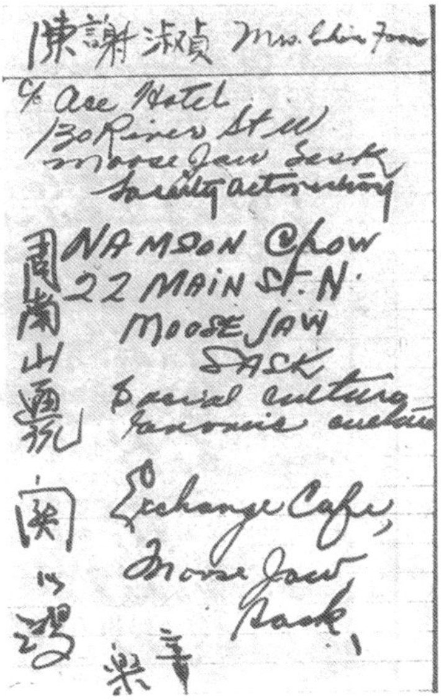
陳謝淑貞 Mrs. Chin Foon
c/o Ace Hotel
130 River St W
Moose Jaw Sask
NAMSON CHOW
22 MAIN ST. N.
MOOSE JAW
SASK
Social culture
Economic culture
Exchange Cafe,
Moose Jaw
Sask.

18-061

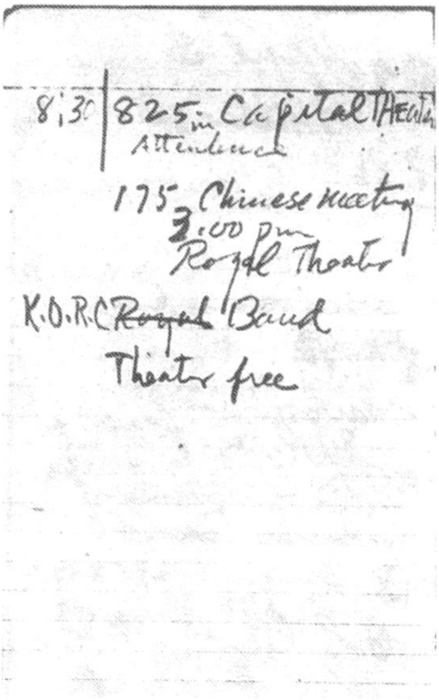
8:30 825 in Capital Theater
Attendance
175 Chinese meeting
3:00 pm
Royal Theater
K.O.R.C ~~Royal~~ Band
Theater free

18-062

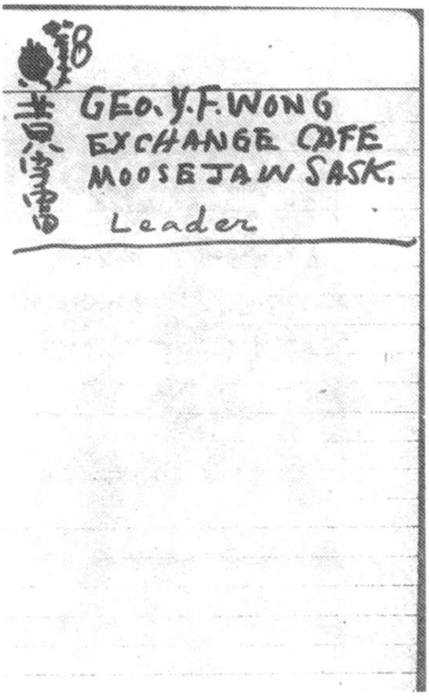
黄
GEO. Y. F. WONG
EXCHANGE CAFE
MOOSE JAW SASK.
Leader

18-063

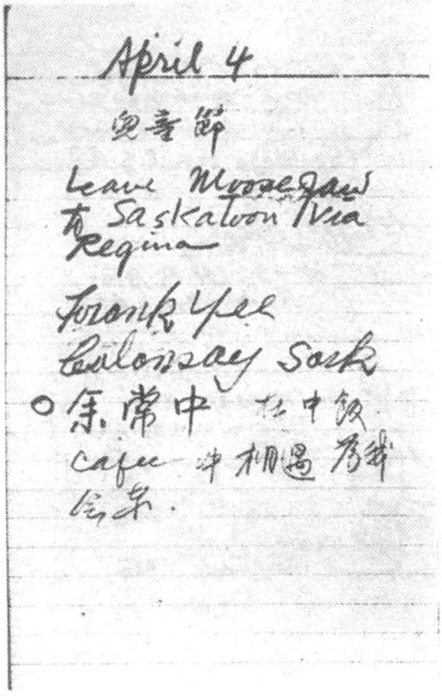
April 4
兒童節
Leave Moose Jaw
去 Saskatoon via
Regina
Frank Yee
Sask
○余常中

18-064

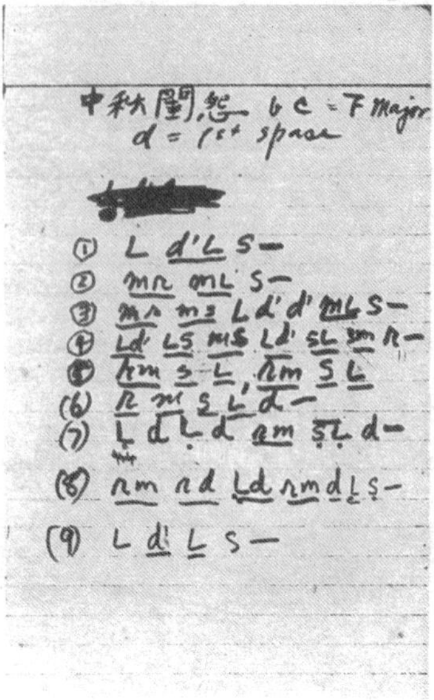
中秋闘怨 b c = F major
d = 1st space
[redacted]
① L d'L s—
② mr mL s—
③ mr ms L d' d' mL s—
④ Ld' Ls ms Ld' sL sm r—
⑤ rm s-L, rm sL
(6) r m s L d—
(7) L d L d rm sL d—
(8) rm rd Ld rmdLs—
(9) L d L s—

18-065

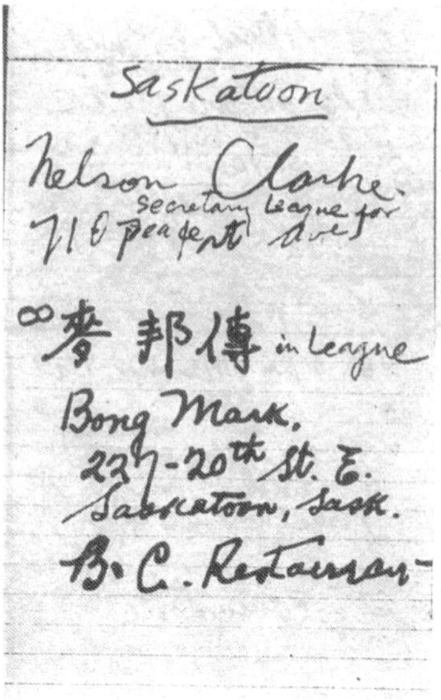
Saskatoon
Nelson Clarke
Secretary League for
710 [illegible] ave
∞麦邦傳 in League
Bong Mark,
237-20th St. E.
Saskatoon, Sask.
B.C. Restaurant

18-066

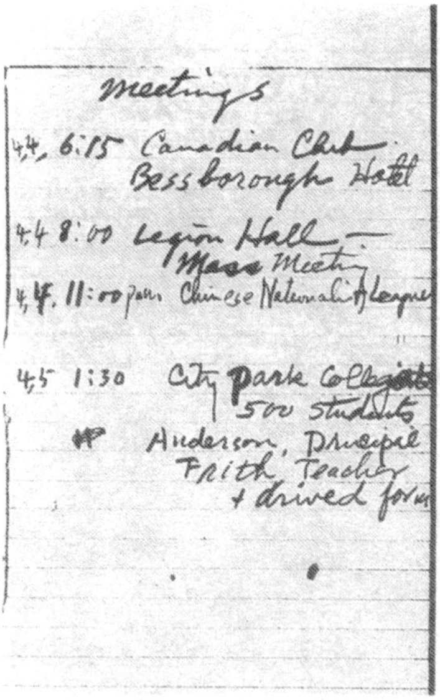
meetings
4.4. 6:15 Canadian Club
Bessborough Hotel
4.4 8:00 Legion Hall —
Mass Meeting
4.4. 11:00 pm Chinese Nationalist League
4.5 1:30 City park Collegiate
500 students
Anderson, Principal
Frith, Teacher
+ drived for us

18-067

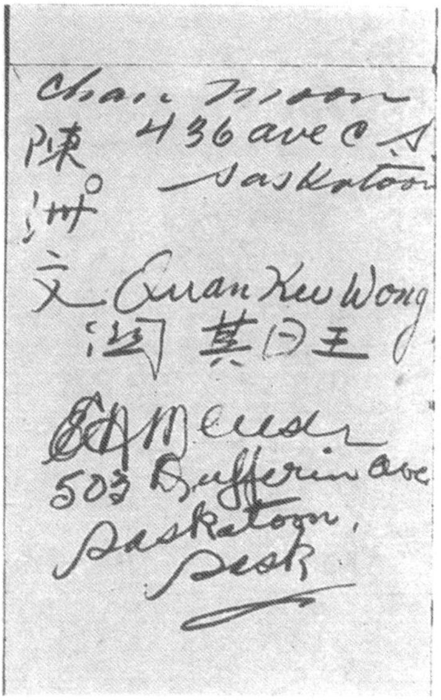
Chan Moon
陳沜文
436 ave C S.
Saskatoon
Quan Kee Wong
關其旺
[illegible]
503 Dufferin ave
Saskatoon,
Sask

18-068

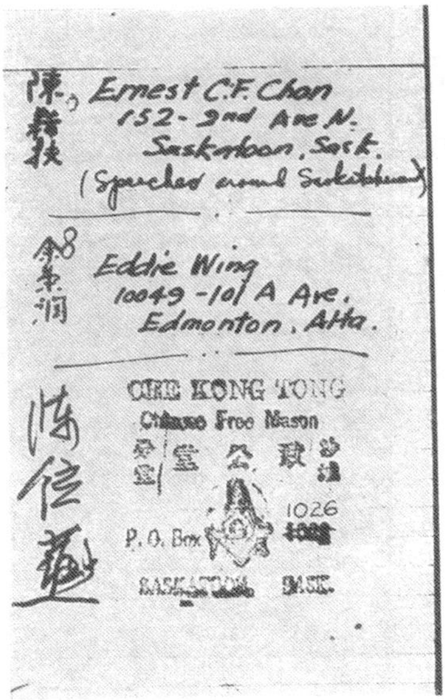
陳錦扶 Ernest C.F. Chan
152-2nd Ave N.
Saskatoon, Sask.
(Speeches around Saskatchewan)

余秉润 Eddie Wing
10049-101 A Ave.
Edmonton, Alta.

CHEE KONG TONG
Chinese Free Mason
致公堂
P. O. Box 1026
SASKATOON SASK.

陈信藏

18-069

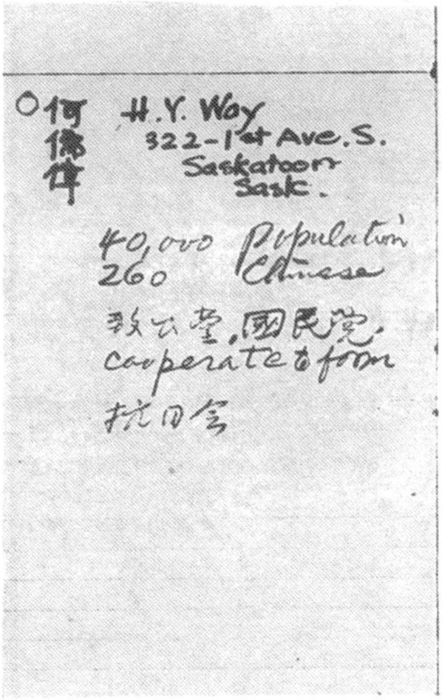
○何佛作 H.Y. Way
322-1st Ave. S.
Saskatoon
Sask.

40,000 Population
260 Chinese

致公堂，国民党，
cooperate to form
抗日会

18-070

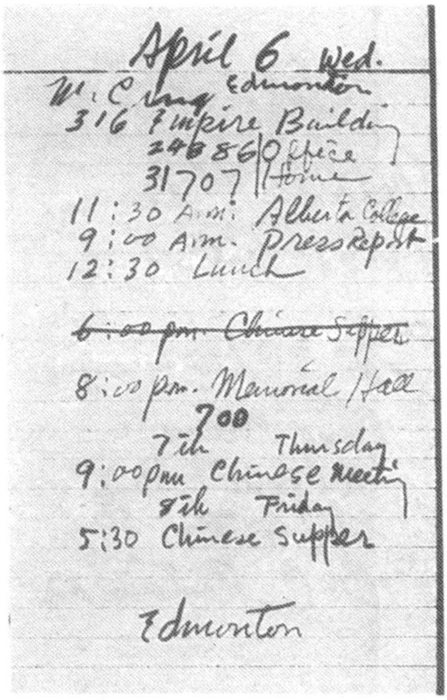
April 6 Wed.
W. C. Wing Edmonton
316 Empire Building
24886 Office
31707 Home
11:30 A.M. Alberta College
9:00 A.M. Press Report
12:30 Lunch

~~6:00 pm. Chinese Supper~~

8:00 pm. Memorial Hall
700
7th Thursday
9:00 pm Chinese Meeting
8th Friday
5:30 Chinese Supper

Edmonton

18-071

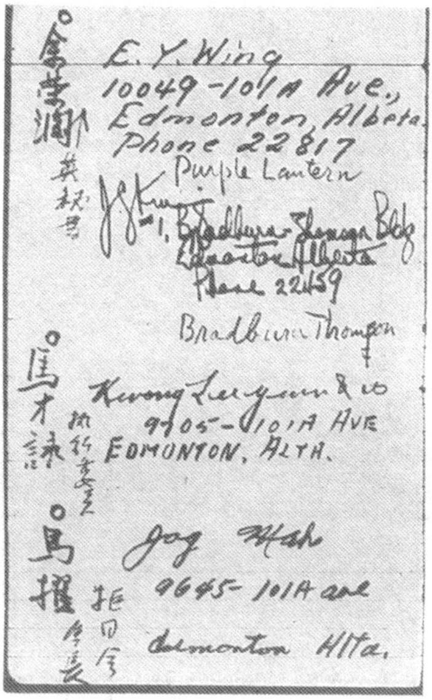
○余荣润 E. Y. Wing
10049-101A Ave.,
Edmonton, Alberta.
Phone 22817
英秘书 Purple Lantern
~~#1, Bradburn-Thompson Bldg~~
~~Edmonton, Alberta~~
~~Phone 22459~~
Bradburn Thompson

○马才泳 执行委员 Kwong Lee yuen & co
9705-101A AVE
EDMONTON, ALTA.

○马耀 抗日会 会长 Jay Mah
9645-101A ave
Edmonton Alta.

18-072

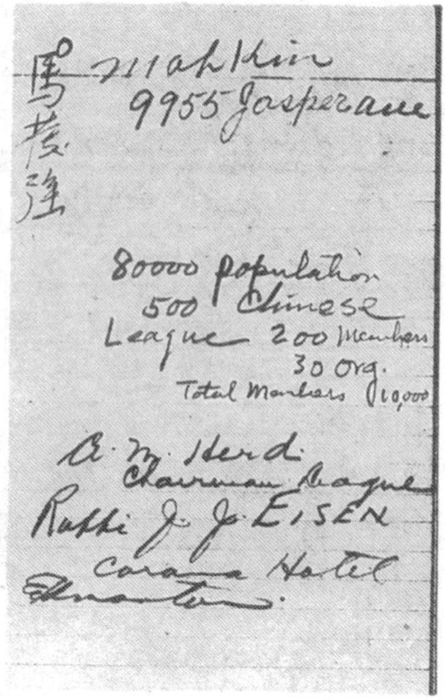
Mah Kin
9955 Jasper ave
80000 population
500 Chinese
League 200 Members
30 Org.
Total Members 10,000
Chairman League
Rabbi J. J. EISEN
Hotel

18-073

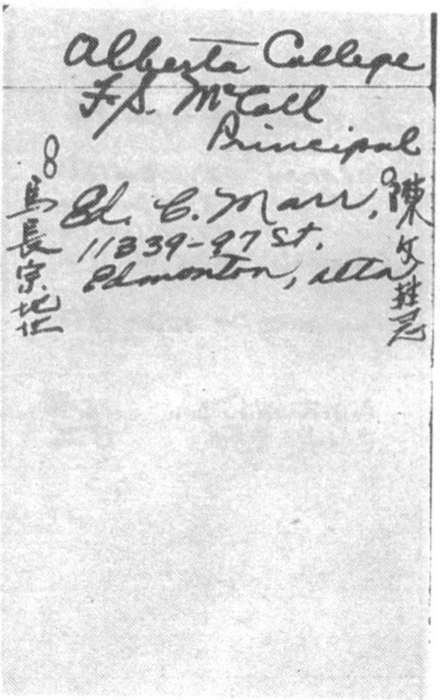
Alberta College
F. S. McCall
Principal
8
Ed. C. Marr,
11339-97 St.
Edmonton, alta

18-074

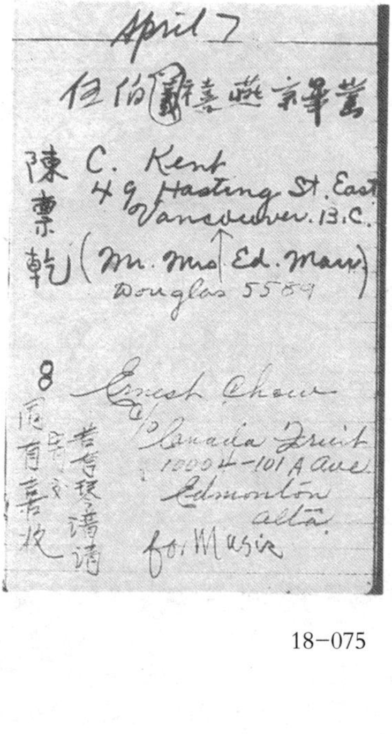
April 7
陳
C. Kent
49 Hasting St. East
Vancouver. B.C.
(Mr. Mrs. Ed. Marr)
Douglas 5584
8
Ernest Chow
c/o Canada Fruit
10004-101 A Ave
Edmonton
alta.
for Music

18-075

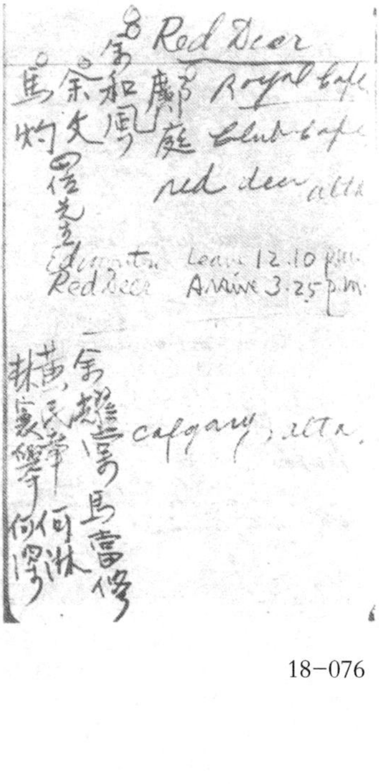
8 Red Deer
Royal Cafe
Club Cafe
red deer alta
Edmonton Leave 12.10 p.m.
Red Deer Arrive 3.25 p.m.
calgary, alta.

18-076

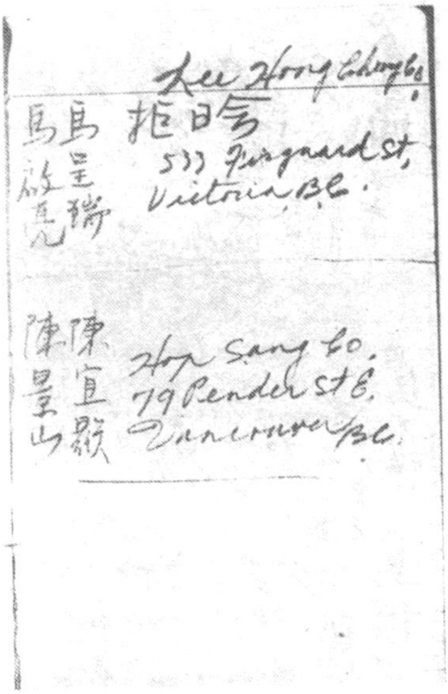
Lee Hong Chong Co.
馬昌 拒日會
533 Fisgard St,
Victoria, B.C.
陳景山 陳宜顯
Hop Sang Co.
79 Pender St E.
Vancouver B.C.

18−077

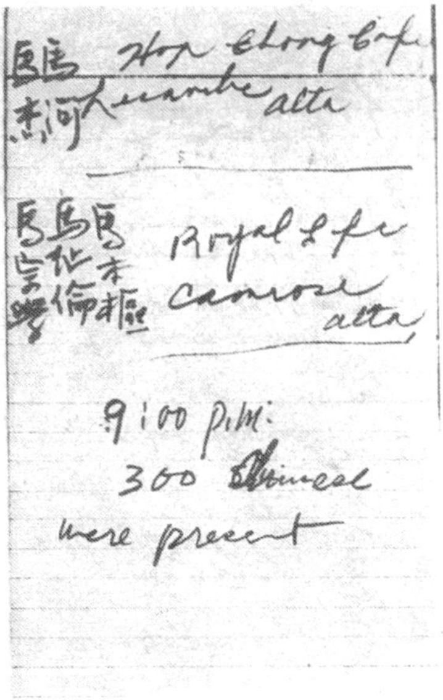
Hop Chong Cafe
Lacombe alta
Royal Cafe
Camrose alta
9:00 p.m.
300 Chinese
were present

18−078

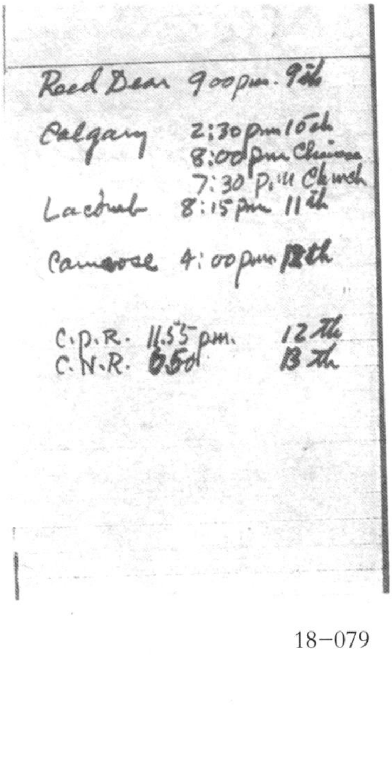
Red Deer 9:00 pm. 9th
Calgary 2:30 pm 10th
8:00 pm Chinese
7:30 p.m. Church
Lacombe 8:15 pm 11th
Camrose 4:00 pm 12th
C.P.R. 11.55 pm. 12th
C.N.R. 6.50 13th

18−079

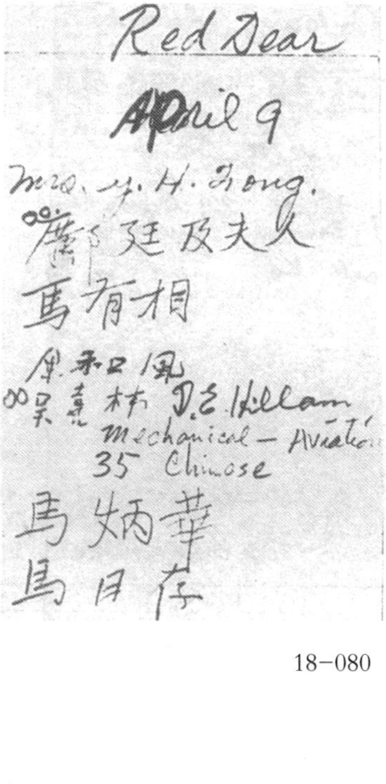
Red Deer
April 9
Mrs. Y. H. Fong
鄺廷及夫人
馬有相
吳和風
吳熹林 D. E. Hillam
Mechanical — Aviation
35 Chinese
馬炳華
馬日存

18−080

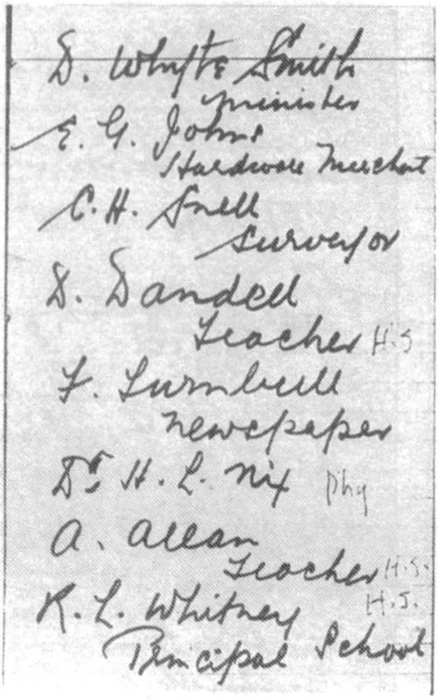

D. Whyte Smith
minister
E. G. Johns
Hardware Merchant
C. H. Snell
Surveyor
S. Dandell
Teacher H.S.
F. Turnbull
newspaper
Dr. H. L. Nix Phy
A. Allan
Teacher H.S.
K. L. Whitney H.S.
Principal School

18-081

E. S. Hogg
mayor

18-082

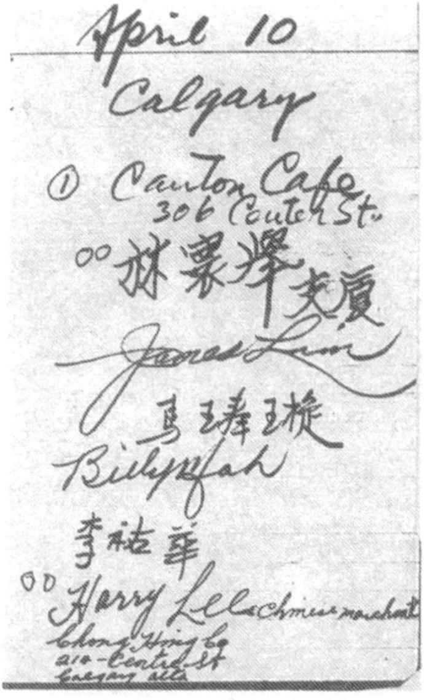

April 10
Calgary
① Canton Cafe
306 Center St.
○○林霖燦 美质
James Lim
马琫璇
Billyfah
李祐華
○○ Harry Lee chinese merchant
Chong Hing Co
210-Centre St
Calgary Alta

18-083

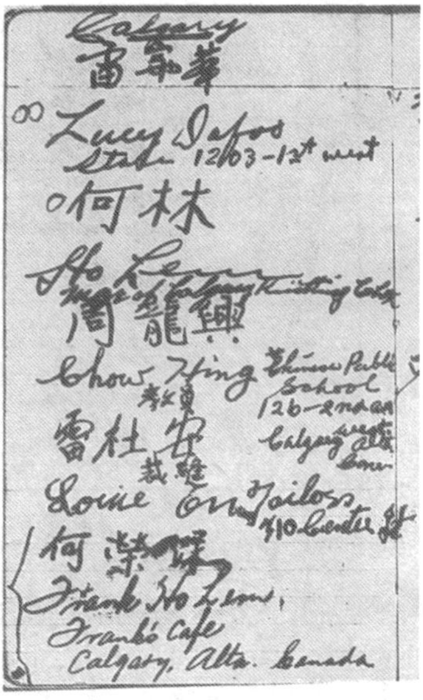

Calgary
雷家華
○○ Lucy Jafoo
Stab 1203-12th west
○何林
Ho Lem
Calgary Knitting Co.
周龍興
Chow Hing 教員 Chinese Public School
126-2nd Av
Calgary
雷杜宏 裁縫
Louie Err Tailors
710 Center St
何榮
Frank Ho Lem,
Frank's Cafe
Calgary, Alta. Canada

18-084

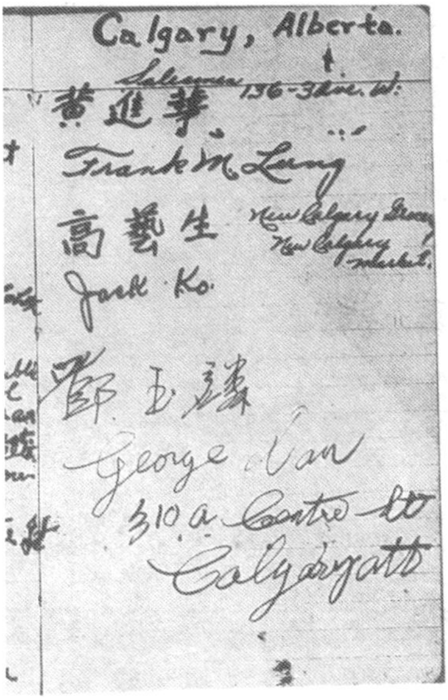
Calgary, Alberta.
Salesman 136-3 Ave. W.
黄進華
Frank M. Lang
高藝生 New Calgary Grocery New Calgary Market
Jack Ko.
鄧玉隣
George Tan
310 a Centre St
Calgary Alta

18-085

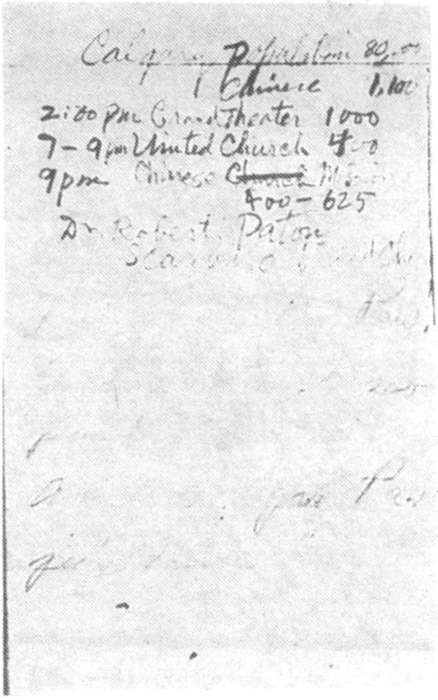
Calgary Population 80,000
Chinese 1,100
2:00 pm Grand Theater 1000
7-9 pm United Church 400
9 pm Chinese Mission
400-625
Dr. Robert Paton

18-086

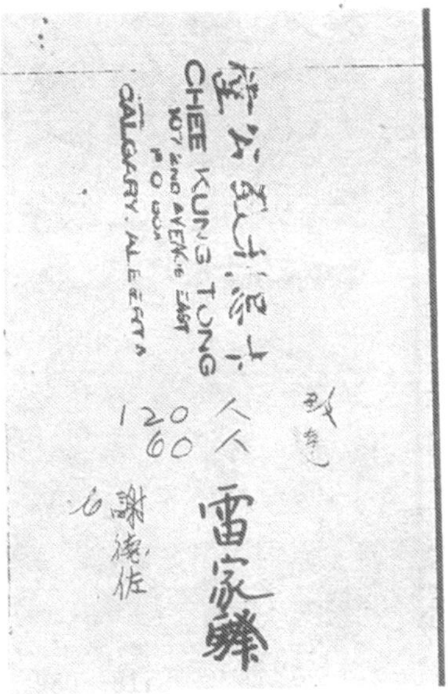
CHEE KUNG TONG
107 2ND AVENUE EAST
P.O. BOX
CALGARY, ALBERTA
120
60
雷家驊
謝德佐

18-087

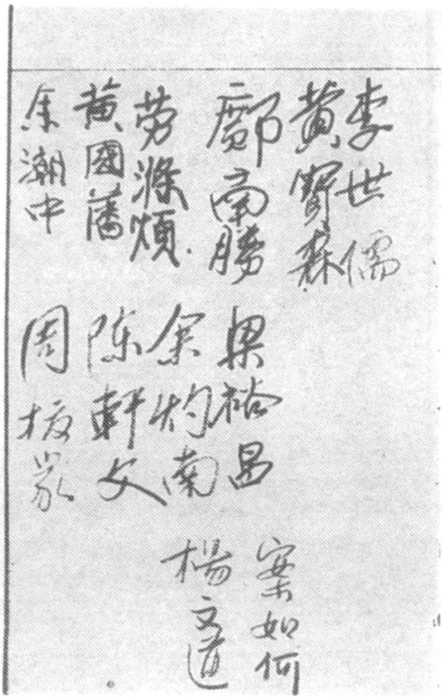
李世儒
黄寶森
鄺南勝
劳濟煩
黃國藩
余潮中
梁裕昌
余灼南
陈軒文
周梭家
案如何
楊文道

18-088

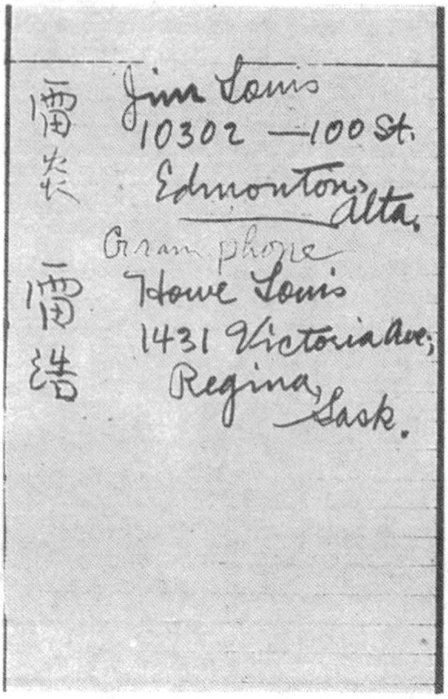

雷农 Jim Louis
10302 — 100 St.
Edmonton, Alta.
Gram phone
雷浩 Howe Louis
1431 Victoria Ave.,
Regina, Sask.

18-089

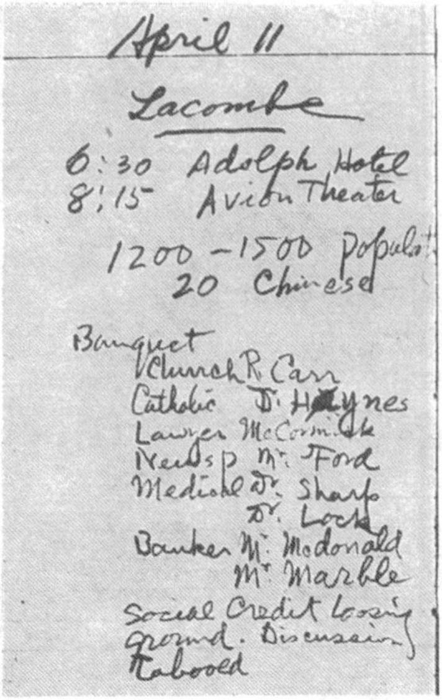

April 11

Lacombe

6:30 Adolph Hotel
8:15 Avion Theater

1200-1500 populat
20 Chinese

Banquet
Church R. Carr
Catholic Dr. Haynes
Lawyer McCormick
Newsp Mr. Ford
Medical Dr. Sharp
Dr. Lock
Banker Mr. Mcdonald
Mr. Marble

Social Credit loosing ground. Discussion tabooed

18-090

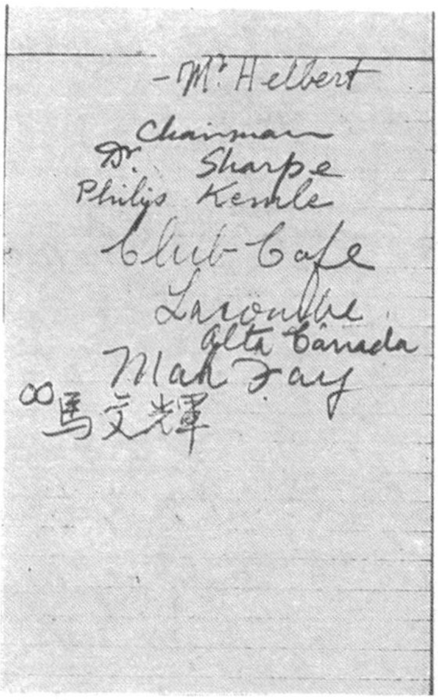

— Mr. Helbert
Chairman
Dr. Sharpe
Philip Kemble
Club-Cafe
Lacombe
Alta Canada
Mah Fay
∞馬文煇

18-091

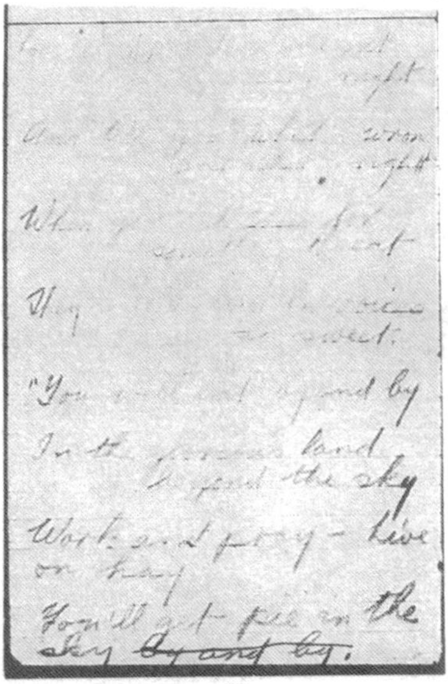

[illegible] right
[illegible] wrong
[illegible] right
When [illegible]
[illegible] eat
They [illegible]
[illegible] sweet.
"You [illegible] by
In the [illegible] land
[illegible] the sky
Work and pray — live on hay
You'll get pie in the sky ~~by and by~~.

18-092

when you die.

18-093

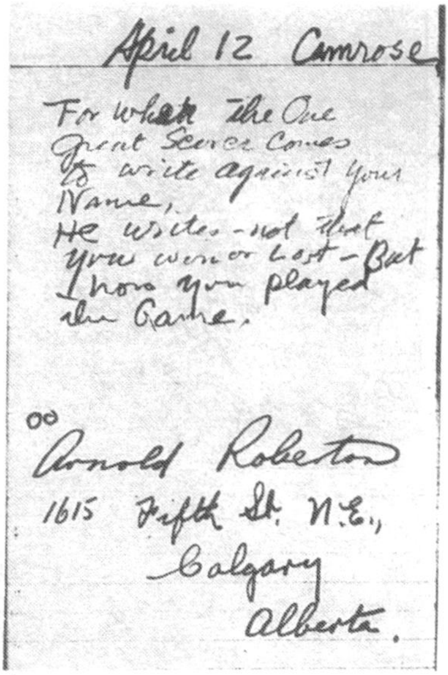
April 12 Camrose

For when the One
Great Scorer Comes
to write against your
Name,
He writes—not that
you won or lost—But
how you played
the Game.

oo
Arnold Robertson
1615 Fifth St. N.E.,
Calgary
Alberta.

18-094

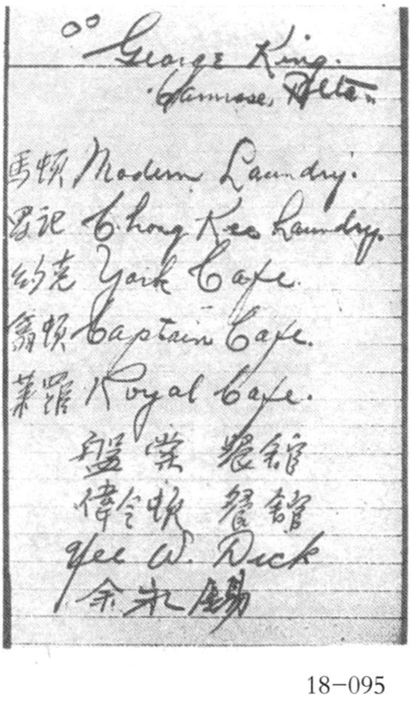
oo George King.
Camrose, Alta.

馬頓 Modern Laundry.
昌记 Chong Kee Laundry.
約克 York Cafe.
簡頓 Captain Cafe.
萊罷 Royal Cafe.
盤棠 餐館
偉令頓 餐館
Yee W. Dick
余永錫

18-095

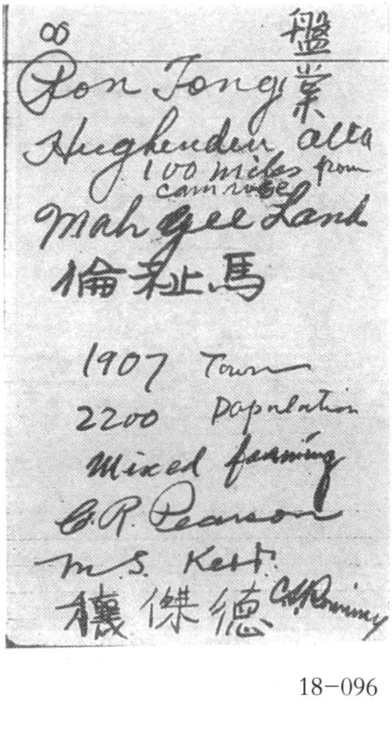
oo 盤棠
Ron Tong
Hughenden, alta
100 miles from
camrose
Mah Gee Lank
倫社馬

1907 Town
2200 Population
Mixed farming
C.R. Pearson
M.S. Kerr.
穰傑德 C.W. Rumney

18-096

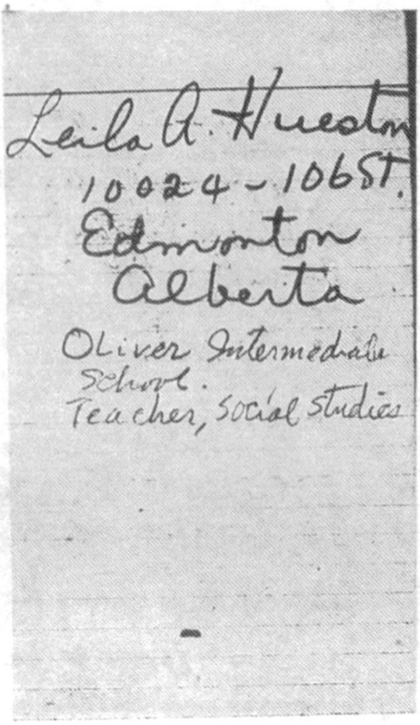
Leila A. Hueston
10024 - 106 St.
Edmonton
Alberta
Oliver Intermediate School.
Teacher, Social Studies

18-097

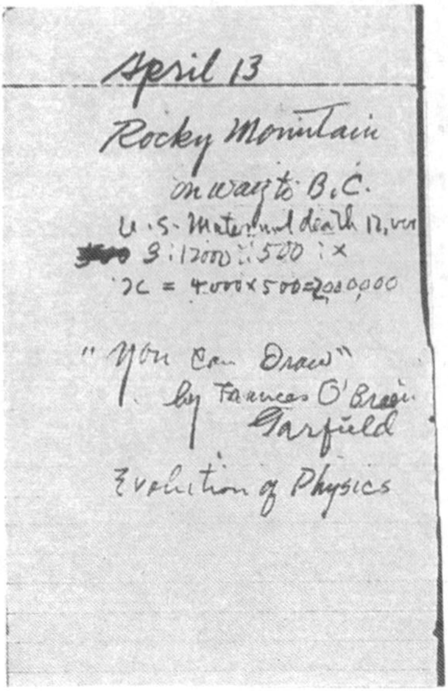
April 13
Rocky Mountain
on way to B.C.
U.S. Maternal death 12,000
3 : 12000 :: 500 : x
x = 4000×500=2,000,000
"You Can Draw"
by Frances O'Brien
Garfield
Evolution of Physics

18-098

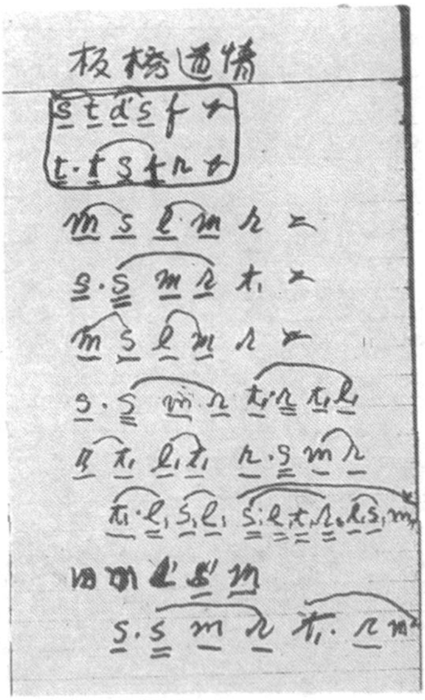
校榜道情

18-099

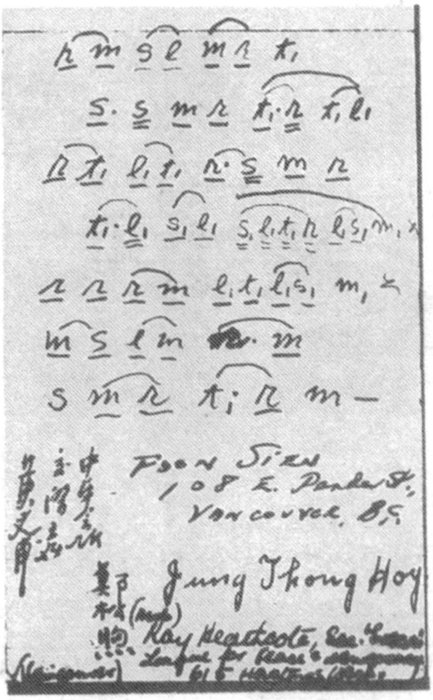
Foon Sien
108 E. Pender St.,
Vancouver, B.C.
Jung Thong Hoy
Ray Heathcote

18-100

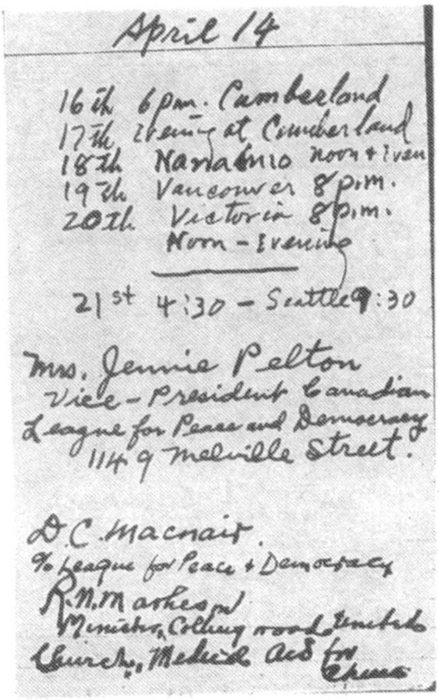
April 14

16th 6pm. Cumberland
17th evening at Cumberland
18th Nanaimo noon + even
19th Vancouver 8 p.m.
20th Victoria 8 p.m.
Noon - Evening

21st 4:30 - Seattle 9:30

Mrs. Jennie Pelton
Vice-President Canadian
League for Peace and Democracy
1149 Melville Street.

D.C. Macnair
% League for Peace + Democracy
R.N. Markeson
Minister, Collingwood United
Church, Medical Aid for China

18-101

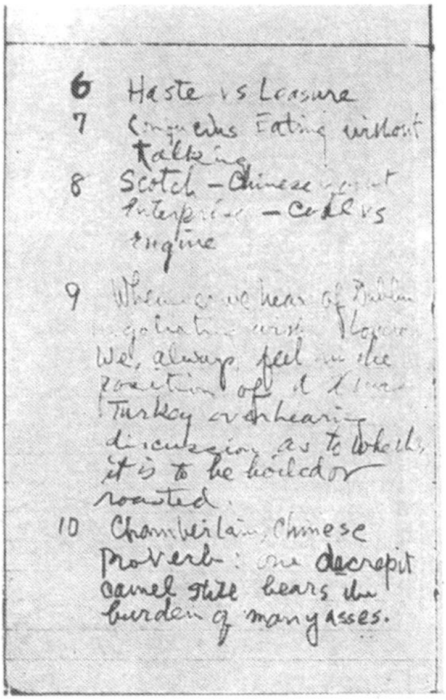
6 Haste vs Leisure
7 Chinese Eating without talking
8 Scotch - Chinese joint enterprise - Cold vs engine
9 Whenever we hear of Dublin negotiating with Japan we always feel in the position of a Xmas Turkey overhearing discussion as to whether it is to be boiled or roasted.
10 Chamberlain, Chinese proverb: one decrepit camel still bears the burden of many asses.

18-102

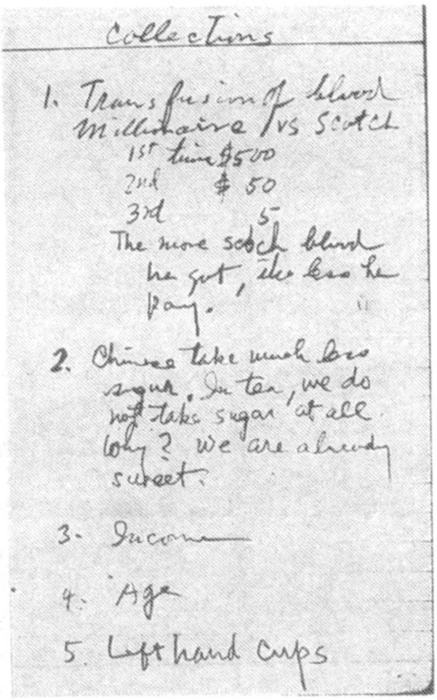
Collections

1. Transfusion of blood
Millionaire vs Scotch
1st time $500
2nd $ 50
3rd 5
The more scotch blood he got, the less he pay.

2. Chinese take much less sugar. In tea, we do not take sugar at all. Why? We are already sweet.

3. Income

4. Age

5. Left hand cups

18-103

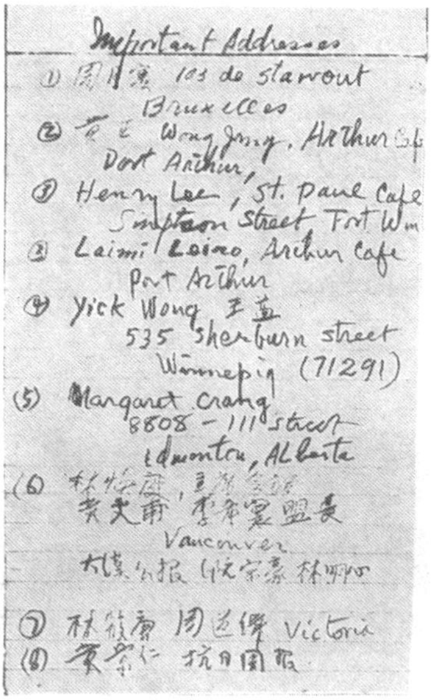
Important Addresses
① 周 103 de Stavout Bruxelles
② Wong Jing, Arthur Cafe Port Arthur,
③ Henry Lee, St. Paul Cafe Simpson Street Fort Wm
③ Laimi Loiao, Arthur Cafe Port Arthur
④ Yick Wong 王 535 Sherburn street Winnipeg (71291)
(5) Margaret Craig 8808 - 111 street Edmonton, Alberta
(6) 林 黄夫甫 Vancouver 大汉公报
⑦ 林 周 Victoria
⑧ 抗日

18-104

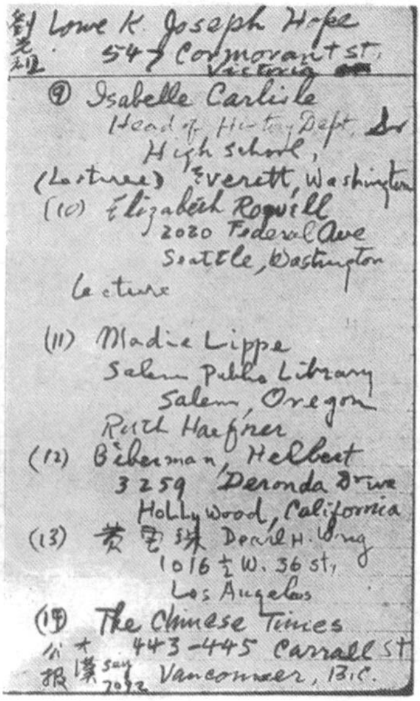
刘尧祖 Lowe K. Joseph Hope
547 Cormorant St.
Victoria

(9) Isabelle Carlisle
Head of History Dept. Sr
High school,
(Lecturee) Everett, Washington
(10) Elizabeth Rogwell
2020 Federal Ave
Seattle, Washington
Lecture

(11) Madie Lippe
Salem Public Library
Salem, Oregon
Ruth Haefner
(12) Biberman, Helbert
3259 Deronda Drive
Hollywood, California
(13) 黄思珠 David H. Wong
1016 ½ W. 36 st,
Los Angeles
(14) The Chinese Times
公 大 443-445 Carrall St
报 汉 Vancouver, B.C.

18-105

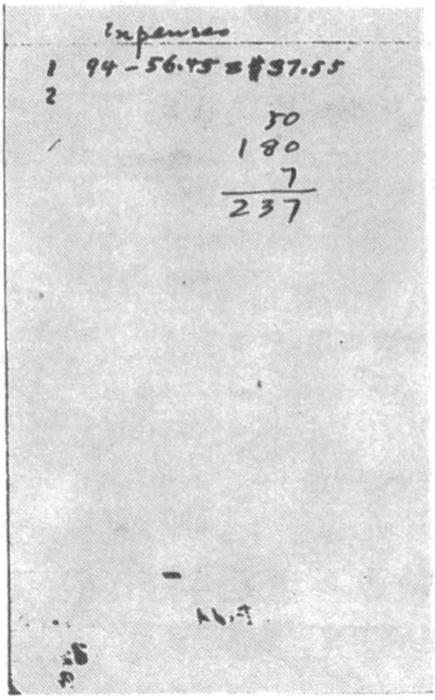
Expenses
1 94 - 56.45 = $37.55
2

50
180
7
237

18-106

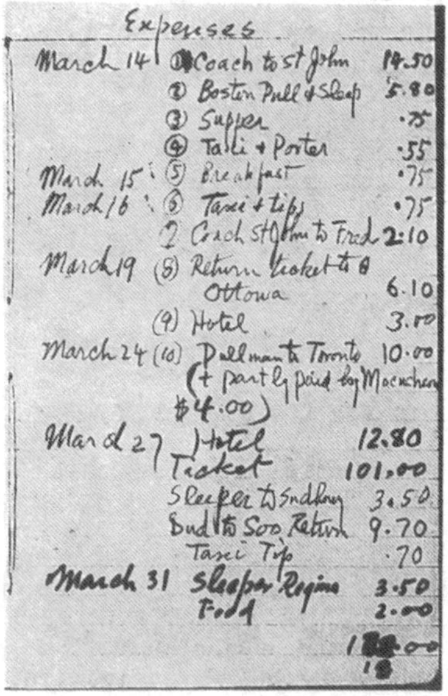
Expenses

March 14	①	Coach to St John	14.50
	②	Boston Pull & Sleep	5.80
	③	Supper	.75
	④	Taxi + Porter	.55
March 15	⑤	Breakfast	.75
March 16	⑥	Taxi + tips	.75
	7	Coach St John to Fred	2.10
March 19	(8)	Return ticket to Ottowa	6.10
	(9)	Hotel	3.00
March 24	(10)	Pullman to Toronto (+ partly paid by Macechern $4.00)	10.00
March 27		Hotel	12.80
		Ticket	101.00
		Sleeper to Sudbury	3.50
		Sud to Soo Return	9.70
		Taxi Tip	.70
March 31		Sleeper Regina	3.50
		Food	2.00
			1[illegible].00
			18

18-107

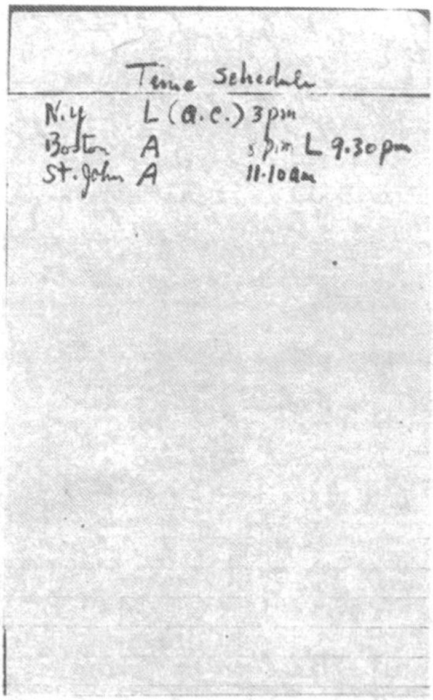
Time Schedule
N.Y. L (A.C.) 3pm
Boston A 5pm L 9.30pm
St. John A 11.10am

18-108

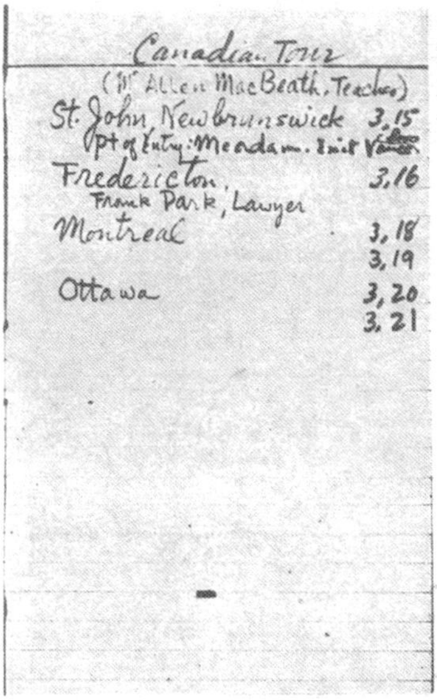

Canadian Tour

(Mr. Allen MacBeath, Teacher)

St. John, Newbrunswick 3,15

Pt of Entry: Meadam. Exit [illegible]

Fredericton, 3,16

Frank Park, Lawyer

Montreal 3,18

3,19

Ottawa 3,20

3,21

18-109

Mar. 12 7 pm. 張蕙芝寓

Mar 13 6:15 Port Arthur

18-110

第十八册〔注译〕

1938.3.10~1938.4.14

纽约·加拿大

18—001

1938 年 3 月 10 日　纽约市

所罗门对国际楼的想法

12 时半至 1 时　张彭春来访

下午 7 时　中华民国　宴

上午 10 时　去加拿大护照

3 月 13 日　下午 7 时会诺尔顿

18—002

第 2 至 8 行：霍奇斯教授地址

18—003

3 月 12 日

克里斯泰·富切斯　斯沃斯莫尔学院

18—004

3 月 13 日　星期日

中国乡村社会与乡村教育

I 中国农村　1. 人口　2. 土地　3. 马克斯和格雷丝　纽约

汉口组

莫斯科中国大使

美国大使戴维斯

波阿

王

18—005

1 至 14 行为账目。3 个月 12,000 美元

末 4 行：阿特金森先生教会和平联盟　地址

18—006

艾克尔伯格　国际联盟协会

18—007

3 月 14 日

自海湾南站返回　未停留　步行至大西洋大道北站

答应康德尔教授　文章将于本周内完成

格雷斯·李帮我从领事馆拿到电报

撒莫尔·张带 1.5 美元去迈迪森广场大道 347 号

冒雨前往圣约翰

18—008、009

3 月 15 日加拿大　圣约翰

余为人名地址

18—010

贝尔德曾在河南多年　晚 11 时在他的住处饮茶

每平方英里森林 250 美元

6 个孩子

华侨　40 人　无集会

18—011

3 月 16 日　弗雷德里克顿

记者：S.W.格瑞尔斯　《每日邮讯》

11 时 30 分　克尔思台德博

12 时　N.B.大学　学生 400 人与帕克先生共进午餐

下午 10 时　华侨 12 人

晚 6 时　托勒博士

下午 8 时 15 分　省立师范

下午 1 时　国际事务研究所

4 时 45 分　前往蒙特利尔

18—012

B.H.怀特

约翰·林顿

拉尔夫·阿尔本特　青年会

霍雷斯·汉森

F.W.帕克　联盟

K.H.盖尔丁　地址

18—013

星星咖啡厅　哈里·李

吐鲁西·李　大咖啡厅

公立师范学校　600 人出席　群众大会

18—014

3 月 17 日

下午 12 时　约克　95　午餐

下午 1 时　国际关系研究所

20 人出席

下午 4 时　离霍姆斯台德旅馆往蒙特利尔

菲利普·奥兰特先生

圣约翰加拿大俱乐部

18—015

3 月 18 日

M.C.肯尼迪夫人

R.麦克卡特基昂夫人

下午 3 时　华侨王先生

下午 9 时　英语演讲　75 或 80

20 年

下午 5 时　3 月 19 日茶会　中国与抵制

下午 9 时　哲学俱乐部

25 至 30

22 日星期二　晚 8 时半　皇山旅馆

20 日下午 5 时　22 日下午 6 时

蒙特利尔　M.C.肯尼迪　地址

18—016

此页为蒙特利尔朋友名及地址

18—017

第 2 至 7 行：旧金山及附近的小城

加拿大

西雅图

芝加哥

纽约

末 7 行：沃特雷蒙学生联盟成员 50

主席：路易斯·戈德海尔　地址

18—018

末 4 行　陶宏　中国重庆北碚中国科学社

18—019

3 月 19 日

H.维特斯坦因　地址

雅可比先生　下午 9 时　地址

埃什尔·奥斯特雷　地址　在汉密尔顿会面

18—020

倒数第 4 行：青年会会员 400 人

末 2 行：蒙特利尔华侨不到 2000 人

18—021

第 1 行：洗衣馆　1000 家

第 4 行：饭馆　500 家

第 8 行起：300 人失业　每周 3 美元

学生：青年会学校 20 人

王先生学校 30 人

有夫人及家庭者，易于得到救济

18—022

第 1 至 9 行：3 月 21 日

大卫·路易斯　晨 8 时半渥太华地址

中国总领事馆　渥太华查罗特街 278 号

18—024

3 月 22 日

8 时半　皇山饭店

下午 12 时　罗斯福处茶会

18—025

3 月 23 日

莫利尔·J.华莱士　多伦多地址

H.Y.张　安大略多伦多维多利亚大学

有关小先生的资料

27 日 5 时半于华莱士处相会

18—026

3 月 24 日

6 时半　南京

路易斯·约翰·哈维

李连·雅楼　地址

瑞吉诺·哈维　地址

斯梯纳·加尔迪那尔　地址

圣·维特斯坦　地址

18—027

基督教士与犹太教士

1. 唱三次　2. 唱三次　3. 唱二次　再唱一次

1. 手拿锄头锄野草，锄去野草好长苗

2. 五千年古国要出头，锄头底下有自由

3. 革命的成功靠锄头，锄头锄头要奋斗

4. 机器和锄头团结紧，新世界就在前头

18—028

此页为《凤阳歌》的英译文

18—029

第 1 至 7 行：3 月 25 日多伦多

保罗·加德纳　多伦多明星报。怀履光主教　安大略皇家博物馆

多伦多大学

18—030

第 1 行：维多利亚饭店

末 7 行：3 月 15 日东京电：墨西哥油 500，000 桶

《中国妇女和她们的解放斗争》

（鲁依，戴维斯）

海伦·格拉斯

18—031

第 1 至 4 行：3 月 26 日

华莱士　多伦多　皇后公园 71 号

18—033

第 2 行：5 时 30 分　华莱士首相

18—034

第 1 至 11 行：1.青铜器时代的机弩　周或西汉

（公元前 1122～前 100 年）（16 世纪欧洲的弩，粗糙）

2.鼎文　公元前 550 年（疑为前 570 年）　鲁襄公三年

孔子生于公元前 551 年

韩王子的 11 座墓

18—035

第 1 至 2 行：唐朝（公元 618~906 年）

陶器　骨灰缸

第 6 至 7 行：白瓷 6~7 世纪

第 9 行起：⑥柱子挂毯　14 世纪

⑦寺庙墙上的壁画

道教 12 世纪

佛教 13 世纪

18—036

用铁制成夹住头的架子，有一

铁条插入嘴中，不让舌头动，17 世纪英国人惩罚脾气坏的或多嘴多舌的女人的刑具

18—037

第 4 至 6 行：联合教堂在卡尔登街

18—038

第 1 至 2 行：3 月 28 日　前往苏（地名）途中

18—039

曲棍球

90 年前　约翰·罗斯·罗伯特森首创于加拿大，在美国推广已 15 年

运动场 3,000,000 美元

可供 15,000 食宿

每队 15 人，各 6 人在一边打

场地 200 英尺×100 英尺

亦可在冰球场上赛

J.W.柯伦　苏之明星

18—040

维多利亚饭店

阿尔夫雷德·卡昂　地址

3 月 28 日

下午 3 时半至 4 时　高级中学

下午 5 时　晚餐

下午 6 时半至 6 时 45 分

广播台

8 时　哥伦比亚

3 月 29 日　上午 9 时　技术学校　20 分钟

18—041

苏大学生社团　800 人

J.E.亨瑞吉逊

厄尔·维克斯　人民联盟主席

厄尔·马丁　苏尔特中国人民之友委员会秘书

市长约翰·鲁德

18—043

第 1 至 2 行：3 月 29 日　萨德伯里　毕加特利旅馆

巴尔莫罗咖啡店

18—044

第 1 至 6 行：3 月 30 日　威廉要塞

王慕恩　安大略省亚瑟港斯坦利咖啡店

末 3 行：帕格·雷诺女士已下工

住爱德华皇家旅社

18—045

第 2 至 6 行：李永均　威廉要塞　地址

末 3 行：赴温尼伯途中

下雪　阿尔伯塔大雪风

18—046

4 月 1 日

2时半　CKCK广播电台

12时　加拿大俱乐部

3时15分　师范学校

8时　市政厅

4月2日　2时半　中华公所

里贾纳　有华侨270人

城市人口　50,000

A.W.埃德加　地址

帕姆·怀路斯·利米台特中国红十字会

18—047

埃里克·麦克比　地址

E.R.鲍威尔　怀特·朴尔合作者地址

余绪昌　中华民族同盟秘书地址

18—048

1. 尼亚加拉瀑布

2. 教师的信

曾郁　中国红十字会

18—049

演讲

1. 朝鲜人民将获最后的发言权

2. 满洲里问题

3. 加拿大能做之事

4. 藉口

5. 可能的结果

6. 权益的保证：忠诚

7. 政府的组成形式：民主

8. 撤去日本制造的标志

9. 事变

10. 游击队事件

11. 香港的地位

18—050

此页为里贾纳等人名及地址

18—051

末6行：市政府以7比4劳工理事会获胜

市长：A.C.艾力森

联合运动

余为人名及地址

18—052

加拿大联邦福利合作联合会

社会信用运动

个体发展

社会主义的市长　律师兼海员

城市以生产农业机械闻名

批发商

皇室加拿大人

骑警队——早在殖民主义拓荒时期就存在

18—053

第2至5行：奥斯托尔博士里贾纳地址

18—058

53,000　人口

10,000　依靠城市救济

2,500　其他抚助

25%　依靠救济

每年 1,250,000 美元

无经济收入的人供住宅 12 个月

18—059

第 1 至 2 行：4 月 3 日　穆斯乔

18—062

8 时半　首都剧场　825 人出席

下午 3 时　175 华侨在皇家剧院集会

英王直属皇家加拿大剧场免费

18—064

第 3 至 7 行：离穆斯乔，经里贾纳到萨斯卡通

弗兰克·叶

18—066

第 1 至 4 行：萨斯卡通

纳尔森·克拉克　和平同盟秘书

18—067

集会

4 月 4 日 6 时 15 分　加拿大俱乐部

4 月 4 日 8 时　来基昂会堂　群众大会

4 月 4 日下午 11 时　中华民族同盟

4 月 5 日 1 时半　500 学生在城市公园

安德森校长　弗利斯教师为我驾车

18—070

第 5 至 6 行：40,000　人口 260 华侨

末 2 行：合作组成抗日会

18—071

4 月 6 日　星期三

埃德蒙顿

W.克朗

上午 11 时半　艾伯塔学院

上午 9 时　新闻报道

12 时半　午餐

下午 8 时　纪念馆 700

7 日　星期四

下午 9 时　华人集会

8 日　星期五　5 时半华人晚宴

加拿大埃德蒙顿

18—073

第 4 行起：80,000 人口　500 华侨　同盟成员 200

30 个组织　成员总数 10,000

A.M.赫德　同盟主席

18—074

第 1 至 3 行：F.S.米高尔校长

18—076

第 1 至 6 行：雷德迪尔　皇家咖啡厅

下午 12 时 10 分离开埃德蒙顿

下午 3 时 25 分到雷德迪尔

18—078

皇家咖啡厅

下午 9 时 300 华侨出席

18—079

9 日下午 9 时　雷德迪尔

卡尔加里　10 日午后 2 时半

晚 8 时　华侨

晚 7 时半教堂

拉科姆　11 日下午 8 时 15 分

卡姆罗斯　12 日下午 4 时

C.P.R.　12 日晚 11 时 55 分

C.N.R.　13 日 6 时 50 分

18—080

第 1 行：雷德迪尔

18—081

此页为部长、校长、教师、商人、牧师、记者的人名

18—082

E.S.霍格市长

18—083

第 1 至 4 行：4 月 10 日　卡尔加里

广州咖啡厅　地址

18—086

卡尔加里市人口　80,000

华侨　1,100

下午 2 时半　大戏院 1,000

下午 7~9 时　联合教堂　400

下午 9 时　华侨布道会 400~625

罗伯特·帕顿博士　斯卡布鲁联合教堂

18—090

4 月 11 日　拉科姆

6 时半　阿道夫旅社

8 时 15 分　航空剧院

人口 1,200~1,500　华侨 20 人

正式宴会

教堂　R.卡尔

天主教　海恩斯博士

律师　麦克考米思克

新闻记者　福特先生

医学博士　夏普和洛克

银行家　麦克唐纳先生和马尔布洛先生

社会信用观点失利　忌讳讨论

18—091

赫尔伯特先生

夏普博士　主席

菲里斯·坎默尔　咖啡俱乐部

18—092、093

长发教士每晚出来布道
告诫你什么是对，错又何在
一旦你请求赐予吃的
他们的回答甜蜜和蔼：
“你有美食佳肴
在天外那个辉煌的世界
干活，祈祷，任劳任怨
死后便能进天堂乐园。”

18—094

4月12日　卡姆罗斯

当一位出色的记分员企图毁坏你的名誉时，他所报道的不是你的胜负，而只写你在比赛场的行为

阿诺德·罗伯特　艾伯塔　地址

18—095

第1至2行：乔治·金　地址

18—096

第8至12行：1907建城人口2,200

农业混合经营

G.R.皮尔逊

M.S.肯特

18—097

雷拉·A.休斯顿　艾伯塔　地址

奥利伐尔中级学校　教师

社会研究

18—098

4月13日　洛基山

赴不列颠哥伦比亚省途中

美国产妇死亡　12,000

末行：物理学的演变

18—101

4月14日

16日下午6时　坎伯兰

17日晚　在坎伯兰

18日中午及晚间　纳奈莫

19日晚8时　温哥华

20日晚8时　维多利亚午—晚

21日4时半—西雅图　9点半

珍尼·柏尔敦夫人　加拿大和平民主联盟副主席

D.C.马克奈特　和平民主联盟转

R.N.马贺森　联合教堂牧师援华医疗队转

18—103至102（逆页码写）

1. 输血　百万富翁与苏格兰人第一次输血500元，第二次50元，第三次5元；他得到苏格兰人的血越多，付价越少。

2. 中国人多取低糖。茶中一点糖不放，为什么？因为我们已经很甜

3. 收入

4. 年龄

5. 左手拿杯子

6. 匆忙与闲暇

7. 孔夫子　食不言

8. 苏格兰人—中国人联合企业　煤与机械

9. 每逢听到都柏林与伦敦谈判时，我们常感到是圣诞节讨论火鸡是煮还是烤？

10. 张伯伦　中国谚语：瘦死的骆驼比驴大

18—104、105

重要地址

③李哈里　威廉要塞　莱米·雷诺

⑤马格丽特·卡昂　埃德蒙顿

⑨伊萨贝尔·卡里斯勒　高级中学历史系主任

⑩伊利扎伯·路威尔　西雅图华盛顿

⑪玛迭·李普　俄勒冈

⑫比波门·希尔伯特　好莱坞

⑭《大汉公报》　温哥华

18—107

此页为账目

18—108

时刻表

纽约、波士顿、圣约翰

18—109

加拿大旅游

（艾伦·麦克佩斯先生教师）

圣约翰，新不伦瑞克　3.15

入港名

弗雷德里克顿　3.16

弗兰克·帕克　律师

蒙特利尔　3.18；3.19

渥太华　3.20；3.21

衡備忘

第十九册

1938.4.14~1938.5.21

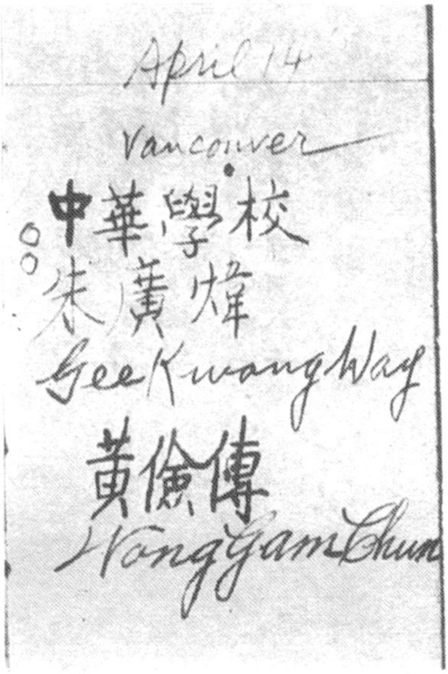
April 14
Vancouver
中華學校
朱廣煒
Gee Kwang Way
黄儉傳
Wong Gam Chun

19-001

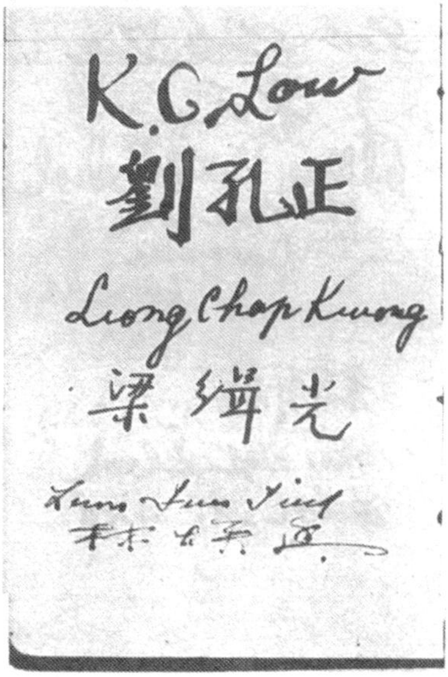
K.C. Low
劉孔正
Liong Chap Kwong
梁缉光

19-002

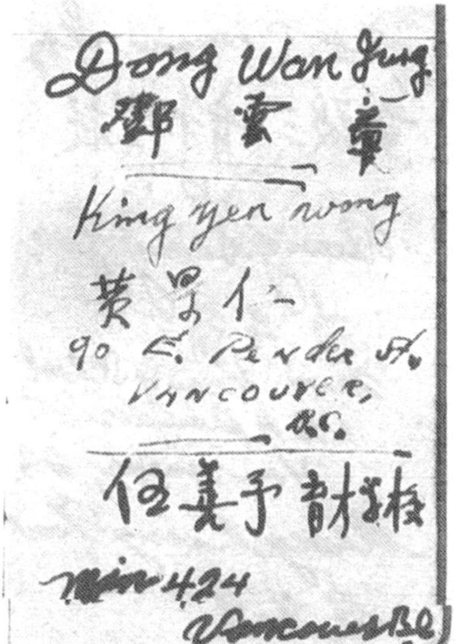
Dong Wan Jung
鄧雲章
King yen wong
黄景仁
90 E. Pender St.
Vancouver,
B.C.
任義予謝振
Min 4.24
Vancouver B.C.

19-003

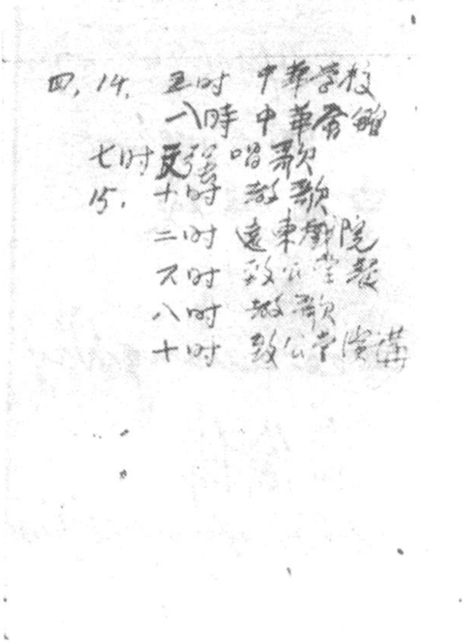
四，14. 五时 中華學校
八時 中華會館
七时 [illegible] 唱歌
15. 十时 教歌
二时 遠東劇院
六时 致公堂報
八时 教歌
十时 致公堂演講

19-004

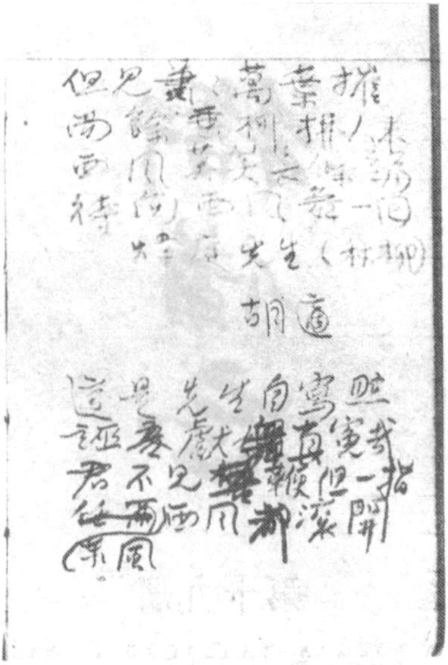

19-005

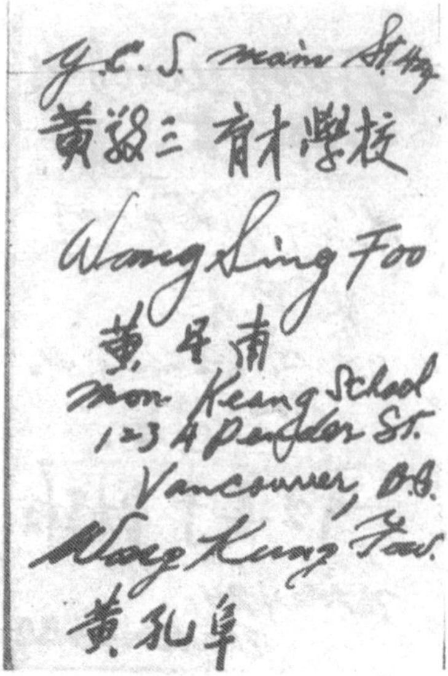

19-006

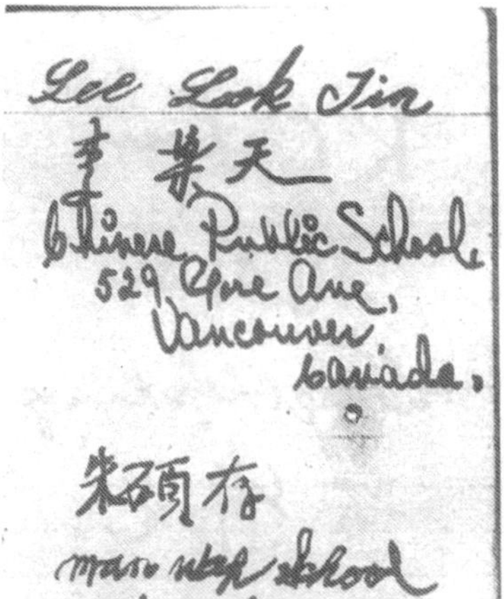

19-007

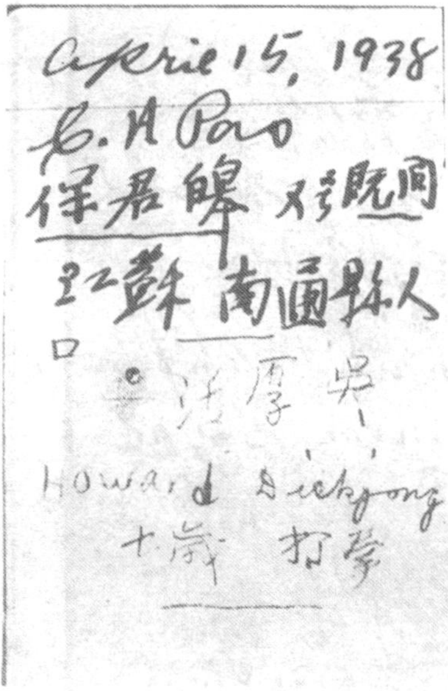

19-008

19-009

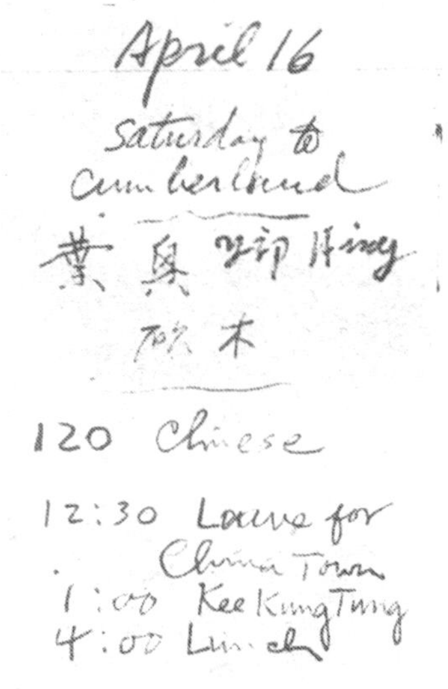

19-010

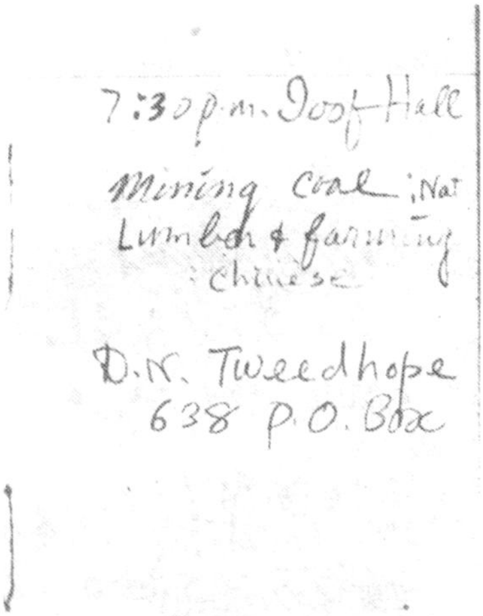

19-011

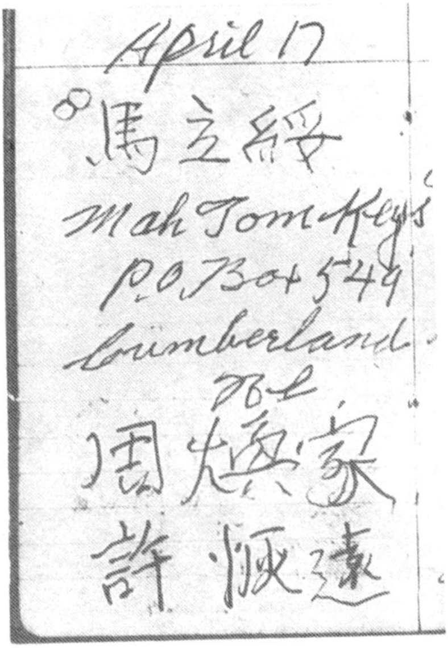

19-012

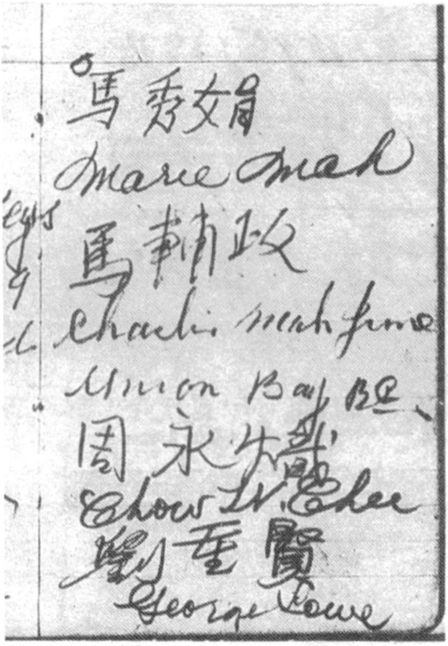
馬秀娟
Marie Mah
馬輔政
Charlie Mah
Union Bay B.C.
周永熾
Chow Li Chee
劉聖賢
George Lowe

19-013

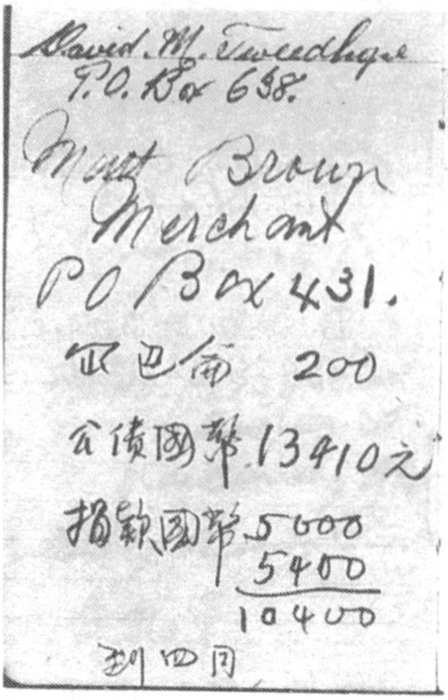
David M. Tweedhope
P.O. Box 638.
Mount Brown
Merchant
P O Box 431.
亞巴省 200
公債國幣13410元
捐款國幣5000
5400
10400
到四月

19-014

煤礦現在之

19-015

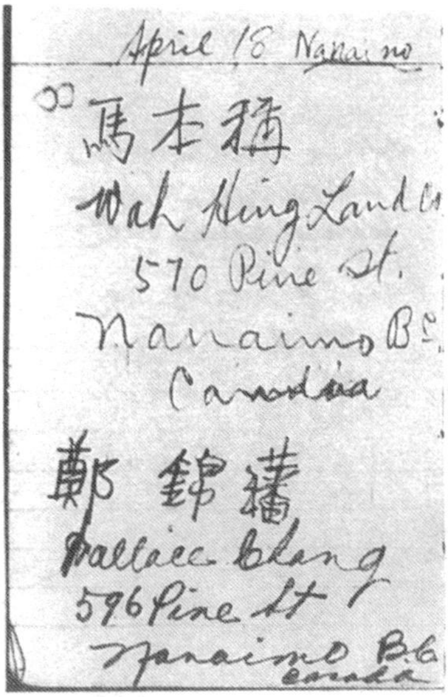
April 18 Nanaimo
馬本稿
Wah Hing Land Co
570 Pine St.
Nanaimo B.C.
Canada
鄭錦藩
Wallace Chang
596 Pine St
Nanaimo B.C.
Canada

19-016

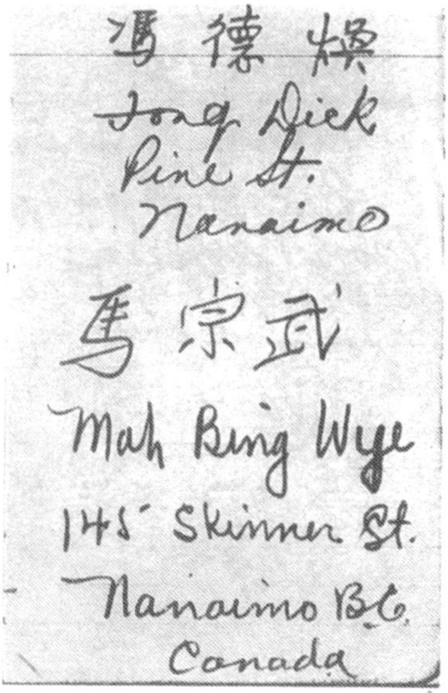

19-017

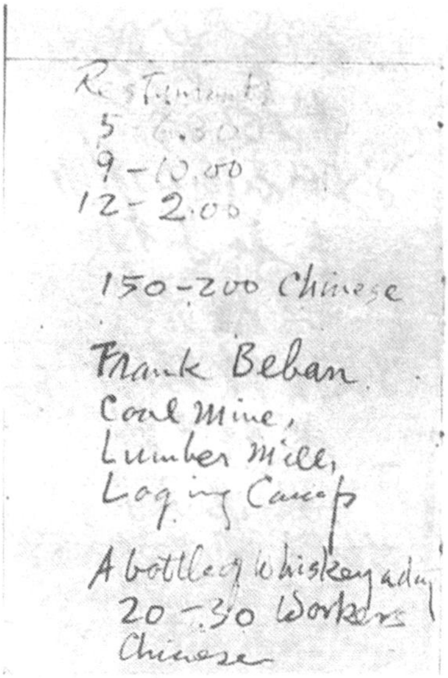

19-018

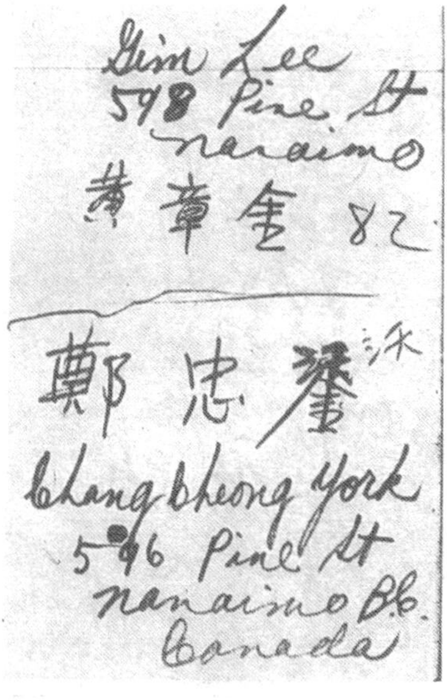

19-019

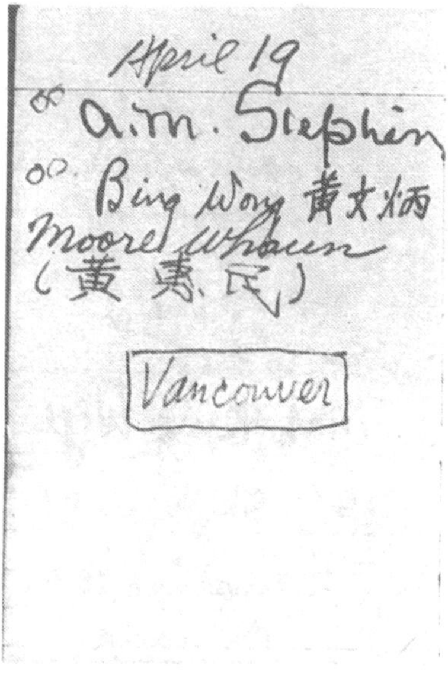

19-020

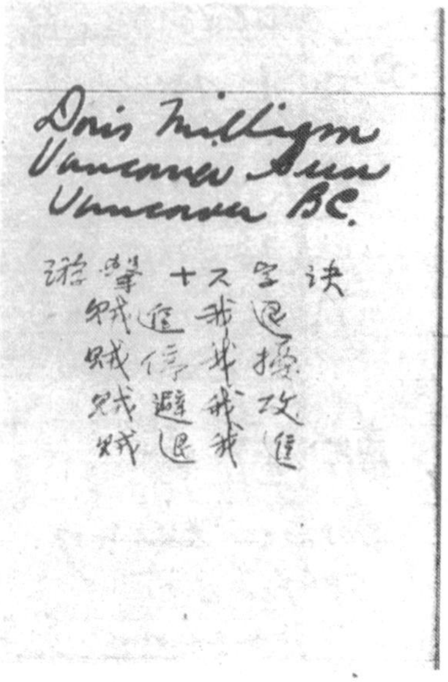
Doris Milligan
Vancouver Sun
Vancouver B.C.

游击十六字诀
敌进我退
敌停我扰
敌避我攻
敌退我追

19-021

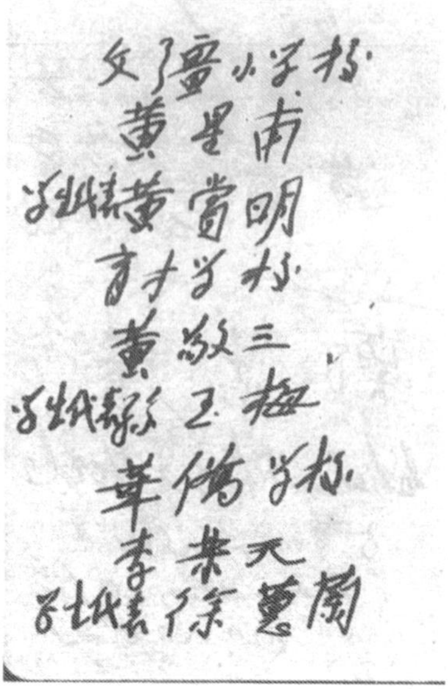
文澜小学校
黄是南
学生代表黄赏明
育才学校
黄敬三
学生代表郑玉梅
华侨学校
李荣天
学生代表徐慧兰

19-022

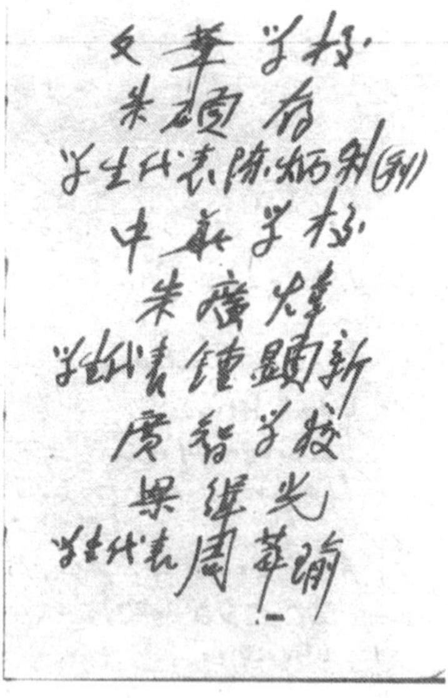
文华学校
朱硕甫
学生代表陈炳坤（坤）
中华学校
朱广炜
学生代表钟显新
广智学校
吴继光
学生代表周华瑜

19-023

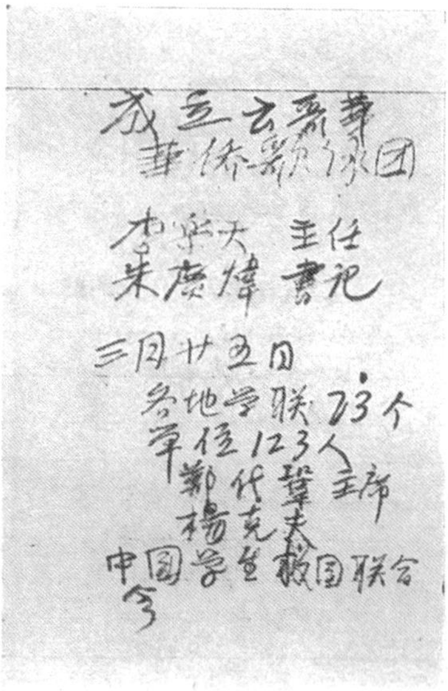
成立云高华
华侨歌咏团
李乐天　主任
朱广炜　书记
三月廿五日
各地学联23个
单位123人
郑代巩　主席
杨克夫
中国学生救国联合会

19-024

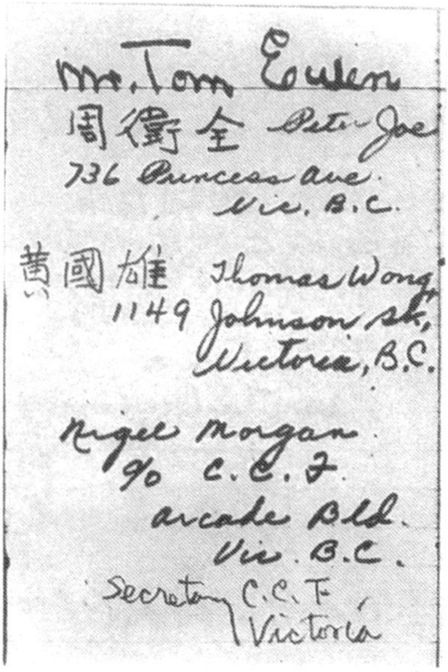
Mr. Tom Cowen
周衛全 Peter Joe
736 Princess ave.
Vic. B.C.
黄國雄 Thomas Wong
1149 Johnson st.,
Victoria, B.C.
Nigel Morgan
c/o C.C.F.
arcade Bld.
Vic. B.C.
Secretary C.C.F.
Victoria

19－025

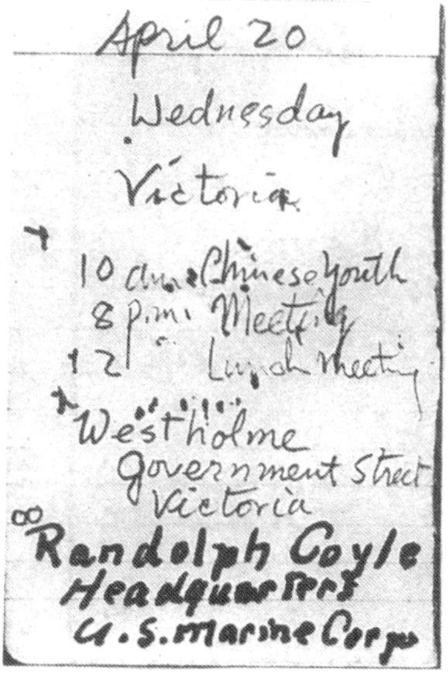
April 20
Wednesday
Victoria
10 am. Chinese Youth
8 p.m. Meeting
12 Lunch meeting
Westholme
Government Street
Victoria
Randolph Coyle
Headquarters
U.S. Marine Corps

19－026

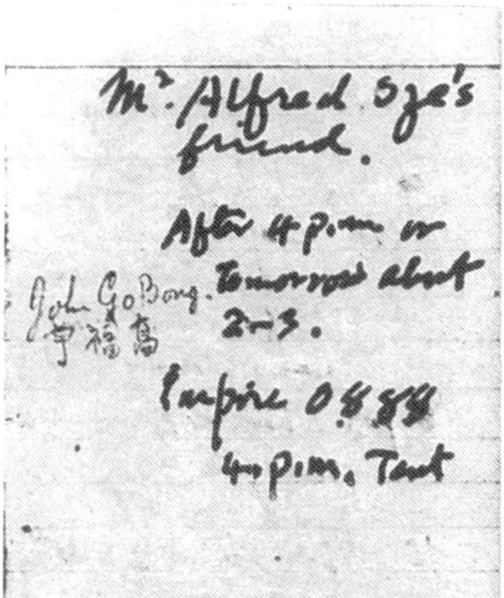
Mr. Alfred Sze's friend.
After 4 p.m. or
Tomorrow about
2-3.
John Go Bong
宇福高
Empire 0488
4 p.m. Tent
Washington D.C.

19－027

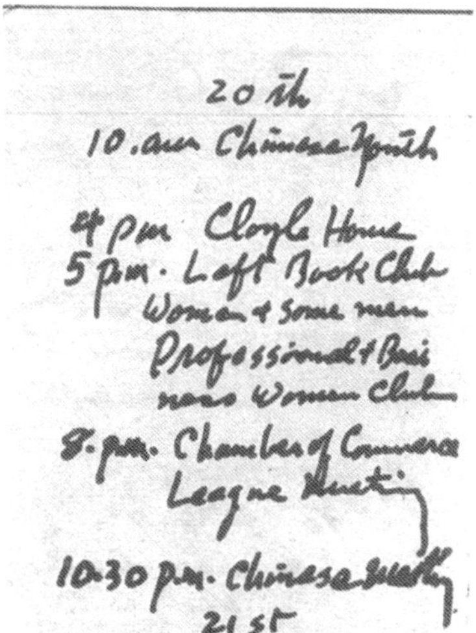
20th
10. am Chinese Youth
4 pm Coyle Home
5 pm. Left Book Club
Women & some men
Professional & Business Women Club
8. pm. Chamber of Commerce
League Meeting
10.30 pm. Chinese Meeting
21st
10 am Teaching Songs

19－028

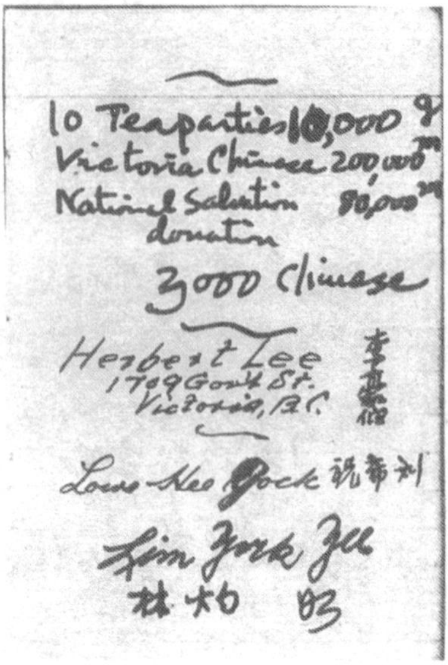
10 Teaparties 10,000 $
Victoria Chinese 200,000
National Salvation 80,000
donation
3000 Chinese

Herbert Lee 李嘉畴
1709 Gov't St.
Victoria, B.C.

Lowe Hee Yock 刘希祝

Lim York Lee
林灼明

19-029

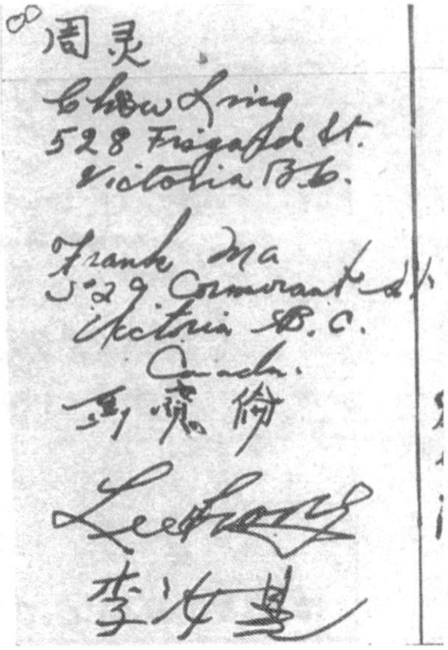
周灵
Chow Ling
528 Fisgard St.
Victoria B.C.

Frank Ma
529 Cormorant St.
Victoria B.C.
Canada.
马质伦

Lee Fong
李汝其

19-030

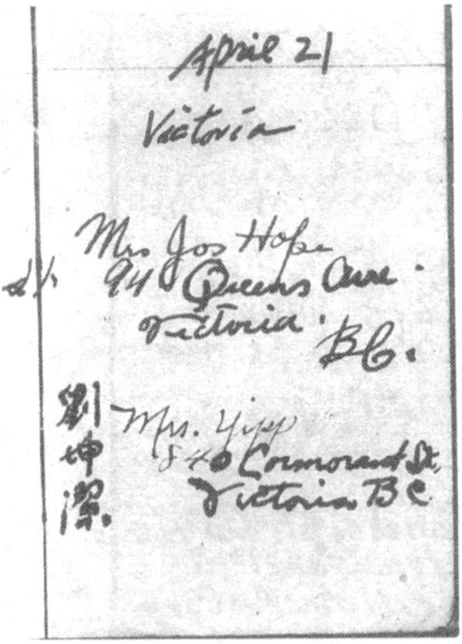
April 21
Victoria

Mrs Jos Hope
94 Queens Ave.
Victoria, B.C.

刘坤洁
Mrs. Yipp
540 Cormorant St.
Victoria B.C.

19-031

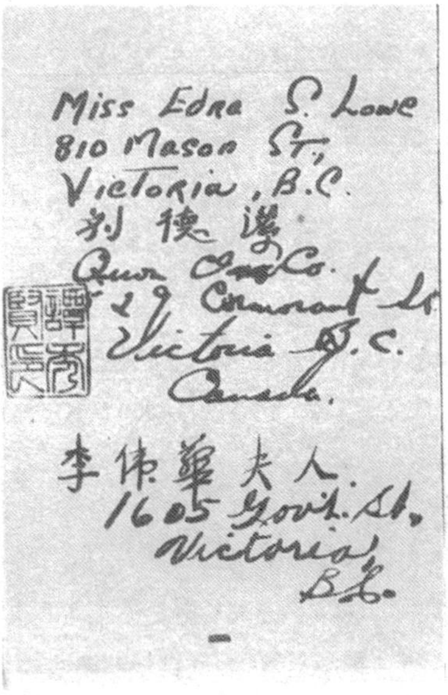
Miss Edna S. Lowe
810 Mason St.
Victoria, B.C.
刘德洁
Quon Ong Co.
529 Cormorant St.
Victoria B.C.
Canada.

李伟华夫人
1605 Gov't. St.
Victoria
B.C.

19-032

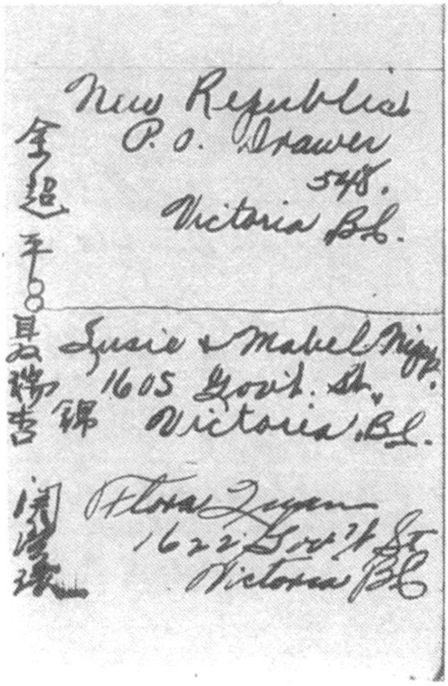

19-033

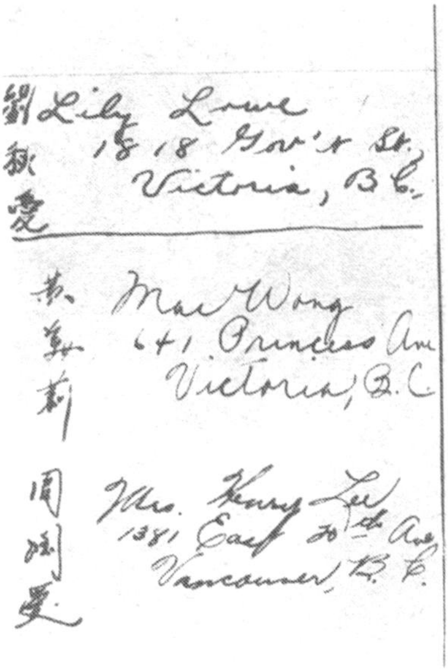

19-034

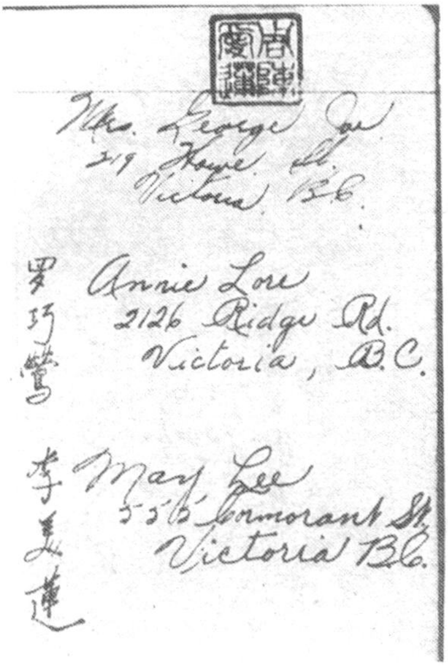

19-035

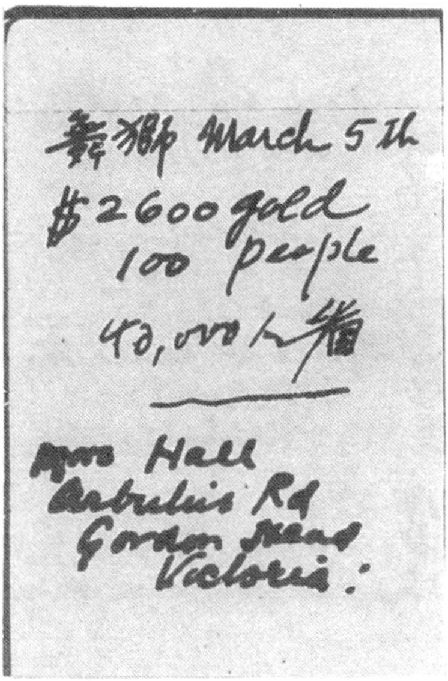

19-036

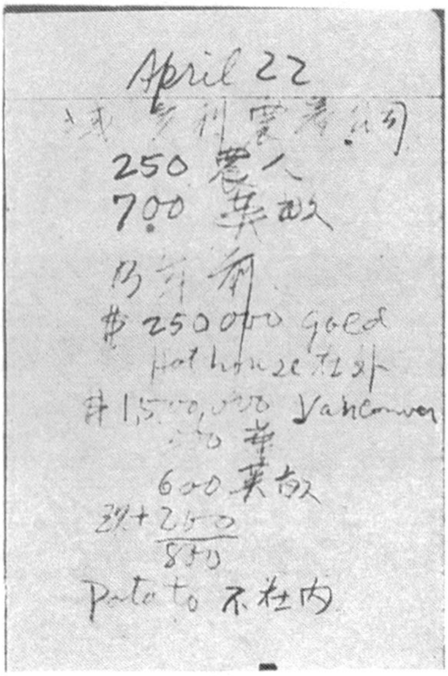
April 22
250 农人
700 英亩
$ 250000 good
Hothouse 在外
$ 1,500,000 Vancouver
600 英亩
850
Potato 不在内

19-037

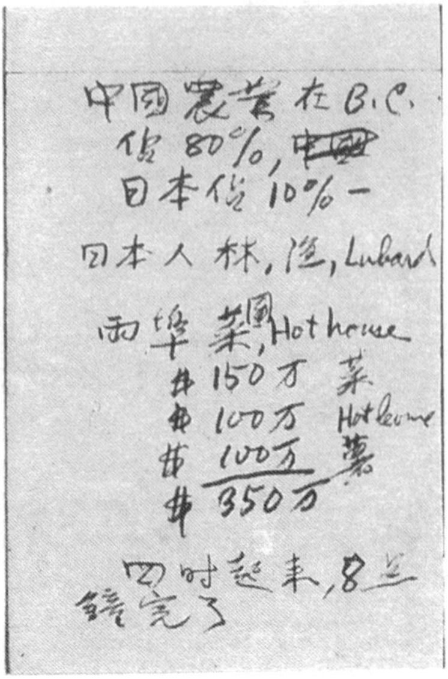
中国农业在B.C.
佔 80%,
日本佔 10% —
日本人 林,渔,Lumber
两华 菜园,Hothouse
$ 150万 菜
$ 100万 Hothouse
$ 100万 薯
$ 350万
四时起来,8点钟完了

19-038

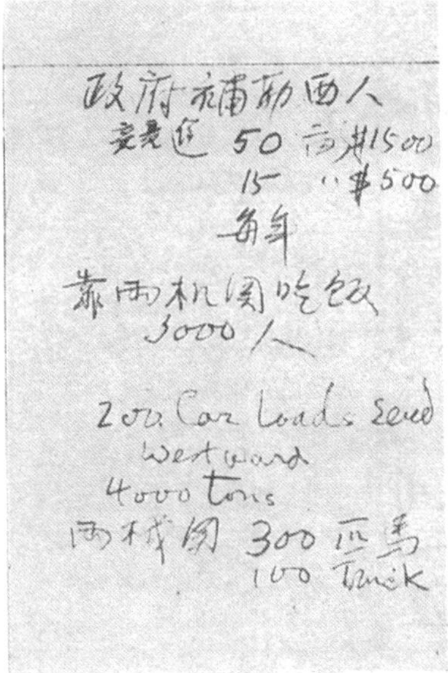
政府补助西人
50 亩 $1500
15 " $500
每年
靠两机关吃饭
3000 人
200 Car Loads Seed
Westward
4000 tons
两机关 300 匹马
100 Truck

19-039

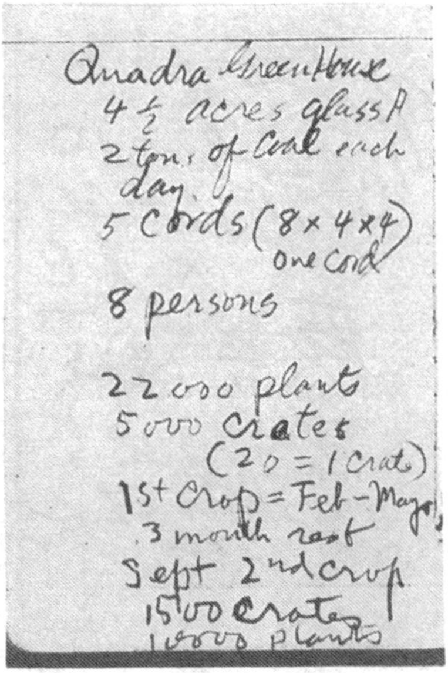
Quadra GreenHouse
4½ acres glass
2 tons of Coal each day
5 Cords (8×4×4) one Cord
8 persons
22000 plants
5000 crates
(20 = 1 crate)
1st Crop = Feb–May
3 month rest
Sept 2nd crop
1500 crates
10000 plants

19-040

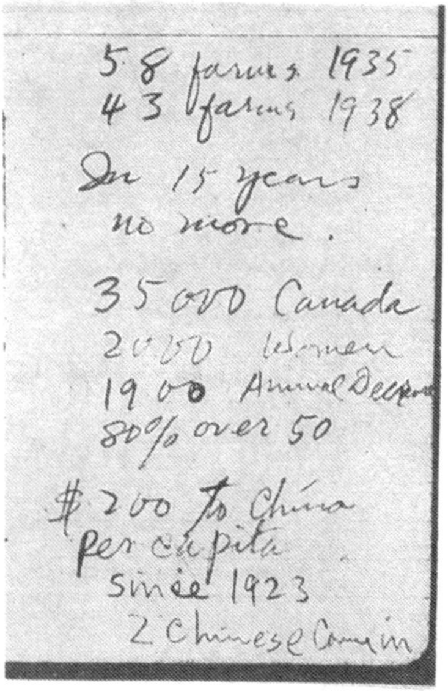
58 farms 1935
43 farms 1938
In 15 years
no more.
35000 Canada
2000 Women
1900 Annual Decrea
80% over 50
$200 to China
per capita
since 1923
2 Chinese Com in

19-041

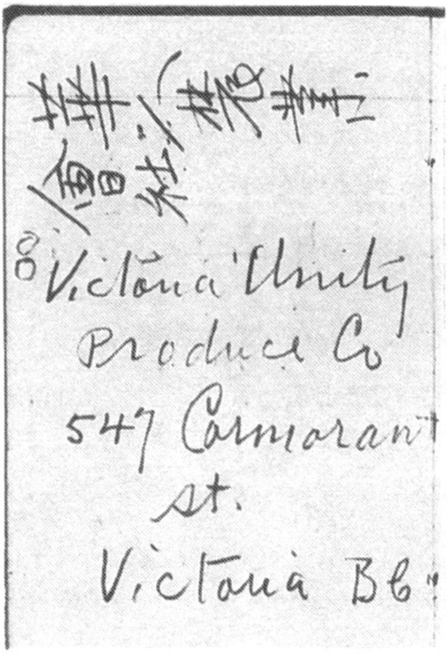
Victoria Unity
Produce Co
547 Cormorant
St.
Victoria B.C.

19-042

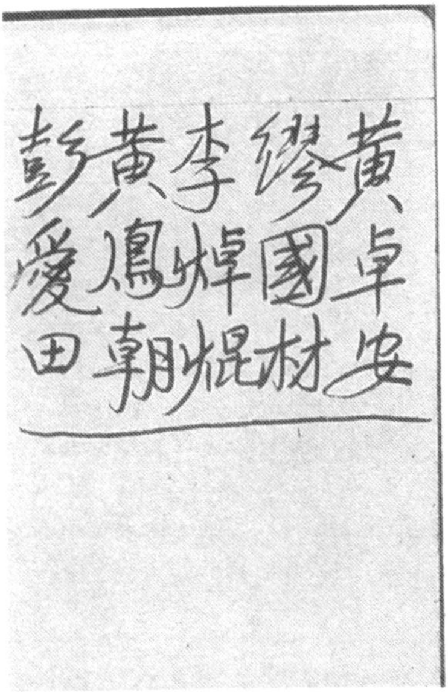
彭黄李繆黄
愛鳳焯國卓
田朝焜材安

19-043

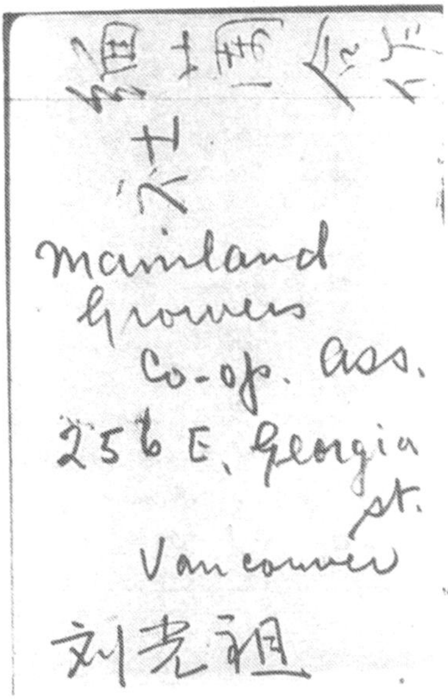
Mainland
Growers
Co-op. Ass.
256 E. Georgia
St.
Vancouver
刘光祖

19-044

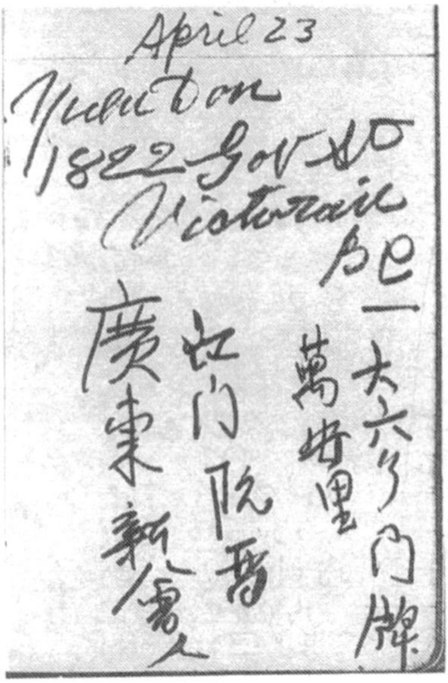

19-045

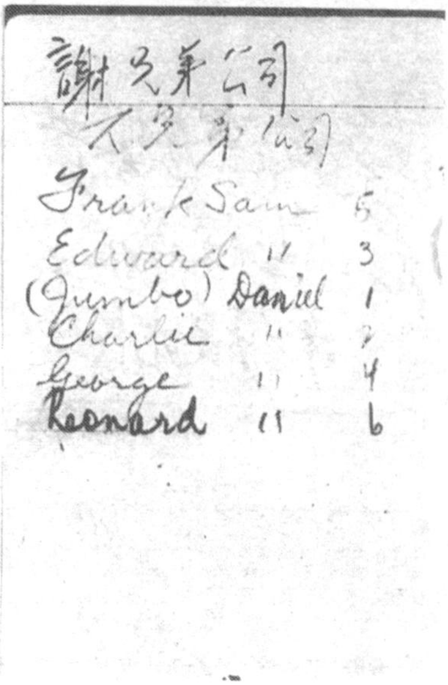

19-046

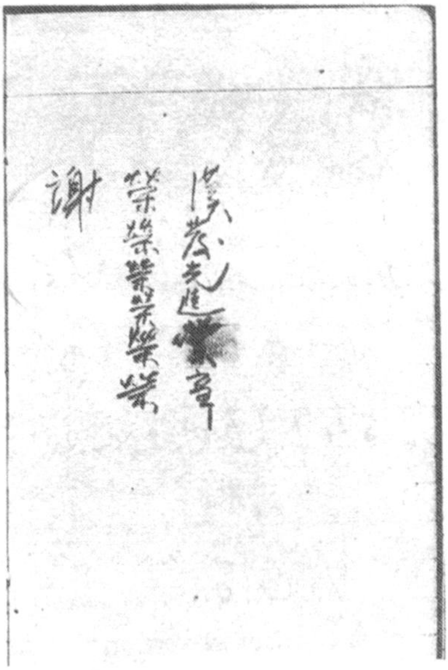

19-047

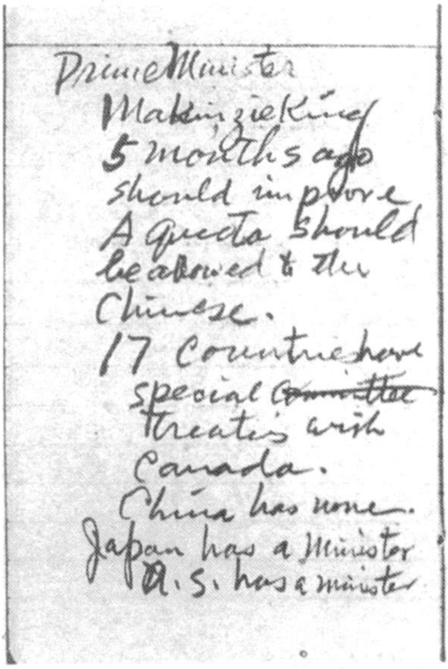

19-048

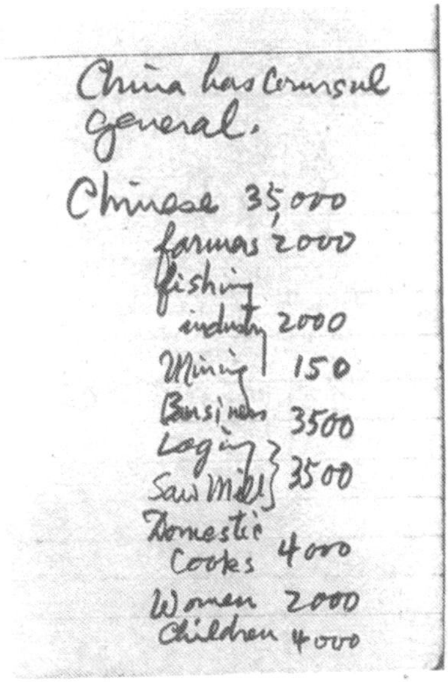
China has consul general.
Chinese 35,000
farmers 2000
fishing industry 2000
Mining 150
Business 3500
Logging, Saw Mills 3500
Domestic Cooks 4000
Women 2000
Children 4000

19-049

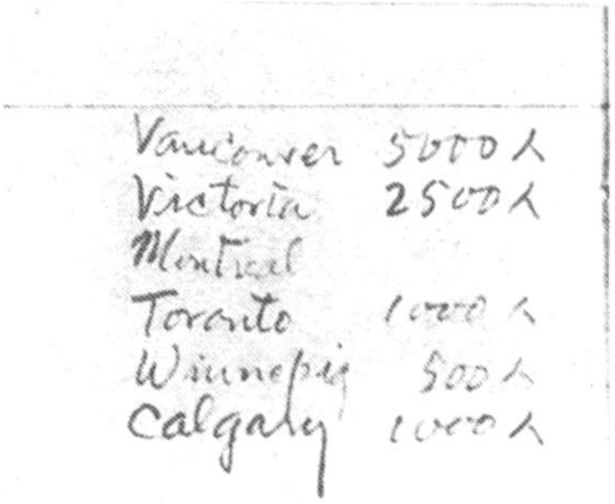
Vancouver 5000人
Victoria 2500人
Montreal
Toronto 1000人
Winnipeg 500人
Calgary 1000人

19-050

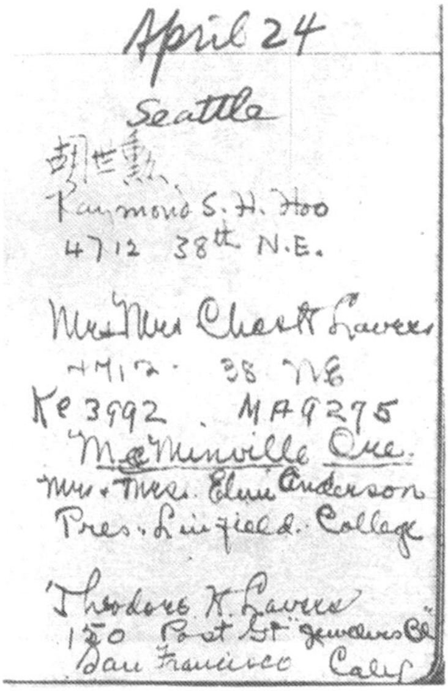
April 24
Seattle
胡世勳
Raymond S. H. Hoo
4712 38th N.E.
Mr. & Mrs. Chas. H. Lavers
4712. 38 NE
KE 3992 . MA 9275
McMinnville Ore.
Mr. & Mrs. Elam Anderson
Pres. Linfield College
Theodore K. Lavers
150 Post St. Jewelers Bl.
San Francisco Calif.

19-051

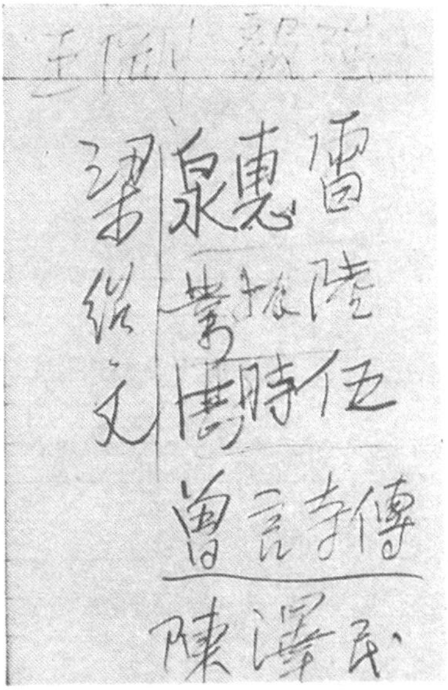
梁縱文
雷惠泉
陸[illegible]業
伍時周
曾言孝傳
陳澤民

19-052

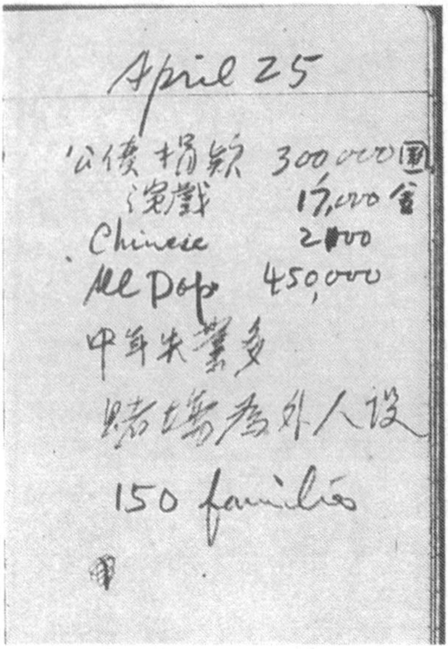
April 25
公债捐款 300,000圆
演戏 17,000元
Chinese 2,000
All Pop 450,000
中年失业多
赌场为外人设
150 families

19-053

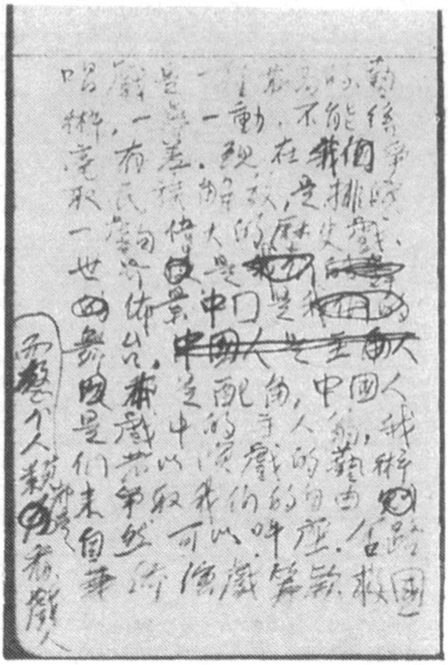
唱戏是一种最高的艺术，一举一动，不能丝毫有差。现在我们争取民族解放，是排演一幕伟大的历史戏，世界是……中国是……的舞台。……是配角，中国人是戏中的主人翁，我们要以演戏的艺术来争取我们的自由，自然可以叫座。……救国

19-054

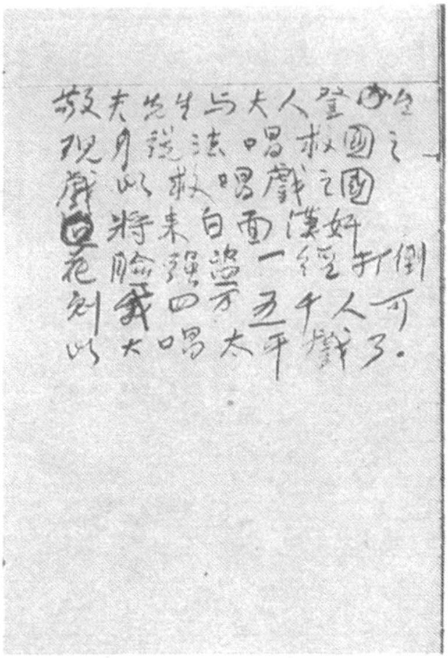
敬告先生与大人登台现身说法唱救国之戏，以救唱戏之国。将来白面汉奸花脸强盗一经打倒，则我四万五千人可以大唱太平戏了。

19-055

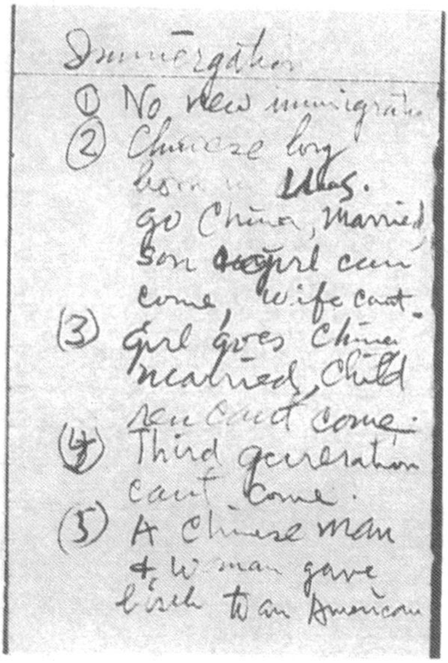
Immigration
① No new immigration
② Chinese born in U.S.
go China, married
son or girl can come,
wife can't.
③ Girl goes China
married, child
can't come.
④ Third generation
can't come.
⑤ A Chinese man
& woman gave
birth to an American

19-056

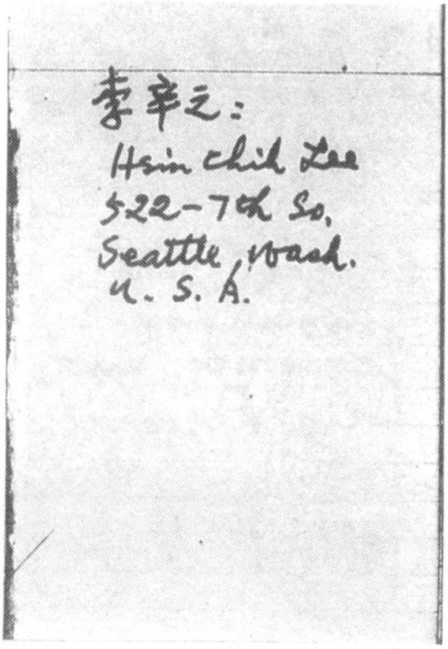
李辛之：
Hsin Chih Lee
522-7th So.
Seattle, Wash.
U. S. A.

19-057

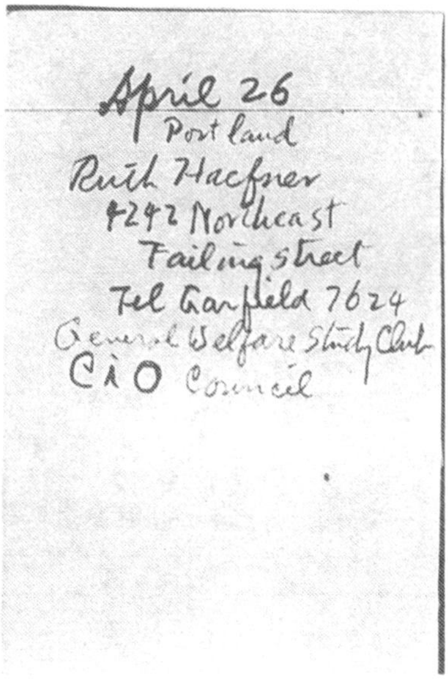
April 26
Portland
Ruth Haefner
4242 Northeast
Failing street
Tel Garfield 7624
General Welfare Study Club
CIO Council

19-058

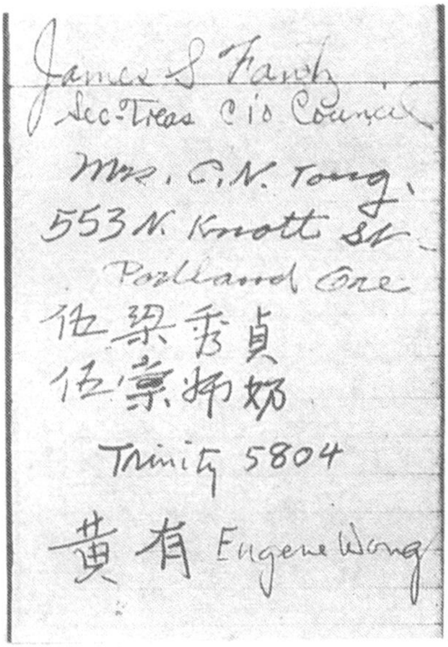
James S Farely
Sec-Treas CIO Council
Mrs. C. N. Tong,
553 N. Knott St
Portland Ore
伍梁秀貞
伍棠奶奶
Trinity 5804
黄有 Eugene Wong

19-059

April 27
6 p.m. Golden Dragon
Alder St 2 & 3 ave
12 p.m. Noon Consul Su
Council for
Economic and
Social Research
223 New Fleidner
Bldg-Portland

19-060

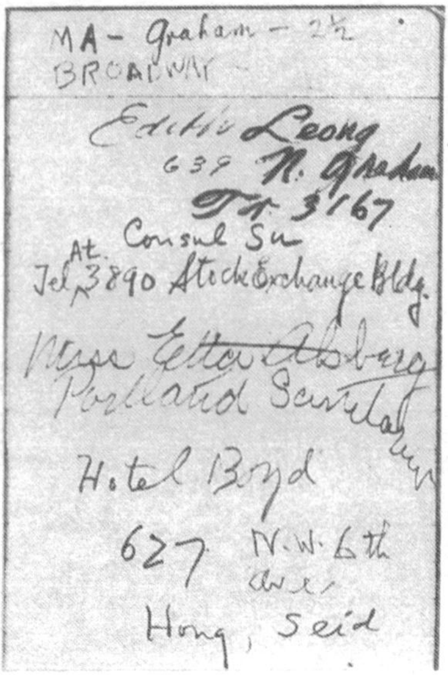

MA- Graham - 2½
BROADWAY -

Eddie Leong
639 N. Graham
Tr. 3167

Consul Su
Tel. At. 3890 Stock Exchange Bldg.

~~Miss Etta Ahlberg~~
Portland Secretary

Hotel Boyd
627 N.W. 6th Ave.
Hong, Seid

19-061

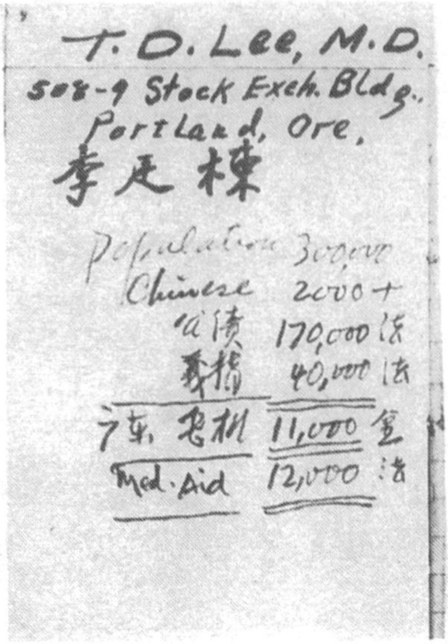

T. D. Lee, M.D.
508-9 Stock Exch. Bldg.
Portland, Ore.
李廷棟

Population 300,000
Chinese 2000+
公债 170,000 法
救捐 40,000 法
广东 飞机 11,000 金
Med. Aid 12,000 法

19-062

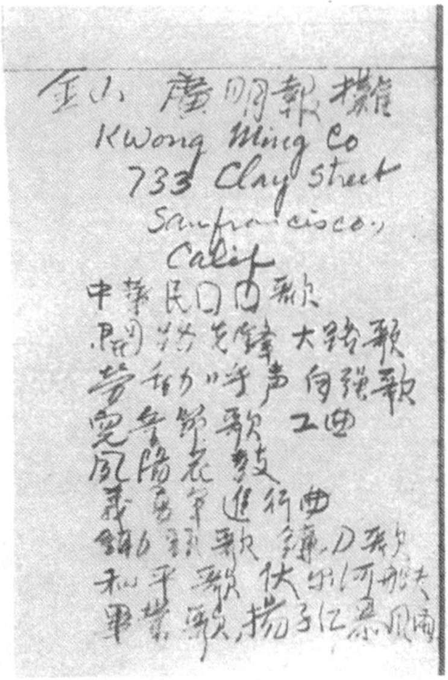

金山 广明報樓
Kwong Ming Co
733 Clay Street
San Francisco,
Calif
中華民国国歌
開路先鋒 大路歌
勞動呼声 自強歌
寃年節歌 工曲
凤陽花鼓
義勇軍進行曲
鋤頭舞歌 鋤頭歌
和平歌 伏尔河船夫
畢業歌，揚子江暴風雨

19-063

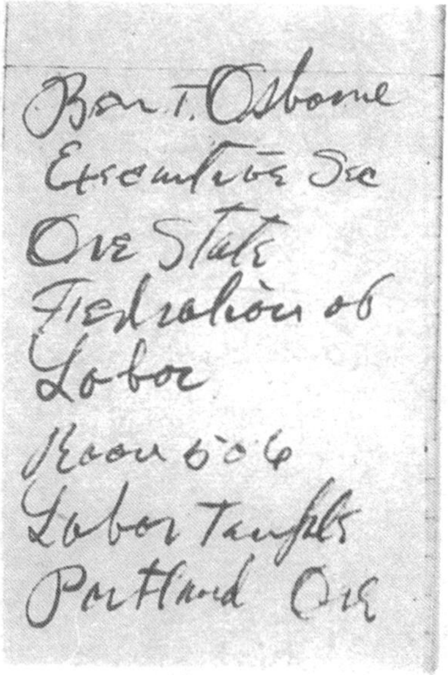

Ben T. Osborne
Executive Sec
Ore State
Federation of
Labor
Room 606
Labor Temple
Portland Ore

19-064

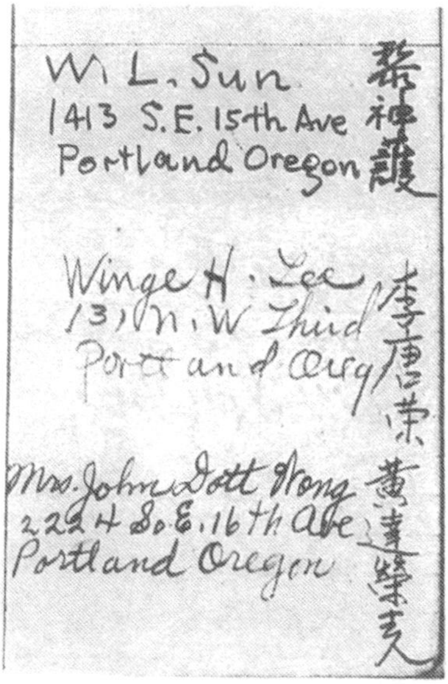

19-065

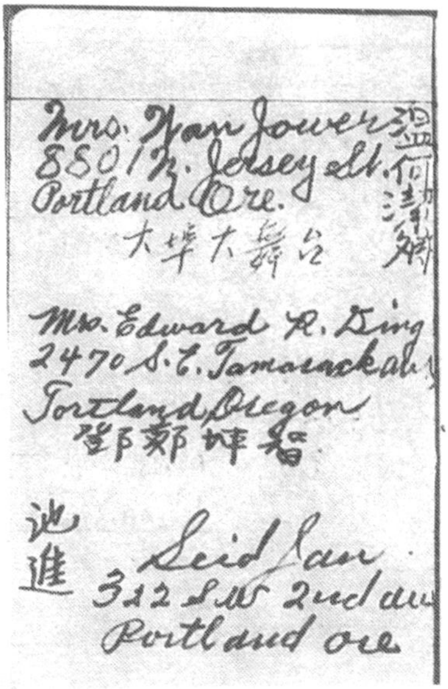

19-066

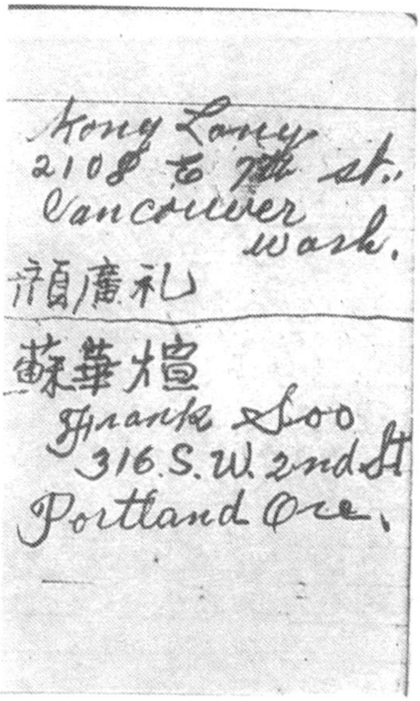

19-067

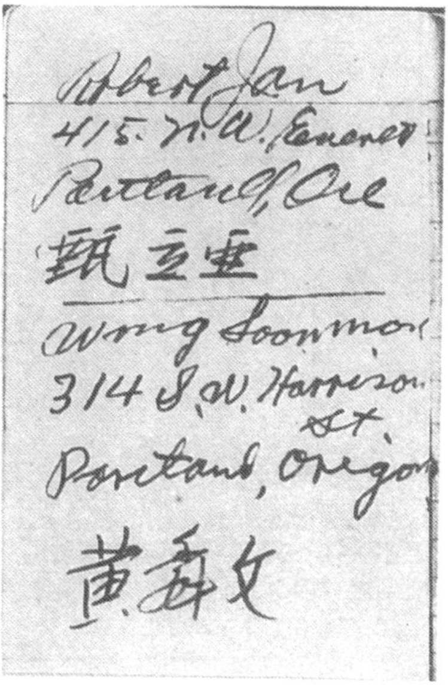

19-068

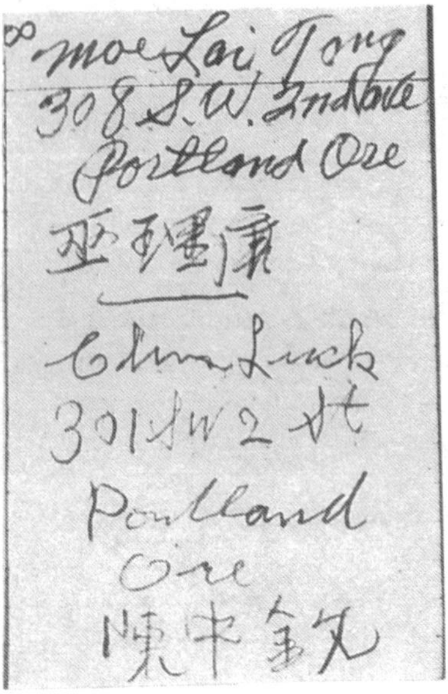
Moe Lai Fong
308 S.W. 2nd Ave
Portland Ore
Chin Luck
301 SW 2 St
Portland
Ore

19-069

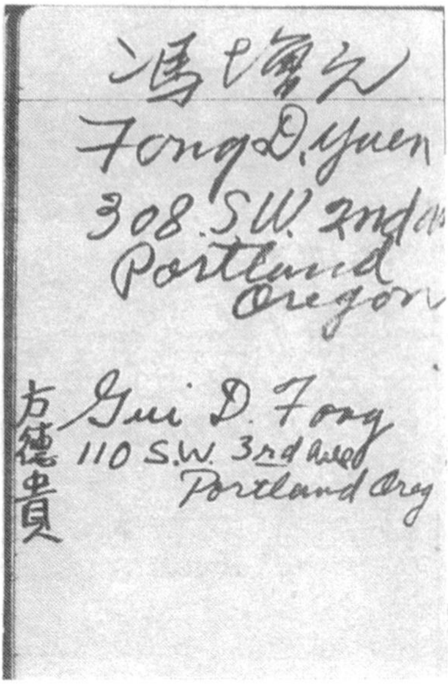
冯德元
Fong D. Yuen
308 S.W. 2nd Ave
Portland
Oregon
方德贵 Gui D. Fong
110 S.W. 3rd Ave
Portland Oreg

19-070

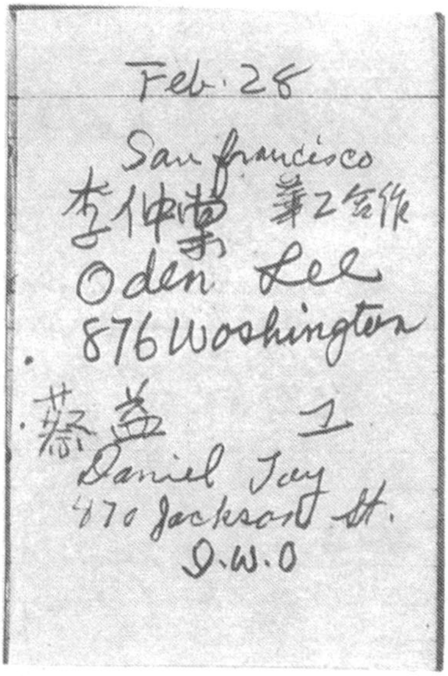
Feb. 28
San francisco
李仲棠 华工合作
Oden Lee
876 Washington
蔡益 2
Daniel Tay
470 Jackson St.
I.W.O

19-071

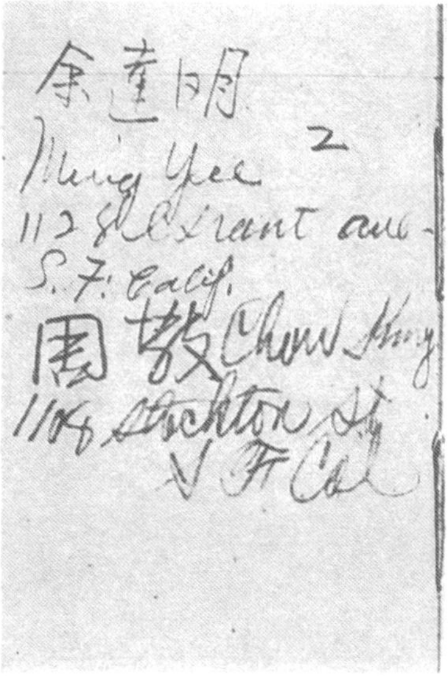
余达明 2
Ming Yee
112 St. Grant ave
S.F. Calif.
周敬 Chow King
1104 Stockton St
S F Cal

19-072

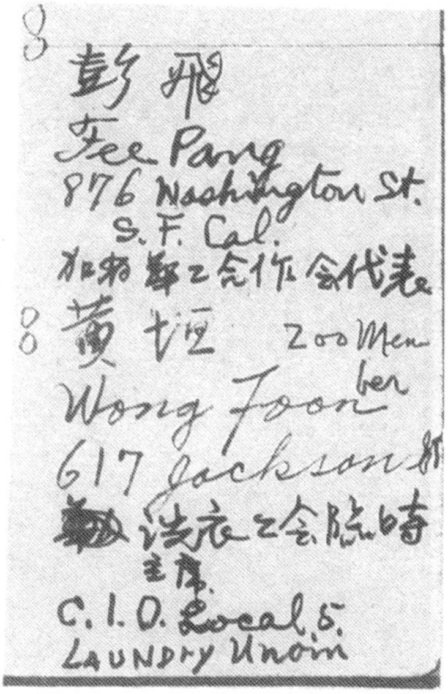

彭飛
Fee Pang
876 Washington St.
S.F. Cal.
加省鞋工合作会代表
黄垣 200 Member
Wong Foon
617 Jackson St
洗衣工会陈倚
主席
C.I.O. Local 5.
LAUNDRY Union

19-073

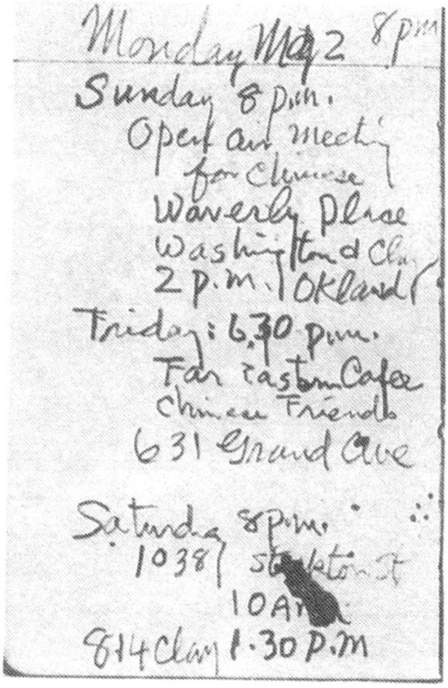

Monday May 2 8pm
Sunday 8 p.m.
Open air meeting
for Chinese
Waverly Place
Washington Cl
2 p.m. Okland
Friday: 6.30 p.m.
Far Eastern Cafe
Chinese Friends
631 Grand Ave
Saturday 8 p.m.
1038 Stockton St
10 AM
814 Clay 1.30 P.M

19-074

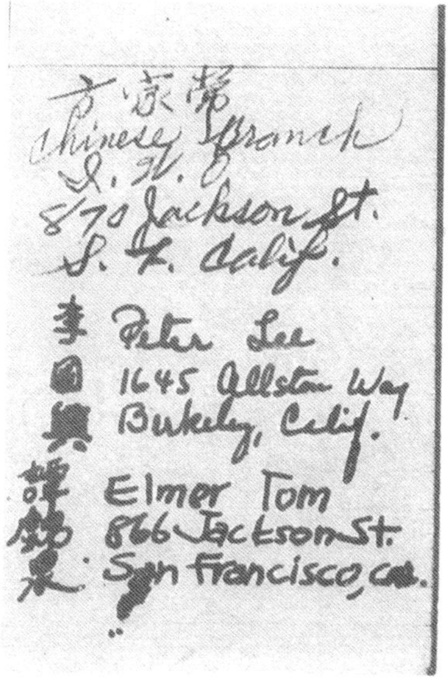

方家帮
Chinese Branch
I.W.O.
870 Jackson St.
S.F. Calif.
李国兴 Peter Lee
1645 Allston Way
Berkeley, Calif.
谭锦泉 Elmer Tom
866 Jackson St.
San Francisco, Cal.

19-075

Y.W.C.A.
China 0477

19-076

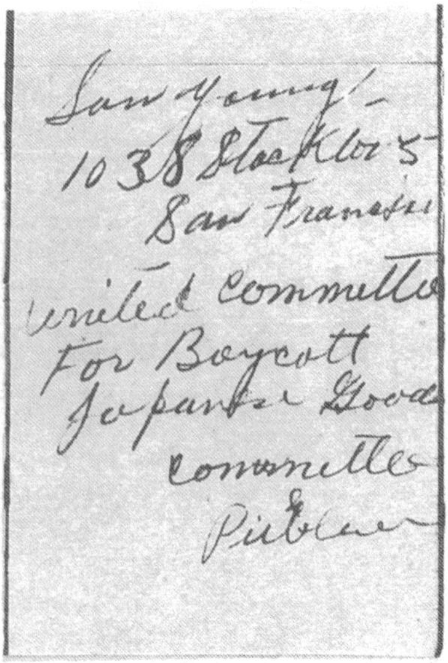
Sam Young
1038 Stockton St
San Francisco
United Committee
For Boycott
Japanese Goods
Committee
&
Public

19-077

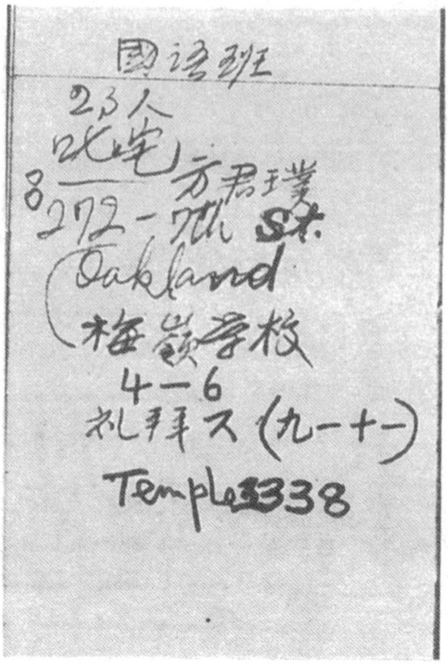
国语班
23人
比瑳
8 方君璞
272-7th St.
Oakland
梅岭学校
4-6
礼拜六（九-十一）
Temple 3338

19-078

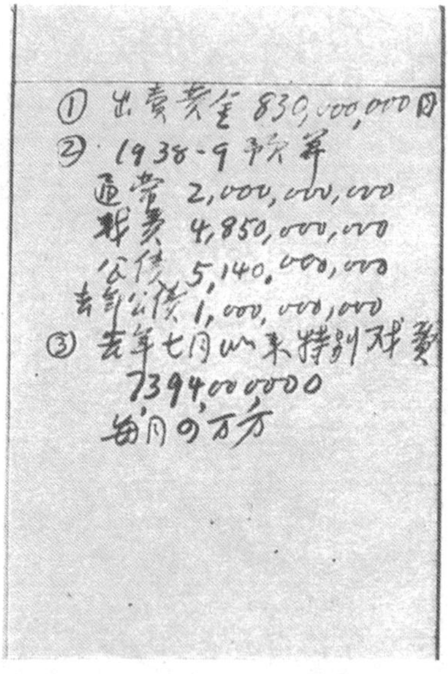
① 出资资金 830,000,000円
② 1938-9预算
通常 2,000,000,000
临时 4,850,000,000
公债 5,140,000,000
去年公债 1,000,000,000
③ 去年七月以来特别战费
7394000000
每月6万万

19-079

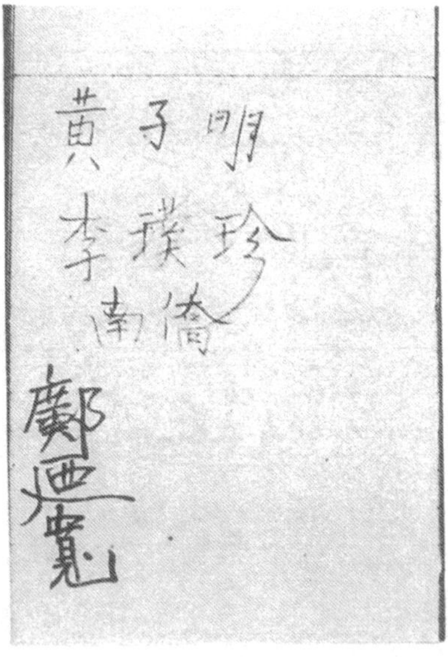
黄子明
李璞珍
南侨
鄺西寬

19-080

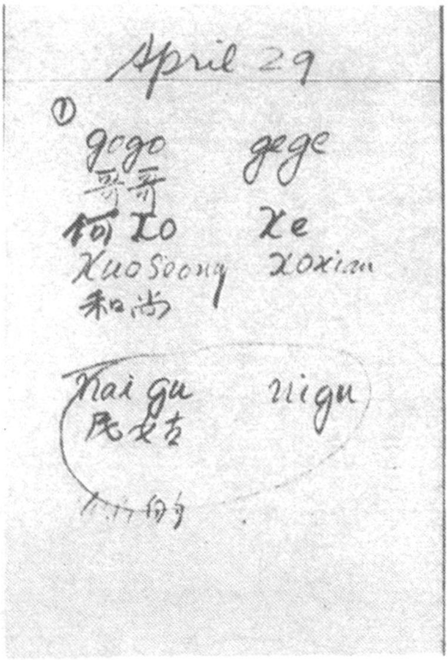
April 29
①
gogo gege
哥哥
何 Xo Xe
Xuo Seong xoxian
和尚
Nai gu nigu
尼姑

19-081

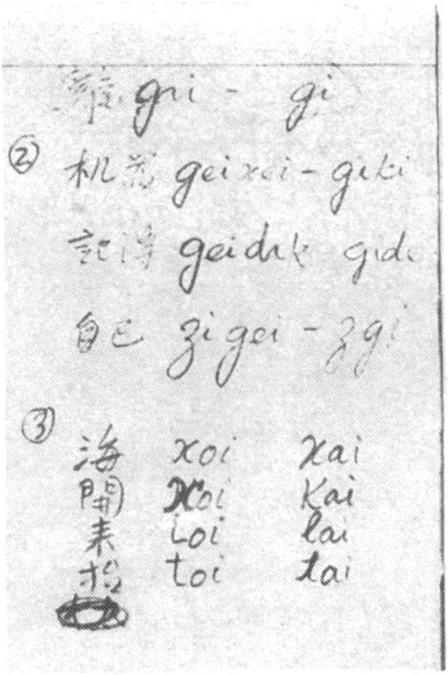
gi - gi
② 机会 gei xoi - giki
記得 geidak - gide
自己 zigei - zgi
③
海 xoi xai
開 Xoi Kai
来 Loi lai
抬 toi tai

19-082

高 gou = gao
陶 Tou = tao
④
天 tin tian
田 tin tian
店 dim dian
錢 Cin Cian
麵 Meu Mian
先 Sinsau Sianshang

19-083

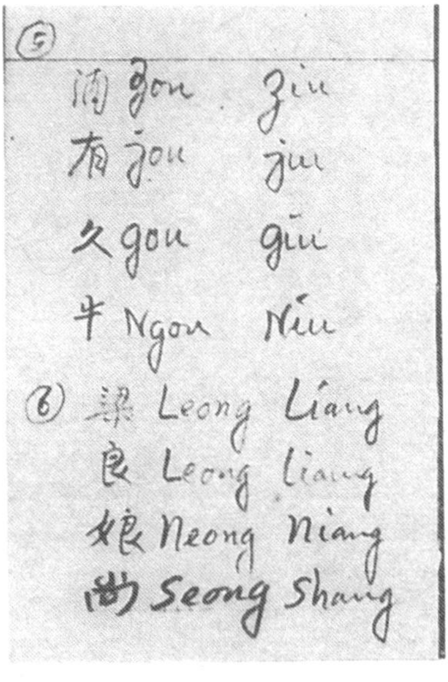
⑤
酒 zou ziu
有 jou jiu
久 gou giu
牛 Ngou Niu
⑥ 梁 Leong Liang
良 Leong liang
娘 Neong niang
尚 Seong Shang

19-084

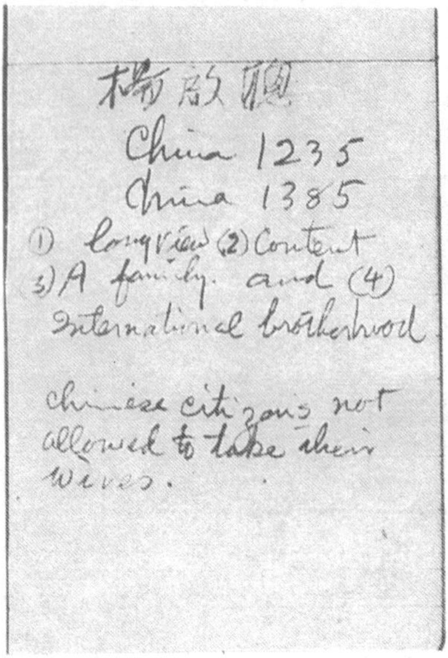
杨啟聰
China 1235
China 1385
(1) Longview (2) Content
(3) A family and (4)
International brotherhood

Chinese citizens not
allowed to take their
wives.

19-085

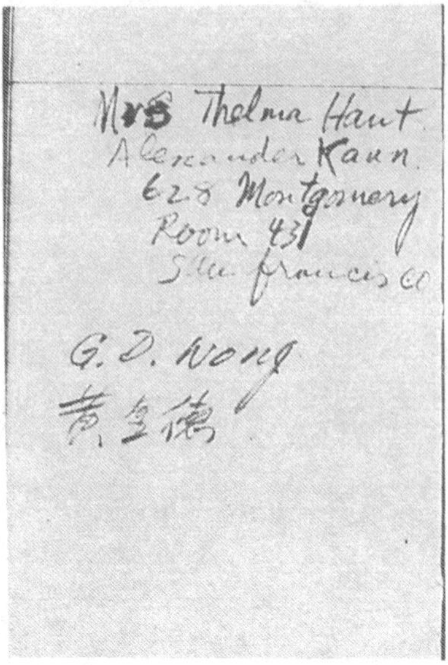
Mrs Thelma Hart
Alexander Kaun
628 Montgomery
Room 431
San Francisco

G. D. Wong
黄?德

19-086

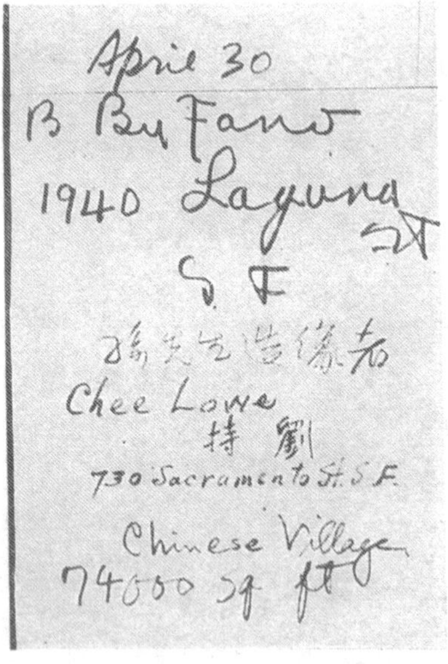
April 30
B By Fano
1940 Laguna
S.F.
孙先生造像右
Chee Lowe
持劉
730 Sacramento St. S.F.
Chinese Village
74000 sq ft

19-087

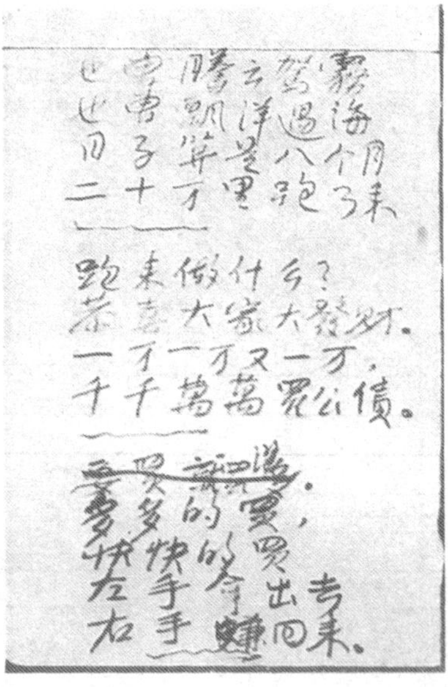
也曾腾云驾雾
也曾飘洋过海
日子算是八个月
二十万里跑了来

跑来做什么？
恭喜大家大发财。
一万一万又一万，
千千万万买公债。

多多的买，
快快的买，
左手拿出去
右手赚回来。

19-088

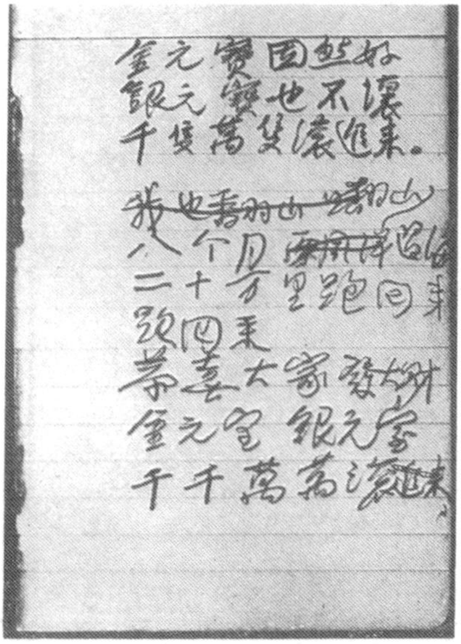
金元宝固然好
銀元宝也不壞
千隻萬隻滾進來。
~~我也要翻出~~
八个月
二十万里跑回来
跑回来
恭喜大家發財
金元宝 銀元宝
千千萬萬滾進來

19-089

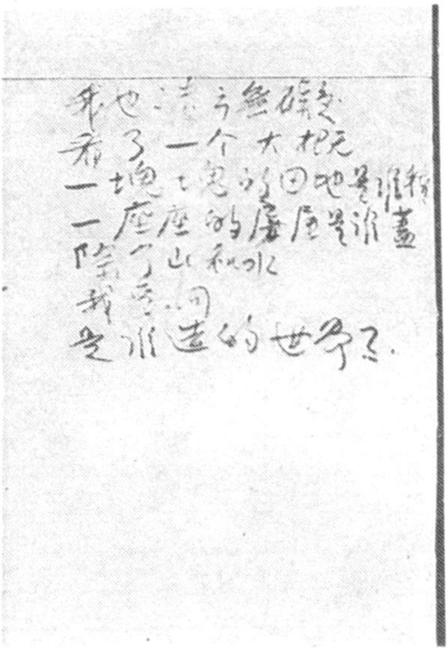
看了一个大概
一塊塊的田地是綠的
一座座的房屋是
除了山和水
我發问
是誰造的世界？

19-090

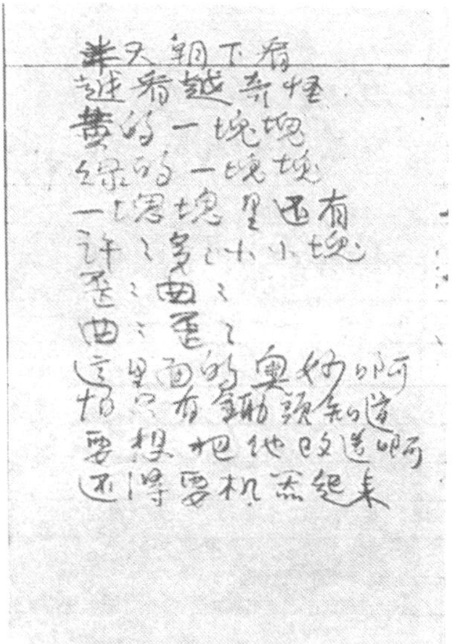
天朝下看
越看越奇怪
黄的一塊塊
綠的一塊塊
一大塊塊里還有
許々多々小小塊
歪々曲々
曲々歪々
這里面的奥妙啊
怕只有鋤頭知道
要想把他改造啊
還得要机器

19-091

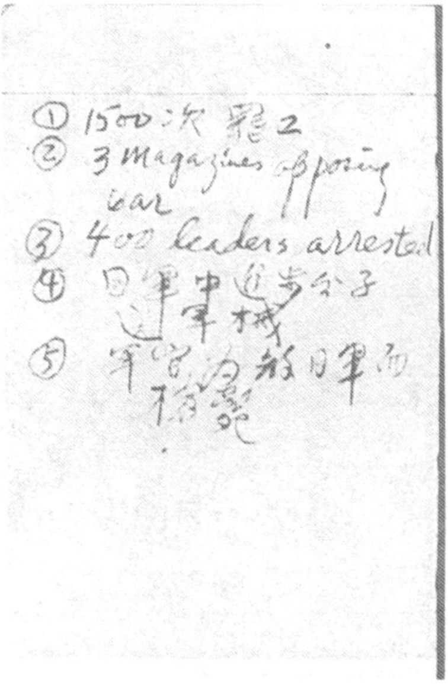
① 1500次罷工
② 3 Magazines opposing war
③ 400 leaders arrested
④ 日軍中進步分子
⑤ 軍官為殺日軍而

19-092

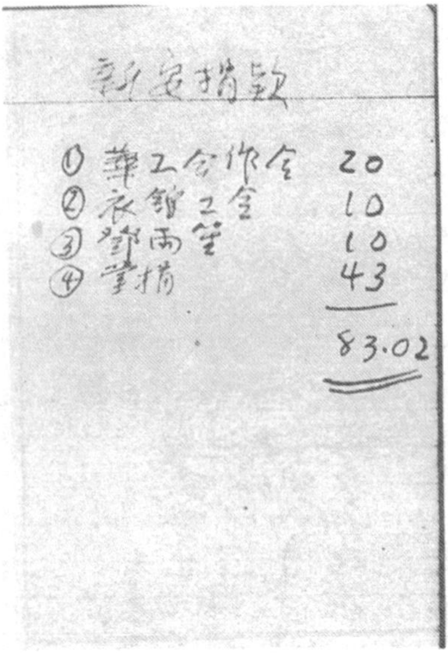
新安捐款
① 華工合作会 20
② 衣館工会 10
③ 鄧雨堂 10
④ 堂捐 43
83.02

19－093

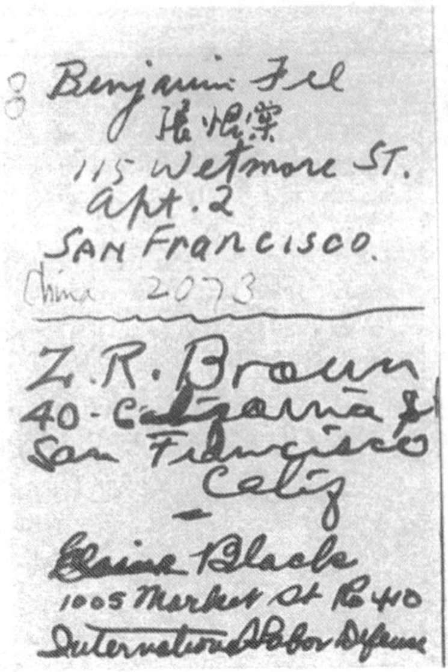
Benjamin Fee
張焜棠
115 Wetmore St.
Apt. 2
San Francisco.
China 2073

Z. R. Brown
40-Calzarna St
San Francisco
Calif

Elaine Black
1005 Market St Rm 410
International Labor Defense

19－094

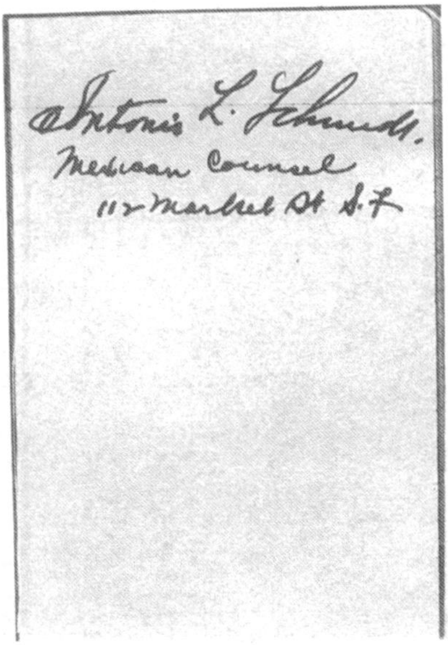
Antonio L. Schmidt.
Mexican Counsel
112 Market St S.F.

19－095

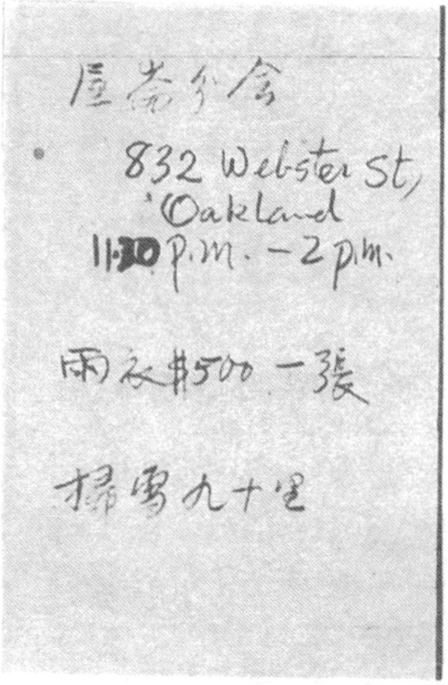
屋崙分会
832 Webster St,
Oakland
11:30 p.m. – 2 p.m.

兩衣$500一張

掃雪九十里

19－096

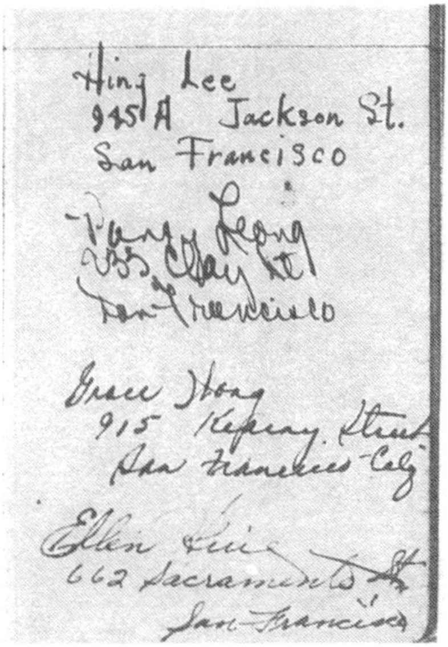

Hing Lee
945 A Jackson St.
San Francisco

Fong Leong
835 Clay St
San Francisco

Grace Hong
915 Kearny Street
San Francisco Calif

Ellen Lee
662 Sacramento St
San Francisco

19-097

Lillian Yuen
Chinese Playground
San Francisco

19-098

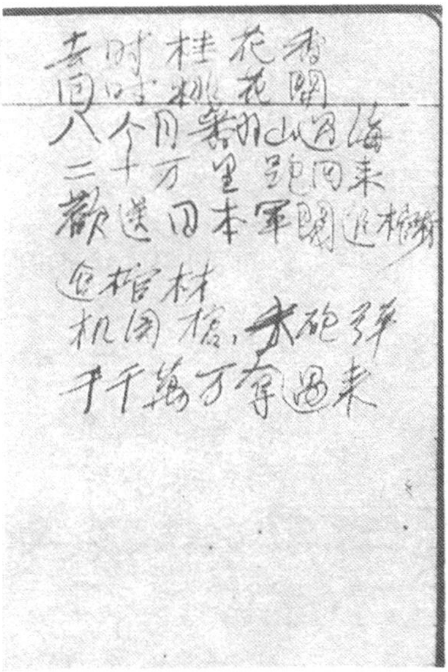

去时桂花香
回时桃花开
八个月跑遍山河海
二十万里跑回来
欢送日本军阀进棺材
进棺材
机关枪、大炮弹
千千万万拿过来

19-099

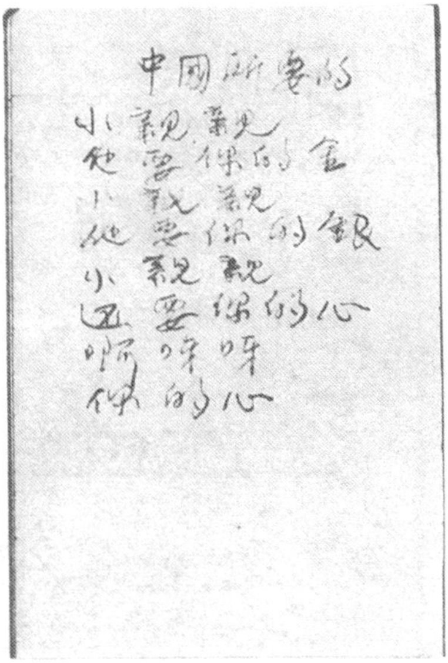

中国所要的
小亲亲
他要你的金
小亲亲
他要你的银
小亲亲
还要你的心
啊呀呀
你的心

19-100

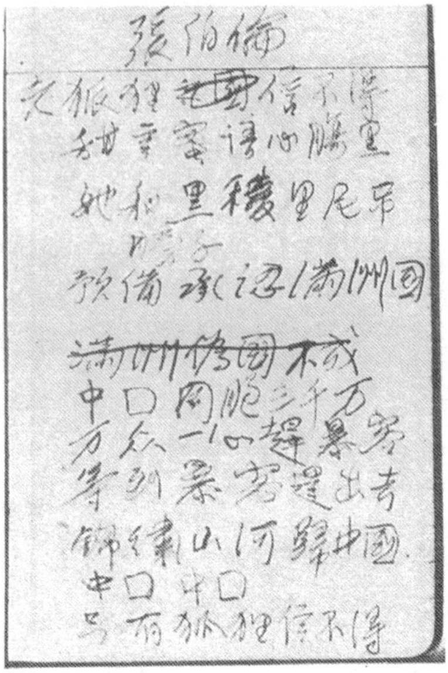

19-101

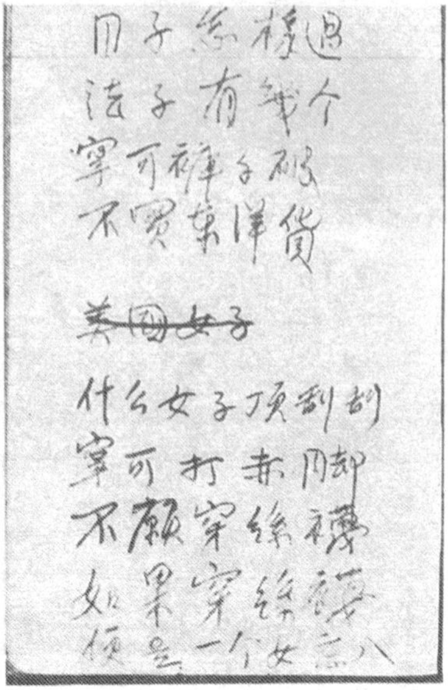

19-102

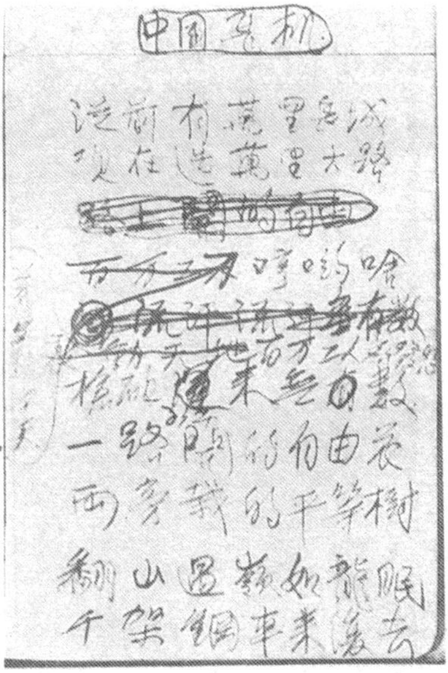

19-103

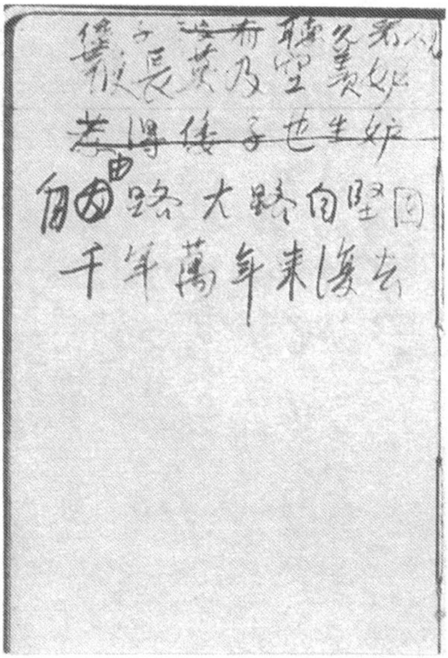

19-104

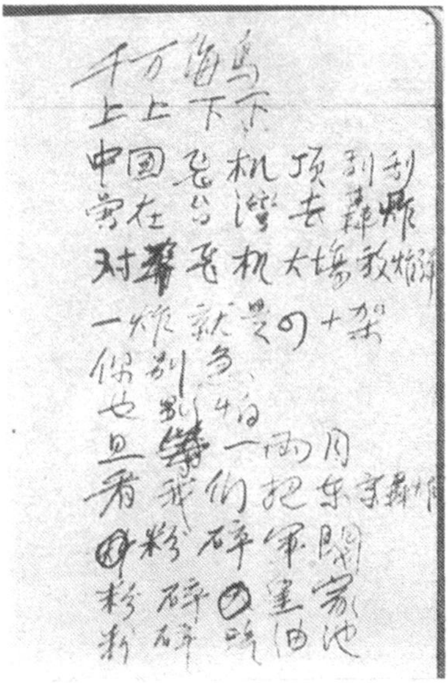

19-105

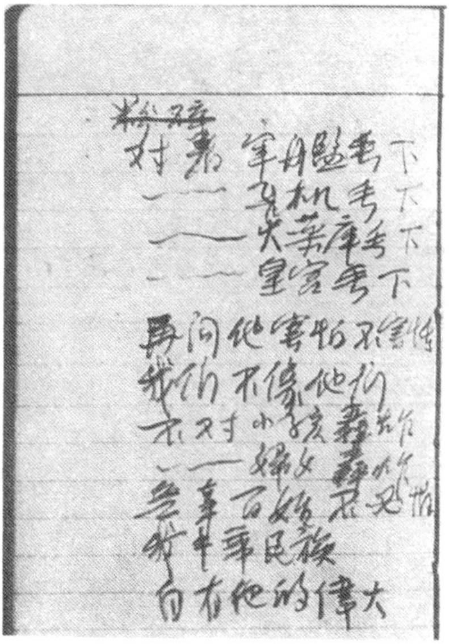

19-106

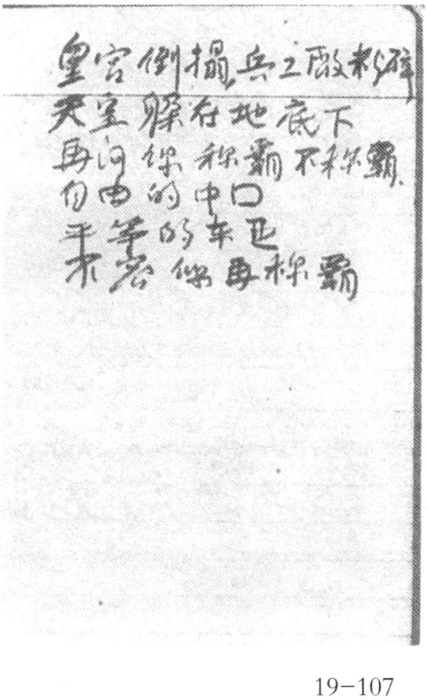

19-107

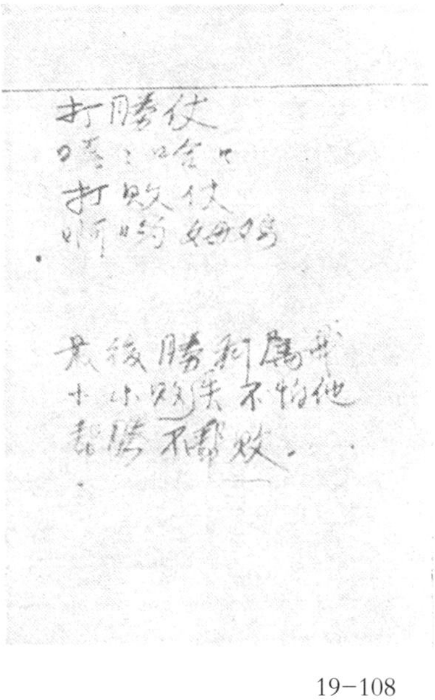

19-108

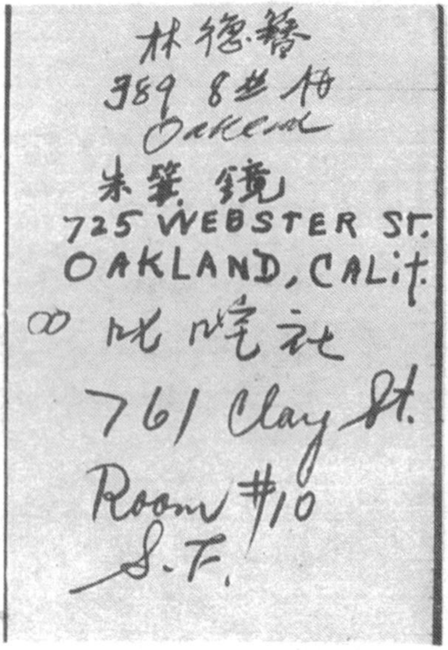
林德馨
389 8街
Oakland
725 WEBSTER ST.
OAKLAND, CALIF.
761 Clay St.
Room #10
S.F.

19-109

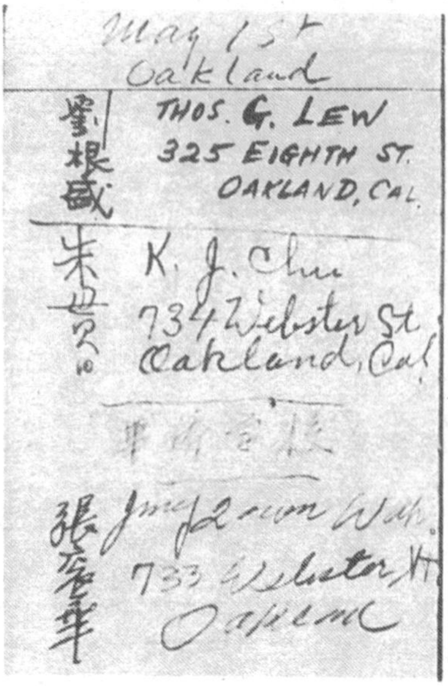
May 1st
Oakland
THOS. G. LEW
325 EIGHTH ST.
OAKLAND, CAL.
K. J. Chu
734 Webster St
Oakland, Cal.
733 Webster St.
Oakland

19-110

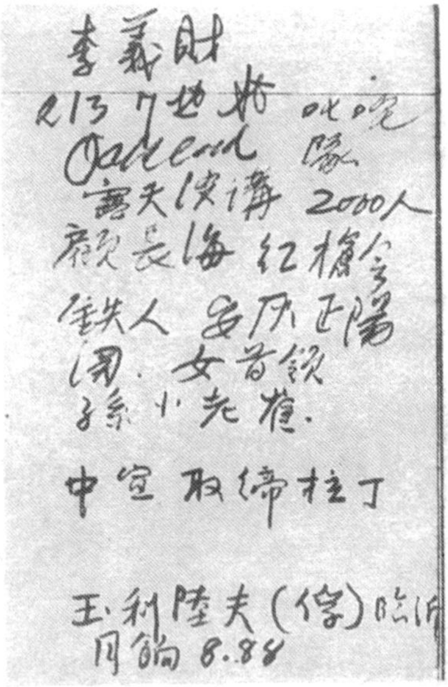
李義财
213 7街
Oakland
2000人
王利陆夫（侈）
8.88

19-111

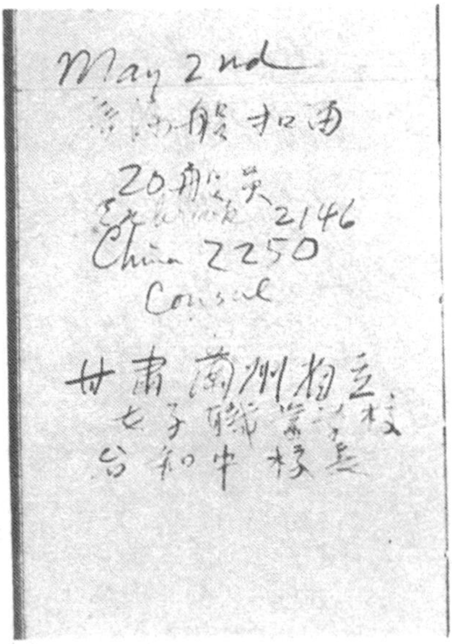
May 2nd
20
2146
China 2250
Consul

19-112

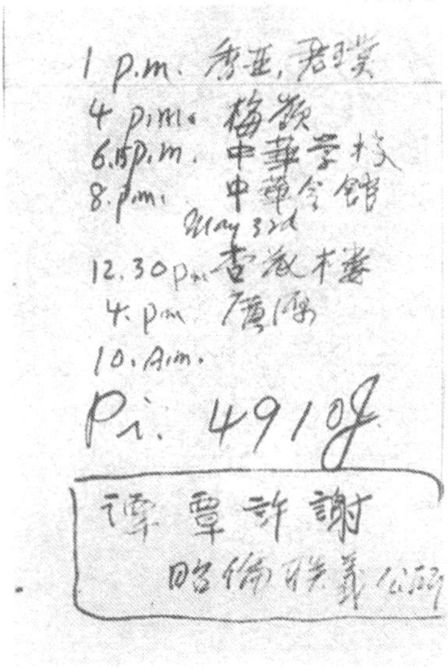
1 p.m. 香亚，君璞
4 p.m. 杨颜
6.15 p.m. 中华学校
8 p.m. 中华会馆
May 22nd
12.30 p.m. 杏花楼
4 p.m. 广源
10 Am.
Pi. 4910 J
谭 覃 许 谢
昭伦联义公所

19-113

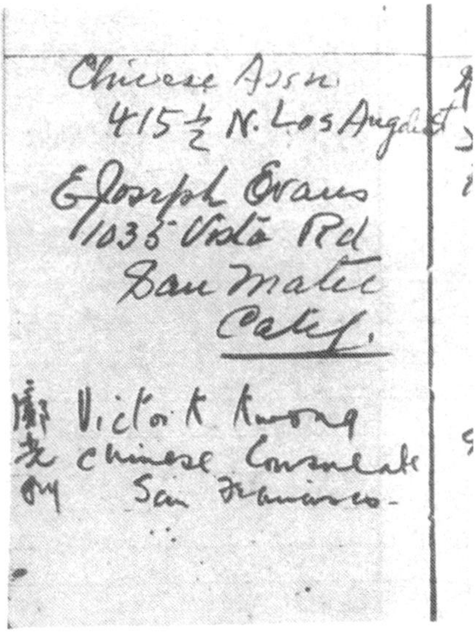
Chinese Assn
415½ N. Los Angeles St
E. Joseph Evans
1035 Vista Rd
San Mateo
Calif.
邝 Victor K Kwong
光 Chinese Consulate
州 San Francisco

19-114

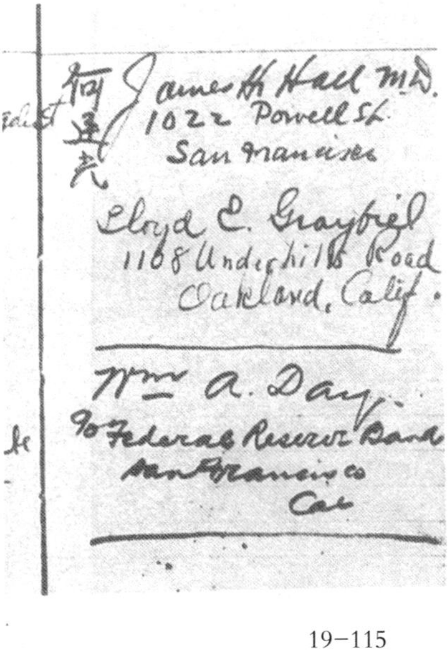
何 James H Hall M.D.
1022 Powell St.
San Francisco
迺
光
Lloyd E. Graybiel
1108 Underhills Road
Oakland, Calif.
Wm A. Day
90 Federal Reserve Bank
San Francisco
Cal

19-115

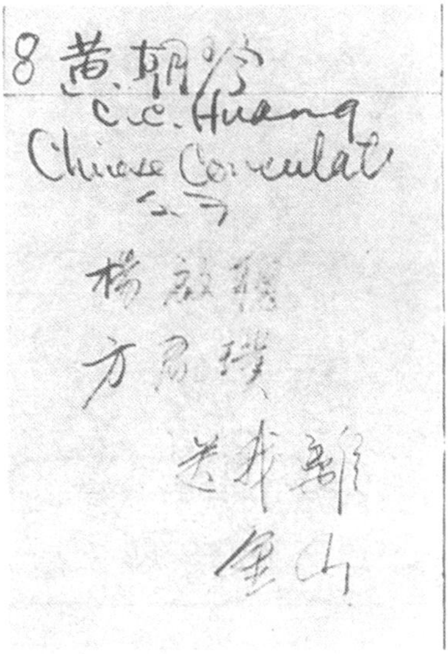
8 黄朝琴
C.C. Huang
Chinese Consulate
公司
杨叔鹤
方君璞
送我邮
金山

19-116

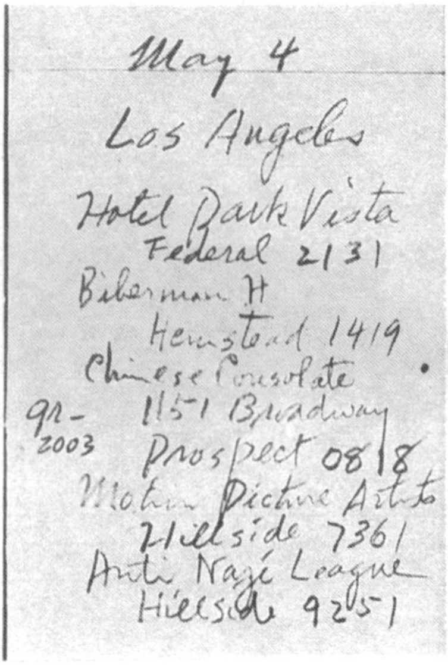
May 4
Los Angeles
Hotel Park Vista
Federal 2131
Biberman H
Hemstead 1419
Chinese Consolate
9r-2003 1151 Broadway
Prospect 0818
Motion Picture Artists
Hillside 7361
Anti Nazi League
Hillside 9251

19-117

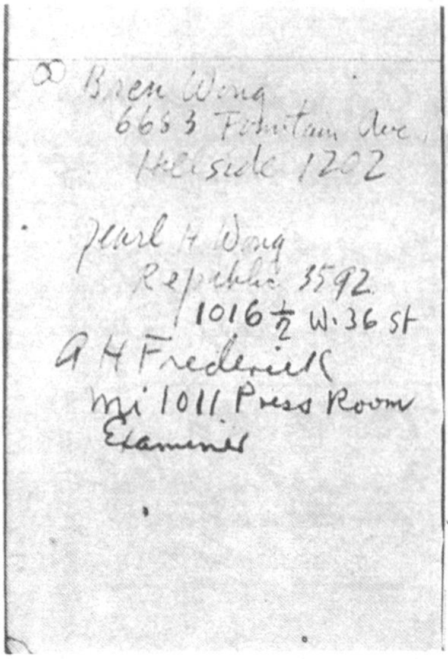
Bren Wong
6653 Fountain Ave.
Hillside 1202
Pearl H Wong
Republic 3592
1016½ W.36 St
A H Frederick
Mi 1011 Press Room
Examiner

19-118

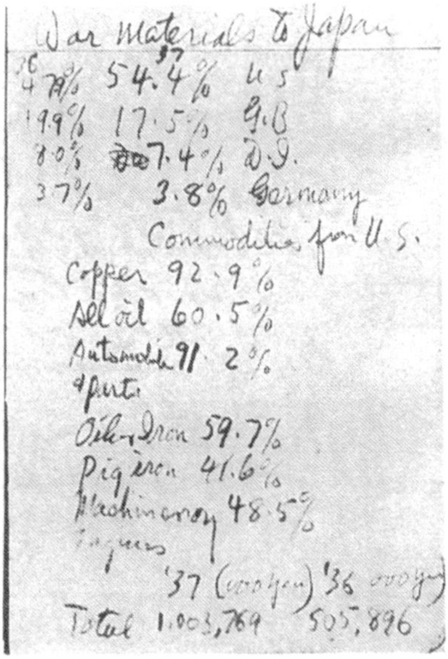
War Materials to Japan
'36 '37
47% 54.4% U.S
19.9% 17.5% G.B
8.0% 7.4% D.I.
3.7% 3.8% Germany
Commodities from U.S.
Copper 92.9%
All oil 60.5%
Automobile & parts 91.2%
Old Iron 59.7%
Pig iron 41.6%
Machinery & engines 48.5%
'37 (000 yen) '36 000 yen
Total 1,003,769 505,896

19-119

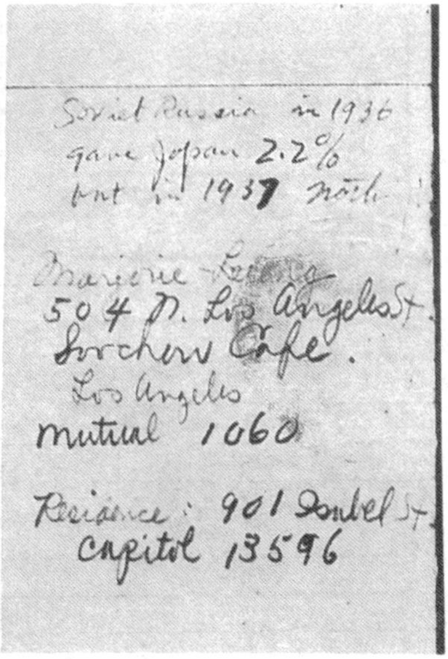
Soviet Russia in 1936
gave Japan 2.2%
but in 1937 nothing
Marjorie Leong
504 N. Los Angeles St.
Soochow Cafe.
Los Angeles
Mutual 1060
Residence: 901 Isabel St.
Capitol 13596

19-120

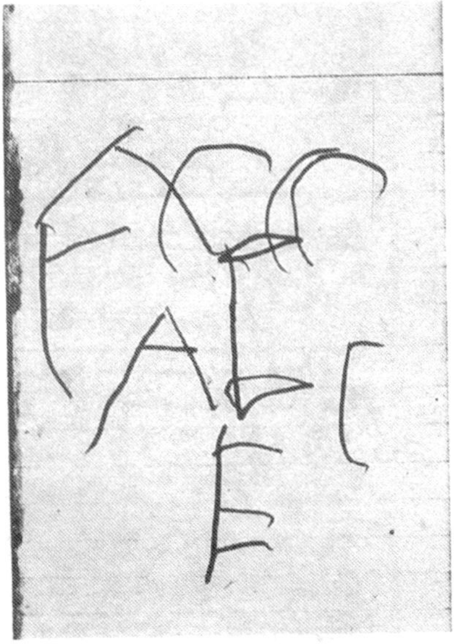

19-121

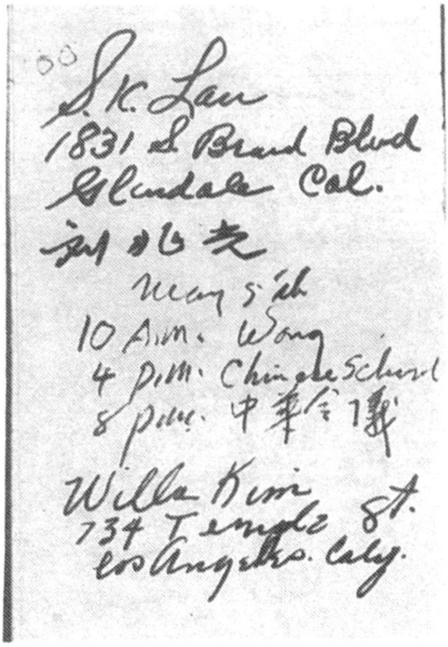

S.K. Lau
1831 S. Brand Blvd
Glendale Cal.

May 5th
10 A.M. Wong
4 p.m. Chinese School
8 p.m. 中華會館

Willa Kim
734 Temple St.
Los Angeles Caly.

19-122

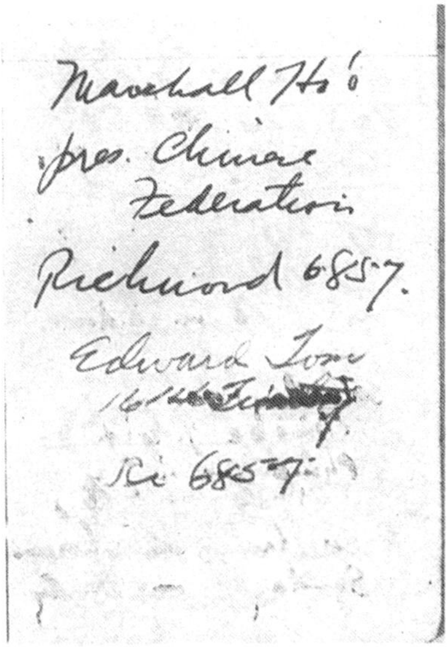

Marshall Ho
pres. Chinese Federation
Richmond 6857.

Edward Tom

Ri 6857.

19-123

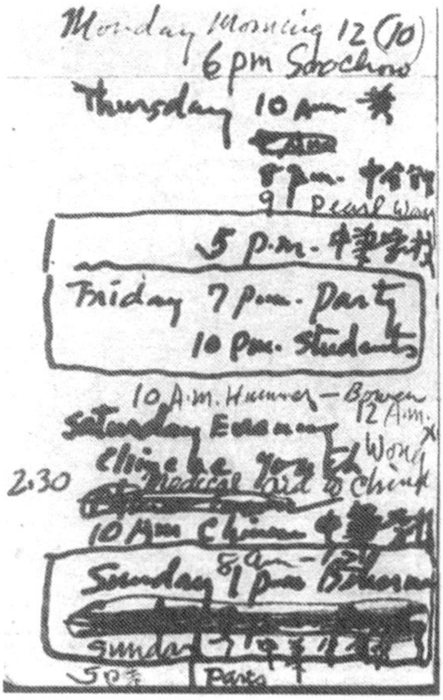

Monday Morning 12 (10)
6 pm Soochow
Thursday 10 am 黄
9 Pearl Wong
5 p.m. 中華学校
Friday 7 pm. Party
10 pm. Students
10 A.M. Hunner-Bowen
Saturday Evening
12 A.M. Wong
2:30
Medical aid to China
Sunday 1 pm
Party

19-124

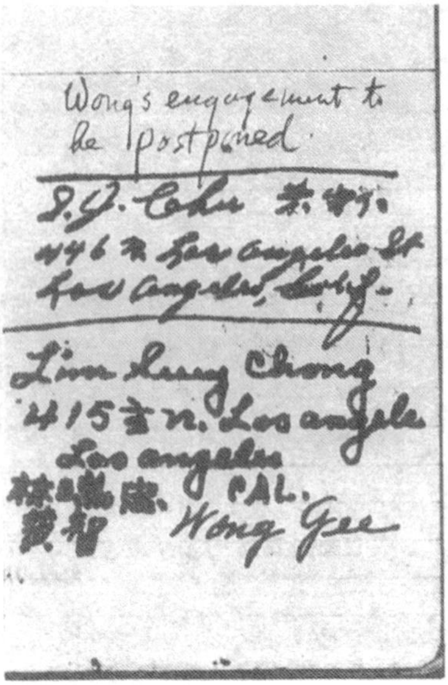
Wong's engagement to be postponed
S. J. Chu 朱[illegible]
446 N. Los Angeles St
Los Angeles, Calif.
Lim Sung Chong
415½ N. Los Angeles
Los Angeles
林[illegible]宗 PAL.
黄智 Wong Gee

19-125

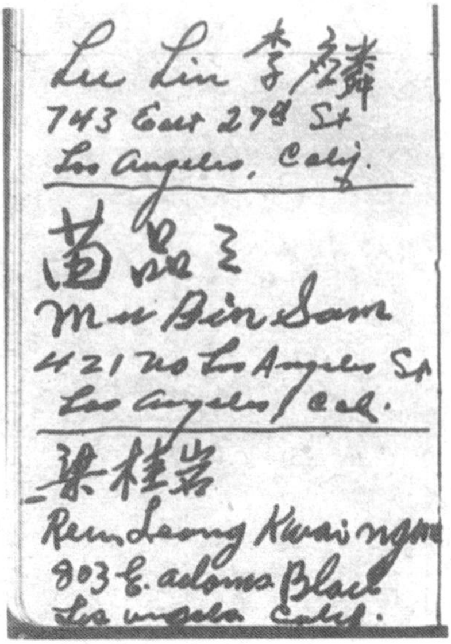
Lee Lin 李彦麟
743 East 27th St
Los Angeles, Calif.
苗品三
Mu Bin Sam
421 No Los Angeles St
Los Angeles, Cal.
梁桂岩
Rev. Leong Kwai ngm
803 E. adoma Blvd
Los Angeles Calif.

19-126

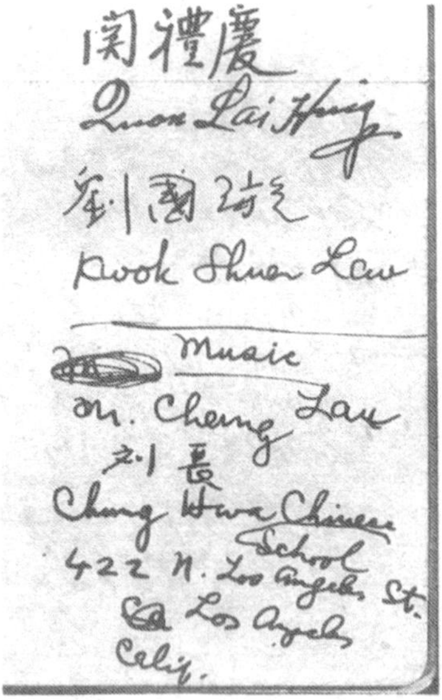
関禮慶
Quon Lai Hing
刘国璇
Kwok Shun Lau
Music
M. Cheng Lau
刘長
Chung Hwa Chinese School
422 N. Los Angeles St.
Los Angeles
Calif.

19-127

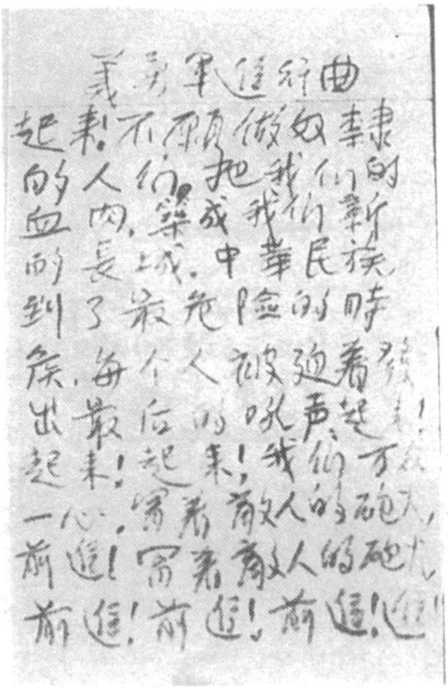
義勇軍進行曲
起来！不願做奴隶的人们，把我们的血肉，築成我们新的長城。中華民族到了最危険的時候，每个人被迫着發出最后的吼声。起来！起来！起来！我们万众一心，冒着敌人的炮火，前進！冒着敌人的炮火，前進！前進！前進！進！

19-128

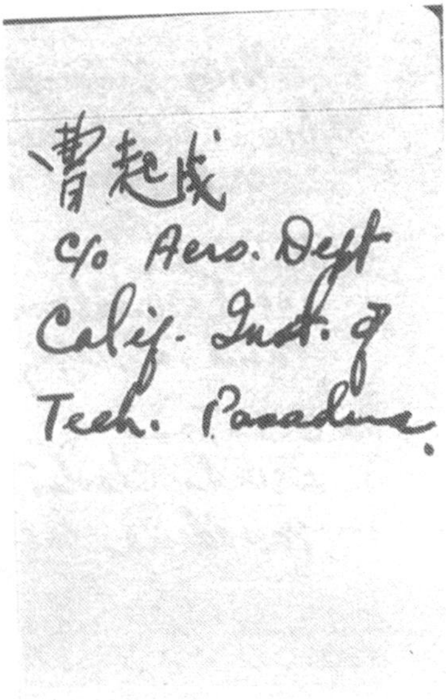
曹起戍
c/o Aero. Dept
Calif. Inst. of
Tech. Pasadena.

19−129

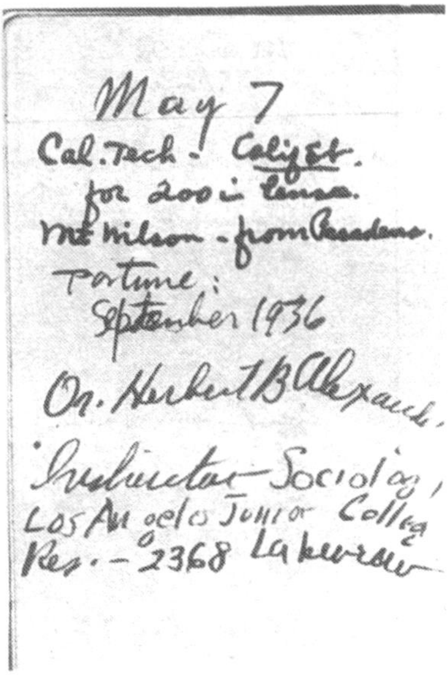
May 7
Cal. Tech. - Calif. St.
for 200 in lenses.
Mt Wilson - from Pasadena.
Portune:
September 1936
Dr. Herbert B. Alexander,
Instructor Sociology,
Los Angeles Junior College
Res. - 2368 Lakeview

19−130

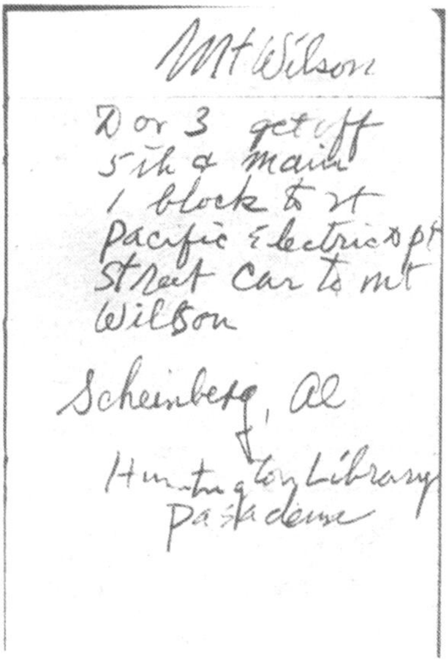
Mt Wilson
D or 3 get off
5th & main
1 block to 2t
Pacific Electric Dpt
Street Car to Mt
Wilson
Scheinberg, Al
Huntington Library
Pasadena

19−131

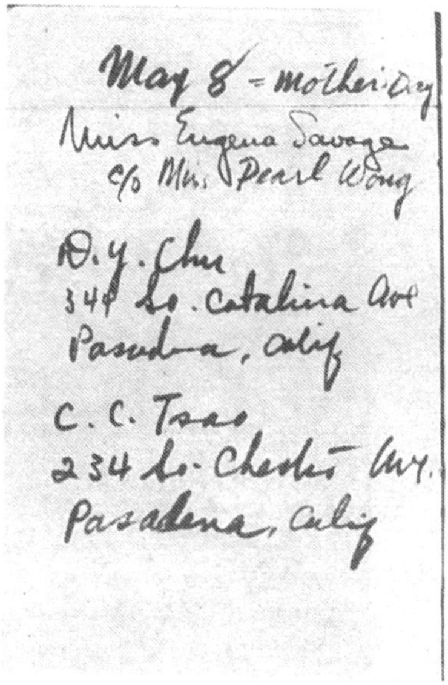
May 8 = mother day
Miss Eugena Savage
c/o Mrs. Pearl Wong
D. Y. Chu
344 So. Catalina Ave
Pasadena, Calif
C. C. Tsao
234 So. Chester Ave.
Pasadena, Calif

19−132

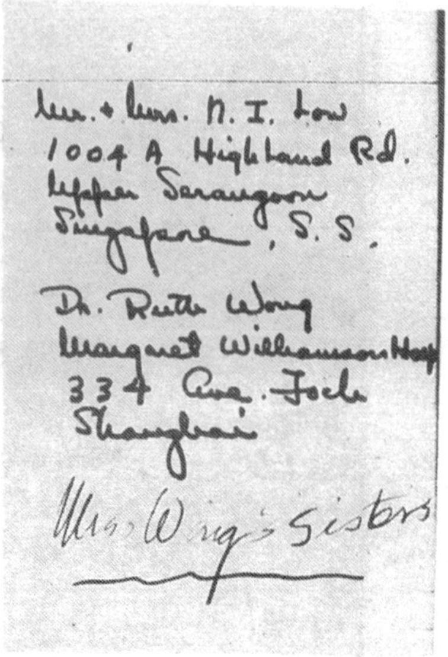
Mr. & Mrs. N. I. Low
1004 A Highland Rd.
Upper Serangoon
Singapore, S. S.

Dr. Ruth Wong
Margaret Williamson Hosp
334 Ave. Joffre
Shanghai

Miss Wong's Sisters

19-133

Leslie Lowe
1350 West 4th St.
Los Angeles, Cal.

19-134

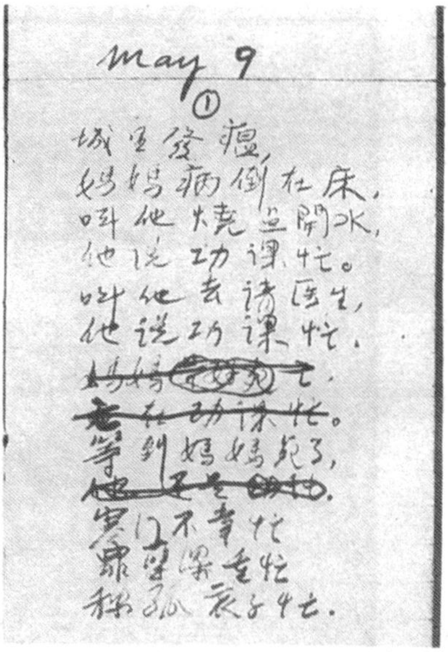
May 9

①

城里发瘟，
妈妈病倒在床，
叫他烧些开水，
他说功课忙。
叫他去请医生，
他说功课忙。
~~妈妈[illegible]亡。~~
~~[illegible]在功课忙。~~
等到妈妈死了，
~~[illegible]~~。
寡门不肯忙
鼎望深香忙
称孤哀子忙。

19-135

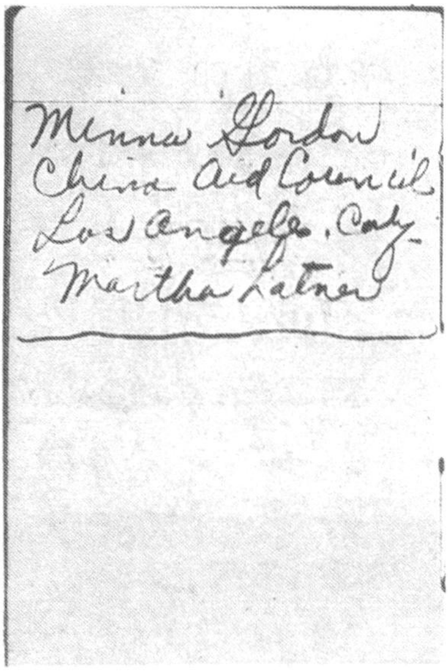
Minna Gordon
China Aid Council
Los Angeles, Cal.
Martha [illegible]

19-136

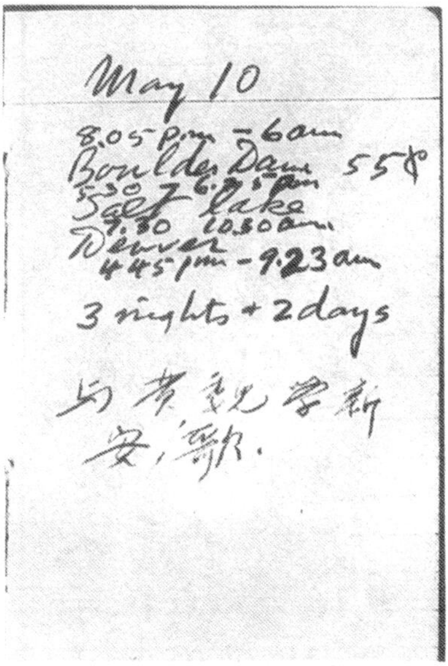

May 10
8.05 pm – 6am
Boulder Dam 55$
5.30 7 6.15 pm
Salt lake
9.30 10.30am
Denver
4.45 pm – 9.23 am
3 nights + 2 days
与黄竞光学新
安，歌。

19-137

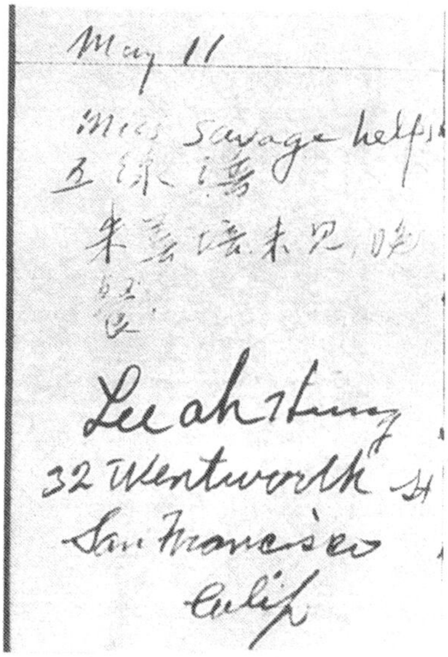

May 11
Miss Savage help
五線譜
朱蘊瑄未見，晚
餐
Lee ah Hung
32 Wentworth St
San Francisco
Calif

19-138

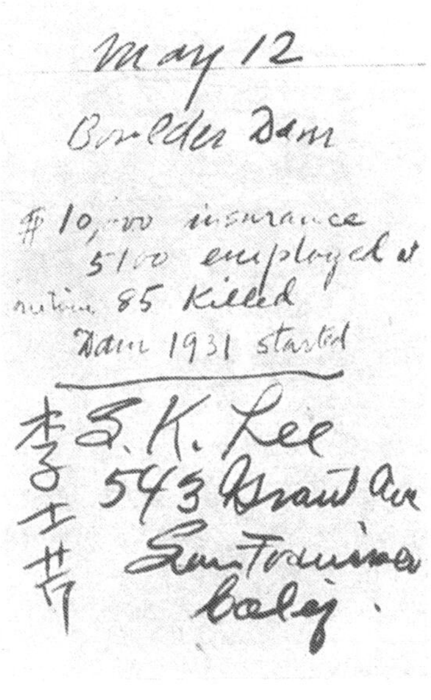

May 12
Boulder Dam
$10,000 insurance
5100 employed at
return 85 Killed
Dam 1931 started
李士芳 S. K. Lee
543 Grant Ave
San Francisco
Calif.

19-139

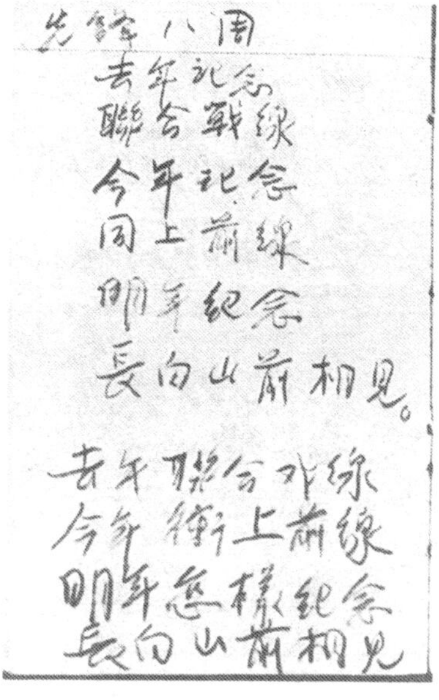

先鋒八周
去年紀念
聯合戰線
今年紀念
同上前線
明年紀念
長白山前相見。
去年聯合戰線
今年衝上前線
明年怎樣紀念
長白山前相見

19-140

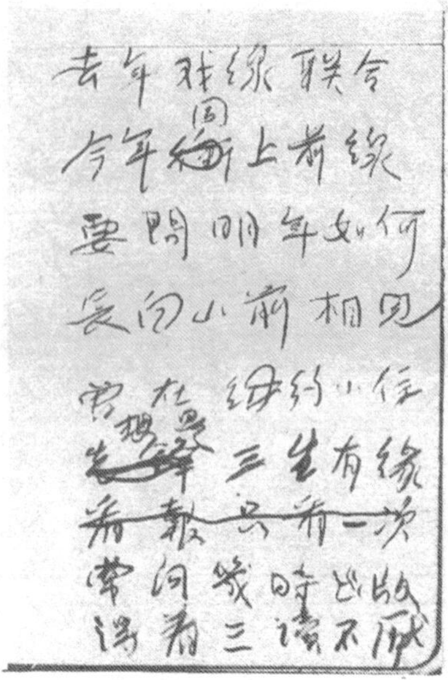

19－141

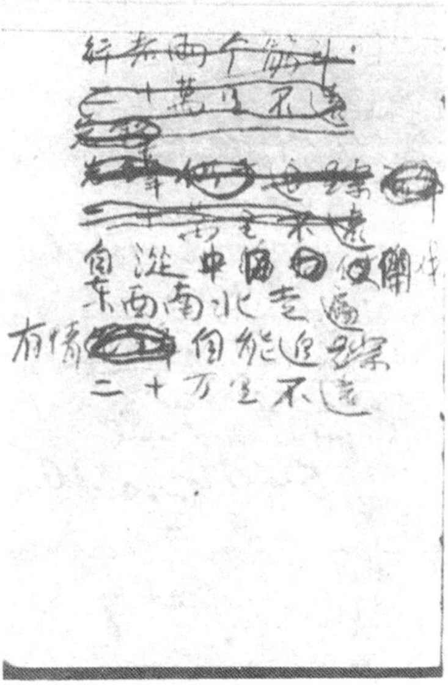

19－142

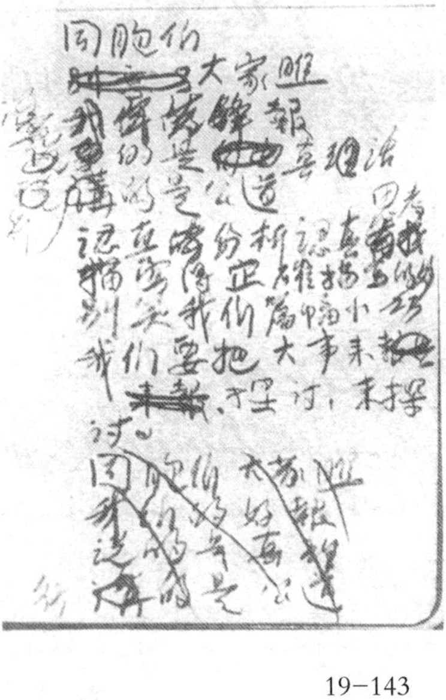

19－143

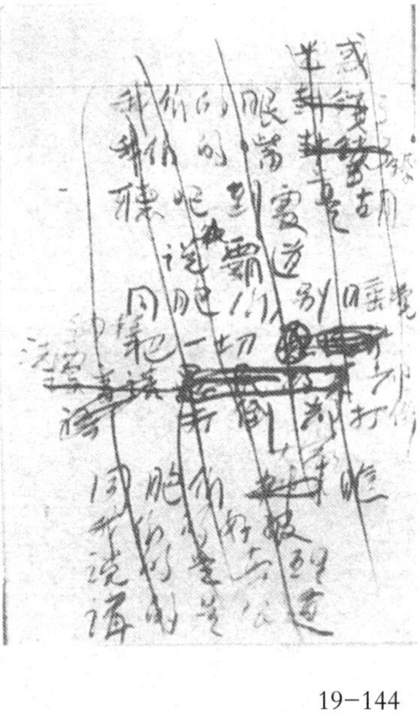

19－144

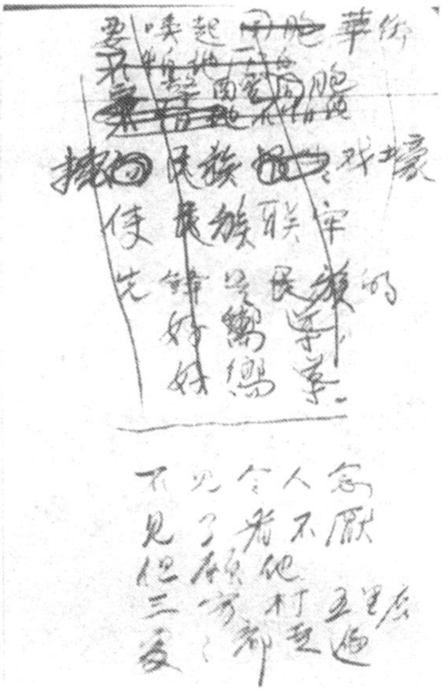

19-145

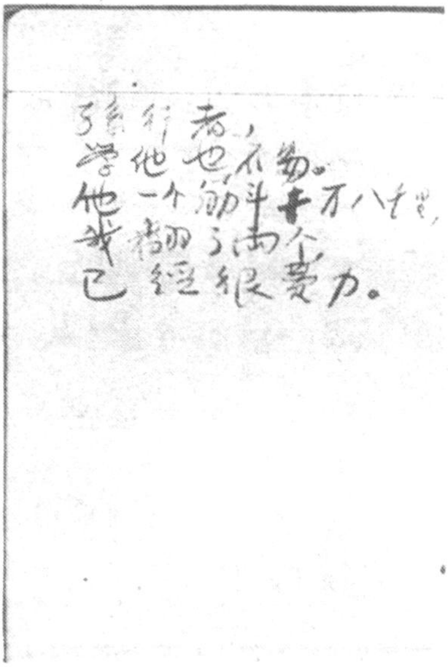

19-146

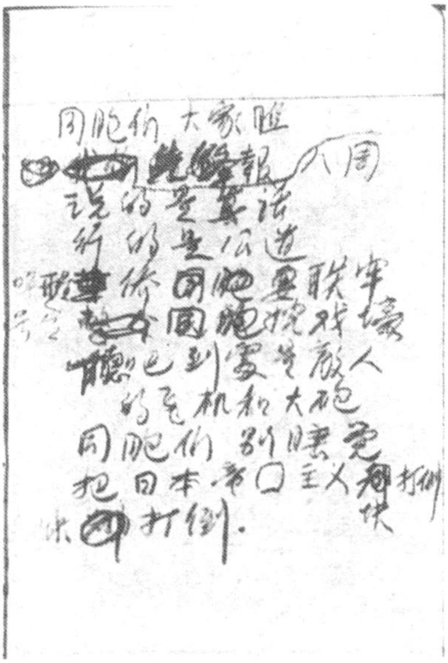

19-147

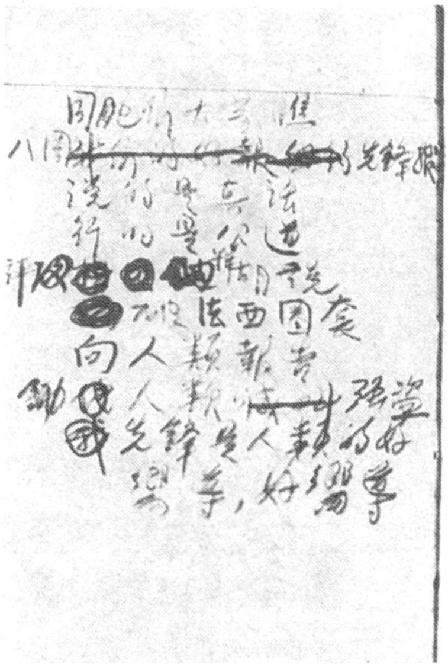

19-148

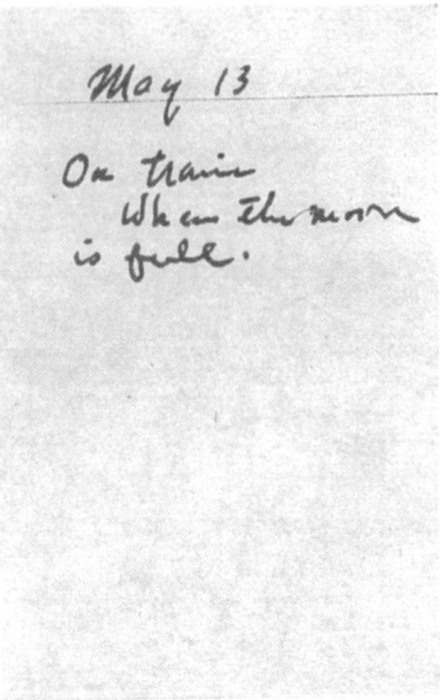
May 13
On train
When the moon
is full.

19-149

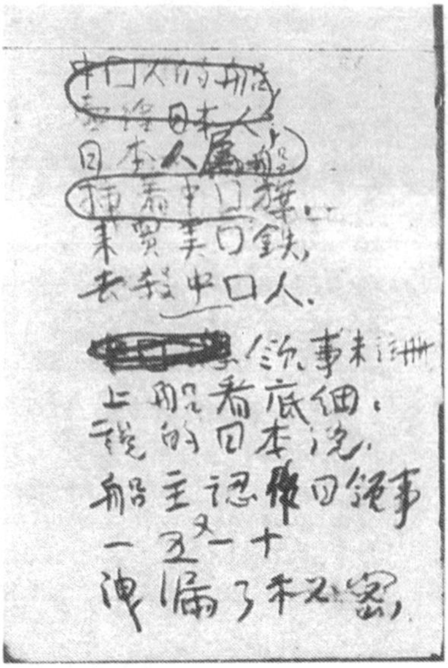
中国人坐的船
要除日本人
日本人的船
挂着中国旗
来买美国铁
去杀中国人.

上船看底细.

一五又一十

19-150

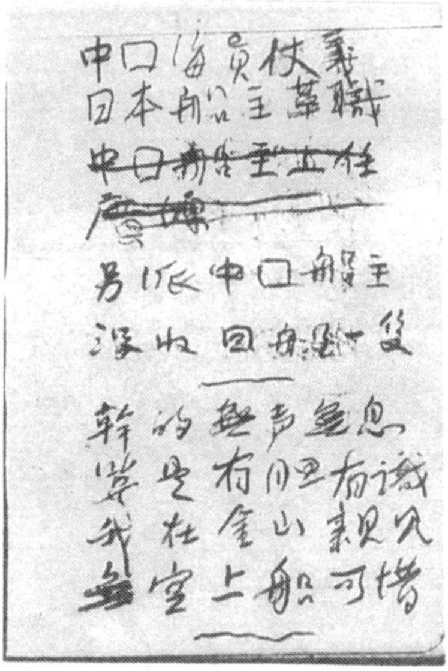
中国海员仗义
日本船主革职

另依中国船主
没收日本船只

学些有胆有识

19-151

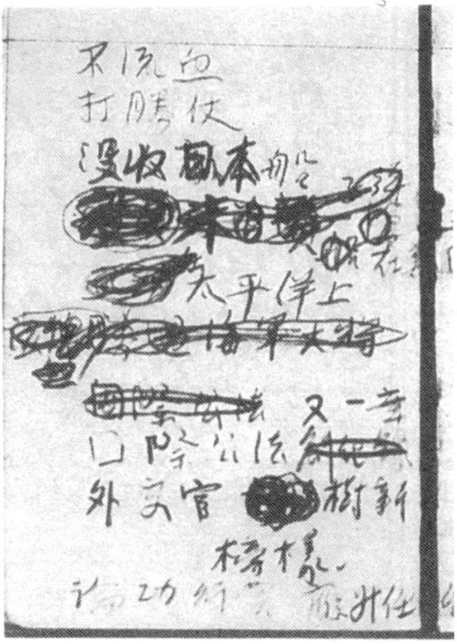
不流血
打胜仗
没收日本船

太平洋上

又一套
国际公法
外交官
树新
榜样.

19-152

May 14
芝加哥
Chicago

19-153

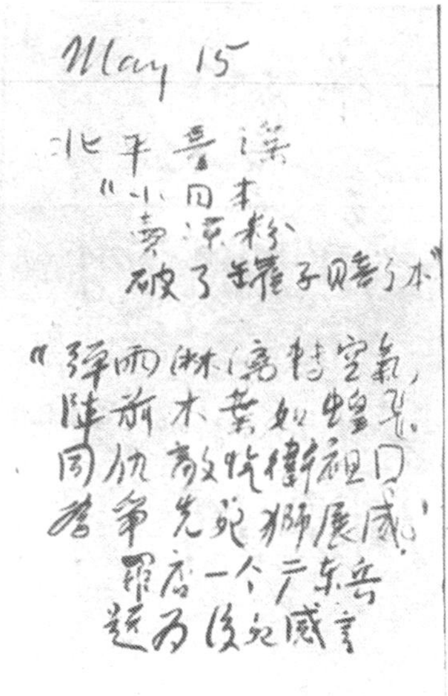

May 15

19-154

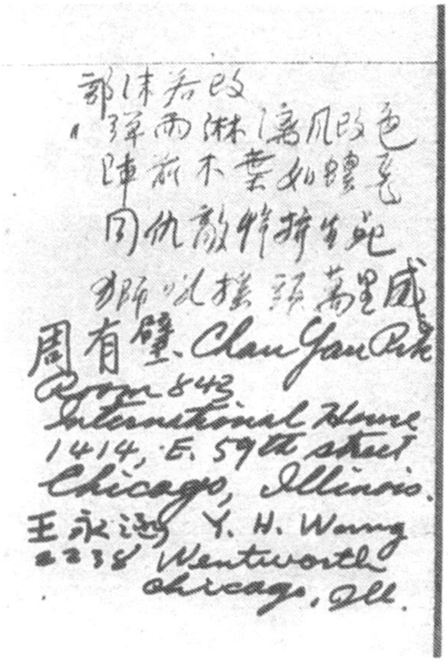

周有璧 Chau Yau Pik
Room 842
International House
1414, E. 59th street
Chicago, Illinois.
Y. H. Wang
2238 Wentworth
Chicago, Ill.

19-155

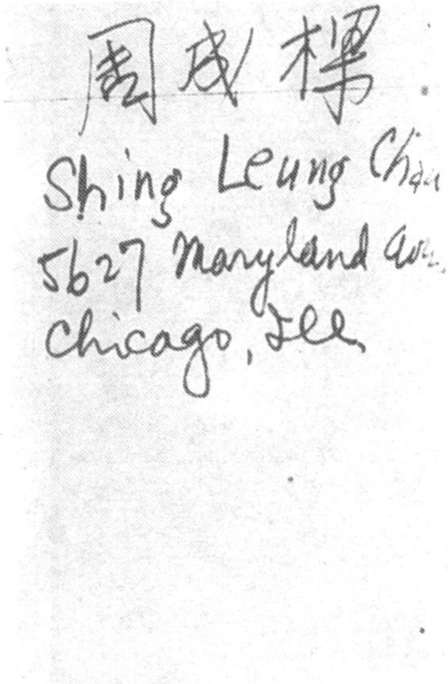

Shing Leung Chau
5627 Maryland Ave.
Chicago, Ill.

19-156

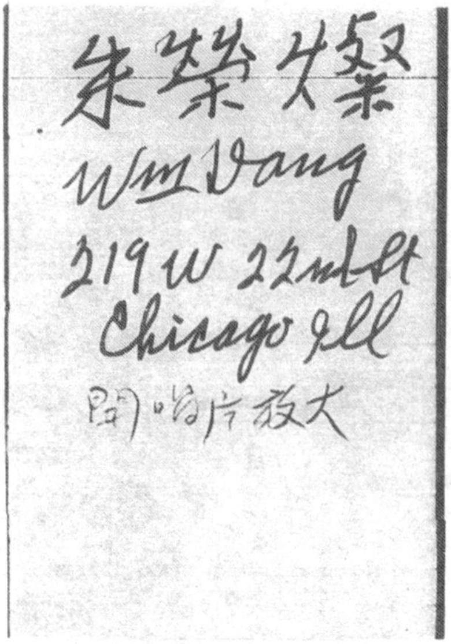
Wm Dang
219 W 22nd St
Chicago Ill

19-157

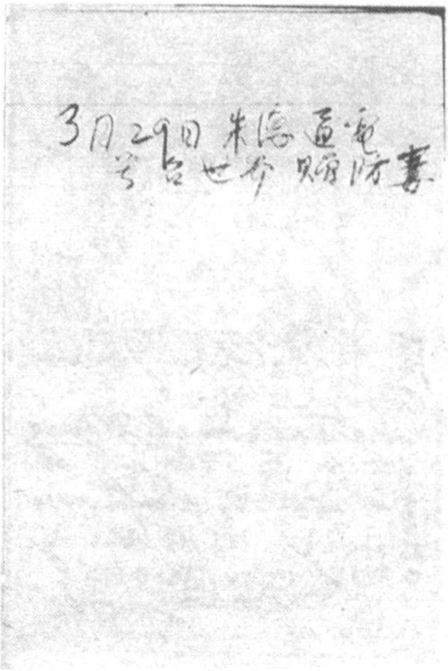

19-158

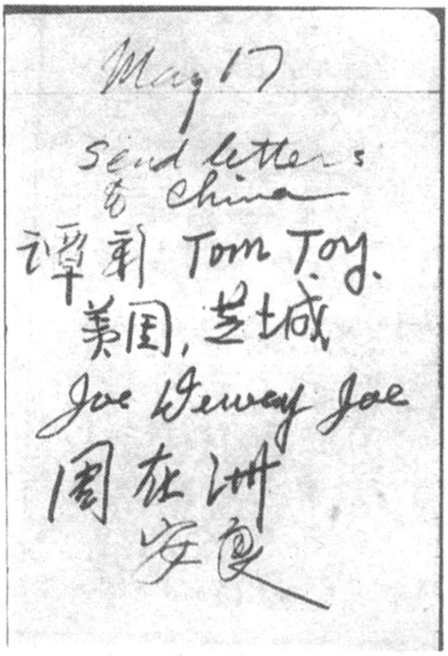
May 17
Send letters to China
Tom Toy.
美国，芝城
Joe Deway Joe

19-159

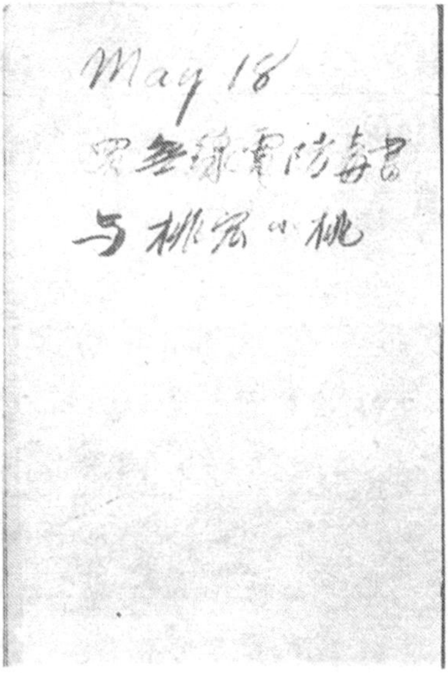
May 18
防毒
小桃

19-160

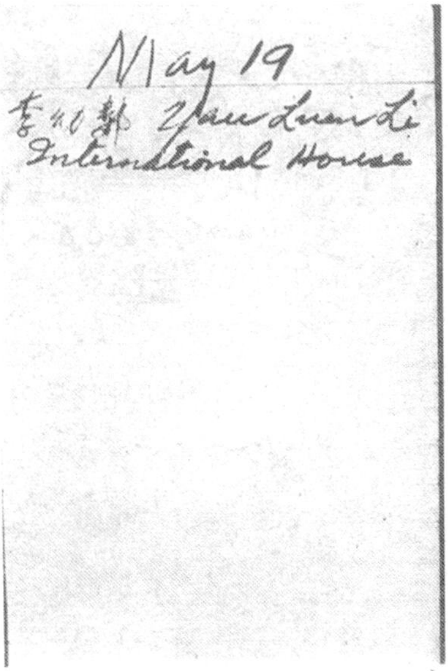

19-161

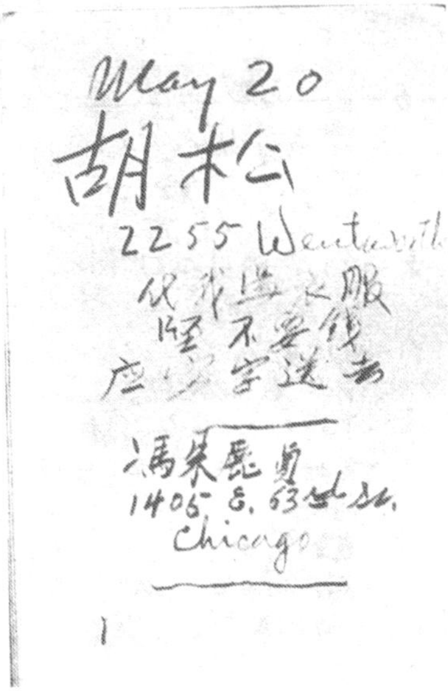

19-162

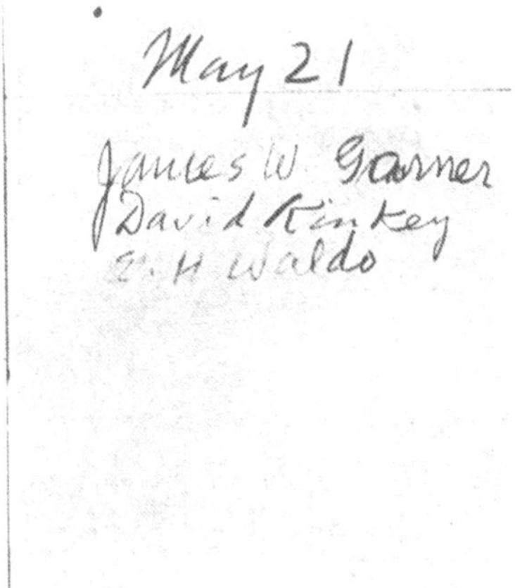

19-163

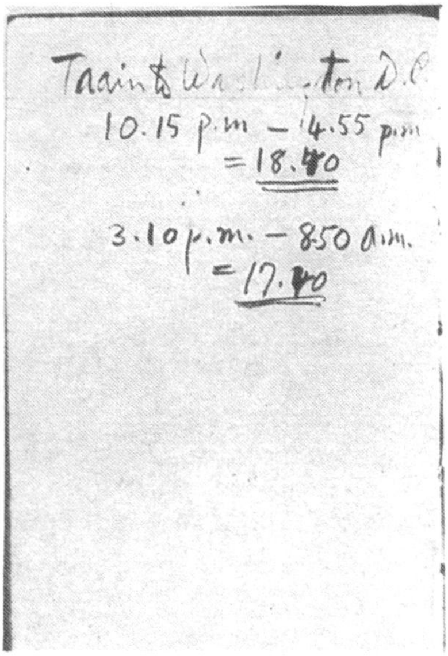

19-164

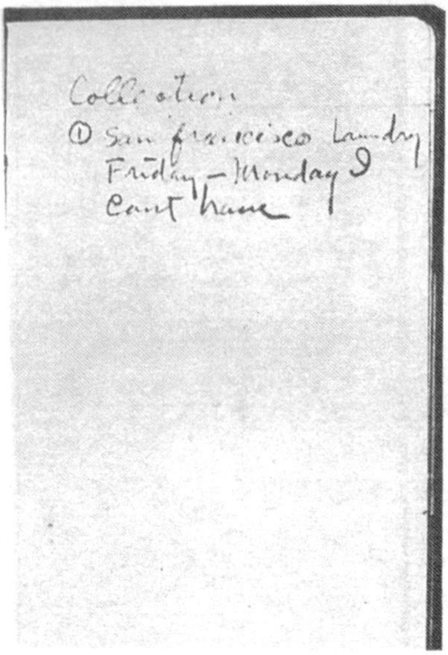
Collection
① San francisco Laundry
Friday—Monday
Can't have

19−165

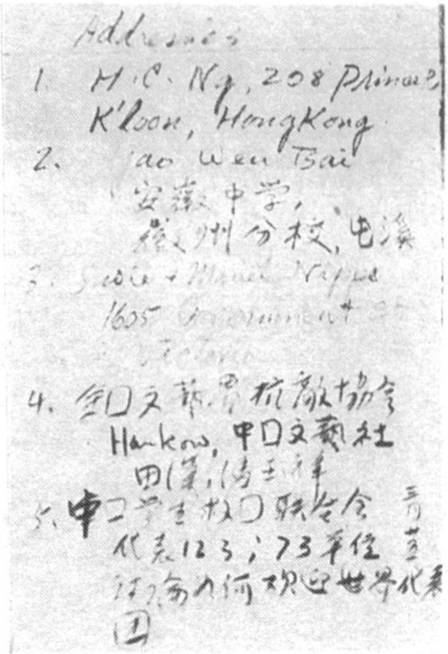
Addresses
1. H.C. Ng, 208 Prince
K'loon, HongKong
2. Yao Wen Bai
安徽中学，
徽州分校，屯溪
3. [illegible]
1605 Government [illegible]
[illegible]
4. 全国文艺界抗敌协会
Hankow, 中国文艺社
田汉，阳翰笙
5. 中国学生救国联合会
代表12；73单位
讨论如何欢迎世界代表团

19−166

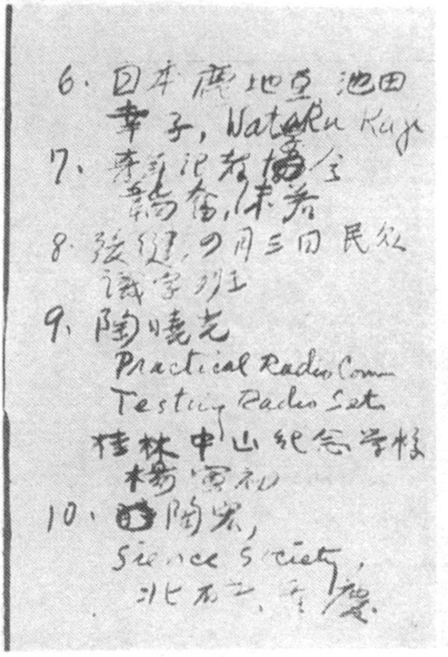
6. 日本鹿地亘 池田
幸子, Wataru Kaji
7. [illegible]协会
[illegible]
8. 张健，四月三日民众
识字班
9. 陶晓光
Practical Radio Comm
Testing Radio Set
桂林中山纪念学校
[illegible]
10. 陶宏，
Science Society,
北[illegible]

19−167

第十九册〔注译〕

1938.4.14~1938.5.21

温哥华·旧金山

洛杉矶

19—001

第1至2行：4月14日　温哥华

19—010

第1至3行：4月16日　星期六到坎伯兰

末5行：120华侨

12时半　去中国城

1时　致公堂

4时　午餐

19—011

下午7时半　荣富会堂

中国人采煤，不是伐木和种地

D.N.维特霍普　地址

19—014

外文为人名及地址

19—016

第1行：4月18　纳奈莫

19—018

食堂　供餐时间

华侨　150~200（人）

弗兰克·贝班

煤矿　锯木厂　宿营地

每天一瓶威士忌

20~30名华工

19—020

第2行：A.M.斯蒂芬

末行：温哥华

19—021

第1至3行：戴维·威廉温哥华地址

19—025

末6行：尼吉·摩尔根　通讯地址　温哥华C.C.F秘书

19—026

4月20日　星期三　维多利亚

上午10时　中国青年

下午8时　集会

12时　午餐会

兰多夫·寇埃勒　美国海产总部华盛顿地址

19—027

阿尔福德·塞则思先生朋友

下午4时以后或明天2~3时

下午4时　寓所

19—028

20日

上午10时　中国青年

下午4时　寇埃勒家

下午5时　洛夫特图书俱乐部

妇女及几位男士

职业与商业妇女俱乐部

下午8时　商会联盟会议

下午10时半　华侨集会

21日

上午10时　教唱歌

19—029

第1至5行：

10茶会10,000g

维多利亚华侨200,000m

救国捐款　80,000m

华侨　3,000人

19—031

第1至6行：

4月21日　维多利亚

乔斯·霍普夫人　维多利亚地址

19—036

第1行外文：3月5日

第2至3行：2,600金元　100人

末4行：霍尔夫人　维多利亚地址

19—037

第6至8行：250,000金元　温室在外

1,500,000美元　温哥华

末行：马铃薯不在内

19—039

第7至9行：200辆汽车　向西部运货4,000吨

19—040

方形温室　4.5英亩　玻璃房子

每天需用2吨煤

5柯德（1柯德=8×4×4=128立方呎）

8人管理

22,000植株　需5,000柳条筐（20株一筐）

第一次收获季节为2~5月　3个月休息

9月为第二季收获季10,000植株　1,500个柳条筐

19—041

1935年　58家农场

1938年　43家农场

15年内没有增加

35,000　加拿大人　2,000妇女

每年递减　1,900 人

80%的在 50 岁以上

华人每人可寄 200 美元回国

自 1923 年以来只有 2 名华人加入

19—042

第 3 行起：维多利亚联合制造公司　地址

19—045

第 2 至 3 行为人名、地址

19—046、047

19—046 页上的外文即 19—047 页上的 6 人名

19—048

总理　麦金齐金

5 个月前应有进展　应允许对中国移民放宽限额。17 个国家与加拿大缔结了特殊的条约，中国却没有

日本和美国都派有一名部长级官员驻加

19—049

中国却只有一名总领事

华侨　35,000　农业　2,000

渔业工人　2,000　矿工　150

商人　3,500　伐木及锯木工 3,500

家庭厨师　4,000　妇女　2,000

儿童　4,000

19—050

温哥华　5,000 人　维多利亚 2,500 人

蒙特利尔　多伦多　1,000 人

温尼伯　500 人　卡尔加里 1,000 人

19—051

第 1 至 2 行：4 月 24 日　西雅图

第 6 行起：切斯特·拉夫里夫妇地址

埃勒利·安德尔森夫妇利厄费尔德学院院长

塞德里·H.拉夫里　地址

19—053

第 4 至 5 行外文：华侨　总人口

末行：150 户

19—056

移民

1. 没有新的移民

2. 华侨在美国生下的男孩，回中国，结婚，其子女可以入美，妻子则不能

3. 女孩回中国结婚，其子女不能入美

4. 第三代不能入境

5. 华侨生下的小孩成为美国人

19—058

4月26日　波特兰

路斯·海夫尼尔　产联理事会福利研究会总部　地址

19—059

第1至5行：

詹姆斯·范兹　产联理事会司库——秘书

C.N.唐夫人　波特兰地址

19—060

4月27

下午6时　金龙　地址

下午12时　苏领事

社会经济研究会　波特兰地址

19—061

友人名　地址

19—062

第5至6行：人口　300,000

华侨　2,000

末行：医疗援助　12,000法

19—064

B.T.沃斯庞　俄勒冈劳工联合会执行秘书　地址

19—071

第1至2行：4月28日　旧金山

19—074

5月2日

星期一　下午8时

星期日　下午8时为华侨开一会议

下午2时　奥克兰

星期五　下午6时半　远东咖啡厅

中国朋友　地址

星期六　下午8时　地址下午1时30分　克莱814

19—077

杨森（音）　旧金山抵制日货联合委员会

19—085

第2行起：中国1,235　中国1,385

1. 长远观点　2. 满足　3. 一个家庭和　4. 国际同道会

中国公民不得携带妻子

19—086

台尔麦·汉特夫人

亚历山大·库恩　旧金山地址

19—087

第2至4行：巴依·法诺　地址

末2行：中国村74,000平方呎

19—092

第 2 至 4 行：②3 种杂志反战

③400 名领导人被捕

19—094

第 7 行起：Z.R.布朗　旧金山地址

埃雷恩·布雷克　国际劳工保护会

19—095

应通尼斯·芬迪　墨西哥理事会地址

19—096

第 2 至 4 行：11 时半至下午 2 时　奥克兰地址

19—097、098

旧金山友人签名及地址

19—110

第 1 至 2 行：5 月 1 日　奥克兰

19—112

第 4 至 6 行：电话号　领事

19—114

第 1 至 6 行：中华会馆　地址

E.约瑟夫·伊凡思　加利福尼亚圣马特奥　地址

19—115

第 4 至 6 行：路德·E.哥里费尔　奥克兰地址

A.戴女士　旧金山地址

19—116

第 3 行：旧金山中国领事馆

19—117

5 月 4 日　洛杉矶

维斯达花园饭店、毕波曼、中国领事馆、电影艺术协会、反纳粹同盟等的电话号码

19—118

友人名、地址

19—119

运往日本的战略物资

	1936 年	1937 年
美国	47.9%	54.4%
英国	19.9%	17.5%
爱尔兰	8.0%	7.4%
德国	3.7%	3.8%

自美国运去的商品

铜	92.9%
油类	60.5%
汽车及零部件	91.2%
铁	59.7%
生铁	41.6%
机器发动机	48.5%

总计：1937 年　1,003,769 日元

1936 年　505,896 日元

19—120

苏联 1936 年给日本的物资占 2.2%，1937 年未给任何物资！

麦祖里·梁　洛杉矶　地址

19—122

第 5 行起：5 月 5 日

上午 10 时　王

下午 4 时　华侨学校

下午 8 时　中华会议

金维拉　洛杉矶　地址

19—123

何马绍　华侨联合会主席

爱德华·汤姆　地址

19—124

星期一晨 12（10）　下午 6 时苏州（音）

星期四上午 10 时　黄下午 9 时王珍珠

星期五　下午 7 时　晚会下午 10 时　学生

上午 10 时　休默·包文　上午 12 时　王

星期六晚　中国青年

2 时半　医药援华会

上午 10 时　中华学校

星期日　上午 8~12 时　下午 1 时　毕波曼

5 日走　巴黎

19—125

第 1 至 2 行：王氏的约会延期

19—130

5 月 7 日

米特·尼尔松　来自帕萨迪纳

福特摩：1936 年 9 月

休伯特·亚历山大　洛杉矶初等学院社会学研究所

19—131

第 1 至 7 行：去威尔逊山路线

末 2 行：亨丁隆图书馆　帕萨迪纳

19—132、133

5 月 8 日　母亲节

友人名及地址

19—136

米娜·戈登　洛杉矶援华会

19—137

5 月 10 日

晚 8 时 5 分至晨 6 时　波尔顿水坝　55 美分

5 时半~晨 6 时 25 分　盐湖

7 时半~上午 10 时半　丹佛

下午 4 时 45 分~晨 9 时 23 分

共三夜两天

19—138

第2行：萨维芝女士帮我

末4行：旧金山友人名及地址

19—139

第2至6行波尔顿水坝　1931年开始修建

保险金　10,000美元

5,100名雇工，有一次85人丧生

19—149

5月13日

在火车上　月儿圆了

19—159

第2至3行：发信到中国

19—163

5月21日　詹姆斯·W.加那尔

大卫·金凯

E.H.瓦尔多

19—164

火车至华盛顿

下午10时15分~4时55分=18小时40分

下午3时10分~上午8时50分=17时40分

19—165

集锦

1. 旧金山洗衣店　星期五至星期一

我不能有

19—166

第1至4行为地址

1. H.C.Ng　香港九龙王子街208号

2. 姚文采

3. 苏雪（音）与马贝尔·尼普维多利亚地址

19—167

倒数第2行：中国科学社

衛備忘

第 二 十 册

1938.5.22~1938.7.3

Augen auf im
Straßenverkehr

20-001

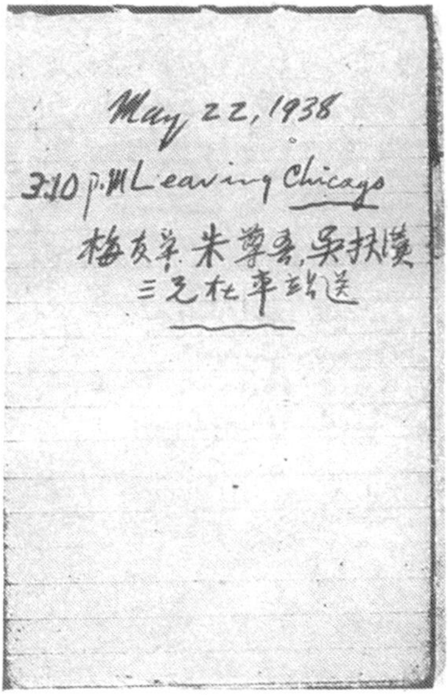
May 22, 1938
3:10 p.m. Leaving Chicago
梅友卓、朱学勤、吴扶汉
三先生车站送

20-002

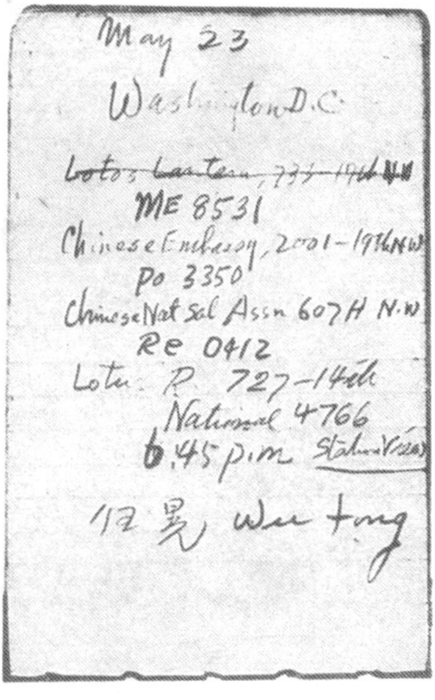
May 23
Washington D.C.
~~Lotus Lantern, 733–14th N.W.~~
ME 8531
Chinese Embassy, 2001–19th N.W.
Po 3350
Chinese Nat Sal Assn 607 H N.W.
Re 0412
Lotus R. 727–14th
National 4766
6.45 p.m. Station Visa
任晃 Wee tong

20-003

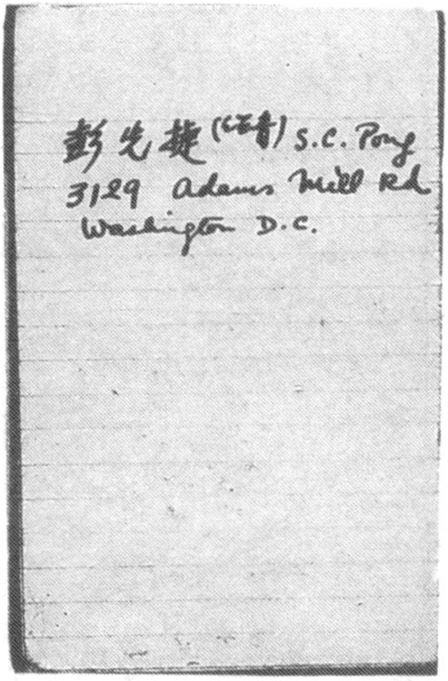
彭先捷(德清) S.C. Pong
3129 Adams Mill Rd
Washington D.C.

20-004

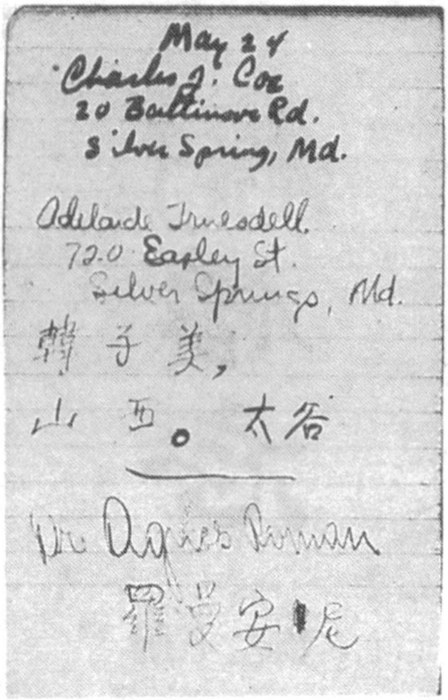
May 24
Charles J. Cox
20 Baltimore Rd.
Silver Spring, Md.

Adelaide Truesdell.
720 Easley St.
Silver Springs, Md.
韩子美，
山西。太谷

Dr Agnes Roman
羅曼安尼

20-005

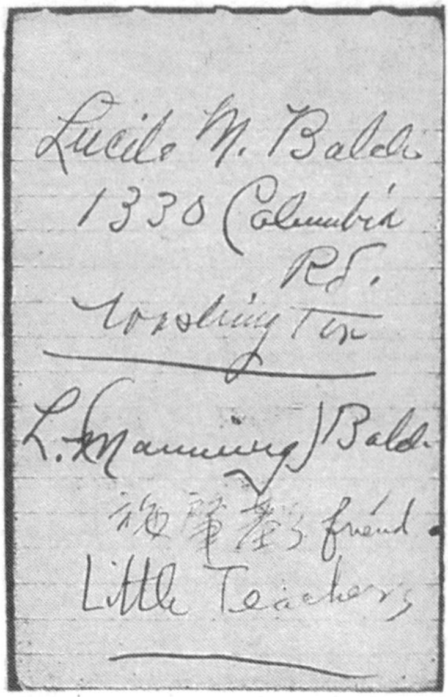
Lucile M. Bald
1330 Columbia
Rd.
Washington D.C.

L. Manning Bald
friend
Little Teachers

20-006

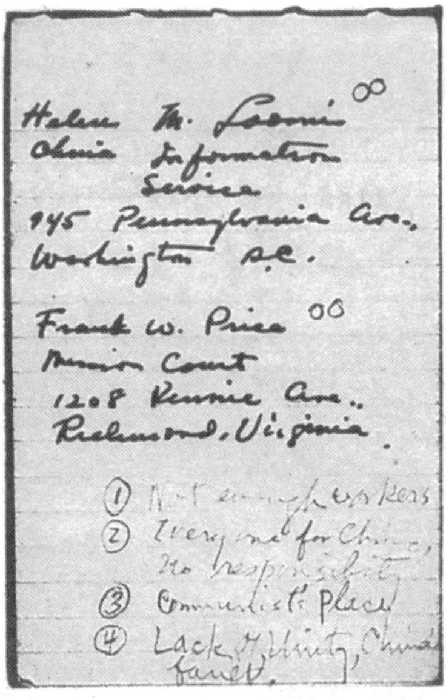
Helen M. Loomis
China Information
Service
945 Pennsylvania Ave.,
Washington D.C.

Frank W. Price
Union Court
1208 Rennie Ave.,
Richmond, Virginia

① Not enough workers
② Everyone for China,
No responsibility
③ Communists' place
④ Lack of Unity, China
fault.

20-007

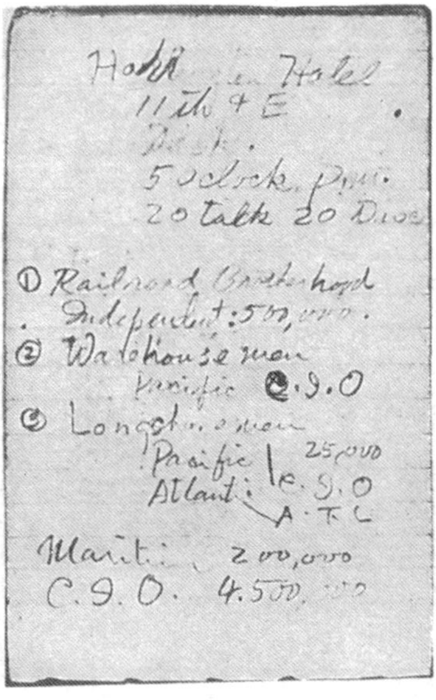
Hotel Hotel
11th & E
Desk.
5 o'clock p.m.
20 talk 20 Disc

① Railroad Brotherhood
Independent: 500,000.
② Warehouse men
Pacific C.I.O
③ Longshoremen
Pacific 25,000
Atlantic C.I.O
A.F.L

Maritime 200,000
C.I.O. 4,500,000

20-008

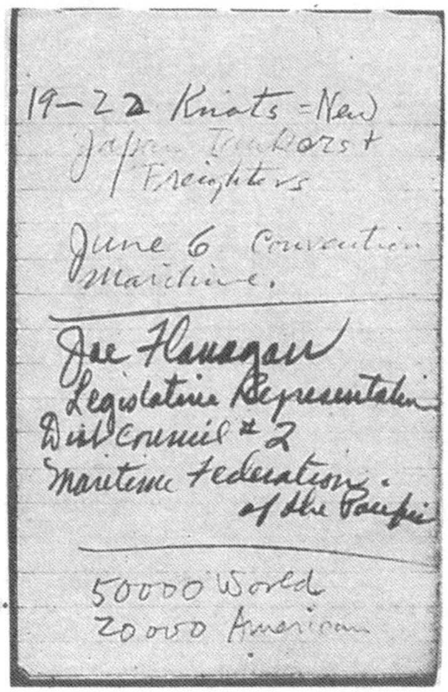

20-009

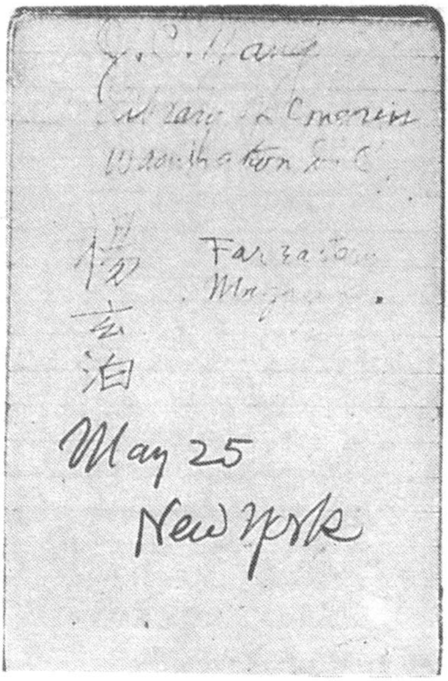

20-010

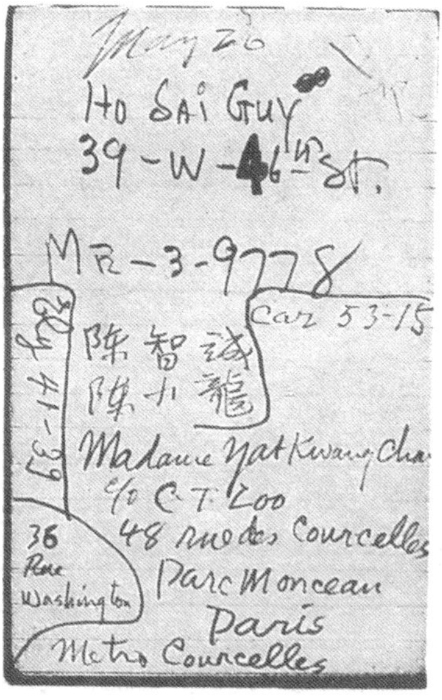

20-011

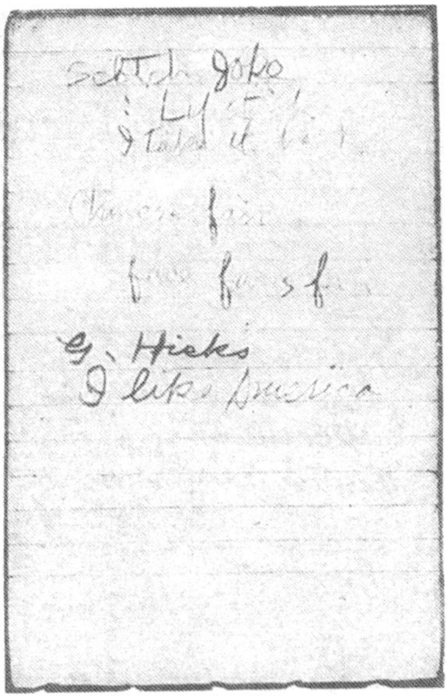

20-012

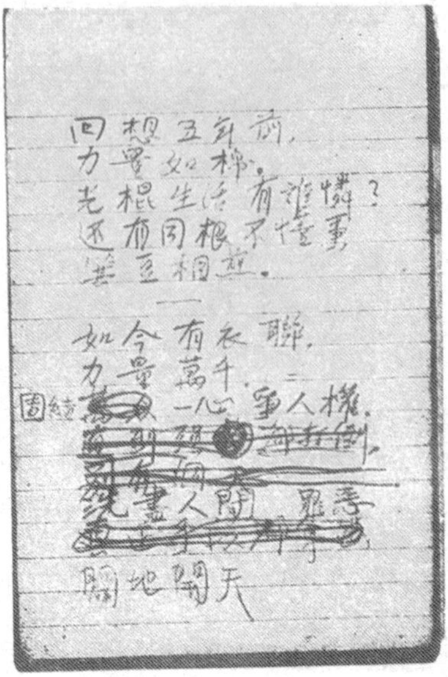

20-013

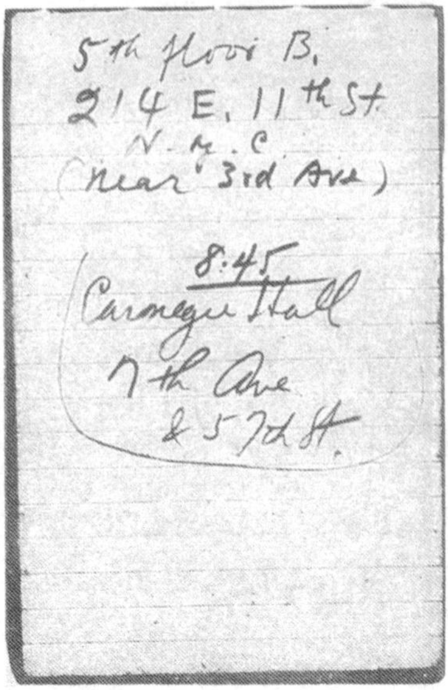

20-014

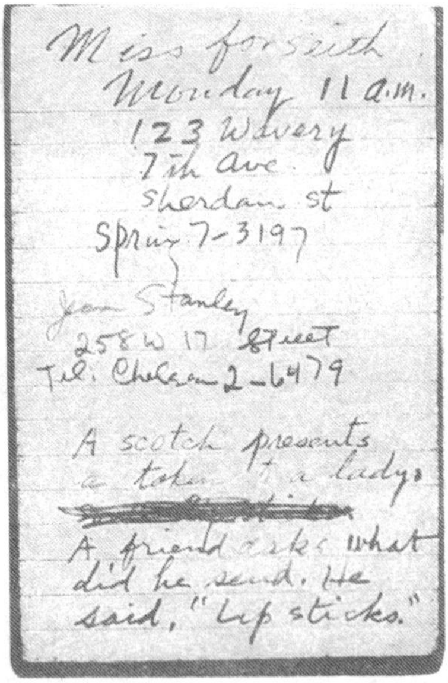

20-015

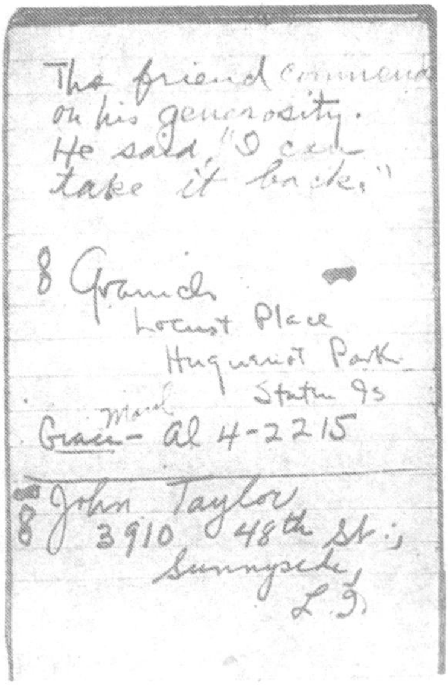

20-016

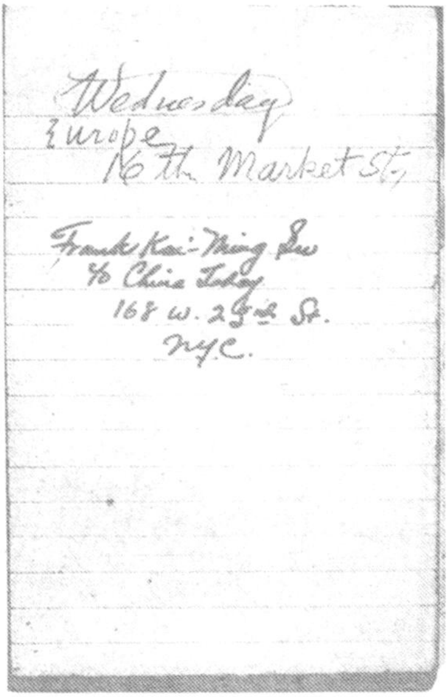
Wednesday
Europe
16th Market St.

Frank Kai-Ming Su
c/o China Today
168 W. 23rd St.
N.Y.C.

20-017

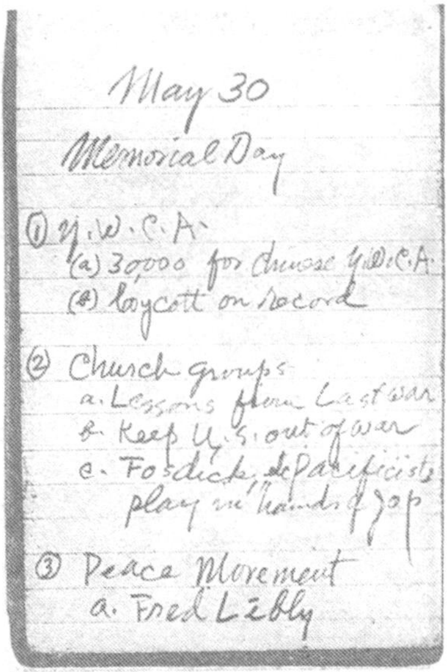
May 30
Memorial Day

① Y.W.C.A.
(a) 30,000 for Chinese Y.W.C.A.
(b) boycott on record

② Church groups
a. Lessons from Last war
b. Keep U.S. out of war
c. Fosdick, de Pacificists play in hands of Jap

③ Peace Movement
a. Fred Libby

20-018

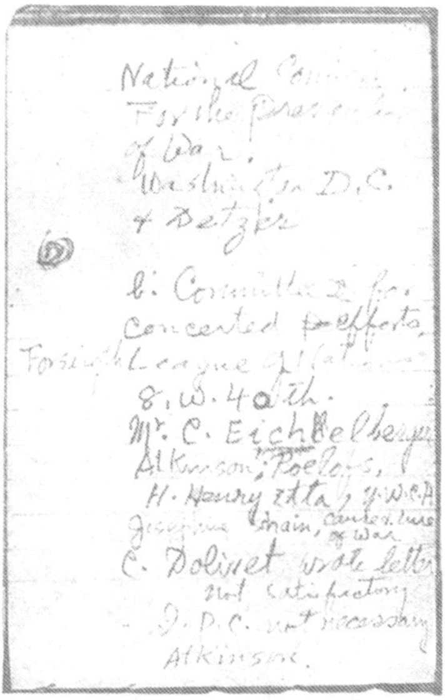
National Committee
For the prevention of War.
Washington D.C.
+ Detzer

(b)
b. Committee for concerted efforts,
Foreign League of Nations
8, W. 40th.
Mr. C. Eichelberger
Atkinson, Roelofs,
H. Henry Zitta, Y.W.C.A.
Josephine Schain, cause & cure of war
C. Dolivet wrote letter not satisfactory
I.P.C. not necessary
Atkinson.

20-019

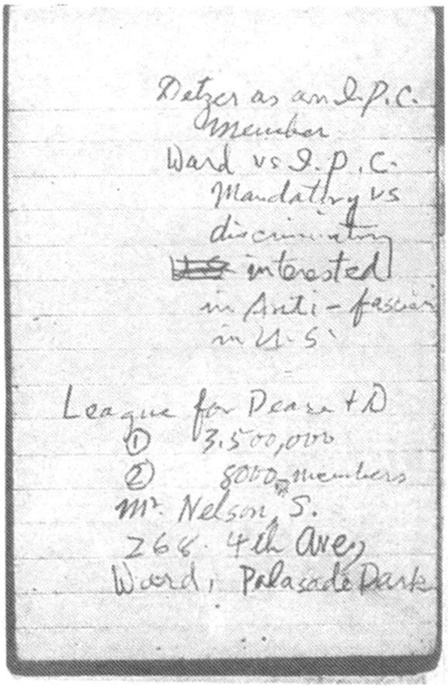
Detzer as an I.P.C. Member
Ward vs I.P.C.
Mandatory vs discriminatory
interested in Anti-fascism in U.S.

League for Peace + D
① 3,500,000
② 8000 members
Mr. Nelson, S.
268 4th Ave,
Ward, Palasade Park

20-020

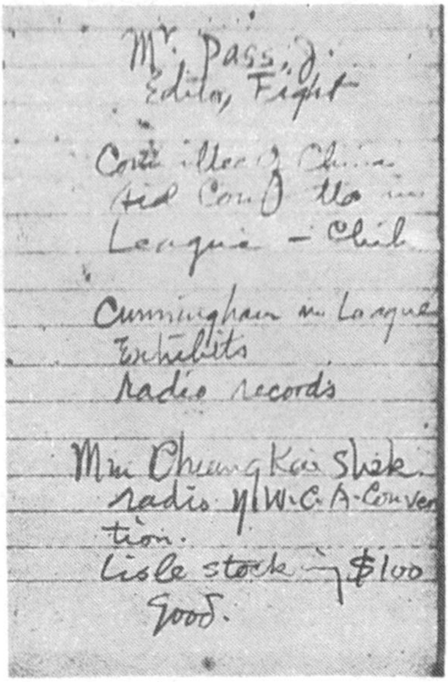
Mr. Pass, J.
Editor, Fight
Committee of China
Aid Com[?] ...
League – Chil
Cunningham in League
Exhibits
radio records
Mme Chiang Kai Shek.
radio Y.W.C.A. Conven-
tion.
Lisle stock $100
Good.

20-021

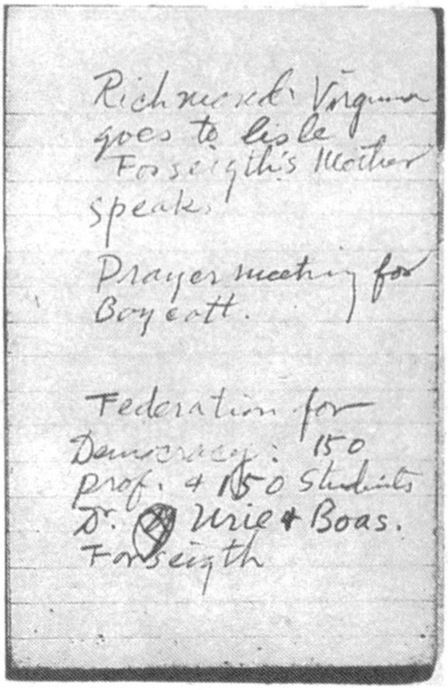
Richmond Virginia
goes to Lisle
Forseigth's Mother
Speaks.
Prayer meeting for
Boycott.
Federation for
Democracy: 150
prof. + 150 Students
Dr. Urie & Boas.
Forseigth

20-022

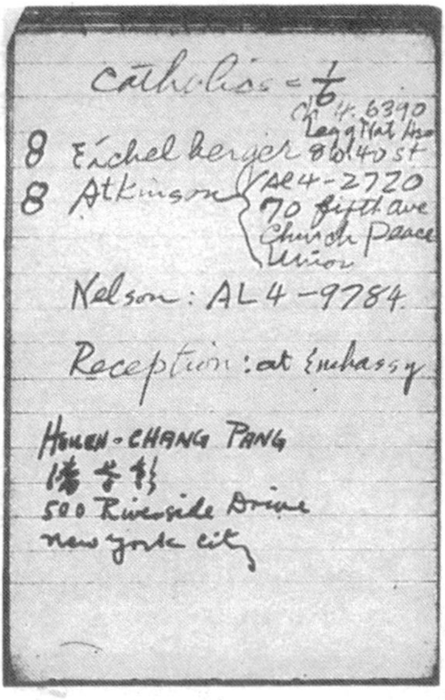
Catholics = 1/6
Ch 4.6390
Legg Hat Assoc
8 Eichelberger 8 W 40 st
8 Atkinson AL4-2720
70 fifth ave
Church Peace
Union
Nelson: AL4-9784
Reception: at Embassy
HSUEN-CHANG PANG
潘学彰
500 Riverside Drive
New York city

20-023

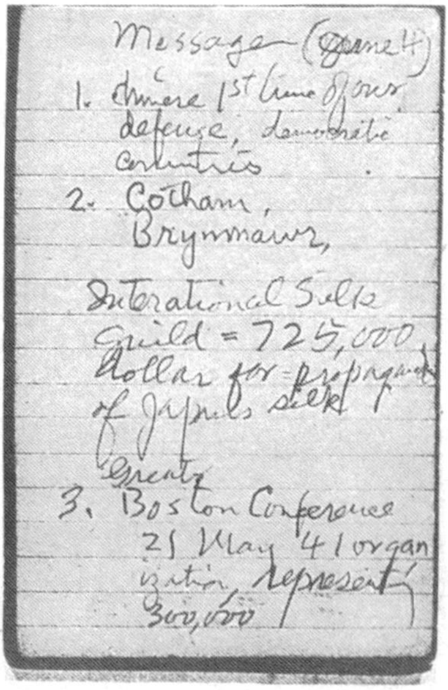
Message (June 4)
1. Chinese 1st line of our
defense, democratic
countries.
2. Gotham,
Brynmawr,
International Silk
Guild = 725,000
dollar for propaganda
of Japan's silk
Greatz
3. Boston Conference
21 May 41 organ-
ization, representing
300,000

20-024

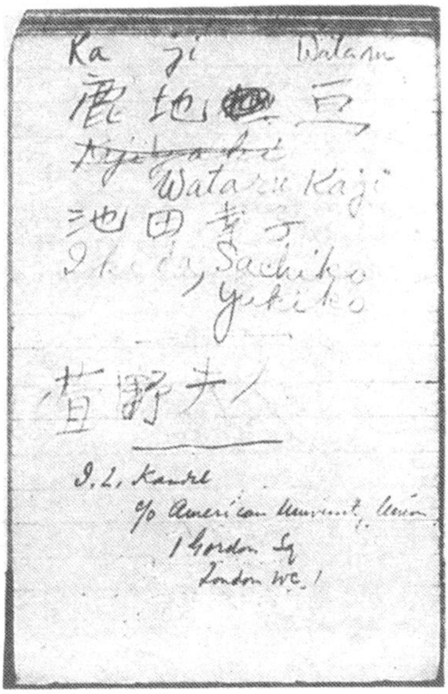
Ka ji Wataru
鹿地亘
Wataru Kaji
池田幸子
Ikeda Sachiko
Yukiko
菅野夫人
I. L. Kandel
c/o American University Union
1 Gordon Sq
London WC. 1

20-025

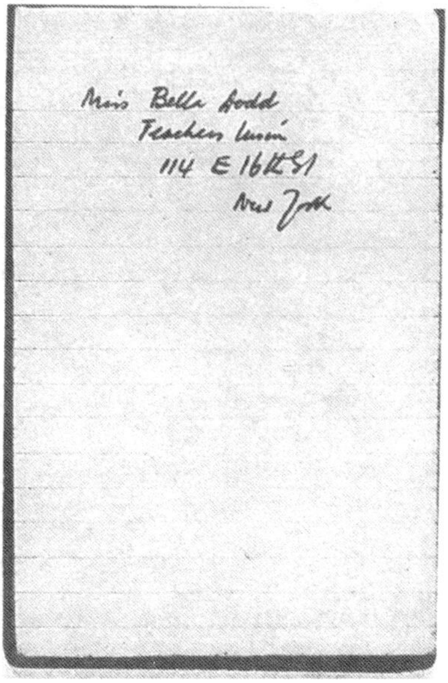
Miss Bella Dodd
Teachers Union
114 E 16th St
New York

20-026

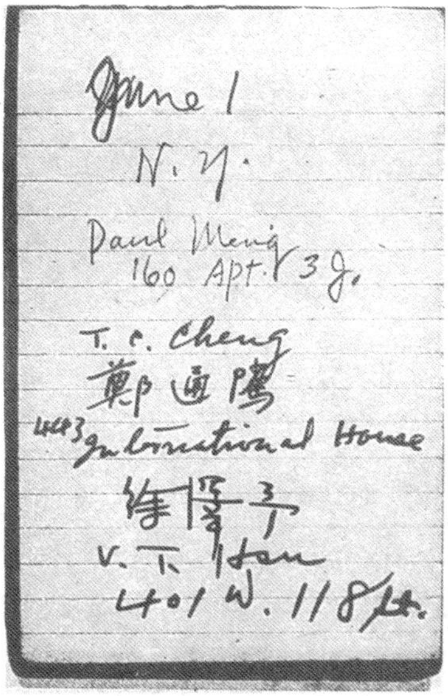
June 1
N. Y.
Paul Meng
160 Apt. 3 J.
T. C. Cheng
鄭通陽
443 International House
徐降孚
V. T. Hsu
401 W. 118 St.

20-027

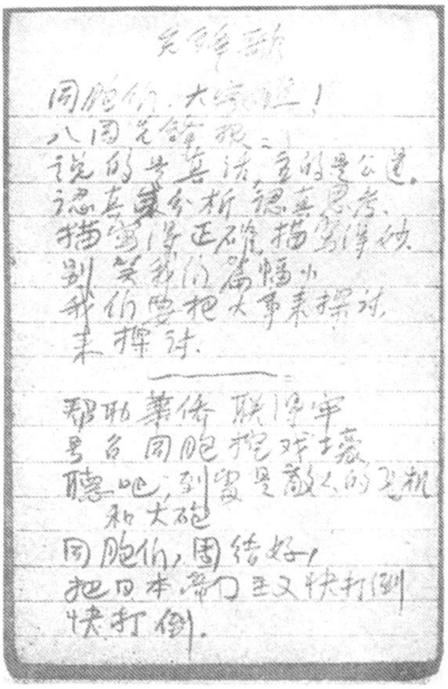
先锋歌
同胞们，大家听！
八国先锋报，
说的是真话，主的是公道。
认真来分析，认真来思考。
描写得正确，描写得动。
别笑我们篇幅小，
我们要把大事来探讨，
来探讨。

帮助华侨联得牢，
号召同胞挖战壕，
听吧，到处是敌人的飞机
和大炮，
同胞们，团结好！
把日本帝国主义快打倒
快打倒。

20-028

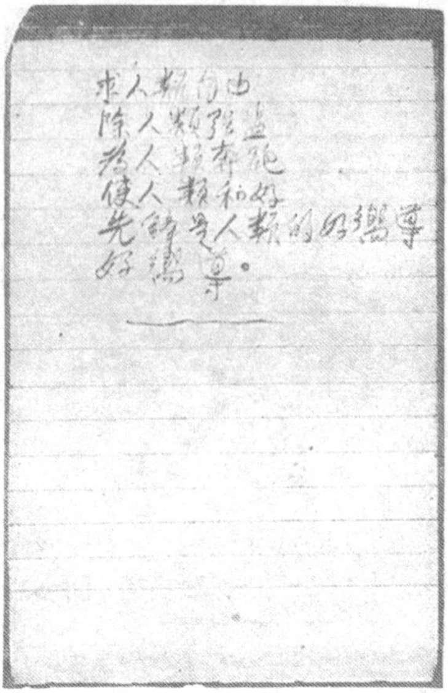

求人類自由
除人類强盗
為人類奔跑
使人類和好
先鋒是人類的好嚮導
好嚮導。

20-029

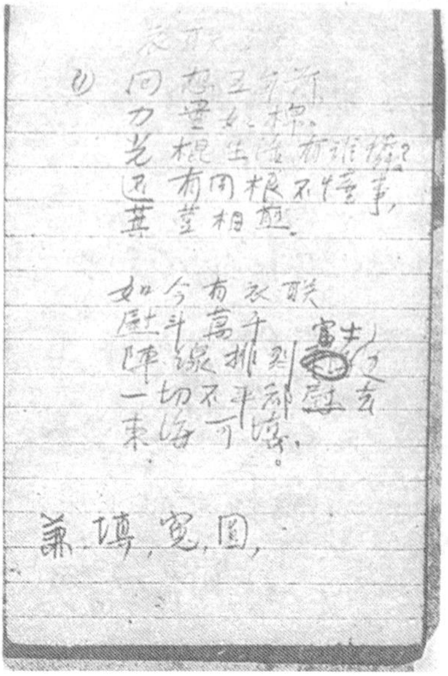

农联
① 同想三百行
力量如棉。
若想生活有谁憐？
还有同根不懂事，
萁豆相煎。

如今有农联
壓斗高手 富士山
陣線排列
一切不平都壓去
東海可填。

蕭墳，宽，圆，

20-030

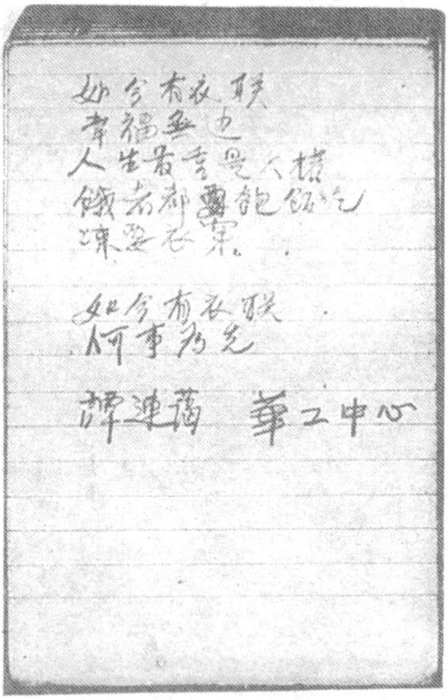

如今有农联
幸福無边
人生前受人欺
餓者都要能飽餐
凍要衣穿。

如今有农联
何事为先

譚連蔼　華工中心

20-031

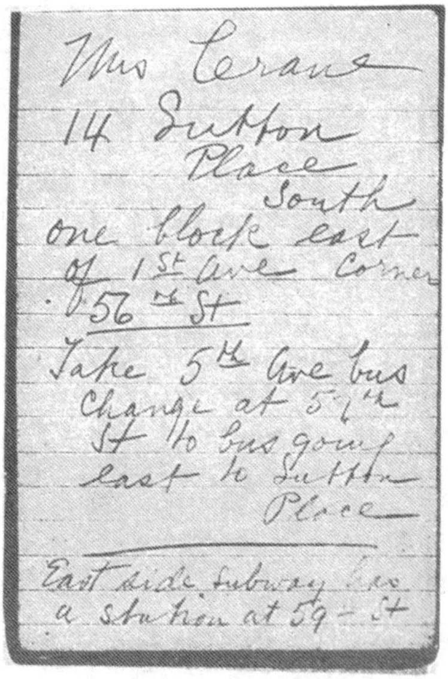

Mrs Crane
14 Sutton
Place
South
one block east
of 1st ave corner
56th St

Take 5th ave bus
change at 57th
St to bus going
east to Sutton
Place

East side subway has
a station at 59th St

20-032

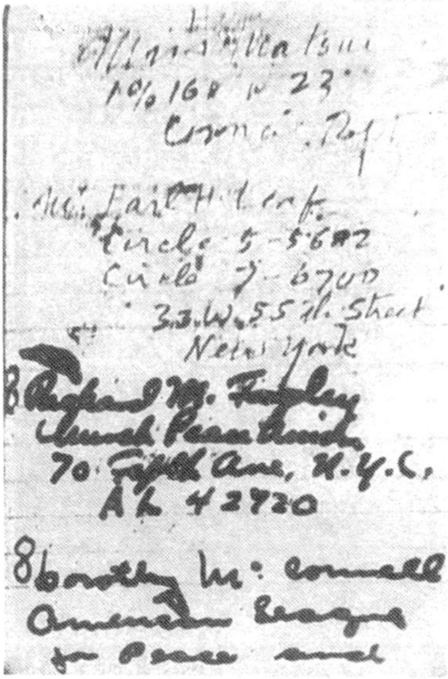
Circle 5-5682
Circle 7-6700
33 W. 55th Street
New York
Richard M. Fagley
Church Peace Union
70 Fifth Ave, N.Y.C.
Al 4-2730
Dorothy McConnell
American League
for Peace and

20-033

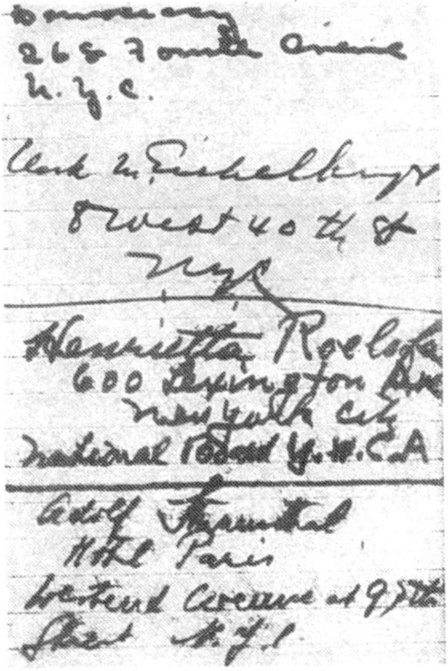
268 Fourth Avenue
N.Y.C.
Clark M. Eichelberger
8 West 40th St
NYC
Henrietta Roelofs
600 Lexington Ave
New York City
National Board Y.W.C.A
Hotel Paris
West End Avenue at 97th
Street N.Y.C

20-034

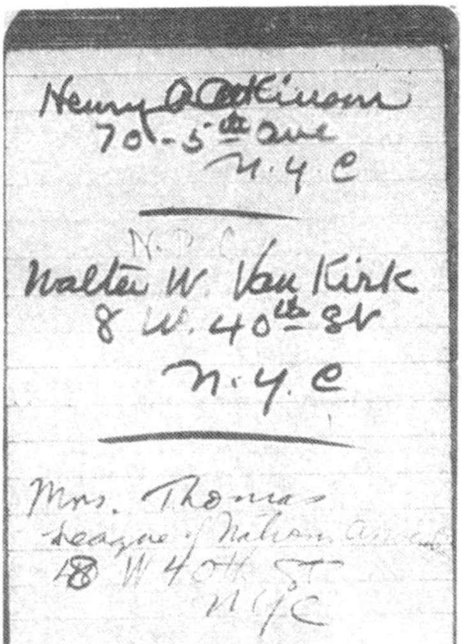
Henry A. Atkinson
70-5th Ave
N.Y.C
Walter W. Van Kirk
8 W. 40th St
N.Y.C
Mrs. Thomas
League of Nations Assoc.
8 W 40th St
N.Y.C

20-035

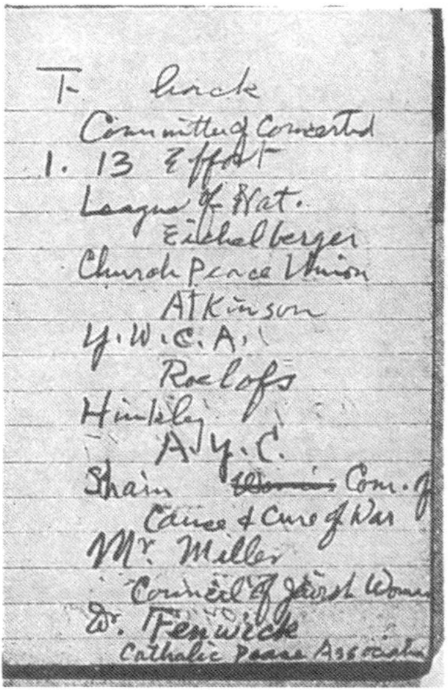
Committee Concerted
1. 13 Effort
League of Nat.
Eichelberger
Church Peace Union
Atkinson
Y.W.C.A.
Roelofs
Hinkley
A.Y.C.
Shain Com. of
Cause & Cure of War
Mr. Miller
Council of Jewish Women
Dr. Fenwick
Catholic Peace Association

20-036

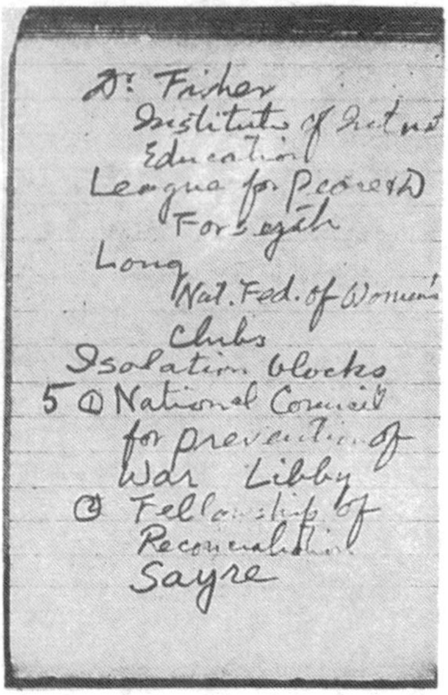
Dr. Fisher
Institute of Int'nl Education
League for Peace & D
Forsyth
Long
Nat. Fed. of Women's Clubs
Isolation blocks
5 ① National Council for prevention of War Libby
② Fellowship of Reconciliation
Sayre

20-037

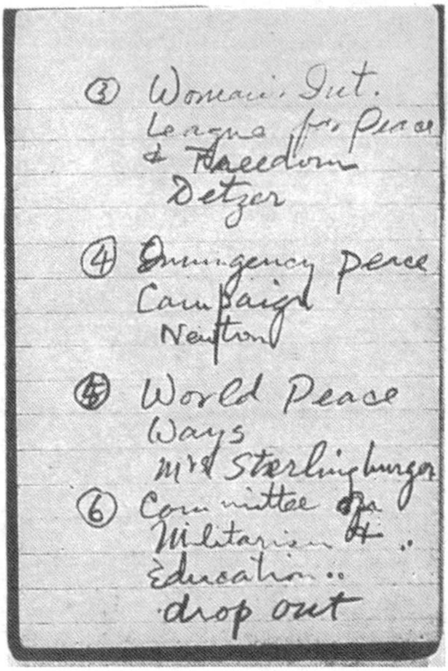
③ Woman's Int. League for Peace & Freedom
Detzer
④ Emergency peace Campaign
Newton
⑤ World Peace Ways
Mrs Sterlingburger
⑥ Committee on Militarism & Education..
drop out

20-038

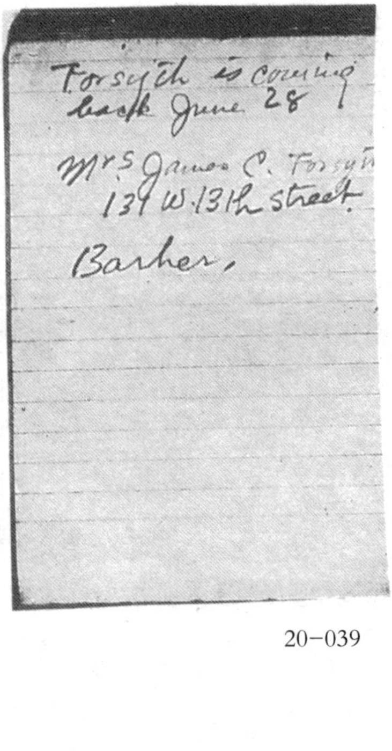
Forsyth is coming back June 28
Mrs James C. Forsyth
134 W. 13th street.
Barker.

20-039

~~May~~

20-040

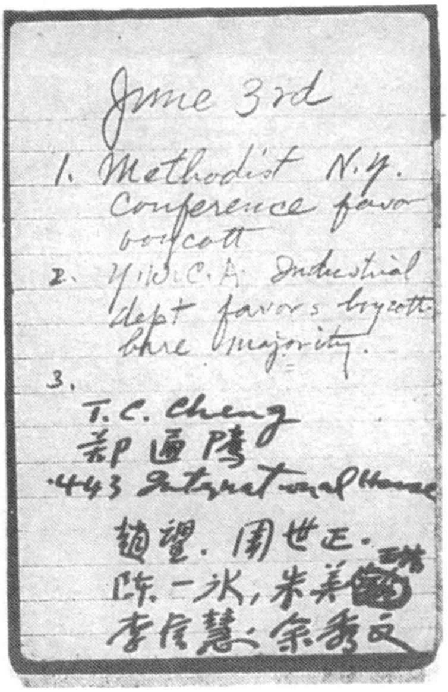

June 3rd

1. Methodist N.Y. Conference favor boycott
2. Y.W.C.A. Industrial dept favors boycott bare majority.
3.

T.C. Cheng
郑通隆
443 International House

赵望. 周世正.
陈一冰, 朱美
李信慧. 余秀文

20－041

施道珍
Shih Dao Chen
Whittier Hall
1230 Amsterdam
Un 4-7000

20－042

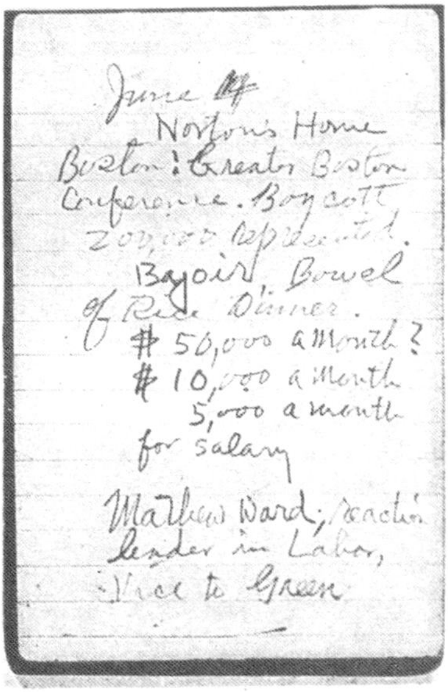

June 4
Norton's Home
Boston: Greater Boston Conference. Boycott 200,000 represented.
Bajoir, Bowel of Rice Dinner.
$ 50,000 a month?
$ 10,000 a month
5,000 a month for salary

Mathew Ward, reaction leader in Labor, Vice to Green

20－043

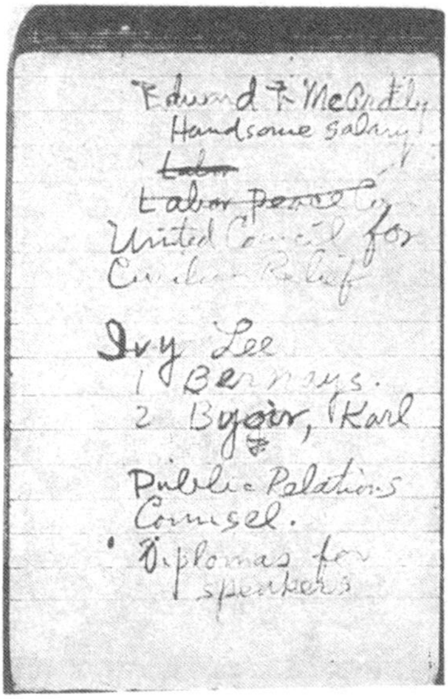

Edward F. McGrady,
Handsome salary
~~Labor~~
~~Labor peace~~ Co.
United Council for Civilian Relief

Ivy Lee
1 Bernays.
2 Byoir, Karl

Public Relations Counsel.
· Diplomas for speakers

20－044

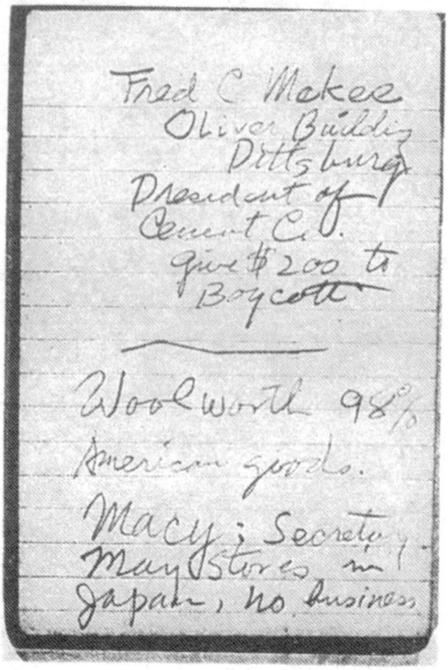

20-045

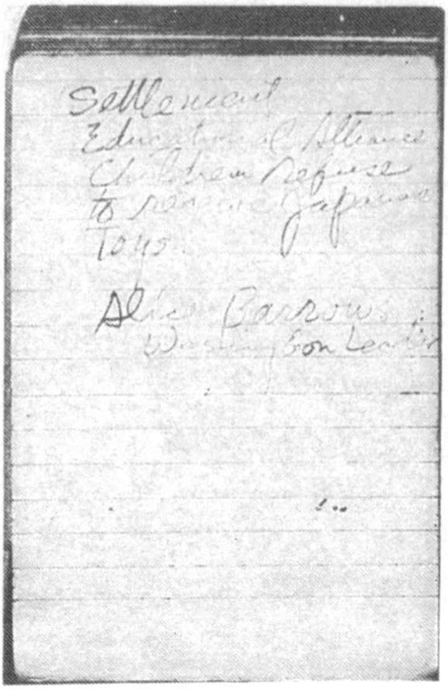

20-046

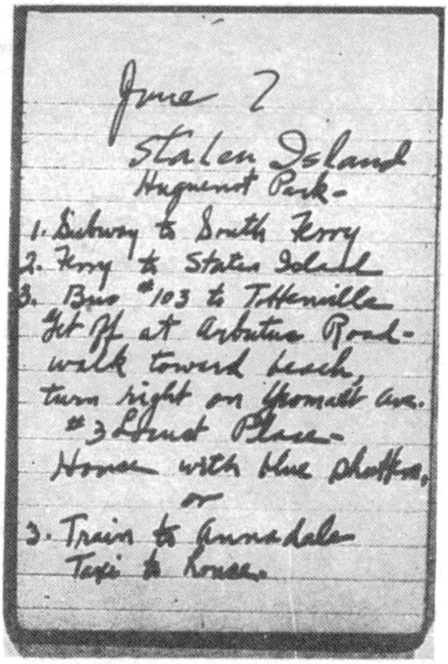

20-047

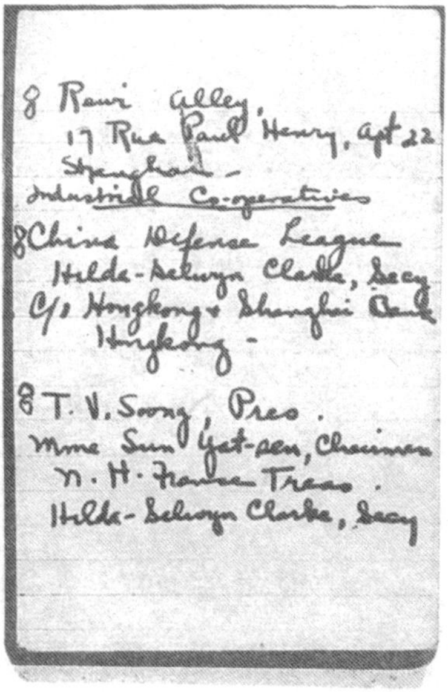

20-048

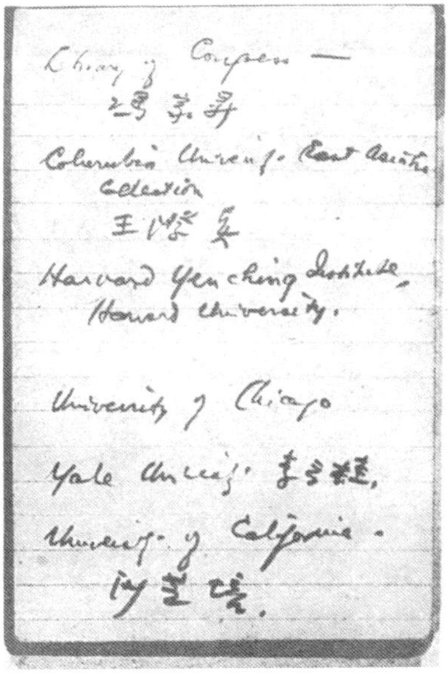

20-049

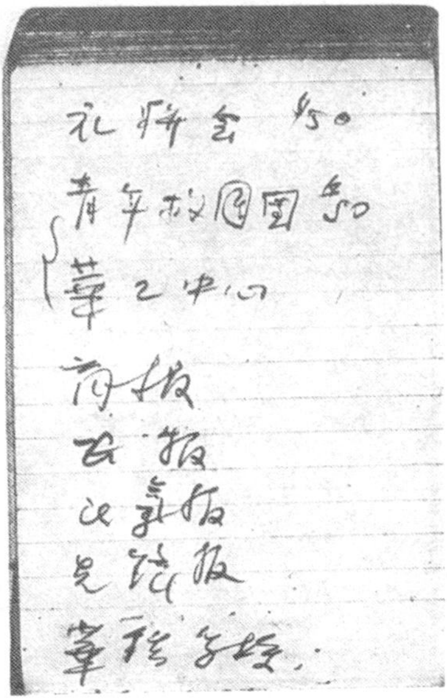

20-050

20-051

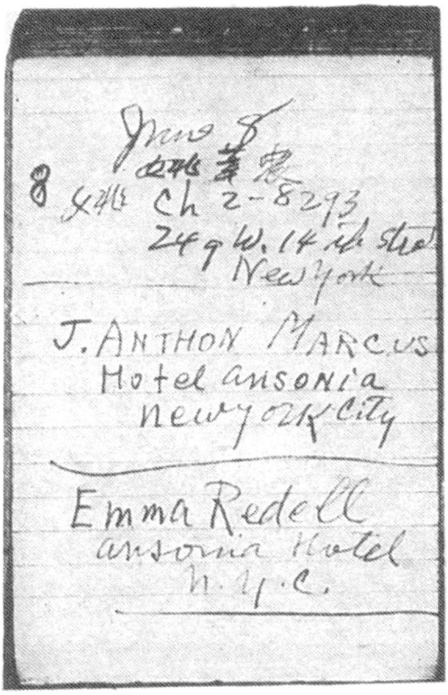

20-052

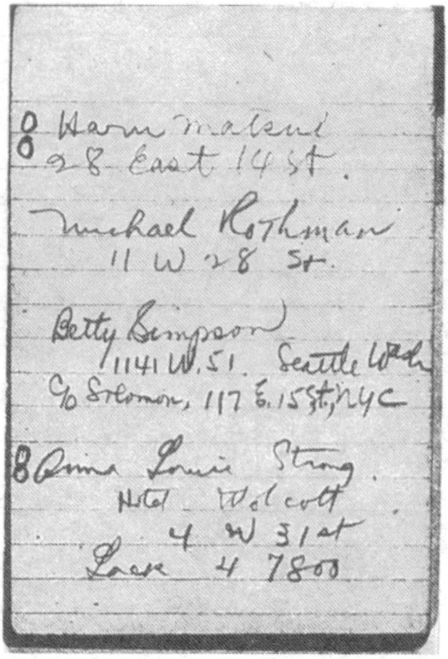

20-053

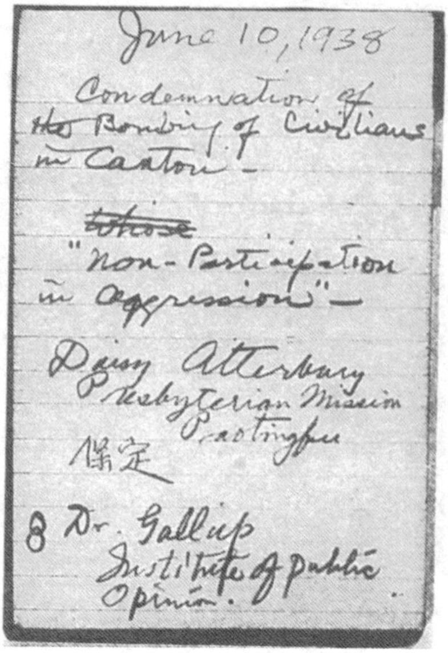

20-054

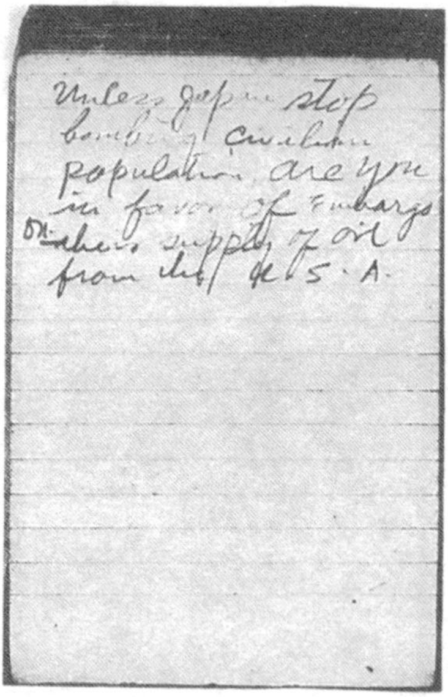

20-055

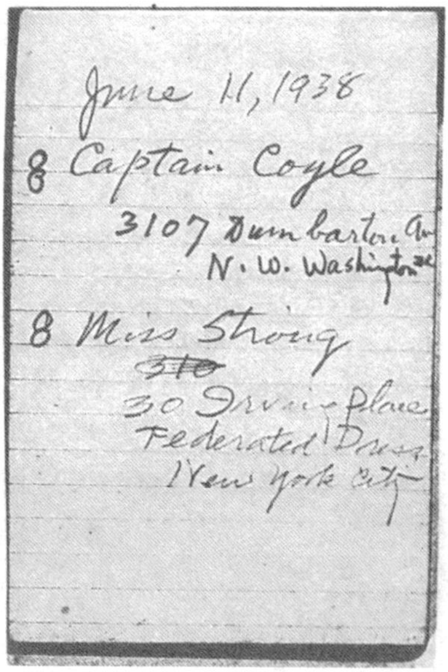

20-056

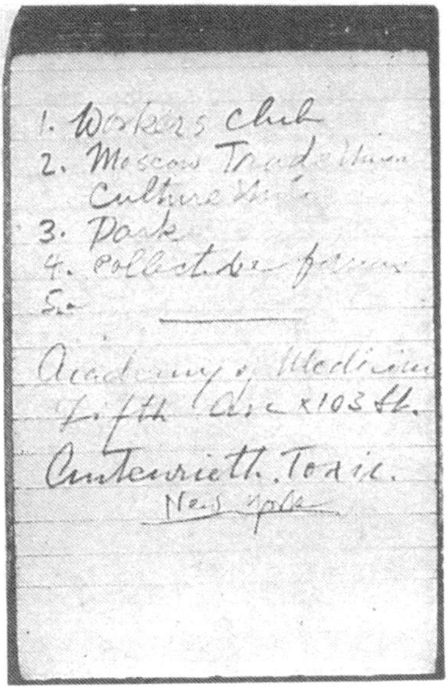
1. Workers Club
2. Moscow Trade Union
Culture ...
3. Park
4. collective farm
So
Academy of Medicine
Fifth Ave x 103th.
Autenrieth. Toxic.
New York

20-057

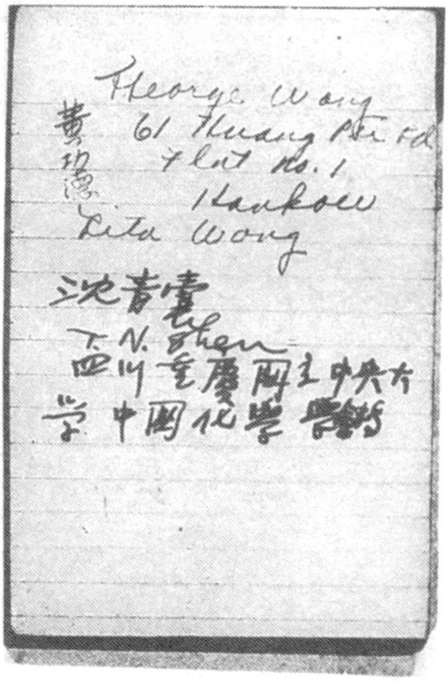
George Wong
黄功漂 61 Kuang Hsi Rd
Flat No. 1
Hankow
Lita Wong
沈青寰
T. N. Shen
四川重庆国立中央大学
中国化学学会

20-058

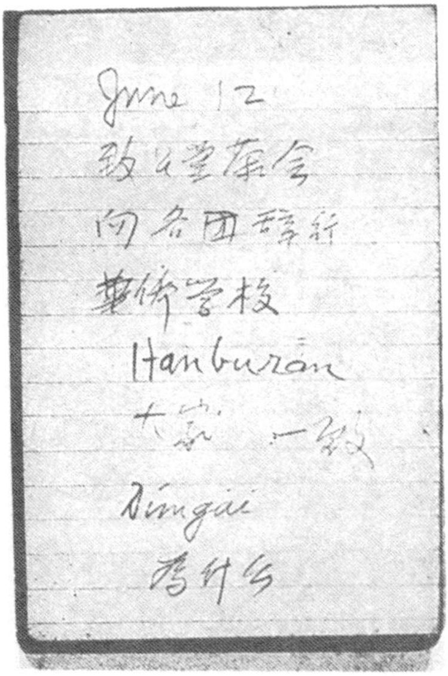
June 12
致儿童康会
向各团体辞行
华侨学校
Hanburon
大家一致
Dimgai
为什么

20-059

企埋的
Kimaidi

20-060

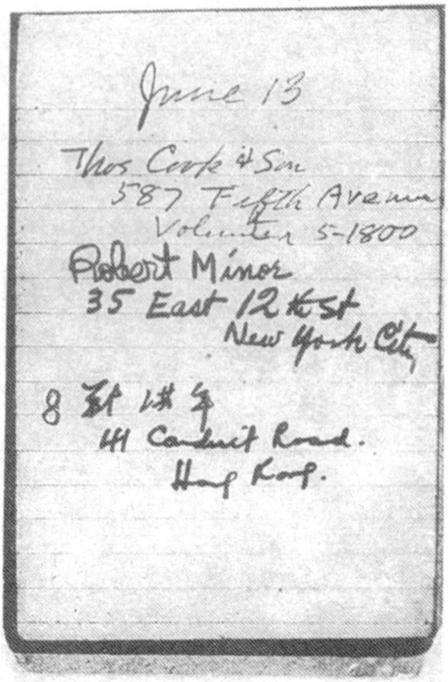

20-061

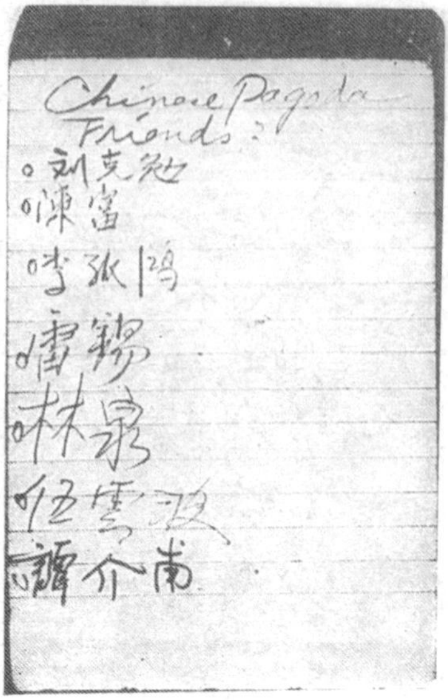

20-062

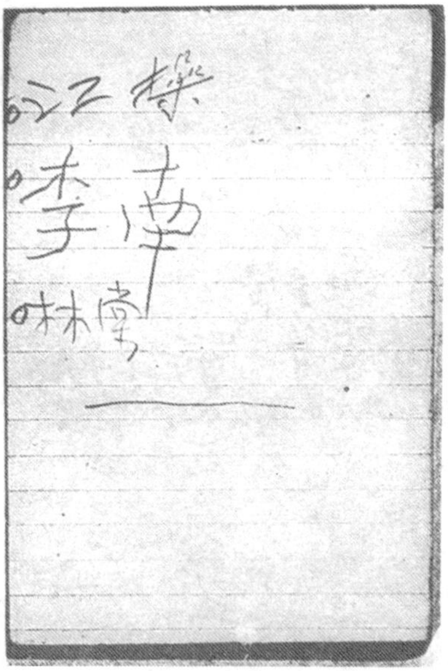

20-063

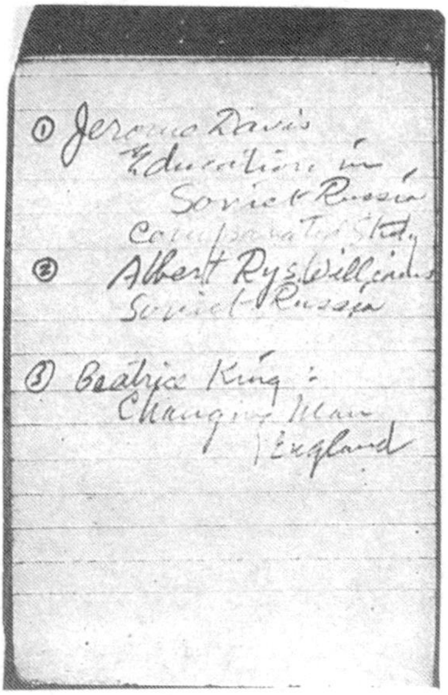

20-064

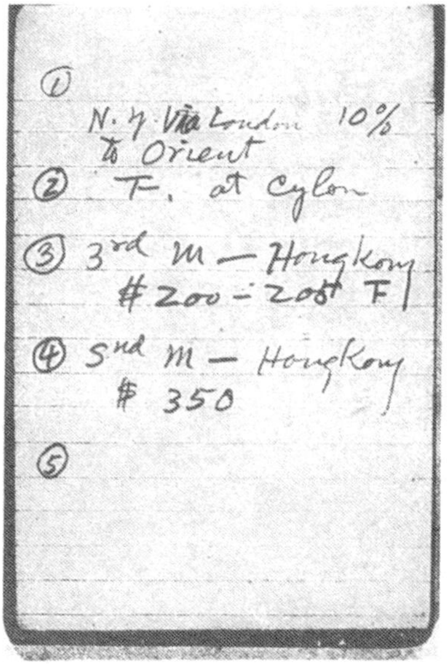
①
N.Y. Via London 10%
to Orient
② F. at Cylon
③ 3rd M — Hongkong
$200-205 F
④ 5nd M — Hongkong
$ 350
⑤

20－065

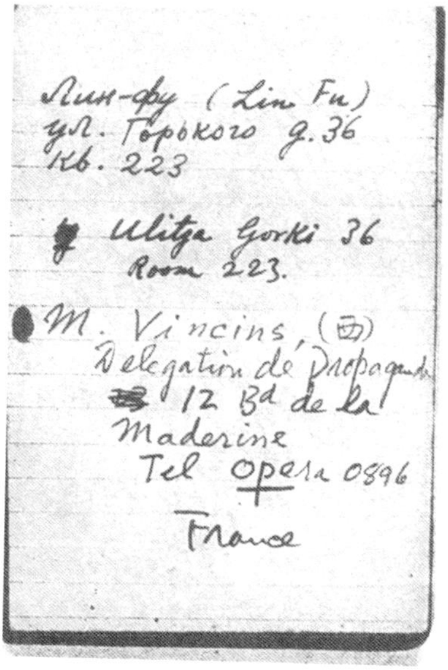
Лин-фу (Lin Fu)
ул. Горького д. 36
кв. 223
Ulitza Gorki 36
Room 223.
M. Vincins, (西)
Delegation de Propaganda
12 Bd de la
Maderine
Tel Opera 0896
France

20－066

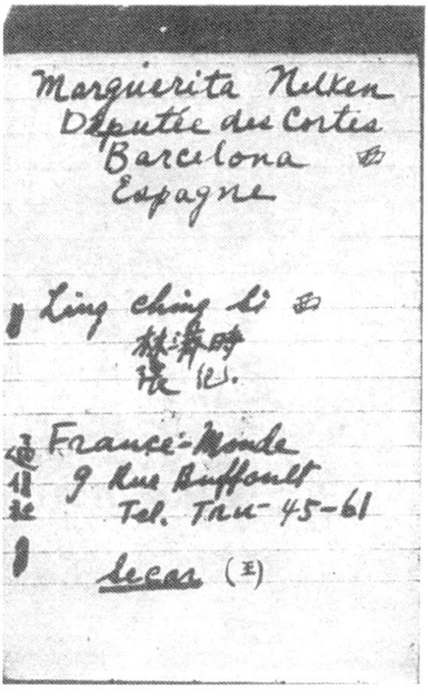
Marguerita Nelken
Deputée des Cortes
Barcelona 西
Espagne
Ling ching li 西
France-Monde
9 Rue Buffault
Tel. Tru-45-61
Lecas (王)

20－067

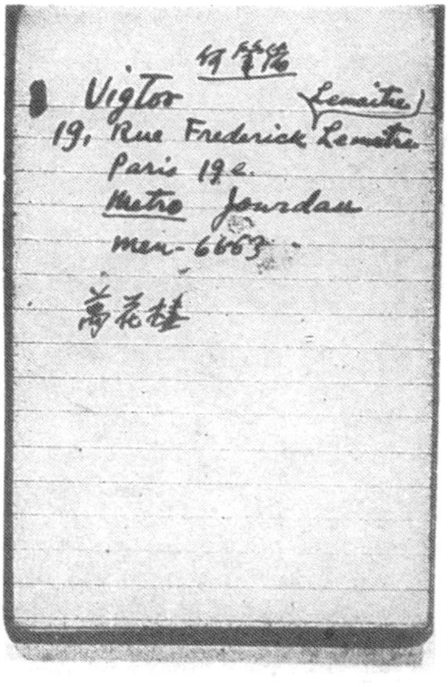
Vigtor Lemaitre
19, Rue Frederick Lemaître
Paris 19e.
Metro Jourdain
men-6663

20－068

Camil Solomon
89 Hillfield Ave
Hornsey, London
N. 8.

20-069

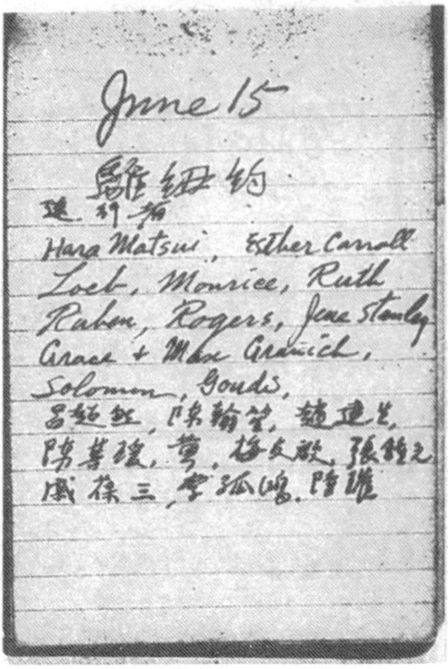
June 15
離紐約
送行者
Hara Matsui, Esther Carroll
Loeb, Monrice, Ruth
Rabin, Rogers, Jane Stanley
Grace + Max Granich,
Solomon, Gouds,
陳翰笙

20-070

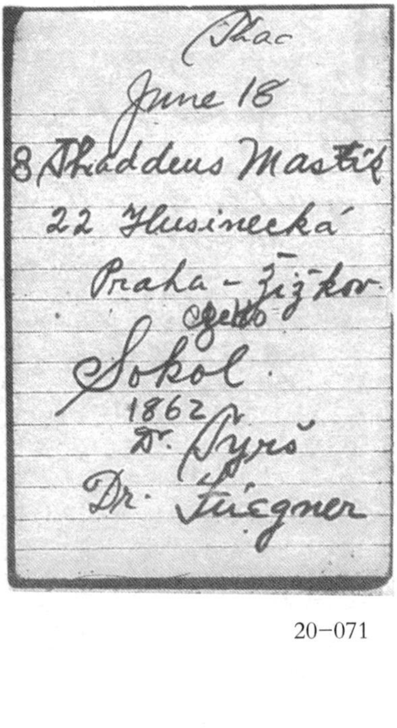
Phac
June 18
8 Thaddeus Mastik
22 Husinecká
Praha - Žižkov
Sokol
1862
Dr. Tyrš
Dr. Fügner

20-071

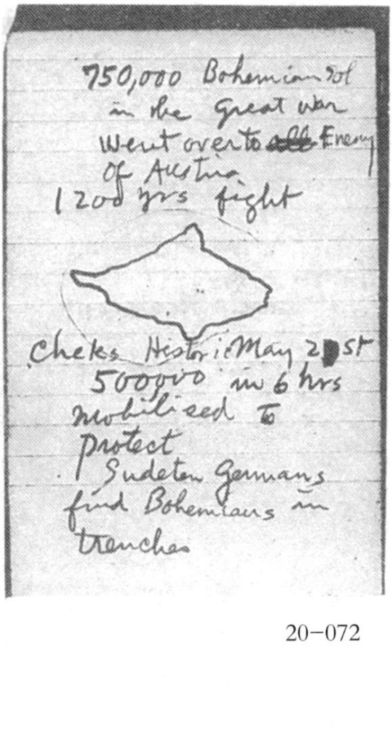
750,000 Bohemian sol
in the Great War
Went over to Enemy
of Austria
1200 yrs fight
Cheks History May 21st
500000 in 6 hrs
mobilised to
protect
Sudeten Germans
find Bohemians in
trenches

20-072

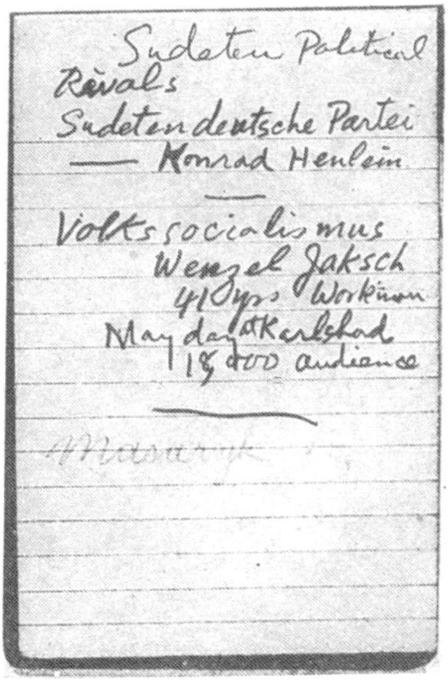
Sudeten Political Rivals
Sudetendeutsche Partei
— Konrad Henlein

Volkssocialismus
Wenzel Jaksch
41 yrs Workmen
May day at Karlsbad
18,000 audience

Masaryk

20-073

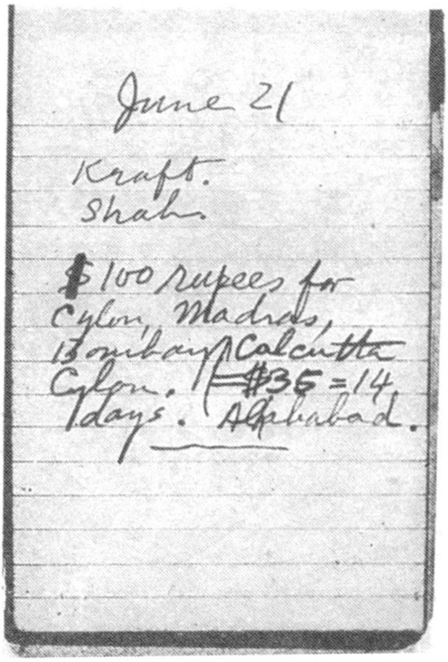
June 21

Kraft.
Shah.

$100 rupees for Cylon, Madras, Bombay, Calcutta
Cylon. $35 = 14 days. Allahabad.

20-074

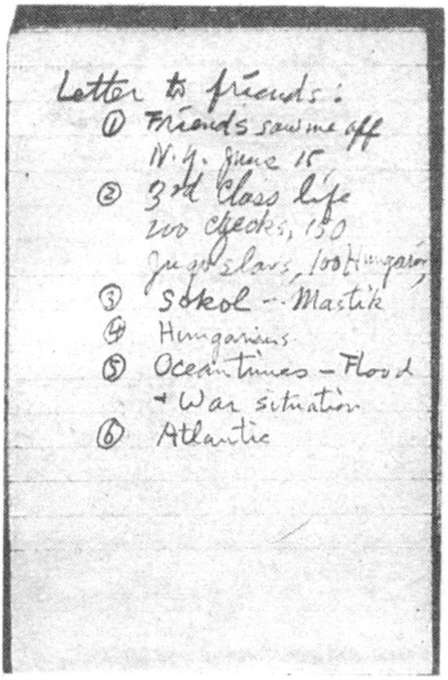
Letter to friends:
① Friends saw me off N.Y. June 15
② 3rd class life 200 Czechs, 150 Jugoslavs, 100 Hungarians
③ Sokol -- Mastik
④ Hungarians
⑤ Ocean times — Flood + War situation
⑥ Atlantic

20-075

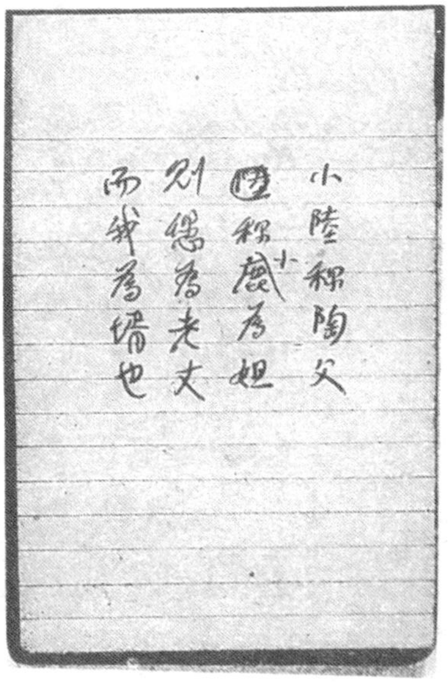
小陸稱陶父
[illegible]稱小盧為姐
則總為老丈
而我為婿也

20-076

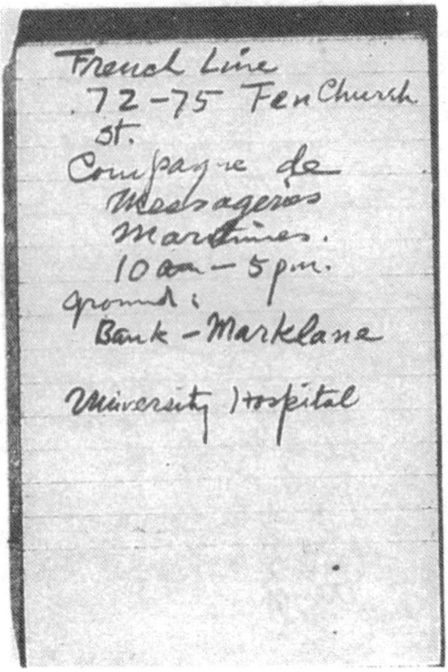
French Line
72-75 FenChurch st.
Compagnie de Messageries Maritimes.
10 am – 5 pm.
ground:
Bank – Marklane
University Hospital

20-077

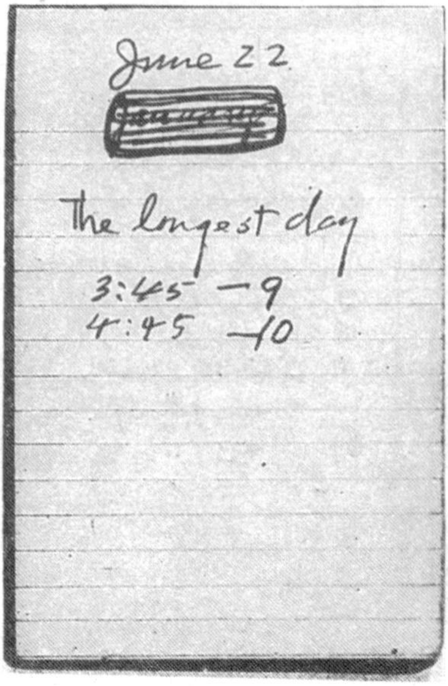
June 22
The longest day
3:45 – 9
4:45 – 10

20-078

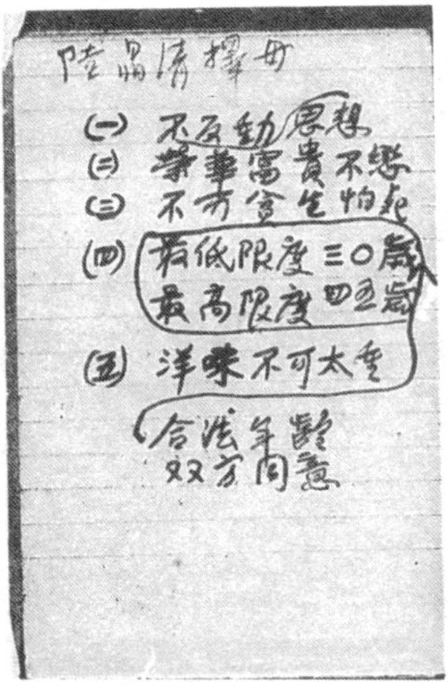
陸晶清擇偶
(一) 不反動思想
(二) 榮華富貴不戀
(三) 不可貪生怕死
(四) 最低限度三〇歲
最高限度四五歲
(五) 洋味不可太重
合法年齡
双方同意

20-079

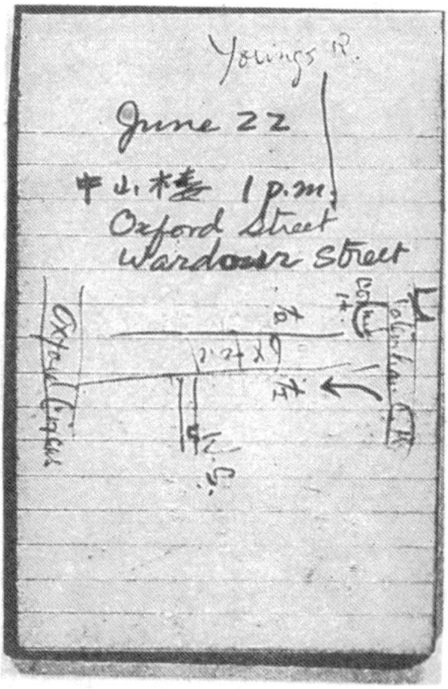
Youngs R.
June 22
中山樓 1 p.m.
Oxford Street
Wardour Street

20-080

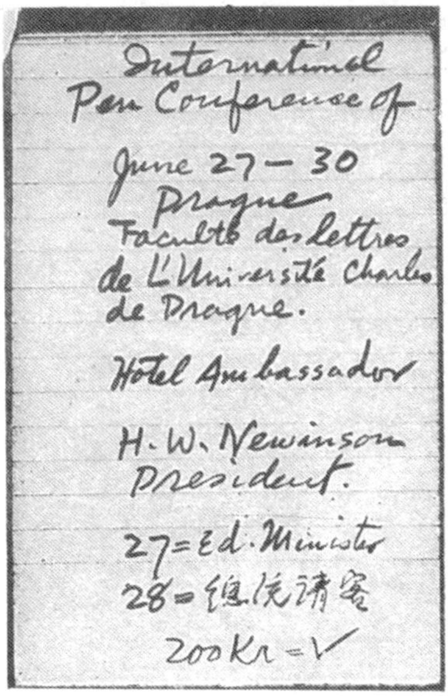
International
Pen Conference of
June 27 — 30
Prague
Faculté des lettres
de L'Université Charles
de Prague.
Hotel Ambassador
H. W. Newinson
President.
27 = Ed. Minister
28 = 總统请客
200 Kr = ✓

20-081

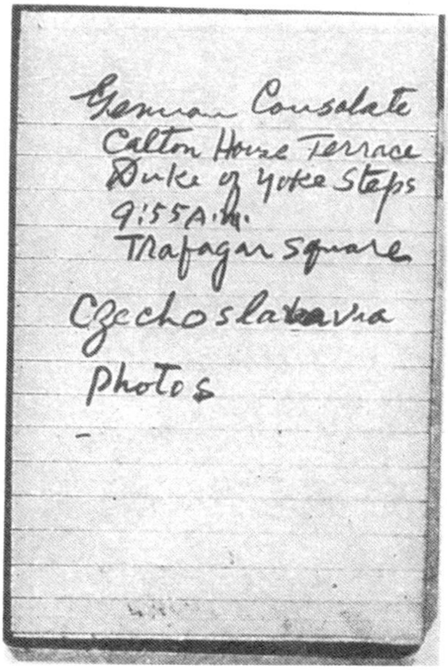
German Consulate
Calton House Terrace
Duke of York Steps
9:55 A.M.
Trafagar Square
Czechoslovakia
photos
—

20-082

England CCC
McLaren:

20-083

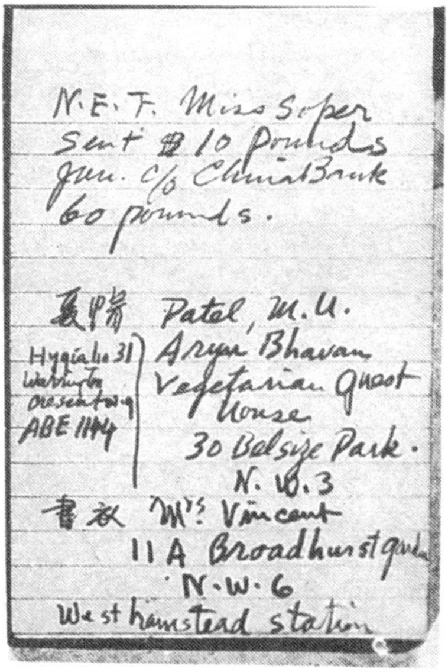
N.E.F. Miss Soper
sent 10 pounds
Jun. c/o China Bank
60 pounds.
夏[illegible] Patel, M.U.
Arya Bhavan
Vegetarian Guest
House
30 Belsize Park.
N.W.3
Hygiene 31 Washington ABE 1144
書家 Mrs Vincent
11 A Broadhurst Gardens
N.W.6
West hamstead station

20-084

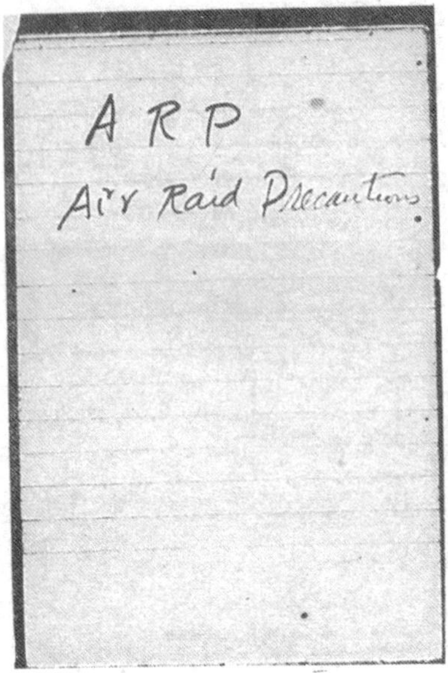

ARP

Air Raid Precautions

20-085

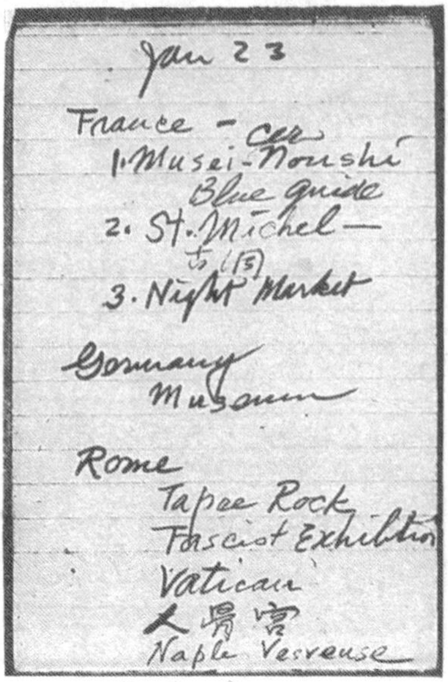

Jan 23

France –
1. Musei-Nonshi
Blue guide
2. St. Michel –
古(书)
3. Night Market

Germany
Museum

Rome
Tapee Rock
Fascist Exhibition
Vatican
人骨宫
Naple Vesreuse

20-086

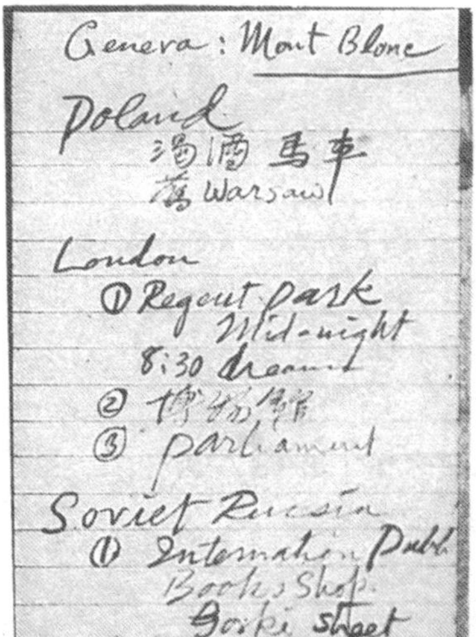

Geneva: Mont Blone

Poland
酒 馬車
Warsaw

London
① Regent park
Mid-night
8:30 dream
② 博物館
③ parliament

Soviet Russia
① Internation Publ.
Books Shop
Gorki Street

20-087

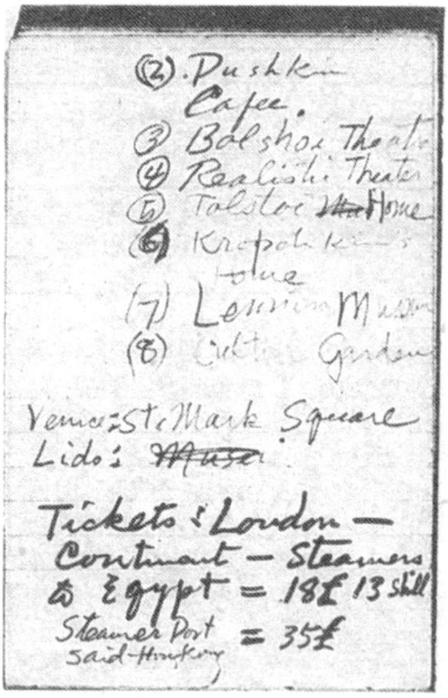

(2). Pushkin
Cafee.
③ Bolshoi Theatre
④ Realistic Theater
⑤ Tolstoe Home
⑥ Kropotkin's
Home
(7) Lenin Museum
(8) Culture Garden

Venice: St. Mark Square
Lido:

Tickets: London –
Continent – Steamers
⇒ Egypt = 18£ 13 shill
Steamer Port
Said-Hongkong = 35£

20-088

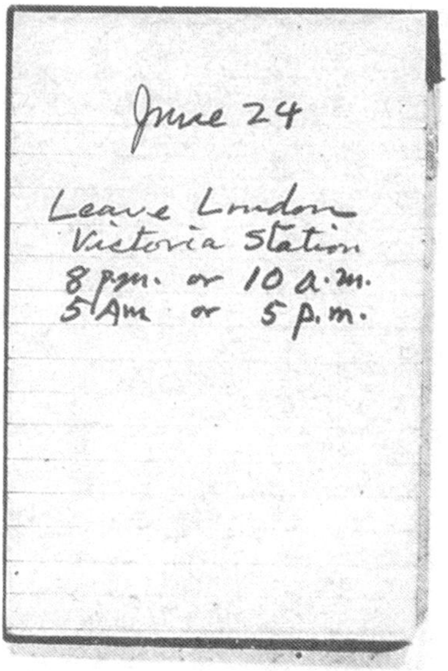

20-089

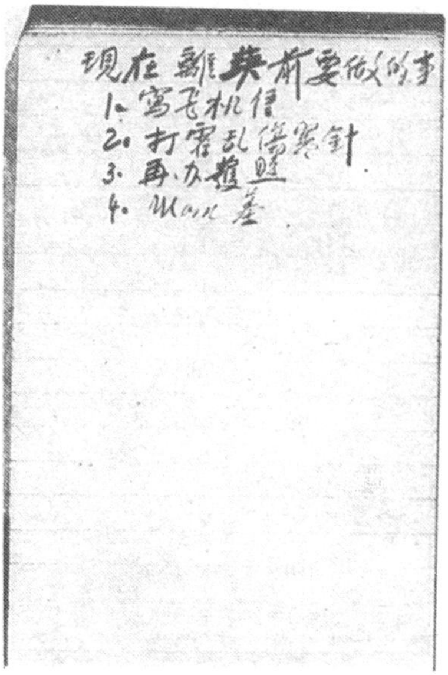

20-090

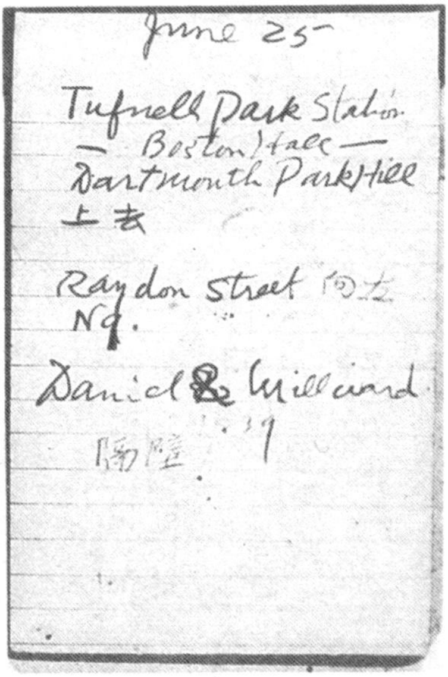

20-091

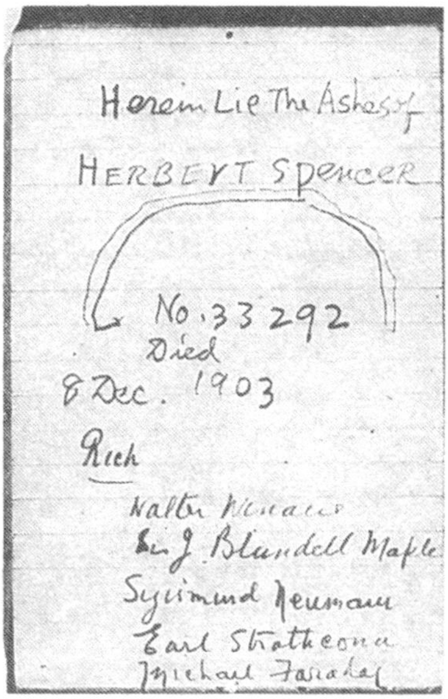

20-092

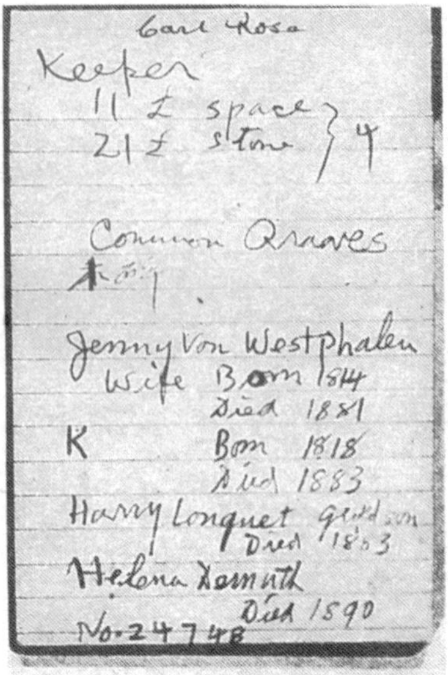
Carl Rosa
Keeper
11 £ space
21 £ stone } 4
Common Graves
Jenny Von Westphalen
Wife Born 1814
Died 1881
K Born 1818
Died 1883
Harry Longuet grandson
Died 1883
Helena Demuth
Died 1890
No. 24748

20-093

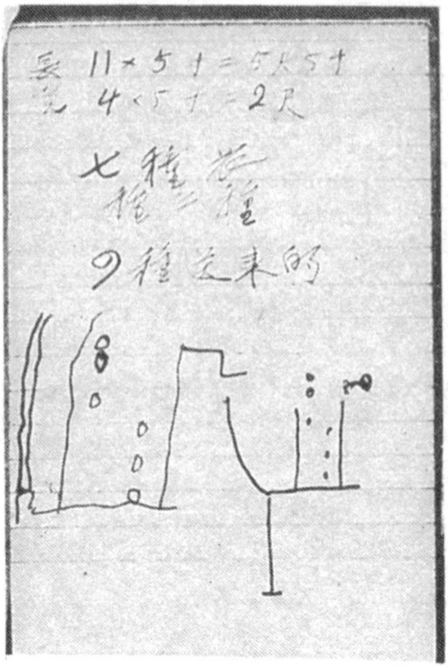
長 11×5寸=5尺5寸
寬 4×5寸=2尺
七種花

20-094

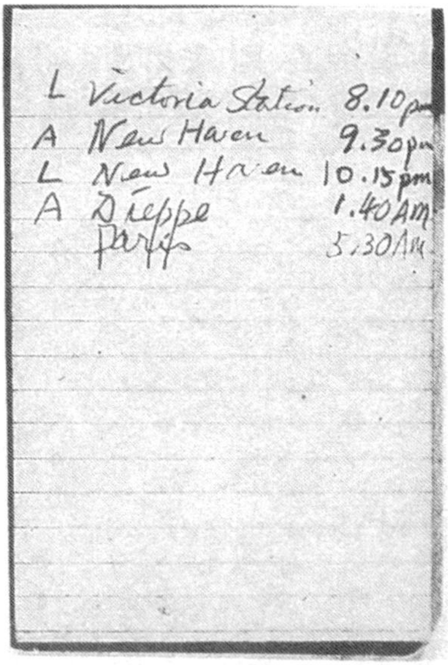
L Victoria Station 8.10pm
A New Haven 9.30pm
L New Haven 10.15pm
A Dieppe 1.40AM
Paris 5.30AM

20-095

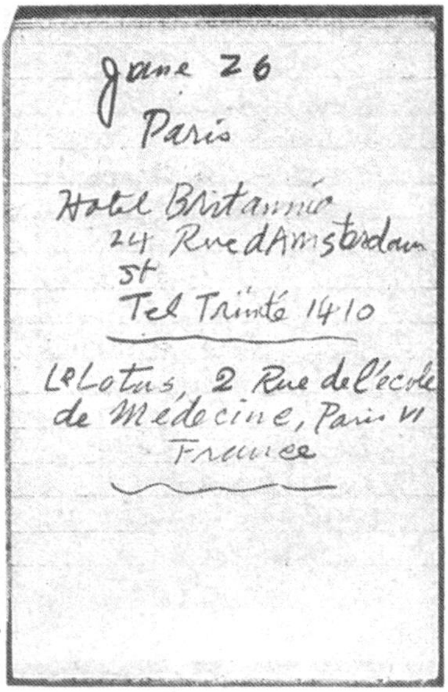
June 26
Paris
Hotel Britannia
24 Rue d'Amsterdam
St
Tel Trinité 14-10
Le Lotus, 2 Rue de l'école
de Médecine, Paris VI
France

20-096

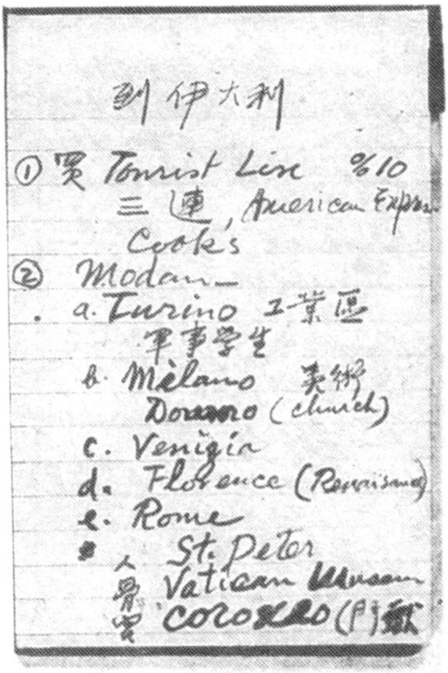
到伊大利
① 买 Tourist Lire %10
三連, American Express
Cook's
② Modan
a. Turino 工業区
军事学生
b. Milano 美術
Duomo (church)
c. Venezia
d. Florence (Renaissance)
e. Rome
人景 St. Peter
Vatican Museum
Colosseo (P)

20-097

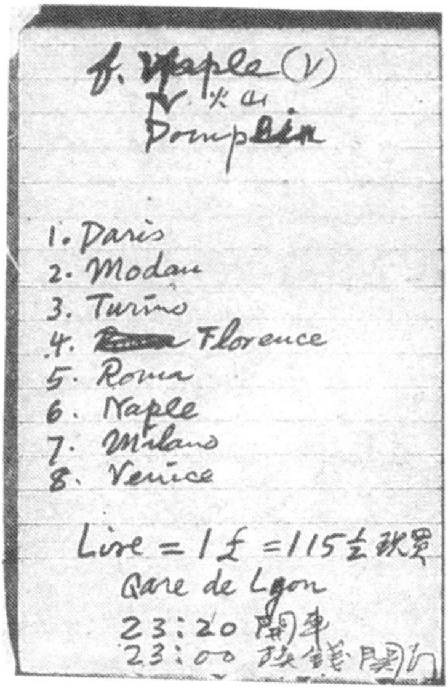
f. Naple (V)
V 火山
Pompeii

1. Paris
2. Modan
3. Turino
4. Florence
5. Roma
6. Naple
7. Milano
8. Venice

Lire = 1 £ = 115 去取买
Gare de Lyon
23:20 開車
23:00 換錢 開門

20-098

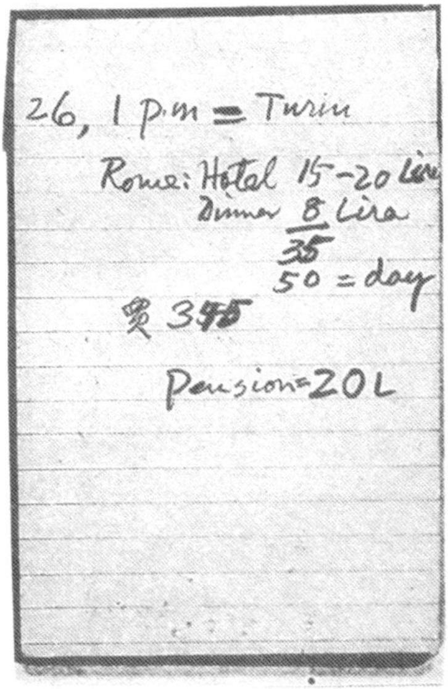
26, 1 p.m = Turin
Rome: Hotel 15-20 Lire
Dinner 8 Lira
35
50 = day
买 355
Pension=20L

20-099

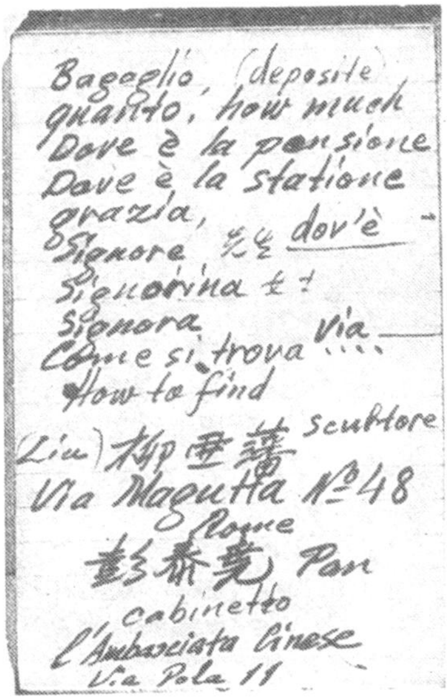
Bagaglio, (deposite)
quanto, how much
Dove è la pensione
Dove è la statione
grazia,
Signore 先生 dov'è
Signorina 女士
Signora Via
Come si trova ....
How to find
(Liu) 柳亞藩 scultore
Via Margutta № 48
Rome
彭乔竞 Pan
cabinetto
l'Ambasciata Cinese
Via Pola 11

20-100

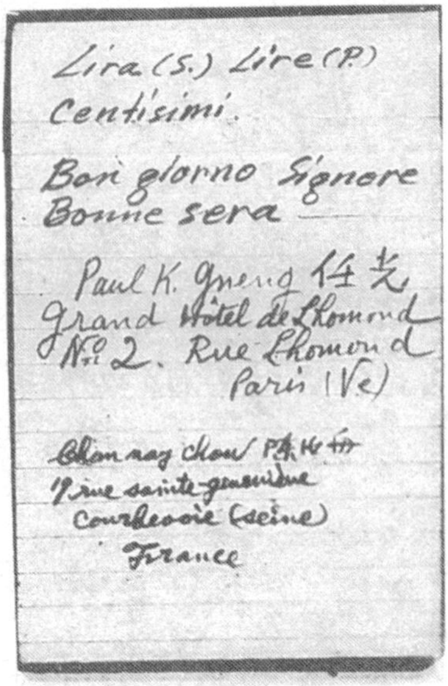
Lira (S.) Lire (P.)
Centisimi.
Bon giorno Signore
Bonne sera
Paul K. Gneng 任光
Grand Hôtel de Lhomond
No. 2. Rue Lhomond
Paris (Ve)
Chen nay chow 陈
7 rue sainte-geneviève
Courbevoie (seine)
France

20-101

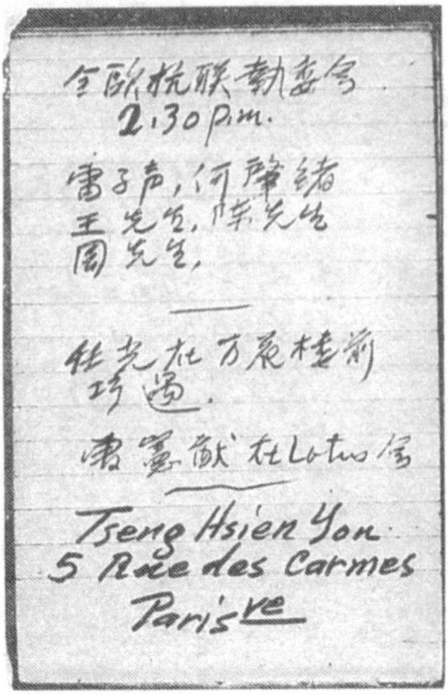
全欧抗联執委会
2:30 p.m.
雷子声，何簿绪
王先生，陈先生
周先生，
任光在方葆楼前
等遇。
曾宪猷在Lotus会
Tseng Hsien You
5 Rue des Carmes
Paris Ve

20-102

王庆元
我捐一百五十方
任曾

20-103

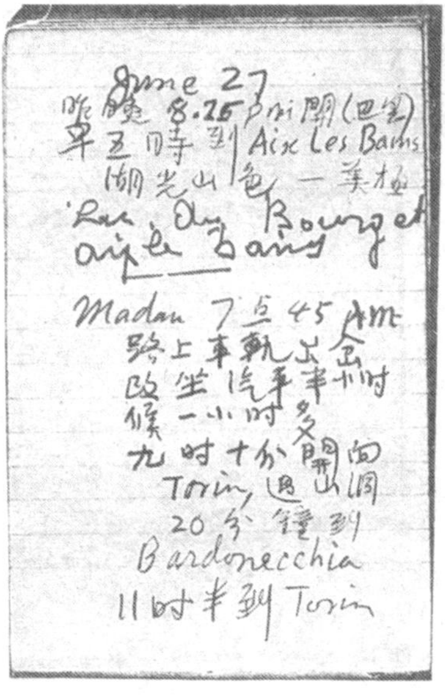
June 27
昨晚 8.25 pm 開（巴黎）
早五時到 Aix Les Bains
湖光山色一美極
Lac du Bourget
aix le Bains
Madan 7点45 am
坐上車
改坐汽車
候一小时多
九时十分開向
Torin，過山洞
20分鐘到
Bardonecchia
11时半到 Torin

20-104

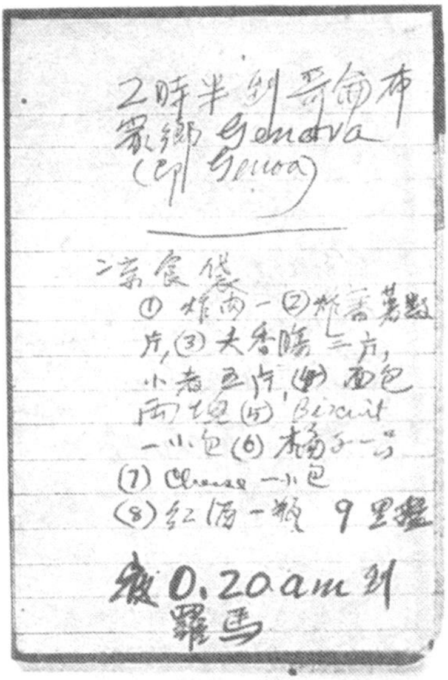
2時半到哥侖布家鄉 Genova
(即 Genoa)

冷食袋
① 炸肉一 ② 五香薰[illegible]片,③ 火腿二片,
小香[illegible]五片,④ 面包
两塊 ⑤ Biscuit
一小包 ⑥ 橘子一个
⑦ Cheese 一小包
⑧ 红酒一瓶 9 里拉

夜0.20 am 到
羅馬

20-105

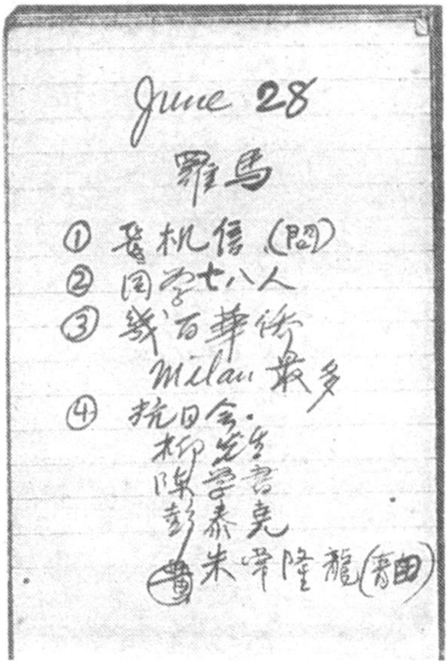
June 28
羅馬
① 發机信(閱)
② 同学七八人
③ 錢百華僑
Milan 最多
④ 抗日会
柳[illegible]
陳學書
彭泰堯
朱[illegible]隆龍(青田)

20-106

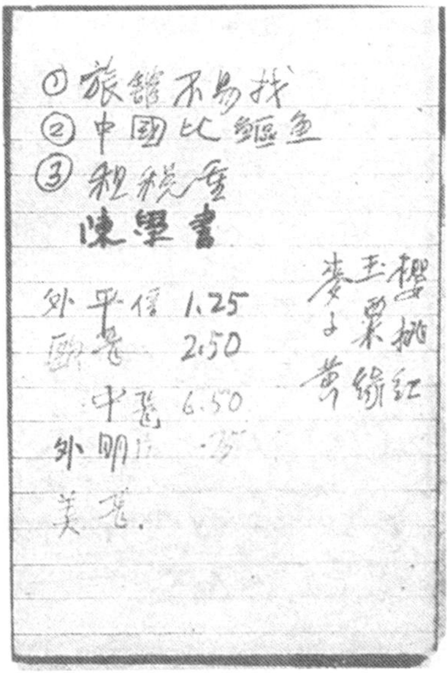
① 旅館不易找
② 中国比[illegible]
③ 租税重
陳學書

外平信 1.25
欧巷 2.50
中巷 6.50
外明片 .75
美巷.

麦玉樱
[illegible]
黄緣紅

20-107

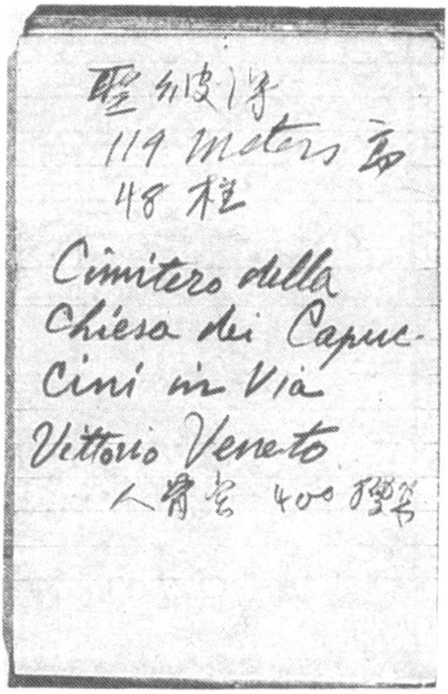
聖彼得
119 meters 高
48 柱
Cimitero della
Chiesa dei Capuc-
cini in Via
Vittorio Veneto
人骨室 400 [illegible]

20-108

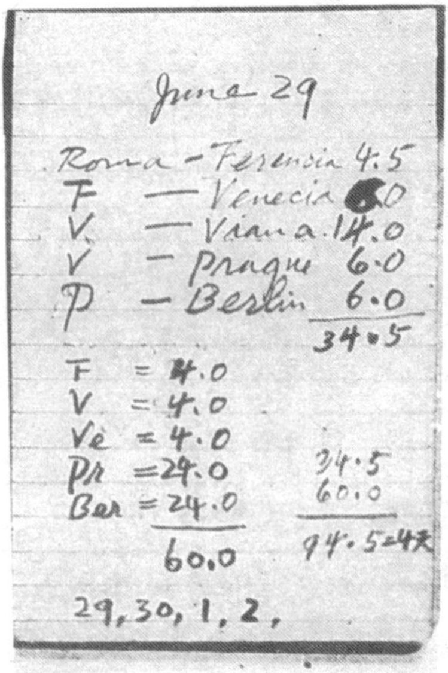
June 29
Roma - Ferenzia 4.5
F — Venecia 6.0
V. — Viana 14.0
V — Prague 6.0
P — Berlin 6.0
34.5
F = 4.0
V = 4.0
Ve = 4.0
Pr = 24.0
Ber = 24.0
60.0
34.5
60.0
94.5 = 4天
29, 30, 1, 2,

20-109

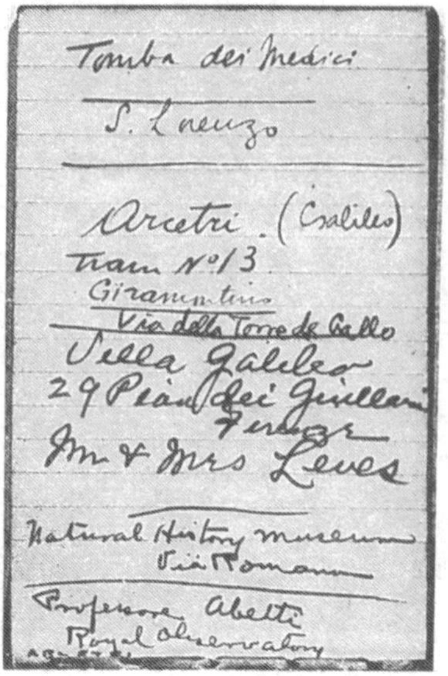
Tomba dei Medici
S. Lorenzo
Arcetri (Galileo)
tram No 13
Giramontino
Via della Torre de Gallo
Villa Galileo
29 Pian dei Giullari
Firenze
Mr & Mrs Leves
Natural History museum
Via Romana
Professore Abetti
Royal Observatory

20-110

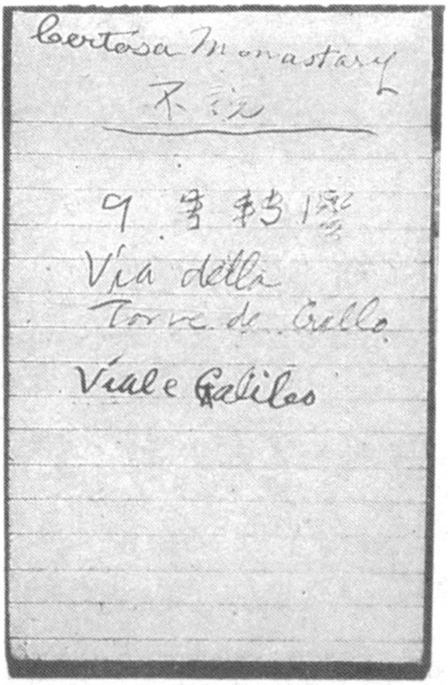
Certosa Monastary
不远
[illegible]
Via della
Torre de Gallo
Viale Galileo

20-111

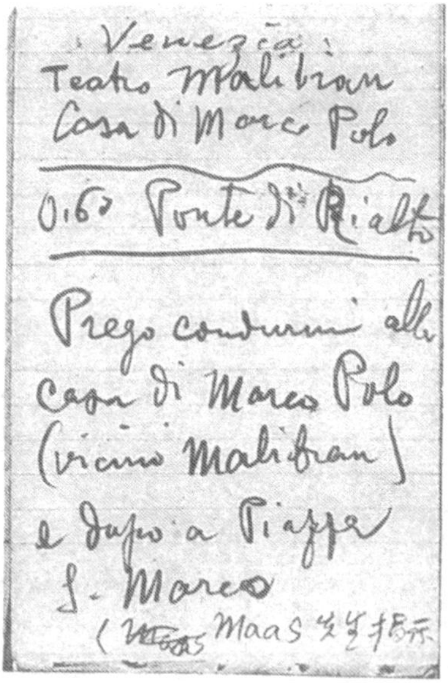
Venezia:
Teatro Malibran
Casa di Marco Polo
0.60 Ponte di Rialto
Prego condurmi alla
casa di Marco Polo
(vicino Malibran)
e dopo a Piazza
S. Marco
(Maas 先生指示

20-112

陶行知全集

衔备忘第二十册（1938.5.22~1938.7.3）

20-113

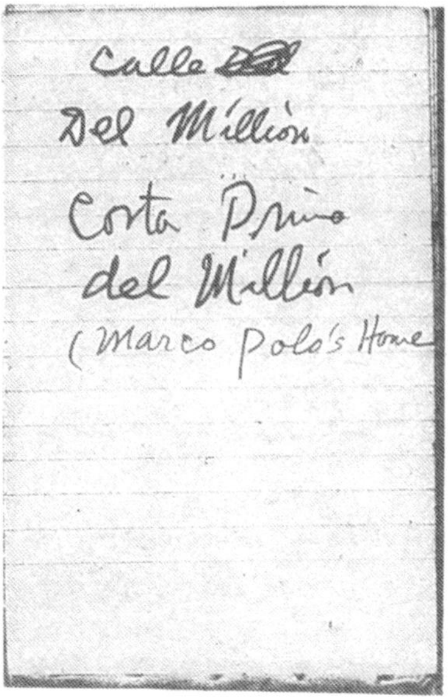
Calle
Del Million
Corta Primo
del Million
(Marco Polo's Home

20-114

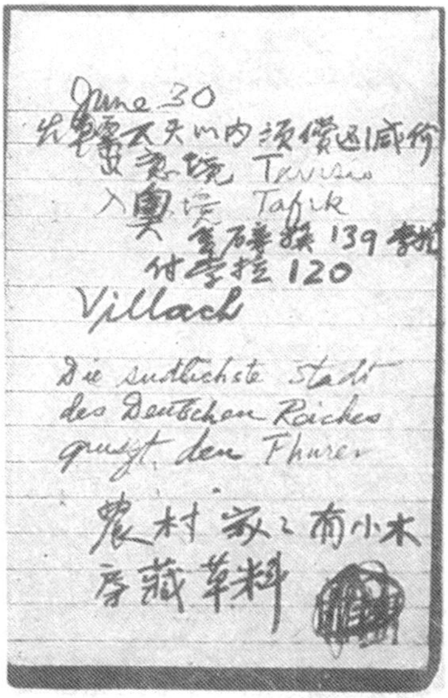
June 30
Villach
Die sudlichste Stadt
des Deutschen Reiches
grüsst den Fhurer
農村家家有小木
房藏草料

20-115

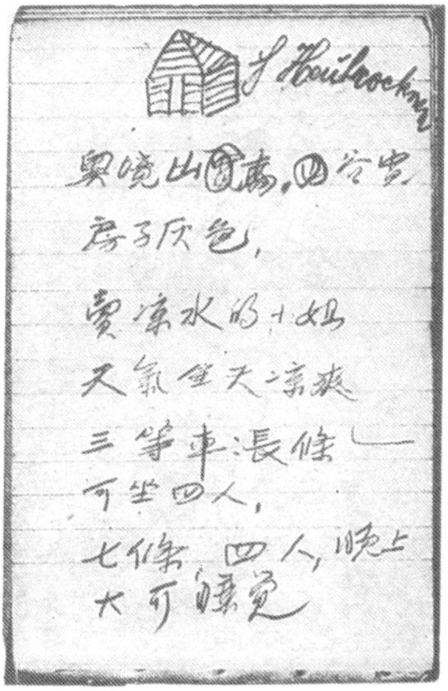
奥境山高，
房子灰色，
賣凉水的小妞
天氣全天凉爽
三等車：長條
可坐四人，
七條，四人，晚上
大可睡覺

20-116

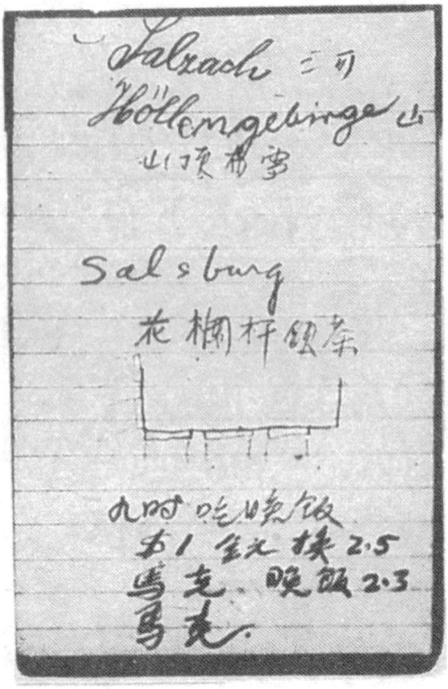
Salzach 河
Höllengebirge 山
山顶有雪
Salsburg
花棚杆铁索
九时吃晚饭
$1 金元 换 2.5
马克 晚饭 2.3
马克.

20-117

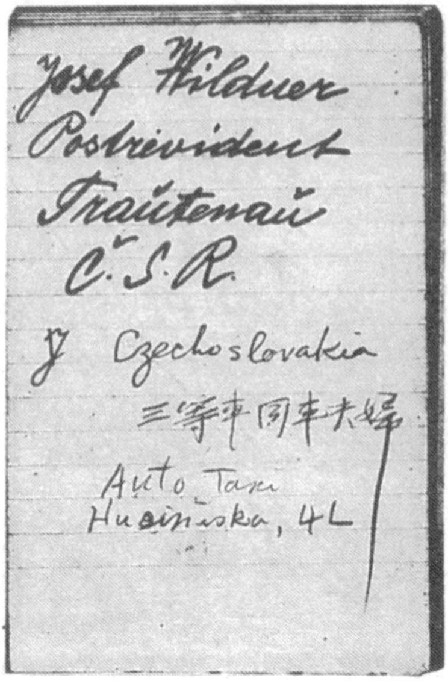
Josef Wildner
Postrevident
Trautenau
C.S.R.
Czechoslovakia
三等车同车夫妇
Auto Taxi
Husinecka, 4L

20-118

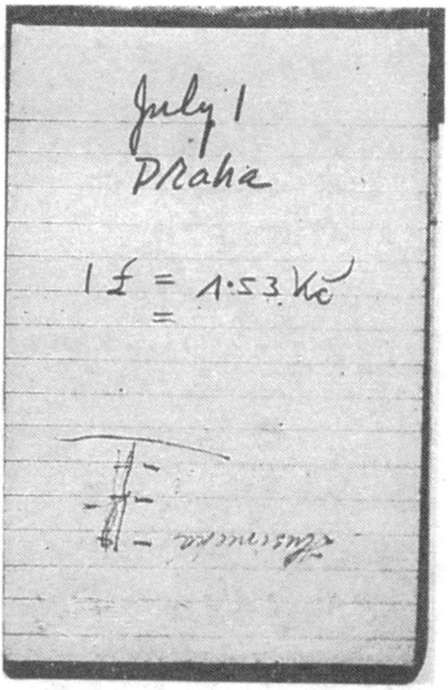
July 1
Praha
1£ = 1.53 Kc

20-119

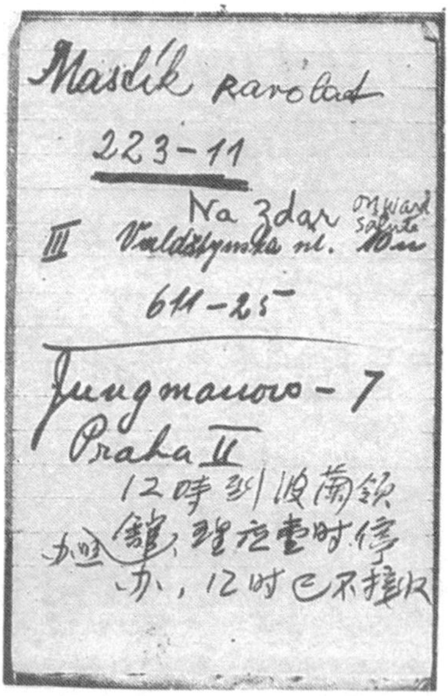
Masdik Karolad
223-11
Na zdar onward salute
III Valdstynska ul. 10
611-25
Jungmanovo-7
Praha II
12时到波兰领
馆，理应壹时停
办，12时已不接收

20-120

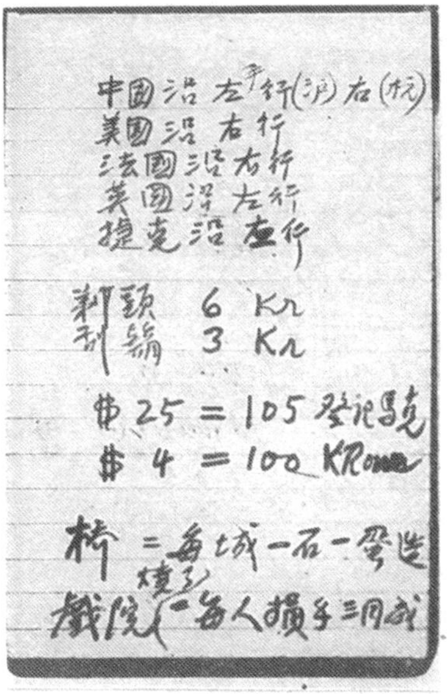
中国沿左行(沪)右(杭)
美国沿右行
法国沿右行
英国沿左行
捷克沿左行

剃头 6 Kr
刮脸 3 Kr

$25 = 105 登记马克
$4 = 100 Krona

桥 = 每城一石一梁造
戏院(一每人携手三同戏

20-121

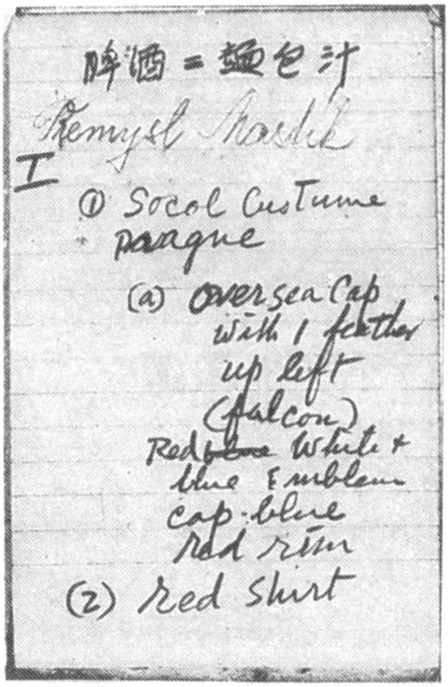
啤酒 = 面包汁
Premysl Maslik
I
① Socol Custume
parague
(a) oversea cap
with 1 feather
up left
(falcon)
Red ~~blue~~ White &
blue Emblem
cap blue
red rim
(2) red shirt

20-122

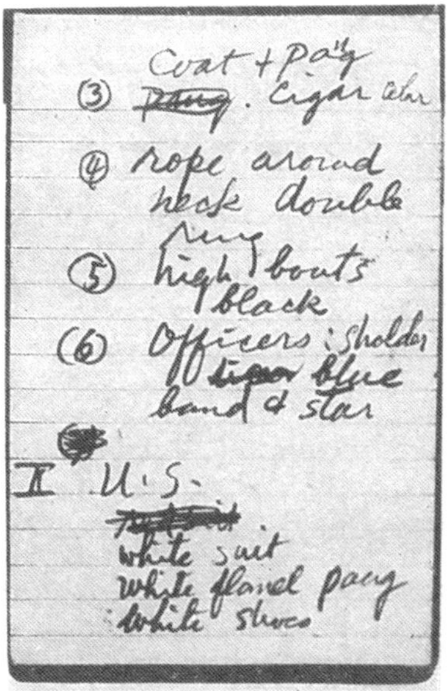
③ Coat + pany ~~pany~~. Cigar ahr
④ rope around
neck double
ring
⑤ high boots
black
⑥ Officers: sholder
~~tiger~~ blue
band & star
II U.S.
white suit
white flanel pany
white shoes

20-123

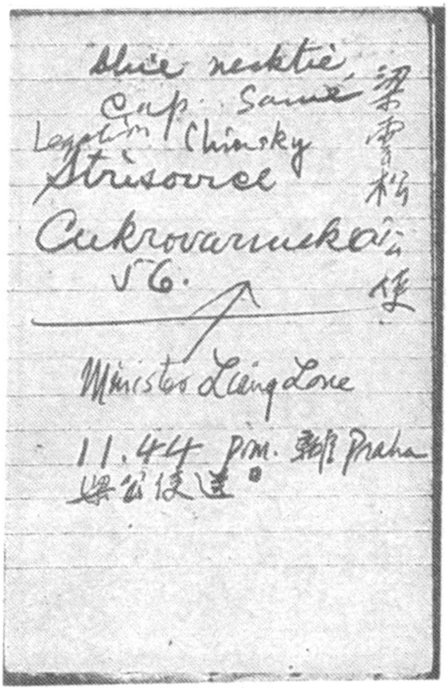
blue necktie
Cap Same
Legation Chinsky
Strisovice
Cukrovarnicka
56.
梁龙公使
Minister Liang Lone
11.44 pm. 离 Praha
梁公使送

20-124

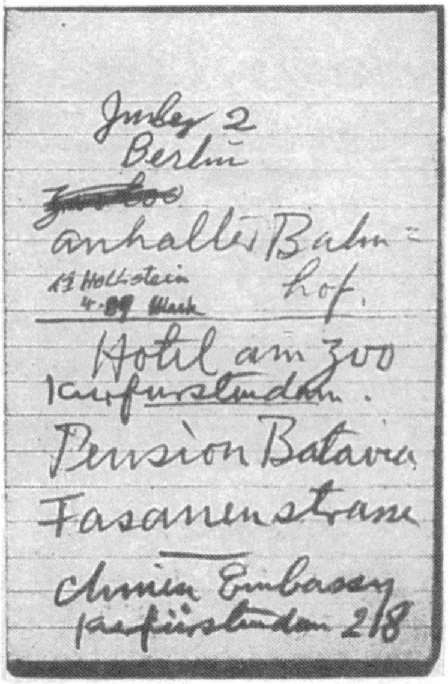

20-125

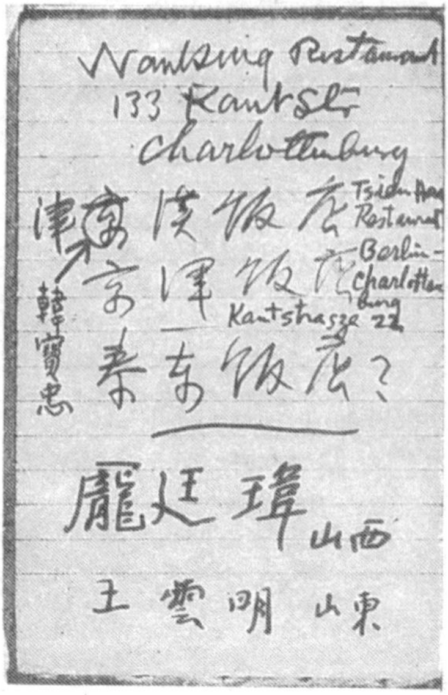

20-126

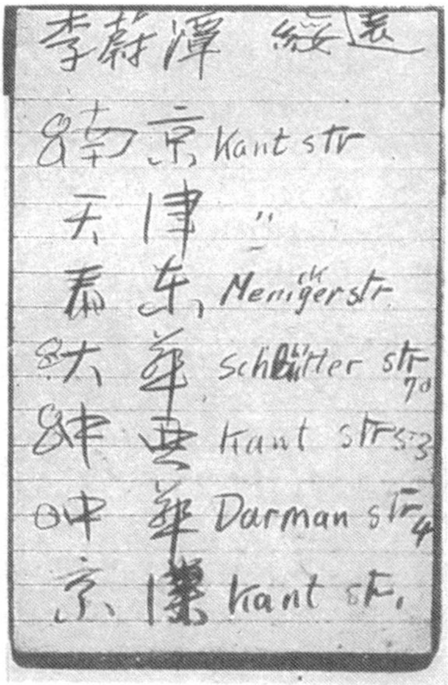

20-127

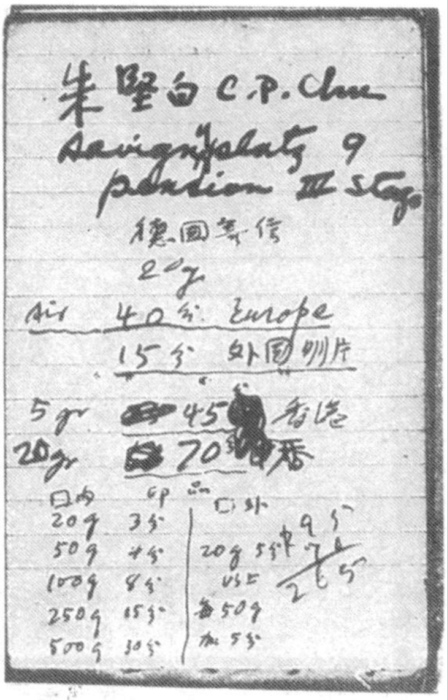

20-128

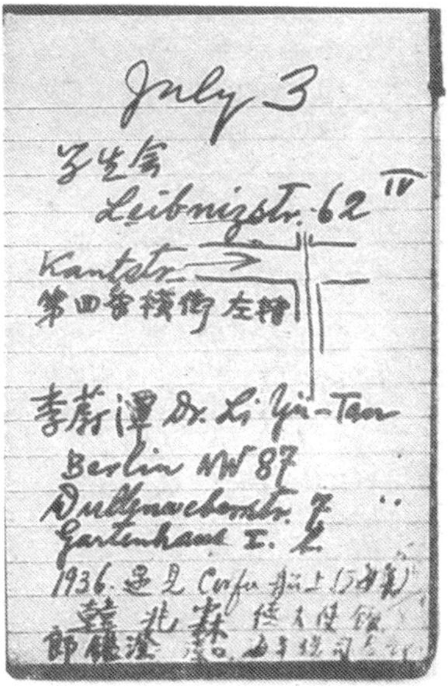
July 3
学生会
Leibnizstr. 62 IV
Kantstr.
第四条横街左转
李寅潭 Dr. Li Yin-Tan
Berlin NW 87
[illegible]
Gartenhaus I. [illegible]
1936. 遇见 Corfu 船上
[illegible]

20-129

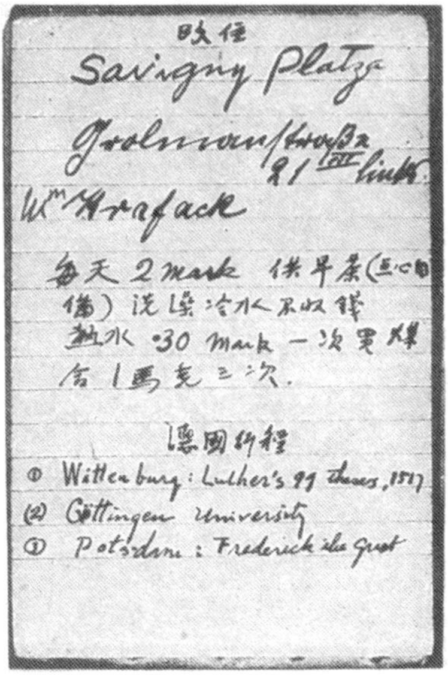
住
Savigny Platz
Grolmanstraße 21 III links
Wm. [illegible]
每天 2 mark 供早餐（三、〇〇
备）洗澡冷水不收钱
热水 .30 mark 一次
[illegible]
德国行程
① Wittenburg: Luther's 95 theses, 1517
② Göttingen University
③ Potsdam: Frederick the great

20-130

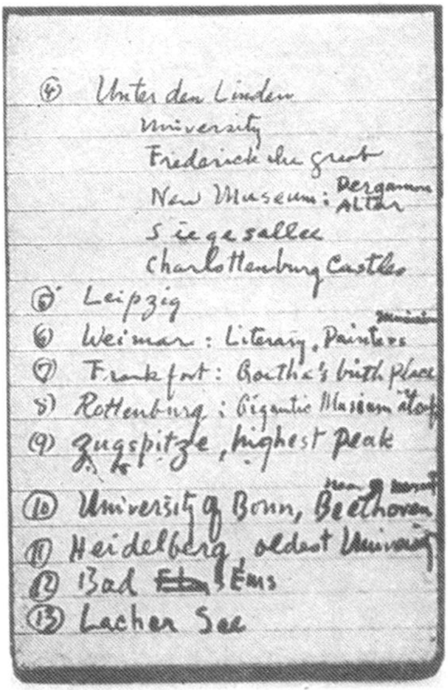
④ Unter den Linden
University
Frederick the great
New Museum: Pergamon Altar
Siegesallee
Charlottenburg Castles
⑤ Leipzig
⑥ Weimar: Literary, Painters
⑦ Frankfort: Goethe's birth place
⑧ Rottenburg: Gigantic Museum
⑨ Zugspitze, highest peak
⑩ University of Bonn, Beethoven
⑪ Heidelberg, oldest University
⑫ Bad Ems
⑬ Lacher See

20-131

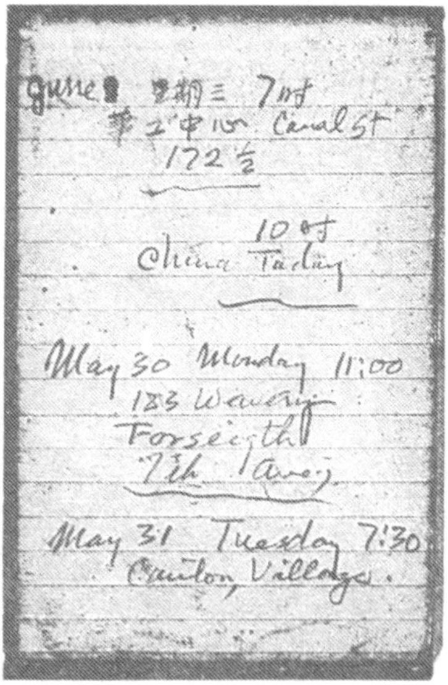
June 星期三 7时
华工中心 Canal St
172号
10时
China Today
May 30 Monday 11:00
183 Waverly
Forsyth
7th Ave.
May 31 Tuesday 7:30
Carlton Village.

20-132

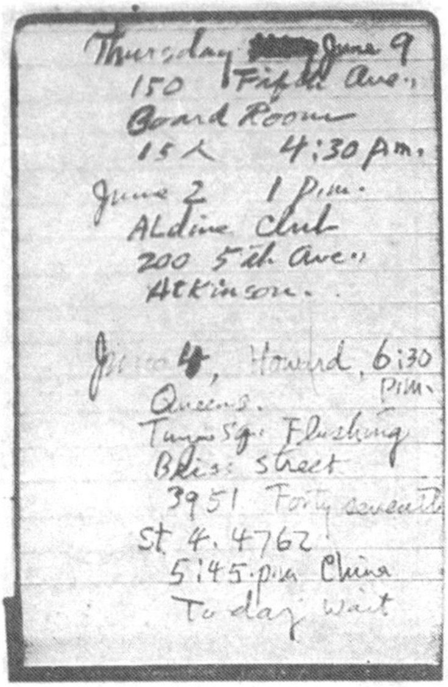
Thursday [redacted] June 9
150 Fifth Ave.,
Board Room
15人 4:30 pm.
June 2 1 p.m.
Aldine Club
200 5th Ave.,
Atkinson.
June 4, Howard, 6:30 p.m.
Queens.
Turn Sq. Flushing
Bliss street
3951 Forty seventh
St. 4. 4762
5:45 p.m. China
To day, Wait

20－133

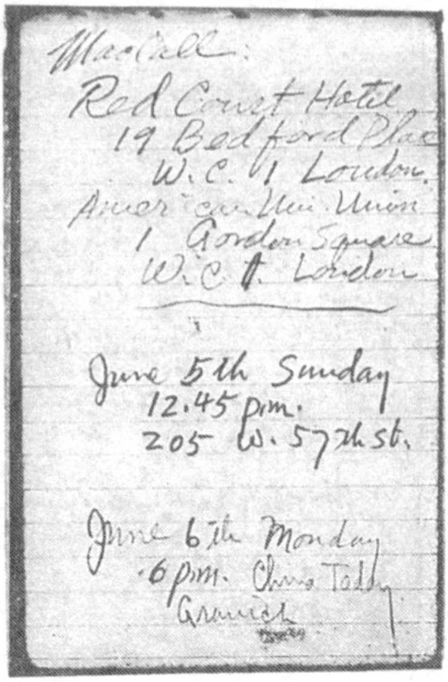
MacCall:
Red Court Hotel
19 Bedford Place
W.C. 1 London.
American Uni. Union
1 Gordon Square
W.C. 1. London
June 5th Sunday
12.45 p.m.
205 W. 57th St.
June 6th Monday
6 p.m. China Today
Greenwich

20－134

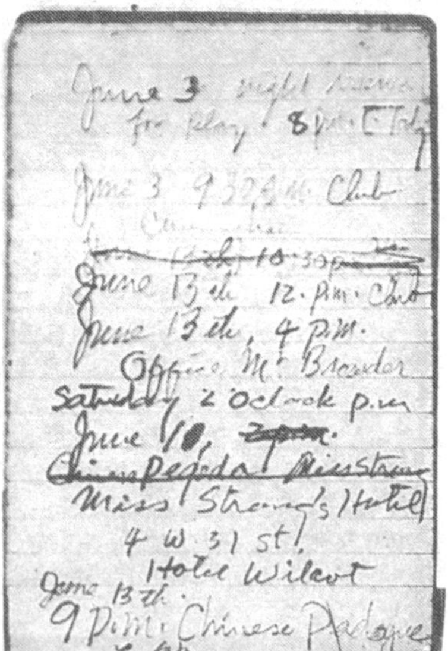
June 3 night ... for play 8 p.m. C Today
June 3 9.30 A.M. Club
...
~~... 10.30 p.m.~~
June 13th 12. p.m. Club
June 13th, 4 p.m.
Office Mr Browder
Saturday 2 Oclock p.m.
June 10, ~~2 p.m.~~
~~China Pagoda Miss Stran~~
Miss Strong's Hotel
4 W. 31 st
Hotel Wilcot
June 13th.
9 p.m. Chinese Pagoda

20－135

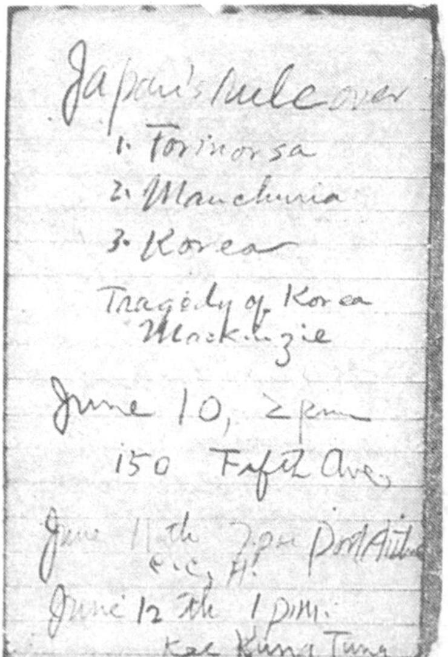
Japan's rule over
1. Formosa
2. Manchuria
3. Korea
Tragedy of Korea
Mackenzie
June 10, 2 p.m.
150 Fifth Ave.
June 11th 7 p.m. Port Arthur
...
June 12th 1 p.m.
Kee Hung Tung

20－136

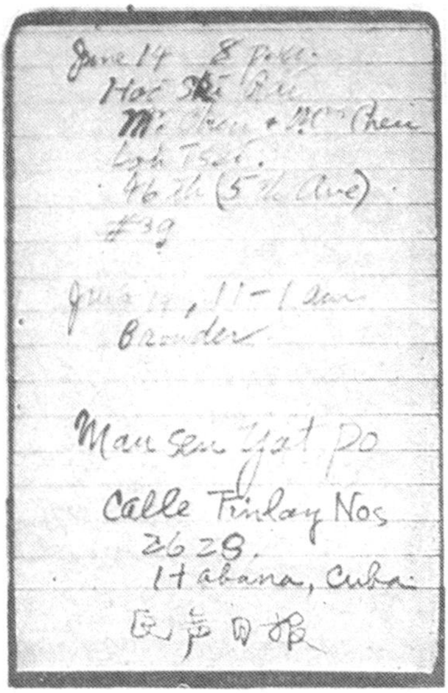

Mau Sen Yat Po
Calle Tinlay Nos
2628.
Habana, Cuba
民声日报

20-137

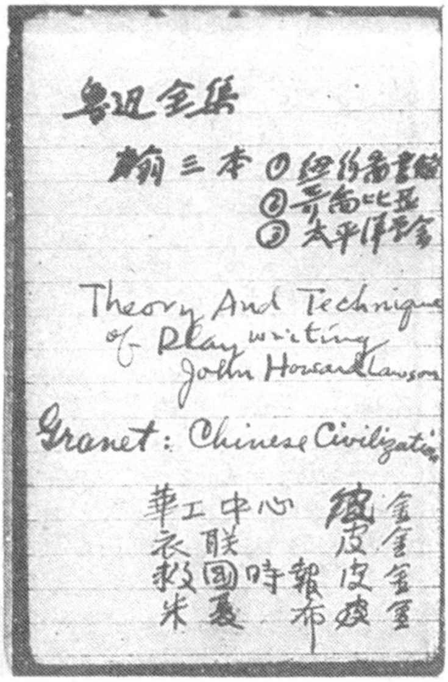

鲁迅全集

Theory And Technique
of Playwriting
John Howard Lawson

Granet: Chinese Civilization

華工中心
衣联
救國時報

20-138

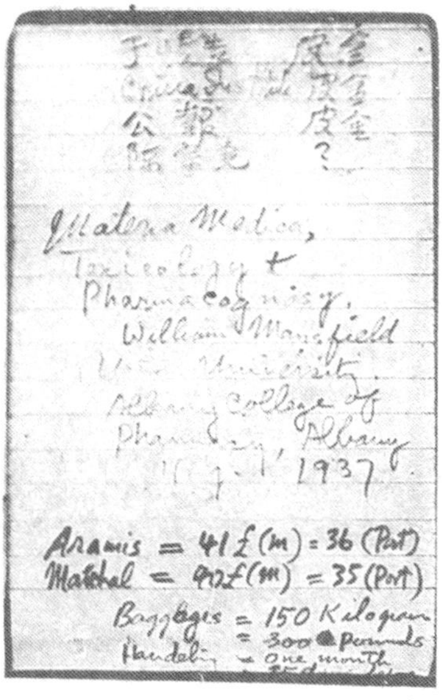

Materia Medica,
Toxicology &
Pharmacognosy,
William Mansfield
Albany College of
Pharmacy, Albany
1937

Aramis = 41£ (M) = 36 (Port)
Matchal = 42£ (M) = 35 (Port)
Baggages = 150 Kilogram
= 300 pounds

20-139

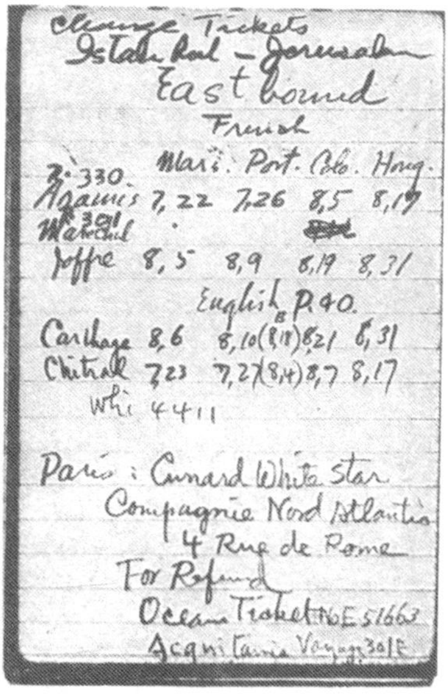

Change Tickets
East bound
French
Mars. Port. Colo. Hong.
Aramis 7,22 7,26 8,5 8,19
Joffre 8,5 8,9 8,19 8,31
English P.&O.
Carthage 8,6 8,10(8,18) 8,21 8,31
Chitral 7,23 7,27(8,4) 8,7 8,17
Whi 4411

Paris: Cunard White Star
Compagnie Nord Atlantic
4 Rue de Rome
For Refund
Ocean Ticket No E 51663
Aquitania Voyage 301E

20-140

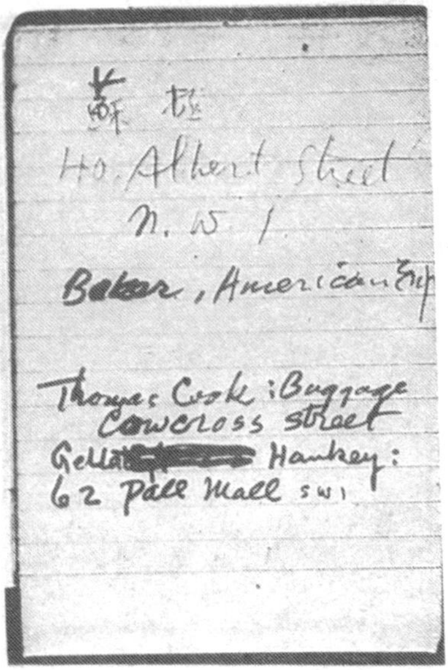

20-141

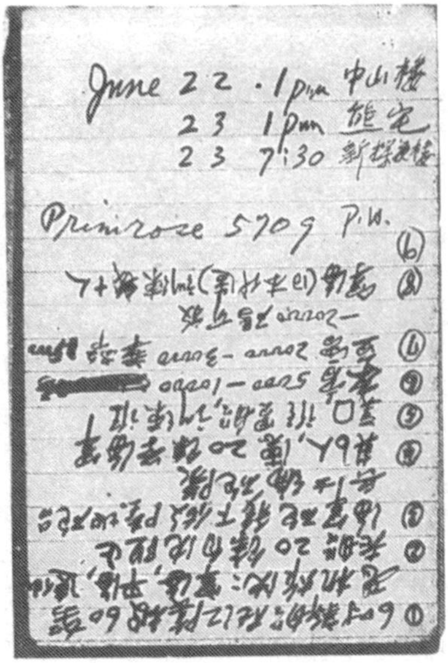

20-142

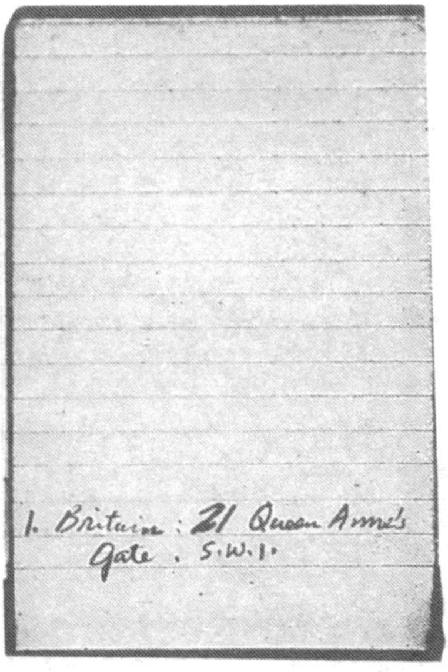

20-143

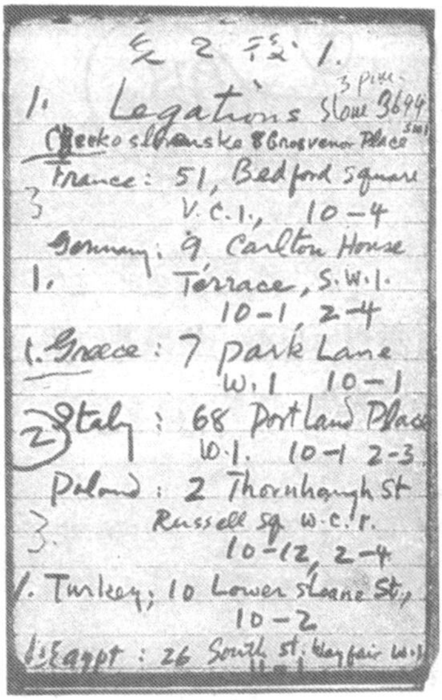

20-144

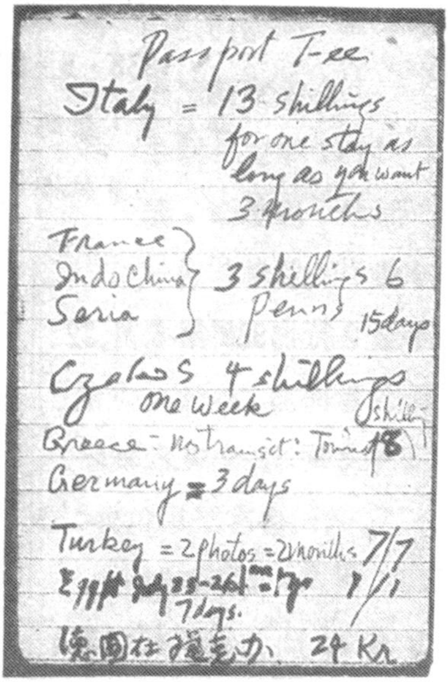

Passport Fee
Italy = 13 shillings
for one stay as
long as you want
3 months

France }
Indo China } 3 shillings 6
Saria } pence 15 days

Czechs 4 shillings
one week
Greece: no transit: Tourist 8 shilling
Germany = 3 days

Turkey = 2 photos = 2 months 7/7
[illegible] 7/1
7 days.
德国在[illegible]办 24 Kr

20-145

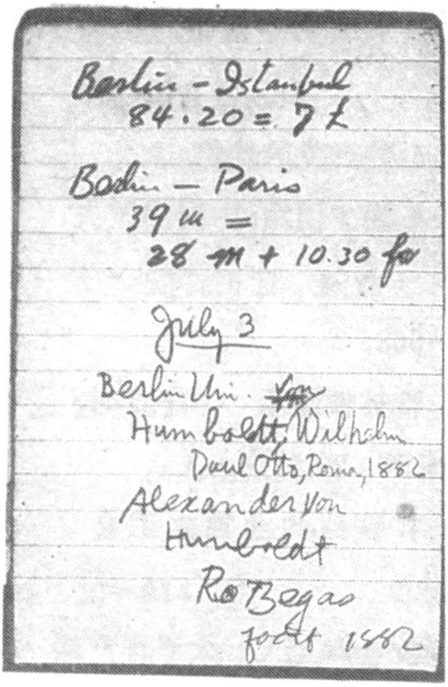

Berlin – Istanbul
84.20 = 7 £

Berlin – Paris
39 m =
28 m + 10.30 fr

July 3

Berlin Uni. ~~Von~~
Humboldt, Wilhelm
Paul Otto, Roma, 1882
Alexander von
Humboldt
R. Begas
fecit 1882

20-146

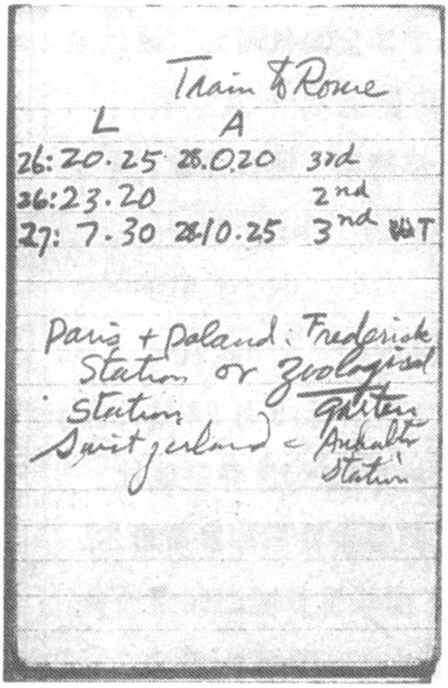

Train to Rome
L A
26: 20.25 28.0.20 3rd
26: 23.20 2nd
27: 7.30 28.10.25 3rd [illegible]T

Paris + Poland: Frederick
Station or Zoological
Station Garten
Switzerland – Anhalter
Station

20-147

第二十册〔注译〕

1938.5.22~1938.7.3

华盛顿·纽约·伦敦·巴黎

布拉格·柏林

20—002

第1至2行：1938年5月22日

下午3时10分离开芝加哥

20—003

5月23日　华盛顿哥伦比亚特区

中国驻美大使馆　通讯地址

中华全国救国会　通讯地址

洛特斯　通讯地址　下午6时45分　车站

20—005

第1至7行：5月24日

查尔斯·J.乔　地址

阿台莱特·却鲁斯台尔地址

20—006

罗西亚·M.巴尔多　地址

英温·巴德　施肇基的朋友　小先生

20—007

海伦·M.罗密斯　中国新闻处华盛顿地址

法兰克·W.毕莱士　弗吉尼亚地址

1. 没有足够的工人

2. 人人为中国，没有责任心

3. 共产党的地位

4. 缺少团结，中国的过失

20—008

哈林顿饭店　下午5时　20谈话　20讨论

1. 铁路同业独立工会　500,000

2. 仓库工人　太平洋产联

3. 码头工人　太平洋产联25,000

大西洋A.T.C.

码头工会　200,000

产联　4,500,000

20—009

19~22浬/小时　新的日本坦克加运输机

6月6日　大会　码头工会

佐·弗劳根　太平洋海员联合会地区理事会法律代表

全世界　50,000

美国　20,000

20—010

杨玄泊

华盛顿国会图书馆

《远东杂志》

5月25日　纽约

20—011

友人名及地址

20—014

第1至4行：纽约地址

第5至8行：卡内吉会堂　8时45分　地址

20—015、016

佛瑟斯女士

星期一上午11时　地址

简·斯坦利　地址

一位苏格兰人送给一位夫人一件礼物。他的朋友问他送给夫人什么，他回答："唇膏。"他的朋友赞他慷慨大方。他说："我可以把它要回来。"

格拉尼奇、约翰·泰勒及地址

20—017

星期三

欧洲　市场街16号

弗兰克·苏开明由纽约《今日中国》转

20—018至020

5月30日　阵亡将士纪念日

1. 基督教女青年会　(a) 30,000为中国女青年会　(b) 有记录的抵制日货运动

2. 教会社团　(a) 第一次世界大战的教训　(b) 使美国置身于战争之外　(c) 福斯迪克等绥靖主义者任日本人玩弄

3. 和平运动　(a) 弗雷德·利伯　华盛顿和戴什尔防止战争全国理事会　(b) 同心协力委员会　福斯特国家联盟　C.艾切伯格先生　阿特金森　鲁洛夫斯　H.亨利·埃塔　女青年会约瑟芬·夏因（战争原因与医治委员会）　(c) 多利弗写信不满意

国际和平大会是不必要的

阿特金森

戴什尔作为国际和平大会的成员

分区与国际和平大会

强迫的与歧视的

美国有反法西斯运动的兴趣

和平与民主联盟

①3,500,000

②8,000会员

纳尔逊先生　地址

20—021

J.帕斯先生　《战斗》编辑

智利援华委员会联盟

康宁汉在联盟中

展览品

无线电　唱片

蒋介石夫人

无线电　女青年会会议

长统莱尔线袜　100 美金

好

20—022

理查蒙特　弗吉尼亚　去莱尔线

福塞斯的母亲讲话

为抵制日货举行祷告会

民主联合会：150 教授

150 学生

乌里和博阿斯博士

福塞斯

20—023

第 1 至 10 行：天主教=1/6 基督教全国协会

艾切尔伯格　地址

阿特金森　基督教和平联合会电话

纳尔逊　电话

欢迎会：在大使馆

20—024

消息（6 月 4 日）

1. 中国人第一次自卫，民主国家

2. 古撒姆

布莱茂

国际丝绸协会=725,000 美元用于日本丝绸的宣传

3. 波士顿会议　5 月 21 日　41 个组织代表 300,000

20—026

贝拉·多德小姐　教师联盟纽约地址

20—027

第 1 至 4 行：6 月 1 日　纽约保罗·曼　地址

20—032

此页为克莱恩夫人地址及乘车路线

20—033、034

马素女士　地址

艾尔·H.利夫先生　纽约地址

理查德·M.芬雷　教会和平同盟纽约地址

多鲁塞·麦克柯奈尔　美国和平与民主同盟　纽约地址

克拉克·M.艾切伯格　纽约

亨利伊塔·鲁洛夫斯　女青年会全国董事会　纽约

阿道夫·萨姆索　纽约地址

20—035

亨利·阿特金森　纽约地址

沃尔物·W.凡·科克　纽约地址

托马斯夫人　国际联盟协会纽约地址

20—036

F.柏克　同心协力委员会

国家联盟　艾切伯格

教会和平同盟　阿特金森

女青年会　鲁洛夫斯

美国青年大会　欣克莱

战争原因与医治委员会　夏因(人名)

犹太妇女理事会　密勒先生

天主教和平协会　芬威克博士

20—037、038

国际教育研究所　菲什尔博士

和平与民主联盟　福塞斯

妇女俱乐部全国联合会　朗

①防止战争全国理事会利伯

②调停社团　萨尔

③妇女争取和平与自由国际联盟　戴什尔

④紧急和平运动　纽敦

⑤世界和平之路　斯泰林伯格夫人

⑥军国主义与教育委员会　退出

20—039

福塞斯将于6月28日回来

J.C.福塞斯夫人地址

柏勃尔

20—041

第1至3行：6月3日

1. 纽约卫理公会开会赞成抵制日货

2. 女青年会工业部绝大多数人赞成抵制日货

20—043

6月4日

诺顿家中

波士顿：波士顿盛会　抵制(日货)

代表200,000人

博瓦　一碗米饭的午餐

50,000美元每月

10,000美元每月

5,000美元每月　薪金

马修·沃德　工人中的反动领袖格林的副手

20—044

爱德华·F.麦克格雷迪

月薪诱人

平民救济联合理事会

李伊凡

1. 柏内斯

2. 卡尔·布瓦

公共关系咨询

演讲人的合格证

20—045

弗雷德·C.麦基　奥利弗大厦

匹兹堡　魁特公司董事长　捐出200美元用于抵制日货

伍尔沃兹公司98%是美国货

麦斯：书记

日本“五月商店”没有生意

20—046

办法

教育同盟的儿童拒绝接受日本玩具

爱里斯·巴鲁斯　华盛顿的领导人

20—047

6月7日　斯特伦岛胡格恩斯特公园

1. 地铁到南渡口站

2. 摆渡到斯德特伦岛

3. 到特荷诺勒坐103路公共汽车在阿伯特斯路下车以及具体路线

或者3. 坐火车到安内克斯德勒再坐出租车到

20—048

雷韦·艾黎　上海工业合作社地址

保卫中国同盟　希尔达·赛利文·克拉克秘书

香港汇丰银行转

宋子文会长

孙中山夫人　主席

N.H.弗朗斯　司库

希尔达·赛利文·克拉克秘书

20—049

国会图书馆　冯家升

哥伦比亚大学　王际真

哈佛大学　哈佛—燕京社

芝加哥大学

耶鲁大学　李云桂

加利福尼亚大学　沙芝培

20—051

末3行：工人书店　伦敦地址

20—052

第6行起：J.A.马库斯　纽约地址

爱玛·雷德尔　纽约地址

20—053

哈拉·玛璀、米切尔·鲁土曼、贝蒂·辛普森、安娜·路易斯·斯特朗人名及地址

20—054

1938年6月10日

谴责日本在广州轰炸平民

“不参与侵略行为”

苔西·阿特伯里　保定府

盖洛普博士　民意（舆论）研究所

20—055

假如日本不停止轰炸平民，你

还赞成美国向日本提供石油吗？

20—056

1938年6月11日

科伊利船长　华盛顿哥伦比亚特区地址

斯特朗女士　《联合报》　纽约地址

20—057

1. 工人俱乐部

2. 莫斯科贸易联盟　文化联盟

3. 公园

4. 集体农庄

5. 医药学院　纽约

20—061

第1至7行：6月13日

苏斯·库克父子　地址

罗伯特·迈纳　纽约地址

20—062

第1至2行：中国佛塔楼朋友

20—064

1. 杰鲁姆·戴维斯　苏维埃俄国教育的比较研究

2. 阿尔伯特·里斯　苏维埃俄国

3. 比特斯·金　变化的人　英格兰

20—065

此页为船期及价目表

20—066

第4行起：尤里塔·高尔基　地址

M.文森斯先生　马德里宣传代表团　地址

法国

20—067

第1至4行：玛格丽塔·纳尔金　西班牙　巴萨鲁那

20—069

卡密尔·所罗门　伦敦地址

20—070

哈拉·玛璀、埃斯特·卡鲁尔、勒布、莫里斯、鲁丝鲁本、罗杰斯、吉恩·斯坦利

格兰斯和马克斯·格兰尼奇、所罗门、高迪

20—071

6月18日

萨杜斯·玛斯蒂克　索科尔通讯地址

皮里博士　福埃格内博士

20—072

第一次世界大战中有75万波希米亚士兵到奥地利敌占区

1200年战斗

历史记载：5 月 21 日　50 万士兵在 6 小时内动员起来保卫苏台德防区，德国人发现波希米亚人在战壕里

20—073

苏台德的政敌

苏台德德占区——康拉德·亨雷因

德国社会主义者　温泽尔·杰克斯

41 年的工人运动

5 月 1 日劳动节在卡尔斯巴德（演讲）

18000　听众

20—074

6 月 21 日　克拉夫特　沙

100 卢比到锡兰　马德拉斯　孟买　加尔各答=35 美元=14 天

20—075

给朋友们写信：

1. 6 月 15 日在纽约为我送行朋友

2. 坐三等舱：有 200 捷克人 150 南斯拉夫人　100 匈牙利人

3. 索科尔——玛斯蒂克

4. 匈牙利人

5. 航海时代——《洪水与战争形势》

6. 大西洋

20—078

第 2 行：最长的一天

20—081

第 1 至 11 行：国际笔会　6 月 27~30 日在布拉格

大使饭店

H.W.纽文森主席

27=教育部长

20—082

上午 9 时 55 分　德国领事馆

特拉法加广场

照片

20—084

外文为：新教育同志会　索普尔女士　捐 10 英镑

6 月中国银行转 60 英镑

M.U.帕特尔　地址

文森特夫人　地址

20—085

预防空袭

20—086

6 月 23 日

法国：1. 马塞—依狮　布鲁领路　2. 圣·米歇尔——古洞

3. 夜市

德国博物馆

罗马：推比岩　法西斯展览　梵蒂冈　人骨宫　那不勒斯　维斯威

20—087、088

日内瓦：比郎山

波兰：渴酒马车　旧华沙

伦敦：1. 摄政园　半夜　8时半

3. 帕波姆奥特

苏联：1. 国际书店　高尔基街　2. 普希金咖啡馆　3. 布尔什维克剧院　4. 现实主义剧院　5. 托尔斯泰故居　6. 克鲁泡特金故居　7. 列宁纪念馆　8. 文化公园

威尼斯　圣马克广场

票：伦敦—欧洲大陆一轮船到埃及=18镑13先令

轮船码头—香港=35磅

20—089

6月24日

离开伦敦　维多利亚车站　下午8时或上午10时　上午5时或下午5时

20—091

第1至4行：6月25日

图夫奈尔公园站—波士顿会堂—达特茅斯　派克山

第6行：雷登街

第8行：丹尼尔·威拉德

20—092、093

1至5行：这里埋葬着赫伯特·斯宾塞的骨灰

墓号：33292　殁于1903年12月8日

余为人名、卒期

20—095

下午8时10分离开维多利亚站

下午9时半到纽黑文

下午10时15分离开纽黑文

早1时40分到第波

上午5时半到巴黎

20—096

6月26日　巴黎

不列坦尼卡旅馆和洛特斯饭店的地址

20—097

此页为到意大利的访游项目

20—098

末2行前：那不勒斯

维苏威火山

庞贝

1. 巴黎　2. 莫德纳　3. 都灵

4. 佛罗伦萨　5. 罗马　6. 那不勒斯　7. 米兰　8. 威尼斯

1英镑=115.5里拉（意大利货币）

20—099

26日下午一点=都灵

罗马：旅馆住宿　15~20 里拉

饭费　8 里拉

35~50 里拉一天　买 345 里拉

补助金　20 里拉

20—100、101

这两页为学法文笔记、人名地址等

20—104

第 3 行外文：艾克斯莱班

20—105

第 2 行外文：热那亚

20—106

第 6 行外文：米兰

20—108

第 4 至 7 行：奇米泰罗　威尼托区地址

20—109

此页为旅行路线及费用

20—114

马可·波罗的住宅

20—118

第 1 至 5 行为捷克斯洛伐克友人的签名及地址

20—122、123

第 3 行起：I. 1. 布拉格的服装　海外帽　一根羽毛插左上边（猎鹰）　红、白、蓝三色标记　蓝帽镶红边

2. 红衬衫　上衣及裤子

3. 雪茄色领

4. 领带绕颈两周

5. 高统靴·黑色

6. 官员　肩佩蓝色薄条带及星

Ⅱ. 美国　白衬衣　白色法兰绒裤　白鞋蓝色领带及帽子

20—125

第 1 至 2 行：7 月 2 日　柏林

末 2 行：中国大使馆地址

20—130、131

20—130 页末 4 行起：德国行程

1. 威丁堡：马丁路德的 99 篇论文　1517

2. 哥廷根大学

3. 波茨坦：腓特烈大帝

4. 下椴树街　大学　腓特烈大帝　新博物馆　帕加马祭坛　卡罗特堡城堡

5. 莱比锡

6. 魏玛：文学、画家、音乐家

7. 法兰克福　歌德的诞生地

8. 罗藤堡：Bigantic 博物馆

9. 楚格峰，最高的山峰

10. 波恩大学　贝多芬

11. 海德堡最古老的大学

12. 巴特埃姆斯

13. 拉切尔教区

20—132

第5行：《今日中国》

第6行：5月30日　星期一　福塞斯

20—133

星期四6月9日

董事会会议室　15人　下午4时半

6月2日　下午1时　奥尔顿俱乐部

6月4日　霍沃　下午6时半

5时45分　《今日中国》等候

20—134

麦考尔　伦敦地址

6月5日　星期日　下午12时45分　西57街205号

6月6日　星期一　下午6时《今日中国》

20—135

6月3日　晚8时回来看戏

6月3日上午9时半　俱乐部

6月13日　下午12时　俱乐部

6月13日　下午4时　布鲁德尔先生办公室

6月11日　斯特朗女士的饭店

6月13日　晚9时　中国塔楼

20—136

日本的统治

1. 对台湾

2. 对满洲里

3. 对朝鲜　朝鲜的悲剧

6月10日　下午2时　第五大街150号

6月11日　下午7时　旅顺楼

6月12日　下午1时　K.K.唐

20—137

6月14日　下午8时

陈先生夫妇、陆璀及地址

6月14晚11时到次日凌晨1时

布劳德

民声日报

卡列·劳利　古巴哈瓦那地址

20—138

第5至8行：《编剧的理论与技巧》约翰·霍华德·劳森著　《中国的文明》　格拉内著

20—139

第5至8行：营养学和药物学家

威廉·曼斯菲尔德　联合大学

奥尔巴尼药学院　纽约州奥尔巴尼　1937年

20—140

此页为与旅行有关的情况

20—141

第 4 行起：贝克尔，美国人到

托尼斯·库克：行李放在考克劳斯街

格拉·汉基地址

20—144

此页为英国、捷克斯洛伐克、法国、德国、希腊、意大利、波兰、土耳其、埃及等国公使馆地址

20—145

办理护照费用

意大利：13 先令　在三个月之内一次性停留

法国

印度支那

诗里亚（文莱）　3 先令 6 便士停留 15 天

捷克斯洛伐克　4 先令　停留一周

希腊

德国：3 天

土耳其：2 张照片，停留 2 个月

埃及　7 月 23~26（日）

20—146

第 1 行：柏林—伊斯坦布尔

第 3 行：柏林—巴黎

第 6 行起：7 月 3 日柏林大学

威廉·冯洪堡　地址

亚历山大·冯洪堡　地址

20—147

第 1 至 5 行：火车到罗马的时刻表

末 5 行：巴黎和波兰：腓特烈车站或动物园

瑞士：安巴尔特车站

衡備忘

第二十一册

1938.7.5~1938.7.26

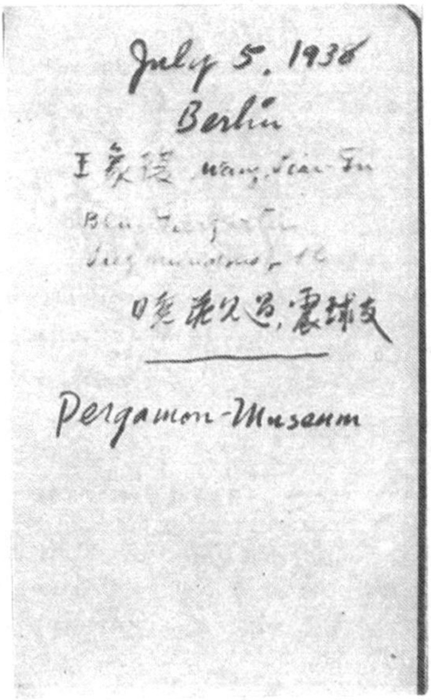

21-001

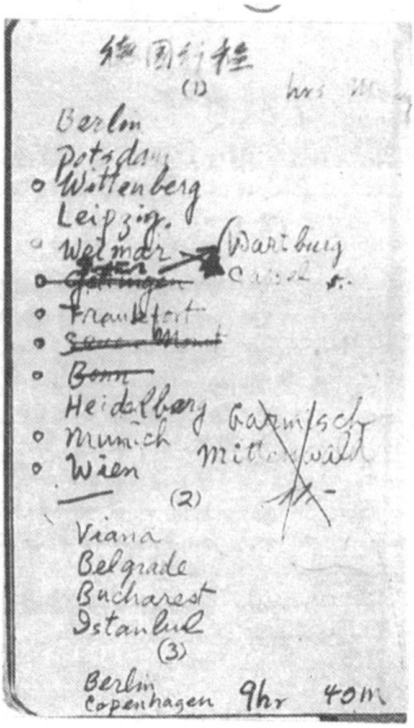

21-002

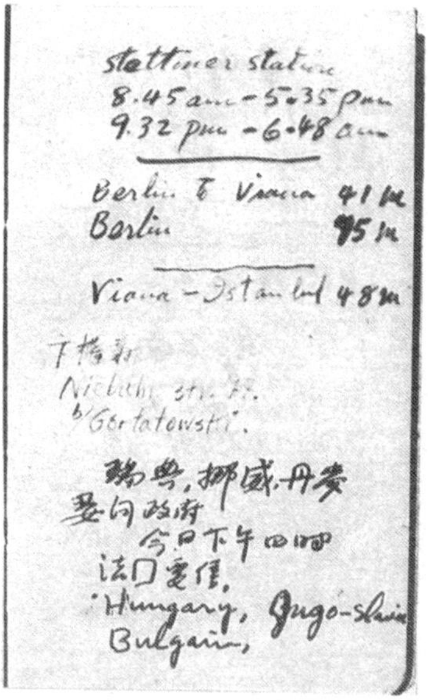

21-003

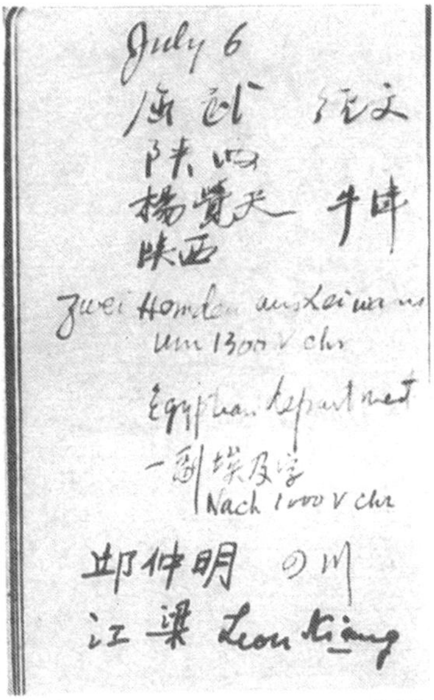

21-004

Eisenach (Thüring
Wartburg (Wald)
[illegible]

21-005

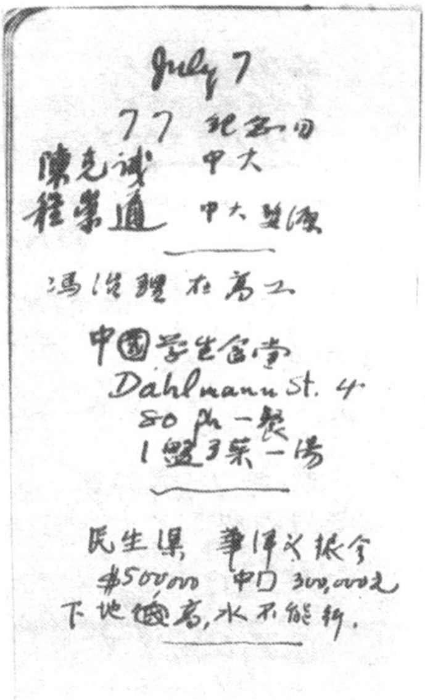
July 7
77 纪念日
陈克诚 中大
程宗道 中大毕业
冯治理 在高工
中国学生会堂
Dahlmann St. 4
80 pf 一餐
1盘3菜一汤
民生渠 华侨父老会
$50000 中国 300,000元
下地遇着，水不能行。

21-006

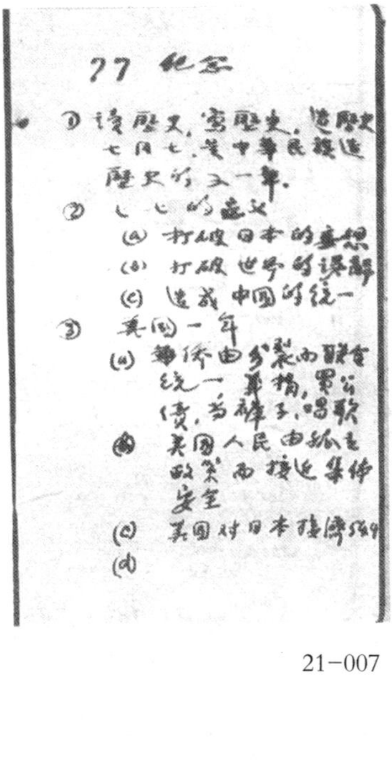
77 纪念
① 读历史，写历史，造历史
七月七是中华民族造历史的第一年。
② 七七的意义
(a) 打破日本的幻想
(b) 打破世界的误解
(c) 造成中国的统一
③ 英国一年
(a) 华侨由分裂而联合统一，募捐，买公债，当兵，唱歌
(b) 英国人民由孤立政策而接近集体安全
(c) 英国对日本经济[illegible]
(d)

21-007

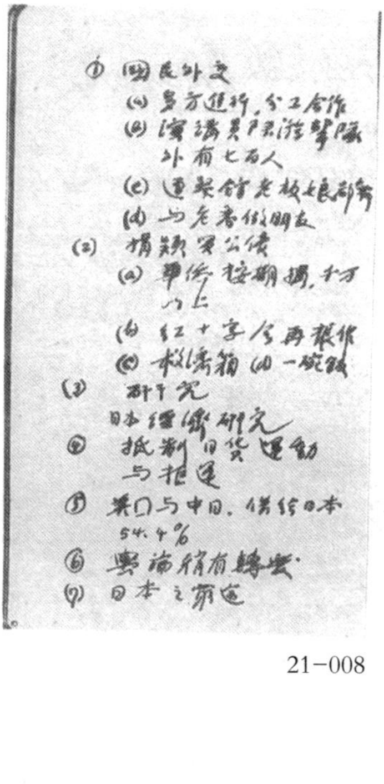
① 国民外交
(a) 多方进行，分工合作
(b) 演讲[illegible] 外有七百人
(c) 通过餐馆老板娘部分
(d) 与元老做朋友
(2) 捐款买公债
(a) 华侨按期捐，十万以上
(b) 红十字会再报作
(c) 救济箱 (d) 一碗饭
(3) 研究
日本经济研究
④ 抵制日货运动与推进
⑤ 英国与中国，供给日本 54.4%
⑥ 舆论稍有转变
⑦ 日本之前途

21-008

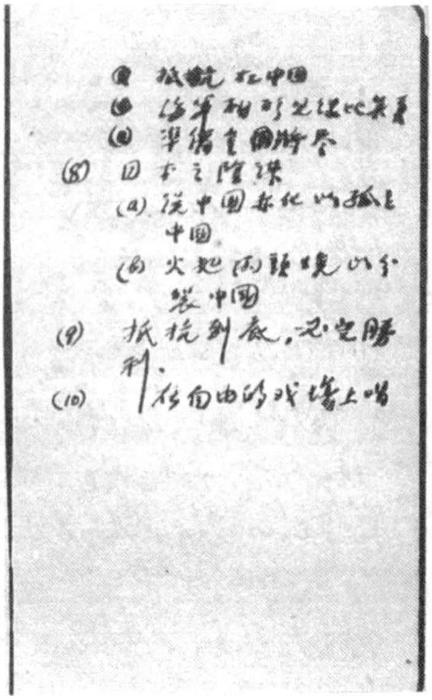
(9) 抵抗到底，必定胜利。

21-009

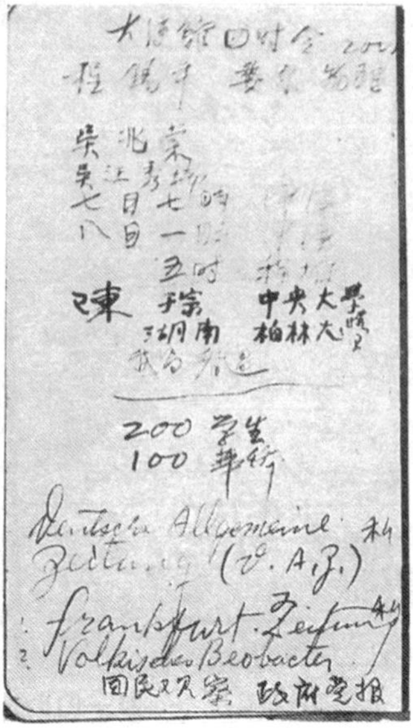
七日七时
八日一时
陈 中央大学
湖南 柏林大学

200 学生
100 华侨

Deutsche Allgemeine Zeitung (D.A.Z.) 私
1. Frankfurt. Zeitung 私
2. Völkischer Beobachter
国民观察 政府党报

21-010

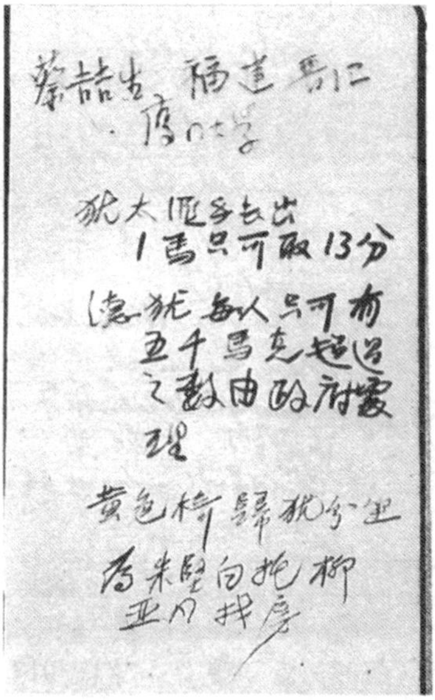
蔡喆生 福建晋江
厦门大学

德犹每人只可有
五千马克超过
之数由政府处理

21-011

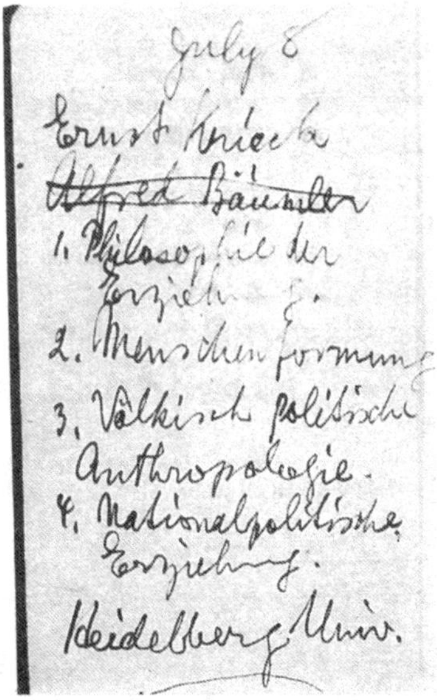
July 8
Ernst Krieck
~~Alfred Baeumler~~
1. Philosophie der Erziehung.
2. Menschenformung
3. Völkisch politische Anthropologie.
4. Nationalpolitische Erziehung.
Heidelberg Univ.

21-012

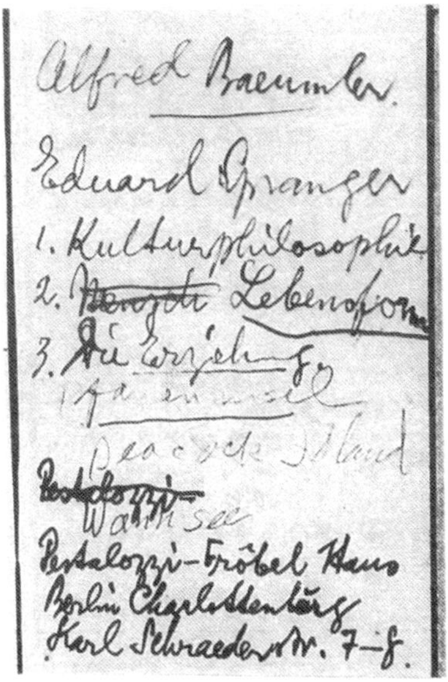
Alfred Baeumler

Eduard Spranger
1. Kulturphilosophie
2. Lebensform
3. Die Erziehung

Wannsee
Pestalozzi-Fröbel Haus
Berlin Charlottenburg
Karl Schraderstr. 7–8.

21－013

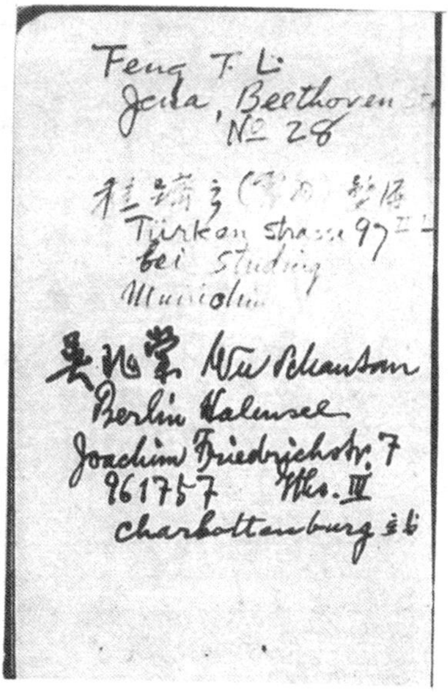
Feng 丁亡
Jena, Beethoven str.
№ 28

吴兆棠 Wu Schautan
Berlin Halensee
Joachim Friedrichstr. 7
961757
Charlottenburg

21－014

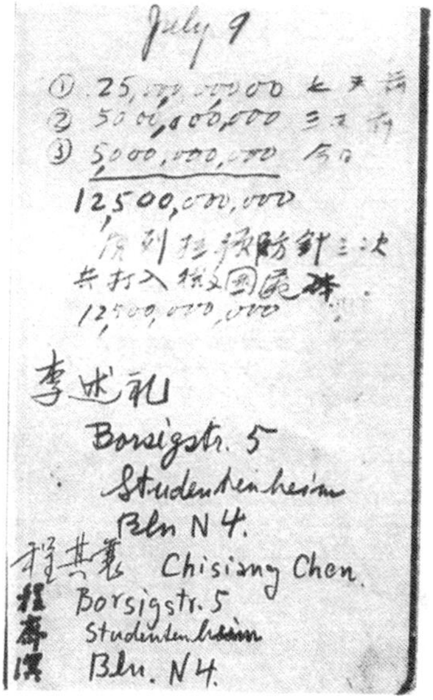
July 9
① 25,000,000,000
② 500,000,000
③ 5000,000,000
12,500,000,000

李述礼
Borsigstr. 5
Studentenheim
Bln N 4.
程其襄 Chisiang Chen
Borsigstr. 5
Studentenheim
Bln. N 4.

21－015

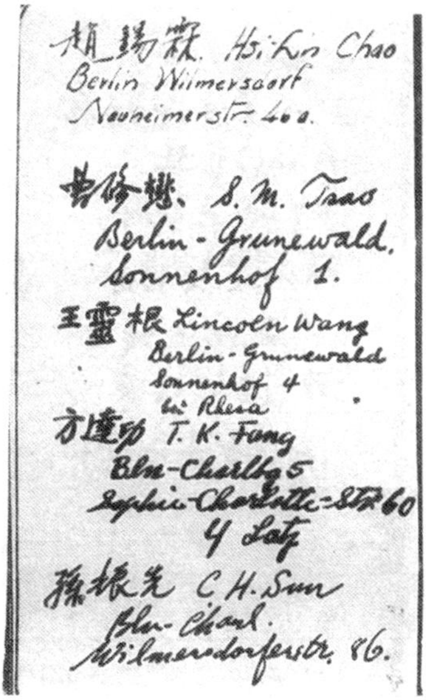
赵锡霖 Hsi Lin Chao
Berlin Wilmersdorf
Nauheimerstr. 40 a.

曹修懋 S. M. Tsao
Berlin-Grunewald.
Sonnenhof 1.

王灵根 Lincoln Wang
Berlin-Grunewald
Sonnenhof 4

方達功 T. K. Fang
Bln-Charlbg 5
Sophie-Charlotte-Str 60

孫振先 C. H. Sun
Bln-Charl.
Wilmersdorferstr. 86.

21－016

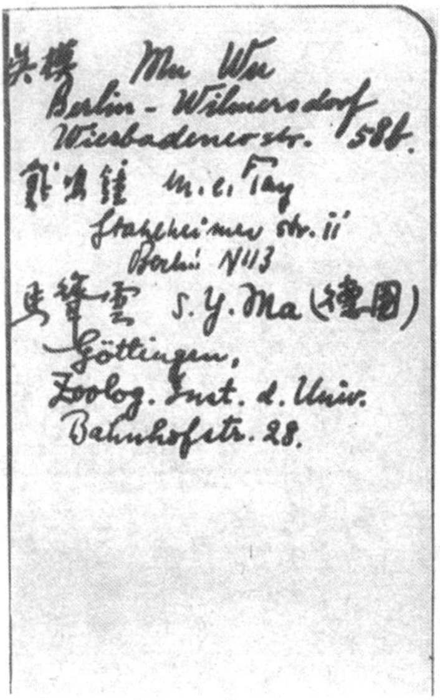
吴模 Mr Wu
Berlin-Wilmersdorf
Wiesbadenerstr. 58b.
郭有键 M.C. Tay
Stagelheimer str. 11
Berlin N113
马宗云 S.Y. Ma (德国)
Göttingen,
Zoolog. Inst. d. Univ.
Bahnhofstr. 28.

21-017

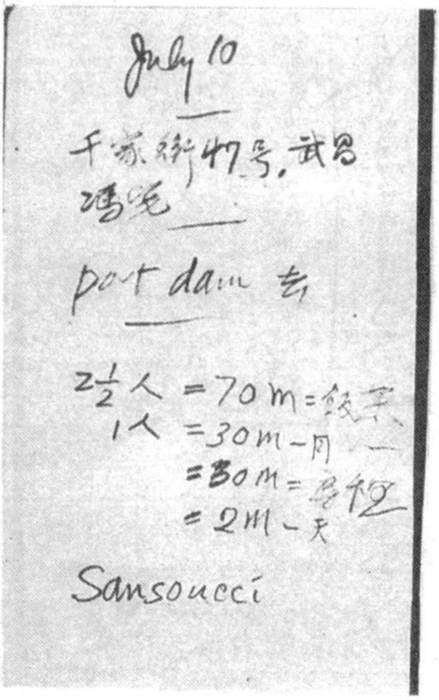
July 10
千家街47号，武昌
冯进
potsdam 去
2½人 =70M=饭费
1人 =30M—月
=30M=学校
=2M—天
Sansoucci

21-018

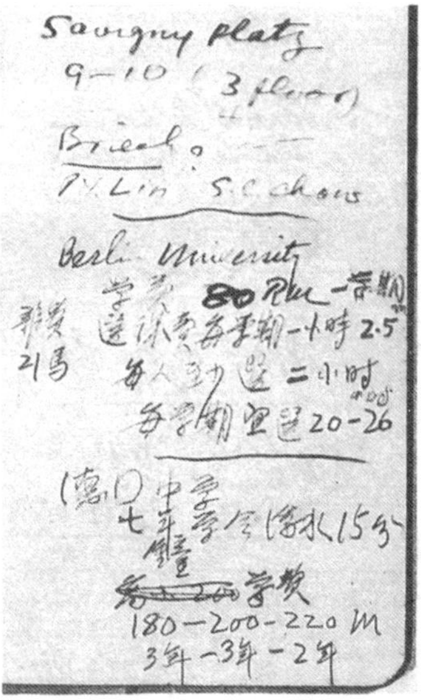
Savigny platz
9-10 (3 floor)
Briel
T.Y. Lin S.C. Chow
Berlin University
学费 80 Mk—学期
杂费 21马
选课费每学期一小时 2.5
每人至少选二小时
每学期宜选20-26
(德国中学
七年学费约15分
学费
180-200-220 M
3年-3年-2年

21-019

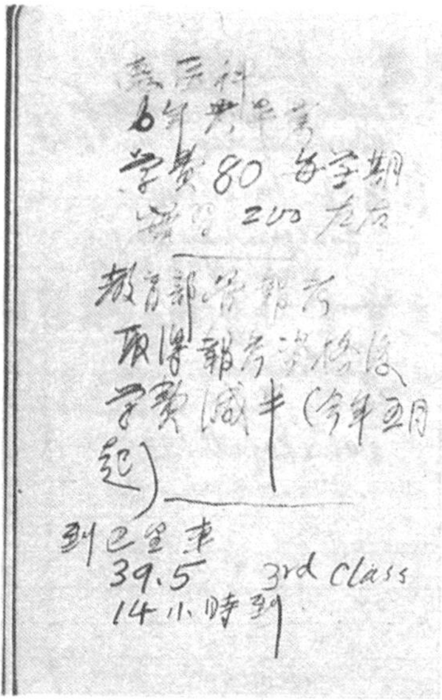
农学科
6年共毕业
学费80 每学期
杂费 200 左右
教育部出资的
取得部发资格后
学费减半（今年五月起）
到巴黎车
39.5 3rd class
14小时到

21-020

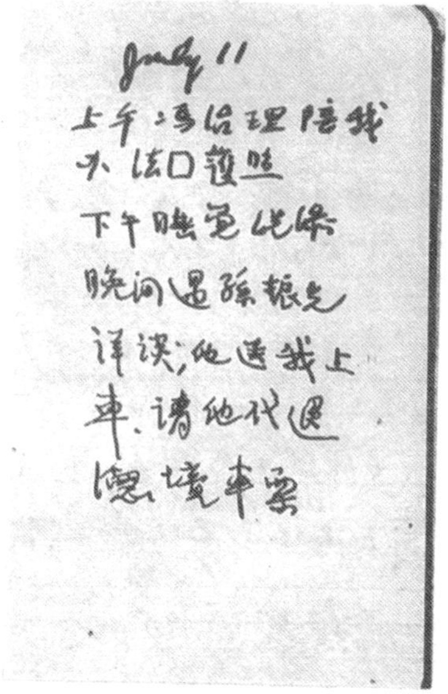
July 11
上午冯治理陪我
到法口签照
下午晤[illegible]
晚间遇孙[illegible]先
详谈，他送我上
车，请他代退
德境车票

21-021

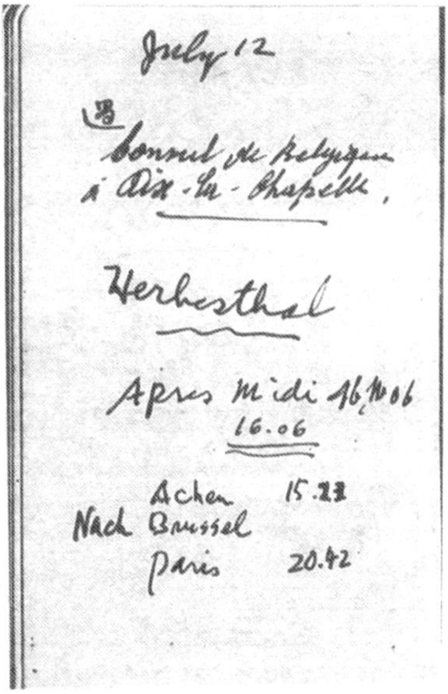
July 12
遇
Consul de Belgique
à Aix-la-Chapelle.

Herbesthal

Après midi 16.06
16.06

Achen 15.28
Nach Brussel
Paris 20.42

21-022

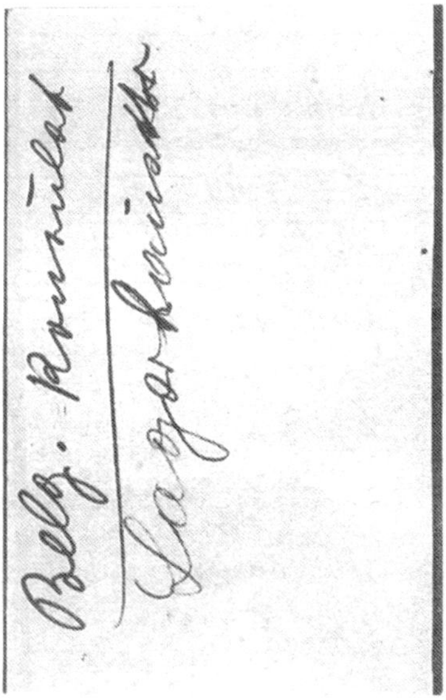
Belg. Konsulat

21-023

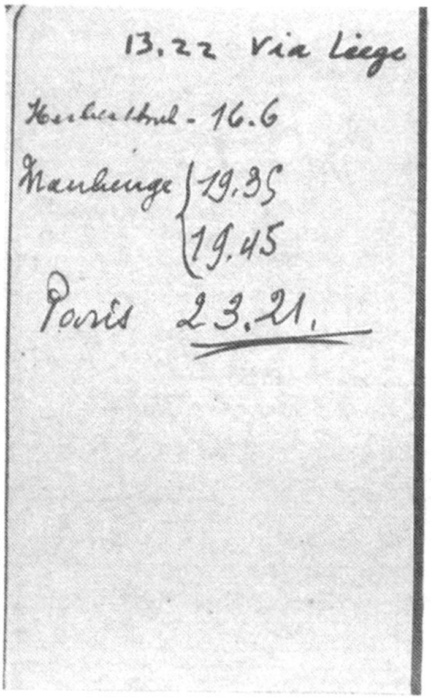
13.22 Via Liège

Herbesthal - 16.6

Maubeuge { 19.35
19.45

Paris 23.21.

21-024

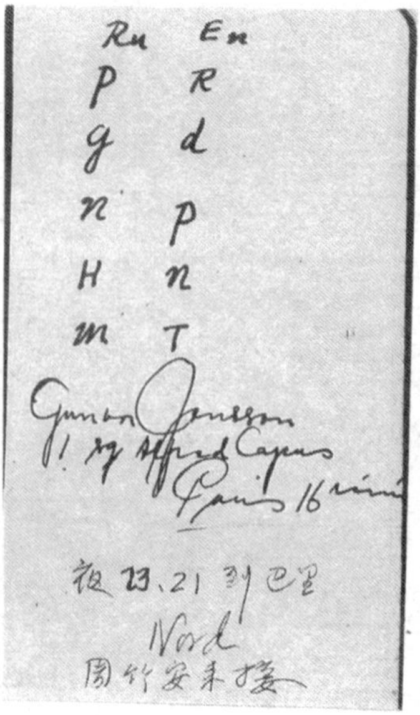

21−025

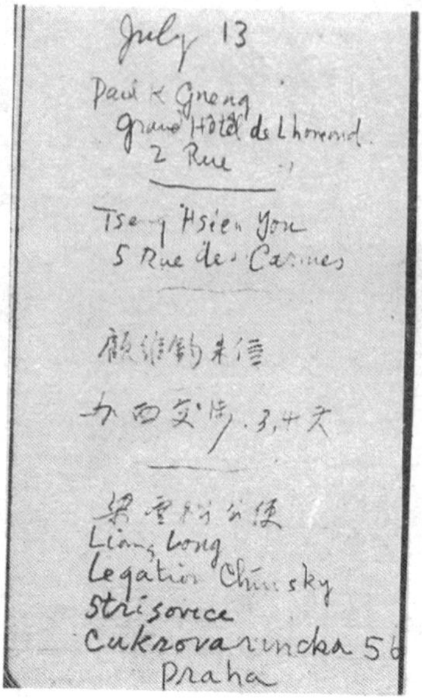

21−026

21−027

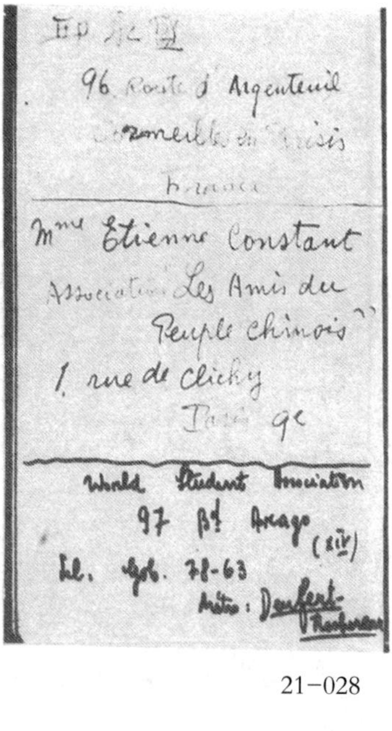

21−028

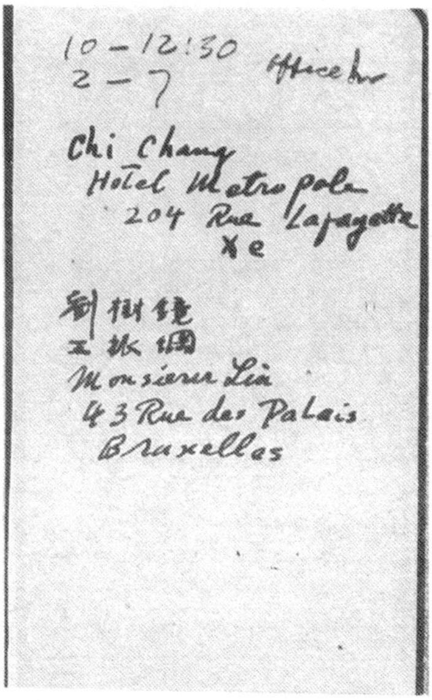

10–12:30
2–7 Office hr
Chi Chang
Hotel Metropole
204 Rue Lafayette
Xe
劉樹鏡
王振綱
Monsieur Liu
43 Rue des Palais
Bruxelles

21-029

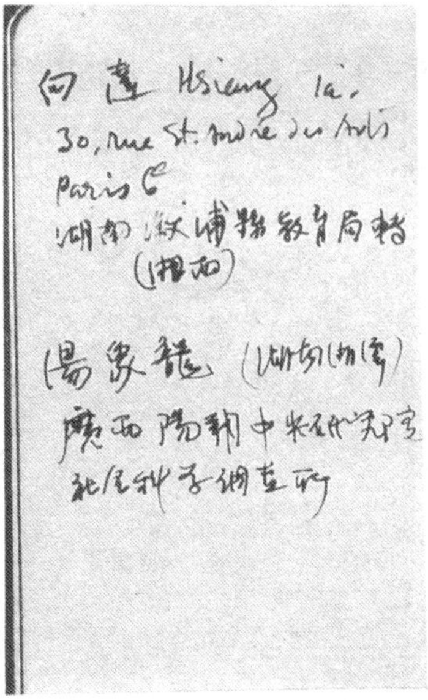

向達 Hsiang Ta.
30, rue St. André des Arts
Paris 6e
湖南溆浦縣教育局轉
（湘西）
湯象龍（浙江湖州）
廣西陽朔中央研究院
社會科學研究所

21-030

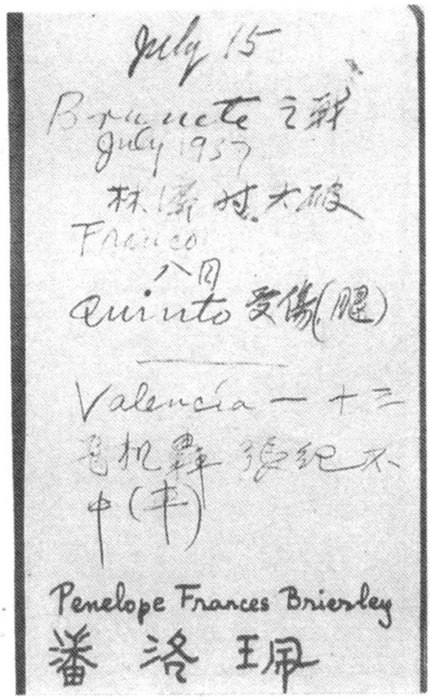

July 15
Brunete 之戰
July 1937
Franco
八月
Quinto 受傷（腿）
Valencia
Penelope Frances Briersley
潘洛珊

21-031

B. Hrubý 97, Bd Arago Paris
Tchécoslovaquie

21-032

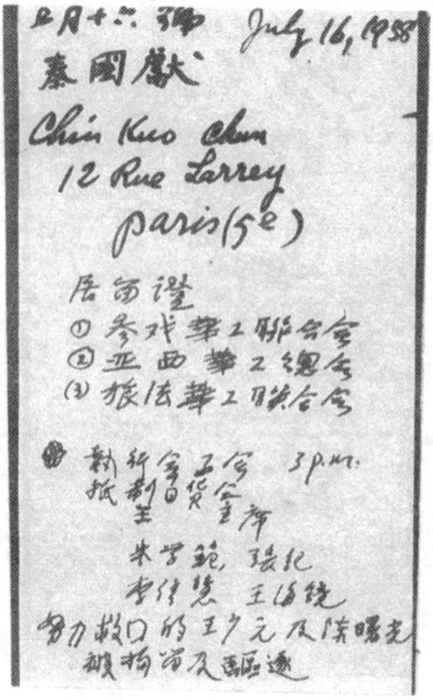

July 16, 1938

秦國獻

Chin Kuo Chun

12 Rue Larrey

paris(5e)

居留證

① 參戰華工聯合會

② 巴西華工總會

③ 旅法華工聯合會

3 p.m.

21-033

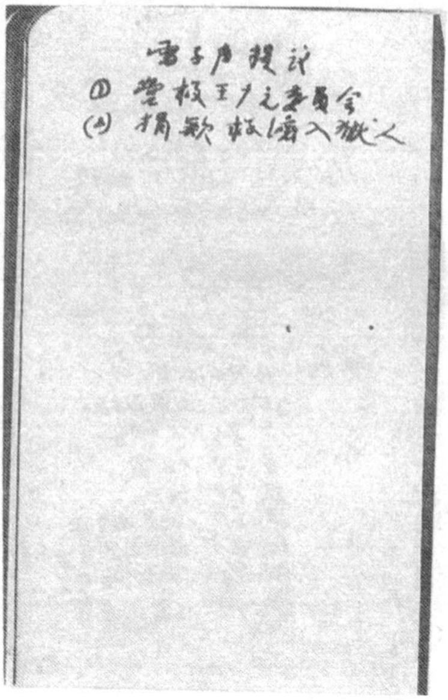

21-034

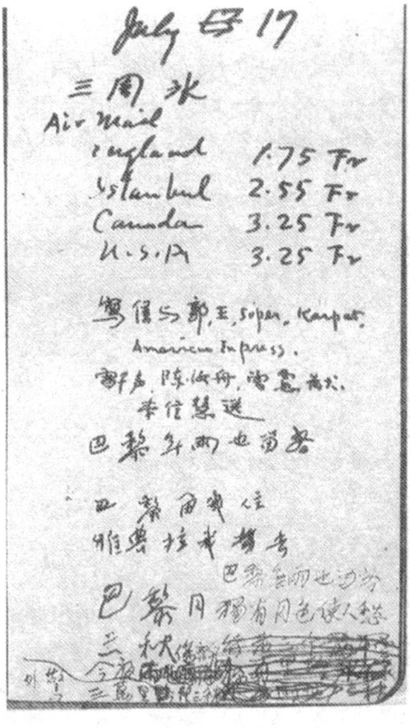

July 17

Air Mail

England 1.75 Fr

Istanbul 2.55 Fr

Canada 3.25 Fr

U.S.A 3.25 Fr

American Express.

21-035

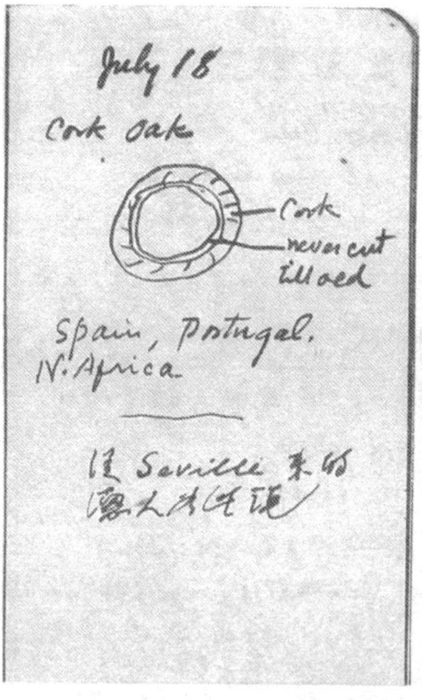

July 18

Cork oak

Spain, Portugal,

N. Africa

Seville

21-036

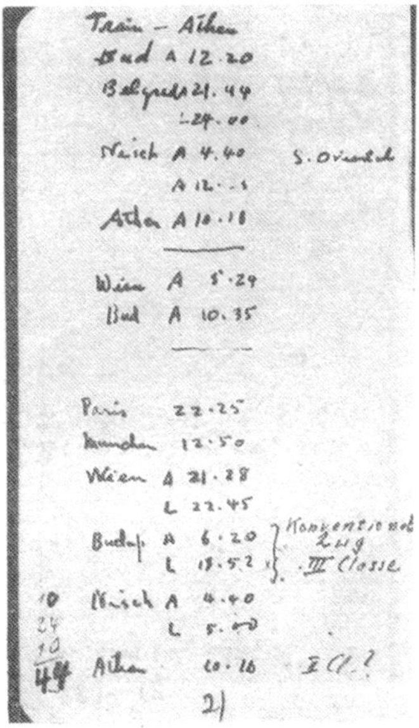
Train – Athen
Bud A 12.20
Belgrad 21.44
L 24.00
Nisch A 4.40 S. Oriental
A 12..
Athen A 10.18
Wien A 5.24
Bud A 10.35
Paris 22.25
München 12.50
Wien A 21.28
L 22.45
Budap A 6.20 Konventionell Zug
L 18.52 III Classe
Nisch A 4.40
L 5.00
Athen 10.16 II Cl.?
21

21－037

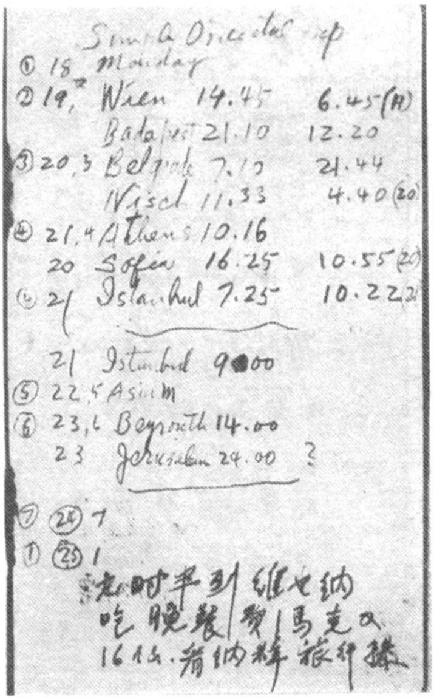
Simplon Oriental Exp
① 18 Monday
② 19, Wien 14.45 6.45 (A)
Budapest 21.10 12.20
③ 20,3 Belgrade 7.12 21.44
Nisch 11.33 4.40 (20)
④ 21,4 Athens 10.16
20 Sofia 16.25 10.55 (20)
④ 21 Istanbul 7.25 10.22 (21)
21 Istanbul 9.00
⑤ 22,5 Asia M
⑥ 23,6 Beyrouth 14.00
23 Jerusalem 24.00 ?
⑦ ㉔ 7
① ㉕ 1
…时半到维也纳
吃晚餐 … 马克
16点 …

21－038

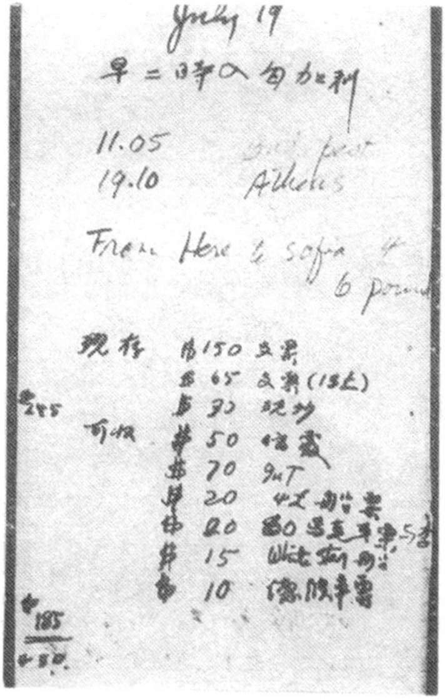
July 19
早二时入匈加利
11.05 Budapest
19.10 Athens
From Here to Sofia 4
6 pounds
现存 $150 …
$65 …
$30 …
$50 …
$70 …
$20 …
$20 …
$15 …
$10 …
185

21－039

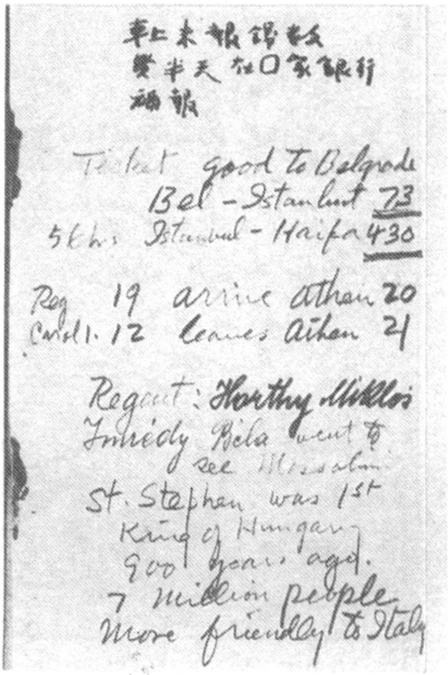
Ticket good to Belgrade
Bel – Istanbul 73
5th: Istanbul – Haifa 430
Reg 19 arrive Athen 20
Cail 1.12 leaves Athen 21
Regent: Horthy Miklos
Imrédy Béla went to see Mussolini
St. Stephen was 1st King of Hungary 900 years ago.
7 million people
More friendly to Italy

21－040

21-041

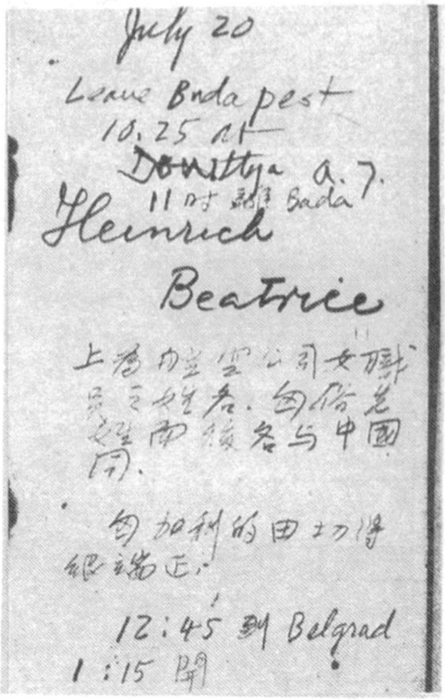

21-042

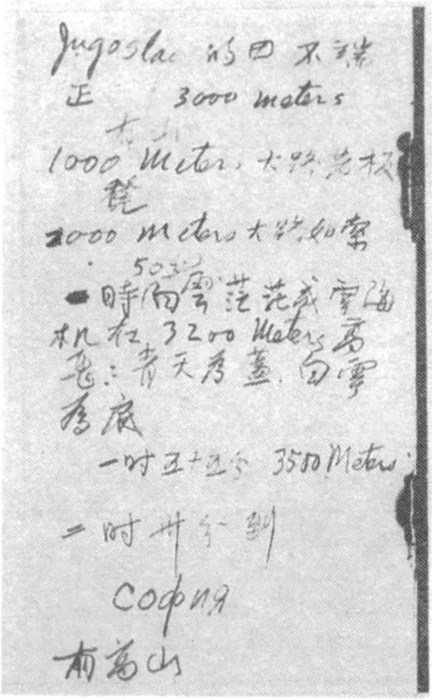

21-043

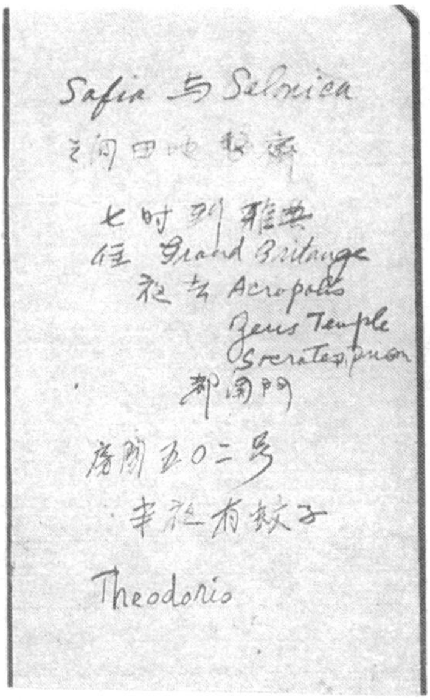

21-044

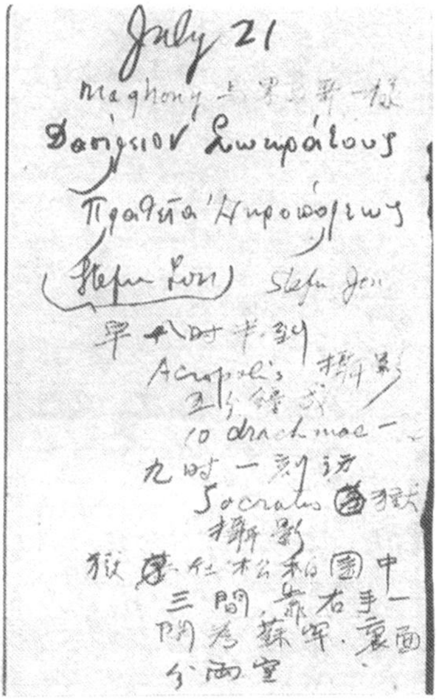
July 21

Stefan Jon

早八时半到

Acropolis 摄影

10 drachmae 一

九时一刻访

Socrates 监狱

摄影

狱在松林园中

三間，靠右手一

間為蘇牢，裏面

分兩室

21-045

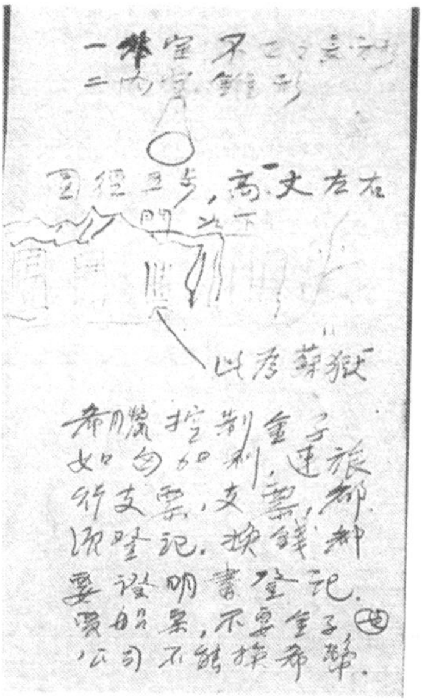
圓徑三步，高一丈左右

此為蘇獄

希臘控制金子

如自60利，達旅

行支票，支票都

須登記，換錢都

要證明書登記。

公司不能換希幣。

21-046

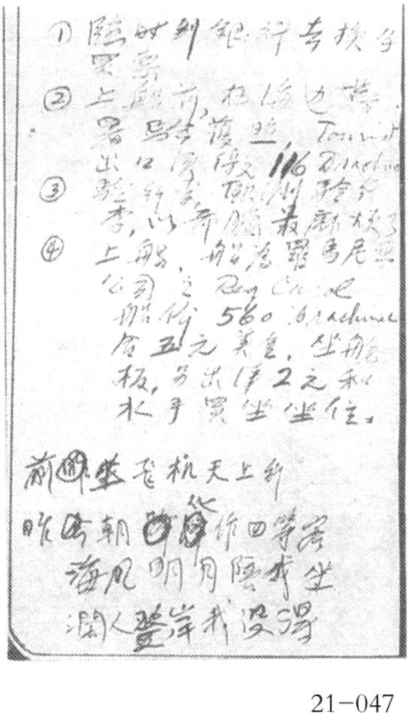
①

②

③

④ 上船，船為羅馬尼亞

公司之 Roy Carol

船价 560 drachmae

合五元美金，坐船

板，另出伊2元和

水手買坐坐位。

前日坐飞机天上行

海风明月陪我坐

登岸我没得

21-047

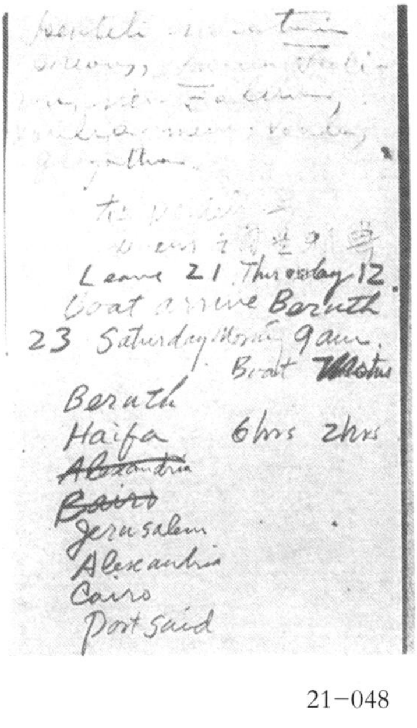
Leave 21 Thursday 12

boat arrive Beruth

23 Saturday Morning 9am.

Beruth

Haifa 6hrs 2hrs

~~Alexandria~~

~~Cairo~~

Jerusalem

Alexandria

Cairo

Port Said

21-048

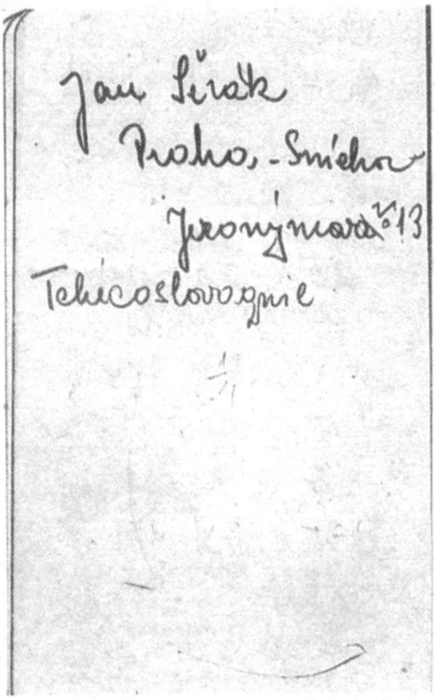
Jan Širák
Praha, - Smíchov
Jeronýmova 13
Tchécoslovaquie

21-049

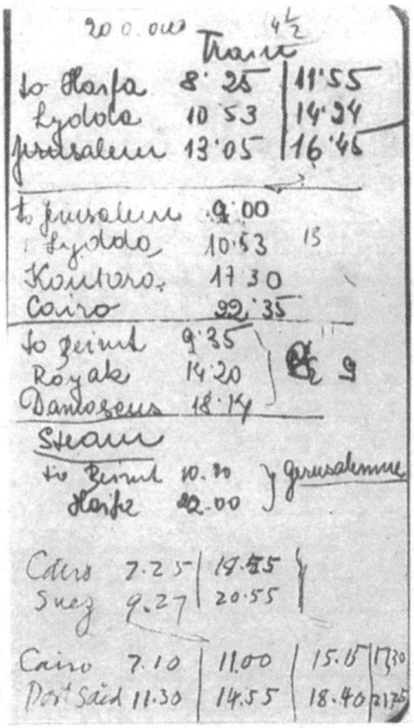
Train
to Haifa 8.25 11.55
Lydda 10.53 14.24
Jerusalem 13.05 16.45
to Jerusalem 9.00
Lydda 10.53
Kantara 17.30
Cairo 22.35
to Beirut 9.35
Rayak 14.20
Damascus 18.14
Steam
Cairo 7.25 17.55
Suez 9.27 20.55
Cairo 7.10 11.00 15.15
Port Said 11.30 14.55 18.40

21-050

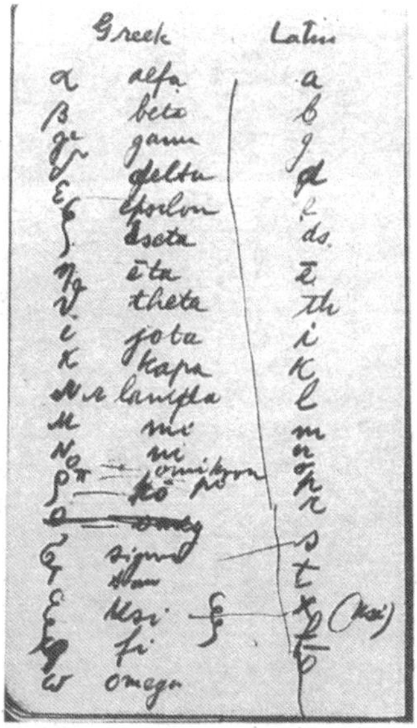

21-051

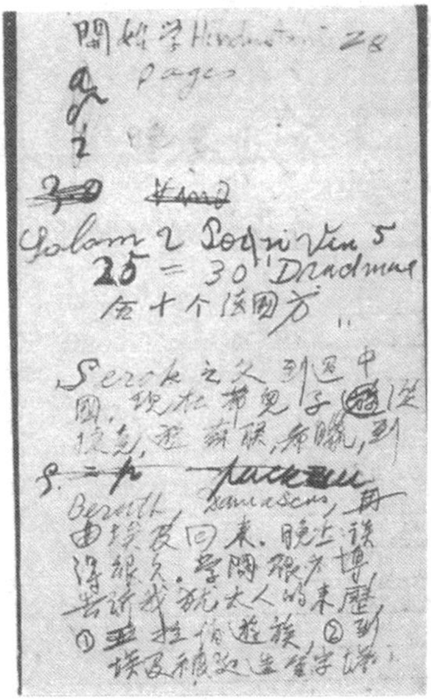

21-052

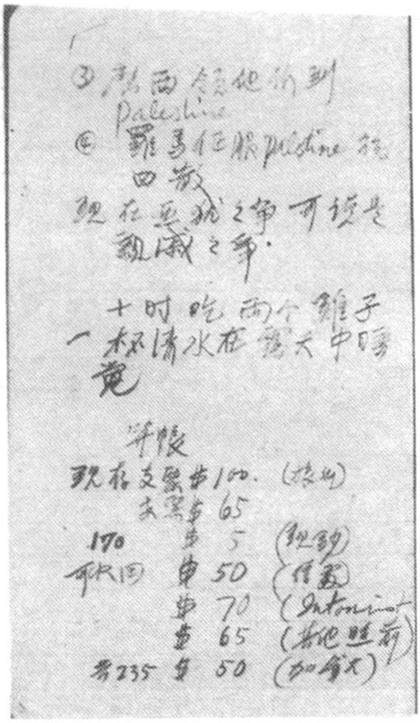

现在恶战之争可说是
十时吃两个鸡子
一杯清水在露天中睡觉

21-053

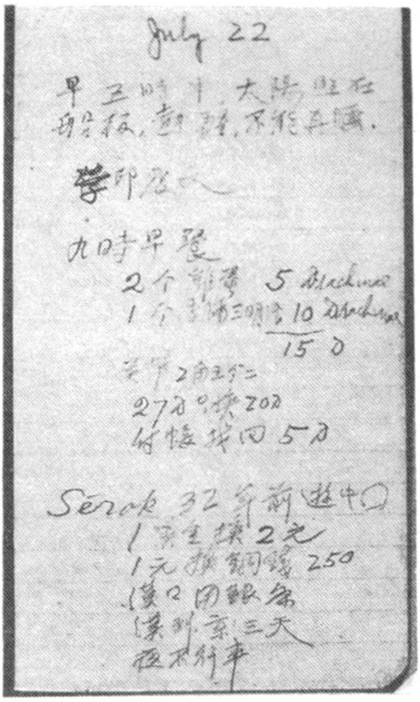

July 22

九时早餐

Serak 32

21-054

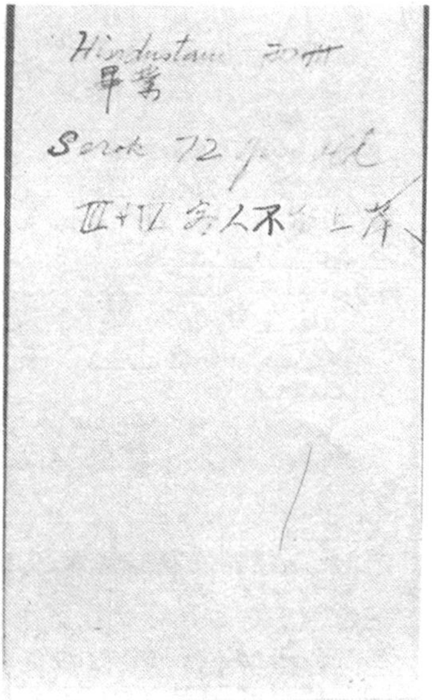

Hindustan

Serak 72

21-055

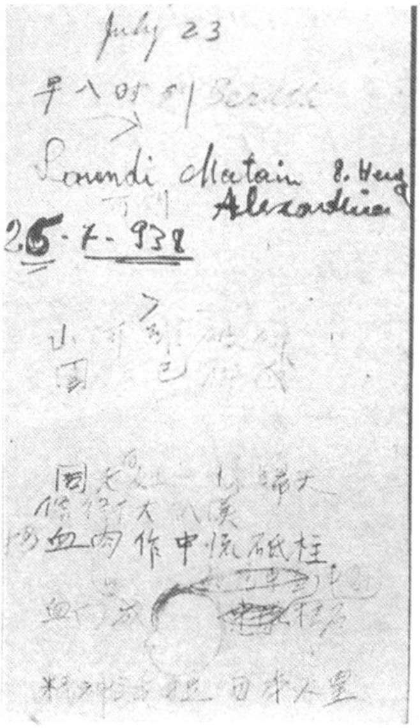

July 23

25-7-938

21-056

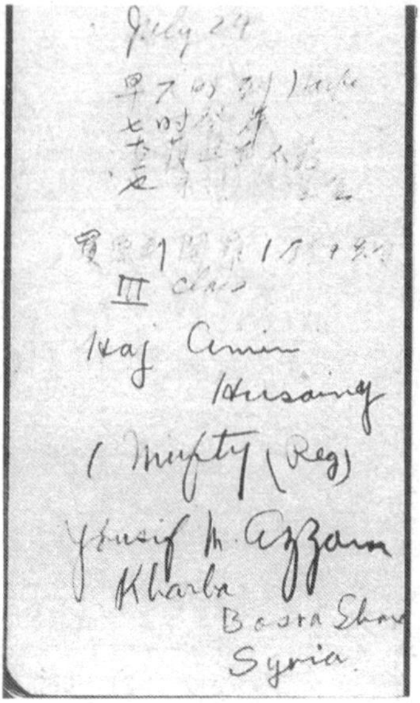
July 24
早六时到 Haifa
七时登岸
[illegible]
III class
Haj Amin
Hussainy
(Mufty (Reg)
Yusif M. Azzam
Kharba
Bosra Eski
Syria.

21-057

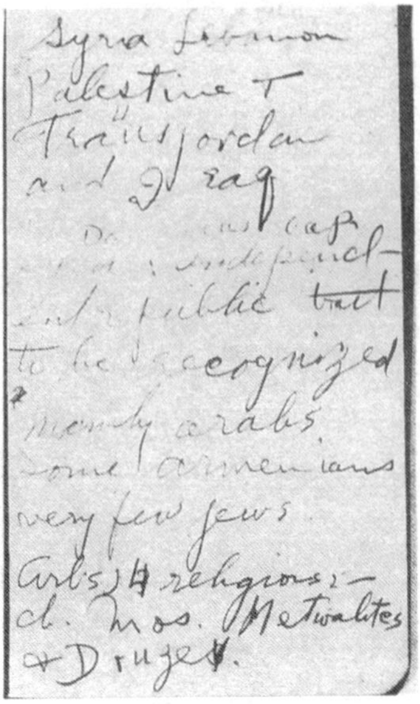
Syria Lebanon
Palestine +
Transjordan
and Iraq
[illegible] independent
[illegible] public ~~tract~~
to be recognized
mostly arabs,
some armenians
very few jews.
Arabs 4 religions:—
Ch. Mos. Metwalites
& Druzes.

21-058

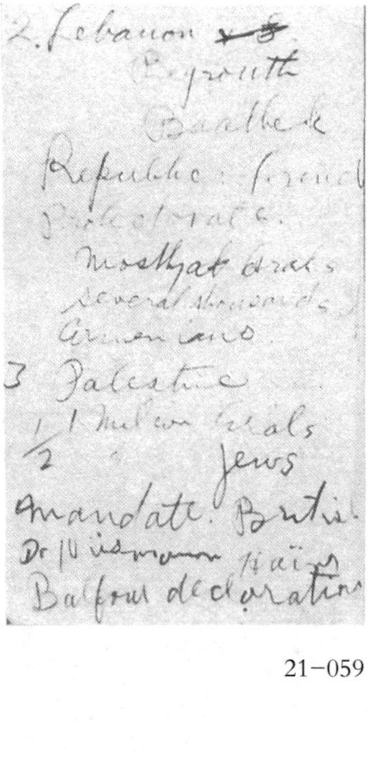
2. Lebanon
Beyrouth
Baalbek
Republic: French
Protectorate.
Mostly arabs
several thousands
Armenians.
3 Palestine
1 million Arabs
1/2 " Jews
Mandate: British
Dr Weizmann Haifa
Balfour declaration

21-059

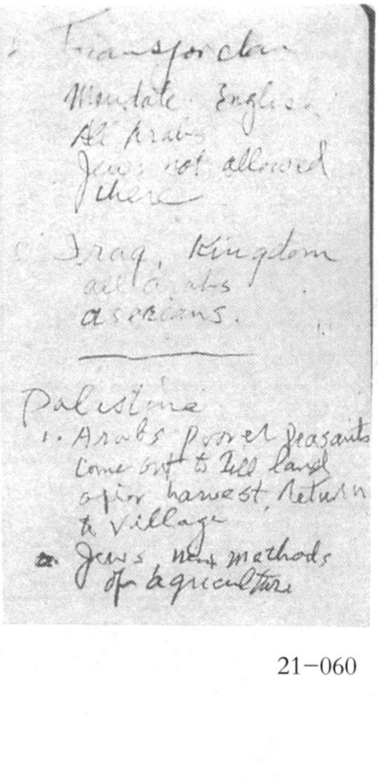
Transjordan
Mandate English
All Arabs
Jews not allowed
there
Iraq, Kingdom
all arabs
assyrians.

Palestine
1. Arabs poorer peasants
come out to till land
after harvest, return
to village
2. Jews new methods
of agriculture

21-060

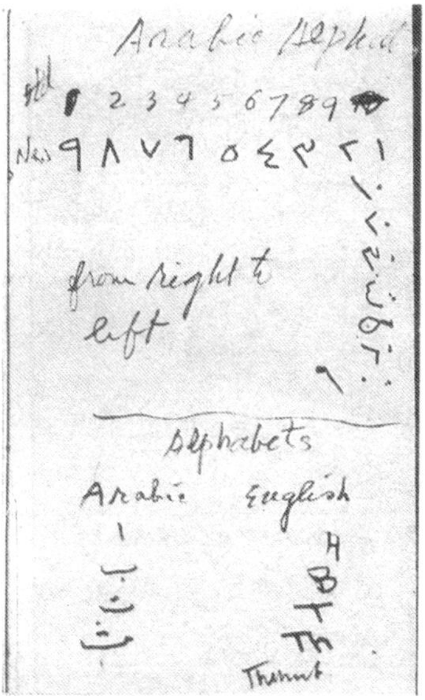

21-061

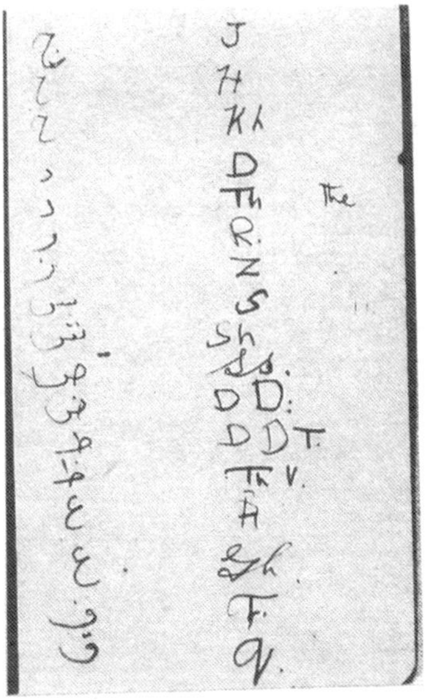

21-062

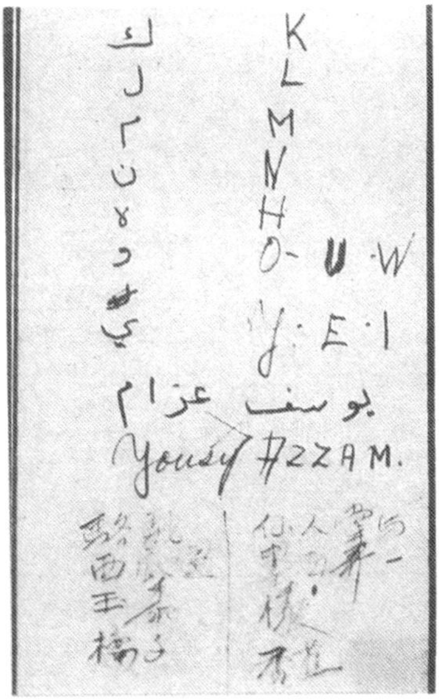

21-063

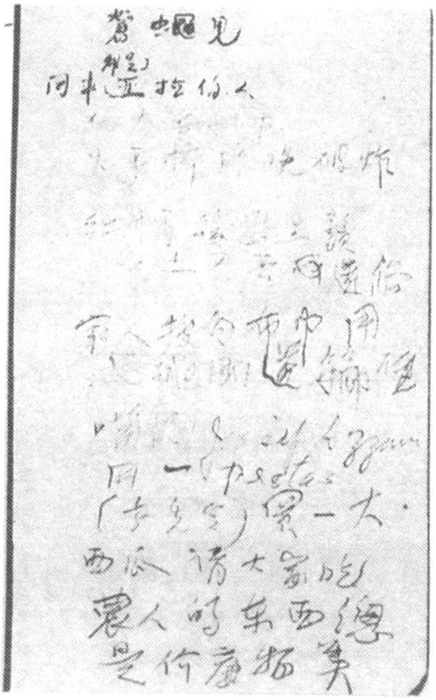

21-064

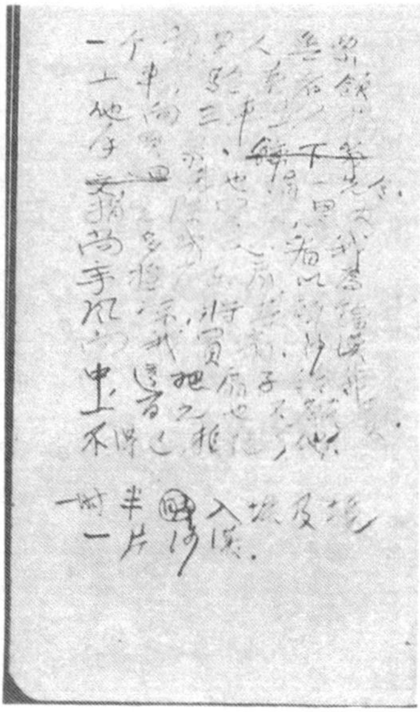

21－065

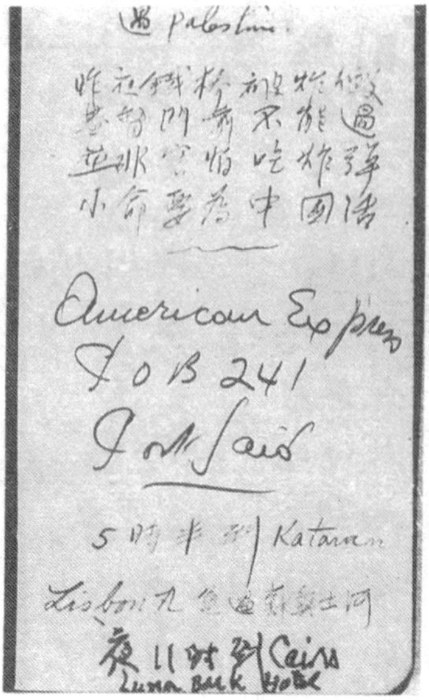

21－066

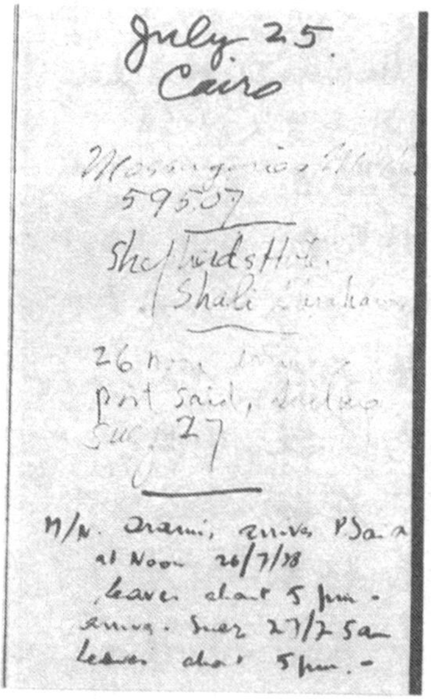

21－067

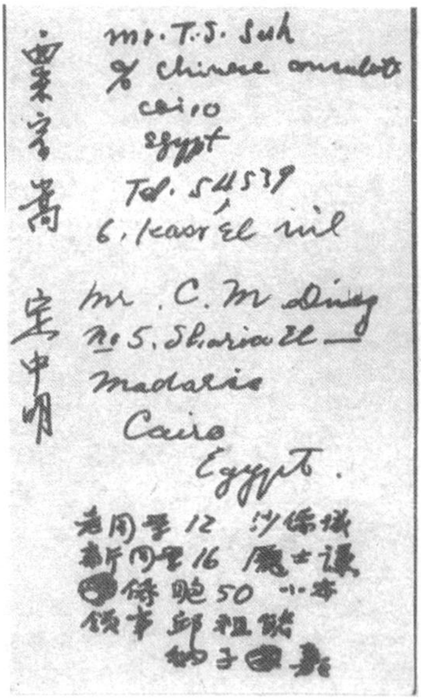

21－068

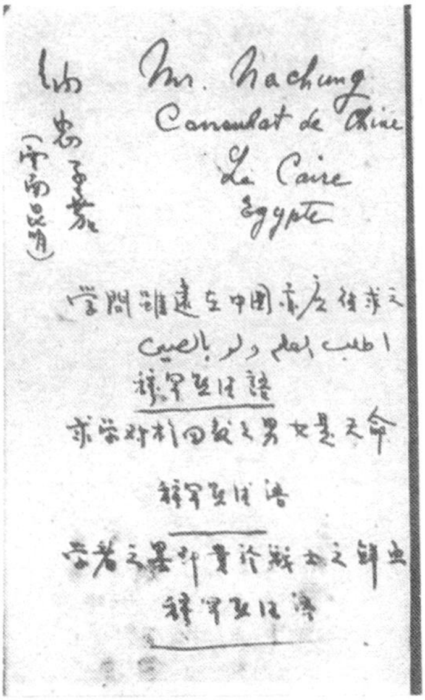
納忠 字子嘉
(雲南昆明)
Mr. Nachung
Consulat de Chine
Le Caire
Egypte
学問雖遠在中國亦應往求之
اطلب العلم ولو بالصين
穆罕默德语
求学对于回教之男女是天命
穆罕默德语
学者之墨水貴於殉教者之鮮血
穆罕默德语

21-069

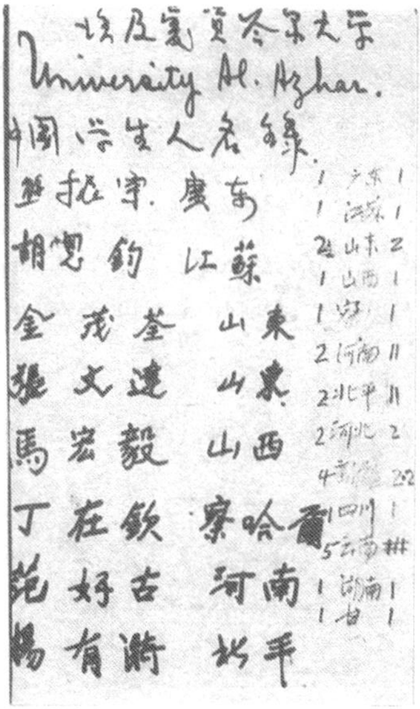
埃及愛資哈尔大学
University Al-Azhar.
中國学生人名錄.
林振宇 廣东
胡恩鈞 江蘇
金茂荃 山東
張文達 山東
馬宏毅 山西
丁在欽 察哈爾
范好古 河南
楊有漪 北平

21-070

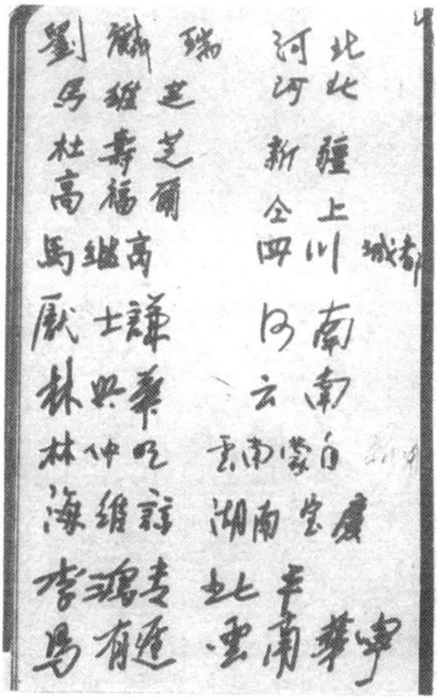
劉麟瑞 河北
馬繼芝 河北
杜壽芝 新疆
高福甫 仝上
馬继高 四川 成都
戚士謙 河南
林興華 云南
林仲明 雲南蒙自
海維諒 湖南宝慶
李鴻青 北平
馬有連 雲南華宁

21-071

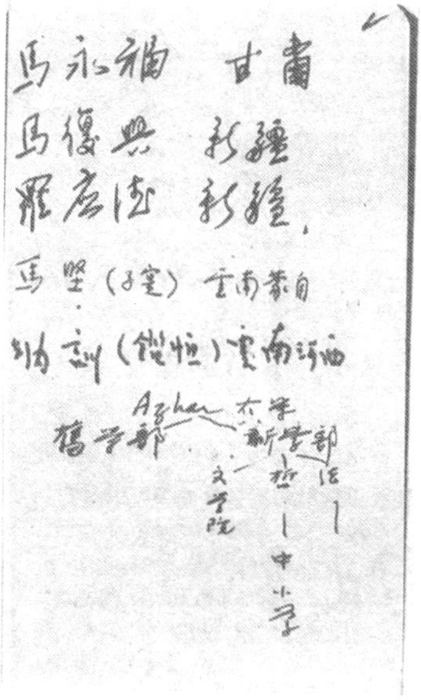
馬永福 甘肅
馬復興 新疆
羅應德 新疆
馬堅（子實） 雲南蒙自
納訓（鑑恒） 雲南通海
Azhar 大学
舊学部 新学部
文学院
中小学

21-072

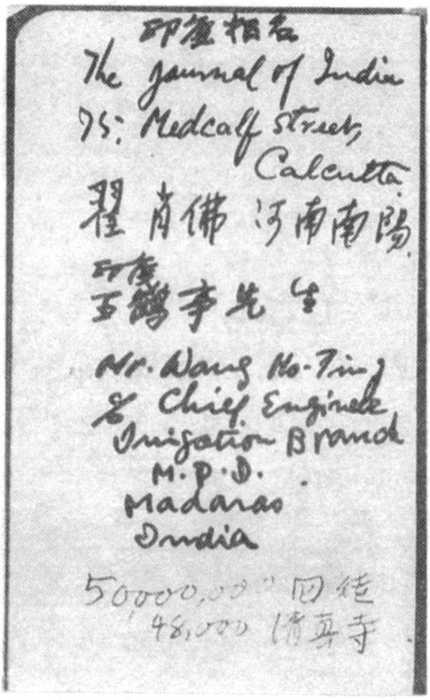
The Journal of India
75: Medcalf street,
Calcutta.
河南南阳
印度
先生
Mr. Wang Ho-Ting
& Chief Engineer
Irrigation Branch
M.P.D.
Madaras
India
50000,000 回徒
48,000

21-073

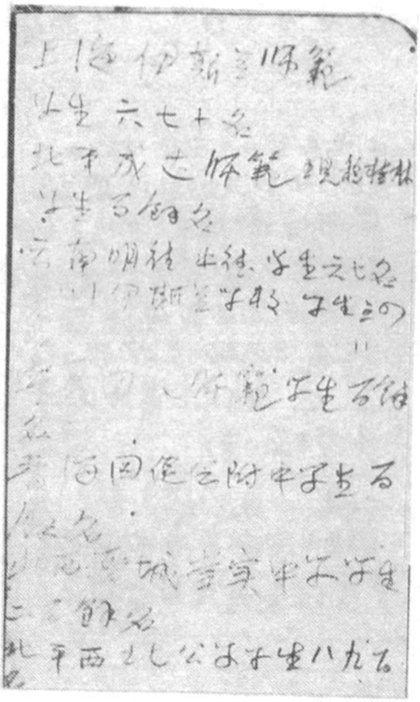
上海伊斯兰师范
学生六七十名
北平成达师范 现總桂林
学生百余名

21-074

July 26
VIth Dynasty
B.C. 2750
Persian Domination
B.C. 525-332
XXV Dynasty Greek influence, IVth Century B.C.
Cyperus papyrus
2 Layers at right

21-075

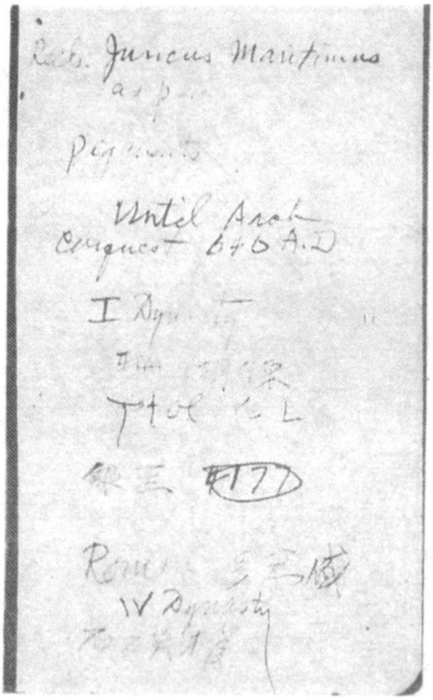
Juncus Maritimus
Until Arab Conquest 640 A.D
I Dynasty
IV Dynasty

21-076

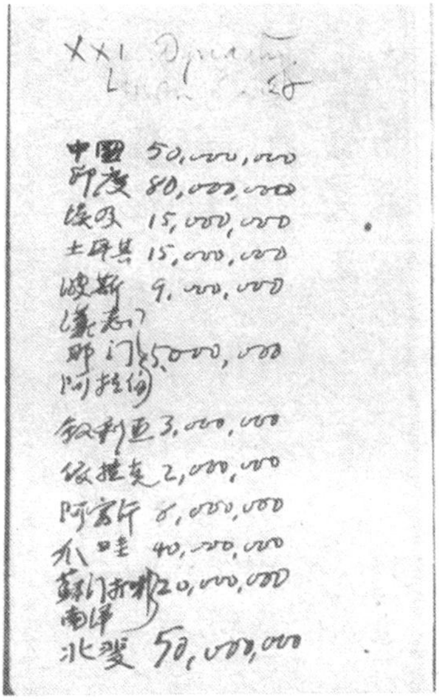
中国 50,000,000
印度 80,000,000
埃及 15,000,000
土耳其 15,000,000
波斯 9,000,000
北非 50,000,000

21-077

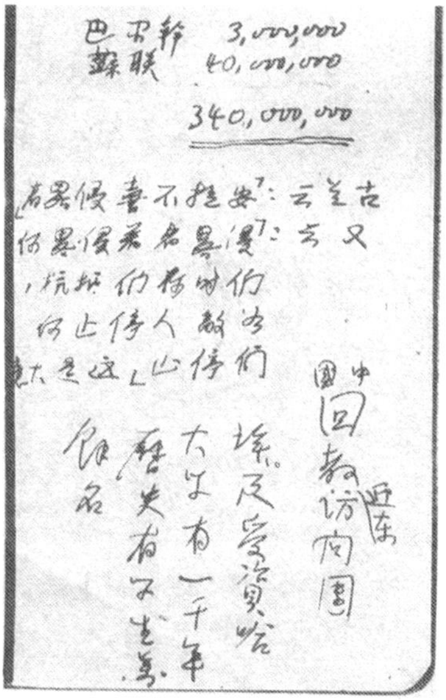
巴尔干 3,000,000
苏联 40,000,000
340,000,000

21-078

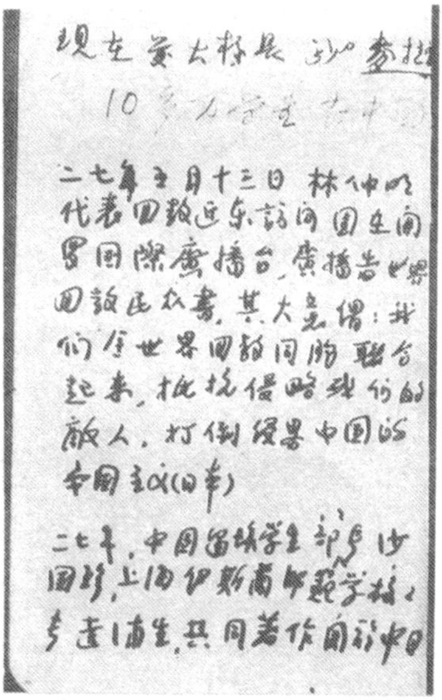
二七年三月十三日 林仲明代表回教近东访问团在开罗国际广播台，广播告世界回教民众书，其大意谓：我们全世界回教同胞联合起来，抵抗侵略我们的敌人，打倒侵略中国的帝国主义(日本)

21-079

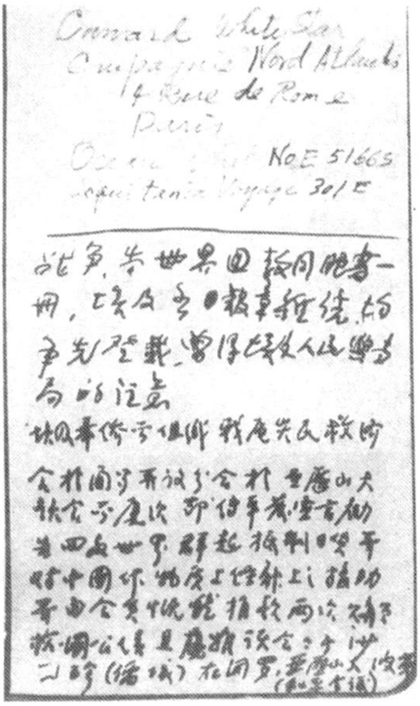
Cunard White Star
4 Rue de Rome
Paris
No E 51665

21-080

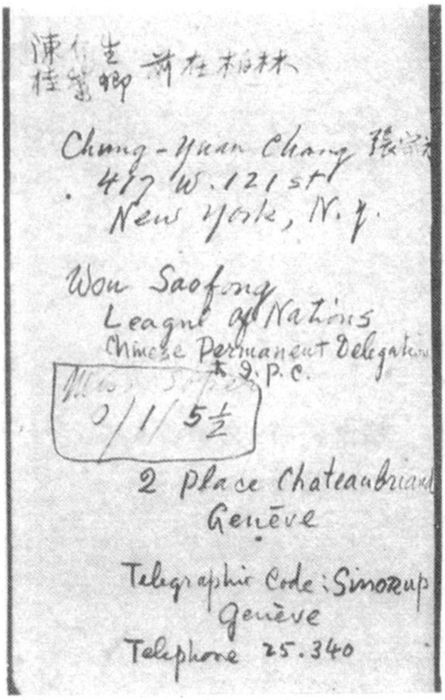
陈作生
桂崇卿 前在柏林

Chung-Yuan Chang 張忠
417 W. 121 st
New York, N.Y.

Woo Saofong
League of Nations
Chinese Permanent Delegation
本 I.P.C.
0/1/5½

2 place Chateaubriand
Genève

Telegraphic Code: Sinorup
Genève
Telephone 25.340

21-081

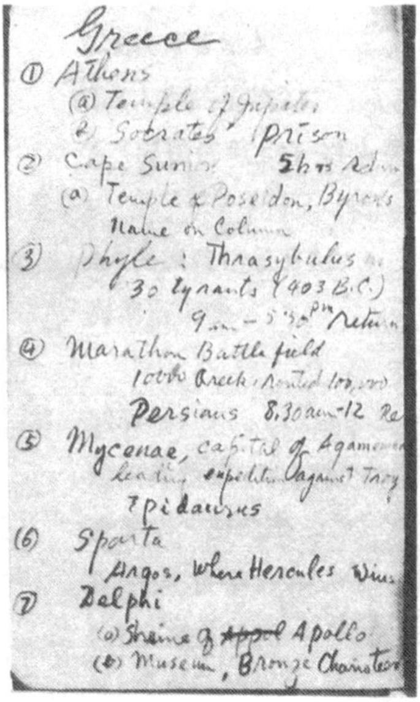
Greece
① Athens
(a) Temple of Jupiter
(b) Socrates' prison
② Cape Sunion 5 hrs ...
(a) Temple of Poseidon, Byron's name on Column
③ Phyle: Thrasybulus ... 30 tyrants (403 B.C.)
9 am – 5.30 pm return
④ Marathon Battle field
10000 Greek routed 100,000 Persians 8.30 am–12 ...
⑤ Mycenae, capital of Agamemnon leading expedition against Troy
Epidaurus
(6) Sparta
Argos, where Hercules ...
⑦ Delphi
(a) Shrine of ~~Appol~~ Apollo
(b) Museum, Bronze Charioteer

21-082

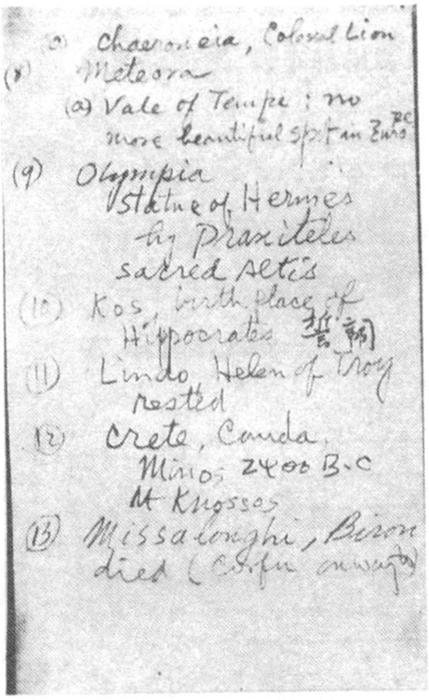
(a) Chaeroneia, Colossal Lion
(8) Meteora
(a) Vale of Tempe: no more beautiful spot in Europe
(9) Olympia
Statue of Hermes by Praxiteles
sacred Altis
(10) Kos, birth place of Hippocrates 菩翁
(11) Lindo, Helen of Troy rested
(12) Crete, Canda,
Minos 2400 B.C
At Knossos
(13) Missalonghi, Biron died (Corfu ...)

21-083

Passport
Bulgaria 17.50 marks
Jugoslavia 10.50 m
Hungary 4.50 m

21-084

第二十一册〔注译〕

1938.7.5~1938.7.26

柏林·巴黎·维也纳·布达佩斯

南斯拉夫·保加利亚·希腊·开罗

21—001

第1至2行：1938年7月5日柏林

末行：帕加蒙博物馆

21—002

此页为柏林、波茨坦、维藤贝格、莱比锡、魏玛、法兰克福、海德堡、慕尼黑、维恩、维亚纳堡、贝尔格莱德、布加勒斯特、伊斯坦布尔、哥本哈根等地名

21—003

第1至8行：车站时间、里程

末2行：匈牙利、南斯拉夫、保加利亚

21—004

第6至8行：茨魏·赫姆顿

埃及部

21—005

爱森纳希　地址

21—010

末4行外文：德国报纸

1.《法兰克福报》

2.《国民观察》

21—012

7月8日

艾鲁斯特·克里格

1.《教育哲学》

2.《人类的形成》

3.《国民的政治》《人类学》

4.《民族政治教育》

海德堡大学

21—013

阿尔弗烈德·贝姆勒

爱德华·格伦杰

1.《文化哲学》

2.《生存空间》

3.《教育机关》

皮科克岛

万塞　地址

21—018

末行：桑苏西宫又名无愁宫

21—019

第 1 至 6 行：瑟维金·波拉兹 3 楼 4 号

布里奇　P.Y.林　S.C.周

柏林大学

21—022

第 1 至 4 行：7 月 12 日　经比利时到查珀勒

末 3 行：亚琛　15.23　布鲁塞尔

巴黎　20.42

21—024

13：22 经列日（比利时地名）

赫贝斯泰　16：06

英伯日（法国地名）　19：35（到）　19：45（离开）

巴黎　23：21

21—025

第 7 至 9 行：贡诺·格鲁森巴黎地址

21—026

第 1 至 6 行：7 月 13 日

保罗·K.吉昂　地址

尤曾新（音）　地址

21—027

谟罕雷尼　伦敦贝尔锡兹大街 8 号

21—028、029

第 5 行起：艾提纳·康斯坦夫人

中法人民之友社　地址

世界学生联合会　阿卡果大厦 97 号

联系人：罗杰安

办公时间：上午 10:00~12:30 下午 2:00~7:00

21—031

第 2 行：1937 年 7 月布鲁内特之战

第 5 行：弗朗哥

第 7 行：奎恩图

第 9 行：巴伦西亚

21—032

B.赫鲁比　捷克人

21—035

第 3 至 9 行：航寄　英格兰 1.75 法郎

伊斯坦布尔　2.55 法郎

加拿大　3.25 法郎

美国　3.25 法郎

写信与郭、王、索普、卡普特

美国快递

21—036

外文：软橡树

软质部分老了才割

西班牙　葡萄牙　北非

从塞维尔来的

21—037、038

两页为火车时刻

21—039

第 3 至 6 行：11 时 5 分　布达佩斯

19 时 10 分　雅典

从这里到索菲亚　4~6 镑

21—040

第 4 行起：签票到贝尔格莱德

贝尔格莱德—伊斯坦布尔　73

56 小时　伊斯坦布尔—海法 430

“Reg　carol”号轮 19（日）到雅典　20（日）

12（时）离开雅典　21

一摄政王名

T.比拉去参观博物馆

圣·斯蒂芬是 900 年前匈牙利第一个国王

7 百万人民对意大利更友好

21—041

Duce 为法西斯统治时期对墨索里尼的称呼，意为“领袖”

“老希”指希特勒

21—042

第 1 至 2 行：7 月 20 日

离开布达佩斯

末第 2 行：12：45 到贝尔格莱德

21—043

第 1 行外文：南斯拉夫

21—044

第 1 行：萨菲亚与萨洛尼卡

第 4 行：住大不列坦格

第 5 至 7 行：夜去卫城　宙斯庙苏格拉底牢

末行：西奥多利亚（英国地名）

21—045

第 7 行外文：卫城　倒第 8 行外文：德拉克马（现代希腊货币单位）

倒第 6 行外文：苏格拉底

21—047

第 4 行外文：旅行者

21—048

第 8 行起：21 日星期四 12 时离开

船 23 日星期六上午 9 时抵贝鲁特

贝鲁特　海法　耶路撒冷　亚历山大

开罗　塞得港

21—052

第 1 行：兴都斯坦语

21—053

第 2 行：巴勒斯坦

21—058 至 060

叙利亚、黎巴嫩、巴勒斯坦、外约旦和伊拉克

1. 叙利亚首都大马士革渴望被承认为独立共和国

主要是阿拉伯人　一些亚美尼亚人　很少犹太人

阿拉伯人大多信仰伊斯兰教

2. 黎巴嫩首都贝鲁特　法国委托统治地

大多数为阿拉伯人　几千亚美尼亚人

3. 巴勒斯坦　一百万阿拉伯人 50 万为犹太人　英国委托统治地

《贝尔福宣言》

4. 约旦　英国委托统治地　全为阿拉伯人　犹太人不允许居住

5. 伊拉克王国　全为阿拉伯人

巴勒斯坦

1. 阿拉伯较贫穷的农民外出种田　直到收割之后才回到村里

2. 犹太人新的耕作方法

21—061 至 063

为阿拉伯英语字母对照

21—066

第 1 行外文：巴勒斯坦

第 6 至 8 行：人名、地址

21—067

第 1 至 2 行：7 月 25 日开罗

余为人名、地址

21—075 至 077

7 月 26 日

埃及古代博物馆

公元前 2750 年　第五代王朝字

公元前 525~332 年　波斯统治

公元前 4 世纪　第 25 代王朝受希腊影响

塞浦路斯纸草 2 层　如右压制成薄片

近海的芦苇秆当笔

颜料

直至公元 640 年阿拉伯征服

第一代王朝珊瑚铢

托勒密金器　银器

罗马金器盛

第四代王朝　石英棺

第 21 代王朝　亚麻布织品很好

21—081

外文为人名、地址

21—082、083

希腊

1. 雅典 ①朱庇特主神庙 ②苏格拉底狱

2. 苏宁角 5 小时返回 ①海神庙 拜伦的名字在塔上

3. 宗族部落 （公元前 403 年）色拉西布洛斯 30 个部落专制君主 上午 9 时去—下午 5 时半返回

4. 马拉松战场 10000 希腊反击 100000 波斯人 上午 8 时半去—12 时返回

5. 迈锡尼 亚加米农首都 统帅远征军 反击特洛伊于埃皮达鲁斯

6. 斯巴达 阿尔戈斯是海格里斯获胜的地方

7. 特尔斐 ①阿波罗神殿 ②博物馆 青铜制品 ③喀罗尼亚巨狮像

8. 迈泰奥拉 ①滕比河谷：在欧洲没有比这再好的景点

9. 奥林匹亚 普拉克西特雕塑的赫耳墨斯雕像 圣城阿尔提斯

10. 科斯 希波克拉底出生地

11. 利瑙 特洛伊的海伦安息处

12. 克里特 坎达 公元前 2400 年“早期米纳斯”时代

在克诺索斯

13. 米撒朗希 比隆死处（在去科孚的路上）

21—084

护照

保加利亚 17.50 马克

南斯拉夫 10.50 马克

匈牙利 4.50 马克

衛備忘

第 二 十 二 册

1938.7.27~1938.8.10

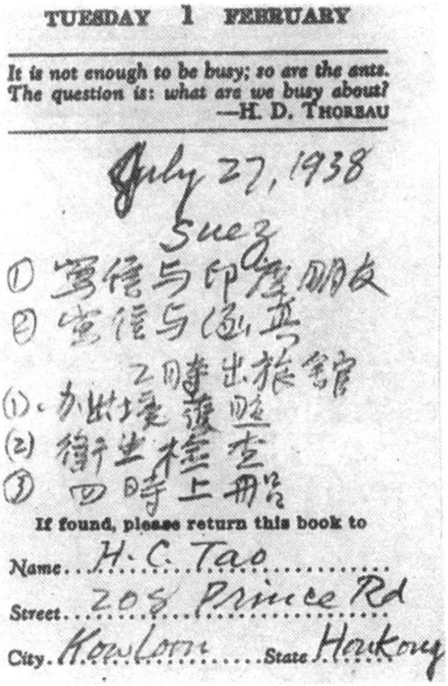
TUESDAY 1 FEBRUARY

It is not enough to be busy; so are the ants. The question is: what are we busy about?
—H. D. Thoreau

July 27, 1938

Suez

① 写信与印度朋友

② 寄信与佩燕

二时半出旅馆

(1) 办出境护照

(2) 卫生检查

(3) 四时上船

If found, please return this book to

Name H. C. Tao

Street 208 Prince Rd

City Kowloon State Hongkong

22-001

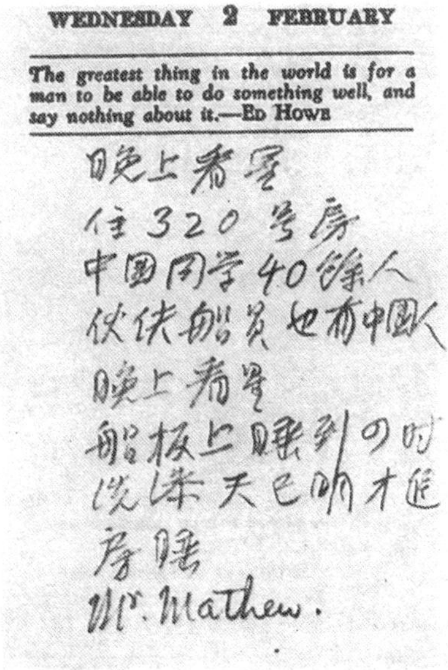
WEDNESDAY 2 FEBRUARY

The greatest thing in the world is for a man to be able to do something well, and say nothing about it.—Ed Howe

晚上看星

住320号房

中国同学40余人

伙伕船员也有中国人

晚上看星

船板上睡到四时

后来天已明才进

房睡

Mr. Mathew.

22-002

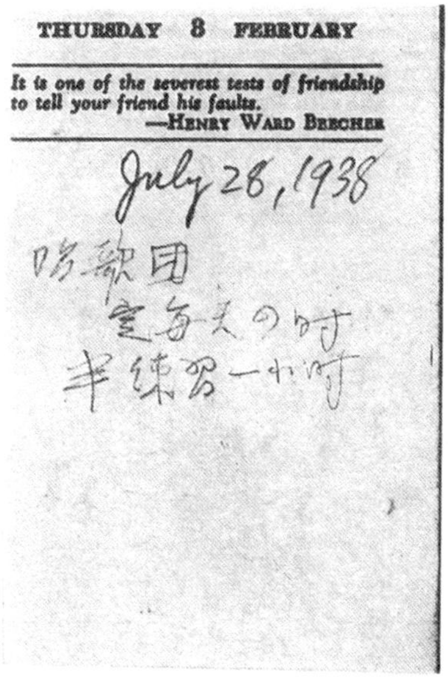
THURSDAY 3 FEBRUARY

It is one of the severest tests of friendship to tell your friend his faults.
—Henry Ward Beecher

July 28, 1938

唱歌团

定每天四时

半练习一小时

22-003

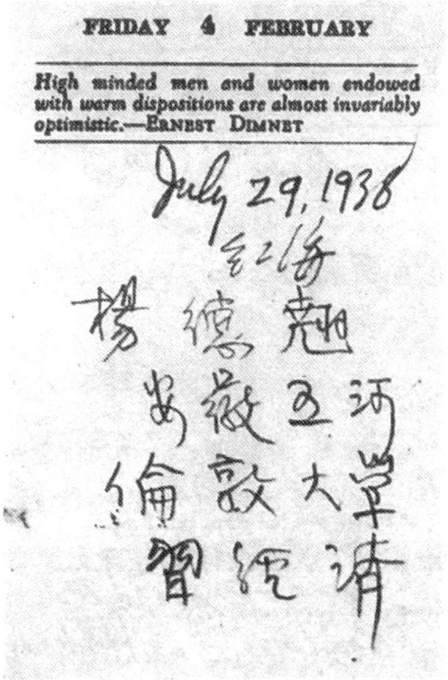
FRIDAY 4 FEBRUARY

High minded men and women endowed with warm dispositions are almost invariably optimistic.—Ernest Dimnet

July 29, 1938

红海

杨德熙

安徽五河

伦敦大学

习经济

22-004

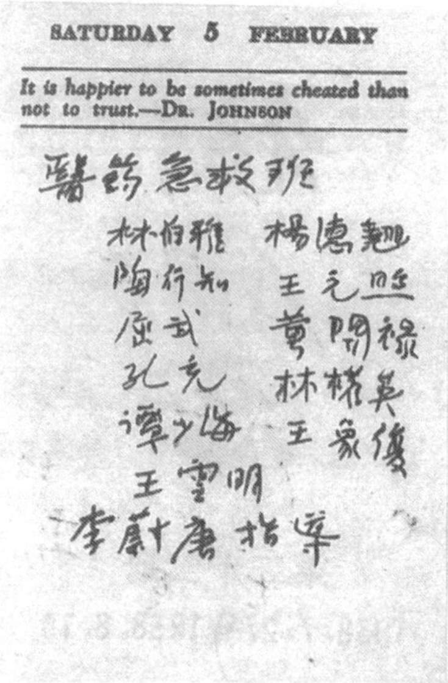
SATURDAY 5 FEBRUARY

It is happier to be sometimes cheated than not to trust.—DR. JOHNSON

醫藥急救班

林伯雅 楊德

陶行知 王元照

黃開祿

孔克 林樹英

王雲明

李蔚唐指導

22-005

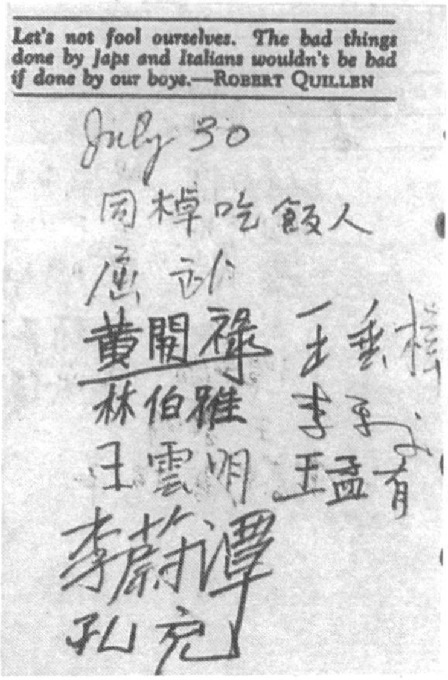
Let's not fool ourselves. The bad things done by Japs and Italians wouldn't be bad if done by our boys.—ROBERT QUILLEN

July 30

同桌吃飯人

黃開祿

林伯雅

王雲明 王孟有

孔克

22-006

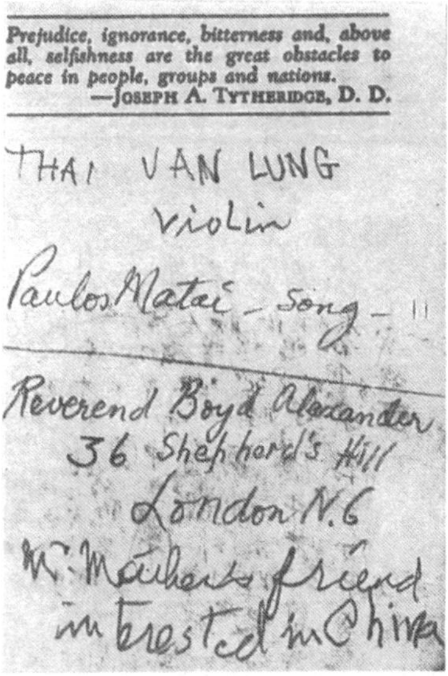
Prejudice, ignorance, bitterness and, above all, selfishness are the great obstacles to peace in people, groups and nations.

—JOSEPH A. TYTHERIDGE, D. D.

THAI VAN LUNG

violin

Paulos Matai—song

Reverend Boyd Alexander

36 Shepherd's Hill

London N.6

Mr. Mather's friend

interested in China

22-007

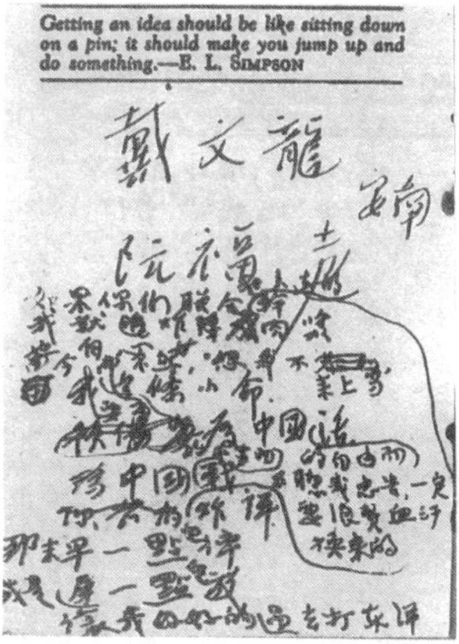
Getting an idea should be like sitting down on a pin; it should make you jump up and do something.—E. L. SIMPSON

戴文龍

安南

22-008

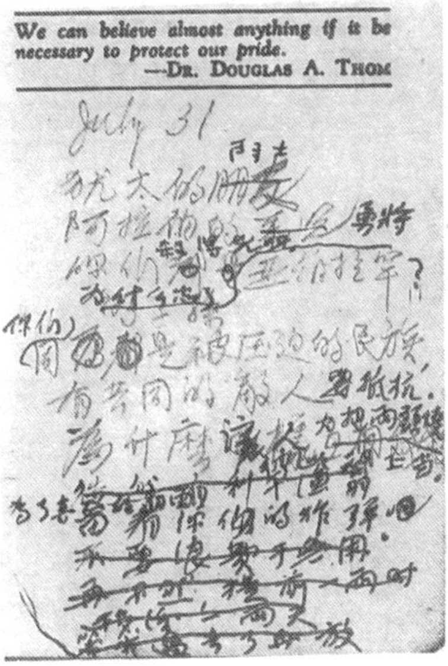

We can believe almost anything if it be necessary to protect our pride.
—DR. DOUGLAS A. THOM

July 31

22-009

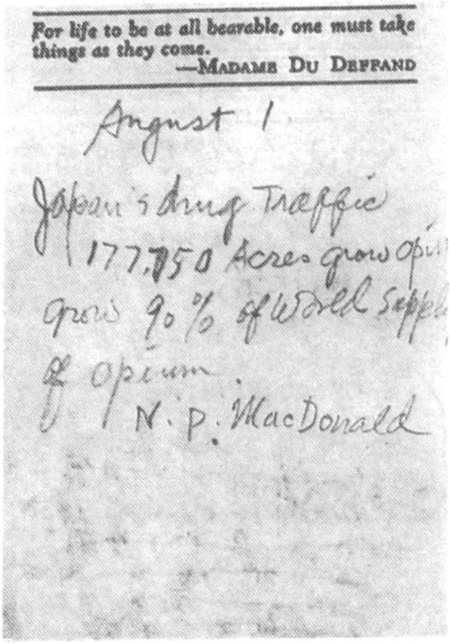

For life to be at all bearable, one must take things as they come.
—MADAME DU DEFFAND

August 1

Japan's drug Traffic
177,750 Acres grow opium
grow 90% of World supply of opium.
N. P. MacDonald

22-010

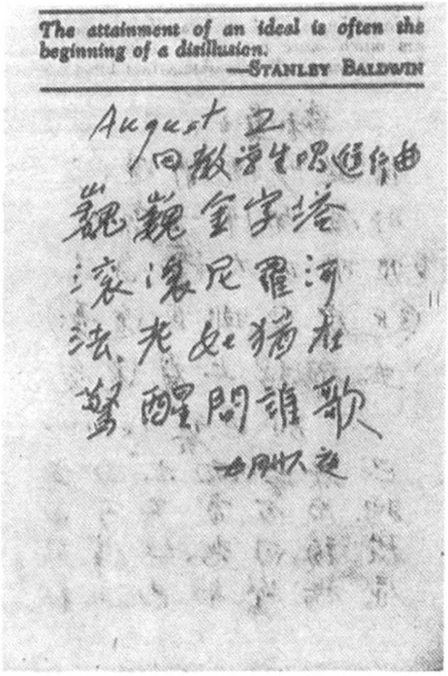

The attainment of an ideal is often the beginning of a disillusion.
—STANLEY BALDWIN

巍巍金字塔
滚滚尼罗河

22-011

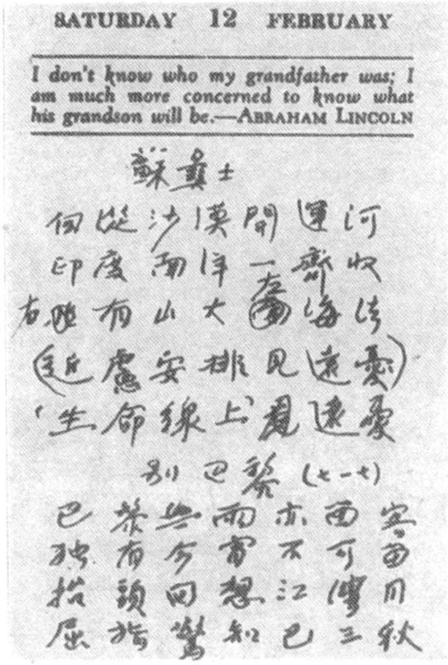

SATURDAY 12 FEBRUARY

I don't know who my grandfather was; I am much more concerned to know what his grandson will be.—ABRAHAM LINCOLN

蘇彝士

22-012

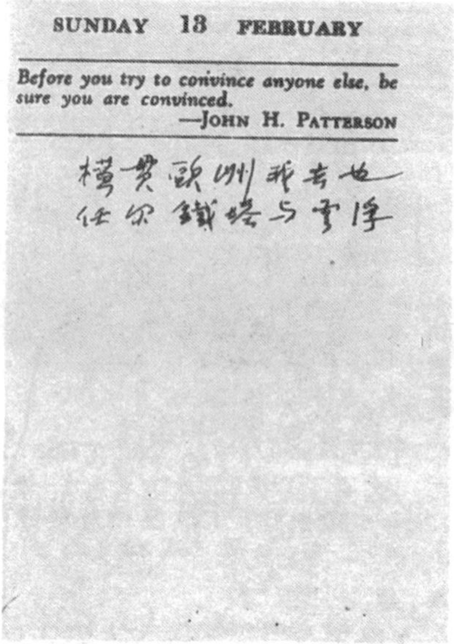
SUNDAY 13 FEBRUARY

Before you try to convince anyone else, be sure you are convinced.
—JOHN H. PATTERSON

横贯欧洲我去也
任你铁塔与雪峰

22-013

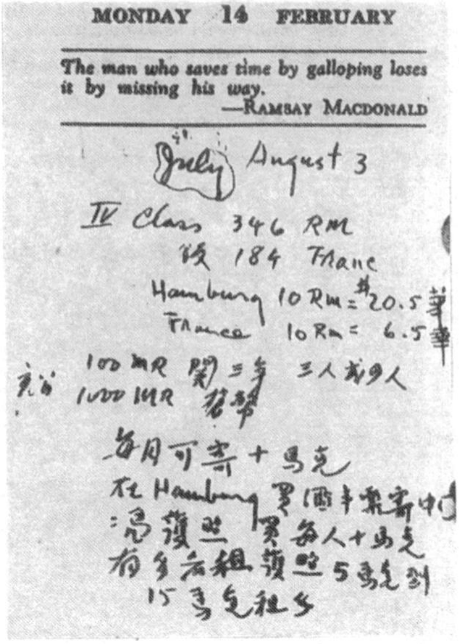
MONDAY 14 FEBRUARY

The man who saves time by galloping loses it by missing his way.
—RAMSAY MACDONALD

~~July~~ August 3

IV Class 346 RM
或 184 Franc
Hamburg 10 RM = 20.5 [illegible]
France 10 Rm = 6.5 [illegible]

100 MR [illegible] 三人或多人
1000 MR [illegible]

每月可寄十马克
在 Hamburg [illegible]
[illegible] 每人十马克
[illegible] 5马克到 15马克 [illegible]

22-014

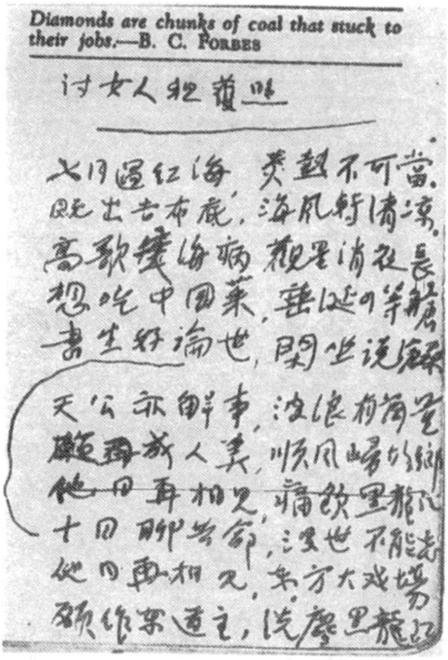
Diamonds are chunks of coal that stuck to their jobs.—B. C. FORBES

[illegible]

七月过红海，炎热不可当。
既出吉布底，海风转清凉。
高歌[illegible]病，[illegible]消夜长。
想吃中国菜，[illegible]
书生好论世，[illegible]
[illegible]

22-015

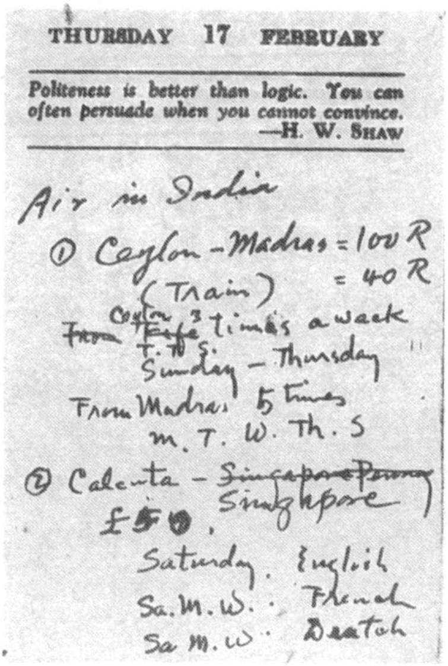
THURSDAY 17 FEBRUARY

Politeness is better than logic. You can often persuade when you cannot convince.
—H. W. SHAW

Air in India

① Ceylon – Madras = 100 R
(Train) = 40 R
~~From~~ Ceylon 3 times a week
T. Th. S.
Sunday – Thursday
From Madras 5 times
M. T. W. Th. S

② Calcutta – ~~Singapore Penang~~ Singapore
[illegible]
Saturday. English
Sa. M. W. French
Sa. M. W. Dutch

22-016

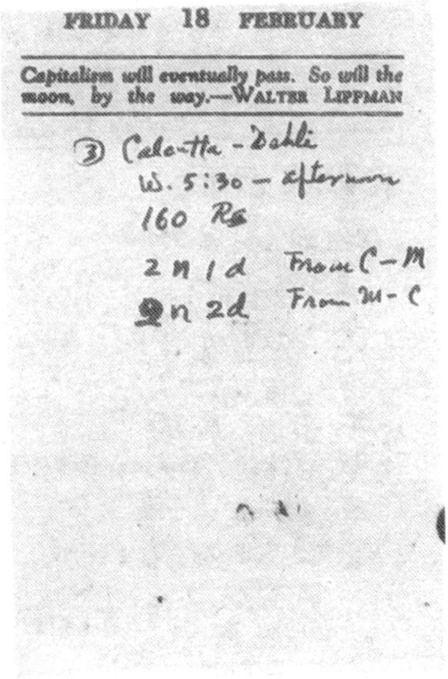
FRIDAY 18 FEBRUARY

Capitalism will eventually pass. So will the moon, by the way.—WALTER LIPPMAN

③ Calcutta-Dehli
W. 5:30 - afternoon
160 Rs
2nd 1d From C-M
2nd 2d From M-C

22-017

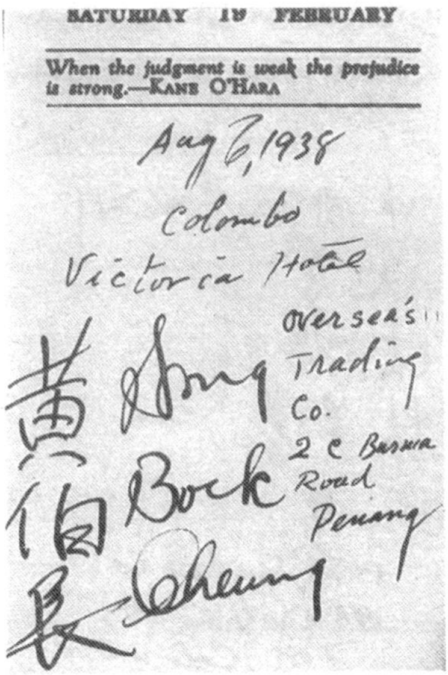
SATURDAY 19 FEBRUARY

When the judgment is weak the prejudice is strong.—KANE O'HARA

Aug 6, 1938
Colombo
Victoria Hotel
黄伯長 Wong Bock Cheung
Overseas Trading Co.
2 C Burma Road
Penang

22-018

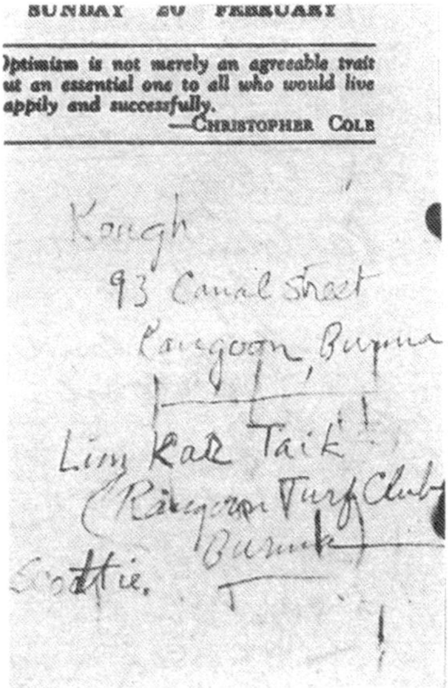
SUNDAY 20 FEBRUARY

ptimism is not merely an agreeable trait ut an essential one to all who would live appily and successfully.
—CHRISTOPHER COLE

Kough
93 Canal Street
Rangoon, Burma
Lim Kah Taik
(Rangoon Turf Club
Burma)
Scottie.

22-019

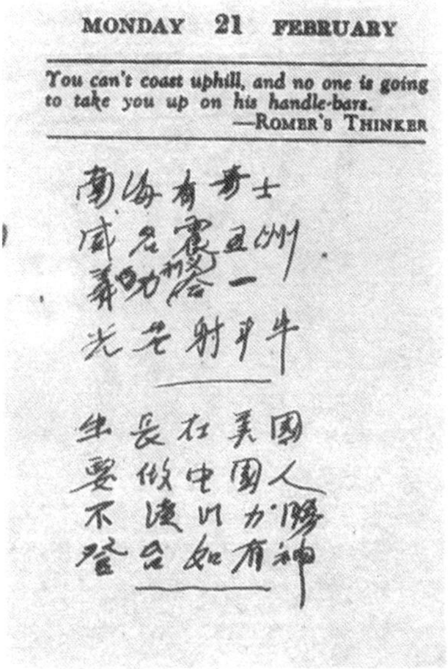
MONDAY 21 FEBRUARY

You can't coast uphill, and no one is going to take you up on his handle-bars.
—ROMER'S THINKER

南海有奇士
威名震五洲
舞動[illegible]合一
光芒射斗牛

生長在美國
要做中國人
不凌以力勝
登台如有神

22-020

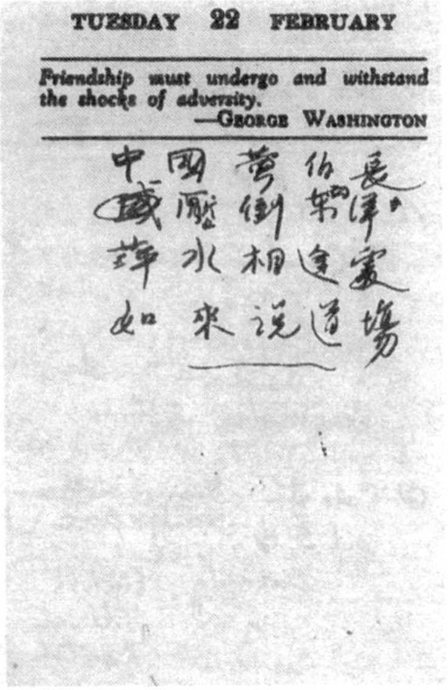
TUESDAY 22 FEBRUARY

Friendship must undergo and withstand the shocks of adversity.
—GEORGE WASHINGTON

中國萬佛長
國歷倒智淨
萍水相逢處
如來說道場

22-021

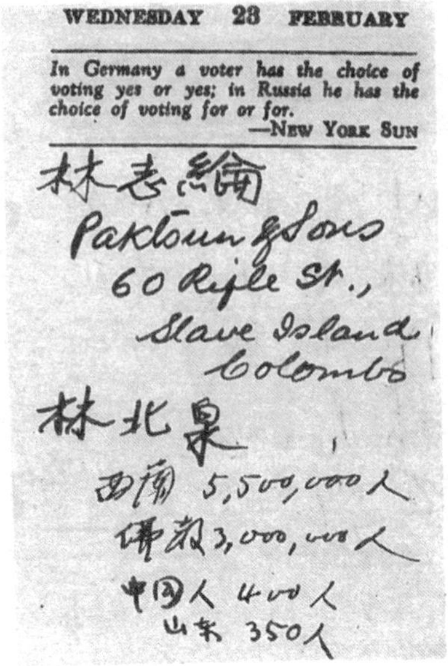
WEDNESDAY 23 FEBRUARY

In Germany a voter has the choice of voting yes or yes; in Russia he has the choice of voting for or for.
—NEW YORK SUN

林志綸
Paktoung & Sons
60 Rifle St.,
Slave Island
Colombo
林北泉
西蘭 5,500,000人
佛教 3,000,000人
中国人 400人
山东 350人

22-022

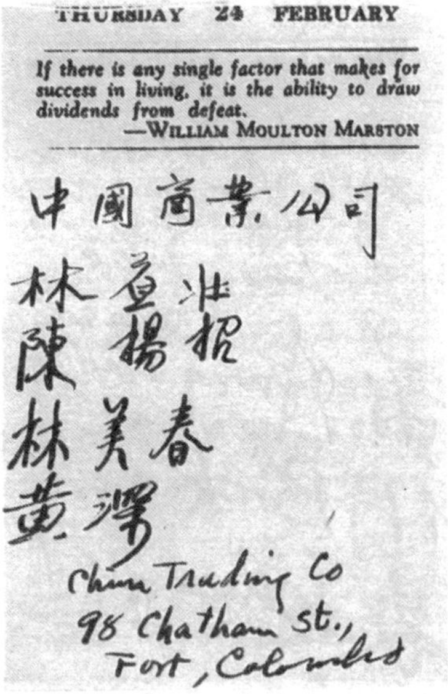
THURSDAY 24 FEBRUARY

If there is any single factor that makes for success in living, it is the ability to draw dividends from defeat.
—WILLIAM MOULTON MARSTON

中國商業公司
林益兆
陳楊相
林美春
黄澤
Chin Trading Co
98 Chatham St.,
Fort, Colombo

22-023

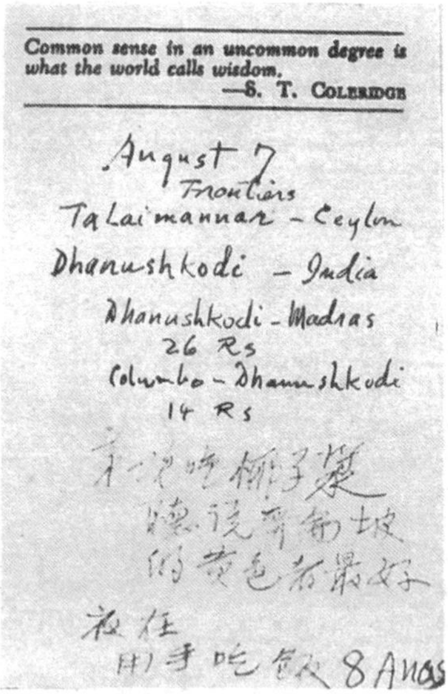
Common sense in an uncommon degree is what the world calls wisdom.
—S. T. COLERIDGE

August 7
Frontiers
Talaimannar – Ceylon
Dhanushkodi – India
Dhanushkodi – Madras
26 Rs
Colombo – Dhanushkodi
14 Rs
常吃椰子菜
聽說新加坡
的黄色為最好
夜在
用手吃飯 8 Annas

22-024

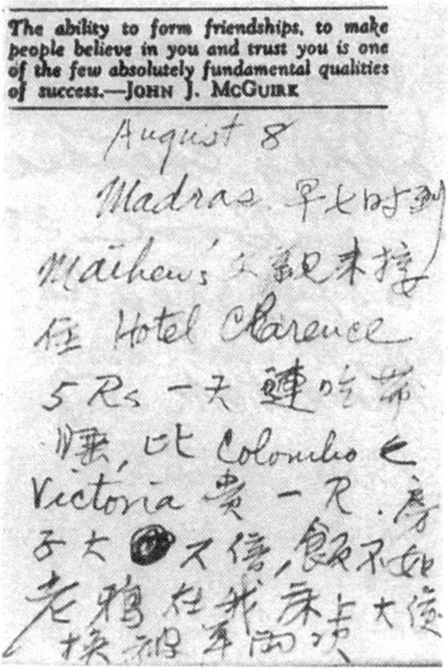
The ability to form friendships, to make people believe in you and trust you is one of the few absolutely fundamental qualities of success.—JOHN J. MCGUIRK

August 8
Madras 早七时到
Mathews 父親来接
住 Hotel Clarence
5 Rs 一天 連吃带
住，比 Colombo 之
Victoria 贵一 R. 房
子大 不信，飯不如

22-025

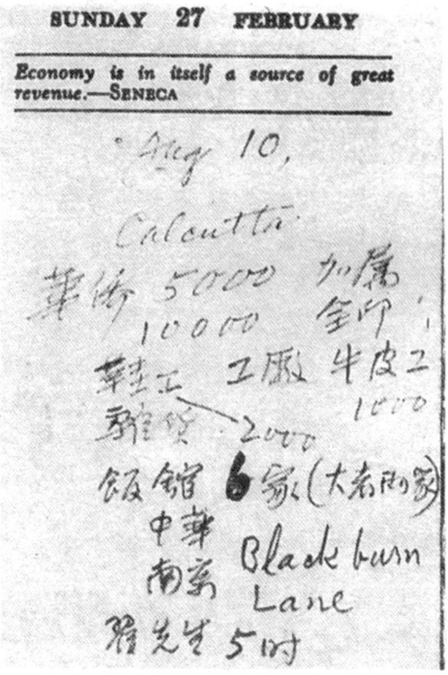
SUNDAY 27 FEBRUARY

Economy is in itself a source of great revenue.—SENECA

Aug 10,
Calcutta
華僑 5000 加爾
10000 全印
鞋工 工厰 牛皮工
1000
雜貨 2000
飯館 6 家（大者兩家）
中華 Blackburn
南京 Lane
張先生 5时

22-026

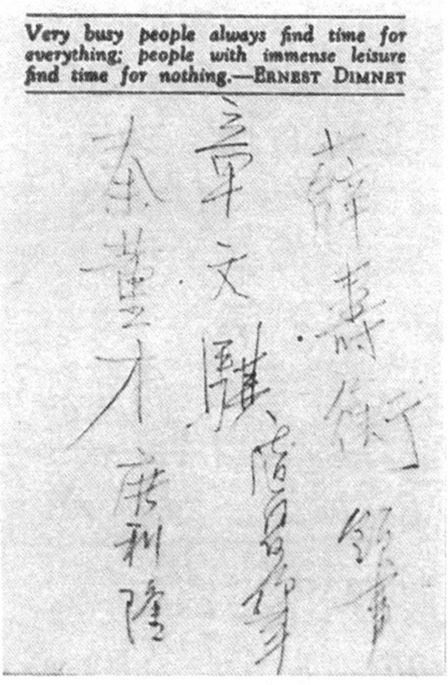
Very busy people always find time for everything; people with immense leisure find time for nothing.—ERNEST DIMNET

22-027

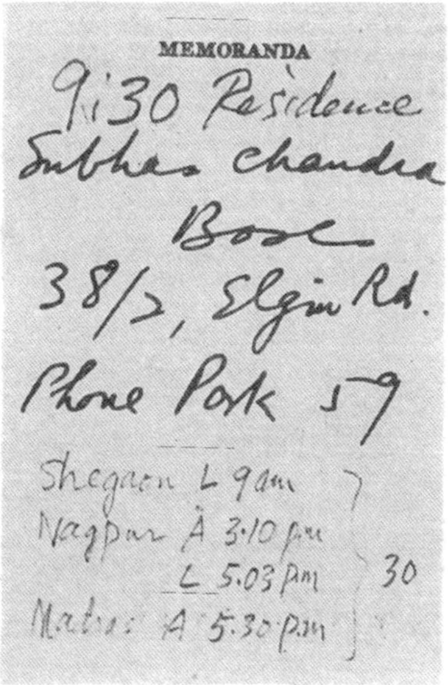
MEMORANDA

9:30 Residence
Subhas Chandra
Bose
38/2, Elgin Rd.
Phone Park 57

Shegaon L 9am
Nagpur A 3:10 pm
L 5.03 pm
30
A 5.30 p.m

22-028

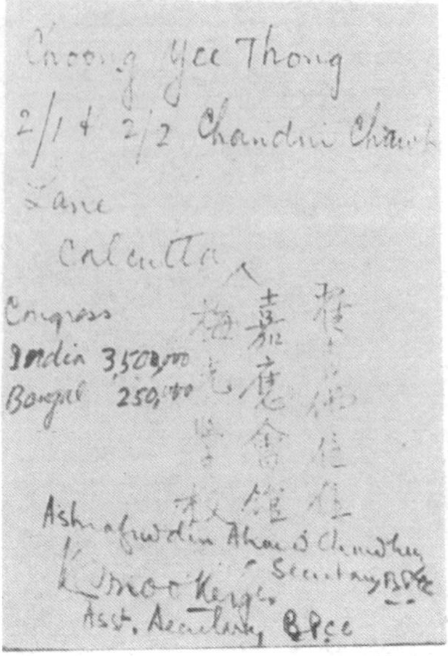

22-029

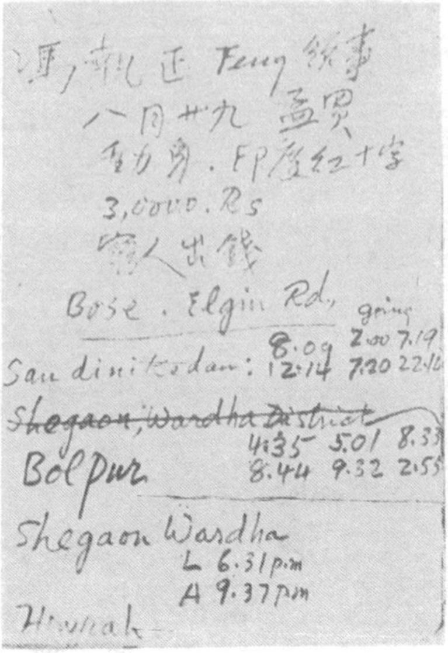

22-030

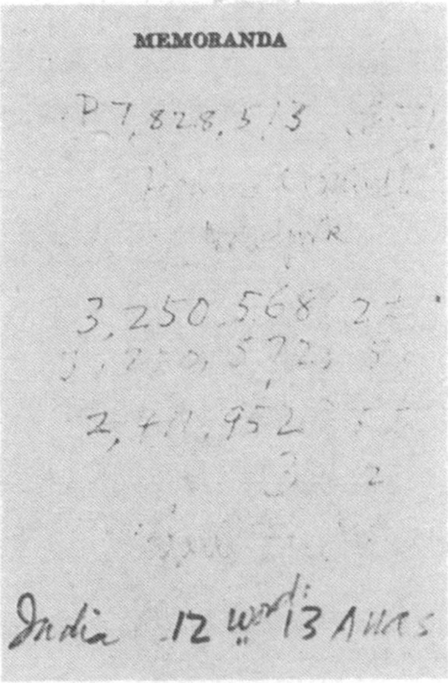

22-031

第二十二册〔注译〕

1938.7.27~1938.8.10

苏伊士·科伦坡·马德拉斯
加尔各答

22—001

末3行：陶行知　地址　香港九龙

22—002

末行：马休斯先生

22—007

戴文龙演奏小提琴曲《保罗马蒂》歌

雷威恩德·B.亚列山大　伦敦地址　马休斯先生的朋友　对中国感兴趣

22—010

8月1日

日本的毒品买卖

177,750英亩罂粟

种植世界鸦片供应量的90%

N.P.麦克唐纳

22—014

第1至5行：8月3日

四等　346Rm　饭　184法郎

汉堡　10Rm=20.5华（币）

法国　10Rm=6.5华（币）

22—016、017

印度航线　①锡兰—马德拉斯　100卢比　火车　40卢比　锡兰每星期3次（星期日、二、四）　从马德拉斯来每周5次（星期一、二、三、四、六）　②加尔各答—新加坡　50镑　星期六　英国人；星期六、一、三　法国人；星期六、一、三　荷兰人　③加尔各答—德里　星期三　下午5时半　160卢比

22—018

8月6日　科伦坡　维多利亚饭店

黄伯长　海外商业公司　地址

22—019

库格　仰光地址

林卡坦　仰光赛马俱乐部

22—022

第2至4行：科伦坡地址

22—023

末3行：科伦坡地址

22—024

第1至8行：8月7日　边境线塔莱曼纳尔—锡兰；特努什戈迪—印度；特努什戈迪—马德拉斯　26卢比；科仑坡—特努什戈迪

22—025

第2行外文：马德拉斯

第3行：马休斯

第5行：克拉仑斯饭店　5卢布

第6至7行：比科伦坡维多利亚饭店贵一卢比

22—026

第2行：加尔各答

末3行外文为地址

22—028

9时半　住宅

苏巴斯·钱德拉·博塞（国大党主席）地址

谢冈上午9时离开

那格浦尔　下午3：10到5：03离开

马德拉斯　下午5：30到

22—029

第1至4行：宋叶崇（音译）加尔各答地址

第5至7行外文：国会印度3,500,000　孟加拉250,000

末4行：阿什里弗迪　英国石油公司秘书

22—030

第6行为地址

第7行：桑地尼克丹（泰戈尔所创国际大学所在地）

第8行：博普尔

第9行：谢冈，沃尔塔　下午6:31离开　9:37到

末行：豪拉

22—031

第2至3行：豪威德·A.斯密斯纽约

末2行：印度旅馆名及地址

衡備忘

第二十三册

1938.8.10~1938.8.31

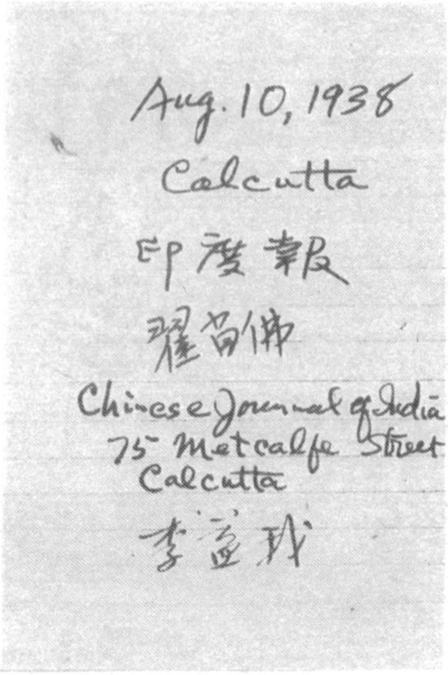
Aug. 10, 1938
Calcutta
印度報
翟留佛
Chinese Journal of India
75 Metcalfe Street
Calcutta
李益球

23-001

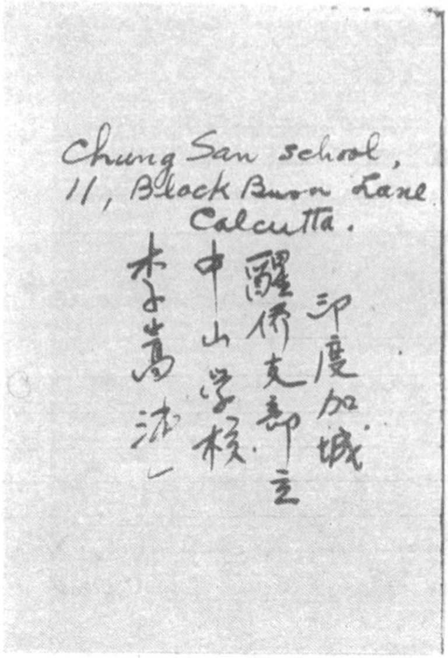
Chung San school,
11, Black Burn Lane
Calcutta.
印度加城
羅僑支部主
中山学校
李高沐

23-002

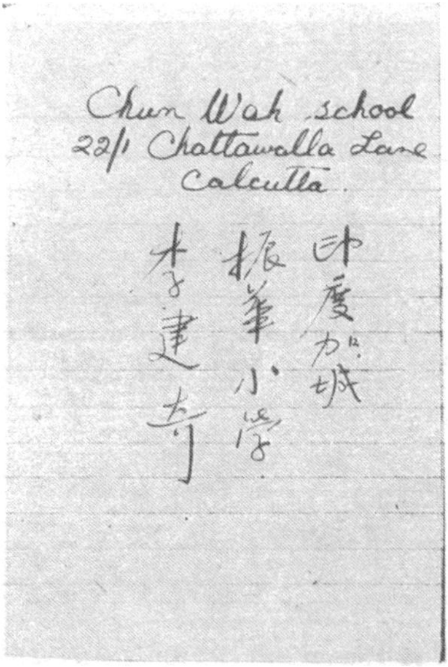
Chun Wah school
22/1 Chattawalla Lane
Calcutta.
印度加城
振華小学
李建奇

23-003

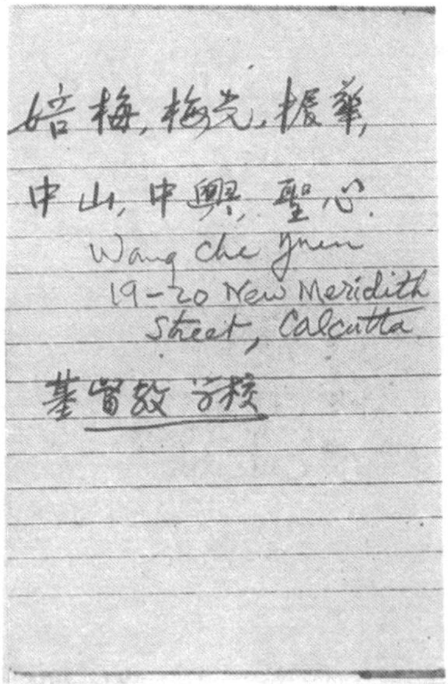
培梅，梅光，振華，
中山，中興，聖心.
Wang Che Yuen
19-20 New Meridith
Street, Calcutta
基督教学校

23-004

Dr. Surash Chandra Banerjee
170 Harrison Road

23-005

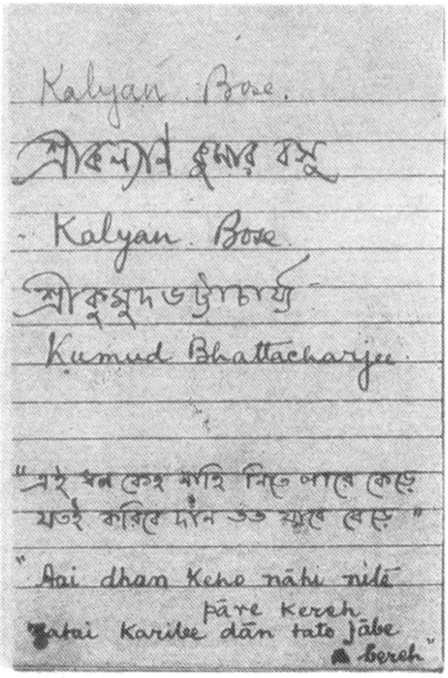

Kalyan Bose.
শ্রীকল্যাণ কুমার বসু
Kalyan Bose
শ্রীকুমুদ ভট্টাচার্য্য
Kumud Bhattacharjee

"এই ধন কেহ নাহি নিতে পারে কেড়ে
যতই করিবে দান তত যাবে বেড়ে"

"Aai dhan Keho nāhi nitē pāre kereh
Zatai Karilee dān tato jābe bereh"

23-006

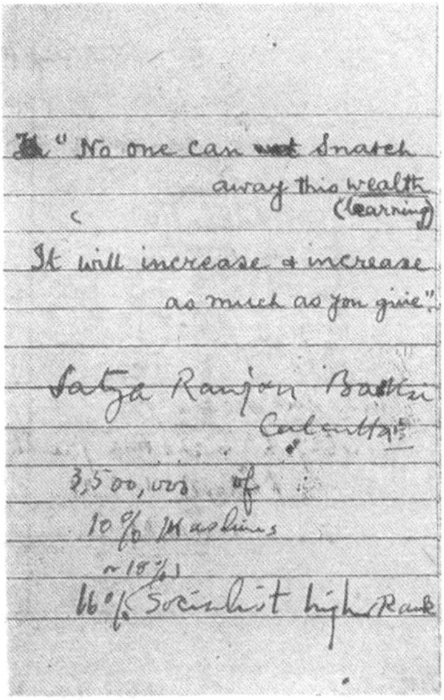

"No one can ~~not~~ snatch away this wealth (learning)
It will increase & increase as much as you give".

Satya Ranjan Bakshi
Calcutta

3,500,000 of
10% Moslems
~18%
66% Socialist high Rank

23-007

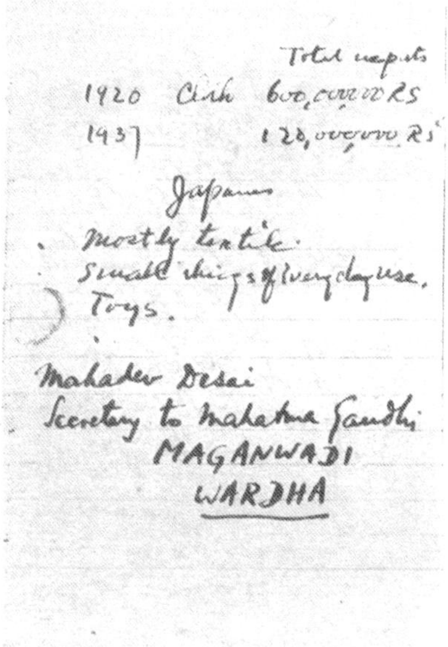

Total exports
1920 Cloth 600,000,000 RS
1937 120,000,000 RS

Japanese
mostly textile
Small things of everyday use.
Toys.

Mahadev Desai
Secretary to Mahatma Gandhi
MAGANWADI
WARDHA

23-008

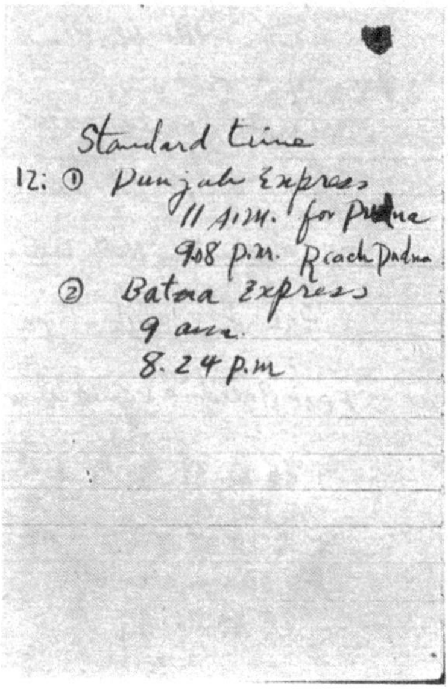
Standard time
12: ① Punjab Express
11 A.M. for Patna
9.08 p.m. Reach Patna
② Batora Express
9 am
8.24 p.m

23-009

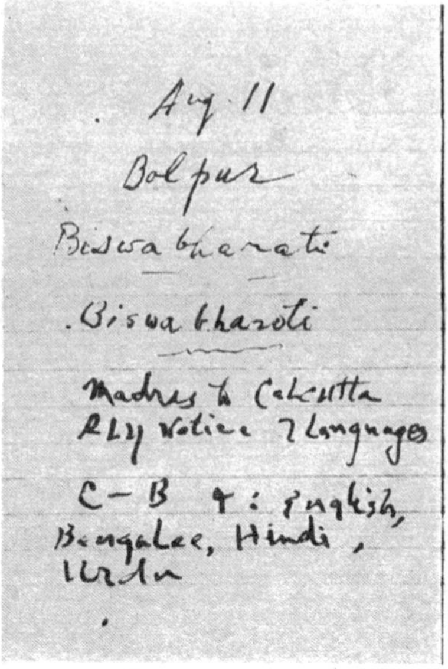
Aug 11
Bolpur
Biswabharati
Biswabharati
Madras to Calcutta
RLY Notice 7 Languages
C-B 4: English,
Bengalee, Hindi,
Urdu

23-010

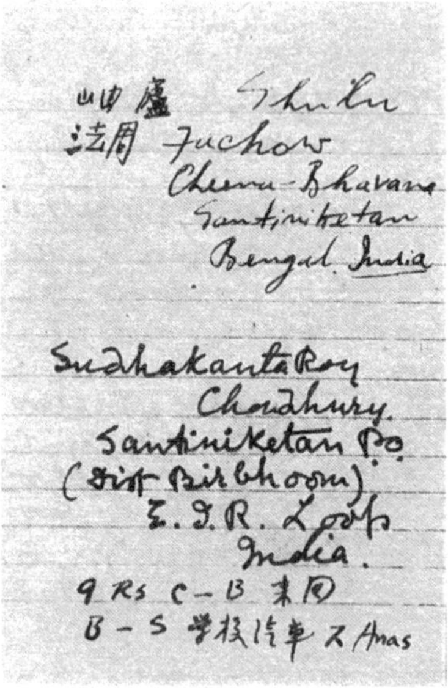
曲盧 Shulu
法周 Fuchow
Cheena-Bhavana
Santiniketan
Bengal India
Sudhakanta Roy
Chowdhury
Santiniketan P.O.
(Dist Birbhoom)
E.I.R. Loop
India.
9 Rs C-B 来回
B-S 学校汽车 2 Anas

23-011

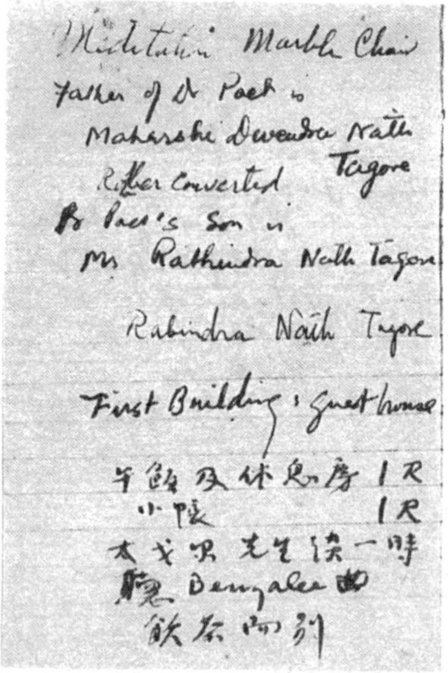
Meditation Marble Chair
Father of Dr Poet is
Maharshi Devendra Nath
Tagore
Rather Converted
Dr Poet's Son is
Mr Rathindra Nath Tagore
Rabindra Nath Tagore
First Building: guest house
午饭及休息房 1R
小使 1R
太戈尔先生谈一时
听 Bengalee 曲
饮茶而别

23-012

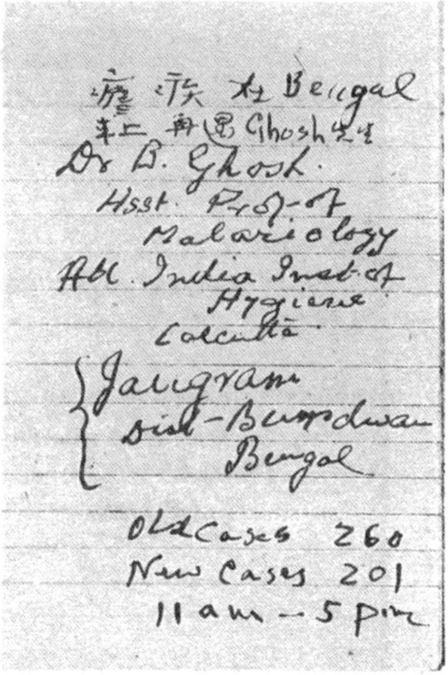
瘧疾在Bengal
往上再见Ghosh先生
Dr B. Ghosh.
Asst. Prof. of
Malariology
All India Inst. of
Hygiene
Calcutta
Jaugram
Dist-Burdwan
Bengal
Old Cases 260
New Cases 201
11 am — 5 pm

23-013

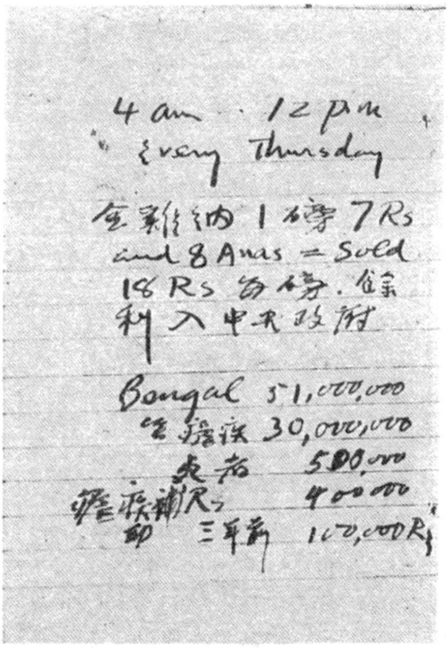
4 am 12 pm
Every Thursday
金鸡纳1磅7Rs
and 8 Anas = Sold
18 Rs 每磅. 余
利入中央政府
Bengal 51,000,000
患瘧疾 30,000,000
死者 500,000
瘧疾補助 400,000
約 三年前 100,000 Rs

23-014

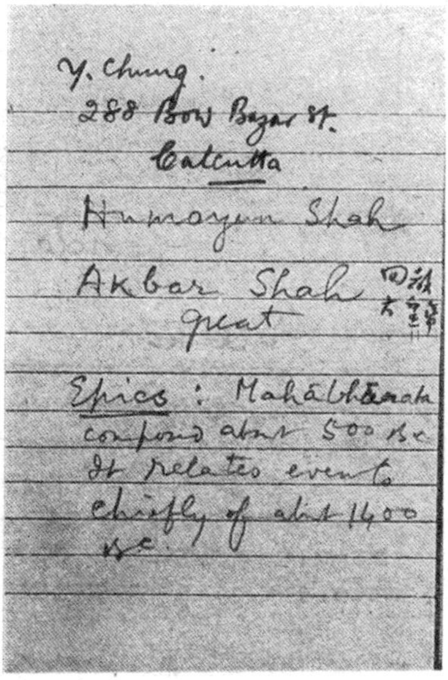
Y. Chung.
288 Bow Bazar St.
Calcutta
Humayun Shah
Akbar Shah 回教大皇帝
great
Epics: Mahābhārata
composed about 500 BC
It relates events
chiefly of about 1400
BC.

23-015

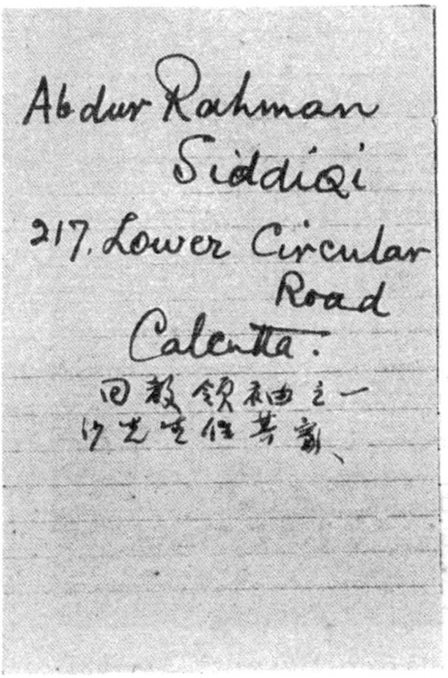
Abdur Rahman
Siddiqi
217, Lower Circular
Road
Calcutta.
回教领袖之一
约先生住其寓、

23-016

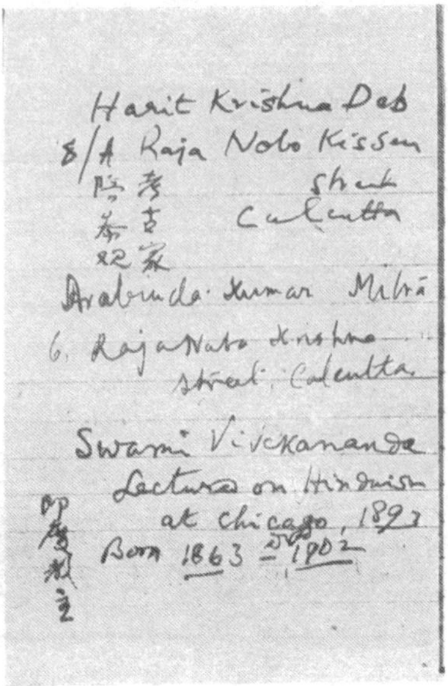

Harit Krishna Deb
8/A Raja Nobo Kissen Street
Calcutta

Arabinda Kumar Mitra
6, Raja Nabo Krishna street, Calcutta

Swami Vivekananda
Lecture on Hinduism at Chicago, 1893
Born 1863 — Died 1902
印度教主

23-017

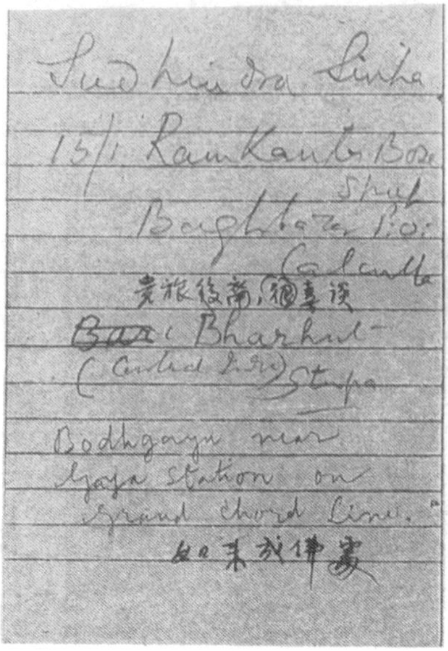

Sudhindra Sinha
15/1 Ram Kanto Bose Street
Baghbazar P.O.
Calcutta

Bari Bharhut (Central India) Stupa

Bodhgaya near Gaya station on Grand Chord Line.
如来成佛处

23-018

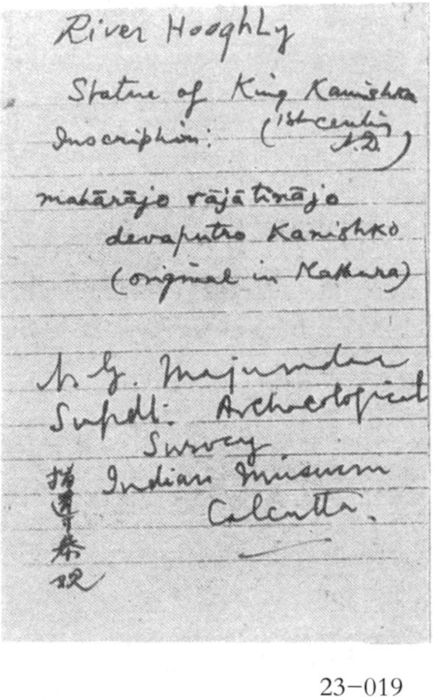

River Hooghly

Statue of King Kanishka
Inscription: (1st century A.D.)
mahārājo rājātirājo
devaputro Kanishko
(original in Mathura)

N. G. Majumdar
Supdt. Archaeological Survey
Indian Museum
Calcutta.
请导参观

23-019

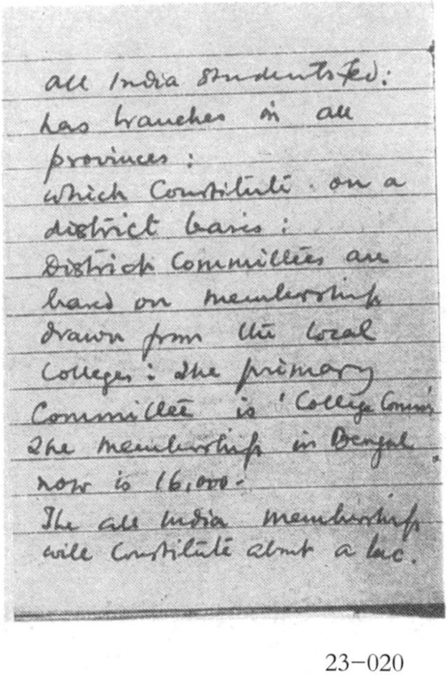

all India Students Fed:
has branches in all provinces:
which Constitute on a district basis:
District Committees are based on membership drawn from the local colleges: the primary Committee is 'College Comm.'
The membership in Bengal now is 16,000.
The all India membership will Constitute about a lac.

23-020

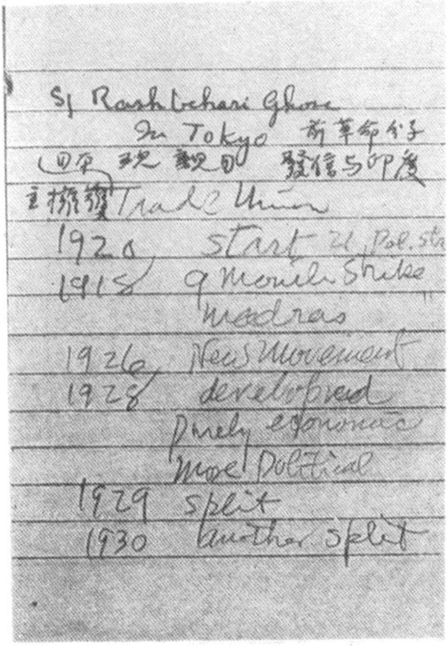
S. Rash Behari Ghose
In Tokyo 前革命分子
發信与印度
Trade Union
1920 start
1918 9 Months Strike
Madras
1926 New Movement
1928 developed
purely economic
more political
1929 split
1930 another split

23-021

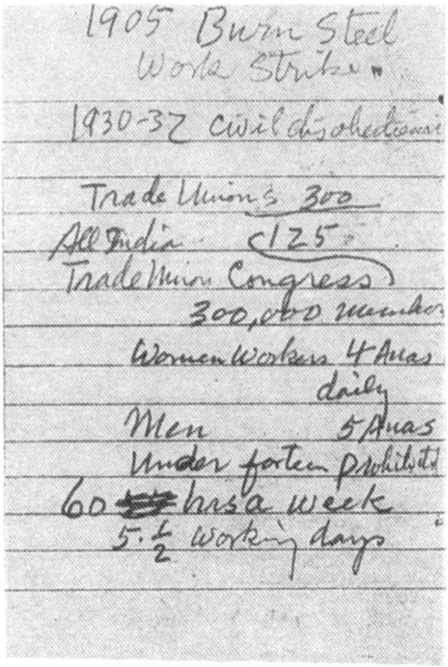
1905 Burn Steel
Work Strike
1930-32 civil disobedience
Trade Unions 300
All India 125
Trade Union Congress
300,000 members
Women Workers 4 Annas
daily
Men 5 Annas
Under fourteen prohibited
60 hrs a week
5½ working days

23-022

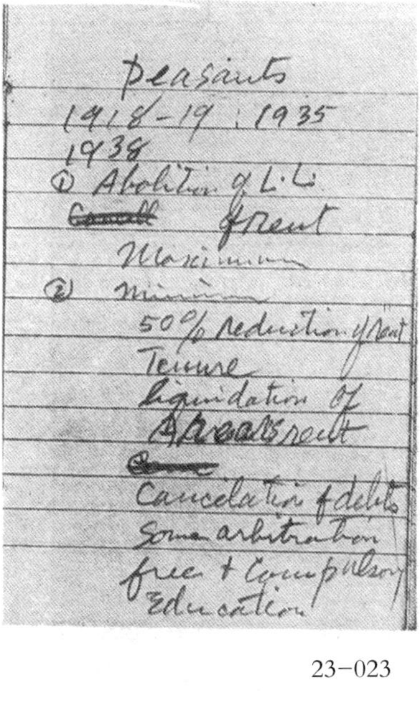
peasants
1918-19 : 1935
1938
① Abolition of L.L.
of rent
Maximum
② Minimum
50% reduction of rent
Tenure
liquidation of
Arrears rent
Cancelation of debts
Some arbitration
free + Compulsory
Education

23-023

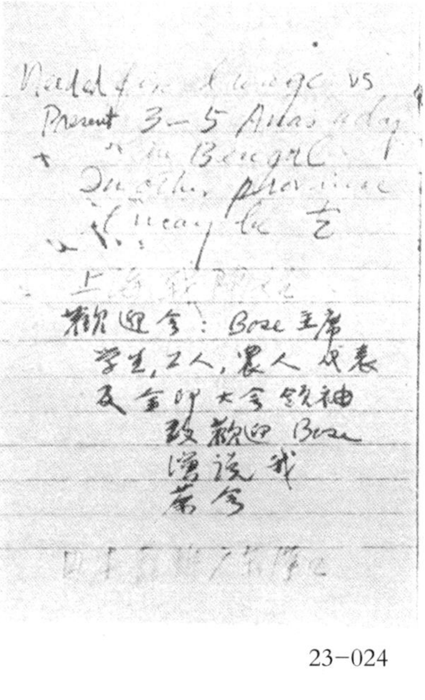
Need for ... wage vs
Present 3–5 Annas a day
... in Bengal
欢迎会：Bose主席
学生，工人，农人代表
及全印大会领袖
致欢迎 Bose
演说 我
茶会

23-024

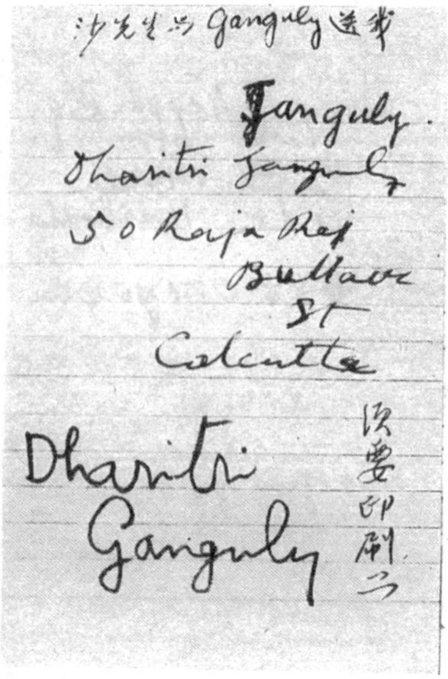
沙先生与Ganguly送我

Ganguly.
Dharitri Ganguly
50 Raja Raj
Bullav
St
Calcutta

Dharitri
Ganguly
须要印刷品

23-025

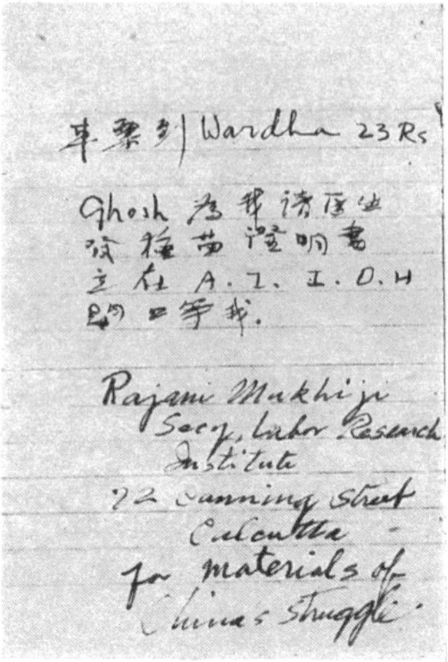
车票到Wardha 23Rs

Ghosh为我请医生
發種痘證明書
交在A.I.I.O.H
的口等我.

Rajani Mukhiji
Secy, Labor Research
Institute
72 Canning Street
Calcutta
for materials of
China's Struggle.

23-026

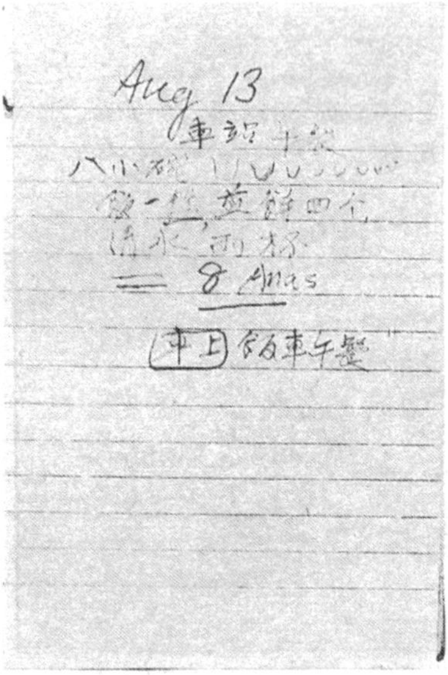
Aug 13
車站午餐
八小碟
饭一盘，面饼四个
清水两杯
= 8 Annas

車上 饭車午餐

23-027

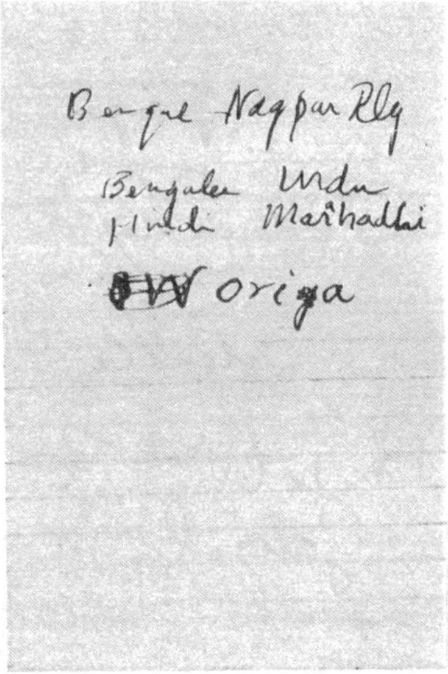
Bengal Nagpur Rly

Bengalee Urdu
Hindi Marathi

Oriya

23-028

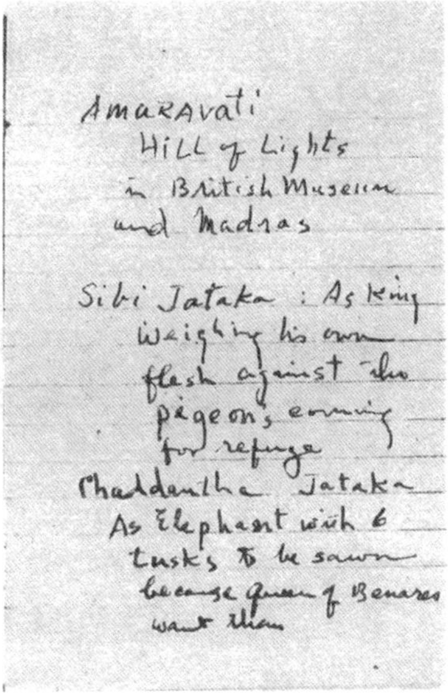

AMARAVATI
HILL of Lights
in British Museum
and Madras

Sibi Jataka : As King
weighing his own
flesh against the
pigeon's coming
for refuge
Chaddantha Jataka
As Elephant with 6
tusks to be sawn
because Queen of Benares
want them

23-029

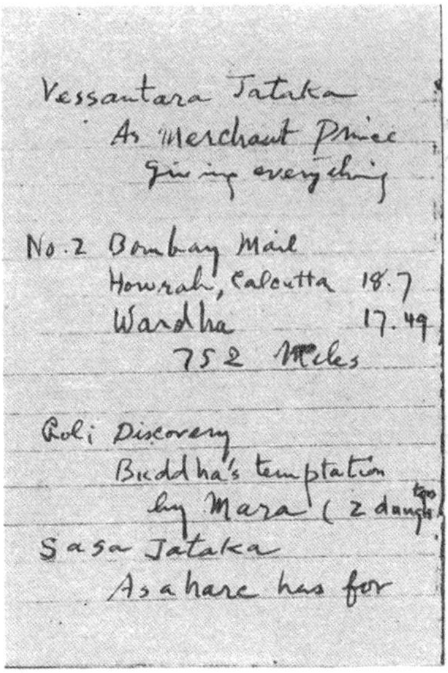

Vessantara Jataka
As Merchant Prince
giving everything

No. 2 Bombay Mail
Howrah, Calcutta 18.7
Wardha 17.49
752 Miles

Roli Discovery
Buddha's temptation
by Mara (2 daughters)

Sasa Jataka
As a hare has for

23-030

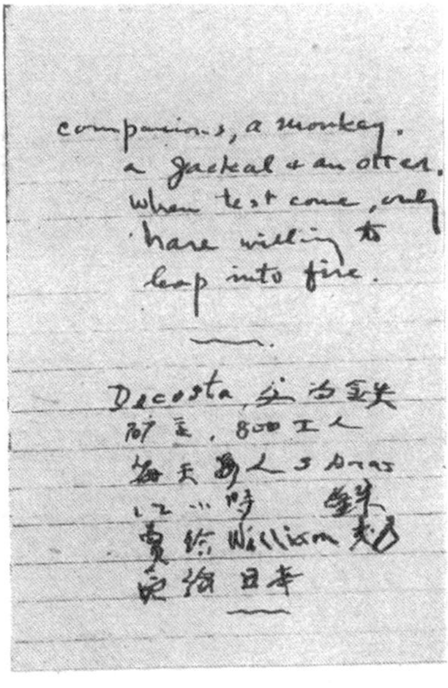

companions, a monkey,
a jackal & an otter.
When test come, only
hare willing to
leap into fire.

Decosta，亦为锰矿
矿主，800工人
每天每人3 Anas
12小时 锰
卖给William 夫妇
再给日本

23-031

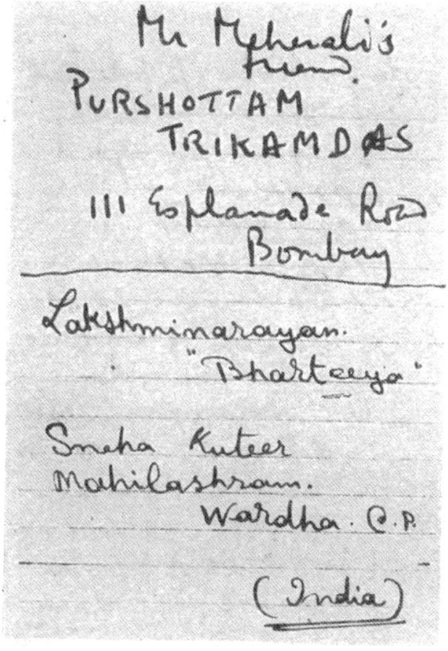

Mr Mehrali's
friend.
PURSHOTTAM
TRIKAMDAS
111 Esplanade Road
Bombay

Lakshminarayan.
"Bharteeya"

Sneha Kuteer
Mahilashram.
Wardha. C.P.
(India)

23-032

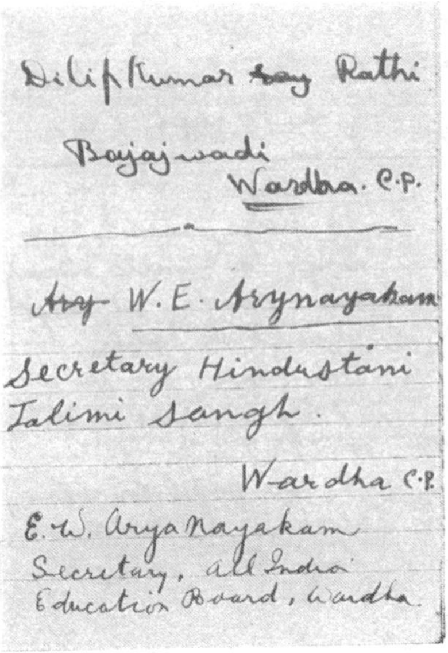
Dilip Kumar ~~Ray~~ Rathi
Bajajwadi
Wardha. C.P.

~~Arg~~ W.E. Arynayakam
Secretary Hindustani
Talimi Sangh.
Wardha C.P.
E.W. AryaNayakam
Secretary, All India
Education Board, Wardha.

23-033

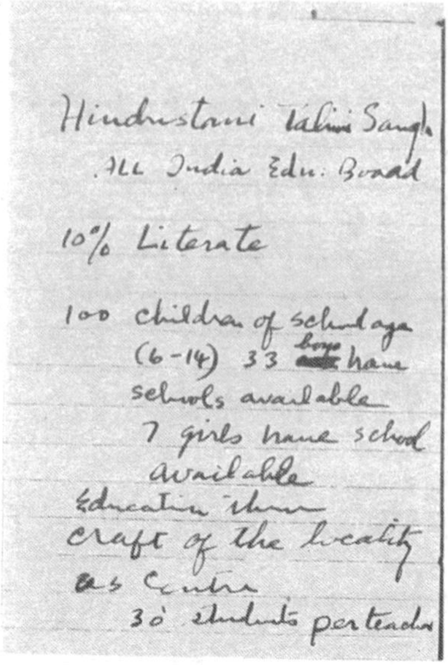
Hindustani Talimi Sangh
All India Edu. Board
10% Literate
100 children of school age
(6-14) 33 boys have
schools available
7 girls have school
available
Education thru
craft of the locality
as centre
30 students per teacher

23-034

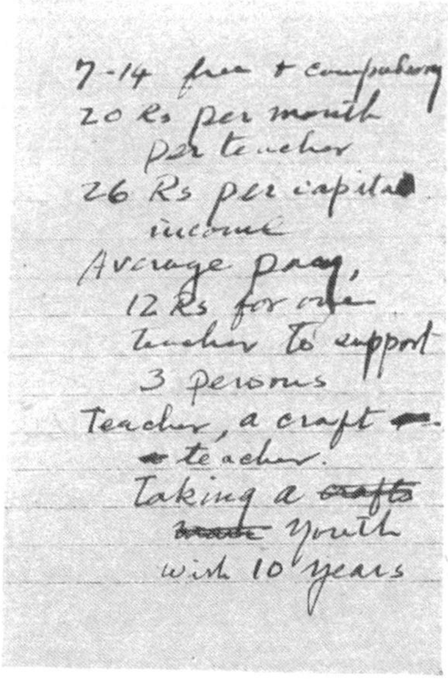
7-14 free + compulsory
20 Rs per month
per teacher
26 Rs per capita
income
Average pay,
12 Rs for one
teacher to support
3 persons
Teacher, a craft
teacher.
Taking a ~~crafts~~
~~man~~ youth
with 10 years

23-035

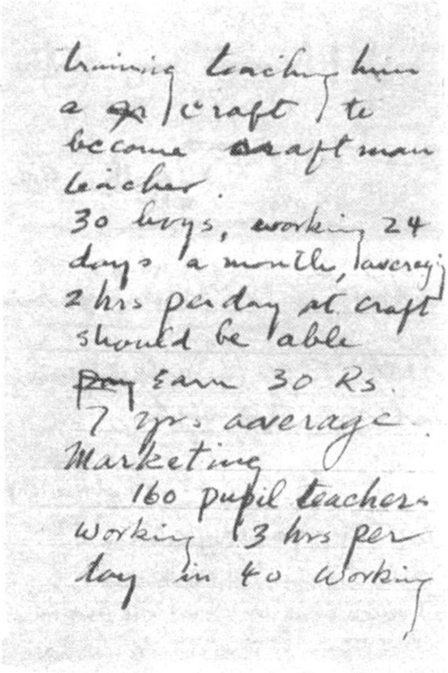
training teaching him
a craft to
become ~~craft~~ craftsman
teacher.
30 boys, working 24
days a month, averaging
2 hrs per day at craft
should be able
~~pay~~ earn 30 Rs.
7 yrs average
Marketing
160 pupil teachers
working 3 hrs per
day in 40 working

23-036

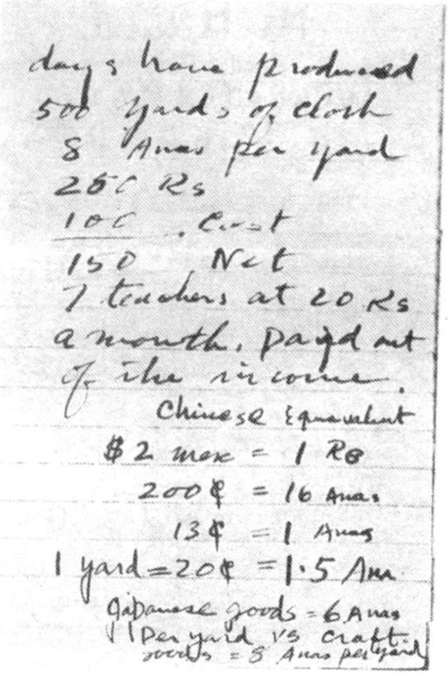
days have produced
500 yards of cloth
8 Anas per yard
250 Rs
100 Cost
150 Net
7 teachers at 20 Rs
a month, paid out
of the income.
Chinese Equivalent
$2 mex = 1 Rs
200¢ = 16 Anas
13¢ = 1 Anas
1 yard = 20¢ = 1.5 Ana
Japanese goods = 6 Anas
per yard vs craft goods = 8 Anas per yard

23-037

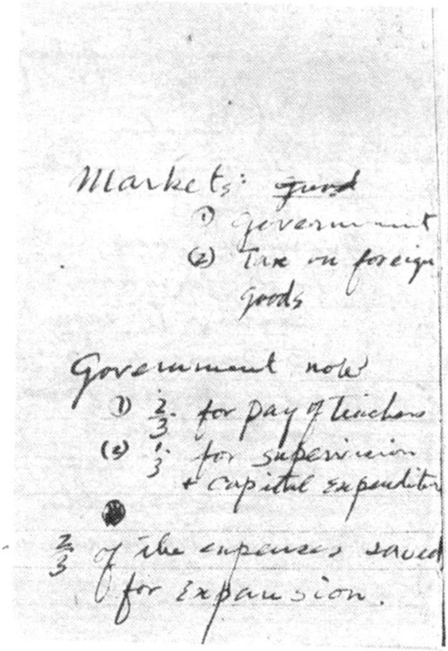
Markets: ~~good~~
1) Government
2) Tax on foreign goods

Government now
1) 2/3 for pay of teachers
(2) 1/3 for supervision + capital expenditure

2/3 of the expenses saved for expansion.

23-038

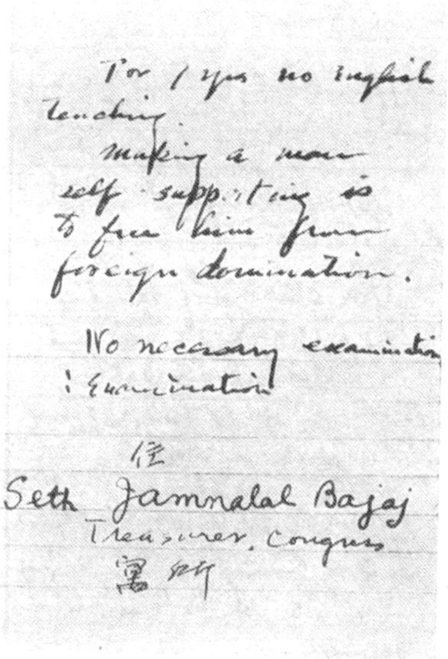
For 1 yrs no English teaching
Making a man self supporting is to free him from foreign domination.

No necessary examination
: Examination

住
Seth Jamnalal Bajaj
Treasurer, Congress
富翁

23-039

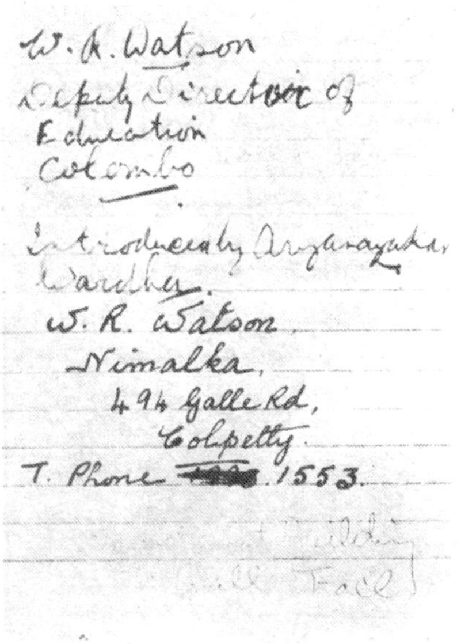
W. R. Watson
Deputy Director of Education
Colombo

Introduced by Aryanayakam Wardha
W. R. Watson
Nimalka,
494 Galle Rd,
Colpetty.
T. Phone 1553.

23-040

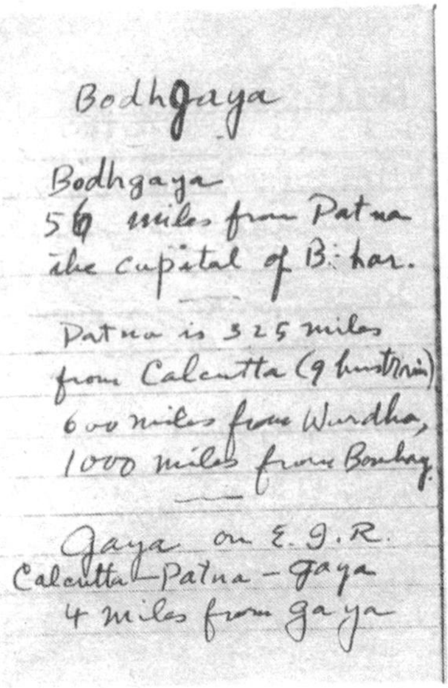

Bodhgaya

Bodhgaya
56 miles from Patna
the capital of Bihar.

Patna is 325 miles
from Calcutta (9 hrs train)
600 miles from Wardha,
1000 miles from Bombay.

Gaya on E.I.R.
Calcutta—Patna—Gaya
4 miles from Gaya

23-041

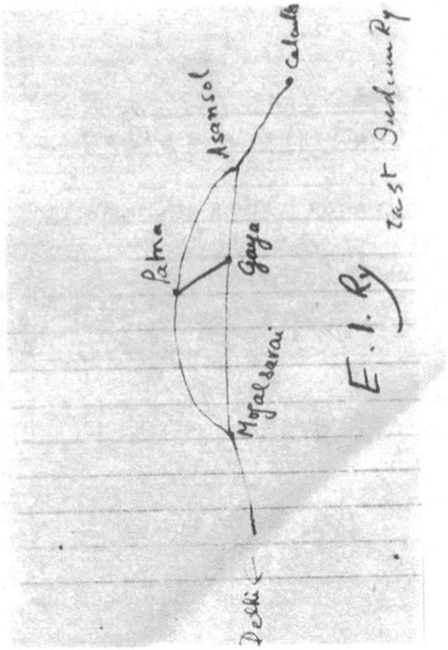

23-042

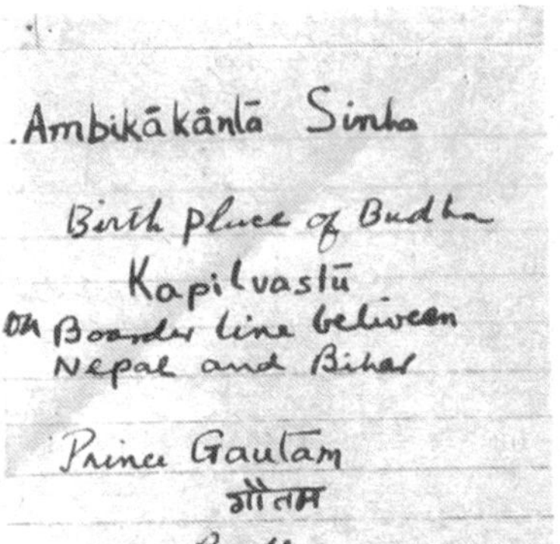

Ambikākāntā Sinha

Birth place of Budha
Kapilvastū
on Boarder line between
Nepal and Bihar

Prince Gautam
गौतम
Budha
बुद्ध
Sākya Muni
साक्य मुनी
Sākya was the clan in which
he was born
Muni means an ascetic

23-043

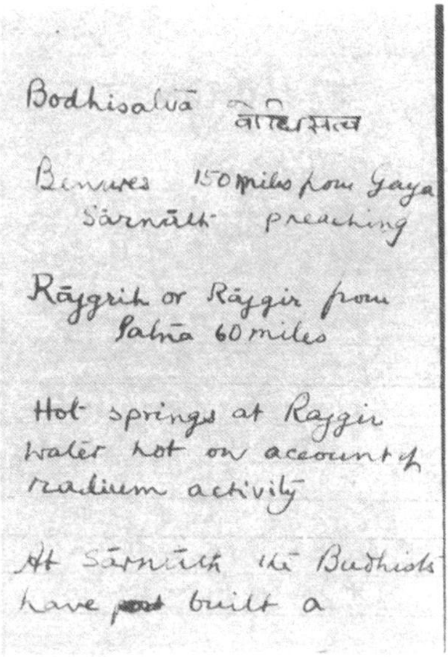

Bodhisatvā बोधिसत्व

Benares 150 miles from Gaya
Sārnāth preaching

Rājgrih or Rājgir from
Patna 60 miles

Hot springs at Rajgir
water hot on account of
radium activity

At Sārnāth the Budhists
have built a

23-044

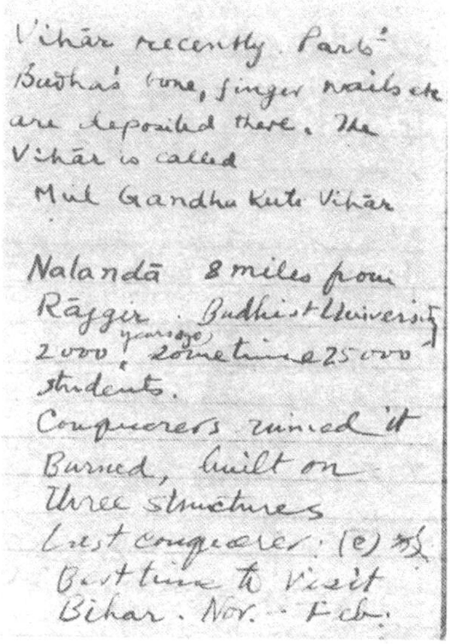
Vihār recently. Parts: Budha's bone, finger nails etc are deposited there. The Vihār is called
Mul Gandha Kuti Vihār

Nalandā 8 miles from Rājgir. Budhist University 2000 (years ago). Sometime 25000 students.
Conquerors ruined it
Burned, built on three structures
Last conquerer: (回)教
Best time to visit Bihar. Nov. - Feb.

23-045

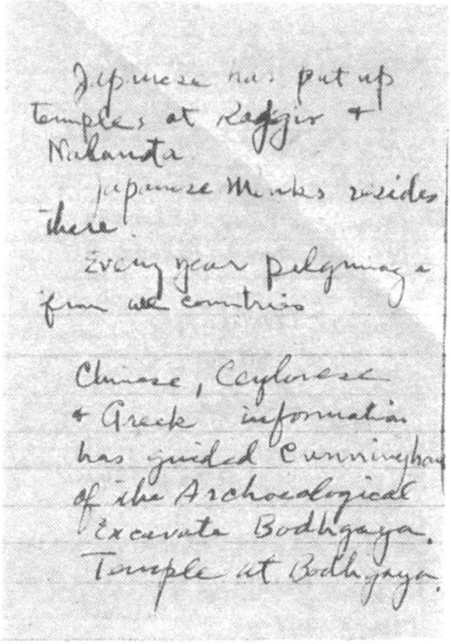
Japanese has put up temples at Rajgir & Nalanda
Japanese Monks resides there.
Every year pilgrimage from all countries

Chinese, Ceylonese & Greek information has guided Cunningham of the Archeological Excavate Bodhgaya.
Temple at Bodhgaya.

23-046

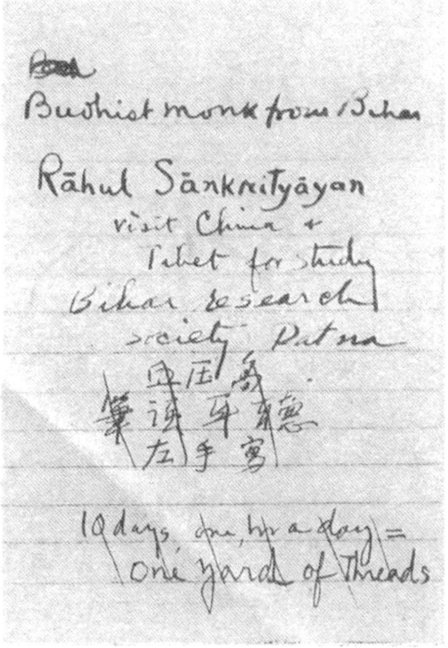
Budhist monk from Bihar

Rāhul Sānkrityāyan
visit China & Tibet for study
Bihar Research society Patna
左手写

10 days, one hr a day = one yard of threads

23-047

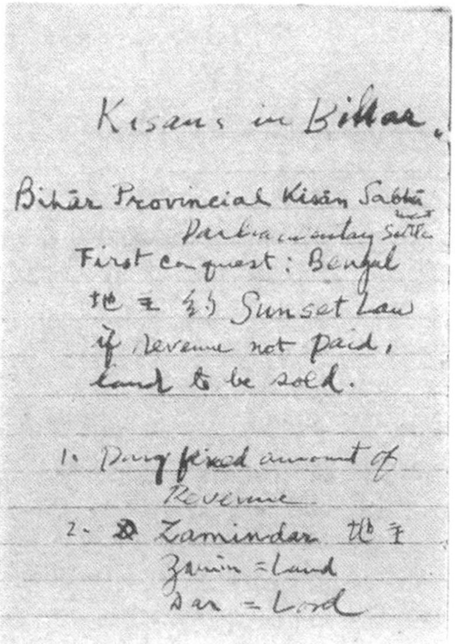
Kisans in Bihar.

Bihār Provincial Kisān Sabha
Parliamentary Sabha
First conquest: Bengal
地主纳 Sunset Law
if revenue not paid, land to be sold.

1. Pay fixed amount of Revenue
2. Zamindar 地主
Zamin = Land
Dar = Lord

23-048

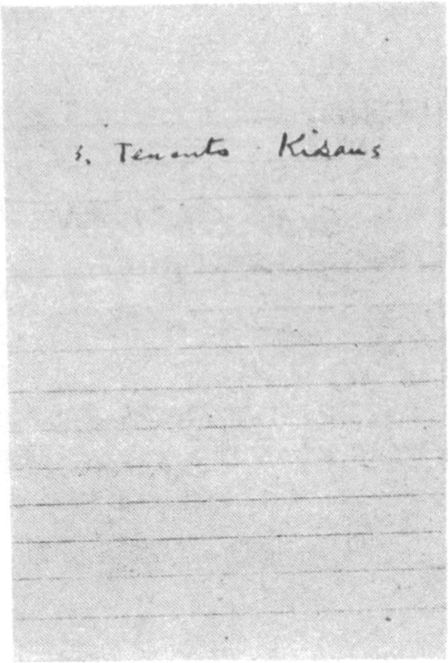
5. Tenants Kisans

23-049

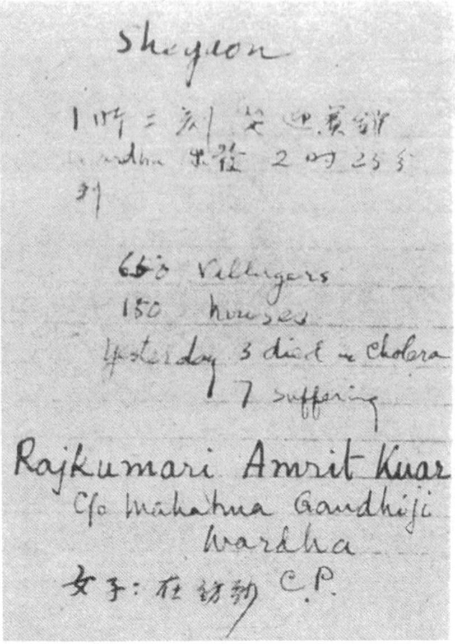
Shegaon

1時三刻 安迎賓館

Wardha 出發 2時25分

到

650 Villagers

150 houses

Yesterday 3 died in cholera

7 suffering

Rajkumari Amrit Kuar

C/o Mahatma Gandhiji

Wardha

女子：在紡紗 C.P.

23-050

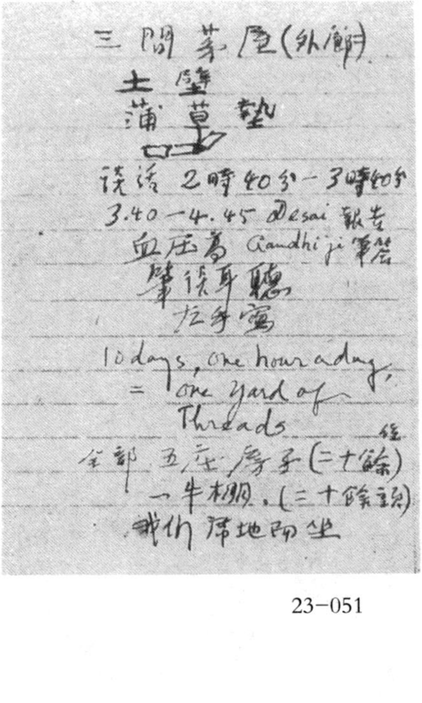
三間茅屋（外廊）

土壁

蒲草墊

談話 2時40分—3時40分

3.40—4.45 Desai 報告

血壓高 Gandhiji 筆答

筆談耳聽

左手寫

10 days, one hour a day,

= one yard of

Threads

全部五座房子（三十餘）

一牛棚（三十餘頭）

我們席地而坐

23-051

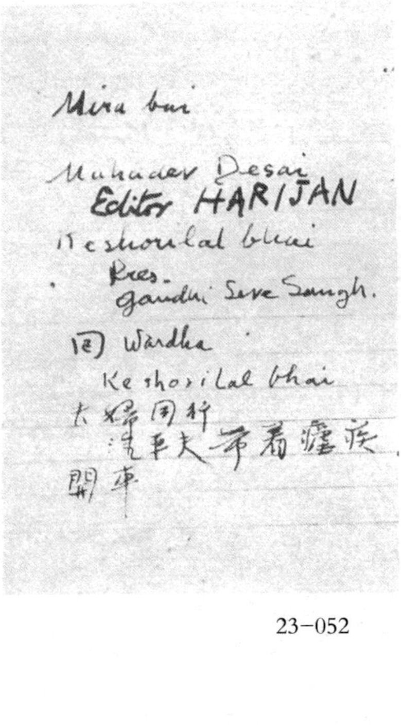
Mira bai

Mahadev Desai

Editor HARIJAN

Keshorilal bhai

Pres.

Gandhi Seva Sangh.

同 Wardha

Keshorilal bhai

夫婦同行

先乘大車看霍亂

開車

23-052

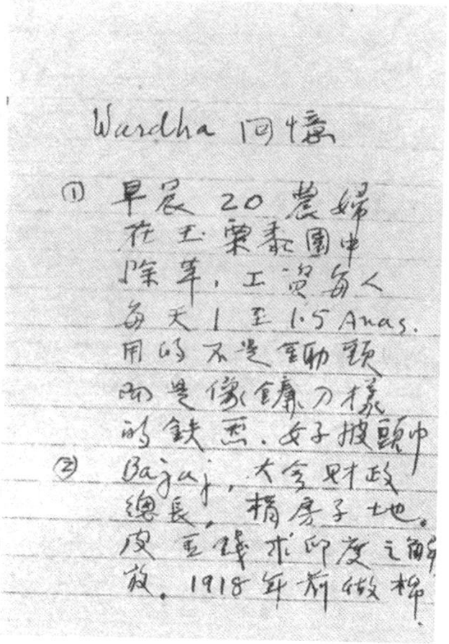
Wardha 回憶

① 早晨 20 農婦
在土棗森園中
除草，工資每人
每天 1 至 1.5 Anas.
用的不是鋤頭
而是像鐮刀樣
的鉄器。女子披頭巾

② Bajaj，大会財政
總長，捐房子地。
皮革 [illegible] 印度之解
放。1918 年前做棉

23-053

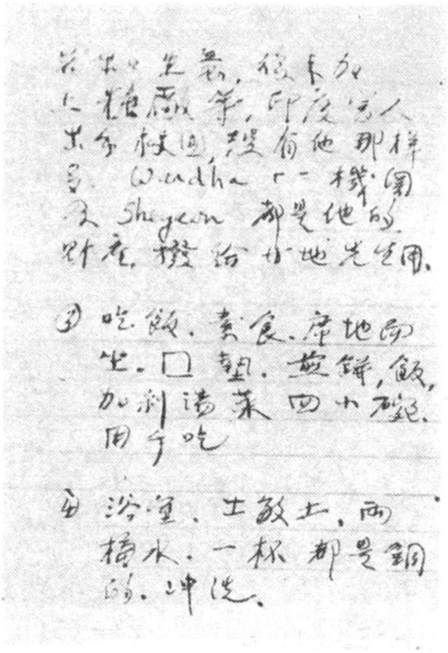
花布生意，[illegible]
[illegible]，印度富人
[illegible]，沒有他那樣
[illegible] Wardha [illegible] 機關
[illegible] Shegaon 都是他的
財產，撥給甘地先生用。

③ 吃飯。素食。席地而
坐。口墊。麦餅，飯，
加料醬菜 四小碗。
用手吃

④ 浴室。土敷土。而
擔水。一杯 都是銅
的。沖洗。

23-054

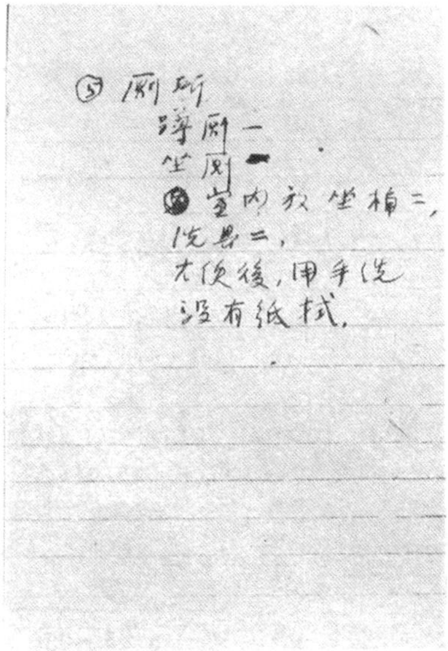
⑤ 廁所
蹲廁一
坐廁一
⑥ 室內放坐椅二，
洗具二。
大便後，用手洗
沒有紙拭。

23-055

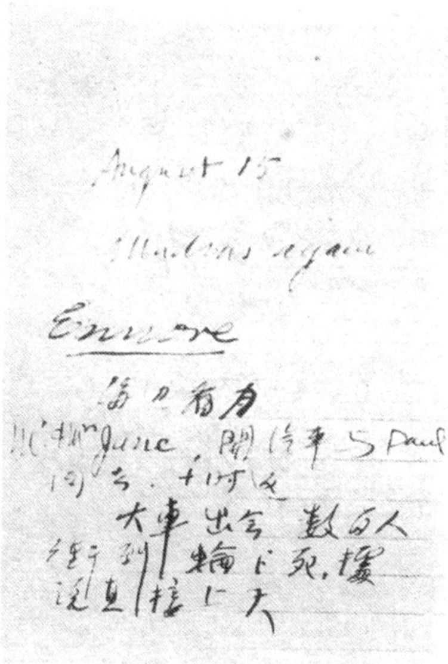
August 15
Madras again

[illegible]

[illegible]
[illegible] June，開往車 S Paul
[illegible] 十时 [illegible]
大車出会 數百人
街 到 輪下死，壞
[illegible] 大

23-056

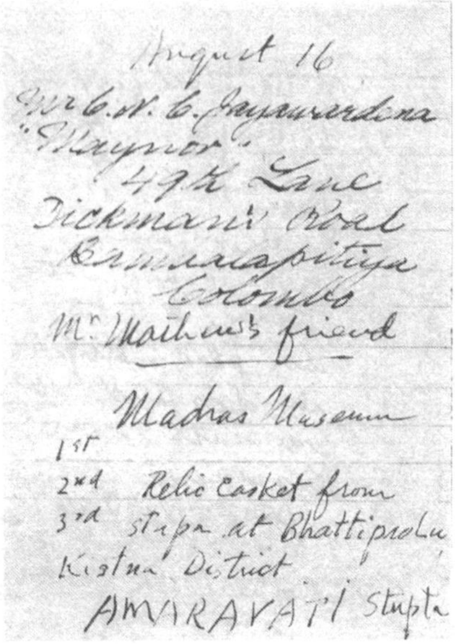
August 16
Mr C. W. C. Jayawardena
"Shaynor"
49th Lane
Dickman's Road
Bambalapitiya
Colombo
Mr Mathew's friend

Madras Museum
1st
2nd Relic Casket from
3rd stupa at Bhattiprolu
Kistna District
AMARAVATI Stupa

23-057

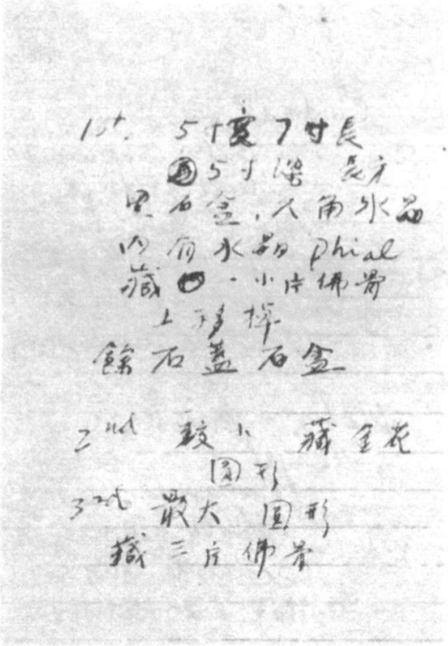
1st. 5寸宽7寸长
圆5寸阔 长方
黑石盒，六角水晶
内有水晶 phial
藏 · 小片佛骨
上珍珠
余石盖石盒

2nd 较小 藏金花
圆形
3rd 最大 圆形
藏三片佛骨

23-058

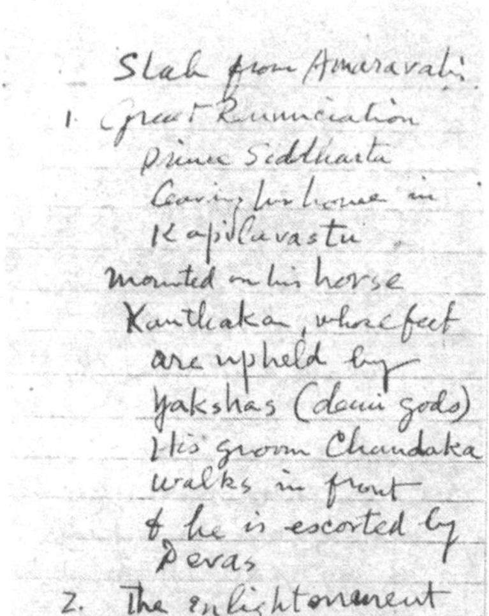
Slab from Amaravati
1. Great Renunciation
Prince Siddharta
leaving his home in
Kapilavastu
mounted on his horse
Kanthakan, whose feet
are upheld by
Yakshas (demi gods)
His groom Chandaka
walks in front
& he is escorted by
Devas
2. The enlightenment

23-059

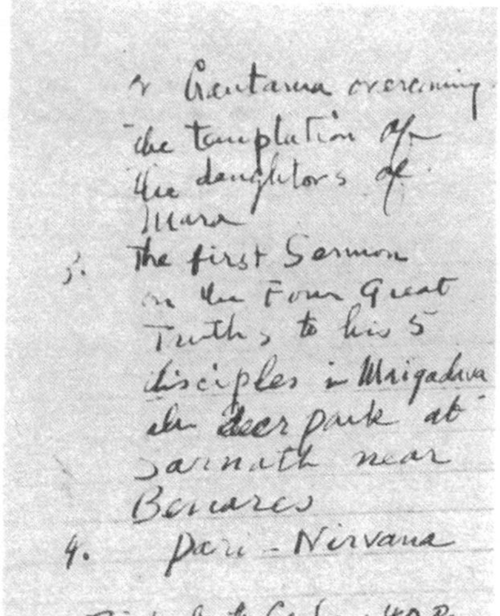
& Gautama overcoming
the temptation of
the daughters of
Mara
3. The first Sermon
on the Four Great
Truths to his 5
disciples in Mrigadava
the deer park at
Sarnath near
Benares
4. Pari-Nirvana

Ticket to Ceylon: 40 Rs
2nd class

23-060

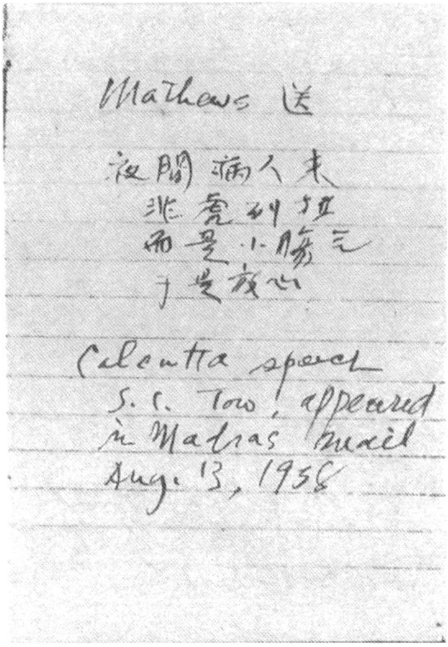
Mathews 送

夜間病人來
非氣到極
而是小腸氣
千萬放心

Calcutta speech
S. C. Tow, appeared
in Madras Mail
Aug. 13, 1938

23-061

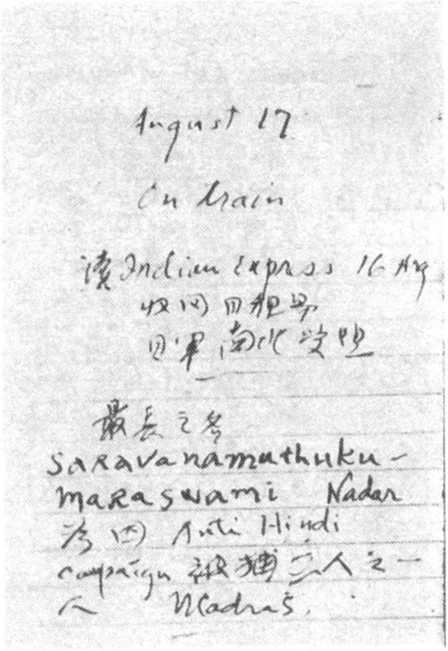
August 17

On train

讀 Indian Express 16 Aug
收回四租界
日軍向北發炮

最長之名
Saravanamuthuku-
marasuami Nadar
為因 Anti Hindi
campaign 被捕三人之一
人 Madras.

23-062

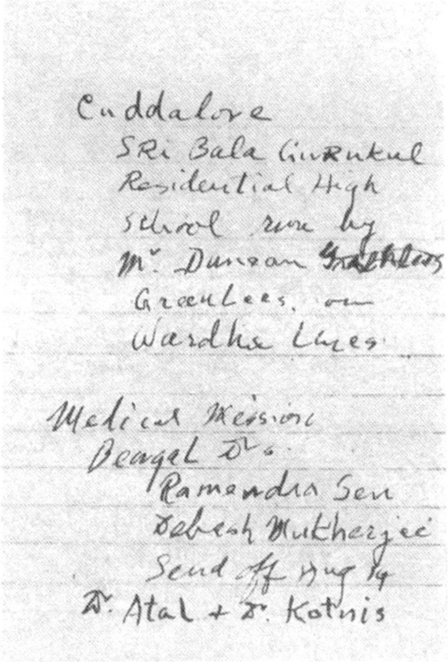
Cuddalore
SRi Bala Gurukul
Residential High
School run by
Mr. Duncan ~~Greenlees~~
Greenlees, on
Wardha Lines

Medical Mission
Bengal Drs.
Ramendra Sen
Debesh Mukherjee
Send off Aug 14
Dr. Atal + Dr. Kotnis

23-063

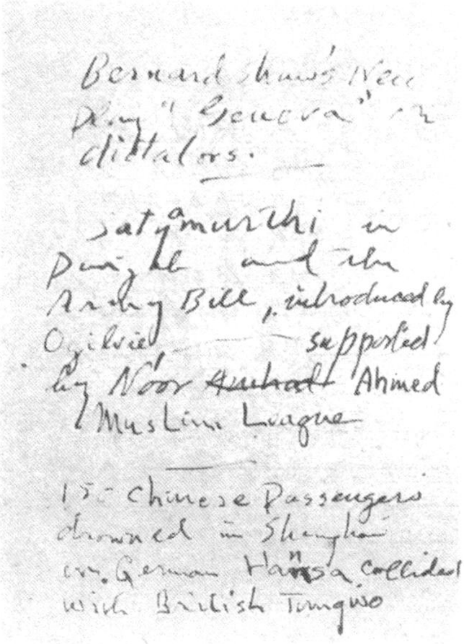
Bernard Shaw's New
Play "Geneva" on
dictators.

Satyamurthi in
Punjab and the
Army Bill, introduced by
Ogilvie — supported
by Noor ~~Ahmad~~ Ahmed
Muslim League

150 Chinese Passengers
drowned in Shanghai
on German Hansa collided
with British Tungwo

23-064

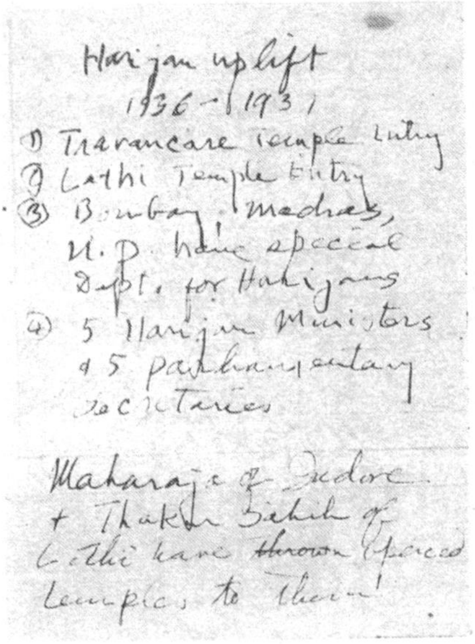
Harijan uplift
1936-1937
1) Travancore Temple Entry
2) Lathi Temple Entry
3) Bombay, Madras, U.P. have special Depts. for Harijans
4) 5 Harijan Ministers & 5 parliamentary secretaries

Maharaja of Indore & Thakur Sahib of Lathi have thrown opened temples to them!

23-065

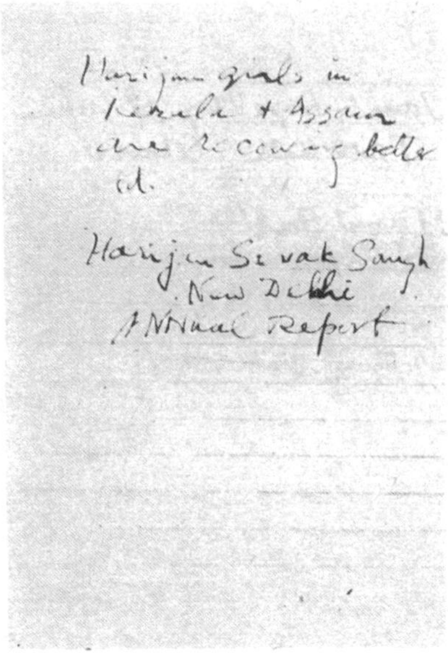
Harijan girls in Kerala & Assam are receiving better ed.

Harijan Sevak Sangh
New Delhi
Annual Report

23-066

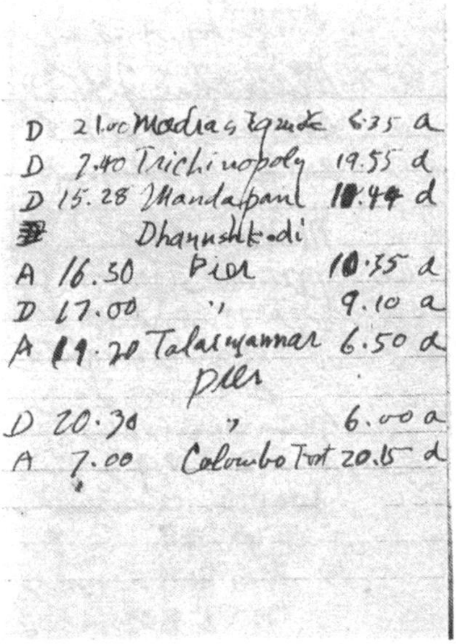
D 21.00 Madras Egmore 6.35 a
D 7.40 Trichinopoly 19.55 d
D 15.28 Mandapam 10.44 d
Dhanushkodi
A 16.30 Pier 10.35 d
D 17.00 " 9.10 a
A 19.20 Talaimannar Pier 6.50 d
D 20.30 " 6.00 a
A 7.00 Colombo Fort 20.15 d

23-067

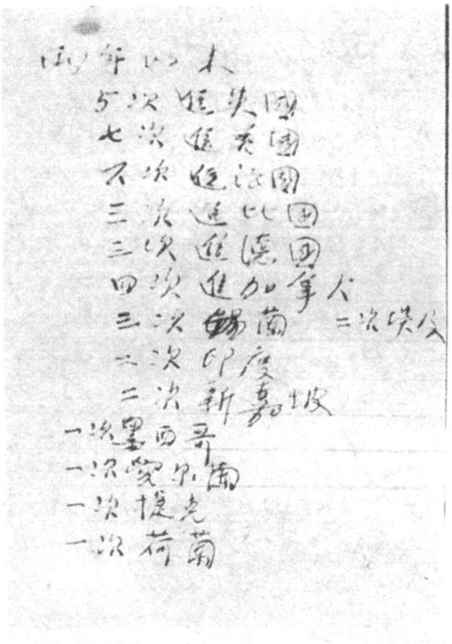
两年以来
5次進美國
七次進英國
六次進法國
三次進比國
三次進德國
四次進加拿大
三次錫蘭 二次埃及
二次印度
二次新嘉坡
一次墨西哥
一次愛尔蘭
一次捷克
一次荷蘭

23-068

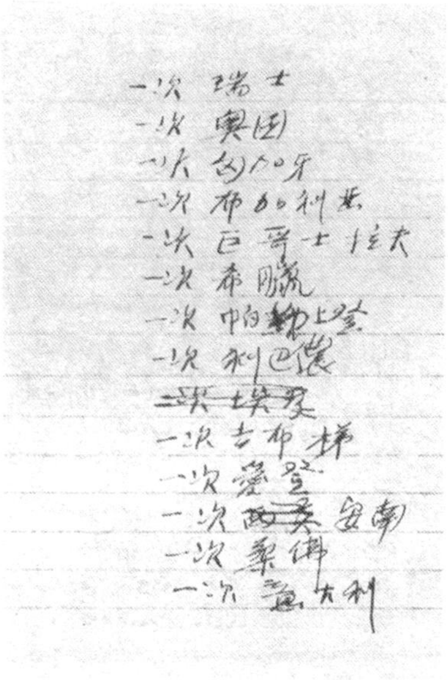
一次 瑞士
一次 奥国
一次 匈牙利
一次 布加利亚
一次 巨哥士拉夫
一次 希腊
一次 帕勒斯坦
一次 利巴嫩
~~[illegible]~~
一次 吉布提
一次 锡兰
一次 安南
一次 柔佛
一次 意大利

23-069

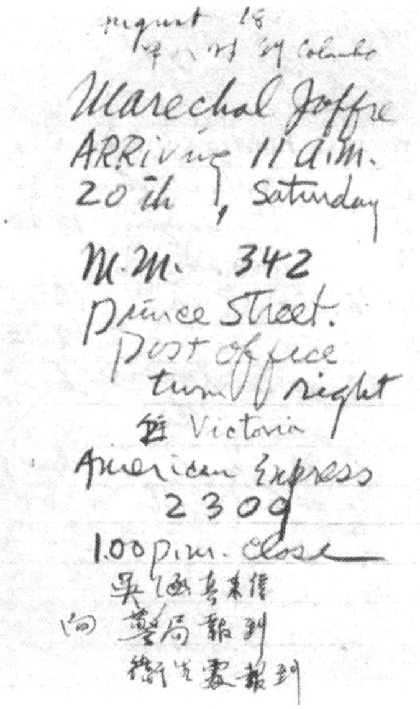
August 18
早八时到Colombo
Marechal Joffre
ARRiving 11 a.m.
20th, Saturday
M.M. 342
Prince Street.
Post office
turn right
鱼 Victoria
American Express
2309
1.00 p.m. close
吴涵真来信
向警局报到
卫生处报到

23-070

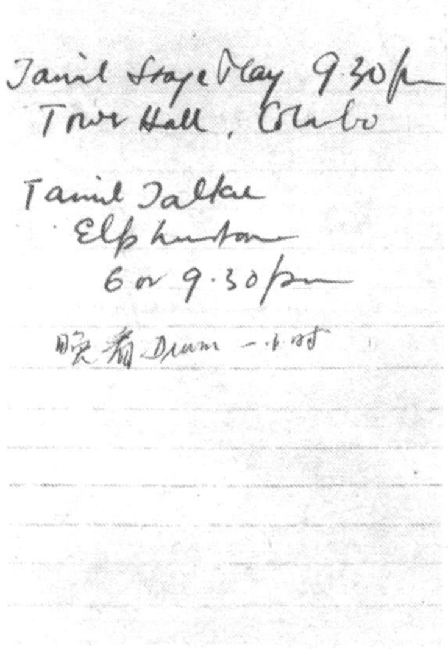
Tamil Stage Play 9.30 p
Town Hall, Colombo
Tamil Talkie
Elphinstone
6 or 9.30 p
晚看Drama一小时

23-071

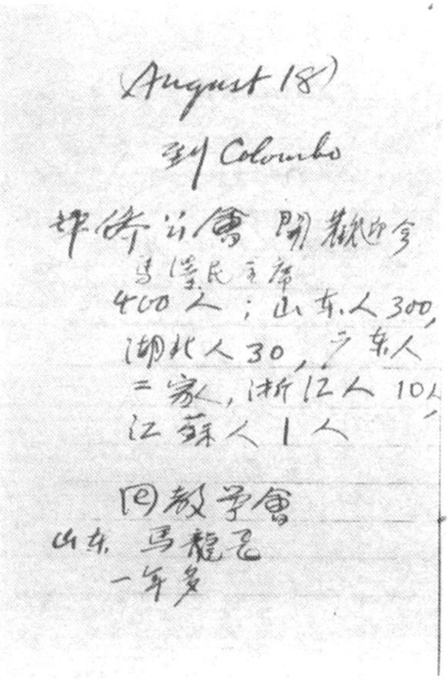
(August 18)
到Colombo
华侨公会 开欢迎会
马铨民主席
400人；山东人300，
湖北人30，广东人
二家，浙江人10人
江苏人1人
回教学会
山东 马龙飞
一年多

23-072

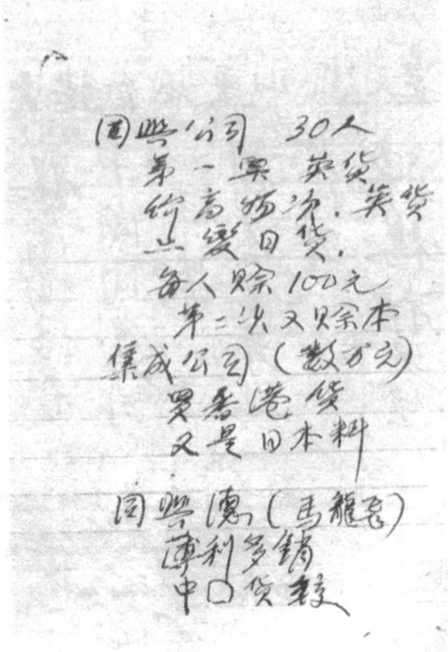
同兴公司 30人
第一买 英货
修高场汤，英货
兴发日货，
每人赊100元
第二次又赊本
集成公司（数万元）
买香港货
又是日本料
同兴德（马龙色）
薄利多销
中国货较

23-073

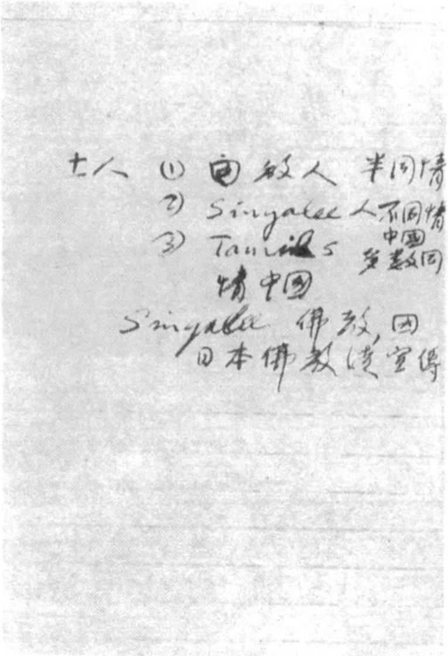
七人 (1) 回教人 半同情
(2) Singalee人 不同情
(3) Tamils 中国 多数同情中国
Singalee 佛教，因日本佛教徒宣传

23-074

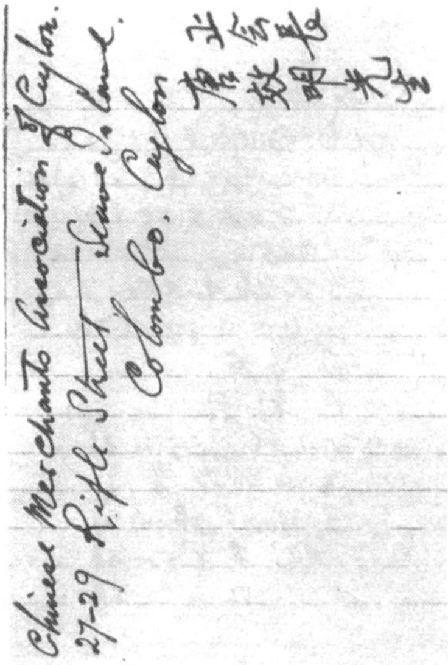
Chinese Merchants Association of Ceylon.
27-29 Rifle Street, Slave Island.
Colombo, Ceylon

23-075

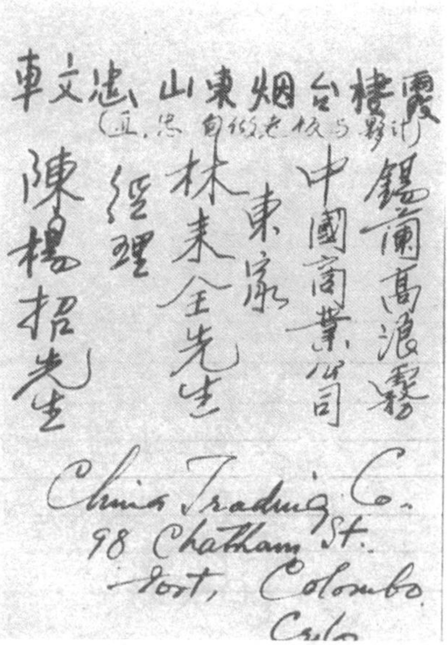
车文法，山东烟台楼霞
锡兰高浪露
中国商业公司
东家
林来全先生
经理
陈杨招先生
China Trading Co.
98 Chatham St.
Fort, Colombo
Ceylon

23-076

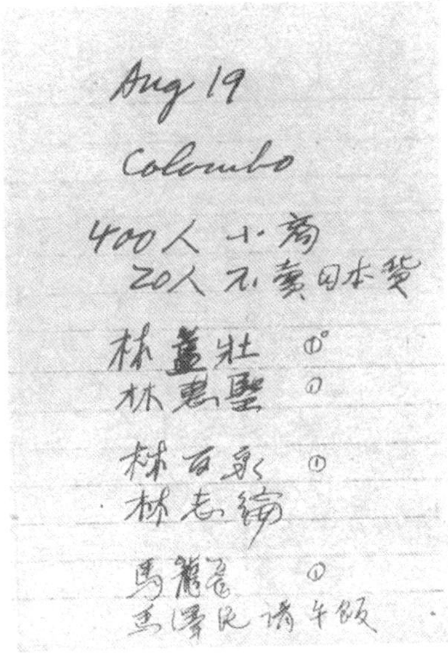

23-077

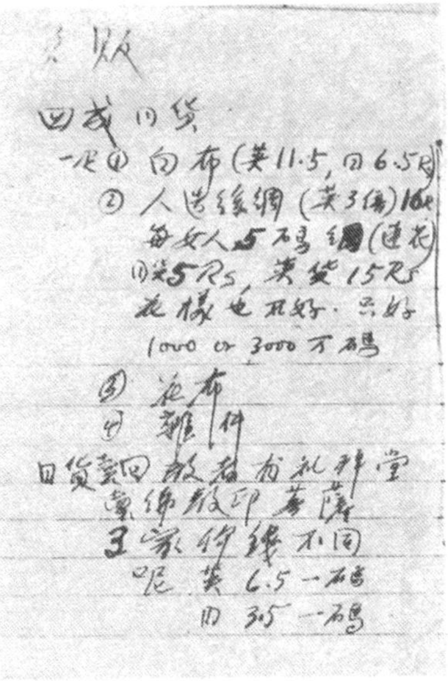

23-078

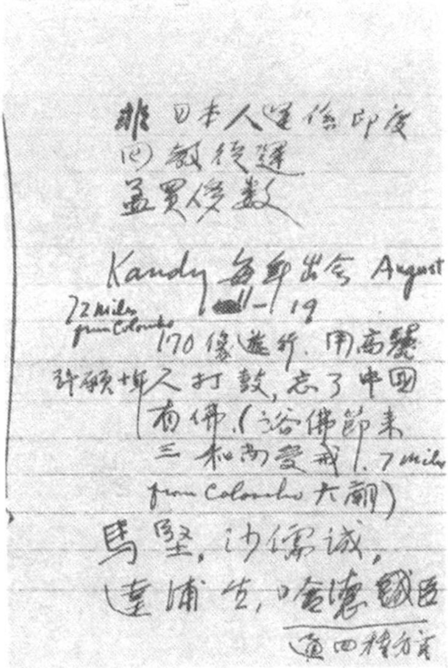

23-079

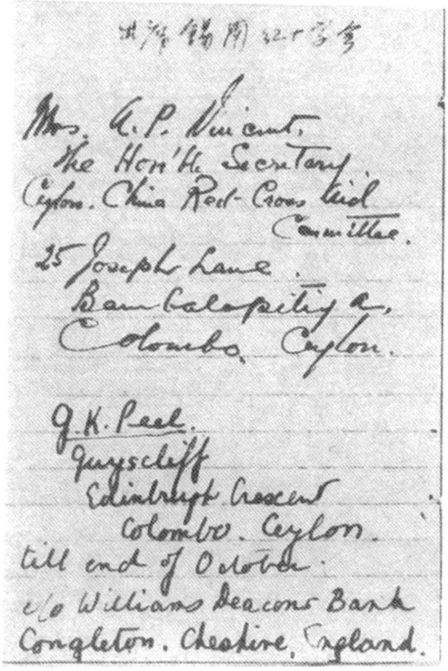

23-080

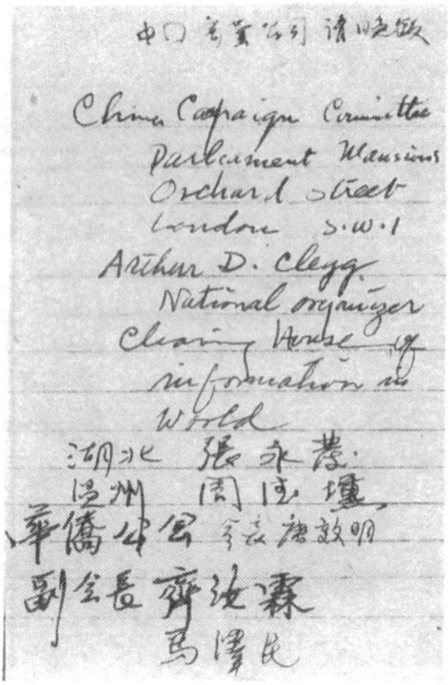
中國茶葉公司 請晚飯

China Campaign Committee
Parliament Mansions
Orchard Street
London S.W.1
Arthur D. Clegg
National organizer
Clearing House of
information in
World
湖北 張永洪(?)
温州 周[illegible]
華僑公會 主席 唐啟明(?)
副会長 齊[illegible]
馬澤民

23-081

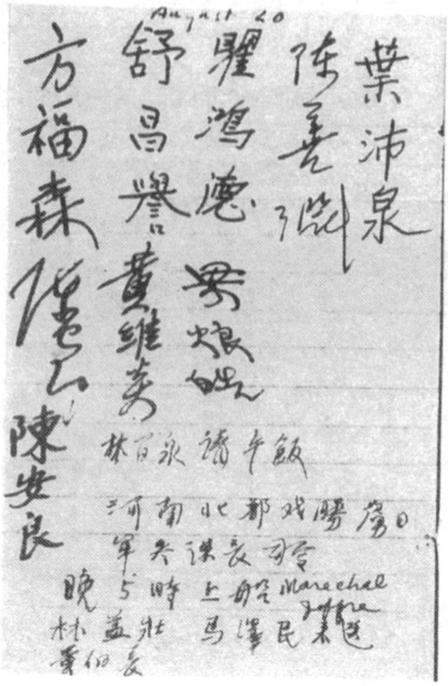
August 20

葉沛泉 陳[illegible] 瞿鴻[illegible] 舒昌譽 方福森 [illegible] 陳安良 黄維[illegible] [illegible]

林百泉(?) 請午飯

河南北部戏勝[illegible]
軍参謀長[illegible]
晚 5 時 上船 Marechal Joffre
林益壯 馬澤民 [illegible]
[illegible]

23-082

August 21
風平浪静
中午[illegible]

23-083

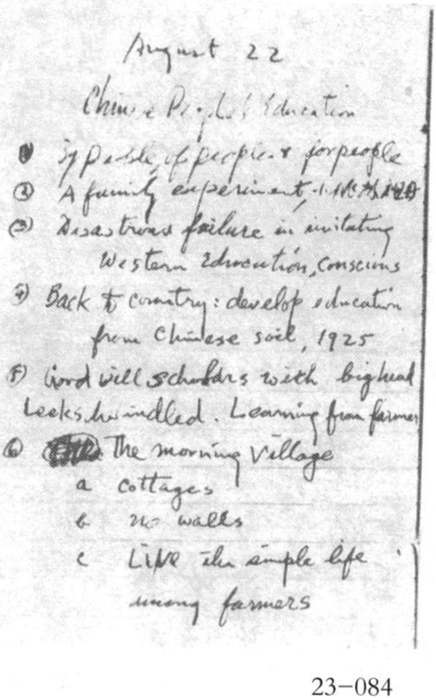
August 22
Chinese People's Education
① [illegible] of people & for people
② A family experiment [illegible]
③ Disastrous failure in imitating Western education, conscious
④ Back to country: develop education from Chinese soil, 1925
⑤ Good will scholars with big head looks bewildered. Learning from farmers
⑥ [illegible] The morning village
a cottages
b no walls
c Live the simple life among farmers

23-084

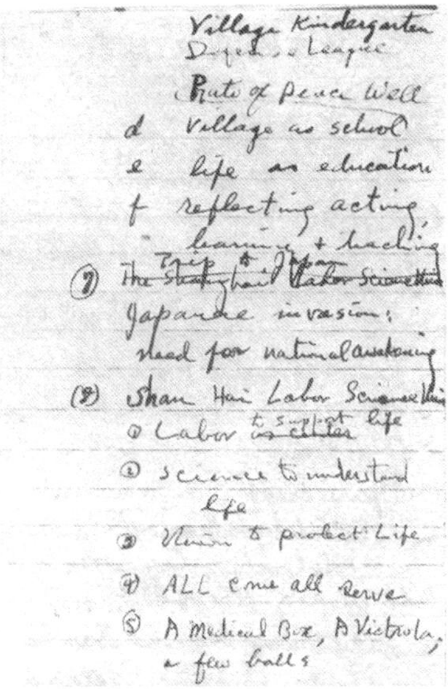

Village Kindergarten
Dispensa League
Pirate of peace well
d Village as school
e Life as education
f reflecting acting
- learning + teaching
(7) ~~The Study hail Labor Science~~ Trip to Japan
Japanese invasion:
need for national awakening
(8) Shan Hai Labor Science Union
① Labor ~~in clothes~~ to support life
② Science to understand life
③ Union to protect life
④ ALL come all serve
⑤ A Medical Box, A Victrola, a few balls

23-085

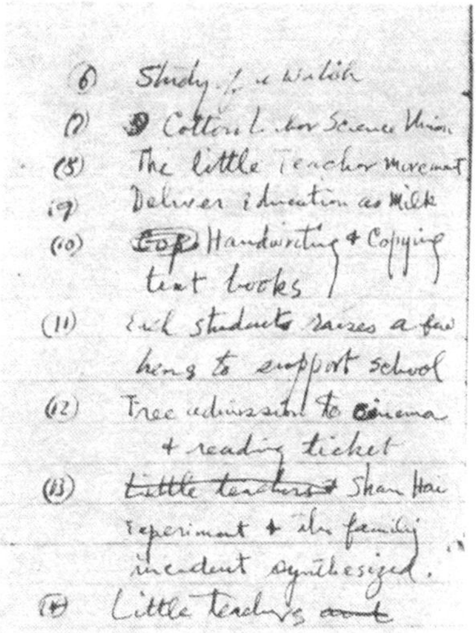

(6) Study for a watch
(7) Cotton Labor Science Union
(8) The little Teacher Movement
(9) Deliver education as milk
(10) ~~Cop~~ Handwriting + Copying text books
(11) Each students raises a few hens to support school
(12) Free admission to cinema + reading ticket
(13) ~~Little teachers~~ Shan Hai Experiment + the family incident synthesized.
(14) Little teachers ~~and~~

23-086

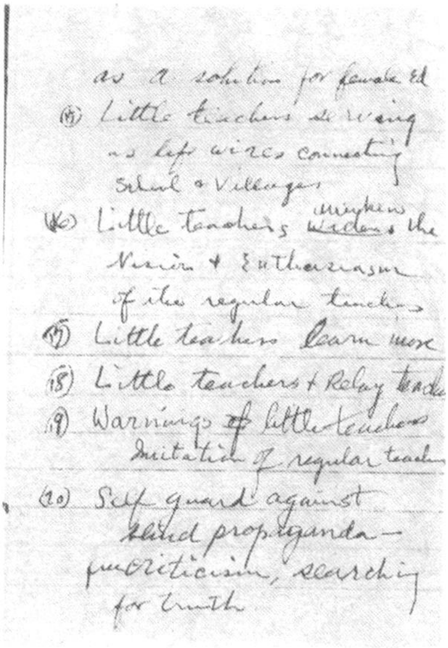

as a solution for female Ed
(15) Little teachers serving as life wires connecting School + Villages
(16) Little teachers ~~widens~~ strengthen the Vision + Enthusiasm of the regular teachers
(17) Little teachers learn more
(18) Little teachers + Relay teach
(19) Warnings of little teachers Imitation of regular teach
(20) Self guard against blind propaganda — criticism, searching for truth

23-087

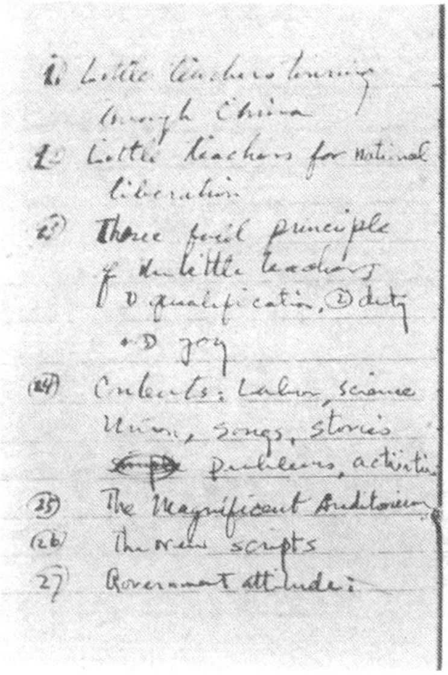

21 Little teachers touring through China
22 Little teachers for national liberation
23 Three fold principle of the little teachers
① qualification, ② duty ③ joy
(24) Contents: Labor, science Union, songs, stories ~~songs~~ problems, activities
25 The Magnificent Auditorium
(26) The new scripts
27 Government attitude:

23-088

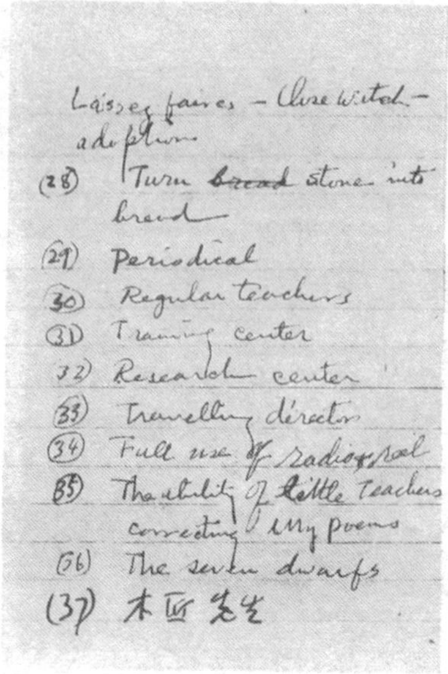

Laissez faires — Close Watch — adoption

(28) Turn ~~bread~~ stone into bread

(29) Periodical

30) Regular teachers

31) Training center

32) Research center

33) Travelling director

34) Full use of radio…

35) The ability of ~~Little~~ Little Teachers correcting My poems

(36) The seven dwarfs

(37) 木匠先生

23-089

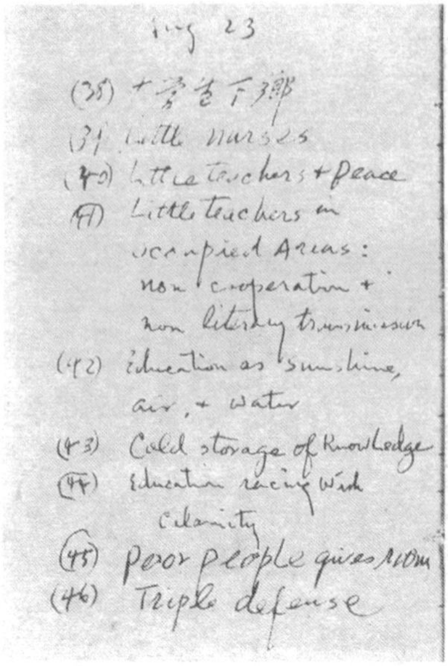

Aug 23

(38) 大学生下乡

(39) Little nurses

(40) Little teachers + peace

(41) Little teachers in occupied Areas: non cooperation + non literary transmission

(42) Education as sunshine, air, + water

(43) Cold storage of Knowledge

(44) Education racing with calamity

(45) Poor people gives room

(46) Triple defense

23-090

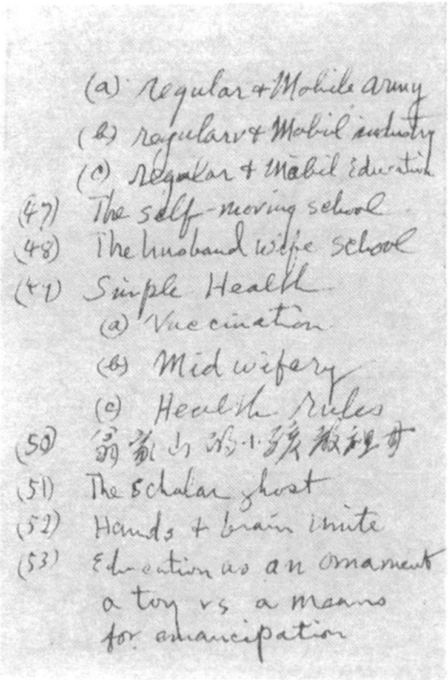

(a) regular + Mobile army

(b) regular + Mobil industry

(c) regular + Mobil Education

(47) The self-moving school

(48) The husband wife school

(49) Simple Health

(a) Vaccination

(b) Midwifery

(c) Health Rules

(50) 翁家山的小孩教科书

(51) The scholar ghost

(52) Hands + brain unite

(53) Education as an ornament a toy vs a means for emancipation

23-091

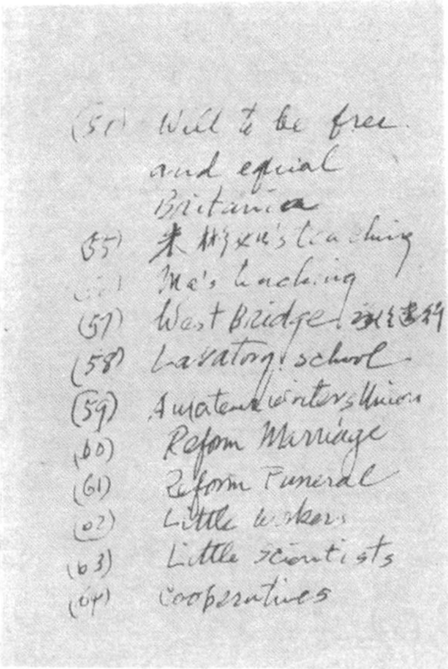

(54) Will to be free and equal Britanica

(55) 朱彬××'s teaching

(56) Mo's teaching

(57) West Bridge [illegible]

(58) Lavatory school

(59) Amateur writers Union

(60) Reform Marriage

(61) Reform Funeral

(62) Little workers

(63) Little scientists

(64) Cooperatives

23-092

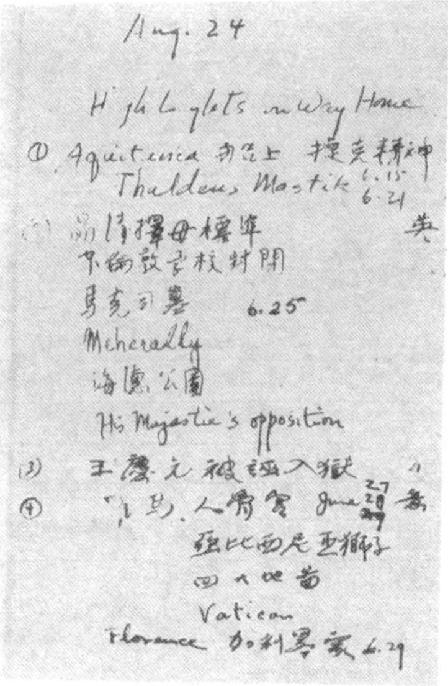
Aug. 24

Highlights on Way Home

① Aquitania

Thaddeus Mastik 6.15 6.21

Mcherally

His Majestie's opposition

Vatican

Florence 6.29

23-093

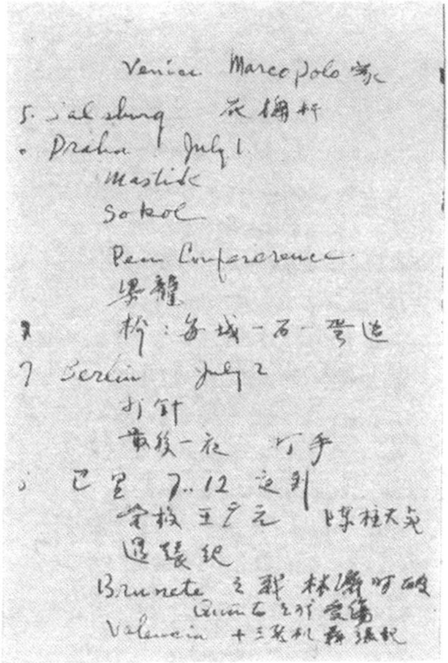
Venice Marco Polo

Praha July 1

Mastik

Sokol

Peace Conference

Berlin July 2

Brunete

Valencia

23-094

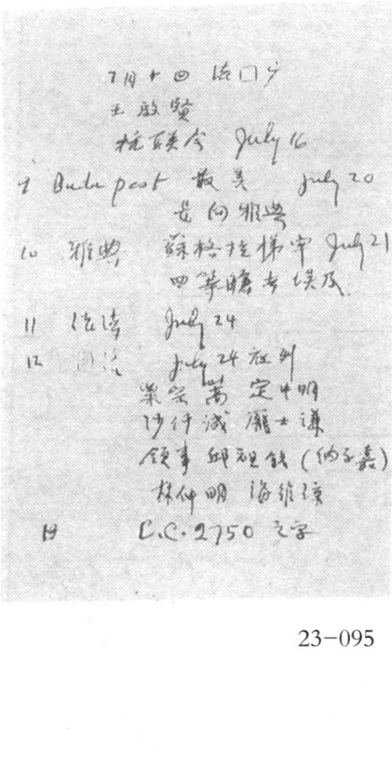
Budapest July 20

July 21

July 24

July 24

C.C. 2750

23-095

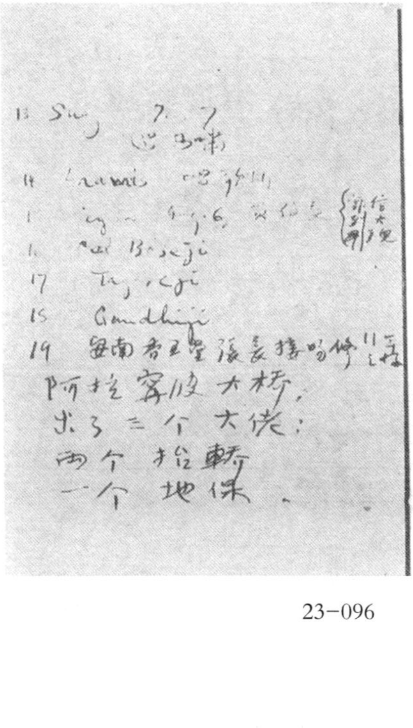
Gandhiji

23-096

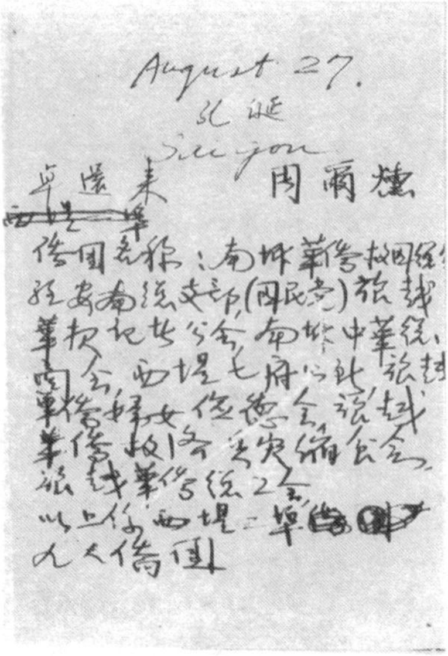

August 27.
孔诞
Saigon
卓遂来　周爾燻
侨团名称：南圻华侨救国总会，驻安南总支部（国民党），旅越华侨妇女会，南圻中华总商会，西堤七府公所，旅越华侨妇女保德会，旅越华侨救济会，旅越华侨总工会
以上俱西堤二埠
九人侨团

23-097

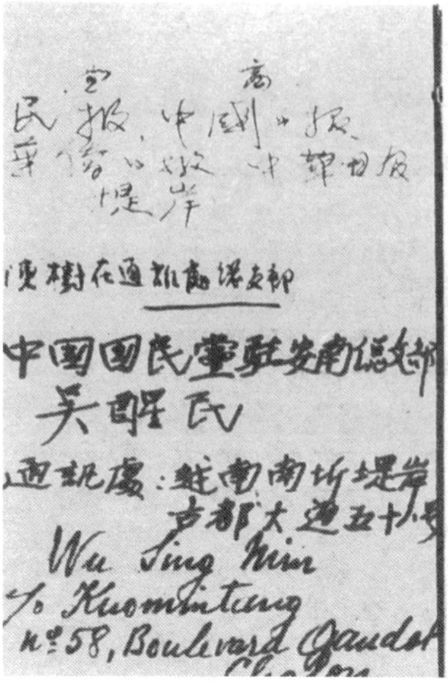

宴　商
民报，中国日报，
华侨日报，中华日报
堤岸
便树在通讯处
中国国民党驻安南总支部
吴醒民
通讯处：越南南圻堤岸
卢都大道五十八号
Wu Sing Min
c/o Kuomintang
No 58, Boulevard Gaudot
Cholon

23-098

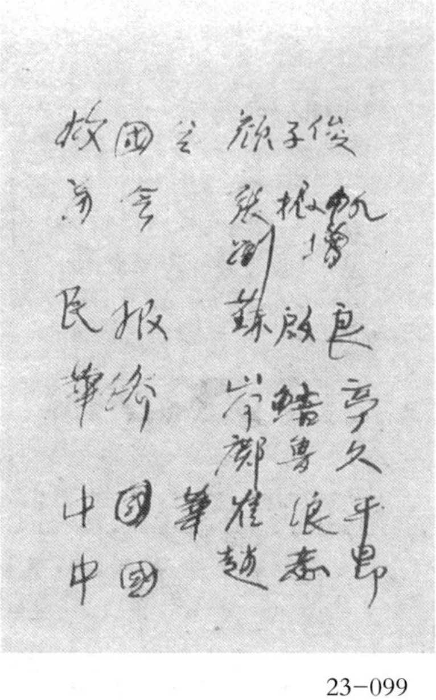

救国总会　顾子俊
商会　张栋帆
民报　苏启良
华侨
中国　华
中国

23-099

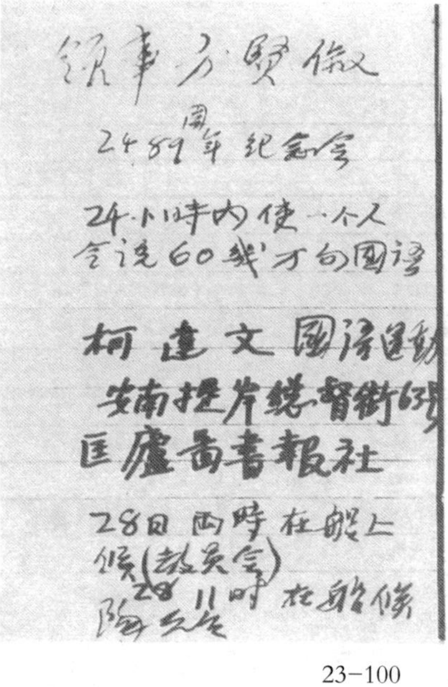

领事方贤俶
24 89周年纪念会
24小时内使一个人会说60几句国语
柯达文 国语运动
安南堤岸总督街
匡庐画书报社
28日两时在船上候（教员会）
28 11时在船候
陶之

23-100

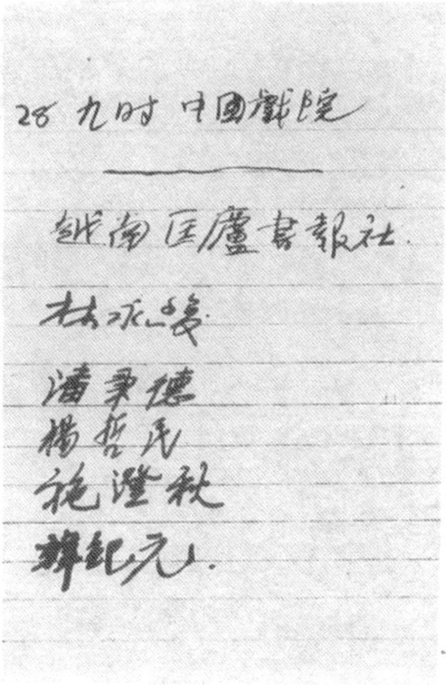
28 九时 中国戏院
越南巨鹰书报社
林水镜
潘秉德
杨哲民
施澄秋
郑纪元

23-101

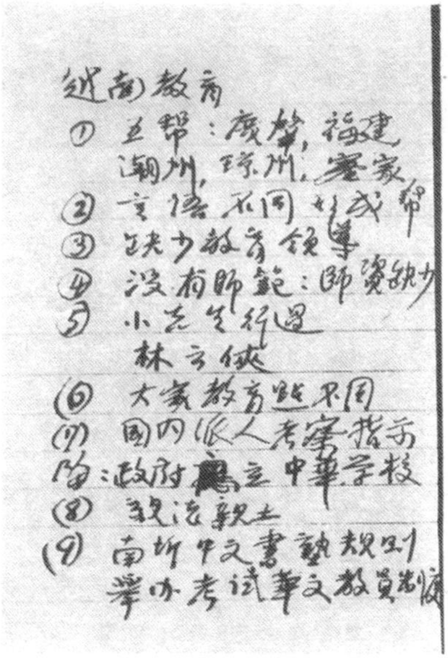
越南教育
① 五帮：广肇，福建，潮州，琼州，客家
② 言语不同 难成帮
③ 缺少教育领导
④ 没有师范：师资缺少
⑤ 小先生行过
林文侠
⑥ 大众教育处不同
⑦ 国内派人考察指示
附：政府应立中华学校
⑧ 教法改良
⑨ 南圻中文书塾规则
举办考试华文教员制度

23-102

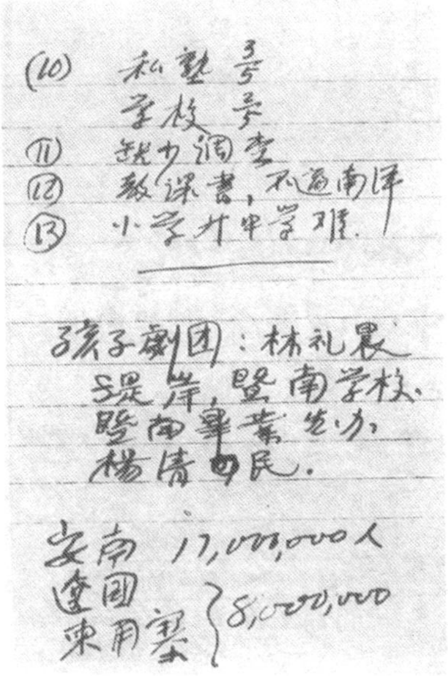
(10) 私塾多
学校多
(11) 缺少调查
(12) 教课书，不适南洋
(13) 小学升中学难
孩子剧团：林礼晨
堤岸，暨南学校。
暨南毕业生办，
杨清□民。
安南 17,000,000人
全国
采用字 } 8,000,000

23-103

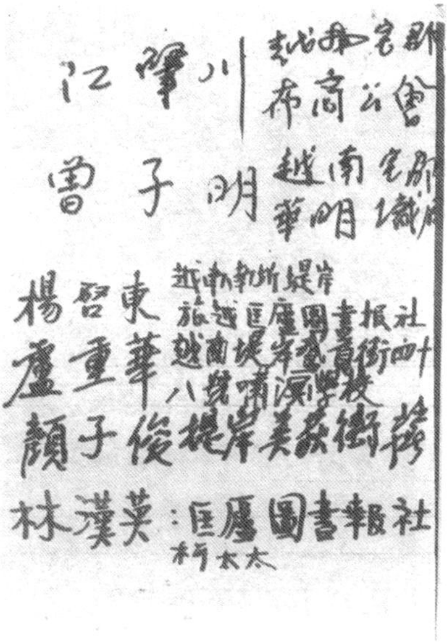
江肇川 越南华侨 布商公会
曾子明 越南华侨 华明织厂
杨启东 [illegible] 堤岸 旅越巨鹰图书报社
卢重华 越南堤岸 [illegible] 八号 [illegible] 学校
颜子俊 堤岸美术 [illegible]
林汉英：巨鹰图书报社 柯太太

23-104

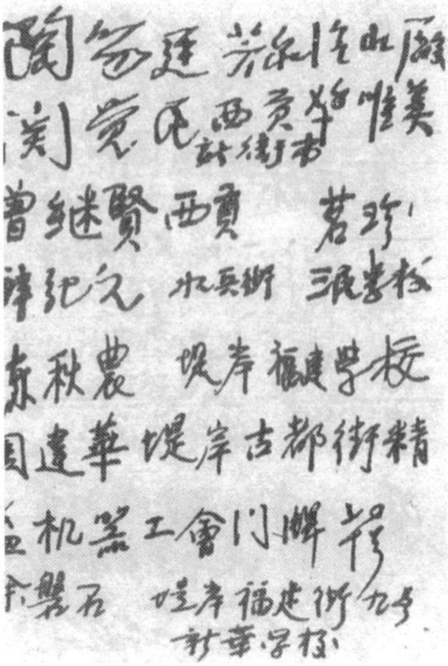

23-105

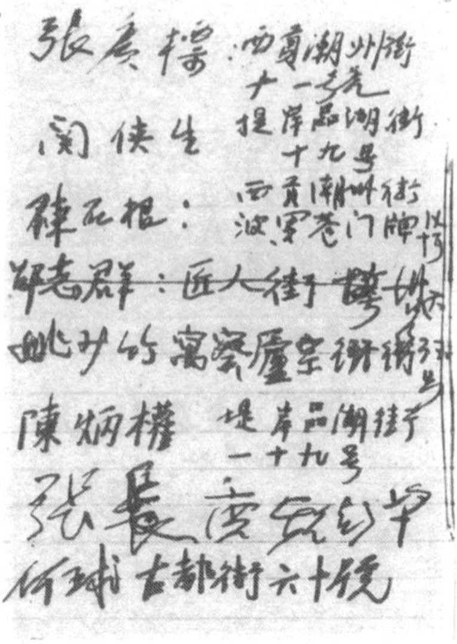

23-106

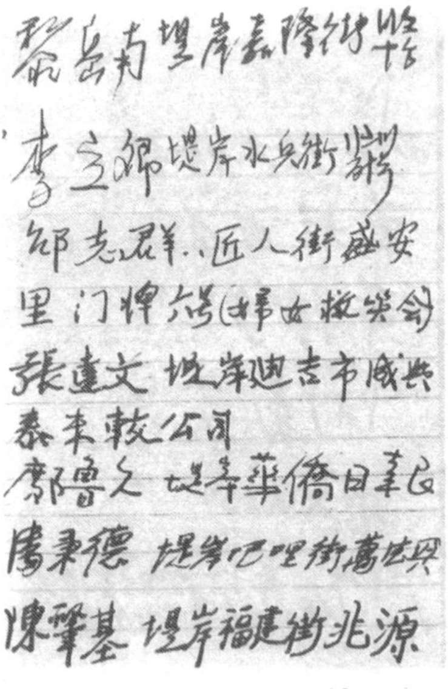

23-107

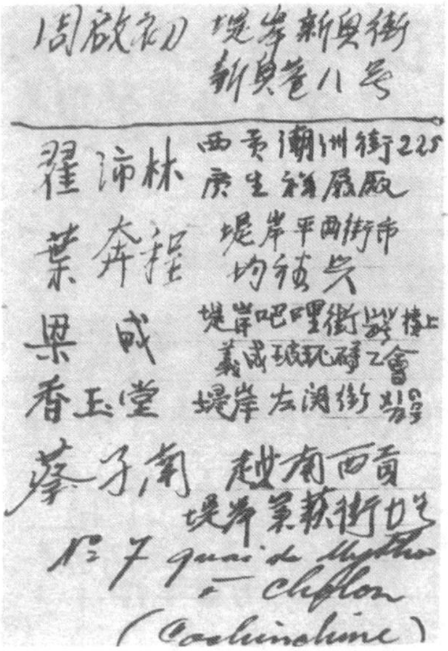

23-108

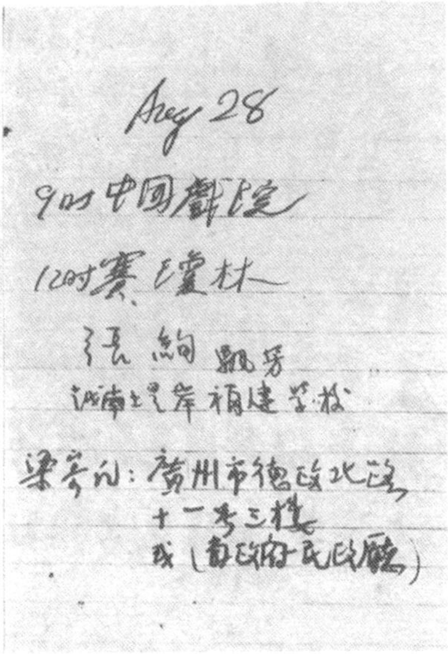

23-109

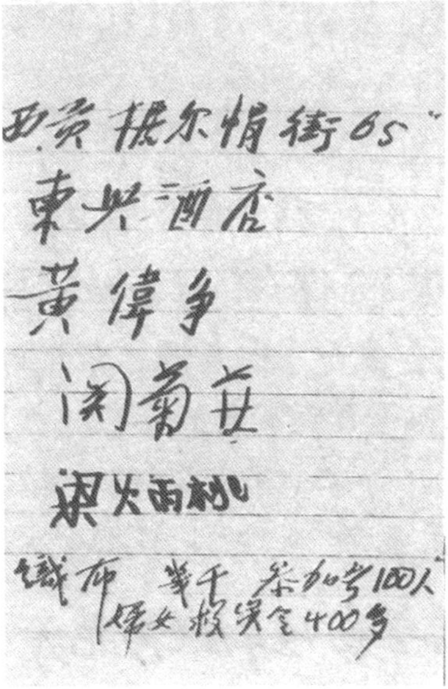

23-110

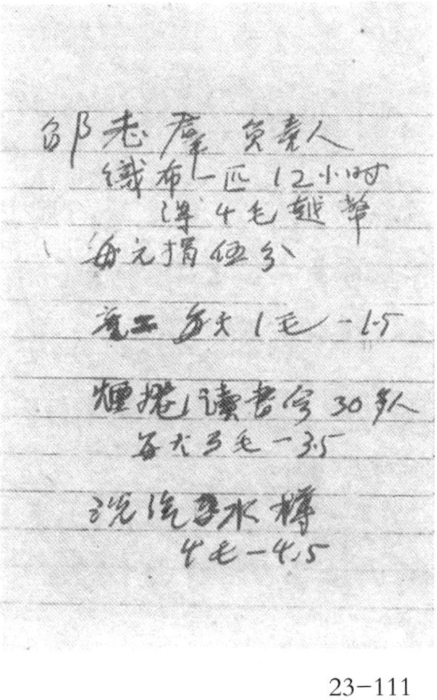

23-111

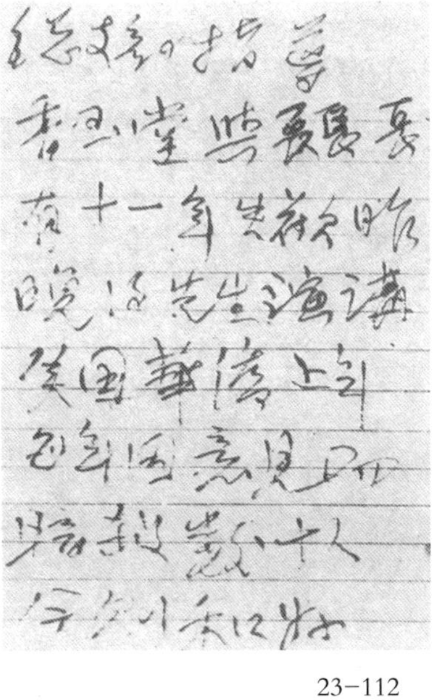

23-112

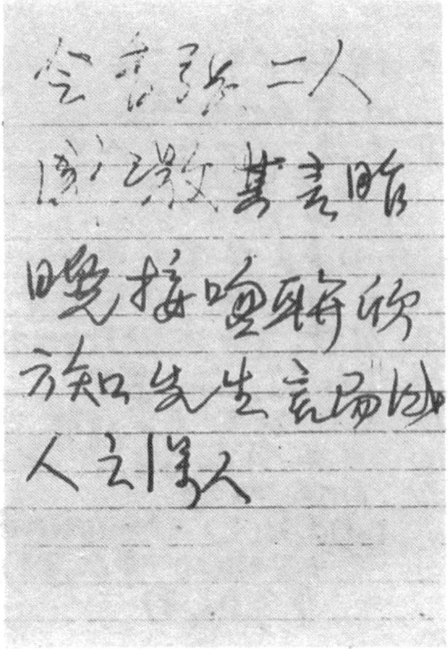

23-113

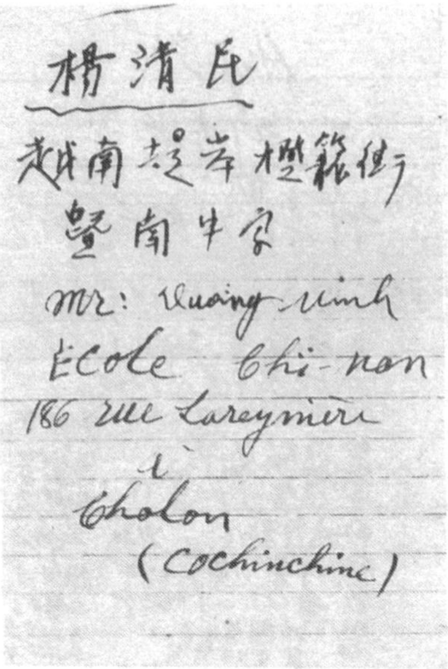
杨清氏
越南堤岸[illegible]街
暨南中学
Mr: Vuong-Vinh
Ecole Chi-nan
186 rue Lareynière
à
Cholon
(Cochinchine)

23-114

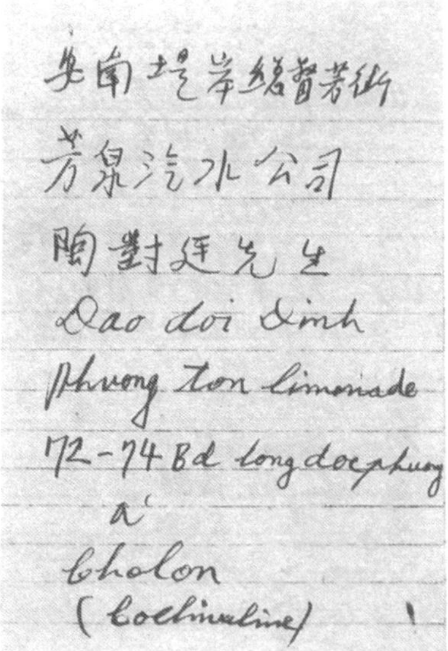
安南堤岸總督[illegible]街
芳泉汽水公司
陶對廷先生
Dao doi Dinh
Phuong Ton limonade
72-74 Bd Tong doc phuong
à
Cholon
(Cochinchine)

23-115

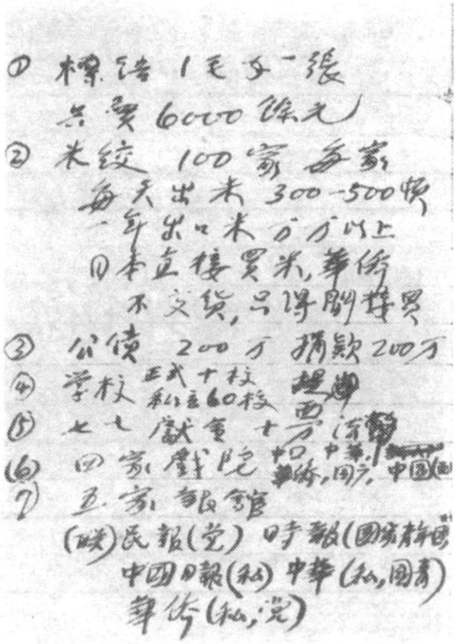
① [illegible] 1毛多一张
共[illegible]6000余元
② 米绞 100家 多家
每天出米 300-500[illegible]
一年出口米 万万以上
日本直接买米，華侨
不交货，只得間接买
③ 公债 200万 捐款200万
④ 学校 正式十校 私立60校 [illegible]
⑤ 七七献金 十万 [illegible]
⑥ 四家戏院 [illegible]
⑦ 五家報館
([illegible])民報(党) 時報([illegible])
中国日報(私) 中華(私,[illegible])
華侨(私,党)

23-116

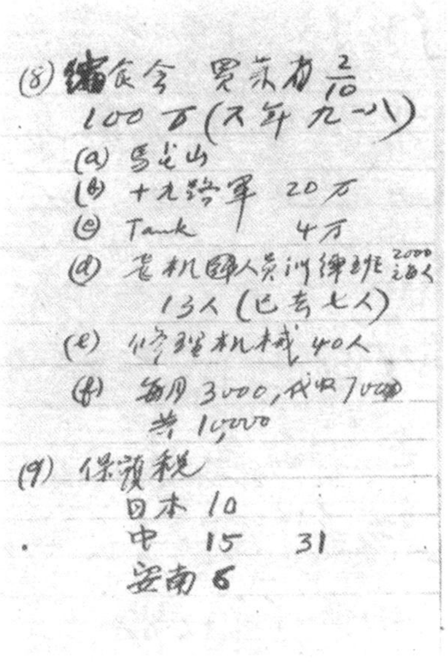
(8)
100 万
(a)
(b) 十九路军 20 万
(c) Tank 4 万
(d) 13人
(e) 修理机械 40人
(f) 每月 3000，
共 10000
(9)
日本 10
中 15 31
安南 6

23-117

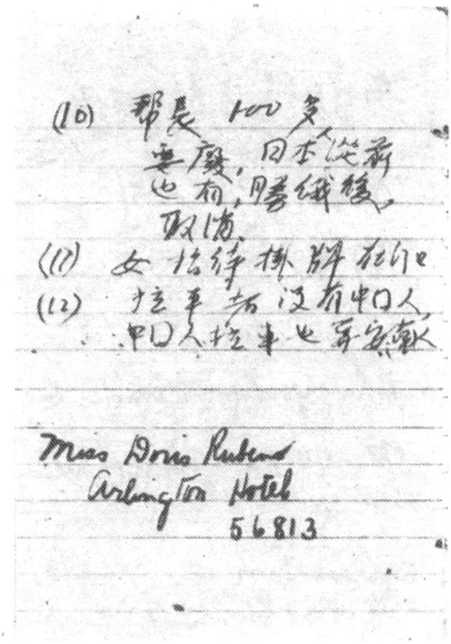
(10) 部长 100 多
(11)
(12)
Miss Doris Rubens
Arlington Hotel
56813

23-118

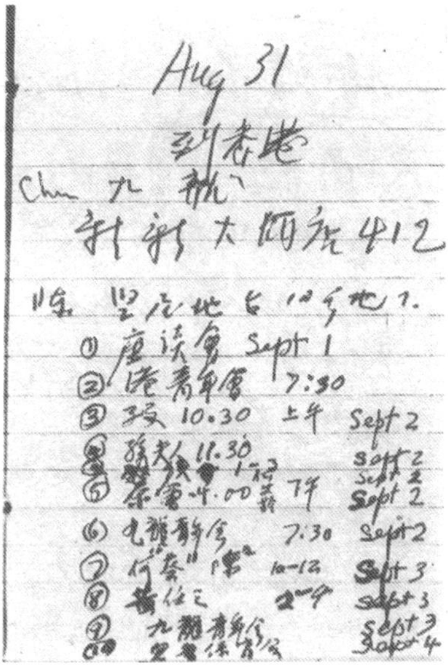
Aug 31
到香港
Chin 九龙
412
① Sept 1
② 7:30
③ 10.30 上午 Sept 2
④ 11.30 Sept 2
⑤ Sept 2
⑥ 7:30 Sept 2
⑦ 10-12 Sept 3
⑧ Sept 3
⑨ Sept 3
⑩ Sept 4

23-119

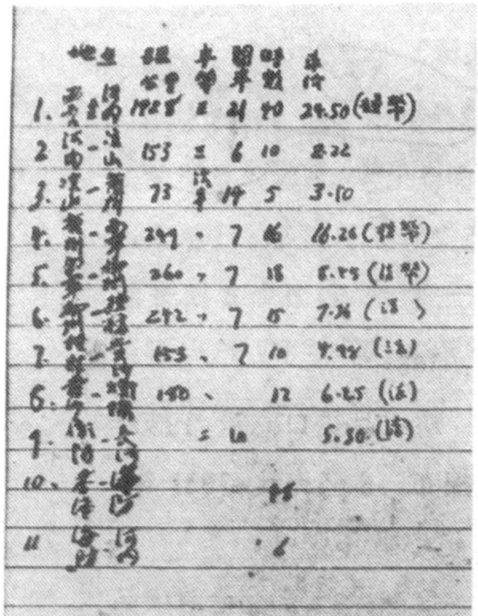

23-120

第二十三册〔注译〕

1938.8.10~1938.8.31

加尔各答·孟加拉·沃尔塔
马德拉斯·科伦坡·西贡

23—001

第2行：加尔各答

第5至7行：印度中文报加尔各答地址

23—005

苏瑞什·钱德拉·巴纳基博士地址

23—006

卡利安·鲍斯

库玛德·巴塔查吉

余为印度文

23—007

“无人能够夺走这财富——学习”

“一分努力，一分成绩”

（加尔各答城人口）：3,500,000 其中10%　穆斯林　16%~18%高阶层社会主义者

23—008

纺织品进口总量：1920年　棉布　6亿卢比；1937年　12亿卢比

日本货：大部分是纺织品、日用小杂品、玩具

马哈德夫·德赛　圣雄甘地的秘书

23—009

旁遮普、巴塔快递邮件标准时间

23—010

8月11日　波尔浦

第5行起：巴德拉斯到加尔各答铁路通知用两种语言

加尔各答到波尔浦　4种语言：英语、孟加拉语、印地语、乌尔都语

23—011

第3至5行：孟买　圣的尼克敦地址

第6至11行：苏哈康塔鲁　伊圣的尼克敦地址

末2行：加尔各答—波尔浦来回9卢比；波尔浦—圣的尼克敦　6安那（比卢比小的货币单位）

23—012

第 1 至 8 行：沉思　大理石椅子　诗人博士（指泰戈尔）的父亲：马哈什·德文沙·纳兹·泰戈尔

诗人博士的儿子：辣辛德拉·纳兹·泰戈尔

第一幢建筑物：客房

倒数第 2 行外文：孟加拉

23—013

第 1 行外文：伯格尔

第 2 行：高什先生

第 3 行起：B.高什博士　加尔各答印度卫生研究所疟疾学的助理教授

贾格兰姆　伯尔格的助手

原有病例 260　新病例 201

上午 11 时至下午 5 时

23—014

第 1 至 2 行：每星期四　早上 4 时至夜 12 时

第 3 至 6 行：7 卢比 8 安那一磅的金鸡纳霜售价 18 卢比

第 7 行外文：孟加拉

23—015

Y.钟　加尔各答地址

胡谟云皇帝　回教大皇帝

史诗：《马哈巴雷拉》约公元前 500 年前写成。内容主要涉及公元前 1400 年的事件

23—016

阿伯德尔·拉曼·希底奇　加尔各答地址

23—017

第 1 至 4 行：哈瑞特·柯瑞士那·戴伯　加尔各答通讯地址

第 6 至 12 行：阿拉宾达·胡默尔·米特拉　加尔各答地址

维夫卡南达（1863~1902）　印度教主　1893 年在芝加哥讲演

23—018

第 1 至 5 行：赛德新德拉·辛哈　加尔各答地址

第 7 至 8 行：帕鲁德　佛教窣堵波

第 9 至 11 行：菩提迦耶　靠近格雅车站

23—019

胡格里河

卡米什卡王像（公元前一世纪）

碑文

H.G.马朱姆达尔　加尔各答印度博物馆

23—020

全印度学生联合会在各省设有分会。分会以地区为基础，地区委员会是以地方的学院成员为基础，初级委员会是学院委员会。孟加拉

现有 16,000 会员，全印约 10 万会员

23—021

第 1 至 2 行：拉什贝哈瑞·古斯在东京

第 4 行起：工会　1920 年　开始政治性罢工；1918 年　9 个月罢工　马德拉斯；1926 年　新的运动；1928 年　由纯经济性的罢工发展为更带有政治性的罢工；1929 年　分裂；1930 年　再次分裂

23—022

1905 年伯恩炼钢工人罢工

1930~1937 年不合作运动

工会 300

全印度工会代表会　125

300000 会员

女工　日工资 4 安那；男工　5 安那

14 岁以下童工禁用

每周 5.5 工作日　工作 60 小时

23—023、024

农民　1918~1919　与 1935~1938 年相比：①最高限度：废除地租

②最低限度：减少 50% 地租　土地使用期　清偿与取消债务　仲裁事项　免费及义务教育　需要有固定的工资而不像现在在孟加拉一天 3 至 5 安那　其他省可能只有其一半

23—025

第 1 行：沙先生（沙国珍）与冈古利送我

余为达瑞特利·冈古利签名、留址

23—026

第 1 行外文：瓦尔达 23 卢比

第 2 行外文：高士

第 4 行字母为全印国际卫生组织缩写

第 6 行起：拉亚米·穆奇基　劳工研究所秘书　地址　要中国斗争的资料

23—028

孟加拉—那格普尔铁路

孟加拉语　乌尔都语　印地语　马拉哈地语　奥利亚语

23—029

阿默拉沃蒂

“丘陵之光”存英国博物馆及马德拉斯

锡比本生经：意为国王用自己的身躯为难民驱逐骗子的邪恶

恰唐他本生经：意为因为 Benares 王后需要，长有 6 根牙的象的牙齿被锯掉

23—030、031

第1至3行：凡森泰拉本生经：意为富商给予一切

第4至7行为邮递时间

第8行至第23—31页第5行：高力发现：佛受玛拉（两个女儿）的诱惑

沙沙本生经：意为一只野兔有一只猴、一只豺和一只水獭为伙伴，当考验来临，只有野兔愿意跳进火中

第23-031页第6行外文：德克斯塔

第8行外文：3安那

23—032、033

马休斯先生的朋友：浦尔肖坦姆　孟买地址；拉克什明那拉雅恩；斯尼阿·柯蒂尔　沃尔塔地址；迪里普柯马·拉蒂　沃尔塔地址；W.E.阿拉雅汉姆

E.W.阿耶拉雅卡姆全印度教育部秘书

23—034至039

（印度教育概况）

10%识字

每100名学龄儿童（6~14岁）中，33名男孩，7名女孩可以进学校读书

教育类目，地方手工业为中心

每个教师30名学生，7~14岁免费义务教育，每位教师每月收入20卢比，人均收入26卢比，平均支付12卢比，一个教师可供养3人

教师——一位工艺教师收一个青年培训10年使成为工艺教师

30名男孩，一个月工作24天，平均每天在工艺室2小时应能挣得30卢比，平均7年可到市场做生意

160名学徒教师，在40个工作日内，每天工作3小时，生产500码布，每码售8安那，可得250卢比，扣除成本开支100卢比，净收入为150卢比，从中可支付7名教师每月20卢比的工资

中国货价折算：

2元=1卢比（最高比值）

200分=16安那

13分=1安那

1码值中国20分=1.5安那

日货每码6安那

手工织品每码8安那

市场：（1）政府管理；（2）外国货收税

政府现在收税：（1）2/3支付教师工资；（2）1/3为管理及资本经费

节余费用的2/3用于扩大发展

七年无英语教学

使一个人自立，意即使他从外国的统治中解脱出来

无需考试

住在国会司库巴加的寓所

23—040

W.R.瓦特森　科伦坡教育副理事长　由阿耶拉雅卡姆介绍　沃尔塔地址

23—041

菩提迦耶

菩提迦耶距比哈尔首府巴特那56英里

巴特那距加尔各答325英里（9小时火车），距沃尔塔600英里，距孟买1000英里

格雅在东印度铁路线上

加尔各答—巴特那—格雅距格雅4英里

23—043

阿姆比卡堪拉·新那

佛祖诞生地卡皮伐斯陆　在尼泊尔和比阿尔邦之边境线上

高塔姆王子　佛名

释迦牟尼：释迦是他出生的宗族，牟尼意为一修行者

23—044、045

菩提萨伐

贝拉雷斯　距格雅150英里

萨尔奈斯　讲道

雷吉尔　距巴特那60英里　那里的温泉水热可说明镭的活动

在萨尔奈斯，佛教徒最近修了一座威阿尔，部分佛的骨骼、指甲等存放在那里。威阿尔全名叫姆勒·甘达·库特威阿尔

纳兰达距雷吉尔8英里　佛教大学　建于2000年以前　有时有25000名学生　征服者毁坏了它　火烧　又重建三项建筑　最后的征服者：回教　访问比哈尔的最好时节：11月~2月

23—046

日本人曾在雷吉尔和纳兰达修建寺庙　日本僧侣曾住在那里　每年都有来自各国的朝圣者

中国、锡兰和希腊的知识曾指引阿伦·唐宁（苏格兰作家）对菩提迦耶及其寺庙作考古学研究

23—047

来自比哈尔的佛教僧侣雷胡·桑克里特耶恩　为了研究曾到过中国西藏

比哈尔研究学会，巴特那

23—048、049

比哈尔的佃户

比哈尔地方佃户萨波议会协议

第一战果：孟加拉地主约“日落法”如果地租未付，则土地将被拍卖

1. 因定的地租

2. Zaminda（印语）　地主　Zamin　土地

Dar　君主，上帝

3. Kisans　佃户

23—050

第 1 行：谢冈

第 3 行外文：沃尔塔

第 5 行起：650 村民　150 人家　昨日因霍乱死了 3 人　7 人正患病

拉朱马里·阿姆里特　由沃尔塔甘地转

23—051

第 10 至 12 行：10 天，1 天 1 小时=1 码线

23—052

第 1 至 6 行：密罗·跋伊（印度教神秘主义者和诗人）

德赛　《旗帜报》编辑

柯舒里拉·白　甘地办事处主任

回沃尔塔　白氏夫妇同行

23—056

第 1 至 3 行：8 月 15 日　再到马德拉斯

埃诺尔

第 5 行：简氏夫妇开汽车与保罗同去

23—057

第 1 至 8 行：8 月 16 日　马修斯先生的朋友　查亚维德那先生签名、留址

末 6 行：马德拉斯博物馆

贮藏圣物的匣子来自基斯特纳地区的卒婆塔

阿默拉沃蒂卒婆塔

23—059、060

阿默拉沃蒂的石碑（大意）

1. 脱离关系

西达尔塔王子离开卡皮拉瓦斯都的家，骑上他的马，马由半神半人托起。他的男仆昌德卡由神陪伴着走在前面

2. 领悟

克服玛拉之女的引诱

3. 对他的五位门徒布道，讲解四个伟大的哲理

4. Pari—消亡

去锡兰的车费 40 卢比　二等车厢

23—061

第 1 行：马休斯

末 4 行：1938 年 8 月 13 日《马德拉斯邮报》载：陶行知先生在加尔各答演说

23—062

第 1 至 3 行：8 月 17 日　在火车上　8 月 16 日《印度快报》

第 7 至 8 行：萨拉伐纳姆苏库、玛拉斯瓦米、纳达尔

末 3 行：为因反印地运动

23—063

库达罗尔　斯里巴拉哥卢库

寄宿高中　由杜尼安·格林李斯先生主持，在沃尔塔线上

医学代表团　孟加拉医生拉曼德拉·森　戴巴什·穆克吉 8 月 14 日送别阿塔勒医生和柯特尼斯医生

23—064

肖伯纳新戏《日内瓦》论及独裁者

奥吉弗亚所提议案，得到诺尔·艾哈迈德穆斯林联盟的支持

中国乘客 150 人在上海被溺死，因德英船相撞

23—065

残民地位得到提高　1936 至 1937 年

1. 可进入特拉凡卡尔庙

2. 可进入拉梯庙

3. 孟买与马德拉斯联合议会中特设残民部

4. 有 5 位残民部长和 5 名残民议会书记

另有一些地的庙宇也已对残民开放

23—066

在喀拉拉邦和阿萨姆邦的残女童能受到良好的教育

见《新德里年鉴》

23—067

此页为账目

23—070

外文为：8 月 18 日　早 8 时到科伦坡

“爵菲尔”号轮 20 日星期六上午 11 时到

M.M 地址

住维多利亚饭店

美国快递邮局上午 1 时关门

23—071

第 1 至 2 行：杰尔　上午 9 时半　托尔厅　科伦坡

23—074

第 2 行外文：僧伽罗人

第 3 行外文：泰米尔人

23—075

外文为：锡兰中国商人联合会及地址

23—076

末 4 行：中国商业公司科伦坡锡兰地址

23—079

第 4 至 5 行外文：堪地，距科

伦坡 72 英里　每年出会　8 月 11~19 日

第 9 至 10 行：距科伦坡大庙 7 英里

23—080

尼安森特夫人　锡兰红十字会中国救援会名誉秘书　地址

G.K.皮尔　锡兰地址　到 10 月底为止　以后由英国柴郡康格尔顿威廉斯·迪康士银行转

23—081

第 2 至 10 行：中国战争委员会伦敦地址

亚瑟·D.克雷格民族运动组织者

23—082

倒数第三行外文：爵菲尔号

23—084 至 092

8 月 22 日

中国大众教育

1. 人民的教育，人民办的教育，为人民自己的幸福而办的教育

2. 一个家庭的实验：小桃教祖母

3. 认识到模仿西方教育的灾难性失败

4. 回到乡村去，从中国的土地上发展教育，1925

5. 具有善良愿望和发达大脑的学者向农民学习

6. 晓庄　a 茅舍　b 无围墙　c 在农民中过简单的生活　d 农村即学校　农村幼稚园，联村自卫团　和平门的井　e 生活即教育　f 教学做合一

7. 到日本旅行　日本的侵略，需要民族的觉醒

8. 山海工学团

（1）工以养生（2）学以明生（3）团以保生（4）来者不拒（5）一个药箱，一个留声机，几个球（6）手表的研究（7）棉花工学团（8）小先生运动（9）送教育上门（如送牛奶）（10）书法和抄写课本（11）每个学生喂养几只母鸡以支持学校（12）免费看电影及会读入场券（13）“山海”实验和家庭事件〔参阅本大纲第 2 项“小桃教祖母”〕综合（14）小先生运动成为女子教育的解决方法（15）小先生成为连结学校及农村的活电线（16）小先生唤醒了正规教师的视野和热情（17）小先生要学得更多（18）小先生和传递先生（19）警告小先生不要模仿正规教师（20）要防止盲目宣传，要自由批评，追求真理（21）小先生走遍全中国（22）小先生为民族解放而奋斗（23）小先生的三重原理：①合格②义务③快乐（24）内容：工（劳动）、学（科学）、团（团体），歌曲，故事，难题，活动（25）宏伟的讲堂（26）新文字（27）政府的态度　放任政策—密切

注意—采用（28）变石头为面包（29）期刊（30）正规教师（31）培训中心（32）研究中心（33）巡回指导员（34）收音机及电影卷片的充分利用（35）小先生修改我诗的能力（36）七个小矮人（37）木匠先生（38）大学生下乡（39）小护士（40）小先生与和平（41）沦陷区的小先生：不合作，不传播奴化文学（42）教育犹如阳光、空气和水（43）知识的冷藏（44）教育与严重的灾祸赛跑（45）为贫苦的人们提供房屋（46）三重防卫：①正规军和流动军；②正规工业和流动工业；③正规教育与流动教育（47）自行流动的学校（48）夫妻学校（49）简易卫生（a）预防接种（b）助产学（c）卫生规则（50）翁家山的小孩教祖母（51）书呆子（52）手脑并用（53）教育是一种装饰品，一种玩具，抑或是谋求解放的手段（54）自由与平等的愿望（55）朱冰如的教学法（56）马氏教学法（57）西桥的承继行（58）厕所学校（59）业余作家协会（60）改革婚姻（61）改革丧葬（62）小工人（63）小科学家（64）合作社

23—093

第 2 行：归国途中的要事

第 3 行：阿基坦尼亚

第 4 行：赛迪厄斯·马斯蒂克

第 8 行：马海罗列

第 10 行：陛下的反对

末 2 行外文：梵蒂冈　佛罗伦萨

23—094

第 1 行：威尼斯马可·波罗家

第 2 行：萨尔斯堡

第 3 至 6 行：布拉格　7 月 1 日　马斯蒂克　索科尔　笔谈会

第 9 行：柏林　7 月 2 日

末 3 行外文：布鲁奈特

奎托

瓦朗西亚

23—095

第 4 行：布达佩斯

23—096

第 1 行：苏伊士

第 3 至 6 行外文：阿拉米斯锡兰　博斯先生　泰戈尔　甘地先生

23—097

第 3 行：西贡

23—108

末行括号内为：交趾支那

23—118

末 3 行：多利丝·鲁本斯女士地址